新政策下财会操作实务丛书

企业财务管理
操作实务大全

QIYE CAIWU GUANLI
CAOZUO SHIWU DAQUAN

贺志东　主编

企业管理出版社
ENTERPRISE MANAGEMENT PUBLISHING HOUSE

图书在版编目（CIP）数据

企业财务管理操作实务大全 / 贺志东主编 . —北京：企业管理出版社，2018.9

ISBN 978-7-5164-1800-0

Ⅰ . ①企…　Ⅱ . ①贺…　Ⅲ . ①企业管理—财务管理　Ⅳ . ① F275

中国版本图书馆 CIP 数据核字（2018）第 227521 号

书　　名：企业财务管理操作实务大全
作　　者：贺志东
责任编辑：陈　静
书　　号：ISBN 978-7-5164-1800-0
出版发行：企业管理出版社
地　　址：北京市海淀区紫竹院南路 17 号　　　　邮编：100048
网　　址：http://www.emph.cn
电　　话：编辑部（010）68701661　发行部（010）68701816
电子信箱：78982468@qq.com
印　　刷：三河市荣展印务有限公司
经　　销：新华书店
规　　格：185 毫米 ×260 毫米　16 开本　39.5 印张　1054 千字
版　　次：2018 年 9 月第 1 版　　2018 年 9 月第 1 次印刷
定　　价：128.00 元

前言

在市场经济条件下，企业财务管理水平决定着企业生产经营规模和市场竞争能力，财务管理应当成为企业管理的核心。因此，加强企业财务管理，对改善企业的生存条件，提高企业的经济实力，推动企业的发展，起着重大的作用。

本书专门介绍按照国家法律法规和政策以及企业经营要求，遵循资本营运规律，对企业财务活动进行组织、预测、决策、计划、控制、分析和监督等一系列管理工作，也即利用价值形式对企业财务活动及其体现的财务关系进行的综合性管理工作，帮助广大的企业管理人员、财会专业人士等，实现知识更新，提升企业财务管理水平。

本书系统、深入地传授企业财务管理方面的实际操作知识和技巧。全书由全国著名财会、审计、税务专家贺志东同志编写，共13章，内容涉及：财务管理概述，企业价值管理，现金流量管理，财务战略，财务管理信息，财务共享服务，财务决策，财务预算、计划，财务监控，财务分析，企业绩效评价，财务风险，项目管理，等等。囿于篇幅，有关企业财务治理、人力资本财务管理、通贷膨胀与通货紧缩财务管理、企业财务流程再造、财务预测、财务激励与约束、财务危机、财务预警、企业重组（资本运营）方面的内容未在书中涉及，读者可至中华第一财税网相关网页查找。读者细读本书，可以从中获益，“少走弯路”，深入了解财税问题，大幅提升财税技能和竞争力。

本书适合全国广大企业的负责人和其他经营管理人员、财会人员、内部审计人员，企业管理、税务、国家审计、银行业监管部门相关人员，以及会计师事务所等专业化的企业服务机构从业人士、会计理论和教育工作者等阅读。

本书具有以下特色：

（1）系统、深入，注重细节，力戒原理性空洞说教；

（2）具有极强的操作性、实用性；

（3）依据最新有效的企业会计准则、企业财务通则、审计准则、内控规范、税法等编写；

（4）通俗易懂，逐一介绍各知识点；

（5）条理清晰，查检便捷；

（6）案例丰富；

（7）具有专业性、权威性、创造性。

在本书的编写过程中，作者参考和借鉴了国内外一些相关文献资料，在此向相关作者表示感谢。本书的出版得到了企业管理出版社以及智董集团旗下中华第一财税网（又名“智董网”）的大力支持和帮助，在此深表谢意！

囿于学识、科研经费，且编写时间有限，书中难免有不足之处，敬请读者批评指正，以便今后再版时进行修订（E-mail:jianyi@tax.org.cn）。

目录

第一章
财务管理概述

企业财务是指企业在生产经营过程中客观存在的资金运动及其所体现的经济利益关系。前者称为财务活动（表明了企业财务的内容和形式特征），后者称为财务关系（揭示了企业财务的实质）。财务并非简单的资金收付活动，其实质是企业财务关系的体现。

第一节　财务管理综述

财务管理是企业组织财务活动、处理财务关系的一项综合性的管理工作。

一、财务管理的对象

财务管理主要是资金管理，其对象是资金及其流转。资金流转的起点和终点是现金，其他资产都是现金在流转中的转化形式，因此，财务管理的对象也可说是现金及其流转。财务管理也会涉及成本、收入和利润问题。从财务的观点来看，成本和费用是现金的耗费，收入和利润是现金的来源。财务管理主要在这种意义上研究成本和收入，而不同于一般意义上的成本管理和销售管理，也不同于计量收入、成本和利润的会计工作。

（一）现金流转的概念

在建立一个新企业时，必须先要解决两个问题：一是制订规划，明确经营的项目和规模；二是筹集必需的现金，作为最初的资本。没有现金，企业的规模无法实施，不能开始运营。企业建立后，现金变为经营用的各种资产，在运营中又陆续变为现金。

在生产经营中，现金变为非现金资产，非现金资产又变为现金，这种流转过程称为现金流转。这种流转无始无终，不断循环，称为现金循环或资金循环。

现金循环有多种途径。例如，有的现金用于购买原材料，原材料经过加工成为产成品，产成品出售后又变为现金；有的现金用于购买固定资产，如机器等，在使用中逐渐磨损，价值计入产品成本，通过产品销售变为现金。各种流转途径完成一次循环，即从现金开始又回到现金所需的时间不同。购买商品的现金可能几天就可流回，购买机器的现金可能要许多年才能全部返回现金状态。

现金转变为非现金资产，然后又回复到现金，所需时间不超过一年的流转，称为现金的短期循环。短期循环中的资产是短期资产，包括现金本身和企业正常经营周期内可以完全转变为现金的存货、应收账款、短期投资及某些待摊和预付费用等。

现金转变为非现金资产，然后又回复到现金，所需时间在一年以上的流转，称为现金的长期循环。长期循环中的非现金资产是长期资产，包括固定资产、长期投资、无形资产等。

（二）现金的短期循环

现金短期循环最基本的形式是：筹备货币→购买物资→生产产品→销售商品→货币收入（如图 1-1 所示）。

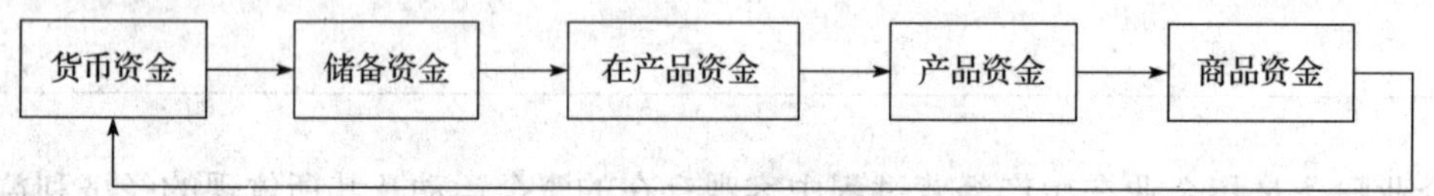

图 1-1　现金短期循环最基本的形式

在供应过程中，企业以现金购买劳动对象，形成生产储备，企业的资金由货币形态转化为原材料储备形态。接着，进入生产过程。在生产过程中，工人利用劳动资料对劳动对象进行加工，使劳动对象发生形态或性质上的变化，创造出新的产品。在这一阶段中，领用生产储备，同时以货币资金支付工资和其他生产费用，企业的资金由材料储备形态、货币形态转化为生产（在制品、半成品）形态。随着生产的继续进行，在制品、半成品最终转化为完工产品，从而脱离生产过程而成为入库待售的制成品，于是企业的资金由生产形态转化为产品形态。最后，产品通过销售，企业资金由产品形态又转化为货币形态（如图 1-2 所示）。

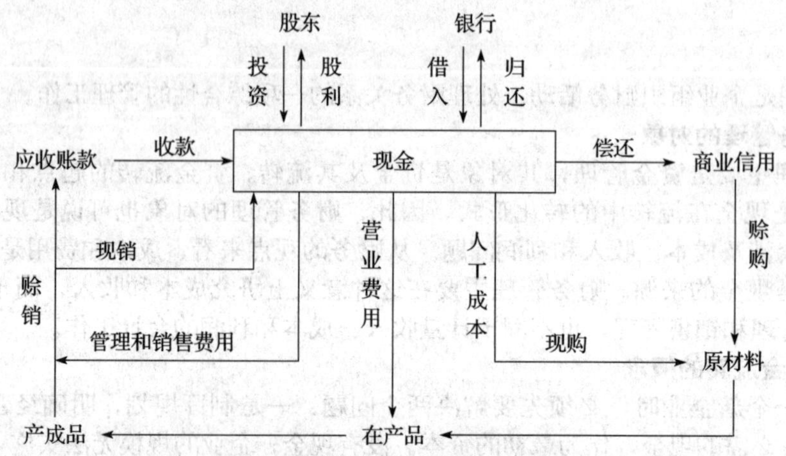

图 1-2　企业资金短期循环示意图

企业的资金像这样从货币形态开始，顺次经过供、产、销三个连续的阶段，最后又回到原来的出发点，就是资金的循环。马克思说："资本的循环，不是当作孤立的行为，而是当作周期性的过程时，叫作资本的周转。"所以，不是一次而是不断重复的循环，就是资金的周转，总称为资金的循环和周转。

（三）现金的长期循环

企业用现金购买固定资产，固定资产的价值在使用中逐步减少，减少的价值称为折旧费。折旧费和人工费、材料费成为产品成本，出售产品时收回现金。作为固定资金实物形态的劳动资料可以在生产中较长期地发挥作用，其价值逐渐地、分次地转移到所生产的产品中，参加流动资金的部分周转过程，共同构成在制品、半成品资金和产品资金的占用形态，随着产品的销售实现为货币形态，直至它不能继续使用，再对它进行实物更新，于是资金又由货币形式还原为实物形式，完成一个固定的循环，同时开始另一个周期的循环，如此周而复始（如图 1-3 所示）。可见，固定资金的循环之所以不同于流动资金，循环周期较长，这一特征是由价值转移的方式不同所引起的。

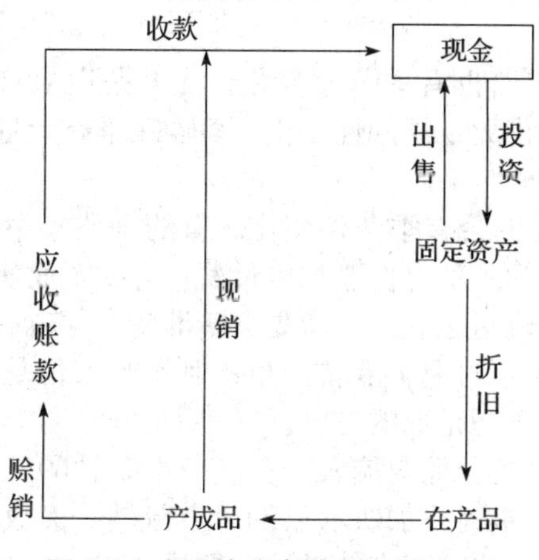

图 1-3　企业资金长期循环示意图

现金是长期循环和短期循环的共同起点，在换取非现金资产时分开，分别转化为各种长期资产和短期资产。它们被使用时，分别进入"在产品"和各种费用账户，又汇合在一起，同步形成"产成品"，产品经出售又同步转化为现金。

转化为现金以后，不管它们原来是短期循环还是长期循环，企业可以视需要重新分配。折旧形成的现金可以买材料，原来用于短期循环的现金收回后也可以投资于固定资产。

（四）现金流转不平衡

如果企业的现金流出量与流入量相等，财务管理工作将大大简化。实际上这种情况极少出现，不是收大于支，就是支大于收，企业在一年中会多次遇到现金流出与现金流入不平衡的情况。

现金流转不平衡既有企业内部的原因，如盈利、亏损或扩充等；也有企业外部的原因，如市场变化、经济兴衰和企业间竞争等。

1. 影响企业现金流转的外部原因

（1）经济的波动。任何国家的经济发展都会有波动，时快时慢。在经济收缩时，销售下降，进而生产和采购减少，整个短期循环中的现金流出减少了，企业有了过剩的现金。如果预知不景气的时间很长，推迟固定资产的重置，折旧积累的现金也会增加。这种财务状况给人以假象。随着销售额的进一步减少，大量的经营亏损很快会接踵而来，现金将被逐步销蚀掉。

当经济“热”起来时，现金需求迅速扩大，积存的过剩现金很快被用尽，不仅扩充存货需要大量投入现金，而且受繁荣时期乐观情绪的鼓舞，企业会对固定资产进行扩充性投资，并且往往要超过提取的折旧。此时，银行和其他贷款人大多也很乐观，愿意为盈利企业提供贷款，筹资不会太困难。但是，经济过热必然造成利率上升，过度扩充的企业背负巨大的利息负担，会首先受到经济收缩的打击。

（2）通货膨胀。通货膨胀会使企业遭遇现金短缺的困难。由于原料价格上升，保持存货所需的现金增加；人工和其他费用的现金支付增加；售价提高使应收账款占用的现金也增加。企业唯一的希望是利润也会增加，否则，现金会越来越紧张。

提高利润，不外乎是增收节支。增加收入，受到市场竞争的限制。企业若不降低成本，就难以应对通货膨胀造成的财务困难。通货膨胀造成的现金流转不平衡，不能靠短期借款解决，因其不是季节性临时现金短缺，而是现金购买力被永久地“蚕食”了。

（3）市场的季节性变化。通常来讲，企业的生产部门力求全年均衡生产，以充分利用设备和人工，但销售总会有季节性变化。因此，企业往往在销售淡季现金不足，销售旺季过后积存过剩现金。

企业的采购所需现金流出也有季节性变化，尤其是以农产品为原料的企业更是如此。集中采购而均匀耗用，使存货数量周期性变化；采购旺季有大量现金流出，而现金流入不能同步增加。

企业人工等费用的开支也会有季节性变化。有的企业集中在年终发放奖金，要用大量现金；有的企业利用节假日加班加点，要加倍付薪；有的企业使用季节性临时工，在此期间人工费大增。财务管理人员要对这些变化事先有所准备，并留有适当余地。

（4）竞争。竞争会对企业的现金流转产生不利影响。但是，竞争往往是被迫的，企业经营者不得不采取他们本来不想采取的方针。

价格竞争会使企业立即减少现金流入。在竞争中获胜的一方会通过多卖产品挽回其损失，实际是靠牺牲别的企业的利益加快自己的现金流转。失败的一方，不但蒙受价格下降的损失，还受到销量减少的打击，现金流转可能严重失衡。

广告竞争会立即增加企业的现金流出。最好的结果是通过广告促进销售，加速现金流回。但若竞争对手也作推销努力，企业广告也只能制止其销售额的下降。有时广告并不能完全阻止销售额下降，只是下降得少一些。

增加新产品或售后服务项目，用软办法竞争，也会使企业的现金流出增加。

2.影响企业现金流转的内部原因

（1）扩充企业的现金流转。任何要迅速扩大经营规模的企业，都会遇到相当严重的现金短缺情况。固定资产扩充、存货增加、应收账款增加、销售费用增加等，都会使现金流出扩大。

财务管理人员的任务不仅是维持当前经营的现金收支平衡，而且要设法满足企业扩大的现金需要，并且力求使企业扩充的现金需求不超过扩充后新的现金流入。

首先，应从企业内部寻找扩充项目所需现金，如出售短期证券、减少股利分配、加速收回应收账款等。其次，内部筹集的现金不能满足扩充需要时，可以从外部筹集。从外部筹集的现金，要承担资本成本，将来要还本付息、支付股利等，引起未来的现金流出。企业在借款时就要注意到，将来的还本付息的现金流出不要超过将来的现金流入。如果不是这样，就要借新债还旧债，利息负担会耗费掉扩建形成的现金流入，使项目在经济上失败。

（2）盈利企业的现金流转。盈利企业，如不打算扩充规模，其现金流转一般比较顺畅。

它的短期循环中的现金收支大体平衡，税后净利使企业现金多余出来，长期循环中的折旧、摊销等也会积存现金。

盈利企业也可能由于抽出过多现金而发生临时流转困难。例如，付出股利、偿还借款、更新设备等。此外，存货变质、财产失窃、坏账损失、出售固定资产损失等，会使企业失去现金，并引起流转的不平衡。

（3）亏损企业的现金流转。从长期来看，亏损企业的现金流转是不可能维持的。从短期来看，又分为两类：一类是亏损额小于折旧额的企业，在固定资产重置以前可以维持下去；另一类是亏损额大于折旧额的企业，不从外部补充现金将很快破产。

亏损额小于折旧额的企业，虽然收入小于全部成本费用，但大于付现的成本费用，因为折旧和摊销费用不需要支付现金。因此，它们支付日常的开支通常并不困难，甚至还可能把部分补偿折旧费用的现金抽出来移作他用。然而，当计提折旧的固定资产需要重置的时候，灾难就来临了。积蓄起来的现金，不足以重置固定资产，因为亏损时企业的收入是不能足额补偿全部资产价值的。

此时，企业应设法筹款，以购买设备使生产继续下去。这种办法只能解决一时的问题，它增加了以后年度的现金支出，会进一步增加企业的亏损。除非企业扭亏为盈，否则就会变为“亏损额大于折旧额”的企业，并很快破产。这类企业如不能在短期内扭亏为盈，还有一条出路，就是找一家对减低税负有兴趣的盈利企业，被其兼并，因为合并一个账面有亏损的企业，可以减少盈利企业的税负。

亏损额大于折旧额的企业，是濒临破产的企业。这类企业不能以高于付现成本的价格出售产品，更谈不上补偿非现金费用。这类企业必须不断向短期周转中补充现金，其数额等于现金亏空数。如果要重置固定资产，所需现金只能从外部筹措。一般说来，他们从外部寻找资金来源是很困难的。贷款人看不到偿还贷款的保障，是不会提供贷款的；所有者也不愿冒险投入更多的资金。因此，这类企业如不能在短期内扭亏为盈，不如尽早宣告倒闭。这类企业往往连被其他企业兼并，以减低兼并企业税负的价值也没有。兼并企业的目的是节税，以减少现金流出，如果被兼并的企业每年都需要注入现金，则有悖于兼并企业的初衷。

除了企业本身盈亏和扩充等，外部环境的变化也会影响企业的现金流转。

二、财务管理的目标

企业财务管理目标是企业财务管理活动所希望实现的结果。它是评价企业理财活动是否合理有效的基本标准，是企业财务管理工作的行为导向，是财务人员工作实践的出发点和归宿。

小知识

企业财务目标与企业财务管理目标的异同

如果把企业看成一个大的系统，它包含诸如人力资源管理、生产管理、市场营销管理等许多子系统，企业的总的目标可以分解为各个方面的目标。企业财务目标是指企业目标体系中财务方面的目标。

企业财务管理目标是指在各种财务管理环境中，企业财务管理工作通过配置资金过程的科学组织与管理所要达到的目的，其中最主要的是实现企业的财务目标，它决定着企业资金配置的一切过程、领域、方面以及环节，因而在现实中我们对企业财务目标和企业财务管理目标就不做严格的区分。

（一）企业财务管理目标的种类（模式）

企业财务管理目标有表 1-1 所示的几种具有代表性的模式。

表 1-1　企业财务管理目标

种类	概念	优点或原因	缺点
利润最大化目标	利润最大化目标就是假定在投资预期收益确定的情况下，财务管理行为将朝着有利于企业利润最大化的方向发展。这种观点认为：利润代表了企业新创造的财富，利润越多则说明企业的财富增加得越多，越接近企业的目标	利润最大化作为财务管理的目标，其主要原因如下。 ①人类从事生产经营活动的目的是为了创造更多的剩余产品，在商品经济条件下，剩余产品的多少可以用利润这个价值指标来衡量。 ②在自由竞争的资本市场中，资本的使用权最终属于获利最多的企业。 ③只有每个企业都最大限度地获得利润，整个社会的财富才可能实现最大化，从而带来社会的进步和发展。在社会主义市场经济条件下，企业作为自主经营的主体，所创利润是企业在一定期间全部收入和全部费用的差额，是按照收入与费用配比原则加以计算的。它不仅可以直接反映企业创造剩余产品的多少，而且也从一定程度上反映出企业经济效益的高低和对社会贡献的大小。同时，利润是企业补充资本、扩大经营规模的源泉。因此，以利润最大化为理财目标是有一定的道理的	①没有考虑利润的取得时间。这里的利润是指企业一定时期实现的税后净利润，它没有考虑资金时间价值。例如，今年获利 1000 万元和明年获利 1000 万元，哪一个更符合企业的目标？若不考虑货币的时间价值，就难以做出正确判断。 ②没有考虑所获利润和投入资本额的关系。例如，同样获得 100 万元利润，一个企业投入资本 2000 万元，另一个企业投入资本 6000 万元，哪一个更符合企业的目标？若不与投入的资本额联系起来，就难以做出正确判断。 ③没有考虑获取利润和所承担风险的关系。没有考虑风险因素，高额利润往往要承担过大的风险。例如，同样投入 500 万元，本年获利 100 万元，一个企业获利已全部转化为现金，另一个企业获利则全部是应收账款，并可能发生坏账损失，哪一个更符合企业的目标？若不考虑风险大小，就难以做出正确判断。 ④片面追求利润最大化可能导致企业短期行为，与企业发展的战略目标相背离
每股收益最大化目标	这种观点认为：应当把企业的利润和股东投入的资本联系起来考察，用每股盈余（或权益资本净利率）来概括企业的财务目标，以避免“利润最大化目标”的缺点	所有者作为企业的投资者，其投资目标是取得资本收益，具体表现为净利润与出资额或股份数（普通股）的对比关系，这种关系可以用每股收益这一指标来反映。每股收益是指归属于普通股东的净利润与发行在外的普通股股数的比值，它的大小反映了投资者投入资本获得回报的能力。 每股收益最大化的目标将企业实现的利润额同投入的资本或股本数进行对比，能够说明企业的盈利水平，可以在不同资本规模的企业或同一企业不同期间之间进行比较，揭示其盈利水平的差异	与利润最大化目标一样，该指标仍然没有考虑资金时间价值和风险因素，也不能避免企业的短期行为，可能会导致与企业的战略目标相背离

续表

种类	概念	优点或原因	缺点
企业价值最大化或股东财富最大化目标	这种观点认为：股东财富最大化或企业价值最大化是财务管理的目标。 股东创办企业的目的是扩大财富，他们是企业的所有者，企业价值最大化就是股东财富最大化。 企业的价值，在于它能给所有者带来未来报酬，包括获得股利和出售其股权换取现金。如同商品的价值一样，企业的价值只有投入市场才能通过价格表现出来。 投资者建立企业的重要目的，在于创造尽可能多的财富。这种财富首先表现为企业的价值。企业价值就是企业的市场价值，是企业所能创造的预计未来现金流量的现值，反映了企业潜在的或预期的获利能力和成长能力。未来现金流量的现值这一概念，包含了资金的时间价值和风险价值两个方面的因素。因为未来现金流量的预测包含了不确定性和风险因素，而现金流量的现值是以资金的时间价值为基础对现金流量进行折现计算得出的	以企业价值最大化作为财务管理的目标，其优点如下。 ①该目标考虑了资金的时间价值和风险价值，有利于统筹安排长短期规划、合理选择投资方案、有效筹措资金、合理制订股利政策等。 ②该目标反映了对企业资产保值增值的要求，从某种意义上说，股东财富越多，企业市场价值就越大，追求股东财富最大化的结果可促使企业资产保值或增值。 ③该目标有利于克服管理上的片面性和短期行为。 ④该目标有利于社会资源合理配置。社会资金通常流向企业价值最大化或股东财富最大化的企业或行业，有利于实现社会效益最大化	①尽管对于股票上市企业，股票价格的变动在一定程度上揭示了企业价值的变化，但股价是受多种因素影响的结果，特别是在资本市场效率低下的情况下，股票价格很难反映企业所有者权益的价值。 ②为了控股或稳定购销关系，现代企业不少采用环形持股的方式，相互持股。法人股东对股票市价的敏感程度远不及个人股东，对股票价值的增加没有足够的兴趣。 ③对于非股票上市企业，只有对企业进行专门的评估才能真正确定其价值。而在评估企业的资产时，由于受评估标准和评估方式的影响，这种估价不易做到客观和准确，这也导致企业价值确定的困难

（二）影响财务管理目标的各种利益主体之间的冲突和协调

1. 影响财务管理目标的各种利益集团

确立科学的财务管理目标，必须分析会对企业理财产生重要影响的利益关系人的构成。与企业有关的利益集团很多，但不一定都会对企业理财产生重大影响，那么，究竟哪些集团对企业理财，进而会对财务管理目标产生影响呢？一般而言，影响财务管理目标的利益集团应当符合以下三条标准：①必须对企业有投入，即对企业有资金、劳动或服务方面的投入；②必须分享企业收益，即从企业取得诸如工资、奖金、利息、股利和税收等各种报酬；③必须承担企业风险，即当企业失败时，都会承担一定损失。根据这三个标准，影响企业财务管理目标的有以下四种利益集团。

（1）企业所有者。所有者对企业理财的影响主要是通过股东大会和董事会来进行的。从理论上来讲，企业重大的财务决策必须经过股东大会或董事会的表决，企业经理和财务经理的任免也由董事会决定，因此，企业所有者对企业财务管理有重大影响。

（2）企业债权人。债权人把资金借给企业后，一般都会采取一定的保护措施，以便按时收取利息，到期收回本金。因此，债权人必然要求企业按照借款合同规定的用途使用资金，并要求企业保持良好的资本结构和适当的偿债能力。当然，债权人权力的大小在各个国家有所不同。

（3）企业职工。企业职工包括一般员工和企业经理人员，他们为企业提供了智力和体力的劳动，必然要求取得合理的报酬。职工是企业财富的创造者，他们有权分享企业收益；职工的利益与企业的利益紧密相连，当企业失败时，他们要承担重大风险，有时甚至比股东承担的风险还大。因此，在确立财务管理目标时，必须考虑职工的利益。

（4）政府。政府为企业提供了各种公共方面的服务，因此要分享企业收益，要求企业依法纳税，对企业财务决策也会产生影响。当然，在计划经济条件下，政府对企业财务管理的影响很大；而在市场经济条件下，因为实行政企分离，政府对企业财务管理的影响力要弱些，经常通过政策诱导的方式影响企业财务管理的目标。

2. 利益的冲突与协调

股东和债权人都为企业提供了财务资源，但是他们处在企业之外，只有经营者即管理当局在企业里直接从事管理工作。股东、经营者和债权人之间构成了企业最重要的财务关系。企业是所有者即股东的企业，财务管理的目标是指股东的目标。股东委托经营者代表他们管理企业，为实现他们的目标而努力，但经营者与股东的目标并不完全一致。债权人把资金借给企业，并不是为了“股东财富最大化”，与股东的目标也不一致。公司必须协调这三方面的利益冲突，才能实现“股东财富最大化”的目标。

将企业价值最大化目标作为企业财务管理目标的首要任务就是要协调相关利益群体的关系，化解他们之间的利益冲突。协调相关利益群体的利益冲突，要把握的原则是：力求企业相关利益者的利益分配均衡，也就是减少各相关利益群体之间的利益冲突所导致的企业总体收益和价值的下降，使利益分配在数量上和时间上达到动态的协调平衡。

（1）股东。如果把资本提供者首先或主要地视为“经济人”，那么，其所决定的企业终极目标就是实现资本增值极大化。诚如马克尽所说：“资金只有当它给自己的所有者带来收入或利润的时候，才叫作资本。”所以，公司股东的目标就是实现股利最大化与股权增值最大化。

（2）经营者 / 管理层 / 经理。

1）经营者的目标。在股东和经营者分离以后，股东的目标是使企业财富最大化，千方百计要求经营者以最大的努力去完成这个目标。经营者也是最大合理效用的追求者，其具体行为目标与委托人不一致。他们的目标是：①增加报酬，包括物质和非物质的报酬，如工资、奖金，提高荣誉和社会地位等。②增加闲暇时间，包括较少的工作时间、工作时间里较多的空闲和有效工作时间中较小的劳动强度等。上述两个目标之间有矛盾，增加闲暇时间可能减少当前或将来的报酬，努力增加报酬会牺牲闲暇时间。③避免风险。经营者努力工作可能得不到应有的报酬，他们的行为和结果之间有不确定性，经营者总是力图避免这种风险，希望付出一份劳动便得到一份报酬。

2）所有者与经营者的矛盾与协调。在现代企业中，所有者一般比较分散，经营者一般不拥有占支配权地位的股权，他们只是所有者的代理人，所有者期望经营者代表他们的利益工作，实现所有者财富最大化；而经营者则有其自身的利益考虑。对经营者来讲，他们所得到的利益来自所有者。在西方，这种所有者支付给经营者的利益被称为享受成本。但问题的关键不是享受成本的多少，而是在增加享受成本的同时，是否更多地提高了企业价值。因而，经营者和所有者的主要矛盾就是经营者希望在提高企业价值和股东财富的同时，能更多地增加享受成本；而所有者和股东则希望以较小的享受成本支出带来更高的企业价值或股东财富。为了解决这一矛盾，应采取让经营者的报酬与绩效相联系的办法，并辅之以一定的监督措施。

（a）解聘。这是一种通过所有者约束经营者的办法。所有者对经营者予以监督，如果经营者未能使企业价值达到最大，就解聘经营者，经营者害怕被解聘而被迫实现财务管理目标。

（b）接收。这是一种通过市场约束经营者的办法。如果经营者经营决策失误、经营不力，未能采取一切有效措施使企业价值提高，该公司就可能被其他公司强行接收或吞并，经营者也会被解聘。为此，经营者为了避免这种接收，必须采取一切措施提高股东财富和企业价值。

(c) 激励。即将经营者的报酬与其绩效挂钩，以使经营者自觉采取能提高股东财富和企业价值的措施。激励通常有以下两种基本方式。

a) "股票期权"方式。它是允许经营者以固定的价格购买一定数量的公司股票，当股票的市场价格高于固定价格时，经营者所得的报酬就越多。经营者为了获取更大的股票涨价益处，就必然主动采取能够提高股价的行动。

b) "绩效股"形式。它是公司运用每股收益、资产收益率等指标来评价经营者的业绩，视其业绩大小给予经营者数量不等的股票作为报酬。如果公司的经营业绩未能达到规定目标时，经营者也将部分丧失原先持有的"绩效股"。这种方式使经营者不仅为了多得"绩效股"而不断采取措施提高公司的经营业绩，而且为了使每股市价最大化，也采取各种措施使股票市价稳定上升，从而增加股东财富和企业价值。

(3) 债权人。

1) 债权人的目标。债权人也是企业物质资本的提供者。债权人与企业之间签订的是借贷合同，这与股东是不同的，债权人无权参与企业的管理，只能按照合同的规定获得固定的利息收入。因此，债权人的主要目标是资金的安全和获利。债权人希望企业能够保持良好的财务状况，有较强的还本付息能力。

2) 所有者与债权人的矛盾与协调。所有者的财务目标可能与债权人期望实现的目标发生矛盾。

首先，所有者可能要求经营者改变举债资金的原定用途，将其用于风险更高的项目，这会增大偿债的风险，债权人的负债价值也必然会实际降低。若高风险的项目一旦成功，额外的利润就会被所有者独享，但若失败，债权人却要与所有者共同负担由此而造成的损失。这对债权人来说风险与收益是不对称的。

其次，所有者或股东可能未征得现有债权人同意，而要求经营者发行新债券或举借新债，致使旧债券或老债券的价值降低（因为相应的偿债风险增加）。

为协调所有者与债权人的上述矛盾，通常可采用以下方式：①限制性借债，即在借款合同中加入某些限制性条款，如规定借款的用途、借款的担保条款和借款的信用条件等。②收回借款或停止借款，即当债权人发现公司有侵蚀其债权价值的意图时，采取收回债权和不给予公司增加放款，从而来保护自身的权益。

(4) 集团总部、子公司、部门、利益单元等。

1) 集团总部、子公司、部门、利益单元各自的财务目标。由于集团内各个成员企业是彼此独立的利益主体，不可避免地会出现谋求企业自身局部利益最大化的倾向，会偏离企业集团整体利益目标。这种冲突表现为成员企业个体财务目标对集团整体财务目标的偏离，亦即成员企业以自身局部财务目标最大化取代集团整体财务目标最大化。这种局部利益目标与整体利益目标的非完全一致性，以及由此而产生的成员企业经营财务管理活动的过分独立和缺乏协作精神的现象，被称为管理目标换位，或叫目标次优化选择、目标逆向选择。

2) 引起目标不一致、产生冲突的原因分析。企业集团是以产权为联结纽带的企业联合体，集团公司与集团内成员企业在法律上有着同等的法人地位且彼此独立，因此，企业集团的财务管理目标与集团内企业的财务管理目标密切相关但又有所区别，即企业集团的财务管理目标并不是集团内成员企业财务管理目标的简单相加。

无论是站在集团整体角度抑或个别成员企业立场，都必须以实现市场价值最大化作为财务的基本目标。在这层概念上，企业集团与其他企业或营利性组织并无本质的差异。企业集团财务目标的特殊性源自财务主体的多级复合结构。由于成员企业与母公司在法律上有着同等的法人地位，是彼此独立的利益主体，因此各成员企业在财务管理过程中不可避免地会诱发谋求自身局部利益最大化的倾向。对于这种倾向如果不加以引导与规范的话，势必导致成员企业个体财务目标对集团整体财务目标的偏离，亦即成员企业以自身局部财务目标最大化取代集团整体财务目标的最大化。针对这种矛盾，总部在财务管理目标的定位上，必须从集团整体利益最大化出发，依据一体化财务战略与财务政策，对母公司与子公司、母公司与其他成员企业、子公司以及其他成员企业彼此间的利益冲突与财务目标进行统一协调与统一规划，最终在确保集团整体财务目标最大化的前提下，实现成员企业个体财务目标的最大化，从而在整体与个体财务目标间形成一种依存互动机制。

基于上述分析，使得企业集团的财务目标在遵循市场价值最大化共性原则的同时，又有着区别于其他企业或营利性组织形式的特殊性，即企业集团的财务目标呈现为成员企业个体财务目标对集团整体财务目标在战略上的统合性。

（5）独立董事。美国基于传统企业单层治理结构的固有缺陷，为保护中小股东与债权人利益及增强投资人对企业的信心，加强对董事及管理层的有效监督，率先建立了独立董事制度。我国根据本国的实际情况引入了独立董事制度，其目的是使我国上市公司内部形成新的更为有效的约束主体，完善董事会领导体制，建立科学治理结构的制衡机制，并有利于增进企业的透明度，促进企业实现所有权和经营权的分离和完善法人治理机制。独立董事除了他们的董事身份和董事会中的角色之外，既不在企业中担任其他的实职并领取薪水，也同公司没有任何直接或间接利益关系，具有完全独立意志。因此，一方面从维护全体股东和整个企业的合法利益出发，客观评价企业的经营活动，避免大股东操纵企业，保护中小投资者的权益；另一方面，为董事会提供有利于企业全面健康发展的客观、公正的决策依据，也为防止企业经营管理层与董事会合谋进行违法活动提供了制度保证，督促上市公司规范运作，从而在制度层面上，使独立董事成为影响公司决策的一种强有力的独立的平衡力量。

由于独立董事同样是“经济人”，也存在着物质需求和精神需求。从物质需求来看，他会进行机会成本和机会收益的比较，当参加董事会研究企业这样或那样的报告获得的收益远远低于从事其他劳务的收益时，出现独立董事时常缺席董事会或随便委托个人代理表决的现象就不足为怪了。从精神需求来说，由于独立董事多是学有所成的专家学者，他们非常顾及自己的名誉，不会因为报酬或津贴低而不顾原则和立场乱表态，但这种道德层面上的约束毕竟是软约束，作用有限，当独立董事所得到的利益高于道德损失时，他很有可能不顾自己的职责谋取经济上的利益。

（6）公司（股东、经理）与其他利益相关者（一般职工、政府、客户、消费者及社区等）。一般职工（除经理等高级管理人员之外的劳动力资源）其个体的目标为获得相应的工资报酬、劳动安全保障、相关的福利以及人身的自由权力等。政府的角色有两个方面：一方面政府是企业的出资者，那么其目标就等同于股东的目标；另一方面“作为行使社会管理职能的国家机构”，那么其目标在于：

1）“如果主要追求宏观经济（粗放式）增长，政府就会通过制定政策诱导企业追求产值；

2）如果主要追求税收增长，政府就会通过制定政策诱导企业主要追求利润，尤其是短期利润；

3）如果认为‘企业的发展也就是国民经济的发展’，从而奉行‘藏富于企业’的政策，政府就会诱导企业追求发展”。另外，政府作为全体民众意志的代表其根本目标还应在于维护全体民众的利益，保证所有公民（如企业的利益相关者）的权益不受侵害，因此，政府又是企业目标体系的主要协调者。

消费者的目标为获得“价廉物美”的产品或服务（这是就一般情况而言，具体可参照消费者行为学与市场营销学的讨论），产品的质量（包括售后服务的承诺等）就成为其对企业的首要要求。客户的目标是企业的诚信，以便维持长期的合作和伙伴关系。社区（公众）的目标是希望企业很好地履行其社会责任（企业对一般社会公众承担的责任），如环境保护、平等就业、节约资源、社会救济和教育投入等。

（三）企业目标与社会责任

企业的目标和社会的目标在许多方面是一致的。企业在追求自己的目标时，自然会使社会受益。例如，企业为了生存，必须要生产出符合顾客需要的产品，满足社会的需求；企业为了发展，要扩大规模，自然会增加职工人数，解决社会的就业问题；企业为了获利，必须提高劳动生产率，改进产品质量，改善服务，从而提高社会生产效率和公众的生活质量。

企业的目标和社会的目标也有不一致的地方。例如，企业为了获利，可能生产伪劣产品，可能不顾工人的健康和利益，可能造成环境污染，可能损害其他企业的利益等。

股东只是社会的一部分人，他们在谋求自己利益的时候，不应当损害他人的利益。为此，国家颁布了一系列保护公众利益的法律，如《中华人民共和国公司法》（以下简称《公司法》）《中华人民共和国反不正当竞争法》《中华人民共和国环境保护法》《中华人民共和国合同法》《中华人民共和国消费者权益保护法》和《中华人民共和国产品质量法》等，通过这些法律调节股东和社会公众的利益。

一般说来，企业只要依法经营，在谋求自己利益的同时就会使公众受益。

但是，法律不可能解决所有问题，况且目前我国的法制尚不健全，企业有可能在合法的情况下从事不利于社会的事情。因此，企业还要受到商业道德的约束，要接受政府有关部门的行政监督，以及社会公众的舆论监督，进一步协调企业和社会的矛盾，促进构建和谐社会。

三、财务管理的环境

财务管理环境，又称理财环境，是指对企业财务活动和财务管理产生影响作用的企业内外各种条件的统称。

企业财务活动在相当大程度上受理财环境制约，如生产、技术、供销、市场、物价、金融和税收等因素，对企业财务活动都有重大的影响。只有在理财环境的各种因素作用下实现财务活动的协调平衡，企业才能生存和发展。研究理财环境，有助于正确地制订理财策略。

（一）财务管理环境的分类

财务管理环境是一个多层次、多方位的复杂系统，系统内各部分纵横交错，相互制约，对企业财务管理有着重要影响。

1. 按与企业的关系分类

财务管理环境按其与企业的关系，分为企业内部财务管理环境和企业外部财务管理环境。

（1）企业内部财务管理环境是指企业内部的影响财务管理的各种因素，如企业的生产情况、技术情况、经营规模、资产结构、生产经营周期等。相对而言，内部环境比较简单，往往有现成资料，具有比较容易把握和加以利用等特点。

（2）企业外部财务管理环境是指企业外部的影响财务管理的各种因素，如国家政治形势、经济形势、法律制度，企业所面临的市场状况以及国际财务管理环境等。外部环境构成比较复杂，需要认真调查和搜集资料，以便分析研究，全面认识。

企业内部财务管理环境一般均属微观财务管理环境。企业外部财务管理环境有的属于宏观财务管理环境，如政治、法律制度等；有的属于微观财务管理环境，如企业的产品销售市场、企业资源的供应情况等。

2. 按变化情况分类

财务管理环境按其变化情况，分为静态财务管理环境和动态财务管理环境。

（1）静态财务管理环境是指那些处于相对稳定状态的影响财务管理的各种因素，它通常指那些相对容易预见、变化性不大的财务环境部分，它对财务管理的影响程度也是相对平衡的，起伏不大。因此，认清这些财务管理环境后，一般无须经常予以调整、研究，而是作为已知条件来对待。财务管理环境中的地理环境、法律制度等，属于静态财务管理环境。

（2）动态财务管理环境是指那些处于不断变化状态的影响财务管理的各种因素。从长远的观点来看，财务管理环境都是发展变化的，都是变化状态下的财务管理环境。这里所谓的动态财务管理环境，是指变化性强、预见性差的财务管理环境部分。在市场经济体制下，商品市场上的销售数量及销售价格，资金市场上的资金供求状况及利率的高低，都是不断变化的，属动态财务管理环境。在财务管理中，应着重研究、分析动态财务管理环境，并及时采取相应对策，提高对财务管理环境的适应能力和应变能力。

3. 按企业对财务管理环境因素的控制性

（1）可控制财务管理环境是企业经过努力能够影响、改变或部分改变的环境，企业内部财务管理环境均属企业可控制财务管理环境。

（2）不可控制财务管理环境指企业无法控制的财务管理环境，企业的外部环境很多都属于不可控制环境，如政治政策环境、社会文化环境等。

对可控制财务管理环境，我们应当充分利用各种手段与方法，营造有利于企业财务管理目标实现的环境；对不可控制财务管理环境，我们也应当采取一定的方法，识别和利用有助于企业财务管理目标实现的各种环境因素，规避不能控制的、不利于企业财务管理目标实现的因素。

4. 按包括的范围分类

财务管理环境按其包括的范围，分为宏观财务管理环境和微观财务管理环境。

（1）宏观财务管理环境是指对财务管理有重要影响的宏观方面的各种因素，如国家政治、经济形势、经济发展水平和金融市场状况等。一般来讲，宏观环境的变化对各类企业的财务管理均会产生影响。

（2）微观财务管理环境是指对财务管理有重要影响的微观方面的各种因素，如企业组织形式、生产状况、企业的产品销售市场状况和资源供应情况等。微观环境的变化一般只对特定的企业财务管理产生影响。

（二）宏观财务管理环境

财务管理的宏观环境，是指宏观范围内普遍作用于各个部门、地区的各类企业的财务管理的各种条件。

企业是整个社会经济体系的一个基层性的小系统，整个社会是企业财务活动赖以运行的土壤。无论是社会经济的变化、市场的变动，还是经济政策的调整、国际经济形势的变化，对企业财务活动都有着直接或间接的作用，甚至产生严重的影响。所以，宏观环境的研究是理财环境研究的重点。

财务管理的宏观环境十分广阔，包括经济、政治、社会、自然条件等各种因素，从经济角度来看主要有以下几个方面。

1. 经济环境

财务管理的经济环境是指影响企业财务管理的各种经济因素，如经济周期、经济发展水平和经济体制等。

（1）宏观经济发展水平。财务管理的发展和企业所处的经济环境中的经济发展水平密切相关。经济发展水平越高，财务管理水平的要求也就越高；相反，经济发展水平越低，对财务管理水平的要求也就越低。

发达国家经历了较长时间的资本主义经济发展过程，资本的集中和垄断已达到了相当高的程度，经济发展水平在世界上处于领先地位，这些国家的财务管理水平比较高。

发展中国家的经济水平不是很高，但都处在发展过程中。目前来看，这类国家的经济具有以下特征：基础较为薄弱、发展速度较快、经济政策变更频繁、国际交往日益增多。这类国家的经济特征一般表现为以农业为主要经济部门，工业特别是加工工业很不发达，企业规模小，组织结构简单，这就决定了这些国家的财务管理呈现水平很低、发展较慢、作用不能很好发挥等特征。

（2）宏观经济周期。经济周期是指经济运动沿着复苏、高涨、衰退、萧条这四个阶段周而复始的循环，又叫商业周期。

经济学研究发现，在市场经济条件下，经济一般不会出现较长时间的持续繁荣或持续衰退，经济总是在波动中发展，经济发展具有周期性。不同的周期阶段呈现出不同的经济状况，使企业微观的经济活动受到不同影响，从而使企业财务管理在不同的阶段遇到不同的财务管理问题。

经济发展的周期性，将影响企业的财务管理活动。例如，在高涨阶段，市场需求量大，购销活跃，企业利润上升，企业为了扩大生产规模和增加产量，需进行大量的筹资和投资工作；反之，在萧条阶段，整个经济大环境不景气，需求减少，投资锐减，生产萎缩，购销停滞，企业利润下降，而且极难筹到资金。因此，企业财务管理人员应对经济周期有全面的了解，做出科学的预测，预先根据各阶段的特点采取相应的财务政策和措施，以免到某一特定周期阶段真正来临时措手不及，从而导致财务管理被动，甚至受到损害或丧失机会。同时，要有居安思危的思想，例如要认识到经济高涨本身就孕育着衰退，不要在衰退将至时还进行大规模的投资，购买设备、材料和聘用工人。否则，会造成设备闲置、存货积压、工人待工、资金紧缺的困难局面。

（3）宏观经济体制。经济体制是指对有限资源进行配置而制定并执行决策的各种机制。现在世界上典型的经济体制主要有计划经济体制、市场经济体制以及介于二者之间的混合经济体制。

计划经济和市场经济都是资源配置的方式。计划经济即政府通过计划渠道配置资源。其机制是：政府计划部门在收集和掌握所需要的供求信息的基础上，做出有关资源配置的决定，并将有关计划指标下达给企业，决定企业生产什么、生产多少、如何生产、为谁生产。市场经济即以市场价格作为调节手段，支配资源的配置和使用。其机制是：生产者和消费者在充分竞争中形成价格，价格调节生产者的竞争性行为和生产什么、生产多少、如何生产以及为谁生产等方面的独立决策，从而在市场信号的调节下实现资源在各个生产领域的配置。

在什么条件下实行计划经济体制，在什么条件下实行市场经济体制，主要取决于资源配置效率目标的实现程度。这同调节对象的状况及调节者掌握的供求信息的准确性程度相联系。如果调节对象（企业）没有独立的利益，或者企业的利益同社会的利益完全一致，政府能掌握足够的供求信息，这时实行计划经济是最有效的。如果企业有独立的利益并自主经营，政府不能掌握足够的供求信息，这时实行市场经济是最有效的。我国目前正在着力建设社会主义市场经济体制，在市场经济体制下，企业筹资、投资的权力归企业所有，企业必须根据自身条件和外部环境做出各种各样的财务决策并组织实施。因此，在财务管理的内容上较为丰富，方法上较为复杂，对财务专业的要求也较为严格。

（4）具体的经济因素。除以上几点因素外，一些具体的经济因素发生变化也会对企业财务管理产生重要影响。这些因素包括：通货膨胀、利率、外汇汇率、金融市场、金融机构的完善程度、金融政策、财税政策、产业政策、对外经济政策及其他相关因素。这些因素的变化都会对企业的财务管理产生明显的影响。

1）通货膨胀。通货膨胀是经济发展中最为棘手的问题。价格不断上涨，不但对消费者极其不利，对企业财务活动的影响更为严重。大规模的通货膨胀会引起资金占用的迅速增加；通货膨胀还会引起利率的上升，增加企业的筹资成本；通货膨胀时有价证券价格会不断下降，给筹资带来相当大的困难；通货膨胀会引起利润虚增，造成企业资金流失。

2）利率波动。银行贷款利率的波动，以及与此相关的股票和债券价格的波动，既给企业以机会，也是对企业的挑战。

在为过剩资金选择投资方案时，利用这种机会可以获得营业以外的额外收益。例如，在购入长期债券后，由于市场利率下降，按固定利率计息的债券价格上涨，企业可以出售债券获得较预期更多的现金流入。当然，如果出现相反的情况，企业会蒙受损失。

在选择筹资来源时，情况与此类似。在预期利率将持续上升时，以当前较低的利率发行长期债券，可以节省资本成本。当然，如果后来事实上利率下降了，企业要承担比市场利率更高的资本成本。

3）技术发展。科学技术是第一生产力，是影响企业发展的第一要素。科学技术一日千里地向前发展，新技术、新设备不断出现，设备更新时间日益缩短。这也要求企业财务人员必须适应这种趋势，筹集足够资金，及时更新所需设备。

4）竞争。竞争广泛存在于市场经济之中，任何企业都不可回避。企业之间、各产品之间、现有产品和新产品之间的竞争，涉及设备、技术、人才、营销、管理等各个方面。竞争能促使企业用更好的方法来生产更好的产品，对经济发展起推动作用。但对企业来说，竞争既是机会，也是威胁。为了改善竞争地位，企业往往需要大规模投资，成功之后企业盈利增加，但若投资失败则竞争地位更为不利。

竞争是“商业战争”，检验了企业的综合实力，经济增长、通货膨胀和利率波动带来的财务问题，以及企业的相应对策都会在竞争中体现出来。

2. 金融市场环境

金融市场是指资金供应者和需求者双方通过某种形式融通资金达成交易的场所。而金融市场环境正是基于金融市场的特定规则而构筑的财务环境。

（1）金融市场的基本特征。

1）金融市场是以资金为交易对象的市场。在金融市场上，资金被当作一种“特殊商品”来进行交易。资金供应者直接或者通过中介人把资金让渡给资金需求者，并取得一定的信用工具（票据或有价证券）。财政资金的上划下拨，银行资金的内部调拨，都是无偿的。没有构成交易行为，不属于金融市场的范围。

2）金融市场可以是有形的市场，也可以是无形的市场。前者有固定的场所和工作设备，如银行、证券交易所；后者利用电脑、电传、电话等设施通过经纪人进行资金商品的交易活动，而且可以跨越城市、地区和国界。

（2）金融市场的功能。从企业财务管理的角度看，金融市场具有以下功能。

1）资金融通。该功能主要是通过短期资金市场发挥作用的。在短期资金市场上，资金的供给者通过在金融机构的存款或购买短期证券而运用自身闲置的货币资金；而资金的需求者为了解决季节性或临时性资金需求，向金融机构获取贷款或通过发行短期证券以取得资金，实现资金的融通。

2）资金筹措和投放。该功能主要是通过长期的资本市场发挥作用。企业筹措的资金来源主要有两种：一是筹措内部资金，如将税后利润用于再投资；二是筹措外部资金，即在资本市场上向资金的供给者筹措资金，如发行股票、债券等；企业也可以是这些交易中的买方，通过购买有价证券进行中长期投资以获取投资收益。

3）确定金融资产价格。金融资产购销活动的存在，导致了其定价的必要性。通常新发行的金融资产的价格是参照金融市场上的同类金融资产（如到期期限、风险等级、股票的市盈率等）的转售价格制订的。此外，在金融市场交易形成的各种参数，如市场利率、汇率、证券价格和证券指数等，是企业进行决策的前提和基础。

4）分散风险并转售。在金融市场的初级交易过程中，金融资产的购买者在获得金融资产出售者（生产性投资者）一部分收益的同时，也有条件分担生产性投资者的一部分风险。这样金融资产购买者本身变成了风险投资者，经济活动中的风险承担者数量的增加，减少了每个投资者所承担的风险量。在期货和期权市场，金融市场参加者还可以通过期货、期权交易进行筹资、投资的风险防范。在金融市场的再次交易过程中，金融资产的购买者可根据需要将未到期的金融资产转售出去，或用其交换其他金融资产。交易如此不断地进行，资金的筹措和风险的分散功能也在不断地完成。如果没有转售市场，企业就无法筹措到长期资金，所以，转售市场存在无论对于分散风险还是对于筹措资金都是非常重要的。

（3）金融市场的重要性。商业银行和各种非银行金融机构，是企业日常筹集资金、融通资金的主要来源。金融环境如何，对企业财务活动影响极大。银行各种贷款项目的设置、贷款条件的规定、利率的高低、浮动利率的实行等，直接影响着企业筹资数额的多寡和资金成本的高低。企业向社会筹集资金，往往要通过商业银行来进行，并接受中国人民银行的控制和指导。资金市场的发育程度，各种融资方式的开放情况，各种有价证券等金融手段的利用情况，承兑、抵押、转让、贴现等各种票据业务的开展程度，对企业资金能否搞活都有极大的影响。当银根宽松、融资条件较好时，企业应当充分利用有利时机，积极开展生产经营，适当扩大投资规模；当银行抽紧银根、提高贷款利率、采取紧缩政策时，企业就应寻求相应的对策。

在市场经济条件下，企业要通过各种渠道筹集资金，就需要充分利用金融市场。

（4）金融市场的分类。

1）金融市场按融资期限分，可分为短期的货币市场和长期的资本市场。凡期限不超过一年的为货币市场，超过一年的为资本市场。

2）金融市场按证券发行与流通分，可分为一级市场和二级市场。二级市场上的证券交易活动虽然并不增加社会的投资资金，但是该市场的存在使证券具有流动性，从而对新证券的发行起到推动作用。不能上市交易的证券对投资者是缺乏吸引力的。证券交易的二级市场的规范、繁荣和发展对一个国家来说，是至关重要的。

3）金融市场按交易方式分，可分为现货市场、期货市场和期权市场。在现货市场上买卖的资产通常当场交割，或在几天之内货款两讫，交割完毕。在期货市场上买卖的资产必须在未来某一特定的时点（如三个月之后）才能交割。交割结算时，不是按照交割时的行情，而是按照当初买卖双方签订期货合同时规定的价格执行。在期权市场上买卖的是资产交割与否的选择权，对于期权购买方来说，拥有一份在未来某一特定时点或未来某一特定时期，按规定价格交割资产与否的选择权，即期权购买方根据未来资产行情有权选择执行交割或放弃交割特定资产。

4）金融市场按交易区域分，可分为国际市场、国内市场和地区市场。国内市场或地区市场的业务活动限于一个国家或地区的个人、企业和金融机构，以所在国货币结算，不涉及外汇问题，受所在国或地区政府的管理和控制。国际市场的业务活动由于涉及众多国家，必须具备比较稳定的政局、比较稳定的货币制度、金融管制少、税率低、地理位置便利、具有较高的管理水平与效率等条件。除此之外，汇率的变动是国际市场业务活动中必须考虑的一项重要因素。

5）金融市场按交易种类分，可分为资金市场、外汇市场和黄金市场三大类，如图 1-4 所示。

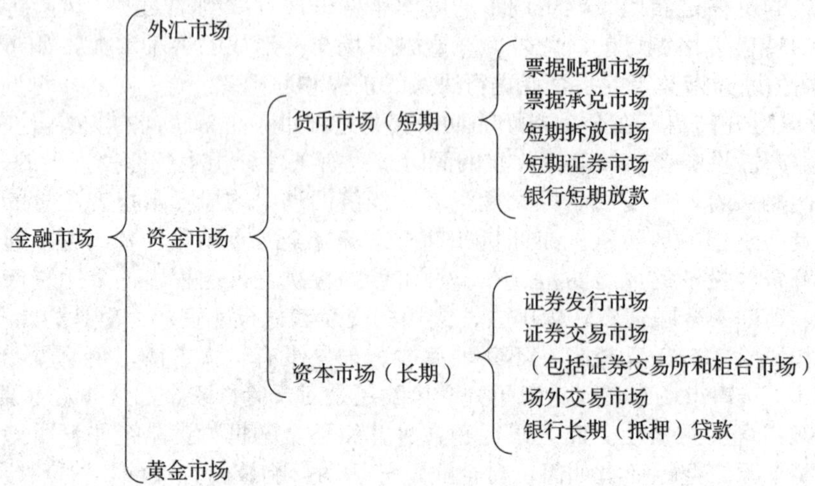

图 1-4　金融市场

（5）金融市场的要素。金融市场的构成要素有以下四个：交易对象、交易主体、交易工具和组织方式。

1）交易对象。金融市场的交易对象是指金融市场参与者进行交易的标的物，是市场的客体。在金融市场上作为交易对象的就是货币资金。无论是银行的存贷款，还是证券市场上的证券交易，实际上都是货币资金的转移。资金需求者希望通过金融市场筹集资金，而资金供给者则希望通过金融市场投资来获得投资收益。

2）交易主体。金融市场的交易主体是指在金融市场上进行金融交易的市场参与者，分为筹资者、投资者、中介机构和监管机构。筹资者一般是企业，其主要目的是通过金融市场筹集生产经营所需资金，如利用向银行借款、发行公司债券、发行股票等方式筹集资金。投资者可以是企业及其他单位，也可以是个人，其主要目的是将闲置的资金使用权转让给资金需求者，以获得一定利息或红利收益。中介机构是为金融交易双方提供中介服务的机构，其主要目的是通过提供中介服务收取服务费，如银行、证券公司等。金融市场的监管机构通常是政府机构，如中国银行保险监督管理委员会（以下简称银保监会）、中国证券监督管理委员会（以下简称证监会）等。它们保证金融市场正常运行，依法对金融市场的其他参与者进行监督，并通过有关法律手段、经济手段或者行政手段对金融市场进行宏观调节，稳定金融市场。

3）交易工具。金融市场的交易工具，或称金融工具，是指在金融市场上资金供需双方进行交易时所使用的信用工具。有了金融工具，资金交易双方的融通资金活动就更加方便和快捷。同时，金融工具作为合法的信用凭证，使交易双方的债权债务关系或者产权关系更加清晰，并能得到法律的保护。金融市场上的金融工具多种多样，主要包括各种商业票据、可转让定期存单、股票、债券、期货合约、期权合约等。在金融市场上，资金供需双方就是通过各种金融工具来实现资金融通的。金融工具具备流动性、收益性、风险性的特点。流动性是指金融工具在短期内可以不受损失地变现的属性。收益性是指金融工具的收益率的高低。风险性是指金融工具在变现时低于其原投资价值的可能性。金融工具的风险性与发行单位的信誉及经济实力相关，发行单位的信誉好，实力强则风险小，反之则风险大。上述三种属性是相互联系、相互制约的。流动性与收益性成反比，收益性与风险性成正比。现金的流动性最好，几乎没什么风险，但持有现金不能获得收益。股票的收益性较好，但其风险也较大。政府债券的收益性不如股票，但政府债券作为“金边债券”，其风险也远低于股票的风险，所以企业在选择金融工具时应进行权衡。

4）组织方式。金融市场的组织方式是指金融市场上资金供需双方采取的交易形式，主要包括交易所方式、柜台交易方式和中介方式等。交易所方式是在特定的交易所内进行的由买卖双方通过公开竞价实现交易的一种交易方式，如证券交易所等。柜台交易方式是在金融机构的柜台上进行金融交易活动的一种交易方式。中介方式是通过中介人，如经纪人等，进行的一种交易方式。

（6）金融机构。在金融市场中，金融机构在资金供给者和需求者之间起着至关重要的中介作用。由于各类金融机构职能上的差异，它们在金融市场上扮演着不同的角色。我国金融市场中的主要机构如下。

1）中国人民银行。中国人民银行是我国的中央银行，它代表政府管理全国的金融机构和金融活动，经理国库。其主要职责是制定和实施货币政策，保持货币币值稳定；维护支付和清算系统的正常运行；持有、管理、经营国家外汇储备和黄金储备；代理国库和其他与政府有关的金融业务；代表政府从事有关的国际金融活动。

2）政策性银行。政策性银行是指政府设立，以贯彻国家产业政策、区域发展政策为目的，不以营利为目的金融机构。政策性银行与商业银行相比，其特点在于：不向公众吸收存款，而以财政拨款和发行政策性金融债券为主要资金来源；其资本主要由政府拨付；不以营利为目的，经营时主要考虑国家的整体利益；其服务领域主要是对国民经济发展和社会稳定有重要意义而商业银行出于盈利目的不愿出资的领域；一般不普遍设立分支机构，其业务由商业银行代理。但是，政策性银行的资金并非财政资金，也必须有偿使用，对贷款也要进行严格审查，并要求还本付息、周转使用。我国目前有三家政策性银行：国家开发银行、中国进出口银行和中国农业发展银行。

3）商业银行。商业银行是以经营存款、放款、办理转账结算为主要业务，以盈利为主要经营目的的金融企业。商业银行的建立和运行，受《中华人民共和国商业银行法》规范。目前我国的商业银行主要包括中国银行、中国工商银行、中国建设银行、中国农业银行、交通银行、民生银行、光大银行、兴业银行、华夏银行、深圳发展银行、广州发展银行、浦东发展银行、招商银行、各地的商业银行等。目前这些银行许多已经是股份制银行（包括外资入股），甚至是上市公司；有的正在进行股份制改造。

4）非银行金融机构。目前，我国主要的非银行金融机构如下。

（a）保险公司，主要经营保险业务，包括财产保险、责任保险、保证保险和人身保险。目前，我国保险公司的资金运用被严格限制在银行存款、政府债券和投资基金范围内。

（b）信托投资公司，主要是以受托人的身份接受信托和处理信托事务的经营主体。其主要业务有经营资金和财产委托、代理资产保管、金融租赁、经济咨询以及投资等。

（c）证券机构，是指从事证券业务的机构，包括证券公司、证券交易所和登记结算公司。

a）证券公司，其主要业务是推销政府债券、企业债券和股票，代理买卖和自营买卖已上市流通的各类有价证券，参与企业收购、兼并，充当企业财务顾问等。

b）证券交易所，提供证券交易的场所和设施，制定证券交易的业务规则，接受上市申请并安排上市，组织、监督证券交易，对会员和上市公司进行监管等。

c）登记结算公司，主要办理股票交易中所有权转移时的过户和资金的结算。

（d）财务公司，通常类似于投资银行。我国的财务公司是由企业集团内部各成员单位入股，向社会募集中长期资金，为企业技术进步服务的金融股份有限公司。它的业务被限定在本集团内，不得从企业集团之外吸收存款，也不得对非集团单位和个人贷款。

（e）金融租赁公司是指办理筹资租赁业务的公司组织。其主要业务有动产和不动产的租赁、转租赁和回租租赁。

（7）金融资产。金融资产是在金融市场中资金转移所产生的信用凭证和投资证券，实质是一种索偿权（要求权），即提供资金一方对于接受资金一方未来收入和资产的一种“要求权”。货币是最明显的金融资产。除此之外金融资产还包括债务证券、权益证券和信用凭证。

债务证券包括政府债券、公司债券以及由商业银行发行的可流通存单。权益证券即为普通股股票和优先股股票。信用凭证如储蓄者将货币存入金融机构取得的存款凭证，该凭证代表储户对接受存款的金融机构的一种“要求权”。债务证券和权益证券是企业所拥有的金融资产，在公司的资产负债表上表现为负债及股东权益部分。

（8）金融工具。金融工具是能够证明债权债务关系或所有权关系并据以进行货币资金交易的合法凭证，它对于交易双方所应承担的义务与享有的权利均具有法律效力。金融工具一般具有期限性、流动性、风险性和收益性四个基本特征。

1）期限性是指金融工具一般规定了偿还期，也就是规定债务人必须全部归还本金之前所经历的时间。

2）流动性是指金融工具在必要时迅速转变为现金而不致遭受损失的能力。

3）风险性是指购买金融工具的本金和预定收益遭受损失的可能性，一般包括信用风险和市场风险两个方面。

4）收益性是指持有金融工具所能够带来的一定收益。

金融工具若按期限不同可分为货币市场工具和资本市场工具，前者主要有商业票据、国库券（国债）、可转让大额定期存单、回购协议等；后者主要是股票和债券等。

（9）货币市场。货币市场是融通短期资金的市场，包括同业拆借市场、银行承兑汇票市场、商业票据市场、可转让存单市场等。

1）同业拆借市场，也称同业拆放市场，指发生在银行与银行之间、银行与其他金融机构之间相互融通短期资金的一种金融市场。拆借的资金一般是短期的、临时性资金。同业拆借市场的产生，是源于银行之间相互调剂，后来为了轧平票据交换差额。现在，同业拆借已经不再限于这两个目的，各金融机构之间因业务经营需要，暂时短缺资金也进行同业拆借。

同业拆借市场是一个无形市场，没有一个特定的交易场所。交易双方是通过电话、电传等通信设备进行交易的，手续也极为简便，借款方不必提供担保抵押，成交后经双方书面确认后即可拨款。同业拆借的主要交易有两种：头寸拆借和同业借贷。

（a）头寸拆借是指金融同业之间为了轧平头寸、补足存款准备金或减少超额准备进行的短期资金融通活动。“头寸”一词原是旧中国金融业的习惯用语，是指资金或款额的意思。头寸拆借一般为日拆，拆借 1 天，都是在票据交换清算时进行的。银行在轧平当日票据交换差额时，有的收大于付，出现头寸多余；有的付大于收，出现头寸缺少。多头寸的金融机构要借出多余的资金生息，少头寸的金融机构要借入资金轧平差额。

（b）同业借贷，也称同业拆借，是指金融机构之间因临时性或者季节性的资金余缺而相互融通调剂资金所进行的资金借贷活动。同业借贷与头寸拆借的最大区别是融通资金的用途不同。所以，同业借贷的借贷资金数额较大，拆借期限也比较长，但最长不超过 1 年。同业拆借的利率有两种情况：一是由拆借双方当事人议定，不通过市场竞价；二是拆借双方借助中介人，即经纪商通过市场公开竞价来确定。但是，无论采用哪种方式，拆借利率都取决于拆借市场利率水平。一般来说，拆借利率低于中央银行的再贴现利率，有时也可能低于市场利率。

2）银行承兑汇票市场。银行承兑汇票是商业汇票的一种，它是应购货单位或销货单位的申请，由购货方或销货方签出，经银行在汇票上签章承兑的商业汇票。经过承兑的汇票具有法律效力。付款人到期必须无条件支付票款。汇票经过银行承兑，因银行的资信度比一般的企业好，所以，银行承兑汇票的信用较好，安全性极高。

银行承兑汇票市场是指银行承兑汇票的转让市场，即汇票贴现、转贴现、再贴现和买卖市场。改革开放以前，我国一直否认商业信用的存在，所以不存在票据承兑、贴现市场。从 1980 年开始，我国才进行票据承兑和贴现的试点。1984 年 12 月，中国人民银行公布了《商业汇票承兑、贴现暂行办法》，决定从 1985 年 4 月起在全国开展票据承兑、贴现业务。从此，票据承兑、贴现市场才逐渐得到发展。

贴现是指票据持有人将未到期的票据向银行换取现金，并贴付利息的一种票据转让行为。对于银行来说，票据贴现实际上是一种票据买卖行为。银行以现金买入未到期的票据，等票据到期时，再收回票款，这样就可以获取贴现利息。对于贴现企业来说，将未到期的票据提前兑现，满足了其资金需求，并且贴现利率一般低于银行贷款利率，也不需要向银行提供任何抵押品，是一种非常便利的融资方式。

贴进票据的银行如果不急需资金，一般都会将贴进的票据持有到期，然后收回票款。如果急需资金，也可将票据进行转贴现或再贴现。转贴现是指银行将已经贴进的、未到期的票据向同业再进行贴现的行为。转贴现实际上是同业之间票据的转让。再贴现是银行将已经贴进的、未到期的票据再转让给中央银行的票据转让行为。再贴现是中央银行对商业银行融通短期资金的一种形式，也是中央银行调节市场银根松紧的重要手段。

在西方国家，除了票据贴现外，还形成了票据买卖市场。银行汇票买卖市场是由汇票持有人、汇票交易商、汇票经纪人和投资者组成的一个票据交易市场，它是货币市场的一个重要组成部分。票据持有人可以直接将未到期的银行承兑汇票拿到票据交易市场上出售，投资者也可以向汇票交易商购买汇票进行投资。在票据交易市场上，汇票的价格不是依据票面计算的贴现价格，而是根据市场汇票供求情况、汇票承兑人的信誉等因素来决定买卖价格。

3）商业票据市场。商业票据，也称短期融资券或短期债券，是由大型工商企业或金融机构所发行的短期无担保本票。商业票据最初是由于商品交易而产生的，是商业信用的一种信用工具，它是以出票人为付款人的本票，由出票人承诺在一定时间、地点，支付给收款人一定金额的票据，它是出票人出具的短期无担保的债务凭证。早期的商业票据是一种双名票据，在票据上列明收款人和付款人的名称，由收款人持有，到期时向付款人收取款项，也可以在到期之前到票据贴现市场贴现取得款项。后来，商业票据已经不再局限于商业信用中使用，与商品交易分离，演变为单名票据，票据上不再列明收款人，出票人就是付款人，并逐渐成为金融市场上筹集资金的一种金融工具，即短期融资券。

商业票据的利率一般高于国库券利率，这说明其风险要高于国库券。通常商业票据的利率主要取决于市场利率水平，并受市场上商业票据供需关系的影响。与银行贷款比，商业票据筹资成本较低，所以较受企业的欢迎。

在西方国家，短期融资券市场发展较快。20 世纪 60 年代以后，工商界普遍认为发行短期融资券向金融市场筹集资金比银行借款方便，利率也低，并且不受银行信贷干预，所以，短期融资券市场迅速发展。目前，短期融资券已经成为许多公司融通短期资金的重要方式。我国近几年的短期融资券市场也发展较迅速。

4）可转让定期存单市场。转让定期存单是由银行发行的可以在货币市场上流通转让的定期存单。它是从普通的银行存单发展而来的，在西方已经成为货币市场上一种重要的金融工具。可转让定期存单既具有定期银行存款的收益，又具有活期银行存款的流动性，所以深受投资者欢迎，但在我国目前并不发达。

（10）金融市场上利率的决定因素。在金融市场上，利率是资金使用权的价格。一般说来，金融市场上资金的购买价格，可用下式表示：

利率 = 纯粹利率 + 通货膨胀附加率 + 风险附加率

1）纯粹利率。纯粹利率是指无通货膨胀、无风险情况下的平均利率。例如，在没有通货膨胀时，国库券的利率可以视为纯粹利率。纯粹利率的高低，受平均利润率、资金供求关系和国家调节的影响。

首先，利息是利润的一部分，所以利率依存利润率，并受平均利润率的制约。一般说来，利率随平均利润率的提高而提高。利率的最高限不能超过平均利润率，否则，企业无利可图，不会借入款项；利率的最低界限大于零，不能等于或小于零，否则提供资金的人不会拿出资金。至于利率占平均利润率的比重，则决定于金融业和工商业之间的竞争结果。

其次，在平均利润率不变的情况下，金融市场上的供求关系决定市场利率水平。在经济高涨时，资金需求量上升，若供应量不变，则利率上升；在经济衰退时则正好相反。

再次，政府为防止经济过热，通过中央银行减少货币供应量，则资金供应减少，利率上升；政府为刺激经济发展，增加货币发行，则情况相反。

2）通货膨胀附加率。通货膨胀使货币贬值，投资者的真实报酬下降。因此投资者在把资金交给借款人时，会在纯粹利率的水平上再加上通货膨胀附加率，以弥补通货膨胀造成的购买力损失。因此，每次发行国库券的利率随预期的通货膨胀率变化，它近似等于纯粹利率加预期通货膨胀率。

3）风险附加率。投资者除了关心通货膨胀率以外，还关心资金使用者能否保证他们收回本金并取得一定的收益。这种风险越大，投资人要求的收益率越高。实证研究表明，公司长期债券的风险大于国库券，要求的收益率也高于国库券；普通股票的风险大于公司债券，要求的收益率也高于公司债券；小公司普通股票的风险大于大公司普通股票，要求的收益率也大于大公司普通股票。风险越大，要求的收益率也越高，风险和收益之间存在对应关系。风险附加率是投资者要求的除纯粹利率和通货膨胀之外的风险补偿。

（11）资本市场。资本市场是融通长期资金的市场，包括中长期信贷市场和证券市场。中长期信贷市场是金融机构与工商企业之间的贷款市场；证券市场是通过证券的发行与交易进行融资的市场，包括股票市场、长期债券市场、基金市场、保险市场和融资租赁市场等。

1）资本市场基本功能。

（a）筹资功能。资本市场的筹资功能是指资本市场为资金需求者筹集资金的功能，这一功能的另一作用是为资金的提供者提供投资对象。在资本市场，尤其是证券市场中交易的任何证券，既是筹资的工具也是投资的工具。在经济运行过程中，既有资金盈余者，也有资金短缺者。资金盈余者为了使自己的资金价值增值，就必须寻找投资对象。在资本市场上，资金盈余者可以通过买入证券进行投资，而资金短缺者为了发展自己的业务，就要向社会寻找资金。为了筹集资金，资金短缺者可以通过发行各种证券来达到筹资的目的。

（b）资本定价功能。资本市场的第二个基本功能就是为资本决定价格。证券是资本存在的基本形式，所以，证券价格实际上是证券所代表的资本的价格。证券价格是证券市场上证券供求双方共同作用的结果。证券市场的运行形成了证券的需求者竞争和证券供给者竞争的关系，这种竞争的结果是：能产生高投资回报的资本，市场的需求大，其相应的证券价格就高；反之，证券的价格就低。因此，资本市场是资本的合理定价机制。

（c）资本配置功能。资本市场的资本配置功能就是通过证券价格引导资本的流动而实现资本的合理配置。在资本市场上，证券价格的高低是由该证券所能提供的预期报酬的高低来决定的，证券价格的高低实际上是该证券筹资能力的反映。而能提供高报酬率的证券一般来自那些经营好、发展潜力巨大的企业，或者是来自于新兴行业的企业。由于这些证券的预期报酬率高，因而其市场价格也就相应高，从而其筹资能力就强，这样，资本市场就引导资本流向其能产生高报酬率的行业或企业，从而使资本产生尽可能高的效率，进而实现资本的合理配置。

2）主要资本市场。

（a）股票市场。

a）股票发行市场，也称股票一级市场或初级市场，是组织股份公司发行股票的市场，包括新公司成立发行股票和老公司增资发行股票。股票发行市场是公司筹集资本的场所，公司通过在发行市场上发行股票，可以筹集到生产经营所需资金。股份公司决定发行股票的目的主要有：设立新的股份有限公司；增资扩股，扩大生产经营规模；其他目的，如发放股票股利、改善资本结构、筹资偿还借款等。

公司无论出于何种目的发行股票，都必须遵循国家有关法律法规，符合发行条件，并经主管部门批准，才能发行股票。发行股票时，必须按照公开、公平、公正的原则进行，同股同权，同股同利。同次发行的股票，每股的发行价格和发行条件应当相同。

b）股票流通市场，也称股票二级市场或次级市场，是已发行在外的股票进行买卖交易的场所。股票流通市场对于股东来说是非常重要的，因为股票不能偿还本金，股东只有通过流通市场将股票转让给其他投资者，才能收回本金。所以，股票发行必须以流通为前提，没有股票流通市场，股票市场就不是完整的市场。

（b）长期债券市场。

a）债券发行市场是债券发行人向投资者出售新债券的市场。债券的发行人主要有政府、金融机构、企业等。债券发行必须符合有关法律规定的发行条件，并按规定的程序发行。债券发行人在确定了债券发行额、债券期限、利率、发行价格及还本付息方式之后，就应当选择一定的方式发行债券。

b）债券流通市场也称二级市场或次级市场，是指已经发行的债券在投资者之间转让买卖的场所。债券流通市场为债券提供了交易场所，提高了债券的流动性，同时也为新的投资者提供了进行债券投资的机会。

（c）基金市场。基金市场是基金发行和流通的市场。基金又叫证券投资基金，是一种利益共享、风险共担的集合证券投资方式，即通过发行基金单位，集中投资者的资金，由基金托管者托管，由基金管理人管理和运用资金，从事股票、债券等金融工具投资，并将投资收益按基金投资者的投资比例进行分配的一种间接投资方式。不管是发达国家还是发展中国家，当其金融市场发展到一定程度、金融工具的种类和数量达到一定的水平时，基金就会适应市场运行的需要而得到相应的发展。

基金可以按多种方式分类。以是否可自由赎回，基金可以分为封闭式基金和开放式基金。封闭式基金是指基金的发起人在设立基金时，限定了基金单位的发行总额，筹集到这个总额后，基金即宣告成立，并进行封闭，在一定时期内不再接受新的投资。封闭式基金通常采取在证券交易所挂牌交易，投资者日后买卖基金单位，都必须通过证券经纪商在二级市场上进行竞价交易，在封闭期内不能赎回。开放式基金是指基金发起人在设立基金时，基金单位的总数是不固定的，可视投资者的需求追加发行。投资者也可以根据市场状况和各自的投资决策，或者要求发行机构按现期净资产值扣除手续费后赎回股份或受益凭证，或者再买入股份或受益凭证，增持基金单位份额。与封闭式基金不同的是，开放式基金投资者可以在首次发行结束一段时间后，随时向基金管理人员或中介机构提出购买申请，买卖方式灵活，除极少数开放式基金在交易所作名义上市外，通常不上市交易。

3）资本市场与企业财务管理。企业财务管理作为一门独立的学科形成较晚，到现在仅有百余年的历史。企业财务管理的发展总是伴随着市场经济的发展、企业规模的扩大和现代企业制度的建立以及资本市场的发展而发展。而同时，企业财务管理的发展又促进了资本市场的繁荣。资本市场的发展催生了企业财务管理学科的产生与发展。

（a）工业革命的结果，改变了传统的家庭作坊式的生产模式，企业生产向机械化、规模化发展。原来独资、合伙式已经不能适应规模化生产要求，公司制组织形式应运而生。公司制企业的最大特点是两权分离和可以募集大量的、单靠传统融资方式难以达到的资金而股东只需承担有限责任。从财务角度讲，企业财务管理重要性提高了，企业财务的角色也从后台走向了前台。每一个这样的企业面临发展中的最大问题就是如何筹集资金，可以通过什么方式（是股票、债券还是其他证券方式）筹集资金，以及如何规范企业的设立、经营、解散和破产等一系列传统财务不可能遇到的财务管理问题。

（b）1929 年的经济危机和证券市场的崩溃，更进一步促进了企业财务管理的成熟。1929 年的资本主义世界经济危机和证券市场的崩盘，造成了大量企业倒闭、破产，股价暴跌，而其中企业内部控制混乱、财务管理失控、财务信息虚假被认为是主要原因之一。为此，人们认识到企业财务管理不能仅仅考虑如何募集资金，还需更加关注资金募集后如何使用资金的问题。美国政府在 1933 年和 1943 年分别通过《证券法》和《证券交易法》，要求企业公布其财务信息，该财务信息产生必须遵守公认的会计准则的编制要求，并且要经过注册会计师的审计。同时，还进一步要求公司加强内部控制，确保资金的安全与完整。

（c）现代企业财务管理的形成与发展离不开资本市场的推动与发展。随着科学技术的进步，尤其是以信息技术为特征的科技革命，促进了资本市场的国际一体化、网络化。金融工具以及金融衍生工具层出不穷，市场中金融风险加大，企业财务管理中的风险也在增加，风险管理与控制、投资管理与控制得到了企业空前的重视，现代企业财务管理也正是在此背景下形成和发展的。企业财务管理研究内容向有效市场理论、投资组合理论、资本结构理论、证券估价理论、风险管理理论、市场微观结构理论发展，研究方法由描述性转向分析性，由定性方法向定量方法转变。

（d）公司制组织形态发展对资金量的需求，反而又促进了资本市场的发展。市场中存在资金需要者和资金供给者，他们均在为如何筹集资金和运用资金而痛苦。资本市场为他们提供了这样的中介环境，使他们能够通过资本市场实现资金的融通与转让。而且有价证券市场的发展，使以股票为表征的所有权流通与转让比以前任何时候更加便捷与快速，加强了资本市场中资金的流转，促进了资本市场资源配置功能的实现。

（e）现代企业财务管理理论的发展，也有利于资本市场的完善。如许多财务学理论是基于理想资本市场环境下存在的，如有效资本市场理论、MM 理论等，它为我们指出了资本市场发展的方向，有利于资本市场的完善。

3. 税收环境

国家的税收政策也是企业财务管理所必须面对的重要外部环境。税收是国家以政权为依托所进行的一种特殊分配方式，随国家政权的出现而出现，依法纳税是每个企业及公民的义务。由于企业实现的利润有相当一部分被政府以课税的方式拿走，企业财务管理的重要任务之一就是要进行精心筹划，合理避税。正如税差学派的重要代表人物之一的斯塔普里顿所认为的那样，现实的税收环境规定企业和投资者必须分别根据现金流量在利息、股利和留存收益之间的分配而缴纳税收，“正是由于税收差异，而并非是不确定性的存在，才最有可能引起资本成本成为财务政策的函数”“就是因为税收在处理负债和留存收益上存在不同，所以可能造成企业价值决定于企业的财务政策”。可见，税收制度在企业财务决策中扮演着重要角色。例如，是以资本利得的形式纳税还是缴纳企业所得税对企业更为有利，是发行债券以利息抵税还是以股票筹资给股东派现对企业更为有利，是以直线折旧以便使企业报表更“好看”还是用加速折旧以减少企业当前的纳税额，是使用像美国“S公司所得税”政策还是利用像我国的对新建企业“免二减三”的政策，等等，都涉及纳税筹划问题。以下以美国为例，列举对公司所得税有影响的有关因素：折旧；利息支出；股利收益；正常营业损失的递延；资本利得和资本损失；投资减税；公司所得税。

对跨国公司财务管理来说，还面临着各个国家不同的直接税和间接税。直接税有公司所得税、资本利得税，间接税有增值税、关税和预扣税等。此外还要付财产税、工薪税、印花税和注册登记税、消费税和未分配利润税。

税收制度在西方财务决策中扮演着无处不在的角色，不论个人财务管理或公司财务管理均需将税收的影响考虑在决策之内，所以，成功的财务管理者应清楚地了解税收制度并随时注意税法条文的更替。

4. 法律环境

财务管理的法律环境是指影响财务管理的各种法律因素。按照法规对财务管理内容的影响情况，可以把法规分为以下几类。

（1）影响企业融资的各种法规。企业融资是在特定的法律约束下进行的。影响企业融资的法规主要有公司法、证券法、金融法、证券交易法、经济合同法、企业财务通则、企业财务制度等。这些法规可以从不同层面规范或制约企业的融资活动。

（2）影响企业投资的各种法规。企业在投资时，必须遵守有关法规的规定。这方面的法规包括：企业法、公司法、企业财务通则、证券交易法等。这些法规可以从不同方面规范或制约企业的投资活动。

（3）影响企业收益分配的各种法规。企业在进行收益分配时，必须遵守有关法规的规定。这方面的法规包括：税法、公司法、企业法、财务通则、企业财务制度、企业会计准则等。这些法规都从不同方面对企业收益分配进行了规范。

5. 社会文化环境

社会文化环境包括教育、科学、文学、艺术、新闻出版、广播电视、卫生体育以及理想、道德、信念等理念。企业财务管理作为人类的一种社会实践，必然受到社会文化的影响。而社会文化的各个方面，对财务管理的影响程度是不尽相同的，有的具有直接影响，有的可能是间接影响；有的影响比较明显，有的影响微乎其微。

（三）微观财务管理环境

财务管理的微观环境也包括许多内容，如市场环境、采购环境、生产环境和企业类型等。下面概括介绍对财务管理有重要影响的几个方面。

1. 市场环境

每个企业所面临的不同市场环境也会影响和制约企业的理财行为。构成市场环境的要素主要有两项：一是参加市场交易的生产者和消费者的数量；二是参加市场交易的商品的差异程度。

一般而言，参加市场交易的生产者和消费者的数量越多，竞争越大；反之，竞争越小。参加市场交易的商品的差异程度越小，竞争程度越大；反之，竞争程度越小。

处于完全垄断市场上的企业的产品销售一般都不成问题，价格波动也不会很大，企业的利润稳中有升，不会产生太大的波动，因而风险较小，可利用较多的债务来筹集资金；而处于完全竞争市场上的企业，销售价格完全由市场来决定，被市场所左右，价格容易出现上下波动，从而导致利润波动，因而不宜过多地采用负债方式去筹集资金；处于不完全竞争市场和寡头垄断市场上的企业，关键是要使自己的产品超越其他企业的产品，创出特色，创出名牌，这就需要在研究与开发上投入大量资金，研制出新的优质产品，并做好广告，搞好售后服务，给予优惠的信用条件等，为此，财务人员要筹集足够的资金，用于研究与开发和产品推销。

2. 采购环境

采购环境又称物资供应环境，是指企业在市场上采购物资时涉及采购数量和采购价格的有关条件。

企业进行采购工作面临的环境，按物资供应是否充裕，可分为稳定的采购环境和波动的采购环境。前者材料资源相对比较充足，运输条件比较正常，能经常保证生产经营的需要，企业可以少储备物资，不过多占用资金。后者物资相对比较紧缺，运输不很正常，有时不能如期供货，为此企业要设置物资的保险储备，占用较多资金。

采购环境按采购价格的变动趋势，可分为价格可能上升的采购环境、价格平稳的采购环境和价格可能下降的采购环境。对价格看涨的物资，通常企业要提前进货，投放较多资金；而对价格看落的物资，则可在保证生产需要的情况下推迟采购，节约资金。

3. 生产环境

不同的生产企业和服务企业具有不同的生产环境，对企业的财务管理影响很重要。例如，高技术型企业对设备要求较高，那么在长期投资上的要求就比较高；而劳动密集型的企业则相反，企业可以较多地利用短期资金，而不需在长期资产上投资较多。

生产环境主要是指由人力资源、物质资源、技术资源所构成的生产条件和企业产品的寿命周期。

就生产条件而言，企业可分为劳动密集型、技术密集型和资源开发型的企业。劳动密集型企业所需工资费用较多，长期资金的占用则较少；技术密集型企业需要使用较多的先进设备，而所用人力较少，企业需要筹集较多的长期资金；至于资源开发型企业则需投入大量资金用于勘探、开采，资金回收期较长。

产品的寿命周期通常分为投入期（试销期）、成长期、成熟期和衰退期等四个阶段。无论是就整个企业而言，还是就个别产品而言，在不同寿命周期的阶段，收入多少、成本高低、收益大小、资金周转快慢，都有很大差别。进行财务决策，不仅要针对企业现在所处的阶段采取适当的措施，而且要瞻前顾后，要预见性地进行投资，使企业的生产经营不断更新换代，使企业经常保持旺盛的生命力。

4. 企业类型

企业的类型很多，按不同标准可作不同分类。这里，首先介绍按国际管理的标准划分的三种类型的企业组织形式，然后再介绍按其他标准划分的企业类型。

（1）按国际管理的标准划分的三种类型的企业组织形式及其对财务管理的影响。设立一个企业，首先面临的问题是要采用哪一种组织形式。常见的组织形式有三类：独资企业、合伙企业和公司。不同的企业组织形式对企业理财有重要影响。

1）独资企业。如果是独资企业，理财比较简单，主要利用的是业主自己的资金和供应商提供的商业信用。因为信用有限，独资企业利用借款筹资的能力亦相当有限，银行和其他人都不太愿意借钱给独资企业。独资企业的业主要抽回资金，也比较简单，无任何法律限制。

2）合伙企业。合伙企业的资金来源和信用能力比独资企业有所增加，收益分配也更加复杂，因此，合伙企业的财务管理比独资企业复杂得多。

3）公司。公司引起的财务问题最多，公司不仅要争取获得最大利润，而且要争取使公司价值增加。公司的资金来源多种多样，筹资方式也有很多，需要进行认真的分析和选择。公司的盈余分配也不像独资企业和合伙企业那样简单，而是要考虑公司内部和外部的许多因素。

(2) 按其他标准划分的企业类型及其对财务管理的影响。企业还可按其他标准进行分类，这些分类主要有：根据企业所属的部门可分为工业企业、商业企业、农业企业等；根据企业规模的大小可分为大型企业、中型企业和小型企业；根据所有权关系可分为国有企业、集体企业、个体私营企业、外商投资企业和股份制企业等；根据经营方式可分为承包经营企业和租赁经营企业等。

不同类型的企业，所处的财务管理环境也不同，对财务管理的影响也不一样。例如，我国为吸引外资，对外商投资企业给予了各种优惠，这是其他所有制企业所不具有的；国有企业可以大量吸收国家投资，而其他所有制企业则缺少这个优势；大型企业可以承担比较大的风险，而小型企业承担风险的能力较差；等等。

（四）财务管理环境的调查

为了掌握理财环境的过去、现在和未来，需要开展对理财环境的调查，包括对理财环境信息资料的收集、记录、整理和分析，并要存档保管，以待随时查阅。通过对理财环境的调查，系统地积累资料，可以随时据以研究分析，这对于搞好财务决策，及时调整财务策略很有帮助。

理财环境的调查是件复杂的工作，理财环境的因素不仅内容广泛，变化频繁，而且项目很不固定，难以做出规范化的描述，其中有的可以用数字指标做定量分析，有的只能提供具体情况作定性分析。所以，要根据环境因素的具体条件来开展工作。总的说来，对理财环境的调查要注意做到针对性（有的放矢地而不是漫无边际地收集资料）、时效性、真实性、准确性，还要注意具有保密性，有些信息资料只能由本企业独占，不能与其他企业共享。

理财环境调查的工作内容主要有：确定调查项目，拟定调查方案；收集各种信息，进行分类整理；做出调查结论，提出调查报告。

理财环境调查的方法多种多样，主要有询问调查法、实地观察法和资料分析法。询问调查法又称访问调查法，是一种对理财环境直接调查的方法。其特点是，直接接触采访对象，可以进行双向交流，随时向受访者提出问题，形式灵活，易于达到调查的目的。其具体形式主要有：电话查询；寄发征询意见表；登门拜访；召开座谈会。

采取这种方法由于要求被调查者直接表示意见，所以往往只能用于调查比较公开的信息，被调查者一般只能提供易于了解的信息。对调查人来说，则要求能善于发现问题、提出问题，做好引导启发工作。

实地观察法也是一种对理财环境直接调查的方法，即由调查人员到有关业务活动的现场通过观察收集理财环境的信息资料。这种方法的特点是：收集的资料准确性强，可信度高，比较直观，但费时较多，花费较大，且短时间观察难以获得预期的结果。因此要长期坚持，认真分析，从中找出规律性的变化。这种方法最适宜于用在到证券交易所观察交易情况，了解交易人和中间人的意向、兴趣、成交规模，取得第一手资料。

资料分析法则是一种间接调查方法，即由调查人员引用现有的书面资料，摘录有关所需信息，归纳分析，得出结论。书面资料包括：报纸、专业刊物、工具书、专业书籍、各种年鉴、广告、上市公司公开披露的财务报告等。资料分析法的特点是，资料来源广泛，信息量大，收集整理的时间和方式灵活，但是在浩瀚的书面资料中要筛选出对财务决策有用的信息，难度较大。

在理财环境调查中所收集到的信息资料，凡是能够量化的，要用实物数量或金额指标加以表示；凡是能够按项目、状态、等级、比率等标志加以归类的，要加以归类。同时要尽可能以图表方式加以列示，以便于积累和查阅。

四、财务管理的内容

（一）制订财务战略，发挥财务职能

财务战略是为了使企业能在较长时期内生存和发展，在充分估计影响企业长期发展的内外环境中各种因素的基础上，为达到财务目标而制订的指导财务活动的总规划和总原则，也就是对企业财务管理所作的长远规划，是围绕财务目标而实施的全局性的行动方案。它由战略思想、战略目标和战略计划三个基本要素构成，具体内容主要可以根据企业财务管理要素确定。作为企业发展战略的组成部分，财务战略可以分为紧缩型战略、稳定型战略和发展型战略三种类型，制约着企业财务活动的基本特征和发展方向。因此，在市场经济条件下，加强财务战略管理，对企业财务管理具有重要意义。

财务职能是指利用价值形式来组织财务活动，协调财务关系，为实现企业的发展战略和财务目标服务。发挥企业的财务职能，就是要做好财务预测、决策、预算、控制、分析、监督和考核等工作，充分发挥企业财务管理的组织、协调、配置和平衡的作用，正确处理好企业内部资源条件、外部经济环境和企业目标之间的平衡关系，并从动态平衡中求发展，促使企业顺利实现发展战略和财务目标。实践证明，财务职能越健全的企业，财务管理越有效，企业抵御市场风险的能力和市场竞争力也就越强。

（二）控制成本耗费，增加企业收益

企业收益是补偿成本耗费的来源，也是企业向投资者回报，改善职工生产条件和经济待遇，并实现企业扩大再生产所需资本积累的保障。为了实现利润最大化和企业价值最大化的财务目标，企业在市场竞争中需要努力开源节流，一方面采用先进的市场营销策略与手段，尽可能开拓国内、国际市场，扩大各项业务，以增加企业收益的来源；另一方面要开发自主知识产权，提高产品或服务质量，树立企业信誉，创造核心竞争力，以提高企业收益的质量；同时，建立激励与约束机制，调动职工发明创造和增收节支的积极性，控制企业收益流失。

企业为了获得各项收入，必然需要支付相关成本、费用，包括材料、人工等直接成本，销售及管理等各项费用以及依法缴纳的税金。企业在各项业务收入既定的情况下，成本消耗越少，企业收益越大。同时，相同产品的单位成本消耗越少，意味着其越具有市场竞争优势，更容易实现销售目标。因此，降低成本消耗，是企业财务管理的一项艰巨任务。企业通过革新生产技术，改进工艺流程，采用现代物流管理，实行存货决策控制，盘活各项闲置或者低效的资产，提高劳动生产率，实行必要的成本、费用管理责任制度，都可以降低材料、燃料消耗，减少资产损失和资源浪费，节约成本、费用，从而增加企业收益。

（三）合理筹集资金，有效营运资产

资金是企业运行的血液，一旦流量不足，企业就会出现财务危机，生产经营就会面临停顿，甚至导致企业清算。因此，筹集资金，组织资金供应，是企业财务管理的首要任务。企业应当根据自己生产经营和发展战略的需要确定合理的资金需要量，依法、合理地筹集所需要的资金。所谓“依法”，就是要在法律、行政法规和规章允许的范围内筹集资金。企业进行筹资活动，根据不同筹资渠道和方式，需要遵守的法律、行政法规和规章主要有《公司法》《中华人民共和国证券法》（以下简称《证券法》）《外汇管理条例》《贷款通则》等。所谓“合理”，就是要考虑资金成本因素，利用财务杠杆，选择有利的筹资渠道和可行的筹资方式，以尽可能低的资金成本及时筹集所需要的资金。

企业资金利用效果取决于资产是否有效营运。资产营运过程也是资源配置过程，主要包括现金流量管理与投资管理。企业对筹集的资金实行统一集中管理，按不同环节、不同业务的合理需要调度资金，有计划地安排现金流量，防止现金收支脱节。在组织财务活动

中，注意开展资产结构动态管理，保持资产与负债的适配性，结合生产经营的特点，合理安排采购业务，积极控制存货规模，及时回收应收款项，避免盲目投资，提高固定资产利用效能，推进科技成果产业化，实现知识产权的经济价值，从而不断调整和改善资产结构，提高资产质量，实现资源优化配置的效益。

（四）规范收益分配，增强企业活力

企业既是投资者获得投资回报的载体，又是经营者和其他职工提供劳动、创造价值并取得报酬的载体，还是依法缴纳税费的义务人。理顺企业与国家、投资者、经营者和其他职工之间的分配关系，建立有效的激励机制，对调动各方面的积极性，改善企业财务管理的内部微观环境，增强企业竞争能力和发展能力，具有重要意义。

现实生活中，一些企业虚盈实亏，满足了经营者和其他职工业绩考核和收入增长的需要，内部分配过分向个人倾斜，却侵蚀了投资者的权益。一些企业对拥有杰出管理能力的经营者和核心技术研发人员缺乏激励措施，导致企业人才流失，创新能力不足，市场竞争能力缺乏。一些企业虚亏实盈，实际控制人截留、隐瞒企业收益，任意支付奖励、提成、佣金等，中饱私囊，侵蚀国家税基，损害企业和普通职工的利益。一些经营者借企业改革之机，擅自实行股权激励，私分或者贱买企业资产，或者随意拖欠、扣发职工劳动报酬，损害其他相关利益主体的权益。凡此种种，导致财务关系混乱，最终恶化企业经营环境，损害了企业长远发展的利益，应当依法予以理顺。

（五）规范重组清算财务行为，妥善处理各方权益

企业重组清算，是在市场经济条件下实施扩张经营、战略收缩或者增强内力而进行的资本运作措施。这是企业适应市场变化而采取的行动。在扩张经营情况下，企业资本聚集，资产和经营的规模增加，现金流量增大，业务部门或者分支机构增加，财务风险和管理难度也随之倍增。在战略收缩情况下，企业资本减少，资产和经营规模萎缩，现金流量变小，还可能关闭、出售所属机构或者业务部门，甚至对所属企业实施清算，以退出某一市场领域。在增强内力情况下，企业对内部的业务流程进行再造，对内部机构和人员重新调整，对内部经济资源重新配置，以形成并提高企业整体竞争能力。

企业重组清算，不论是主动的，还是被动的，都必然产生一系列财务问题，引起现有利益格局的调整。因此，企业为了顺利实施重组清算，有效控制财务风险，应当妥善处理各项财务事项，维护国家、投资者、债权人和企业职工各方的合法权益。

（六）加强财务监督，实施财务控制

财务监督就是根据法律、法规和国家财经纪律以及企业内部财务管理制度，对企业生产经营活动和财务收支的合理性、合法性、有效性进行调节和检查，以确保企业遵纪守法地实现发展战略和财务目标。由于企业的生产经营活动必须借助于价值形式才能进行，因此运用现金收支和财务指标实施监督，可以及时发现和反映企业在经营活动和财务活动中出现的问题。财务监督为实施财务控制、改进财务管理、提高经济效益提供了保障，是企业财务管理的一项保障性手段。

财务控制就是以财务预算和制度规定为依据，按照一定的程序和方式，对企业财务活动进行约束和调节，确保企业及其内部机构和人员全面落实财务预算。其特征是以价值形式为控制手段，以不同岗位、部门和层次的不同经济业务为综合控制对象，以控制日常现金流量为主要内容。财务控制是企业落实财务预算、开展财务管理的重要环节。

（七）加强财务信息工作，提高财务管理水平

财务信息管理是国家综合经济管理部门和企业经营者运用现代信息技术和管理手段，对企业财务信息进行收集、整理、分析、预测和监督的活动。在企业财务管理中加强财务信息管理，就是要将计算机科学、信息科学和财务管理科学结合起来，对企业而言，在整合各项业务流程的基础上，对企业物流、资金流、信息流进行一体化管理和集成运作，从而加强财务管理的及时性、有效性和规范性，提高企业整体决策水平；对国家综合经济管理部门而言，加快企业财务信息收集、整理、分析过程，提高信息处理能力，及时监测企业经济运行状况，评估企业内部财务控制的有效性，更好地服务于国家宏观经济管理，并促进企业进一步改善财务管理状况，实现和谐健康发展。

财务信息管理，从计算机在财务中的运用，到建立财务业务一体化的信息处理系统，再到实现统筹企业资源计划，存在循序渐进的过程，需要具备一定的内外部条件。企业可以结合自身经营特点和所具备的客观条件，逐步推行信息化财务管理。主管财政机关要逐步完善企业财务信息体系，加强对企业经济运行情况的分析，探索建立企业财务预警制度，增强企业财务信息为宏观经济管理和决策的服务功能。

五、财务管理的要素

财务管理的六大要素包括：资金筹集、资产营运、成本控制、收益分配、信息管理和财务监督。

（一）资金筹集

筹集资金是企业生存和发展的必要条件，任何企业的诞生、存在和发展都是以筹集与生产规模相适应的资金为前提条件的。筹资的过程包括：首先根据企业投资规模和时机确定筹资数额，其次根据企业经营策略、资金成本和风险确定资本结构，然后根据筹资数额和资本结构确定资金来源，最后以合理和经济的方式、渠道取得资金。企业筹资必须遵循“规模适当、筹措及时、来源合理、方式经济”等基本原则。

（二）资产营运

资产营运是企业为了实现企业价值最大化而进行的资产配置和经营运作的活动。资产的营运问题，在进行资产结构动态管理的前提下，开展现金流量管理、资产合理利用、资源优化配置、资产规范处置与资产安全控制等。具体内容包括：企业资金调度管理、销售合同的财务审核以及应收款项管理、存货管理、固定资产管理、对外投资管理、无形资产管理、对外担保和对外捐赠管理、高风险业务管理、代理业务管理、资产损失或者减值准备管理、资产损失与资产处理管理、关联交易管理等。

（三）成本控制

成本直接影响企业的利润大小及职工的权益和福利，间接影响企业的社会责任和社会经济秩序。例如，管理者将企业的成本费用用于个人的不合理消费，就将减少企业的盈利，损害企业所有者的利益，逃避税收，损害国家的利益等。成本控制就是借助科学的方法，保障必需的支出，控制不合理的支出。具体内容包括：产品成本控制、期间费用管理、研发费用管理、社会责任的承担、业务费用的支付、薪酬办法、职工劳动保护与职工奖励、职工社会保险及其他福利、缴纳政府性基金等。

（四）收益分配

企业的净利润主要是分配给投资者和用于再投资两个方面。如何在这两者之间进行分配，构成了企业收益分配的基本内容。一个企业的利润分配不仅影响其筹资、投资决策，而且还涉及国家、投资者、经营者和其他职工等多方面的利益关系，涉及企业长远利益与近期利益、整体利益与局部利益等关系问题。收益分配的具体内容包括：企业收入的范围、股权转让收益管理、年度亏损弥补办法、利润分配项目和顺序、其他要素参与分配的财务处理。

（五）信息管理

财务信息既反映财务管理的结果，又为财务管理提供依据，实行信息化管理还可以提高财务管理的效能。信息管理可以通过评价企业的经营业绩、财务状况和现金流量，发现财务活动中存在的矛盾和问题，为改善经营管理提供线索；检查企业的预算完成情况，考核经营者的经营业绩，为制订合理的激励机制提供帮助；预测企业未来的风险和报酬，为投资者、经营者、债权人和政府部门的正确决策提供信息支持。因此，信息管理涉及企业财务信息管理手段、财务信息对内公开与对外披露、企业财务预警、财务评价等。

（六）财务监督

财务监督是企业财务活动有效开展的制度保障。它主要借助会计核算资料，检查企业经济活动和财务收支的合理性、合法性和有效性，及时发现和制止企业财务活动中的违法违规行为，保证法律、法规和财务规章以及企业内部财务制度的贯彻执行，维护财务秩序；及时发现并纠正预算执行的偏差，保障企业财务活动按照经营规划和财务目标进行；同时，监督经营者、投资者的财务行为，保护企业相关利益主体的合法权益，维护社会经济稳定。

需要说明的是，重组清算是市场经济条件下企业财务管理的重要内容之一，虽然可归入资产营运范畴，但是企业重组清算往往是企业非持续经营状态下发生的，因此应当将其作为特殊财务事项加以规范。可以说，财务管理六大要素与会计六大要素（资产、负债、所有者权益、收入、费用、利润）既有明显不同，也有一定联系：财务管理要素对会计要素的确认、计量、记录和报告产生影响，而会计要素的变动则量化反映着财务管理要素的状况。

六、财务管理的观念

（一）效益观念

取得和不断提高经济效益是市场经济对现代企业的最基本的要求。对现代企业来说，取得效益将意味着必须以低于社会必要劳动时间的劳动耗费来完成其生产经营活动过程；而经济效益的提高，则需要依赖于劳动时间的耗费与社会必要劳动时间对比关系的进一步好转。可见没有劳动时间的节约，就不可能有经济效益的产生和提高。从某种意义上讲，社会发展的动力来自劳动时间的节约，而劳动时间的节约是通过对人力、物力、财力的合理而节约的使用来实现的，即通过有效的财务管理来实现的，因此在财务管理方面必须牢固地确立效益的观念。效益观念的确立，有助于现代企业在符合市场需求的前提下，独立地做出有关决策，建立明确的财务目标，并通过市场竞争得以实现，自觉地增强企业自我改造、自我完善、自我发展的能力。效益观念的确立，要求企业必须做到：筹集足额资金，保证企业生产经营活动的需要；合理分配资金，节约资金占用，加速资金周转；开源节流，增收节支，处理好对企业生产经营活动的服务与管理的关系；强化机会成本观念，努力消灭各种闲置；努力保持目前经济效益与长远经济效益的统一；重视资金成本，合理确定负债结构，控制财务风险；创造条件计量各种潜在的损失并提前反映与补偿；利用发达的金融市场，力所能及地开展货币商品经营；树立企业良好的财务形象，保持企业优越的外部环境；注意研究税法，合理避税，推迟纳税时间；等等。

（二）风险报酬的理念

从财务的角度来看，风险主要是指无法达到预期报酬的可能性。由于投资者对意外损失的关注，一般要比对意外收益强烈得多，因而人们研究风险时侧重减少损失，经常把风险看成是不利事件发生的可能性，要求规避风险。

如果设定预计报酬率相同的两个投资方案，一个风险大而一个风险小，那投资者必然愿意选择风险小的项目投资。所有的投资者都是厌恶风险，并力求回避风险的。为什么还有人愿意进行风险投资呢？这是因为风险大的项目，可能带来较大的损失，也可能带来很高的额外报酬，这种报酬就称之为“风险报酬”。所以，风险报酬是投资者因冒风险进行投资而获取的超过货币时间价值的那部分额外的报酬，有时也称为“风险价值”。风险报酬在一般情况下用风险报酬率来表示，即将风险投资获取的超过货币时间价值的那部分风险报酬额除以原投资额所得的比率。投资报酬率就是无风险的货币时间价值率与风险报酬率之和。当然，其前提是通货膨胀率为零。

风险和报酬犹如影和形的关系，它们是相伴而生的，要取得报酬就会有风险，要求的报酬越高，风险就越大。

企业必须在财务管理中树立风险观念，通过风险回避、风险接受、风险转嫁、风险分散等手段，对企业财务活动的风险加以控制，以正确有效地实施财务决策。

（三）收益性与流动性相统一的观念

收益性与流动性是一对相互依赖、相互矛盾的概念，也是财务管理实践中必须树立的核心观念。从长期来看，两者是相统一的，要想取得长远的经济效益，就必须保持理想的流动性，以保证企业在动态的发展中不断清偿到期债务，只有如此，才能保持企业的长期收益性。但从目前来看，两者又是相互矛盾的，要想取得较强的收益性，则必须大量使用流动负债，大量形成流动性较低的长期资产，这样企业必然表现为资产流动性较低，偿债力较弱；反之，想要维持较高的流动性，企业必须保持较多的流动资产，或者维持较高的自有资本比率或较多的长期负债，超过合理的速动资产的闲置和资金成本较高的资金来源，必然降低企业的收益性。如何保持理想的收益性和流动性，是市场经济条件下企业必须要认真权衡的理财问题。建立正确的收益性与流动性观念，就是要求企业首先要具备有关收益性与流动性及其两者关系的正确观念，在此观念的指导下，正确处理企业的资产结构、资本结构及其两者的对称结构问题，以保持企业理想的收益性与流动性，实现收益性与流动性的统一，满足企业追求所有者权益最大化这一企业目标的要求。

（四）机会成本的理念

机会成本是一种假设成本，是指一项经济资源用于某一项目而丧失的该项资源用于其他某一项目可能获得的收益。

企业理财活动中处处存在着机会成本。例如，企业为了扩大销售而采取相应的信用政策，这就意味着有一部分销货款不能及时收回，要相应为客户垫付一笔相当数量的资金，这笔资金也就丧失了投资获利的机会，便产生了应收账款的机会成本。在日常理财活动中，企业持有现金也会产生机会成本。这是指企业持有现金有时虽可获得很小一部分利息收入，但若企业将这份现金进行投资，则可能像企业其他资产一样获得大致相同的利润率，若对外贷款也可获得按当时资本市场利率计算的利息收入。而企业选择了置存资金，即放弃了这些投资行为，便放弃了这些获利机会。此时置存现金的代价就是持有现金的机会成本，一般可用投资收益率来表示。一般认为，现金持有额越大，机会成本也越高。

如果企业在筹资过程中，把其自身的留存利润作为一种资金来源，也会产生相应的机会成本。另外，由于原来土地在我国不计价，因而企业利用其原占有的土地建设项目不会发生实际现金流量。但是，如果用这种土地使用权作为投资投入其他单位，如组建中外合资经营企业，就会形成该企业的无形资产投资，投资企业就可取得相应的报酬——税后利润。所以，在确定项目现金流量时，在特殊情况下应考虑这类不计价资产的机会成本。

从以上分析可看出，企业理财活动中处处存在着机会成本，为此，我们应牢牢树立机会成本理念。树立这一理念，要求我们在决策时不仅要考虑一项资源投资于某项目所能获得的收益，同时还要考虑该项资源如果用于其他项目可能获得的收益（即机会成本），并把这种丧失的收益作为运用资源的代价。只有考虑了机会成本后的净收益才能作为方案选择的依据。也只有在这一理念指导下，企业才能更合理有效地运用资源，才能不断提高自身经济效益，并使社会资源能达到最优配置。

（五）战略管理理念

1. 现金流量理念

现金流量和自由现金流量在公司战略管理中具有重要地位。

已有大量的证据显示，按财务报告披露的利润所分配的收益与股票价格变动之间缺乏联系，而一些国际大公司的股价与其现金流量之间却存在着显著的高度相关性。欧洲的一项研究显示，股价变动与每股收益的相关度为 -0.01，而与资本现金回报率的相关度则是 0.77。因此，欧美国家的投资者对公司的评价更多的是基于所报告的现金流量，而非盈利情况。这一趋势在日本也已出现。有人甚至提出“现金流量至尊”之理念。许多跨国公司将其经营重心转向那些其带来的现金流量回报超过其资本成本的投资组合。可以看出，基于现金流量的投资回报已经成为与股东财富或公司价值密切相关的新概念，并已成为公司发展战略和财务战略的战略规划结合点。

2. 价值创造理念

确保公司内部每一个层面的决策过程都与股东财富最大化的原则相吻合，是一流财务管理人员必须具备的技能。从成功的经验来看，当股东财富最大化成为公司追求的目标之后，以价值为基础的管理（Value Based Management，VBM）已经成为财务管理人员必须具备的财务理念。因为 VBM 涉及对自由现金流量、风险和时间的调整与分析，可以促使公司的财务管理从短期的利润视角到长期的价值创造之观念更新；可以引导公司管理当局直接面向股东，从而对整个公司的财务支持系统之运作产生深刻的影响。

可见，VBM 将公司及其设计者——财务管理人员引入了一个完全不同的境界，促使公司的财务管理发生了质的变化，初步形成了面向 21 世纪的财务管理模型：①从增量评估转变到以价值为基础的战略评价；②从追求单一的利润目标转变到与股东财富价值和公司价值有关的每一价值动因的目标；③从对传统的职能结构进行管理转变为以价值为中心进行管理；④促使会计工作从提供历史成本的信息转变为提供价值预测的报告。

3. 成本领先理念

企业经营范围广泛，为多个产业部门服务，甚至可能经营属于其他有关产业的生产。企业的经营面往往对其成本优势举足轻重。成本优势的来源因产业结构不同而异。它们可以包括：追求规模经济、专利技术、自动化组装、原材料的优惠待遇、低成本设计、有利于分摊研制费用的销售规模、低的管理费用、廉价的劳动力和其他因素。追求低成本的生产企业地位不仅仅需要向下移动学习曲线，而是必须寻找和探索成本优势的一切来源。典型的低成本生产厂商生产标准化或实惠的产品，并且要在强调从一切来源中获得规模经济的成本优势或绝对成本优势上大做文章。

成本领先理念是企业最普遍最通用的竞争战略之一。

成本领先的理念一般要求企业成为行业内的成本领先者，而不是争夺这个位置的众多企业中的一员，如果在实行该理念时未能认识到这一点，那么在理念上将会铸成大错。渴望成为成本领先的企业绝对不止一家，它们之间的竞争通常是极激烈的，因为每一个百分点的市场占有率都被企业认为是至关重要的。

成本领先理念的关键在于其成本上的领先地位来取得竞争的优势，这与在市场销售上采取的低盈利低价格的策略是截然不同的。成本领先理念的成功取决于企业日复一日地实际实施该理念的技能，还取于管理层对其的注意程度。实行成本领先的理念时，需要我们常常注意下面的一些错误的导向。

（1）重视生产成本而忽视其他：成本的降低使人首先联想到的就是生产成本的降低，但多数的时候生产成本只是总成本的一部分而已，在我们重视降低生产成本的同时，还需要认真地审视一下产品的整个成本链，这往往成为成本降低的重要步骤。

（2）将采购视为次要的部分：采购是成本降低过程的最重要的环节之一，所以视采购为次要的职能，也不要将采购分析限制于某些重要的方面。

（3）忽视间接的及小的活动：在实行成本领先理念时，不要将眼光放在能够产生大的降低或直接反应的方面上，而忽视占成本小部分或只有间接关系的部分，要知道小的降低能够累积为大的领先。

（4）对成本驱动因素的错误理解：企业常常会错误地判断其成本驱动因素，如全国占有率最高而又是成本最低的企业，而错误理解为市场的占有率能够推动成本的降低。错误的理解导致产生错误的行动。

（5）成本领先与产品特色的取舍：如果企业的产品在顾客面前表现为具有特色的产品，那么在实行成本领先理念时就必须充分地考虑这一点，在某些时候，成本的降低可能会影响产品的某些特色，降低成本还是让产品保持特色，这时需要深思熟虑。

（六）全方位、多层次理财观念

财务管理不仅仅是财务部门的工作，而是应由各部门、各单位和全体员工广泛参与的工作，是全方位的管理。从理财层次看，企业基本上可分为三个层次。

1. 主管层理财

这一层次包括公司董事长、总经理、财务副总经理和其他副总经理。该层理财的常设办事机构是企业总部的财务部。这一层次是企业理财的领导层，担负着确定企业财务组织机构设置、内部财务管理体制制订、财务总体目标决定、财务战略决策、财务调控的组织和财务考核与奖罚等职责。该层次理财活动主要应由企业总经理与财务副总经理负责组织领导。

2. 分管层理财

分管层理财指企业采购、生产、营销、动力、人事等职能部门的理财。这一层次是企业理财的中间层，介于主管层和基础层之间，担负着对分管部门财务组织机构（或专门核算人员）的设置、分管财务管理制度的制订、分管财务目标的分解与监控等职责。该层管理活动由分管部门经理负责进行，其办事机构（或人员）为分管部门的财务机构（或专职人员）。

3. 基础层理财

基础层理财指企业具体进行生产经营活动的基层单位（如车间、采购组、库房、营销组等）的理财。这一层次是企业理财的基础，担负着基层财务专职或兼职人员的设置、财务考核目标的具体落实与组织实现，以及基层财务制度的制订等职责。

企业理财的三个层次，从纵向看是财务管理总目标与分目标的层层分解、落实与组织实施，从横向看是各分管部门或各基层单位之间围绕财务管理总目标实现的分工合作关系。三个理财层次紧密联系、相互依存、相互制约，构成企业完整的理财体系，这要求企业各级领导与员工树立整体理财意识。

（七）市场竞争观念

市场经济是通过竞争实现资源优化配置的经济。竞争是市场经济的基础法则，竞争促使现代企业在价值规律的作用下寻求更有效的经营方式和更有利的经营方法。就现代企业财务管理而言，竞争为其创造种种机会，也形成种种威胁。在市场经济体制环境下，价值规律和市场机制对现代企业经营活动的导向作用不断强化，无情地执行着优胜劣汰的原则。市场供求关系的变化、价格的波动，时时会给现代企业带来冲击。市场竞争观念要求财务管理活动中要一切从市场的要求出发，一切考虑市场的评价效应，一切服务于市场和忠诚于市场，财务管理活动要“从市场中来，到市场中去”。具体要做到：在政府的有关财务方针政策符合市场规则的前提下，企业财务管理活动必须遵循市场管理规则，亦即遵循政府的方针政策；企业要研究金融市场，熟悉金融市场，以便从金融市场中筹措资金；企业的资金结构安排要考虑市场评价的效应；企业的股利分配政策要考虑对股市的影响；企业财务状况和经营成果的好坏，由市场来评价；为提高和保持企业的市场竞争能力，必须贯彻财务信息“公开性和保密性并重”的原则；从市场中培养财务形象，以良好的财务形象取信于市场等。总之，要在进行充分的市场调查和市场预测的基础上，强化财务管理在资金筹集、资金投放、资金营运及收益分配中的决策作用，并在市场竞争中增强承受和消化冲击的应变能力，不断增强自身的竞争实力。同时根据对外开放的基本国策，要进一步吸收外资和吸收外国先进的管理方法和先进技术，有选择地借鉴国外财务管理中的科学、合理的经验，掌握现代化的财务管理手段和方法，通过参与国际竞争来求效益、求发展。

（八）资金时间价值观念

一定量的资金在不同的时点上具有不同的价值。今天一定量的资金大于未来同量的资金，资金在周转使用中由于时间因素而形成的差额价值，我们称之为资金的时间价值。

资金时间价值观念要求企业高层与中层管理人员在筹资时要考虑资金成本的高低，要尽可能选择资金成本较低的筹资渠道去筹资。一般而言，应以银行贷款利率或国债利率为参照，不宜偏离过多。在投资时，必须采用净现值、现值指数、内部报酬率等指标进行可行性分析，要求投资收益率大于资金成本率，否则会造成公司的严重亏损。如果预期投资收益率比银行贷款利率还低，意味着企业如果以贷款资金进行投资，将来收益不足以支付银行利息，这种投资方案应该否决。用这种观念指导理财，就是处处要从提高经济效益出发去考虑生产经营活动的进行，不可盲目扩大生产经营规模，片面追求产值，要把企业发展速度与效益很好地统一起来。要提高效益，就要敢于参加市场竞争，采取正确的经营战略，在竞争中不断取得胜利。

在财务管理活动中，树立正确的资金时间价值观念，要求我们必须做到以下几点：节约资金使用，加速资金周转，以减少闲置资金的时间价值损失；以现值观念来研究未来资金流量；以资金时间价值或资金利润率来研究各种闲置资产的机会成本；以资金时间价值为基础来研究资金成本和投资收益率的组成；以资金时间价值来研究资金成本和投资收益率的高低；必须十分重视资金成本的计量的利用，等等。

（九）预算观念

现代化大生产与大经营，要求严密的分工与合作，加强内部控制，从而需要预算作为控制的标准。现代市场经济社会中企业经营的复杂性和多变性，给企业造成了各种各样的风险，预算管理是预防和应付风险的重要方法，也是提高企业管理水平的重要环节。市场经济越发达，企业对管理水平提高的要求越强烈，预算管理将越得到重视。从一定程度上说，一个企业预算水平的高低决定了一个企业管理水平的高低，预算管理水平集中代表了企业的管理水平。所谓预算观念，就是要求企业在任何的经营活动和理财活动开始之前，都要编制详尽的预算，编制的各种各样的预算要全面和相互联系，编制预算的方法要科学合理，根据企业在每一时期的实际情况，要突出预算编制的重点。

（十）资本价值管理

以金融市场为主导和以现代企业制度为主体的现代市场经济的完善和发展，导致企业目标由追求利润最大化发展到追求综合程度更高的企业资本价值（企业价值）最大化。企业价值最大化是通过企业合理经营，采用最优的财务决策，在考虑货币时间价值和风险报酬的前提下，使得企业整体价值最大化，进而使股东财富最大化。资本价值管理成为占主导地位的公司理财的新理念和新模式。

1. 现代经营环境下的“资本”观念

（1）资本保全观念。资本保全是计量企业经营成果必须遵循的财务原则。树立资本保全观念，就是要求企业收益的计量都应以不侵蚀投入资本为前提，只有在原始资本得到维持、保全和成本得已弥补的情况下才能确认收益。在市场经济条件下，资本风险的收集、加工、处理系统的建立，风险控制防范系统的建立、资本风险的转嫁、回避乃至消灭，均已成为企业理财理论和实践的重要内容。

树立资本保全观念，不仅要坚持财务资本保全与实物资本保全观念相统一的观点，还要注重无形资产保全，如人力资本的保全、技术资本的保全。为此，要求企业在财务核算和监控工作中，必须强调所有者投入资本的安全性，必须建立资本金制度；企业在持续经营过程中发生的损失只能作为当期损益处理，不能随意冲减资本金。

（2）资本增值观念。资本增值是在资本保全的基础上实现的，它是指在充分考虑了资本保全与资本保值基础上的资本增值观念。

资本增值也叫净收益，是指企业净资产减去投入资本的差额，用公式表示如下：

资本增值 = 资本公积 + 盈余公积 + 未分配利润

本期资本增值额 = 期末所有者权益额 − 本期新增净投资 − 期初所有者权益

本期资本增值率 = 本期资本增值额 /[（期初所有者权益 + 期末所有者权益）/2]

资本增值的核心是努力提高企业的经营效益，企业经营效益是资本保值的基础和资本增值的源泉。为此，在日常财务管理中，应将企业经营业绩标准确立为资本价值的最大化，即实现资本价值的不断增值。

（3）资本经营观念。任何企业都必须拥有资本，才能实现某一具体的生产活动或经营活动，生产经营只是资本经营的实现手段，企业经营的目的就是要追求资本价值的最大化。资本经营以价值管理为特征，通过企业全部资本和生产要素的优化配置和产业结构的动态调整，对企业的全部资本进行综合有效的运营。

资本经营包括两个层次的含义：一方面是通过市场对资本进行买卖；另一方面是通过对资本使用价值的使用，实现资本的增值。从这两个层次的剖析可以看出，第一个层次偏重于“重组”，而第二个层次则偏重于“经营”。

企业在其资本经营活动中，必须抓好四个方面的工作。

1）强化对资本的使用和管理。在使用和管理资本方面，既要考虑存量资本的转向问题，又不能忽视增量资本的投向和投量问题；必须要按市场经济的规律来解决资本的投向和资本集中问题，企业的一切生产经营活动都应围绕着企业的法人财产权开展营运。换言之，在现代企业制度中，企业法人财产组织制度的建立，是企业资本管理的重要实现形式。因而，必须确立起企业的产权管理制度，包括资本的投向和投量，优化资本结构，处理好资本的投入产出关系及其相应的资产经营考核指标和监督约束等内容的制度建设上来。

2）有效地对资本进行营运。企业对其法人财产权的营运，是要做到以最小的投入获取最大的产出，提高营运质量。资本营运的核心是资金的运行，而资金的运行速度在相当大的程度上决定着资本的增值状况。对于政府来说，要提高对资本市场的驾驭能力，要通过与产业政策配套的财政政策、货币政策、收入政策、消费政策等去引导企业通过联合、并购等方式实现资本的更大规模，以增强整体的经济实力。

3）着力于资本运行质量的提高。提高资本运行的质量，主要包括两个方面的含义：一是资本结构要合理，二是资本有机构成要提高。资本结构的优化，既有宏观方面的要求，也有微观方面的需要：从宏观上看，是整个社会资本的调动和运用；从微观上看，主要是债务资本与权益资本的关系。资本结构问题是理财决策的一个重要内容。资本有机构成的提高，主要是要求资本的技术含量要扩大，企业的劳动效率要提高。

4）重视资本的组织与来源。企业对资本的组织，包括企业要选择资本的来源，要有吸纳资本的能力，要确定聚集资本的方式，进而还存在着资本结构的决策问题，不断使企业资本得到扩张和实现资本效益的最大化。

（4）资本价值观念。树立资本价值观念，就是要求在企业管理工作中以“资本价值”为中心。广义的资本价值概括了所有可以价值化的企业资源；狭义的资本价值是指企业资本的价值。管理的实质内涵就是要在企业管理中发挥人力资本的作用，充分利用企业的各项资源，将其转化为可以带来增值的价值资本，激励员工在资本经营与商品经营中实现最大限度的资本增值。

树立资本价值观念，有助于协调企业价值管理部门与其他管理部门的关系，促进企业各有关部门的共同发展。从发展的眼光看，资本价值观念是与现代财务相适应的。以社会化大生产、市场经济为基础形成与发展起来的现代企业理财，与金融市场体系和企业制度的形成密不可分；而现代理财理论则是以资本价值管理为基础的，包括投资组合理论、资本资产定价模型、资本结构理论、股利政策理论等。事实上，资本价值观念已经渗透到了现代企业理财的各个方面。

资本经营观念对于我国国有企业的财务总监来说，其最重要的应用价值就是要树立国有资本的价值化管理观念。

2. 新的理财模式——资本价值管理

资本价值管理模式已逐渐成为现阶段最时尚的企业理财模式。

(1) 强调资本价值观念的作用。资本价值管理所体现的是一种以“财务管理为中心”的内在要求，或者说，强化企业资本价值管理就是要在企业商品或资本经营中围绕资本价值实施科学管理。

对于企业来说，强调资本价值观念所起的作用如下。

1) 资本价值管理具有广阔的包容性，它使企业财务管理所涉及的范围得到扩大，使企业的财务管理与企业其他各项管理工作相互融合。企业的整个经营活动过程本身就是资本价值的运作过程，资本价值管理活动就是要对以物质形态体现的资金运行过程进行管理，其最终目的是要实现资本价值增值和企业价值的最大化。

2) 资本价值管理扩展了财务管理的对象，使其不再局限于传统的资金运动，而是转向企业的整个价值管理活动，并涉及资本市场、金融等领域。

3) 资本价值概括了所有可以价值化的资源，促进了企业综合管理水平和资源利用能力的提高。

(2) 资本价值型管理模式的主要特征。

1) 在管理核心上，强调以现金流量管理为中心。资本价值管理作为企业财务管理中心论的集中体现，在于它极为关注企业的现金流量；筹措并有效使用资金，合理控制现金流量，实现企业资本价值最大化，是资本价值管理的中心内容。

围绕现金流转中盈利性与流动性相统一的原则，现金流量管理的核心地位与作用体现在以下几方面。

(a) 现金流量与投资决策。实施资本价值管理，企业需要采用多种不同的资本运作方式，例如资本的组合与裂变、多元化经营、优化资本结构等，都是以资本经营为主线，通过用足资本、用活资本来提高绩效，提高价值。为此，在投资决策中，不仅要考虑资本总额、成本、利润等指标，而且需要考虑时间价值、风险价值、财务政策等多方面因素，需要加强对现金流量的预测，并将其作为投资决策可行与否的评判标准。

(b) 现金流量与融资决策。在资本价值管理条件下，企业资本的增值一定程度上取决于资本结构的调整和优化。融资决策决定着企业的资本结构，这就不可避免地涉及资本成本等因素，需要权衡现金流入量和流出量。

(c) 现金流量与股利分配。股利支付决策需要确定股利的支付比率，即发放股利的现金与留用现金的比例关系，本质上仍然是现金流量问题。

(d) 现金流量与现金预算。现金预算是现金流量管理的主要内容，企业的资金运用具体表现为资金的筹集、运用和分配，现金流入和流出则是其综合表现形式。

(e) 现金流量与资金控制。资金控制是对企业资金的取得、投放、使用和分配等环节的控制。以资金控制为主要内容的企业财务控制，应以现金流量管理为基础，通过保持合理的现金流量，以足够的现金流出量去获得现金流入量，将多余的现金流入量转化为现金流出量。如此循环往复，最终实现资本价值最大化的目标。

2）在具体管理工作上，要求以成本管理为基础。以成本管理为基础，就是要求在具体的企业管理工作中，必须合理组织和管理生产成本，努力降低成本消耗。降低成本的基本途径包括抓增产降成本、抓科技进步降成本、抓节能降成本和抓内部管理降成本等。

企业成本管理应达到以下三个目标。

第一，努力降低成本，它应以不影响整个企业的收入为前提。

第二，充分发挥成本的效能，在成本管理中要尽可能避免无效的成本耗费，使成本的效用得以最大限度的实现。

第三，以增加相应收益为前提，适度地、有针对性地增加某些成本。

3）在管理理念上，坚持以人为本，强调激励功能在企业管理中的运用。人本管理要求将对人、对物、对事的管理紧密集合起来。在资本价值管理条件下，企业的各项价值管理工作需要借助于具体指标的分解，并落实到各个车间、班组、职能部门以及个人才能实现，由此可见人本管理与资本价值管理是密不可分的。

激励是人本管理的主导方式，它主要由目标、领导、情感、榜样、奖惩、物质等要素构成，办好企业的根本就是要充分调动人的积极性，注重激励在人本管理中的作用。

（3）资本价值管理的主要内容。与上述特征相适应，资本价值管理模式的主要内容如下。

1）在资金管理权限上，实行适度集权的模式。一般地说，若管理对象结构复杂，布局分散，管理者本身控制能力弱，宜采取集权型管理；反之，则采取分权型管理。对于我国大多数国有企业来说，一方面，集团企业规模较大，业务领域较宽，分支机构数量和级次多，地域分布广，内部经济关系较为复杂；另一方面，管理者的素质不高，对财务控制机理的熟悉和重视程度不够，控制手段和方法较为原始，控制机制相对比较薄弱。在这种情况下，宜采用集权模式配置资金权力。

资金集权化管理的基本思路是集中财权，强化管理。其具体操作是将一些重大的财权包括资金调度权、资产处置权、投资权、收益分配权和财务人员的任免权等按现代公司治理结构的要求进行配置，特别是在经理层层次要处理好总经理和财务总监的财务支出联签问题。在一个独立的企业内部，尤其是集团公司，资金的集中管理不仅必要而且十分重要，它是提高企业资金效益、实现资本价值管理的有效手段。

为适应财务集中的管理模式，要尽可能减少管理层次，精简下属企业，原则上不应再设置三级企业或更低层级的公司，彻底改变财权被多次分割散布于各级企业的状况，实现企业资源在集团公司范围内得到整体调整和配置，确保集团总体战略的有效实施，有效控制下属企业的次优化目标和“绕道潜行”等违规行为的发生。

2）在管理内容上，实行全面预算管理。预算管理是一项重要的财务控制工具。资本价值管理模式下的财务预算要克服以往分块制订、各自实施的缺乏完整性和全面性的计划管理缺陷，必须从企业的战略目标出发，全面均衡地考虑公司预算体系，考虑总预算与各分预算之间的衔接和平衡，建立一套系统编制相互协调的全面预算管理体系。

从系统的观点看，企业财务预算是由销售、生产、现金流量等各个单项预算组成的财务责任指标体系，它是以企业年度利润目标为出发点，以销售预测为编制基础，综合考虑市场和企业经营管理的各项因素，按照目标明确、权责清晰的原则，由企业预算管理委员会讨论通过的企业未来一定期间经营决策和目标规划的财务数量说明和责任约束依据。

在财务预算的编制方式上，要推广各种先进的预算编制方式，根据强化企业内部远期管理的要求，推行滚动编制和零基预算方式，坚持全面预算与项目预算、责任预算相结合，坚持项目预算与责任预算的可控性原则，坚持对预算差异进行及时的、有针对性的反映和控制。

在预算编制内容上，应强化资金预算编制，特别是现金预算的编制，以预先规定企业计划期内由于经营管理及投资活动所引起的现金流入与流出，将现金预算作为强化现金流转的计划控制工具。

3）在管理手段上，强化财务激励与约束机制。为了使下属企业和各责任中心的经理人员理解和配合公司加强财务集中与监管的做法，建立相应的激励机制是必要的。

激励的主要方式是目标激励。目标管理是一种以考核最终成果为核心的企业管理方式，主要处理好以下三个环节。

第一，目标的设定要科学合理，不仅要有效益目标，而且要有资产质量目标和管理目标，目标既要有实现的可行性，也要有一定的挑战性。

第二，目标的执行、检查和考核要有刚性。

第三，奖惩措施要及时到位，目标执行结果应严格地与企业的主要经营者、各责任中心的经理人员的个人报酬、职位升降等挂钩。

以上三个环节是环环相扣的，任何一个环节出问题都会导致目标管理的失败。为确保激励机制有效运行，在企业资本价值管理中必须要理顺财务关系，硬化财务约束，包括：①正确处理权责关系，各个企业和经营者所享有的权利和所承担的义务必须对等，这是硬化财务约束的一个基础。②要坚持按市场经济规律和游戏规则来处理集团内部各企业之间、各企业与集团总部之间的关联交易，这种内部调节主要依托于市场机制和经济约束方法，而不能依托于行政命令。③要按照诚信原则理顺内部关系，重点要清理历史原因形成的权益和产权纠纷，清理往来债权债务，并在必要时开展内部信用评级工作，对不同信用级别的企业实行不同的信用政策。

通过以上措施，使集团各企业之间经营活动的边界比较清晰，责任和权利比较明确，以此来硬性化财务约束，理顺财务关系，便于对各企业执行业绩考核、评价和奖惩。

（4）企业创造价值的基本途径。波士顿咨询公司分析了企业创造价值的三条途径。

1）现金流量管理。现金流量管理包括提高可支配现金流入量的一切活动，例如成本管理和价格政策。

2）资产管理。资产管理包括通过有效的资源分配以加快物资周转的一切措施，例如提高仓储智能管理能力，更好地利用设备。

3）实现增长。实现增长是指盈利明显高于资本成本的投资，其方法可以是将公司核心业务运用于新的领域，或者是在地理上开发新的市场。

通过投资实现的增长，它所创造的企业价值比重组要大得多。通过重组创造价值来得快，但从长远来看只有增长才创造价值。

投资增长中最重要的是要集中力量发展最擅长的核心领域，不断摆脱较弱的业务。

（十一）边际与弹性的理念

1. 边际的理念

边际概念是指企业每增加一个单位的产量所增加的成本或收入，相应地形成边际成本和边际收入概念。与其相关的是边际成本递增和边际收入递减的规律。这两个规律告诉我们，企业生产经营和财务活动在量上都有一定界限，小于或超过这一界限就不可能使企业利润最大化，只会使企业经营得不偿失。通常我们把这一界限称为损益分界点或损益平衡点，这一界限的确定在财务管理中称为边际分析，在企业理财活动中，运用边际收入、边际成本、目标边际收入或目标边际利润进行分析，可以有效地确定企业生产经营和财务活动的规模与结构。而且，在企业筹资过程中，边际资本成本是比较选择筹资方案的重要依据，一般而言，边际资本成本低的筹资方案为优。

2. 弹性的理念

企业都面对着不断变化的市场，每一个企业的理财环境都不断更新，这就要求企业的生产经营和理财活动必须保持灵活的适应能力或可调整性，我们称之为弹性，也可称为可调性。弹性理念要求企业在进行各项生产经营和理财活动中，必须注意到市场变化，留有调整余地，以便企业可以随时、自动地适应市场变化而进行调整。例如，在企业投资过程中，企业投资规模一旦确定之后，不应当成不变的控制指标。由于企业投资活动面对众多不确定因素，而且这些因素经常处于变动状态，因而企业投资规模也应随之做相应调整。由于理财活动中需要人的预测，而人的预测能力又有一定局限性，因而企业投资规模的确定应具有弹性，以便调整。再如企业利润分配的方式和数额往往要适应市场利率、汇率等因素的变动。总之，在理财活动中，以不变应万变的方案是不存在的，财务管理人员在做出各项决策之前应充分预测市场变化对其决策的影响并适当留有余地，而在决策执行中则应注意市场变化对各决策的影响，并做出适当调适。

（十二）国际化理财观念

随着中国加入 WTO，我国企业理财环境发生了重大变化。国际市场一体化，国内市场国际化，实行最惠国条款与国民待遇，外国公司走进来，我国公司走出去，使我国企业财务管理从国内理财走向国际理财，从而要求企业高层管理人员树立国际化理财观念，认真做好以下几个主要方面的工作。

1. 国际化理财战略的选择

（1）按国内与国际宏观经济周期选择财务战略。一般而言，经济周期与财务战略存在如下匹配关系：

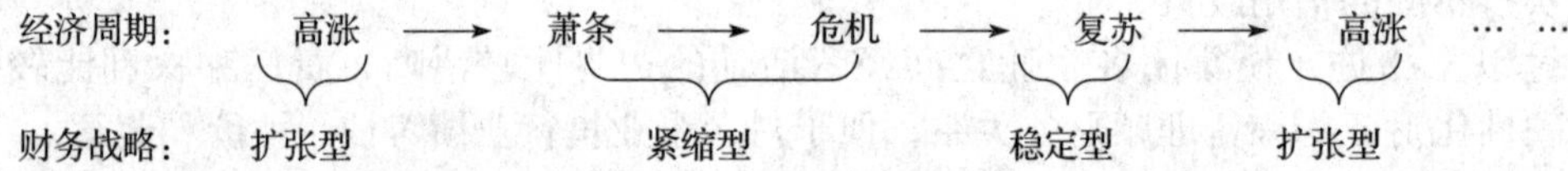

企业在选择财务战略时，要根据自身的筹资、投资与收益分配活动国际化程度的高低，受国际性经济周期影响的大小来恰当地进行财务战略决策。

（2）按企业主导产品生命周期选择财务战略。主导产品生命周期与企业财务战略也存在一定的匹配关系：

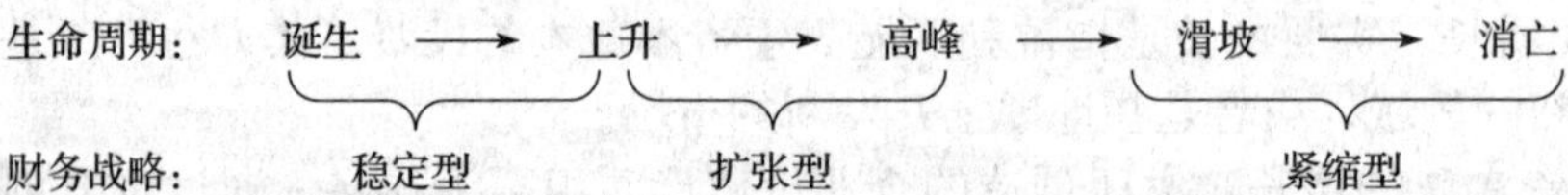

企业在选择财务战略时，对自己的主导产品的生命周期不仅要看国内市场中所处的阶段，也要看国际市场中所处的阶段来进行财务战略决策。

2. 国际纳税筹划

国际纳税筹划是企业在遵守东道国税法和有关法律的前提下，通过定性定量分析和纳税安排，使企业总体税负水平最小化的一项财务管理工作。搞好国际纳税筹划，要求企业高层管理人员充分了解东道国的税法和相关法律精神，将东道国的税收导向和企业的生产与销售产品结构尽可能协调好，多出口东道国征税税种少、税率低的产品与服务，少出口东道国征税税种多、税率高的产品与服务，尤其要重视对方有减免税照顾的产品与服务的出口，从而使总体税负水平降低，提高企业经济效益。

3. 人力资本估价

我国企业跨国经营，必然要求大量引进国内外优秀人才，使人力资本估价成为一项紧迫的工作。企业高层管理人员要根据引进人才自身的再生产费用、为企业带来未来收益的多少、国际国内市场同类型人才的价格等因素进行综合分析，运用收益现值法、市价法等进行人力资本估价，从而恰当地确定引进人才的报酬和有关代价，做到引进人才带来的收益大于所付出的成本，提高企业本金利润率水平。

除上述工作外，企业高层管理人员还应做好网络财务管理、财务信用管理和跨国财务风险控制等国际化理财工作，使企业在国际竞争中立于不败之地，为实现企业财务管理目标做出贡献。

七、财务管理的原则

财务管理的原则是企业组织财务活动、处理财务关系的准则，它是从企业财务管理的实践经验中概括出来的、体现理财活动规律性的行为规范，是对财务管理的基本要求。

财务管理的一般原则如下。

（一）收益风险均衡原则

在市场经济的激烈竞争中，进行财务活动不可避免地要遇到风险。财务活动中的风险是指获得预期财务成果的不确定性。企业要想获得收益，就不能回避风险，可以说风险中包含收益，挑战中存在机遇。风险收益均衡原则，要求企业不能只顾追求收益，不考虑发生损失的可能，要求企业进行财务管理必须对每一项具体的财务活动，全面分析其收益性和安全性，按照风险和收益适当均衡的要求来决定采取何种行动方案，同时在实践中趋利避害，争取获得较多的收益。

在财务活动中，低风险只能获得低收益，高风险则往往可能得到高收益。例如，在流动资产管理方面，持有较多的现金，可以提高企业偿债能力，减少债务风险，但是银行存款的利息很低，而库存现金则完全没有收益；在筹资方面，发行债券与发行股票相比，由于利息率固定且利息可在成本费用中列支，对企业留用利润影响很少，可以提高自有资金的利润率，但是企业要按期还本付息，需承担较大的风险。无论是对投资者还是对受资者来说，都要求收益与风险相适应，风险越大，则要求的收益也越高。只是不同的经营者对风险的态度有所不同，有人宁愿收益稳妥一些，而不愿冒较大的风险，有人则甘愿冒较大的风险，以便利用机遇谋求巨额利润。无论市场的状况是繁荣还是衰落，无论人们的心理状态是稳健还是进取，都应当对决策项目的风险和收益做出全面的分析和权衡，以便选择最有利的方案，特别是要注意把风险大、收益高的项目同风险小、收益低的项目，适当地搭配起来，分散风险，使风险与收益平衡，做到既降低风险，又能得到较高的收益；还要尽可能回避风险，化风险为机遇，在危急中找对策，以提高企业的经济效益。

（二）利益关系协调原则

企业财务管理要组织资金的活动，因而同各方面的经济利益有非常密切的联系。在财务管理中，应当协调国家、投资者、债权人、经营者、劳动者的经济利益，维护有关各方的合法权益，还要处理好企业内部各部门、各单位之间的经济利益关系，以调动它们的积极性，使它们步调一致地为实现企业财务目标而努力。企业内部和外部经济利益的调整在很大程度上都是通过财务活动来实现的。企业对投资者要做到资本保全，并合理安排红利分配与盈余公积提取的关系，在各种投资者之间合理分配红利；对债权人要按期还本付息；企业与企业之间要实行等价交换原则，并且通过折扣和罚金、赔款等形式来促使各方认真履行经济合同，维护各方的物质利益；在企业内部，厂部对于生产经营经济效果好的车间、科室，给予必要的物质奖励，并且运用各种结算手段划清各单位的经济责任和经济利益；在企业同职工之间，实行按劳分配原则，把职工的收入和劳动成果联系起来，所有这些都要通过财务管理来实现。在财务管理中，应当正确运用价格、股利、利息、奖金、罚款等经济手段，启动激励机制和约束机制，合理补偿，奖优罚劣，处理好各方面的经济利益关系，以保障企业生产经营顺利、高效地运行。处理各种经济利益关系，要遵守国家法律，认真执行政策，保障有关各方应得的利益，防止搞优质不优价、同股不同利之类的不正当做法。

在经济生活中，个人利益和集体利益、局部利益和全局利益、眼前利益和长远利益也会发生矛盾，而这些矛盾往往是不可能完全靠经济利益的调节来解决的。在处理物质利益关系的时候，一定要加强思想政治工作，提倡照顾全局利益，防止本位主义、极端个人主义。

（三）分级分权管理原则

在规模较大的现代化企业中，对财务活动必须在统一领导的前提下实行分级分权管理。统一领导下的分级分权管理，是民主集中制在财务管理中的具体运用。

以工业企业为例来看，企业通常分为厂部、车间、班组等三级，厂部和车间又设立若干职能机构或职能人员。在财务管理上实行统一领导、分级分权管理，就是要按照管理物资同管理资金相结合、使用资金同管理资金相结合、管理责任同管理权限相结合的要求，合理安排企业内部各单位在资金、成本、收入等管理上的权责关系。厂部是企业行政工作的指挥中心，企业财务管理的主要权力集中在厂级。同时，要对车间、班组、仓库、生活福利等单位给予一定的权限，建立财务分级管理责任制。企业的各项经济指标要逐级分解落实到各级单位，各单位要核算其直接费用、资金占用等经济指标，定期进行考核，对经济效益好的单位给予物质奖励。财务部门是组织和推动全厂财务管理工作的主管部门，而供产销等部门则直接负责组织各项生产经营活动，使用各项资金和物资，发生各项生产耗费，参与创造和实现生产成果。要在加强财务部门集中管理的同时，实行各职能部门的分口管理，按其业务范围规定财务管理的职责和权限，核定经济指标，定期进行考核。这样，就可以调动各级各部门管理财务活动的积极性。

统一领导下的分级分权管理，包含专业管理和群众管理相结合的要求。企业财务部门是专职财务管理部门，而供产销等部门的管理则带有群众管理的性质。通常在厂部、车间两级设有专职财务人员，而在班组、仓库则由广大工人直接参加财务管理。统一领导下的分级分权管理，从某种意义来说，也就是在财务管理中实行民主管理。

（四）资金合理配置原则

企业财务管理是对企业全部资金的管理，而资金运用的结果则形成企业各种各样的物质资源。各种物质资源总是要有一定的比例关系的，所谓资金合理配置，就是要通过资金活动的组织和调节来保证各项物质资源具有最优化的结构比例关系。

企业物质资源的配置情况是资金运用的结果，同时它又是通过资金结构表现出来的。从一定时点的静态来看，企业有各种各样的资金结构。在资金占用方面，有对外投资和对内投资的构成比例；有固定资产和流动资产的构成比例；有有形固定资产和无形固定资产的构成比例；有货币性资金和非货币性资金的构成比例；有材料、在产品、产成品的构成比例等。在资金来源方面，有负债资金和主权资金的构成比例；有长期负债和短期负债的构成比例等。按照系统论的观点，组成系统的各个要素的构成比例，是决定一个系统功能状况的最基本的条件。系统的组成要素之间存在着一定的内在联系，系统的结构一旦形成就会对环境产生整体效应，或是有效地改变环境，或是产生不利的影响。在财务活动这个系统中也是如此，资金配置合理，从而资源构成比例适当，就能保证生产经营活动顺畅运行，并由此取得最佳的经济效益；否则就会危及购、产、销活动的协调，甚至影响企业的兴衰。因此，资金合理配置是企业持续、高效经营的必不可少的条件。

马克思曾深刻地分析了各种资金形态并存性和继起性的规律问题。他指出："资本作为整体是同时地、在空间上并列地处在它的各个不同阶段上。但是，每一个部分都不断地依次由一个阶段过渡到另一个阶段，由一种职能形式过渡到另一种职能形式，从而依次在一切阶段和一切职能形式中执行职能。因此，这些形式都是流动的形式，它们的同时并列，是由于它们的相继进行而引起的。”社会主义企业的资金也是这样。只有把企业的资金按合理的比例配置在生产经营的各个阶段上，才能保证资金活动的继起和各种形态资金占用的适度，才能保证生产经营活动的顺畅运行。如果企业库存产品长期积压、应收账款迟迟不能收回，而又未能采取有力的调节措施，则生产经营必然发生困难；如果企业不优先保证内部业务的资金需要，而把资金大量用于对外长期投资，则企业主营业务的开拓和发展必然受到影响。因此，通过合理运用资金实现企业资源的优化配置，是对企业财务管理的一项基本要求。

（五）收支积极平衡原则

在财务管理中，不仅要保持各种资金存量的协调平衡，而且要经常关注资金流量的协调平衡。

企业取得资金收入，意味着一次资金循环的终结，而企业发生资金支出，则意味着另一次资金循环的开始，所以资金的收支是资金周转的纽带。要保证资金周转顺利进行，就要求资金收支不仅在一定期间总量上求得平衡，而且在每一个时点上协调平衡。收不抵支，固然会导致资金周转的中断或停滞，但如全月收支总额可以平衡，而支出大部分发生在先、收入大部分形成在后，也必然要妨碍资金的顺利周转。资金收支在每一时点上的平衡性，是资金循环过程得以周而复始进行的条件。

资金收支的平衡，归根到底取决于购产销活动的平衡。企业既要搞好生产过程的组织管理工作，又要抓好生产资料的采购和产品的销售，要购、产、销一起抓，克服任何一种片面性。只有坚持生产和流通的统一，使企业的购产销三个环节互相衔接，保持平衡，企业资金的周转才能正常进行，并取得应有的经济效益。资金收支平衡不能采用消极的办法来实现，而要采用积极的办法解决收支中存在的矛盾。要做到收支平衡，首先是要开源节流，增收节支。节支是要节约那些应该压缩、可以压缩的费用，而对那些在创收上有决定作用的支出则必须全力保证；增收是要增加那些能带来较高经济效益的营业收入，至于采取拼设备、拼人力，不惜工本、不顾质量而一味追求暂时收入的做法则是不可取的。其次，在发达的金融市场条件下，还应当通过短期筹资和投资来调剂资金的余缺。在一定时期内，资金收入不敷支出时，应及时采取办理借款、发行短期债券等方式融通资金；而当资金收入比较充裕时，则可适时归还债务，进行短期证券投资。总之，在组织资金收支平衡问题上，既要量入为出，根据现有的财力来安排各项开支；又要量出为入，对于关键性的生产经营支出则要开辟财源积极予以支持。这样，才能取得理想的经济效益。

（六）成本效益原则

在企业财务管理中，既要关心资金的存量和流量，更要关心资金的增量。企业资金的增量即资金的增值额，是由营业利润或投资收益形成的。因此，对于形成资金增量的成本与收益这两方面的因素必须认真进行分析和权衡。成本效益原则就是要对经济活动中的所费与所得进行分析比较，对经济行为的得失进行衡量，使成本与收益得到最优的结合，以求获取最多的盈利。

我们知道，讲求经济效益，要求以尽可能少的劳动垫支和劳动消耗，创造出尽可能多和尽可能好的劳动成果，以满足社会不断增长的物质和文化生活需要。在社会主义市场经济条件下，这种劳动占用、劳动消耗和劳动成果的计算和比较，是通过以货币表现的财务指标来进行的。从总体上来看，劳动占用和劳动消耗的货币表现是资金占用和成本费用，劳动成果的货币表现是营业收入和利润。所以，实行成本效益原则，能够提高企业经济效益，使投资者权益最大化，它是由企业的理财目标决定的。

企业在筹资活动中，有资金成本率和息税前资金利润率的对比分析问题；在投资决策中，有投资额与各期投资收益额的对比分析问题；在日常经营活动中，有营业成本与营业收入的对比分析问题；其他如劳务供应、设备修理、材料采购、人员培训等，无不有经济得失的对比分析问题。企业的一切成本、费用的发生，最终都是为了取得收益，都可以联系相应的收益进行比较。进行各方面的财务决策，都应当按成本效益的原则做出周密的分析。因此，成本效益原则在各种财务活动中广为运用。

八、财务管理的制度

（一）财务制度的特点

（1）财务制度的本质是财务管理者意志的体现，表现了财务主体在财务管理上的能动性，是处理财务关系、约束财务活动的基本原则与规范。

（2）财务制度可分为正式约束制度和非正式约束制度。正式约束制度是人们有意识创造的一系列行为法则，如在财务领域的《企业财务通则》及有关的财务法规就是一种正式的约束制度。而非正式约束制度是人们在长期交往中于无意识中形成的，具有持久的生命力，如财务人员在处理财务活动和协调财务关系中所形成的职业道德等。

（3）财务制度与人的动机、行为有着内在的联系。任何制度都是人的利益及其选择的结果，所有的人都是在现实制度所赋予的制度条件中活动的，人们的任何社会经济活动都离不开制度，财务活动也不例外。不管是融资活动，还是投资活动，都必须受一定的制度约束。

（4）财务制度反映一种合约关系，无论这种关系是正式的还是非正式的，是显性的还是隐性的，是自愿履行的还是强制履行的。财务制度的合约关系规定每个人在财务行为中的权利与义务，界定了人们在财务行为中可以做什么与不可以做什么，谁违反了这些规则应受到什么样的惩罚，遵循了这些规则又可以得到什么样的补偿以及如何衡量人们是否违反了这些规则的标准。

（5）财务制度总是与特定的条件和时间相联系，因此，它只能在一定的时间和空间范围内发挥作用，也就是说它具有变迁性。

（6）财务制度随理财环境的变化而发展，所以面对多变的客观环境，财务制度的设计和选择对理财主体具有决定性的意义。

（二）财务制度的构成

我国的财务制度目前有以下层次。

1. 企业财务通则

企业财务通则是设立在我国境内各类企业财务活动必须遵循的基本原则和规范，是财务规范体系中的基本法规，在财务法规制度体系中起着主导作用。财务通则的制定与实施是我国市场经济发展的需要，也是我国财务制度与国际通行财务制度相衔接的需要。

企业财务通则是财务法规的一个重要组成部分，是企业财务工作的统一依据。财务通则对全国的财务工作、全国范围内的财务行为具有行政或法律上的约束力，是联结国家财经法规、财务政策与企业财务活动的中介。

财务通则是制订企业财务制度的根据。各企业内部财务制度要在财务通则确定的共同原则与规范的基础上，结合行业与企业特点，制订出企业内部财务制度，从而保证财务制度的科学性和逻辑性。

2. 企业财务制度

企业内部财务制度是由企业管理当局制订的用来规范企业内部财务行为、处理企业内部财务关系的具体规则，在财务法规制度体系中起着基础作用。

对以上财务制度的两个层次按制订主体不同有广义财务制度和狭义财务制度之分。

（1）广义的财务制度是由国家权力机构和有关政府部门以及企业内部制订的用来规范企业同各方面经济关系的法律、法规、准则、办法及其企业内部财务规范的总称。这一内涵的内容如下。

1）财务制度制订的主体有国家和企业，相应地按制订主体有宏观财务制度（《如企业财务通则》、行业财务制度等）与微观财务制度（企业内部财务制度）。不同层次的财务制度体现的是不同主体的利益。

2）财务制度的本质是财务管理者意志的体现，表现了财务主体在财务管理上的能动性，是处理财务关系、约束自身财务活动的基本原则与规范。

3）财务制度总是与特定的条件和时间相联系，因此，它只能在一定的空间和时间范围内发挥作用。

4）财务制度随理财环境的变化而发展。面对多变的外部环境，财务制度的设计与选择对理财主体就越具有决定性意义。

（2）狭义的财务制度称为企业财务制度，是由企业管理当局制订的用来规范企业内部财务行为、处理企业内部财务关系的具体规模。这一内涵的内容如下。

1）明确财务主体的具体范围，既要明确企业内部财务管理的级次，明确企业内部各经营单位之间及其与企业财务部门的关系，又要明确企业与联营单位、投资与被投资单位、内部承包单位等的财务管理关系。

2）划分内部财务管理的岗位，明确相应责任，具体包括财务管理体制的确立，财务机构的设置，财务管理岗位的设立、内部分工，各岗位责权及其相互衔接关系。

3）财务管理内容与方法的选择，具体包括货币资金、存货、固定资产、销货与收款、工资、筹资、投资收益分配等的管理与牵制办法以及折旧方法、存货计价方法、费用提取标准等的选择。

4）规定财务管理与内部责任单位的相互衔接关系，包括责任单位的划分、责任核算、责任控制、责任奖惩等。

5）规定财务规划与财务评价的方法与程序，具体包括企业进行财务规划和财务评价的程序、方法、时间，各经营单位在规划和评价中的任务和责任等。

（三）财务制度的功能

财务制度的功能是指财务制度本身所具有的内在职能包括以下几个方面。

1. 提供激励与约束相容的机制

在财务制度中，激励的目的是为了调动代理人的积极性，鼓励其采取符合委托人最大利益的行为，以减少偷懒和“搭便车”的现象。财务运行有其目标，但目标仅仅表明财务活动的方向，如何达到财务目标还有赖于财务激励机制的推动。财务的激励机制就是利用一定的财务手段，例如所有者根据企业利润或股价提高的幅度给经理人员以现金或股票奖励，以激发经理人员采取维护所有者权益的财务管理行为动机。从企业内部来看，每个劳动者和责任单位都是一个利益主体，它们有共同的利益追求，也存在着利益差别，从而在共同利益基础上，形成以群体利益和个体利益、长远利益和现实利益、全局利益和局部利益，以及企业利益和社会利益之间矛盾统一的利益结构，形成现实和潜在的物质利益动力。财务管理利用财务手段，通过财务分配加以激励，使物质动力变为经营和财务活动的现实积极性，是激励机制发挥作用的主要表现形式。

我们认为，激励机制固然重要，但激励机制与约束机制二者相辅相成，不可偏废，否则就不可能形成激励与约束相容的机制。如果只有激励机制，没有相应的约束机制与之相配合，就难起到应有的效果。如果企业的财务活动不是受制于财务制度，而是直接受制于经理人员的随意控制，经理人员能够随意地操纵财务，方便地“公款消费”，甚至将企业的资财转移，据为已有，那么，较正常的合约规定的激励就不会发生作用。财务约束机制分为正式的和非正式的约束。正式的约束包括财务法规、财务治理结构的约束等。财务的法规约束是指通过一系列的立法或制订一系列的规章制度，使财务行为合理化。而财务治理机制的约束是指通过明确合约规定各方的权力、责任、义务，并采取一定的监督措施使各自按合约的有关规定进行运作。非正式约束主要是指道德约束，即依靠社会舆论的力量，依靠人的信念、习惯、传统和教育的力量，引导人们使用善与恶、公正与偏见、诚实与虚伪等道德观念来评价企业财务行为，这是一种无形的力量。

2. 减少道德风险和逆向选择，降低代理成本

建立科学而可行的财务制度的目的在于通过制度安排来约束代理人的行为，降低代理成本，使代理人的效应函数与委托人的效应函数趋于一致。现代企业理论认为，企业是一系列契约的组合，但由于信息的不完全性和未来的不确定性，导致了合约的不完全，即难以表明合约人的行为方式和结果。由于信息在合约各方的分配往往是不对称的，风险的分布也不均等，再加上监督的不完全，拥有和支配更多信息但尽量规避风险的代理人就可以通过减少自己的要素投入，或者采取机会主义行为来实现自身利益最大化。这种由于代理人采用机会主义行为给委托人所带来的风险就称为道德风险。逆向选择是指在委托人无法识别潜在代理人的条件时，越是劣质的潜在代理人越是容易成为现实的代理人，最终导致“劣币驱逐良币”的现象出现。例如，企业负债规模本应与企业的盈利能力正相关，但在信息不对称的情况下，当利率高时，盈利企业会停止贷款，依靠内部的积累补充资本，只有那些盈利率差、偿还可能性低的企业才会向银行申请贷款。所以在借贷市场上形成一种怪圈，越是效益好的企业贷款数额越低，而越是效益差的企业贷款数额越多。正是由于代理人的道德风险和逆向选择，如何保证委托人的利益，避免委托代理关系层次上的脱节，使代理人利益最大化目标统一于委托人利益最大化目标之下，就需要通过一系列的制度安排来得以实现。而财务制度是所有制度中最基本的和最重要的制度之一。

3. 财务制度的协调功能

制度是人们在社会分工与协作过程中经过多次博弈而达成的一系列契约的总和。制度的功能就是为实现合约各方的合作创造条件，保证合作的顺利进行。在两权分离的情况下，会产生所有者与经营者、所有者与债权人之间的矛盾。而企业的运作既不能脱离所有者和债权人提供的资本，也不可能脱离经营者的有效管理。也就是说，企业不能脱离各要素而孤立存在，它是各种要素的有机组合。所以，要使企业正常运作就必须使各要素进行通力合作。而制度就是各要素合作的桥梁。所以，财务制度的基本功能之一就是规范所有者、债权人、经营者之间的财务关系，并在财务的治理结构中设计一套有效的信息沟通制度，以减少信息的成本与不确定性，把阻碍合作得以进行的因素减少到最低限度。

（四）公司财务制度的内容

1. 综合财务管理制度

该项财务管理制度是对公司重大的、综合的财务事项所制订的行为规范，属内部财务制度体系的最高层次。其主要内容如下。

（1）公司财务治理机构设置制度，包括：财务治理机构设置原则；各级机构财责、财权的划分；各级机构工作质量标准的内容及评估办法；各机构之间纵向管理与横向联系的制度和办法等。

（2）授权与任免制度，包括：各层次财务管理主体之间财责、财权的界定及其在各主要成员之间的分割；权、责分配的方式与程序；经营班子及各主要成员的能力评判方式与程序；公司主要财务负责人任免的能力标准与业绩标准，以及任免的办法与程序等。

（3）激励制度，包括：对经营班子经营业绩评定的内容、方法和程序；经营班子及各主要成员的薪酬标准、计算办法及支付方式。

（4）重大财务信息传递与监控制度，包括：财务信息重要性的界定标准；事前控制信息（如目标、预算等）制订及指令的方式与程序；事中重大差异信息反馈的方式与程序；

事后财务业绩信息报告的方式与程序；各级财务监控主体的构建及各主体的监控职责权限；各监控主体的工作标准及监控质量评估标准等。

（5）投融资管理制度，包括：投融资方案申请的方式及组织程序；投资方案可行性研究的内容、要求及组织程序；投资决策的权限归属与组织方式；投资预算跟踪控制的办法与程序；投资方案决算的管理办法及工作程序；投资项目经营效益评估的内容、办法和工作程序；融资决策的权限归属和组织方式；日常融资管理制度的内容、要求及工作组织等。

（6）资本运作管理制度，包括：增减注册资本方案制订及执行的组织制度与工作程序；配股送股方案制订及执行的组织制度与工作程序；公司合并、分立、改制等方案制订及执行的组织制度与工作程序；债券发行方案制订及执行的组织制度与工作程序等。

（7）收益分配管理制度，包括：收益分配原则；收益分配方案制订及执行的组织制度与工作程序；收益分配决策的权限归属与组织方式等。

（8）公司预算与重大财务收支管理制度，包括：公司预算管理的组织制度与工作程序；重大财务收支共审与联签的办法和程序等。

2. 日常财务管理制度

该制度是针对公司具体财务事项和日常财务运作所制订的财务行为规范，其主要内容如下。

（1）收入管理制度，包括：主营业务收入计划制订与分解的管理办法；主营业务收入计划执行的跟踪控制办法；主营业务收入计划调整的管理办法；主营业务收入计划执行结果的分析、考核办法；其他业务收入（如处置多余材料收入、出租包装物及固定资产收入等）的管理办法；营业外收入（如报废固定资产的残值收入、出售固定资产收入、在建工程中的变价收入、三废治理收入等）的管理办法；对外投资收益的管理办法等。

（2）资金收支结算制度，包括：库存现金限额管理办法；银行账号管理办法；银行资金收支监控办法；资金收支预算跟踪控制办法；资金收支预算的调整办法；资金收支预算执行情况的分析、评价及考核办法；资金收支结算的管理办法；资金结算的账务处理办法等。

（3）费用开支管理制度，包括：费用责任指标的分解和归口管理办法；费用预算执行的跟踪控制办法；费用预算调整办法；费用总额控制办法；借支管理办法；费用报销的管理办法；费用预算执行情况的分析、评价及考核办法等。

（4）工资及福利费管理制度，包括：工资方案的制订办法；工效挂钩办法；工资结算的管理办法；职工福利费使用的管理办法；工资及福利费预算执行的跟踪控制办法；工资及福利费预算调整的管理办法；工资及福利费预算执行情况的分析、考核办法等。

（5）存货管理制度，包括：存货分类及责任归口办法；存货资金定额管理办法；存货资金占用的跟踪控制办法；采购批量管理办法；存货盘存管理办法；存货资金占用的分析、评价及考核办法；存货盈亏报批处理的管理办法等。

（6）固定资产管理制度，包括：固定资产分类及归口管理办法；固定资产维修管理办法；折旧基金管理办法；固定资产更新改造管理办法；固定资产利用效率评估办法；固定资产清查的管理办法；固定资产盈亏报批处理的管理办法；固定资产报废清理的管理办法等。

（7）在建工程的管理，包括：工程预算管理办法；工程资金结算管理办法；工程决算管理办法；工程完工结转固定资产的管理办法；工程损失核销的管理办法等。

（8）应收账款及应收票据管理制度，包括：应收账款目标管理办法；应收账款催收的管理办法；客户信用评估办法；账龄分析制度或办法；坏账计提或核销的管理办法；应收账款管理目标执行的跟踪控制办法；应收账款管理目标完成情况的分析、考核办法；商业汇票的备查登记与实物管理办法；应收票据贴现管理办法等。

3. 成本控制制度

该制度是针对公司内部各级生产经营单位的成本管理所制订的行为规范。其主要内容如下。

（1）采购成本控制制度包括：材料物资计划成本管理办法；材料物资采购费用控制办法；材料物资计划成本执行情况的跟踪控制办法；材料物资成本差异的分析与考核办法；外购材料物资损耗的处理办法等。

（2）生产成本控制制度包括：生成成本核算制度、材料物资消耗控制制度、工资费用控制制度、制造费用控制制度、废品损失控制制度和在产品及自制半成品管理制度。

1）生成成本核算制度包括：成本核算的组织形式；成本核算的基本原则；成本核算科目的设置与运用；成本计算的方法与程序；成本报表的种类及格式；报表报送的程序及基本要求等。

2）材料物资消耗控制制度包括：领退料制度及相应的凭证手续；材料费用的分配办法；材料物资消耗的计量办法；材料物资消耗定额的制订与修正办法；消耗定额执行情况跟踪控制的办法；消耗定额执行情况的分析与考核办法等。

3）工资费用控制制度包括：工时消耗定额的制订与修订办法；人工效率评估办法；工时消耗定额执行情况的跟踪控制办法；工时消耗定额执行情况的分析与考核办法；职工福利费的计提办法；小时工资率的核定与修订办法；工资及福利费的差异分析办法等。

4）制造费用控制制度包括：制造费用分类办法；制造费用预算管理办法；制造费用预算执行情况跟踪控制的办法与程序；制造费用差异的分析与考核办法；责任转账管理办法；制造费用分配办法等。

5）废品损失控制制度包括：废品分类及认定办法；废品损失构成及计算办法；废品损失的责任转账办法等。

6）在产品及自制半成品管理制度包括：在产品及自制半成品统计制度或办法；在产品及自制半成品内部转移的计量、验收制度或办法；在产品及自制半成品盘存的管理办法；在产品及自制半成品盘盈盘亏报批处理的管理办法等。

（3）产品销售成本控制制度包括：产成品销售发出的计量、验收制度或办法；产品销售成本的构成及计算办法；产成品盘存的管理办法；产成品盘点盈亏处理的管理办法等。

（五）财务管理制度的制订

1. 企业财务制度制订的种类

按照企业财务制度制订的范围和内容不同，企业财务制度的制订可以分为全面性制订、局部性制订和修订性制订三种。

（1）企业全面性财务制度制订是对企业财务工作所应遵守的一切规范行为制度的制订。通过制订，构成企业财务制度的基本框架，并产生一套完整的企业财务制度体系。由于全面性的企业财务制度制订内容复杂，涉及面广，制订难度大，制订质量要求高，头绪比较多，因此制订时应由总体制订到具体制定。总体制订是要对制订的企业财务制度内容和范围进行的总体规划；具体制订是在总体制订的基础之上，采用具体的程序和方法来完成总体制订的要求，用文字表格等形式做出详细具体的规定。总体制订和具体制订是两个紧密联系的环节，可以说总体制订是“纲”，具体制订是“目”。不进行总体制订，就无法具体勾画出企业财务制度的“蓝图”；不进行具体制订，就无法将“蓝图”变为现实，就不能形成企业财务制度。

（2）企业局部性财务制度制订是对财务工作的部分规范进行的制度制订，制订内容一般是原有财务制度中不具有的。其原因多是由于经营规模的扩大，经营范围的拓宽，经营方式的转变和管理要求的提高等。

（3）企业修订性财务制度制订是对原有的财务制度加以修改而进行的制订，例如固定资产的直线折旧法变为加速折旧法，坏账损失的直接核销法改为备抵法等。通过制订，可以更新财务制度的部分内容。

局部性制订和修订性制订，一般制订面较小，制订内容较简单，因此主要是搞具体制订。但在制订时，必须与原有财务制度制订的内容协调配套。

2. 企业财务制度制订的假设条件

科学理论和科学研究当中，常常包含着一定的潜在理论假设。它们常常成为某个系统理论的逻辑支撑或逻辑起点。制度领域事实上也存在着关于人的特性、权力的特质、理性的限度等各种潜在假设，只是它们没有被鲜明地、理论化地归纳提炼出来。我们认为，企业财务制度的制订是有一系列的潜在假设条件的。

（1）"无赖原则"假设。英国哲学家、历史学家和经济学家大卫·休谟（David Hume）提出了一条著名的原则——"无赖原则"。该原则认为，人们在考虑制度安排时，必须持定"人人应当被假定为无赖"，在权力问题上不要奢谈对人的信任，而是要用制度的锁链来约束他们不做坏事。

财务制度制订要达到的目的，就是不论人多么自私，必须通过完善的制度机制的钳制功能，使人"规规矩矩"地服务于企业。财务制度制订要达到的效果，就是不仅要对"无赖"行径实施有效的钳制，而且要能防止和遏止人们萌发各种损公利己的"无赖"冲动。

（2）非"天使统治"假设。如果说英国学者休谟的"无赖原则"是以一种"是什么"的判断方式，对人与制度的相关关系提供了逻辑结论，那么美国宪政学家詹姆斯·麦迪逊（James Madison）则以一种"不是什么"的方式，从另一角度对人与制度的相关关系提供了逻辑结论。他在《联邦党人文集》一书中说："如果人都是天使，就不需要政府了。如果是天使统治人，就不需要对政府有任何外来的或内在的控制了。在组织一个人统治人的政府时，最大的困难在于必须首先使政府能管理被统治者，然后再使政府管理自身。毫无疑问，依靠人民是对政府的主要控制；但是经验教导人们，必须有辅助性的预防措施。"

麦迪逊这一论断告诉我们：人不是天使，由人组成的企业也不是天使，人的本性也是企业的本性。人必须有外在的制约，企业更必须有外在的控制。在企业财务管理活动中，管理者作为企业的代理人，其管理本质在于任何意义上都绝不是一种"天使般的管理"，不可能只行善不行恶，在麦迪逊看来，纯粹的"善"只能是"天使"之为，人类做不到。需要对管理者和被管理者实施外在的和内在的控制，寻求辅助性的财务制度预防措施，保证权力体系内部有分权制衡机制。

（3）"局限存在物"假设。18 世纪法国启蒙运动思想家、法学家和哲学家孟德斯鸠在被伏尔泰誉为"理性和自由的法典"的著作《论法的精神》一书中，做了一个具有普遍性的理论假设："人，作为一个'物理的存在物'来说，是和一切物体一样，受不变的规律的支配。作为一个'智能的存在物'来说，……他是一个有局限性的存在物；他和一切'有局限性的智灵'一样，不能免于无知与错误：他甚至于连自己微薄的知识也失掉了。作为有感觉的动物，他受到千百种情欲的支配。……这样一个存在物，就能够随时忘掉他自己；哲学家们通过道德的规律劝告了他。他生来就是要过社会生活的；但是他在社会里可能把其他的人忘掉；立法者通过政治的和民事的法律使他们尽他们的责任。"

孟德斯鸠的这一论断对人的特质已注入了社会性的内容，强调了人的"社会生活"的特征，并提出人需要通过"道德"和"法律"的规范，才能介入社会生活。这一假设首先揭示了人类具有的局限性这一重大事实：人类作为"物理的存在物"，受到客观规律的制约；作为一个"智能的存在物"，人类是一个感性的存在，受到种种不定因素的影响，"无知与错误"是必然的。其次导示出"局限存在物"必然的逻辑结论——人类的这一缺陷，只有通过社会生活外在的东西，一是“道德”，二是“政治的和民事的法律”予以补偿和救正。特别指出的是，人类只有“通过政治的和民事的法律使他们尽他们的责任”这一历史性结论，必然使法律制度处于崇高的无可或缺的地位。因此，在企业财务管理活动中设计和制订各种制度和规则，便是理所当然的了。

（4）权力无“休止界限”假设。孟德斯鸠还作过另一个经典性的、对人类政治生活具有重大揭示意义和认识价值的理论假设，这就是人们所熟知的他对权力的特质所做的一个著名的言简意赅的判断：“一切有权力的人都容易滥用权力，这是万古不易的一条经验。有权力的人们使用权力一直到遇有界限的地方才休止。”这就是权力或权力者的特质。由此，孟德斯鸠给出具有公理性的结论便是：“从事物的性质来说，要防止滥用权力，就必须以权力制约权力。”

权力的这一内在特性，决定了制度化外在制约的必要性。权力是一种物质力量，对于权力的制约和监督，不能仅靠精神的和道德的力量，而必须有相应的物质力量。所以在企业财务制度制订中，对于权力边界的设置，只能以另一个权力的存在为逻辑前提。

（5）“有限理性”假设。企业管理归根结底是决策行为，决策具有对理性追求的倾向。按对理性作用的不同认识，决策理论分为三类：绝对理性选择理论、排斥理性的非理性决策理论和美国行政学家、管理学家和经济学家西蒙（Herbert Alexander Simon）为代表的“有限理性”决策理论。西蒙在《管理决策新科学》一书中从人的意识、决策环境与人的能力等方面否定了“完全理性”的假设，提出了著名的“有限理性”假设。

西蒙认为：“理性就是要用评价行为后果的某个价值体系，去选择令人满意的备选行为方案。”由于人的智能的局限，不可能搜集到和充分分析处理决策中所需要的大量信息。行政机构只能接受不圆满的决策，而不可能实现最佳决策。在企业财务管理活动中，人的“有限理性”体现于以下两方面。

一是环境是复杂的，在非个人交易活动中，由于参与者众多，同一项交易很少进行，所以人们面临的是一个复杂的、不确定的世界。而且交易越多，不确定性越大，信息越不完全。

二是人对环境的计算能力和认识能力是有限的。由此得出的结论是：必须通过制度制订与制度创新，设定一系列规则，减少环境的不确定性，提高人们认识环境的能力，并规范人自身的决策行为。

（6）“诺思悖论”假设。诺思认为，由国家来界定和保护产权可以产生规模效益，但是国家并不是中立的，竞争与交易费用的双重约束，往往引导国家选择无效或低效的产权结构。也就是说，国家权力是有效产权安排和经济发展的一个必要条件，同时又是对个人财产权利的限制和侵害，导致无效的产权安排和经济的衰落。这就是著名的“诺思悖论”。按照“诺思悖论”逻辑，企业各种财务制度安排，并不完全取决于效率的或经济的原则，而在很大程度上，它是不同规模、不同地位的利益集团与统治者相互博弈以及各集团之间相互博弈的结果。这一“悖论”的实质，反映了企业行为的内在冲突：有效率的财务制度的确立与利益相关者的利益最大化之间的矛盾。要协调好矛盾，只能以外在制约机制，促使企业行为的内在冲突减至最小限度，尽可能确立公正的、合乎理性的行为规则。制度在一定程度上可以减缓这种冲突。因为企业制度在一个企业中的主要作用是通过建立一个人们相互作用的稳定的结构来减少不确定性。为此，具有一个好的财务行为规则对一个企业来说是至关重要的

3. 企业财务制度的制订模式

企业财务制度的制订虽然有大致相同的过程，但由于指导思想和思维方法不同，呈现出不同的模式。企业财务制度制订模式是对不同思路和风格的概括。企业财务制度制订的

模式可以分成两大类：第一类是从企业财务制度所要达到的理想或目标的角度来分析的“目标模式”；第二类是从构成企业财务制度的主体的角度来分析的“构成模式”。

（1）目标模式。目标模式分为理性模式、渐进模式和综合模式。

理性模式追求企业财务制度制订的理性化和理想化，试图制订出最佳的方案，以最小的成本获得最大的收益。理性模式的意义在于：它努力使财务决策符合理性。该模式对决策理论的影响表明，通过对达到目标产生影响的成本、收益的资料的收集、加工等简单的活动，使决策更加合理。

渐进模式的核心是改良。该模式认为，最佳化的决策理想是不现实的，为了选择最佳决策而精疲力竭地去追求极限，通常得不偿失。比较现实的选择不是最佳，而是“满意”，是能够达到目标水平的可以不断改善的企业财务制度。

综合模式的特点则是试图在两者之间追求最优化。政策学家多尔认为，理想的决策模式应体现五个特点：①重实质的一面，解决财务问题必须注重定性的方法；②既是理想的，又是渐进的，在企业财务制度制订过程中不必追求“纯洁”和极端；③着眼于经济理性，任何企业财务制度都应努力使资源利用的边际效应达到最大；④增加原企业财务制度制订阶段，也就是规范企业财务制度过程本身；⑤注意反馈。综合模式就是试图实现这些要点。

（2）构成模式。构成模式包括团体模式、精英模式、规章模式和系统模式。

团体模式强调企业财务制度是团体压力和团体间的利益均衡的结果。企业财务制度研究的一个重要课题是，众多财务问题中，哪些问题应受到企业的重视而被列入企业财务制度议程？企业为什么注意到了某些问题而忽视其他问题？团体模式对此做了回答。

精英模式强调少数人对企业财务制度有较大的影响。精英模式对企业财务制度制订的启示在于：随着社会发展的加快和财务问题的复杂化，对企业财务制度的制订者提出了更高的专业化要求。精英模式可以保证决策过程在专业化的基础上完成。

规章模式关注“形式”对“内容”的影响。合理的体制和决策过程对企业财务制度制订起着保证作用和促进作用，而不健全的体制则会妨碍企业财务制度制订的有效性。它特别关心的是如何通过改进体制来改进企业财务制度划定过程。

系统模式认为，企业财务制度是行政系统的产物，它注意企业财务制度划定的适应性、整体性和动态运动。

不同的企业财务制度模式适用于不同的企业财务制度对象、不同的企业财务制度期望，因此，不存在哪种模式最好的问题，它需要根据实际要求进行选择和综合。

4. 企业财务制度的制订机制

与工厂里的生产工艺对其产品质量和成本有重要影响一样，企业财务制度的质量也受到制订程序、制订机制的重要影响。因而完善企业财务制度制订机制是提高企业财务制度质量的一个主要手段。企业财务制度制订机制不只是简单起草和颁发，而是指“企业财务制度目标确定、企业财务制度诞生、企业财务制度完善”整个企业财务制度的制订过程及其运行方式。不同的企业财务制度其具体制订机制应该是有区别的，但是从最一般的意义上来说，企业财务制度的制订机制应包含六大环节（如图 1-5 所示）。

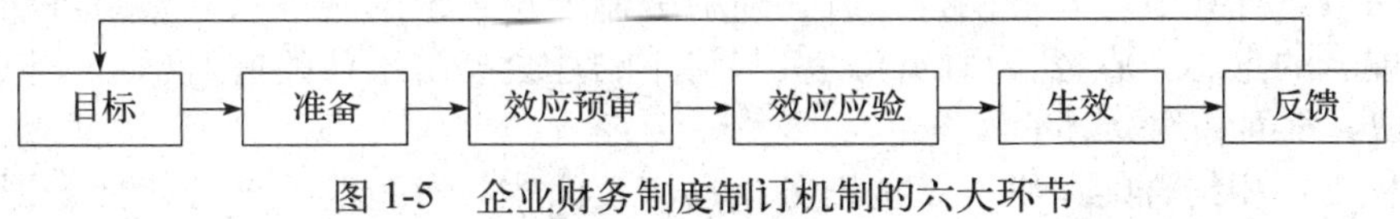

图 1-5　企业财务制度制订机制的六大环节

（1）目标。企业财务制度目标是制订企业财务制度的前提。选择企业财务制度目标是一项高度创造性的工作，是制订企业财务制度的起点，应该根据客观事物发展的实际情况，分析制订企业财务制度的必要性、可行性和重大效果，研究解决问题的多种方案，提出制订具体企业财务制度的计划。

（2）准备。企业财务制度准备主要是根据企业财务制度目标进行充分的调查研究，了解相关企业的财务制度，深入分析企业财务制度对象的现实情况，论证解决矛盾的多种方法，广泛征求有关专家、行家的意见，提出企业财务制度的具体内容，形成企业财务制度草案。

（3）效应预审。企业财务制度效应主要是指企业财务制度调节对象遵循或偏离企业财务制度要求的程度。为了达到预期的企业财务制度效果，就必须对企业财务制度（草案）可能产生的企业财务制度效应进行全方位的论证，根据企业财务制度质量要素即唯一性、客观性、封闭性等原则审查企业财务制度（草案）的水平，评估企业财务制度的质量，并结合具体企业财务制度要求和实际情况反复修正企业财务制度。企业财务制度效应预审是提高企业财务制度质量不可缺少的一个重要环节，是增加企业财务制度制订工作严肃性、科学性的一个重要措施。

（4）效应试验。企业财务制度效应试验是指企业财务制度正式颁发前进行小规模的实地施行试验或模拟施行试验，以检验对企业财务制度的主观预期和实际企业财务制度效应的偏差，最终形成成熟的企业财务制度。对于重大企业财务制度的施行试验可以是区域性的；对于一般企业财务制度来说，试验可以是模拟性的，即采用适当的方式获取对策效应的估计。企业财务制度效应试验是企业财务制度制订机制中一个主客观信息交流的重要环节，也是制订一项好的企业财务制度，避免企业财务制度失误的重要环节。

（5）生效。经过企业财务制度试验后，企业财务制度批准机构在对企业财务制度制订的全过程和企业财务制度本身进行审核后正式予以颁发。

（6）反馈。一项企业财务制度虽然经过严格的程序后才予生效，但在实际执行过程中，必然会出现事先未能预见的新问题、新矛盾，出现种种对策和发现企业财务制度本身的问题。因此，完整的企业财务制度制订机制必须要求在企业财务制度生效后不断分析企业财务制度的正负效应，并根据企业财务制度目标适时地修正企业财务制度，补充企业财务制度或制订新的配套企业财务制度。通过反馈这一环节，使企业财务制度制订机制形成一个开放的对外做功的封闭回路。封闭原理是现代管理中的一项重要原理。企业财务制度制订机制不封闭就不可能是完善有效的。从严格的意义上来说，企业财务制度出现不适之处和出现对策是正常的，关键是制订者要真正对正在实施的企业财务制度的有效性和企业财务制度的质量负责，不断修正企业财务制度，没有反馈校正机制就不可能有最终成熟高效的好企业财务制度。

5. 企业财务制度制订的基本原则

财务制度制订是财务管理的一项基本建设，其质量直接影响财务功能的发挥，因此在制度制订时，必须以一定的原则做指导。

（1）财务管理与财务规律相结合的原则。一方面，财务管理活动贯穿于生产经营的全过程，它管理的各个方面是有机联系、共同制约和共同影响的，其对象具有系统性的特征。另一方面，财务管理行为要受到客观条件和客观规律的制约。因此财务制度的制订应注重财务管理的系统性和财务管理的规律性，使财务制度用系统的观点来考察财务活动，并体现财务管理者的意志、愿望、目的和动机与特定的社会经济条件的有机结合，使财务管理能充分认识、掌握和驾驭财务规律。

（2）权责利相结合的原则。企业财务活动涉及面宽，对企业生产经营活动影响大。企业财务活动组织得是否合理，财务关系处理得是否恰当，直接关系到企业的发展和经济效益的提高。因此，财务制度的制订体现财务管理权责利的结合，即首先赋予企业应有的财务管理权限，并按照履行财务责任的情况给予应有的物质利益。

（3）原则性与灵活性相结合的原则。在市场经济条件下，国家为了确保整个国民经济的持续、高速、协调发展，并为每个企业不断发展创造良好、公平的竞争环境，必然制订相应的宏观财务法规政策。这些宏观法规政策既体现了社会主义市场经济发展的方向，又反映了宏观上管理市场经济的要求。置身于市场经济大环境之中的企业管理，属于宏观管理调控、指导下的微观管理。而作为企业管理重要组成部分的企业财务管理，理所当然地要在国家财经法规政策的指导下进行。因此国家的财经法规是企业必须遵守的原则规定，也是企业制订财务制度的制约、导向因素之一，企业在制订财务制度时必须坚持其原则性。但企业人、财、物、信息各因素，供、产、销各过程，筹资、投资、用资、收回与分配资金各环节，交错形成多个变量，综合发挥作用，因此财务制度制订要有利于根据其目标、任务、理财环境、人员素质的高低等因素的变动而具有灵活性。

（4）适应企业特点和管理要求的原则。企业财务制度制订既要遵循国家的统一规定，又要充分考虑企业本身的生产经营特点和管理要求，使其具有较强的可操作性。特别是国家赋予企业的理财自主权，企业应在其财务制度中具体化，凡是可由企业进行选择的财务事项，企业应根据国家统一规定并结合企业自身的生产规模、经营方式、组织形式等方面的实际情况做出具体规定。特别应指出的是，在制订企业财务制度时，切忌盲目照抄照搬。由于各企业的生产经营规模、经营范围、生产经营过程和管理要求等方面存在差异，各企业的财务制度只能借鉴吸收而不能简单模仿。如果不注意这一点，制订的企业财务制度必然适应性弱、指导性差，甚至将企业的财务工作引入歧途，导致事倍功半。

（5）稳定性和连续性相结合的原则。一般来讲，制度要具有稳定性与连续性，不能朝令夕改，但它有一个更重要、更突出的特征，即要由实践来检验。凡被实践证明是正确的，就必须坚持，就具有稳定性和连续性；凡被实践证明不能实施的，就必须修订甚至抛弃，不能笼统地看待稳定性和连续性。

（6）效益性原则。财务制度制订的目的就是规范财务行为，保证财务目标的实现，但不能因规范财务行为就不讲运行质量和工作效率，而应该在满足财务管理要求的前提条件下使财务制度制订更简洁明了，更具有操作性。为此，在进行财务制度制订时，要考虑其制订和运行成本与效益的关系，实现成本与效益的最佳组合。为了提高运行效率，在制订财务制度时，要考虑应用现代科学技术和方法、手段，以节约运行成本，取得更佳的效益。

6. 企业财务制度制订的科学依据

制度并不研究客观事物的发展过程，但是制度要正确，就必须依据客观规律和客观条件，绝不能主观臆断，闭门造车。财务制度制订的依据可分为理论依据和实践依据。现实中执行的各项制度，从根本上说都是理论与实践结合的产物。因此财务制度的制订一方面要依赖于财务理论的指导。因为财务制度要解决的是一系列复杂而重要的企业经济关系问题，由于各企业的经营管理特点和观念不同，因而解决问题的途径、方式、方法和采取的制度亦不同。无论什么样的企业要解决财务管理问题都要依赖理论的指导，只有在正确的理论指导下，才能真正发现问题，科学地认识、了解和把握问题的全貌和本质，进而制订出正确和有效的解决问题的制度。同时只有按照现代财务理论的指导思想，运用当代财务科学所阐明的基本原理及基本方法，才能实现财务制度制订的科学化、民主化要求，这就是财务理论对于制度制订的极端重要性。要体现客观条件的要求，具体表现为以下方面。

（1）企业的生产经营特点、管理要求是财务制度制订的前提和基础。不同的企业，生产规模、经营方式、组织形式不同，其财务活动的方式和财务管理人员的素质也不可能完全一致。因此只有在充分考虑其生产经营特点和管理要求的基础上制订的财务制度才能具有可操作性，才能将国家赋予的理财自主权落到实处。

（2）企业的根本利益、财务管理的目标，是财务制度制订的出发点和归宿。财务制度制订的目的是为了顺利执行财务工作，实现财务目标，进而实现企业目标。企业财务目标是企业财务管理实践所期望的结果，是构建企业财务运行机制的方向和标识，是人们赖以选择各种理财手段的依据和标准。因此财务制度的制订必须体现有利于财务目标实现这一基本的要求，否则，财务制度就会失去其生命力。

（3）系统的调查研究、科学的分析，是财务制度制订的中心环节。通过调查研究，掌握大量的事实材料，并对事实材料进行认真的、科学的研究、分析、综合、判断，弄清问题的主要矛盾、关键环节以及同其他有关问题的有机联系和相互依存关系，进而揭示和掌握问题的本质及发展变化规律，并在此基础上制订的财务制度才具有实用性。可见，面对问题的事实材料进行科学的研究分析是制订财务制度的中心环节。

7. 企业财务制度制订的方式

根据企业财务人员的业务素质、知识水平情况，财务制度的制订可以采用自行制订、委托制订和联合制订等方式。

（1）自行制订是由本企业的财务人员独立制订企业的财务制度，从长远的角度看这是企业财务制度制订的主要方式。其优点是：企业财务人员了解企业各方面的情况，熟悉企业供产销各种业务和人财物各种要素，容易得到企业各职能部门和有关人员的支持和配合，且能够节省制订时间和节约制订费用，便于财务制度的落实和贯彻；其缺点是：制订人员容易受传统习惯的影响，不利于大胆革新，借鉴吸收新知识、新经验和新做法。如果制订人员的学识水平达不到要求，就难以提高财务制度的质量。

（2）委托制订是制订财务制度的企业委托社会上的财务咨询服务机构为企业制订财务制度。无论是国内还是国外，无论是现代还是将来，为企业制订财务制度都是财务咨询服务机构的一项重要业务。其优点是：制订人员业务水平高，知识面宽，革新精神强，便于通过制度的制订促进企业的财务工作；其缺点是：不易得到企业各方人员的配合，对企业的了解较少，难免使制度的某些内容脱离企业的实际，从而削弱财务制度的指导作用。

（3）联合制订是以企业的财务人员为基础，聘请制订财务制度的专家指导，共同制订企业的财务制度。这样有利于充分发挥自行制订和委托制订的优点，克服各自的缺点，相互配合，取长补短，使企业财务制度更加科学完善，把财务发展的最新动向和相关知识及企业的实际情况充分体现在企业的财务制度制订之中。

8. 企业财务制度制订的方法

企业财务制度制订的方法就是制订制度的机构和人员所采用的应对或解决面临的制度问题的途径和方式。其基本方法包括以下几种。

（1）系统分析法。系统分析法就是把系统论、信息论和控制论的现代理论、技术、手段，运用于财务制度制订的一种方法。财务制度制订的系统分析的基本要求和基本特征表现在：首先，要把财务管理作为一个“控制中心”，其活动的最终目的就是保证企业经济效益的提高，达到提高目的的主要机制就是发挥财务管理的主导作用。其次，财务管理系统的结构，由母系统和各子（分）系统所组成（通过划分责任确立），各子系统之间与母系统之间都是相互联系、相互作用的，但又各有相对的独立性。因而财务制度制订就必须体现出总制度与各项具体制度的区别与联系，必须从整体的、长远的目标出发制订总制度，又需要从全局出发制订各项具体制度，并正确处理它们之间的各项关系。再次，财务管理系统所包含的多个子系统，不仅表现为横向的结构性，而且也表现为纵向的层次性，这就是企业与企业、企业与国家、企业与内部各部门和职工个人之间的关系。制度制订就必须从这些客观实际出发，注重上下、左右协调，达到制度制订和执行的科学性、可行性和协调稳定性。

（2）定性分析和定量分析相结合的方法。财务制度制订的定性分析就是区别财务管理对象的不同性质及其发展变化，并由此决定不同的制度及其发展变化的方法。它是以已有的实践经验为基础，研究新的任务和条件，判断制度的正确性、可行性和有效性，以调动财务管理人员的积极性。财务制度制订的定量分析法也是一种选优的方法，具体就是在收集、整理、分析大量的资料和信息的基础之上，就制度的目标选择、方案制订、效果预测、标准确定和模型建立提出意见，并进行计算机模拟，然后选择出最优的制度。定性分析在我国普遍采用，但往往主观随意性大。定量分析可以为制度制订提供可靠的数据，提高制度制订的科学性和操作性，但工作烦琐，且有的影响因素不能量化。因此，在财务制度制订时，应将定性分析和定量分析恰当地结合起来，以定性分析为基础，进行定量分析，使定量服务于定性。

（3）比较分析法。比较分析法的基本要求在于：对不同国家和地区的财务制度进行比较，对不同时代和时期的财务制度进行比较，通过对财务制度的比较研究，探索制度的本质和发展规律，并在此基础上进行财务制度的制订。其优点是：可以做到洋为中用、古为今用、取长补短，并有利于制度的实用性。

（4）社会试验法。一项新的制度的制订和实施，往往要先做试验，取得经验，再全面推广。财务制度制订的社会试验，其基本要求和基本特征表现在：首先，要通过系统而周密的调查，确立制度试验的对象，选择制度试验的模式，制订制度试验的方案和措施，并预测其发展和变化。其次，在整个制度的试验过程中都要始终进行目标管理，紧紧围绕财务制度的总目标，及时总结经验，捕捉信息，发现问题，及时修正，以求得制度的有效性和可靠性。再次，由于财务制度所要解决的问题具有不同的性质范围，进行制度制订的具体要求、条件、形式、方法各有不同，因此应当因地、因时、因事而异。

9. 企业财务制度制订的程序

制订合理的企业财务制度，不仅要有科学的依据，而且要有科学的决策程序。科学的决策程序是使企业财务制度具有科学性的重要保证。一般而言，制订一项企业财务制度，应从问题的分析或重新认定开始。财务问题的提出有各种渠道，并不一定是企业财务制度制订者所为，但是要为解决某一企业财务问题而去研究企业财务制度方案时，企业财务制度制订者须首先对问题进行澄清、界定或限制，使之更明确，更符合客观事实；之后应该确定解决问题要达到的目标或价值；再次是寻找、研拟各种可行方案；接下来是对确定方案进行分析、评估，预测可能的后果；最后由决策者做出抉择，确定一个要实施的企业财务制度方案。

财务制度制订是一个系统工程，它不仅是企业财务部门和财务人员的任务，而且是在企业厂长（经理）领导下，吸收生产经营管理各方面人员参加，由财务部门具体操作共同完成。制订时应按以下程序进行。

（1）准备阶段。准备阶段主要是确定制订的内容，落实、培训制订的人员，安排制订的进度，收集、整理资料。

首先，确定财务制度制订的范围，是进行全面制订、局部制订还是修订制订，并在此基础上确定出需要制订的具体内容。

其次，确定制订方式和人员，是进行自行制订、委托制订，还是联合制订。财务制订制订人员一般由财务管理人员、其他管理人员组成，并聘请有关专家指导。

对财务制度制订人员的业务水平要求是：要全面了解企业财务实务，深谙财务理论，通晓财务管理方法，熟悉相关政策、法令和财经纪律，并对制订单位的业务知识有较深的了解；安排制订工作进度，并编制工作进程，制订的时间既要力求节约，尽快完成制订任务，又要考虑周密，使新制订的制度行之有效，有利于提高财务工作效率；根据财务制度制订类型确定调查对象，主要调查与制订项目有关的业务活动，并收集相关资料，使制订人员做到心中有数。

（2）制订草案。制订草案阶段主要是确定制订方案和进行初步制订。首先，根据调查的结果，由财务部门的负责人主持，结合生产经营特点和管理要求对规划的财务制度制订方案进行分析，对准备制订的范围、内容、形式做初步界定。然后在制订方案确定以后，按制度制订分工落实具体的制订人员和完成时间，进行具体的起草工作。

（3）修改完善。修改完善阶段主要是进行试运行和局部修订。首先，财务制度起草完毕后，要广泛征求意见，并在此基础上进行一段时间的试运行，在实践中检验其可行性和有效性，并在此基础上对缺乏可操作性和不符合实际情况的条款进行修改完善。

（4）发布实施。发布实施阶段主要包括正式定稿和发布执行。首先，是在制订的财务制度经过一段时间试行修订后，表明其已达到预订的制订要求，正式定稿。然后由企业法人代表签署，确定发布方式和正式执行的时间。

10. 企业财务制度制订应考虑的问题

企业财务制度制订要充分考虑到员工可能对其做出的反应，他们的反应可能受到制度制订的方式、在财务制度制订中的参与程度、沟通交流的方式、财务制度的表述形式及财务制度实施的方式等各方面的影响。

（1）认知。人的认知能力是存在差别的，对于同样一件事物，不同的人可能会有不同的理解。在财务制度制订中，可能会存在员工对目标理解及政策认识的差别。因此要求在财务制度的制订与实施过程中要充分考虑到人的这种认知能力的差别，进行广泛沟通与交流，以使对财务制度的认知误差风险提前释放，保证全体员工对财务制度的理解一致。

（2）个人目标。每个行为主体个人都是社会环境下的“复杂社会人”，他们都具有各自的个人目标。这要求管理体系除了制订财务制度外，还要建立相应的激励与约束机制，或改变行为主体的目标函数，或改变行为主体实现目标最大化过程中的约束条件，促使各行为主体个人目标和财务制度目标的一致。

（3）参与。参与原则是一个被财务制度制订者经常忽略的原则。人总是存在一定程度的逆反心理，对于那些本应参与财务制度制订但事实上并没有能够允许作为财务制度制订者的人来说，他们很有可能会取消他对财务制度的通力合作和支持，而相反地，会进行一些消极的抵触。所以，企业财务制度的制订应当让尽可能多的人参与进来，以保证财务制度制订的效率。

（4）愿望层次与目标。财务制度功能的实现被视为成功，而财务制度功能未实现则被视为失败。这可能影响到激励和士气。从目标的一般性看，激励是通过提高行为主体的动机力量来实现的。动机力量是指动机的强度，即调动行为主体积极性和激发行为主体内在潜力的力度。因而财务制度制订在设定目标时，要仔细进行斟酌，不能太高，也不能太低，力争使动机力量最大化。

（5）借口。在财务制度的实施中一定要注意实事求是，认真地对待财务制度的每一个批评。如果确实是财务制度存在的问题，则要对财务制度进行调整；如果不是财务制度的问题，而是行事者的行为出现了偏差，则一定要对该行为主体进行一定的惩罚，保证财务制度的权威性。

（6）强加。如果管理当局“自上而下”地强加财务制度，那么“在下面工作”的人员可能会抵触它们，不给予支持，或根本就没有热情。因此，要在制度下达执行过程中做好动员与解释工作，避免简单粗暴的工作作风，减少制度推行的阻力。

（六）财务制度控制

1. 财务制度控制的原则

要有效地执行财务制度控制，应当遵循以下原则。

（1）确保制度的适应性。该原则包括两个方面。

1）公司内部财务制度对国家统一财务制度的适应性，即公司内部财务制度应是依据国家统一财务制度制订的，能体现统一财务制度规范的要求，避免出现与统一财务制度相矛盾或相抵触的条款。

2）公司内部财务制度对公司管理特点及管理要求的适应性，即公司内部财务制度的制订应体现公司在内部组织结构、管理层次等方面的特点以及优化公司财务管理的客观要求，防止形式化。

（2）确保制度的完整性和系统性。财务制度的完整性是指所制订的内部财务制度应涵盖所有财务行为，使每一项财务行为都能找到相应的制度予以规范。系统性是指所制订的内部财务制度应在纵向上具有层次性，在横向上体现协调性。纵向层次性是指财务制度在层次上应体现从综合到具体的逻辑关系（这种逻辑关系对一般性公司而言，可描述如图 1-6 所示）。横向协调性是指同一层次上的财务制度应是相互独立，而又相互衔接、相互吻合的，避免相互交叉或重复，特别应防止出现同一财务行为存在多个相互矛盾或相互抵触的制度条款的现象。

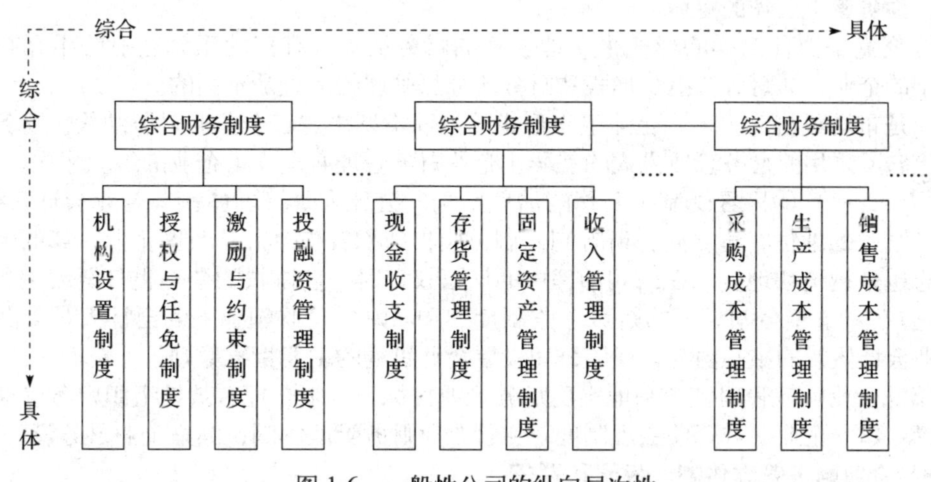

图 1-6 一般性公司的纵向层次性

（3）确保制度的严肃性。该原则包括两层意思。

1）公司各级财务人员在行使财务行为时，应严格按财务制度的规定执行，没有合理理由，不得违反制度规定。这里的“合理理由”主要指制度本身存在缺陷（如制度条款之间相互矛盾、制度明显有失公平等），或因公司内外环境变化而使制度规定不再适用。而无论何种理由，均应由制度的制订机构予以认定。

2）当行为主体违反制度规定而又没有合理理由时，应严格执行惩罚措施，包括经济惩罚和行政处罚等。

2. 财务制度控制的程序

公司财务制度控制的程序大致可分为以下二个步骤。

（1）制订和颁布财务制度。原则上公司综合财务管理制度由公司董事会根据国家统一财务制度制订，由监事会审阅，在经股东大会审议批准后颁布实施；日常财务管理制度、成本管理制度则由公司经理班子根据国家统一财务制度及公司综合财务制度制订，由内部审计机构及财务总监审阅，在报公司董事会批准后颁布实施。对于规模较大、内部管理层次多的一些大型集团公司，还应分层次制订财务制度，如集团所属分（子）公司根据总公司颁布的财务制度制订与本单位经营特征及管理要求相适应的日常财务管理制度和成本管理制度；生产厂或营业部根据分（子）公司的财务制度制订内部成本管理制度或费用控制制度等。

（2）执行财务制度。执行财务制度是各级财务行为主体以财务制度为依据，实施自我约束和调节的行为过程，从控制性质看，它是一种行为控制，从控制时间看，它是一种事中控制。要确保财务制度的有效执行，必须具备一些基本的前提条件，主要有：加强对财务制度的宣传教育，使各级财务行为主体熟悉财务制度；强化财务行为主体的法规意识和职业道德修养，使他们能够自觉依法按规行事；有完善的奖惩办法和严格的奖惩程序，使各级财务行为主体具有依法按规行事的内在动力和外在压力。

（3）检查制度执行情况。要使公司财务制度能有效执行，有赖于建立健全严格的检查、监督制度并执行相应的程序。财务制度执行情况的检查监督原则上应由公司内审机构组织有关人员进行，检查时间可采取定期检查和适时检查相结合。在制度执行情况的检查中，对偏离制度的行为应进行客观分析，明确是制度本身的问题还是执行行为的问题，若属于制度本身问题，应及时修正和完善制度，若是执行问题，则严格执行奖惩程序，以维护制度的严肃性。

九、财务管理工作的组织

企业究竟采取什么样的形式来管理自身的财务活动，直接关系到企业的生存与发展，不同类型的企业，其财务的组织形式和财务的分层管理的形式是不同的。

企业是市场经济的主体，企业组织形式的不同类型决定着企业的财务结构、财务关系、财务风险和所采用的财务管理方式的差异。企业财务管理必须立足企业的组织形式。

公司会计机构的设置受制于公司的治理结构、会计人员管理体制、企业会计系统的职责和财务总监的地位。建立混合所有制体制、股权结构日趋分散是我国企业改革的大方向，资本意志越来越迫切地要求在公司治理中的话语权，财务控制权的争夺也日渐敏感和激烈。与此相适应，“董事会领导下的财务总监制度”和“财务总监领导下的会计人员委派制度”构成企业会计体制的核心内容，成为公司设置会计机构的主要指导原则。

要搞好企业财务管理，顺利地实现财务管理目标，必须合理有效地组织财务管理工作。主要包括：建立企业财务管理法规制度；完善企业财务管理体制；健全企业财务管理机构。

（一）企业财务管理体制、权限和责任

1. 企业财务管理体制

企业财务管理体制是协调企业利益相关主体之间财务关系的基本规则和制度安排，是构建企业财务管理制度的基础和框架。

企业财务管理体制的确定过程是企业财权的分配调整过程，直接决定了财务管理机制和具体财务制度的构建。

（1）企业财务管理体制的分类。

1）按企业财务管理体制的权限，可分为集权式财务管理体制、分权式财务管理体制和集权分权相结合的综合式财务管理体制。

所谓集权和分权，是根据西方分权制的管理原理，分别指企业管理当局对企业资金、成本和利润及其分配的控制程度。

（a）集权式财务管理体制模式是一种高度集中的财务管理体制。它是将企业资金、成本和利润及其分配的控制权限高度集中在公司最高管理层，公司的中、下层没有任何决策、支配及控制的权利，只有有限的管理权限。这种责、权、利不对称的管理体制不利于调动中、下层管理者的积极性。该体制对企业规模小、品种单一、生产步骤少的中、小型企业较为适用。然而在网络经济时代，出现了一种新的趋势，即集中管理的财务模式成为众多大中型、多层级集团企业追捧的对象。其原因在于计算机网络缩短了企业在空间和时间上

的距离，使无论多么分散的空间距离和多么复杂的管理问题，都能迅速转换为及时信息，并在瞬间完成传递，故企业中实施集权式管理更有利于管理效率和控制质量的提高。

（b）第二种是完全分权式的财务管理体制。它有利于调动企业内部各级管理者和各责任单位的积极性，便于把企业内部各部门、各单位的资金、成本同其工作业绩直接挂钩，便于实现责、权、利的统一。但这种模式对涉及全局的重大决策难以协调，不利于企业统一处理对外关系和统一研究战略规划。

（c）第三种模式是资金集权、成本分权的财务管理体制。它是一种较为理想的管理体制，它按照集权和分权相结合的管理思想，把财务（主要是资金）大权统一掌握在企业管理当局，便于统一调动、统一融通、统一使用资金，有利于提高资金的利用效率，同时对成本管理实行分级管理，分口把关，把成本管理和成本控制变成全企业的共同行动，这就抓住了成本管理的要害。

2）按财务管理体制涉及的范围，可分为宏观财务管理体制和微观财务管理体制。

（a）宏观财务管理体制。它是协调财政部门与企业之间财务关系的基本规则和制度安排，主要由国家以法律法规、规章、规范性文件等形式予以确立，旨在对企业符合市场需求的行为予以引导和扶持。

（b）微观财务管理体制，即企业内部财务管理体制，它是规定企业内部财务关系的基本规则和制度安排，主要由投资者和经营者通过企业章程、内部财务制度等正式或非正式的契约确立。

3）按财务管理的内容，企业财务管理体制可分为资金管理体制、成本管理体制和利润分配管理体制。企业财务管理的对象是企业资金及其运动规律，企业的生产经营过程实际上也是资金持续不断的运动过程，对企业资金筹措、使用、分配是企业财务管理的主要职能，因而资金管理体制和利润分配体制是企业财务管理体制中的主要部分。

成本管理则是对企业资金耗费的管理。西方财务管理中往往不包括成本管理。然而从我国财务管理的传统习惯和企业管理的实践看，应该将成本管理包括在内。从表层上理解，资金及利润分配管理要向企业外部提供财务信息，成本管理的结果只向企业内部管理当局提供信息，且有关信息属于企业的商业秘密，两者的管理、服务对象均有所不同。其实，从广义上看，财务管理包括资金筹集管理、资金营运管理、成本费用管理、销售收入管理、企业纯收入管理和财务收支管理。“财务管理利用资金、成本、收入等价值指标来组织企业中价值的形成、实现和分配，并处理这种价值运动中的经济关系”。所以，从广义的财务管理观点出发，企业财务管理体制包括资金管理体制、成本管理体制和利润分配管理体制。

（2）企业内部财务管理体制的主要责任是在特定经济环境下正确处理企业同内外各方面经济利益关系，因而它主要包含以下五个方面的内容。

1）确定与企业内部经营组织形式相关的财务管理体制类型。企业的生产技术特点和经营规模的大小不尽相同，因而，各企业内部的经营组织形式也就有所不同，不同的企业内部经营组织形式决定不同的内部财务管理体制。

2）确定与企业内部各财务管理单位的经济责任相适应的财务责任。企业内部各财务单位所承担的经济责任不同，其财务责任也应有所区别。因而，对于完全独立生产经营的成员企业，在财务上应该承担自负盈亏的责任；而相对独立生产经营的内部单位，应根据其是否具有相对独立的生产经营能力分别确定财务责任，并以指标分解的形式落实。例如，在资金管理方面，要为企业内部各部门、各层级核定流动资金占用额、利用效果和费用定额指标。车间、仓库对占用的流动资金要承担一定的经济责任并定期进行考核，对超计划占用的流动资金应支付相应的利息。同时，应为各部门核定收入和支出的指标，使收入对比支出，确定经营成果，并将成本或费用指标分解落实到各车间和部门，作为支出的计划指标。各车间生产的产品和半成品以及各部门提供的劳务均应按照内部结算价格结算支付，作为车间和各部门的收入指标。在利润管理方面，应将企业利润分解以确定内部利润，使车间、部门利润与企业利润相挂钩。

3）确定与企业内部财务管理单位财务责任大小相一致的财务权限。由于部分内部成员企业能够承担自负盈亏的责任，因而，应该给予独立进行筹资、投资、成本费用开支与收益分配的财权；对于相对独立的企业内部各部门则分别给予投资决策权、内部利润取得与分配权以及成本费用的开支与控制权。

4）根据内部结算价格计价结算，确认各单位履行职责的好坏。企业内部的材料和半成品的领用、使用劳务、半成品和成品的转移等都要按照实际数量和内部转移价格进行结算，并且采用一定的结算凭证办理相关手续，以划清各自的收支，分清经济责任，便于奖惩。因而，要求企业应制订完善的内部价格以及内部结算办法并建立内部结算中心。

5）根据承担的财务责任的大小以及履行情况来确定物质利益的多少。对承担自负盈亏的内部成员企业，其工资总额应由该成员企业控制使用，税后利润除向企业集团交纳一定管理费用外，应由成员企业按国家规定自主分配；而相对独立的内部单位，其工资总额由企业总部控制，与各单位完成责任指标挂钩的工资，可分别交由这些单位掌握使用，企业税后利润分配应统一由企业总部进行。

（3）建立企业财务管理体制的基本原则。

1）资本权属清晰，即通常所说的企业产权明晰。企业产权是投资者通过向企业注入资本以及资本增值获得的企业所有权，在账面上体现为企业的所有者权益。企业产权明晰，就是要明确所有者权益的归属。例如，国有及国有控股企业应当取得国有资产产权登记证，明确其占有的国有资本金额及主管部门；公司制企业应当通过公司章程、出资证明书、发行记名或不记名股票等方式，明确其股东及出资额。企业产权明晰后，投资者“以本求利，将本负亏”也才成为可能。企业财务管理体制作为一项基础性的企业制度安排，首先应当明晰企业的资本权属。

2）财务关系明确，指企业与财政部门的财务隶属关系应当是清楚的。除各级人民政府及其部门、机构出资的企业外的其他内资企业，包括集体所有制企业、私营企业和非国有控股的混合所有制企业，以及外商投资企业，一般按属地原则确定财务关系。即与企业工商注册的行政管理机关同一级次的财政部门，作为其主管财政机关。主管财政机关也可根据实际需要，授权下级财政机关行使财务管理职责。

3）符合法人治理结构要求。企业财务管理体制是法人治理结构的重要组成内容，因此其设计应符合法人治理结构要求。法人治理结构是指明确划分投资者如股东会（包括股东）、董事会（包括董事）和经营者之间权力、责任和利益以及明确相互制衡关系的一整套制度安排。由于现代企业制度下所有权和经营权的分离，设计合理、实施有效的法人治理结构，成为确保企业有效运作、各方权益不受侵害的关键所在。构建法人治理结构，应遵从法定、职责明确、协调运作、有效制衡等原则。企业在法律法规等国家规定的制度框架内，享有一定的弹性。

（4）影响企业财务管理体制的因素和条件。

1）宏观因素和条件。企业财务管理体制受众多宏观因素的影响和制约，对财务管理体制的形成具有决定性影响的宏观因素和条件主要有经济体制、经营机制和市场体系。财政、信用和保险体系的建立与完善，法制的健全和财务中介机构的完善对财务管理体制也具有一定的影响和作用。

经济体制是指在一定区域内（通常为一个国家）制定并执行经济决策的各种机制的总和。在市场经济体制下，通过供求关系安排和调节社会资源的配置，企业失去了对政府的依赖性，在市场竞争中求生存、求发展，客观上要求企业建立一套科学严密的财务管理体制，组织企业财务活动，增强企业的经济实力、竞争能力和盈利能力。

经营机制是经济体制的重要组成部分，是企业生产经营活动中各要素之间相互联系、相互作用、相互制约的内在方式。这种机制既体现了企业内在的经济关系，又显示这种内在经济关系与企业机体外部所必然发生的经济关系。经营机制主要包括企业的人事组织活动、科学技术活动、生产经营活动、财务活动、会计活动及经济管理活动六个主要方面。这六个方面在机制运行中既相对独立，又在作用于目标的过程中协同一致，形成科学的机制运行体系。随着经济体制的变革，经营机制也会发生相应转换。市场经济体制下的经营机制，要求企业自主经营、自负盈亏、自我约束、自我发展、自我完善。经营者的责权利相统一，迫切要求建立充满生机和活力的财务管理体制，合理组织财务活动，实现财务管理目标。

完善的市场体系应当包括如下内容：

- 生产资料市场、资金市场、产权交易市场、商品市场、劳动力市场等各种市场。
- 市场应打破地区、行业限制，为各种生产要素跨地区、跨行业的流动提供可能。
- 比价结构合理，能正确、灵活地反映产品价值变化、供求变化，向企业提供真实信息，引导生产要素的合理配置。
- 健全的市场规则、秩序，有全面、具体的经济活动的法律规范，法律执行机关及监督机关具有相应的能力与权力，以保证市场正常、有序运转。

健全的市场体系为产权的转让、资产的流动与重组、原材料的供应及产品的销售提供了良好的条件，市场的有序和规律也有利于经济正常和稳定的发展。

2）微观因素和条件。影响财务管理体制的微观因素和条件主要有现代企业制度的建立和完善，经营者知识结构的合理化，企业内部供、产、销各部门的密切配合和协调运行等。

现代企业制度使企业建立科学的财务管理体制成为可能，现代企业制度的基本特征是“产权清晰、权责明确、政企分开、管理科学”。产权清晰就是要明确企业的产权关系，明确投资主体，将所有者和经营者分开。权责明确就是要明确有经济利益关系各方的责任、权力和利益关系，责任大小要有相应的权力作保障，尽义务和享有利益相匹配，从而构建一套以效益为终极目标，以明确的责任关系为纽带的责权利体系。政企分开是指国有企业的终极所有权属于国家，国家作为投资者，只获取投资收益，而不参与企业的经营管理，将责权利关系落到实处，层层有目标、处处有措施，计划（预算）和控制兼用，激励与约束并重，考核与奖惩结合，以实现企业价值最大化。

经营者的知识结构是与经济发展阶段、生产力的发展水平有关的。在集约型的经济增长方式下，强调挖掘内部潜力，加强管理。因此，主要管理者的选聘应转向懂经济、精通市场营销和资本管理的人员。

企业内部存在三条流动线，即物资流、资本流和信息流。只有供产销等部门的密切配合，才能保证物资和资本在各个不同阶段的连续运转，才能保证生产的顺利进行；同时，也可以减少资金占用时间，加速资金周转，提高效益。信息流起到了及时为各项管理决策提供依据的重要作用。

（5）企业内部财务管理体制模式的选择

由于企业内部财务管理体制是构建企业财务运行机制的基础和前提，因而如何合理选择企业内部财务管理体制就显得很重要。《企业财务通则》第八条要求：“企业实行资本权属清晰、财务关系明确、符合法人治理结构要求的财务管理体制。企业应当按照国家有关规定建立有效的内部财务管理级次。企业集团公司自行决定集团内部财务管理体制。”因此企业财务管理体制选择是否恰当主要根据以下标准来判断。

1）是否有利于促进企业经济效益的提高。经济效益是衡量企业管理好坏的标志，是判断一种体制优劣的根本，而且企业内部财务管理体制构建的目的是为企业管理服务并有利于经济效益的提高。因此，企业内部财务管理体制构建的成功与否，也只能用企业经济效益来衡量。

2）是否有利于调动企业经营者、管理者的积极性、主动性和创造性。财务管理是企业管理的一部分，因此企业能否成功地构建其内部财务管理体制，很大程度上取决于是否把各级经营者、管理者的积极性调动起来，使企业内部各级管理者、经营者出于对自身利益的追求，自觉地把个人利益与企业利益、个人目标与企业目标有效地结合起来，从而形成一股强大的凝聚力。

3）是否有利于企业建立稳健高效的财务管理运行机制。反映现代企业制度的企业内部财务管理体制的构建，目的在于引导企业建立“自主经营、自负盈亏、自我发展、自我约束”的财务运行机制，从而形成一套完整的自我控制、自我适应的系统。由于财务机制是财务管理体制最直接、最灵敏的反映，其有效运行是财务体制构建的重要目标，因此，在构建财务管理体制时，关键是看其是否有利于财务管理机制的有效运行。

4）是否有利于加强企业的内部管理。财务管理是企业管理各项工作的综合反映，它与企业管理的各项工作密切相关，它们之间相互制约相互促进。同时，财务管理本质上是处理企业同企业内外各种经济利益的关系，因而，成功地构建企业内部财务管理体制能够强化企业内部管理。

2. 企业财务管理权限

（1）资本权属与企业财务管理权限。《企业财务通则》第二章第八条规定：企业实行资本权属清晰、财务关系明确、符合法人治理结构要求的财务管理体制。

在我国社会主义市场经济条件下，企业资金来源包括两大类：一类是所有者投资，形成企业的自有资金；另一类是通过金融市场的不同筹资渠道所形成的借入资金。自有资金的提供不仅满足了企业的基本资金需求，更重要的是由此界定了企业的产权归属；借入资金的提供不仅保证了企业的临时性资金需求，并使企业有了一定的扩张能力。在金融市场上，企业的筹资方式多种多样，有的企业采取发行股票和发行债券的方式筹集自有资金和借入资金；有的企业采取吸收直接投资筹集自有资金，又采取从金融机构借款的方式筹集借入资金。无论是何种形式获得的资金，企业都需要为筹资付出相应的代价。借入资金需要定期还本付息，自有资金需要支付股息、红利。因此，在资金进入企业形成资金周转起点的同时，企业就必须承担相应的经济责任。

企业的所有者是法定的主权资本投资人，企业所有者向企业投入主权资本，从而形成了履行义务，承担终极风险，享受投资收益分配的经济关系。由此可见，资本权属体现了资本提供者与企业之间的产权关系，企业实行资本权属清晰，就是要保证企业的产权关系清晰。

企业财务管理体制是企业财务管理内部环境的主导因素。企业财务管理体制的核心在于财权的配置，由此形成了财权配置不同的财务管理体制。在企业界，决定财务管理体制的既有客观因素，也有主观因素。从客观因素分析，不同的企业组织形式往往决定着不同的管理体制，不同的企业规模和行业领域也决定着不同的管理体制；从主观上分析，不同的管理观念决定着不同的管理体制，不同的人才素质结构也决定着管理体制的选择。

在计划经济时期，我国对国有企业实行高度集权的财务管理体制，财政部门直接控制着企业的财务活动和财务关系，企业几乎没有财务自主权。改革开放以后，尤其是现代企业制度建立之后，国有企业和国有控股企业的财权诉求也随之增长。建立符合现代企业法人治理结构要求的企业财务管理体制已经迫在眉睫。《企业财务通则》将实行资本权属清晰、财务关系明确、符合法人治理结构要求的财务管理体制，作为财权配置的原则，使企业财务管理权限的配置和行使，符合社会经济发展的客观要求。

（2）法人治理结构与企业内部分层次财务管理权限。《企业财务通则》第二章第八条还补充规定：企业应当按照国家有关规定建立有效的内部财务管理级次。在这里，我们必须明确的是：第一，企业内部财务管理的权力是分级次的；第二，这种分级次的财务管理权限应当符合法人治理结构的要求。

1）公司内部治理结构分析。

（a）股东大会。股东大会是公司内部治理机构之一，它是公司的最高权力机构，掌握着公司的最终控制权。股东大会由公司全体股东组成，股东可以是自然人，也可以是法人。股东有优先股股东和普通股股东之分，优先股股东在股利分配和对公司清算财产的请求权方面具有优先权。但是，一般情况下只有普通股股东才享有公司的经营管理权。

股东大会的决议一般采取多数通过的议事规则，在一般情况下，股东本人需要亲自参加股东大会，但由于时间、距离、不熟悉公司事务或其他原因的限制，导致某一股东不能参加股东大会的，可以委托他人参加并代理行使投票权。由股东委托代理人投票称为“表决权委托代理”，由公司法上指定的受托人投票则称为“表决权的信托代理”。

（b）董事会。董事会是股份公司的核心领导层和最高决策者，它受托于股东大会，执行股东大会的各项决议。对于拥有众多股东的公司而言，显然不可能通过所有股东的定期集会来决策和管理公司的具体事务，需要股东们推选出能够代表自己的、有能力的、值得信赖的少数代表组成一个小型机构来管理公司，这个机构就是董事会。

董事会的基本组成模式主要分为两种：①单层式董事会，即董事会成员分为执行董事和非执行董事，这种董事会模式是股东导向型的；②双层制董事会，即由一个地位相对较高的监事会监管一个代表相关利益者的执行董事会，这种董事会模式是社会导向型的。

从20世纪70年代以来，西方国家的企业为了有效解决公司治理上的问题，在董事会中引入独立董事制度，以减轻内部人控制所带来的问题。我国现在也引入了独立董事制度。

2）分层次财务管理权限。根据以上公司内部治理结构所建立的分层次财务管理权限如下。

（a）投资者财权。公司是股东发起并投资建立起来的，公司股东拥有公司的产权，并借此控制公司的经营活动、财务活动和经济利益导向。但是，除了一人公司之外，公司的股东群体的经济利益导向并非完全一致，股东群体的权利也并非均等。只有能够确保充分行使股东共益权的股东，才是公司财务管理的主体，也才真正具有公司的终极财权。

由此可见，财权的取得并独立化是一个组织能否成为财务主体的根本条件。没有财权的财务不能称为真正的财务，也就不可能形成财务主体。这就是说，产权与财权并不保持比例关系，每个公司股东按照投资的产权比例享有相同比例的公司财权是难以想象的神话，这个神话的最大危害就是将公司的财务搞乱。由此可见，公司财权起源于产权又独立于产权之外。

（b）董事会财权。根据我国《公司法》的规定，董事会由股东大会选举产生。从董事会的职权上看，公司董事会持有公司最高层次的财务控制权。现代企业的代理关系，将董事会赋予一定的权力期限，股东大会对董事会的制约，使充分行使共益权的股东有比较充分的自由，选择、变换董事会成员，以维护股东的自益权。

董事会在代理关系中的最高层次的代理人地位，使其享有企业最高层次财务控制权和最大的经济责任，随着企业多层次代理关系的产生和运行，最高层次财务控制权也将被不同的经理人分解。

（c）经理人财权。董事会将董事会的群体责任通过人事任命具体落实在任期内的总经理头上，总经理也通过公司人事权力将财务控制权分解。由此可见，董事会的最高层次财务控制权的授权和分解授权，与人事权力相配合，并且越来越集中于个人权力。这一方面认证了个人能力和诚信的重要性，也揭示了财务控制权在行使中容易产生的不确定性。只有对掌握一定财务控制权的人实施必要的监督，并将这种监督与日常工作制度结合起来，股东的利益以及企业利益相关者的正当利益才有望得到保障。

分层次的公司财权主要解决的是控制权的授权问题。具有终极财权的股东大会，将资金的筹措权和使用权委托给董事会代理，董事会承担的是代理人责任，并不能取代股东的责任，由此形成利益关系的不一致。股东对董事会实施资金使用权和筹措权的监督是必要的。而将利益分配决策权放在股东大会，是行使共益权的股东直接掌管财权的体现。分层次的公司财权的配置，既体现了委托代理关系的确立，也体现了由于委托人与代理人利益关系的不一致所做出的权力安排。

3. 企业财务管理职责

（1）投资者的财务管理职责。

1）投资者具体职责的有关规定。企业是股东投资创办的，是投资人的企业，投资者才是企业真正的法律意义上的主人。只有投资者管理企业的职能不缺位，管理企业的职责才能真正落实到位。

《企业财务通则》第五条明确规定了“各级人民政府及其部门、机构，企业法人、其他组织或者自然人等企业投资者（以下通称投资者），企业经理、厂长或者实际负责经营管理的其他领导成员（以下通称经营者），依照法律、法规、本通则和企业章程的规定，履行企业内部财务管理职责”；“各级人民政府及其部门、机构出资的企业，其财务关系隶属同级财政机关”。

政府可能具有双重身份。作为政府出面的宏观管理者，应当负责制订企业财务规章制度并对此加强监管；作为股东出面的微观投资者，还应当同企业的经理、厂长或者实际负责经营管理的其他领导成员一起履行企业内部财务管理职责。

按照我国《公司法》的规定，投资者可以是政府以及相关的机构，也可以是企业等法人实体，还可以是自然人。《公司法》还明确规定：“公司股东依法享有资产收益、参与重大决策和选择管理者等权利。”只要是企业的股东（投资者），就应当按照《企业财务通则》第十二条的规定，切实履行投资者的管理职能。投资者的财务管理职责主要包括：①审议批准企业内部财务管理制度，企业财务战略、财务规划和财务预算；②决定企业的筹资、投资、担保、捐赠、重组、经营者报酬、利润分配等重大财务事项；③决定企业聘请或者解聘会计师事务所、资产评估机构等中介机构事项；④对经营者实施财务监督和财务考核；⑤按照规定向全资或者控股企业委派或者推荐财务总监。

此外，企业在改制、产权转让、合并、分立、托管等重组活动中，对涉及资本权益的事项，应当由投资者或者授权机构进行可行性研究，履行内部财务决策程序。

对于上述管理职责的履行，投资者一方面应当通过股东（大）会、董事会、监事会或监事，或者其他形式的内部机构履行财务管理职责；另一方面也可以通过企业章程、内部制度、合同约定等方式将部分财务管理职责授予经营者，通过对经营者的授权、约束、管理、激励、解聘等措施来达到履行财务管理职责的目的。金融企业按规定可以向其控股的企业委派或者推荐财务总监。《企业财务通则》第七十条规定：如果“经营者在经营过程中违反本通则有关规定的，投资者可以依法追究经营者的责任”。

现以有限责任公司为例，介绍有关股东会、董事会、监事会的职权如下，供制订公司章程或有关文件参考。

2）股东会的职权。有限责任公司股东会由全体股东组成。股东会是公司的权力机构，依照《公司法》行使下列职权：①决定公司的经营方针和投资计划；②选举和更换非由职工代表担任的董事、监事，决定有关董事、监事的报酬事项；③审议批准董事会的报告；④审议批准监事会或者监事的报告；⑤审议批准公司的年度财务预算方案、决算方案；⑥审议批准公司的利润分配方案和弥补亏损方案；⑦对公司增加或者减少注册资本做出决议；⑧对发行公司债券做出决议；⑨对公司合并、分立、解散、清算或者变更公司形式做出决议；⑩修改公司章程；⑪公司章程规定的其他职权。

3）董事会的职权。有限责任公司董事会为常设机构，是由股东会选举产生的 3 ～ 13 名董事组成的公司经营决策及业务执行机构，对外代表公司。

董事会设立董事长 1 人，须由董事担任，为公司的法定代表人；副董事长 1 ～ 2 人。股东人数较少和规模较小的公司可不设董事会，而只设 1 名执行董事，该执行董事为公司的法定代表人，可兼任公司经理。董事会对股东会负责，行使下列职权：①召集股东会会议，并向股东会报告工作；②执行股东会的决议；③决定公司的经营计划和投资方案；④制订公司的年度财务预算方案、决算方案；⑤制订公司的利润分配方案和弥补亏损方案；⑥制订公司增加或者减少注册资本以及发行公司债券的方案；⑦制订公司合并、分立、解散或者变更公司形式的方案；⑧决定公司内部管理机构的设置；⑨决定聘任或者解聘公司经理及其报酬事项，并根据经理的提名决定聘任或者解聘公司副经理、财务负责人及其报酬事项；⑩制订公司的基本管理制度；⑪公司章程规定的其他职权。

董事任期由公司章程规定，但每届任期不得超过 3 年。董事任期届满，连选可以连任。股东会不得在董事任期届满前无故解除其职务。

4）监事会或监事的职权。监事会或监事为公司常设的监督机构。

有限责任公司设监事会，其成员不得少于 3 人。股东人数较少或者规模较小的有限责任公司，可以设 1 ～ 2 名监事，不设监事会。

监事会应当包括股东代表和适当比例的公司职工代表，其中职工代表的比例不得低于 1/3，具体比例由公司章程规定。监事会中的职工代表由公司职工通过职工代表大会、职工大会或者其他形式民主选举产生。

监事会设主席 1 人，由全体监事过半数选举产生。监事会主席召集和主持监事会会议。监事会主席不能履行职务或者不履行职务的，由半数以上监事共同推举 1 名监事召集和主持监事会会议。

董事、高级管理人员不得兼任监事。

监事的任期每届为 3 年。监事任期届满，连选可以连任。监事任期届满未及时改选，或者监事在任期内辞职导致监事会成员低于法定人数的，在改选出的监事就任前，原监事仍应当依照法律、行政法规和公司章程的规定，履行监事职务。

监事会、不设监事会的公司的监事行使下列职权：①检查公司财务；②对董事、高级管理人员执行公司职务的行为进行监督，对违反法律、行政法规、公司章程或者股东会决议的董事、高级管理人员提出罢免的建议；③当董事、高级管理人员的行为损害公司的利益时，要求董事、高级管理人员予以纠正；④提议召开临时股东会会议，在董事会不履行本法规定的召集和主持股东会会议职责时召集和主持股东会会议；⑤向股东会会议提出提案；⑥依照公司法有关规定，对董事、高级管理人员提起诉讼；⑦公司章程规定的其他职权。

监事可以列席董事会会议，并对董事会决议事项提出质询或者建议。

监事会、不设监事会的公司的监事发现公司经营情况异常，可以进行调查，必要时，可以聘请会计师事务所等协助其工作，费用由公司承担。

监事会每年度至少召开一次会议，监事可以提议召开临时监事会会议。

（2）经营者的财务管理职责。《企业财务通则》第十三条规定："经营者的财务管理职责主要包括：①拟订企业内部财务管理制度、财务战略、财务规划，编制财务预算；②组织实施企业筹资、投资、担保、捐赠、重组和利润分配等财务方案，诚信履行企业偿债义务；③执行国家有关职工劳动报酬和劳动保护的规定，依法缴纳社会保险费、住房公积金等，保障职工合法权益；④组织财务预测和财务分析，实施财务控制；⑤编制并提供企业财务会计报告，如实反映财务信息和有关情况；⑥配合有关机构依法进行审计、评估、财务监督等工作。"

经营者凭借企业法人财产的经营权行使财务管理职责。因此，明确经营者的财务管理权限分配尤为重要，它在企业内部控制中起着基础性的作用。分配权限时，投资者既要赋予经营者充分的自主经营权，又要对经营者的权力有适当的制衡。

1）经营者财务管理职责内容。在企业正常经营情况下，经营者（包括企业经理、厂长以及实际负责经营管理的其他领导成员）直接掌握企业财务的控制权。围绕企业价值最大化的财务目标，经营者的财务管理职责表现在以下四个方面。

（a）执行投资者的重大决策，实施财务控制。按照企业章程和投资者的决策，组织实施企业筹资、投资、担保、捐赠、重组和利润分配等财务方案；拟订企业的财务战略、财务规划，编制财务预算；组织财务预测和财务分析；统筹运用企业资金，对企业各项资源的配置实施财务控制。

（b）保障债权人合法权益。诚信履行企业偿债责任，不得拖延履行甚至逃废债务偿付义务，维护企业的良好信用形象。

（c）保障职工合法权益。执行国家有关职工劳动报酬和劳动保护的政策规定，依法缴纳社会保险费、住房公积金等；按规定应由职工（代表）大会审议或者听取职工意见的事项，应当严格履行相关程序。

（d）遵守国家统一规定。根据国家有关企业财务管理的规章制度，拟订企业内部财务管理制度；编制并向主管财政机关和投资者提供企业财务会计报告，如实反映财务信息和有关情况；依法缴纳税费；配合有关机构依法做好审计、评估、财务监督等工作。

2）履行经营者职责的主体。

（a）公司的董事会和经理。《公司法》第四十七条规定，董事会行使的职权包括拟订企业财务战略、财务规划，编制财务预算，组织实施重大财务方案，实施财务控制等；第五十条规定，经理行使的职权包括拟订企业内部财务管理制度，组织实施重大财务方案，执行国家有关职工劳动报酬和劳动保护的规定、保障职工合法权益，组织财务预测和财务分析，实施财务控制，如实披露信息，配合有关机构依法进行的审计、评估、财务监督等工作，等等。

（b）全民所有制企业的厂长。根据《全民所有制工业企业法》的规定，全民所有制企业的厂长由政府主管部门委任或者招聘，或者由企业职工代表大会选举。厂长领导企业的生产经营管理工作，在企业生产经营中处于中心地位。企业设立管理委员会或者通过其他形式，协助厂长决定企业的重大问题，如经营方针、长远规划和年度计划、基本建设方案和重大技术改造方案，职工培训计划，工资调整方案，企业人员编制和机构的设置和调整，制订、修改和废除重要规章制度的方案等。

可以看出，公司中的董事会和全民所有制企业的厂长及其管理委员会（现实中大多为厂长办公会或经理办公会）相似，都同时承担了投资者和经营者的财务管理职责。

（3）财政部门职责。

1）财政部门负责加强对企业财务的指导、管理与监督。在市场经济中，政府管财务既不能越位，也不能缺位。

"越位"行为指政府规定企业能做什么、该做什么，以及什么时候做和怎么做的行为。

随着我国市场经济改革的不断深入，政府显然已不宜管得那么具体，也难以详尽地为企业统一制订标准化的财务管理制度，更不宜过多地采取直接方式管理企业的内部事务。换个角度看，如果政府（即使是作为投资者）真的把企业的“大事小事、该管不该管的都管了”，这也是一种管理学上的“越权行为”。

“缺位”行为指政府作为企业的股东，尤其是控股股东，该管的还是要管，特别应当对国有及国有控股企业“施加合理的约束”，目前看起来这种约束有时却显不足。“缺位”行为还表现在政府应兼顾的履行社会管理者职能有待完善。有专家指出，政府应该为企业在经济活动中涉及的财务行为提供指导与帮助，如随着资本市场不断深化，金融产品创新迭出，企业面临的财务环境日益复杂，以及各种身怀“财技”者也不断窥探企业的钱袋，如此等等究竟如何应对，政府因为“站得高，看得远”，应当为企业提供指导性的意见。

当然，还应当看到，目前企业也存在某种程度上的“越位”和“缺位”，在有些国有企业还表现得非常严重，在经营过程中存在投资者和经营者职责范围不清、管理不严等问题。有些国有企业在重组中，由经营者单独说了算，擅自把企业改掉、卖掉，这就属于经营者的“越权”行为。而更多的企业财务管理不到位，管理制度形同虚设，管理人员与管理职责存在严重“缺位”的情况，已经引起政府的高度重视。

上述企业“越位”行为与“缺位”行为可能都与政府“缺位”有关。而《公司法》作为基本法，很难对企业的财务管理内容进行规范或对具体的钻财务空子的行为进行界定，而不少“财计高超人士”不断钻管理漏洞的空子，玩弄所谓“资本运作”“资产经营”“企业并购”的花样，将企业的财产转移到个人的腰包里，政府理应对此加强职责范围内的有效监管。

《企业财务通则》将政府赋予财政部门的职责转化为行政规章，将财政政策、财政资金、财务监督纳入企业财务制度体系，明确了财政部门与企业之间的财务管理关系，将有效地扭转企业财务管理无章可循、职责不清的局面，从源头上整治企业财务秩序，化解财政风险。

《企业财务通则》第四条明确规定财政部应当负责制定企业财务规章制度。各级财政部门（以下通称主管财政机关）应当加强对企业财务的指导、管理、监督，其主要职责包括：①监督执行企业财务规章制度，按照财务关系指导企业建立健全内部财务制度。②制定促进企业改革发展的财政财务政策，建立健全支持企业发展的财政资金管理制度。③建立健全企业年度财务会计报告审计制度，检查企业财务会计报告质量。④实施企业财务评价，监测企业财务运行状况。⑤研究、拟订企业国有资本收益分配和国有资本经营预算的制度。⑥参与审核属于本级人民政府及其有关部门、机构出资的企业重要改革、改制方案。⑦根据企业财务管理的需要提供必要的帮助、服务。

《企业财务通则》和《金融企业财务规则》还明文规定了财政部门依法处罚的权力。

财政部门在依法实施财务监督中，对不属于本部门职责范围的事项，应当依法移送相关管理部门。

财政部门工作人员在履行财务管理职责过程中滥用职权、玩忽职守、徇私舞弊，或者泄露国家秘密、商业秘密的，依法进行处理。

2）地方财政部门对企业日常财务会计方面的监管工作。监管的内容一般有以下几项。

（a）会计人员要持证上岗。会计人员是企业财务管理工作的执行者，企业财务管理工作的好坏与会计人员素质高低关系密切。所以，企业的会计人员必须具备一定的会计知识，并熟悉相关的财经法规。

国家对会计人员实行持证上岗制度，《中华人民共和国会计法》（以下简称《会计法》）要求会计人员必须取得《会计从业资格证书》才能担任会计工作。这是对会计人员最基本的要求，所以财政部门要对会计人员是否持证上岗进行监督，没有取得《会计从业资格证书》的人员一律不得在企业从事会计工作。

（b）依法建账，规范企业的会计核算行为。《会计法》规定，各单位必须依法设置会计账簿，并保证其真实、完整。地方财政部门根据《会计法》的要求，对企业是否依法建立各项会计账簿，以及会计核算行为是否规范进行监管，对不依法建账、会计核算行为不规范的企业应按《会计法》有关规定严肃处理。

（c）建立健全财务管理制度和内部控制制度。企业建立健全财务管理制度和内部控制制度，是搞好企业财务管理、规范财务核算行为的制度保证。国家对企业的财务会计工作制定了许多相应的法规，但由于每个企业大小不同，经营项目不同，环境不同，管理要求不同，所以企业要根据自身情况和管理要求，按照国家有关法规的要求，制订适合本企业的财务管理制度和内部管理制度，以保证财务管理工作和内部控制工作有章可循。

有条件或具备一定规模的企业要充分发挥董事会、监事会、股东大会、职代会的监督作用，保证各项财务管理制度和内部控制制度的实施。财政部门应监督和帮助企业搞好财务管理制度和内部控制制度建设，促使企业规范财务工作。

（d）加强业务培训和职业道德教育。财政部门可以定期或不定期地对会计人员进行业务培训，开展后续教育，进行会计职业道德教育，提高会计人员的道德素质。

3）积极创新财政社会管理职责。积极创新财政社会管理职责与相应的制度，是我国社会主义经济大发展和公共财政改革的要求。目前，政府正在积极研究建立与财政社会管理职能相适应，有利于规范全社会各类企业财务关系，监督企业经济运行，促进各类企业公平竞争和健康发展的新型的企业财务制度体系。

（二）几种典型的财务管理模式

公司制企业是我们讨论的重点。与目前的有限责任公司和股份有限公司相适应，出现了以下几种典型的财务管理模式。

1. 传统分工型

传统分工型财务管理模式如图 1-7 所示。

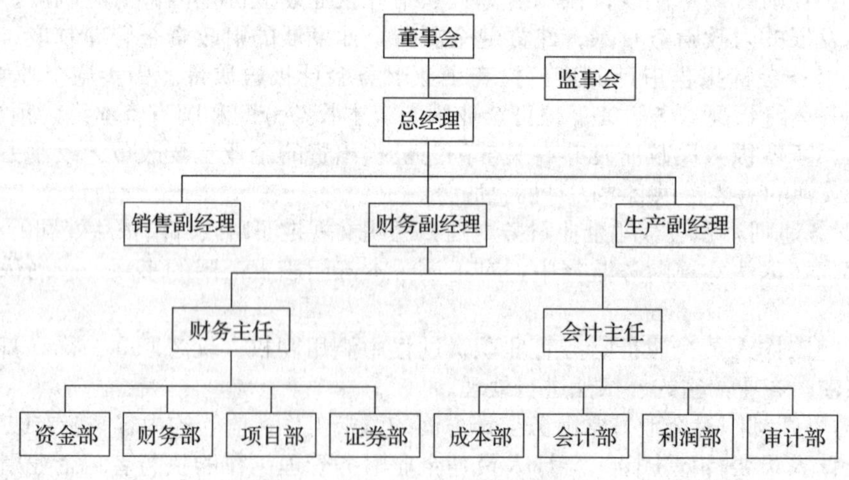

图 1-7　传统分工型财务管理模式

它是以完成传统的财务管理职能为目标的一种模式，其财务管理的工作和职责分工一般按照职能来划分：资金部负责资金的筹集和调配；成本部负责生产经营成本的核算；会计部负责财务报表的编制和日常会计核算的管理；项目部负责投资项目资金的安排和使用；财务部负责日常的财务决策和管理；利润部负责利润的分配和税金的解缴；证券部负责债券、股票的投资与经营管理；审计部负责企业内部的审计工作。

2. 责任中心型

责任中心型财务管理模式如图 1-8 所示。

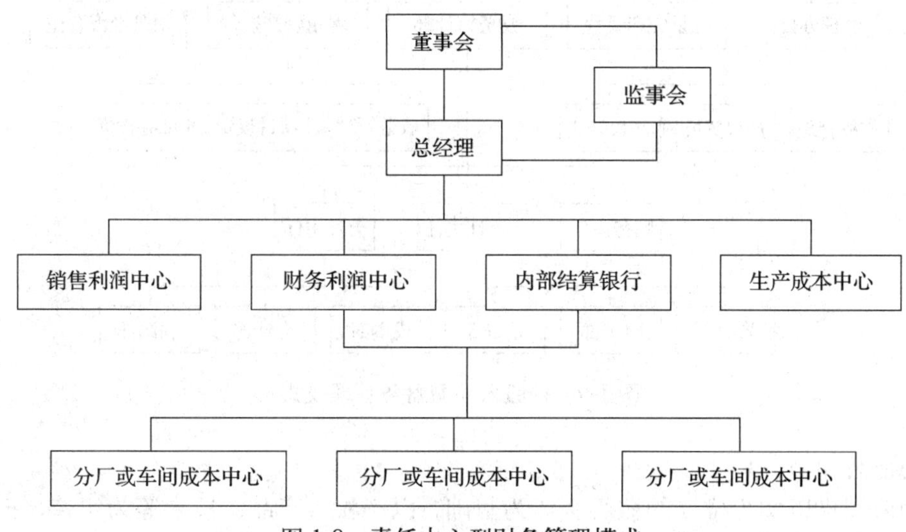

图 1-8 责任中心型财务管理模式

它是以某一经济责任的履行为目标来进行经营理财活动的一种模式。建立一个财务管理责任中心，要求这个责任中心所承担的经济责任要能够比较容易地区别、划分或鉴定，并且有条件进行单独的经济核算，实现责权利的紧密结合。责任中心通常是在企业原有组织的基础上建立的。一般来说，管理层次较高的组织，如分厂、车间、职能部门等可作为一个财务管理责任中心，一些相对独立的班组也可以作为一个责任中心。没有独立的经济责任并难以独立开展经济核算就不能建立责任中心。目前。比较常见的做法是建立成本中心、利润中心、内部结算中心、投资中心等。凡是其生产成本或费用可以准确计量并且可以通过自己的行为加以调节和控制的分厂、车间、班组或某一管理部门，都可以作为一个成本中心，以降低成本为主要目标来管理。凡是能够实行收入和成本自行控制，能够自负盈亏的分厂、车间或部门，都可以看作是一个利润中心，以实现利润目标来管理。利润中心通常是能够取得产品销售收入或者不能直接取得产品销售收入但能够以内部结算价格计算出成本利润的经济单位。内部结算中心是以资金的周转和占用情况为主要考核目标、以资金的内部调动和分配为主要手段的资金管理中心。投资中心是以项目的建设、投产、收益为目标的项目管理中心。

3. 控股公司型

控股公司是以控制和经营其他公司股权为主要目的的企业，控股公司处在企业产权所有者的角度、对其所拥有的资产或资本进行经营管理的公司。

按照控股公司调控的对象来分，控股公司的主要工作可以分为存量资产的保值增值，以及增量资产的分配和使用两部分，控股公司一般设有存量资产的经营管理部、增量资产的投资规划与发展部、财务审计部、对外经济合作部、人事考核部、经理办公室等职能部门，而财务审计部向其他各部提供管理与决策的基本依据。

控股公司型财务管理模式如图 1-9 所示。

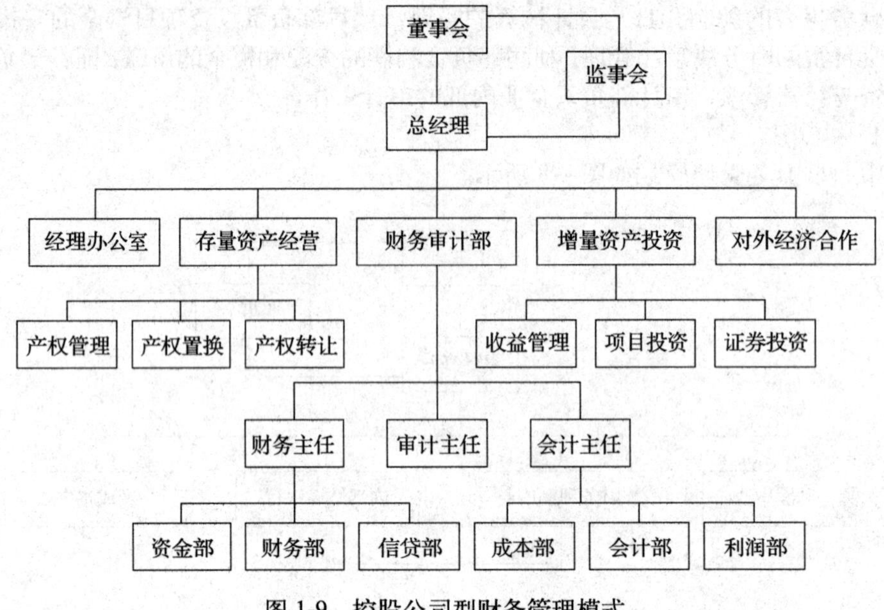

图 1-9　控股公司型财务管理模式

4. 集团公司型

集团公司指以实力雄厚的核心企业为基础，以产权、产品、技术等为纽带，把多个企业、事业单位联结在一起的法人联合体。

集团公司型财务管理模式如图 1-10 所示。

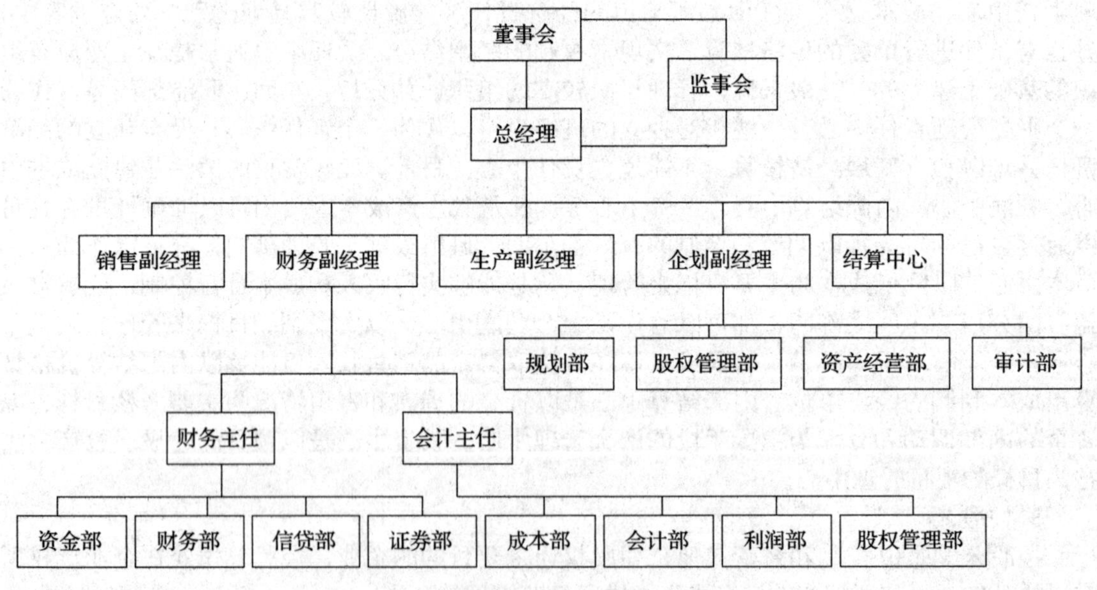

图 1-10　集团公司型财务管理模式

集团公司的理财组织有的实行责任中心型，有的实行控股公司型，而更多的是在传统财务管理型组织的基础上，增加一些其他的职能部门，即集团公司财务部门除了设有资金部、成本部、会计部、项目部、财务部、利润部、证券部之外，还设有股权管理部、规划部、财务信息部、资产经营部、审计部等。一些大型集团公司还设有独立的结算中心。

5. 跨国公司型

跨国公司指以一国公司为总部或母公司、在一个以上国家设立分公司或分支机构、从事跨国界经营的公司。跨国公司的经营有多种形式，有的是不直接控制国外子公司，进行控股、参股型的经营，有的是在母公司设立国外事业分部来独立经营管理国外的公司，有的是从全球的角度来协调整个跨国公司的经营管理，统一安排资金和分配利润。我们这里所讲的是集中经营管理型跨国公司。

跨国公司型财务管理模式如图 1-11 所示。

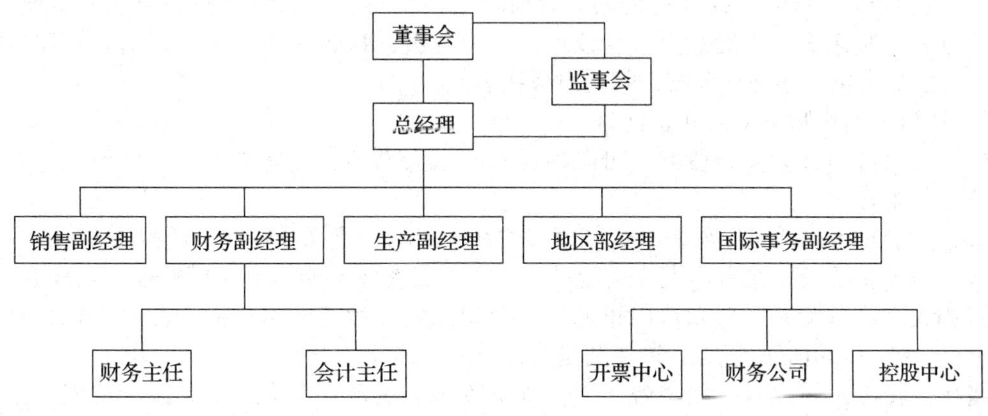

图 1-11 跨国公司型财务管理模式

集中经营管理型跨国公司的财务管理，在与国内母公司的财务管理相结合的基础上，增加一些处理国际事务的组织机构，主要包括开票中心、财务公司和控股中心等机构。开票中心一般设在低税率国家或地区，负责跨国公司子公司之间贸易的财务结算，它集中进行控股公司各子公司的外汇经营和交易，集中进行子公司之间的商业信用（票据和账款）的管理，以此来控制各子公司之间的资金流动。财务公司一般设在国际金融中心或避税港，主要利用国际资本市场，进行国际间的投融资活动，以执行跨国公司的经营理财战略。控股中心以集中管理跨国公司各子公司的利润分配和收取，执行跨国公司的再投资政策，通常设在税收条件比较优惠的国家。

在我国的大中型企业主要实行的是传统分工型理财组织，新组建的国有资产经营公司一般设置控股公司型理财组织。责任中心型财务管理模式在国外曾流行过一段时期，但褒贬不一，国内目前也不多见。集团公司型财务管理模式在进行国有资产授权经营的企业比较常见。而国外大的跨国公司大多数都选择跨国公司型财务管理模式。企业应当根据自身的具体情况来设计和选择适宜的财务管理模式。

（三）企业组织形式及其财务特征

企业组织形式可按照不同的类型进行分类。

1. 公司制企业

这是指以营利为目的，依法登记成立的社团法人。这种社团法人是一种具有人格的社会组织体，也就是由法律赋予权利能力的组织体。公司制企业可以分为股份有限公司、有限责任公司、两合公司、股份有限公司等。

（1）股份有限公司是指全部注册资本由等额股份构成并通过发行股票筹集资本的企业法人。股份有限公司一般简称为股份公司，在英国、美国称为公众公司，在日本称为株式会社。

1）股份公司具有下列一些特征。

（a）股份公司是最典型的合资公司。在股份公司中股东的人身性质没有任何意义。股东仅仅是股票的持有者。他的所有权利都体现在股票上并随股票的转移而转移，任何持有股票的人便是股东。股份公司必须预先确定资本总额，然后再着手募集资本。任何愿意出资的人都可以成为股东，没有资格限制。

（b）股份公司将其资本总额分为等额股份。资本平均分为股份，每股金额相等，这是股份公司的一个突出特点。

（c）股份公司设立程序复杂，法律要求严格。我国《公司法》规定，股份公司的设立要经过国务院授权的部门或者省级人民政府批准，不得自行设立。股份公司的重要文件，如公司章程、股东名录、股东大会会议记录、财务会计报告必须公开，以供股东和债权人查询。股份公司每年还必须公布公司的财务报表。

2）股份公司在财务上有许多优势。

（a）它通过向社会发行股票，可以广泛吸收社会资本、迅速扩大企业规模，提高企业的市场竞争能力。

（b）大股东可以通过股份公司控制更多的社会资本，增强企业在市场中的有利地位。

（c）由于股票可以在市场上自由流动，所以，股东流动性极大。因此在企业经营不善、面临亏损或破产危险时，股东可以迅速出售股票，转而投资到有利的企业中去。同时，这也能对企业经理人员形成压力，迫使其提高经营管理水平。

当然，股份公司也有一些劣势。这主要是股东的流动性太大，不易控制掌握。股东对于公司缺乏责任感，因为股东购买股票的目的就是为了取得红利，而不是为了办好企业，往往当公司经营业绩欠佳时，股东就会转让、出售股票。

（2）有限责任公司。有限责任公司是指由一个或一个以上股东共同出资，每个股东以其所认缴的出资额对公司承担有限责任，公司以其全部资产对其债务承担责任的企业法人。有限责任公司一般简称为有限公司。有限公司具有下列一些特征。

1）它的设立程序要比股份公司简便得多。在我国，设立有限公司，除法律、法规另有规定外，不需要任何政府部门的批准，可以直接向公司登记机关申请登记。有限公司不必发布公告，也不必公开其账目，尤其是公司的资产负债表一般不予公开。

2）有限公司不公开发行股票。有限公司的股东虽然也有各自的份额以及股份的权利证书，但它只是一种记名证券，而不是像股票那样属于有价证券。而且，各股东的股份由股东协商确定，并不要求等额，可以有多有少。

3）有限公司的股份不能自由买卖。由于有限公司股东持有的股权证书不是股票，所以这种股权证书只能在股东之间相互转让。在向股东以外的人转让股份时，必须经过全体股东过半数同意，并且，经同意转让的股份，其他股东在同等条件下可以优先购买。

4）有限公司的内部管辖机构设置灵活。股东人数较少和规模较小的有限公司，可以不设立董事会，只设 1 名执行董事，执行董事可以兼任公司经理，而且，这类公司也可以不设立监事会，只设 1 ～ 2 名监事执行监督的权利。

2. 独资企业

这是由单个自然人独自出资、独自经营、独自享受权益、独自承担经营责任的企业。独资企业的规模一般都很小，其组织结构也十分简单，几乎没有任何内部管理机构。

（1）独资企业的财务优势如下。

1）由于企业主个人对企业的债务承担无限责任，法律对这类企业的管理就比较松，设立企业的条件不高，程序简单、方便。

2）所有权能够自由转让。

3）所有者与经营者合为一体，经营方式灵活，财务决策迅速。

（2）独资企业的财务劣势如下。

1）企业规模小，企业主个人由于财力有限，并由于受到还债能力的限制，筹资较困难，对债权人缺少吸引力，取得贷款的能力也比较差，因而难于投资经营一些资金密集、适合于规模生产经营的行业。

2）企业存续期短。一旦企业主死亡、丧失民事行为能力或不愿意继续经营，企业的生产经营活动就只能终止。

3）由于受到业主数量、人员素质、资金规模的影响，独资企业抵御财务风险、经营风险的能力较低。

3. 合伙企业

这是由两人或两人以上合资经营的企业。除业主不止一个人以外，合伙企业其他方面均类同于独资企业。特别是当合伙企业破产时，一个合伙人无能力偿还他分担的债务，那么其他合伙人要负连带责任。

（1）与独资企业相比较，合伙企业的财务优势如下。

1）由于每个合伙人既是合伙企业的所有者，又是合伙企业的经营者，这就可以发挥每个合伙人的专长，提高合伙企业的决策水平和管理水平。

2）由于可以由众多的人共同筹措资金，提高了筹资能力，扩大了企业规模。同时，也由于各合伙人共同负责偿还债务，这就降低了向合伙企业提供贷款的机构的风险，有利于合伙企业取得贷款。

3）由于合伙人对合伙企业的债务承担无限连带责任，因而有助于增强合伙人的责任心，提高合伙企业的信誉。

（2）合伙企业也注定了自身的财务劣势。

1）合伙企业财务不稳定性比较大。由于合伙企业以人身相互信任为基础，合伙企业中的任何一个合伙人发生变化（如原合伙人丧失民事行为能力、死亡、退出合伙，或者新合伙人加入等）都将改变原合伙关系，建立新的合伙企业。因而，合伙企业的存续期限是很不稳定的。

2）合伙企业投资风险大，由于各合伙人对合伙企业债务负连带责任，因此，合伙人承担的经营、风险极大，使合伙企业难以发展壮大。

3）合伙企业由于在重大财务决策问题上必须要经过全体合伙人一致同意后才能行动，因此，合伙企业的财务管理机制就不能适应快速多变的社会的要求。

企业组织形式的差异导致财务管理组织形式的差异。在独资和合伙的企业组织形式下，企业的所有权与经营权合二为一，或者说企业的所有者同时也是企业的经营者，他们享有财务管理的所有权利，并与其所享有的财务管理的权利相适应，这两种企业的所有者必须承担一切财务风险或责任。而当企业一旦采取公司的组织形式，所有权主体和经营权主体就发生分离。这时，公司的财务管理权也相应分属于所有者和经营者两个方面。通常情况下企业的所有者不直接对企业的生产经营活动进行决策或参与决策，他们参与和做出的财务决策是企业的重大决策，归结起来一般是有关所有者权益或资本权益变动的财务决策；而经营者则是对企业的日常生产经营活动做出决策，包括企业一般的财务决策。因此，在公司这种企业组织形式中，所有者不像独资和合伙那样承担无限责任，他们只以自己的出资额为限承担有限责任，即只要他们对公司缴足了注册资本的份额，对公司或公司的债权人就不需再更多地支付。

（四）企业内部组织结构

一元化结构制、事业部制和控股公司制是企业内部组织结构常见的三种形式。

1. 一元化结构制

一元化结构制是集中的、按职能划分下属部门的组织制度。这种体制高度集权于最高领导层，内部按职能划分为若干部门，各部门的相对独立性和权力较小。

2. 事业部制

事业部制是按产品、业务地区划分成若干事业部，实行集中指导下的事业部分散经营的组织制度。每个事业部都是实现企业战略目标的基本经营单位，实行独立核算、独立经营、自负盈亏、统一管理其产品、业务或地区的产、供、销等全部活动。

3. 控股公司制

控股公司制是指拥有其他公司的股份或证券、有能力控制其他公司决策的公司组织形式。控股公司有两种形式，一种为纯粹控股公司，另一种为混合控股公司。纯粹控股公司只从事股票控制而不经营实业；混合控股公司既从事股票控制又经营具体的实际业务。控股公司通过收购掌握一个主要股份公司股权，并以其为“母公司”去掌握和控制众多的“子公司”“孙公司”，从而形成以“母公司”为核心的金字塔式控制体系。

（五）企业财务管理机构

企业财务管理机构的设置，因企业规模大小不同而有差异，同时它同经济发展水平和经济管理体制更有密切的联系。

在过去高度集中的计划经济体制下，我国国有企业中都是将财务机构和会计机构合并设置在一起的。在大中型企业中，在厂长（经理）领导下，由总会计师来领导财务会计部门，在小型企业，不设总会计师，由一名副厂长（副经理）领导财务会计部门。这种财务与会计机构合并设置的模式是同传统的管理体制相适应的。在过去的经济体制和财政体制下，国有企业的自主经营、自负盈亏流于形式，企业财务管理主要从属于国家财政，企业财务管理的主要职能如筹集资金、投资、利润分配等都由国家财政部门和企业主管部门包揽。企业只是按规定收收付付，没有财务管理的决策权，不能自主筹资和投资，财务管理似乎无足轻重，一些财务活动业务手续在进行会计核算工作中可顺便完成。因此，财务管理机构可以不必单独设置。

改革开放以后，企业的财务活动发生了深刻的变化。企业的筹资渠道和筹资方式越来越多样化，企业投资的规模和去向日益增多，利润分配涉及的方面更加广泛，企业要处理的财务关系由于经济行为的多种多样也更加复杂。在这种形势下，财务管理的独立地位越来越突出，财务与会计的职责不明的弊病也越来越明显。所以，就产生了财务机构同会计机构分别设置的需要。

根据西方发达国家的经验，在企业总经理领导下可设置财务副经理来主管财务与会计工作。在财务副经理下面可分设财务处和会计处，分别由财务主任（Treasurer）和主计长（Controller）担任主管人员，其下再根据工作内容设置若干专业科。现将企业财务与会计机构的设置情况列示于图 1-12。

根据国外经验，结合我国具体情况，企业财务处的主要职责可规定为如下几项：①筹集资金；②负责固定资产投资；③负责营运资金管理；④负责证券的投资与管理；⑤负责利润的分配；⑥负责财务预测、财务计划和财务分析工作。

企业会计处的主要职责可规定为如下几项：①按照企业会计准则的要求编制对外会计报表；②按照内部管理的要求编制内部会计报表；③进行成本核算工作；④负责纳税的计算和申报；⑤执行内部控制制度，保护企业财产；⑥办理审核报销等其他有关会计核算工作。

这样，就可以对财务工作和会计工作的范围做一个大致的划分。财务机构和会计机构分别设置、分别规定职责范围，才能明确财务工作和会计工作各自的主攻方向，各司其职，而不致顾此失彼，削弱任何一个方面的工作。

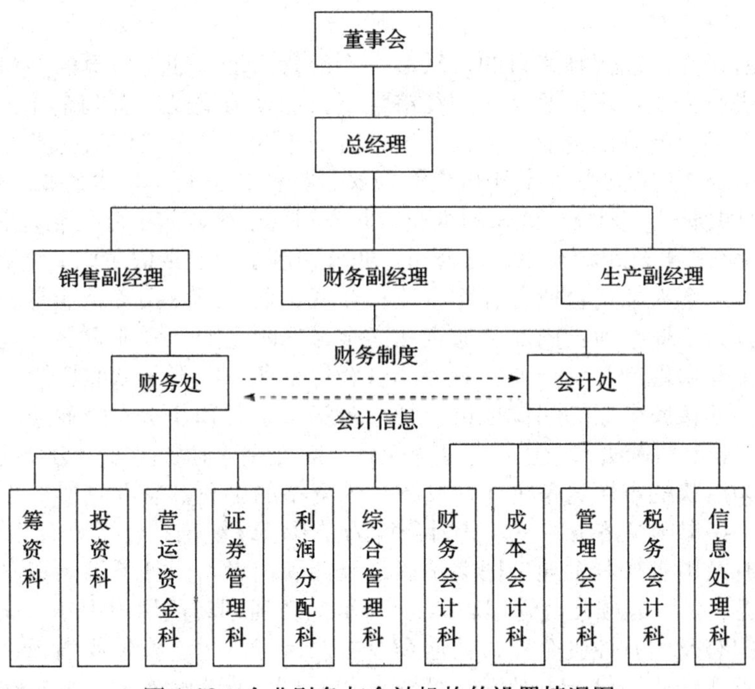

图 1-12 企业财务与会计机构的设置情况图

财务机构同会计机构分别设置后，两者还必须为着提高企业经济效益这一共同目标而相互配合，密切协作。会计处要及时地向财务处提供真实可靠的会计信息，并利用其所掌握的会计信息参与企业的财务计划和财务分析工作，对企业财务活动进行监督，为经营决策服务。财务处则要充分利用会计处提供的会计信息和其他有关资料搞好财务预测、财务计划和财务分析工作，依据日常核算资料及时调度资金，财务处预测、计划所确定的具体财务指标要及时提供给会计处，作为其日常控制监督的依据。在财务副经理统一管辖下，财务处和会计处加强联系，互相支持，则能协调一致地为实现企业的总体目标而发挥各自的作用。

第二节 《企业财务通则》和《金融企业财务规则》

一、《企业财务通则》

(一)《企业财务通则》的适用范围

《企业财务通则》第二条规定："在中华人民共和国境内依法设立的具备法人资格的国有及国有控股企业适用本通则。金融企业除外。

其他企业参照执行。"

《企业财务通则》第七十七条规定："实行企业化管理的事业单位比照适用本通则。"

1. 企业范围

企业是依法设立，以营利为目的，从事生产经营活动，独立核算的经济组织。企业可以按以下标准进行分类：①按照企业的经济性质，划分为全民所有制企业、集体所有制企业、私营企业、混合所有制企业。②按照出资者的不同，划分为内资企业、外资企业、中外合资企业、中外合作企业等，其中内资企业又包括国有企业、集体企业、个人独资企业。③按照企业的组织形式，划分为公司制企业和非公司制企业，其中公司制企业包括依照《公司法》组建的股份有限公司和有限责任公司，非公司制企业包括依照相关企业法设立的国有企业、集体企业、个人独资企业、合作企业、合伙企业、外商投资企业等。④按照企业所处的行业，划分为工业企业、商品流通企业、金融保险企业、农业企业、运输企业、邮电通信企业、施工与房地产开发企业、对外经济合作企业、电影与新闻出版企业、旅游及其他服务企业等。⑤按照企业的法律地位，划分为法人企业和非法人企业，其中法人企业主要有公司企业、非公司制法人企业；非法人企业主要有个人独资企业、合伙企业等。

企业是最为活跃的市场竞争主体，具备法人资格的企业具有独立的民事权利，承担独立的民事责任，在市场经济条件下，其财务行为需要予以规范，也需要有公平的竞争环境。特别是对于国有及国有控股企业，国家不仅是社会管理者，而且是国有资本的投资者。从投资者管理职能出发，兼顾社会管理职能，《企业财务通则》适用于中华人民共和国境内具备法人资格的国有及国有控股企业，其他企业参照执行。非法人企业由于投资者对企业的债务承担无限责任，从法律上很难区分投资者个人与企业的财务关系，其财务活动更具有自然人行为色彩，不能与企业法人相提并论，因而不属于《企业财务通则》的适用范围。

国有及国有控股企业不是法律概念，而是通俗提法。根据《公司法》关于控股股东和实际控制人的规定精神，结合国有资产管理实践经验和会计上所做的定义，我们认为，国有及国有控股企业是指以下国有企业与国有控股企业。

国有企业包括：依照《中华人民共和国全民所有制工业企业法》（以下简称《全民所有制工业企业法》）设立的全民所有制企业；依照《公司法》设立的国有独资公司；由两个及两个以上的全民所有制企业、国有独资公司或者各级人民政府及其部门、机构或者其他国有单位出资设立的有限责任公司和股份有限公司。

国有控股企业包括：国有资本占实收资本超过 50% 的有限责任公司和股份有限公司；国有资本占实收资本的比例虽然在 50% 以下，但国有资本投资者通过所享有的表决权、投资关系、企业章程、协议或者其他安排等，能够支配股东会、股东大会决议结果，或者决定企业财务和经营政策的企业。

2. 对事业单位的考虑

事业单位是国家为了社会公益目的，由国家机关举办或者其他组织利用国有资产举办的，从事教育、科研、文化、卫生、体育等活动的社会服务组织。从其承担的职能上讲，分为行政辅助、监督管理、公益福利、经营开发、中介服务五类。目前，国家财政对事业单位实行全额拨款、定额拨款和自收自支三种财务管理体制。

事业单位具有特定功能，性质上不以营利为目的，与企业具有本质区别。但是，随着经济体制改革的推进，国家深化事业单位财务体制改革，对于可以通过市场运作的，逐步减少财政拨款，要求事业单位走向市场，实现自收自支，或者按照企业进行改组转制，或者按照企业化进行管理。已经按照企业改组转制的，实际已经脱离了事业单位的序列，应当执行《企业财务通则》。

对于实行企业化管理的事业单位，尽管经济上独立核算，并完全自收自支，财务收支、资产营运等财务活动与企业基本相同，但仍然保留着事业单位的性质，还可能承担着原来的部分事业职能，其财务管理则可以比照《企业财务通则》执行。一般地说，这类事业单位可以具体区别人、财、物与经营活动的不同情况，在资金筹集、资产营运、信息管理、重组清算、财务监督方面，与企业相同，应当按照《企业财务通则》执行；在企业财务管理体制、成本控制、收益分配方面，如果承担的事业职能、劳动人事、工资分配等仍然保留事业单位管理体制和制度，可以继续实行原有体制和制度，而如果已经按企业方式管理的，则应当按照《企业财务通则》执行。

3. 对金融企业的特殊规定

金融企业包括银行、保险、证券、信托、期货经纪等企业。随着我国经济市场化进程的加快，金融市场日益发展，金融工具不断衍生，金融风险随之放量起来，加强金融企业财务管理尤其重要。金融企业性质上属于企业范畴，在组织结构、财务运行方面虽然具有企业的共同特征，但在资本结构管理、资产运营管理、财务风险控制以及财政管理方式、方法等方面，具有特殊的要求。为了便于加强金融企业财务管理，财政部专门颁发了《金融企业财务规则》，使其财务管理制度自成体系。因此，《企业财务通则》不再将金融企业纳入适用范围。

（二）《企业财务通则》的地位

1. 企业财务管理的基本准则

2006 年 12 月 4 日，财政部颁发了新的《企业财务通则》，并于 2007 年 1 月 1 日起正式施行。

（1）《企业财务通则》的适用性。《企业财务通则》的第一章第二条规定："中华人民共和国境内依法设立的具备法人资格的国有及国有控股企业适用本通则。金融企业除外。"同时，该条款又规定："其他企业参照执行。"

由此可见，《企业财务通则》的适用范围包括两层含义：本通则的条款适用于国有及国有控股企业；非国有控股企业或者其他性质的企业，也应当参照本通则的适用部分对企业财务行为进行规范。

在实际运行中，国有及国有控股企业的内部财务制度及其执行，需要保持与《企业财务通则》的一致和协调；非国有控股企业和其他性质的企业内部财务制度及其执行，需要在不涉及国有资产决策权等方面，保持与《企业财务通则》的一致和协调。因此，《企业财务通则》作为企业财务管理的基本准则，对各类企业都具有相当广泛的适用性。

（2）《企业财务通则》的原则性。《企业财务通则》对企业财务管理具有严格的原则界定，其中，第一章第三条规定：

"国有及国有控股企业（以下简称企业）应当确定内部财务管理体制，建立健全财务管理制度，控制财务风险。"同时，该条款又规定："企业财务管理应当按照制定的财务战略，合理筹集资金，有效营运资产，控制成本费用，规范收益分配及重组清算财务行为，加强财务监督和财务信息管理。"

以上条款的原则性体现在以下几方面。

1）制度原则。企业财务管理是建立在完善的内部财务管理体制和制度基础之上的，离开了企业财务管理的内部制度建设，就丧失了企业财务管理的制度原则。

2）稳健原则。企业财务管理需要坚持稳健的原则，以规避和控制财务风险对企业的不利影响。

3）战略指导原则。企业财务管理需要具有长远和统筹的战略观念，将企业财务管理的战略目标与当前财务工作内容紧密联系在一起。

4）效率原则。企业的各项财务资源都需要合理筹措，优化配置，高效低耗地运营，以实现企业各项财务资源的最大利用价值。

5）合法公平原则。涉及企业内外利益关系的处理需要贯彻合法公平原则，财务监督的主要目的就是保证合法公平原则和效率原则的贯彻。

（3）《企业财务通则》所界定的企业财务管理中的各方职责。

1）财政部的职责：根据国务院的授权，财政部负责制定企业财务规章制度。

2）主管财政机关的职责：各级财政部门应当加强对企业财务的指导、管理、监督。

3）投资者和经营者的职责：依据法律、法规、本通则和企业章程的规定，履行企业内部财务管理职责。

2. 现代企业法律制度的必要组成部分

根据我国社会主义市场经济和谐发展的需要，国家对企业的设立、运营、税收、会计等诸方面都建立了必要的法规、制度。《企业财务通则》作为企业财务管理的基本准则，也是现代企业法律制度的必要组成部分，这对于规范企业财务行为，指导企业建立健全有效的内部财务制度，明确企业各方的权责利关系，合理界定政府管理与企业自主管理的界限和责任，具有不可替代的作用。

《企业财务通则》将企业财务管理主体划分为：履行社会管理职能的主管财政机关、追求投资回报的企业投资者、实现经营业绩的经营者。《企业财务通则》适应了现代企业法律制度建设的实际需要，在我国资本市场发展相对落后的现实情况下，构建了政府宏观财务、投资者财务、经营者财务三个层次的企业财务管理体制。《企业财务通则》已经成为现代企业法律制度的必要组成部分。

（三）《企业财务通则》的主要内容

因此，《企业财务通则》将为企业在经济活动中涉及的财务行为提供基础性制度规范，解决我国经济立法滞后所带来的财务活动无章可循、无法可依问题，为企业投资者、经营者、债权人、内部职工等相关利益主体管理、监督、评价企业财务行为提供客观的依据和标准。《企业财务通则》的主要内容包括以下八个方面。

1. 界定了财务管理职责

在第二章“企业财务管理体制”中，界定了主管财政机关、企业投资者和经营者的财务管理职责。主管财政机关管理职责是通过建立企业财务管理基础制度、实施财政政策、监测经济运行，维护社会经济的安全、稳定，促进企业发展。企业投资者管理职责是通过决策企业重大财务事项，履行《公司法》规定的股东职权，保障企业自主经营的权益。企业经营者管理职责主要是执行投资者的决策，负责企业经营，实现资本增值。

2. 规定了企业资金筹集管理的基本内容

在第三章“资金筹集”中，根据建立现代企业制度的要求，对企业资本管理原则、企业投资者对增减资本的管理以及企业筹措经营资金的管理要求等做出了规定。企业依法享有的各项财政政策，应当按规定进行财务处理。

3. 规范了资产构建与处置的行为

在第四章“资产营运”中，对企业资金调度、固定资产与无形资产的管理、对外投资与担保的财务管理、委托理财与从事高风险业务的管理要求等做出了规定。企业资产营运应当由经营者根据投资者的授权进行，对重大财务问题应当由企业投资者决策。

4. 明确了成本、费用管理的要求

在第五章“成本控制”中，要求企业实行成本、费用控制，鼓励技术开发和科技成果产业化，履行社会责任，规范成本费用开支行为，保障职工合法权益，并区分个人与企业财务开支的责任界限。

5. 建立了企业收益分配管理制度

在第六章“收益分配”中，明确企业收入的责任范围、资产损失管理要求，对利润分配制度进行改革，取消公益金提取的规定，增加了职工要素分配的内容，明确企业应付国有利润直接上缴国库。

6. 规范了企业重组清算管理的财务内容

在第七章“重组清算”中，规定了企业改制、转让等重组需要做好的财务事项、职工安置与国家拨付土地等国有资源管理的财务政策，以及企业合并、分立、托管等重组中的资产及债权债务处置的原则。

7. 构建了企业财务信息管理制度

在第八章“信息管理”中，强调了企业报送会计报表的义务，对企业推行信息化管理、建立财务预警机制提出了要求。同时，要求主管财政机关建立经济运行监测制度，加强企业财务会计报告的管理，并建立对企业进行财务评价的信息管理制度。

8. 构建了企业的财务监督体系

在第九章“财务监督”中，从企业经营者、投资者和主管财政机关三个层次构建企业财务监督体系，明确监督内容以及应承担的法律责任。鉴于企业类型复杂，财政监督手段需要加强并予创新，借鉴证券管理的经验，引入了“公开谴责”的处罚手段。

（四）《企业财务通则》与《会计法》、会计制度、税收制度、国有资产管理制度、企业组织法律的关系

1. 与《会计法》的衔接、配套

《会计法》是指导财务会计工作的根本大法。《会计法》第七条规定：“国务院财政部门主管全国的会计工作。县级以上地方各级人民政府财政部门管理本行政区域内的会计工作。”《企业财务通则》第四条规定：“财政部负责制定企业财务规章制度。各级财政部门（以下通称主管财政机关）应当加强对企业财务的指导、管理、监督。”两者之间是相辅相成的。

2. 与会计制度的关系

《企业财务通则》立足于维护公共利益，保障社会稳定，治理经济秩序，为全社会各类型企业包括其相关利益主体提供财务行为规范。企业会计制度是对会计要素的确认、计量、核算、控制，并通过提供真实的会计信息，为企业经营者、内部职工以及外部的投资者、债权人、政府管理部门等提供决策依据。两种制度都是针对全社会各类企业的，但是，财务管理需要利用会计信息，重在对财务行为的前期决策和过程约束；会计核算为财务管理提供基础，重在对财务行为的过程核算和结果反映，两者互为补充，相辅相成。

3. 与税收制度的关系

国家税收制度从维护国家税基出发，规范企业与国家之间的收入分配关系。企业纳税行为属于财务行为，但不是财务行为的全部。《企业财务通则》维护社会公共利益，企业实行纳税筹划，必须以遵守国家税法为前提。企业财务管理是对财务行为前期的决策和过程的规范，而税收管理是对企业财务成果的法定分配，虽通过纳税调整影响企业财务行为的发生，但是不能完全决定财务行为的发生，也不能对财务行为的公正性、必要性进行控制。因此，《企业财务通则》与国家税收制度是并行的两种制度体系。

4. 与国有资产管理制度的关系

《企业财务通则》体现着国家作为社会管理者对企业法人履行社会经济事务管理的职责，管理目的是通过规范全社会企业的财务行为、治理经济秩序，实现社会稳定、经济发展。国有资产管理制度则是针对国有资本的投入、营运、收益分配、考核评价全过程的管理，体现了国家作为国有资产所有者履行企业投资者的职责与权利，管理目的是通过优化配置、授权经营，实现国有资本保值增值。《企业财务通则》是国有资产管理制度应当遵循的准则之一，属于具有“纲”性的企业财务管理制度；而国有资产管理制度是属于具有“目”性的企业国有资本管理制度。两者之间，管理职能、管理对象、管理幅度、管理目的都完全不同，无论从理论上讲，还是从实际需要来看，两种制度是互相不可代替的不同的制度体系。

5. 与企业组织法律的关系

企业组织法律是调整各类企业在设立、变更、终止以及企业内部生产经营与组织中的社会关系的法律规范，主要包括《公司法》《全民所有制工业企业法》《中华人民共和国中外合资经营企业法》《中华人民共和国外资企业法》《中华人民共和国乡镇企业法》（以下简称《乡镇企业法》）等。企业财务活动因企业生产经营而发生，企业内部财务权利与责任按照企业组织结构进行安排和落实。但是，企业组织法律对企业财务的规定不完整，存在法律空白之处。因此，《企业财务通则》要在企业组织法律允许或者授权的范围之内，对企业财务行为系统地做出具体的规范。从这种意义上讲，企业组织法律是母法，《企业财务通则》是受其调整、对其补充的子法。

二、《金融企业财务规则》

为了加强金融企业财务管理，规范金融企业财务行为，促进金融企业法人治理结构的建立和完善，防范金融企业财务风险，保护金融企业及其相关方合法权益，维护社会经济秩序，根据有关法律、行政法规和国务院相关规定，财政部制定了《金融企业财务规则》。

金融企业应当根据该规则的规定，以及自身发展的需要，建立健全内部财务管理制度，设置财务管理职能部门，配备专业财务管理人员，综合运用规划、预测、计划、预算、控制、监督、考核、评价和分析等方法，筹集资金，营运资产，控制成本，分配收益，配置资源，反映经营状况，防范和化解财务风险，实现持续经营和价值最大化。

（一）《金融企业财务规则》的适用范围

1. 关于国有及国有控股企业

国有企业是指依照《中华人民共和国公司法》设立的国有独资公司；由两个及两个以上的国有独资公司或者各级人民政府及其部门、机构或者其他国有单位出资设立的有限责任公司和股份有限公司。

国有控股企业是指国有资本占实收资本 50% 以上的有限责任公司和股份有限公司；国有资本占实收资本的比例虽然不足 50%，但国有资本投资者享有的表决权已足以对股东（大）会的决议产生重大影响的有限责任公司和股份有限公司；国有资本占实收资本的比例虽然不足 50%，但通过投资关系、协议或者其他安排，国有资本投资者能够实际支配企业行为的金融企业。

2. 关于金融企业

金融企业是指取得金融监管部门授予的金融业务许可证的企业，包括取得银行业务许可证的政策性银行、邮政储蓄银行、国有商业银行、股份制商业银行、信托投资公司、金融资产管理公司、金融租赁公司和财务公司等；取得证券业务许可证的证券公司、期货公司和基金管理公司等；取得保险业务许可证的各类保险公司等。

金融控股公司、担保公司目前尚未明确其金融业的性质，但本质上属于金融企业，这两类公司也适用《金融企业财务规则》。

金融监管部门所属的从事相关金融业务的企业，如中央国债登记结算有限责任公司、中国银联股份有限公司、中国证券投资者保护基金有限责任公司等，也纳入金融企业的范围。

3. 关于城市商业银行、农村商业银行、农村合作银行、信用社

城市商业银行、农村商业银行和农村合作银行是由集体所有制信用社演变而来的金融企业，其财务行为此前由国家税务总局相关文件规范。尽管这几类金融企业并非国有及国有控股性质，为防范金融风险，并理顺金融企业的财务管理关系，实现所有金融企业财务行为的统一规范，经商国家税务总局同意，《金融企业财务规则》明确将这几类金融企业纳

入适用范围。

4. 关于其他金融企业

其他金融企业是指外资金融企业和民营金融企业等，这些金融企业参照执行《金融企业财务规则》。

（二）《金融企业财务规则》与《企业财务通则》的关系

尽管金融企业在财务运行上具有企业的基本特征，本质上属于企业范畴，但《企业财务通则》的适用范围明确“金融企业除外”，这是考虑到我国非金融企业与金融企业在经营模式、组织形式、管理内容、股权结构、风险控制和部门管辖等诸多方面存在明显差异。金融企业的财务行为需要与非金融企业不同的财务制度来规范。因此，作为法律地位相同的两个部门规章，《企业财务通则》与本规则是并列的关系，分别规范非金融企业和金融企业的财务行为。

（三）《金融企业财务规则》的主要内容

《金融企业财务规则》共分 11 章 66 条，从风险防范、资金筹集、资产营运、成本控制、收益分配、信息管理等六个方面，明确了财政部门的财务监管职责、金融企业投资者和经营者的财务管理职权；提出了风险控制标准，要求金融企业建立健全财务风险控制体系；对金融企业筹资、投资、资产管理及财政资金的处理等做出规定；明确成本费用管理的基本要求；规范了财务分配制度；完善了重组清算财务管理；明确建立财务评价制度，对金融企业财务信息管理做出规范；明确了金融企业财务管理违法违规的法律责任等。由于金融企业比非金融企业多了“财务风险—金融风险—财政风险”这一风险链，因此，《金融企业财务规则》以“防范和化解金融企业财务风险，维护金融企业相关各方权益和社会经济秩序”为立法目的，单设了“财务风险”一章，并明确规定，金融企业要建立健全包括识别、监测、计量和控制等内容的风险管理体系，防范和化解可能引发财务风险等各类风险。

第二章

企业价值管理

第一节　价值管理

价值管理（Value Based Management，VBM）也称为基于价值的管理，是美国学者肯·布兰查在《价值管理》一书中提出的概念。

一、价值管理的特征

与传统财务管理模式相比，价值型财务管理从管理理念到管理方式都已发生变化，表现出以下特征。

1. 承认公司价值的多因素驱动

按照拉帕波特（Rappaport）的价值模型，影响公司价值的因素可以归结为自由现金流量和资本成本两大类，具体包括七个因素：销售增长率、销售利润率、所得税税率、固定资本增长率、营运资本增长率、现金流量时间分布和加权资本成本。

决定公司价值的因素是多元的，公司在追求价值最大化的过程中，VBM考虑了公司经营的收益与风险互动关系，体现了对投资报酬的深层次理解，将经营管理行为与长期财务目标联系起来，这些行动必须在财务决策、业务流程等系统中同时实施，公司在为股东寻求回报的同时，满足了管理者、债权人、供应商、顾客、员工、政府等的共同价值需求，所以有人认为公司价值最大化的目标本身就是一个多方利益协调且最终达到总和最大化的问题，如图 2-1 所示。

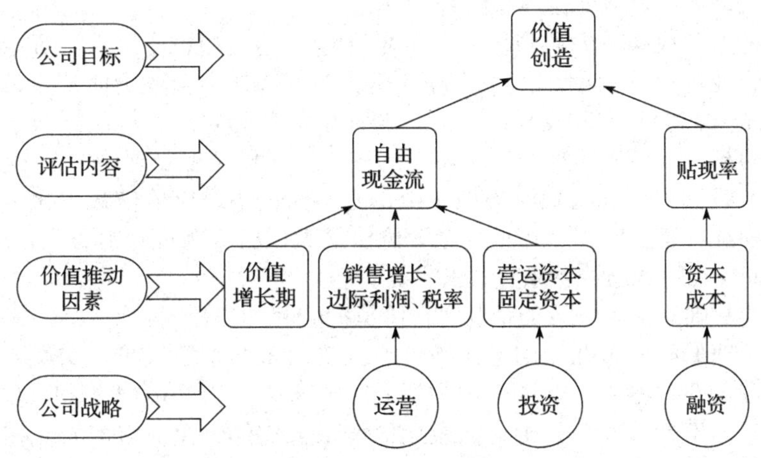

图 2-1　公司价值的多因素驱动

2. 奉行“现金流量为王”的行为准则

企业价值的概念是基于与适度风险相匹配的已经获得和可能获得的自由现金流量（FCF）。自由现金流量是公司价值的根源，其变化代表着公司实际的、可控制支配财富的变化。VBM 观念强调企业价值本质上是投资者对公司自由现金流量追索权的大小，是长远的现金流量回报。

3. 重申机会成本观念

只有公司投入资本的回报超过资本成本时，才会为公司创造价值。

4. 决策模型化

企业的任何决策应当可以寻找到行为对企业价值的直接影响变量，将大量的变量纳入一个分析模型中，使得决策从经验主义层面走向精准的绩效导向管理层面。在拉帕波特提出自由现金流量贴现模型以后，人们继续研究并建立了各种各样的模型，大体包括以下三类。

（1）经济增加值与市场增加值模型。

（2）由波士顿咨询集团和 HOLT 价值联合会提出的投资现金流收益模型，该模型的价值决定因素包括经营现金流、固定资产账面总值和净营运资本、固定资产平均寿命、加权资本成本和现金流收益率等。

（3）由瑞典一家咨询公司开发的现金增加值模型，它也是从现金流开始，并对战略投资和账面投资加以区别，并认为，如果 5 年平均现金增加值指标的贴现值等于或大于 1，才意味着创造了价值。其中现金增加值指标等于经营现金流的现值除以经营现金流需求的现值。

5. 强调以“过程为导向”

VBM 强调“以过程为导向”，它包含着确立价值最大化为公司的终极目标，以制订战略、制订计划、分解确立短期目标、激励和指导员工为完成目标而进行的一系列行动，即战略、组织、控制、评价等，同时它特别关注如何运用这些概念实现战略和日常经营决策的连接，这正是价值型财务管理模式关注的焦点。

总之，VBM 是根源于企业追逐价值最大化的内生要求而建立的以价值评估为基础，以规划价值目标和管理决策为手段，整合各种价值驱动因素和管理技术，梳理管理与业务过程的新型管理框架。

二、价值管理与财务管理的相互关系

1. 企业价值是现代财务理论体系的起点与核心

企业的各种财务决策，如融资决策（资本结构问题）和投资决策（资本预算问题）都将直接影响到企业价值的大小。作为理财目标的一种选择，企业价值及其最大化的合理性与科学性得到了人们的肯定和支持。由此，企业价值作为财务目标的内容，成为财务理论体系衍生发展的起点，更成为整个理论体系的核心。在投资组合理论、资本资产定价模式、资本结构理论、股利理论等现代财务理论中，它们无一不是以价值最大化为起点，并无一不涉及风险与收益均衡的问题。可见，企业价值最大化已成为现代财务理论的起点与核心，失去企业价值，现代财务理论体系将失去目标。

2. 以价值为基础的财务决策是企业实行价值型管理的前提

现代公司管理的核心就在于财务决策——投资决策与融资决策，实现公司价值最大化的理财目标。在这个过程中，财务管理需要着眼于未来，很好地规划公司在可预计年度内的效率及其成长，不断提高公司价值。企业价值最大化作为企业财务管理的基本目标，不仅指明了企业财务管理的预期结果，还明确了所应采取的措施——努力提高净现金流量，均衡风险与收益，关注长期发展能力及财务决策的范围，成为企业各项财务决策的出发点。首先，任何一个企业在财务决策之前，都必须了解企业的现有价值。其次，在企业价值最大化财务目标的指导下，财务决策过程实际就是一个分析该决策可能对企业价值造成何种影响的过程。最后，财务决策实施后的企业价值变化，作为该财务决策的现实结果表现，是评价该决策优劣的公正尺度，同时又为企业今后的财务决策提供了前提。

3. 公司价值管理为投资者和经营者提供了价值发现的过程

涵盖可持续发展的 FCF 和风险要素的公司价值评估（WACC）已成为投资者和公司管理者一项十分重要的经常性工作。投资者和经营者可根据价值评估的结论，衡量其投资价值，从而做出正确的投资决策，最终买卖双方通过协商确定一个共同认可的价值。财务决策实施后的公司价值变化，作为该财务决策的现实结果表现，是评价该决策优劣的公正尺度，同时又为公司今后的财务决策提供了前提。

公司价值是决定公司一切财务活动的基础，公司价值评估中所体现的经营观念必将转化为公司较强的生存能力和竞争能力，决定经济资源的合理流向，从而有助于公司的持续稳定发展。在公司价值最大化财务目标的指导下，财务决策过程实际就是一个分析该决策可能对公司价值造成何种影响的过程。

三、企业价值的本质

企业价值的本质为内在价值，但由于内在价值的难以精确性，通常用企业的公平市价代表。企业的公平市价又常常用它的清算价值与持续经营价值中较高的一个。企业的持续经营价值一般以企业的盈利能力价值为基础。当未来现金流量现值很低时，企业死亡比存活更有价值，则公平市价就等于清算价值。在较高的未来现金流量期望水平上，清算价值变得越来越不相干，从而公平市价几乎等于持续经营价值。当企业的某些资产在清算时较有价值，而其他资产持续经营则较有价值时，企业的公平市价就是分别用于各资产的清算价值和持续经营价值的总和。即使在企业消亡比存活更有价值的情况下，控制公司的个别人也不选择清算的话，则情况出现例外：由于少数股权不能强制清算，少数股权的公平市价可能降到清算价值之下，这时控制公司的个别人就在摧毁一部分企业价值，如果出现这种情况的话，少数投资者在这时所确定的价格就不反映企业的真实价值。若价值与销售价格统一的话，则公司价值的一个明显指标就是它的市场价值，即它的股票价值加上债务价值。然而，市场价值衡量的是公司对少数投资者的价值，是少数当前已交易股票的价格，不是控制股权可以交易的可靠价格指标。另外，账面价值虽然不能代表企业价值，但它时常提供了我们所能得到的最好的信息，是企业价值评估的第一步。重置成本常常被用来与市场价值相比较，来反映企业的竞争力。

四、公司价值动因

公司价值创造的基本动因可归结为以下几点。

1. 产权管理

产权管理实质上是从公司治理层面对资本结构管理的另外一种理解。产权管理解决的问题是债务资本与权益资本的相互关系，及各自内部结构的比例关系。除了对公司控制权和治理结构方面的影响外，产权管理主要影响公司的投资资本额和资本成本，进而影响到资本费用和企业当期的经济增加值（EVA）。

在公司未来成长价值（FGV）决策中，无论是资本预算还是并购，都会涉及资本结构问题。产权管理对公司价值的影响是全面的，是深层次的。

2. 现金流量管理

公司应树立“现金流量至尊”的观念，强调现金流在公司战略管理中的重要地位；现金优于利润，现金流是企业评价的标准；公司决策的着眼点应定位于“尽量提前收回现金，尽量少动用现金”。

公司要切忌以牺牲长期现金流量来改善短期利润的状况，避免出现“良好的经营成果与堪忧的财务状况并存”的尴尬局面。

现金流量管理包括现金流入和现金流出、现金盈余和现金赤字、现金控制、现金管理信息报告等方面。现金流量的管理成效直接影响到营运资本水平和盈利水平，进而影响到公司当期 EVA 和当期营运价值（COV）。

3. 营运资本管理

营运资本亦称循环资本，简单来说就是存货加上应收款减去应付账款。营运资本管理与经营性现金流量管理，实质上是一个问题的两个方面。

营运资本管理通过有效的资源分配以加快周转，以最小额的营运资本推动最大额的销售收入，提高公司的运作效率和盈利能力。

4. 增长管理

实现增长实质上是公司的 FGV 管理，主要包括资本预算和并购两个方面。前者是指公司将其核心能力应用于新的业务领域，通过投资开辟了新的投资项目，新业务为公司带来增量价值；后者是指以现有资产或资源为基础，通过资本运作手段，实现价值增长。营运资本管理中也有增长管理问题，如现有业务的销售增长，在地理上开发了新的市场等，但这没有包括在“增长管理”范围内。

理财要与战略管理相配比、相融合，将资源有效配置的观念贯穿于战略管理和经营管理的全过程。一般来说，从长远来看只有增长才创造价值，投资实现的增长所创造的企业价值，比重组价值更能抗御风险；但依托于资本市场的并购也极为重要，它不仅可能为公司带来重组价值，更重要的是实现了公司有效资产与资本市场的联结，创造了更为稳妥、更具潜在价值的业务退出通道。

五、公司价值管理理论

（一）基于 MM 理论的分析

按照公司价值理论，公司的价值（V）取决于债务的市场价值（B）和股权的市场价值（S），即：V = B + S。该理论包含着影响公司价值的一个重要因素，即资本结构（B/S）。对此，国际上进行了大量的研究，提出了很多理论，其中影响最大的是 MM 理论。该理论由美国的莫迪格利亚尼（Modigliani）和米勒（Miller）教授提出，主要研究资本结构与公司价值的关系。资本结构理论主要研究债务运用的限制，其实质是研究公司资本结构对公司价值的影响。

在无税前提下，公司的价值与资本结构无关。即无论公司有无负债，其价值等于公司所有资产的预期收益额除以适于该公司风险等级的报酬率。资产的预期收益相当于公司的息税前盈利（EBIT）；与公司风险等级相适应的必要报酬率（R_{SU}）相当于平均资本成本（R_a）。用公式表示为

$$V = V_L = V_U = \frac{EBIT}{R_{SU}} = \frac{EBIT}{R_a}$$

为此，要提高公司的价值，就必须提高公司资产的预期收益（EBIT）和降低风险等级（或者降低公司的资本成本率）。

在有税和有财务危机成本（PVCFD）的前提下，公司的资本结构决策可被视为是在债务的节税利益和财务危机成本之间的权衡，即资本结构的权衡理论。由此，公司价值可表现为

$$V_L = V_u + T_C D - PVCFD$$

MM 理论对公司价值的分析主要体现在以下方面：一是强调公司资产的收益和风险的管理，这是提高公司价值的基础；二是强调资本结构对公司价值的影响，认为适度的资本结构有助于实现公司价值最大化。

（二）基于 SMVAM 模型的价值分析

公司金融决策最根本的目的是实现公司市场价值的最大化，但价值的确定方法很多，如账面价值、市场价值等。在多数情况下，公司资产的账面价值与市场价值之间存在很大的差距，当账面价值与市场价值出现差距时，该公司便存在所谓的“隐藏资本或未入账资本”。隐藏资本是以市场价值衡量的非入账资产大于非入账负债的部分，非入账资本是公司资产负债表外的未来资产增长的现值。隐藏资本有两个来源：公司账面价值与市场价值的差距；公司表外项目，如未入账的无形资产以及利用衍生产品交易的表外资产等。1990 年凯恩和尤兰尔使用了一个简便计量公式来测算银行的隐藏资本，这一公式被称为统计学的市场价值核算模式（SMVAM）。该模型对于所有公司都是适用的。假设某公司的股票在有效运行的股票市场上市，并且其交易活跃，我们就可以准确地计算其市场价值。就账面价值而言：公司的账面资产（A）等于公司账面负债（L）与账面净值（NW）之和。用公式表示为

$$A = L + NW$$

就市场价值而言：公司的市场资产（A^*）加上公司的无形资产（I^*）才等于公司的市场负债（L^*）与市场净值（NW）之和。因此，以市场价值计算的公司价值为

$$NW = (A^* + I^*) - L^* = (A - L^*) + I^*$$

这一公式可以解释为什么有的公司在账面上其净值为负数，但以市场价值计算，其净值则为正数；或者说，公司的无形资产可以抵销公司净值的账面负值，即公司存在“隐藏资本”。凯恩和尤兰尔利用回归方法来测算公司的隐藏资本，得出 SMVAM 模型，该模型将公司的市场净值在简单回归方程中表示为账面价值的函数：

$$NW^* = \alpha + \beta NW + \varepsilon$$

式中，α、β 分别为应估计的参数；ε 为误差项。若回归估计结果为 $\alpha = 0$ 且 $\beta = 1$ 时，公司的市场价值等于其账面净值。当 $\alpha \neq 0$，$\beta \neq 1$ 时，公司净值的市场价值与账面价值便出现了差异。这一模型注重对于公司净值差异的经济学意义的解释。如果 $\alpha = 0$，并且忽略误差项的影响，则有：

$$\beta = NW^*/NW$$

式中，参数 β 表示公司股票的市场价值与其账面价值的比率。

当 $\beta > 1$ 时，公司股票的市场价值高于账面价值；当 $\beta < 1$ 时，公司股票的市场价值低于账面价值。

在 $\beta=1$，但 $\alpha\neq0$ 的情况下，公司便存在所谓正值或负值的隐藏资本。若 $\alpha>0$，则公司的市场价值超过账面价值，公司存在隐藏资本或非入账资本；若 $\alpha<0$，则出现所谓负值隐藏资本或公司市场净值的折扣。该模型对公司价值的分析主要体现在以下方面。

（1）强调公司的市场价值，特别是公司净值的市场价值，并且从市场价值与账面价值的差异中来分析公司价值创造的来源。因此，资产的质量及其市场表现、无形资产的投资等资产管理是提高公司价值的最根本性的途径。从公司理财角度分析，投资是公司理财最基本的职能，也是公司创造价值的最根本的途径。

（2）强调公司业务的扩展。

（3）强调公司价值的创造与市场环境及其制度安排的高度相关性。

六、企业价值的形式

1. 公平市价

简单地说，公平市价即交易双方在平等地位的基础上，为自己的利益讨价还价而成交的价值。值得注意的是，公平市价是经济学假想的标准，参照物为机会成本。

2. 现时价值

现时价值有两方面的性质：一方面为现时变现价值，即当前市场价值；另一方面为现时购价，即重置成本。重置成本指重新建造、制造或在现行市场上重新购置全新状态下的资产价值。重置成本又分为复原重置成本与更新重置成本。复原重置成本是指按照现实市场价格、与评价资产相同的材料和设计标准、制造工艺，重置一个功能完全相同的全新资产所需的全部成本。更新重置成本指按照现实的市场价格，使用先进的材料、设计工艺，建造、制造或购买与评估资产具有相同功能的全新资产所需的全部成本。由于技术进步导致的新材料、新生产工艺的出现，一般不可能对评价资产完全复原，因此，重置成本通常指更新重置成本。

3. 内在价值

内在价值又称真实价值，指凭事实本身而具有的价值，这些事实包括资产、盈利、股息及管理的因素和理性的预期，即企业本身存在的合理性所产生的价值。它的基础是盈利能力价值，一般以公平市价为代表，但有别于受到人为操纵和心理因素干扰的当前市价。内在价值只能逼近而不能达到，其难以精确之处表现在只要企业内的任何一种价值驱动因素（多层次的）变动，都会导致内在价值的变化。

4. 持续经营价值

“持续经营”是企业赖以存在的前提，也是会计的重要假设之一。其价值强调有形资产及可识别的无形资产营运价值，一般等同于盈利能力价值，用企业未来年平均所产生的盈利（据账面数据调整）除以适当的资本化率而得到，也即企业的未来现金流量（期望值）的现值。

5. 账面价值

账面价值指会计学上依权责发生制的历史成本原则和配比原则对资产与权益的评价。如资产负债表上的资产与负债之价值，本质上代表各项资产及负债在结算日（资产负债表日期）的历史价值，反映的是在各取得日或发生日的历史成本到结算日之累积成本，而非结算日之现时价值。股东权益价值即剩余产权，表示某公司在结算日其经济资源（资产）与经济义务（负债）之差，本质上源于历史成本原则。

6. 清算价值

清算价值指企业被迫破产停产或其他原因（如合作经营期满），在解散清算时将企业资产部分或整体变现出售的价值。企业发生清算，大部分情况乃迫不得已，因此清算价值又称逼售价值（Forced-sale Value）。企业一旦发生清算，就丧失了整体的“集体生产力”，丧失了盈利能力及“组织资本”，清算时的企业价值仅指企业的有形资产及可识别的无形资产之净变现价值，商誉价值丧失殆尽。

七、公司价值管理的层次

公司价值管理分为概念、战略、实施决策、制度四个层面。事实上，价值管理中的“价值”是一个复合概念，它往往是对企业产生重大影响的利益相关者博弈的结果，如图 2-2 所示。企业的价值客观存在于利益相关者的评价中，主要包括股东价值、员工价值和客户价值。因此，价值管理的一个必要前提就是企业清楚自己的利益相关者是谁，了解他们对企业的要求，努力使他们感到最大限度的满足，最后取得他们对企业的信任、承诺和忠诚。适应利益相关者的要求并使之发挥调节企业战略的杠杆作用，是 21 世纪企业能否取得竞争优势的关键所在。价值管理因此而成为最近 10 年在西方商界最为盛行的管理思潮。

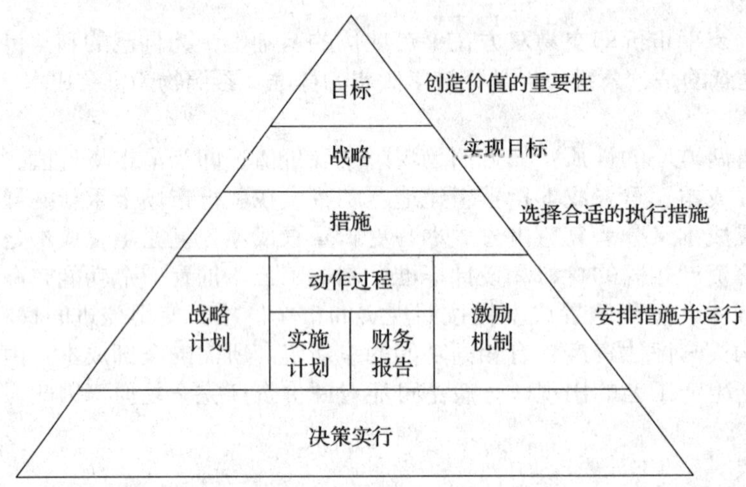

图 2-2 公司制订决策的每一个层次上都有可能创造价值或毁损价值

八、财务价值管理体系的构造

在 VBM 的框架下，必须反思过去乃至现在奉行的财务价值分析方法，尤其是以单一指标为核心的财务指标分析体系。例如以净资产报酬率（ROE）为核心的杜邦分析体系、以投资回报率（ROI）为核心的业绩考评体系、以每股收益（EPS）为标杆的“EBIT-EPS”资本结构决策分析方法、以市盈率（P/E）为主的企业风险与价值模型等。虽然这些财务分析技术也被称为“价值分析”，但是与 VBM 理念不相适应、不协调，原因如下。

（1）它们把利润额作为企业价值的主要来源，增加当期收入、降低成本是企业财务管理的着眼点，尽管有些财务指标（如 ROE、EPS 等）在一定程度上代表着股东的价值取向，但它们偏重短期利益，容易诱发利润操纵或盈余管理。

（2）上述方法采用的财务指标，注重对过去结果的反映，不能主动进行未来的分析和管理，难以与组织的战略目标有机融合。

（3）上述分析方法基本上采用单一财务指标，这种方法容易导致企业决策忽视关键的其他成功要素，致使行为与目标发生偏差，而且单一的财务指标难以引导企业平衡发展与可持续增长。

（4）上述分析方法的数据来源于传统的财务会计体系，而会计上的净利润指标忽略了为产生利润而占用资本的机会成本，同时上述分析工具单纯就报表因素分析财务价值问题，存在着本末倒置的问题。可见，现行财务管理体系尤其是分析工具必须再造，以更好地服务于企业价值最大化目标。

（一）构造 VBM 框架下的价值型财务管理模式

由于 VBM 的导入，企业价值已经成为主导经营者经营决策的风向标，也使得新型的管理命题在不同的管理活动领域中脱颖而出，如作业管理（ABM）、基于过程或活动的预算管理（ABB）、基于优先程度的预算编制（PBB）、关键成功因素（KSF）、标杆（benchmarking）、业务过程再造（BPR）、战略业务单位（SBU）、关键绩效指标（KPI）、平衡计分卡（BSC）、整合绩效管理（IPM）、经济增加值（EVA）、市场增加值（MVA）等，这些致力于价值创造的管理命题同时也使得 VBM 变成现实可操作的程序和方法体系，把财务职能从着眼于历史的控制职能转变为着眼于未来的增值职能。但如何将这些看起来不成为体系的先进方法和管理手段纳入同一个模式中，这是价值型财务管理模式试图解决的问题。对此存在以下两种观点。

第一种观点是马格丽特・梅认为，VBM 强调所有的决策必须以价值为基础，并对整合管理过程提出了具体要求，包括对企业治理、组织结构、战略、规划与预算控制、绩效管理、员工报酬等重要性因素进行排序并重整。职能转变后的财务部门也将对增加企业价值发挥作用，包括：以外包或分享服务中心的方法来提供经营服务；帮助企业实施 VBM；帮助企业进行绩效提高；帮助企业进行信息管理；战略制订和经营决策支持；帮助企业进行风险管理、投融资和其他管理服务。

第二种观点是托马斯・沃尔瑟认为，企业财务总裁的新职责包括：财务与企业经营的合作与整合、战略、管理控制、成本管理、财务交易过程与体系。财务管理从简单的投融资业务转向了对战略、管理控制和企业经营管理的全方位介入。事实上构建企业价值型财务管理模式，必须始终以价值最大化为最终目标，涵盖企业长远发展战略，同时尽可能地量化财务战略，将财务管理理念、财务管理方式、财务管理流程进行整体的再造和有序梳理。

（二）价值型财务管理模式的体系设计和理论框架

首先以图 2-3 所示的结构图来说明 VBM 框架下公司财务价值型管理体系，然后就财务管理程序上的梳理与再造的具体内容进行分述。

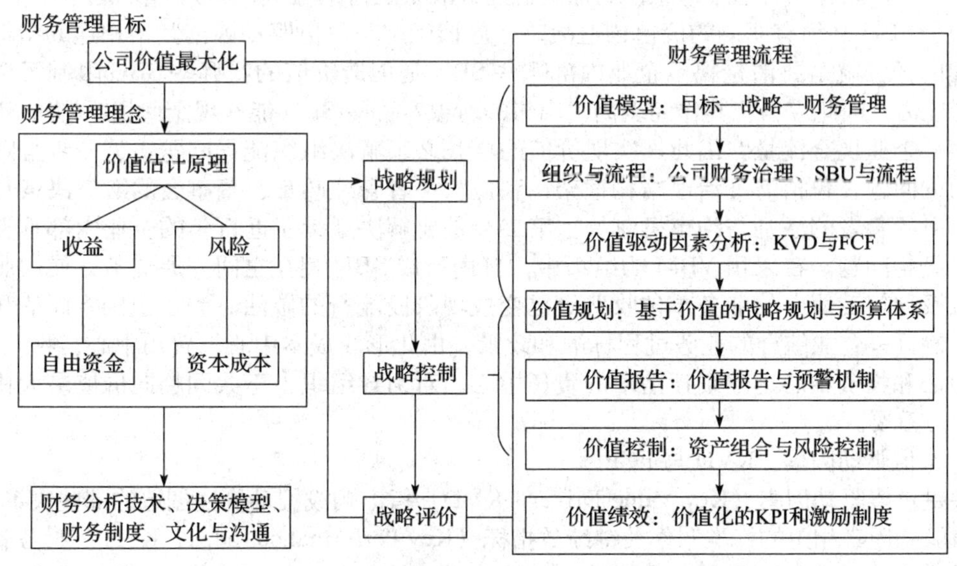

图 2-3 VBM 框架下的公司财务价值型管理体系

1. 以“目标—战略—财务管理”为主线的价值模型构建

价值型财务管理模式强调财务对企业战略的重新定位和全面支持，即有效战略的形成和有效战略的执行。在打造价值型财务管理模式时，应分析并设计财务战略，充分考虑：①财务资源的可获得性；②预计或潜在的财务收益；③财务收益的时间分布和现金流量；④是否存在协同财务收益；⑤发展战略的内在风险等。因而，现代财务管理模式是目标、战略和财务管理的相互影响、不断渗透、有效融合。

（1）在财务决策中必须注入战略思考，尤其是涉及企业的长期财务决策。以投资决策为例，在财务管理中，投资决策的首要任务不是选择备选项目而是确定诸如多元化或是单一化的投资战略，这是搜寻和决策项目的前提。

（2）在财务分析评价方法中注入战略元素。如广泛使用的评价方法是贴现现金流量法，当企业更加关注资本支出的其他战略方面时，就要对此方法加以补充。因为短期内的现金流量无法涵盖项目带来的全部战略收益，现金流量方法只衡量该技术成本节约的数额及财务收益，并将财务收益作为项目取舍的主要依据。

（3）企业战略规划具有投资组合的性质。其主要的问题是如何在各业务单元、单位中分配资源，以使整个资源组合的价值有所提升。如果目前的组合不能实现企业的最佳价值，就需要通过战略制订和调整，对业务、单位组织进行重组，包括并购、战略联盟或“内部增长”等扩张方式，抑或通过关闭、剥离或撤资而集中经营某类业务来实现战略转型。

（4）企业基于拟订的战略进行谋划在多大程度上可以通过内部筹集资金，在此基础上还需要多少债务或股权筹资。

（5）在日常财务控制、分析评价中注入战略元素。

这些都将是当今财务管理必须研究的问题，并以此夯实财务管理与战略管理的联系。

2. 组织与流程：财务治理、SBU 与业务流程

公司治理、组织结构是为价值目标服务的，是价值目标和战略实施的支持和保障。应该说有什么样的目标和战略应有与之相应的治理结构和组织安排，它们的首要功能是为价值增长目标提供协调的机制和运行环境，而且随着目标、战略的调整而进行必要的调整。诸多实证研究结论表明，公司治理、组织结构与公司价值存在相关关系。同时 VBM 的理论和现实也使企业管理者越来越意识到需要监控其战略经营单位（SBU）的价值。

一个 SBU 必须有明确的价值创造战略，应该确定与价值驱动因素紧密相连的指标。财务管理的任务就是要清楚揭示企业内部哪些 SBU 是创造价值的？哪些 SBU 限制了企业价值创造能力，因此应当将其作为剥离、出售的对象？哪些 SBU 能有现金回报？哪些 SBU 完全在消耗企业现金流量？因此，实现价值的增长必须解决组织流程问题：第一步是财务治理层面的问题，包括财务治理结构框架、利益相关者管理政策、董事会的财务决策与监控制度、对经营者的激励与约束机制等。第二步是要解决延续了近百年的企业内部垂直一体化层级结构问题。在采用 VBM 的组织中，自由形成 SBU 相互之间开展业务、使用服务水平协议及向接受服务的业务单位收费等已变成现阶段流行的做法。为了识别、评估和降低风险，制订全企业综合的业务过程标准和政策，由此形成成本中心、费用中心、收入中心、利润中心和投资中心这些责任清晰的责任中心，对引导组织上下共同趋向价值最大化这一目标十分重要。

3. 价值驱动因素：KVD 与 FCF

关键价值驱动因素（Key Value Driver，KVD）指影响或推动价值创造的那些决策变量。与价值驱动因素相关的标准叫作关键绩效指标（Key Performance Index，KPI）。财务管理的任务就是要将企业战略目标、分析技术和管理程序结合在一起，寻求和挖掘价值驱动因素并使之工具化和制度化，以使管理当局和员工理解价值的形成过程，把握实现企业价值最大化目标的具体方法，并通过驱动因素的优先顺序来确定企业资源配置方案。

从企业价值模型看出，价值评估参数就是企业层面的 KVD，包括销售增长率、营业毛

利率、所得税税率、营运资本投资、固定资产投资、资本成本和价值增长期等因素。其中前三个价值驱动因素具体反映了产品生产、定价、促销、广告、分销等经营决策的水平；而营运资本和固定资产投资这两个驱动因素反映了上升的存货和生产能力扩张等投资决策水平；融资风险和财务风险则决定了资本成本这一驱动因素；价值增长期是时间驱动因素。

要确定价值驱动因素，有四点极为关键：①价值驱动因素应与整个企业的价值创造直接联系起来；②企业从价值驱动因素的角度，确定价值化指标，将战略化为长期指标与短期指标、财务指标与非财务指标、一级目标和次级目标等；③企业总部应该有总部的价值驱动因素，每个业务单位都应该有各自的关键价值驱动因素；④注意关键价值驱动因素在时间、空间上的平衡，综合全面考虑各因素之间的关系，而不顾此失彼。

在估价模型中最为敏感的因素是销售增长率、利润率和资本成本。

就企业对 FCF 的关注重点不同，可以将企业的发展模式分为四类：①追求利润型（严格控制开支获取利润，求好不求多）；②单纯增长型（求多不求好）；③增长滞后型（稳定压倒一切）；④价值创造型（平衡的追求好与多，既强壮又精干）。

成功的价值增长表现为长期生存发展，追求长期增长必然要求牺牲部分短期利润，但是究竟牺牲多少才能合适？企业怎样才能做到扩张而不损害投资者的长期利益与公司长期价值？事实上，只有保持规模增长、利润提升和降低资本成本等这些 KVD 之间的平衡发展的企业，才能列入价值创造型企业。

4. 价值规划：基于价值的战略规划与预算体系

全面预算管理从 VBM 的角度分析，就是通过价值驱动因素来进行资源配置管理。全面预算管理是与现代企业制度下的法人治理结构相匹配的管理制度；是确保企业战略实现的实施方案与保障体系；是涉及企业方方面面的目标责任体系；也是整合企业实物流、资金流、信息流和人力资源流的必要经营机制。财务管理制度应以全面预算管理思想和框架为依托，实现财务管理的全过程、全方位、全员的特性。要使预算在企业 VBM 中发挥更大作用，迫切要求改进传统预算模式与方法，包括保证预算制订的过程能够适应不断变化的经营环境、采用高水平的财务模型来拓展年度预算的框架、建立以价值增值为目标的预算程序、确认和监督企业的价值创造活动的全过程、建立预算与战略计划的联系等。

（1）将传统的预算方式转化为一种以作业单元和价值链为基础的分析工具，用以衡量企业所开展的各项工作。

（2）通过良好的预算技术，使企业既定的衡量尺度从现行的财务报告具体科目转变为企业的预算目标指标，并与战略充分对接。

（3）建立精巧的预算数据模型，描绘经营管理行为的偏差与年度经营目标之间的关系。

（4）分解和评价产品在每一个环节和工作中所形成的“经济增加值”。

5. 价值报告：价值报告与预警机制

价值报告作为战略控制手段之一，反映活动、过程、结果和信息反馈。它强调服务于价值目标，在现阶段它更接近于管理会计报告的概念，既可以与财务会计报告并行，也可以完全分开，直至在信息技术足够的条件下，价值报告将涵盖企业的所有信息，包括财务会计报告。它与财务会计报告的区别是价值报告试图描述基于价值的战略实现情况，借以控制业务过程和各个层次的平衡绩效标准、产出量和设备利用状况等。它强调使用最新的信息技术和分析方法，并对整体的活动全方位、多角度地分析。例如对一个预算编制中心的价值报告要列示该中心的各项活动，以及每项活动的实际产出、预算成本、单位成本、实际或预计可获得的价值。价值预警机制作为企业价值实现、运行状况的晴雨表，具有监测、信息反馈和预警功能。当企业价值实现过程发生潜在危机时，预警系统就能及时寻找到导致企业价值状况劣化、恶化的主要原因和根源，使经营者有的放矢、对症下药，制定出有效的措施，保证价值目标的顺利实现。建立全方位的预警机制，强化价值实现过程的风险控制，内容包括价值预警制度体系、工作流程、指标体系与标杆选择、预警的反馈与处理机制等。

6. 价值控制：资产组合与风险控制

在 VBM 框架下，企业价值创造能力的衡量方式、内容都有重大的变化，VBM 所涵盖与衡量的资产包含了所有与企业价值创造相关联的资产，这些资产包括有形资产、无形资产、人力资源、信息资源、组织与文化、客户与供应商和竞争优势等。财务管理体系的任务之一就是管理企业这些资产组合，利用资产组合和流程运作，发挥资产最大效益进而创造价值。另外，财务管理必须面对企业价值创造过程中的各种风险，包括系统性风险和非系统性风险，尤其是非系统性风险。

财务管理力图建立全方位的财务控制体系、多元的财务监控措施和设立顺序递进的多道财务安全防线，以及具体的、可操作性的财务控制方式，包括：如何进行财务组织控制、财务战略制定；如何根据自身的经营规模、内部条件和外部环境，决定其适宜的组织体系和安排财务集权、分权程度；如何进行授权控制、流程图控制、风险控制、责任控制、预算控制、实物控制、建立内部结算中心和网络化财务体系等。值得说明的是，价值型财务管理模式绝不是上述财务控制方式的简单罗列。首先，要研究各种控制方式的运行环境、体制效应和有关方式之间的相互融合；其次，应实现从资源配置型到人本型财务管理的转变；最后，价值型财务管理模式中的财务控制特别强调财务风险控制与企业经营的整合。

财务风险控制的内容有：①确保所有对外报告的完成和对外义务的履行，防范信息风险；②建立控制制度，确保企业财产安全，防范资产风险；③确保现金管理、应收款管理和应付款管理的完整和高效率，防范信用风险；④履行所有的报税和纳税义务，防范政策风险，并寻求降低企业税务负担的机遇；⑤推行投资者关系管理，维持与投资者、债权人、企业开户银行密切的日常关系，防范融资风险；⑥严格投资决策程序，规范投资分析和制度控制，防范投资风险。

7. 价值绩效：价值化的 KPI 和激励制度

价值型财务管理模式中价值评价的功能定位在三个方面。

（1）作为价值最大化的具体化，反映为企业战略规划、战略管理重点和价值化指标，以此形成具有战略性、整体性、行为导向性的“战略绩效测量指标体系”，为经营决策提供标杆。

（2）通过财务评价对企业各种活动、运营过程进行透彻的了解和准确把握，为企业进行财务战略性重组决策提供依据。

（3）通过有效的绩效评价体系，反映经营者、管理当局、员工等的努力对于实现企业目标做出的贡献，并据以决定奖惩。这一整套的业绩评价体系内容包括：财务战略、财务控制与价值评价的有机衔接；KPI 指标体系与权数；单位评价与单位负责人评价的衔接；VBM 与 EVA、MVA、BSC 等评价工具的有机融合；业绩考核与业绩管理。我们强调 VBM 中 KPI 的主要特征是：对企业价值有巨大的影响力，与现金相联系，可控性，可度量性。与价值考评相关的另一个问题是考核的标杆，即根据什么标准来评价业绩，并奖励经营者和员工。标杆选择上具体包括预算标杆、资本成本标杆和市场预期标杆。从理论上讲这是一个将规模、收入、成本等绩效指标进行比较的有效工具。借助于这个工具的持续改进，并通过量化的形式把标杆固定下来并应用于预算管理过程和绩效监控系统，可以保障企业实现价值最大化目标。

九、价值管理过程

价值管理开始于战略，结束于取得财务结果，因而它是联系战略和财务结果的纽带。

成功的价值管理，要求将为价值进行管理的理念融合到决策的制订中去。制订决策时，要以决策目标——价值管理作为开端，并且通过财务和非财务手段来支持这个目标。使用的方法必须包括在战略制订、预算、报告、激励机制、薪酬等主要管理过程中，目的是增进业绩或做出正确的投资决策。只有当管理人员把价值最大化作为公司的目标时，公司才可能真正实现价值管理，而要实现这一目标，管理人员首先必须制订经营战略。然后管理者必须把这个目标和经营战略转变为公司的一种理念。这种理念需要自始至终地贯穿于公司自我衡量、自我管理的过程中，及公司为了扩展业务所做出的新投资决策中。

从逻辑上可以将价值管理的主体分为五大类：目标、战略、业绩衡量、管理过程以及决策。实现目标需要战略，业绩衡量可以控制战略实施的过程，所以可以使公司在管理过程中得到正确的决策。在战略计划、预算、报告 / 业绩衡量和激励的管理过程中，只要不断地向管理者传递信号，以增强价值理念并支持公司的决策。当然，一个管理过程或许会集中于这个优先目标，而另一个管理过程则会集中在其他的优先目标上。因此必须在管理过程中向管理者输送持续一致的信号，见图 2-4。

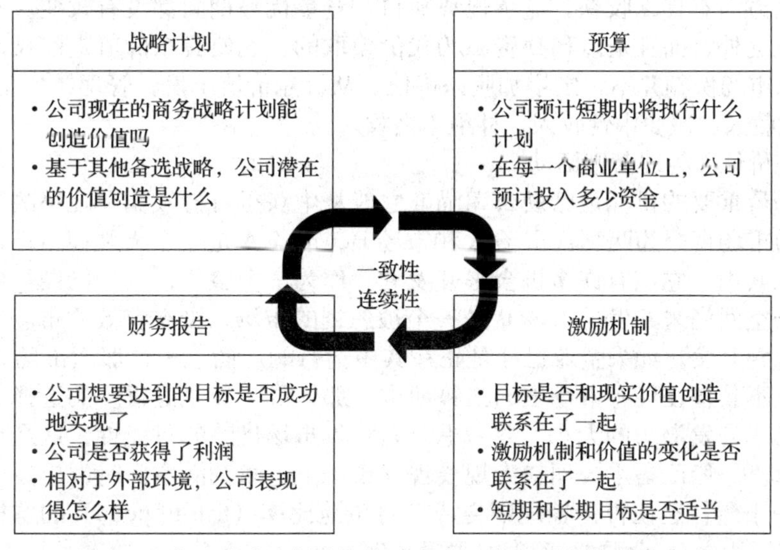

图 2-4 为了成功地创造价值，各个过程必须保持连续一致

十、股东价值

（一）股东价值的内涵与经济意义

1. 股东价值的内涵

股东价值指股东对公司未来收益的所有权。这种未来收益的基础是公司的市场价值，等于从其目前规划的经营活动所产生的、可预测的未来盈利，按风险利率进行折现后的现值。股东价值必须“经风险贴现”。这种贴现是投资者对使用其资金所要求的补偿，因为在将资本投入公司时，投资者冒着以下风险：①资本被耗尽而没有任何回报；②资本回报率达不到所要求的水平；③如果将资本投向其他方面，他们本可以得到更高的回报。

为了补偿他们所冒的风险，必须承诺给他们的回报高于他们所投入的资本。由此可得出结论，公司的股东价值等于公司目前和规划的经营活动中产生的“可预测的未来盈利”经风险贴现后的现值。

2. 股东价值的计量

按传统财务理论，一个公司的价值是债务与股权价值的总和，而股权部分则称之为“股东价值”。也就是：公司价值 = 债务 + 股东价值。

公司价值的债务部分包括债务的市场价值、未支付的养老金以及其他索取权（如优先股）的市场价值。由以上等式可得：股东价值 = 公司价值 - 债务。可见，为了计算出股东价值，必须先计算出整个公司或业务单元的价值，也就是“公司价值”。而公司价值由三个基本要素组成：①预测期内经营现金流的现值；②反映预测期末业务现值的“残值”；③有价证券的市值以及其他能转换成现金且对经营非必需投资的价值。

（二）为增加股东价值而管理

1. 为股东价值而管理销售活动

从股东价值的角度考虑，销售有两方面的价值。一方面，它代表着实现公司现有竞争优势潜力的收入承诺；另一方面它还能帮助公司建立一个更强大的未来竞争优势。当新客户在同一个细分市场中选择了其他厂商，使得大多数客户集中在一家厂商手中时，这种情况就会发生。这种销售代表“良性收入”。由此而论，从投资者和管理股东价值的角度考虑，企业有些收入是“中性收入”，甚至还有将股东价值推向反面的“不良收入”。中性收入指主要竞争市场之外的收入，通常是机会性销售的结果。它增加了运营资本，但并不表示公司在市场力量方面有什么收获，竞争优势缺口和竞争优势期间都没有改变。不良收入来自主要竞争领域之外，而且是以稀缺资源为代价换取的，它使股东价值走向反面。可见一味扩大销售追求市场份额并不一定增加股东价值。从股东价值出发，管理销售正确的理念是，努力扩大良性收入，减少中性收入，杜绝不良收入。

2. 为股东价值而管理营销活动

营销活动最重要的目标是帮助公司瞄准它能从中获得可持续竞争优势的目标市场。企业一般面对的市场可分为两类：市场 A 和市场 B。市场 A 是一个大规模市场，已经有一定数量的厂商在其中，它们有许多机会来开发它。作为一个整体，市场已经得到了开发，但出现的新市场空间尚未开发。市场 B 是一个被忽视的市场，没有有效的市场领导者。整个市场都从未得到开发。如果企业已经是正在其中运行的厂商之一，那么市场 A 是更好的选择，如果企业不具备在现有市场上的强势地位，那么市场 B 是好得多的选择。选择市场的目标是基于其未开发潜力的大小，并考虑公司获得市场优势的可能性，这是可持续竞争优势的关键要求。一般而言当公司在大规模现存市场上追求利润空间时，应集中精力成为池塘中最大的一条鱼，这使得营销规则变成了对鱼池比率（fish-to-pond）的监控，这正是杰克 · 韦尔奇在通用电气公司施行管理的逻辑基础。

3. 为股东价值而管理营运活动

管理股东价值，公司主要解决与核心关联业务的组织问题。公司应清楚自己的经营活动中什么是核心业务，什么是关联业务；并能够迅速拿出管理关联业务的解决方案，且将注重实效、真正行之有效的外包关系付诸实施，这都是现代企业所要经常面对并做出应对措施的问题，也是影响股东价值的重要方面。总之，区分核心和关联的界限会有利于公司更好地利用其资源，并且是提高股东价值的有效途径。

4. 为股东价值而管理财务活动

与管理股东价值最为直接的是财务部门，作为损益结果的监管者，预算活动的领导者，各种月度报告的编制者和季度报告的发布者，它们通常将自己视为公司和股东达成一致财务认识的通道。然而在成长性行业中，可持续竞争优势在相当程度上取决于开拓市场时所取得的早期市场地位，用纯粹的损益法来制订战略和规划是极度错误的。缩小的竞争优势缺口要么直接表现为销售收入的下降，要么表现为当公司为弥补其竞争优势缺口欠缺而进行的折扣所导致的毛利率降低，或者二者兼而有之。无论哪种情况，损益指标都使得管理层面向这个问题，而且开始采取行动。但利润表并不能也没有发觉竞争优势期间的恶化。竞争优势缺口 / 竞争优势期间图是未来财务状况的反映。

十一、员工价值

（一）员工价值的内涵与决定因素

1. 员工价值的内涵

员工价值是员工满意度的综合衡量方式。提高员工的满意度可以留住优秀的员工，而优秀员工对企业的无限忠诚，可以对企业价值创造发挥基础保障作用。首先，如果雇员忠诚，他们学习并提高效率的机会就多；其次，忠诚的雇员长期在公司工作，便为公司节省下了招聘和培训费用，这笔钱就可用于增加顾客满意度的种种措施之上；最后，用来赢得雇员忠诚并激励他们士气的经营思想和政策，也可用来争取更多更好的顾客。

2. 员工价值的决定因素

与雇员忠诚相关的七种经济因素如下：①招聘投资；②培训；③效率；④选择顾客；⑤留住顾客；⑥向顾客推荐；⑦雇员推荐。

（二）员工价值的核心——生产率

生产率通常指雇员创造价值的速率，而生产率的增长对于企业和社会的健康都是不可或缺的。生产率增长是可持续成本优势的主要源泉，也是雇员获得可持续补偿的唯一源泉。就提高生产率而言，忠诚领先企业认为，有效地降低成本的唯一途径是让雇员尽可能多赚一些钱，即为高质量的人工支付较高的价格。

1. 低成本

妨碍企业更好地推行忠诚管理、争取更高生产效率的一大常见障碍是，许多企业的经理似乎都认为收入与费用来自两个完全不同的世界，但事实上在今天的服务经济里，雇员第一次同时对企业的收入和成本发挥着决定性的作用，并进而将两者联系在一起。为了更为高效地管理生产率，许多企业实行按出纳员人均交易量等局部效益测算指标，忠诚领先企业也一样重视这些指标；只是更为强调生产率的全范围衡量指标，即雇员人均收入。由于雇员实际上控制着营业收入和成本，公司必须变革它们的雇员政策，以期产生或者增强两大效应：雇员的学习曲线，雇员利益和公司利益的协调。

2. 学习曲线

学习曲线这一概念是在20世纪才逐渐形成并得到研究的，主要产生于汽车、半导体等行业。工程师们注意到，制造单位产品所需要的时间和金钱会随着生产数量的增长而递减。实际上如果数量累进增加一倍，单位产品的成本可以递减20%～30%。这些发现逐渐变成了制造业管理工具的一部分，后来在企业的发展策划中也发挥了作用。因此，对于现代企业来说，测量雇员个人的学习曲线，要比考察所谓的公司学习曲线更有意义。这可从以下四方面考察。

（1）学习曲线的纵横变化。公司中个人的生产率是雇员如何勤奋地工作与其如何聪明地工作的乘积。一个人如何聪明地工作取决于他受到的培训有多少，但事实是绝大多数的培训来自工作和实践。如果雇员对企业谈不上忠诚，工作时间不够他进行学习并且把学到的东西应用到工作中去，那么雇员和公司双方都不会取得优异的生产率。

（2）保持生产率优势。忠诚领先企业制订自己的竞争策略时无不从雇员忠诚和服务期限两方面着手，因为一套人力资源体制的建设，要依赖各种各样无形的要素，这些无形要素一旦得到合理的配置和应用，就会成为可持续发展生产率优势的一大源泉，它是竞争对手无论如何也模仿不了的。忠诚领先企业以此激励雇员把公司当作久留之地，并在这里大显身手，将企业的效益搞上去。

（3）影响生产率的消极因素。企业如想加强雇员的忠诚程度、提高生产率，必须尽其所能加强雇员个人的学习，同时协调好雇员与公司的利益关系。这么做的一条最佳途径便是允许雇员增加收入。换句话说，降低成本占收入比例的捷径，往往还是增加雇员获得补偿的机会。

（4）所得与产出两不相称。雇员为公司创造的利润总额，等于他们的生产率曲线与其所得报酬的曲线之差。在实行忠诚管理的企业时，获得报酬是实现生产率的一个功能，这两个要素同升同降，荣辱与共。于是雇员个人势必总是想方设法，力图提升他们的生产率。

十二、客户价值

客户是企业生存与发展的基础，企业的价值归根结底无非是能满足特定的客户需要。

（一）经营利润链及其核心内容

经营利润链理念认为：利润、增长、顾客忠诚度、顾客满意度、顾客获得的产品及服务价值、员工的能力、满意度、忠诚度、劳动生产率之间存在着直接、牢固的关系。经营利润链的中心是顾客价值等式。它表明：提供给顾客的产品和服务的价值，与为顾客创造的服务效用以及服务过程质量同等重要。它们与顾客购买服务的价格及购买过程中其他成本相互关联。经营利润链及其包含的价值等式让我们对经营质量的作用有了更深刻的理解，即顾客获得的最终价值超过服务供应商的成本，这是利润实现的条件。利润的实现程度取决于服务价格的高低，而价格是用来衡量顾客对价值预期值的。这样通过对运营战略进行设计，企业可以通过降低价格和购买成本，向顾客让渡更多的价值。经营利润链的管理为实施战略管理提供了方法。这两个概念相辅相成，两者都反映了一个重要目标，即到达市场、运营、人力资源管理的核心都是围绕满足顾客需求进行的。

（二）客户价值管理

“以客户价值为基础”的方法，是一种在企业与客户所需之间取得平衡与一致的方法。一旦一家企业或一个商业流程达到了客户所定义的愿景，企业就必须持续监督市场变化，更新愿景。只有以形式化、可重复进行的过程来实施客户价值管理，才能主动地察觉市场的改变，并采取相应措施，提高业务能力。

1. 客户需求子流程

这是一套正式记录程序，目的在于定期分析目标市场需求。这些程序包括：①市场细分与重新定位；②监督各个细分市场的需求与希望；③需求的行为驱动类别；④客户定义为为战略性理想价值提供愿景。

2. 客户对企业表现认知的子流程

这是一套形式化的活动与明确记录的程序，用来取得客户对公司表现的衡量标准，这个子流程包括：①持续进行的客户满意度调查；②在产品或服务与客户互动之后，进行由事件驱动的客户调查。

3. 客户抱怨子流程

这一流程的主要目的是提供迅速的反应并解决问题。因此“处理抱怨的流程”是调查的良好渠道之一。

4. 客户服务子流程

客户服务的一个明显目的，即提供任何客户要求的事物，另一个目的则是分析这些要求，以得知客户新产生的需求与希望。

5. 找出机会并确定优先顺序的子流程

这是将客户价值管理的金字塔顶端转化为一套业务优先事项，以作为金字塔中层和金字塔底层的投资决策。

6. 企业财务计划子流程

必须加以修正或建立以涵盖两个重要的客户导向要素。

（1）流程负责人有权利和责任，以企业整体的观点，通过跨部门的行动和投资改善企业。

（2）企业的资源（财务、信息技术人员等）必须根据客户的意见，分配到每个流程中。

客户价值管理提供了一个机制，以满足客户需求所带来的潜在报酬为基础，将整个企业的财务与资源进行跨部门的整合，将提案过多的僵局瓦解。只要实施这种流程，企业便可以观察市场中的变化，并在客户的需求与公司的能力之间维持平衡。

十三、价值创造

可以通过以下途径来创造并提高公司的价值。

（一）加强以提高收益率为核心的资产管理

按照SMVAM模型的分析，提高公司的隐藏资本是提高公司价值的重要途径，而隐藏资本的主要来源之一是：公司账面价值与市场价值的差异。从资产管理方面考察，提高公司资产的市场价值是公司价值管理的基础。而且公司产生现金流的能力主要体现在资产方面。根据MM理论在无税条件下的分析，无论公司有无负债，其价值等于公司所有资产的预期收益额除以适于该公司风险等级的报酬率。为此，提高公司资产的预期收益（EBIT）和降低风险等级便是提高公司价值的重要途径。而风险通常定义为收益的概率分布，所以风险管理的实质仍然是收益的管理。因而，在公司经营管理过程中，必须从以下几方面来加强资产管理。

1. 资产管理必须坚持收益增长率超过资产增长率的指导思想

该指导思想不仅是衡量资产规模扩张有效性的标准，而且也是资产收益管理的最根本的原则。对此，首先必须合理地利用营业杠杆。其合理的利用程度是使营业杠杆度（DOL）大于1，至少等于1。即

$$\mathrm{DOL}=\frac{\Delta \mathrm{EBIT}}{\Delta \mathrm{EBIT}}\div\frac{\Delta \mathrm{S}}{\mathrm{S}}\geqslant 1$$

式中，EBIT为息税前盈利，取决于息税前的边际贡献与固定成本之差；S为收益，取决于资产的规模和资产的收益率。因而，公司在资产管理过程中，就必须加强以下几方面的工作。

（1）运用规模经济理论进行适度的资产规模扩展。

（2）科学合理地进行资产定价，提高资产的收益率。

（3）加强资产的风险管理。

（4）加强固定成本的控制，扩大息税前的边际贡献与固定成本之正差。

2. 资产质量管理是资产管理的基础

资产市场价值的高低，在很大程度上取决于资产的质量。按照管理会计中全面质量管理理论，质量在很大程度上是以顾客满意度来定义的，高质量意味着顾客极少失望，当某一企业在满足或者超过顾客期望方面做得更好时，就提高了质量。因而，银行的资产质量管理，取决于以下几方面：一是以满足顾客的需求为核心进行产品的设计和创新；二是质量管理制度的创新。对此，必须以创新有效的制度作保障。

3. 加强资产的风险管理

加强资产的风险管理，从而提高资产的风险收益。

（二）积极开拓业务领域，扩大公司的收益来源

现代企业在激烈的竞争中，必须不断地拓展业务领域，开拓新的市场，扩大公司的收益来源。在这方面，实施有效的并购重组战略尤为重要。

（三）科学地进行财务决策，优化公司的资本结构，降低财务风险

按照修正的MM理论中的资本结构权衡理论。公司的资本结构直接影响公司价值，其举债的规模必须在债务的节税利益和财务危机成本之间进行权衡，适度的资本结构有助于实现公司价值最大化。要解决公司的资本结构问题，首先可以考虑根据财务杠杆原理，把握一个最根本的标准来进行资本结构决策，即财务杠杆度——净利润的增长率大于或者等于息税前利润增长率。用公式表示如下［式中DFL为财务杠杆度、NP为净利润（Net Profit）］：

$$DFL=\frac{\Delta NP}{NP}\div\frac{\Delta EBIT}{EBIT}\geqslant 1$$

根据财务杠杆原理做出公司的资本结构决策，只有这样才能保证资本成本的补偿，使融资得到有效的运用。其次是根据财务杠杆度来测算举债规模，使公司的举债建立在净利润增长的基础上。

（四）通过制度创新为公司价值的创造提供良好的制度环境

按照制度经济学理论，制度是经济增长的内生变量，通过制度创新是公司价值目标实现的制度保障，包括公司的目标管理制度、公司治理制度、内部控制制度、风险管理制度、激励约束制度等。这些制度的建设和创新是一个系统工程，必须运用现代公司理论（特别是委托代理理论）对这些制度的创新进行系统的研究，使公司的制度建设和创新更有效地服务于公司价值目标的实现。

第二节　价值链管理

一、价值链概念的提出与发展

价值链概念是 1985 年由哈佛商学院的迈克尔·波特在其所著的《竞争优势》中首次提出的："每一个企业都是在设计、生产、销售、发送和辅助其产品的过程中进行种种活动的集合体。所有这些活动都可以用一个价值链来表明。"

在波特看来（Porter，1985），要达到价值创造的目的，公司的各种活动都是不可缺少的，但具体到某一项或多项活动是价值创造活动还是成本驱动因素，则要进行具体分析。这一分析框架将公司的活动分解为不同的、影响公司相对成本地位、产品歧义的具体活动，这些活动的组合创造出对顾客有价值的产品，从而塑造出公司的竞争优势。从波特有关战略的观点看，这些活动本身的不同方式以及其不同的组合方式就是不同的公司战略的本质所在（Porter，1996）。波特将公司活动分解为价值链的不同环节是以此为标准的：不同的经济性；不同的歧异性；对成本的影响。他将价值创造活动分为了两个层次（见图 2-5）。一种称为基本活动，它直接创造价值并将价值传递给顾客；另一种称为辅助活动，它为基本活动提供条件而不直接创造价值。

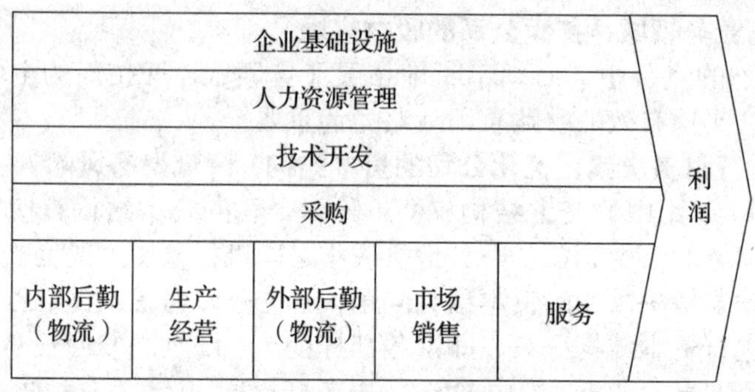

图 2-5　波特的价值链模型

（一）基本活动

内部物流：与接受、储存及原材料有关的活动。生产经营：将输入转化为最终产品的活动。外部物流：入库、储存及发货等将产品送交购买者的活动。市场营销：吸引顾客来购买并为他们提供方便的活动。服务：提高或维持产品价值的活动。

（二）辅助活动

采购：购买价值链所需的输入。技术开发：用以提高产品价值及生产过程效率。人力资源管理：招聘、雇用、培训员工，发展其技能。基础设施：总体管理、计划、财务、会计、法律、质量管理、公共事务等。

通过分析总体产品成本中每一活动成本配置情况可以估计这一活动的重要性，同竞争对手或行业标准比较在成本结构方面的不同，可以知道公司的竞争力所在或其提升潜力。此外，公司各活动的成本及价值驱动因素主要在于公司内外部因素及其相互作用的方式，波特（1985）指出了十大因素：规模、产能利用、联系、相互关系、纵向一体化、定位、计时、学习、采用的政策、政府规则。这些因素彼此影响但相对重要性因企业而异。在进行企业战略定位时，适当的定位就从以上这些成本及价值因素推导出来。

波特的价值链模型为人们进行公司层次上的价值创造分析提供了一个简明的工具（Microsoft，1992），并可以延伸至整个产业，为公司的产业定位提供了一种分析思路。

限于时代的发展，波特的模型主要是基于企业的内部，而没有更多地分析价值链多方企业的合作关系，也就是后来所说的外部价值链。分析外部价值链对于企业制订战略决策，更具深远的意义，因为只有眼睛向外看，视野才开阔，才能将企业自身融于整个环境，才能“知己知彼，百战不殆”。

后来的研究注意了这方面的问题，更加侧重对外部价值链的分析。将价值链的概念扩展到了与其他企业的联系，认为它就是一个通过链中不同企业进行制造、组装、分销和零售的过程。这是更大范围、更为系统的概念。到了最近，价值链的概念更加注重围绕核心企业的网链关系，如核心企业与供应商、供应商的供应商乃至与一切前向的关系，与用户、用户的用户及一切后向的关系。此时，价值链的概念成为一个网链的概念，如图 2-6 所示。

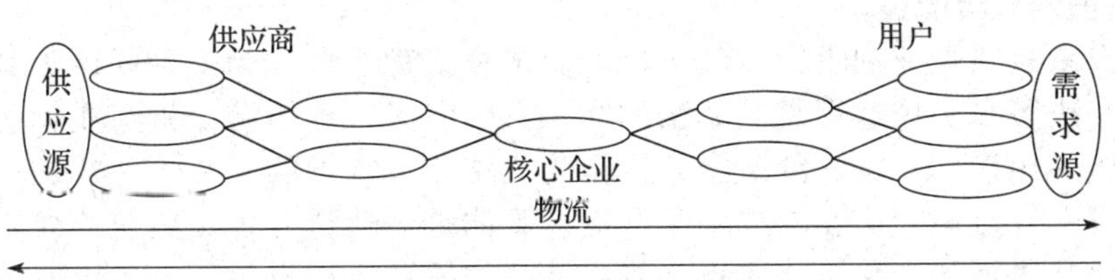

图 2-6　价值链的网链结构

二、价值链的特征

1. 动态性

因企业战略和适应市场需求变化的需要，其中居于链条中的企业需要动态地更新，这就使价值链具有明显的动态性。

2. 复杂性

价值链往往由多个、多类型甚至多国企业构成，所以其结构模式比一般单个企业的结构模式更为复杂。

3. 面向用户需求

价值链的形成、存在、重构都是基于企业的价值增值，即从顾客的价值增值出发，满足市场需求而发生的，并且在价值链的动作过程中，用户的需求拉动是价值链中信息流、物流与资金流动作的驱动源。

4. 交叉性

节点企业可以是这个价值链的成员，同时也可以是另一个价值链的成员，众多的价值链形成交叉结构，增加了协调的难度。

三、价值链分析：战略定位

价值链分析的理念和方法已被广泛应用。价值链分析是指企业对经营活动进行识别、（识别价值创造）分类、排序（形成价值链）和优化活动的整个过程。企业价值链分析是实施战略成本管理的首要步骤，它的目的在于：明确企业各项活动对于产品价值的贡献；了解企业价值链内各环节之间的联系，以及企业与客户、供应商之间的价值链关系；分析各价值链环节的价值与成本，以便企业对价值链进行优化，确定发展战略。

以传统成本会计为基础所提供的成本信息往往很难有效地实施价值链分析，主要有两个原因。

（1）传统成本会计无法提供价值活动的成本信息。在传统成本会计下，企业按产品设置成本核算对象，计算产品成本，以编制财务报告；或是按责任中心设置责任成本核算对象，核算各责任中心成本，为评价部门业绩提供依据。不论是以产品为对象还是以部门为对象，由于受传统成本会计思维方式的限定，它将成本信息的反映依托在某一核算对象上，因而其无法从企业整个价值活动的角度来分析成本发生及价值变化，所以其无论如何都不可能提供满足价值链分析要求的成本信息。

（2）传统成本会计中成本信息扭曲度较大。传统成本会计系统对间接成本采用的是单一的或几个分配标准，然而，复杂企业的间接成本动因实际上是相当复杂的，仅凭一个或少数几个人为的分配标准是很难准确反映各个成本对象真实的成本发生和其对应的价值变化的。而在目前大量高新技术企业中，除原料和基本人工等直接成本外，间接的比重和绝对额都在不断提高，因此传统成本会计的信息有较大扭曲，无法用以进行价值链分析，所以作业成本的划分和确认是必然的选择。

传统成本管理已经阻碍了经济的发展，战略成本是适应企业新经济环境下战略管理的重要内容。

（一）价值链分析的类型

在以往许多战略管理的研究文献中，价值链分析都是被作为一种理论工具来讨论，往往与具体战略决策和实施过程没有紧密的联系，所以导致价值链分析在实际运用中的作用没有被真正体现出来。其实，价值链分析作为战略成本管理的工具，并非是一个泛泛而谈的东西，而应是针对不同层面的战略问题进行具体的价值链分析。企业的战略决策一般包括企业整体战略决策和产品战略决策，相应地，价值链分析也包括企业价值链分析和产品价值链分析。

1. 企业价值链分析

当企业需要考虑的不是某个产品而是整个公司发展方向的问题时，单个产品价值链分析就显得有些单薄了。所谓企业价值链分析，是指把企业所有的经营活动进行归类分析，按照职能和运行程序形成价值链，分析各环节的价值和成本，并进行优化的方法。企业价值链要比产品价值链内容更宽泛，它不仅包括各种与产品生产经营直接相关的活动（产品价值链活动），还包括企业其他价值活动如研究与开发、行政管理、基础设施维护、财务、安全、环保等基础活动。企业价值链分析的目的，是通过企业整体价值链分析，找出企业在某个价值链环节上存在的问题，以便采取全局性战略措施，改善企业价值链。

2. 产品价值链分析

产品价值链分析是把每一种产品作为价值链分析的对象，分析其价值和成本。一个产品的价值链一般包括供应、生产、营销、售后服务四个环节，每个价值链环节又包括许多活动。例如采购活动包括联系供应商、谈判、运输等活动，而生产环节则包括生产准备、机器维护、动力传递等许多活动。

（二）价值链分析的基本程序

价值链分析的基本程序包括以下几个方面。

1. 识别价值活动

这里所说的识别价值活动，其工作内容包括两个方面，一是要识别企业经营中所有与价值有关的活动，这些与创造价值有关的活动链形成企业最基本的作业链；二是将这些与价值创造有关的作业链按职能和重要性进行各种分类和整合，以便建立企业的总价值链。

2. 价值链的确定

价值链的确定是指将企业的各种与价值创造有关的活动，按内外部职能、工艺流程和重要性等进行分类汇总。具体讲，对内有设计环节价值链、供应环节价值链、生产环节价值链、营销环节价值链、售后服务环节价值链和管理支持活动价值链等。对外来讲有向前一体化价值链、向后一体化价值链和分解化价值链等。企业也可以根据具体特定价值管理活动的要求，建立全面质量控制价值链和全面成本控制价值链等。每项价值链环节的确认，都表示企业在某个生产或经营环节为创造价值所进行的各种活动的集合。

3. 价值链内部活动及各环节之间相互联系的分析

按照迈克尔·波特的观点，虽然价值活动是构成竞争优势的基石，但价值链并不是一些独立活动的集合，而是相互依存的活动构成的一个系统。在这个系统中各个价值活动之间存在着内部联系，这种联系通常可以用一种活动和成本量的改变来影响另外一种活动和成本量的改变。例如，购买高质量的材料，材料成本可能升高，却减少了废品和材料检修活动，降低了质量成本。价值链各环节内部和各环节之间的联系为优化价值链提供了依据。

4. 价值链的“价值—成本”分析

价值链的“价值—成本”分析是价值链分析的关键。从本质上讲，企业价值链的增值能力分析实际是企业作业链有效性的分析，根据“生产耗费作业，作业耗费资源”的基本原理，企业要对作业链的各构成环节的价值增值能力进行仔细研究分析，了解每一环节各项经营活动的价值与成本，消除或减少非增值作业，提高增值作业的效率并降低其消耗和占用。应该说明的是对于价值链的分析不能仅限于某项作业，而应从总体上来分析，如某项作业的资源耗费上升，但其能使其他作业的耗费大幅度下降，从汇总的整体作业价值与成本分析来看可能对企业是有利的。

5. 价值链的优化

价值链的优化是指利用价值链各环节内部以及各环节之间存在的联系，改变企业某些活动的安排，以达到降低产品或服务的成本，最大程度实现企业价值增值和满足客户要求的目的。有时上述两种目的可以同时达到，有时成本降低的同时价值也降低，但成本降低幅度大于价值降低幅度。例如，利用生产工艺与产品性能之间的关系，改变工艺，提高产品质量，虽然成本可能有所上升，但能较大程度地提升产品价值和降低废品损失等。

总之，价值链优化的目的是相当广泛的，它立足于从产品策划、开发、设计、生产、销售及退出的全过程，最大限度地实现客户满意和企业价值增值最大化，其过程涉及产品整个寿命周期。

四、价值链分析：战略成本管理

战略成本管理理论的思想精髓概括起来有三点：成本效益思想、成本外延思想和成本回避思想。

价值链分析为企业成本分析提供了一种基本工具，符合战略成本管理思想，扩大了对成本的理解范围，有利于更有效地控制成本，提高企业竞争优势，成为战略成本管理系统的重要组成部分。战略成本管理价值链分析的基本框架包括：纵向价值链分析、横向价值链分析和内部价值链分析，如图 2-7 所示。

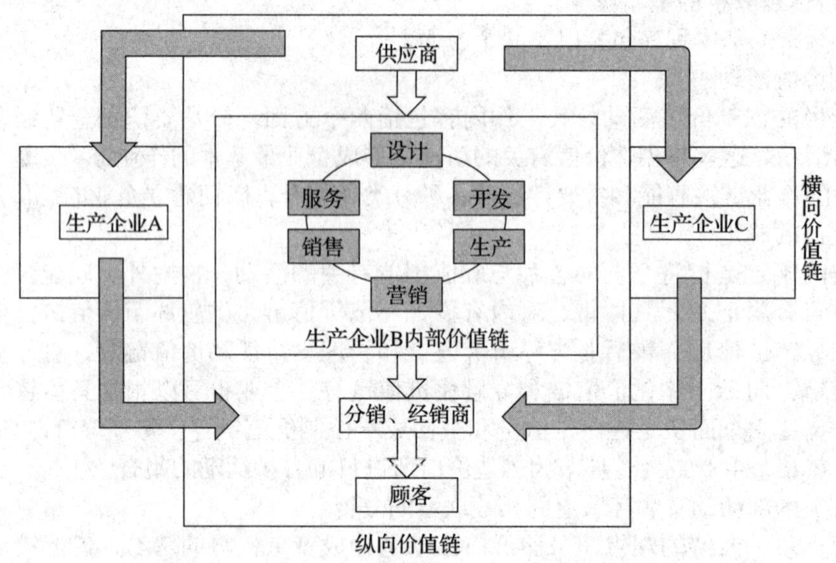

图 2-7　战略成本管理价值链分析的基本框架

在进行成本管理时，首先站在战略的高度，从价值链内容的分析出发，确定行业价值链、企业内部价值链以及关键作业，分析成本动因，建立可持续的竞争战略；然后在价值链分析的基础上运用作业成本法、辅助价值链分析进行各个市场一级的战略分析。两者之间信息相互反馈，从而实现企业持续竞争优势的形成。

五、价值链优化：战略实施

根据波特的价值链理论，企业的所有活动都是围绕创造价值的最大化为目标展开的。每项价值活动根据其在企业生产经营活动中的不同位置被划分到一个个生产环节中，企业所有的生产环节共同构成企业的价值链，因此，价值链包括企业内部生产经营活动的整个过程（又称作业价值链）；波特同时指出，并非企业的每个环节都在创造价值。企业的主要价值创造，实际来自企业价值链上某些特定的价值活动。这些真正创造价值的经济活动，被称为企业价值链上的“战略环节”。因此，重视企业价值链战略环节上的资源优化配置和投入，对企业创造价值最大化和获得竞争优势具有重要意义。

价值链分析在战略成本管理中的应用途径包括两个方面：优化企业内部价值链活动以及通过建立战略联盟重构企业间价值链。

优化企业内部价值链活动指的是在价值活动分解的基础上，消除不增值作业，调整、改进增值作业，以达到缩减整个内部价值链成本、提高收益的目的。

不同企业在各自价值链的不同环节上拥有不同的核心专长，有些活动是企业的优势所在，有些是企业的薄弱环节，企业既可以通过优化与协调内部活动获得竞争优势，也可以通过与其他企业建立战略联盟来获得竞争优势。所谓战略联盟就是企业纵向上下游之间或横向竞争对手之间相互合作、共享价值链的某些环节，以降低成本，增强彼此的竞争优势。战略联盟摈弃了传统的“你死我活”的竞争模式，通过联盟每个企业都增强自身的竞争力，每一成员都能从中受益，是一种增值、双赢的伙伴关系。

（一）企业价值链优化

价值链优化是指利用价值链各环节内部以及各环节之间存在的联系，改变企业某些活动的安排，以达到降低产品或服务的成本，最大程度实现企业价值增值和满足客户要求的目的。要最大程度实现企业价值增值，企业的战略选择决定了企业价值增值的大小。企业价值链优化过程实际上是对企业战略环节重新定位的过程，构造一种有别于竞争对手新的盈利模式，使企业拥有独特的竞争优势，应对市场上的竞争力量。然而，企业优化价值链的前提是，通过企业内、外部资源的整合，形成企业的比较优势或核心能力。这种能力使企业的各项活动直接以价值创造为导向，对企业资源进行组织、运用、协调和控制，从而形成企业整个业务流程。实践表明，越来越多的企业开始重视流程，以期取得经济绩效的进一步提高。

通过以上分析，企业价值链优化具体来说有三大步骤。

（1）确定价值链，即识别出企业价值链上的关键活动。企业通过对自身价值链的全面分析，了解优势环节和薄弱环节，按照能创造最大价值的标准，寻找出企业的关键活动，选择并将其作为企业现在或将来的战略环节，以使企业创造最大的战略价值。

（2）培育能力。培育企业具备执行价值链上关键活动的核心能力。同时，降低价值链的资源消耗。确定核心竞争力之后，要降低企业的总成本，必须全面降低各个单元价值链的资源消耗。

（3）业务流程再造、提升能力。打破企业部门职能的界限，使业务流程的各个步骤按其自然顺序来进行，去掉一些不必要的业务流程，将分工过细的职务、工作，根据业务流程的性质重新组合，以精简机构、提高效率，进一步增强企业的持续竞争优势。

企业以价值链为基础对其活动进行分解与重组，明确界定了企业的边界和核心能力——来自对企业价值链战略环节上的核心活动的自主执行能力，优化企业价值链，使企业在运作中能更准确、更集中地把企业资源用到核心活动上，避免在非核心活动上的不必要的耗费。对于所有与该价值链相关的企业，每个企业都可以通过经营各自的“战略环节”来形成各自的核心能力，然后通过彼此间的协作与联盟，将整条价值链上的所有环节（包括战略环节）都串起来，从而不但使每个企业的价值创造最大化，也实现了整条产业价值链的价值最大化。

（二）中国企业的价值链优化

从中国企业当前的发展状况来看，进行价值链优化，培育和加强企业的核心能力需要从两方面做起：一方面，企业要重视企业之间的外包活动和企业间的合作、联盟关系，提高企业价值链的效率。对大型企业来说，主要是学习西方跨国公司的经验，优化企业价值链，建立起全球价值链，培育核心竞争力；对于中小企业来讲，应借鉴美欧一些搞“定牌”生产厂商的发展经验，通过为国内外的大企业承包零部件生产和产品组装等外包合作活动，在“定牌”生产中发展壮大自己。另一方面，需要政府加强基础建设工作，健全市场经济体制，重视对信息网络基础设施、网络技术和软件产业的投资；提高社会化大生产所要求的专业化分工协作水平，为企业的业务外包或合作创造条件；加速培养信息技术人才，壮大信息网络技术应用服务队伍；发展第三方物流和第四方物流，为我国企业实行物流外包，提高企业价值链的供应效率创造条件；鼓励专业化中介服务组织如地方政府建立的服务中心、职介中心、汽车配件网站、网上建筑项目管理和信息技术应用服务公司等的发展，为企业间建立外包、合作和战略联盟创造社会条件。

六、价值链评价：战略反馈

企业战略确定了企业所选择从事的经营活动，以及在这些活动中的竞争策略，由此决定了企业价值创造的模式和价值创造潜力。基于价值链理论进行企业战略定位，识别价值活动，确定价值链，按照价值创造最大化的原则，对业务单元的价值链进行精炼，对公司战略进行优化，保证战略的实施。到此企业战略的执行并没有结束——战略反馈是战略管理不容忽视的重要环节。评估企业价值增值，进行战略反馈，针对外部环境的变化对自身战略的审计和纠偏，对在战略执行过程中的不足、失误与不合理的内容及时地反馈、发现与调整，使企业更清楚自己的核心竞争力和价值增值点。因此，战略反馈作为战略管理的一个环节，意义重大。

战略反馈的重要方式之一是价值链评价。在价值链理论的指导下，企业进行价值链分析和价值链优化后，用价值链评价来反映企业采用价值链优化方法产生的效果。

（一）价值链评价的内涵及其原则

虽然价值链的研究已有 20 多年，但对于价值链评价尚无一个公认的定义。一般来讲，价值链评价是对企业价值活动中的价值信息进行加工和处理，并进行横向与纵向的分析，以不断提高价值链管理质量。

为了研判和评价企业价值链的功效，可以先找出企业价值链上的关键环节，分析其主要驱动因素，然后进一步分解为具体指标，通过一定的综合评价方法将价值链的评分汇总，并将结果按档次与确定的评价标准比较进行绩效评价。

价值链优化绩效的评价应该从企业最根本的战略出发，对市场与竞争态势进行判断，对企业进行严格定位，并最终确定企业外部和内部的价值链条。其中的核心部分是企业的战略定位和内外价值链的确定是否准确。要达到要求首先要有良好的企业团队，同时企业决策者须头脑清醒，非常了解企业目前所处的位置，这样才会达到实施价值链战略所必备的条件，而具体进行评价就要求用指标来进行。

反映价值链优化绩效的评价指标有其自身的特点，其内容比现行的企业评价指标更广泛，不仅代替会计数据，同时提出测定价值链的上游企业是否有能力及时满足下游企业或市场需求的方法。实际操作中，为了建立有效的绩效评价指标体系，应遵循如下原则：突出重点，对关键绩效指标进行重点分析；采用能反映价值链业务流程的绩效指标体系；评价指标要能反映整个价值链的运营情况，而非单个节点的运营情况；尽可能采用实时分析与评价的方法，把绩效度量范围扩大到反映价值链实时运营的信息；在衡量价值链绩效时，要采用能反映供应商、制造商及用户之间关系的绩效评价指标，将评价对象扩大到价值链上的相关企业。

（二）价值链评价方法

企业在进行具体的价值链优化绩效评价时，应该考虑本公司所在行业、所处发展阶段、产品或服务特征，结合所订立的战略规划，选择符合企业发展实际的绩效评价指标并划分层次结构，应紧紧围绕价值链，分析影响价值增值的驱动因素，以战略目标为导向，涵盖企业内外各个方面，体现企业的长期价值。并且，能够对企业的战略执行情况进行定期的、连续的、有效的总结，并及时获得反馈，以根据需要对战略、目标和评价指标进行实时调整。

对价值链的评价可以从以下几个方面进行。

1. 绩效评价

绩效评价主要衡量部门或个人工作效率的高低、工作业绩、成本控制水平等。

2. 价值链运行评价

这是对价值链业务流程设置的运行质量、价值链价值活动分离与整合的合理性评价，以便即时反馈和纠正管理中的问题，提供调整组织结构、优化价值链的依据。

3. 综合评价

综合评价主要是分析企业内部与企业所处行业的优势与差异、企业与企业之间的整体优势与差异、企业参与市场的能力与贡献的评价等，并供决策和管理之用。

4. 企业关键业绩指标（KPI）

它是通过对组织内部流程的输入端、输出端的关键参数进行设置、取样、计算、衡量流程绩效的一种目标式量化管理指标。它是把企业的战略目标分解为可操作的工作目标的工具，是企业绩效管理的基础。它使部门主管明确部门的主要责任，并以此为基础明确部门人员的业绩衡量指标。

5. 目标管理法（MBO）

目标管理的概念是管理专家德鲁克在其名著《管理实践》最先提出的。所谓目标管理乃是一种程序或过程，它使组织中的上级和下级一起协商，根据组织的使命确定一定时期内组织的总目标，由此决定上下级的责任和分目标，并把这些目标作为组织经营评估和奖励每个单位和个人贡献的标准。目标管理法是众多国内外企业进行绩效考核的最常见的方法之一。

6. 360 度反馈绩效综合考核

它是由被考核者的上级、同事、下级和客户（包括内部客户、外部客户）以及被考核者本人担任考核者，从多个角度对被考核者进行 360 度的全方位考核，再通过反馈程序，达到改变行为、提高绩效等目的。

7. EVA 方法

EVA（Economic Value Added）方法是指公司经过调整后的营业净利润（NOPAT）减去该公司现有资产的经济价值的机会成本后的余额。如果差额为正，说明公司创造了价值，创造了财富；反之，则表明公司发生价值损失；差额为零，说明公司利润仅能满足债权人和投资者预期获得的收益。

8. REVA 方法

该方法是杰佛里（Jeffrey）于 1997 年在 EVA 方法的基础上提出的修正的经济增加值指标，该指标将所有决策用一个财务指标联系起来，结束了多种目标的混乱状态。杰佛瑞认为用于创造公司利润的资本价值既不是账面价值，也不是资产经济价值，而应是其市场价值。衡量股东收益应该用公司年度净利润减去公司年初市场价值计算的资本成本。无论任何情况，REVA 指标只要为正，股东价值肯定会增加。

第三节 价值增长

无论公司处于什么样的环境中，绝大多数公司在较长时期内同时保持高水平的增长和盈利性是极端困难的。一个公司如何才能实现“价值创造型的增长”？公司如何才能在增长和利润之间获得恰当的平衡？在找到平衡点后，公司管理层应如何运用战略来维系未来的增长？这些问题将在本节内容的探讨中加以解决。

一、公司必须增长

在经历多年的重建、流程再造和削减规模以后，公司现在更强调增长。之所以这样做是因为公司受到了来自三个方面的压力：股东、竞争对手和雇员。首先股东们要求价值能够增长，这与公司增长有着密切的联系，因为借助成本削减方式创造价值的明显局限性使得采取收入增长方式实现这一目标变得更加必要。其次就是来自竞争对手的压力，尤其是在银行、制药、汽车、保卫、航空和个人计算机等正在发生着大量合并的行业中。在这种情况下如果能够获得技术开发、运作、生产能力利用、营销、分销和网络外部型方面的规模经济，则增长就是非常必要的。那些不能像竞争对手一样迅速扩张的公司将会丧失竞争优势，陷入一种螺旋下降的状况中。因此唯一的选择就是：要么扩张，要么进入一种最终导致自己被遗忘的恶性循环中。雇员也是一种重要的影响力量。在一家扩张的公司中就职的雇员在获得职位提升、财务奖励、工作安全和工作满意方面有更大机会。

二、企业如何实现向价值增长型转变

1. 实现价值增长型企业向价值持续增长型企业转化

这类企业应在已实现价值增长的平台上，进一步做好以下工作。

（1）塑造积极的企业文化，培植企业健全的利润心理。

（2）战略目标与实现途径的联动并进，持续地开发潜力，不断开拓企业价值空间，把企业价值链发展为价值型和价值流。

（3）资源动态组合，实现业务、流程的动态分析，使企业成为学习型组织。

（4）组织结构调整，在信息实时反映并实现信息集成的基础上，建立相应控制体系，使企业组织充满活力，实现“物流、资金流、任务流、人员作业、票据流和信息流”有机整合。

（5）正确锁定企业客户群，就等于找到并保护了企业的生命之源。运用“杠杆管理”“平衡卡”“限制理论”来充分地利用企业资源，用财务杠杆平衡客户资本，以客户价值为经营核心，营造一个有利于企业价值持续增长的商务生态环境。

2. 利润追求型企业向价值增长型企业转化

利润追求型企业的最大不足是出现“短期利润陷阱”，即行为短期化。其行为特征如下。

（1）注重提高效率、削减成本创造高利润，不关注销售收入。

（2）反对研发，不愿为企业长期发展做出牺牲。

（3）企业产品拥有较高知名度。

（4）企业文化充斥着畏缩不前、一股劲削减成本的倾向，其结果必然是长期发展后劲严重不足。

基于此，这类企业向价值增长型企业转化，必须做好以下五个方面的工作。

（1）增长远景：建立以价值为中心、明确的、量化的远景目标。

（2）企业文化：创造决定性增长型文化氛围与创业型思维方式；消除控制型思想。

（3）组织设计：建立支持价值增长的组织结构。

（4）外部发展：有选择地并购以获得市场份额和地域扩张。

（5）客户信息：彻底改造、加深与客户的关系。

3. 单纯规模增长型企业向价值增长型企业转化

单纯规模增长型企业容易产生“收入幻觉”，追求市场规模扩大，陷于片面的市场占有份额指标而不能自拔。其行为特征如下。

（1）因有好的产品和技术，不注意对客户的投入。

（2）有强有力的领导结构，决策随意性大，缺乏清晰的战略思路。

（3）企业文化深受公司领导人影响，企业成功往往取决于领导人的素质。但收入增加并不意味着利润的增长，片面追求收入规模会使企业陷入“高效率低效益”的困境。

为此，这类企业必须做好以下工作以实现向价值增长型企业转化。

（1）密切与所有者关系：与投资者之间形成紧密的利益关系和命运认同感。

（2）战略规划：调整投资组合，实现经营重组，消除无利润区；重新认识企业核心能力，着力加强核心业务。

（3）组织结构设计：完善价值衡量体系与激励制度；努力开发各种潜力，提高效益。

4. 增长不稳定型企业向价值增长型企业转化

增长不稳定型企业的致命不足是经营忽上忽下，效益忽高忽低。在行为表现上有以下特征。

（1）收入有增长，但慢于行业平均水平。

（2）利润有增长，但利润水平低于行业平均水平。

（3）员工有稳定的收入，但收入水平不高。

（4）有的甚至表现为“今朝有酒今朝醉，明日无酒明日愁”，吃光用光分光，不留任何后备基金。

这类企业容易出现猝死，转变为价值增长型企业的难度比较大，需要从滞后发展中寻求突破，应着重围绕以下环节做好工作。

（1）增长远景：建立以盈利性增长为中心的、清晰的、定量的远景。

（2）战略规划：设定清晰的、重新以核心业务为发展方向的战略目标；避免战略的频繁变化；根据增长和利润来优化业务组合。

（3）资源情况：根据发展的需要，重新调整资源配置流程及系统；重新设计价值链。

（4）领导模式：建立积极进取、致力于增长的领导团队；大胆起用一批新人，利用新人的进取心来推动企业增长。

三、价值创造型增长

在过去的十几年中，许多公司承认它们忽略了收入的增长，实际上它们只是片面地关注如何通过削减成本来提高利润率。公司增长的最大制约因素来自其本身的战略，其中公司结构是最关键的瓶颈。增长与利润不同的是，没有一套被一致认可的会计方法可用来衡量增长。利润表将收入细分为各项收益，但报表并没有指出是什么产生了营业额。当把利润和增长联合起来考察时，公司的目标是同时追求盈利与增长，实现这一点的关键在于“平衡”两个字。当公司找到了利润与增长作为战略联合目标的平衡点后，他们就达到了所谓的价值型增长。一方面关注企业利润情况，另一方面通过增长将竞争者甩在后面，“价值创造型企业”带来的是长期股东价值的可持续最大化。

按照公司发掘和追求增长机会的方式，可将公司分成四类。

第一类是“利润追求型”，这类公司将注意力集中在如何将同样的事情做得更好，它们通过严格的成本控制来确保利润最大化。

第二类是“单纯增长型”，这类公司追求营业额的增长，或者说“多就是好”。

第三类是“增长滞后型”，这类公司可能会得到小额利润，但它们永远不能保持“更多”或“更好”的状况，因为它们既没有增长机会，也缺乏好的内部管理。

第四类是“价值创造型”，这类公司有能力在增长战略和盈利结果之间维持一种最优平衡关系，它们将“更多”与“更好”结合起来，创造了突出的股东价值。

这四类公司可以用增长矩阵来表示，如图 2-8 所示。

图 2-8 中显示追求利润型企业依靠已有业务，并以日臻完善的管理艺术对员工实施严格控制。尽管它们依然创造了可观的股东价值，但其营业收入增长率低于行业的平均水平。单纯增长型企业能成功地创造出高于行业平均水平的营业收入增长，但从长期来看原先预期的利润水平总是无法实现，因此这类企业在创造股东价值方面低于行业平均水平。滞后型企业在营业收入增长与股东价值创造两个方面都低于行业平均水平。从长期来看，只有价值创造型企业在营业收入增长与股东价值增长两个方面都高于行业平均水平，它们不断尝试增强其优势，并将自身推向矩阵的右上方，使得企业距离中心位置尽可能远。为了做到这一点，它们在增长机遇、资本与人才等方面的竞争中坚持不懈地寻找克敌制胜的方法。

营业收入的增长是公司“强大”的要素，价值创造型企业同样注重“精干”，它们理解强大与精干因素的交互作用是企业战略的共同目标，企业在提高效率和削减成本上存在着上限，但在营业收入的强劲增长上不存在明显的极限，同时长期营业收入增长是推动股价上升的主要因素。

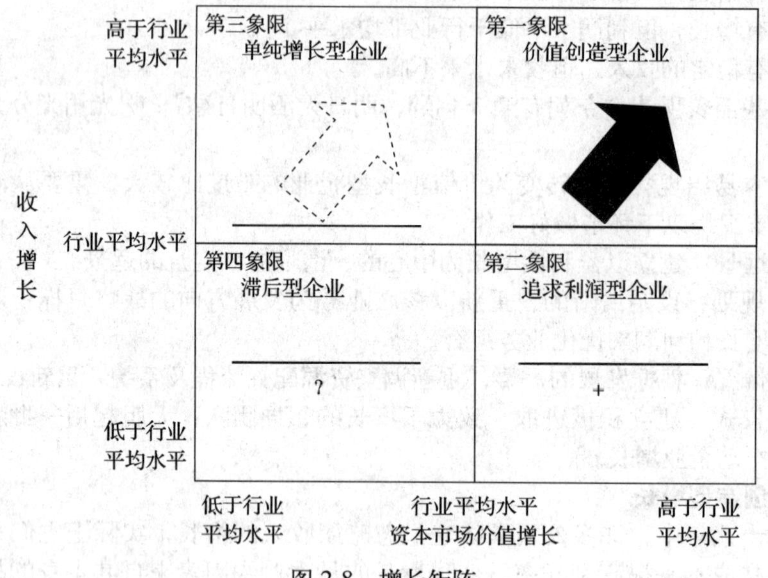

图 2-8　增长矩阵

四、价值增长的规律

（一）重心

增长矩阵中可以用点表示公司的缩影，它们代表的不仅是公司增长历史和股价的表现，也标志着公司在一段时期里的重心。公司对增长的承诺和对于这个承诺的成功执行都汇总于这一点上，通过各自不同的选择和战略，公司将其名字与增长矩阵的区域对应起来。根据科尔尼公司对世界上绝大多数公司的调查，发现尽管一个公司在一段时期平均来说一直是一个价值创造型企业，但很可能在其中的一个时期里，它是一个单纯增长型企业，一个追求利润型企业，或者是一个滞后型企业。事实上只有很少数的公司能够在长时间里始终保持价值创造型企业的地位——即保持它们的重心在矩阵右上方。

重心的运动解释了一个增长法则规律：增长不是线性的，而是以螺旋方式移动。随着时间的推移，一个企业的重心甚至从一个区域向另一个区域迁移。在重心沿循的螺旋路径顶部，价值创造者在真正地全速前进。当重心从价值创造型区域移动到追求利润型或单纯增长型区域时，公司的增长就减缓或暂时陷入市场不利情况。

企业的重心决定于它相对于竞争对手的收益增长和股东价值绩效的情况。价值创造型企业成功地螺旋式上升，在下降阶段优秀的公司清查存货、重组资源，然后螺旋式回升再次创造出不俗的业绩。返回最成功的通常是单纯增长型企业，而最不成功的通常是追求利润型企业。

（二）平衡

平衡是关键因素，增长战略和利润战略不是互相排斥，而是互相加强。企业应当跳出利润陷阱，因为为了增长而增长会过度使用企业资源，最终导致越来越少的资本回报。营业收入增长和盈利能力必须是公司战略性共同目标。在营业收入增长和盈利能力之间获得平衡的公司有最好的机会获取并维持价值创造型增长。过长时间地过分强调任何一个方面都将妨碍公司股东价值的增长。同时增长是自我诱导型的，外部环境虽然很重要但并不是决定因素。

（三）增长的驱动因素

企业的内部增长的工具共有三种：增长决心、交流与沟通和可行的业务模式，每一种工具各有四大驱动力。在这几种增长工具中的各个驱动力代表着硬性因素和软性因素组合。价值创造型企业关注增长工具中的全部驱动力，而不是过分强调或过分抵制某一个。追求利润型企业和单纯增长型企业在一个或多个领域暴露了它们的不平衡性，或者是因为它们忽视了某些机会，或者是因为过度地集中在这些机会上。滞后型企业则在几个领域里显示出弱点或不平衡性。单个的驱动力如图 2-9 所示。

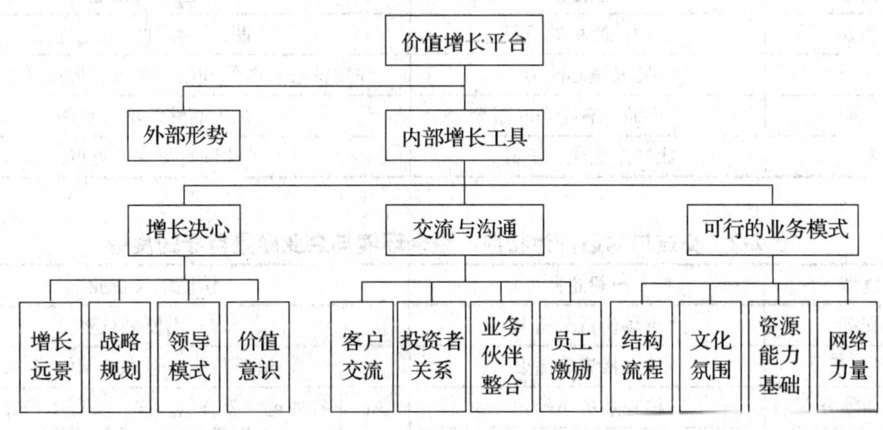

图 2-9　内部增长工具图示

增长是一个平衡运用所有价值驱动力的过程。矩阵中的每一个位置，即每一个中心，都象征着一种重要的行为模式，展现了企业的不平衡状态。滞后型企业在确立增长目标方面有很大不足，缺乏战略重点使得这一类型企业在寻找出路方面毫无方向。单纯增长型企业创造了增长动力，但最终又失去了重心，它们缺乏战略纪律。追求利润型企业则陷于利润陷阱中，整个公司文化充斥着对风险的厌恶和普遍的操控心态。价值创造性企业必须将它们的增长和向上发展的想法转化为实际的商业地位。因此四种类型的企业都面临着不同的战略性挑战，如图 2-10 所示。

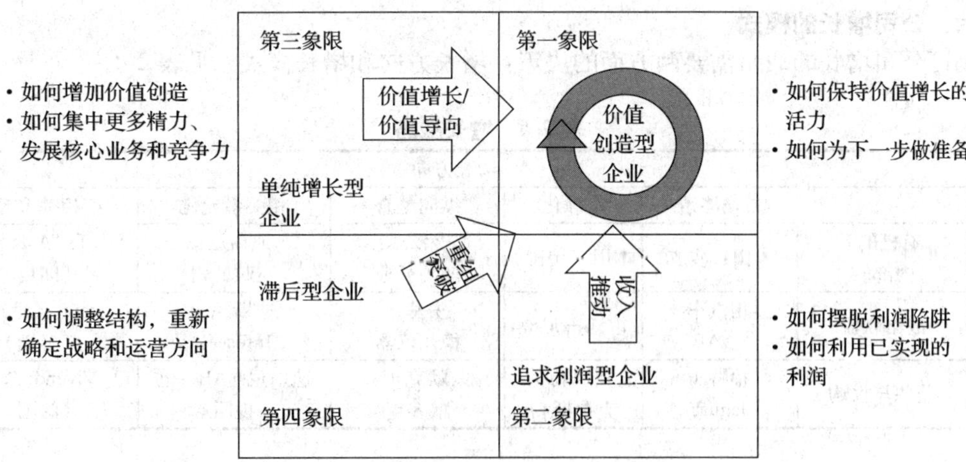

图 2-10　追求价值增长的主要挑战

五、价值有效增长与无效增长企业行为比较分析

判断企业价值增长有效与否的一个基本标准，主要看企业有无应对最好与最差状况的充分准备。应对最差状况，企业无论好坏都会有周密考虑，但出现最好状况时，企业是否仍有非常出色的应对措施呢？许多企业往往做不到这一点。企业价值增长潜力未被开发的主要原因存在于企业内部，业绩取决于企业自己做了什么创造业绩的行动，而不取决于周围环境发生了怎样的变化。表 2-1、表 2-2、表 2-3 立足于企业内部对在价值增长领域有所作为与无能为力企业在具体行为特征上做一概括比较。

表 2-1 增长决心行为特征

企业类型	一般企业	价值增长企业
增长远景	近期：简单的目标	长期：一系列定量化指标
战略规划	发展核心能力	注重核心资源的利用与拓展，形成核心竞争力
领导机构	对企业忠诚、有抱负和凝聚力	加上高涨的增长激情
价值意识	比过去更快、更好	比同行更快、更好

表 2-2 交流与沟通行为特征：整合环境与企业愿景目标的良策

企业类型	一般企业	价值增长企业
客户交流	市场份额最重要	客户需要最重要
投资者关系	迎合投资者需要	慎重投资，追求长期价值
业务伙伴整合	核心业务不外包	核心业务外包，整合供应商，实现生产经营更经济
员工激励	稳定工作，丰厚报酬	加上个人能力的提高

表 2-3 业务模式行为特征：促进还是破坏创造价值增长型战略实施

企业类型	一般企业	价值增长企业
结构流程	从众	主动开发、投资
文化氛围	奖励好的结果	奖励好的未来（发展）
资源能力基础	量力而行	再困难也要发展（研发和扩展）
网络力量	关注现实的关系	培养潜在的关系

六、公司增长的模式

制订公司增长的战略需要两方面的决策：增长方向和增长模式，见表 2-4。

表 2-4 增长战略

<table>
<tr><td rowspan="2" colspan="2"></td><td colspan="5">增长方向</td></tr>
<tr><td>市场渗透</td><td>全球化</td><td>纵向整合</td><td>相关多元化</td><td>不相关多元化</td></tr>
<tr><td rowspan="3">增长模式</td><td>有机的 / 内部的</td><td>丰田：凌志</td><td>本田（美国）</td><td>安然公司：能源行业</td><td>迪斯尼：巡航公司</td><td>TATA 公司（印度）</td></tr>
<tr><td>战略联盟</td><td>通用汽车 + SAAB</td><td>雷诺 + 尼桑</td><td>宏基 + 德州仪器</td><td>迪斯尼 + Infoseek</td><td>Siam 水泥公司（泰国）</td></tr>
<tr><td>兼并与收购</td><td>福特 + Jaguar</td><td>戴姆勒 + 克莱斯勒</td><td>默克 + 默多克</td><td>迪斯尼 +ABC 电视网</td><td>Vivendi 公司（法国）</td></tr>
</table>

一家公司可以在表 2-4 提供的 15 种方案中选择其中的任何一种进行增长；公司所选择

的战略必须以自己的资源状况和竞争地位为基础。有以下五种可能的增长方向。

（1）在现有业务中获得更大的市场份额，提高市场渗透程度。

（2）选择同样的业务，但是在不同地理区域。

（3）通过纵向整合，或者是前向整合或者是后向整合。

（4）在其他相关业务中寻求增长。

（5）在一种不同的不相关业务中寻求增长。一家公司如果同时追求所有方向上的成长并不明智，公司应当考虑自己有限的资源，决定选择每一种增长方向的相对重要性。

七、可持续增长

增长及对其管理是财务计划中的特殊难题，一方面快速的增长会使一个公司的资源变得相当紧张，因此除非管理层意识到这一结果并且采取积极的措施加以控制，否则快速增长可能导致破产。另一方面增长太慢的公司同样面临迫切的财务利害关系：面临着被收购的危险。因此需要考虑公司的可持续增长。可持续增长率是指在不需要耗尽财务资源的情况下，公司销售所能增长的最大比率。由此可得出一个重要的结论：增长不是一件非要达到最大化不可的事情，就很多公司而言限制增长以便在财务上养精蓄锐可能是必要的。为说明这个问题，需要引入可持续增长方程式，为此必须先做以下假设：①公司打算以与市场条件所允许的增长率同样的比率增长；②管理者不可能或不愿意发售新股；③公司已经有且打算继续维持一个目标资本结构和目标股利政策。

在一个快速增长的公司里，初始资产总额等于初始负债及所有者权益总额。假如公司要在接下来的年度里增加销售，就必须同样增加资产价值以支持新增销售，而根据上述假设②公司不准备发售新股，所以增加资产需要的现金支出必须来自留存利润和增加负债。那么是什么限制了公司扩展的速度呢？在不改变资本结构的情况下，随着权益的增长，负债也应以同比例增长，负债的增长和权益的增长一起决定了资产所能扩展的速度，后者反过来限制了销售增长率。所以股东权益所能扩展的速度限制销售增长率。

可持续增长率 g = 股东权益变动值 / 期初股东权益

由于公司不发售新股，分子项等于盈利乘以 R（ROE 为公司留存收益比率），由此：

$$g = R \times \frac{\text{盈利}}{\text{期初股东权益}} = R \times ROE = R \times (P \times A \times T)$$

式中，P 代表利润率；A 代表资产周转率；T 代表资产与权益比，它等于资产除以期初股东权益而不是期末股东权益。

该式说明在给定假设条件下，一个公司销售的可持续增长比率等于 R、P、A 和 T 四个比率的乘积。比率 P 和 A 概括了企业生产过程中的经营业绩，其他两个比率描述了企业主要的财务政策。

八、增长规划

（一）平衡增长

由于公司资产收益率等于公司利润率与其资产周转率乘积，因而可以把可持续增长率方程式改写为

$$g = R \times ROA \times T$$

其中，R 和 T 反映公司的财务政策，ROA 概括了公司的经营业绩。

该方程式说明在给定稳定的财务政策下，可持续增长率与资产收益率成线性变动。图 2-11 以图形表示了这种关系，以资产收益率为横轴，以 ROA 为纵轴，可持续增长方程式如那条上斜对角实线。这条线被称为“平衡增长”，因为只有对落在这条线上的销售增长 -ROA 组合，公司才能够通过自我筹资而获得平衡。所有偏离这条线的增长 - 收益组合要么产生现金逆差，要么产生现金顺差。这样快速增长、仅有边际收益的公司将被绘制在图

形左上部分，表示现金逆差；而缓慢扩展、高盈利公司将被绘制在右下部分，表示现金顺差。

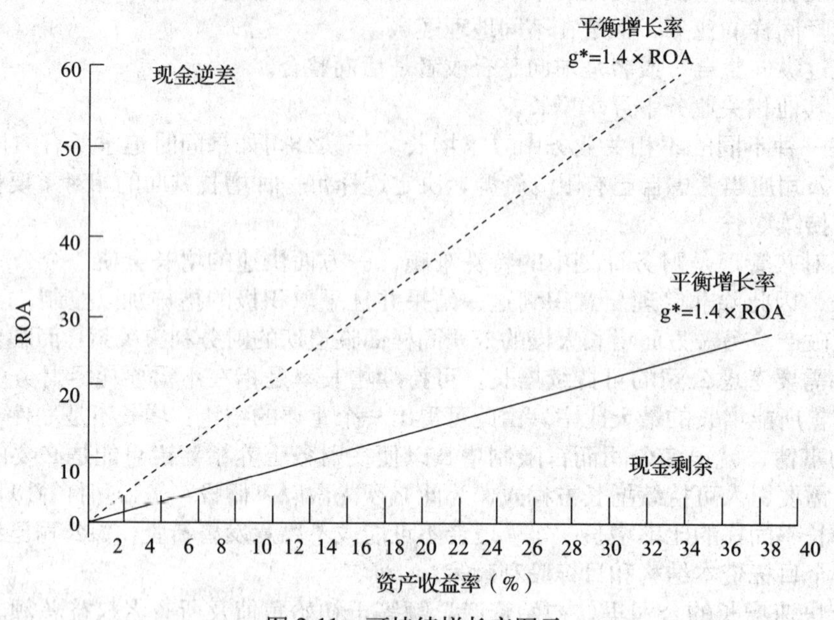

图 2-11　可持续增长率图示

当一个公司不管是经历顺差变化还是逆差变化等不平衡增长，它可以通过以下任何三种方式趋于平衡增长线：改变增长率、转变资产收益率或修正财务政策。为说明最后一种选择，假设根据图 2-11 所描绘的平衡增长线公司处于图形逆差区域，且想要减少这部分逆差。一种策略可能是提高它的留存收益比率，例如提高 50%，而它的资产与权益，例如从 1.6 提高到 2.8，因此公司的可持续增长率方程式改变为：g = 1.4×ROA。在图 2-11 中，这相当于把平衡增长线向上旋转到左边，如虚线所示。现在任何盈利能力都将比以前更能支持一个更高增长率。从这个角度看，可持续增长率是一组产生平衡增长的所有增长－收益组合的联结物，而可持续增长问题就是管理由不平衡增长所引起的顺差或逆差。

（二）实际增长超过可持续增长

当实际增长超过可持续增长时，首先要判定这种状况将会持续多久。如公司随着成熟期的接近，增长率在不远的将来不可能会下降，则这只是一个过渡性问题，可能通过更多的借款就可解决。将来当实际增长率跌落到可持续增长率之下时，公司将从曾经的现金吸收者转变为现金创造者，从而可以偿还贷款。对于长期的可持续增长问题，则必须采用以下策略的某些组合：发售新股、提高财务杠杆、减少股利支付比率、分流部分或全部生产、提高价格，或者与“现金流”合并。

1. 发售新股

如果一个公司愿意而且有能力通过发售新股来筹集新权益资本，则它的可持续增长问题就可迎刃而解。所增加的权益资本加上因此而成为可能的增加借贷，都为更进一步增长提供了现金资源。

这种策略的问题在于，对于一些公司来说无法利用，而对于一些公司来说又没有吸引力。在全世界大部分国家里，资本市场并不十分发达。要在这些国家发售新股，公司必须完成一项劳民伤财的工作即挨个寻找新股的买主，这是十分困难的，而在股票市场很发达的国家里如美国，许多有能力募集新股的公司基于以下若干原因不愿发行更多股票。

（1）似乎近年来公司在总量上不再需要新股，滚存利润和新的借款已经足够。

（2）股票发行代价很高，发行成本通常在筹集金额的 5% ～ 10%。

（3）许多管理人员对每股盈利（EPS）持敌对态度。

（4）“市场厌恶”综合征。即当一个公司的股票按 10 元 / 股出售时，管理层会倾向于认为一旦现行策略开始开花结果，未来的股票价格将应该再高一点。

（5）管理人员觉得股票市场本质上是一种不可靠的资金来源。

2. 提高财务杠杆和削减股利支付率

提高财务杠杆即增加公司每一元留存收益所能增加的负债数量，削减股利支付率即增加生产经营中留存收益的比例，这两种方法均可提高可持续增长率，特别是当负债筹资的使用有所限制时，这一点更明显。所有公司都存在一个由债权人施加的、用于限制公司所能采用的财务杠杆负债数量，并随着财务杠杆的提高，股东和债权人承担的风险与新增资本的抵押成本也一起增加了。公司股利支付比率则有一个零的下限，通常股东对股利支付的兴趣与他们对公司投资机会的感觉呈反方向变化。

3. 有益剥削

公司可通过对不同以下产品市场上生产经营收益流量的组合来降低风险，但这种大企业集团多元化经营策略存在以下两方面的问题。

（1）尽管它可能减少管理层能看到的风险，但它对股东毫无用处。

（2）由于公司资源有限，它们在同一时间里不可能在许多产品市场上都成为重要的竞争者。

（三）实际增长小于可持续增长

解答不充足增长问题的第一步是判断这种情况是暂时的还是长期的。如果是暂时的，管理层只要简单地继续积累资源以盼望未来的增长即可；如果困难是长期的，则问题变成是整个行业缺乏增长（这是成熟市场的自然结局）或者是公司独有的。假如是后者，就应该在公司内寻找不充分增长的理由和新增长点的可行渠道。在这种情况下，管理层必须仔细考虑自己的业绩，以发现和消除对公司增长的内部制约。

九、企业实现价值增长的基本步骤

对于一般企业，实现价值增长一般应分以下基本步骤。

（一）探测价值增长的位置（见图 2-12）

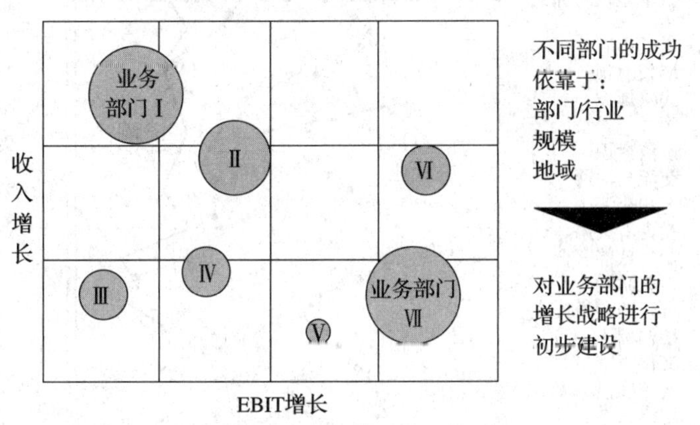

图 2-12　探测价值增长的位置

本步骤包括以下几个要点。

（1）建立数据库，以满足增长位置分析的需要。

（2）内部各业务排队，可把资本市值（AMC）换成息税前利润（EBIT）。

（3）创建企业间与企业内的评价标准。

（4）依据价值增长驱动因素全面分析企业及企业内各业务的增长状况。

（5）对各增长措施进行全面评估，明确潜在的增长方法，关键是运用“增长措施效果分析图”分析已有措施，评估备选措施，如图 2-13 所示。

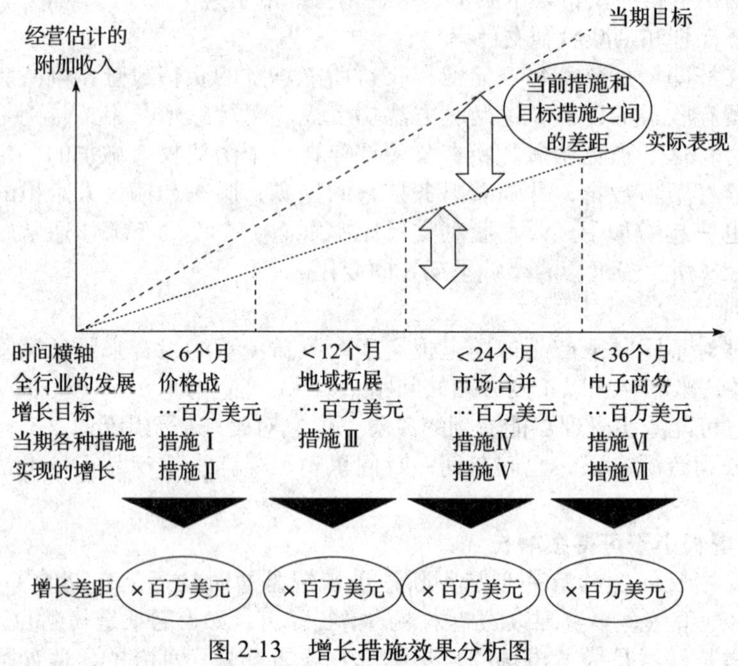

图 2-13 增长措施效果分析图

（二）利用诊断图对企业进行增长诊断（见图 2-14）

通过增长诊断，确定企业增长类型，根据自己的增长类型和上面介绍的策略确定本企业转向价值增长型企业的具体步骤和工作。

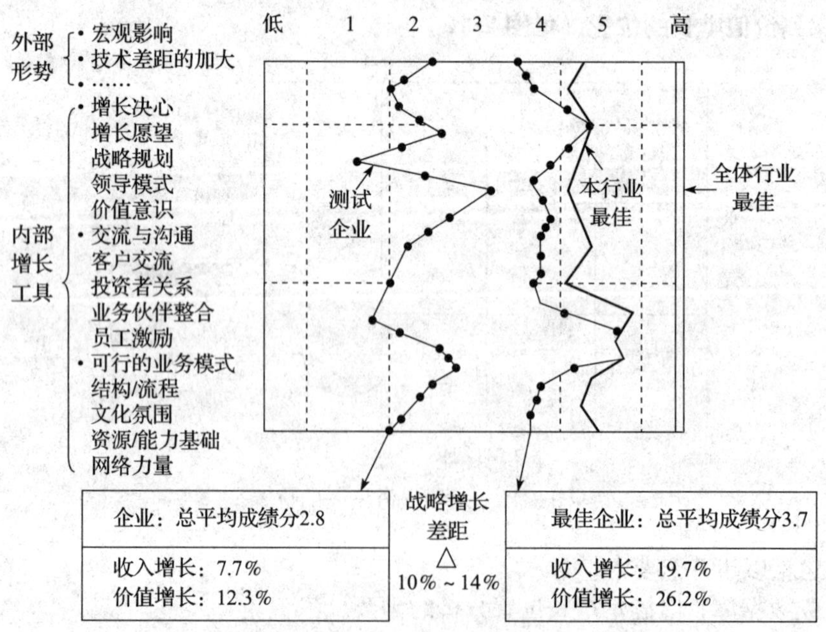

图 2-14 企业价值增长诊断图

（三）设计实现价值增长的途径。

实现价值增长的基本工作程序为：①优化增长工作的战略蓝图；②制订工作时间表；③增长细化分析；④战术与步骤（路标）。

绘制价值增长的战略蓝图，如图 2-15 所示。

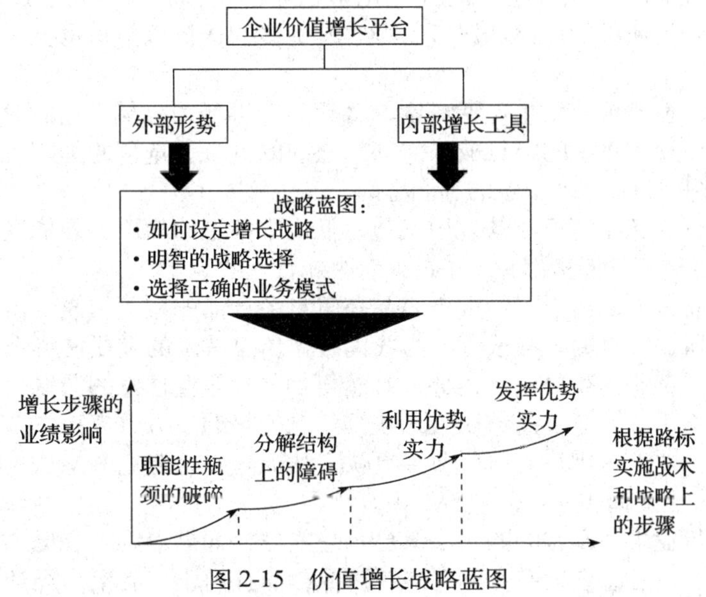

图 2-15　价值增长战略蓝图

经过以上分析，一个企业便可确定适合自身条件并有效实现价值增长目标的具体路线。

第四节　价值转移

价值转移就是在企业经营策略已经不能适应外部市场和客户偏好的变化时，客户为满足自身偏好而从原有企业或产品 / 服务转向更能满足其偏好的企业或产品 / 服务。伴随着客户的转移，价值也就从原来的企业或产品 / 服务向新的企业和产品 / 服务转移。

直观地看，价值转移表现为价值流入、稳定和流出。由此可见价值转移中的“价值”，是指市场总价值中企业的价值份额，即营业收入与利润。用传统的会计理论定义，价值转移是指市场需求和顾客选择的变化，导致企业营业收入变动而影响企业利润水平的变化。

对企业而言，成功经营策略的标志是，价值流入不断增大，主体价值流日益稳定，最大限度推迟价值流出时间并减少其流量。价值一般会从过去守旧的经营策略向新的模式转移，消费者需求由此不断地得到最大程度的满足。企业经营策略，究其根本无非是为企业不断选择合适的顾客，界定业务范围及特色，明确经营目标、供应商群体、资源调配、客户关系及为顾客创造最大效用，最终持续获得高水平利润等行为。

一、价值转移的外部环境

随着顾客需求的改变，价值可以从企业的各个职能部门流失，也可能在各种产品中转移，还可能在各种市场领域中发生变化。此外，在企业的经营策略模式之外也会出现类似的转移。造成上述价值转移的原因，从企业外部来看，主要有以下几个方面。

（1）竞争范围扩大，越来越多的国际化与创业性竞争者在竞相创新经营策略，以期为顾客提供更多物超所值的产品和服务。顾客有更多的选择机会，也就给了他们更多的选择权。

（2）技术的飞速发展使得生产低成本的替代品变得更为容易，它们取代了许多制成品与零部件，从而引发了更多的跨行业、跨部门之间的竞争。竞争的加剧，必然会进一步缩小行业之间的利润差距，降低企业的利润空间。

（3）许多经营业务不再依靠其规模优势，低成本信息的获取、外部资源的广泛运用以及制造密集程度的降低等因素都减少了进入一个新行业的难度。

（4）由于信息技术的发展，顾客更容易获得有关产品的相关信息，由此降低了他们在选购其他产品时所需支付的转换成本。与此同时，信息技术的发展使得企业获取顾客的详细信息成为可能。企业为获取竞争优势，必然要加强对企业信息的获取、分析和利用，这实际上进一步提高了企业竞争的透明度，获得信息优势的一方将赢得竞争优势。而信息优势的转移比产品、技术等优势的转移节奏更快，从而导致企业竞争态势日趋激烈，价值在不同行业、产品和企业间转移现象频繁发生。

（5）在许多行业中，顾客的购买决策已日趋成熟，如果市场上有更加质优价廉的产品出现，他们就不一定还愿意出高价购买老牌产品，而且由于产品生命周期的缩短，这也使得顾客处于更加理性的地位，他们可以耐心等待真正的最佳购买时机。

（6）新的竞争者更容易得到资金，这使原有企业拥有的巨额资金优势不复存在。

二、价值转移的内部原因

引发价值转移的企业内部因素，主要包括以下三项。

1. 客户中心地位的丧失

顾客是企业一切工作的中心，只有不断满足顾客的消费需要，企业才能生存和发展。但随着企业的成长以及不断取得成功，企业所关注的焦点逐渐模糊。顾客似乎不再是企业的核心要素，大量繁杂的内部事务则逐渐挤占了企业管理者的主要时间和精力。此时企业内部的统一规范、价值观念和行为模式已经逐渐标准化地融入非人格化的组织结构和具有思维定式的企业文化之中。

2. 经营策略的墨守成规

和产品或企业一样，任何经营策略也都有其生命周期。由于环境总是在不断变化，面对变化的环境，即使是过去被证明非常成功的经营策略也可能会失效。但是由于企业的经营策略相对固化，尤其是企业管理者已经逐渐远离顾客，当企业的经营策略已经不适应顾客的偏好时，企业并不能及时认识，甚至即使认识到了也可能会漠然置之，因而企业就难以对传统的不再适宜市场需求变化的经营策略进行及时准确的调整。因此当市场需求的动态变化与企业经营策略的相对稳定开始出现不适应时，企业总是固守原来被证明是成功的经营策略，或者没有准确把握市场需求变化的规律而导致新制订的经营策略不适应市场需求的变化，这是企业价值转移的内部原因。

3. 组织要素活力不足

在企业成长与发展阶段，由于企业拥有巨大的市场价值，因而有足够的财力支持自身不断向外扩张。但当企业的经营策略开始不适应客户动态决策模式的要求时，企业的业绩会出现下滑，进而公司市值开始减少，技术及管理骨干纷纷离开公司，资金筹措困难，现金流降低。此时企业将陷入一个业绩不断下滑的恶性循环之中。公司内庞大的规模、人员及其他相应设施已经不能带来价值增长，而只能造成成本增加。而当公司着手进行旨在削减内部管理费用的精简运动时，又势必引起企业士气的下降，并使得优秀员工离开本企业而投奔竞争对手。

三、价值转移的判断标准

任何企业的经营策略总是处于价值转移的某一个发展阶段。不同的发展阶段要求企业采用完全不同的经营策略，才能避免企业价值流失，或确保企业价值得到最大的增加。虽然在理论上可以很明确地区分价值转移的三个不同发展阶段，但是在实际操作过程中，要准确把握企业究竟处于价值转移的哪一个发展阶段，并不是一件轻而易举的事情。而这又是企业必须首先需要加以解决的问题。

亚德里安·j. 斯莱沃茨基在《价值转移——竞争前的战略思考》中给出了判断企业价值转移各阶段的标准。

斯莱沃茨基认为，企业的收入指标可以作为企业某项经营策略的总量指标，而市场价值是可以用来衡量企业经营策略在创造与获取价值方面能力的一个重要指标。市值收入比率指标则可以用来评价经营策略所处阶段。市值收入比率指标反映了经营策略当前收益与预期收益（市值）的总体情况，可以提供一个判断经营策略竞争力是上升还是下降的信号。当市值收益比较高时，投资者将看好企业的获利前景。

对一个有效的资本市场而言，上市公司的市场价值就是其股票价值；而对非上市公司，由于不存在一个相对客观有效地评价其市场价值的有效市场，因此没有现存可用的市场价值指标。但是企业可以根据账面价值进行调整、与可比公司进行直接比较、利用折现现金流进行折现等价值评估方法，估算出企业的市场价值。

一般来说，企业的市值收益比越高（通常大于 2.0），其处于价值流入阶段的可能性就越大。在稳定阶段，这个比率如果维持在 0.8 ～ 2.0，则显示出对于未来利润增长的预期值将有所下降。在流出阶段这个比率会随着经营策略获利能力的下降而跌至 0.8 以下。因此，市值收益比是衡量经营策略竞争力度的有用指标。价值转移三个阶段特征如图 2-16 所示。

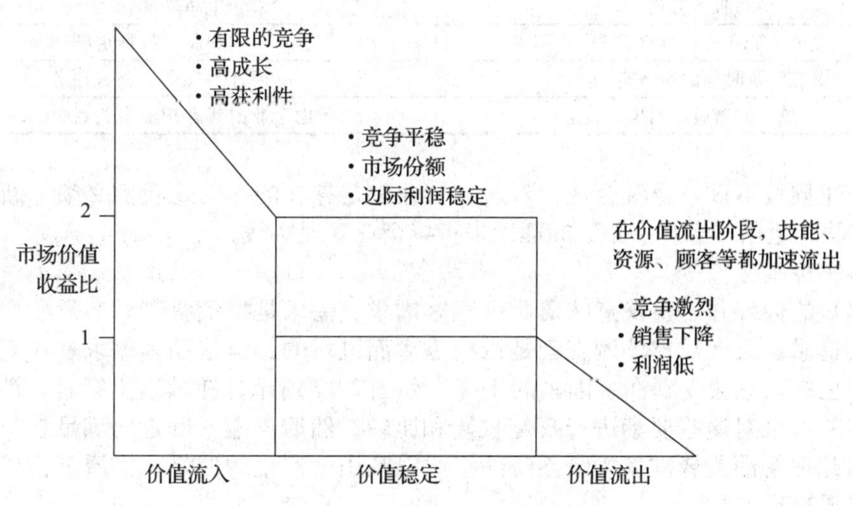

图 2-16　价值转移三个阶段特征

四、价值转移的基本策略分析

价值转移的基本策略分析如下。

（一）了解客户偏好

要把握价值转移规律，企业的首要任务就是弄清楚价值转移的方向和速度；否则企业的所有努力都将由于方向失误而前功尽弃，并将错失价值增长的良好时机。因此为了更好地迎接价值转移的挑战，企业管理者应该了解企业所处行业的盈利区域、变化、变化的原因和企业可以采取的应对策略。这些问题实质上就是要求企业了解消费者的现实需求、潜在需求以及有效需求将如何变化，何种经营策略才能最有效地适应这种变化。

消费者是根据自身需要来选购产品的。这些选购行为实际上也就为产品所对应的企业经营策略提供了潜在的价值。在一定时期内，顾客的选择决定了各种经营策略所蕴涵的价值格局。当市场需求发生变化或者出现了新的经营策略时，消费者就会重新选择，市场价值就会重新分配。事实上正是这种需求的动态变化以及新兴竞争者创造的对于需求变化的适应方式，激发、促进并推动着价值转移的发生。

1. 客户经济时代

21 世纪是“客户经济”时代，客户经济时代的到来，使沿用至今并一直为人们引以为豪的经典管理理念、制度、方法等均面临着挑战，这种挑战绝不只是概念性的，而是带有根本性的，表 2-5 就可见一斑。

表 2-5　客户经济时代理念的变迁

现行做法	未来走向
企业掌握一切	客户拥有决定权
企业掌握信息	网络信息随手可得
实体组织运作	虚实组织合一
以产品为中心的经营模式	以客户为中心的经营模式
考虑单一产品收益率	客户终身价值
产品生命周期	客户生命周期
产品经理	客户生命周期管理经理
产品为导向的关系	财务需求分析
大众营销	一对一营销
产品服务营销	生命周期营销
以单一标准迎合全部客户	客户制、量身定制
仅在经营时间内服务客户	24 小时服务、终身服务
单一的市场占有率	考虑企业占其客户一生关系中的比重

其实上述挑战不仅对金融企业，对所有行业都是存在的。因此我们必须革新现行的管理理论与方法，运用“客户中心”的理论来指导企业管理实践。

2. 顾客决策系统

了解客户的偏好并不仅仅意味着掌握顾客需求。需求是指消费者对其欲购商品功能和特征方面的追求。大多数市场调查都是围绕需求而进行的。但是顾客需求是在复杂系统决策基础上产生的，它会受到许多因素的干扰，如图 2-17 所示。在做出决策时，消费者首先会按照严格的标准对这些要素进行反复权衡和比较，然后再逐一确定出满足自身偏好的优先顺序。因此理解消费者需求决策系统的组成以及由此产生的偏好，实质上构成了对顾客进行策略透视的基本内容。

3. 影响消费者偏好的因素

任何产品或服务的价值就在于能够很好地满足客户的某种偏好。所谓客户偏好是指客户希望得到满足的某种愿望，这种满足能够通过消费某种商品或服务得以实现。因此当客户不能从某个企业那里得到这种满足其愿望的物品时，他将转向别的供应商。客户偏好由一系列不同的要素共同组成，具体包括客户购买时应遵循的准则、客户购买时的情绪、客户的个人喜好、客户所拥有的权利、客户购买的决策程序、购买的时机、具体的购买行为、功能性需求和客户系统经济学等要素，如图 2-18 所示。客户在选择供应商时，图 2-18 中左侧的每一个要素都会影响客户偏好。因此为了满足客户需要，企业就必须进行充分、详细、科学的市场调查、研究和分析，从而能够比较深入地认识客户。

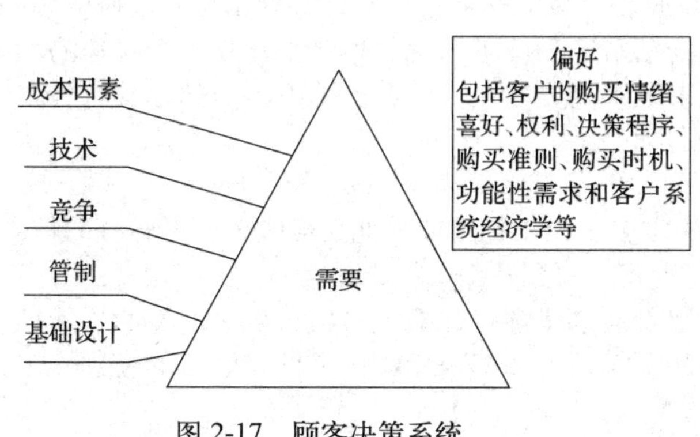

图 2-17 顾客决策系统

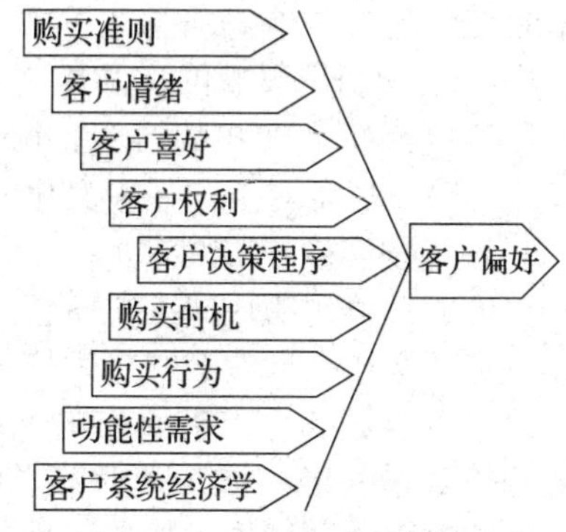

图 2-18 消费者偏好图

4. 把握客户偏好

客户的偏好可以分为两大类：一类是客户能够意识到并能够表达出来的偏好；另一类是客户自身没有自觉意识到的潜在偏好，这类偏好不会表达出来。对企业而言，前一类客户偏好比较容易获得，也比较容易满足，企业通过市场调查、研究和分析往往就能获得顾客已经表达出来的需求。但是后一种偏好不容易被发现，而正是这种还没有表达出来的客户偏好往往能为企业带来巨大的价值。企业未来的价值源泉，不再是仅仅满足客户已经表达出来的需要，而更主要的是如何发现和满足客户的潜在需要。这也是现代企业核心竞争力所需要解决的问题。因此企业需付出很大努力去发现那些顾客没有说出来的需求。客户系统经济学分析就是用来了解和分析客户没有表达出来的偏好并进行预测的系统分析方法。

客户系统经济学实际上是一个系统的分析方法，它主要是将客户购买过程进行详细分解，以确定影响客户购买决策的各类货币性与非货币性影响因素。客户系统经济学主要包括：①为购买产品与服务支付的货币；②产品的使用费用、存储费用和处置费用；③购买时所花费的时间，为熟悉使用方法所花费的时间；④在整个过程中必须承受和付出的困扰。

客户系统经济学中有一个重要的假定，即长期的老客户能给企业带来稳定和较高的利润水平。安讯资讯公司提供的统计数字表明：98% 以上的商品折价券被消费者丢弃；从新客户身上比从老客户身上赚钱的成本要高出 10 倍；客户留住比率每提高 5%，获利规模就提高 60% ～ 100%；通过电话服务中心提供客户服务的成本是通过因特网成本的 6 倍。因此企业必须吸收新客户留住老客户，持续培养长期客户作为经营管理的出发点和归宿。事实上，长期客户对企业而言有以下特性：更容易挽留，每年买得更多，每次买得更多，买较高价位的产品，服务成本比新客户低得多，会为公司免费宣传从而给公司介绍新客户。正是从这个意义上，西方公司最近几年把增加客户价值作为企业经营的重要目标，其一系列的管理重心都是围绕客户价值展开的。这种客户关系管理的价值如图 2-19 所示。

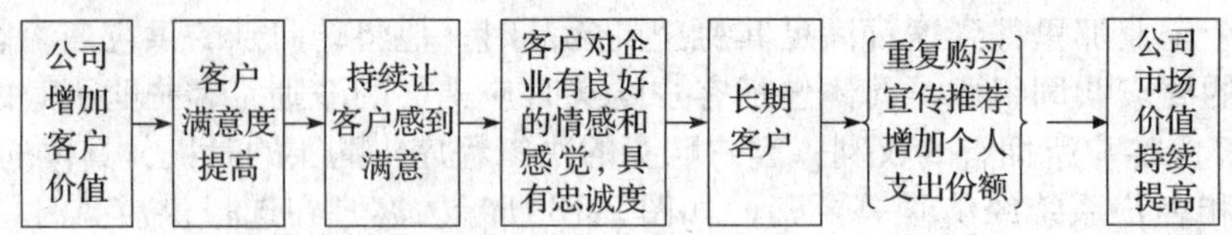

图 2-19　客户关系管理的价值

实现上述所描述的公司价值创造图景，企业就必须正确、及时、全面地感知并实时满足不断变化的客户偏好。为了全方位和及时获得顾客的偏好信息，并做出相对准确的预测，企业应当充分利用现有的客户渠道，并根据市场和技术的发展趋势，建立一个特殊的和专用的信息流系统或客户数据库。信息流来源于主要客户，或者市场中各个部分具有代表性的客户，以及竞争对手和环境变化各方面。

5. 预测顾客偏好

在价值转移过程中顾客是最主要的决定者。为了能够较早地获得顾客偏好转移的信息，可以检查顾客在三个方面的变化趋势，即财富、权利及需求的成熟度。

（1）顾客财富。顾客财富的变化创造着新消费热点和新价值增长机会。然而尽管顾客财富的不断增长能够增加企业的总收入和利润，但如果因此就认定顾客财富的增加一定会平均地导致企业利润的增加是一种危险的观念。

（2）顾客权利。当顾客对某一类供应商的关注程度增加，而且在这一类供应商所提供的差别化服务下降时，顾客就获得了相当的选择权。衡量顾客手中的权利不是一门精确的科学，表 2-6 是一个粗略衡量顾客权利的指数。如果企业不能以加强顾客权利为前提来采取一些富有新意的行动，那么价值的流出将势不可当。

表 2-6　顾客权利指数

产品（特点）	顾客（特点）	供应商与顾客影响力对比
独特的	高度分化的	90/10
高度差别化的	分化的	70/30
差别化的	适度集中的	50/50
微弱差别化的	集中的	30/70
纯粹普通商品	高度集中的	10/90

（3）顾客需求的成熟度。关注顾客需求的成熟程度旨在改变顾客需求的种种规划，能够使企业拥有有关价值转移的预见能力。顾客的需求是依靠产品或服务的特性和实惠得以满足的，而顾客的需求、财富和权利都是通过顾客的决策支持系统来形成偏好。当需求显示出顾客想要购买的产品或服务时，顾客的需求偏好就验证出什么样的经营策略能够为他们提供服务并获得收益。了解顾客需求的成熟程度可以帮助企业确认最富效率、最有利可图的经营策略。通过判断过去市场需求的成熟程度，有助于预见将来需求成熟的变化速度特点。一般而言，当需求刚出现时，顾客关注的是产品的性能；当需求成熟时，顾客关注的则是低成本。因此对于成熟的需求，投资于性能的改进将是一无所获的；如果在降低成本方面进行开发，则可能为投资者带来惊人的回报；在需求刚刚出现的阶段，对产品性能的改进进行投资也能产生巨大的收益。

（二）构建经营策略

为了保持自身的竞争力，企业必须明确其经营策略处于不同阶段时的特征及表现，即流入阶段的价值获取力、稳定阶段的价值持续性以及在流出阶段企业价值容易受损的程度。了解了这些基本情况，企业才能决定下一步的行动，如果企业决策者能够识别自己及竞争对手经营策略所处的阶段，他就能预测价值转移的发生，保证企业当前的价值免遭侵蚀并获得未来的价值增值机会。而那些对经营策略变化反应迟钝的企业，则无法抓住获利良机而成为市场角逐中的失败者。这类企业常常不能发现其迫在眉睫的风险威胁，从而最终失去原有的价值地位。

1. 经营策略构建的要素

构造一套完整的经营策略，必须在诸多方面进行抉择。而要使经营策略获得成功，一方面必须保证其内部各组成要素与消费者最关注的需求相适应；另一方面又要协调各组成要素之间的关系，以确保企业的经营策略成为一个相互联系、相互促进的有机体。

（1）经营策略的假设前提。任何形式的经营策略都是建立在一整套关于消费者和策略经济性的基本框架基础之上的。由于这些假设前提决定着整套策略的作用力度和有效性，因此经营策略的创建者必须仔细检视这些假设条件的合理性和正确性，同时还要使之界定清楚、明白无误。如果经营策略与其基本的假设前提不一致，就必然导致经营策略的失败。如果假设条件本身就有错误，则建立在其上的经营策略也就毫无价值。创建一套富有效力的经营策略是一项极具挑战性的工作。企业经营决策者首先应该明确三个问题：①顾客将发生怎样的变化？②顾客的需求偏好是什么？③企业经营利润的源泉在哪里？

（2）经营策略的组成要素。一旦经营策略的假设前提得到明确，下一步就要确定与顾客偏好相适应的策略组成要素。企业可以从顾客定位、所提供产品与服务的范围、所提供产品与服务的独特性及盈利方式四项内容来选择经营策略，如表 2-7 所示。

表 2-7 经营策略的组成要素

内容	关键问题
顾客定位	企业将以哪类顾客为主要服务对象，哪些顾客将是企业的获利源泉
范围	企业欲提供何种产品服务，哪些配套保障准备工作可以自己做，哪些需要借助外部力量
差别	企业独特的价值理念是什么，为什么顾客想要购买我们的产品服务，企业主要的竞争对手是谁，怎样让顾客相信我们是与众不同的
盈利方式	顾客将为我们提供的服务付出怎样的报酬，股东又将如何补偿我们为顾客创造的价值

2. 分析本行业所处发展阶段

弄清企业所处行业价值转移的状况是企业经营的首要步骤，它可以提供分析一个企业经营策略优劣与否的行业背景，并有助于测定企业经营策略在行业中的获利能力及水平。由于所需信息随处可见，行业定位因而往往比较容易。处于价值成长阶段的行业可以为企业带来众多的盈利良机。在这种成长性行业中，许多企业都拥有价值不断增长的经营策略。处于稳定阶段的行业，价值增长的机会则属于既能改善经营效率又能满足市场需求的企业。其中有些企业的经营策略因顺应潮流而获得了成功，有些企业则被淘汰出局。处于衰退阶段的行业则获利机会非常少。在这种环境中能实现价值增长企业的数量非常少，此时企业应努力削减成本，调整结构，寻找市场缝隙或者干脆撤退。

3. 分析本公司经营策略所处阶段

在建立了行业价值转移的背景框架后，企业就应检视自身经营策略所处的具体发展阶段。

（1）单一经营策略的公司。在那些只有一种经营策略或者以某一类业务为主的企业，关于经营策略的价值状况可以有较多的可供参考的判断依据，其中市值收益比就是一个准确而真实地反映经营策略所处阶段的综合指标。

（2）多种经营策略公司。对那些有着多种经营策略的企业来说，只有将各种策略区分开来才能正确地评价其所处的价值地位。尽管现实中不存在统一的评估标准，但是有一个因素可以反映任何一种经营策略的竞争潜力，这就是价值的创造者——顾客。只要紧紧追随顾客需求的变化，企业就能够准确地判断出价值之所在。企业分析消费者行为，有助于揭示其经营策略是否适应顾客的偏好，即经营策略是处于非常有利的地位（价值流入），还是二者基本一致（价值稳定），或是经营策略已无法满足目前的市场需求（价值流出）。通过不断地观察消费者的购买行为，企业能够分辨出顾客所选择的经营策略处于价值转移的哪一阶段。一般来说，小企业通常只有一种经营策略，而大公司往往有较多的经营策略。对每一种经营策略都应该做认真细致的评估，以明确企业正在赢得和失去哪些类型的顾客，并找出市场的突破口。

4. 制订经营策略的程序

企业经营管理的基本目标就是使公司的价值得到增长。随着经营策略生命周期稳定阶段的缩短，对管理者而言，制订适应未来的经营策略变得至关重要。企业可通过以下流程来制订适应未来发展的经营策略，如图 2-20 所示。

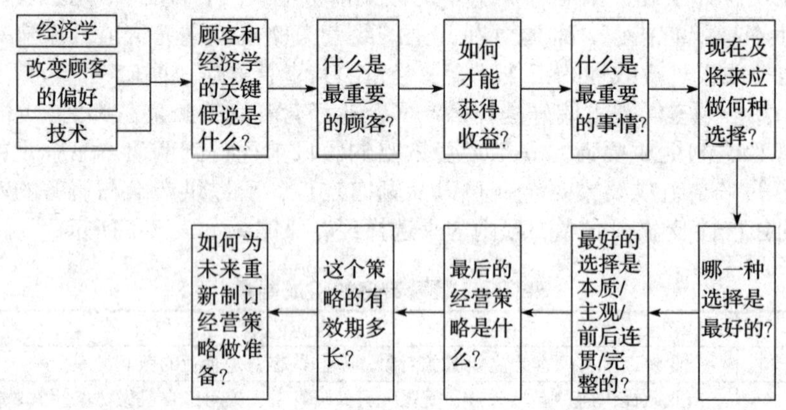

图 2-20　经营策略程序

要确保所制订的经营策略有效，企业必须遵循以下几项基本原则。

（1）将顾客直接纳入战略制订过程中。顾客是企业价值的源泉，企业经营策略的制订就是为了满足顾客的需要，以稳定和增加企业的价值。因此企业应该把对顾客需求的分析纳入企业战略制订过程中，使顾客需求真正成为企业经营策略所追求的目标。

（2）借鉴其他行业和企业的成功经验教训。制订经营策略是一个既严密又具有创造性的过程。通过借鉴其他行业和公司的经验教训，可以节约公司的大量时间与经费。

（3）尽快树立企业新的核心能力。企业从原有经营策略转向新经营策略，需要企业拥有新的能为顾客所认可的核心能力。这对企业来说是一种挑战，却是企业新经营策略成功的关键。

（4）保护新制订的经营策略。由于新的经营策略往往反映着不同于以往的规范和价值，因此在未来的工作中，也需要采取不同的方式。当新的经营策略与现有的框架混杂在一起时，由于企业习惯于以往的规范和价值，因此新的经营策略的实施往往面临很大阻力。要确保新的经营策略有效实施，企业就必须有策略地保护新制订的经营策略。

5. 经营策略的构建

企业利润战略管理的基本目标是保证企业持续地处于价值增长期。要实现这一目标，必须把握相机经营策略原理，根据企业经营策略所处的价值转移阶段采取积极的对策，力求扩大价值流入期，延长价值稳定期，转化价值流出期使之尽快进入价值稳定期和价值流入期。

（1）第一阶段。价值流入期经营策略关注并应解决好以下重点问题。

1）价值流入量将有多大？能维持多久？我们应采取何种行动才能促进和维持价值的流入？

2）企业是否具备了实现价值最大化的条件，并为此做好了各种准备？

3）其他哪些企业正从这种价值流入中获益？它们所采取的是何种策略？这些竞争对手对本企业价值流入的威胁多大？

4）价值流入期结束的标志是什么？

企业真正地解答了这些问题，不仅可以建立最大限度满足顾客需要的经营策略体系，而且也可以为经营策略向价值稳定期转变及时做好各种准备。

（2）从第一阶段到第二阶段的转变。价值流入期结束的标志一般并不明显。在第一阶段，顾客需要比较明确，企业也有确定和日益扩大的顾客群，产品供不应求，顾客对公司产品有一种迷信的感觉。但是一旦顾客需求偏好发生变化并且不为企业及时感知，原有的顾客会开始选购竞争对手的产品，或者市场上竞争对手产品的知名度高于本企业，企业经营策略可能已进入了第二阶段。从价值流入期向价值稳定期转化，在公司利润战略管理中尤为重要。这个时期经营策略的调整，将直接影响到随之而来价值稳定期的获利能力和时间。为此要关注并注意解决好以下问题。

1）要继续获取价值，延长价值流入的时间，需对企业基本经营策略进行哪些调整？

2）当价值增长趋于缓慢时，需投入多少人力和资金量才能维持企业的获利能力？

3）企业与哪些顾客建立了特殊关系？哪些顾客最有可能脱离与企业的联系？

（3）第二阶段。价值流入期的成功，往往导致不少企业进入价值稳定期后经营策略的“刚愎自用”，盲目的乐观、自信，对周围的变化甚至是竞争对手的突然强大也不屑一顾，最终使企业很快进入价值流出期，甚至出现“猝死”悲剧。因此在第二阶段，企业首先要尽快调整自我感觉良好的心态，正确认识自己在市场竞争中所处地位的变化，并解决好以下问题。

1）如何调整现有的经营策略？主要解决的问题有：哪种流程优化方法可以改善现有经营策略的获利能力？如何改变有关财务预算，尤其是改变资本预算的决策以适应变化后的顾客需求？各种衡量经营业绩的指标及标准值应如何调整？

2）怎样抓住下一轮价值增长的机会？主要解决的问题有：什么样的行动可能使市场格局发生变化？有哪些竞争对手准备采取这些举措？本企业也能这么做并做得更好吗？顾客需求变化提供了哪些具有经营策略的导向性信息？企业是否把握这些价值转移时机并及时做好准备？一旦价值转移开始，企业应采取哪些措施以赢得竞争优势地位？

（4）从第二阶段到第三阶段的转变。如果说第一阶段进入第二阶段不易为人们所觉察，那么从第二阶段向第三阶段转变，对此往往会出现企业“视而不见”现象。面对价值转移的现象，管理者不会立即敏感地意识到应调整经营策略以恢复消费者对本企业的信心，而是一味地去削减成本，提高效率，从而以更低的价格争取更大的市场份额。但是企业一旦面临着向价值流出期的转化，消费者对企业的信心开始动摇，原来忠诚的老客户迟早也会离开企业而转向其他的竞争对手，此时低价销售只会在消费者心目中加速自毁形象，而不会在赢得市场份额方面取得什么好的效果。我国的不少企业恰恰陷于这样的困境，结果是生产越多，价格越便宜，积压越多，损失越大，亏损越严重，最终造成破产。为此企业应明确并解决以下问题。

1）与竞争对手相比，本企业的劣势是什么？这些劣势能否克服？克服这些劣势应采取哪些措施？

2）对顾客群及其需求满足方面，企业定位是否恰当？企业哪些方面忽视或怠慢了顾客？应采取哪些措施纠正？

3）企业重新赢得价值优势的条件有哪些？尚缺少哪些基本条件？如何采取切实有效的措施避免企业进入价值流出期？

4）就企业经营与作业层面看，哪些经营措施和作业是企业价值的主要源泉？哪些经营措施和作业是侵蚀企业价值的根源？企业采取哪些措施实行作业优化、流程重组、经营革新？

（5）第三阶段。在价值流出期，企业现有经营策略已毫无优势可言。因此承认现行经营策略的彻底失败是经营者首先要做好的一件事，只有经营者有巨大的勇气才能真正地做好这件自我否认的尴尬事。只有这样，才能在企业形成全面彻底检讨现有经营策略的风气。为此应围绕以下问题进行深入研究，从而彻底否定现有经营策略，尽快制订出新的经营策略。

1）价值转移给企业带来了多大的威胁？这些威胁主要来自哪些方面？企业解除这些威胁的措施是什么？

2）如何才能保护企业的价值？如果实在无力经营，企业该以多快的速度和怎样的方式进行经营撤退？

3）应进行什么项目的投资才能建立起重新赢得企业价值的经营策略？

4）企业怎样尽快地恢复价值稳定期并进入价值流入期？

（三）加强顾客管理

顾客是企业价值的源泉，要增加和稳定价值流入企业的过程，就必须加强对顾客的管理。查尔斯·威尔逊提供了运用七个步骤来加强对顾客管理的模型。第一步是确认顾客并评估他们目前和将来的价值，然后锁定和发展核心盈利性顾客。因为失去一位核心盈利性顾客造成的损失是十位新顾客也无法弥补的。在确保核心盈利性顾客的情况下，企业要关注增加收入。在充分了解顾客目前和潜在的利润之后，企业应将管理重点放在最小化顾客接触成本上。企业必须确信一线部门以最低的成本、最快速的反应为顾客提供及时、周到的服务。但是公司不应将更多的时间和成本花费在不适宜的顾客或提供不适宜的服务方面，否则企业会把机会让给竞争者，使他们以更有效的方法“挖掘”盈利性顾客，而本企业将面对非盈利性顾客。企业需要不断改进顾客关系生命周期管理，即从最初获得顾客到合作终止这一整个过程进行有效管理。

1. 客户价值：新经济赋予企业经营的核心指标

工业经济向信息经济或知识经济的转变，是我们所处时代的一个显著特征。这种转变给企业带来种种革新的一个重要标志，就是衡量公司价值的方法正在发生彻底变化。长期以来人们习惯以利润指标来衡量一个公司的价值。后来由于这种导向在实践中产生日益明显的缺陷，实务中又尝试用“现金流量”“股东价值”“市场价值”等指标，作为利润指标的替代或补充指标，使之更正确地衡量公司价值，从而对公司经营做出正确的价值导向。但至今公司价值衡量尚未找到一种公认实用的方法。图 2-21 表示通过顾客管理增加公司价值的七个步骤。

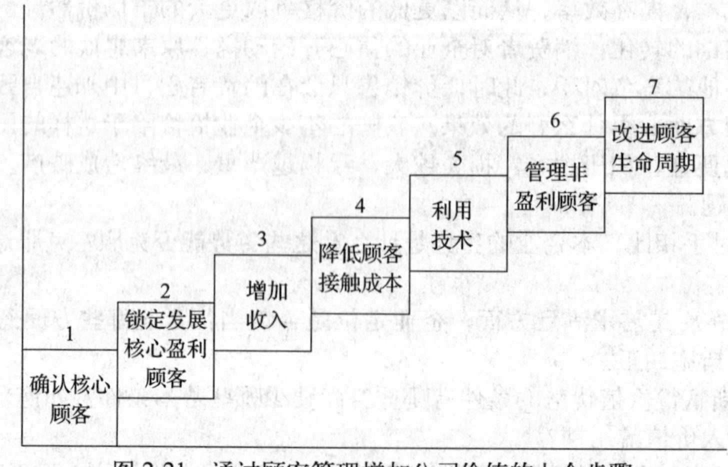

图 2-21　通过顾客管理增加公司价值的七个步骤

2. 确定客户价值

在加强顾客管理之前，企业应先了解当前和未来的利润所在。由于顾客行为难以预测，因此准确理解顾客的未来价值并不可能，但是企业可以利用“顾客预期盈利能力分析”模型来评价不同顾客或顾客群体的相对吸引力。这种方法有助于量化顾客当前和预期的总价值。表 2-8 显示了“顾客预期盈利能力分析”的计算方法。顾客预期盈利能力不是一种准确的分析方法，需要大量的估计和判断。不过通过严格分析顾客盈利能力的各组成部分，企业应能更清楚地了解盈利机会之所在。

表 2-8　计算预期顾客利润

计算每位顾客（交易渠道）年销售额	说明
年销售收入 总收入	最近财政年度的销售（包括售后收入） [折扣后的净收入 -（产品成本 + 间接费用但不包括接触成本）]
- 接触成本	市场营销、销售、分配、服务、管理、仓储、顾客定制、促销等用于顾客的费用
= 净顾客利润（NCP） × 预期顾客关系生命周期 = 预期顾客盈利	总收入 - 接触成本 顾客忠诚度的维持时间 净顾客利润 × 预期顾客关系周期（净资本内部成本计算在内）

企业确定了每位或每类顾客的价值之后，就可将顾客划分成不同的群类，并根据其贡献度，采取对应的客户关系管理与营销策略。

3. 锁定核心盈利顾客

对大多数企业而言，名列前 15% 的顾客通常给其带来 30% ～ 100% 的利润。如果失去这些顾客，将对企业的利润底线产生毁灭性的影响。对企业来说，就必须认真分析和准确把握给其带来主要利润来源的核心盈利顾客。因此，企业管理中应优先满足核心盈利顾客的需要，首先锁定这些核心盈利顾客，并在此基础上不断发展和扩大核心盈利顾客的规模和范围。由于各种复杂因素，企业可能会疏于管理其核心客户，最常见的原因可能是它们没有真正识别出其核心客户，它们把顾客忠诚度与顾客惯性混为一谈，认为顾客对公司没有任何抱怨，就说明他们很满意。但当一个更好的竞争者出现，这些惯性客户将迅速转向竞争者。这种敏感性意味着顾客对企业的忠诚度不是理所当然的，它需要企业认真分析导致客户忠诚的原因并为客户的忠诚度做出更大的努力。

以下是几种锁定核心顾客的方法：①为顾客所提供的服务达到和超过顾客的当前预期；②加强顾客关系；③将顾客与供应商联合起来；④为未来需求变化做准备；⑤管理衰退中的顾客；⑥奖励忠诚度等。

4. 增加收入

对企业而言，增加收入的途径很多，而且随着环境的变化和实践的积累，具有创造性的能增加收入的方法更是多种多样。其中一些方法属于战略性的，一些方法属于战术性的；一些方法对利润产生短期影响，而另一些方法则对利润具有长期影响。

（1）针对现有顾客的现有产品或服务，企业可以通过经常与客户保持联系，了解和把握客户的购买决策，通过推荐等方式鼓励客户再购买，缩短产品开发周期和加快进入市场的速度，为顾客提供及时高效的支持性服务等方式来充分挖掘现有顾客的消费份额。

（2）针对现有顾客的新产品或服务，要增加企业新产品或服务对现有客户的吸引力，企业新产品或服务必须有助于增加客户的价值。例如，通过延长客户的产品生命周期，降低客户的产品操作费用，节约顾客购买和使用产品或服务的时间，降低客户的财务成本等方式帮助客户降低成本与风险；或者是企业的新产品或服务必须有利于帮助客户增加销售额、引入新产品或服务。

（3）吸引新的可盈利性客户，企业必须时刻留意可能会成为企业核心盈利性客户的各种机会。企业应该调查和分析是否正在失去可盈利性客户，竞争者是否已抢走了市场中最具吸引力的顾客，是否有被忽略的顾客，这些顾客在未来是否可能成为可盈利性顾客。

（4）可供企业采用的有效定价措施主要有：依据产品或服务对客户的价值进行定价；根据产品或服务对不同客户的不同价值进行特定定价，而不是对所有客户采用统一定价；根据不同阶段的顾客进行定价，而不是在企业所有发展阶段保持不变定价；根据产品或服务对客户成功的相关性进行定价。

5. 降低顾客接触成本

在评估增加收入的范围后，企业必须找到销售和服务顾客的最佳效费比。最佳效费比是企业以最低的成本为客户提供最及时、周到服务的能力。企业可以通过逐步分析以下几个方面的问题来降低顾客接触成本，增加企业对顾客的吸引力：销售渠道、销售活动、营销体系、营销定位、销售实施部门的优化。

（1）销售渠道。企业可以直接向顾客销售，或者利用中间商进行销售。即使是对同一顾客同一产品的销售，其销售渠道也可能有很多种，并且相互竞争。不同销售渠道具有不同的成本、风险和收益。企业自身相互竞争的销售渠道虽然可以为客户提供较多的选择，但是这种相互竞争的销售渠道容易使顾客感到困惑，并使企业为顾客的服务成本上升。为使风险最小化，企业应集中交易渠道，同时考虑各渠道的战略重要性。

（2）销售活动。人们往往把销售看作一种整体行为，但是销售活动可以拆分为几个组成部分。不同的顾客对销售活动各组成部分活动的要求不同，或者需要特殊技巧和专业知识。这种趋势要求企业细分销售活动，根据不同的消费区域或者客户需要，评估这些销售活动的相对重要性，以便每种功能的发挥能利用最佳成本效率的资源。

（3）营销体系。企业的营销体系不仅直接影响到客户对企业的认识，进而影响到企业对顾客的吸引力，而且直接影响到企业的营销成本及效率。传统的企业营销系统包括服务、销售和市场营销等几个环节或部门。这种营销体系的运作方式一般是：先投入巨额的费用进行广告宣传，以吸引顾客，产生顾客需求；然后利用销售活动完成销售。这种营销体系非常浪费资源，市场营销可能对几十个人、上百人产生影响，而其中只有一个成为顾客。市场营销部门、销售部门和服务部门应该把大量时间用在寻找潜在顾客身上。不仅如此，因为一线部门在努力覆盖大范围的潜在顾客，结果可能对可盈利潜在顾客的需求反而缺乏明确理解，导致成功率不高。利用客户数据库，以及低成本通信技术的发展，使企业可以重新考虑构建更加高效的营销体系。企业可以确认和锁定可能成为潜在顾客的顾客。这种体系不仅可以减少努力，而且可加强与具有吸引力顾客的沟通。

（4）营销定位。不同客户会有不同的需求，企业应分别针对不同的顾客提供不同的服务，以最佳的资源配置来实现客户价值，从而保证企业的最大盈利。由于不同客户所产生的利润不同，企业应优先保证核心盈利性顾客得到最好的服务。

（5）销售实施部门的优化。在确定将要实施的活动以及哪些顾客将得到何种服务之后，接下来企业应对销售点和服务功能进行认真分析，以确保实施的活动由成本效率最高的人员来完成，同时尽可能消除重复性销售渠道以优化销售渠道与客户的匹配，以保证企业有效地利用现有资源，完美地实施已制定的盈利性销售计划。

6. 管理非盈利性顾客

对任何企业来讲，非盈利性顾客总是存在的。即使是已经开发了所有途径以增加收入并提高了企业效率，非盈利性顾客的比例有明显的缩小，但仍会有一部分非盈利性顾客。非盈利性顾客存在的原因是多方面的，有些是因为顾客的需求规模过小而不足以分摊企业为其所提供的服务成本；有些是客户价值过低；有些是企业本身管理不当造成对客户服务成本上升。如果顾客仅仅是因为规模过小而使其变为非盈利性顾客，则企业可以考虑通过利用小额订单或调整价格结构的方式来刺激这些顾客的需求，或者通过进一步改进服务和降低顾客接触成本，或者把小顾客联合起来以降低销售与管理费用等多种途径来使非盈利性顾客转变为盈利性顾客；对于价值过低的客户，企业可以将这部分非盈利性顾客转让给有战略关系并可能盈利的第三方；如果这类顾客既不可能创造盈利，也不能转让给其他第三方，企业就必须评估终止与这类顾客关系对企业的影响，并采取适当措施终止与这类顾客的关系。

7. 利用技术

计算机和信息技术的发展为企业实时了解客户需求的变化、加强客户关系管理提供了现实条件。随着知识经济时代的到来，企业客户范围和需求变化已大大超过传统企业处理能力。因此为及时了解、把握和满足客户需求的变化，分析不同客户需求对企业盈利能力的影响，应充分利用现代先进技术。在技术革命不断发展的今天，利用基于顾客的管理系统将成为提高顾客管理和降低成本的关键。可供企业利用以改善客户关系管理的先进技术有：控制系统（如计算机化客户数据库、销售订单处理系统等）、各种信息通信技术和智能化服务系统。新技术具备改变顾客和企业之间关系的巨大潜力。由于新技术的运用，企业可以建立集中统一的客户数据库和一体化的营销管理系统，有利于企业加强对客户的及时了解和管理，优化企业的管理流程，提高工作效率。

8. 管理顾客生命周期

对企业而言，顾客生命周期分三个阶段：吸引期、发展期和衰退期。顾客关系的不同生命周期阶段对企业利润底线会有不同的影响。即使是对处在顾客生命周期相同阶段的不同企业之间也会有巨大的差别。企业应认真分析和加强对顾客生命周期的理解和管理。对企业而言，应通过制订有吸引力的策略，加强企业对现有和潜在顾客的吸引力，改善顾客发展阶段，减缓衰退阶段来提高企业的盈利能力。

（四）以客户为中心的企业设计

20 世纪 80 年代以前，由于客户需求超出供给能力，客户在一个买方市场中的地位并不重要，大型垄断公司处于支配地位。这些供应商根据自己的资源和生产能力生产它所能生产的产品。因此这时候的企业设计都是内向型的以生产管理为中心的组织结构，市场上客户需求及其变化不可能在企业设计中得到反映。由于市场竞争的加剧，客户需求的多样化和快速变化及其选择权的增加，供应商的权利已经转移到客户的一方。高度竞争的市场和大量的信息已经使客户处于企业管理的中心。在新的环境中，成功的企业是那些以客户为中心进行思维、认识到客户的关键需求并以新的企业设计来满足这种需求的企业。

传统的价值链开始于公司构建起来的核心能力和资产，然后转向投入要素和原材料，定价与出售，销售渠道，最后才是客户。这个价值链开始于资产，然后使用某种方法将这些资产转化为产品和服务。为了应对环境的变化，使企业在市场竞争中实现价值增值，企业设计就必须以客户为中心，建立以客户需求为导向的市场驱动型组织。这种市场驱动型组织要求企业必须改变传统价值链的方向。因此传统的价值链必须颠倒过来，转向以客户为中心的价值链设计。以客户为中心的思维起点是客户，从关注客户的需求和他们所关心的问题开始，去发现可能的方案，以更好地满足客户的需求和关心的问题，后面的各个环节均以客户需要来驱使。企业管理者应当考虑的因素主要有：①客户的需要和偏好是什么？②何种方式可以满足这种需要和偏好？③最适合于这种方式的产品和服务是什么？④提供这些产品和服务的投入要素和原材料是什么？⑤使用这些投入要素和原材料所需的关键资产与核心能力是什么？

由于市场竞争环境及客户需求总是在快速变化，因此为确保企业组织适应外部环境及客户需求的变化，组织设计的持续变革将是一个永恒的主题，市场的每一次变化必然会对组织形式的相应变革提出挑战，传统的稳定组织设计已经不再适应快速变化的环境。随着信息技术的持续发展，信息共享更加方便，一种新型的、能快速适应市场变化的组织结构——超文本组织（hypertext organizations）已经出现。超文本组织有着互相连接的各个层次，就像计算机超文本程序的各个文本一样，通过一个文本可以获得其他文本的更多内容，并使其容量扩充。它是一种反应灵活的自学习型组织结构。

超文本组织的顶层是两个项目团队，在这里有多个团队分别管理着水平型的业务流程，如知识创新、新产品开发、设计新的互动战略业务流程团队等。在执行某项任务期间，从不同职能部门或地区调集成员组成团队，当任务完成后他们必须返回原来的职能部门。超文本组织的中间层是按功能进行结构化的业务体系。主要是开发必需的专业知识以支持职能层战略，并为职能团队提供人才储备。该层也能从事远程工作并为职能性专业知识的共享创造机会，从而使得所有团队之间的学习成为可能。另外，由于有许多团队需要特殊的技能，因此具有这方面知识的专家就可以长期设立在该层次上。这些业务体系是相互连接的，并且通过信息技术，而不是传统的业务联系与业务流程相连。

超文本组织的根基是"知识基础"层，组织长年积累的知识都沉淀在这一层。该层并不以一种明显的组织形式存在，它主要由两种知识组成：一种是包含在企业远景和文化中的无形知识，另一种是包含在信息系统中明确的知识。但外部环境发生变化时，超文本组织的成员可以随时从一种层次向另一种层次进行转移。但是在一个确定的时点上，一个成员只能隶属于一个层次。

五、价值转移形式

（一）价值在不同生产经营管理模式之间的转移

回顾企业生产经营管理的历史可以发现，从传统的手工业生产管理到知识经济条件下的现代化生产经营管理，企业的生产经营管理模式大致经历了四个不同的发展阶段：单件生产、批量生产、大规模生产和大规模定制。

1. 单件生产

早期单件生产经营管理模式的主要特征是使用手工工具，以手工劳动和手工技艺为主。每件物品都是由拥有必要的材料、工具和技能的工匠手工制作而成。单件生产模式有三个基本的特征。

（1）生产过程以拥有特殊技能的工匠为中心，生产什么、生产多少、如何生产完全依赖于工匠的私人技能和他的爱好与兴趣。

（2）生产过程借助于简单的工具，依靠简单的手工劳动完成，因而每一件产品都相当于一件工艺品。

（3）不存在专业分工，产品的整个生产过程基本上由工匠一个人，或者由工匠带领几个学徒亲自完成，由此必然导致生产过程缓慢。由于工匠的技能是非常有价值的诀窍，这种诀窍完全是依靠口授身传的方式，由师傅向学徒传授的，因而不仅拥有技能的工匠非常稀少，而且不同的工匠所掌握的诀窍也各不相同，这也就决定了市场上产品稀少，而且每一件产品都互不相同。

2. 批量生产

19 世纪工业革命产生了以机械为基础的"工厂模式"，并被英国、美国及其他一些欧洲新兴工业国所普遍采用。19 世纪中叶，美国工厂模式独树一帜，正是这种模式推动了美国经济的飞速发展，并随后被世界其他国家所模仿与采用，成为经济发展的一种普遍模式，即"批量生产经营管理模式"。这一生产经营管理模式主要特征有以下几个方面。

（1）可互换的零件。可互换的零件大大简化了生产过程，并节约了大量的劳动力，更重要的是使产品维修和保养变得更容易。

（2）专用的机器。可互换零件导致了按严格要求加工零件所需要专用机器的产生，以取消手工修配。以上述两个主要特征带来的革新极大地提高了产品的质量、一致性和生产率。

（3）对供应商的信任。这是使用专用机器所必需的。

（4）以生产过程为中心。以生产过程为中心最终导致了劳动分工。一旦生产标准化、规范化，工人就可以集中精力干一项工作，这极大地提高了工作效率。机器的使用一方面使生产逐步实现了自动化，另一方面由于机器的使用提高了工人的知识技能，从而造就了很多有技术的工人。

3. 大规模生产

进入 20 世纪，批量生产经营管理模式的上述特征已不足以支持许多大企业的成长，企业开始寻找一种方法，以满足地理上日益分散的经济模式要求。19 世纪末开始形成的直到 20 世纪 20 年代才在美国得到充分发展并得益于批量生产模式的大规模生产模式引起人们高度关注。大规模生产模式是批量生产模式的直接产物。可互换的零件、专用的机器、以生产为中心、劳动分工等在大规模生产中尤为重要，并被提升到新的高度。大规模生产具有以下基本特征。

（1）流水线生产是大规模生产模式的首要原则，这个原则的内容包括物料和工件的自动移动。

（2）在流水线生产的影响下产生的以低成本、低价格为目标。大规模生产正是满足装配流水线所需的追求低成本的核心。

（3）规模经济。企业越大，产量越高，成本就越低。维持这个良性循环需要开发和制造标准的产品，因为任何复杂性或定制工作都将会扰乱生产过程，导致成本更高。因此大规模生产的一个永恒原则是面向统一的市场生产标准化产品。

与大规模生产经营模式相对应的企业经营策略是争取最大的市场份额。市场份额是传统企业竞争是否成功的主要标志。一般认为，拥有了最大市场份额的企业一定是经营最为成功的企业。这一生产经营模式的一个前提是，企业无须为其所生产产品的销售投入过多的精力，只要企业能够以较低的成本将产品生产出来，就能将产品销售出去。因而企业的价值就在于能以大规模的生产向市场提供最大量的产品。

4. 大规模定制

工业技术的改进、企业设计的创新、全球竞争的激化、信息技术的巨大进步大大改变了传统市场竞争规则。这些变化使得传统的以大规模生产取胜的竞争规则已经不再有效。而且由于对市场份额的努力追求和客户力量的增强，已经使得很多经营活动和产品的利润下降，甚至是整个行业的利润率下降。在各行各业中，现在的竞争形势已与过去的大规模生产时代完全不同，因此按照旧的方式运作已不能保证效率和盈利。通过新技术和新管理方法的应用，现代企业已经找到了一条通向新的生产经营管理模式的途径：通过灵活性和快速响应实现多样化和定制化。这种新的生产经营管理模式就是大规模定制。

大规模定制是两个长期竞争管理模式的综合：个性化定制产品与服务的大规模生产。在大规模生产中，低成本主要是通过规模经济来实现的，而在大规模定制中，低成本主要是通过范围经济实现的。相对于大规模生产而言，大规模定制是以客户需求为中心，根据客户的多样化需求组织生产和提供服务。而大规模生产中的客户只能从企业所生产的多样化产品中选择一款最接近自身需求的产品。只有最能符合市场需求变化的企业才可能赚得客户，企业的市场价值已经对此做了最好的反应。今天，企业的价值与其规模之间的关系已经淡化，而与其是否有快速应变客户需求变化的能力密切相关。企业规模并不必然与其市场价值相一致，两者之间甚至可能存在一种反向关系。

（二）价值在不同客户之间的转移

随着客户重要性的增加，企业与客户之间更多的是一种服务关系。企业不仅要向现有的客户提供有关产品使用及维修服务，而且更要为吸引潜在的顾客而提供优质服务，即以客户价值为导向的企业产品生产和服务。由于不同的客户需求不同，企业向不同客户提供产品和服务的成本差距很大，因而不同的客户为企业所创造的价值也相差很大。不同顾客之间的利润差距表现在企业的绝大部分利润主要来自少数的核心顾客。另外，企业的经营管理重心也从传统的生产管理向为客户提供优质服务转移。今天任何单纯建立在产品或服务创新基础上的企业竞争优势都是短暂的，迈克尔·波特的“竞争优势”理论不能从根本上解决企业长盛不衰的问题。相反与客户建立长期甚至休戚与共的关系，才是企业在瞬息万变的市场竞争中获胜的关键。

第五节　价值评估、计量

企业价值评估简称价值评估，是一种经济评估方法，是财务估价的一种特殊形式。其目的是分析和衡量企业（或者企业内部的一个经营单位、分支机构）的公平市场价值并提供有关信息，以帮助投资人和管理当局改善决策。

一、价值评估的用途

（一）价值评估可以用于投资分析

价值评估是基础分析的核心内容。投资人信奉不同的投资理念，有的人相信技术分析，有的人相信基础分析。相信基础分析的人认为企业价值与财务数据之间存在函数关系，这种关系在一定时间内是稳定的，证券价格与价值的偏离经过一段时间的调整会向价值回归。他们据此原理寻找并购进被市场低估的证券或企业，以期获得高于市场平均报酬率的收益。

（二）价值评估可以用于战略分析

战略是指一整套的决策和行动方式，包括刻意安排的有计划的战略和非计划的突发应变战略。战略管理是指涉及企业目标和方向、带有长期性、关系企业全局的重大决策和管理。战略管理可以分为战略分析、战略选择和战略实施。战略分析是指使用定价模型清晰地说明经营设想和发现这些设想可能创造的价值，目的是评价企业目前和今后增加股东财富的关键因素是什么。价值评估在战略分析中起核心作用。例如，收购属于战略决策，收购企业要估计目标企业的合理价格，在决定收购价格时要对合并前后的价值变动进行评估，以判断收购能否增加股东财富，以及依靠什么来增加股东财富。

（三）价值评估可以用于以价值为基础的管理

如果把企业的目标设定为增加股东财富，而股东财富就是企业的价值，那么，企业决策正确性的根本标志是能否增加企业价值。不了解一项决策对企业价值的影响，就无法对决策进行评价。在这种意义上说，价值评估是改进企业一切重大决策的手段。为了搞清楚财务决策对企业价值的影响，需要清晰描述财务决策、企业战略和企业价值之间的关系。

在此基础上实行以价值为基础的管理，依据价值最大化原则制订和执行经营计划，通过度量价值增加来监控经营业绩并确定相应报酬。

二、价值评估的对象

企业价值评估的首要问题是明确“要评估的是什么”，也就是价值评估的对象是什么。

价值评估的一般对象是企业整体的经济价值。企业整体的经济价值是指企业作为一个整体的公平市场价值。

企业整体价值可以分为实体价值和股权价值、持续经营价值和清算价值、少数股权价值和控股权价值等类别。

（一）企业的整体价值

企业的整体价值观念主要体现在以下四个方面。

1. 整体不是各部分的简单相加

企业作为整体虽然是由部分组成的，但是它不是各部分的简单相加，而是有机的结合。这种有机的结合，使得企业总体具有各部分所没有的整体性功能，所以整体价值不同于各部分的价值。企业的整体性功能表现为，它可以通过特定的生产经营活动为股东增加财富，这是任何单项资产所不具有的。企业是有组织的资源，各种资源的结合方式不同就可以产生不同效率的企业。

企业单项资产价值的总和不等于企业整体价值。会计报表反映的资产价值，都是单项资产的价值。资产负债表的“资产总计”是单项资产价值的合计，而不是企业作为整体的价值。

企业整体能够具有价值，在于它可以为投资人带来现金流量。这些现金流量是所有资产联合起来运用的结果，而不是资产分别出售获得的现金流量。

2. 整体价值来源于要素的结合方式

企业的整体价值来源于各部分之间的联系。只有整体内各部分之间建立有机联系时，才能使企业成为一个有机整体。各部分之间的有机联系是企业形成整体的关键。一堆建筑材料不能称为房子，厂房、机器和人简单加在一起也不能称之为企业，关键是按一定的要求将它们有机地结合起来。相同的建筑材料，可以组成差别巨大的建筑物。因此，企业资源的重组即改变各要素之间的结合方式，可以改变企业的功能和效率。

3. 部分只有在整体中才能体现出其价值

企业是整体和部分的统一。部分依赖整体，整体支配部分。部分只有在整体中才能体现出它的价值，一旦离开整体，这个部分就失去了作为整体中一部分的意义，如同人的手臂一旦离开人体就失去了手臂的作用。企业的一个部门在企业整体中发挥它的特定作用，一旦将其从整体中剥离出来，它就具有了另外的意义。企业的有些部分是可以剥离出来单独存在的，如一台设备；有些部分是不能单独存在的，如商誉。可以单独存在的部分，其单独价值不同于作为整体一部分的价值。因此，一个部门被剥离出来，其功能会有别于它原来作为企业一部分时的功能和价值，剥离后的企业也会不同于原来的企业。

4. 整体价值只有在运行中才能体现出来

企业的整体功能只有在运行中才能得以体现。企业是一个运行着的有机体，一旦成立就有了独立的“生命”和特征，并维持它的整体功能。如果企业停止运营，整体功能随之丧失，不再具有整体价值，它就只剩下一堆机器、存货和厂房，此时企业的价值是这些财产的变现价值，即清算价值。

（二）企业的经济价值

经济价值是经济学家所持的价值观念。它是指一项资产的公平市场价值，通常用该资产所产生的未来现金流量的现值来计量。

对于习惯于使用会计价值和历史成交价格的会计师，特别要注意区分会计价值与经济价值、现时市场价值与公平市场价值。

1. 会计价值与市场价值

会计价值是指资产、负债和所有者权益的账面价值。会计价值与市场价值是两回事。

会计报表以交易价格为基础。例如，某项资产以1000万元的价格购入，该价格客观地计量了资产的价值，并且有原始凭证支持，会计师就将它记入账簿。过了几年，由于技术更新，该资产的市场价值已经大大低于1000万元，或者由于通货膨胀其价值已远高于最初的购入价格，记录在账面上的历史成交价格与现实的市场价值已经毫不相关了，会计师仍然不修改他的记录。会计师只有在资产需要折旧或摊销时，才修改资产价值的记录。

会计师选择历史成本而舍弃现行市场价值的理由有两点。

（1）历史成本具有客观性，可以重复验证，而这正是现行市场价值所缺乏的。会计师以及审计师的职业地位，需要客观性的支持。

（2）如果说历史成本与投资人的决策不相关，那么现行市场价值也同样与投资人决策不相关。

投资人购买股票的目的是获取未来收益，而不是企业资产的价值。企业的资产不是被出售，而是被使用并在产生未来收益的过程中消耗殆尽。与投资人决策相关的信息，是资产在使用中可以带来的未来收益，而不是其现行市场价值。

由于财务报告采用历史成本报告资产价值，其符合逻辑的结果之一是否认资产收益和股权成本，只承认已实现收益和已发生费用。

会计规范的制定者，出于某种原因，要求会计师在一定程度上使用市场价值计价，但是效果并不好。美国财务会计准则委员会要求对市场交易活跃的资产和负债使用现行市场价值计价，引起很大争议。我国在企业会计具体准则中曾要求使用公允市价报告，也引起很大争议，并在2001年的《企业会计制度》中被修改，回到历史成本。

其实，会计报表数据的真正缺点，主要不是没有采纳现实价格，而在于没有关注未来。会计准则的制定者不仅很少考虑现有资产可能产生的未来收益，而且把许多影响未来收益的资产和负债项目从报表中排除。表外的资产包括良好管理、商誉、忠诚的顾客、先进的技术等；表外的负债包括未决诉讼、过时的生产线、低劣的管理等。

历史成本计价受到很多批评。

（1）制定经营或投资决策必须以现实的和未来的信息为依据，而历史成本会计提供的信息是面向过去的，与管理人员、投资人和债权人的决策缺乏相关性。

（2）历史成本不能反映企业真实的财务状况。资产的报告价值是未分配的历史成本（或剩余部分），并不是可以支配的资产或可以抵偿债务的资产。

（3）现实中的历史成本计价会计缺乏方法上的一致性。其货币性资产不按历史成本反映，非货币性资产在使用历史成本计价时也有很多例外，所以历史成本会计是各种计价方法的混合，不能为经营和投资决策提供有用的信息。

（4）历史成本计价缺乏时间上的一致性。资产负债表把不同会计期间的资产购置价格混合在一起，使之缺乏明确的经济意义。因此，价值评估通常不使用历史购进价格，只有在其他方法无法获得恰当的数据时才将其作为质量不高的替代品。

按照未来售价计价，也称未来现金流量计价。从交易属性上看，未来售价计价属于产出计价类型；从时间属性上看，未来售价属于未来价格。它也被经常称为资本化价值，即一项资产未来现金流量的现值。

未来价格计价有以下特点：未来现金流量现值面向的是未来，而不是历史或现在，符合决策面向未来的时间属性。经济学家认为，未来现金流量的现值是资产的一项最基本的属性，是资产的经济价值。只有未来售价计价符合企业价值评估的目的。因此，除非特别指明，企业价值评估的“价值”是指未来现金流量现值。

2. 区分现时市场价值与公平市场价值

企业价值评估的目的是确定一个企业的公平市场价值。公平的市场价值指在公平的交易中，熟悉情况的双方，自愿进行资产交换或债务清偿的金额。资产被定义为未来的经济利益。经济利益其实就是现金流入。资产就是未来可以带来现金流入的东西。由于不同时间的现金不等价，需要通过折现处理，因此，资产的公平市场价值就是未来现金流入的现值。

现时市场价值是指按现行市场价格计量的资产价值，它可能是公平的，也可能是不公平的。

（1）作为交易对象的企业，通常没有完善的市场，也就没有现成的市场价格。非上市企业或者它的一个部门，由于没有在市场上出售，其价格也就不得而知。对上市企业来说，每天参加交易的只是少数股权，多数股权不参加日常交易，因此市价只是少数股东认可的价格，未必代表公平价值。

（2）以企业为对象的交易双方，存在比较严重的信息不对称。人们对企业的预期会有很大差距，成交的价格不一定是公平的。

（3）股票价格是经常变动的，人们不知道哪一个是公平的。

（4）评估的目的之一是寻找被低估的企业，也就是价格低于价值的企业。如果用现时市价作为企业的估价，则企业价值与价格相等，我们什么有意义的信息也得不到。

三、价值评估的方法

2005 年我国财政部颁布的《企业价值评估指导意见》，提出收益法（通常理论上称为折现现金流量法）、市场法（通常理论上称为相对价值比较法）和成本法作为企业价值评估的三种可选择方法，它们是传统价值评估理论的基本方法。

但从现有的大量相关文献和实际中常被采用的评估方法看，经济增加值和实物期权理论也有较大的影响力和使用范围。

（一）折现现金流量法

现金流量模型是企业价值评估使用最广泛、理论上最健全的模型。

1. 现金流量模型的种类

任何资产都可以使用现金流量折现模型来估价，其价值都是以下三个变量的函数：

$$价值 = \sum_{t=1}^{n} \frac{现金流量_t}{(1 + 资本成本_t)^t}$$

（1）现金流量。现金流量$_t$是指各期的预期现金流量。不同资产的未来现金流量表现形式不同，债券的现金流量是利息和本金，投资项目的现金流量是项目引起的增量现金流量。在价值评估中可供选择的企业现金流量有三种：股利现金流量、股权现金流量和实体现金流量。依据现金流量的不同种类，企业估价模型也分股利现金流量模型、股权现金流量模型和实体现金流量模型三种。

1）股利现金流量模型。股利现金流量模型的基本形式如下：

$$股权价值 = \sum_{t=1}^{\infty} \frac{股利现金流量_t}{(1 + 股权资本成本)^t}$$

股利现金流量是企业分配给股权投资人的现金流量。

2）股权现金流量模型。股权现金流量模型的基本形式如下：

$$股权价值 = \sum_{t=1}^{\infty} \frac{股利现金流量_t}{(1 + 股权资本成本)^t}$$

股权现金流量是一定期间企业可以提供给股权投资人的现金流量，它等于企业实体现金流量扣除对债权人支付后剩余的部分。有多少股权现金流量会作为股利分配给股东，取决于企业的筹资和股利分配政策。如果把股权现金流量全部作为股利分配，则上述两个模型相同。

3）实体现金流量模型。实体现金流量模型的基本形式如下：

$$实体价值 = \sum_{t=1}^{\infty} \frac{实体现金流量_t}{(1 + 加权平均资本成本)^t}$$

$$股权价值 = 实体价值 - 债务价值$$

$$债务价值 = \sum_{t=1}^{n} \frac{偿还债务现金流量_t}{(1 + 等风险债务成本)^t}$$

实体现金流量是企业全部现金流入扣除成本费用和必要的投资后的剩余部分，它是企业一定期间可以提供给所有投资人（包括股权投资人和债权投资人）的税后现金流量。

在数据假设相同的情况下，三种模型的评估结果是相同的。由于股利分配政策有较大变动，股利现金流量很难预计，所以股利现金流量模型在实务中很少被使用。如果假设企业不保留多余的现金，而将股权现金全部作为股利发放，则股权现金流量等于股利现金流量，股权现金流量模型可以取代股利现金流量模型，避免对股利政策进行估计的麻烦。因此，大多数的企业估价使用股权现金流量模型或实体现金流量模型。

（2）资本成本。资本成本是计算现值使用的折现率。折现率是现金流量风险的函数，风险越大则折现率越大，因此折现率和现金流量要相互匹配。股权现金流量只能用股权资本成本来折现，实体现金流量只能用企业实体的加权平均资本成本来折现。

（3）现金流量的持续年数。n是指产生现金流量的时间，通常用“年”数来表示。从理论上说，现金流量的持续年数应当等于资源的寿命。企业的寿命是不确定的，通常采用持续经营假设，即假设企业将无限期的持续下去。预测无限期的现金流量数据是很困难的，时间越长，远期的预测越不可靠。为了避免预测无限期的现金流量，大部分估价将预测的时间分为两个阶段。第一阶段是有限的、明确的预测期，称为“详细预测期”，或简称“预测期”，在此期间需要对每年的现金流量进行详细预测，并根据现金流量模型计算其预测期价值；第二阶段是预测期以后的无限时期，称为“后续期”，或“永续期”，在此期间假设企业进入稳定状态，有一个稳定的增长率，可以用简便方法直接估计后续期价值。后续期价值也被称为“永续价值”或“残值”。这样，企业价值被分为两部分：

$$企业价值 = 预测期价值 + 后续期价值$$

2. 现金流量模型参数的估计

现金流量模型的参数包括预测期的年数、各期的现金流量和资本成本。这些参数是相互影响的，需要整体考虑，不可以完全孤立地看待和处理。

未来现金流量的数据需要通过财务预测取得。财务预测可以分为单项预测和全面预测。单项预测的主要缺点是容易忽视财务数据之间的联系，不利于发现预测假设的不合理之处。全面预测是指编制成套的预计财务报表，通过预计财务报表获取需要的预测数据。由于计算机的普遍应用，人们越来越多地使用全面预测。

（1）预测销售收入。预测销售收入是全面预测的起点，大部分财务数据与销售收入有内在联系。

销售收入取决于销售数量和销售价格两个因素，但是财务报表不披露这两项数据，企业外部的报表使用人无法得到价格和销量的历史数据，也就无法分别预计各种产品的价格和销量。他们只能直接对销售收入的增长率进行预测，然后根据基期销售收入和预计增长率计算预测期的销售收入。销售增长率的预测以历史增长率为基础，根据未来的变化进行修正。在修正时，要考虑宏观经济、行业状况和企业的经营战略。如果预计未来在这三个方面不会发生明显变化，则可以按上年增长率进行预测。如果预计未来有较大变化，则需要根据其主要影响因素调整销售增长率。

【例 2-1】怡昌祥公司处在高速增长的时期，2006 年的销售增长了 12%。预计 2007 年可以维持 12% 的增长率，2008 年开始逐步下降，每年下降 2 个百分点，2011 年下降 1 个百分点，即增长率为 5%，2012 年及以后各年按 5% 的比率持续增长，如表 2-9 所示。

表 2-9　怡昌祥公司的销售预测

年份	基期	2007	2008	2009	2010	2011	2012	2013	2014	2015	2016
销售增长率	12%	12%	10%	8%	6%	5%	5%	5%	5%	5%	5%

（2）确定预测期间。预测的时间范围涉及预测基期、详细预测期和后续期。

1）预测的基期。基期是指作为预测基础的时期，它通常是预测工作的上一个年度。基期的各项数据被称为基数，它们是预测的起点。基期数据不仅包括各项财务数据的金额，还包括它们的增长率以及反映各项财务数据之间联系的财务比率。

确定基期数据的方法有两种：一种是以上年实际数据作为基期数据；另一种是以修正后的上年数据作为基期数据。如果通过历史财务报表分析认为，上年财务数据具有可持续性，则以上年实际数据作为基期数据。如果通过历史财务报表分析认为，上年的数据不具有可持续性，就应适当进行调整，使之适合未来的情况。

怡昌祥公司的预测以 2006 年为基期，以经过调整的 2006 年的财务报表数据为基数。该企业的财务预测将采用销售百分比法，需要根据历史数据确定主要报表项目的销售百分比，作为对未来进行预测的假设。

2）详细预测期和后续期的划分。实务中的详细预测期通常为 5 ～ 7 年，如果有疑问还应当延长，但很少超过 10 年。企业增长的不稳定时期有多长，预测期就应当有多长。这种做法与竞争均衡理论有关。

竞争均衡理论认为，一个企业不可能永远以高于宏观经济增长的速度发展下去。如果是这样，它迟早会超过宏观经济总规模。这里的“宏观经济”是指该企业所处的宏观经济系统，如果一个企业的业务范围仅限于国内市场，宏观经济增长率是指国内的预期经济增长率；如果一个企业的业务范围是世界性的，宏观经济增长率是指世界的经济增长速度。竞争均衡理论还认为，一个企业通常不可能在竞争的市场中长期取得超额利润，其净资本回报率会逐渐恢复到正常水平。净资本回报率是指税后经营利润与净资本（负债加股东权益）的比率，它反映企业净资本的盈利能力。如果一个行业的净资本回报率较高，就会吸引更多的投资并使竞争加剧，导致成本上升或价格下降，使得净资本回报率降低到社会平均水平。如果一个行业的净资本回报率较低，就会有一些竞争者退出该行业，减少产品或服务的供应量，导致价格上升或成本下降，使得净资本回报率上升到社会平均水平。一个企业具有较高的净资本回报率，往往会比其他企业更快地扩展投资，增加净资本总量。如果新增投资与原有投资的盈利水平相匹配，则能维持净资本回报率。但是，通常企业很难做到这一点，竞争使盈利的增长跟不上投资的增长，因而净资本回报率最终会下降。实践表明，只有很少的企业具有长时间的可持续竞争优势，它们都具有某种特殊的因素，可以防止竞争者进入。绝大多数企业都会在几年内恢复到正常的回报率水平。

竞争均衡理论得到了实证研究的有力支持。各企业的销售收入的增长率往往趋于恢复到正常水平。拥有高于或低于正常水平的企业，通常在 3 ～ 10 年中恢复到正常水平。

判断企业进入稳定状态的主要标志是两个：①具有稳定的销售增长率，它大约等于宏观经济的名义增长率；②具有稳定的净资本回报率，它与资本成本接近。

预测期和后续期的划分不是事先主观确定的，而是在实际预测过程中根据销售增长率和投资回报率的变动趋势确定的。

续前例 2-1，通过销售预测观察到怡昌祥公司的销售增长率和净资本回报率在 2011 年恢复到正常水平（如表 2-10 所示）。销售增长率稳定在 5%，与宏观经济的增长率接近；净资本回报率稳定在 12.13%，与其资本成本 12% 接近。因此，该企业的预测期确定为 2007 ～ 2011 年，2012 年及以后年度为后续期。

表 2-10　怡昌祥公司的增长率和净资本回报率　　单位：万元

年份	基期	2007	2008	2009	2010	2011	2012	2013	2014	2015	2016
销售增长率（%）	12	12	10	8	6	5	5	5	5	5	5
经营利润	36.96	41.40	4553	49.18	52.13	54.73	5747	60.34	63.36	66.53	69.86
净资本	320.00	358.40	394.24	425.78	451.33	473.89	497.59	522.47	548.59	576.02	604.82
期初净资本回报率（%）		12.94	12.71	12.47	12.24	12.13	12.13	12.13	12.13	12.13	12.13

（3）预计利润表和资产负债表。

下面通过前述怡昌祥公司的例子，说明预计利润表和资产负债表的编制过程。该公司的预计利润表和资产负债表分别如表 2-11 和表 2-12 所示。

表 2-11　怡昌祥公司的预计利润表　　单位：万元

年份	基期	2007	2008	2009	2010	2011	2012
预测假设							
销售增长率（%）	12	12	10	8	6	5	5
销售成本率（%）	72.8	72.8	72.8	72.8	72.8	72.8	72.8
销售和管理费用 / 销售收入（%）	8	8	8	8	8	8	8
折旧与摊销 / 销售收入（%）	6	6	6	6	6	6	6
短期债务利率（%）	6	6	6	6	6	6	6
长期债务利率（%）	7	7	7	7	7	7	7
平均所得税率（%）	30	30	30	30	30	30	30
利润表项目							
经营利润：							
1. 销售收入	400.00	448.00	492.80	532.22	564.16	592.37	621.98
减：销售成本	291.20	326.14	358.76	387.46	410.71	431.24	452.80
销售和管理费用	32.00	35.84	39.42	42.58	45.13	47.39	49.76
折旧与摊销	24.00	26.88	29.57	31.93	33.85	35.54	37.32
2. 税前经营利润	52.80	59.14	65.05	70.25	74.47	78.19	82.10
减：税前经营利润所得税	15.84	17.74	19.51	21.08	22.34	23.46	24.63
3. 经营利润	36.96	41.40	45.53	49.18	52.13	54.73	57.47
金融损益：							
4. 短期借款利息	3.84	4.30	4.73	5.11	5.42	5.69	5.97
加：长期借款利息	2.24	2.51	2.76	2.98	3.16	3.32	3.48
5. 利息费用合计	6.08	6.81	7.49	8.09	8.58	9.00	9.45
减：利息费用抵税	1.82	2.04	2.25	2.43	2.57	2.70	2.84

续表

年份	基期	2007	2008	2009	2010	2011	2012
6. 税后利息费用	4.26	4.77	5.24	5.66	6.00	6.30	6.62
7. 税后利润合计	32.70	36.63	40.29	43.51	46.13	48.43	50.85
加：年初未分配利润	20.00	24.00	50.88	75.97	98.05	115.93	131.72
8. 可供分配的利润	52.70	60.63	91.17	119.48	144.17	164.36	182.58
减：应付普通股股利	28.70	9.75	15.20	21.44	28.24	32.64	34.27
9. 未分配利润	24.00	50.88	75.97	98.05	115.93	131.72	148.31

注：表中 2011 年的短期借款利息 5.69，长期借款利息 3.32，利息费用合计为 9 万元，似乎计算有误。其实 9 万元是更精确的计算结果。由于举例的计算过程很长，如果在运算中间不断四舍五入，累计误差将不断扩大。为了使最终结果可以相互核对，本举例在计算机运算时保留了小数点后 30 位，只在表格中显示 2 位计算结果，第 5 位四舍五入。因此，根据表格已经四舍五入的显示数据直接计算，其结果与计算机运算结果显示出的数据有差别。这种差别并非计算有误，报表中显示的是更精确的计算结果。类似情况在本节举例中还有多处，以后不再一一注明。

表 2-12　怡昌祥公司的预计资产负债表　　单位：万元

年份	基期	2007	2008	2009	2010	2011	2012
预测假设							
销售收入	400.00	448.00	492.80	532.22	564.16	592.37	621.98
经营现金（%）	1	1	1	1	1	1	1
经营流动资产（%）	39	39	39	39	39	39	39
经营流动负债（%）	10	10	10	10	10	10	10
长期资产 / 销售收入（%）	50	50	50	50	50	50	50
短期借款 / 净资本（%）	20	20	20	20	20	20	20
长期借款 / 净资本（%）	10	10	10	10	10	10	10
项目							
经营资产：							
经营现金	4.00	4.48	4.93	5.32	5.64	5.92	6.22
经营流动资产	156.00	174.72	192.19	207.57	220.02	231.02	242.57
减：经营流动负债	40.00	44.80	49.28	53.22	56.42	59.24	62.20
= 经营营运资本	120.00	134.40	147.84	159.67	169.25	177.71	186.60
经营长期资产	200.00	224.00	246.40	266.11	282.08	296.18	310.99
减：经营长期负债	0	0	0	0	0	0	0
= 净经营长期资产	200.00	224.00	246.40	266.11	282.08	296.18	310.99
净经营资产总计	320.00	358.40	394.24	425.78	451.33	473.89	497.59
金融负债：							
短期借款	64.00	71.68	78.85	85.16	90.27	94.78	99.52
长期借款	32.00	35.84	39.42	42.58	45.13	47.39	49.76
金融负债合计	96.00	107.52	118.27	127.73	135.40	142.17	149.28
股本	200.00	200.00	200.00	200.00	200.00	200.00	200.00
年初未分配利润	20.00	24.00	50.88	75.97	98.05	115.93	131.72
本年利润	32.70	36.63	40.29	43.51	46.13	48.43	50.85
本年股利	28.70	9.75	15.20	21.44	28.24	32.64	34.27
年末未分配利润	24.00	50.88	75.97	98.05	115.93	131.72	148.31
股东权益合计	224.00	250.88	275.97	298.05	315.93	331.72	348.31
净负债及股东权益	320.00	358.40	394.24	425.78	451.33	473.89	497.59

在编制预计利润表和资产负债表时，两个表之间有数据的交换，需要一并考虑。下面以2007年的数据为例，说明主要项目的计算过程。

1）经营利润。

（a）“销售收入”：根据销售预测的结果填列。

（b）“销售成本”“销售和管理费用”以及“折旧与摊销”：使用销售百分比法预计。有关的销售百分比列示在“利润表预测假设”部分。

$$销售成本 = 448 \times 72.8\% = 326.14（万元）$$

$$销售和管理费用 = 448 \times 8\% = 35.84（万元）$$

$$折旧与摊销费用 = 448 \times 6\% = 26.88（万元）$$

（c）“投资收益”：需要对投资收益的构成进行具体分析。要区分债权投资收益和股权投资收益。债权投资收益属于金融活动产生的收益，应作为利息费用的减项，不列入经营收益。股权投资收益一般可以列入经营性收益。怡昌祥公司投资收益是经营性的，但是数量很小，并且不具有可持续性，故预测时将其忽略。

（d）“资产减值损失”和“公允价值变动收益”：通常不具有可持续性，可以不列入预计利润表。“营业外收入”和“营业外支出”属于偶然损益，不具有可持续性，预测时通常予以忽略。

（e）“经营利润”。

$$\begin{aligned}税前经营利润 &= 销售收入 - 销售成本 - 销售和管理费用 - 折旧与摊销\\ &= 448 - 326.14 - 35.84 - 26.88\\ &= 59.14（万元）\end{aligned}$$

$$\begin{aligned}税前经营利润所得税 &= 税前经营利润 \times 预计所得税率\\ &= 59.14 \times 30\%\\ &= 17.74（万元）\end{aligned}$$

$$经营利润 = 59.14 - 17.74 = 41.40（万元）$$

接下来的项目是“利息费用”，其驱动因素是借款利率和借款金额，通常不能根据销售百分比直接预测。短期借款和长期借款的利率已经列入“利润表预测假设”部分，借款的金额需要根据资产负债表来确定。因此，预测工作转向资产负债表。

2）预计经营资产。

（a）“经营现金”：现金资产包括现金及其等价物。现金资产可以分为两部分，一部分是生产经营所必需的持有量，目的是为了应付各种意外支付，它们属于经营现金资产。经营现金的数量因企业而异，需要根据最佳现金持有量确定。怡昌祥公司的经营现金资产按销售额的1%预计。超额部分的现金属于金融资产，列为金融负债的减项。

$$经营现金 = 448 \times 1\% = 4.48（万元）$$

（b）“经营流动资产”。经营流动资产包括应收账款、存货等项目，可以分项预测，也可以作为一个“经营流动资产”项目预测。预测时使用销售百分比法，有关的销售百分比已列在表2-12的资产负债表“预测假设”部分。

$$经营流动资产 = 448 \times 39\% = 174.72（万元）$$

（c）“经营流动负债”。表2-12将“经营流动负债”列在“经营流动资产”之后，是为了显示“经营营运资本”，在这里，经营营运资本是指“经营现金”加“经营流动资产”减去“经营流动负债”后的余额。

$$\begin{aligned}经营营运资本 &= （经营现金 + 经营流动资产）- 经营流动负债\\ &= （4.48 + 174.72）- 44.8\\ &= 134.40（万元）\end{aligned}$$

（d）“经营长期资产”。经营长期资产包括长期股权投资、固定资产、长期应收款等。怡昌祥公司假设长期资产随销售增长，使用销售百分比法预测，其销售百分比为50%。

$$经营长期资产 = 448 \times 50\% = 224.00（万元）$$

（e）“经营长期负债”。经营长期负债包括无息的长期应付款、专项应付款、递延所得税负债和其他非流动负债。它们需要根据实际情况选择预测方法，不一定使用销售百分比法。怡昌祥公司假设它们数额很小，可以忽略不计。

（f）“净经营资产总计”。

$$\begin{aligned}净经营资产总计 &= 经营营运资本 + 经营长期资产 \\ &= 134.40 + 224 = 358.40（万元）\end{aligned}$$

3）预计融资。预计得出的净经营资产是全部的筹资需要，因此也可以称为“净资本”或“投资资本”。如何筹集这些资本取决于企业的筹资政策。

怡昌祥公司存在一个目标资本结构，即有息负债/净资本为10%。企业采用剩余股利政策，需要筹集资金时按目标资本结构配置留存利润（权益资本）和借款（债务资本），剩余的利润分配给股东。如果当期利润小于需要筹集的权益资本，在“应付股利”项目中显示为负值，表示需要向股东筹集的现金（增发新股）数额。如果有剩余现金，按目标资本结构同时减少借款和留存利润，企业不保存多余金融资产。在这种情况下，全部股权现金流量都作为股利分配给股东，股利现金流量和股权现金流量是相同的。

（a）“短期借款”和“长期借款”。根据目标资本结构确定应借款的数额。

$$\begin{aligned}短期借款 &= 净经营资产 \times 短期借款比例 \\ &= 358.40 \times 20\% \\ &= 71.68（万元）\end{aligned}$$

$$\begin{aligned}长期借款 &= 净经营资产 \times 长期借款比例 \\ &= 358.40 \times 10\% \\ &= 35.84（万元）\end{aligned}$$

（b）内部融资额。根据借款的数额确定目标资本结构下需要的股东权益。

$$\begin{aligned}期末股东权益 &= 净经营资产 - 借款合计 \\ &= 358.40 - (71.68 + 35.84) \\ &= 250.88（万元）\end{aligned}$$

根据期末股东权益比期初股东权益的增加，确定需要的内部筹资数额如下：

$$\begin{aligned}内部筹资 &= 期末股东权益 - 期初股东权益 \\ &= 250.88 - 224.00 \\ &= 26.88（万元）\end{aligned}$$

企业也可以采取其他的融资政策，不同的融资政策会导致不同的融资额预计方法。

4）预计利息费用。现在有了借款的数额，可以返回利润表，预计利息支出。怡昌祥公司的利息费用是根据当期期末有息债务和预期利率预计的。

$$\begin{aligned}利息费用 &= 短期借款 \times 短期利率 + 长期借款 \times 长期利率 \\ &= 71.68 \times 6\% + 35.84 \times 7\% \\ &= 4.3008 + 2.5088 \\ &= 6.81（万元）\end{aligned}$$

$$利息费用抵税 = 6.81 \times 30\% = 2.04（万元）$$

$$税后利息费用 = 6.81 - 2.04 = 4.77（万元）$$

5）计算净利润。

$$净利润=经营净利润-净利息费用 \\ =41.40-4.77 \\ =36.63（万元）$$

6）计算股利和年末未分配利润。

$$股利=本年净利润-股东权益增加 \\ =36.63-26.88 \\ =9.75（万元）$$

$$年末未分配利润=年初未分配利润+本年净利润-股利 \\ =24+36.63-9.75 \\ =50.88（万元）$$

将“年末未分配利润”数额填入2007年的资产负债表相应栏目，然后完成资产负债表其他项目的预计。

$$年末股东权益=股本+年末未分配利润 \\ =200+50.88 \\ =250.88（万元）$$

$$净负债及股东权益=净负债+股东权益 \\ =107.52+250.88 \\ =358.40（万元）$$

由于利润表和资产负债表的数据是相互衔接的，要完成2007年利润表和资产负债表数据的预测工作，才能转向2008年的预测。

（4）预计现金流量。根据预计利润表和资产负债表编制预计现金流量表，只是一个数据转换过程，见表2-13。

表2-13　怡昌祥公司的预计现金流量表　　单位：万元

年份	基期	2007	2008	2009	2010	2011	2012
税后经营利润	36.96	41.40	45.53	49.18	52.13	54.73	57.47
加：折旧与摊销	24.00	26.88	29.57	31.93	33.85	35.54	37.32
=经营现金毛流量	60.96	68.28	75.10	81.11	85.98	90.28	94.79
减：经营营运资本增加		14.40	13.44	11.83	9.58	8.46	8.89
=经营现金净流量		53.88	61.66	69.28	76.40	81.81	85.90
减：净经营长期资产增加		24.00	22.40	19.71	15.97	14.10	14.81
折旧与摊销		26.88	29.57	31.93	33.85	35.54	37.32
=实体现金流量		3.00	9.69	17.64	26.58	32.17	33.78
融资流动：							
税后利息费用		4.77	5.24	5.66	6.00	6.30	6.62
-短期借款增加		7.68	7.17	6.31	5.11	4.51	4.74
-长期借款增加		3.84	3.58	3.15	2.55	2.26	2.37
-金融资产增加							
=债务融资净流量		-6.75	-5.51	-3.80	-1.66	-0.47	-0.49
+股利分配		9.75	15.20	21.44	28.24	32.64	34.27
-股权资本发行		0.00	0.00	0.00	0.00	0.00	0.00
=股权融资流量		9.75	15.20	21.44	28.24	32.64	34.27
融资流量合计		3.00	9.69	17.64	26.58	32.17	33.78

有关项目说明如下。

1）实体现金流量。

（a）经营现金毛流量。经营现金毛流量是指在没有资本支出和经营营运资本变动时，企业可以提供给投资人的现金流量总和。它有时也被称为“常用现金流量”。

$$
\begin{aligned}
\text{经营现金毛流量} &= \text{税后经营利润} + \text{折旧与摊销} \\
&= 41.40 + 26.88 = 68.28\ (\text{万元})
\end{aligned}
$$

公式中的“折旧与摊销”，是指在计算利润时已经扣减的固定资产折旧和长期资产摊销数额。

（b）经营现金净流量。经营现金净流量是指经营现金毛流量扣除经营营运资本增加后的剩余现金流量。如果企业没有资本支出，它就是可以提供给投资人（包括股东和债权人）的现金流量。

$$
\begin{aligned}
\text{经营现金净流量} &= \text{经营现金毛流量} - \text{经营营运资本增加} \\
&= 68.28 - 14.40 \\
&= 53.88\ (\text{万元})
\end{aligned}
$$

（c）实体现金流量。实体现金流量是经营现金净流量扣除资本支出后的剩余部分。它是企业在满足经营活动和资本支出后，可以支付给债权人和股东的现金流量。

$$
\begin{aligned}
\text{实体现金流量} &= \text{经营现金净流量} - \text{资本支出} \\
&= 53.88 - (24 + 26.88) \\
&= 3.00\ (\text{万元})
\end{aligned}
$$

公式中的“资本支出”，是指用于购置各种长期资产的支出，减去无息长期负债增加额。长期资产包括长期投资、固定资产、无形资产和其他长期资产。无息长期负债包括各种不需要支付利息的长期应付款、专项应付款和其他长期负债等。购置长期资产支出的一部分现金可以由无息长期负债提供，其余的部分必须由企业实体现金流量提供（扣除）。因此，经营净流量扣除了资本支出，剩余部分才可以提供给投资人。

为了简化，本举例假设怡昌祥公司没有无息长期负债，因此资本支出等于购置长期资产的现金流出，即等于长期资产增加额与本期折旧与摊销之和。

由于资本支出和经营营运资本增加都是企业的投资现金流出，因此它们的合计称为“本期总投资”。

$$
\text{本期总投资} = \text{经营营运资本增加} + \text{资本支出}
$$

本年在发生投资支出的同时，还通过“折旧与摊销”收回一部分现金，因此“净”的投资现金流出是本期总投资减去“折旧与摊销”后的剩余部分，称之为“本期净投资”。

$$
\begin{aligned}
\text{本期净投资} &= \text{本期总投资} - \text{折旧与摊销} \\
&= \text{经营营运资本增加} + \text{资本支出} - \text{折旧与摊销} \\
&= 14.40 + 50.88 - 26.88 \\
&= 38.40\ (\text{万元})
\end{aligned}
$$

本期净投资是股东和债权人提供的，可以通过净经营资产的增加来验算。

$$
\begin{aligned}
\text{本期净投资} &= \text{期末净经营资产} - \text{期初净经营资产} \\
&= (\text{期末净负债} + \text{期末股东权益}) - (\text{期初净负债} + \text{期初股东权益}) \\
&= 358.40 - 320 \\
&= 38.40\ (\text{万元})
\end{aligned}
$$

因此，实体现金流量的公式也可以写成：

$$
\begin{aligned}
\text{实体现金流量} &= \text{税后经营利润} - \text{本期净投资} \\
&= 41.40 - 38.40 = 3.00\ (\text{万元})
\end{aligned}
$$

2）股权现金流量。股权现金流量与实体现金流量的区别，是它需要再扣除与债务相联系的现金流量。

股权现金流量 = 实体现金流量 − 债权人现金流量

= 实体现金流量 − 税后利息支出 − 偿还债务本金 + 新借债务

= 实体现金流量 − 税后利息支出 + 债务净增加

2007 年股权现金流量 = 2.9952 − 4.7667 + 7.68 + 3.84 = 9.7485（万元）

股权现金流量模型也可以用另外的形式表达：以属于股东的净利润为基础扣除股东的净投资，得出属于股东的现金流量。

股权现金流量 = 实体现金流量 − 债权人现金流量

= 税后经营利润 + 折旧与摊销

− 营业流动资产增加 − 资本支出

− 税后利息费用 + 债务净增加

= (利润总额 + 利息费用) × (1 − 税率) − 净投资

− 税后利息费用 + 债务净增加

= (税后利润 + 税后利息费用) − 净投资 − 税后利息费用

+ 债务净增加

= 税后利润 − (净投资 − 债务净增加)

2007 年股权现金流量 = 36.6285 − (38.4 − 7.68 − 3.84) = 9.7485（万元）

如果企业按照固定的负债率为投资筹集资本，企业保持稳定的财务结构，"净投资"和"债务净增加"存在固定比例关系，则股权现金流量的公式可以简化为

股权现金流量 = 税后利润 − (1 − 负债率) × 净投资

= 税后利润 − (1 − 负债率) × (资本支出 − 折旧与摊销)

− (1 − 负债率) × 营业流动资产增加

2007 年股权现金流量 = 36.6285 − (1 − 30%) × 38.4 = 9.7485（万元）

该公式表示，税后净利是属于股东的，但要扣除净投资。净投资中股东负担部分是"(1 − 负债率) × 净投资"，其他部分的净投资由债权人提供。税后利润减去股东负担的净投资，剩余的部分成为股权现金流量。

3）融资现金流量。融资现金流量包括债务融资净流量和股权融资净流量两部分。

（a）债务融资净流量。

债务融资净流量 = 税后利息支出 − 偿还债务本金（或 + 债务增加）

− 超额金融资产增加

= 4.77 − 7.68 − 3.84

= −6.75（万元）

（b）股权融资净流量。

股权融资净流量 = 股利分配 − 股权资本发行

= 9.75 − 0

= 9.75（万元）

（c）融资流量合计。

融资流量合计 = 债务融资净流量 + 股权融资净流量

= −6.75 + 9.75

= 3.00（万元）

4）现金流量的平衡关系。由于企业提供的现金流量就是投资人得到的现金流量，因此它们应当相等。"实体现金流量"是从企业角度观察的，企业产生剩余现金用正数表示，企业吸收投资人的现金则用负数表示。"融资现金流量"是从投资人角度观察的实体现金流量，

投资人得到现金用正数表示，投资人提供现金则用负数表示。实体现金流量应当等于融资现金流量。

现金流量的这种平衡关系，给我们提供了一种检验现金流量计算是否正确的方法。

（5）后续期现金流量增长率的估计。后续期价值的估计方法有许多种，包括永续增长模型、经济利润模型、价值驱动因素模型、价格乘数模型、延长预测期法、账面价值法、清算价值法和重置成本法等。这里只讨论现金流量折现的永续增长模型。

永续增长模型如下：

$$后续期价值 = 现金流量_{t+1}/（资本成本 - 现金流量增长率）$$

现金流量的预计在前面已经讨论过，这里说明现金流量增长率估计。

在稳定状态下，实体现金流量、股权现金流量和销售收入的增长率相同，因此，可以根据销售增长率估计现金流量增长率。

我们先看一下怡昌祥公司的例子，它在 2012 年进入永续增长阶段。如果我们把预测期延长到 2016 年，就会发现后续期的销售增长率、实体现金流量增长率和股权现金流量增长率是相同的（如表 2-14 所示）。

表 2-14　怡昌祥公司的数据　　单位：万元

年份	基期	2007	2008	2009	2010
税后经营利润	57.47	60.34	63.36	66.53	69.86
加：折旧与摊销	37.32	39.18	41.14	43.20	45.36
= 经营现金毛流量	94.79	99.53	104.51	109.73	115.22
减：经营资产净增加	23.69	24.88	26.12	27.43	28.80
折旧与摊销	37.32	39.18	41.14	43.20	45.36
= 实体现金流量	33.78	35.47	37.24	39.10	41.06
融资流动：					
税后利息费用	6.62	6.95	7.30	7.66	8.04
- 短期借款增加	4.74	4.98	5.22	5.49	5.76
- 长期借款增加	2.37	2.49	2.61	2.74	2.88
= 债权人现金流量	−0.49	−0.52	−0.54	−0.57	−0.60
+ 股利分配	34.27	35.98	37.78	39.67	41.65
- 股权资本发行	0.00	0.00	0.00	0.00	0.00
= 股权现金流量	34.27	35.98	37.78	39.67	41.65
融资流量合计	33.78	35.47	37.24	39.10	41.06
现金流量增长率：					
实体现金流量增长率（%）	5	5	5	5	5
债权人现金流量增长率（%）	5	5	5	5	5
股权现金流量增长率（%）	5	5	5	5	5

为什么这三个增长率会相同呢？因为在“稳定状态下”，经营效率和财务政策不变，即资产息前税后经营利润率、资本结构和股利分配政策不变，财务报表将按照稳定的增长率在扩大的规模上被复制。影响实体现金流量和股权现金流量的各因素都与销售额同步增长，因此现金流量增长率与销售增长率相同。

那么，销售增长率如何估计呢？

根据竞争均衡理论，后续期的销售增长率大体上等于宏观经济的名义增长率。如果不考虑通货膨胀因素，宏观经济的增长率大多在 2% ～ 6% 之间。

极少数企业凭借其特殊的竞争优势，可以在较长时间内超过宏观经济增长率。判定一个企业是否具有特殊的、可持续的优势，应当掌握具有说服力的证据，并且被长期的历史所验证。即使是具有特殊优势的企业，后续期销售增长率超过宏观经济的幅度也不会超过2%。绝大多数可以持续生存的企业，其销售增长率可以按宏观经济增长率估计。怡昌祥公司就属于这种情况，我们假设其永续增长率为5%。

单纯从后续期估价模型看，似乎增长率的估计很重要，其实后续期增长率估计的误差对企业价值影响很小。千万不要忘记永续增长要求有永续的资本支出来支持，较高的永续增长率要求较高的资本支出和增加较多的经营营运资本。本期净投资会减少实体现金流量，模型的分子（现金流量）和模型的分母（资本成本与增长率的差额）均减少，对分数值的影响很小。有时候，改变后续期的增长率甚至对企业价值不产生任何影响。问题在于新增投资产生的回报率是否可以超过现有的回报率。由于竞争的均衡趋势限制了企业创造超额利润的能力，使其回报率与资本成本接近，每个新项目的净现值会逐步趋近于零。在这种情况下，销售增长并不提高企业的价值，是“无效的增长”。

（6）企业价值的计算。

1）实体现金流量模型。

续前例：假设怡昌祥公司的加权平均资本成本是12%，用它折现实体现金流量可以得出企业实体价值，扣除债务价值后可以得出股权价值。有关计算过程见表2-15。

表2-15　怡昌祥公司的实体现金流量折现　　单位：万元

年份	基期	2007	2008	2009	2010	2011
实体现金流量		3.00	9.69	17.64	26.58	32.17
平均资本成本（%）		12.00	12.00	12.00	12.00	12.00
折现系数（12%）		0.8929	0.7972	0.7118	0.6355	0.5674
预测期现金流量现值	58.10	2.67	7.73	12.55	16.89	18.25
后续期增长率						5.00%
期末现金流量现值	273.80					482.55
总价值	331.90					
债务价值	96.00					
股权价值	235.90					

预测期现金流量现值＝∑各期现金流量现值＝58.10（万元）

后续期终值＝现金流量$_{t+1}$/（资本成本－现金流量增长率）

＝32.17×（1＋5%）/（12%－5%）

＝482.55（万元）

后续期现值＝后续期终值 × 折现系数

＝482.55×0.5674

＝273.80（万元）

企业实体价值＝预测期现金流量现值＋后续期现值

＝58.10＋273.80

＝331.90（万元）

股权价值＝实体价值－债务价值＝331.90－96＝235.90（万元）

估计债务价值的标准方法是折现现金流量法，最简单的方法是账面价值法。本例采用账面价值法。

2）股权现金流量模型。

假设怡昌祥公司的股权资本成本是15.0346%，用它折现股权现金流量，可以得到企业股权的价值。有关计算过程见表2-16。

表2-16　怡昌祥公司的股权现金流量折现　　单位：万元

年　份	基期	2007	2008	2009	2010	2011
股权现金流量		9.75	15.20	21.44	28.24	32.64
股权成本（%）		15.0346	15.0346	15.0346	15.0346	15.0346
折现系数		0.8693	0.7557	0.6569	0.5711	0.4964
预测现金流量现值	66.38	8.47	11.49	14.08	16.13	16.20
（后续现金流量增长率）						5%
+ 残值现值	169.52					341.49
= 股权价值	235.90					
+ 债务价值	96.00					
= 公司价值	331.90					

3. 现金流量模型的应用

（1）股权现金流量模型的应用。股权现金流量模型分为三种类型：永续增长模型、两阶段增长模型和三阶段增长模型。

1）永续增长模型假设企业未来长期稳定、可持续的增长。在永续增长的情况下，企业价值是下期现金流量的函数。

永续增长模型的一般表达式如下：

$$股权价值 = \frac{下期股权现金流量}{股权资本成本 - 永续增长率}$$

永续增长模型的特例是永续增长率等于零，即零增长模型。

$$股权价值 = \frac{下期股权现金流量}{股权资本成本}$$

永续增长模型的使用条件：企业必须处于永续状态。所谓永续状态是指企业有永续的增长率和净投资回报率。使用永续增长模型，企业价值对增长率的估计值很敏感，当增长率接近折现率时，股票价值趋于无限大。因此，对增长率和股权成本的预测质量要求很高。

【例2-2】智董公司是一个规模较大的跨国公司，目前处于稳定增长状态。2017年每股净利润为13.7元。根据全球经济预期，长期增长率为6%。预计该公司的长期增长率与宏观经济相同。为维持每年6%的增长率，需要每股股权本年净投资11.2元。据估计，该企业的股权资本成本为10%。请计算该企业2017年每股股权现金流量和每股股权价值。

每股股权现金流量 = 每股净利润 − 每股股权本年净投资

= 13.7 − 11.2 = 2.5（元/股）

每股股权价值 = (2.5 × 1.06) / (10% − 6%) = 66.25（元/股）

如果估计增长率为8%，而本年净投资不变，则股权价值发生很大变化：

每股股权价值 = (2.5 × 1.08) / (10% − 8%) = 135（元/股）

如果考虑到为支持8%的增长率需要增加本年净投资，则股权价值不会增加很多。假设每股股权本年净投资需要相应地增加到12.4731元，则股权价值为

每股股权现金流量 = 13.7 − 12.4731 = 1.2269（元）

每股股权价值 = (1.2269 × 1.08) / (10% − 8%) = 66.25（元）

因此，在估计增长率时一定要考虑与之相适应的本年净投资。

2）两阶段增长模型的一般表达式如下：

股权价值 = 预测期股权现金流量现值 + 后续期价值的现值

假设预测期为 n，则

$$股权价值 = \sum_{t=1}^{n} \frac{股权现金流量_t}{(1+股权资本成本)^t} + \frac{股权现金流量_{n+1}/(股权资本成本-永续增长率)}{(1+股权资本成本)^n}$$

两阶段增长模型适用于增长呈现两个阶段的企业。第一个阶段为超常增长阶段，增长率明显快于永续增长阶段；第二个阶段具有永续增长的特征，增长率比较低，是正常的增长率。

【例 2-3】贵琛公司是一个高技术企业，具有领先同业的优势。2011 年每股销售收入 20 元，预计 2012 ～ 2013 年的销售收入增长率维持在 20% 的水平，到 2017 年增长率下滑到 3%。目前该公司经营营运资本占销售收入的 40%，销售增长时可以维持不变。目前每股资本支出 3.7 元，每股折旧费 1.7 元，为支持销售每年增长 20%，资本支出需同比增长，折旧费也会同比增长。净资本中净负债占 10%，销售增长时维持此资本结构不变。目前每股净利润 4 元，预计与销售同步增长。

2011 年该企业的 β 值为 1.3，稳定阶段的 β 值为 1.1。国库券的利率为 3%，市场组合的预期报酬率为 12.2308%。

要求：计算目前的股票价值。

计算过程显示在表 2-17 中。

表 2-17　贵琛公司的股票价值评估　　单位：万元

年份	2011	2012	2013	2014	2015	2016	2017
经营营运资本增加：							
收入增长率（%）		20	20	20	20	20	3
每股收入	20.00	24.00	28.80	34.56	41.47	49.77	51.26
经营营运资本 / 收入（%）	40	40	40	40	40	40	40
经营营运资本	8.00	9.60	11.52	13.82	16.59	19.91	20.50
经营营运资本增加	1.33	1.60	1.92	2.30	2.76	3.32	0.60
每股股权本年净投资：							
资本支出	3.70	4.44	5.33	6.39	7.67	9.21	9.48
减：折旧	1.70	2.04	2.45	2.94	3.53	4.23	4.36
加：经营营运资本增加	1.33	1.60	1.92	2.30	2.76	3.32	0.60
= 实体本年净投资	3.33	4.00	4.80	5.76	6.91	8.29	5.72
×（1 - 负债比例）（%）	90	90	90	90	90	90	90
= 股权本年净投资	3.00	3.60	4.32	5.18	6.22	7.46	5.15
每股股权现金流量：							
净利润	4.00	4.80	5.76	6.91	8.29	9.95	10.25
- 股权本年净投资	3.00	3.60	4.32	5.18	6.22	7.46	5.15
= 股权现金流量	1.00	1.20	1.44	1.73	2.07	2.49	5.10
股权成本：							
无风险利率（%）		3	3	3	3	3	3
市场组合报酬率（%）		12.23	12.23	12.23	12.23	12.23	12.23
β		1.30	1.30	1.30	1.30	1.30	1.10

续表

年份	2011	2012	2013	2014	2015	2016	2017
股权资本成本（%）		15.00	15.00	15.00	15.00	15.00	13.15
每股股权价值计算：							
股权现金流量		1.20	1.44	1.73	2.07	2.49	5.10
折现系数		0.8696	0.7561	0.6575	0.5718	0.4972	0.4394
预测期现值	5.69	1.04	1.09	1.14	1.19	1.24	
后续期价值	24.98					50.24	
股权价值合计	30.67						

各项数据的计算过程简要说明如下。

①根据给出资料确定各年的增长率：有限预测期增长率 20%，后续期增长率 3%。

②计算各年销售收入：本年收入 = 上年收入 ×（1 + 增长率）。

③计算经营营运资本：经营营运资本 = 本年收入 × 经营营运资本百分比。

④计算经营营运资本增加额：经营营运资本增加 = 本年经营营运资本 − 上年经营营运资本。

⑤计算本年净投资：本年净投资 = 资本支出 − 折旧 + 经营营运资本增加。

其中，各年的资本支出和折旧费按收入的增长率递增。

⑥计算股权本年净投资：股权本年净投资 = 实体本年净投资 ×（1− 负债比例）。

⑦计算股权现金流量：股权现金流量 = 净利润 − 股权本年净投资。

⑧计算资本成本：

第一阶段的资本成本 = 3% + 1.3 ×（12.2308% − 3%）= 15%

第二阶段的资本成本 = 3% + 1.1 ×（12.2308% − 3%）= 13.1538%

⑨计算企业价值：

后续期终值 = 后续期第一年现金流量 /（资本成本 − 永续增长率）

= 5.1011/（13.1538% − 3%）

= 50.24（元）

后续期现值 = 50.24 × 0.4972 = 24.98（元）

预测期现值 = ∑现金流量 × 折现系数 = 5.69（元）

每股股权价值 = 24.98 + 5.69 = 30.67（万元）

3）三阶段增长模型包括一个高速增长阶段、一个增长率递减的转换阶段和一个永续增长的稳定阶段。

$$\text{股权价值} = \text{增长期现金流量现值} + \text{转换期现金流量现值} + \text{后续期现金流量现值}$$

$$= \sum_{t=1}^{n} \frac{\text{增长期现金流量}_t}{(1+\text{资本成本})^t} + \sum_{t=n+1}^{n+m} \frac{\text{转换期现金流量}_t}{(1+\text{资本成本})^t} + \frac{\text{后续期现金流量}_{n+m+1}/(\text{资本成本}-\text{永续增长率})}{(1+\text{资本成本})_{n+m}}$$

模型的使用条件是被评估企业的增长率应当与模型假设的三个阶段特征相符。

【例 2-4】鑫裕公司 2006 年的有关数据如下：销售收入每股 10 元，每股净收益占收入的 25%，每股资本支出 1.2 元，每股折旧 0.70 元，每股经营营运资本 4 元。

预计 2007 ～ 2011 年期间每股销售收入增长率可以保持在 33% 的水平。2012 ～ 2016 年增长率按算术级数均匀减少至 6%，2017 年及以后保持 6% 的增长率不变。该企业在经营中没有负债，预计将来也不利用负债。资本支出、折旧与摊销、经营营运资本、每股净收益等与销售收入的增长率相同。

2007～2011 年的 β 值为 1.25，2012 年开始每年按算术级数均匀下降，2016 年降至 1.1，并可以持续。已知无风险利率为 7%，股票投资的平均风险补偿率为 5.5%。

要求：估计该企业股票的价值。

有关的计算过程已经显示在表 2-18 中，其他的有关说明如下。

①增长率。

高增长阶段每年增长 33%。

转换阶段每年增长率递减 =（33% − 6%）/5 = 5.4%

2012 年的增长率 = 33% − 5.4% = 27.6%

以下年度的增长率可以类推。

②本年净投资。

本年净投资 = 资本支出 − 折旧 + 经营营运资本增加

2007 年本年净投资 = 1.596 − 0.9310 + 1.32 = 1.985（元）

以下各年按此类推。

③股权现金流量。

股权现金流量 = 每股净收益 − 每股股权本年净投资

2007 年股权现金流量 = 3.325 − 1.985 = 1.34（元）

以下各年按此类推。

④资本成本。

高增长阶段的资本成本 = 7% + 1.25 × 5.5% = 13.875%

转换阶段的资本成本每年递减 =（13.875% − 13.05%）/5 = 0.165%

转换阶段的资本成本也可以先计算各年的 β 值：

转换阶段 β 的递减 =（1.25 − 1.1）/5 = 0.03

然后，再用资本资产定价模型，分别计算各年的资本成本：

2012 年的 β = 1.25 − 0.03 = 1.22

2012 年的资本成本 = 7% + 1.22 × 5.5% = 13.71%

稳定阶段的资本成本 = 7% + 1.1 × 5.5% = 13.05%

⑤折现系数。折现系数需要根据资本成本逐年滚动计算。

某年折现系数 = 上年折现系数（1 + 本年资本成本）

2007 年折现系数 = 1/（1 + 13.875%）= 0.8782

2008 年折现系数 = 0.8782/（1 + 13.875%）= 0.7712

以下各年按此类推。

⑥各阶段的价值。

高增长阶段的现值 = 各年现金流量折现求和 = 8.22（元 / 股）

转换阶段的现值 = 各年现金流量折现求和 = 18.62（元 / 股）

后续阶段的终值 = 15.8733 ×（1 + 6%）/（13.05% − 6%）

= 238.66（元 / 股）

后续阶段的现值 = 238.66 × 0.2787 = 66.51（元 / 股）

每股价值 = 8.22 + 18.62 + 66.51 = 93.35（元 / 股）

表 2-18　鑫裕公司的股票价值的估计　　单位：万元

年份	2006	2007	2008	2009	2010	2011	2012	2013	2014	2015	2016
销售增长率（%）		33.0	33.0	33.0	33.0	33.0	27.6	22.2	16.8	11.4	6.0
每股收入	10.00	13.30	17.69	23.53	31.29	41.62	53.10	64.89	75.79	84.43	89.50

续表

年份	2006	2007	2008	2009	2010	2011	2012	2013	2014	2015	2016
净收益 / 收入（%）		25	25	25	25	25	25	25	25	25	25
每股净收益	2.50	3.33	4.42	5.88	7.82	10.40	13.28	16.22	18.95	21.11	22.37
资本支出	1.20	1.60	2.12	2.82	3.75	4.99	6.37	7.79	9.10	10.13	10.74
减：折旧	0.70	0.93	1.24	1.65	2.19	2.91	3.72	4.54	5.31	5.91	6.26
（经营营运资本）	4.00	5.32	7.08	941	12.52	16.65	21.24	25.96	30.32	33.77	35.80
加：经营营运资本增加		1.32	1.76	2.33	3.11	4.13	4.59	4.72	4.36	3.46	2.03
= 本年净投资		1.99	2.64	3.51	4.67	6.21	7.25	7.96	8.15	7.68	6.50
股权自由现金流量		1.34	1.78	2.37	3.15	4.19	6.03	8.26	10.80	13.43	15.87
β		1.25	1.25	1.25	1.25	1.25	1.22	1.19	1.16	1.13	1.1
无风险利率（%）		7.0	7.0	7.0	7.0	7.0	7.0	7.0	7.0	7.0.	7.0
风险补偿率（%）		5.5	5.5	5.5	5.5	5.5	5.5	5.5	5.5	5.5	5.5
股权资本成本（%）		13.875	13.875	13.875	13.875	13.875	13.710	13.545	13.380	13.215	13.050
折现系数		0.8782	0.7712	0.6772	0.5947	0.5222	0.4593	0.4045	0.3567	0.3151	0.2787
转换期现值	18.62						2.77	3.34	3.85	4.23	4.42
后续期现值	66.51										238.86
每股价值	93.35										

（2）实体现金流量模型的应用。在实务中大多使用实体现金流量模型，主要原因是股权成本受资本结构的影响较大，估计起来比较复杂。债务增加时，风险上升，股权成本会上升，而上升的幅度不容易测定。加权平均资本成本受资本结构的影响较小，比较容易估计。债务成本较低，增加债务比重使加权平均资本成本上升。在无税和交易成本的情况下，债务成本的下降也会大部分被股权成本的上升所抵销，平均资本成本对资本结构变化不敏感，估计起来比较容易。

实体现金流量模型如同股权现金流量模型一样，也可以分为三种类型。

1）永续增长模型。

$$实体价值=\frac{下期实体现金流量}{加权平均资本成本-永续增长率}$$

2）两阶段增长模型。

$$实体价值=预测期实体现金流量现值+后续期价值的现值$$

设预测期为 n，则

$$实体价值=\sum_{t=1}^{n}\frac{实体现金流量_t}{(1+加权平均资本成本)^t}+\frac{实体现金流量_{n+1}/(加权平均资本成本-永续增长率)}{(1+加权平均资本成本)^n}$$

3）三阶段增长模型。设成长期为 n，转换期为 m，则

$$实体价值=\sum_{t=1}^{n}\frac{成长期实体现金流量_t}{(1+加权平均资本成本)^t}+\sum_{t=n+1}^{n+m}\frac{转换期实体现金流量_t}{(1+加权平均资本成本)^t}+\frac{后续期实体现金流量_{n+m+1}/(资本成本-永续增长率)}{(1+加权平均资本成本)^{n+m}}$$

实体现金流量折现的上述三种模型，在形式上分别与股权现金流量折现的三种模型一样，只是输入的参数不同。实体现金流量代替股权现金流量，加权平均资本成本代替股权

资本成本。

三种类型的实体现金流量模型的使用条件，分别与三种股权现金流量模型类似。

【例 2-5】怡平公司刚刚收购了另一个企业，由于收购借入巨额资金，使得财务杠杆很高。2011 年年底净投资总额 6500 万元，其中有息债务 4650 万元，股东权益 1850 万元，净资本的负债率超过 70%。目前发行在外的股票有 1000 万股，每股市价 12 元；固定资产净值 4000 万元，经营营运资本 2500 万元；本年销售额 10000 万元，税前经营利润 1500 万元，税后借款利息 200 万元。

预计 2012 ～ 2016 年销售增长率为 8%，2017 年增长率减至 5%，并且可以持续。

预计税后经营利润、固定资产净值、经营营运资本对销售的百分比维持 2011 年的水平。所得税税率和债务税后利息率均维持 2011 年的水平。借款利息按上年末借款余额和预计利息率计算。

企业的融资政策：在归还借款以前不分配股利，全部多余现金用于归还借款。归还全部借款后，剩余的现金全部发放股利。

当前的加权平均资本成本为 11%，2017 年及以后年份资本成本降为 10%。

企业平均所得税税率为 30%，借款的税后利息率为 5%。债务的市场价值按账面价值计算。

要求：通过计算分析，说明该股票被市场高估还是低估了。

预测期现金流量的现值计算过程如表 2-19 所示。

表 2-19 怡平公司预测期现金流量的现值计算 单位：万元

年份	2011	2012	2013	2014	2015	2016	2017
利润表假设：							
销售增长率		0.08	0.08	0.08	0.08	0.08	0.05
税前经营利润率	0.15	0.15	0.15	0.15	0.15	0.15	0.15
所得税率	0.30	0.30	0.30	0.30	0.30	0.30	0.30
债务税后利息率	0.05	0.05	0.05	0.05	0.05	0.05	0.05
利润表项目：							
销售收入	10000	10800.00	11664.00	12597.12	13604.89	14693.28	15427.94
税前经营利润	1500	1620.00	1749.60	1889.57	2040.73	2203.99	2314.19
税后经营利润	1050	1134.00	1224.72	1322.70	1428.51	1542.79	1619.93
税后借款利息	200	232.50	213.43	190.94	164.68	134.24	99.18
净利润	850	901.50	1011.30	1131.76	1263.83	1408.55	1520.75
减：应付普通股股利	0	0.00	0.00	0.00	0.00	0.00	0.00
本期利润留存	850	901.50	1011.30	1131.76	1263.83	1408.55	1520.75
资产负债表假设：							
经营营运资本 / 销售收入	0.25	0.25	0.25	0.25	0.25	0.25	0.25
固定资产 / 销售收入	0.40	0.40	0.40	0.40	0.40	0.40	0.40
资产负债项目：							
经营营运资本净额	2500	2700.00	2916.00	3149.28	3401.22	3673.32	3856.99
固定资产净值	4000	4320.00	4665.60	5038.85	5441.96	5877.31	6171.18
净资本总计	6500	7020.00	7581.60	8188.13	8843.18	9550.63	10028.16
有息债务	4650	4268.50	3818.81	3293.58	2684.79	1983.69	940.47
股本	1000	1000.00	1000.00	1000.00	1000.00	1000.00	1000.00

续表

年份	2011	2012	2013	2014	2015	2016	2017
年初未分配利润	0	850.00	1751.50	2762.80	3894.55	5158.39	6566.94
本期利润留存	850	901.50	1011.30	1131.76	1263.83	1408.55	1520.75
年末未分配利润	850	1751.50	2762.80	3894.55	515839	6566.94	8087.69
股东权益合计	1850	2751.50	3762.80	4894.55	6158.39	7566.94	9087.69
净负债及股东权益	6500	7020.00	7581.60	8188.13	8843.18	9550.63	10028.16
现金流量：							
税后经营利润		1134.00	1224.72	1322.70	1428.51	1542.79	1619.93
- 本年净投资		520.00	561.60	606.53	655.05	707.45	477.53
= 实体现金流量		614.00	663.12	716.17	773.46	835.34	1142.40
资本成本		0.11	0.11	0.11	0.11	0.11	0.10
折现系数		0.9009	0.8116	0.7312	0.6587	0.5935	0.5395
成长期现值	2620.25	553.15	538.20	523.66	509.50	495.73	616.33
后续期现值	13559.21					22848.05	
实体价值合计	16179.46						
债务价值	4650.00						
股权价值	11529.46						
股数	1000.00						
每股价值	11.53						

下面以 2012 年数据为例，说明各项目的计算过程。

销售收入 = 上年销售收入 ×（1 + 增长率）
= 10000 ×（1 + 8%）
= 10800（万元）

税前经营利润 = 销售收入 × 税前经营利润率
= 10800 × 15%
= 1620（万元）

税后经营利润 = 税前经营利润 ×（1 - 所得税税率）
= 1620 ×（1 - 30%）
= 1134（万元）

税后借款利息 = 年初有息债务 × 借款税后利息率
= 4650 × 5%
= 232.50（万元）

净利润 = 税后经营利润 - 税后利息
= 1134 - 232.50
= 901.50（万元）

经营营运资本 = 销售收入 ×（经营营运资本 / 销售）
= 10800 × 25%
= 2700（万元）

固定资产 = 销售收入 ×（固定资产 / 销售收入）
= 10800 × 40%
= 4320（万元）

本年净投资 = 年末净资本 − 年初净资本
= 7020 − 6500
= 520（万元）
归还借款 = 利润留存 − 本年净投资
= 901.50 − 520
= 381.50（万元）
有息债务 = 年初有息债务 − 归还借款
= 4650 − 381.5
= 4268.5（万元）
实体现金流量 = 息前税后经营利润 − 本年净投资
= 1134 − 520
= 614（万元）
预测期现金流量现值合计 = 2620.25（万元）
后续期终值 = 1142.40/（10% − 5%）= 22848.05（万元）
后续期现值 = 22848.05 ×（1 + 11%）$^{-5}$ = 13559.21（万元）
企业实体价值 = 2620.25 + 13559.21 = 16179.46（万元）
股权价值 = 实体价值 − 债务价值
= 1617946 − 4650
= 11529.46（万元）
每股价值 = 11529.46/1000 = 11.53（元 / 股）

该股票目前市价为每股 12 元，所以它被市场高估了。

（二）经济利润法

企业既然以增加价值为目标，计量其价值的增加额就成为非常重要的问题。考察企业价值增加最直接的方法是计算其市场增加值。

市场增加值 = 企业市值 − 总资本

企业市值是投资人按当时的市价出售企业可获得的现金流入，包括股本市值和债务市值。总资本是指投资人投入企业的总现金，包括股权资本和债务资本。但是，在日常决策中很少使用市场增加值。一个原因是，只有上市企业才有市场价格，才能计算市场增加值，而上市企业只是少数；另一个原因是，短期股市总水平的变化大于企业决策对企业价值的影响，股市行情湮没了管理作为。

经过大量的实证研究发现，经济利润（或称经济增加值、附加经济价值、剩余收益等）可以解释市场增加值的变动。经济利润不是什么新的理论，它的大部分内容已存在很长时间。现实中日益严重的代理问题，使它成为越来越热门的理财思想。它的诱人之处在于把投资决策、业绩评价和奖金激励统一起来。它把企业的目标定位为增加经济利润，并用经济利润的增加作为投资决策的标准和衡量经营业绩的尺度，奖金的发放也可以根据创造多少经济利润来确定。这就使得基于价值的管理变得简单、直接，具有了逻辑上的一致性。

1. 经济利润模型的原理

（1）经济利润的概念。经济利润是指经济学家所持的利润概念。虽然经济学家的利润也是收入减去成本后的差额，但是经济收入不同于会计收入，经济成本不同于会计成本，因此经济利润也不同于会计利润。

1）经济收入。经济收入是指期末和期初同样富有的前提下，一定期间的最大花费。这里的收入是按财产法计量的，如果没有任何花费，则期末资产的市值超过期初财产市值的部分是本期收入：

本期收入＝期末财产－期初财产

例如，你年初有资产 5 万元，在年末升值为 7 万元，本年工资收入 4 万元，经济学家认为你的全年收入为 6 万元，其中包括 2 万元的净资产增值。

会计师则认为你的全年总收入是 4 万元，2 万元的资产升值不能算收入，理由是它还没有通过销售而实现，缺乏记录为收入的客观证据。除交易频繁的资产外，绝大多数资产难以计量价值的期间变化。

会计师的做法有一个很麻烦的问题，就是你如果把已经升值的资产出售，得到 7 万元，然后用 7 万元再将它们购回，则会计师承认资产的 2 万元增值收入实现了，你的年收入就是 6 万元了。这种虚假交易可以改变收入的做法，不仅和经济理论相矛盾，也很难被非专业人士理解和使用。许多企业正是利用会计的这一缺点操纵利润的。

2）经济成本。经济成本不仅包括会计上实际支付的成本，而且还包括机会成本。

例如，股东投入企业的资本也是有成本的，是本期成本的一部分，在计算利润时应当扣除。这样做的理由是，股东投入的资本是生产经营不可缺少的条件之一，并且这笔钱也不是没有代价的。股东要求回报的正当性不亚于债权人的利息要求和雇员的工资要求。

会计师不确认对股东的应付义务，不将股权资本成本列入利润表的减项。其理由是没有证据表明应当支付给股东多少钱，会计师不愿意做没有根据的估计。

3）经济利润。计算经济利润的一种最简单的办法，是用息前税后营业利润减去企业的全部资本费用。复杂的方法是逐项调整会计收入使之变为经济收入，同时逐项调整会计成本使之变为经济成本，然后计算经济利润。

【例 2-6】智董公司的期初投资资本为 1000 万元，期初投资资本回报率（税后经营利润 / 投资资本）为 10%，加权平均资本成本为 9%，则该企业的经济利润为 10 万元。

经济利润＝税后经营利润－全部资本费用
＝1000×10%－（1000×9%）
＝100－90
＝10（万元）

计算经济利润的另一种办法是用投资资本回报率与资本成本之差，乘以投资资本。

经济利润＝期初投资资本 ×（期初投资资本回报率－加权平均资本成本）
＝1000×（10%－9%）
＝10（万元）

这种方法得出的结果与前一种方法相同，其推导过程如下。

经济利润＝税后净利润－股权费用
＝税后经营利润－税后利息－股权费用
＝税后经营利润－全部资本费用
＝期初投资资本 × 期初投资资本回报率－期初投资资本 × 加权平均资本成本
＝期初投资资本 ×（期初投资资本回报率－加权平均资本成本）

按照最简单的经济利润计算办法，经济利润与会计利润的区别是它扣除了全部资本的费用，而会计利润仅仅扣除了债务利息。

（2）价值评估的经济利润模型。根据现金流量折现原理可知，如果某一年的投资资本回报率等于加权平均资本成本，则企业现金流量的净现值为零。此时，息前税后营业利润等于投资各方的期望报酬，经济利润也必然为零，企业的价值与期初相同，既没有增加也没有减少。如果某一年的投资资本回报率超过加权平均资本成本，则企业现金流量有正的净现值。此时，息前税后营业利润大于投资各方期望的报酬，也就是经济利润大于零，企业的价值将增加。如果某一年的投资资本回报率小于加权平均资本成本，则企业现金流量有负的净现值。此时，息前税后营业利润不能满足投资各方的期望报酬，也就是经济利润小于零，企业的价值将减少。

因此，企业价值等于期初投资资本加上经济利润的现值：

企业实体价值 = 期初投资资本 + 经济利润现值

公式中的期初投资资本是指企业在经营中投入的现金：

全部投资资本 = 所有者权益 + 净债务

【例 2-7】 贵琛公司年初投资资本 1000 万元，预计今后每年可取得税后经营利润 100 万元，每年净投资为零，资本成本为 8%，则：

每年经济利润 = 100 − 1000 × 8% = 20（万元）

经济利润现值 = 20/8% = 250（万元）

企业价值 = 1000 + 250 = 1250（万元）

如果用现金流量折现法，可以得出同样的结果：

实体现金流量现值 = 100/8% = 1250（万元）

经济利润模型与现金流量模型在本质上是一致的，但是经济利润具有可以计量单一年份价值增加的优点，而现金流量法却做不到。因为，任何一年的现金流量都受到净投资的影响，加大投资会减少当年的现金流量，推迟投资可以增加当年的现金流量。投资不是业绩不良的表现，而找不到投资机会反而是不好的征兆。因此，某个年度的现金流量不能成为计量业绩的依据。管理层可以为了改善某一年的现金流量而推迟投资，而使企业的长期价值创造受到损失。

经济利润之所以受到重视，关键是它把投资决策必需的现金流量法与业绩考核必需的权责发生制统一起来了。它的出现，结束了投资决策用现金流量的净现值评价，而业绩考核用权责发生制的利润评价，决策与业绩考核的标准分离，甚至是冲突、混乱的局面。

2. 经济利润估价模型的应用

下面结合前面怡昌祥公司的例子，说明经济利润估价模型的应用。

有关的计算过程如表 2-20 所示。

表 2-20　怡昌祥公司的经济利润估价模型定价　　单位：万元

年份	2011	2012	2013	2014	2015	2016	2017
息前税后营业利润		41.3952	45.5347	49.1775	52.1281	54.7346	57.4713
投资资本（年初）		320.0000	358.4000	394.240D	425.7792	451.3260	473.8922
投资资本回报率（%）		12.9360	12.7050	12.4740	12.2430	12.1275	12.1275
加权平均资本成本（%）		12.0000	12.0000	12.0000	12.0000	12.0000	12.0000
差额（%）		0.9360	0.7050	0.4740	0.2430	0.1275	0.1275
经济利润		2.995200	2.526720	1.868698	1.034643	0.575441	0.604213
折现系数（12%）		0.892857	0.797194	0.711780	0.635518	0.567427	
预测期经济利润现值	7.0027	2.6743	2.0143	1.3301	0.6575	0.3265	
后续期价值	4.8978					8.6316	
期初投资资本	320.0000						
现值合计	331.9005						

（1）预测期经济利润的计算。

以怡昌祥公司 2012 年的数据为例：

经济利润 =（期初投资资本回报率 − 加权平均资本成本）× 期初投资资本

=（12.9360% − 12%）× 320

$$= 0.9360\% \times 320$$
$$= 2.9952 \text{（万元）}$$

或者：

经济利润 = 息前税后营业利润 − 期初投资资本 × 加权平均资本成本
= 41.3952 − 320 × 12%
= 41.3952 − 38.4
= 2.9952（万元）

（2）后续期价值的计算。

怡昌祥公司在2017年进入永续增长的稳定状态，该年经济利润为0.604213万元，以后每年递增5%。

后续期经济利润终值 = 后续期第一年经济利润 /（资本成本 − 增长率）
= 0.604213/（12% − 5%）
= 8.6316（万元）

后续期经济利润现值 = 后续期经济利润终值 × 折现系数
= 8.6316 × 0.567427
= 4.8978（万元）

（3）期初投资资本的计算。期初投资资本是指评估基准时间的企业价值。估计期初投资资本价值时，可供选择的方案有三个：账面价值、重置价值或可变现价值。

举例采用的是账面价值。这样做的原因不仅仅是简单，而在于它可靠地反映了投入的成本，符合经济利润的概念。

不采用重置价值的原因主要是资产将被继续使用，而不是真的需要重置。此外，企业使用中的资产缺乏有效的公平市场，其重置价值估计有很大主观性。

可变现价值在理论上是一个值得重视的选择。不过，有两个原因妨碍了这种方法的实际应用。首先，如果使用市价计量投资资本，为保持计量的一致性，结果必然是将每年的持产收益（存量资产升值）计入当年的经济利润。然而，预计未来每年存量资产的市价变动是很难操作的。存量资产一般没有公开交易的市场，预计的可靠性难以评估。其次，事实上多数资产的变现价值低于账面价值，在账面价值已经提取过减值准备的情况下，使用账面价值不会导致重要的失真。当然，如果通货膨胀严重，资产的可变现价值超过账面价值很多，并且能够可靠估计可变现价值的时候，也可以采用变现价值。

怡昌祥公司期初投资资本账面价值是320万元，我们以此作为投资资本。

（4）企业总价值的计算。企业的总价值为期初投资资本、预测期经济利润现值、后续期经济利润现值的合计。

企业总价值 = 期初投资资本 + 预测期经济利润现值 + 后续期经济利润现值
= 320 + 7.0027 + 4.8978
= 331.9005（万元）

如果假设前提一致，这个数值应与折现现金流量法的评估结果相同。

（三）相对价值法

现金流量法和经济利润法在概念上很健全，但是在应用时会碰到较多的技术问题。有一种相对容易的估价方法，就是相对价值法，也称价格乘数法或可比交易价值法等。

这种方法是利用类似企业的市场定价来估计目标企业价值的一种方法。它的假设前提是存在一个支配企业市场价值的主要变量（如净利等）。市场价值与该变量（如净利）等的比值，各企业是类似的、可以比较的。

其基本做法是：首先，寻找一个影响企业价值的关键变量（如净利）乘以得到的平均值（平均市盈率），计算目标企业的评估价值。

相对价值法是将目标企业与可以比企业对比，用可以比企业的价值衡量目标企业的价值。如果可比企业的价值被高估了，则目标企业的价值也会被高估。实际上，所得结论是相对可比企业来说的，以可比企业价值为基准，是一种相对价值，而非目标企业的内在价值。

例如，你准备购买商品住宅，出售者报价 50 万元，你如何评估这个报价呢？一个简单的办法就是寻找一个类似地段、类似质量的商品住宅，计算每平方米的价格（价格与面积的比率），假设是 0.5 万元 / 平方米，你拟购置的住宅是 80 平方米，利用相对价值法估计它的价值是 40 万元，于是你认为出售者的报价高了，你对报价高低的判断是相对于类似商品住宅说的，它比类似住宅的价格高了。实际上，也可能是类似住宅的价格偏低。

这种做法很简单，真正使用起来却并不简单。因为类似商品住宅与你拟购置的商品住宅总有“不类似”的地方，类似商品住宅的价格也不一定是公平市场价格。准确的评估还需要对计算结果进行另外的修正，而这种修正比一般人想象的要复杂，它涉及每平方米价格的决定因素问题。

现金流量法的假设是明确显示的，而相对价值法的假设是隐含在比率内部的。因此，它看起来简单，实际应用时并不简单。

1. 相对价值模型的原理

相对价值模型分为两大类，一类是以股权市价为基础的模型，另一类是以企业实体价值为基础的模型。我们这里只讨论三种最常用的股权市价比率模型。

（1）市价 / 净利比率模型。

1）基本模型。市价 / 净利比率通常称为市盈率。

$$市盈率 = 每股市价 / 每股净利$$

运用市盈率估价的模型如下：

$$目标企业每股价值 = 可比企业平均市盈率 \times 目标企业的每股净利$$

该模型假设股票市价是每股净利的一定倍数。每股净利越大，则股票价值越大。同类企业有类似的市盈率，所以目标企业的股权价值可以用每股净利乘以可比企业的平均市盈率计算。

2）模型原理。为什么平均市盈率可以作为计算股价的乘数呢？影响市盈率高低的基本因素有哪些？

根据股利折现模型，处于稳定状态企业的股权价值如下：

$$股权价值 = P_0 = \frac{股利_1}{股权成本 - 增长率}$$

两边同时除以每股净利$_0$：

$$\frac{P_0}{每股净利_0} = \frac{股利 / 每股净利_0}{股权成本 - 增长率}$$

$$= \frac{[每股净利_0 \times (1 + 增长率) \times 股利支付率] / 每股净利_0}{股权成本 - 增长率}$$

$$= \frac{股利支付率 \times (1 + 增长率)}{股权成本 - 增长率}$$

$$= 本期市盈率$$

上述根据当前市价和同期净利计算的市盈率称为本期市盈率，简称市盈率。

这个公式表明，市盈率的驱动因素是企业的增长潜力、股利支付率和风险（股权资本成本）。这三个因素类似的企业，才会具有类似的市盈率。可比企业实际上应当是这三个比率类似的企业，同业企业不一定都具有这种类似性。

如果把公式两边同除的当前“每股净利$_0$”，换为预期下期“每股净利$_1$”，其结果称为“内在市盈率”或“预期市盈率”：

$$\frac{P_0}{\text{每股净利}_1}=\frac{\text{股利}_1/\text{每股净利}_1}{\text{股权成本}-\text{增长率}}$$

$$\text{内在市盈率}=\frac{\text{股利支付率}}{\text{股权成本}-\text{增长率}}$$

如果用内在市盈率为股票定价，其结果应与现金流量模型一致。你可能会想，我如果知道了这三个比率就可以直接根据现金流量模型估价了，何必再计算市盈率用价格乘数模型定价？我们这样分析问题，不是为了重复演示现金流量模型，而是为了让你关注影响市盈率可比性的因素，以便合理选择可比企业，防止误用市盈率估价模型。市盈率估价模型被误用是很常见的事情。例如，有人认为市盈率低的股票更便宜，其实不一定。一个企业的市盈率比同行业高，可能是因为它有更高的增长率或者风险较低，而不是被市场高估了。再如，不管企业的这三个比率高低，用行业平均的市盈率为新股定价，也是很不科学的。这些误用都与不理解市盈率的原理有关。有些人只重视“如何做”，不重视“为什么”，其实，在不懂“为什么”的情况下去“做”，是很容易出错的。

在影响市盈率的三个因素中，关键是增长潜力。所谓“增长潜力”类似，不仅指具有相同的增长率，还包括增长模式的类似性，例如同为永续增长，还是同为由高增长转为永续低增长。

上述内在市盈率模型是根据永续增长模型推导的。如果企业符合两阶段模型的条件，也可以通过类似的方法推导出两阶段情况下的内在市盈率模型。它比永续增长的内在市盈率模型形式复杂，但是仍然由这三个因素驱动。

3）模型的适用性。

市盈率模型的优点：首先，计算市盈率的数据容易取得，并且计算简单；其次，市盈率把价格和收益联系起来，直观地反映投入和产出的关系；再次，市盈率涵盖了风险补偿率、增长率、股利支付率的影响，具有很高的综合性。

市盈率模型的局限性：如果收益是负值，市盈率就失去了意义。再有，市盈率除了受企业本身基本面的影响以外，还受到整个经济景气程度的影响。在整个经济繁荣时市盈率上升，整个经济衰退时市盈率下降。如果目标企业的β值为1，则评估价值正确反映了对未来的预期。如果企业的β值显著大于1，经济繁荣时评估价值被夸大，经济衰退时评估价值被缩小。如果β值明显小于1，经济繁荣时评估价值偏低，经济衰退时评估价值偏高。如果是一个周期性的企业，则企业价值可能被歪曲。

因此，市盈率模型最适合连续盈利，并且β值接近于1的企业。

【例 2-8】 智董 2018 年的每股净利是 0.5 元，分配股利 0.35 元 / 股，该企业净利润和股利的增长率都是 6%，β 值为 0.75。政府长期债券利率为 7%，股票的风险附加率为 5.5%。问该企业的本期净利市盈率和预期净利市盈率各是多少？

贵琛公司与智董公司是类似企业，今年实际净利为 1 元，根据智董公司的本期净利市盈率对贵琛公司估价，其股票价值是多少？贵琛公司预期明年净利是 1.06 元，根据智董公司的预期净利市盈率对贵琛公司估价，其股票价值是多少？

智董公司股利支付率 = 每股股利 / 每股净利

= 0.35/0.5

= 70%

智董公司股权资本成本 = 无风险利率 + β × 风险附加率

= 7% + 0.75 × 5.5%

= 11.125%

智董公司本期市盈率 = [股利支付率 ×（1 + 增长率）] ÷（资本成本 − 增长率）
= [70% ×（1 + 6%）] ÷（11.125% − 6%）
= 14.48

智董公司预期市盈率 = 股利支付率 /（资本成本 − 增长率）
= 70% /（11.125% − 6%）
= 13.66

贵琛公司股票价值 = 目标企业本期每股净利 × 可比企业本期市盈率
= 1 × 14.48
= 14.48（元 / 股）

贵琛公司股票价值 = 目标企业预期每股净利 × 可比企业预期市盈率
= 1.06 × 13.66
= 14.48（元 / 股）

通过这个例子可知：如果目标企业的预期每股净利变动与可比企业相同，则根据本期市盈率和预期市盈率进行估价的结果相同。

值得注意的是：在估价时目标企业本期净利必须要乘以可比本期净利市盈率，目标企业预期净利必须要乘以可比企业预期市盈率，两者必须匹配。这一原则不仅适用于市盈率，也适用于市净率和收入乘数；不仅适用于未修正价格乘数，也适用于后面所讲的各种修正的价格乘数。

（2）市价 / 净资产比率模型。

1）基本模型。市价与净资产的比率通常称为市净率。

市净率 = 市价 / 净资产

这种方法假设股权价值是净资产的函数，类似企业有相同的市净率，净资产越大则股权价值越大。因此，股权价值是净资产的一定倍数，目标企业的价值可以用每股净资产乘以平均市净率计算。

股权价值 = 可比企业平均市净率 × 目标企业净资产

2）市净率的驱动因素。市净率是哪些因素决定的？如果把股利折现模型的两边同时除以同期股权账面价值，就可以得到市净率：

$$\frac{P_0}{\text{股权账面价值}_1}=\frac{[\text{股利}_0\times(1+\text{增长率})]/\text{股权账面价值}_0}{\text{股权成本}-\text{增长率}}$$

$$=\frac{\dfrac{\text{股利}_0}{\text{每股收益}_0}\times\dfrac{\text{每股收益}_0}{\text{股权账面价值}_0}\times(1+\text{增长率})}{\text{股权成本}-\text{增长率}}$$

$$=\text{本期市净率}$$

该公式表明，驱动市净率的因素有权益报酬率、股利支付率、增长率和风险。其中权益报酬率是关键因素。这四个比率类似的企业，会有类似的市净率。不同企业市净率的差别，也是由于这四个比率不同引起的。

如果把公式中的“股权账面价值 $_0$”换成预期下期的“股权账面价值 $_1$”，则可以得出内在市净率，或称预期市净率。

$$\frac{P_0}{\text{股权账面价值}_1}=\frac{[\text{股利}_0\times(1+\text{增长率})]/\text{股权账面价值}_1}{\text{股权成本}-\text{增长率}}$$

$$=\frac{\dfrac{\text{股利}_0}{\text{每股收益}_1}\times\dfrac{\text{每股收益}_1}{\text{股权账面价值}_1}\times(1+\text{增长率})}{\text{股权成本}-\text{增长率}}$$

$$=\frac{\text{股利支付率}\times\text{股东权益收益率}_1}{\text{股权成本}-\text{增长率}}$$

$$=\text{内在市净率}$$

使用内在市净率作为价格乘数计算企业价值，所得结果与现金流量模型的结果应一致。

3）模型的适用性。

市净率估价模型的优点：首先，净利为负值的企业不能用市盈率进行估价，而市净率极少为负值，可用于大多数企业。其次，净资产账面价值的数据容易取得，并且容易理解。再次，净资产账面价值比净利稳定，也不像利润那样经常被人为操纵。最后，如果会计标准合理并且各企业会计政策一致，市净率的变化可以反映企业价值的变化。

市净率的局限性：首先，账面价值受会计政策选择的影响，如果各企业执行不同的会计标准或会计政策，市净率会失去可比性。其次，固定资产很少的服务性企业和高科技企业，净资产与企业价值的关系不大，其市净率比较没有什么实际意义。最后，少数企业的净资产是负值，市净率没有意义，无法用于比较。

因此，这种方法主要适用于需要拥有大量资产、净资产为正值的企业。

（3）市价/收入比率模型。

1）基本模型。这种方法是假设影响企业价值的关键变量是销售收入，企业价值是销售收入的函数，销售收入越大则企业价值越大。既然企业价值是销售收入的一定倍数，那么目标企业的价值可以用销售收入乘以平均收入乘数估计。

由于市价/收入比率的使用历史不长，不像市盈率和市净率应用得广泛和悠久，还没有一个公认的比率名称，这里暂且称之为“收入乘数”。

收入乘数 = 股权市价 / 销售收入 = 每股市价 / 每股销售收入

目标企业股权价值 = 可比企业平均收入乘数 × 目标企业的销售收入

2）基本原理。收入乘数是哪些财务比率决定的?

如果将股利折现模型的两边同时除以每股销售收入，则可以得出收入乘数：

$$\frac{P_0}{\text{每股收入}_0}=\frac{[\text{股利}_0\times(1+\text{增长率})]/\text{每股收入}_0}{\text{股权成本}-\text{增长率}}$$

$$=\frac{\frac{\text{股利}_0}{\text{每股净利}_0}\times\frac{\text{每股净利}_0}{\text{每股收入}_0}\times(1+\text{增长率})}{\text{股权成本}-\text{增长率}}$$

$$=\frac{\text{销售净利率}_0\times\text{股利支付率}\times(1+\text{增长率})}{\text{股权成本}-\text{增长率}}$$

$$=\text{本期收入乘数}$$

根据上述公式可以看出，收入乘数的驱动因素是销售净利率、股利支付率、增长率和股权成本。其中，销售净利率是关键因素。这四个比率相同的企业，会有类似的收入乘数。

如果把公式中的“每股收入$_0$”换成预期下期的“每股收入$_1$”，则可以得出内在收入乘数的计算公式：

$$\frac{P_0}{\text{每股收入}_1}=\frac{\text{股利}_1/\text{每股收入}_1}{\text{股权成本}-\text{增长率}}$$

$$=\frac{\frac{\text{股利}_1}{\text{每股净利}_1}\times\frac{\text{每股净利}_1}{\text{每股收入}_1}}{\text{股权成本}-\text{增长率}}$$

$$=\frac{\text{销售净利率}_1\times\text{股利支付率}}{\text{股权成本}-\text{增长率}}$$

$$=\text{内在收入乘数}$$

根据内在收入乘数计算的企业价值，应与现金流量模型计算的结果一致。

3）模型的适用性。

收入乘数估价模型的优点：首先，它不会出现负值，对于亏损企业和资不抵债的企业，也可以计算出一个有意义的价值乘数。其次，它比较稳定、可靠，不容易被操纵。最后，收入乘数对价格政策和企业战略变化敏感，可以反映这种变化的后果。

收入乘数估价模型的局限性：不能反映成本的变化，而成本是影响企业现金流量和价值的重要因素之一。

因此，这种方法主要适用于销售成本率较低的服务类企业，或者销售成本率趋同的传统行业的企业。

【例 2-9】 智董石油公司 2016 年每股销售收入为 83.19 美元，每股净利润 3.91 元。公司采用固定股利支付率政策，股利支付率为 74%。预期利润和股利的长期增长率为 6%。该公司的 β 值为 0.75，该时期的无风险利率为 7%，市场平均报酬为 12.5%。

$$净利润率 = 3.91 \div 83.19 \approx 4.7\%$$

$$股权资本成本 = 7\% + 0.75 \times (12.5\% - 7\%) = 11.125\%$$

$$收入乘数 = \frac{4.7\% \times 74\% \times (1 + 6\%)}{11.125\% - 6\%} \approx 0.7194$$

$$按收入乘数估价 = 83.19 \times 0.7194 \approx 59.85\ (元)$$

2. 相对价值模型的应用

（1）可比企业的选择。相对价值法应用的主要困难是选择可比企业。通常的做法是选择一组同业的上市企业，计算出它们的平均市价比率，作为估计目标企业价值的乘数。

根据前面的分析可知，市盈率取决于增长潜力、股利支付率和风险（股权资本成本）。选择可比企业时，需要先估计目标企业的这三个比率，然后按此条件选择可比企业。在三个因素中，最重要的驱动因素是增长率，可以作为判断增长率类似的主要依据。

如果符合条件的企业较多，可以进一步根据规模的类似性进一步筛选，以提高可比性的质量。

按照这种方法，如果能找到一些符合条件的可比企业，余下的事情就好办了。

【例 2-10】 贵琛公司是一个制造业企业，其每股收益为 0.5 元 / 股，股票价格为 15 元。假设制造业上市企业中，增长率、股利支付率和风险与贵琛公司类似的有 6 家，它们的市盈率如表 2-21 所示。用市盈率法评估，贵琛公司的股价被市场高估了还是低估了？

表 2-21　6 家公司的市盈率

企业名称	价格 / 收益
A	14.4
B	24.3
C	15.2
D	49.3
E	32.1
F	33.3
平均数	28.1

由于：股票价值 = 0.5 × 28.1 = 14.05（元 / 股），实际股票价格是 15 元，所以贵琛公司的股票被市场高估了。

“价格 / 收益”的平均数通常采用简单算术平均。在使用市净率和收入乘数模型时，选择可比企业的方法与市盈率类似，只是它们的驱动因素有区别。

（2）修正的市价比率。选择可比企业的时候，往往没有像上述举例那么简单，经常找不到符合条件的可比企业。尤其是要求的可比条件较严格，或者同行业的上市企业很少的时候，经常找不到足够的可比企业。

解决问题办法之一是采用修正的市价比率。

1）修正市盈率。在影响市盈率的诸驱动因素中，关键变量是增长率。增长率的差异是市盈率差异的主要驱动因素。因此，可以用增长率修正实际市盈率，把增长率不同的同业企业纳入可比范围。

修正市盈率 = 实际市盈率 /（预期增长率 ×100）

修正的市盈率，排除了增长率对市盈率的影响，剩下的部分是由股利支付率和股权成本决定的市盈率，可以称为“排除增长率影响的市盈率”。

【例 2-11】依前例 2-10 数据，各可比企业的预期增长率如表 2-22 所示。

表 2-22 各可比企业的预期增长率

企业名称	实际市盈率	预期增长率（%）
A	14.4	7
B	24.3	11
C	15.2	12
D	49.3	22
E	32.1	17
F	33.3	18
平均数	28.1	14.5

贵琛公司的每股净利是 0.5 元 / 股，假设预期增长率是 15.5%。

有以下两种评估方法。

①修正平均市盈率法。

修正平均市盈率 = 可比企业平均市盈率 /（平均预期增长率 ×100）

= 28.1/14.5 = 1.94

贵琛公司每股价值 = 修正平均市盈率 × 目标企业增长率 ×100

× 目标企业每股净利

= 1.94 × 15.5% × 100 × 0.5

= 15.04（元 / 股）

实际市盈率和预期增长率的“平均数”通常采用简单算术平均。修正市盈率的“平均数”根据平均市盈率和平均预期增长率计算。

②股价平均法。这种方法是根据各可比企业的修正市盈率估计贵琛公司的价值：

目标企业每股价值 = 可比企业修正市盈率 × 目标企业预期增长率 ×100

× 目标企业每股净利

然后，将得出股票估价进行算术平均，计算过程如表 2-23 所示。

表 2-23 计算过程

企业名称	实际市盈率	预期增长率（%）	修正市盈率	贵琛公司每股净利（元）	贵琛公司预期增长率（%）	贵琛公司每股价值（元）
A	14.4	7	2.06	0.5	15.5	15.9650
B	24.3	11	2.21	0.5	15.5	17.1275
C	15.2	12	1.27	0.5	15.5	9.8425
D	49.3	22	2.24	0.5	15.5	17.3600

续表

企业名称	实际市盈率	预期增长率（%）	修正市盈率	贵琛公司每股净利（元）	贵琛公司预期增长率（%）	贵琛公司每股价值（元）
E	32.1	17	1.89	0.5	15.5	14.6475
F	33.3	18	1.85	0.5	15.5	14.3375
平均数						14.8800

2）修正市净率。市净率的修正方法与市盈率类似。市净率的驱动因素有增长率、股利支付率、风险和股东权益净利率。其中，关键因素是股东权益净利率。因此：

修正的市净率 = 实际市净率 /（预期股东权益净利率 ×100）

目标企业每股价值 = 修正平均市净率 × 目标企业股东权益净利率 ×100× 目标企业每股净资产

3）修正收入乘数。收入乘数的修正方法与市盈率类似。收入乘数的驱动因素是增长率、股利支付率、销售净利率和风险。其中，关键的因素是销售净利率。因此：

修正收入乘数 = 实际收入乘数 /（预期销售净利率 ×100）

目标企业每股价值 = 修正平均收入乘数 × 目标企业销售净利率 ×100 × 目标企业每股收入

如果候选的可比企业在非关键变量方面也存在较大差异，就需要进行多个差异因素的修正。修正的方法是使用多元回归技术，包括线性回归或其他回归技术。首先，使用整个行业全部上市公司甚至跨行业上市公司的数据，把市价比率作为因变量，把驱动因素作为自变量，求解回归方程。然后，利用该方程计算所需要的乘数。通常，多因素修正的数据处理量较大，需要借助计算机才能完成。

此外，在得出评估价值后还需要全面检查评估的合理性。例如，公开交易企业的股票流动性高于非上市企业。因此，非上市企业的评估价值要减掉一部分。一种简便的办法是按上市成本的比例减少其评估价值。当然，如果是为新发行的原始股定价，该股票将很快具有流动性，则无须折扣。再如，对于非上市企业的评估往往涉及控股权的评估，而可比企业大多选择上市企业，上市企业的价格与少数股权价值相联系，不含控股权价值。因此，非上市目标企业的评估值需要加上一笔额外的费用，以反映控股权的价值。

总之，由于认识价值是一切经济和管理决策的前提，增加企业价值是企业的根本目的，所以价值评估是财务管理的核心问题。价值评估是一个认识企业价值的过程，由于企业充满了个性化的差异，因此每一次评估都带有挑战性。不能把价值评估（或资产评估）看成是履行某种规定的程序性工作，而应始终关注企业的真实价值到底是多少，它受哪些因素驱动，尽可能进行深入的分析。

四、价值评估的程序

价值评估的程序如下。

1. 进行评估分析的基础工作

对企业进行评估，必须先了解该企业所处的宏观经济环境和市场监管及竞争环境，以及其在行业中所处的地位，据此判断企业的生存能力和发展前景。这种基础工作包括以下四个方面：①了解目标公司所处的宏观经济环境和市场监管及竞争环境；②了解目标公司的特征及行业特征；③了解企业在行业中的竞争能力；④了解目标公司的技术革新能力。

据此来收集整理数据资料，企业价值估计需要收集的数据资料包括与企业价值评估有关的基本事实。数据资料的科学整理和积累是企业价值评估的关键。为此首先需要鉴定和筛选评估中所需资料；然后按照一定的标准进行适当分类和数据调整以方便使用；最后对所收集的数据资料进行初步分析，以“去粗取精”，将可用的数据资料及其参考价值分析出来，为评价提供准确依据，按照不同的分析要求和数据资料的不同特点，数据资料分析可使用比较分析、结构分析、时期比较等方法。科学的归类和整理过程是提高评估效率和效果的重要步骤。

2. 把握公司的市场定位，研究公司治理结构与控制权

这对于预计公司未来的发展前景，从而进行绩效预测是必要和有益的。

3. 绩效预测

企业价值是对企业持续发展潜力的认识和评价，所以对企业进行绩效预测，明确企业关键的价值驱动因素——增长率与投资资本回报率成为必不可少的步骤。应该对未来现金流量构成要素值和现金流量值分布概率进行估计，或结合预测期限和通货膨胀影响，预测企业的资产负债表和利润表的具体项目，并将这些项目综合起来，用以预测现金流量、投资资本回报率及其他关键的企业价值驱动因素以及估价所用的贴现率。

在进行企业绩效预测时，首先应利用已收集的资料，结合企业所在行业特点和自身的竞争优势劣势，评估企业的战略地位；然后为企业制订绩效环境（如经济的繁荣和萧条、企业经营行为的延续和改善、新产品开发的成功或失败等），定性说明影响企业绩效的主要事件，以及企业绩效将如何发展；在此基础上对未来现金流量构成要素值和现金流量值分布概率进行估计，或结合预测期限和通货膨胀影响，预测企业的资产负债表和利润表的具体项目，并将这些项目综合起来，用以预测现金流量、投资资本回报率及其他关键的企业价值驱动因素。

4. 选择财务估价模型

对企业价值的评估模型因其评估目的不同、被评估企业的特点不同而不同，对于同一企业，不同的评估模型可以得出相差很远的评估结果。企业的不同特点也影响着评估方法的选择。在企业价值评估时，一般不宜采用收益法，以免其收入来源不复存在而虚增企业价值，运用资产账面价值评估则是比较稳健的做法。在实践当中，许多主客观不确定性因素对企业价值评估无法避免地产生着影响。因此，企业价值的选择和确定往往要综合考虑多种方法所得的结果。

5. 结果检验与解释

企业价值评估的最后阶段包括检验企业的价值、根据有关决策对评估结果做出解释，这一检验过程通常是通过将企业价值与其价值驱动因素、关键的营业假定进行对照完成的。通过对企业不同情景下的价值及对应关系的全面考察，可以有效保证企业价值评估结果的准确性，帮助相关信息使用者做出正确决策。此外，企业价值评估的目的是对企业管理或投资决策做出指导，由于大多数决策都包含着不确定性风险，所以应从能够反映这一不确定性的价值范围考虑企业价值，而不是在做出任何决策时都泛泛地使用同一企业价值评估结果。这就需要投资者或企业经营者考虑决策的性质和适用条件，选取适合的企业价值或对企业价值评估结果进行修正，作为决策取舍的依据。

五、估值分析的基本架构

对企业价值进行估值分析的基本架构如图 2-22 所示。

六、高级商业价值评估

（一）过程中的研发

过程中的研发（IPRD）是财务会计中的一个术语，它指的是尚未达到技术完备点，即设计和实验还没有完成的产品开发。收入法是最常用的评估 IPRD 价值的方法。收入法的基础是预期原理，运用收入法的最大困难是预期新产品的经济收益，估计生产失败的风险，以及将 IPRD 的贡献从其他作为收入流的生产所必需的资产（尤其是已经现存的技术）中分

离出来的固有难题。为了把对 IPRD 有贡献的预期收入分离出来，有必要识别有贡献资产价值带来的收益。

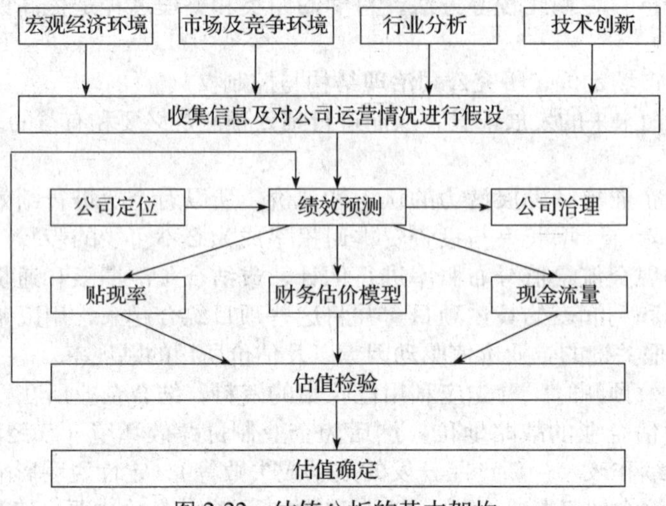

图 2-22 估值分析的基本架构

1. 有贡献的资产

无论产品是硬件、软件、新药品或者是医疗器械，来自新产品预期中的收入都是许多资产和谐工作的结果。这些资产包括有形资本、流动资本、商誉和已现存的技术，以及其他的无形资产，如软件、分配系统和生产的车间。用收入法评估 IPRD 时，首先应该识别所有开发 IPRD 所必需的营运资产。可以将有贡献的资产做如下分类。

（1）非消耗性资产许多对来自技术的、对能产生收益的产品有贡献的资产都是非消耗性的。进行 IPRD 评估时，这些资产包括流动资本、土地、商誉和生产车间。因为这些资产是非消耗性的，只需要识别其资本收益大小。为了估计出适当收益的大小，可以假设是有效地从外部“借”来的。

以流动资本为例，可以假设它是从一个金融机构借来的，并且要支付借款利息。在计算流动资本费用利率时，有三个可能选择：企业的直接借款利率；流动资本的加权平均资本成本；企业的加权平均资本成本。从技术角度来说，使用加权平均资本成本是不精确的，因为分配给 IPRD 较少的收入将会弥补分配给 IPRD 相对较小的贴现率，这就产生了一个有价值的结论，即对每一类资产假定一个合适的收益率能得出较正确的技术分析。土地被认为是非消耗性并且能生产的资产。土地出租倾向于反映名义利率。商誉的资本费用是直观的，它就是商誉的版税率。如果商誉用于另外的技术差别很小或是没有技术差别的产品系列，则版税率就要从这一情形中推断出来，并应用于评估 IPRD。生产车间是人力资本中的无形资产，考虑生产车间的贡献时，IPRD 产生收益时所用的资本费用应该是收益率乘以生产车间的价值。

对非消耗性资产资本费用的计量简要归纳如表 2-24 所示。

表 2-24 对非消耗性资产费用的计量

资产	资本费用率
净流动资本	债务比率或 WACC
土地	土地租金率或 WACC
商誉	版税率或 WACC
生产车间	股权率或 WACC

（2）消耗性资产。消耗性资产的资本费用更复杂，因为它既需要提供资本收益率，又要提供资本报酬率。一般来说，主要的消耗性资产类型是对房地产和设备的改进。考虑到有形资本对 IPRD 产生收益，所使用的租金率可以通过资产在经济生命期内的租金水平计算出来。如果有形资本的预期剩余年限比 IPRD 的预期剩余年限要大，则合适的租金水平以及资本费用计算公式如下：

$$R_L = \frac{V}{(1-t) \times ADF_e} \times \left[1 - \left(\frac{ADF_t}{L_t} \times t\right)\right]$$

式中，R_L 代表租金水平；V 代表有贡献资产的价值；t 代表所得税税率；ADF_t 代表所得税税收期内折旧的现值；ADF_e 代表经济生命期内租金的现值；L_t 代表所得税税收期。

（3）其他技术。现存技术是 IPRD 的发展组成部分。有好几种方法可被用来评估现存技术的价值，其中有一种技术基于新版本代表产品中技术的翻新。因此，如果一个新的软件产品有 500000 行代码，而 IPRD 占了其中 100000 行代码，则价值或版税的 1/5 应归于 IPRD。另一种方法是评估现存技术的价值并得出与价值相一致的版税，然后从 IPED 的收益中减去版税以得到现存技术价值的收益。

2. 估计研发过程中技术的使用年限

估计研发过程中技术的剩余使用年限，一般使用事前、事后分析相结合的方法。回顾所有历史先例，活跃的和不活跃的产品，以确定它们的寿命持续了多长时间或者它们当前的寿命。事前和事后分析可以采用行业专家的评论，或现存任何对项目寿命预测的研究为基础。应特别注意那些能引起功能上或经济上磨损的因素，如相互依赖的计算机硬件的预期变化。有时候，使用年限是难以确定的，因为通过经常性的修改，产品可以有无限的生命，在这种情况下，当现存或研发过程中的技术不能再给所研究的公司带来预期现金流时，将视为该产品使用年限终止。

（二）网络公司价值评估

对网络公司进行价值评估，最好的方法是使用传统的折现现金流量法，辅之以微观经济分析和可能性加权前景预测。描述的这些方法虽然有助于界定和量化不确定性，但不确定性不会因此而消失。

1. 无现金流量可折现情况下的折现现金流量分析

对网络公司的评价最常听到的批评是，这些公司的价值随着亏损的增加而猛涨。这种现象有两个驱动因素：超常增长率和利润表上的投资额。许多与网络相关的新公司年增长率超过 100%。这种超高增长率，再加上当作费用而不是当作资本处理的投资，会使亏损愈来愈大，一直到增长率慢下来。

通常情况下，网络公司的建立并不需要巨额的资本投资，但这并不是说商务网络公司就可以一直不需要巨额投资。商务网络公司的投资在于获取顾客，这种投资在利润表上计为费用，对于网络零售商，几乎所有顾客获取成本都得当成费用来处理。实物零售商的现金流量如果与网络零售商的现金流量相同的话，会比网络零售商早很多年达到收支平衡。网络零售商对他们的顾客获取投资最终将获得正净现值，那么因顾客获取加快而造成的亏损增加会提高公司的价值。

采用折现现金流量法对网络公司进行价值评估时，投资被当成费用处理和当成资本处理的区别不再重要，因为会计处理方法并不影响现金流量。即使缺乏有意义的历史数据和正收益来计算市盈率也没有关系，因为折现现金流量法主要依据的是对绩效的预测，能比较容易地对最初几年亏损最后却能创造价值的公司进行价值评估。折现现金流量法在预测时虽然仍会遇到很多困难，但能够清楚地解释网络公司的超高增长率和不确定性。为了使折现现金流量法适合于对网络公司进行价值评估，要对它进行三方面的改动：从未来的某个特定时间开始回溯到目前；使用可能性加权前景预测，以明确的方式解决其不确定性；利用传统分析技能，了解网络公司的潜在经济状况，预测它们的未来绩效。

2. 从未来开始

在预测网络公司这类高增长公司的绩效时，通常从公司在未来可能出现的情况入手。考虑公司在目前高速增长、形势不稳定状况转入中等可持续增长时的情形入手，然后再回溯到目前。未来的增长状况应用市场渗透率、顾客平均收益、可持续性毛利之类的指标来界定。与行业和公司未来情形同等重要的是公司真正转入可持续性中等增长的具体时间。由于与网络相关的公司都很年轻，至少要在未来 10 ～ 15 年后经济状况才会稳定。

3. 确定可能性权数

不确定性是对高增长的技术性公司进行评估过程中最为棘手的问题。可能性加权前景预测是处理这个问题的一个简单而直接的方法。使用可能性加权前景预测时，要求对各种前景（有些乐观，有些不乐观）的一系列未来财务数据进行估算，然后根据可能性赋予各种前景一定的权数，并计算出相应的价值，累加后得出总值。可能性分析似乎能够支持对网络公司的价值评估，但还需分析该价值评估对可能性发生变化的敏感度。一般而言，网络公司的股票价格是相当不稳定的，较小的变化会带来价值大幅度的振荡，而这种可变性是无法消除的。

4. 客户价值分析

对高增长公司进行价值评估的最后一个难点是如何区分很快就要兴盛的网络公司和很快就要破产的网络公司。对于网络公司而言，客户价值分析是个有效的方法，它涉及五个驱动因素。

（1）客户购买所产生的每位客户年收入、网站广告及其他零售商租用网站进行销售所产生的收入。

（2）客户总数。

（3）客户人均利润率（未扣客户获取成本）。

（4）获取一位客户的平均成本。

（5）客户流失率（即每年流失的客户比例）。

5. 不确定性依然存在

使用这种经过调整的折现现金流量方法，可以对看似不合理的企业进行合理的价值评估，但进入网络类高增长市场的投资者和公司，都面临着极大的不确定性。这种不确定性大多与竞争激烈领域的优胜者识别问题有联系。无论是投资者还是公司都改变不了这一不确定性，这正是投资者分散投资的理由，也是收购网络公司时不付现金的原因。20 世纪末，网络公司的出现与相关评估技术的产生对股市的健全提出了新问题，因而在对网络公司进行价值评估时，应该从未来开始考虑其不确定性；并应了解企业相对于竞争者的经济状况模型。网络公司的不确定性虽然无法改变，但至少可以了解它们。

第三章
现金流量管理

第一节　现金流量相关知识

现金流量是在一段时间内的现金净收入，或者说某期间内的现金流就等于该期间内的现金总收入减去现金总支出。和企业的净利润一样，现金流是一个速率变量，也就是说现金流只在某一段时间内，如一年、一个月等才有意义，而在某个时刻点上并无意义。严格地讲，这里的现金还包括现金等价物。

一、现金流分类

（一）筹资现金流

筹资现金流是期内企业从外部筹集现金的净值，包括：借新债（现金收入），还老债（现金支出），发行股票（现金收入），回购股票（现金支出），支付股东红利（现金支出）等活动。但依照国际上通行的原则，从成本 / 效益原则出发，会计处理上把负债利息支出计入运营现金流，不计入筹资现金流。我国财政部规定利息计入筹资现金流，与国际不接轨。筹资现金流可正、可负。正值表明筹集了现金，增加了负债或权益；负值表明偿还了现金，减少了负债或权益。

（二）投资现金流

投资现金流是企业在期内投资活动的净支出（即一般的现金流为负值），包括固定资产投资、无形资产和递延资产投资、长期投资等支出，减去固定资产等处置收入和长期投资收入。

涉及投资现金流的科目可能较少，但尤其在企业增长时，投资现金流数额很大。

（三）运营现金流

运营现金流又称为经营现金流，是期内企业运营活动所赚来的现金净收入。由于现行会计制度是权责发生制而不是现金收付制，一般地说，会计净利润不等于运营现金流。这不仅仅是折旧在净利润之外构成现金来源，而且流动资产或流动负债的变化也影响运营现金流。例如，某公司当年利润为100元，但存货年末比年初增加了100元，而其他流动资产和流动负债并未发生变化，那么，这100元的净利润则都由存货的增加占用了。

下面我们导出运营现金流的一般公式。

按照现金流的定义，运营现金流等于运营现金收入减去运营现金支出，或用公式表示为

$$CF = CF_{in} - CF_{out} \tag{1}$$

运营现金收入 CF_{in} 并不等于会计上的销售收入（净值），而应是销售收入减去应收账款的增量：

$$CF_{in} = S - \Delta AR \tag{2}$$

式中，S 为期内销售收入（净值），ΔAR 表示期末与期初相比应收账款的增量，即 $\Delta AR = AR_{末} - AR_{初}$。

同理运营现金支出 CF_{out} 为

$$CF_{out} = C + I + \Delta INV - \Delta AP - \Delta EP - \Delta TP - \cdots + TAX \tag{3}$$

式中，I 为期内利息。C 为期内除利息外的其他现金支出的费用。TAX 为税款。以上三项均是损益报告中的概念，即按权责发生制下的数据。Δ 表示期末与期初相比的增加量（可正，可负），ΔINV 为库存增量，ΔAP 为应付账款增量，ΔEP 为应付费用增量，ΔTP 为应付税款增量……，要注意 Δ 前的正负号。

设所得税率为 T，则会计上税前利润 EBT 为

$$EBT = S - C - I - D \tag{4}$$

而所得税 TAX 为

$$TAX = (S - C - I - D) \times T \tag{5}$$

净利润 π 为

$$\pi = (S - C - I - D) \times (1 - T) \tag{6}$$

式中，D 为当期折旧和分摊。于是便得出运营现金流为

$$\begin{aligned} CF &= CF_{in} - CF_{out} \\ &= S - C - I - TAX - \Delta AR - \Delta INV - \cdots + \Delta AP + \Delta EP + \Delta TP + \cdots \\ &= (S - C - I - D) - (S - C - I - D) \times T + D \\ &\quad - \Delta AR - \Delta INV - \cdots + \Delta AP + \Delta EP + \Delta TP + \cdots \\ &= \pi + D - \Delta AR - \Delta INV - \cdots + \Delta AP + \Delta EP + \Delta TP + \cdots \end{aligned} \tag{7}$$

即

$$CF = \pi + D - \Delta(\text{除现金外的流动资产}) + \Delta(\text{流动负债}) \tag{8}$$

换句话说，运营现金流量等于会计利润，加折旧、分摊，减去一部分流动资产增量，加一部分流动负债增量。

流动资产减去流动负债为运营资本（Working Capital），用 WC 表示，于是：

$$CF = \pi + D - \Delta WC \tag{9}$$

即运营现金流等于净利润加折旧分摊再减去除现金以外的运营资本增量。这部分运营资本涉及的流动资产和流动负债或是企业运营自动发生的，或是短期筹资活动的科目，如短期借款等。

公式（9）是计算运营现金流的基本公式。在推导该公式时，我们假设了企业只有主营收入，实际上当企业还有其他收入时，公式（9）仍然正确。我们从净利润的定义知道，若折旧、分摊D增加，则净利润减少；但现金流究竟是增加还是减少呢？从公式（9）一时还看不明白。我们把公式（9）稍加变形，事情就清楚了：

$$CF = (S - C - I) \times (1 - T) + T \times D - \Delta WC \tag{10}$$

从公式（10）知道，尽管折旧越多利润越少，但折旧越多仍导致运营现金流越多：计提折旧D，会使现金流在不计提折旧的基础上增加T×D，其中T为所得税率。

因此，我们注意到一个十分重要的事实，在有所得税的情形下，折旧、分摊会使运营现金流增加T×D，这就是折旧税蔽（Tax Shield）。税蔽的概念以后我们还会多次遇到。

由此可见，当其他因素不变时，销售收入上升，则运营现金流上升；成本、费用上升，则运营现金流下降；折旧、分摊上升，则运营现金流上升；税率上升，则运营现金流下降；运营资本增加，则运营现金流下降。

流动负债中的短期借款计入运营现金流。实际上对待短期借款和应付票据等也有不同的处理方式，也有归入筹资现金流的。不管如何处理是不影响最终结果的。

二、现金流量的功用

现金流量的功用如下。

1. 实现企业的流动性

一个企业的流动性，表明企业资源运作的效率，决定着企业成败；而丧失流动性的企业，就意味着企业生命即将终结。现金流量是企业提高流动性的基础，改善现金流量就可以增强企业资源的流动性，从而提升企业的竞争力。

2. 赋予企业发展能力

企业发展首先取决于能否具有自我积累的能力。自我积累能力的高低，集中表现在经营过程结束后现金净流量的大小。经营活动现金净流量越大，企业投资扩张培植未来竞争优势的能力就越强。

3. 调控经营行为

现金流量过去发生的各种情形，可以为企业规划未来提供极好的指导。虽然长期以来，会计利润指标成为企业经营活动关注的主要内容，但由于会计利润在确认与计量方面容易受实务操纵的致命弱点，使得比较客观的现金流量指标，在反映企业过去业务情况与预见未来盈利能力方面，比会计利润指标更为实务界接受。此外，企业现金流量的状况，直接决定公司的财务支付能力。企业一旦在财务支付方面出现问题，则对企业未来的影响极可能是灾难性的。现金流量较好地表明了企业支付能力的大小，为各种经营措施的执行指明了方向。

三、现金流量要素

现金流量的基本组成要素有四个：流量、流程、流向和流速。

1. 流量

流量包括流入量、流出量及其流入与流出的差额即净流量。流量综合反映了企业每一项财务收支的现金盈余，是企业经济效益的最直观体现。分析企业现金流量构成及其盈余状况，能对企业核心能力及其获利能力做出较为客观的评价。

2. 流程

流程涉及现金流量的组织、岗位、授权及办理现金收支业务的手续程序。企业的现金流量几乎是与生产经营活动同步实现的，而生产经营活动一般是由分散在多部门、层次甚至是不同地点的企业员工分别进行的，具有分散性特点，因此现金流量的分布也必然是分散的。现金流量的组织必须与企业组织结构相适应。企业应把现金流量按其生成、流出的方向，确定相应的业务、管理及控制岗位，以使现金流量的组织具有严密的内部控制制度，确保现金流量这一企业“生命源头”领域少出差错、杜绝舞弊。为此应赋予各现金流量业务管理、控制岗位以相应的职权，保障其充分有效地履行职责。同时规定，任何一次现金收支业务的办理必须履行申请、审批、记录、支付、检查等必要手续才能完成，以确保现金收支的合法合理。总之现金流程决定现金流量的安全性。

3. 流向

现金流量的流向表示企业现金流量的趋势。总的来看，现金流向分为流入量与流出量两方面。流入表明企业现金流入量的主要来源，可以对企业竞争能力的构成及未来走向做出大致判断。流出表明现金支付的主要用途，可以综合反映企业经营战略及未来创造价值的能力。现金流向主要解决现金流量中的平衡问题，主要包括流入与流出数量、时间及币种三个方面的全面平衡。对一个特定企业而言，现金流向会存在一个相对恰当的标准结构，这种标准结构是现金流量管理非常有用的工具，成为调控企业现金流向的有效手段。

4. 流速

对某一具体的现金业务而言，流速是指从支付现金到收回现金所需时间的长短；对整个企业而言，流速是指资本投入到回收的速度。在实际工作中，衡量流速一般采用周转率指标，从而产生了全部资产周转率、流动资产周转率、应收账款周转率、存货周转率等具有不同功用的多类周转率指标。从国际趋势看由开始全面关注这些周转率指标，逐步锁定为重点关注“应收账款”与“存货”两个周转率指标。随着社会信用及银行结算监督制度的高度发达，西方企业开始只考评“存货周转率”指标。在我国由于社会信用与银行结算监督制度尚未完善，应收账款周转率还是绝对有必要纳入考评流速的指标之中。存货与应收账款的周转速度，综合反映了企业经营效率和流动资产质量，对企业未来发展具有决定性影响。

考察评价企业的现金流量，必须全面客观深入地分析其现金流量的四个基本要素后，才能得出较为恰当的结论并实施行之有效的管理。

四、影响现金周转的因素

影响现金周转的常见因素如下。

1. 企业盈利状况

利润是企业的一项重要资金来源，也是企业借款得以按时偿还的根本保证。盈利企业若不是在积极扩充时，会有现金不断积累的趋势，财务管理人员的责任是为这些多余的现金寻找出路。

企业可能会决定增加股利的支付，偿还借款，投资购买有价证券或兼并企业。这些现象在一些成熟行业是屡见不鲜的。但企业若是处于亏损状态时，财务管理人员的日子就不会好过了。如果企业所处行业是资本密集度高的行业，如航空业、铁路业等，企业虽然亏损，但短期内其现金余额不会衰减，因为这些企业有着特别多的折旧和摊销费用，这构成现金来源。但若企业长期不能扭亏为盈，终有一天会面临固定资产得重置却无足够资金的困境。这种情况的不断延续最终将只会使企业破产。对那些不能以高于补偿现金支付的费用的价格出售其商品的亏损企业，其命运将更为悲惨。它们的财务管理人员会发现无法筹集到足够资金来维持企业生存，因为可能的贷款人看不出企业如何能从经营中取得现金来偿还它们的贷款，而企业主也不愿冒风险投入更多资金。

2. 企业的流动资产、流动负债变化情况

企业有的时候盈利很多，但仍能出现现金困难。原因之一就是把盈利变成了流动资产，如增加存货、增加应收款等，也可能是由于把盈利用来减少流动负债等。要注意，流动资产的增加或流动负债的减少都占用现金；流动资产的减少和流动负债的增加都会使现金增多。

3. 企业扩充速度

即使对盈利较好的企业，如果企业扩充速度过快，也会出现企业现金周转困难的情况。随着企业经营规模的迅速扩大，不仅企业的存货、应收账款、销售费用增加，而且还伴随着固定资产扩大。这往往是大宗现金开支。这些都激化了企业扩充阶段的现金需要，并加重了财务管理人员所面临的任务。他们不仅要继续维持企业目前经营收支的平衡，同时还需筹集资金满足项目扩充需要，并努力使这种需要控制在曾预计的生产销售水平下可获得的现金水平内。

对迅速扩充企业，财务管理人员可能会要求股东增资，建议减少股利支付，增加长期贷款，力图削减存货水平，加速应收账款回收等。

4. 企业经营的季节性波动

这种波动可能是销售的季节性波动或原材料采购的季节性波动。企业销售呈季节性波动时，在销售淡季，因销货少，相应存货和应收款也减少，企业的现金周转水平下降，在销售旺季，因为存货和应收款的快速增长，企业可能出现现金不足，但随着货款的回收，在旺季过后又会积累过剩现金。

有些行业的企业采购属于季节性模式。例如，卷烟公司需要在几个月内购进足够全年使用的烟叶，这使得企业原材料存货大幅上升，现金余额减少。随着销售的进行，现金余额会不断增长。

五、现金流量计算方法

现金流量的计算有两种方法，即直接法和间接法。直接法提供的现金流量表直接按照经营活动、投资活动和筹资活动以及每类活动的具体业务类型反映现金的流入、流出和净流量。间接法的基础是会计恒等式：净收益 = 收入 − 费用。通过检查各项收入和费用，剔除那些非现金的收入或费用，以及那些不是由经营活动导致的收入或费用，即

$$\text{经营活动现金净流量} = CR - CE = \text{净收益} + NCE - NCR$$

式中，CR 代表经营活动产生的现金收入，CE 代表经营活动产生的现金费用，NCE 代表非现金费用或包括在费用中的非经营活动现金流量，NCR 代表非现金的收入或非经营活动现金流量的收入。

在我国，财务会计准则要求使用直接法提供现金流量表，但应以间接法制作附表。最近的调查显示，97% ～ 99% 的美国公司使用间接法来报告经营活动产生的现金流量。由此可见，当公司投资于海外市场时，可能只能得到根据间接法提供的现金流量表。然而间接法提供的经营活动现金流量仅反映了现金流量的净额，并不能很好地满足具体分析的要求。人们并不仅仅对现金流量的金额本身感兴趣，而是认为从中可以反映出各项公司活动（包括经营活动、筹资活动和投资活动这三大类经济业务，以及每大类经济业务中的具体业务类型）中可能存在的潜在问题，这些问题将影响公司未来现金流量和价值，这才是现金流量信息的价值所在。所以，有必要将按照间接法提供的经营活动现金净流量，还原成经营活动现金流量的各个组成部分。其方法主要是利用利润表上经营活动和事项的信息，以及间接法提供的现金流量表上关于账户余额变动的信息来进行调整。

第二节　现金流量管理综述

现金流量管理的重要性不只是体现在公司营运这个层面，更应被提到战略高度；无论是从企业的当期营运价值（COV）来看，还是从企业的未来成长价值（FGV）来看，现金流量管理都会产生决定性影响。

一、现金流量管理的目标

现金很重要，但使现金均衡有效地流动更为重要。实现现金流量的均衡性和有效性是企业现金流量管理的核心目标。“均衡有效的现金流”是指，现金的流入和流出必须在金额和时间节点上保持适当的配合；当企业必须发生现金流出时，一定要有足够的现金流入与之配合；当企业产生现金流入时，除了维持日常所需外，剩余资金必须找到有利的投资机会。

现金流量管理的具体目标：①经营活动产生的现金流量应有盈余；②不能过度投资于营运资金；③盈余现金应进行投资；④长期投资及融资计划应与企业经营性现金流的创造能力相适应。

二、现金流量管理模式的选择

企业因规模、管理结构、地域范围以及企业与供应商关系的不同而采用不同的现金流量管理模式。

1. 拨付备用金的管理模式

企业发展到一定规模，为了减轻财务人员的工作量，同时提高整个企业财务活动的效率，可以采用拨付备用金的管理模式，即向企业下属部门或公司拨付一定金额的备用金，以增加经营的灵活性。在这种模式下，企业财务部门相当于报销中心，工作量依然很大。

2. 统收统支管理模式

中小企业因为经营权和所有权高度集中，现金流量管理模式也为集权模式，即统收统支现金流量管理模式。在这种管理模式下，所有现金流入、流出业务都要通过企业的财务部门，财务总监的工作量极大，只能关注算账和报账工作，根本无法从日常事务中解脱出来，更不能对现金流量进行预测和控制。

3. 现金池管理模式

进入 21 世纪以来，全球经济一体化，电子化手段不断被应用，并且随着一些企业集团内外部财务集成的实现，财务共享成为可能，现金池这种现金流量管理模式被一些大型企业集团应用。

现金池管理模式是指集团总部与商业银行签订协议，以公司总部的名义设立集团现金池账户。每个工作日内，各子公司根据内部管理制度进行正常的收、付款，每日终了，如果各子公司账户有现金盈余，所有现金盈余将划拨到集团现金池账户，如果某一家子公司账户出现透支，集团现金池账户将转入现金补平。如果集团现金池账户也出现赤字，那么企业集团将集中向银行借款；如果集团现金池账户有盈余现金，企业可将其用于投资。现金池管理模式简化了集团的现金管理，使集团做到现金集中管理，也使得集团内部各子公司之间能够互相融通资金，最大限度地满足集团内部各公司的资金需求，同时也降低了融资费用。

在考虑现金池管理模式时，企业集团的财务总监还要注意两个问题。其一，集团内部各子公司所有的参与者都必须在同一家银行开设账户，企业所选银行的机构网点、银行服务特色应能与企业现金管理的需求相适应，签约银行应能够为企业量身定制现金池架构，随时随地为企业提供个性化现金管理服务。其二，建立外币现金池，首先要获得国家外汇管理局的批准。

三、现金流量自动化管理

大型企业，特别是企业集团更需要有效的自动化现金流量管理系统。现金管理自动化系统会根据使用目的和设计不同而变化。其中一些自动化系统在企业内部建立，而另一些则由银行向其客户提供。

1. 企业可以在内部建立自动现金管理系统，以提高现金管理的速度和灵活性

例如建立在电算化模型上的现金预测。企业可以使用一个与企业分类账直接连接的在线支付系统，开具支票或银行转账支付的要求可以从一个遥远的终端输入到中央计算机。每个要求都应被确认以便确保该交易由已获得授权的人员办理且支付手续完整。之后相关的经理人员会对付款进行在线授权，由系统自动打印支票，或发送银行转账指令。

2. 电子银行系统的优点源自它的速度和信息的有效性，并且以更低的成本获得更高的准确性，同时银行提供专业理财服务，可以帮助企业对现金进行更好的决策和控制

电子银行系统所花费的成本应小于该系统带来的收益。除偶然情况外，对于那些现金流量均能够较好地预测的企业来说，余额信息与当日交易信息可以在每天较早的时间通过电话从银行处取得。这是获取全部所需信息的一种成本较低的方法。

3. 银行向大中型企业提供自助银行服务系统，可以使企业财务人员通过自己办公室的个人电脑终端进入电算化信息系统以及银行的支付系统

各银行系统的特色会有所不同，并且所提供的服务可以根据企业的需求与规模定制。电子银行系统主要提供余额报告与交易报告、资金划转、决策支持等服务。

第三节　现金流量管理细述

一、现金流量预测

（一）现金流量预测的种类

所有的企业都应该对未来的现金状况进行预测。预测必须有目的性，并且预测所提供的信息也必须有使用价值。如果没有目的和用途，编制预测就没有任何意义。根据环境的不同，现金预算的目的也各不相同。如果预测为赤字，企业可以据此做出筹资安排；如果预测为盈余，企业可以对如何应用盈余现金做出计划。

1. 现金赤字的预测

现金预算的重要性在于保证企业在需要的时候，以可接受的成本筹集到足够的现金。现金预算也可以通过估计以下四个方面的因素，对所存在的流动性问题做出早期预测，即需要多少现金、什么时候需要、需要多长时间，以及是否可以从期望的来源获得现金。现金流量的时间与它的数量一样重要，因为这是企业决定何时安排筹资、安排多长期限筹资的依据。

（1）企业必须为预测到的现金赤字进行筹资。如果企业不能够弥补现金赤字，包括不

能重新安排已到期的债务，那么它就面临破产的危险。现金预算可使管理层有时间与银行协商筹资计划。如果企业已经事先做好了计划，那么就可以在需要借款时比较从容地做出决策，甚至还可能获得一个较低的利率。如果企业是为了避免现金危机而匆忙采取应急措施，此时，企业的信用等级可能已经急剧降低，信用风险提高，要想获得额外的资金非常困难。有的情况下，银行会对资金使用进行限制并提高利率，甚至出现任何的利率水平都无法筹到资金的情况。

（2）因为现金预测将对筹资决策产生影响，预测应该尽可能的准确。但是要使预测完全准确也极为困难，因而一个企业应该拥有自己的或有资金筹资渠道。对非银行企业来说，用于满足或有资金需求的渠道可以是盈余现金余额、短期投资或银行信用额度。由于不同企业的现金循环周期不同，现金流量规划所使用的方法不同，每个企业所需的或有资金的额度也各不相同。对银行来说，或有资金应该是可以从其他银行或央行获得的资金，尽管要为此付出一定的费用。

2. 现金盈余的预测

如果预测有现金盈余，并知道盈余的数额和持续时间，将有助于对现金盈余做出最佳投资决策，规划合理的资金使用组合，并及时地把握各种有利的投资机会。如果企业能够准确地预测未来现金净流入，并合理地规划这些现金流量的使用、预测相应的收益，当把这些信息提供给证券市场上的分析师和投资者时，将对公司股票的市场反应起到积极作用。

（二）编制现金流量预算的基本要素

管理层必须为现金预算的编制建立一个组织结构和方针。虽然制订各种类型预算的方针在一定程度上各不相同，但应考虑的基本要素如下。

1. 预算的密度

现金预算的密度包括三个方面的内容。

（1）时间跨度，指预算能涵盖多长时间。

（2）间隔时间，指多长时间编制一次现金预算，可以是日现金预算、周现金预算、月现金预算、季度现金预算、年度现金预算。通常预算的时间跨度越长，预算的时间间隔就越长。

（3）预算的空间范围。当企业的经营业务领域在两个以上不同的国家投资时，可以分别编制一个经营单位的现金预算、集团的合并现金预算，或一个币种的现金预算等。企业之间现金预算的密度不同，它取决于管理层认为需要什么样的信息。影响因素可以是企业规模大小、地理范围、经营币种的数量、现金管理集权的程度以及现金流量的大小和规划周期等。

2. 准确性与假设条件

在现金预算中总存在一些收入或支出的要素要比其他要素更易被预测，这些要素根据企业的情况不同而各不相同。然而即使是收入与支出中的可预测项目通常也不可能被完全准确地预计出来，因此任何预测都必须能明确预测编制所依据的基础。通过一个明确说明的假设，可以对预测数值进行仔细的验证，如果假设是模糊不清的，则应该尝试其他的可选假设。这样当现金预算与实际现金流量存在差距时，企业就可以更容易地找到原因。实际现金流量总是不可避免地与预算存在差距，管理层应该可以确认什么时候实际现金流量与预算产生了差距，产生差距的原因，以及需采取什么样的措施来保证企业的流动性。企业为保证预算的准确性、相关性与及时性，应该对预算进行修订。例如每月对下三个月的预算进行修订，或在临近预算年度的期末时每月或每季对预算进行修订。经过修订的预算，更有利于进行差距分析，从而寻求原因和解决办法。

3. 现金预算模式

企业常见的做法是以电算化模式编制现金预算。对一个大型企业来说，已选定的软件应是整个财务系统软件包的一部分，这样能够取得共享的信息基础。而小型企业通常仅建立一个电子表格模型。显然前者在灵活性、可选假设的验证、实际现金流量与预算的差异比较与分析，以及修订现金预算或编制新的滚动预算等方面，具有更多的优势，但是后者对小型企业而言可能更经济实用。当然对电算化模式和手工模式来说，现金预算的原则都是相同的。

（三）现金流量预测的方法

现金流量预测可分为三大类：以资产负债表为基础的预测、以利润为基础的预测，以及以现金流量为基础的预测。

1. 以资产负债表为基础的预测更适合作为战略预算

在为资产负债表的其他项目做出预算之后，现金盈余或赤字就是它们的余额。战略现金预算涵盖一个较长的时期，但是战略经营规划仍然应以量化方式而不是定性化的方式来编制，从而描述企业或集团在采纳了特定的战略之后，其未来资产负债表的表现形式。战略规则应考虑为实现特定的战略所需资金数额、所需资金的来源（包括内部产生的现金流量）、战略对流动性和资本结构的潜在影响。此外，它还可以被用来检验以现金流量为基础的预测可行性。将资产负债表预测中的估计因素考虑进去后，预测资产负债表应与现金预算中的净现金变动大体相等。也就是说，现金流量的预算应当符合战略规划的基本要求。

基于资产负债表的预测有以下几点局限性。首先，由于必要假设的相关范围有限并且预测的时期过长，它们的精确性受到限制，通常它们只能粗略地估计出未来的筹资需求和现金盈余；其次，与基于现金流量的预算不同，它不能用于操作和控制；最后，跨国集团很难编制这种预测。集团的资产负债表可以根据各个分部的资产负债表来编制，但当涉及若干个国家的货币时编制集团的资产负债表就很困难，因为分部和总部所使用的记账货币之间的汇率不能确定。对集团中不同国家的分部或子公司之间现金划转的预测也存在困难。如果预计有盈余现金的分部或子公司不愿把盈余现金转入总部以帮助集团的其他分部，那资金缺口可能就会比预期的大。

2. 以利润为基础的预测也很适合 1 ～ 2 年期的战略规划

用年度利润的估计数，估算预算期内现金流量变化的大概情况。在这种方法下，现金预测以息税前利润（EBIT）预测为基础，将经营利润预测转化为付现支出预测。方法之一是将每年的非付现费用加回去，再扣除其他（非经营性的）现金流量，包括利息支出、股息和资本性支出，并根据预期的负债变动（如偿还到期债务或到期债券）进行调整。据此企业管理层可以大略地估计出未来现金流量是否能满足今后需要。

3. 以现金流量为基础的预测

以现金流量为基础的预测指对预测所覆盖的每个时期的现金流入、流出、净现金流量以及现金余额变动的数额和期间做出预测。以现金流量为基础的预测包括涵盖一年或更短时期的现金预算和仅涵盖几天的短期预测。

以现金流量为基础的现金预算说明了预算期内的现金流入与流出情况。现金流入可以来自现金销售、应收账款的回款、固定资产的处置、新股或债券的发行以及外部投资的股息和利息的收取。现金流出可能是为了购买股票、支付工资或其他费用、资本性支出以及支付利息、股息和税款。编制时应当考虑到并非所有的支出都是损益账户项目，如购置固定资产或支付税款。现金流入与流出和销售收入与成本也并不相等，因为损益账户中的一些成本不是现金支出项目，而是会计惯例中规定的成本，如处理固定资产的收益和损失、固定资产折旧。同时，现金流入与流出的时间与损益账户中相关收入和成本入账的时间并不一致。为编制现金预算，应逐个考虑现金流入与流出中的项目，并为每一个项目编制现金预算。由此可见，以现金流量为基础的预测更适合对具体经济业务类型进行分析和控制。

（四）现金流量预测用于管理控制

因为现金是很关键的资源，为实现现金流量管理，现金目标也是业绩目标的一个部分。这个现金目标是企业整体现金预算的结果，用于明确经理们所负责的领域应该怎样增加现金流量，并通过实际现金流量与预测值的差异，分析目标是否能被实现及其原因在哪里。实现现金目标的责任应该交给处于控制现金流量最佳位置的经理。现金目标的一个好处就是所有负责实现现金目标的分部经理与总部经理同样会更多地意识到现金及其管理的重要性。作为现金意识管理文化的一部分，所有经理都应该完全理解现金流量与流动性之间的联系以及企业对流动性的需要。有人甚至认为，企业应该将现金流量业绩作为年度红利计划的基础，并应该根据经理为企业所带来的或节约的现金来发放红利，而不是根据太过抽象的利润。

现金目标必须是可计量的，这样实际完成情况才能与目标进行比较。通常为各经营部门或分部设定以下现金目标。

1. 每期的净现金流量

现金流量目标既强调要求管理层控制流动性，也强调要求创造利润。对分部或子公司来说，净现金流量的目标在很大程度上与利润目标是相同的。如果分部创造出利润，那么也会从中创造出盈余现金。造成现金流量与收益不同的原因包括：资本性支出、计入损益却不是现金支付项目的折旧、营运资金中的额外现金支出（占用）。通常，业务的持续获利能力依赖于持续的资金投入，如果仅强调利润指标，可能对持续发展能力造成不利的影响。此时企业可以通过设定包含对资本性支出和营运资金进行控制的现金目标来提醒管理层注意，目标中既包括对资本性支出的控制责任，也包括对营运资金的控制责任。

2. 月末的现金余额

企业应该逐月建立净现金流量目标，或者是为截至每个预测期末的现金余额设定目标，如截止到每月末。这种方法提供了年度内的累积目标，通过这种方法，各月间的波动、预算与实际现金流量之间的差异有望在一年的进程中得到平衡。

3. 向总部转入资金的目标

在一个大集团中，包括跨国公司，很大部分的现金管理可以授权给子公司，但是通常同时订立向总部转入资金的目标，即一定的期间内或在一定日期前须将目标数额的资金转入总部。在每一个子公司中，管理层负有确保目标得以实现的责任，实现目标的手段要符合企业的限制条件。例如，不允许子公司为了实现向总部转入资金的目标向当地银行贷款。

4. 平均盈余资金或未使用的贷款余额

盈余资金或未使用贷款余额的目标属于流动性目标。它们有别于每月净现金流量目标或月末现金余额目标，因为它们还涉及了企业的筹资水平。这些目标更适合于负责筹集额外资金或投资盈余现金的管理。例如，可以为月末的盈余现金或未使用的贷款余额设定一个最小目标额，以确保能够借助应急资金避免潜在的流动性危机。

5. 利息费用目标

对于过度借款企业的分公司来说，设定最高利息费用目标非常有用。例如，可以将目标设定为利息费用不能超过贷款总额的一定比例。如果企业利用外币贷款来进行国内投资，那么币种间的汇率波动所带来的任何利得或损失都应该包括在内。

6. 浮游期目标

企业收到客户付款与该笔款项实际进入企业银行账户之间的时间差为浮游期。企业应该为此设定目标。在大多数情况下，这一目标被用作应收账款部门的业绩目标。

二、现金流量分析

不同的信息使用者进行现金流量分析的目的不同。外部人对企业的评价机制将对内部行为起到导向作用，因此那些受到外部人关注和分析的指标，也将成为内部人关注和着力改善的目标。

在这里主要介绍出于证券分析目的而进行的现金流量分析，它用于评价和预测对企业价值有重要影响的现金流量情况。其中很多分析和计算思路都能够用于公司内部的现金流量管理，同时也将介绍公司内部用于分析现金流转情况的方法，其中有些分析方法的基础是公司外部无法获得的信息。

（一）现金流量表中各项目分析

直接法提供的信息更加符合现金流量分析的需要，间接法提供的信息也需要还原成经营活动的各具体类型的现金流量信息才有助于现金流量分析。

1. 对筹资活动现金流量的分析

经营活动产生的净现金流量减去投资活动使用的净现金流量再减去现金余额的增加，决定了筹资活动产生的净现金流量。筹资活动产生的现金流量的构成仍具有很高的相关性。

（1）对于债务融资决策的分析，现金流量分析师通常希望判断公司在债务融资上的增长是否可取。

（2）债务融资的动因可能有多种。

（3）债务的构成也是现金流量分析应当关注的内容，包括长短期债务的组合情况、债务的利率、本息支付计划安排是否合理。

（4）对于权益融资，现金流量分析师应检查发行的权益是引起债务与权益比率脱离还是移向最优水平。

（5）大多数人都认为现金股利的支付是一个重要的信号机制。

当现金股利增加时，管理层暗示其预期未来现金流量较好，因此能发放较高水平的股利。当公司减少其现金股利时，市场把它解释为有关未来现金流量的不利信号，未来现金流量预计不能够负担现有水平的现金股利。

2. 对投资活动现金流量的分析

在投资活动现金流量项目下，公司披露在资本支出、公司收购、金融工具上的投资、对未合并子公司的投资等每项投资活动也可能有反向的投资活动。具体项目分析如下：

（1）现金流量分析师应调查研究公司在会计期间的资本支出以及固定资产的报废。

（2）公司在其未来的扩张上，除了通过资本支出实现内部扩张，还可以通过收购来投资于其他企业的现有业务。

（3）现金流量分析师应该检查对未合并子公司（公司拥有其 50% 股票的公司）的追加投资、对联营企业的投资，以及对其他金融工具的投资，分析投资的理由，并评价这些投资的潜在未来现金流量后果。

（4）虽然现金流量表的编制准则已经逐步完善，但是报告要求仍然存在模糊的地方，这导致了实践中会有不同的处理方法。

（5）大多数情况下不仅要关注交易的现金部分，还要关注非现金部分和未来可能形成的现金部分。

3. 对经营活动现金流量的分析

（1）经营活动现金净流量。经营活动产生的净流量意味着公司能够从持续经营活动中产生的，或者需要花费的现金数。最理想的情况是，公司在每一期间，都能从经营活动中产生现金。现实中，许多财务状况良好的公司在大多数期间能从营业活动中产生现金。但对某一些特殊的时期，其经营活动现金也可能出现净流出的现象。为此，首先要考虑企业所处的生命周期；其次应当考虑企业生产和销售的季节性；最后就是生产长期合同产品的制造商，必须在生产初期投入资金进行机械改进以适应新产品的生产，并购进存货。但是无论如何，从长期来看经营活动产生的净现金流量还应是正的，所以如果经营活动产生的现金流量长期为负，则现金流量分析者应予以仔细审查。

（2）经营活动现金流量构成。在这一分析过程中，应收账款、存货等对于流动性影响较大的项目应成为重点，因为它们将直接影响经营活动的现金流入、流出量和时间。同时应当区分可持续的项目和意外项目，这对预测未来的现金流量极为重要。具体分析如下：首先，实际现金流入主要来源于应收账款的现金收回，因此，企业收回应收账款的难易程度是其财务灵活性的重要决定因素；其次，如果发现现金净流量的减少是因为支付给职工和供应商的现金大幅上升，已经超出了来自客户的现金流入增加的比例，那么现金流量分析师应查明公司是否处于不良的经营形势；再次，存货周转率降低也是引起现金净流量减少的重要因素，其原因可能是企业的产品不是顾客所需要的，或者产品本身没有问题，而是销售方式出了问题，或者其生产成本可能相对而言远远高于同行业；最后，对关心预测未来现金流量的分析师来说，他可能还应该仔细检查其他经营现金流量是否在未来继续存在。

（二）基于现金流量的财务分析

企业进行现金流量管理的目标是获得最大的现金流量，并最有效地使用这些现金盈余，因此基于现金流量财务分析的目的是为了在现金管理过程中，寻找需要注意或者采取控制措施的经济活动领域，而不是简单地为了提供几个事后分析的数字。这些现金流量的分析能够体现企业的现金循环周期、流动性、偿债能力、再投资能力及收益能力等方面的情况。

1. 现金循环周期分析

（1）现金循环周期与现金流量管理的关系。现金循环周期反映经营活动现金流量的时间流程。现金循环周期将直接影响营运资金的占用，营运资金是指一个企业维持日常经营所需的资金，即

营运资金 = 流动资产 - 流动负债 = 现金 + 存货 + 应收账款 - 应付账款

与现金流量循环密切相关的概念是交易循环。交易循环是指从购买原材料到销售产成品之间的时间长度，现金循环是指从第一笔现金支出到最后的销售收入收取之间的时间长度，二者在时间上相互重叠。不同类型的企业都有其交易循环和现金循环的特点，制造企业以最简单清晰的方式展示了这一流程。由于交易循环各项目持续时间不同，现金循环的流程也随之发生变化。现金循环周期的变化会直接影响所需营运资金的数额。存货在使用或出售前库存时间的延长、生产周期的延长、客户付款时间的延长，以及向供应商付款时间的缩短都会导致现金循环周期的延长。

任何缩减现金循环周期的措施都可以在现金流量方面产生巨大利益，假设某公司每年有 1 亿元的销售收入，年利率为 10%，只要缩减 1 个星期的现金循环周期，就能使年利润增加 19 万元（1 亿元 ÷ 52 × 10%）。但缩短后的现金周转期应确保在可预见的未来具有可持续性，不会破坏企业的经营效率。如果企业通过减少存货或增加对供应商的欠款等手段来缩短现金周转期，那么缩短后的现金周转期可能会无法持续或对经营产生不利影响，最终将因不得不重新延长现金周转期而丧失所有的现金流收益。而当现金周转期再次延长后，如果企业没有现金或无法获得商业信用，它将面临流动性危机并可能被迫退出交易。

（2）现金循环周期的计算。现金循环周期的计算方法有抽样测试计算和比率计算两种。

1）抽样测试计算是一种很耗时的方法，但在计算应收账款与应付账款的周期时可以得出比较准确的信息。通过抽取应收账款的样本，可以得出平均收款期，这一收款期可以是针对所有客户的，也可以是针对不同类别的客户组的。同理，通过对供应商付款抽取样本进行测试，则可以得到从收款到发票到支付货款的平均周期。这些抽样可以根据供应商的

特征分为不同的组，如分为供应商要求在开发票后 10 日内付款、在 30 日内付款等。

2）比率计算是计算分析现金循环周期的一种更快捷的方法，通过对资产负债表和利润表进行比率分析得到，包括存货周转期、应收账款的平均回收期、应付账款的平均付款期。虽然计算的结果是个近似值，但对于分析和控制经营活动的现金流量而言，其精确性已经足够了。假设一年为 365 天，且已知销售收入和销售成本，比率计算公式如下：

存货周转期 = 存货平均余额 / 年销售成本 ×365 天

应收账款回收期 = 应收账款平均余额 / 年销售收入 ×365 天

应付账款付款期 = 应付账款平均余额 / 年销售成本 ×365 天

存货、应收账款、应付账款的平均余额可以由它们的期初和期末余额的平均值来估计，期初和期末余额则可以从资产负债表中得到。根据企业的类型和经营的季节性，一年中会存在季节性的波动。制造企业的存货周转期可以分为以下三个方面。

存货周转期：原材料周转期（原材料库存年平均余额 / 年销售成本 ×365 天）+ 在产品周期（在产品库存年平均余额 / 年销售成本 ×365 天）+ 产成品周转期（产成品库存年平均余额 / 年销售成本 ×365 天）

在计算存货周转期和应付账款的平均收款期时都用到了年销售成本，这是因为销售成本可以很容易地从企业年报中得到。如果可以从企业的内部管理报告中得到更详细的数据，那么更精确的计算公式如下：

原材料周转期 = 原材料库存平均余额 / 本期购买的原材料成本 ×365 天

生产周期 = 在产品平均余额 / 本期的生产成本 ×365 天

应付账款付款期 = 应付账款平均余额 × 本期赊购成本 ×365 天

比率计算是一种对平均值的估算，仅能提供一个对特定现金循环的估计值。单独的计算现金循环周期并不能解决任何关键的管理问题，但是如果持续使用同样的计算方法和口径，那么在比较分析各年间的变化趋势方面，这些信息是很可靠的。据此管理人员判断现金循环周期是否过长，是否应该缩短现金循环周期以减少投入的营运资金；或者现金循环周期是否过短而且不稳定，是否意味着需要在未来增加营运资金的投资。

（3）基于现金循环周转期分析的经营活动管理。通过计算现金循环周转期，可以分析评价企业提供商品和劳务全过程的效率，从而形成有效的促动。为了合理地缩短现金循环周转期，就必须从整个交易循环中可能影响现金流转速度的因素着手，包括加强存货管理、加快供货速度、确定合理的信用政策和高效的信用审批程序、优化开单和收款过程、规范付款程序等。从这些方面获得的效率提高，代表着企业在经营活动过程中竞争能力的提高，而其对于企业经济效益的影响可通过对现金循环周转期的影响来计算和评价。

2. 现金流量结构分析

现金流量结构分析可以借助三张内部报表来完成，每张报表都有自己反映的侧重点。

（1）现金收支平衡表。现金收支平衡表用于将一定周期内（一年或者一个月）的现金（包括银行存款）收支情况，按照收入、支出的类别进行分类和统计，目的在于调整资金缺口、把握资金周转情况。关于现金收支平衡表的样式，并没有明确的规定，只要符合公司自身的经营特点和战略发展计划即可。通过编制现金收支平衡表，可以一目了然地了解公司的资金平衡情况。该表侧重的是经常性项目的收支情况，可以用于分析应收账款的回收情况和应付账款的周转情况，还提醒分析人员注意存货的规模是否得到合理的规划和控制，而投资计划则必须根据现金收支情况慎重选择。

（2）资金运用表。资金运用表是将前期资产负债表和本期资产负债表进行对照，将各科目金额增减情况，从资金运用与资金筹集两个方面体现出来的一张定期（通常为一年）资金流动情况的报表。现金收支平衡表能够直接表示出资金收支情况，却不能体现资金运用与资金筹集的基本资金结构。资金运用表能够反映企业近期的偿付能力，这一点可以从资产负债表的示意图中表现出来。在对资金运用表进行分析时，首先应当着重考察那些长期资本项目的收支情况，因为这些长期资本项目的收支如果存在缺口，就意味着需要用营运资金进行补足，企业的资金营运就会非常困难。因此，分析时应当注意支付的税款和红利是否在纳税前本期利润范围内，设备投资是否在"保留盈余 + 折旧 + 长期贷款 + 增资"范围内，以及偿还长期贷款是否在"保留盈余 + 折旧"范围内。同时也要分析销售债权和存货是否异常增加，短期贷款以及贴现票据等增减原因等。

（3）资金变动表。资金变动表利用前期期末与本期期末两期资产负债表，以及本期利润表编制。它可以弥补现金收支平衡表和资金运用表的缺点，显示资金的整体结构以及资金流动的整体情况，也将企业的利润表和现金流动结合起来，在分析时能够明确盈利能力与实际取得现金之间的关系。同时也可以看出各项目的收支缺口，便于分析各项目的收支是否控制在合理的范围内。特别应当强调的是在该表中，经常性收支比率，即经常收入比经常支出应当大于 1。如果该比率出现小于 1 的情况，应当分析是暂时的、短期的还是经常性的现象，如果是经常性现象则应引起特别注意。

三、现金流缺口管理

（一）制订现金流缺口应对措施

企业要在现金流出现缺口的情况下，制订应对措施来保证企业顺利发展。

1. 迅速找出原因

企业所处环境是千变万化的，各种各样的原因都会造成某一环节上的资金积压或者资金短缺。

（1）资本不足及盲目投资。随着社会的发展和市场竞争的日益激烈化，企业为了扩大规模、增强竞争力、占领市场等原因，会采取多方投资、新建项目、扩大经营等措施。在企业资本不足的情况下，这些做法必然导致企业短期资金紧张，急需大量资金投入。

（2）经营管理不善。一些企业在发展过程中只注重开拓外部市场，忽视了企业内部管理，造成企业内部库存商品粗放管理、赊销政策不当、费用无预算或执行不力、缺少对突发事件的资金准备等多种隐患，这些因素都将导致企业现实的和潜在的资金短缺。

（3）经营方式转变。很多企业在实现经营方式转变时，由于没有充足的资金来源或者投资额过大，造成固定投入不足，没有达到预期的经营目的，或者即使固定投入足够，但由于挤占了大量流动资金，造成周转困难，效益下降。

（4）忽视企业的发展周期。许多企业在创立期和成长期，通常会出现"成长病"，即过分地扩大规模，从而导致企业力不从心，许多产品线无法经营好。由于公司层次的战略调整无法在短时间内完成，因此在一段时间内，公司会出现资金紧张的局面。

2. 分析企业现金状况

企业出现"现金荒"时，要对企业的现金使用和结存情况做出分析。采用数据分析的办法有助于问题的解决，数据分析法是通过针对具体的现金流量进行分析，准确地识别企业经营的核心盈利点，然后对它进行量化。

（1）确定当前可利用的现金。估计可利用的现金，应当采取保守的方法，其中包括那些能够立即变现的有价证券和现金，但是不应包括库存和不确定的应收账款。通过对现金等流动资产以及固定资产的存量进行确认使企业做到"心中有数"、量力而行。

（2）确定资金的流向。企业为了能够有效地确定资金的流向，可采取"分类账分析法"，即先寻找所有记录现金流动的账户，并把它们按照现金支出的数额由大到小进行排列，然后，对现金的进出方式、进出的起始点和参与人员进行审查，以查找与财务制度不符之处。

（3）成本收益趋势分析。根据企业所从事的不同业务领域来计算销售百分比，并分别进行成本趋势分析。这些趋势要具有很高的代表性，其中很多能够显示出相应成本发生变化的“拐点”。通过对不同业务的成本收益分析，除去不能赢利的业务，并为确定赢利所需的财务计划的制订提供基础。

（4）设计新的财务制度。在明确了现金的来源及其流向之后，针对当前的财务状况及业务状况，设计新的财务标准，并对现金进行预算。例如，在降低成本方面，重新规定人员、材料和其他直接成本、制造费用以及销售费用等；在营运资金管理方面，包括对订单处理、账单编制、应收账款、应付账款、付款方式、存货处理和现金的管理等做出新规定，其目的是为了使资金迅速回笼，减少资金的流出，发挥资金的使用效率。

3. 实施脱困计划

分析出现“现金荒”状况产生的原因后，就要制订包含最坏情况的应急计划，计划的内容不仅包括新的财务预算及规定，更主要的是要把相关利益者都考虑进来，制订出与他们进行交涉、协商的计划。下面从交涉对象方面来阐述各个方案的执行及控制。

（1）与贷款人交涉。事实上，很多贷款人都不会采取极端措施，因为破产对于他们而言不是一个有吸引力的结果。所以，有必要对贷款人的实力、心理和态度进行必要的事前了解。因此，首先，企业应在专家的帮助下，通过对问题的诊断分析，制订一个包括最好情况和最坏情况的脱困计划，用脱困计划向贷款方表明其有能力偿还贷款。其次，企业应为贷款人提供必要的抵押品或担保。再次，采取“无赖”策略，以破产作为砝码向贷款人施压，但是采用这一招要选好对象。一般来说，小银行或低利润的银行贷款人，其承受损失的能力是有限的，可以对其“耍无赖”；而对于有实力的银行贷款人来说，这样做反而会弄巧成拙。

（2）与购销债权人交涉。企业在无法获得贷款的情况下，为了维持下去，稳住购销债权人，并且从购销债权人处获得进一步的赊销，是非常关键的一步。与购销债权人交涉，首先，要了解对方的真实心理和砍价能力，并在此基础上，制订脱困方案。提供脱困计划是为让购销债权人明白，如果购销债权人允许企业继续经营，那么购销债权人将会获得比破产更为有利的结果。其次，交涉的主攻方向是主要的供应商，因为主要的供应商已提供赊销的货物使得其遭受“套牢”的威胁更大，从而继续合作的可能性也更大。

（3）与债务人协商。陷于现金困难的企业可以考虑与债务人协商或交涉，如要求提前还款、催收货款，必要时可从债务人处获得充抵物进行抵押、变卖。总之，企业尽可能回笼资金，哪怕给予债务人一定的优惠条件，如折扣等。此外，与债务人积极对话，寻求共渡危机的办法，可以争取债务人担保或者提供其他帮助。

（4）内部人员的协商。企业内部人员的协商涉及企业内部人员的利益分配问题。例如，减少工资，降低福利待遇等。企业通过与企业内部员工的协商，减少用于人员开销的资金或者解雇人员，这在困难时期常常能起到立竿见影的效果。另外，调动企业员工的资金也是一些企业内部协商经常使用的做法。例如，在员工内部进行集资。对小企业来说，内部集资常常是有效的，而对大企业来说，往往是杯水车薪，但是，它在一定程度上把个人利益与集体利益紧密地联系在一起，从而有利于发挥员工的能动性和工作的积极性。

（5）处理现有资产。当企业面临现金危机，而又不可能获取银行贷款时，唯一能够变现的就是现有资产。企业的资产可以用于抵押贷款、拍卖或直接充抵债务，流动债权可以用来贴现，存货可以用来贱卖。通常情况下，企业应当把握以下的原则：处理流动资产优先，而其中又以对非存货的处理优先考虑，除非企业不再经营此种产品，对存货的处理应当以原材料和半成品为先，接下来是资产的抵押贷款，最后是固定资产的拍卖和贱卖。

4. 制订外部筹资计划

解决企业资金短缺的办法可以归纳为两种：一是从外部筹资，从外部筹资要根据企业的自身条件选择不同的方式，主要有发行新股、发行债券、信贷筹资、抵押贷款等；二是从内部寻找所需要的资金，如加快存货的周转，加速收回应收账款，合理利用信用资金等。企业内部资金是有限的，并且需要较长周期才能集中起来，而企业发行股票和债券，一方面需要政府政策的许可，另一方面也需要较长时间才能融入资金。所以，在企业面临短期资金缺口的情况下，可以通过信贷、抵押、应收账款等进行短期筹资。企业在进行外部筹资时，要综合考虑筹资规模、筹资成本、筹资渠道、筹资期限、筹资时机、筹资风险和筹资政策等多种因素。

5. 立即组建团队

企业要立即组建一支跨职能部门的危机处理团队，其任务是迅速诊断出原因，而后制订应急计划，并且监督、保障和协助计划的实施。危机处理团队人员应当是各部门的领导层中的成员，以便确保对各部门信息的完全掌握。这是应对企业出现现金流缺口的组织保证。

总之，企业在出现现金流缺口时，一方面要制订紧急应对措施，挖掘企业内外部资源，缓解资金压力；另一方面要积极拓展外部筹资渠道，保证企业有足够的现金流入，以满足现金支出的需要。

（二）预测短期筹资规模

企业出现现金流缺口时，需要筹集资金。而所需资金规模是筹集资金的数量依据，必须科学合理地加以预测。通过一定的预测方法，对企业所需资金科学估算，使企业既能满足资金支出的需要，又不至于融入冗余资金、增加筹资成本。

1. 销售比率法

销售比率法是根据销售额与资产负债表和利润表有关项目之间的比例和敏感关系，预测各项目短期资金需要量的方法。销售比率法能为现金流管理提供短期预计的财务报表，以适应外部筹资的需要，且易于使用。其缺点是若有关销售百分比的假定与实际不符，据以进行预测就会得出错误的结果。因此，在有关因素的关系发生变动的情况下，必须相应地调整原有的销售百分比。

运用销售比率法，一般是借助于预计利润表和预计资产负债表。通过预计利润表预测企业留用利润这种内部资金来源的增加额；通过预计资产负债表预测企业资金需要总额和外部筹资的增加额。

（1）编制预计利润表，预测留用利润。预计利润表与实际利润表的内容、格式相同。通过编制预计利润表，可预测留用利润这种内部筹资的数额，也可为编制预计资产负债表预测外部筹资数额提供依据。

编制预计利润表的主要步骤如下：①收集基年实际利润表资料，计算利润表各项目占销售额的百分比数；②取得预测年度销售额预计数，用此数乘以基年实际利润表各项目占实际销售额的比率，计算预测年度预计利润表各项目的预计数，并编制预测年度预计利润表；③利用预测年度税后利润预计数和预定的留用比例，测算留用利润的数额。

（2）编制预计资产负债表，预测外部筹资额。预计资产负债表与实际资产负债表的内容、格式相同。通过编制预计资产负债表，可预测资产、负债和留用利润等有关项目的数额，进而预测企业需要外部筹资的数额。

运用销售比率法要选定与销售额有稳定比率关系的项目，这种项目称之为敏感项目。敏感资产项目通常包括现金、应收账款、存货、固定资产净值等项目，敏感负债项目通常包括应付账款、应付费用等项目。这里包括固定资产净值指标是假定折旧产生的现金既用于更新资产，同时其资金占用额与销售额有较密切的联系。对外投资、短期借款、长期负债和实收资本通常与销售额的多少没有直接的联系，不属于在短期内的敏感项目，留用利润也不宜列为敏感项目。

2. 线性回归分析法

线性回归分析法是假定资金需要量与营业业务量之间存在着线性关系，在建立数学模型后，根据有关历史资料，用回归直线方程确定参数来预测资金需要量的方法。其预测模型为

$$y = a + bx$$

式中，y 为资金需要量；a 为不变资金；b 为单位业务量所需要的变动资金；x 为业务量。

不变资金是指在一定的营业规模内，不随业务量增减的资金，主要包括为维持营业而需要的最低数额的现金、原材料的保险储备、必要的成品或商品储备以及固定资产占用的资金。变动资金是指随着业务量变动而同比例变动的资金，包括在最低储备以外的现金、存货、应收账款等所占用的资金。

利用历史资料通过该预测模型确定出 a、b 的数值以后，即可预测一定业务量 x 所需要的资金数量 y。

通过销售比率法和线性回归法对企业短期所需筹资规模进行预测，使企业融入合理资金，既不会因为多融入资金而使企业负担更多成本，又不会使企业缺少资金而陷入支付困境。

（三）运用银行信贷进行缺口管理

企业通过筹资补偿现金流缺口时，除了商业信贷之外，银行信贷也是企业获得短期筹资的重要渠道。随着市场经济的日益发展，企业向银行借款成为一种广泛使用的筹资方式。

由于不同的借款具有不同的信用条件，企业实际承担的利率将会与名义利率有所差别。企业借款的筹资成本应是企业实际支付的利息，其相对数则是实际利率。计算公式如下：

实际利率 = 借款人实际支付的利息 / 借款人所得的借款

在不同信用条件下，实际利率计算方法也不同。

（1）按复利计息。如复利按年计算，名义利率为 i，借款期限为 n，则实际利率的换算公式为

$$k = [(1+i)^n - 1]/n$$

【例 3-1】 名义利率为 8%，借款年限为 5 年，按复利计算，则实际单利利率为

$$[(1+8\%)^5 - 1]/5 = 9.4\%$$

（2）一年内分次计算利息的复利。如年利率为 i，一年分 m 次计息，借款期限为 n，则实际年利率为

$$k = \left[\left(1 + \frac{i}{m}\right)^{m \cdot n} - 1\right] \Big/ n$$

【例 3-2】 名义利率为 8%，借款年限为 2 年，分季按复利计算，则实际单利为

$$[(1+8\%/4)^8 - 1]/2 = 8.6\%$$

（3）贴现利率。设贴现利率为 i，则实际利率为

$$k = i/(1-i)$$

【例 3-3】 某企业从银行借款 200 万元，期限为 1 年，名义利率 8%，或利息 16 万，按贴现法付息。则该项贷款的实际利率为 8%/（1 − 8%）≈ 8.7%，或 16/（200 − 16）≈ 8.7%。

（4）单利贷款，要求补偿性余额。由于企业在银行中保留补偿性余额，则实际可利用的借款相应减少。设补偿性余额为 r，名义利率为 i，则实际利率的计算公式为

$$k = i/(1-r)$$

【例 3-4】 智董公司向银行借款 400 万元，名义利率为 8%，补偿性余额的比例为 10%，则实际利率为 8%/（1 − 10%）≈ 8.89%。

（5）周转信贷协定。设周转信贷额度为p，年度内已使用借款额为g，承诺费率为r，应支付的承诺费为R，则计算公式为

$$R=(p-q)\cdot r$$

【例 3-5】智董公司与银行商定的周转信贷额度为4000万元，年度内实际使用了2800万元，承诺费率为1.5%，企业应向银行支付的承诺费为

$$(4000-2800)\times 1.5\%=18\text{（万元）}$$

由于实际利率和名义利率的差别，企业在融入所需资金时，要选择那些实际利率低的信贷。

（四）运用商业信贷进行缺口管理

运用商业信贷融入资金是企业短期筹资的重要方式。商业信用产生于商品交换之中，由于延期付款或预收货款而形成的企业之间的借贷关系，是一种所谓的“自发性筹资”，在短期筹资中占有相当大的比重。商业信用的具体形式有商业汇票、票据贴现、应付账款、预收账款等。

1. 商业汇票

商业汇票是在企业之间根据购销合同进行延期付款的商品交易时开具的反映债权债务关系的票据，是现行的一种商业票据。商业汇票可由销货企业签发，也可由购货企业签发，到期日由销货企业要求付款。商业汇票必须经过承兑，需要经过有关各方在汇票上签章，表示承认到期付款。

汇票承兑期限由交易双方商定，一般为1～6个月，最长不超过9个月，遇有特殊情况可以适当延长。如属分期付款，应一次签发若干不同期限的汇票。汇票经承兑后，承兑人即付款人有到期无条件交付票款的责任。

商业汇票是一种期票，是反映应付账款或应收账款的书面凭证，在财务上作为应付票据或应收票据处理。对购买单位来说，它也是一种短期筹资的方式。采用商业汇票可以起到约期结算、防止拖欠的作用，由于汇票到期要通过银行转账结算，这种商业信用便纳入银行信用的轨道。

商业汇票根据承兑人不同，可分为商业承兑汇票和银行承兑汇票两种。商业承兑汇票是由销货单位或购货单位开出，由购货单位承兑的汇票。银行承兑汇票是由销货单位或购货单位开出，由购货单位请求其开户银行承兑的汇票。这两种承兑汇票在同城、异地均可使用。

商业汇票根据是否附息，可分为无息票据和有息票据两种。如果是无息票据，则属于免费信用。如果开出的是有息票据，则所承担的票据利息就是应付票据的筹资成本。其利率一般比银行借款的利率低，且不用保持相应的补偿余额和支付协议费，所以商业汇票的筹资成本低于银行借款成本。但是商业汇票到期必须归还，如若延期便要交付罚金，因而风险较大。

2. 票据贴现

票据贴现是持票人把未到期的商业票据转让给银行，贴付一定的利息以取得银行资金的一种借贷行为。它是商业信用发展的产物，实为一种银行信用。银行在贴现商业票据时，所付金额要低于票面金额，其差额为贴现息。银行通过贴现把款项贷给销货单位，到期向购货单位收款，所以要收利息。采用票据贴现形式，企业一方面给予购买单位以临时资金融通，另一方面在本身需用资金时又可及时得到资金。这有利于企业把业务经营搞活，把资金用活。

【例 3-6】2017年10月1日智董公司因销售商品收到面值为100万元、4个月期限、年利率为6%的商业承兑汇票。如果11月1日将此应收票据贴现，贴现率为8%，则：

到期值 = 本金 + 利息 = 100 + 100 ×（6%/12）× 4 = 100 + 2 = 102（万元）

贴现利息 = 到期值 × 贴现率 × 贴现期限 = 102 ×（8%/12）× 3 = 2.04（万元）

贴现所得金额 = 到期值 − 贴现利息 = 102 − 2.04 = 99.96（万元）

银行付给企业 99.96 万元，银行到期可以获得 2.04 万元的贴现利息。

3. 应付账款

应付账款即赊购商品，是一种典型的商业信用形式，是企业购买货物暂未付款而欠对方的账款，即卖方允许买方在购货后一定时期内支付货款的一种形式。卖方利用这种方式促销，而对买方来说延期付款则等于向卖方借用资金购进商品，可以满足短期的资金需要。

（1）灵活掌握信用条件。为了促使购买单位按期付款、提前付款，销售单位往往规定一定的信用条件。如规定“2/10，n/30”，表示购买单位如在 10 天内付款，可以减免货款 2%；全部货款必须在 30 天内付清。换句话说，购买单位如要延期 20 天付款，需要多支付 2% 的货款。应付账款按其利用信用条件的方式，可分为免费信用、有代价信用和展期信用三种。

1）免费信用是指企业无须付出任何代价而取得的信用，即买方企业在规定的折扣期内享受折扣而获得的信用，一般包括法定付款期限和销售者允许的折扣期限。前者如银行结算办法规定允许有三天的付款期限，即付款人可从收到付款通知的三天内享受免费信用；后者为一定信用条件的折扣期内购买者可享受免费信用，这两种免费信用都是有时间限制的。免费信用相当于企业获得一笔无息贷款。

2）有代价信用是指企业需要付出一定代价而取得的信用，即买方企业放弃折扣代价而获得的信用。如在有折扣销售的方式下，企业购买者如欲取得商业信用，则需放弃折扣，而所放弃的折扣就是取得此种信用的代价。如“2/10，n/30”信用条件，购买者要在取得 20 天延期付款的情况下，多付 2% 的货款。对于此种有代价信用，企业应认真分析其资金成本的高低，以便决定取舍。

放弃现金折扣的商业信用的资金成本可按下列公式计算：

$$商业信用资金成本率 = \frac{CD}{1-CD} \times \frac{360}{N} \times 100\%$$

式中，CD 为现金折扣的百分比；N 为放弃现金折扣延期付款天数。

3）展期信用是指企业在销售者提供的信用期限届满后以拖延付款的方式强制取得的信用。

展期信用虽不付出代价，但不同于一般免费信用，它是明显的违反结算制度的行为，且会影响企业信誉，是不可取的。

（2）合理利用信用条件。在附有信用条件的情况下，因为获得不同信用要付出不同的代价，买方企业便要在利用哪种信用之间做出决策。

1）企业如果能以低于放弃折扣的隐含利息成本（实质是一种机会成本）的利率借入资金，便应在现金折扣期内，用借入的资金支付货款，享受现金折扣。

2）企业如果在折扣期内将应付账款用于短期投资，所得的投资收益率高于放弃折扣的隐含利息成本，则应放弃折扣而去追求更高的收益。当然，假使企业放弃折扣优惠，也应将付款日推迟至信用期内的最后一天，以降低放弃折扣的成本。

3）企业如果因缺乏资金而欲展延付款期，则需在放弃折扣成本与展延付款带来的损失之间进行选择。展延付款带来的损失主要是指因企业信誉恶化而丧失供应商乃至其他贷款人的信用，或日后招致苛刻的信用条件。

4）企业如果面对两家以上提供不同信用条件的卖方，应通过衡量放弃折扣成本的大小，选择信用成本最小（或所获利益最大）的一家。

4. 预收账款

预收账款是指销货单位按照合同和协议规定，在付出商品之前向购货单位预先收取部分或全部货物价款的信用行为。它等于向购买单位先借一笔款项，然后用商品归还，这是另一种典型的商业信用形式。对卖方来讲，预收账款相当于向买方借用资金后用货物抵偿。对买方来讲，相当于买入期货。预收账款一般用于生产周期长、资金需要量大的货物销售，如飞机、轮船等，生产者经常要向订货者分次预收货款，以缓和本企业资金占用过多的矛盾。

此外，企业往往还存在一些在非商品交易中产生但亦为自发性筹资的应付费用，如应付职工薪酬——工资、应付水电费、应交税费、其他应付款等。应付费用使企业受益在前、费用支付在后，而且支付期晚于结算期，相当于享用了一笔借款，在一定程度上缓解了企业的资金缺口。应付费用的期限具有强制性，不能由企业自由斟酌使用，但通常不需付出代价。

企业通过商业信用在商品交易活动中吸收利用外部资金，可以有效地缓解资金紧张的局面，弥补企业现金流的缺口，防范支付危机的发生。

（五）运用创新工具进行缺口管理

企业在管理现金流缺口时，可以通过多种短期筹资方式加以弥补，既可以通过现有资产的抵押贷款，又可以通过现有资产让售等获得筹资。但如果把现有资产产生的未来现金流以证券的形式出售，那么企业就可以提前获得资金，这个过程就是资产证券化。作为一种新型创新筹资工具，资产证券化大大增强了企业资产的流动性，为企业管理现金流缺口提供了工具。

1. 了解资产证券化的内涵

资产证券化（Asset Backed-Securitization，简称 ABS）通常就是指将一组流动性较差的资产经过一定的组合，使这组资产能产生可预计且稳定的现金流收益，再通过一定的中介机构的信用加强，把这些资产的收益权转变为可在金融市场上流动的、信用等级较高的债券型证券的过程。其实质是筹资者将被证券化的资产的未来现金收益权转让给投资者，而资产的所有权则不一定转让。可以作为资产证券化的标的资产非常广泛，包括房地产抵押贷款、信用卡贷款、汽车贷款、设备租赁、消费贷款、基础设施收费、出口应收款等。资产证券化具有以资产收入为导向和成本低等特点。据有关资料显示，资产证券化交易的中介机构收取的总费用率比其他筹资方式的费用率要低。

资产证券化既可以进行长期筹资，也可以进行短期筹资，作为短期的资产证券化的一个品种是资产支持商业票据（Assets Backed-Commercial Paper，简称 ABCP），它的基础资产一般为贸易应收款，发行的证券期限为 90 ～ 180 天，证券的偿付来源是被聚合的应收款在未来的回收。

2. 掌握资产证券化的运作流程

ABS 的运作程序如下。

（1）确定要证券化的资产，组成资产池。企业要首先分析自身的筹资需求，根据筹资需求确定证券化的目标。

（2）组建特设机构，实现真实出售。一般由这些资产的原始权益人设立一个独立的实体——特设机构 SPV（Special Purpose Vehicle），然后将资产池中的资产以真实出售的方式卖给这个特设机构。SPV 是指能获得权威性资信评估机构授予较高资信等级（AAA 或 AA 级）的投资银行或其他独立法人机构，组建 SPV 是 ABS 成功运作的基本条件和关键因素。

（3）完善交易结构，进行预先评级。接下来特设机构必须与银行、券商等达成一系列协议与合同以完善交易结构。然后请信用评级机构对交易结构进行预先的评级，也就是内部评级。特设机构根据内部评级的结果来采取相应的措施，加以改进。只要投资项目所依附的资产在未来一定时期内能带来现金收入，便可以进行 ABS 筹资。

(4) 信用评级，发行评级。在完成初次评级以后，为了吸引更多的投资者，改善发行条件，降低筹资成本，就要提升所要发行证券的信用等级，即“信用增级”。信用增级完成后，再次聘请专业信用评级机构进行正式的发行评级，并将评级结果公告。接下来，将具体的发行工作交由专门的证券承销商。承销商根据评级结果和当时市场的状况来安排证券发行。

(5) 获得证券发行收入，向原权益人支付购买价款。特设机构从证券承销商那里获得证券发行收入，再按资产买卖合同规定的购买价格，把发行收入的大部分支付给权益企业，从而使企业的筹资目的得以实现。

(6) 实行资产管理，建立投资者应收积累金。企业的筹资目的实现以后并不意味着证券化的完成，这时还要组建一个资产管理小组对资产池进行管理。

(7) 到期还本付息，对聘用机构付费。到了规定的期限后，托管行将积累金拨入付款账户，对投资者还本付息。接着还要向聘用的各类中介机构支付专业服务费。这些由资产池产生的收入在还本付息、支付了各项费用之后，若有剩余，则按协议在原权益企业与特设机构之间分配。至此，一个完整的资产证券化过程才算结束。

资产证券化流程如图 3-1 所示。

通过资产证券化，企业既获得了所需要的资金，又增强了资产的流动性，可谓一举两得。资产证券化已逐渐成为企业融入资金的一种新型工具。

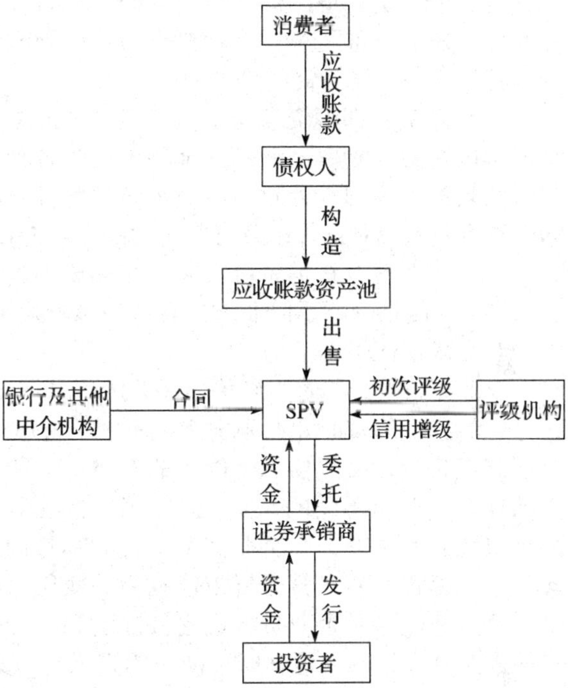

消费者
应收账款
债权人
构造
应收账款资产池
出售
银行及其他中介机构
合同
SPV
初次评级
信用增级
评级机构
资金
委托
证券承销商
资金
发行
投资者

图 3-1　资产证券化流程图

(六) 制订筹资政策进行缺口管理

随着经济的发展，一些新的筹资方式应运而生，使得筹资渠道纷繁复杂。对企业而言，选择何种筹资方式及组合，怎样把握筹资规模以及各种筹资方式的利用时机、条件、成本和风险，这些问题都需要企业在筹资之前进行认真分析和研究。因此，企业制订最佳筹资政策需要考虑以下几个方面。

1. 企业筹资要量力而行

企业筹资需要付出成本。因此企业在筹集资金时，首先要确定企业的筹资规模。筹资过多，或者造成资金的闲置浪费，增加筹资成本；或者导致企业负债过多，无法承受偿债压力，增加经营风险。而如果企业筹资不足，则又会影响企业资金周转、投资计划及其他业务的正常开展。因此，企业在进行筹资决策之初，要根据企业对资金的需要、企业自身的实际条件以及筹资的难易程度和成本情况，来确定企业合理的筹资规模。

2. 合理确定企业筹资规模

企业在确定筹资规模时，首先要根据企业内部筹资与外部筹资的不同性质，优先考虑企业自有资金，然后再考虑外部筹资。此外，企业筹资数额多少，通常要考虑企业自身规模大小、实力强弱以及企业处于哪一个发展阶段，再结合不同筹资方式的特点，来选择适合本企业发展的筹资方式。确定企业筹资规模可以通过财务分析法和历史经验法。

3. 选择最佳筹资机会

合适的筹资机会是企业制订筹资政策的重要因素。筹资机会是指由有利于企业筹资的一系列因素所构成的筹资环境和时机。企业选择筹资机会的过程，就是企业寻求与企业内部条件和外部环境相适应的过程。有利的筹资机会会大大降低企业的筹资成本。因此，有必要对企业筹资所涉及的各种可能影响因素作综合的具体分析。一般来说，要充分考虑以下几个方面。

（1）适应外部筹资环境，把握时机。由于企业筹资机会是在某一特定时间出现的一种客观环境，虽然企业本身也会对筹资活动产生重要影响，但与企业外部环境相比较，企业本身对整个筹资环境的影响是有限的。在大多数情况下，企业实际上只能适应外部筹资环境而无法左右外部环境，这就要求企业必须充分发挥主动性，积极地寻求并及时把握住各种有利时机，确保筹资获得成功。

（2）由于外部筹资环境复杂多变，企业筹资决策要有预见性。为此，企业要能够及时掌握国内和国外利率、汇率等金融市场的各种信息，了解国内外宏观经济形势、国家货币与财政政策以及国内外政治环境等各种外部环境因素，合理分析和预测能够影响企业筹资的各种有利和不利条件以及可能出现的各种变化趋势，以便寻求最佳筹资时机，果断决策。

（3）企业在分析筹资机会时，必须要考虑具体的筹资方式所具有的特点，并结合本企业自身的实际情况，适时制定出合理的筹资政策。

4. 寻求最佳资本结构

企业要获得最佳资本结构，需要做到以下几点。

（1）企业筹资时，必须要高度重视筹资风险的控制，尽可能选择风险较小的筹资方式。企业高额负债，必然要承受偿还的高风险。在企业筹资过程中，选择不同的筹资方式和筹资条件，企业所承受的风险大不一样。例如，企业采用变动利率计息的方式贷款筹资时，如果市场利率上升，则企业需要支付的利息额增大，这时企业需要承受市场利率风险。因此，企业筹资时应认真分析市场利率的变化，如果目前市场利率较高，而预测市场利率将呈下降走势，这时企业贷款适宜按浮动利率计息；如果预测市场利率将呈上升趋势，则适宜按固定利率计息，这样既可减少筹资风险，又可降低筹资成本。对各种不同的筹资方式，企业承担的还本付息风险从小到大的顺序一般为：股票筹资、财政筹资、商业筹资、债券筹资、银行筹资。

（2）为了减少筹资风险，企业应采取各种筹资方式的合理组合，即制订一个相对更能规避风险的筹资组合策略，同时还要注意不同筹资方式之间的转换能力。例如，对于短期筹资来说，其期限短、风险大，但转换能力强。

（3）寻找风险和收益的最佳结合。企业在筹措资金时，常常会面临财务上的提高收益与降低风险之间的两难选择。那么，通常该如何进行选择呢？财务杠杆和财务风险是企业在筹措资金时通常要考虑的两个重要问题，而且企业常常会在利用财务杠杆作用与避免财务风险之间处于一种两难处境：企业既要尽力加大债务资本在企业资本总额中的比重，以充分享受财务杠杆利益，又要避免由于债务资本在企业资本总额中所占比重过大而给企业带来相应的财务风险。因此，企业在进行筹资决策时，应当在控制筹资风险与谋求最大收益之间寻求一种均衡，即寻求企业的最佳资本结构。

（4）寻求最佳资本结构的具体决策程序。首先，当一家企业为筹措一笔资金面临几种筹资方案时，企业可以分别计算出各个筹资方案的加权平均资本成本率，然后选择其中加权平均资本成本率最低的一种。其次，被选中的加权平均资本成本率最低的那种筹资方案只是诸种方案中最佳的，并不意味着它已经形成了最佳资本结构，这时，企业要考虑投资者对贷出款项的要求等情况，根据财务判断分析资本结构的合理性，同时企业财务人员可利用一些财务分析方法对资本结构进行更详尽的分析。最后，根据分析结果，在企业进一步的筹资决策中改进其资本结构。

5. 筹资总收益大于筹资总成本

筹资是企业财务管理的一个重要方面。企业在进行筹资之前，首先应该考虑的是，企业必须筹资吗？筹资后的收益如何？因为筹资则意味着付出成本，筹资成本包括既有资金的利息成本，还有可能是昂贵的筹资费用和不确定的风险成本。因此，企业需要经过深入分析，确信利用筹集的资金所预期的总收益要大于筹资的总成本时，才有必要考虑如何筹资。这是企业制定最佳筹资政策的首要前提。

6. 尽可能降低企业筹资成本

筹资成本是制订筹资政策所要考虑的重要因素。一般来说，在不考虑筹资风险成本时，筹资成本是指企业为筹措资金而支出的一切费用。它主要包括：筹资过程中的组织管理费用、筹资后的资金占用费用以及筹资时支付的其他费用。

企业筹资成本是决定企业筹资效率的决定性因素。由于筹资成本的计算要涉及很多因素，具体运用时有一定的难度。一般情况下，按照筹资来源划分的各种主要筹资方式、筹资成本的排列顺序依次为财政筹资、商业筹资、内部筹资、银行筹资、债券筹资、股票筹资。这些仅是不同筹资方式筹资成本的大致顺序，具体分析时还要根据具体情况而定。例如，财政筹资中的财政拨款不仅没有成本，而且有净收益，而政策性银行低息贷款则要有较少的利息成本。对于商业筹资，如果企业在现金折扣期内使用商业信用，则没有资金成本；如果放弃现金折扣，那么，资金成本就会很高。

企业通过制订最佳筹资策略，以合理的成本获得了企业所需要的资金，解决了企业现金流不足的困难，为企业的长期发展奠定了基础。

四、现金流盈余管理

（一）确立现金流盈余管理目标

在企业的日常经营过程中，企业会有使用现金购买原材料、股票、债券，支付股利和偿还债务本息等现金支出行为；同时，企业也会有销售商品、分得股利股息和举借外债等现金流入行为。短时间里，现金支出流和收入流一般是不平衡的，当收入流超过支出流时，就形成了现金流盈余。现金流盈余并不是越多越好，企业应对盈余部分进行科学的管理。首先要做的是确定管理目标。

保持现金流收益性、流动性和安全性之间的平衡是现金流盈余管理的重要目标。

1. 收益性

收益性是对现金盈余管理的主要目标。企业在对盈余现金进行管理时，要通过投资于不同的有价证券，获得收益。由于投资于不同的有价证券，获得的回报是不同的，因此，企业需要把现金投放到收益回报高的有价证券中去，以获得短期利润的增加。一般说来，流动性强的资产收益性低，收益性高的资产流动性差，企业在对盈余现金进行管理时，就是要在流动性和收益性之间做出选择，以获取最大的长期利润。到期日是影响收益性的一个重要指标。

2. 流动性

流动性又称为变现性，反映了企业把一种有价证券顺利地变成现金而不对本身价格造成重大影响的可能性。企业在对盈余现金管理时，要考虑到各种有价证券的变现能力，用来支付企业经营过程中预期到和没有预期到的现金支出，防范财务风险的发生。

3. 安全性

安全性是指收回初始投资金额的可能性。安全性一般是通过与同期政府国债相比较而言的，因为国债风险较低，信用度高，到期都能还本付息。当企业把盈余现金投资于各种有价证券时，如果到期不能收回，或者收回的本息之和大大低于国债水平，则被视为存在不安全因素；如果到期能收回，而且收回的本息之和高于国债水平，则被视为是相对安全的。

企业在对盈余现金进行管理时，要综合考虑自身状况。当企业盈余现金数量较多和企业未来预期现金支出较少时，可以把收益性放在首位，兼顾流动性和安全性。而当企业盈余现金不多，并且未来预期有各种现金支出时，则要把流动性和安全性放在首位，兼顾收益性。总之，企业要权衡收益性、流动性和安全性利弊，这是对现金流盈余管理确立的目标。

（二）合理划分现金流盈余

企业在产生现金流盈余时，可以划分为几个不同部分，来满足现金支付的需要。企业在日常经营活动中，会有诸如缴税、付息等各种各样的支出需要，根据其属性的不同可以分为交易性需求、预防性需求和投资性需求。企业根据支付需求的不同，将盈余现金划分为以下三个部分。

1. 交易性资金

企业为满足日常业务正常进行而持有的资金为交易性资金，这种支出需要是企业可以控制的，能够预期到的。例如，企业每季的股利支付和税收支付，还有即将到期的贷款和利息支付等。由于这部分支出需求需要企业到期支付，有着明确的支付期限，因此对这部分盈余资金管理时，在保证到期能够变现的基础上，重点考虑收益性。对这部分而言，政府债券、大额可转让定期存单、商业票据、回购协议、银行承兑汇票和资本市场优先股都是值得考虑的投资目标。

2. 预防性资金

预防性资金是企业为预防发生意想不到的临时性支出而持有的一部分资金。现金流的不确定性越大，用于预防性现金的数额也就越大；反之，企业现金流量的可预测性强，用于预防性现金的数额则可以小些。另外，企业的借款能力也是影响预防性现金数额大小的重要因素。如果企业的借款能力强，则可以减少预防性现金的数额；反之，则要扩大预防性现金数额。由于这部分现金支出需求具有不可测性特点，因此对这部分盈余资金管理时，首先要考虑其流动性，保证随时能够变现，用于支付其他款项。政府短期债券是安全性最好和流动性最强的货币市场工具，因此成为企业作为预防性资金的首选目标。此外，期限短、质量高的回购协议也是可选对象。

3. 投资性资金

投资性资金是企业为了获得较高的回报而购买有价证券等短期投资性活动所持有的一部分资金。这部分资金同预防性资金一样，没有明确的现金支出日期，从而也就没有迅速转化为现金的迫切需要，因此收益性是对这部分资金进行管理的最重要因素。一般投资于期限较长、风险较高而且流动性较低的证券上，可获得较高收益。

对盈余资金的不同支出需求进行合理划分，可以在满足企业各种支出需要的同时，又能给企业带来短期收益，取得良好的经济效益。在对企业盈余资金进行划分时，首先要划分出交易性资金，用来满足企业正常发展的需要；其次划分出预防性资金，用来保证企业突发性和临时性的资金需要；最后划分为投资性资金，用来获取较高的投资回报。另外，由于预防性所需资金具有突然性和数额不确定性，因此，在这种突发性现金支出数额超过预防性资金时，企业要首先把投资性资金收回，或者进行短期借款，用于预防性资金需求。

对企业未来面对的各种资金需求进行分类，对企业的现金流盈余部分进行合理划分，建立起相应的资金保障机制，使企业做到有备无患，从而在与同行业的竞争中处于更加主动的地位。

（三）保持最佳现金持有量

现金是非盈利性资产，现金持有量过大，表明资源处于闲置状态。因此，企业必须采用一定的方法确定比较合理的现金持有量，即最佳现金持有量。成本分析模式和存货模式是确定最佳现金持有量的两种比较简便易行的方法，它们是根据现金的有关成本，分析并预测其总成本最低时现金持有量的方法。

1. 存货模式

存货模式是将存货经济订货批量模型用于确定最佳现金持有量的一种计算方法，当持有现金的机会成本与证券变现的交易成本相等时，现金管理的总成本最低，此时的现金持有量为最佳现金持有量。存货模式适用于现金流出量稳定不变的情况。

（1）公司持有现金的成本

根据存货模式计算方法，公司持有现金的成本可以分为两类：持有成本和交易成本。

1）持有成本。由于持有现金，从而放弃了短期投资，获得较高利息收益而产生的机会成本。

$$\text{持有成本} = \frac{Q}{2} \times K$$

式中，Q 代表现金持有量，或每次转换的现金量；K 为有价证券利率。为降低持有成本，Q 越低越好。

2）交易成本。有价证券与现金相互转换而发生的交易费用。它仅与交易次数有关，而与交易金额无关。即

$$\text{交易成本} = \frac{T}{Q} \times F$$

式中，T 为一定时期内的现金需要总量；F 为每次证券交易的固定费用。为降低转换成本，Q 越大越好。

3）现金管理总成本，包括持有成本和交易成本之和，用公式表示为

$$\text{总成本} = \text{持有成本} + \text{交易成本}$$

$$TC = \frac{Q}{2} \times K + \frac{T}{Q} \times F$$

式中，TC 为总成本。

（2）确定最佳现金持有量。通过上述分析可知：各种成本与现金持有量存在不同的比例关系，因此可以通过一张二维图来确定它们之间的关系，参见图 3-2。

现金的机会成本和交易成本是两条随现金持有量不同而向不同方向发展的曲线，两条曲线交叉点相应的现金持有量，即是总成本最低的现金持有量，可以通过现金持有量存货模式求出。

（3）运用存货模型法确定最佳现金持有量的计算步骤。最佳现金持有量的确定方法：根据图 3-2 可知，交易成本线和机会成本线的交叉点即为最小成本点和最佳现金持有量的组合点。因此

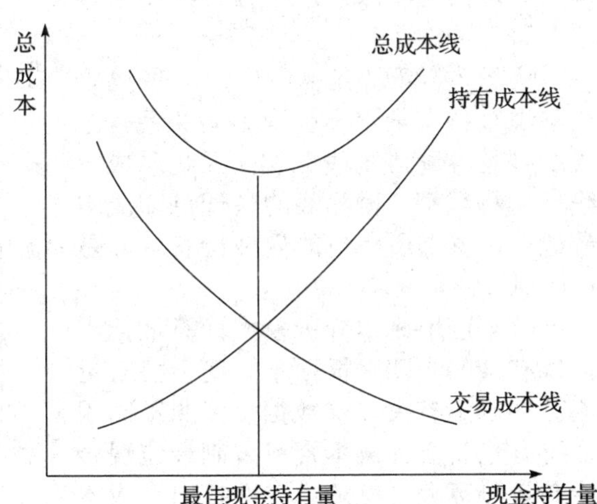

图 3-2　存货模式下成本与现金持有量关系图

$$\frac{T}{Q} \times F = \frac{Q}{2} \times K$$

$$Q^{*} = \sqrt{2TF/K}$$

式中，Q^* 即为最佳现金持有量。计算步骤：①确定一定时期内的现金需要总量 T，每次证券交易的固定费用 F，有价证券利率 K；②把 T、F、K 数值带入公式$Q^{*} = \sqrt{2TF/K}$中；③根据公式计算出最佳现金持有量 Q^*。

例如，某公司现金收支状况比较稳定，预计 2016 年全年需要的现金 5200000 元，现金与有价证券的交易成本每次为 1000 元，有价证券的年利率为 10%，计算最佳现金持有量。

根据题意可知：

$$T = 5200000，F = 1000，K = 10\%$$

带入公式$Q^{*} = \sqrt{2TF/K}$中，计算出 Q^* 为 322490，即最佳现金持有量为 322490 元。

2. 成本分析模式

成本分析模式是通过对持有现金成本的分析，来确定最佳现金持有量的一种方法。

（1）公司持有现金的成本一般包括三类：机会成本、管理成本和短缺成本。

1）机会成本是公司把一定的资金投放在现金资产上所付出的代价，这个代价实际上就是放弃有更高报酬率的投资机会而形成的损失。现金持有量越大，机会成本越高，因此机会成本与现金持有量是成正比的。

假定智董公司年均持有 50 万元现金，一年期银行储蓄存款利率 1.98%，一年期国债收益率 2.35%。企业可以把持有的 50 万元现金存放在银行一年，可得到 0.99 万元（50 万 ×1.98%，税前）的利息收入，也可以购买一年期国债，可获得 1.175 万元（50 万 × 2.35%）的国债利息收入。所以，企业因由于持有 50 万元现金而放弃可能取得的更多回报的国债利息收入 -1.175 万元，则该企业每年持有现金的机会成本为 1.175 万元。

2）管理成本是对企业置存的现金资产进行管理而支付的代价，包括建立、执行、监督、考核现金管理内部控制制度的成本，编制执行现金预算的成本以及相应的安全装置购买、维护成本等。管理成本是一种固定成本，与现金持有量之间没有明显的比例关系。

3）短缺成本是指企业由于缺乏必要的现金资产而无法应付各种必要的开支或由于失去宝贵的投资机会而造成的损失。现金的短缺成本随现金持有量的增加而下降，随现金持有量的减少而上升，即与现金持有量呈反比例关系。

（2）确定最佳现金持有量。通过上述分析可知：各种成本与现金持有量存在不同的比例关系，因此可以通过一张二维图来确定它们之间的关系，参见图 3-3。

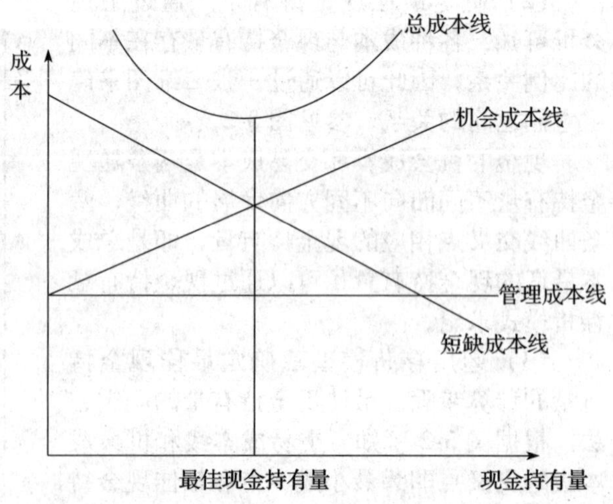

图 3-3　成本分析模式下成本与现金持有量关系图

从图 3-3 可以直观看出，各种成本线与现金持有量之间呈现不同关系，总成本线是各种成本线之和，因此总成本线呈抛物线型，抛物线的最低点即成本最低点，该点所对应的现金持有量即是最佳现金持有量。

（3）运用成本分析模式计算最佳现金持有量的步骤：根据不同现金持有量测算并确定有关成本数据；按照不同现金持有量及有关成本资料编制最佳现金持有量测算表；在测算表中找出总成本最低的现金持有量，即最佳现金持有量。

【例 3-7】智董公司有四种现金持有方案，如表 3-1 所示。

表 3-1 现金持有方案 单位：元

项目＼方案	A	B	C	D
现金持有量	25000	50000	75000	100000
机会成本	2500	5000	7500	10000
管理成本	10000	10000	10000	10000
短缺成本	12000	6750	2500	500

这四种方案的总成本计算结果如表 3-2 所示。

总成本 = 机会成本 + 管理成本 + 短缺成本

表 3-2 现金持有总成本 单位：元

项目＼方案	A	B	C	D
机会成本	2500	5000	7500	10000
管理成本	10000	10000	10000	10000
短缺成本	12000	6750	2500	500
总成本	24500	21750	20000	20500

通过对以上各方案总成本进行比较可知，C 方案总成本最低，即企业持有 75000 元现金时，总代价最低，对企业最合适，75000 元是该企业的最佳现金持有量。

总之，通过成本分析模式和存货模式计算出企业所需最佳现金持有量水平，既能满足企业日常业务的需要，又能最大限度地减少因持有现金而丧失的潜在收益，是企业管理现金流盈余的有力工具。

（四）运用债券进行盈余管理

当企业盈余现金经过合理划分和保留最佳现金流之后，需要进行短期投资，以实现资金保值增值的目的。短期投资是企业管理现金流盈余的一个重要方面，债券作为短期投资的一个重要工具，具有自己的特点。

债券是债务人向债权人出具的，承诺按照约定条件支付利息、偿还本金的一种债权债务凭证，具有流动性强、安全性高和收益性高于银行存款等特点。

债券投资过程中可以运用组合投资理论来进行分散化投资，将不同期限或不同种类的债券进行组合，从而降低风险，提高收益；也可以根据投资者对风险和收益的偏好不同，找到风险和收益的最佳组合方式。比较典型的有以下几种方式。

（1）完全主动投资。完全主动投资即投资者投资债券的目的是获取市场波动引起价格波动带来的收益。这类投资适合那些对债券和市场有较深的认识并且具有比较专业背景的投资者，对市场和个券走势有较强的预测能力。其投资方法是在对市场和个券做出判断和预测后，采取“低买高卖”的手法进行债券买卖。如预计未来债券价格（净价，下同）上涨，则买入债券等到价格上涨后卖出；如预计未来债券价格下跌，则将手中持有的该债券出售，并在价格下跌时再购入债券。这种投资方法债券投资收益较高，但也面临较高的波动性风险。

实行主动型投资策略时，投资者应注意市场利率变化和发行债券主体资信状况等因素。因为利率是债券市场价格波动的主导因素。债券市场收益率的变化与利率变化呈相同方向，与价格呈反方向。简言之，利率调高，债券价格降低，收益率提高；反之，利率降低，债券价格提高，收益率降低。发债主体资信状况是影响债券风险的重要因素，资信等级越高的债券发行者所发行的债券风险就越小，对投资者来说收益就越有保证；资信等级越低的债券发行者所发行的债券风险就越大，利率也会相对高一点。

（2）完全被动投资。完全被动投资即投资者购买债券的目的是储蓄，获取较稳定的投资利息。这类投资适合那些缺少时间对债券投资进行分析和关注或者对债券和市场缺乏认识的投资者。投资方法就是购买一定的债券，并一直持有到期，获得定期支付的利息收入。适合这类投资的债券有凭证式国债、记账式国债和资信较好的企业债。这类投资者最好购买容易变现的记账式国债和在交易所上市交易的企业债券。这种投资方法风险较小，收益率波动性较小。

实行被动型投资策略时，投资者应注意要根据投资者资金的使用状况来选择适当期限的债券，一般情况下，期限越长的债券，其收益率也就越高。但是期限越长，对投资资金锁定的时间也就越长，因此最好根据投资者可投资资金的时间长短来选择债券，使债券的到期日与投资者需要资金的日期相近。

（3）杠铃型投资。这种投资模型是集中将资金投资于债券的两个极端：为了保证债券的流动性而投资于短期债券，为确保债券的收益性而持有长期债券，不买或少买中期债券。这种两头大、中间小的投资组合方式好像一个杠铃，因此称为“杠铃型”组合，如图 3-4 所示。

投资者可根据自己的流动性要求确定长期、短期债券的持有比例。对流动性的要求高，可提高短期债券的合理比例；对流动性的要求低，则降低短期债券的持有比率。投资者也可以根据市场利率水平的变化而变更长、短期债券的持有比例。当市场利率水平上升时，可提高长期债券的持有比率；利率水平下降时，可降低长期债券的持有比例。

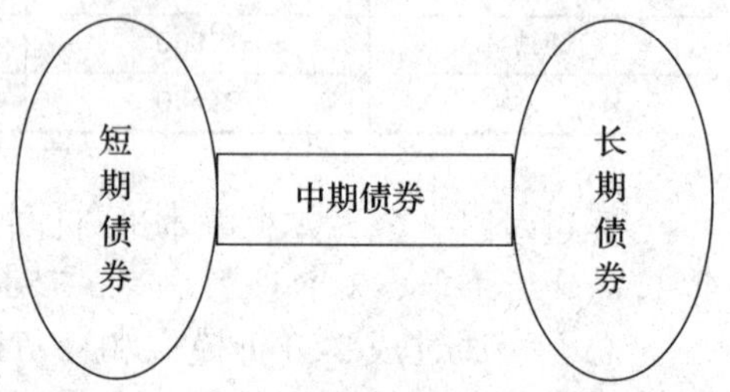

图 3-4 “杠铃型”投资图

（4）梯子型投资。这种模式的出发点是确保一定的流动性，并使各年的收益基本稳定。其操作方法是：均等地持有从长期到短期的各种债券，使债券不断保持一种梯子型的期限结构。假定有从 1 年期到 5 年期的债券共 5 种，投资者可将资金分为均等的 5 份，把这 5 份资金分别投入到 1 年期到 5 年期的债券上，使得每种债券均占投资总额的 20%。当 1 年期债券到期收回本金后，再按 20% 的比例买进一种 5 年期的债券，如此反复，这个投资者每年都有 20% 的债券到期。无论何时的投资结构都是相同的，收益也基本相等，初始投资比例，如表 3-3 所示。

表 3-3 初始投资比例表

投资比率	投资期限（年）
20%	1
20%	2
20%	3
20%	4
20%	5

投资收益分布如图 3-5 所示。

这里只是提供一个参考，具体的债券期限和投资时间间隔以及投资比率可以根据投资者的实际情况来确定。

（5）中性投资。中性投资即部分主动和部分消极相结合的投资。投资者购买债券的目的主要是为了获取利息，所以他们通过把握价格波动的机会来获取收益。这类投资者对债券市场有一定的认识，但对债券市凭证，也是持有人拥有公司股份的书面证明。

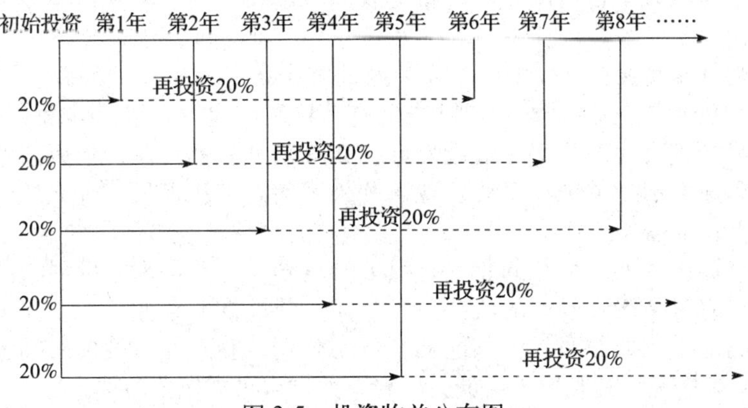

图 3-5　投资收益分布图

（五）运用股票进行盈余管理

股票具有不可返还性、高风险性、潜在高收益性和可流通性等特点。股票按照股东拥有的权利和承担义务的大小可以分为普通股和优先股。

普通股是股份有限公司的最重要、最基本的一种股份，它是构成股份公司股东的基础。优先股是指股份有限公司在筹集资本时给予认购者某些优先条件的股票。两者区别如表 3-4 所示。

表 3-4　普通股与优先股的区别

权利义务 \ 股票种类	普通股	优先股
经营权利	参与经营，选举表决	无经营参与和选举权
收益分配	收益与经营状况挂钩	不与经营状况挂钩
分配顺序	优先股的赢利分配顺序先于普通股	
剩余资产分配权	优先股先于普通股分配剩余资产	
认股顺序	普通股先于优先股认购新增发的股票	

1. 确定选股策略

根据股票特性的不同，采取不同的投资策略，包括以下几种。

（1）成长股投资策略。成长股是指迅速发展中的公司所发行的具有较高报酬成长率的股票。投资收益的成长率越大，股价上扬的可能性也就越大。投资成长股的策略如下。

1）要在众多的股票中准确地选择出适合投资的成长股。成长股的选择，一是要注意选择属于成长型的行业；二是要选择资本额较小的公司，因为较大的公司要维持一个迅速扩张的速度将是越来越困难的，一个资本额由 5000 万变为 1 亿元的企业增资扩股要比一个由 5 亿变为 10 亿元的企业容易得多；三是要注意选择过去一两年成长率较高的股票，成长股的赢利增长速度要大大快于大多数其他股票。

2）要确定好买卖时机。由于成长股的价格往往会因公司的经营状况变化而涨落，其上涨幅度较之其他股票更大，在熊市阶段，成长股的价格跌幅较大。因此，可采取在经济衰退、股价跌幅较大时购进成长股，而在经济繁荣、股价预示快达到顶点时予以卖出。由于成长股在熊市时跌幅较大，而在牛市时股价较高，成长型公司股票比较适合积极进取型的投资者。

（2）迅速发展型股票选择策略。迅速发展型公司是指公司设立时规模比较小，但活力强，资本规模年均增长率很高的公司。投资者如果选择恰当，可获得几倍甚至十几倍的投资收益。

投资者购买迅速发展型公司的股票，关键是要认真了解该公司在哪些方面能持续发展，是否能保持较快的增长速度，要注意寻找资产负债情况良好、获利丰盈的公司。简言之，只要是迅速发展型公司，而且仍在继续发展，其股票就有利可图。但要注意迅速发展的公司，不会永远迅速发展，关键在于要发现这些公司何时停止发展，什么原因停止发展，这在选择中有重要的参考意义。

当然，投资迅速发展型企业的股票有很大的风险，尤其是那些发展欲望强烈但资金不足的年轻企业，有时会面临破产的威胁。当公司出现近期的营业情况令人失望、公司高级行政人员相继离开或重要雇员转入与之相竞争的公司，股票的市盈率较高但最近两年内其收益增长率较低等情况，其股票价格就会出现下跌，应考虑抛出股票。

（3）特大规模公司股票投资策略。公司规模大小对投资者购买股票所获股息多少有重要影响。大公司的股票连续大幅上涨比较困难，但是这并不意味着大公司的生意不好，只是投资者对大公司的增长速度不宜期望过高，它适合比较稳健的投资者进行投资。对特大规模公司的投资应注意国家的产业政策、公司所处的产业或行业、公司产品的市场占有率和历年的分红派息情况，应选择受到产业政策支持的、市场占有率较高并且历年分红派息比较稳定的上市公司股票。

（4）蓝筹股投资策略。蓝筹股是指那些在行业内占有支配性地位、业绩优良、成交活跃、红利优厚的大公司股票。蓝筹股的特点是：投资报酬率相当优厚稳定，股价波幅变动不大，当多头市场来临时，蓝筹股一般不会领先上涨，经常的情况是其他股票已经连续上涨一截，蓝筹股才会缓慢攀升；而当空头市场到来，投机股率先崩溃，其他股票大幅滑落时，蓝筹股往往仍能坚守阵地，不至于从原先的价位上过分滑降。

对应蓝筹股的投资策略是：一旦在较适合的价位上购进蓝筹股后，不宜再频繁出入股市，而应将其作为中长期投资的较好对象。虽然持有蓝筹股在短期内可能在股票差价上获利不丰，但以这类股票作为投资目标，不论市况如何，都无须为股市涨落提心吊胆。而且一旦机遇来临，也能获得丰厚收益。长期投资这类股票，即使不考虑股价变化，单就分红配股，往往也能获得可观的收益。对于缺乏股票投资经验且愿做长线投资的中小投资者来讲，投资蓝筹股不失为一种理想的选择。

2. 选择投资期策略

股票投资期限选择策略是投资者根据各种市场因素和投资期望值来合理确定持股时间长短的策略和方法。

股票作为一种永久性的有价证券是没有期限可言的。这里所讲的股票投资期限是指投资者持有某种股票的时间长短，可将投资分为长期（线）投资、短期（线）投资和中期（线）投资。

长期（线）投资是指投资者在买进股票后，在短期内不转售，以便享受优厚的股东权益，只是在适当的时机才转售求利。长期投资者持有的股票时间有的半年，有的长达几年、十几年甚至更长，长期投资经常能够给投资者带来较好的利润回报。

投资者在进行长期投资时，最主要的是要熟悉企业的历史与现状，尤其是企业的赢利能力及其派息情况。比较适合进行长线投资的股票应是该种股票发行公司的经营情况比较稳定和正常，预计在相当长时间内不会发生大的起落，且公司的派息情况大致匀称，股票的市场价格波动不大，大体走向是稳中有升。

短期（线）投资在很大程度上是一种投机买卖，投资者所持股票的时间往往只有几天，甚至有时只有一两天。投资者进行短期投资主要是利用股价差额来转售获利。短期投资的主要对象是市场价格不稳定且变化幅度较大的活跃型股票。由于短线投资是一种投机性很强和风险较大的投资活动，初涉股市的投资者最好不要采取这种方式。

中期（线）投资则是介于长短线投资之间的一种投资，一般持股时间在几个月以内。中期投资特别要注意选择时机，当政治经济环境较好，预计股票市场有中期上涨行情时，可考虑中期投资。具体到个股，如果预计某家公司在几个月内有好消息出现，那么这家公司的股票就是进行中期投资的最好选择。

对于某一个具体的投资者来讲，到底是选择长期投资还是选择中期或短期投资，则要依据投资者的预期目标和市场因素进行综合分析。

总之，如果企业有较为丰富的现金流盈余，可以成立相应的证券部门，纵身于股海之中，在高风险的浪潮中去搏击高收益的回报。

（六）运用证券组合进行盈余管理

企业在管理现金流盈余时，往往采用证券组合投资的方式进行管理，以达到分散风险、收益最大化的目的。证券组合是依据投资者对证券投资的目的和要求，从资本增值方面研究如何进行证券组合，制订相应的投资策略和计划并加以实施的过程。运用证券组合管理盈余资金需要遵循以下几个步骤。

1. 采用证券组合策略

证券组合策略是为了实现投资管理的目标而制订的投资方案。在充分估计投资者对风险承受力的基础上，按照对投资收益偏好是本期收益还是资本利得（资本增长）的标准划分，证券投资组合策略的基本类型有：收入型策略、增长型策略和收入增长混合型策略。

（1）收入型证券组合策略的目标在于追求稳定和规则性的本期收入的最大化，而不强调资本利得和增长。满足这一目标的证券组合，应强调本金安全和当期收入。

根据这一要求，收入型证券组合所选择的证券注重具有较高本期收益率、安全性较好且有一定增长潜力的证券，如政府债券、免税的市政债券、信用等级较高的公司债券、优先股票以及具有高股息和赢利稳定的普通股票等。为了兼顾本期收入的最大化、稳定性和规则性，建立收入型组合时常常将防守型证券（债券）和进取型证券（股票）按一定构成比例融合起来，这样可以照顾到风险和收益的平衡。

（2）增长型证券组合策略的基本目标是使投资组合的将来价值尽量增大。它强调的是投资资金的增长或资本利得，而较少地考虑经常收入。增长型证券组合的当前收入并不一定很高，但组合的总收益期望值必须高于市场平均水平。

在各种证券中，普通股票最适合体现增长型组合的目标，可以作为主要的选择对象。同时，分散原则不应忽视，要适当选择组合的证券数目，如果证券组合的种类太少，会造成风险过高，但数量太多，则难以提供满意的收益。

在确定了证券数量后，投资者可以从增长（升值）潜力大的证券（主要是普通股票）中选择服从增长目标的证券。选择的标准大致有以下几条：具有较大的赢利或股息增长的潜力；赢利增长率很稳定；发放股息水平较低；预期收益率较高；预期收益的变动（即风险）较低。具备这些特点的证券通常在未来时期内其市场价格会趋于上升，从而给投资者带来资本利得与经常收入增长的好处，特别是一些虽不知名但资信状况良好、有发展潜力的公司的普通股票。

（3）收入增长混合型证券组合策略是一种介于收入型和增长型之间的投资管理策略。

这种策略既强调本期收入，又希望资本增长，因此需要在收入和增长之间进行权衡。选择混合型证券投资对象可以采取灵活兼顾的策略，既可以是收入型证券与增长型证券的综合，也可以是兼有收入和增长潜力的证券。

在这种混合型证券组合策略中，可以依据市场状况以及证券风险的不同，采取偏增长型或者偏收入型的策略。例如，当前组合的一些证券潜在风险加大，可以转向偏收入型的策略；而在当前组合的一些证券潜在风险较小，未来收益却有增加时，可以转向偏增长型的策略。投资者可以因地制宜、因时制宜，采用最佳策略。

2. 证券组合管理操作

证券投资组合的管理操作就是实施既定的证券投资组合策略和实现该策略的基本目标的具体过程。这一过程从两个方面展开，一是证券投资时机的选择，二是不同期限证券组合的协调方式。

（1）证券投资时机的选择。买入或卖出证券时机选择的基本原则是：当证券价格被低估时，买入证券；而当证券价格被高估时，就卖出证券。具体的买卖时机的选择方法有以下几种。

1）趋势投资法主要关心证券市场上价格上升或下降的趋势或长期趋势，其基本理论前提是：一种趋势一经建立，便将持续一个相当长的时期。投资者可以在趋势出现和转变时，选择买入、卖出时机，而在趋势持续发展阶段，则要继续保持投资地位的不变，直到某种信号产生，表示趋势已经发生转变时，投资者才能改变投资策略。趋势投资法以长期趋势为基础进行投资，以期获得长期收益，而不是像投机者那样关心短期价格波动，靠短期价格差来获利。

2）目标价格法是针对短期证券市场行市变动走势，通过预先确定每种证券波动的目标价格而选择买入或卖出证券的方法。如当某证券市价跌到既定的价格水平时就购入此证券，并确定卖出的目标价格和持有期长短，当证券价格达到目标价格水平时即行卖出，如此反复以获取资本利得。其优点是简便易行，无须太多确定投资时间，因此常被使用；但缺点是容易坐失良机，把一个可以长期获利的时机丧失掉。因此这一方法不适用于趋势变动频繁的情况。

3）市价平均法也称“均损法”，当投资者所购证券价格下跌或上升而又无法准确预测行市变动的长期趋势的情况下，通过再次购入（或卖出）该种下跌（或上升）的证券以平均证券购买（或出售）价格的方法。这种多次买入或卖出同一种证券的方法可以使平均购买价格或出售价格更为接近证券的实际内在价值，避免因高估或低估所带来的更多的投资损失。

4）等额投资成本平均法是一种比较简单实用的平均投资方法。即当选定某种具有长期投资价值而其市场价格又波动较大的证券后，在一定的投资期内无论证券市价如何变动，都以等额资金定期地买入证券的投资方法。这种方法可以使投资的平均成本低于市场的平均价格。

【例 3-8】某投资者连续三个月每月买入金额为 100000 元的某种股票，股票价格分别为 5 元、4 元、10 元，则每次购入股数分别为 20000 股、25000 股和 10000 股。于是

$$\text{每股平均成本} = \frac{\text{投资总额}}{\text{累计购入股数}} = \frac{300000}{55000} \approx 5.455(\text{元})$$

$$\text{市场平均价格} = \frac{5 + 4 + 10}{3} \approx 6.333(\text{元})$$

显然每股平均成本低于市场平均价格。

这种方法优缺点都有。优点是不必刻意选择购买时机，它会促使投资者制订全面完善

的投资计划而不致凭直觉任意一次买进。缺点是有条件限制：价格要有较大波动但不能是长期下跌趋势；投资时期要足够长；需要一笔较多资金且每期支付，从而使交易费用增加；计划必须严格执行；等等。

5）公式计划法被用来简化投资过程，避免不适时地买卖证券。这种方法在使用时不必考虑投资的时间，也不用预测来指导，而是按照一定的公式遵循自动买入卖出活动的计划，迫使投资者在价跌时买入，价涨时卖出，在证券市场的周期性波动中获利。

（2）证券投资的期限组合协调管理。证券组合中的期限组合是根据投资组合的策略目标，对不同期限的证券在证券组合中的比重进行调整，以达到有效协调收益与风险的组合。常用的证券组合的期限组合协调方式有以下几种。

1）期限分散化就是用投资资金购买多种期限的证券，使不同期限因而具有不同收益的证券构成组合，取得较好的收益，而又尽量使各期都有足够的到期回收的资金，满足流动性要求。

期限分散化的最典型方式是“梯形期限”。其做法是：将全部投资资金均匀地分布在各种期限的证券上，从而持有的各种期限的资产数量相等，当期限最短的证券到期收回资金后，再把它投到期限最长的证券上。如此循环往复，始终保持各期限上的等量状态，恰似一个等边阶梯。

2）与期限分散法相反，期限分离组合协调方式则是在投资者充分分析市场状况和证券价格变动趋势的前提下，把几乎全部资金投向一种期限的证券上。这是一种“孤注一掷”式的投资组合方式，风险很大，若所持证券行市上涨则获利丰厚，反之则损失惨重。

另外，投资者还可以采用期限灵活调整的组合方式，即不拘泥于某一特定组合方式，主动、灵活地分布资金，并不断根据需要，灵活调整期限构成。

总之，企业在运用证券组合进行投资时，一方面要考虑到投资目标和投资策略的条件随时都可能发生变化，另一方面也要考虑市场环境等外在因素的不确定性。因此，证券组合投资管理是一个不断调整的过程。

五、现金流内部控制制度

现金流循环管理的实施是需要组织保证和制度规范的。企业需要建立一套完整的现金流内部控制体系来保证现金流的正常流动，不仅要保证经济业务的合法性和合规性，而且应当保证现金流动的合理性和高效性。

（一）组织架构建立

公司制是现代企业制度的一种有效组织形式，公司法人治理结构是公司制的核心。法人治理结构包括现代企业所应具备的科学化、规范化的企业组织制度和管理制度。科学化、规范化的企业组织制度又包括股东会、董事会和监事会。股东会是由全体出资人（即公司股东）组成的公司最高权力机构；董事会是由股东会选举产生的代表全体股东利益的公司常设权力机构，向股东会负责；监事会是由股东会选举产生的代表股东利益并对董事会及其成员以及高层经营管理人员进行监督的机构。

现金流内部控制组织架构是在公司法人治理结构下建立的，其组织结构如图 3-6 所示。

（二）现金支出控制制度

现金流管理重在支出管理，建立有效的支出控制是进行现金流内控制度的重点。

1. 预算管理模式

典型的管理模式是预算管理模式，对现金支出应建立严格的授权批准制度，明确审批人对货币资金业务的授权批准方式、权限、程序、责任和相关控制措施，规定经办人办理货币资金业务的职责范围和工作要求。

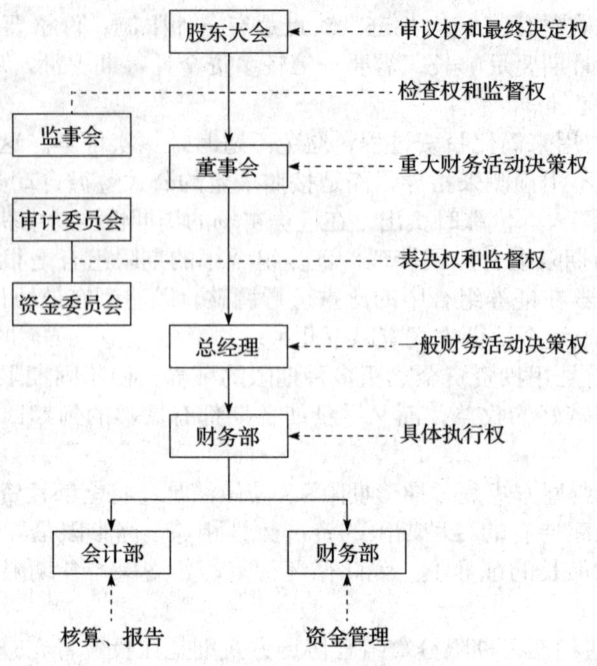

图 3-6 现金流内控组织结构图

在预算管理模式下，将支出分为预算内支出和预算外支出。对预算内支出，由费用发生的各分公司、分部门经理签字，大额支出必须同时经财务经理或总经理签字，即所谓联签制；对预算外支出，遵循例外管理原则，报经决策机构批准之后，由决策者或部门经理签字。支出审批程序如图 3-7 所示。

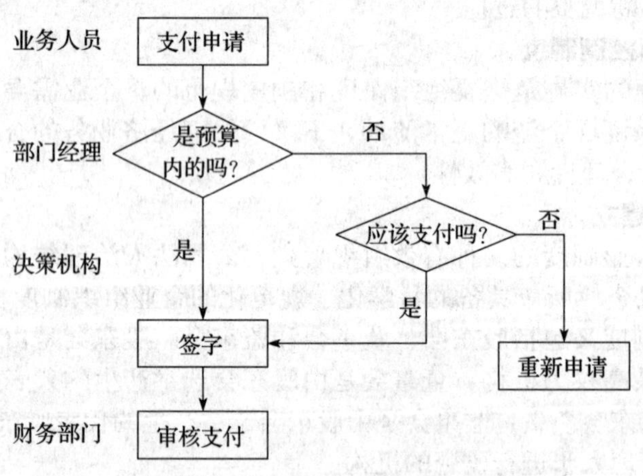

图 3-7 支出审批程序图

审批人应当根据授权批准制度的规定，在授权范围内进行审批，不得超越审批权限。对于重要现金支付业务，应当实行集体决策和审批，并建立责任追究制度，防范贪污、侵占、挪用货币资金等行为。

对于预算外现金支付，金额较小的，为提高工作效率，可由上一级主管经理审批；对较大金额的支出，应经过一定的决策机构如董事局会议、经理联席会等批准。预算管理模式将支付审批与预算管理相结合，既下放了一定权限，又通过预算控制，防止了支付的随意性。

2. 现金支出控制措施

（1）企业发生的一切有关现金支出的业务，必须将有关领导签字的“付款凭证”（还须附有原始凭证），送交会计部门。

（2）企业会计部门核定付款凭证后送交出纳部门。

（3）出纳部门核对无误后，将现金或支票交收款人。出纳员要在付款凭证上加盖“现金付讫”或“银行付讫”戳记，而后送交会计部门。

（4）会计部门根据已付款的凭证做有关会计分录，并据以入账。

（5）月末，会计部门根据银行送来的对账单与会计记录进行核对。

具体操作如图 3-8 所示。

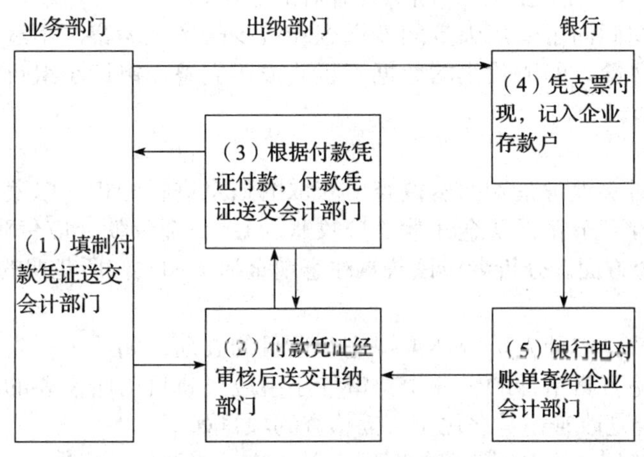

图 3-8 现金支出流程控制图

（三）现金收入控制制度

企业经营性现金收入是销售商品、提供劳务收到的现金，具体包括现销收到的现金和应收账款回收收到的现金。现金收入控制的目的在于加速资金流转和加强内部控制。

现金收入的控制，应采取如下措施。

（1）销售商品收到的现金，均由收款人点清，并填写“收款凭证”或“收款清单”，连同现金或支票送交出纳部门，并将“收款凭证”副本送交企业会计部门。

（2）出纳部门收入款项时，除与收款清单核对外，还应将现金或支票送存其开户银行，并将开户银行的回单送交会计部门。

（3）会计部门根据收款人交来的有关“收款清单”和出纳员交来的银行存款回单加以核对，核对无误后登记现金日记账、银行存款日记账。

（4）月末会计部门要将银行存款日记账与银行送来的对账单逐笔核对，并编制银行存款余额调节表。

建立现金流的内部控制制度，使企业在有效的组织架构下保证现金流出和流入的安全性、合理性和高效性，从制度上保证现金流的畅通运行。

六、现金流管理审计控制

现金流管理审计分为以下步骤。

（一）设立审计小组

企业可以自己设立内部审计小组，也可以聘请一家外部审计公司或是将二者结合起来。外部审计公司的优势在于它们在证据收集和分析方面更专业化，也更有经验，同时它们对已建立的可供选择的系统也更加熟悉。内部审计小组的优点是，他们对企业的经营有一个全面的了解，并且有一种长期的延续性。

（二）查找证据

证据查找的目的很简单，即描述现金管理系统是怎样运行的，企业中现金流量和平均现金余额是多少以及它们由谁来控制，并了解现金回款的速度有多快。审计应该涵盖现金筹划、现金预算、预算管理以及现金运作的其他系统。

证据查找的过程中应恰当地结合实地考察和问卷调查两种方法。实地考察是一种很花费时间的方法，因此在数量上受限制。然而，审计人员应用这种方法的好处在于：可以在面对面的询问和系统运行过程的实地考察中进行深入的分析并获得高质量的数据。

与实地考察不同的是，由于问卷调查可以在被调查者认为方便的时候（需要时，甚至可以跨越几天）完成，所以它不会打断被调查者的工作。

大型的企业组织倾向于使用大量问卷调查和较少的实地考察。不过，任何证据查找的方法都存在这样的风险，即所收集的数据不正确或不完整。审计小组可能会曲解这些信息或忽略某些重要细节。

（三）分析数据

审计人员应该对实地考察和问卷调查所获取的信息进行分析，以确认潜在的薄弱和低效环节。分析的关键环节在于现金回款（应收账款）、现金付款（应付账款）、银行存款余额和银行手续费几个方面。分析者应该着重注意现金活动和它们所花费的时间是否合理。

1. 应收账款

对于现金应收款，审计人员应该重视这一项目的波动，如从销售到客户付款所花费的时间的波动。在实施日常审计的企业中，审计小组应该将目前所需要的时间与前期进行比较，以评估这一状况是改善还是恶化了。需检查的项目如下。

（1）从销售到开具发票之间花费的时间，是否有不必要的延误发生。

（2）客户对发票细节质疑的次数，或由于发票和订货单设计不佳、不清楚而造成错误的支付。

（3）向客户提供的信用条件。

（4）客户付款的积极程度。

（5）需要催收的逾期应收账款占应收账款总额的比例。

（6）为催收逾期应收账款而与客户联系的积极程度。

（7）客户对提前付款折扣的利用情况及其数量。

（8）银行收取现金的过程。

（9）发票日期。（如果企业要求客户在开具发票后规定时间内付款，那么发票上就应该明确地注明日期和信用条件。）

2. 应付账款

现金应付款中潜在的主要弱点是在到期之前提前付款。另一个弱点是在提前付款折扣方面的决策可能是高成本的，即在不利的信用条件下提前付款或在有利的信用条件下拒绝提前付款。需检查的项目如下。

（1）供货方提供的信用条件。

（2）催收账款的意愿。

（3）需要支付的逾期应付账款占应付账款总额的比例。

（4）信用条件的利用情况及其数量。

（5）银行支付现金的过程。

虽然向供应商逾期付款是不是一种好的现金管理方法仍值得商榷，但是这样的策略可能会损坏与供应商的关系，使得他们不愿意向企业延展信用期。

3. 银行存款余额和银行手续费

企业应该对银行手续费的准确性进行检查。这是因为银行之间的手续费各不相同，而且银行偶尔也会出错。为满足多种业务的需要，企业应开发出一些现成的软件包来监督检查银行利息和手续费及其计算过程。

收到大额款项就直接借记账户的企业应该对银行收款的速度进行检查。收款偶尔也会发生拖延，这会导致企业产生不必要的透支费用或存款利息的损失。

企业还应该对现金余额及应收款存入银行所产生利息的用途进行检查。审计人员还应考虑银行在收到企业已经入账的款项后到提供这一已转账的资金所需的时间。

（四）提出改进建议

在确认了现有系统所存在的薄弱环节后，现金管理审计小组应该提出改进建议。企业可以考虑一些可选的方式，如账户合并、净额结算、重开发票以及不同的付款方式或利用本国银行的外币账户、国外银行账户。每一条建议都应该形成文件，计算成本，并对其进行成本效益分析。另外还应该绘制一张现金流量图，用来显示如果这些方案被采纳所带来的现金流量。如果这些备选方案比现行方案好，那么企业就可以编制实施改进的计划。

在计划这些改进方案时，企业应该到现在的开户银行咨询，但也需要与其他拥有良好技术、软件和地理位置的银行联系。尽管新方案最初是由总公司发起的，但与地方分部进行协商以获得他们的支持也是很必要的。最终，改进建议会以报告的形式提交给董事会审批。

通过对企业的现金管理系统的正式调查，确定不足和需要改进的领域，优化当前现金管理系统，从而有助于现金的流转，缩短现金流循环的周期。

第四章
财务战略

第一节 财务战略概述

财务战略就是对企业总体和长远发展有重大影响的财务活动的指导思想和原则。企业财务战略的着眼点不是企业的当前，也不是为了维持企业的现状，而是面向未来，为了谋求企业的持续、长远发展和增强企业的财务竞争力。

一、财务战略的特征

财务战略的主要特征如下。

（一）综合性

财务战略的制订要综合考虑影响企业财务活动的各种因素，包括财务的和非财务的、主观的和客观的等各种因素。企业财务战略不能就财务论财务，只有综合这些因素，才能全面支持企业财务战略，实现企业财务战略所要达到的目标。

（二）全局性

企业财务战略以全局及整体经营活动中企业资金运动的总体发展规律为研究对象，根据企业财务的长远发展趋势而制订，从全局上规定着企业财务的总体行为，使之与企业的整体行动相一致，追求企业财务的总体竞争实力，谋求企业良好的财务状况和财务成果。总体上说，它是指导企业一切财务活动的纲领性谋划。所以，凡是关系到企业全局的财务问题，如资本结构、投资方案、财务政策等都是财务战略研究的重要问题。企业财务战略的全局性还表现在财务战略应该与其他企业职能战略相结合，共同构成企业的整体战略，企业各职能部门必须协调一致才能最大限度地实现企业的总体战略目标。

（三）全员性

任何可行的财务战略都是在公司最高管理层与相关职能部门之间、总部与事业部之间、事业部总经理和三级财务管理人员之间，进行交流后选择决策的。

财务战略的全员性体现在以两点。

（1）从纵向看，财务战略制订与实施是集团公司高层主管（如财务副总裁）、总部财务部门主管、事业部财务及下属各子公司或分厂财务多位一体的管理过程。

（2）从横向看，财务战略必须与其他职能战略相配合，并循着公司（集团公司）的发展阶段与发展方向来体现各职能战略管理的主次，财务战略意识要渗透到横向职能的各个层次，并最终由总部负责协调。财务战略的全员性意味着财务战略管理应以经营战略为主导，以财务职能战略管理为核心，以其他部门的协调为依托进行的全员管理。

（四）长期性

财务战略的着眼点不是企业的当前，不是为了维持企业的现状，而是面向未来，为了谋求企业的长远发展。因此，在制订财务战略时，不应当急功近利，而要从企业长期生存和发展的观点出发，有计划、有步骤地处理基本矛盾，这是战略管理要解决的根本问题。

（五）风险性

由于企业的理财环境变化不定，以及国内外政治经济形势变动的影响，使得企业财务战略制订必须考虑企业在不确定环境下的适应能力和发展能力，注重企业发展过程中的各种风险因素，使得企业对各种可能发生的风险做到心中有数，准备好应对策略，以便抓住机遇，规避风险。从财务战略的角度看，研究经营风险和财务风险的目的应着眼于企业的筹资及所筹资本的投资上。财务风险和经营风险可以产生多种组合模式，以供不同类型的企业进行理性的财务战略选择。

（六）系统性

企业财务战略是把企业资本运营当作一个系统来对待的，所注重的是它与企业整体战略、与企业内外环境之间的关系，以及其自身各要素之间的关系，并且试图从整体的、系统的角度来协调这种关系。从财务战略自身的系统而言，协调性是自然应该具有的；从财务部门与企业内部其他各部门的关系而言，企业是一个整体，财务战略必然要在与其他各部门形成协调性的基础上来实施。

（七）从属性

这里所谓的财务战略的从属性，主要是指它是企业战略的一个组成部分而言，并非是指它简单地服从于企业战略。制订财务战略的出发点应该是为了从财务方面对企业整体战略给予支持。因而，财务战略不是独立于企业战略之外的，一方面，财务战略是企业战略的执行和保障体系，另一方面，何种企业整体战略决定何种财务战略。

（八）差异性

对所有企业而言，它们既不能不追求尽可能大的盈利或资本增值，又不能一味地追求盈利而忽视其他目标。这种既统一又对立的关系，使得不同企业的整体财务战略不尽相同。如日本企业与美国企业就存在着比较显著的财务战略差异。日本企业的经营者把实现发展目标放在一切工作的首位，一切财务工作考虑的宗旨就是为了实现企业发展目标。为此，日本企业宁愿牺牲近期利润，宁愿冒更大的风险大举借债。而美国企业则比较注意近期利润，尽管它们也不放松对企业发展的追求。

（九）支持性

财务战略的支持性表现在它是经营战略的执行战略。经营战略是全局性的决策战略，侧重通过分析竞争对手来确定自己的经营定位，为其职能战略的制订提供依据；财务战略则是局部性的、执行性的，它从财务角度对涉及经营的所有财务事项提出自己的目标。因此，财务战略必须目标明确，行动上具备可操作性。

（十）外向性

现代企业经营的实质就是在复杂多变的内外环境条件下，解决企业外部环境、内部条件和经营目标三者之间的动态平衡问题。财务战略把企业与外部环境融为一体，观察分析外部环境的变化为企业财务管理活动可能带来的机会与威胁，增强了对外部环境的应变性，从而大大提高了企业的市场竞争能力。

（十一）互逆性

尽管财务战略对公司战略的支持在不同时期有不同的支持力度与作用方式，但从战略角度看，投资者总是期望公司在风险一定情况下保持经济的持续增长和收益的提高。因此，财务战略随着公司经营风险的变动而进行互逆性调整。这种互逆性是财务战略作为一极与经营战略作为另一极相互匹配的结果。

（十二）动态性

财务战略必须保持动态的调整。尽管战略立足于长期规划，具有一定的前瞻性，但战略又是环境分析的结果。环境变动的经常性使得战略的作用必须以变制变。这种以变制变的结果表现为：当环境出现较小变动时，公司一切行动必须按既定战略行事，体现战略对行动的指导性；当环境出现较大变动并影响全局时，经营战略必须做出调整，财务战略也随之调整。

二、财务战略的地位

企业财务战略的目标是谋求企业资本的均衡和有效流动，以及实现企业总体战略。

企业战略是企业整体战略的一个有机组成部分，财务战略是企业战略中的一个特殊的综合性的子战略，在企业战略管理体系中处于相对独立的基础地位，是企业战略的中坚，它既从属于企业战略，又制约和支持企业战略的实现，两者是辩证统一的关系。同时，财务战略与其他总体战略的子战略，如生产战略、营销战略等存在着相互影响、相互制约的关系，与其他职能战略之间既相互区别又相互联系。可以说，财务战略渗透在企业的全部战略之中，与企业战略之间也不是一种简单的无条件服从的关系。

（一）财务战略从属于企业战略

无论从生存方面还是从发展方面考虑，企业战略对一个企业而言都是至关重要的。企业总体战略决定了企业经营的领域、产品的发展方向和技术水平，规定了企业投资的方向。企业必须在总体战略规定的范围内进行投资活动，并保证资金及时、足额到位。

作为企业战略的一个子战略，财务战略不是独立于企业战略的，而是服务于、从属于企业战略的。企业战略是财务战略的一个基本决定因素，是整个企业进行生产经营活动的指导方针，也是协调各种经营活动的主旋律。企业战略居于主导地位，对财务战略具有指导作用。财务战略应该与企业战略协调一致，从资金上支持和保证企业总体战略目标的实现；通过保证企业战略实施对资金的需求，安排企业的财务资源规模、期限与结构，提高资金运转效率，为企业战略实施提供良好的财务保障。在企业财务战略管理过程中，首先要对企业外部财务环境及自身内部资源条件进行分析，在此基础上，综合考虑企业总体战略和生产营销战略的制约作用，从而制订出符合客观情况的财务战略。

（二）财务战略是企业战略中最具综合性的子战略

企业财务战略的谋划对象是企业的资金流动以及在资金流动时所产生的财务关系。正是由于资金是企业生存发展最为重要的因素，企业整体战略与其他职能战略的实施也离不开资金，因此，财务战略可以看成是企业战略的一种货币表现形式。企业财务战略在一定条件下，决定着企业总体战略的制订、部属和实施，在各种战略层次上处于主体地位。

当然，财务战略不是详细的、具体的资本运营实施计划，而是用来指导企业在一定时期内各种资本运营活动的一种纲领性谋划，规定着资本运营的总方向、总目标和总方针等重要内容，是制订各种具体资本运营计划和措施的依据。财务战略一经制订，就成为指导企业具体资本运作和财务管理行为的行动指南。因此，财务战略是企业战略管理系统中最具有综合性的子战略，对企业各层次战略的实现具有重要的意义和影响。企业需要根据其竞争能力、经营能力、产品生命周期、资金需求等对企业生存和发展有着全局影响的关键要素，制订并选择相应的财务战略，以动态地保持企业的持续竞争优势。

（三）财务战略对企业战略的其他子战略起着重要的支持和促进作用

财务战略的一个基本问题是如何优化配置资源，优化资本结构，促进资本快速流动和最大增值获利。财务战略除了贯彻企业战略的总体要求外，还必须考虑其他子战略与各职能部门战略的一致性。只有这样，财务战略才会对企业战略的其他各项职能战略的成功起到支持和促进作用。财务战略不同于其他的功能性子战略，它是企业战略管理系统中最具有综合性的子战略，对企业各层次战略的实现具有重要的意义和影响。这是因为，无论企业战略本身，还是市场营销战略、生产战略和技术创新战略等的实施均离不开资金的支持。这些战略一经制订，就会对资金产生需求。因此，制定企业战略的其他各项子战略时必须注意它们与财务战略目标的协调性。

许多企业在正式确定财务战略之前，要在各部门之间经过多次反复讨论。这一过程的重要目的之一，就是要对各项战略从资金方面予以审核，根据资金的可供量和资本增值效益等方面的考虑，对各子战略进行综合平衡，并使它们逐步协调一致起来。也就是说，企业各级战略的制订和实施必须接受财务的检验。企业做出战略选择的重要标准是可行性，可行性的首要条件就是该战略是否有资金支持。

由此可见，财务战略作为企业战略的重要组成部分，在其制订过程中，既要坚持其与企业战略的一致性，又要保持其自身的独特性。它们之间是一种相互影响、相互印证、相互协调的动态关系。同时，财务战略也是协调企业各级战略之间关系的工具。不管是处于最高层的企业战略，还是市场营销战略、生产战略等子战略，它们的实施均离不开财务的配合。

（四）财务战略制约企业战略的实现

企业战略解决的是企业在其总体目标的指引下，整个经营范围的问题以及怎样分配资源给各个经营单位的问题；财务战略则以维持企业长期盈利能力为目的，解决财务职能如何为其他各级战略服务的问题。财务战略的选择，决定着企业财务资源配置的模式，影响着企业各项活动的效率。

正确的财务战略能够指引企业通过采取适当的方式筹集资金并且有效管理资金，其主要目标是增加价值。财务战略通过资金这条主线，利用综合的财务信息将企业各个层次的战略有机地连接在一起，成为协调企业纵向战略、横向战略以及纵横战略之间关系的桥梁和纽带。财务战略影响企业战略的方方面面，包括投入的资金是否均衡有效、金融市场对资金筹集的约束和要求，资金来源的结构是否与企业所承担的风险与收益相匹配等。在企业战略管理实践中，很难将企业各层次的不同战略准确地区分为哪些是财务战略，哪些是非财务战略。

对于一个成长性的企业而言，从金融市场上筹集外部资金几乎是必需的。金融市场的特点、惯例和标准，以及由此产生的企业内部资金管理的特点等，都会对企业其他方面的运作产生重要影响。因此，在企业战略的制订过程中，或在其投入实施之前，必须检验其在资金上的可行性。如果企业战略所需资金无法得到满足，则该项战略就必须考虑修订。

一个成功的企业战略，必须有相应的财务战略与之相配合。财务对于一个企业来说是十分关键的。任何项目的事前预算、事中控制及事后考评都离不开财务。如果企业能够正确制订和实施有效的财务战略，它就能增加股东价值；否则，则会对企业经营产生致命的影响。企业及其他战略在制订时，需要考虑资本运动规律的要求，使资金能够保持均衡、有效的流动。

三、财务战略的目标

财务战略目标可分为财务战略总目标和财务战略具体目标。

（一）财务战略总目标

财务战略总目标不仅影响财务战略的制订，而且还指导财务战略的实施。能否正确确定财务战略总目标，对财务战略的制订和实施是至关重要的。按现代经济学的观点，企业实质上是“一系列契约的连接”，各要素持有者各有其连接企业的必要性和可能性，它们对企业的存在是必不可少的。从企业长远发展来看，不能只强调某一集团的利益，而置其他利益于不顾。在一定意义上讲，企业各相关利益集团的目标都可折中为企业长期稳定的发展和企业总价值（财富）的不断增长，各个利益集团都可以借此来实现它们的最终目的。因此，企业财务战略的总目标就是股东财富最大化或企业价值最大化。

（二）财务战略具体目标

财务战略具体目标是为实现总目标而制订的目标，是财务战略总目标的具体化，它既规定财务战略行动的方向，又是制订理财策略的依据，在财务战略中居于核心地位。财务战略具体包括投资战略目标、融资战略目标和收益分配目标。它是在战略分析的基础上确定的，是采取具体财务战略行动的指南。

1. 融资战略目标

通常，企业在确定融资战略目标时，需考虑以下两点：第一，是融资战略的首要目标是解决满足投资所需的资金。这是推动企业低成本扩张，不断提高市场份额的关键。第二，是使综合资本成本最小。企业在筹措资金时，要注意权益资本和债务资本的合理配置，优化资本结构，力争使企业综合资本成本最小。

2. 投资战略目标

投资战略目标是由财务战略总目标决定的。不同的企业在不同的投资运营项目上会有不同的追求，即使同一企业，选择的经营战略类型不同，其投资战略目标也不尽相同。企业在制订投资战略目标时必须充分考虑市场占有率、现金流量、投资报酬率等问题。

3. 收益分配目标

企业采取何种收益分配战略，要根据企业的内外部因素的分析及投融资的要求来确定。如在企业采取竞争战略的情况下，收益分配战略的首要目标是满足筹资的需要，追求的是企业的长远利益。而资本利得目标要符合企业的根本利益，无论是采取竞争战略，还是采取稳定战略的企业，通过收益分配都期望达到这一目标，它符合企业财务战略总目标的要求。

为实现企业财务战略目标要求，必须有相应的战略重点、战略阶段及其战略对策等为之服务。其中，战略重点是指实现财务战略的具体目标的过程中，必须予以解决的重大而又薄弱的环节和问题；战略阶段是为实现战略目标而划分的阶段；战略对策是保证战略目标实现的一整套重要方针、措施的总称，是保证战略实现的手段。具体来说，一方面，企业在制订财务战略具体目标时，一般都要充分利用其外部的机会和内部的优势，但也不能完全回避外部威胁和内部劣势所潜伏的威胁性影响，明确战略重点。另一方面，为使财务战略方案能被有序执行，必须分期规定各阶段的具体任务和目标，才能保证届时实现财务战略目标。因此，在制订财务战略时，企业必须根据现有条件和对理财环境的变化和发展趋势的分析，划分战略阶段，提出各战略的时间、任务、目标及措施，明确各战略阶段的重点，使财务战略趋于完整。另外，在研究制订财务战略对策时，企业还必须以其财务状况和盈利能力为分析基础。

不同企业的未来发展前景不同，使得它们所确定的财务战略具体目标也不尽相同。加之企业将来要面对的财务环境以及可能拥有的财务资源也存在差异，我们很难描述一种通用的或唯一的可以使企业获得成功的财务战略。

此外，根据现代管理理论“结构追随战略”的观点，企业为实现战略目标必然要求企业组织结构符合企业战略的根本要求，而作为企业组织结构重要组成部分的公司治理结构的完善与否同企业战略目标的实现息息相关。通常，现代的竞争环境、现代的竞争方式和现代的竞争战略都要求现代企业制度和公司治理结构作为根本的制度保障。就财务战略而言，企业财务管理体制和内部会计控制结构必须有助于财务战略的贯彻实施。没有现代的公司治理结构和内部控制制度，将会导致严重的经济后果或出现致命的财务危机。公司治理结构、内部控制的组织形态或结构形式要服从、受制于企业战略与财务战略，它们必须为实现企业战略目标服务。内部控制系统与战略绩效控制系统相互交叉、相互渗透、相互补充，共同负责财务战略的贯彻实施。

四、财务战略的类型

财务战略的通常分类如下。

（一）按资金筹措与使用特征划分

1. 扩张型财务战略

扩张型财务战略是以实现企业资产规模的快速扩张为目的的一种财务战略。

为实施这种财务战略，企业往往需要将大部分利润乃至全部利润留存。同时，企业还要大量进行外部融资，更多地利用负债，以弥补内部积累相对于企业扩张需要的不足。更多地利用负债而不是股权筹资，是因为负债筹资既能给企业带来财务杠杆效应，又能防止净资产收益率和每股收益的稀释。随着企业资产规模的扩张，也往往使企业的资产收益率在一个较长时期内表现出相对较低的水平，其显著特征表现为“高负债、低收益、少分配”。

2. 稳健发展型财务战略

稳健发展型财务战略是指以实现企业财务绩效的稳定增长和资产规模的平稳扩张为目的的一种财务战略。实施稳健发展型财务战略的企业，一般将尽可能优化现有资源的配置和提高现有资源的使用效率及效益作为首要任务，将利润积累作为实现企业资产规模扩张的基本资金来源。为了防止过重的利息负担，这类企业对利用负债实现企业资产规模从而促进经营规模扩张往往持十分谨慎的态度。所以，实施稳健发展型财务战略的企业，其一般财务特征是“低负债、高收益、中分配”。当然，随着企业逐步走向成熟，内部利润积累就会越来越成为不必要，那么，“少分配”的特征也就随之而逐步消失。

3. 防御收缩型财务战略

防御收缩型财务战略指以预防出现财务危机和求得生存及新的发展为目的的一种财务战略。实施防御收缩型财务战略的企业，一般将尽可能减少现金流出和尽可能增加现金流入作为首要任务，通过采取削减分部和精简机构等措施，盘活存量资产，节约成本支出，集中一切可以集中的资源用于企业的主导业务，以增强企业主导业务的市场竞争力。高负债、低收益、少分配是实施这种财务战略企业的基本财务特征。

随着企业经营环境的日益复杂，组织形式的变化、金融工具的创新、企业自身发展所处阶段的不同，从不同的角度分析，企业呈现的总体财务战略可以是以上三种中的任意一种，也可以是某一种局部修正或者创新。

（二）按财务管理的内容 / 对象分

1. 筹资战略

它是根据企业的内外环境的现状与发展趋势，适应企业整体战略与投资战略的要求，对企业的筹资目标、原则、结构、渠道与方式等重大问题进行长期的、系统的谋划。

筹资目标是企业在一定的战略期间内所要完成的筹资总任务，是筹资工作的行动指南，它既涵盖筹资数量的要求，更关注筹资质量。筹资原则是企业筹资应遵循的基本要求，包括低成本原则、稳定性原则、可得性原则、提高竞争力原则等。企业还应根据战略需求不断拓宽融资渠道，对筹资进行合理搭配，采用不同的筹资方式进行最佳组合，以构筑既体现战略要求又适应外部环境变化的筹资战略。

2. 投资战略

它是在市场经济和竞争条件下，根据企业使命和目标的要求，对在一定时期内为获得预期收益，而运用企业资源购买实际资产或金融资产行为的根本性谋划。

投资战略主要解决战略期间内投资的目标、原则、规模、方式等重大问题。投资目标包括收益性目标、发展性目标、公益性目标等。

投资原则主要有集中性原则、准确性原则、权变性原则。

在投资战略中还要对投资规模和投资方式做出恰当的安排。

3. 收益分配战略

分配战略是根据筹资战略、投资战略的需要，制订企业的股利（收益分配）政策，共同作用于企业的筹资、投资管理目标，使企业实现股东价值最大化。

企业的收益应在其利益相关者之间进行分配，包括债权人、企业员工、国家与股东。然而前三者对收益的分配大都比较固定，只有股东对收益的分配富有弹性，所以股利政策也就成为收益分配战略的重点。

股利政策要解决的主要问题是确定股利战略目标、是否发放股利、发放多少股利以及何时发放股利等重大问题。从战略角度考虑，股利政策的目标为：促进企业长远发展；保障股东权益；稳定股价，保证企业股价在较长时期内基本稳定。企业应根据股利政策目标的要求，通过制订恰当的股利政策来确定其是否发放股利、发放多少股利以及何时发放股利等重大方针政策问题。

分配战略是从属性的，但有时也是主动性的。从属性是指分配管理在很大程度是筹资管理的补充；另一方面，它又是主动性的，这是因为当企业分配政策有利于协调生产经营时，企业发展的速度就快，反之则相反。

（三）按企业生命周期分

生命周期是指从引入到退出经济活动所经历的时间。企业生命周期分析须借助于行业生命周期来考虑。一般认为，行业生命周期分为幼稚期、成长期、成熟期和衰退期四个阶段。行业生命周期在很大程度上决定了企业生命周期。与行业生命周期一样，企业的生命周期也分为四个阶段，即初创期、成长期、成熟期和衰退期。处于不同阶段的企业有不同的战略重点，从而有着不同的财务战略。从财务战略对经营战略的支持性及经营风险与财务风险的互逆性看，各个时期的财务战略肯定是不同的。

基于此，财务战略可分为初创期的财务战略、成长期的财务战略、成熟期的财务战略和衰退期的财务战略四种类型。

第二节 财务战略管理

财务战略管理或称战略财务管理，是指运用企业战略管理的思想，从战略角度对财务战略的制订和组织实施方面的管理，是企业财务管理的关键。财务战略管理既要体现企业战略管理的原则要求，从战略管理的角度来规划企业的财务行为，使之与企业的整体战略相一致，以保证企业经营目标的实现，又要遵循企业财务活动的基本规律。

一、财务战略管理的特征

企业财务战略管理的特征如下。

（一）关注企业核心竞争力的创造

企业财务战略的目标之一就是使企业在激烈的市场竞争中是否具有核心竞争力，并将其看作企业是否能够保持优势的关键。企业有了核心竞争力，就可以根据市场的变化不断调整完善自身的经营策略。企业的核心竞争力通常包括财务核心竞争力和技术核心竞争力。技术核心竞争能力的创造来自正确的研发决策和技术更新决策，企业财务核心能力就是企业盈利能力的可持续增长，其培养来源于合理正确的投资决策、资本结构决策、营运资金决策等。它通常体现为一个企业的本身具备的综合实力。

（二）财务战略管理的逻辑起点应该是企业目标和财务目标的确立

这是因为，每一个企业客观上都应该有一个指导其行为的基本目标以及相应的财务目标。企业目标的明确，也就意味着明确了企业的总体发展方向；财务目标的明确，则为财务战略管理提供了具体行为准则。有了明确的企业目标和财务目标，才可以界定财务战略方案选择的边界，才能排除那些显然偏离企业发展方向和财务目标要求的战略选择。也就是说，只有明确了企业目标和财务目标，才可以将财务战略管理尤其是财务战略形成过程限定在一个合理的框架之内，才能避免漫无目的地探寻财务战略方案这种劳而无功的做法。

（三）关注企业的长远发展

每个企业都应该有一个明确的经营目标以及与之相应的财务目标，以此来明确企业未来的发展方向，为企业的财务管理提供具体的行为准则。只有明确了企业经营目标和财务目标才可以界定财务战略方案选择的边界，选择适合企业自身的财务战略。财务战略管理应具有战略视野，关注企业长远的、整体的发展，重视企业在市场竞争中的地位，以扩大市场份额，实现长期获利，打造企业核心竞争力为目标。

（四）重视环境的动态变化

企业制订战略以外部经营环境的不确定性为前提，企业必须关注外部环境的变化。根据变化调整战略部署，或采取有效的战略方案，充分利用有限的经济资源，保证企业在动态的环境中生存和发展。换句话说，财务战略管理就是要用一种动态的眼光去分析问题，它关心的不只是某一特定时刻的环境特征，还包括这些因素的动态变化趋势，关注这些环境特征的未来情形及其对企业可能产生的影响。

（五）广泛收集财务及非财务信息

在竞争环境下，衡量竞争优势的不仅有财务指标，还有大量的非财务指标。许多非财务指标尽管不能直接反映企业的经营业绩，但对企业的长远发展起着至关重要的作用，如目标市场的占有率、顾客满意度等。因此，财务战略管理不仅应充分了解竞争对手的财务信息，还应尽可能收集竞争对手的一些非财务信息。

二、财务战略管理的观念

财务战略管理的观念如下。

（一）传统理财观念

传统的经营理财观念是随着商品经济的发展而形成的，主要包括以下观念。

1. 经济效益观念

实现最佳经济效益是企业经营的基本目标。企业进行理财活动，必须树立正确的经济效益观念。这就要求企业在经营的过程中，必须处理好企业所费与所得之间的关系，最大限度地发挥财务管理在企业经营中的职能作用，在遵循资本运动规律的前提下，承担企业筹资、投资、成本费用管理及其收益分配方面的职能；要研究经营理财活动的规律，强化资金管理，重视优化资本结构，降低资本成本，合理负债经营，控制财务风险。在开展日常生产经营活动的同时，利用发达的金融、资本市场开展货币商品经营，保持良好的财务形象。

2. 财务风险观念

财务风险观念是在市场经济条件下，从资金需求出发，考虑资本市场评价效益，并成功实现风险决策的观念。树立财务风险观念要重视金融、资本市场的动向，以便从金融市场筹集所需要的资金；要优化资本结构，正确核算资本成本和投资收益率；要正确对待和全面分析财务风险，研究引起财务风险的一系列不确定性因素，研究防范财务风险应采取的具体措施和方法。

3. 货币时间价值观念

货币时间价值观念要求企业在进行理财决策时要充分认识不同时点货币价值的差异，创造良好的资金投放回收条件，加速资金周转，以减少闲置资金的损失；要采用科学方法研究未来的现金流量，各种闲置资产的机会成本，以及资本成本和投资收益率的组成及投资收益率的高低等。在投资决策中，既要考虑投资项目在寿命期内能实现的利润总和或现金净流量总和，也要重视利润和现金净流量在各个时期的分布情况，以确定最佳决策方案；在筹资决策中既要考虑资本成本，也要注重资本成本的支付方式和支付时间，以避免资本成本测算失误。

4. 资本成本观念

资本成本是指企业因筹集和使用资金而付出的代价。在市场经济条件下，由于资本所有权和资本使用权的分离，企业在筹资过程中必须考虑资本成本，研究资本成本对筹资决策的影响。如资本成本既存在于利息、股息等方面，也存在于企业购销活动中的应付款及预收款之中。因此，必须认识资本成本存在的广泛性，做出正确的筹资决策。

（二）资本经营理财观念

现代企业作为市场主体，其财务管理活动要围绕如何把加入企业活动的每种资本要素以及各种资源进行优化配置而展开。资本经营作为现代企业一种以资本增值为目标的经营理财方式，是市场经济发展的需要，是现代企业经营发展的必然趋势，也是企业获得资本更大增值获利的有效途径。按照资本经营理论，企业是各种资本要素所构成的组织体，企业运行的全部目的就在于实现其资本增值，实现股东财富最大化或企业价值最大化。企业资本运营的过程就是要对企业所拥有的各种资本要素进行合理的配置，促成其高效流动，使其资本结构优化。

资本经营理财观念包括以下方面。

1. 理财效益观念

理财效益观念是指，要树立理财的根本动因是实现资本的最大增值和最大利润的观念。

在资本投资决策前，要重视成本预测和决策，注重市场调研，投资要与企业发展和市场需要相适应。要重视资金与物资运营的相结合，加强成本、费用、资金的有效控制，挖掘现有资本的潜力，提高资本使用效率。

2. 机会成本观念

在经营理财活动中引入机会成本观念，有助于全面考虑各种可能采取的方案，通过比较权衡，选择出最经济、最优化的资本运营方案。

3. 边际资本成本观念

应用边际资本成本分析法制订财务决策，就是要把它作为寻求最优解的工具，以决定某项财务活动究竟应该进行到何种程度才是最合算的。

三、财务战略管理的基础

从配合企业战略实现的要求出发，必须着力做好以下工作，以形成企业财务战略管理的基础。

（一）转变财务管理部门的工作重心

这种转变是基于财务管理本身完全可以为企业战略制订提供最重要的决策支持信息。实现这种转变，财务管理部门把自己的工作重心放在反映企业的资金流向、完整记录企业的历史信息，以及给决策部门提供财务信息是不行的，而必须放在服务于企业的决策制订和经营运作上，要将更多的时间和精力投入支持企业发展的信息服务工作中，协助企业其他职能部门更敏捷地应对市场的变化，统筹安排企业资源，进行风险管理。

（二）建立多维的财务信息资源获取体系

借鉴现代理论研究成果，应该把企业财务分解成出资人财务（或所有者财务）和经营者财务。其中，出资人投资的目标是追求资本的保值和增值，出资人关注的财务问题主要包括投资收益、内部信息对称以及激励和约束等。因此，财务战略管理的制度安排、业绩评价指标等应充分体现出资人所关注的问题，财务管理体系主要应包括现金流量管理、制度管理、人员管理、预算管理、会计信息管理和内外部审计管理等。经营者财务管理的目标，主要应在于保持良好的经营能力、盈利能力和偿债能力；权衡负债的风险和收益，维持理想的资本结构；提高企业资产的利用效率和效益等方面。经营者关注的问题主要应包括现金流量、成本控制、市场拓展、产品研发等。由此，经营者财务管理体系应涵盖：现金流量管理、营运资本管理、投融资管理、经营者预算管理、税收管理、盈余管理、财务战略管理和风险管理等。实践中，财务管理部门应根据已经产生的基础财务信息，分别计算、分析上述两类指标，为不同财务信息主体提供其所需要的信息，实现财务部门的经营决策支持功能。

（三）切实体现财务部门的战略执行功能

财务战略管理最重要的职责，仍然是通过和其他职能部门有效配合，来促进企业战略的顺利执行和有效实现。要想充分发挥其职能，最简单的办法就是深刻理解企业现阶段所制订战略的内涵、背景及其实现的优势和障碍，在此基础上根据企业战略来定位自己应思考和解决问题的战略导向。与传统财务管理活动有区别的是，财务战略管理是主动型的，主要是根据企业战略规划的总目标，安排财务部门的工作。通常，在制订战略的时候，企业财务部门已经做了大量的信息收集、分析工作，可以帮助制订适当的企业战略。

这里要特别强调的是，现代企业战略规划已经延伸到了企业外部，企业间的战略联盟和供应链的构架，成为实施财务战略管理的企业发展到一定阶段的必然选择。与之相配合，这一阶段的财务管理部门信息处理的着眼点，就是要扩展到企业外部，涉及供应链或企业战略联盟中的其他企业。由此使得供应链成本核算、利润核算、利益协调等，日益成为现阶段财务理论研究的热点问题。

四、财务战略管理的过程

财务战略管理的过程如下。

（1）财务战略管理首先是从确定企业发展方向和战略目标入手，预测、分析企业所处的内、外部经营环境的变化，评估企业自身的优势和劣势、机会和威胁，进而描绘出企业发展的整个蓝图——制订出财务规划。

（2）在对财务规划进行评估以后，制订财务战略实施方案，将财务战略意图具体地反映在行动规划上。

（3）优化资源配置，优化资本结构，调配各种力量，使之适应战略管理的需要。

（4）实施战略，努力实现企业的战略目标。在这一过程中，企业要从整体和长远利益出发，就资本经营目标、内部资源条件及经营整合能力、资本结构同环境的积极适应等问题进行谋划和决策，并依据企业内部经营整合能力将这些谋划和决策付诸实施。这一过程通常由战略环境因素分析、战略构思、战略决策、战略实施和战略控制等环节组成。这是企业财务战略管理与日常管理的统一。

五、财务战略的制订

（一）制订财务战略需考虑的因素

1. 企业的经营战略

财务战略作为企业整体战略的组成部分，与企业战略是全局与局部的关系，是企业战略的执行战略，必须根据企业不同发展周期来确定，在不同的发展阶段，企业必须有不同的财务战略实施策略。如在企业初创期，由于产品产量规模不是很大，规模效益还没发挥出来，市场认知与了解不深，企业的财务实力相对较弱，在需要大规模扩张时，面临着融资环境相对不利的问题，为更好地聚合资源并发挥财务整合优势，初创期企业的财务战略定位应采用稳健原则和一体化财务战略，将企业的投资决策权全部集中在母公司，所有子公司不具有投资决策权，多采用股权资本筹资方式，尽量少用负债筹资方式，采用零股利分配政策或主要考虑股票股利方式。

2. 资本结构最优化

企业在制订财务战略时需充分考虑风险与收益相对等，公司高层在做决策时由于对风险的态度、公司经营战略的理解、自身经营风格的不同往往会对风险的认识不同，此时作为公司高层决策人员之一的财务总监就必须保持头脑的清醒，根据企业的不同生命周期、产品市场和资本市场的情况，提出企业最合理的资产、负债结构，确保企业的快速健康发展。实践证明，企业的快速发展需要有一个最优的资本结构，否则企业将陷入困境。大量的企业破产案件表明，企业破产的重要原因就是企业大量举债，财务风险过高，最终走向破产。

3. 正确处理战略实施与成本管理的关系

企业财务战略规划实际是对价值链、战略定位进行分析，价值链分析所得出的信息对制订战略以消除成本劣势和创造成本优势起着非常重要的作用。战略定位分析主要解决如何将成本管理与企业战略相结合的问题，因为在确定了企业的战略定位以后，实际上也就确定了企业资源的配置方式及相应的管理运行机制。通过价值链分析和战略定位分析，企业就能够确定其应采取的成本管理战略，其基本思想是将资源、成本因素同企业的竞争地位联系起来，寻求企业竞争力的提高与成本持续降低的最佳路径。

因此，企业财务战略实施必须正确处理好与成本管理的关系，也就是战略成本管理问题。下面我们通过图 4-1 来说明这一问题。

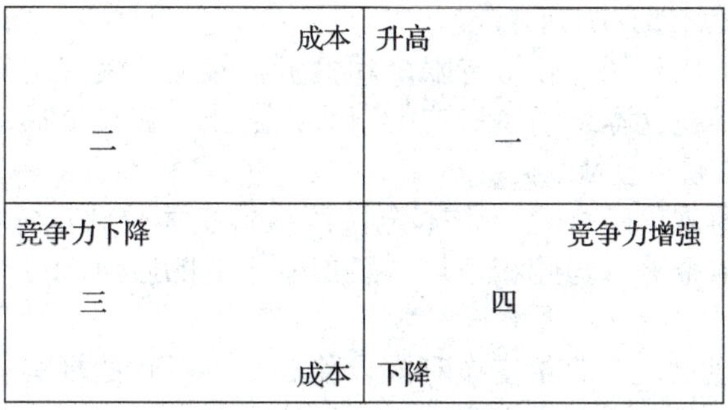

成本 二	升高 一
竞争力下降 三 成本	竞争力增强 四 下降

图 4-1　战略成本管理图

图中第一象限的区域表明，伴随特定战略方案的实施，企业的竞争力增强，同时成本升高。也就是说，战略方案的实施能够使企业获取竞争优势，但要付出成本升高的代价。从战略成本管理的角度讲，这时就需要进行一定的成本决策分析，看企业战略是否符合成本效益原则。如果成本在短期内有一定程度的升高，但从长期来看，它能够使企业竞争力得到较大程度的提升，增强企业的长期赢利能力。对企业来说，该战略无疑是可取的。如企业在员工培训方面加大资金投入，虽然在短期内会导致企业成本上升，但从企业的长远发展来看，这有助于企业形成自身的人才竞争优势，因此是应该能够接受的。

图中第二象限的区域表明，伴随战略方案的实施，企业成本升高，竞争力反而下降。对于此类战略方案，不管从哪个角度来分析，都是不可行的。企业如果实施这类战略方案，必然会导致生产经营能力的下降，并丧失已有的市场份额。

图中第三象限的区域表明，伴随战略方案的实施，企业成本下降，而且竞争力减弱。这也就是说，尽管企业战略方案的实施要求的成本很低，但缺乏竞争力，不利于企业的长期发展。例如有的企业为了追求成本的降低，放弃产品的质量要求，在生产过程中不按规定的投料标准和操作规程进行生产，最终引起顾客的不满，影响了市场的进一步扩大，使得企业竞争力下降。企业此类成本的降低是以牺牲竞争力为代价的，从战略成本管理的角度来看，这样的战略一般是不能接受的。

图中第四象限的区域表明，伴随战略方案的实施，企业成本下降，竞争力增强。企业能够在提高竞争力的同时实现成本的降低，无疑是最为理想的状态。例如有的企业通过技术创新，采用新设备、新工艺，不但降低了产品成本，也使产品质量得到了提高，实现了价格与成本的双赢，给企业带来了丰厚的利润回报，大大增强了企业的竞争力。因此，这种战略正是企业应该积极采用的。

由此不难看出，企业财务战略的管理重点战略应集中在第一象限和第四象限区域之内进行，通过财务战略的支持与配合，使企业的战略成本管理能有利于企业竞争优势的培育、维持和提高，有利于选择最佳的战略方案，提高企业竞争地位和竞争优势。

4. 资本市场

“巧妇难为无米之炊”，资本市场是公司财务战略制订和实施的前提之一。实践证明，我国资本市场的快速发展，给我国企业，特别是国有企业的发展提供了资金来源，促进了我国经济的快速健康发展。在一定程度上来讲，离开资本市场所制订的财务战略无异于“无源之水，无本之木”。财务总监在制订财务战略时需十分重视资本市场这一因素，加以研究，才能使企业的财务战略与现实相符。

5. 法律法规政策规定

（1）资本的限制。我国《公司法》对公司的法定资本金、资本金筹集的方式、对外投资的规模、利润分配原则都有明确规定。

公司向其他有限责任公司、股份有限公司投资，除国务院规定的投资公司和控股公司外，所累计投资额不得超过本公司净资产的百分之五十，在投资后，接受被投资公司以利润转增的资本，其增加额不包括在内。

我国《企业财务通则》还规定，资本金按照投资主体分为国家资本金、法人资本金、个人资本金和外商资本金等。与此相适应，股份制企业的股份划分为国家股、法人股、个人股和外资股。

（2）留存收益的规定。企业年度净利润，除法律、行政法规另有规定外，按照以下顺序分配。

1）弥补以前年度亏损。

2）提取 10% 法定公积金。法定公积金累计额达到注册资本 50% 以后，可以不再提取。

3）提取任意公积金。任意公积金提取比例由投资者决议。

4）向投资者分配利润。企业以前年度未分配的利润，并入本年度利润，在充分考虑现金流量状况后，向投资者分配。属于各级人民政府及其部门、机构出资的企业，应当将应付国有利润上缴财政。

国有企业可以将任意公积金与法定公积金合并提取。股份有限公司依法回购后暂未转让或者注销的股份，不得参与利润分配；以回购股份对经营者及其他职工实施股权激励的，在拟订利润分配方案时，应当预留回购股份所需利润。

（3）外资并购的限制。利用外资参与国有企业的改制改组，要依照商务部、财政部、国家市场监督管理总局、国家外汇管理局共同制定的《利用外资改组国有企业暂行规定》要求操作，外资对上市公司的并购还要遵守《上市公司并购条例》《关于向外商转让上市公司国有股和法人股有关问题的通知》等相关规定。

财务总监在制订财务战略时需考虑相关法律规定。

（二）财务战略制订的依据

财务战略制订的依据主要有资本市场、企业文化、公司治理结构和管理者的风险态度。

1. 资本市场

资本市场对财务战略制订与实施的影响主要表现在以下三个方面。

（1）资本市场为财务战略的制订，尤其是筹资战略的制订提供了前提。资本市场是企业筹资的主要场所，制订财务战略时不仅要考虑资本市场所提供的资本能否在数量上予以保障，而且要考虑在筹资速度与质量上是否符合财务战略的要求。离开资本市场所制订的财务战略无异于“无源之水，无本之木”。

（2）资本市场为财务战略的实施提供依据。财务战略的实施需要各种各样的手段，如并购、股票回购等，它们都需要有适宜的市场环境与操作规则。

（3）资本市场在某种程度上是在向公司提供市场信号，这种信号作用表明，公司财务战略的制订与实施，离不开对市场信号这一环境因素的分析，只有将资本市场作为战略制订的环境因素来考虑，趋利避害，才能使公司的财务战略符合现实。

2. 企业文化

企业发展到一定规模与层次，应该有自己的企业文化，其中财务意识的树立是构建企业管理文化非常重要的一个环节。战略管理要求全员上下都围绕企业战略，处理好长期利益与短期利益、部门利益与整体利益、企业利益与社会利益等的关系。未来管理正在淡化“被管理者”的概念，每个参与者都是主动的、有激励的。财务战略的制定与实施离不开组织体制的保障，也离不开维持组织高效运转的企业文化。

3. 公司治理结构

不同的公司治理有着不同的战略决策。这是因为：

（1）不同的公司治理机制会产生不同的战略决策与选择程序；

（2）不同的公司治理结构会产生不同的战略导向。

4. 管理者的风险态度

财务战略的制订与实施需要高层管理者介入。在对待战略管理问题上，始终存在着管理者的意识，尤其是风险意识问题。从风险意识上区分管理者，有三种类型，即风险厌恶者、风险中性者和风险偏好者。不同风险意识的管理者会以不同的方式来制定与实施财务战略。一般认为，风险厌恶型管理者会选择稳健型的财务战略，风险偏好型管理者比较乐意选择更具激进型的财务战略，如较多的债务与较小的股本并存、大胆对外兼并等。

六、财务战略的规划

企业在进行财务战略规划时首先必须要明确企业的财务目标，然后分析企业目前财务状况与既定目标之间的差距，最后指出企业为达到目标应采取的行动。

财务战略规划就是为企业未来的发展变化制订方针，它系统地阐述了实现财务目标的方法，具有两个特征，即时间性和综合性。所谓时间性，是指财务战略规划是对未来工作所做的安排。大多数决策在实施前都有很长的准备期。在不确定的条件下，决策制订要远远超前于具体实施。长期的财务规划，通常跨 2 ～ 5 年。所谓综合性，是指财务战略规划汇集了企业每一个项目的资本预算分析。实际上，财务规划要将企业每一个经营单位较小的投资计划合在一起，使之成为一个大的项目。同时财务战略规划要求就各种可能的情况做出假设。

（1）最差的情形。要求对公司产品和经济形势可能出现最糟糕的情况做出假设，甚至包括可能陷入的破产清算。

（2）一般的情形。要求对公司发展和经济形势最可能出现的情况做出假设。

（3）最好的情形。要求每个部门按最乐观的假设做出一份计划，可能包括新产品发展和公司扩展的内容。

（一）财务战略规划方法

为使企业制订和选择出一个确保企业可持续发展的财务战略，并使财务战略得以良好的贯彻和执行，就必须采用科学的方法和遵循必要的程序来制订企业的财务战略。遵照企业战略的生成程序，财务战略制订的一般程序是：在企业内外部环境分析和确定战略目标的基础上，广泛地寻求企业各种可能的备选方案，检测各备选方案与企业战略的一致性，通过各种具体指标对备选方案进行评价与比较，从中选择最优的战略方案，如图 4-2 所示。

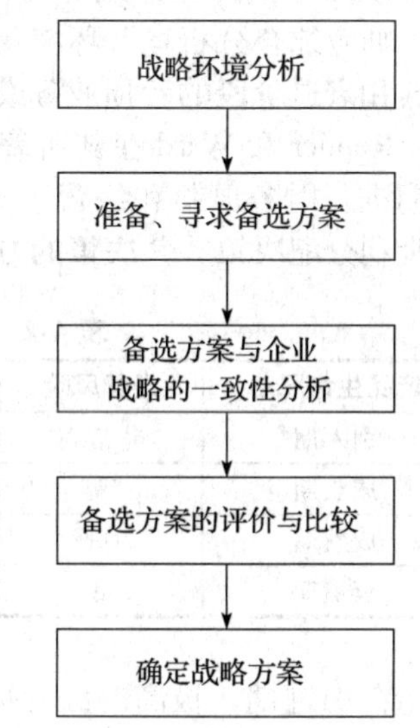

图 4-2　财务战略制订的一般程序

（1）进行理财环境分析。理财环境分析是指对制订财务战略时面对的外部环境和内部资源经营条件进行分析。企业财务是一个开放性系统，应与外部环境相适应，与企业内部的资源经营整合能力相配合。只有知内知外，寻求机会，明确风险，找出优势和劣势，才能制订出切合企业实际的财务战略。

（2）确定企业的长远发展财务战略目标。在议定长远财务战略目标、制订方案时要遵循下列原则：扬长避短，发挥优势；坚持创新发展，以创新求发展；力求贡献、效益与速度同步增长；和企业的其他战略协调进行；集思广益，发挥群体智慧。

（3）可行性论证。比较分析各方面的可行程度、风险大小、效益高低，从中选出最佳的财务战略方案。

（4）最终决策。经过反复论证和审议，最后由企业决策机构进行决策并组织实施。

财务战略的制订方法主要有生命周期矩阵法、行业结构分析法、SWOT 分析法、波士顿矩阵法等。

1. 生命周期矩阵法

查尔斯·霍弗把行业生命周期理论与企业竞争地位结合起来，提出生命周期矩阵分析法。该方法是根据企业各种业务所处的产品 / 市场生命周期阶段和业务的大致竞争地位决定战略类型的方法。产品都沿着一定的生命周期发展，产品生命周期包括引进、成长、成熟和衰退等四个阶段。在引进阶段和成长阶段，销售增长迅速，进入该市场比较容易；在成熟阶段，随着销售增长的放慢和各个企业经验的不断积累，原进入者已经具备了成本优势，新加入者的进入比较困难；在衰退阶段，替代产品的出现使原有产品的销售量和价格不断下降，业务将变得无利可图。企业在制订财务战略时需要考虑产品生命周期各阶段的不同特点。产品生命周期矩阵分析如表 4-1 所示。

表 4-1　产品生命周期矩阵分析表

竞争地位	强	中	弱
引进阶段	盈利	问号	亏损
成长阶段	盈利	盈利或问号	可能亏损
成熟阶段	盈利	盈利	亏损
衰退阶段	盈利	亏损	亏损

生命周期矩阵法强调对企业内各部门或业务的分析应结合其所处的生命周期阶段进行。例如，同是在市场中拥有较强竞争力且盈利的部门，如果该部门或业务处于引进阶段，就应追加投资以迅速扩大规模和巩固其市场领先地位；而对处于衰退阶段的部门或业务，即使其当前的盈利还十分可观，但由于市场在逐渐消失，也不能再大力追加投资而应逐步做好撤资退出的打算；同样，对于竞争地位较弱、经营亏损的部门或业务，尤其是处于引进和发展阶段而亏损的业务或部门，由于其尚有提高市场竞争地位的可能，只是需要追加大量资金，则应综合分析竞争环境及发展前景，做出是否继续投资以扭亏为盈的决策；但对于处于成熟和衰退阶段的亏损业务或部门，一般应做好撤资退出的准备。

Render 和 Ward 在其所著的《公司财务战略》（2002）一书中，提出了根据产品的生命周期进行财务风险和经营风险的反向搭配，并根据各阶段的风险特点做出相应的融资决策和股利分配决策，其决策的方式如表 4-2 所示。

表 4-2　基于产品生命周期的融资及股利分配分析表

产品生命周期	经营风险	财务风险	融资来源	股利支付率
引入期	非常高	非常低	权益融资（风险资本）	零
成长期	高	低	权益融资（增长的投资者）	一般
成熟期	中等	中等	债务与权益融资（留存收益）	高
衰退期	低	高	债务融资	100%

在引进期，极高的经营风险就该对应极低的财务风险，相应地，只有通过发行股票这样的权益融资方式才能保证极低的财务风险，在投资者对现金股利与资本利得没有特别偏

好且权益可以获得具有吸引力的再投资机会的前提下，由于引进期的现金流量多为负数，从长期发展的资金决策角度，该阶段的股利支付率应为零。相反，在衰退阶段，由于债务融资产生的较高的财务风险可以被低的经营风险抵销，不会产生高的综合风险，而债务融资的财务杠杆效应又会增加企业的留存收益，因此资本结构应以债务资本为主，衰退期企业的自由现金流量增加再加上利息的税盾效应，其股利支付率可达100%。成长期与成熟期的分析，与之类似。

2. 行业结构分析法

行业结构分析法一般采用哈佛商学院著名专栏管理学者迈克尔·波特在20世纪80年代初提出的行业现有的竞争状况、供应商的议价能力、客户的议价能力、替代产品或服务的威胁、新进入者的威胁五力模型，如图4-3所示。

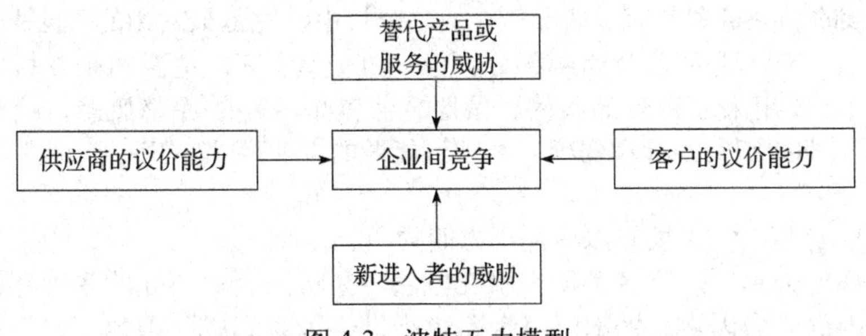

图4-3　波特五力模型

行业现有的竞争状况、供应商的议价能力、客户的议价能力、替代产品或服务的威胁、新进入者的威胁这五种力量构成了行业的竞争结构，而每一种力量又分别受一些相关因素的影响。五种竞争力量的主要影响因素如表4-3所示。

表4-3　五种竞争力量的主要影响因素表

决定新进入者威胁的因素	进入壁垒（规模经济、产品差异化、资本需求、转化成本、销售渠道、成本劣势、政府的政策）、预期的报酬等
决定买方议价能力的因素	购买数量、购买的产品无差异化、买方后向整合的能力、转换成本低、买方盈利低、买方对产品无偏好、掌握充分信息等
决定现有公司间竞争的因素	众多势均力敌的竞争者、行业增长缓慢、高固定成本、产品缺乏差异、退出壁垒高等
决定替代品威胁的因素	替代品数量的多少、替代品的相对价格、买方对替代品的购买倾向等
决定供方议价能力的因素	供应商高度集中、供应的商品无替代品、产品的差异化、转换成本高、供方产品是买方业务的主要投入品、供方前向整合的威胁等

在每一行业中，这五种竞争力量的大小强弱是不同的，因此，每个行业都具有独特的竞争结构。也正是这五种力量决定着企业产品的价格、成本和投资，因此也就决定了行业的长期盈利水平。企业战略的核心在于选择正确的行业，以及行业中最具有吸引力的竞争位置。企业可通过成本领先、产品差异化和专一化三个基本战略来获取企业的竞争优势：成本领先战略的目标就是使企业产品的单位成本低于产业范围内的其他对手，实现成本领先的途径有规模经济、学习曲线、生产力利用模式等；产品差异化是提供标新立异的产品或服务，形成一些在全产业范围内具有独特性的东西，找出可能产生差异化的环节；专一化的战略是主攻某个特定的顾客群、产品系列的一个细分区段或细分市场。

波特的行业结构分析法被许多企业运用于投资战略的制订。通过行业结构的分析，企业可以确定每个行业中决定和影响着五种竞争力量的基本因素，明确企业生存与发展的优势和劣势，从而发现该行业是否能够提供较高的持续盈利机会，并结合企业实际情况决定是否向该行业投资。

3. SWOT 分析法

SWOT 分析法又称为态势分析法，它是由旧金山大学的管理学教授于 20 世纪 80 年代初提出来的。SWOT 四个英文字母分别代表：优势（Strength）、劣势（Weakness）、机会（Opportunity）和威胁（Threat）。SWOT 分析就是将与研究对象密切相关的各种主要内部优势和劣势、外部机会和威胁等，通过调查列举出来，并依照矩阵形式排列，然后用系统分析的思想，把各种因素相互匹配起来加以分析，从中得出一系列相应的结论，而结论通常带有一定的决策性。运用该方法，可以对研究对象所处的情景进行全面、系统、准确的研究，从而根据研究结果制订相应的发展战略、计划以及对策等。SWOT 分析法常常被用于制订企业发展战略和分析竞争对手情况，在战略分析中，它是最常用的方法之一。

从整体上看，SWOT 可以分为两部分：第一部分为 SW，主要用来分析内部条件；第二部分为 OT，主要用来分析外部条件。按照企业竞争战略的完整概念，战略应是一个企业“能够做的”（即组织的强项和弱项）和“可能做的”（即环境的机会和威胁）之间的有机组合。

进行 SWOT 分析时，主要有以下几个方面的内容。

（1）分析环境因素。运用各种调查研究方法，分析出企业所处的各种环境因素，即外部环境因素和内部能力因素。外部环境因素包括机会因素和威胁因素，它们是外部环境对企业的发展有直接影响的有利和不利因素，属于客观因素；内部环境因素包括优势因素和弱点因素，它们是企业在其发展中自身存在的积极和消极因素，属于主观因素。在调查分析这些因素时，不仅要考虑历史与现状，而且更要考虑未来发展问题。

优势是企业的内部因素，具体包括：有利的竞争态势；充足的财政来源；良好的企业形象；技术力量；规模经济；产品质量；市场份额；成本优势；广告攻势等。

劣势也是企业的内部因素，具体包括：设备老化；管理混乱；缺少关键技术；研究开发落后；资金短缺；经营不善；产品积压；竞争力差等。

机会是企业的外部因素，具体包括：新产品；新市场；新需求；外国市场壁垒解除；竞争对手失误等。

威胁也是企业的外部因素，具体包括：新的竞争对手；替代产品增多；市场紧缩；行业政策变化；经济衰退；客户偏好改变；突发事件等。

（2）构造 SWOT 矩阵。将调查得出的各种因素根据轻重缓急或影响程度等排序方式，构造 SWOT 矩阵。在此过程中，将那些对企业发展有直接的、重要的、大量的、迫切的、久远的影响因素优先排列出来，而将那些间接的、次要的、少许的、不急的、短暂的影响因素排列在后面。

（3）制订行动计划。在完成环境因素分析和 SWOT 矩阵的构造后，便可以制订出相应的行动计划。制订计划的基本思路是：发挥优势因素，克服弱点因素，利用机会因素，化解威胁因素；考虑过去，立足当前，着眼未来。运用系统分析的综合分析方法，将排列与考虑的各种环境因素相互匹配起来加以组合，得出一系列企业未来发展的可选择对策，如图 4-4 所示。

从图 4-4 中我们可以看出：

处在第一象限的企业具有很好的内部优势和众多的外部机会，应采用发挥内部优势、利用外部机会的增长型战略；

处在第二象限的企业，存在一些外部机会，当企业内部的一些弱点妨碍其利用这些外部机会，应采用利用外部机会来弥补内部弱点的扭转型战略；

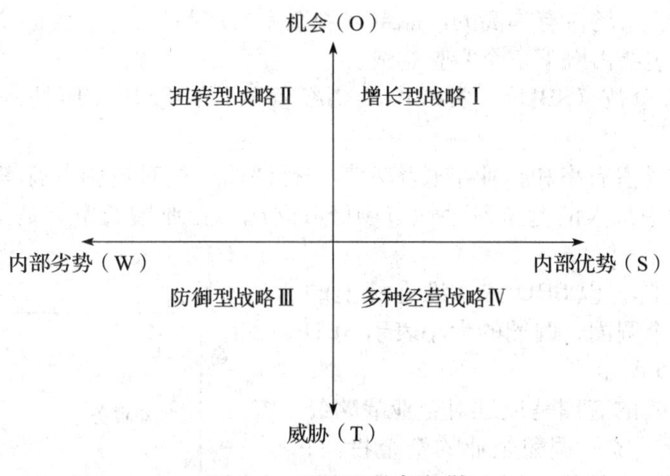

图 4-4 SWOT 分析矩阵

处在第三象限的企业，内部存在劣势，外部面临重大威胁，应采用旨在减少内部劣势同时回避外部环境威胁的防御型战略；

处在第四象限的企业，具有一定的内部优势，但外部环境存在威胁，应采取多种经营战略，利用自身的优势，在多样化经营上寻找长期发展的机会，以回避外部环境威胁。

SWOT 方法的优点在于考虑问题全面，是一种系统思维，而且可以把对问题的“诊断”和“开处方”紧密结合在一起，条理清楚，便于检验。但 SWOT 也存在局限性：它带有时代特点，以前企业比较关注成本、质量，而现在则可能更强调组织流程；它没有考虑到企业改变现状的主动性，企业可以通过寻找新的资源来创造企业所需要的优势，从而达到过去无法达成的战略目标；在运用的过程中，会碰到适应性问题，有太多的场合可以运用 SWOT 分析法，然而这也会导致反常现象的产生。

4. 波士顿矩阵法

波士顿矩阵法是由美国著名的管理学家、波士顿咨询公司创始人布鲁斯·亨德森于 1970 年首创的一种用来分析和规划企业产品组合的方法。这种方法的核心在于，要解决如何使企业的产品品种及其结构适合市场需求的变化；同时，如何将企业有限的资源有效地分配到合理的产品结构中去，以保证企业收益，是企业在激烈竞争中能否取胜的关键。

波士顿矩阵认为一般决定产品结构的基本因素有两个，即市场引力与企业实力。市场引力包括企业销售量（额）增长率、目标市场容量、竞争对手强弱及利润高低等。其中最主要的是反映市场引力的综合指标——销售增长率，这是决定企业产品结构是否合理的外在因素。企业实力包括市场占有率，技术、设备、资金利用能力等，其中市场占有率是决定企业产品结构的内在要素，它直接显示出企业竞争实力。销售增长率与市场占有率既相互影响，又互为条件：市场引力大，销售增长率高，可以显示产品发展的良好前景，企业也具备相应的适应能力，实力较强；如果仅是市场引力大，而没有相应的高市场占有率，则说明企业尚无足够实力，该种产品也无法顺利发展。相反，企业实力强，而市场引力小的产品也预示了该产品的市场前景不佳。

通过以上两个因素相互作用，会出现四种不同性质的产品类型，形成不同的产品发展前景：

销售增长率和市场占有率“双高”的产品群（明星类产品）；

销售增长率和市场占有率“双低”的产品群（瘦狗类产品）；

销售增长率高、市场占有率低的产品群（问号类产品）；

销售增长率低、市场占有率高的产品群（现金牛类产品）。

波士顿矩阵法主要由以下三个步骤构成：

划分战略经营单位（SBU），实践中战略经营单位一般是按所处的产品市场情况来划分；

要根据相对市场占有率和行业增长率对其进行评估，相对市场占有率是指某个SBU的市场份额与本行业中最大的竞争对手的市场份额之比，行业增长率就是把它和整个经济的增长率加以比较；

构建波士顿矩阵，以SBU在二维坐标上的坐标点为圆心画一个圆圈，圆圈的大小表示SBU的销售额，如图4-5所示。

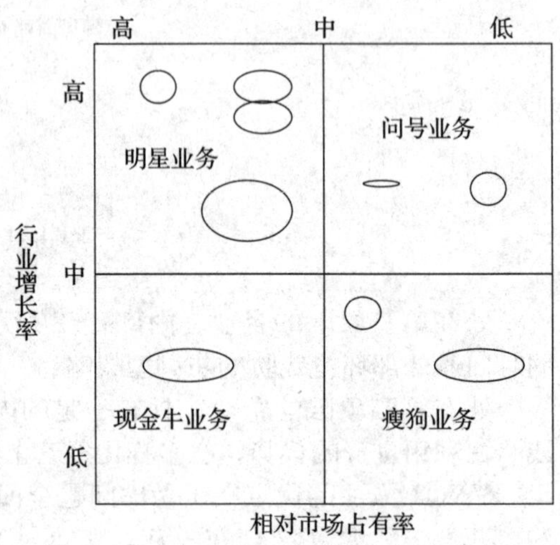

图4-5　波士顿矩阵

建立波士顿矩阵的意图是通过对企业战略经营单位的分类评价，统一调配企业的资金投向，以寻求企业现金资源的最佳使用方法，实现利润的长期稳定增长。

（1）明星产品是指处于高增长率、高市场占有率象限内的产品群，这类产品可能成为企业的现金生产品，需要加大投资以支持其迅速发展。企业采用的发展战略是：积极扩大经济规模和市场机会，以长远利益为目标，提高市场占有率，加强竞争地位；管理与组织最好采用事业部形式，由对生产技术和销售两方面都很内行的经营者负责。

（2）现金生产品，又称厚利产品，是指处于低增长率、高市场占有率象限内的产品群，已进入成熟期。其财务特点是销售量大、产品利润率高、负债比率低，可以为企业提供资金，而且由于增长率低，也无须增大投资，因而成为企业回收资金、支持其他产品（尤其明星产品）投资的后盾。对这一象限内的大多数产品，市场占有率的下跌已呈不可阻挡之势，因此可采用收获战略，即所投入资源以达到短期收益最大化为限；把设备投资和其他投资尽量压缩；采用榨油式方法，争取在短时间内获取更多利润，为其他产品提供资金。对于这一象限内的销售增长率仍有所增长的产品，应进一步进行市场细分，维持现存市场增长率或延缓其下降速度。对于现金生产品，适合于用事业部制进行管理，其经营者最好是市场营销型人物。

（3）问号产品是处于高增长率、低市场占有率象限内的产品群。前者说明市场机会大，前景好，而后者则说明在市场营销上存在问题。其财务特点是利润率较低，所需资金不足，负债比率高。例如在产品生命周期中处于引进期、因种种原因未能开拓市场局面的新产品即属此类问题的产品。对问题产品应采取选择性投资战略，即首先确定对该象限中哪些经过改进可能会成为明星的产品进行重点投资，提高市场占有率，使之转变成“明星产品”；对其他将来有希望成为明星的产品则在一段时期内采取扶持的对策。因此，对问题产品的改进与扶持方案一般均列入企业长期计划中。对问题产品的管理组织，最好是采取智囊团或项目组织等形式，选拔有规划能力、敢于冒风险、有才干的人负责。

（4）瘦狗产品，也称衰退类产品，是处在低增长率、低市场占有率象限内的产品群。其财务特点是利润率低、处于保本或亏损状态，负债比率高，无法为企业带来收益。对这类产品应采用撤退战略：首先应减少批量，逐渐撤退，对那些销售增长率和市场占有率均极低的产品应立即淘汰；其次是将剩余资源向其他产品转移；第三是整顿产品系列，最好将瘦狗产品与其他事业部合并，统一管理。

按照波士顿矩阵的原理，产品市场占有率越高，创造利润的能力越大；另一方面，销售增长率越高，为了维持其增长及扩大市场占有率所需的资金亦越多。这样可以使企业的产品结构实现产品互相支持。按照产品在象限内的位置及移动趋势的划分，形成了波士顿矩阵的基本应用法则。

第一法则：成功的月牙环。

在企业所从事的事业领域内，各种产品的分布若显示月牙环形，这是成功企业的象征，因为盈利大的产品不止一个，而且这些产品的销售收入都比较大，还有不少明星产品，问题产品和瘦狗产品的销售量都很少。

第二法则：黑球失败法则。

如果在现金牛区域一个产品都没有，或者即使有，其销售收入也几乎近于零，可用一个大黑球表示。该种状况显示企业没有任何盈利大的产品，应当对现有产品结构进行撤退、缩小的战略调整，考虑向其他事业渗透，开发新的事业。

第三法则：东北方向大吉。

一个企业的产品在四个象限中的分布越是集中于西北方向，则显示该企业的产品结构中明星产品越多，越有发展潜力；相反，产品的分布越是集中在东南角，说明瘦狗类产品数量大，该企业产品结构衰退，经营不成功。

第四法则：踊跃移动速度法则。

从每个产品的发展过程及趋势看，产品的销售增长率越高，为维持其持续增长所需资金量也相对越高；而市场占有率越大，创造利润的能力也越大，持续时间也相对长一些。按正常趋势，问题产品经明星产品最后进入现金生产品阶段，标志了该产品从纯资金耗费到为企业提供效益的发展过程，但是这一趋势移动速度的快慢也影响到其所能提供的收益的大小。

5. 通用电器经营矩阵法

通用电气公司（GE）针对波士顿矩阵所存在的问题，于 20 世纪 70 年代开发了吸引力 / 实力矩阵。该矩阵也提供了产业吸引力和业务实力之间的类似比较，但波士顿矩阵用市场增长率来衡量吸引力，用相对市场份额来衡量实力，而 GE 矩阵使用数量更多的因素来衡量这两个变量。也由于该矩阵使用多个因素，可以通过增减某些因素或改变它们的重点所在，很容易地使矩阵适应经理的具体意向或某产业特殊性的要求。

GE 矩阵可以根据业务单位在市场上的实力和所在市场的吸引力对这些业务单位进行评估，也可以表述一个企业的业务单位组合，判断其强项和弱点。在需要对产业吸引力和业务实力做广义而灵活的定义时，可以 GE 矩阵为基础进行战略规划。GE 矩阵法的基本程序如下。

（1）定义各因素。选择要评估业务（或产品）实力和市场吸引力所需的重要因素。在 CE 内部，分别称之为内部因素和外部因素。确定这些因素可以采取头脑风暴法或名义小组法等，关键是不能遗漏重要因素，也不能将微不足道的因素纳入分析中。

（2）估测内部因素和外部因素的影响。从外部因素开始，根据每一因素的吸引力大小对其评分。若一因素对所有竞争对手的影响相似，则对其影响作总体评估；若一因素对不同竞争者有不同影响，可比较它对自己业务的影响和对重要竞争对手的影响。

（3）对外部因素和内部因素的重要性进行估测，得出衡量实力和吸引力的简易标准。估测的方法有定性和定量两种方法可以选择。

（4）将该战略事业单位标于 GE 矩阵上。矩阵坐标横轴为产业吸引力，纵轴为业务实力。每条轴上用两条线将数轴划为三部分，这样坐标就成为网格图。

（5）对矩阵进行诠释。通过对战略事业单位在矩阵上的位置分析，企业就可以选择相应的战略举措。

绘制 GE 矩阵，需要找出内部和外部因素，然后对各因素加权，得出衡量内部因素和市场吸引力外部因素的标准。当然，在开始搜集资料前仔细选择有意义的战略事业单位是十分重要的。GE 矩阵如图 4-6 所示。

行业吸引力 \ 竞争地位	高	中	低
高	领先地位A	不断强化B	加强发展C
中	发展领先地位D	密切关注E	分期撤退F
低	收获现金G	分期撤退H	不再投资I

图 4-6 GE 矩阵

通用电气矩阵法认为，对于 A、B、D 区域的业务单元应予必要的资金资助，对于 E 区域的业务单元应予适当的观察，对于 C、G 区域的业务单元应充分利用其强有力的竞争地位或行业吸引力，使之尽可能提供利润和现金，对于 F、H、I 区域的业务单元则应减少或停止投资。

管理者通过通用电气矩阵分析，可以知道整个企业的经营活动是否为一个平衡的经营组合。在一个“平衡”的经营组合中，应该包括一定数量的 A、B、D 业务单元和部分 G 业务单元。只有这样才能提供必要的现金流量，支持未来的 A、B、D 业务单元和有可能成为这类业务单元的 C 业务单元，以保证合理的利润和未来发展。

（二）财务战略规划模型

由于各个公司的规模和产品不同，其财务战略规划也不可能完全相同，但在某些方面是共同的，这些共性的地方就是财务战略规划模型的主要组成部分。

1. 销售额预测

销售取决于未来的经济状况，而未来的经济状况又是不确定的，因此，要完全准确地预测销售额是不可能的，企业可借助于宏观经济中的专业化分工以及产品发展规划来进行销售预测。

2. 试算报表

财务战略规划还要求编制试算的资产负债表、利润表和资金来源与运用表。这些报表称为试算报表或预计报表。

3. 资产需要量

财务战略规划确定计划的资本性支出以及计划的净营运资本支出。

4. 融资需要量

财务战略规划还要进行融资安排，包括股利政策和债务政策等。如果企业要通过发行新股来增加权益，财务规划就应考虑发行何种证券，以什么方式发行。

5. 追加变量

如果财务规划编制人员假设销售收入、成本和利润将按一个特定的比率 G1 增长，又要求资产和负债按照另一个不同的比率 G2 增长，那么必须有第三个变量来进行协调，否则这两个增长率将无法相容。我们把发行在外股票的增长率作为“追加变量”，即选择发行在外股票的增长率来使利润表项目的增长率和资产负债表项目的增长率相适应。

6. 经济假设

财务规划必须明确企业在整个计划期内所处的经济环境，并据此做出相应的假设。

七、财务战略的分析

（一）财务战略环境分析

战略规划过程中的环境分析，是指分析企业所处的环境要素，明确企业可以利用的内外部资源以及限制条件，从而选择有效的配置资源路径。财务战略环境是指影响财务战略管理的内外部各种因素，财务战略环境的影响具有整体性、复杂性、不确定性特点。财务战略环境分析是指在确定企业财务管理目标的前提下，分析企业财务工作所处的外部环境、内部环境，识别、分析内外部环境对实现企业财务管理目标的优势、威胁，从而为通过路径选择来实现利用优势、化解威胁进而实现企业价值目标打好基础。

1. 财务战略环境因素识别

企业财务战略是指通过选择最佳的财务资源配置路径，实现企业价值目标。企业财务战略制订过程中的环境因素识别，是指在制订企业财务战略过程中应考虑哪些内外部环境因素，并判断这些因素对企业财务战略可能造成的影响。

（1）外部环境因素识别。由于财务战略的目标是有效配置财务资源，包括融资管理、投资管理、收益管理、成本费用管理、信息披露管理和财务风险管理等涉及的财务资源。因此，制订财务战略所应识别的外部环境因素主要包括以下几个方面。

1）经济环境。经济环境因素包括经济发展阶段、经济发展特征、市场特征和经济政策。

（a）经济发展阶段是指企业所在特定区域的经济处于一个什么样的发展阶段，是高速增长，还是平稳缓慢增长，或者经济衰退。在不同的经济发展阶段，企业所应采取的财务战略是不一样的。因此，经济发展阶段影响着企业财务战略的制订。

（b）经济发展特征是指外部经济发展的周期性规律。财务战略是相对稳定并相对时间较长的，因此，制订财务战略必须考虑经济发展特征。

（c）市场特征是指企业所处市场的开放程度、自由竞争程度。不同的市场特征意味着企业不同的资源配置方式，也必然影响企业的财务战略。

（d）经济政策是指企业所处区域所采取的特定经济政策。经济政策对财务战略制订的影响是非常明显的。

2）金融环境。金融环境因素主要包括金融机构、资本市场、货币政策等。从广义上说，金融环境可以归入经济环境中。但是，对制订财务战略而言，金融环境特别重要，因此，有必要将其单独列出进行分析。

财务战略的主要内容是融资战略、投资战略和收益管理战略等，这些内容与金融环境密切相关。金融机构的分布、功能决定了企业外部融资、投资渠道，从某种意义上也决定了企业的融资成本、投资收益，资本市场的发达程度则决定了企业财务资源配置的自由度。此外，货币政策将对企业的运营效益产生直接的影响。

3）政治法律环境。政治法律环境因素主要包括法律进程、法律完善程度和企业自由权程度。

（a）法律进程是指企业所处特定区域下立法的进度，例如税收方面的可能立法、反垄断方面的可能立法等，企业制订财务战略应予以高度关注。

（b）法律完善程度是指涉及企业运营的商事法律、金融法律等的完善程度。企业制订财务战略时应全面分析已有法律的影响，同时，对未立法规范的行为要评估风险。

（c）企业自由权程度是指在特定政治法律环境下，企业行为权力的范围及限制。企业制订财务战略时，应重点分析企业融资权力、投资权力和收益管理权力等，以明确企业未来的行动以及限制。

政治法律环境因素中，企业应重点关注经济、商事方面的法律、政治因素。

4）技术环境。技术环境是指与企业财务资源配置相关的各类技术及其未来发展，包括财务信息产生及披露技术、资本市场交易技术、内部控制技术等。随着互联网技术的发展，财务资源配置的技术环境正发生着革命性的变化。因此，企业在制订财务战略时，必须充分评估技术环境，同时预测未来技术发展前景，以增加财务战略的适宜性、可操作性。

5）行业环境。行业环境是指企业所处的行业现状及其未来发展。行业环境很大程度上决定了企业总体战略。对制订财务战略而言，同样必须关注行业环境。在财务战略制订过程中，必须关注行业的各项财务指标、行业的主要融资方式、主要投资方向以及收益管理所采取的主要政策。

6）社会文化环境。社会文化环境是指企业所处特定区域的人文环境、文化传统和社会文化发展进程等。社会文化环境的变化必然影响到整个社会资金的积蓄、分配和运用方式，并最终反映到企业中来，对企业资金流动产生各种各样的影响。

7）经济全球化环境。经济全球化已经是大势所趋。对制订财务战略而言，经济全球化意味着财务资源的配置是全球化的，例如国际资本市场融资、全球的投资等。因此，经济全球化给财务战略的制订带来了非常广阔的思维空间，也使财务战略的制订必须考虑更多、更复杂的因素。

8）会计准则环境。会计准则是有经济后果的，这也意味着会计准则的变化影响着企业价值目标的实现。因此，在财务战略制订过程中，必须分析所采用的会计准则，全面判断准则的影响。

（2）内部环境因素识别。财务战略规划过程中，内部环境因素的识别也是至关重要的。内部环境因素是指企业内部可以配置的财务资源或影响企业内部财务资源配置的因素，主要包括企业总体战略、企业所处的发展阶段、企业所提供的产品（服务）特征、企业内部治理结构、企业内部控制和企业现有的资产资源等。

1）企业总体战略。企业财务战略必须服务、服从于企业总体战略，在企业战略框架中，企业财务战略应是企业总体战略下的一个子系统。战略管理大师迈克尔·波特认为，战略就是在企业的各项运营活动之间建立配称。企业的总体战略可以区分为业务层战略与企业层战略两个层面。企业业务层战略一般区分为低成本战略、差异化战略和集中化战略，而企业层战略一般有多元化、国际化等。因此，财务战略必须在企业总体战略格局下确定。

2）企业所处的发展阶段。任何企业都有其自身的生命周期，企业的生命周期一般可以划分为初创期、发展期、成熟期和调整期四个阶段。处于不同生命周期阶段的企业，其自身所能产生、提供的资源及发展所需要的资源是不一样的，由此也决定了处于不同生命周期阶段的企业所采取的财务战略是不一样的。制订财务战略时，必须考虑企业所处的不同生命周期阶段，分析所处阶段企业自身所能产生、提供的资源及所需要的资源。

3）企业所提供的产品（服务）特征。企业所提供的产品（服务）特征决定了企业自身的盈利能力，也就是企业自身产生、提供资源的能力。同样，企业所提供的产品（服务）特征也决定了企业为生产、提供产品（服务）所需要的资源。

4）企业内部治理结构。企业内部治理结构事实上决定了企业内部的权力分配及其相互牵制。良好的内部治理结构意味着企业财务战略能够得到良好的实施。因此，制订企业财务战略时，必须考虑企业内部治理结构能否保证财务战略得到有效执行。

5）企业内部控制。良好的企业内部控制可以有效降低企业经营风险、财务风险。企业制订财务战略的一个目的是降低企业预期的财务风险。因此，制订财务战略必须考虑企业内部控制的完善性、有效性。

6）企业现有的资产资源。财务战略是企业为达到设定的未来目标而确定的资源配置路径，其基本思路是：现有资源如何配置、未来如何配置资源。因此，制订财务战略时必须对企业现有的资产资源进行详细分析，包括静态的企业已经拥有或控制的资产，动态的企业通过运营活动或政策途径可能取得的资产等。

内部环境状况是决定企业财务战略的内因，脱离一定的内部环境，要制订一个良好的财务战略并加以实施是不可能的。研究分析企业财务战略内部环境就是要搞清楚这些因素对企业资金流动的影响，同时发现企业自身的长处与短处，分析造成这些情况的原因，以充分挖掘潜力，发挥优势，结合外部环境制订企业的财务战略。

2. 财务战略环境分析的程序

财务战略环境影响企业财务战略管理的各个环节：在战略的制订阶段，企业需要对现有环境进行扫描，寻找机会与威胁，并对未来环境进行预测，以制订科学、合理、正确的财务战略；在战略的执行阶段，有利的财务战略环境能强化财务战略的有效执行，而不利的财务战略环境将会制约、阻碍财务战略的有效执行，从而弱化财务战略的绩效；在战略的控制阶段，各环境要素将对控制标准的确定及财务战略实际执行情况的衡量产生影响，从而影响财务战略控制效率及效果；在战略的修订阶段，现行战略环境及未来的财务战略环境的预测将影响修订行为及方案的选择。

财务战略环境分析的一般程序如下。

（1）收集企业财务战略环境的信息。可通过建立情报研究、战略研究等部门安排专门人员收集信息，也可以通过组织外部社会调查、情报研究等专业的结构进行。信息的主要来源包括广播、电视、报纸、杂志、政府公报、国家法律法规文件等。另外，互联网已成为重要的信息渠道。

（2）分析环境因素对企业资金流动的影响。在掌握大量环境因素并对其趋势进行预测分析的基础上，要进一步分析各环境因素对企业资金流动可能造成的影响，估计影响的性质、大小和发生的时间，从而明确企业未来在资金流动方面受到的威胁和可能利用的机会。

（3）归纳环境分析的结果。将各种资料和数据进行归纳和整理，编写环境分析报告书。这一程序应包括以下几项内容：企业今后将面临什么样的财务环境，各种环境因素会如何变化，对企业资金流动造成什么影响，未来财务环境对企业资金流动来说存在哪些机会和威胁，它们出现的可能性有多大。

（二）财务战略决策分析

1. 财务总体战略决策分析方法

企业的生产经营受各个方面因素的影响，主要包括政治法律、经济环境、社会文化环境、技术环境等多个方面的影响，企业只有从不同角度运用多种决策分析方法，深入分析和认识外部环境，结合企业自身特点，才能在财务战略问题上做出最佳的选择。

（1）宏观政策导向分析法。经济体制是一定经济制度所采取的具体组织形式和管理制度，属于生产关系的具体实现形式。我国社会主义市场经济体制的基本结构主要由三个部分构成，包括现代企业制度、市场经济的培育和发展、完善的宏观调控系统。社会经济结构是指一个国家经济中各产业的比例构成情况，其中行业结构对企业财务战略的制订最具影响力。一般而言，国家通过税收、财政补贴、优惠政策等方面的政策引导产业的调整，企业应当保持对政策的敏感性，及时收集、整理相关信息，形成报告分析程序，评价国家新出台的相关经济政策对企业自身的影响，尤其是对企业所在行业空间的变化、未来盈利能力等做出评估，指导具体财务战略的决策。

（2）经济周期分析法。经济周期是总体经济活动的一种波动过程，是经济运行的规律性反映，它通常分为繁荣、衰退、萧条和复苏四个阶段。表4-4为西方财务学界总结的经济周期各阶段企业的一般财务战略决策。

表4-4 经济周期各阶段企业的一般财务战略决策

繁荣	衰退	萧条	复苏
（1）扩充厂房、设备	（1）停止扩张	（1）建立投资标准	（1）增加厂房设备
（2）继续建立存货	（2）出售多余设备	（2）保持市场份额	（2）实行长期租赁
（3）提高价格	（3）转让一些产品	（3）缩减管理费用	（3）建立存货
（4）开展营销规划	（4）停产不利产品	（4）放弃次要利益	（4）引入新产品
（5）增加劳动力	（5）停止长期采购	（5）削减存货	（5）增加劳动力
	（6）削减存货	（6）裁减雇员	
	（7）停止招聘雇员		

需要说明的是，经济发展的周期波动不仅有短程周期、中程周期和长程周期之别，而且还有总量周期波动与产业及行业周期波动之异。所以，表4-4中经济周期各个阶段应采取的财务战略的实施时间选择、力度以及持续的时间安排，还应以具体经济周期特征分析为前提。

（3）标杆法。标杆法（benchmarking）是许多世界著名企业经常使用的竞争对手分析方法，也是企业培养竞争优势的有效方法之一。标杆法起源于20世纪70年代末80年代初，在美国企业学习日本公司的运动中，首先开辟标杆管理先河的是施乐公司。标杆法的使用范围已从最初度量制造部门的绩效，发展到不同的业务职能部门，并被西方企业认为是改善企业经营绩效、提高全球竞争力最有效的一种管理工具。

1）标杆分析法主要分为战略性和操作性两种。

（a）战略性标杆法是在与同业最优秀的公司进行比较的基础上，从总体上关注企业如何竞争发展，明确和改进公司战略，提高公司战略运作水平。战略标杆管理是跨越行业界限寻求绩优公司成功的战略和优胜竞争模式。战略性标杆分析需要收集各竞争者的财务、市场状况进行相关分析，提出自己的最佳战略。

（b）操作性标杆法是一种注重公司整体或某个环节的具体运作，找出达到同行最好的运作方法。从内容上，标杆可分为流程标杆和业务标杆。流程标杆是从具有类似流程的公司中发掘最有效的操作程序，使企业通过改进核心过程提高业绩；业务标杆是通过比较产品和服务来评估自身的竞争地位。

2）标杆分析法的基本程序。

标杆分析法包括如下基本业务流程：①确定标杆的内容是什么；②确定把谁作为标杆；③建立标杆企业的信息采集分析系统；④对本企业关心的方面做研究；⑤寻找与标杆企业的差异并进行分析，做出企业自身的战略决策。

在这一流程中，最重要的一步工作就是建立信息采集分析系统，其步骤如下。

（a）建立标杆企业信息采集分析系统。信息系统的内容包括很多方面，不同的企业应当根据企业自身的实际情况进行设计和操作。在资料搜集过程中，对手资料范围也可以根据实际情况给予增加或减少，每一个方面的资料和数据内容可以进行细化，并加以初步分析。分析的结果可以是从资料中直接获得的数据或证据，也可以是根据基本资料做出的判断。

（b）利用标杆企业信息资料进行财务战略决策。企业应当通过对标杆企业产品分析、市场营销策略和国际化经营的规模和范围等因素，以及最终对财务指标的影响，来进一步分析企业自身的相应现状，做出相应的决策。当然，标杆企业成功运用的经验并不一定适用于特定企业，因此在采用标杆法时，一定要审慎。如果同时是同一国家内同行业的标杆企业，同时又是企业的竞争对手，有时通过对竞争对手的全方位分析，在投资战略上可以采取相反的策略。

（4）SWOT 矩阵分析法。

SWOT矩阵分析法是帮助管理者制订如下四类战略的重要匹配工具：优势—机会（SO）战略、弱点—机会（WO）战略、优势—威胁（ST）战略、弱点—威胁（WT）战略。其中，SO 战略是一种发挥企业内部优势而利用企业外部机会的战略，企业通常首先采用 WO、ST 或 WT 战略，而达到能够采用 SO 战略的状况。WO 战略的目标是，通过利用外部机会来弥补内部弱点，适用于这一战略的基本情况是：存在一些外部机会，但企业有一些内部的弱点妨碍它利用这些外部机会。ST 战略是利用本企业的优势回避或减轻外部威胁的影响。WT 战略是一种旨在减少内部弱点，同时回避外部环境威胁的防御性技术。

建立 SWOT 矩阵的过程包括如下步骤：①列出公司的关键外部机会；②列出公司的关键外部威胁；③列出公司的关键内部优势；④列出公司的关键内部弱点；⑤将内部优势与外部机会相匹配，记录作为结果的 SO 战略；⑥将内部弱点与外部机会相匹配，记录作为结果的 WO 战略；⑦将内部优势与外部威胁相匹配，记录作为结果的 ST 战略；⑧将内部弱点与外部威胁相匹配，记录作为结果的 WT 战略。

（5）企业生命周期分析法。每个企业的发展都要经过一定的发展阶段。最典型的企业一般要经过初创期、发展期、成熟期和衰退期四个阶段。不同的发展阶段应该有不同的财务战略与之相适应。企业应当分析所处的发展阶段采取相应的财务战略。

1）企业初创期的财务战略。企业生命周期初始阶段的经营风险是最高的，从经营风险与财务风险的互逆关系分析，较高的经营风险必须辅以较低的财务风险，因此要求采用稳健财务战略，具体体现在以下几方面。

（a）一体化投资战略。企业组建初期基于各种因素考虑，应当实施一体化的投资战略。即投资决策权全部集中在集团总部，所有子公司不具有投资决策权；母公司提出未来投资发展的方向，它类似于产业政策，由母公司对未来将要投资的领域提出优先级，以给子公司在项目选择时提供战略上的指导；对于子公司提出的投资项目及所需的资本，在经过管理总部审批确认后，由总部负责资金的分配；项目所需资金的分配必须严格按照项目资本预算的数额确定，由母公司负责预算的审批与资本的拨付。

（b）权益资本型的筹资策略。对创业企业而言，其投资价值是由未来预期现金流量的现值创造的，这种现金流量来自产品的成功开发、投放和成长。此时债权人要求以较高的风险报酬为前提，因此初创期企业采用权益资本融资方式。在权益资本筹资过程中，由于这一时期企业的收益能力不高、不确定性很强，因此风险投资在其中起了很大作用。

（c）零股利分配政策。新设立的高风险企业如欲新募集权益资本，必然面临着非常高的交易成本，如法律费用、手续费用和咨询费用等。通过筹集新的权益资金来分配股利显然是不合逻辑的。因此在初创阶段，公司应采用零股利分配政策。

2）企业发展期的财务战略。对大多数公司而言，进入发展期间后所有竞争战略的执行都需要公司相当大的投资，而这些要求在财务上的可行性有赖于对未来销售增长的预期，因此企业经营风险的程度依然很高，公司必须采用适当的融资渠道将财务风险控制在低水平，这就意味着需要继续使用权益资金；在高速成长时期，基于完全合理的利润水平之上的高销售额将产生比创业阶段更充裕的现金流，这最终导致股利支付率保持在低水平上。

（a）权益筹资战略。当企业对资金的需求远大于企业的供给能力时（可容忍的负债极限能力），负债筹资不能成为企业集团发展期的首选融资方式（由于高经营风险所带来的外显式高资本成本）。因此，资本不足的矛盾主要通过两条途径来解决：一是公司向现有股东增发新股；二是将大多数收益留存企业。这种权益性的筹资战略，尤其是留存收益再投资战略是企业发展壮大的基石。这种战略要求企业：第一，确定合理的利益分配与留存比例，最好采用不分股利政策；第二，如果是集团公司，应该明确对外筹资的集权性管理，统一调度资金，利用盘活内部资金等。

（b）适度分权的投资战略。企业应当采取适度分权的投资战略（总部集权重大项目决策、严格中小项目审批）；投资所需资本采取集中供应与自主筹措相结合；合理测定集团增长速度，防范过度经营；强化立项审批制度，合理投资规划、严格项目法人负责制与项目责任人负责制。

3）企业成熟期的财务战略。一旦产业稳定，销售情况良好而稳定且利润空间合理的成熟阶段开始出现，企业将呈现这些财务特征：市场增长潜力不大，产品均衡价格形成，竞争转向成本效率；账款不断收回，形成较大现金净流量；股东报酬期望高等。在这个阶段，企业将采取以下财务战略。

（a）激进型筹资策略。进入成熟期，意味着企业高盈利水平和低资本性支出时期的到来，企业此时选择激进型的筹资策略，更多地运用债务融资是较佳选择。首先利用债务融资可获取增加潜在税收的期望现值；其次在经营中所涉及的资产这时处于价值最大化的时期，此时企业财务状况良好，债务融资成本较低；再次经营风险的降低能通过举债带来的财务风险增加来平衡，运用负债手段可以放大资本杠杆所产生的正效应，进一步增加股东价值。

（b）以技术改造与资产更新为重点的投资战略。

（c）以强化成本管理为核心的内部财务管理战略。

（d）高支付率股利分配政策。

4）企业衰退期的财务战略。除非企业能创造巨大的市场，并能无限制地持续下去，它在成熟期创造的正现金流量不可能永远持续下去，因为市场对产品的需求最终将逐渐衰退，原有行业已成夕阳，需要进行大幅度市场结构与经营结构的调整。在这一阶段公司应当考虑以合适的价格出售某些分部，退出这一行业并集中财务资源，投资已确定要进入的领域与行业。如果退出阶段得到的高现金流量并没有新的投资战略，可以实行高支付率股利分配战略。

2. 投资战略决策分析方法

投资战略决策包括对内投资和对外投资，其核心在于产业筛选。企业在进行投资战略决策分析时，重点要从项目投资决策程序转向对行业的分析决策。企业在总体财务战略下，进行投资战略决策分析的目的就在于了解企业所在行业的总体状况，进行行业选择，寻找所在行业中存在的威胁和机会，把握竞争态势，确定自己在行业中的地位。在此基础上，做出投资进入、扩大或退出的决策。主要分析方法包括：波士顿增长——占有率矩阵法、通用电气经营矩阵分析法、波特行业结构分析法、产品生命周期法、产业链分析法和价值链分析法。本文主要介绍价值链分析法。

（1）企业特有的价值链是形成竞争优势的基础。对企业内部价值链的分析是进行财务战略决策分析的最末端、最核心的环节之一。价值链就是企业用来进行设计、生产、营销、交货及维护其产品的各种活动的集合，所有这些活动都可以用图 4-7 表示出来。财务部门对企业价值链进行积极的分析，不仅可以使企业进行成本战略控制，还可以为领导者决策提供支持，帮助企业重组业务流程，为企业对内、对外投资或一体化并购决策提供强有力的支撑。从企业基本价值链可以看出，企业行为可以分成九种相关活动。这些活动可以分为两大类：基本活动、辅助活动。基本活动是由投入到产出的转化，是产品或服务在实质上的创造，并把它提供给买方以及进行一些售后服务。辅助活动支持基本活动和其他辅助活动，由企业职员来完成，包括常规管理、财务、计划、房产管理、质量保证等基础结构，该基础结构支持了整个价值链，帮助或阻碍成本竞争优势的形成。

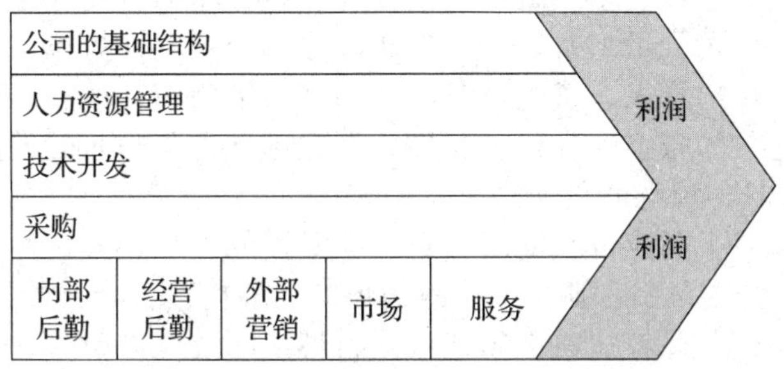

图 4-7　企业价值链九种基本价值活动

（2）无论是投资者还是经营者，通过价值链分析，可以利用价值链来消除不增值作业，提高资源的利用效率。企业价值链中常存在许多不增值的作业。如成品水泥用纸袋包装送达用户，用户拆包使用，这一包一拆的过程就属浪费作业，通过价值链分析后改进为利用罐装车直接向用户运送散装水泥，不仅方便了供需双方，还节约了社会资源。出资者或经营者可以通过价值链分析，寻求利用上、下游价值链以降低成本。例如，通过与上游供应商共同协商降低供应商产品成本的途径并付诸实施，通过供应商及时供货降低存货及采购成本；通过与下游分销商协商降低销货成本，利用零售商了解顾客消费倾向及对产品的要求，降低产品生命周期成本。出资者或经营者还可以通过对竞争对手价值链分析，了解竞争对手的成本情况、市场份额，使管理当局能借此评价其与竞争对手相比的成本态势，客观评价自己在竞争中的优势与劣势，从而制订取得竞争优势的竞争战略。

（3）公司为了分析自身的价值链，以确定收购或合并什么样的企业，并以此为依据制订其战略，需要：①识别价值链活动；②识别每一项价值活动的成本动因；③通过降低成本或增加价值建立可持续竞争优势。

为此企业必须考虑：识别竞争优势（成本领先性或差异性）；识别增加价值的机会；识别降低成本的机会。

3. 筹资战略决策分析方法

（1）筹资战略决策分析基本原则。

1）筹资规模决定于投资战略。筹资规模尽可能支撑公司战略发展，尤其是战略扩张的资金需要。保证企业及时实施战略计划与投资战略的资金需求决定了新增筹资规模必须配合具体的募资投向，即投资资金需要量决定新增筹资规模。

2）筹资方式多元化战略。企业筹资战略的一个重要特点就是不贪图一时的低成本或低风险的资金来源，也不局限于单纯满足企业当时的资金需要，而是从长计议以战略观点设计、保持和拓展筹资渠道，广泛运用各种可行的融资方式并在政策允许和控制融资风险的前提下，鼓励利用衍生金融工具融资方式。为保持集团财务稳健，集团筹资遵循先内部后外部、先留存后借款再股本的筹资顺序，其目的在于保持随时再筹集到足够数量资金的能力。

3）股利战略要有利于企业长期发展。依据企业战略的要求和内外环境状况，对股利分配进行全局性和长期性的谋划。与通常所说的股利决策或股利政策相比，股利战略具有以下特点：①股利战略是从企业的全局出发，从企业战略的整体要求出发决定股利的分配；②股利战略在决定股利分配时关注股利分配对企业长期发展的影响。

4）低资金成本与低筹资风险原则。企业筹资不仅是单纯从数量上满足企业需求，而是应该能够以较低的资金成本筹集到足够数量的资金用于供应企业所需，而且还要考虑如何降低筹资风险，把筹资风险控制在可以接受的范围之内，这也是资金质量目标的一个重要方面。对此需要长期关注通货膨胀的可能变化和金融环境的变化。通货膨胀会带来企业原材料价格上涨，资金占用大量增加，资金需求膨胀；企业利润虚增，资金流失严重；政府紧缩银根，银行信贷风险增大，资金供给相对不足；消费行为改变，产品销路不畅等。对此，企业必须关注通货膨胀率的变化和预期，合理预计通货膨胀的发生时间，调整融资战略，积极运用金融工具，规避通货膨胀风险。

金融环境的状况对于企业资金流动具有至关重要的影响。其具体内容包括金融机构的种类和数量、金融业务的范围和质量、金融市场的发展程度、金融传统、人们的金融意识、有价证券的种类等。企业财务战略必须适应金融环境的变化与要求，充分利用这些变化对企业筹资和投资提供的机会，降低企业融资成本，控制财务风险，促使企业资金均衡、有效地流动。

（2）筹资方式特征分析法。企业在从战略角度选择筹资渠道与方式时，应该对各种不同筹资渠道与方式所筹资金的特点进行详细分析，在此基础上结合企业战略目标分析，即可对筹资渠道与方式做出合理的战略选择。不同融资方式的财务特征见表 4-5。

表 4-5 不同融资方式的财务特征

项目	资金成本	方便性、对经营权的影响	对利润的影响、利用时间的长短、利用额的大小
内部留成	• 在财务计算上没有成本 • 作为机会费用有一定的成本	• 如果没有利润也无法留成 • 对经营来说是最安全的资金 • 分红后可以自由支配	• 没有使用期限
股票	• 可以根据利润情况确定分红 • 按市价发行时，由于发行后的股票还原，使成本提高	• 发行种类较多，可以相互组合 • 手续多、时间长 • 根据股份稳定程度不同对经营权有不同程度的影响	• 无期限资金 • 可以大量筹措 • 由利润处理确定股利
贷款	• 成本低于普通公司债 • 有时银行将强制提高提取存款比率	• 手续简单 • 有时不需要担保 • 需要支付利息和还本 • 经营不佳时，成本较高 • 在有些情况下经营权利受到干预	• 金额可大可小 • 有长期贷款，但以短期为主 • 费用就是利息
公司债券	• 由于是固定利息，所以在低利息时发行较为有利 • 在兑换公司债券或发行附带"新股份接受公司债券"时利息更低	• 一般需要担保 • 手续较多、时间长 • 需要支付利息和还本 • 经营不佳时，难以筹措 • 类型较多，利用范围较广	• 期间长、数额大 • 费用就是利息
赊购款	• 表面看没有成本，但实际上这些购置成本有时加在价格里，另外价款在采取现金折扣制度时，也有成本 • 比购买设备的成本高	• 容易筹措 • 不必担心经营权受干预 • 在急需时可以筹措到一定限度的资金	• 短期 • 只能利用购入金额部分
租赁		• 只能利用相当于租赁设备资金 • 手续简单 • 不需要担保 • 如果拖延支付租赁费，对方将提出支付全部价格	• 折旧快 • 金额可大可小 • 贷款期间由租赁设备的使用年限决定

（3）筹资能力估算分析法。筹资能力指企业从各种资金来源获得资金的能力，它集中表现为在一定时期内，企业能够筹集到资金的数量和质量。在筹资战略的制订和实施过程中，预先分析企业大概资金筹措能力十分必要。首先，筹资能力的大小是企业制订筹资战略的重要依据。良好的资金筹措战略与筹资能力之间应该保持一种合理的平衡关系，以保证它既切实可行又行之有效。其次，资金筹措战略的实施过程实质上就是综合运用企业资金筹措能力的过程，只有全面分析了企业的资金筹措能力，才能更加主动、有效地利用它，使潜在的优势转化为现实的优势，保证资金筹措战略的顺利实现。企业的资金来源可分为企业内部资金来源与外部资金来源两大类。企业内部资金来源是指企业通过自身生产经营成果的积累而形成的可用资金；而企业外部资金来源是企业通过不同筹资方式从企业外部获得的可用资金。它又分为两种主要来源：一是筹集负债资金；二是筹集权益资金。企业从这些渠道筹集资金的能力构成了企业的总体筹资能力。

1）内部资金筹措能力估算。企业内部资金来源就是企业将其所获得的收入和利润的一部分重新投入企业生产经营过程中，参加资金再循环的那部分资金。所以，企业内部资金筹措能力主要决定于企业的收入水平、盈利能力及有关财务政策等因素。企业内部资金筹措能力可大致估计如下：

预期未来几年内的收入水平 × 税后目标销售利润率
= 税后净收益 - 现金股利
= 留存盈余 + 折旧
= 经营产生的内部资金 - 银行贷款和长期负债还款总数
= 净内部资金来源

2）负债资金筹措能力估算。企业负债资金来源就是企业通过借债的方式所能获得的资金。企业的负债筹资能力主要取决于企业的盈利水平与资金来源结构。一定的盈利水平是企业偿还借款本息的重要保证，而资金来源的结构则反映了企业财务风险的大小。一般情况下，只有这两方面的情况良好，潜在的债权人才会有信心把资金贷给企业，企业才能以合理的利率和条件得到所需的借款。现在假设企业的盈利能力是有保证的，则企业的负债资金筹措能力可大致估计如下：

估计的未来股东权益总数（目前的股东权益 + 预期新的股东权益
+ 税后净收益 - 股利）× 行业平均负债 ÷ 股东权益比率
= 总负债能力 - 现有总负债
= 新的负债能力

总负债能力可以是银行承诺的最大贷款金额，也可以用参照行业平均的方法进行估计。

3）权益资金筹措能力估算。权益资金来源即企业通过发行新股或以其他方式增资获得资金的能力。股东或潜在的股东们投资于某一企业，主要目的是期望得到较高的利益回报。因此，权益资金筹措能力主要取决于企业的盈利能力及给股东的回报。所以企业要想增加新的股权资金，在可能的情况下应选择经营情况和金融市场状况最好的年份发行新股，力求在这一年里使企业的利润和每股盈余有一个较大幅度的增长，为新股发行提供基础，使之不会被稀释而降低。企业权益资金筹措能力可大致估计如下：

净收益（最好增长年份）- 净收益（正常增长年份）
= 额外净收益（Δ 净收益）÷ EPS（正常预期水平）
= 潜在可发行新股股数 × 预期股票发行价格 - 估计发行成本
= 发行新股可得资金

因此，企业总的资金筹措能力是其内部资金筹措能力、负债资金筹措能力和权益资金筹措能力的总和，但不能视为上述三个估计的简单算术和。这是因为上述三种能力之间是互相联系、互相影响的，而且资金筹措能力还受到企业其他多方面因素的影响，具体可分为内部因素和外部因素，所以上述计算只是对筹资能力的大致估算。

八、财务战略的选择

（一）战略选择的分类

1. 公司层战略选择

公司层战略主要决定企业应该选择经营哪类业务，以及怎样发展这些业务，实际上是解决企业如何成长或发展的问题，同时也包括在不利环境下的收缩和巩固问题。公司层战略是企业整体发展的战略纲领，是企业最高管理层指导和控制企业一切活动的指南。因此，制订公司层战略是企业高层管理者的首要职责。其任务是以提高企业整体绩效为目标，根据企业内部现有的资源权衡各项业务活动对企业发展的需要，按照轻重缓急合理地配置资源。

（1）稳定型战略。稳定型战略是在战略规划期内使企业的资源分配和经营状况基本保持在目前状态和水平上的战略。选择稳定型战略，坚持前期战略对产品和市场领域的选择，以前期战略所达到的目标作为本期希望达到的企业目标，意味着目前所遵循的经营方向及其正在从事经营的产品和面向的市场领域，企业在其经营领域内所达到的产销规模和市场地位都大致不变，或以较小的幅度增长或减少。

实行稳定型战略的前提条件是企业过去的战略是成功的，对于那些曾经成功地在一个处于上升趋势的行业和一个环境变化不大的行业中从事经营的企业来说会非常有效。其主要优点有：企业经营风险相对较小；能避免因改变战略而改变资源的困难；能避免因发展过快而导致资源的浪费；能给企业一个较好的修整期积累能量，以便为今后的发展做好准备。但要注意避免因“稳定”而可能带来的风险意识减弱，对风险的敏感性、适应性降低等的风险。

稳定型战术有以下三种类型。

1）无变化战略。采用这种战略的企业除了每年按通货膨胀率调整其目标外，其他都暂时保持不变。这种战略一般出于以下考虑：一是先前的战略并不存在重大经营问题或隐患；二是企业过去的经营相当成功，并且企业内外环境没有发生重大的变化。

2）暂停战略，即在一段时期内降低企业的目标和发展速度。在一段较长时间的快速发展后，企业有可能会遇到一些问题使得效率下降，这时就可采用暂停战略。

3）谨慎实施战略。如果企业外部环境中的某一重要因素难以预测或变化趋势不明显，企业的某一战略决策就要有意识地降低实施进度，步步为营，这就是所谓的谨慎实施战略。

（2）增长型战略。增长型战略是一种使企业在现有的战略基础水平上向更高一级目标发展的战略。它以发展作为自己的核心导向，引导企业不断开发新产品，开拓新市场，采用新的生产方式和管理方式，以扩大企业的产销规模，提高竞争地位，增强企业的竞争实力。

增长型战略是一种最流行、使用最多的战略。事实上有大量的公司通过实施增长型战略获得了成功。其主要优点有：企业可以通过发展扩大自身的价值，如市场份额和绝对财富的增加；能通过不断变革创造更高的生产经营效率与效益；在激烈竞争的环境下，能保持企业的竞争力，实现特定的竞争优势，但要避免盲目扩张，出现为发展而发展的倾向。

增长型战略有以下三种不同类型。

1）密集性增长。密集性增长战略是指企业在原有生产范围内，充分利用在产品和市场方面的潜力求成长的战略。这种增长战略以快于以往的增长速度增加企业目前的产品或服务的销售额、利润和市场份额。它比较适合于那些对企业的产品或服务的需求正在增长的场合。

选择密集性增长战略，一旦企业的产品或服务的市场萎缩，企业就会遇到困难。因此一般情况下企业不会仅限于使用这种增长战略。

密集性增长主要有以下三种形式。

(a) 市场渗透，指企业生产的现有产品在现有市场进一步渗透，扩大销量，是一种稳扎稳打、步步为营的战略。例如，通过增设销售网点等，尽量使老顾客增加购买数量；通过提供质量好、价格便宜的产品，周到的服务等夺走竞争对手的顾客；设法使从来未用过本企业产品的顾客购买本企业的现有产品等。

(b) 市场开发，指用现有产品去开发新市场，以扩大现有产品的销售量，包括将老产品推广到新的地理区域，产品开发新的用途，进入新的细分市场等。

(c) 产品开发，即向现有市场提供新产品或改进的产品以增加企业在现有市场的销售量。这就要求增加产品的规格、式样，使产品具有新的功能和用途，以满足目标顾客不断变化的要求。显然，产品开发和市场开发往往是同步或相继进行的，二者有非常紧密的关系。一方面，进入新的细分市场要求开发出现有产品的替代品或新的功能和特性；另一方面，产品的更新和再设计，也需要新的细分市场的支持。

2）一体化增长。一体化增长战略，研究企业如何确定其经营范围，主要解决与企业目前活动有关的竞争性活动和上下游生产活动的问题。

一体化增长有以下三种典型形式。

(a) 后向一体化，指沿着与企业当前业务的输入端有关的活动向上延伸。例如，原材料、能源、设备等都是制造企业的重要输入因素。如果一家啤酒公司以前是从玻璃厂购买啤酒瓶，现在自己建厂生产啤酒瓶，那么这家啤酒公司选择了后向一体化战略。

(b) 前向一体化，指沿着与企业当前业务的输出端有关的活动向下延伸，如运输、销售、维修和售后服务等，都是输出端的活动。例如，可口可乐公司通过收购本国及外国的分装商，加强对分装商的控制，并提高这些分装商的生产和销售效率，就是实施了前向一体化战略。前向一体化和后向一体化统称为纵向一体化，即企业沿着产业链的上下游整合业务。与纵向一体化战略相反的是分解化战略，如打破一体化，通过外购获得原材料、零配件等。

(c) 横向一体化，即企业通过收购、兼并竞争商的同类企业，或者在国内外与其他同类企业合资生产经营获得竞争企业所有权或加强对其的控制。竞争商之间闻合并、收购提高了规模经济和资产的流动，在诸多产业中已成为最受重视的战略。

3）多元化战略。多元化战略也叫多角化经营战略，是一种向新业务或新产业进行扩张、生产新的产品或服务的战略，目的是使企业的人力、物力、财力等资源得到充分利用。

多元化战略分为以下两种基本类型。

(a) 相关多元化。它是以市场或技术为共同主线和核心的多元化。相关多元化有三种形式：第一种形式是多种产品或服务都以相同市场为统一的核心，如一家公司生产电视机、电冰箱、洗衣机等产品，但都统一于"家电"这个市场；第二种形式是各种产品或服务都以相同技术为统一的核心，如玻璃厂生产照相机镜头玻璃、玻璃器皿、眼镜等，其技术基本相同；第三种形式是各种产品服务以相同的市场、技术为统一核心，如收录机、电视机等都以电子技术为基础且统一于家电市场。相关多元化往往能产生协同效应，即如果企业各部门或各业务共享技能或资源，那么开展与之相关的多元化经营就能为公司的产品或服务增加价值，就会在成本、市场能力、技术、管理方面获得额外优势。例如，一个多元化经营的企业的两个或更多的部门能够利用共同的生产设施、分销渠道、广告等，相对来说，各个部门就能够以较少的投入获得同样的收益。这时，协同效应就产生了。

(b) 非相关多元化。非相关多元化是指各种产品或服务没有任何共同主线和统一核心的多元化。当企业进入或收购与其当前业务或产业不相关的新产业时，它实施的就是非相关多元化战略。例如，美国杜邦化学公司除经营化学产品外，还经营摄影器材、印刷设备、生物医学产品。这些产品既不统一于同一市场，在技术上也无关联性。现在很多企业正在放弃非相关多元化经营战略，主要原因是过度多元化经营容易使管理者丧失对核心业务的控制，很多多元化努力的结果不仅没有创造价值，反而降低了企业价值。

（3）紧缩型战略。紧缩型战略是指企业从目前的战略经营领域收缩或撤离，且偏离战略起点较大的一种经营战略。与稳定型战略和增长型战略相比，紧缩型战略是一种消极的发展战略。实行紧缩型战略，意味着企业要放弃某些市场和产品线，严格控制资源的投入，尽量削减各项费用开支，这个过程往往伴随着大量员工的裁减及一些大额资产的暂停购买。一般地，企业实行紧缩型战略是短期性、过渡性的，是一种以退为进的战略态势，其目的是为今后的发展积蓄力量。

采取紧缩型战略的企业可能出自不同的动机。第一种情况是为了适应外界环境。在经济衰退、产业进入衰退期、对企业产品或服务的需求减小等情况下，企业可采用紧缩型战略。第二种情况是企业内部出现重大问题，如产品滞销、财务状况恶化、投资明显无法收回等，只有采用紧缩型战略才能最大限度地减小损失，保存企业实力。第三种情况是企业为了谋求更好的发展机会，使有限的资源得到更有效的使用。

根据紧缩的方式和程度不同，紧缩型战略可分为以下三种类型。

1）抽资转向战略是指企业在现有的经营领域不能维持原有的市场规模，或发现新的更好的发展机遇，而对现有业务领域进行压缩投资、控制成本的战略方案。

通常，抽资转向型战略的具体方式如下。

（a）调整组织结构，包括改变企业的关键领导人，在组织内重新分配责任和权力等。

（b）降低成本和投资，包括压缩日常开支、实行严格的预算管理，减少一些长期投资项目等。

（c）减少资产，包括出售与企业基本生产活动关系不大的土地、建筑物和设备；关闭一些工厂或生产线；出售一些盈利产品，以获得急需的资金等。

（d）加速收回企业资产，如加速应收款的回收，降低企业的存货量，尽量出售库存产成品。

2）放弃战略是指将企业的一个或几个主要部门转让、出卖或者停止经营。这些部门可以是一个经营单位、一条产品线或者一个事业部。在采取抽资转向战略无效时，企业可以尝试放弃战略。

企业可以尝试在放弃战略的实施过程中，通常会遇到以下一些阻力。

（a）结构上或经济上的阻力，如一些专用性的固定资产很难出售。

（b）公司战略上的阻力。如果准备放弃的业务与企业的其他业务有较强的联系，则该项业务的放弃会使其他有关业务受到影响。

（c）管理上的阻力。

3）清算战略是指卖掉资产或停止整个企业的运行，即终止一个企业的存在。显然，清算战略对任何企业来说都不是最有吸引力的战略，通常只有当所有其他战略都失效时才起用它。确定毫无希望的情况下，尽早地制订清算战略，企业可以有计划地逐步降低企业股票的市场价值，尽可能多地收回企业资产，从而减少全体股东的损失。因此，在特定情况下，清算战略也是一种明智的选择。

（4）组合型战略。组合型战略是指同时实行两种或多种前面介绍的战略。一般来说，大多数有一定规模的企业都要采用组合型战略。因为较大型的企业一般都拥有较多的战略业务单位，这些业务单位往往分布在不同的行业，它们所面临的外部环境、所需的资源条件不完全相同。如果对所有的战略业务单位都采用统一的战略，会导致由于战略与具体战略业务单位的情况不匹配而使企业总体效益受到伤害。为此，需要对各战略业务单位进行具体分析和评价，选择合适的战略；如对某一种业务可能实行增长型战略，而对另一种业务可能实行紧缩型战略。

实行组合型战略，必须对企业现有的各种业务进行分析、评价，在此基础上，确定哪些业务应当发展，哪些业务应当维持，哪些业务应当减少，哪些业务应当淘汰，使各业务单位的战略有个合理的组合。

2. 事业层战略选择

事业层战略是在公司战略指导下，经营管理某一特定的战略经营单位的战略计划，是公司战略之下的子战略。它的战略重点是改进一个战略经营单位在它所从事的行业中，或某一特定的细分市场中所提供的产品和服务的竞争地位，主要涉及如何在所选定的行业或领域内与对手展开有效竞争的问题，因此，也叫“一般竞争战略”。

美国战略管理学家迈克尔·波特认为，一个行业中的竞争远不止在现有竞争对手中进行，而是存在着五种基本竞争力量的较量，它们是：潜在的加入者、代用品的威胁、购买者的讨价还价能力、供应者的讨价还价能力、现有竞争者之间的抗衡。五种基本竞争力量的状况及其综合程度，决定着行业的竞争强度，决定着行业中获利的最终潜力。为了建立与五种竞争力量抗衡的有利战略地位，并超过其竞争者，有三种战略可供选择，它们是低成本战略、差异化战略和集中战略。

（1）差异化战略指企业通过集中所有部门的努力，使所提供的产品具有与众不同的特色，从而形成竞争优势的战略。与竞争对手的区别可以是产品设计、产品质量、技术特性、产品品牌、产品形象、售后服务等方面。通常而言，差异化的成本是昂贵的，例如要增加对产品设计、研发等方面的投入。但成功地实施差异化战略可以对其产品收取溢价，一个比竞争对手产品高许多的价格，能够补偿企业因此而带来的成本上升。

可口可乐和百事可乐是差异化战略的典型代表。两家公司都在为其产品建立差异化、形成独特形象方面投入了大量资金，收到了良好的效果。

（2）低成本战略。也叫成本领先战略，指通过集中企业所有部门的努力，使成本低于竞争对手的成本，从而获得竞争优势的战略。这一战略要求企业寻找降低生产成本的方法，开发出能够以更低成本生产的产品，找出能够降低吸引消费者成本的方法。一般来说，如果行业内的产品基本上是标准化的产品，如果绝大多数购买者对产品的要求相同，购买者对价格的差异十分敏锐时，低成本战略能够确保企业获得显著的竞争优势。

（3）集中战略指企业围绕某个特定的目标市场开展经营活动，构建竞争优势的战略。差异化战略和低成本战略都是旨在服务于绝大部分市场，而集中战略旨在服务于少数细分市场，以期在较窄的市场范围内，取得成本方面或差异化方面的竞争优势。

集中战略有两种具体形式：成本集中战略和差异化集中战略。成本集中战略指企业在选定目标市场中寻求低成本优势。差异化集中战略指企业在选定的目标市场中寻求独特的差异化优势

3. 职能层战略选择

职能层战略是为了实施和支持公司层战略和事业层战略而在企业特定的职能管理领域制订的战略。其重点是提高企业资源的利用效率，使企业资源的利用效率最大化，保证企业战略目标的实现。

公司层战略、事业层战略和职能层战略一起构成了企业战略体系，任何一个战略层次的失误都会导致企业战略无法达到预期目的。与公司层战略和事业层战略相比较，企业职能层战略更为详细、具体和有可操作性。它是由一系列详细的方案和计划构成的，涉及企业经营管理的所有领域，包括财务、生产、销售、研究与开发、采购、储运、人事等各部

门，一般可分为营销战略、人才战略、财务战略、研究与研发战略、生产战略等。

为了增加价值或降低增加价值的成本，所有的职能部门都应注意以下四个目标。

（1）高效率。效率是衡量投入产出的一个尺度，生产给定数量的产出投入越少，效率就越高，效率高则产出的成本低。

（2）高质量。供应高质量的产品能够为企业的产品建立一个良好的品牌声誉，良好的品牌声誉又能够使企业对其产品收取溢价。

（3）创新。所有新的组织运营方式或不同于以往的产品及服务都是创新的成果。创新能够使产品种类得到增加，生产过程得到改进，管理系统得到升级，组织结构得到优化，企业战略得到提升。成功的创新能使企业获得某种其竞争对手没有的特色或优势。

（4）高顾客响应度。注重顾客响应的企业试图极力满足消费者的需求，给予他们所需要的东西。能够比竞争对手更好地为消费者提供服务的企业就能因此凭其产品而向消费者收取溢价。

卓越的效率、质量、创新和顾客响应度要求采取许多管理技术，如全面质量管理、弹性生产系统、准时制库存管理、流程再造等。

（二）战略选择的要领

1. 把握市场机遇

从系统论的角度看，企业作为一个开放系统，是从属于某个特定的社会乃至世界这一更大系统的子系统。影响和制约企业生产经营活动的外部诸种因素的集合构成了企业的外部环境。企业的生存和发展在很大程度上受环境的影响，因此对环境的分析是制订企业战略的关键一步。

分析环境的目的是为了发现需求与机会、问题与威胁，在此基础上，制订战略，取得主动权，以有效利用环境所提供的机会，避开环境造成的威胁，关键是把握环境机遇。

《孙子兵法》云："善战者，求之于势"。中国古语云："顺势者昌，逆势者亡"。这里的"势"指的就是机会。机会在很大程度上决定企业的成功与发展，谁把握住了机会谁就把握了未来。为此，要求企业一要慧眼独到，识别机会；二要当机立断，抓住机会；三要因势利导，用好机会。

由于市场机会往往是在环境的变化中产生的，因此，企业在制订战略时，不但要了解环境的现状，更要了解和把握环境的发展、变化趋势。中外成功的企业和企业家，都对环境变化非常敏感，且能捕捉市场机会，并利用机会求得企业的发展。

2. 集中资源投入

任何一个组织，资源总是有限的，要使有限的资源发挥出最大的效能，就必须集中资源，即用较多的资源支持较少的选择。孙子曰："并敌一向，千里杀将"。军事战略家克劳塞维茨说："尽可能地把最大数量的部队投放到关键点的行动中。"用兵如此，管理也不例外。

集中资源的前提是方向明确，重点突出。也就是说，企业在选择战略时，首先要明确经营方向，找出关键的成功因素。实践表明，不同行业其关键的成功因素是不同的，如电梯、汽车行业，其关键的成功因素是销售能力、售后服务；纯碱、半导体行业，其关键的成功因素是生产技术；啤酒、家电、胶卷等行业，其关键的成功因素是销售网络。只有找准了行业的关键成功因素，并集中资源于关键因素领域，持续地投入，企业才能取得真正的竞争优势，获得成功。

3. 注意扬长避短

战略具有对抗的含义，制订战略的实质是知己知彼，充分发挥优势，不断强化竞争地位。因此，企业在选择战略、构建自己的战略优势时，要充分了解自身的资源条件和竞争者的资源条件，在认识到自己的优势和劣势以及竞争者的优势和劣势的基础上，重在扬长，也就是充分发挥优势。俗话说："没有金刚钻，不揽瓷器活。"企业选择何种行业、哪些经营环节、如何竞争，均要从自己的优势出发，做自己擅长的、有优势的。轻率地进入一些企业并不熟悉或没有优势的业务领域，不注意巩固已占领的市场，盲目铺摊子，往往会导致失败。在这方面，中外很多企业都有惨痛的教训。

注意扬长避短，除了要求企业在选择战略时，应根据自身资源和能力选择自己擅长的业务以外，还要求企业在经营中设法形成自己的相对优势。由于以资源和能力为基础的竞争优势的形成不是一朝一夕的事情，要不断地积累所选择的业务需要的各种资源，不断创造、学习和磨炼。只有达到一定程度后，企业才会通过一系列的组合和整合，形成自己独特的、不易被人模仿、替代和削弱的竞争力，从而获得持续的竞争优势。

九、财务战略的实施、执行

财务战略执行实际上就是将财务战略转化为行动，并采取一些措施或者手段保证既定的财务战略目标得以实现。

财务战略执行主要涉及以下一些问题：采用何种管理手段来落实财务战略；如何在企业内部各部门和各层次间分配及使用现有的资源；为了实现企业目标，还需要获得哪些外部资源以及如何使用；为了实现既定的财务战略目标，需要对组织结构做哪些调整；如何处理可能出现的利益再分配与企业文化的适应问题；如何进行企业文化管理，以保证企业财务战略的成功实施等。企业财务战略管理的实践表明，一个良好的财务战略仅仅是财务战略成功的前提，有效的企业财务战略执行才是企业财务战略目标顺利实现的保证。

（一）财务战略执行的管理控制系统

管理控制系统的目的在于贯彻财务战略。不同的企业，控制与战略之间关系有所不同。建立管理控制系统应当考虑以下几个方面。

（1）不同的战略在不同的组织体系中运行，可以使用的财务战略手段不同。

（2）为了更有效地执行公司整体战略，不同的战略需要不同的优先顺序、按照不同的关键性成功因素、不同的技巧来行动。但由于企业目标通常表现为财务结果，因此企业整体战略的核心是某财务业绩的实现，财务部门在保证财务业绩实现方面要发挥主要作用，财务战略在设计管理控制系统时是其中的主要方面，管理控制系统必须便于财务战略的执行。

（3）控制系统有别于控制手段的根本点是战略控制系统产生行为的导向作用，影响被评价员工行为，从而使全部员工行为趋向企业的战略，这通过具体的战略执行方法得以实现。

（4）在对实现企业战略包括财务战略的管理控制系统进行设计和通盘考虑时，必须始终关心该管理控制系统下诱发的行为是什么。

综上所述，战略执行的方式取决于公司对战略执行的管理控制系统的选择。关于现代企业组织结构与战略关系的研究，可直接追溯到古尔德（Goold）和坎贝尔（Campbell）等人的模式研究。他们将管理控制模式分为战略计划型、战略控制型和财务控制型三种，这三种不同模式可用表 4-6 概括描述。

表 4-6　三种不同的管理控制模式

项目	战略计划型	战略控制型	财务控制型
行业类型	高速变化、快速增长或竞争激烈	成熟产业、稳定的竞争环境	多种产业
总部任务	高度介入业务单位的计划和决策的制订，方向明确	业务单位制订计划，总部检查、评估和监督	强调由业务单位制订所有决策
业务单位任务	经营计划要征得总部和其业务单位的同意（符合战略目标）	有责任制订决策、计划	独立经济体，有时相互合作，追求共同利益

续表

项目	战略计划型	战略控制型	财务控制型
组织结构	强大的中心功能部门，共享服务部门	权力下放，重点是单个业务单位表现，总部作为战略控制者	总部人员最少，总部的工作重心是支持和财务控制
计划程序	按长期战略要求分配资源，总部对计划的影响很大	财务和战略目标相结合，总部对计划的影响程度中等	无正式战略计划，管理程序注重业务单位的年度预算和财务指标，总部对计划影响小
控制程序	不看重对月度财务结果的监督，总部的管理较灵活	依据计划，定期监督实际的财务和非财务指标，总部进行战略控制	只关注财务指标和结果（约定的），总部的控制仅仅是财务上的
价值创造重心	为了长远经济发展创立新的业务单位	业务单位的长期战略和目标（促进＋协调）	运营改善和财务控制

显然三种模式的区别在于：总部控制与管理下属单位的程度不同，影响下级单位的程度也不同。在不同的战略、管理组织与管理结构下，企业财务战略的执行过程和权力层级也会相应不同。

（二）财务战略实施的保障体系

为更有效地实施财务战略，必须做好以下关键工作。

1. 强化竞争观念，确立战略意识

企业发展到一定规模与层次，应该有自己的管理文化与价值观念，其中树立财务意识是构建管理文化非常重要的一个环节。财务意识并不是一种具体的管理方法，而是一种观念，它影响着人们特别是基层管理者的行动。战略管理意识要求企业上下必须遵循谋求竞争优势宗旨，围绕战略管理核心，处理好长期利益与短期利益、企业整体利益与分部局部利益、企业利益与社会利益等的关系，以服务于战略管理需要。企业文化是财务战略目标顺利实施的重要条件，企业文化决定了企业的凝聚力、竞争力，塑造良好的文化环境有助于战略目标的推进。

2. 建立业务与财务一体化的规划流程，增强财务战略的执行力度

业务规划是基础，财务规划是保障，在战略规划的制订过程中，必须将两者有机地结合起来。在财务规划的制订过程中，要把财务预算与经营计划紧密联系起来，经营计划是实现财务指标的具体步骤和方法，经营计划制订得是否合理是财务战略是否具有执行力的关键。建立业务与财务一体化的规划流程，有利于整体战略和财务战略的制订与执行。

3. 实施预算控制，提高资源配置效率

战略是目标与方向，政策是推进战略贯彻实施的行为规范与判断取向标准，预算控制则是将战略目标与政策规范落实为具体的行动方案，并使之实现的保障条件与基础。三者相辅相成、依存互动，构成了企业管理与控制的主线条。预算控制之所以能够发挥如此重要的作用，原因在于它以企业战略规划、政策导向为依托，制订企业整体的经营管理目标，并分解落实为各阶层责任单位直至个人的责任目标。企业应改进传统预算模式，保证预算制订的过程能够适应不断变化的经营环境，从而采用高水平的财务模型来拓展年度预算的框架，建立以价值增值和可持续发展为目标的预算程序，进而监督企业的价值创造活动的全过程，建立起预算与战略计划之间的联系。

4. 建立与企业规模、组织结构相适应的财务体制和财务政策

企业内部组织结构是复杂多样的，采取何种财务体制应视企业组织结构和规模而定，关键在于是否有利于企业发展战略的实现。完善的财务体制应有利于建立准确高效的财务预测系统，制订并实施正确的财务决策，使企业财务在筹资、投资、用资、收益等方面避

免盲目性，并对财务风险加以控制。有章可循，财务活动才能按章办事，财务管理才能有序而高效地推进。没有财务政策的规范与监督，企业资金运行就将陷于紊乱、低效的状态，财务战略也就无法有序地实施，各职能部门的财务行为也就可能偏离整体战略目标。财务政策不仅指引着企业各层面理财行为沿循的目标轨迹，也限定了财务活动的有效领域、运作的基本方式、权责关系的准则以及必须达到的财务质量标准与财务数量标准，它是财务战略遵循与贯彻实施的核心保障。

5. 建立可持续绩效评价和激励制度

企业要建立可持续绩效评价和激励制度，一方面通过财务评价对企业的各种活动、运营过程进行透彻了解和准确把握，并为企业战略规划、战略管理服务，建立具有战略性、整体性、行为导向性的战略绩效评价指标体系，为经营决策提供标杆；另一方面通过有效的绩效评价体系，反映经营者、员工等的努力对于实现企业目标做出的贡献，并以此决定奖惩，完善激励制度，从而激励经营者、全体员工为实现企业价值最大化和可持续发展的目标而努力。

十、财务战略的控制

（一）财务战略控制的特征

财务战略控制的基本特征主要有以下几个方面，它是对战略控制的一些基本的要求。

1. 调节整体利益和局部利益、长期利益和短期利益的不一致性

企业的整体是由局部构成的。从理论上讲，整体利益和局部利益是一致的，但在具体问题上，整体利益和局部利益可能存在着一定的不一致性。企业财务战略控制就是要对这些冲突进行调节，如果把战略控制仅仅看作是一种单纯的技术、管理业务工作，就不可能取得预期的控制效果。

2. 保证适宜性

判断并保证企业财务战略是适宜的，首先要求这个战略具有实现既定的财务和其他目标的良好前景。因此，适宜的战略应处于企业希望经营的领域，必须具有与之相协调的文化，如果可能的话，必须建立在企业优势的基础上，或者以某种可能确认的方式弥补企业现有的缺陷。

3. 保证可行性

可行性是指企业一旦选定了财务战略，就必须认真考虑企业能否成功地实施，企业是否有足够的财力、人力或者其他资源、技能、技术、诀窍和组织优势，换言之，企业是否有有效实施财务战略的核心能力。如果在可行性上存在疑问，就需要将战略研究的范围扩大。

4. 保证可接受性

可接受性强调的问题是：与企业利害相关的人员，是否对财务战略满意，并且给予支持。一般来说，企业越大，与其有利害关系的人员就越多。要保证得到所有的利害相关者的支持是不可能的，但是，财务战略必须经过最主要的利害相关者的同意，在财务战略被采纳之前，必须充分考虑其他利害相关者的反对意见。

5. 保持弹性和伸缩性

战略控制中如果过度控制，频繁干预，容易引起消极反应。因而针对各种矛盾和问题，财务战略控制有时需要认真处理，严格控制，有时则需要适度的、弹性的控制。财务战略控制中只要能保持正确的战略方向，应尽可能地减少干预实施过程中的问题，尽可能多地授权下属在自己的范围内解决问题，反而能够取得有效的控制。

6. 适应多样性和不确定性

企业的财务战略是一个方向，其目的是某一点，其过程具有多样性。同时，虽然财务战略是明确的、稳定的且是具有权威性的，但在实施过程中由于环境变化，战略必须适时地调整和修正，因而也必须因时因地地提出具体控制措施，也就是说财务战略控制具有适应多样性和不确定性的特征。

（二）财务战略控制的内容和实施条件

1. 财务战略控制的内容

在制订和实施财务战略的过程中，必须充分考虑定量分析因素、信息上的缺陷因素、不确定性因素、不可知因素以及人类心理等因素。在这些因素中，有一些是企业的内部特点，正是这些特点才使同一行业中的各个企业有所差异；另一些因素由于受到行业性质和环境的制约，则使一个行业中的企业战略较为相似。无论何种行业，尽管各种因素的影响力度不同，但影响财务战略控制的因素都包括：需求和市场、资源和能力、组织和文化。针对企业财务战略的影响因素，企业财务战略实施控制的主要内容如下。

（1）设定绩效标准。根据企业财务战略目标，结合企业内部人力、物力、财力及信息等具体条件，确定企业绩效标准，作为战略控制的参照系。

（2）绩效监控与偏差评估。通过一定的测量方式、手段、方法，监测企业的实际绩效，并将企业的实际绩效与标准绩效对比，进行偏差分析与评估。

（3）设计并采取纠正偏差的措施，以顺应变化着的条件，保证企业财务战略的圆满实施。

（4）监控外部环境的关键因素。外部环境的关键因素是企业财务战略赖以存在的基础，这些外部环境的关键因素的变化意味着战略前提条件的变动，必须给予充分的注意。

（5）激励战略控制的执行主体，以调动其自控制与自评价的积极性，保证企业战略实施的切实有效。

2. 财务战略控制的实施条件

企业财务战略控制的有效实施需要有一定的条件。

（1）必须有财务战略规划和实施计划。企业财务战略控制是以企业的财务战略规划为依据的，战略规划和实施计划越明确、完整和全面，其控制的效果就有可能越好。

（2）健全的组织机构。组织机构是战略实施的载体，它具有能够具体地执行战略、衡量绩效、评估及纠正偏差、监测外部环境的变化等职能，因此组织结构越是合理、明确、全面、完整，控制的效果就有可能越好。

（3）得力的领导者。高层管理者是执行财务战略控制的主体，又是财务战略控制的对象，因此要选择和培训能够胜任新战略实施的得力的企业领导人。

（4）优良的企业文化。企业文化的影响根深蒂固，如果有优良的企业文化能够加以利用和诱导，这对于财务战略实施的控制是最为理想的，当然这也是财务战略控制的一个难点。

（三）财务战略控制的方式

1. 控制主体方面

从控制主体的状态来看，财务战略控制的方式如下。

（1）避免型控制，即采用适当的手段，使不适当的行为没有产生的机会，从而达到不需要控制的目的。

（2）开关型控制。在财务战略实施的过程中，按照既定的标准检查战略行动，确定行与不行，类似于开关的开与止。开关控制方法的具体操作方式有多种：直接领导，即管理者对财务战略活动进行直接领导和指挥，发现差错及时纠正，使其行为符合既定标准；自我调节，即执行者通过非正式的、平等的沟通，按照既定的标准自行调节自己的行为，以便配合默契；共同愿景，即组织成员对目标、战略宗旨认识一致，在战略行动中表现出一定的方向性、使命感，从而达到殊途同归、和谐一致、实现目标。

2. 控制的切入点方面

从控制的切入点来看，企业的财务战略控制方式如下。

（1）财务控制。这种控制方式覆盖面广，是用途极广的非常重要的控制方式，包括预算控制和比率控制。

（2）生产控制，即对企业产品品种、数量、质量、成本、交货期及服务等方面的控制，可以分为产前控制、过程控制及产后控制等。

（3）销售规模控制。销售规模太小会影响经济效益，太大会占用较多的资金，也影响经济效益，为此要对销售规模进行控制。

（4）质量控制，包括对企业工作质量和产品质量的控制。质量控制的范围包括生产过程和非生产过程的其他一切控制过程，质量控制是动态的，着眼于事前和未来的质量控制，其难点在与全员质量意识的形成。

（5）成本控制。通过成本控制使各项费用降低到最低水平，达到提高经济效益的目的。成本控制不仅包括对生产、销售、设计、储备等有形费用的控制，而且还包括对会议、领导、时间等无形费用的控制。成本控制的难点在于企业中大多数部门和单位是非独立核算的，因此缺乏成本意识。

3. 控制时间方面

从控制时间来看，企业财务战略控制的方式如下。

（1）事前控制。在财务战略实施之前，要设计好正确有效的战略计划，该计划要得到企业高层领导人的批准后才能执行，所批准的内容往往也就成为考核财务活动绩效的控制标准。这种控制多用于重大问题的控制。

由于事前控制是在战略行动成果尚未实现之前，通过预测发现财务战略行动的结果可能会偏离既定的标准，因此，管理者必须对预测因素进行分析与研究，一般有：投入因素，即财务战略实施时投入资源的种类、数量和质量；早期成果因素，即财务战略实施的早期成果；外部环境和内部条件的变化。

（2）事后控制。这种控制方式发生在企业的财务活动之后，把财务活动的结果与控制标准相比较。这种控制方式工作的重点是要明确财务战略控制的程序和标准，把日常的控制工作交由相关人员去做，即在财务战略计划部分实施之后，将实施结果与原计划标准相比较，由相关人员定期地将战略实施结果向高层领导汇报，由领导者决定是否有必要采取纠正措施。

事后控制的具体操作方法主要有联系行为和目标导向等形式。联系行为即对战略实施行为的评价与控制直接同被评价者的工作行为联系挂钩，使其行动导向和企业财务战略导向接轨；同时，通过行动评价的反馈信息修正战略实施行动，使之更加符合财务战略的要求；通过行动评价，实行合理的分配，从而强化员工的战略意识。目标导向即让被评价者参与财务战略行动目标的制订和工作业绩的评价，既可以看到个人行为对实现战略目标的作用和意义，又可以从工作业绩的评价中看到成绩与不足，从中得到肯定和鼓励，为战略推进增添动力。

（3）随时控制，即过程控制，企业高层领导者控制企业财务战略实施中的关键性的过程或全过程，随时采取控制措施，纠正实施中产生的偏差，引导企业沿着战略的方向前行。这种控制方式主要是对关键性的战略措施要进行随时控制。

十一、财务战略的评价

财务战略评价就是通过评价企业的经营业绩，审视财务战略的科学性和有效性。

在阶段性地推进财务战略实施之后，管理者需要了解该财务战略是否在企业得到了有效实施，以及该财务战略本身是否需要调整。财务战略调整就是根据企业情况的发展变化，即参照实际的经营事实、变化的经营环境、新的思维和新的机会，及时对所制订的财务战略进行调整，以保证财务战略对企业经营管理进行指导的有效性，包括调整公司的财务战略展望、公司的长期发展方向、公司的目标体系、公司的财务战略以及公司财务战略的执行等内容，其活动主要包括以下几点。

（1）在评价之前，重新审视内部与外部因素，这是考评现行财务战略是否合理实行的基础。

（2）度量企业业绩，并进行绩效考核。

（3）采取纠正措施，调整下一期的财务战略决策分析。

十二、企业生命周期财务战略

企业生命周期财务战略（Corporate Life Cycle-Financial Strategies，CLC-FS）最初出现于 20 世纪 70 年代，并于 20 世纪 90 年代成为国际上流行的财务战略管理模式。企业生命周期财务战略管理是指针对企业生命周期各阶段的不同特点及其对财务管理的影响，制订出适应各阶段发展的相应的财务战略，并以此来指导战略周期中各阶段财务活动的一种管理活动。在企业生命周期的不同阶段，企业面临的风险是不断变化的，要求企业通过制订和选择富有弹性的财务战略，来适应生命周期不同阶段的变化。

（一）初创期企业的财务战略管理

1. 初创期财务战略定位

初创期企业的财务实力相对较为脆弱，为了更好地聚合资源并发挥财务整合优势，客观上要求企业必须采取一体化的财务战略。另外，从经营风险与财务风险的互逆关系看，较高的经营风险必须以较低的财务风险与之相配合，从而在财务战略上保持稳健原则。初创期财务战略管理的特性主要表现为稳健与一体化。

（1）权益资本型筹资战略。在企业初创阶段，负债筹资的风险很大，债权人借贷资本要以较高的风险溢价为前提条件，从而企业的筹资成本很高，因此最好的办法不是负债筹资，而是采用权益资本筹资方式。对于权益资本筹资，投资者之所以愿意将资本投资于企业，不是看到它现在的负收益，而是看到其未来的高增长。从财务上考虑，由于这一阶段企业并无或者只有很少的应税收益，因此，即使利用负债经营也不能从中得到任何税收上的好处（无节税功能）。

从稳健策略考虑，初创阶段权益资本的筹措应当强调一体化管理的原则。这意味着，企业应在相对较长时间内确定合理的资产负债率，以此作为企业负债融资控制的最高限制；任何内部经营单位不具有对外负债的权利，由企业统一对外负债。这样做的原因有两条，一是利用贷款规模优势来降低负债成本；二是限制经营单位的融资权利，从而保证企业整体融资管理的有序与一体化。

（2）一体化集权型投资战略。企业组建初期，往往因为资本的匮乏而无力对外扩张，也没有足够的财务实力与心理基础来承受投资失败的风险，更重要的是项目选择的成败将直接影响着企业未来的发展。因此，基于各种因素考虑，初创期的企业应当实施一体化的投资战略。

（3）无股利政策。由于企业在初创期收益不高，且为稳健考虑需要进行大量积累，因此，这时的分配政策应是零股利，若非发放股利不可，也应主要考虑股票股利方式。

2. 初创期的经营风险与财务特征

初创期的企业往往面临着很大的经营风险，主要表现为以下几点。

（1）企业产品产量规模不是很大，规模效益还没有完全发挥出来，单位产品分担的规定成本较高。

（2）企业的核心能力还没有完全培育成熟，核心产品不能为企业提供大量的现金流。

（3）在需要大规模扩张时，面临着融资环境相对不利的问题。

（4）初创期企业没有规模优势，市场缺乏对企业产品的认知与了解，其市场份额的确定缺乏依据与理性。

（5）企业的未来发展没有完整的规划，战略管理处于较低的层次，投资项目的选择有时显得无序，甚至出现较大的管理失误和投资失败。

（6）企业的管理水平还没有提升到一个较高的层次，因此管理的无序要求强化集权。

3. 初创期财务战略实施重点

从总的原则看，初创期财务战略实施应遵循以下原则与程序。

（1）全方位落实财务战略意图。企业高层管理者应当让股东和投资者甚至员工都充分认同企业财务战略意向与内容，并达成共识，付诸行动之中。

（2）制订财务战略实施阶段性财务规划。在企业战略发展规划基础上，确定近期与未来三年的资本支出项目计划。指标支出规划是企业战略发展规划的重要内容，主要包括投资时间、资本支出额及财务可行性研究等。针对资本支出规划，确定企业的融资规划，包括何时融资、融资方式选择及融资金额量的大小。慎重对待股利发放，企业的发展离不开内部积累，唯有积累才能使企业具有后劲与实力，因此不主张发放股利。

（二）成长期企业的财务战略管理

伴随着企业经营实力的增强，企业取得了一定的发展，并形成了自己的主导产品。与初创时期比较，企业的发展速度加快，生产规模开始扩大，产品销量增加，销售收入提高，企业的所有权和经营权逐渐分离，大多采用财务分权的治理模式，企业的现有业务项目的规模和质量已经扩展到一定程度，或者是在满足现有业务的需要外还有剩余资源。此时，企业应选择一体化经营战略，延长企业的价值链，扩大企业经营规模。企业的经营风险会有所下降，基于完全合理的利润水平之上的高销售额将产生相对充裕的现金流。但由于企业必须在总体市场开发和市场占有两方面同时投入大量资金，结果导致经营过程中产生的现金重新投入经营中。加之存货和应收账款占用的资金量增加，使企业的发展资金依然紧张，自由现金流量远远不能满足经营发展的需求，最终导致股利支付率保持在低水平上，投资者所预期的回报只有通过股价上涨来实现。

从筹资战略看，由于风险投资者要求在短期内获得冒风险投资成功而带来的高回报，如果企业原始资本中存在风险资本，则企业必须找到其他适宜的外部筹资来源将其取代，并为公司下一阶段的发展提供资金储备。同时，由于公司的产品已经经受了市场的考验，新投资者较之风险投资者承担的风险要低，企业可能从广泛的潜在投资群体中搜寻新的权益资本。如果这两种筹资途径都不能解决企业发展所需资金的问题，最后可考虑采用负债筹资方式。

从投资战略看，企业适宜采取一体化投资战略，即通过企业外部扩张或自身扩展等途径获得发展。

从收益分配战略看，企业成长期收益水平有所提高，但现金流量不稳定，企业拥有较多有利可图的投资机会，需要大量资金。为此，企业不宜大量支付现金股利，而应采取高比例留存、低股利支付的政策，在支付方式上也应该以股票股利为主导。这一时期，企业财务战略管理的目标应是实现企业的发展壮大，提高盈利水平和风险管理水平，扩大企业规模；财务战略管理的重点应是严密监控企业利润的变化，并以之为基础进行市场份额的预测与规划。同时，重视对企业成本和费用的控制，以利润为目标，对企业各部门进行必要的业绩考核。这一阶段企业需选择出售证券的最优价格和时间，不断观察环境的变化，修正产品的现金流量估计，并且要严格控制运营资金，尽量减少存货资产和应收账款对资金的占用，保证较快增长的应收账款收回。成长企业还可以通过更多地采用负债筹资方式，获得财务杠杆效应。

此外，处于成长期的企业还应制订人才稳定和人才吸引战略，在人才引进和培养上增加投入；将人力资本投资纳入投资战略，将学习和成长能力的提高作为业绩考核的标准，不断提升员工处理和解决问题的能力，加强企业信息系统的建设，为企业长期的财务增长打下基础。

（三）成熟期企业的财务战略管理

1. 成熟期财务战略定位

竞争者之间具有挑衅性的价格竞争的出现，标志着成长阶段的结束，这时，销售量大且利润空间合理的成熟阶段开始出现，经营风险会再次降低。在此期间，战略重点转移到保持现有的市场份额和提高效率，此外，正的净现金流量使得借款和还款成为可能。伴随着较高的盈利现金比率，股利支付率必然提高。与上述经营风险和财务特征相对应，此阶段的财务战略主要包括以下三种。

（1）激进的筹资战略。激进是相对于保守而言的，此阶段的激进是对前两个阶段保守战略的“能量”释放。可采用相对较高的负债率，以有效利用财务杠杆，给企业较高的权益回报。

（2）多样化的投资战略。成熟期是企业日子最好过也是最难过的阶段。好过，就在于它有优势的核心业务和核心竞争力，有较为雄厚的营业现金净流量甚至自由现金流量作保障，所在行业或业务领域没有更大的市场竞争压力及投资与经营风险；难过，是由于对企业的未来走向需要从现在开始考虑，未来不确定因素需要管理者进行分析并决策，以推动企业走向更高层次、拓展更大的发展空间。它决定了成熟期企业一方面必须关注既有核心业务竞争优势的继续保持、巩固及现有生产能力的不断挖潜，并以既有核心能力为依托衍生母体走出一条一元核心编造下的项目投资与业务经营多样化的发展道路；另一方面也需要前瞻性地为未来战略发展结构的优化，调整探索新的业务领域及市场空间，并努力培养新的核心竞争力。

（3）现金性、高比率股利政策。投资者的投资冲动来自收益预期，而收益预期的实现反过来又推动新的投资热情。成熟期企业现金流量充足，投资者的收益期望强烈，因此适时制订高股利支付率分配战略，利大于弊。这一时期是股东收益期望的兑现期，如果不能在此时满足股东期望，则资本投资收益永远也不会得到满足。如果是这样，股东对企业的投资积极性将受到影响，必然影响企业未来再筹资能力。

2. 成熟期的经营风险与财务特征

成熟期的基本标志是企业的市场份额较大，在市场中的地位相对稳固，因此经营风险相对较低。与此相应的财务状况一般表现为以下几个方面。

（1）成熟期的市场增长潜力不大，产品的均衡价格也已经形成，市场竞争不再是企业间的价格战。这是因为在几个稳定的前提下实现盈利的唯一途径是降低成本，因此成本管理成为成熟期财务管理的核心。

（2）成熟期的企业现金流入增长快速，相反固定资产等资本性新增项目通常不多或增长不太显著，而且固定资产所需资本支出主要是为了更新所需，并且基本上能通过折旧的留存方式来满足其需要，故该期间企业现金流出相对较小，从而形成较大的现金净流入量。

（3）成熟期资产收益水平较高，加之现金净流入量较大，因此财务风险抗御能力较强，有足够的实力进行负债融资，以便充分利用负债杠杆作用达到节税与提高权益资本报酬率的目的。

（4）成熟期企业的权益资本或股票价值可能被高估。

（5）成熟期股东或出资者对企业具有较高的收益回报期望，因此高股利成为这一时期的必然。

3. 成熟期财务战略实施重点

步入成熟期的企业，不仅因为其在市场上所占份额相对稳定，而且还由于其管理技术也日臻成熟，因此，财务战略实施的重点不是让管理者去关心具体操作与实施，而是让他们对集团目前所采取的战略在管理意识上保持认同。这是因为其市场占有额相对稳定，其管理技术也日臻成熟，因此，在实施过程中，首要问题是解决管理者的忧患意识。对此，要做好以下工作。

（1）完善企业治理结构，强化对管理者的奖励与约束机制。任何战略的实施都要靠人来实现，尤其是管理者自身。国外研究表明，当企业发展到成熟阶段，由于存在大量的现金流量，最容易出现的问题是管理者资源的无效投资与使用。其表现形式是：不顾企业整体发展战略，将资本投入于与未来要发展产业或行业不相关的领域，或者投资于达不到企业所设定的必要报酬水平的领域，这类投资都可称之为无效投资，其后果是降低了企业资产的总体收益水平，增加了劣质资产的总量。

（2）强化成本控制，保持成本领先优势。企业步入成熟期，企业产品的价格趋于稳定，在市场价格一定的条件下，企业只能借助于内部成本管理来实现盈利目的。内部成本管理主要是强调目标成本管理，即在价格一定的情况下，根据投资额及目标利润预期来倒推出成本目标，并分级、分岗位落实到人。成本管理不单是某一部门的责任，它是全员式的，成本管理及成本战略思想是企业财务战略乃至整体战略的主要方面，它也是实现成本领先战略、差异化战略等产品竞争战略的重要手段。

（3）规划制度，控制风险。成熟期企业财务战略整体趋于激进型，财务杠杆利用率较高，财务风险也较大。为了抓住机遇，加速发展，既要充分发挥财务杠杆作用，又要规避财务风险，此时最重要的是建立一系列有关财务战略实施的审批制度。

（四）衰退期企业的财务战略管理

企业一旦进入衰退期，其营业收入和净利润会同时出现滑坡现象。这时，企业会在经营过程中遇到相当大的困难且短时间不易解决。企业存在的重大风险是，在有利可图的前提下，经营还能维持多久。此时，企业早期的债务逐个到期，企业存在着还款的压力。总体上看，企业为应对衰退，防止出现财务危机，会尽可能减少再投资，并不可避免地选择紧缩经营战略。当然，企业实施紧缩的经营战略，并不是全面的退缩，而是果断地结束那些对企业发展不利的、没落的业务项目，积累力量来寻找新的发展机会，力图从那些难以获利、竞争激烈的行业或产品中退出，根据市场变化寻找新的投资方向。

衰退期企业的财务战略管理的重点应放在财务战略的整合、财务组织制度的创新与调整、新产品开发的资金投入、人员的合理分流与素质的提高等方面。企业应对未来市场的产业状况进行正确预期，通过并购等方式寻求协同效应，寻找新的财务资源增长点，实现战略上的转移；应通过资产变现、压缩开支等方式保持现金流转正常进行；通过实施资产重组、优化长期资产组合，提高资产收益率。

从筹资战略看，这一时期，筹资战略的决策依据是资金偿还风险的大小。尽管衰退期企业生产经营中的现金流入开始减少，但由于市场的萎缩以及对产品技术改造动力不足造成的现金需求下降，使经营活动中产生的现金基本可以满足企业正常生产所需。因此，衰退期企业除非有大的资本运作外几乎不需要从外部筹集资金，企业主要依靠自身力量进行内源融资，但也不排除采取较高负债的可能性。因为，一方面，衰退期既是企业的“夕阳”期，也是企业新活力的孕育期，在资本市场相对发达的情况下，如果新进行业的增长性及市场潜力巨大，理性投资者会甘愿冒险；如果新进行业并不理想，投资者会对未来投资进行自我判断，因为理性投资者及债权人完全有能力通过对企业未来前景的评价，来判断其资产清算价值是否超过其债务面值，因此，这种市场环境为企业采用高负债筹资创造了客观条件。另一方面，衰退期的企业具有一定的财务实力，以其现有产业作后盾，高负债筹资战略对企业自身而言是可行的。

在投资管理方面，衰退期企业应集中一切资源用于有发展前途的核心业务上，增强核心业务的竞争力。如果企业核心业务已是“夕阳”产业，应尽可能多地收回投资，将资金用于寻找新的财务增长点上，实现战略转型。在收益分配管理方面，衰退期企业应在不断降低成本和经常性支出的前提下，争取较高的利润，并以财务指标作为评价标准，以现金流和利润的增长和维持为尺度，以资金回收和债务清偿能力的提高为目标，以财务制度创新和财务流程再造为手段，谋求企业新的发展。这一时期，一般企业不想扩大投资规模或者缺少好的投资项目，因而可以通过利用较高的自由现金流量实施高现金股利支付政策以回报投资者。

总之，企业作为一种生命机体，要经历从诞生、成长、成熟到衰退的发展过程，企业的发展轨迹及其在市场中的地位和作用，决定了其具有不同的财务特征和财务战略目标，从而导致企业财务战略管理方法应依据企业生命周期的变动而采取动态的形式。

另外，经济周期性波动是现代经济总体发展中不可避免的现象，是经济系统存在和发展的表现形式。经济的周期性波动要求企业顺应经济周期的变化制订和选择财务战略，来抵御经济大起大落产生的震荡，特别是要设法减少经济周期对财务活动产生的负效应。如在经济复苏阶段应采取扩张型财务战略；在经济繁荣阶段应采取扩张型和稳健型相结合的财务战略；在经济衰退阶段应采取防御收缩型财务战略。

十三、技术创新财务战略

（一）关于技术战略

技术能创造商机。在当今这个千变万化的世界中，正是技术使得公司成为一台盈利的机器，并保持长盛不衰，而市场和经营方式所产生的影响已经退居第二位。企业战略的制订必须直面技术这一重要课题。

如何利用技术赚取利润，最为可靠的途径便是实施“技术杠杆”企业战略。实施这一战略，就是在公司的经营活动中利用技术优势，使公司的财务业绩上升到新高度，并在激烈的竞争中脱颖而出。技术杠杆能帮助企业更为有效地运用技术，从而加速自身的发展壮大，提高盈利能力和增值能力。“技术杠杆”这一术语所要表达的是这样一种企业形象，即用技术能将销售和盈利水平推上一个更高的台阶，而采用其他手段却无法达到这一目标。

应用“技术杠杆”时必须明确：要想靠技术赚钱，就必须利用它解决实际问题。技术应用谱——TAS 图所表达的是一项技术在应用以后，随着时间的推移，从独家研制而成为新奇产品，在走上特色化以致最后商品化的必由之路。在这一过程中，产品带来的毛利收益率不可避免地会不断下降。这一发展模式对于每一家企业都具有重要的意义。如何从一个阶段跨入下一个阶段或者防止跨入下一个阶段，这决定了企业是否能保持长期的成功抑或走向衰亡。

TAS 图对企业利用技术获得战略优势具有重大意义，它描述了产品开发的四个阶段，或者说是将技术应用过程划分为四个区域：独家研制期、新奇产品期、特色化生产期、商品化生产期。这些不同的区域既反映了该技术被市场接受的程度，同时也与产品的生产规模一一对应。

（1）独家研制期指技术应用的方式是前所未有的，它所具备的特点和规格是其他产品所没有的，通常是根据要求定制的。所谓研制意味着一种早期产品刚刚问世，然而这种产品必定会得到广泛的应用。

（2）新奇产品期指一种技术的应用仍然处于早期阶段，尚未投入批量生产。不过同独家研制期相比，在这一阶段新技术已经更为广泛地被市场所接受，如果继续扩大生产量，它将成为一种特色产品。

（3）特色化生产期指产品已大量生产，并受到了市场的普遍接受，因而得以迅速发展。只要不断地采用新技术对产品改进，特色化产品便能在相当长时间里逗留在这一区域中。

（4）商品化生产期指产品不但已大量生产，而且渗入市场的每一个角落并已经步入成熟阶段。根据商品化的一般定义，这些产品在很大程度上已经难以与同类产品相区分。哪怕这种产品再有用，与同类产品相比，它为客户带来的增值幅度也不会太大。

TAS 图的精髓是有关增值的论点：一项技术被应用以后，逐一地经过图上的每一个区域，用毛利来衡量的收益也由多到少以至于枯竭。一项技术的应用一旦步入了成熟期，大多数企业的管理者都会发现自己已面临一场代价高昂的市场争夺战，为了追逐自然下降的利润，必须投入愈来愈多的资金，这就是紧紧着眼于营销战略和管理战略带来的问题。这种战略推崇为争夺市场份额而战，结果便形成了 TAS 图上低利润区的下降曲线，然而技术战略可以改变这一状况。

（二）技术杠杆的作用机理

技术作为一种工具被应用到企业中，其魅力就在于它能使竞争的格局发生彻底的改变，同时技术也改变了竞争的条件。

1. 技术杠杆的机理

杠杆效应来自企业对技术的应用，而将技术融入企业之中的目的是要为公司的财务业绩寻找某种推动力。如果说技术杠杆是公司在应用技术以后获得的一种推动力，那么它在实践中又是如何发挥作用的呢？图 4-8 是技术杠杆的示意图。

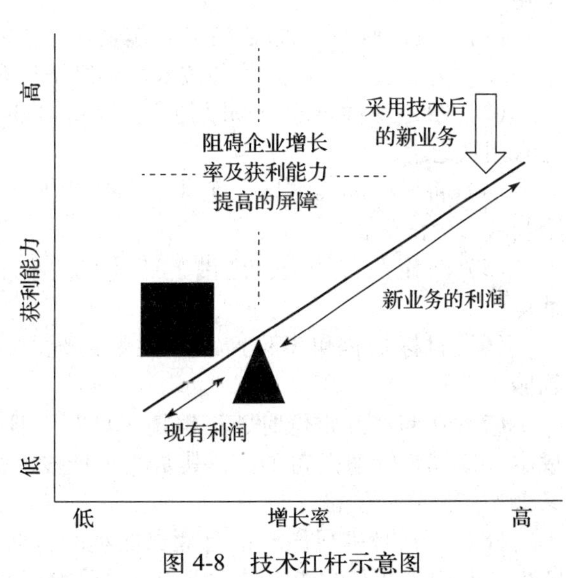

图 4-8　技术杠杆示意图

图 4-8 中分别以公司的增长率和获利能力为横坐标和纵坐标，图中杠杆的支点代表着公司的资产，矩形阴影区代表公司收益的情况，右上方的垂直箭头代表着采用技术后得以开辟出来的新业务所取得的增长率、生产规模和收益率。杠杆本身代表着毛利。总之，采用技术的目的是提高收益率、扩大生产规模和加速企业的增长（这也是所谓的公司业绩）。这一切都要依靠新业务领域内相对较高的毛利和相对较快的增长率才能实现。

拥有较高资产收益率的公司揭示了这种杠杆的实质：支点右侧的杠杆部分代表着技术带来的新业务为公司赢得的毛利，支点左侧的杠杆部分代表着公司原有的、相对老化的主营业务收益。由于新业务的收益明显较高，因此代表新业务的杠杆部分也比较长。具有高收益回报的新业务使企业的各项绩效指标都有所提高，这有助于克服各种妨碍公司发展的阻力。图 4-8 生动地展现了技术杠杆的应用。

不妨再在数学上看一看技术杠杆是如何用一种非常简单的模式发生作用的。表 4-7 列出的各项指标源自一家公司，这家公司具有中等规模，收益水平一般，公司依靠技术的应用开发了一项新业务。在不改变主营业务的前提下，公司开拓了一项新业务，其规模只占主营业务的 1/10。但新业务所取得的高额利润推动了整个企业的发展，使公司纯利润上升了 60%。由于规模相对较小的业务使一家大企业的绩效得到了大幅度提升，这也是把这一过程称作技术杠杆的原因。

图 4-8 和表 4-7 反映了一种基本数学原理，它说明技术杠杆最主要的作用就是利用新的高利润业务有力推动现存的低利润业务，使其收益有所提高。可以采用的方法有两种：首先让杠杆的右臂——支点右侧较长线段尽可能延长；其次为企业创造尽可能多的机遇。要做到这两点，必须坚定不移地开拓高利润的业务领域，必要时还要放弃低效益的业务。放弃低效益的业务，将资产投入高利润的业务中去，这将带来双重的杠杆效应。其一缩减了现存的低利润业务；其二不必为发展新业务而扩大资产规模。

表 4-7　技术杠杆对公司财务的影响

项目	主营业务	新业务	总计	增幅
收益	20 万元	2 万元	22 万元	10%
纯利润	1 万元	0.6 万元	1.6 万元	60%
销售收益率	5%	30%	7.3%	46%

2. 运用技术杠杆的程序

不同行业的技术型公司运作企业的基本方式是相同的，公司在运用技术杠杆时遵循以下程序。

（1）把自身拥有的核心技术当作企业增值的主要源泉，给予充分的重视。

（2）为了进一步提高某种技术，始终坚持在这方面的投资。

（3）四处发掘新的市场以便充分发挥其生产能力，不断开发新的应用，让手中的技术更有用武之地。

（4）将目标瞄准市场，尤其是那些能够让公司技术大显身手的市场，以便获取最高的增长率和经济效益。

（5）无论在市场上、应用上还是在技术上，都试图在其影响力所及范围内占据主导地位。

（6）目标是销售系列产品和完整系统，并不断地为自己的技术和产品开拓新的应用领域。

（7）在为产品定价时，不但精于计算而且敢作敢为。定价的依据是产品的价值而不是成本，这样售价便提高了，尤其是在一项技术被应用的早期。当这种产品的价值下降以后，又会相应地降低价格。

（8）一旦时机成熟，便会放弃低利润、低增长的技术和相关市场。当自己不再具备独家生产高价值产品的能力时，或当产品价格已经为竞争对手所左右时便急流勇退。

这一系列做法为立足于技术的战略——技术杠杆打下了基础。通过企业战略的重塑，技术杠杆将指引所有的管理者去获取更高的收益和利润。实施技术战略以后，公司将会获得增值和前进的动力，而这一切都是所有将技术作为管理工具的企业所应得的回报。

（三）探索战略

一项富于灵感的技术战略，其核心内容就在于始终不渝地为公司探索技术应用的最佳形式。要想让技术杠杆充分发挥功效，就必须不断地为所掌握的技术开拓新的应用领域，使之能在未来的一段时期内解决问题，提高效益，生产出与众不同的产品从而赢得客户，并创造高额的利润。“探索战略”是一种系统的方法，可用来识别正确的技术应用模式及其相关的产品市场。为技术寻找新的应用方向是技术战略最为重要的组成部分，见图 4-9。

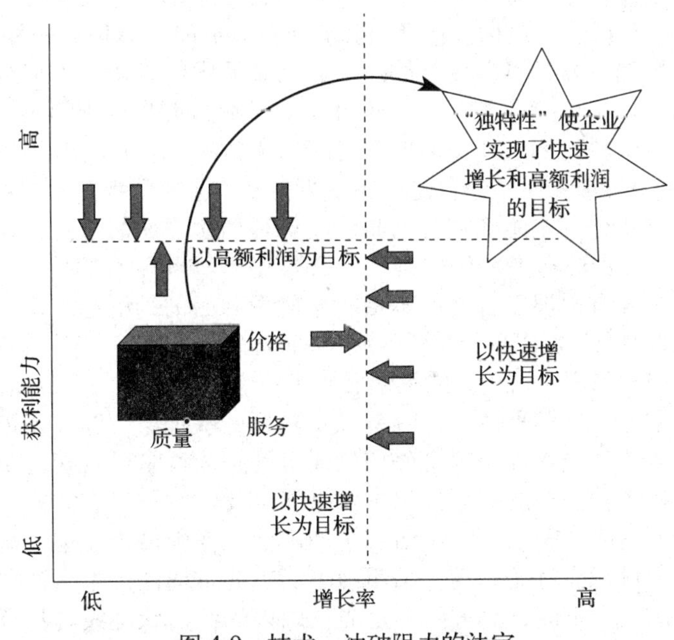

图 4-9　技术：冲破阻力的法宝

图 4-9 中毛利收益率呈现出逐渐下降的趋势，因此企业必须不断地寻求新的技术应用方式。当一项技术在某个领域内被广泛应用以后，它的盈利能力难免会有所回落，这主要表现为毛利率的下降。一旦发生这种情况，大多数公司会陷入一种怪圈，尽管面对的是低而又低的利润，它们仍不惜加大资金的投入，希望通过降低各个生产环节的成本来维持原有的收益率。之所以这么做主要是因为它们相信已别无选择，其实获得新的技术应用领域将会提供很大的选择空间，使公司摆脱这种低利润、低增值的状况。

如果将公司的核心技术比喻为一棵大树的树干，树干的两侧伸出许多枝条。核心技术指的是那些保证公司长期立于不败之地的技术知识和工程知识。技术的各种应用方式有的还处于成长阶段，有的正逐渐步入成熟期，还有的则早已消亡，它们平行地从树干上伸出，形成了许多树枝。产品的生命周期较短，不过一项核心技术的生存期可以长达数十年，特别是那些应用领域十分广泛的技术。

探索战略就是将技术应用的范围扩大到相关的生产领域中去。最好的探索战略应能完成三大目标：改进、取代和比较。制订探索战略必须把握主动，要主动地去寻找、去发现、去创造，把握主动意味着必须抛弃司空见惯的产品开发手段。在寻求技术应用的新方式时，企业必须将目标瞄准图 4-9 中的某个阶段。公司必须在图中的独家研制区、新奇产品区、特色产品区或者商品化产品区中做出选择，这种定位必须与自身的企业文化、生产能力及其掌握的技术种类相适应。管理者还应创造出一套健全的体制以便为企业找到新的发展方向，如此方能与那些促使利润滑坡的力量相抗衡。这正是有效的探索战略的核心。

探索战略的三大步骤是：考察、分析和评估。

（1）考察。知己知彼，把握全局。考察的目的就是要为企业找到合适的发展方向，这种方向对企业应能产生重大的影响。认真的考察应该是一种正规的、多角度的、不间断的信息收集过程。考察并不需要耗费很多的资金，但它带来的效益将远远超过在这方面的投入。这种效益表现为，它能使决策者看清机遇避免失误。

（2）分析，即充分利用搜集到的信息。通过考察获得了大量信息，下面就应当充分利用所搜集到的这些信息。分析是将大的事物分解为若干简单成分的过程，这有助于企业尽可能地把事物看得更加细致、透彻。在开拓新的业务领域时，分析是一种几近完美的工具，可以用来帮助发现机遇。分析可以让新的技术应用领域内的探索工作成为可能，帮助开发人员发现并填补空白，尽可能地为公司的核心技术开发出更为广阔的应用领域。分析可以提供更为详细的信息资料，为公司拓展业务打下坚实的基础。作为分析的第一步，可以问一问“缺了什么”。要发现在所有的信息中还缺少什么，尤其是那些希望获得但没有获得的信息。只有认真地寻找过，才能确定自己的确没有得到这方面的信息，并发现为什么没有得到这方面的信息。分析还有另一种方法——“连锁”，即将现有的技术应用模式与相关的业务领域联系起来。只有发现了自己的不足，才能看到面前的机遇。运用这种方法，可以在现有的技术应用基础上开发出更为广泛的应用领域。

（3）评估，即跨越障碍。对于新的机遇必须进行考察，最好的办法就是做对照性评估。这时讨论投资收益率、最低预期资本回收率以及其他一些抽象问题，还为时过早。对照性评估能充分顾及业务的复杂性和管理者知识的局限性。为技术寻找新应用领域的三大目标之一便是比较。要在各种潜在的技术应用方式之间以及它们与现有的应用方式之间做些比较。这便是对照性评估的任务所在。评估市场是评估工作中最为复杂、蕴涵风险最大的一个环节。在此过程中可能会过于乐观。采用由上而下的市场评估方法，往往会导致对市场规模的过高估计。由上而下的计算方法总是先从国内的经济状况或者从全国的家庭总数入手，然后在此基础上主观地加一个百分比数字。此时有的管理者开始设想，其中的百分之多少将成为他们的客户。事实上，这只是一厢情愿而已，他们并没有理解进行决策的基础是什么。由下而上的市场评估方法则会得出比较恰如其分的结果。由下而上的方法大致模拟了那些潜在用户的决策过程。

估算新产品投入市场所需的时间也是一项十分繁复的工作。许多技术性产品真正被推向市场的时间都晚于原定的日期。其中同时存在着经营艺术和科学合理两方面的问题：负责规划的管理者在领导企业实现宏伟目标时要讲求经营的艺术，而在实际操作过程中又必须讲究科学合理性。最好的解决办法是建立一些小型的跨职能部门工作小组，这些工作小组能为管理层提供可靠的信息来源，以便确切地估算出新产品投入市场的最佳时机。

（四）完善财务监控机制

出色的财务管理制度是合理技术战略的本质特征。因此在奉行技术杠杆战略的过程中，企业的财务经理以及具备专业财务知识的各部门经理应当发挥重要的作用。这要求企业实施一种特殊的财务管理制度。如在这类企业中，债务在财务结构中所起的作用已经变得越来越次要；此外将战术性研发资金和战略性研发资金分开结算，就能更清楚地了解每一笔投资所取得的回报。

公司的专业财务人员有责任提醒工程技术人员注意：在重视技术的同时，还要关注其他一些重要的问题，如企业的财务状况。在财务经理的指导下，公司要学会识别并选择最佳的发展机遇，寻找潜在的投资伙伴，制订有效的金融战略，确定合理的产品价格，并在股东和投资商之中建立良好的企业声誉。科学的财务管理是决定技术型企业取得良好业绩的关键因素。技术杠杆型企业的财务经理应当对企业各项业绩的指标和财务状况给予特别的关注。以下说明各项财务指标在技术杠杆中的作用。

1. 毛利率

在技术性企业的各项财务业绩指标中最重要的是毛利率，毛利的多少是衡量由技术增值的最佳标准。企业的毛利率越高，其所获得的相对增值也越大。毛利率高（特别当毛利率达到 50% 以上时），说明顾客在购买产品时愿意支付的资金远远超过了产品的生产成本。

技术杠杆的战略就是运用技术来增值。利率纯粹是衡量企业业绩的一个指标，一般不易产生很大的偏差，因为其数值是由三方面因素共同作用的结果。销售总量决定于企业与其顾客之间的关系；实际购买的顾客已经认同产品的销售价格。成本总量决定于企业与其供应商和雇员之间的关系；供应商和雇员为企业提供原材料及劳动的价格也是确定的。管理者则将所有的投入综合起来，从中获取最大的价值。这种买卖的过程主要是通过市场交易来完成的，不会受到财务计算的影响。

毛利率一般不会被人为地提高或降低，因而是一个十分可信的财务指标。技术杠杆型企业应当重视毛利率指标的作用，将毛利率的目标设定得高一些，因为为了获取较高的毛利而努力是值得的，只要能在一小块产品领域内取得高水平的毛利率，尤其当该产品的市场尚处于不断增长的过程中时，整个企业的效益就会得到极大的增长。

2. 毛利率的变化趋势

一种技术的应用逐步地从独创、新奇、特色等阶段逐渐迈入商品化阶段。在此过程中，图 4-9 中毛利率变化的趋势显示出企业增值滑坡的轨迹。当某种应用的毛利率越来越低时，企业就必须在技术上开发出更加新颖、价值更高的应用。这些新技术在图 4-9 上所反映的毛利率较高，它将有助于整个企业经营业绩的上升。当然，企业在利用新技术提高毛利率的同时，还必须从现有的技术中获取最大的价值。两者不可偏废，否则企业在 TAS 图中会很快地步入低利润的商品化区域。对于高水平毛利率的追求有利于企业把握正确的发展方向，即着眼于高价值的新应用，放弃低价值的旧产品。

许多技术型企业的管理者认为，只要降低销售费用、日常开支和行政费用，毛利率下降导致的损失就能得到补偿。也许这是一种简易的办法，但充其量只是短期内有效的一种权宜之计。用缩减成本的战术去抵销毛利率下降所引起的损失，这种方法不会为顾客创造任何发展和增值的机会。在顾客看来，供应商毛利率的下降意味着他们所购买的产品已经失去了增值的功效。

3. 营业毛利率

如果说毛利率是衡量企业增值效率的标准，那么营业毛利率则是衡量企业为客户增值效率的标准。将一种应用推向市场，各种各样的营业开支（包括销售费用、日常开支和行政费用）都是必不可少的。为了找到并留住感到满意的客户，企业势必要花费一定的代价，但这种营业成本越低越好。

营业毛利率的计算方法是以毛利减去销售费用再除以销售额，这一指标代表着企业营运扣除资本成本和税金后的总收益率。营业毛利率决定了企业将有多少现金投入再生产，要从自身营业中获得进一步投资的资金（这应该是根本目标），就必须有较高的营业毛利率。如果经营利润很低，处于发展中的企业就要发行股票筹资或者向银行借贷资金（由于要支付利息而使净收益减少），否则其增长速度会减缓，会削弱领先的优势，或限制销售的增长。因此，经营利润对企业的发展是至关重要的。对一家处于增长阶段的技术型企业来说，低水平的营业毛利率将严重威胁其生存。

毛利率较高但营业毛利率很低的企业，虽然可以在创造价值方面胜人一筹，但在销售方面却陷于困境，这样的情况通常是由于企业的高级技术人员不善经营所致。造成这种毛利与营业毛利互不协调的潜在原因很多，如对销售人员疏于指导和管理，市场营销缺乏力度，销售成本过高，研发费用太大，管理机构庞大，管理层对于发生的情况没有引起足够的重视等。为解决这个问题，企业的最高管理层应当在考察不同部门的工作业绩时采用以下方法：将每个部门的营业毛利率除以该部门的毛利率，根据这一计算结果就能对各个部门创造价值的情况进行比较了。这样就有了一个相对的指标可用来衡量各个部门在将生产过程中所创造的毛利转变为营业毛利时的工作效率究竟有多高。

4. 净利润率

无论是技术型企业还是非技术型企业，净收益的多少具有同样重要的意义。净利润是计算许多指标所涉及的分数中都要用到的分子，同时它还是技术型企业之间进行对比的一个理想指标。

5. 市场增长率及收益增长率

技术市场的增长率表明了顾客对那种应用带来的增值有了更大的需求。市场的需要是所有参与竞争的企业谋求增长的动力。如果该应用的发展方向十分广泛，既有实用的价值又有一定复杂性，那就需要有一大批各式各样的企业参与竞争，以满足不同客户的需求。凡能够在高增长的市场中增值的企业总会采取最大努力采用有关的技术。当然，要决定本企业应该追求怎样的技术市场并不简单。对任何一家企业来说，无论经营何种产品，收益增长率总反映着产品或服务是不是具有吸引力，开拓市场的手段是不是有效，售后服务是不是到位。

6. 资产周转率

负债和权益的目的是扩大资产，资产则被用来扩大销售。因此，一家拥有一定资产的企业能否维持一定水平的销售额，这是十分重要的。技术杠杆着眼于收益的快速增长，资产周转率就是反映企业管理水平的一个重要指标。既然技术含量高的产品寿命往往短暂且难以预测，资产投入就应当尽量减少。这种缩减资产投入的做法应当作为企业经营管理的一项原则。

资产周转率所反映的是资产使用效率。在其他条件相同的情况下，资产周转率大于2的企业可以将其一半的资金用于债务偿还和股东分红，另一半资金则用来扩大再生产。

资产周转率如同毛利率一样，很少受到人为因素的影响，资产周转率的变化趋势所反映的信息是很有价值的。资产周转率减慢，说明管理者在某些方面使用资产不当。也许在很短的时间内投入了大量资金，即投资的速度太快、数量太大，也许是获取资产的方式不对，或者是未能根据投资的情况相应地扩大销售。总之，入不敷出，失大于得。

资产周转率对大型企业来说具有十分重要的意义。在为一家新兴的技术型企业注入大量资金时，过多的资金会降低企业成功的概率。许多大型企业一旦发现其产品具有一定的商业竞争力，便设立子公司建造许多厂房，将大量资金用于企业管理，雇用大批员工；有的公司甚至在其产品前景尚不明朗的情况下就进行诸如此类的投资。这种盲目的投资会严重危及新公司的生存。其实企业在制订销售规划时应当留出一段酝酿的时间，在这段酝酿期中，应当严格限制对新项目的资金投入。

资产周转率是可以控制的。财务部门可以根据资产周转率的大小限制生产部门和销售部门滥用资金的行为。对融资和扩容的规模也要作强制性的规定，因为在利润下滑的技术型业务中加大投资是一种危险的举动，很少有企业能够通过这种方式获得成功。

7. 债务与销售量之比

债务与销售量之比反映了企业自筹资金的能力有多大。成功地运用技术杠杆的企业自筹资金能力强，因此这些企业在资产负债表上的债务额相当小。许多金融分析师在对债务进行分析时，十分重视资产负债比和偿债系数这两个反映企业偿债能力的指标。这些做法表明，在一定程度上债务和金融的杠杆是必要的。其原因在于：企业的运作需要资金，而通过向银行借贷获得资金的方式比向顾客销售产品获得资金的方式更易于操作，因此企业应当尽可能地多借钱。但对技术型企业来说，情况就有所不同了。当股东对一家技术型公司投资以后，公司首先要尽量利用内部筹措的资金来维持公司的发展。有了技术杠杆，企业并不需要借很多钱。在奉行技术杠杆战略的时候，额外的债务是无益的。因为在技术战略中，金融杠杆并非总是行之有效的。具体地说，技术杠杆的目标不一定是扩大规模，而是提高利润率和降低风险。金融杠杆则旨在规模的扩大，在帮助企业取得经营杠杆效应的过程中可以起到很大的作用。经营杠杆要求以固定资产取代可变成本，以便通过产量的提高增加营业收入。金融杠杆则要求以长期债务的方式增加固定资产。如此，长期债务便成了增加出来的固定资产所必需的不变的固有成本。

技术杠杆是巧妙地运用技术创造价值和获取高额利润的一种方法，而大量的固定资产以及与之相关的债务可能阻碍技术杠杆充分发挥其作用。对大多数公司来说，运用技术战略应当避免生产产量虽高、利润却很低的商品，因为这需要大量的固定资产。相反，技术杠杆的目标是利用短期资产，使企业的产品重新返回 TAS 图中高利润、高价值的区域。这是创新型企业的特征。有能力不断创新的企业基本不需要借贷长期债务。对于发展迅速的技术型企业而言，过多的债务和过于庞大的固定资产无疑是一种沉重的包袱。

财务杠杆虽然能增加收益，但也增大了亏损的可能性。根据经验，技术总是存在风险和不确定因素，因此多数技术型公司都避免举债。如果一定要利用举债的方式获得启动资金，那就应该尽快地偿还这笔债务。总之，技术杠杆对于任何规模的企业均适用，无论是技术型企业还是非技术型企业，这是它们开拓高价值、高收益业务并走向繁荣兴旺的必由之路。一旦企业走上正轨，举债就不那么必要了。

8. 人均收入和人均利润

追求高效经营的企业总会根据销售和利润情况尽可能减少员工的人数。它们重视雇员的才能、创造力、精力和献身的精神（这些都是创造价值的必备素质），而不是员工人数的多少。它们会利用一切可以利用的创造性手段帮助员工提高工作绩效。它们力求缩减本企业“人力资产的基数”，提高这种资产的“周转率”。如能严格控制企业的雇员数，那么就有可能凭借自身的资产，不管是人力资产还是实物资产，创造出高价值。

人均利润很小的企业，如同实物资产过大的企业一样，也是很不稳定的。由于人浮于事，大量的人力资源遭到浪费。随着雇员人数的增加，员工素质却在不断地下降。管理层的注意力无法集中在特殊产品的生产上，因此也无法对员工提出严格的要求。才能出众、富于创新意识、精力充沛和有献身精神的员工需要配备一流的管理队伍才能创造出非凡的业绩。

在评估企业人力资源的利用状况时，人均收益和人均利润是十分重要的指标。这两项指标如果呈现下降趋势，那就说明企业已处于衰退的境地，其解决办法可不像人们想象的那么简单。在 20 世纪 80 年代晚期和 90 年代早期，美国曾经掀起过一阵规模缩减和外购零部件的浪潮。缩减规模和降低成本只能在短期内提高企业收益。如果大多数企业都能充分地利用其人力资源使其更多的增值，那么情况就会得到根本的改善。为了做到这一点，一种办法是战略性地增加资产，提高员工的生产率，如适当裁员、采用更多的先进技术、更新生产流程、起用非常投入的管理人员等。

9. 相对于同等企业的市场资本化与销售额之比

这个指标用来衡量企业的价值是多少。对技术型企业来说，在各种各样的财务问题中，始终困扰着企业的问题是“企业到底值多少钱”“以股票价格乘以未偿还股数，这是一个公正、合理并值得关注的指标吗”。此外还有其他一些问题：

“我们会不会高估某些高价值、快增长的企业”“多年来，这些企业的管理者从多方面促进了企业的发展，他们的这种能力具有多大的价值”“他们的技能、精力、创造力和团队精神又怎样估价”“企业产品渗透到客户公司的经营过程、业务活动和企业规划之中，这其中蕴涵着多大的价值”“我们会不会低估这种价值呢？怎样才能建立一种正确的价值评估体系。”

假如用每股收益来衡量企业价值的话，那么将得到一个完全不同的数据，其波动幅度很大。企业收益是所有收入的总和，任何误差都会对之产生重大的影响。如果在评估企业价值时，将许多临时性的收入或支出计算在内，那么算出的价值不是高得惊人，就是低得可怜。但实际上企业的价值并没有产生如此剧烈的变化。因此在计算企业价值时，要找到另一种指标取代收入，成为衡量企业价值的标准，这一指标首先不应受各种意外因素的影响，同时还要在一定程度上反映企业在不同环境中的经营业绩，可以将营业收入作为衡量企业价值的基础。

营业收入受到客户和竞争对手的影响。所有公开公司和许多私营公司都公布这一数据。营业收入受各种因素的影响相对来说比较小。将企业的营业收入与其市场资本化的程度相联系，然后再与一组类似的公司相对照，这一对照组可以由 8 ～ 12 家公司组成，这样就找到了一个很好的衡量企业价值的指标。与对照组在单位销售额市场资本化程度方面做比较，就可以看清楚企业的价值有没有提高，企业的真实价值究竟是多少，这种价值体现在哪些方面，企业的发展将会得到怎样的回报，对照组中的企业有哪些优点是可以学习的，为了改变竞争的形势应当再投入多少资金，等等。

在确定对照组时，应当从技术杠杆的角度挑选那些条件与本企业相仿的公司，还应当在其他行业中选择一部分企业作为比较的对象，其规模要与本企业相当，增值的方式相似，具有同等的领先地位，增长速度也相近。华尔街在选择对照组时就充分应用了技术杠杆的理论，尽管入选的部分企业技术含量并不是很大。市场对企业在保持高利润和坚持利用技术来增值的同时所取得的快速增长是十分看重的。

有效的技术战略提高了企业股票的价值。一家普通公司 1 元的营业收入相当于 0.8 ～ 1.5 元的股票价值，而对于采用技术战略的企业来说，1 元的营业收入却相当于 3 元、4 元甚至 5 元的股票价值。企业采用了有效的战略，投资者就会愿意加大投资的力度。这样企业在营业收入、收益和价值方面保持持续增长的可能性就更大了。将营业收入、多种指标、增长率和利润率紧密地联系起来，并与同等企业进行比较，财务经理便能为企业找到一条创造大量价值的捷径。

坚持创新和将产品推向市场具有重要性。最近五年中开发的新产品在公司的销售额和利润额中所占的比例是评价企业活力很好的内在指标。然而公开这一数值的企业相对较少。这一数值对于企业未来的成功和增长具有很大的预示作用。新产品在销售额中所占的比例低，意味着企业的产品开发效率不高，营销措施不力，或者对企业的发展不够重视。销售额高但利润额低，说明产品的创新程度不够，销售成本太高，企业奉行的是“花钱买增长”的战略，或者说明企业在其他方面经营不善。只有当新产品在销售额和利润额中所占的比例都很高时，才能说企业的管理是积极进取的。财务经理应当审时度势，密切关注企业的发展状况，排除一切无效的企业行为。

（五）研发工作的回报

有关研发资金的问题深深困扰着技术型企业的管理者。在研发方面投入多少资金才算合理？这些钱应该怎么用？研发工作应当怎样做？研发工作的回报如何体现？对这些问题的回答构成财务经理管理研发工作的主要内容。但这并不是指要裁减研发工作的预算，而是帮助明确研发工作的目的和手段，并积极评估研发工作为企业所带来的回报。管理研发资金的会计部门首先应将研发资金划分为战术性研发资金和战略性研发资金两部分。

战术性研发工作的目的是改进现有产品，提高其档次，从而解决来自客户和生产过程中的问题。属于这类战术性研发工作的有：采用新的生产工艺，使现有产品小型化、快速化、洁净化和优质化。战术性研发工作的资金应当来自企业的各个营业单位或部门。可以采用项目管理软件或类似的工具对战术性研发开支实施有效的监控。战术性研发工作带来的收益主要表现为销售额的提高和利润额的增长。这种增长通常在企业的《系列产品获利能力报告》中有所反映。

战略性研发工作旨在取得突破性进展，开发出具有商业竞争力的全新应用或生产工艺。为了使战略性研发工作有所回报，可以采取的措施之一便是推出高收益的独家研制的产品。当然要做到这一点并非易事。这种研发工作的资金应当来自企业基金，必要时还可以动用企业经营资金以外的资金储备。虽然这些资金是被用来提高企业销售额和利润额的，但是由于开发周期很长，要在短期内获得显著成效，通常是不可能的。

战术性研发和战略性研发的资金来源应当分开，其管理方式也互不相同。大多数公司都有一定的研发资金，它们将这种研发资金看作一种管理费用或间接费用，认为应该由公司根据各部门的效益进行分配。多数企业并没有一套严格的评估标准用以衡量其研发工作是否有效，即便有这类标准也十分模糊。事实上许多企业把研发预算看作一种义务，有的甚至拒绝为此拨款。一旦尽到义务它们就开始等待好运的来临，并且不会再多给一分钱。就像对任何一笔费用一样，企业管理越严格，其潜在的收益就越大。

十四、资金筹措战略

（一）企业资金筹措战略方案类型

按照企业选择的主要筹资渠道与方式的不同来分类，企业资金筹措战略方案可分为内部型、金融型、证券型、联合型和结构型等几种基本类型，不同类型的筹资战略方案适用于不同的企业，需要不同的实施措施。下面我们分别就这五种筹资战略方案进行一些讨论。

1. 内部型资金筹措战略

所谓内部型资金筹措战略也称为经营型筹资战略，是指主要从企业内部开辟资金来源，筹措所需资金。这一战略主要的资金来源包括：留存盈余或利润留成，包括从利润中提取而形成的一般盈余公积金等，从销售收入中回收的折旧、摊销等无需用现金支付的费用等。企业利用内部资金方便、可靠，不需支付筹资费用，所以内部型筹资战略可为许多企业广泛采用，目前内部资金已成为企业长期资金的重要来源。该种筹资战略特别适用于下列情况下的企业：企业外部资金来源渠道匮乏；内部资金来源丰富、充裕，足以满足现阶段资金需要的企业；企业战略要求采用内部型筹资战略的企业等。

采用内部型资金筹措战略必须采取切实有效的实施措施才有可能获得成功。这些措施主要有以下几种。

（1）适应市场环境的变化。

（2）加强内部管理，节约各项费用。

（3）降低利润分配率，提高留存盈余的水平，把大部分利润留存于企业用于生产和发展。

（4）合理制订和利用折旧计划等，以增加积累，减少税收支出。

（5）减少资金占用，加速资金周转。

（6）加强企业内部资金的调度，避免资金闲置。

2. 金融型资金筹措战略

金融型资金筹措战略主要指企业通过与金融机构建立起密切的协作关系，有效地利用这些金融机构的信贷资金，以保证随时获得长期稳定贷款的筹资战略，这是一种从企业外部以间接金融方式筹集资金的战略。金融机构信贷资金主要有以下几项具体来源。

（1）政策性银行信贷资金。

（2）商业银行信贷资金。

（3）非银行金融机构的信贷资金。

（4）租赁公司。

金融型资金筹措战略具有广泛的适用性。它可供资金规模大，筹集方便，形式灵活，几乎所有企业都可在一定程度上运用它。特别是对于内部资金不足、发展迅速或暂时有资金困难的企业更为适用。

3. 证券型资金筹措战略

证券型资金筹措战略是指主要依靠社会资金来源，通过发行各种有价证券，特别是发行股票和债券等方式来筹集资金的战略。企业通过在证券市场上公开发行股票和债券可以直接吸纳家庭和个人的待用和结余资金，另外某些金融机构也常常大量投资于有价证券，其他企业和某些公共团体由于种种考虑也会将一部分资金投入到证券市场，因此发行有价证券筹资面对的是异常广阔和雄厚的资金来源。证券型筹资战略可以为企业筹集到大规模的长期限可用资金，随着证券市场的发展和股份制经济的推广，这一筹资战略的作用会越来越大。

4. 联合型资金筹措战略

联合型资金筹措战略指主要依靠企业间的联合，通过企业间信用、吸收、合并、收买、投资等方式，充分利用其他企业的资金力量和金融力量进行筹资的战略。这种战略的主要形式如下。

（1）通过企业间信用筹资。企业间信用筹资主要包括应付账款、应付票据等内容。

（2）通过企业的联合突破单一企业筹措资金的能力界限，从而取得金融机构的贷款或者政府的资金援助。

（3）通过吸收、合并、收买等方式，一方面利用对方企业的资金力量或金融力量，另一方面通过合并来扩大销售额和利润，以此来增强企业的资金筹措能力。

（4）通过举办合资企业、合营企业和补偿贸易等方式利用外商资金，以此来解决资金不足问题。

企业是金融市场上一个重要的资金供应者，通过企业联合筹资是一种适用范围很广的筹资战略。实施这一战略的关键是选择好联合的形式与联合的伙伴，以便优势互补，克服劣势。

5. 结构型资金筹措战略

结构型资金筹措战略是指企业多种筹资渠道与筹资方式并重，不存在单一的重点筹资渠道与方式。这种战略实际上是一种综合性的筹资战略，它是上述四种不同筹资战略的某种组合。对大多数企业而言，为了获取足够的资金或保持稳定的资金来源与优良的资金结构，常常需要采取前述四种筹资战略的某种合理组合进行筹资，组合的不同，构成的结构型筹资战略也就不同。

上述五种情况是企业资金筹措战略方案一般的和基本的类型。企业在具体开展资金筹措战略时，要根据企业自身的能力及企业所处的金融环境等，选择合理的资金筹措渠道与方式战略，采取适合自身状况与环境的具体实施方案与措施。

（二）企业资金筹措能力分析及开发

资金筹措能力是指企业从各种资金来源获得资金的本领，它集中表现为在一定时期内，企业能够筹集到的资金的数量和质量。资金是一种具有稀缺性的重要经济资源，企业之间为筹集所需资金的竞争往往非常激烈，因此，资金筹措能力对企业十分重要。

1. 资金筹措能力分析

企业可以从多种资金来源渠道，用不同的筹资工具或方式筹措所需资金。从不同来源筹集资金的能力受不同因素的影响。所以，分析、评价企业的资金筹措能力，首先应该分析企业从不同资金来源获取资金的能力，然后再将它们综合起来分析，才能得到比较准确的结果。企业的资金来源可以分为企业内部资金来源与企业外部资金来源两大类。企业内部资金来源是指企业通过自身生产经营成果的积累而形成的可用资金；而企业外部资金来源则是企业通过不同筹资方式从企业外部所获得的可用资金。企业外部资金来源又有两种主要的来源，一是筹集负债资金，即以借债的方式获得经营发展资金；二是筹集权益资金，即通过增加股权资本的方式获得经营发展资金。企业从这三条主渠道筹集资金的能力构成了企业资金筹措能力的主要内容，即内部资金筹措能力、负债资金筹措能力和权益资金筹措能力。这三种能力分别受到众多因素的影响，通过分析有关的因素，可大致确定企业从这三种来源获得资金的能力，从而对企业资金筹措能力有一个比较清楚的认识。

（1）内部资金筹措能力的一般估计。企业内部资金来源就是企业在其所获得的收入和利润中重新投入到企业生产经营过程中，参加资金再循环的那部分资金。

所以企业内部资金筹措能力主要决定于企业的收入水平、盈利能力及有关财务政策（如股利政策、折旧政策）等因素。

企业内部资金筹措能力可大致估计如下：

$$\begin{matrix}\text{预计未来}\\\text{几年内的}\\\text{收入水平}\end{matrix}\times\begin{matrix}\text{税后目}\\\text{标销售}\\\text{利润率}\end{matrix}-\begin{matrix}\text{现金}\\\text{股利}\end{matrix}+\begin{matrix}\text{固定资}\\\text{产折旧}\end{matrix}-\begin{matrix}\text{银行贷款和}\\\text{长期负债}\\\text{还款总计}\end{matrix}$$

$$=\begin{matrix}\text{税后}\\\text{净收益}\end{matrix}-\begin{matrix}\text{现金}\\\text{股利}\end{matrix}+\begin{matrix}\text{固定资}\\\text{产折旧}\end{matrix}-\begin{matrix}\text{银行贷款和长期}\\\text{负债还款总计}\end{matrix}$$

= 留存收益 + 固定资产折旧 − 银行贷款和长期负债还款总计

= 经营产生的全部内部资金 − 银行贷款和长期负债还款总计

= 净内部资金来源总额

对上述估计简要解释如下：企业首先根据对未来若干年内市场状况的预测和企业战略计划，预测出企业未来几年内的收入水平并估计、确定相应的税后目标销售利润率，这两者的乘积就是企业未来若干年的税后净收益。企业的税后净收益要用来给股东分派股利。企业分红派息的方式有现金股利、股票股利两种，但只有以现金股利方式对财务成果进行分配，才导致资金脱离企业，流至企业外部。因此用税后净收益减去预计的现金股利部分，就是企业净收益中重新投入企业资金循环的部分，即留存收益。留存收益是构成企业内部资金来源的一个重要组成部分。另外，企业在成本、费用中，有一部分是不需要实际发生现金支出的，其中主要是固定资产折旧。但这部分费用仍计入当期的销货成本或期间成本中去，随着收入的发生而收回，并继续参加企业下一轮的资金循环。因此这部分已收回的成本或费用构成了企业内部另一个可用的资金来源。用留存盈余加上固定资产折旧，就是企业生产经营过程中产生的全部内部资金来源。再用它减去企业预期要偿还的银行贷款和其他长期负债的本息总额，就是企业通过生产经营可提供的净内部资金来源总额。

（2）负债资金筹措能力的一般估计。企业负债资金来源，就是企业通过借债的方式所能获得的资金。企业的负债资金筹措能力，主要取决于企业的盈利水平与资金来源结构。一定的盈利水平是企业偿还借款本息的保证，而资金来源的结构（主要是负债资金与权益资金之比）则反映了企业财务风险的大小。一般情况下，只有这两方面的情况良好，潜在的债权人才会有信心把资金借贷给企业，企业才能以合理的利率和条件得到所需的借款。现在假设企业的盈利能力是有保证的，则企业的负债资金能力可大致估计如下：

$$\left(\begin{matrix}\text{目前的}\\\text{股东权益}\end{matrix}+\begin{matrix}\text{预期新的}\\\text{股东权益}\end{matrix}+\begin{matrix}\text{税后}\\\text{净收益}\end{matrix}-\text{股利}\right)\times\frac{\text{行业平均负债}}{\text{股东权益}}-\begin{matrix}\text{现有}\\\text{总负债}\end{matrix}$$

= 估计的未来股东权益总数 × 行业平均负债 / 股东权益 − 现有总负债

= 总负债能力 − 现有总负债

= 企业可利用的新负债能力

对上述估计简要解释如下：股东权益是企业所能承担的责任的限度，并且是企业最终风险的承担者。因此，一定的股东权益是企业负债的基础。负债 / 权益比率反映了企业的信誉状况和财务风险。对不同的行业来说，因企业经营的性质和现金流转的稳定程度等不同，

负债 / 权益比率也不相同。一般而言，行业平均负债 / 权益比率在一定程度上反映了债权人对该行业可以接受的财务风险程度，是企业筹集负债资金的一个外部限制。所以，用企业总的股东权益基础乘上行业平均负债 / 权益比率，就是企业总的负债能力。再用总的负债能力减去现有的总负债（即已占用的负债能力），就是企业可以利用的新的以负债方式筹集资金的能力。

（3）权益资金筹措能力的一般估计。权益资金来源，即企业通过发行新股或以其他方式增资获得资金的能力。股东或潜在的股东们投资于某一企业，主要目的是期望得到较高的利益回报。因此权益资金筹措能力主要决定于企业的盈利能力及给股东的回报。股东一般总是很关心其每股盈余（EPS）的高低。当企业准备发行新股时，股东一般并不希望 EPS 被新股“稀释”，使其降低。如果预期新股发行会导致这样的结果，他们就会表示反对并向董事会施加压力以求改变。所以企业要想增加新的股权资金，在可能的情况下应选择经营情况和金融市场状况最好的年份发行新股。力求在这一年里使企业的利润和 EPS 有一个较大幅度的增长，为新股发行提供基础，使之不会使现有股东的 EPS 因被“稀释”而降低。根据以上论述，企业权益资金筹措能力可分三步，大致估计如下。

第一步，估计额外净收益（Δ 净收益）：

额外净收益（Δ 净收益）= 净收益（最好增长年份）– 净收益（正常增长年份）

第二步，估计新股股数：

潜在的可发行新股数 = 额外净收益（Δ 净收益）÷ EPS（正常预期水平）

第三步，估计发行新股可得资金：

发行新股可得资金 = 潜在的可发行新股数 × 预期股票发行价格 – 估计发行成本

（4）资金筹措能力的综合分析。企业总的资金筹措能力是其内部资金筹措能力、负债资金筹措能力和权益资金筹措能力的总和，但不能视为上述三个估计的简单算术和。这是因为首先上述三种能力之间是互相联系、互相影响的。例如，增加内部资金来源和权益资金来源的比例，就会为企业筹集负债资金提供新的基础，使其能力得到提高。其次，资金筹措能力还受到企业多方面其他因素的影响，具体可分为内部因素和外部因素，从而上述估计只能看作是一种大致的预测。所以，企业要分析、预测自身的筹资能力，还必须在上述预测、估计的基础上，结合其他重要影响因素进行综合分析。并据此对上述估计的结果进行必要的调整，从而更加全面、准确地认识自身的资金筹措能力。

影响企业资金筹措能力的重要内部因素通常有以下这些：①企业规模的大小；②企业创办时间的长短；③企业组织形式；④利润的稳定程度及其增长趋势；⑤企业的信誉与公共关系状况；⑥企业领导与管理人员的素质、知识结构与能力；⑦企业领导对风险的态度；⑧企业资产的性质。

其外部因素主要包括金融、经济、政治、行业等方面的因素。企业只有全面分析预测了上述各种内、外因素对企业资金筹措的影响之后，才能比较准确地把握企业资金筹措能力有多大，从而更有效地制订和实施资金筹措战略。

2. 资金筹措能力开发

从一定意义上说，资金筹措能力是企业自己可以控制的，即可以通过自身有意识、有成效的努力而在一定程度上予以加强。这说明资金筹措能力具有可开发性。开发企业的资金筹措能力，一般可从下述这些方面进行。

（1）提高盈利能力，改善资金结构。这是提高企业资金筹措能力的一项根本性措施。首先，企业的留存盈余等内部积累本身是企业资金来源的一条重要渠道，而盈利能力强、资金结构合理的企业，其留存盈余就可望大大提高，从而增强企业的内部筹资能力。其次，如果企业盈利能力高，资金结构健康，则投资者可望获得的投资报酬率就高，而财务风险则相对较小，对潜在投资者、债权人等的吸引力就较大，从而使企业的外部筹资能力大大加强。最后，良好的盈利能力和资金结构还会改善企业的信誉状况，扩大企业的影响，从而使企业的外部筹资能力得到加强。

（2）加强与金融机构的联系。企业从外部筹资的很大比重来自金融机构的贷款。因此加强与金融机构的联系十分重要，它能在很大程度上影响和决定企业获取贷款的能力，具体应从以下三个方面进行：①充分了解金融机构的贷款政策与方针；②选择贷款政策合理的金融机构；③与金融机构保持良好的关系。

（3）增强企业领导和资金筹措人员不断开发利用新的融资渠道和工具的能力。资金筹措是由企业领导和资金筹措人员决定和进行的。他们是否具备良好的素质和知识，是否具有开拓能力，是否具有与金融机构和投资者等洽谈的能力等都对企业筹资能力具有重要影响。因此，企业应努力增强企业领导及资金筹措人员的素质和能力。

（4）扩大企业影响，提高企业信誉。企业为了能以较为有利的条件稳定地获得所需资金，还应努力提高社会知名度，扩大企业影响，提高企业信誉。企业社会影响大，信誉高，资金供给者就比较放心，乐意以较有利的条件为企业提供资金，这有利于企业开发利用多种融资渠道和工具，增加筹资能力，改善融资环境。

（5）促进产融结合。工业资本与金融资本的相互融合是经济发展到一定阶段的必然产物，而且对增强企业筹资能力具有重大影响。产融结合有助于企业得到金融方面的支持，特别是当企业面临困难时更是如此。例如日本的丰田公司在20世纪50年代初曾经面临破产的境地，但它依靠一些银行的大力支持，得到了极为宝贵的贷款，从而闯过了难关，发展成为今天举世闻名的大公司。

（6）制订有效的企业战略。有效的企业战略可以增强企业在产品市场上的竞争和发展能力，提高企业产品成功的可能性，从而增强企业在金融市场上获得资金的能力。另外，良好的企业战略可以使潜在的投资者明确企业资金投放的方向和长期效果，从而提高投资者对企业的信心，使之愿意把资金的使用权让渡给企业，并要求较低的资金成本。

十五、资金投放战略

资金投放战略方案即符合资金投放战略要求并有助于其实现的各种资金投放项目。资金投放战略方案是企业资金投放战略的具体化，也是其基本的实现途径。

在分析确定了企业资金投放战略之后，必须编制、设计具体的资金投放战略方案，然后采用科学的方法从中筛选出最佳方案并投入实施，才能保证资金投放战略的顺利实现。

（一）资金投放战略方案的设计依据

设计资金投放战略方案必须遵循以下设计依据。

（1）资金投放战略方案的设计是为了实现资金投放战略，因此在设计方案时需以资金投放战略为指导，在其规定的框架内进行，具体方案应与战略保持一致。

（2）追求尽可能多的投放收益和实现尽可能大的投资增值是每一个投资项目都不可忽视的重要目标，设计投资项目时，对其盈利与增值水平的考虑是重要的设计思想之一。

（3）资金投放与风险共存，多数投资项目都有不能获得预期收益的可能性，因此设计投资方案时，分析投资风险，考虑如何利用或避免风险是不可或缺的一个重要内容。

（4）资金投放是将本求利的过程。因此设计资金投放项目，不仅要考虑其产出因素，还要考虑其投入因素，即投资成本。这一因素决定了企业在财力上能否承受这一投资项目，同时也是对投资项目进行评价、选择的基础。资金投放成本主要包括前期费用、实际投资额、资金成本、投资回收费用等。

（5）没有良好的管理与控制，再好的投资项目亦不能达到预期目的。因此，资金投放项目的设计还要考虑企业的投资管理和经营控制能力。

（6）任何资金投放项目都要求企业能及时、足额、低成本地筹集到投资所需资金。如果企业资金短缺，筹资能力又较弱，势必会影响到资金投放方案的选择。

（7）设计资金投放方案时，必须熟知资金投放环境，预知资金投放环境的发展变化，重视其影响作用，不断增强对投资环境的适应能力，根据投资环境的发展变化，设计相应的投资方案。

（二）DCF 法与资金投放战略方案的评价

从理论上讲，贴现的现金流量法（Discounted Cash Flow Method，DCF 法）被认为是评价投资方案优劣的比较成熟和科学的方法之一。但是，很少有企业把这种方法应用于战略性投资项目的评价、选择。其主要原因如下。

（1）对 DCF 法的运用不适当。如对通货膨胀因素处理不当，使用不切实际的高贴现率等。

（2）人们认识上的一些偏见。一些人通常认为，任何数量化的方法都不可避免地是短视的，DCF 法也不例外。

（3）DCF 法本身所具有的局限性。因此，通过纠正 DCF 法的一些误用，进一步完善 DCF 法，消除它的局限性，这种工具是可以用于资金投放战略方案的评价与选择的。

（三）建立适应资金投放战略方案评价的 DCF 法

与一般投资方案相比，资金投放战略方案的重要特点是具有长期性和全局性。这导致它的不确定性和影响的深远性都远远超过了一般性的战术性资本支出项目。因此，在将 DCF 法运用于资本投放战略方案的决策分析时，要注意以下几点。

1. 在资本支出预算程序上，应采用上下结合，由上至下、由下至上的过程

首先应由企业最高管理当局通过战略规划过程确定企业的战略方向、目标和资金投放备选方案等，再将战略方案分别下达到企业各战略中心进行讨论、补充和完善，并由其负责提出有关战略投资备选方案的初步资本支出预算分析，再报送企业最高管理当局和战略规划部门进行审核、协调。

2. 合理确定现金流量

合理确定资金投放战略方案的现金流量应特别注意以下几点。

（1）需要对环境做出特别的假定。

（2）估计现金流量时，不能只计算该方案本身的情况，还必须计算实施战略方案与不实施该战略方案之间的差别现金流量。

（3）预测资金投放战略方案的现金流量，应该采取内外结合，即企业内部有关方面和企业外部有关专家、机构共同进行的方法。

3. 正确处理风险因素

一个投资方案的风险程度可以定义为它的实际现金流量偏离其预期现金流量的差异程度。偏差越大，该投资方案的风险越大。目前，在把 DCF 法用于风险投资的经济评价时，最常用的办法是按风险调整贴现率法。这种方法是将项目因承担风险而要求的，与投资项目的风险程度相适应的风险报酬，计入资金成本或要求达到的收益率，构成按风险调整的贴现率，并据以进行投资决策分析。

4. 正确排定资金配置的优先次序

在运用 DCF 法对资金投放战略方案进行评价选择时，应以使投资方案组合的总净现值最大作为资金配置的标准和目的。这样更有利于企业注重战略发展，使企业的长期利益达到最优化。

（四）正确处理通货膨胀因素的影响

通货膨胀对投资项目的现金流量有重要影响，它使不同时间现金流量的货币购买力不

再相同，并随着时间的推移而下跌。显然，在通货膨胀条件下，现金流量可以以两种不同的方式加以计量。一种是以名义货币计量的名义现金流量（以 NA 表示），另一种是消除通货膨胀因素影响后，以不变购买力货币计量的实际现金流量（以 RA 表示）。假设未来若干年内平均每年的通货膨胀率均为 j，第 t 年的名义现金流量为 NA，则其实际现金流量应为

$$RA_t = \frac{NA_t}{(1+j)^t}$$

通货膨胀对贴现率同样也会产生影响。在通货膨胀条件下，投资者所要求的贴现率除了无风险报酬率之外，还包括了通货膨胀补偿率。因此这时贴现率也可分为名义贴现率（即包含通货膨胀补偿率的名义报酬率）和实际贴现率（即消除通货膨胀补偿之后的实际报酬率）两种。设以 r 代表名义贴现率，i 代表实际贴现率，j 代表通货膨胀率，则它们之间具有以下关系：

$$(1+r) = (1+j)(1+i)$$

或

$$(1+i) = \frac{(1+i)}{(1+j)}$$

现以净现值指标为例，来说明 DCF 法中如何正确处理通货膨胀的影响。

在通货膨胀条件下，现金流量和贴现率都具有名义量和实际量两种表达方式。那么此时净现值应根据哪一种量进行计算呢？从正确、客观地评价投资项目真正能够取得的经济成果出发，应使用实际现金流量与实际贴现率进行计算。由此可得投资项目的净现值为

$$NPV = \sum_{t=1}^{n} \frac{RA_t}{(1+i)^t} - A_0 - \sum_{t=1}^{n} \left[\frac{NA_t}{(1+j)^t} \Big/ \left(\frac{1+r}{1+j}\right)^t \right] \quad A_0 = \sum_{t=1}^{n} \frac{NA_t}{(1+r)^t} - A_0$$

由上式可见，在这种情况下，净现值用实际量进行计算和用名义量进行计算，其结果是一致的，但前提条件是此时现金流量与贴现率的口径必须一致，即两者要么都是按名义值计量的，要么都是按实际值计量的。未能一贯地严格执行这条明显的、简单的规则，是投资评价中常见的错误之一。

由以上论述可见，在通货膨胀条件下把 DCF 法用于对战略投资方案评价时，有关指标的计算一定要在口径一致的基础上进行，尤其要注意现金流量的估计是否考虑了通货膨胀因素。

（五）运用 DCF 法对资金投放战略方案评价选择时应注意的问题

资金投放战略方案一般涉及的时间均很长，且金额巨大，因此，在运用 DCF 法对资金投放战略方案进行评价选择时，必须要注意以下三点。

（1）DCF 法作为一种投资评价工具，其逻辑是严谨合理的，因此它输出结果的合理性主要取决于该模型输入数据的合理性。

（2）由于资金投放战略方案的特性，使得各有关指标预测、分析的难度空前加大，各种数据的不确定程度亦会有很大提高，导致 DCF 模型中输入数据很难准确确定。因此，这时 DCF 法的评价结果中必然包含较大可能的随机错误，故其作用应该是说服性的和参考性的，而决不能将其理解为结论性的。

（3）为了保证正确评价与选择资金投放战略方案，应采用定量与定性相结合的方法，即既应该使用 DCF 法，同时还应仔细考虑一些关键战略因素对资金投放战略方案的影响，并综合考虑两方面的结果对资金投放战略方案做出正确的抉择。

（六）资金投放战略实施的一般步骤

资金投放战略的实施就是把制订的资金投放战略及设计好的方案付之于行动，一般包括以下步骤。

1. 分析战略变化

资金投放战略实施的第一步是对新老资金投放战略进行对比，从而明确地了解要使新的资金投放战略实施成功组织需要在哪些方面及多大程度上做出变化。

2. 分析组织结构

组织结构代表着管理当局规定的各种资源之间的关系。因为资金投放战略实际上代表着企业资金这种关键资源在企业组织中的重新配置，故其必然会影响到组织内部的资源关系，即影响到组织结构，要求其在形式、规模、结构等方面做出相应调整。

3. 分析组织文化

组织文化不仅影响资金投放战略的制订，而且影响资金投放战略的实施，它包括组织成员的共同信念、价值观等。

4. 选择战略实施方式

资金投放战略的实施方式是指组织、管理投资项目实施活动的形式。一个投资项目经审慎决策和计划被批准之后，如何尽快完成实施任务，一个重要问题是如何选择合理的实施形式，如自营方式、承发包方式或综合方式等。

5. 资金投放战略实施与控制

在这个阶段中，管理者的职责就是具体组织实施工作，首先要对资金投放战略进行空间和时间上的分解，形成执行目标；其次要有效地分配任务、时间和其他资源，建立内部经济责任制；最后要利用多种管理技能激励员工，克服困难，保证任务的有效完成。在整个实施过程中，管理者还必须对其实行有效的控制才能保证资金投放战略的顺利完成。

（七）资金投放战略控制

合理的企业资金投放战略控制是该战略顺利实现的可靠保证。按照控制活动发生的时间分类，管理控制可以分为事前控制、事中控制和事后控制。为保证资金投放战略的成功实现，这三类控制都是必要的，但事前控制则起着关键的作用。因为资金，特别是长期性资金一旦投入使用后，其使用的方向、规模等在短期内将很难进行调整或改变，这种现象叫作“资金的固定化”。因此，如果资金投放发生失误，不仅后果相当严重，而且任何事后的努力也将难以很快改变这种被动局面。这说明，事前采取有效的控制措施，确保资金实际投放能符合战略的要求，是资金投放战略成功的关键。因此，我们将着重论述资金投放战略的事前控制措施。

为确保资金的实际投放符合战略的要求，至少应从以下几个方面采取相应的事前控制措施：业务性控制、政策性控制、程序性控制和时机性控制。下面分别就上述几项内容进行探讨。

1. 业务性控制

业务性控制是指企业应该根据企业战略的要求，把企业的业务划分为旧业务与新业务，或经营性业务与发展性业务两部分，相应把资金划分成经营资金和战略资金两部分。这种业务性控制具有以下几大优点。

（1）可以保证新业务开发的必要资金。

（2）安排今天能够盈利的业务与准备明天的工作这两个任务可以齐头并进。

（3）经理人员不能依靠削减战略开支来给日常经营装门面，避免了老业务挤新业务的一贯弊端。

2. 政策性控制

资金投放政策是企业根据企业战略指导资金配置的具体指南。它可以明确资金投放的优先次序，指出资金投放的重点方向，限制资金流向不需要投资的领域，减少资金实际投放过程中的不确定性，增强企业内部对资金投放的共识，从而有助于保证资金投向符合企业全局和长期利益需要的项目上。一些重要的资金投放政策常常包括以下这些方面的内容：①关于资金投放优先次序的政策；②关于资金投放与企业战略相联系的政策；③关于资金投放的限制性政策；④关于鼓励长期行为的奖惩政策；⑤关于可由下级人员自由做主的资金投放的授权政策。

3. 程序性控制

所谓程序性控制是指企业应该通过合理、有效的资金投放程序而对资金的投放或配置进行调控。广义而言，企业目前的资金投放程序主要有两种：自下而上和自上而下。自下而上这种程序是首先由下级单位提出投资建议或资金需要计划，然后逐级上报批准、分配后再执行。自上而下的方法则是由高层管理人员直接提出具体的资金支出方案，然后交由基层人员执行。对资金投放战略的有效控制，需要综合运用自上而下和自下而上两种程序。

4. 时机性控制

在资金投放战略的实施中，一个非常重要的问题是资金投放时机的恰当把握。时机选择不当，投入资金的时间过早或过迟，都可能使原本良好的战略大打折扣。根据不同情况，资金投放时机可以有以下三种不同的选择。

（1）抢先一步，先发制人。这是指企业在竞争中一经发现市场机会，就迅速集中资金，抢在他人之前进行投资，率先占领市场，牢牢地把握竞争的主动权。

（2）引而不发，静待时机。这是要求企业密切注视机会的发展变化，积极准备资金，创造条件，静待时机成熟。一旦时机成熟，再把资金“准时”投入运用，使有限的资金充分发挥效力。

（3）以迂为直，后发制人。这种战略要求企业在对市场机会没有一定把握，或自身资金力不够雄厚，难于独立承担开拓市场的高昂费用时，要等待别人先投入资金，自己则密切研究市场的发展变化，研究先进入者的经验教训。这样自己的资金投入虽然迟些，但能更好地利用市场机会，使投放的资金达到事半功倍的效果。

十六、股利战略

股利战略就是依据企业战略的要求和内、外环境的状况，对股利分配所进行的全局性和长期性谋划。

与通常所说的股利决策或股利政策相比较，股利战略具有以下两个特点：一是股利战略不是从单纯的财务观点出发决定企业的股利分配，它是从企业的全局出发，从企业战略的整体要求出发来决定股利分配的；二是股利战略在决定股利分配时，是从长期效果着眼的，它不过分计较股票价格的短期涨落，而是关注于股利分配对企业长期发展的影响。

（一）股利战略的内容

股利战略要处理的内容主要包括三个方面。

（1）股利支付率，即确定股利在净收益中所占的比重，也就是股利与留存收益之间的比例为何。这是股利战略上一个最重要也是最困难的问题。

（2）股利的稳定性，即决定股利发放是采用稳定不变的政策还是变动的政策。

（3）信息内容，即决定希望通过股利分配传达何种信息给投资者。

以上三个方面的内容，都要根据企业内外环境状况和企业战略的要求做出决定。在做出上述决定的基础上，企业还应进一步就股利支付的具体方式进行设计与策划，并确定股利发放的程序。

派息分红是股东权益的具体体现，也是股份公司有关权益分配和资金运作方面的重要决策。其战略目标如下。

（1）保障股东权益，平衡股东间利益关系。公司股利政策必须通过创造实实在在的高效益以回报投资者，提高回报率。由于现代股份公司股权的分散性和股东的复杂性，股东可分为控股股东、关联股东和零星股东。控股股东和关联股东侧重于公司的长远发展，零星股东倾向于近期收益，如分配政策仅限于满足控股者和关联股东利益，则会使零星股东产生不满，他们会行使“用脚投票”的权力，使股价下跌，严重时将导致法律诉讼事件，影响公司声誉。

（2）促进公司长期发展。如前所说，股利战略实质上就是探寻股利与留存收益之间的比例关系，也是公司有关权益分配和资金运作方面的重要决策。股利战略的基本任务之一是要通过股利分配这种途径，为增强公司发展后劲，保证企业扩大再生产的进行，提供足够的资金，促进公司长期稳定发展。

（3）稳定股票价格。一般而言，公司股票在市场上股价过高或过低都不利于公司的正常经营和稳定发展。股价过低，必然影响公司声誉，不利于今后增资扩股或负债经营，也可能引起被收购兼并事件；股价过高，会影响股票流动性，并将留下股价急骤下降的隐患；股价时高时低，波动剧烈，将动摇投资者的信心，成为投机者的投资对象。所以，保证股价稳定必然成为股利分配政策的目标。稳定股价，具有以下含义：①在一个较长时期内公司股价稳定并呈上升态势；②在整个股市动荡中，公司股票市价波动幅度相对较小；③均衡公司股价短期稳定与长期稳定的关系。

以上三个方面既相联系，又相排斥，综合反映了股利分配是收益—风险—权益的矛盾统一，说明了短期消费与长远发展的资金分配关系，也体现了公司—股东—市场以及公司内部需要与外部市场形象的制衡关系。综合说来，就是要保证股东投资收益高额、持续、稳定，使企业股票市价上涨，使企业未来发展的基础扎实、资金雄厚。

（二）股利战略的制订

根据前述讨论中所提出的股利战略的基本思想，我们认为股利战略应根据图 4-10 所示的模式来制订。

在现实世界中，企业的股利分配要受企业内、外多种因素的影响，正是这些因素的作用，决定了企业股利分配全部的可行方案有哪些。所以，制订股利战略必须首先分析和弄清楚这些因素对股利分配的制约和影响。

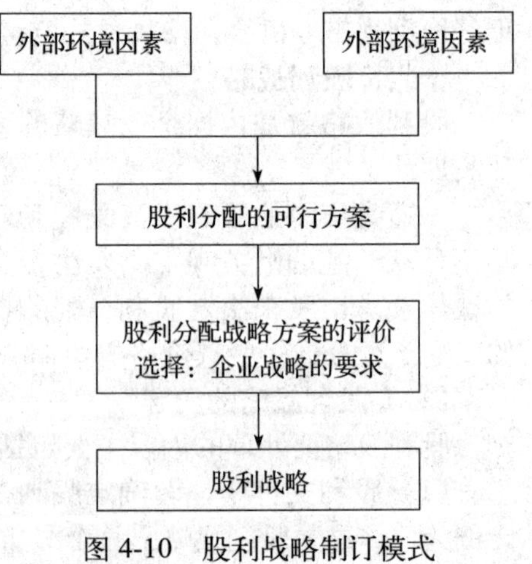

图 4-10　股利战略制订模式

影响股利分配的外部因素如下。

1. 债务（合同）条款因素

债务特别是长期债务合同通常包括限制企业现金股利支付权力的一些条款，限制内容通常包括：①营运资金（流动资产减流动负债）低于某一水平，企业不得支付股利；②企业只有在新增利润的条件下才可进行股利分配；③企业只有先满足累计优先股股利后才可进行普通股股利分配。

这些条件在一定程度上保护了债权人和优先股东的利益。

2. 所有权者因素

企业的股利分配最终要由董事会来确定。董事会是股东们的代表，在制订股利战略时，必须尊重股东们的意见。股东类型不同，其意见也不尽相同，大致可分为以下几种。

（1）为保证控制权而限制股利支付。有些企业的控制权为少数股东控制，如果企业增发股利，在企业需要资金时再发行股票筹资，就会使股权分散，影响现有股东对企业的控制权。因此这些股东们往往倾向于限制股利支付，较多地保留盈余。

（2）为避税的目的而限制股利支付。很多国家税法规定，所得税率一般均高于资本利得（资本收益）税率。所以，对于那些收入较高的股东来说，倾向于限制股利支付，较多地保留盈余，以便使股票的价格上涨，通过转让股票实现资本收益来减少纳税。

（3）为了取得收益而要求支付股利。很多股东（往往是小股东）是靠股利收入来维持生活的，他们要求企业在一定期间内要维持较固定的股利支付额，不希望将税后利润全部或大部分地积累起来。

（4）为回避风险而要求支付股利。大多数股东认为，企业经营是在不确定的环境中进行的，目前能得到的股利收益是确定的，而通过增加保留盈余，引起股价上涨获得的资本收益是不确定的。为了回避这种风险收益，股东们往往倾向于宁愿现在获得股利而不愿将来获得更多的资本收益，因此要求高股利支付率、低保留盈余。

（5）不同的心理偏好和金融传统。如对于美国的股东们来说，获取股利是投资的一个主要目的。他们之所以购买股票，除了希望从股票升值中得到好处外，还期望分得较多的红利，对股利的多少并不认为是小事一桩，因而美国企业的股利支付率一般较高。而在日本，股东们已习惯于较低的股利，企业象征性地发放股利无非是使股东知道企业的经营还行，尽可放心，通常分配股利的比例不超过面值的一成。

3. 法律因素

各国对企业股利支付制定了很多法规，股利分配面临着多种法律限制。尽管每个国家的法规不尽相同，但归纳起来主要有以下几点。

（1）资本限制。资本限制是指企业支付股利不能减少资本（包括资本金和资本公积金）。这一限制是为了保证企业持有足够的权益资本，以维护债权人的利益。

（2）偿债能力的限制。如果一个企业的经济能力已降到无力偿付债务或因支付股利将使企业丧失偿债能力，则企业不能支付股利。这一限制的目的也是为了保护债权人。

（3）内部积累的限制。有些法律规定禁止企业过度地保留盈余。如果一个企业的保留盈余超过了目前和未来的投资很多，则被看作是过度的内部积累，要受到法律上的限制。这是因为有些企业为了保护高收入股东的利益，故意压低股利的支付，多留利少分配，用增加保留盈余的办法来提高企业股票的市场价格，使股东逃税。所以，税法规定对企业过度增加保留盈余征收附加税作为处罚。

4. 经济因素

宏观经济环境的状况与趋势会影响企业的股利分配。例如通货膨胀的状况，在持续通货膨胀时期，投资者往往要求支付更高的股利，以抵销通货膨胀的影响，所以通货膨胀时期股利支付率一般应稍高些。

影响股利分配的内部因素如下。

（1）现金流量因素。企业的现金流量是影响股利分配的重要因素。如果一个企业的流动性较高，即持有大量的现金和其他流动资产，现金充裕，其支付股利的能力就强。如果一个企业的流动性较低，或因扩充资产、偿还债务等原因已消耗了大量的现金，再用现金大量支付股利显然是不明智的。在确定股利战略时，决不能因支付股利而危及企业的支付能力。

（2）筹资能力因素。一个企业若筹资能力很强，能随时筹集到经营所需的资金，那么它就有较强的支付股利的能力。反之，如企业外部筹资能力较弱，不可随时筹集到所需资金，或虽能筹集到但代价太高，则应采用限制股利支付，以大量保留盈余作为企业的重要筹资方式。

（3）投资机会因素。股利战略的确定在很大程度上还要受企业投资机会因素的左右。一般说来，如果一个企业有较多的有利可图的投资机会，需要大量资金，则经常会采用高保留盈余、低股利支付的方案。反之，如果企业的投资机会较少，资金积累较多，那就可以采用高股利支付的方案。

（4）公司加权资金成本。股利分配对公司加权资金成本有重大影响。这种影响是通过以下四个方面来实现的：①股利分配的区别必然影响留存收益的多少，留存收益的实际资金成本为零；②股利的信号作用，股利的大小变化必然影响公司股价；③投资者对股利风险以及对资本增加值的风险的看法；④资本结构的弹性。

公司债务与股东权益之间应当有一个最优的比例（最优资本结构），在这个最优的比例上，公司价值最大，或它的平均资本成本最低，平均资本成曲线的形状，很大程度上说明公司资本结构的弹性有多大。如果平均资本成本曲线弯度较大，说明债务比率的变化对资本成本影响很大，资本结构的弹性就小，股利分配在资本结构弹性小的公司，比弹性大的公司要重要得多。

（5）股利分配的惯性。要考虑企业历年连续采取的股利分配的连续性和稳定性，一旦决定做重大调整，就应该充分地估计到这些调整在企业声誉、企业股票价格、负债能力、信用等方面带来的一系列后果。

综合以上各种因素对股利分配的影响，企业就可以拟定出可行的股利分配的备选方案。它通常有多种，是客观条件上允许企业采取的方案。此后，企业还需按照企业战略的要求对这些方案进行分析、评价，才能从中选出与企业战略协调一致的股利分配方案来，确定为企业在未来战略期间内的股利战略予以实施。

企业战略对股利分配的要求主要体现在以下几个方面：①股利分配方案应优先满足企业战略实施所需的资金，并与企业战略预期的现金流量状况保持协调一致；②股利分配方案应能传达管理部门想要传达的信息，尽力创造并维持一个企业战略所需的良好环境；③股利分配方案必须把股东们的短期利益——支付股利，与长期利益——增加内部积累很好地结合起来。

第五章

财务信息管理

第一节 财务信息管理综述

财务信息管理是企业财务管理的基础和要素之一，是国家综合经济管理部门和企业经营者为提高决策水平和管理效率，运用现代信息技术和管理手段，对企业财务信息进行收集、整理、分析、预测和监督的活动。它具有涉及面广、综合性强等特点，贯穿企业财务管理的全过程。

一、财务信息管理的总目标

财务信息管理的总目标是提高决策水平和管理效率。

具体来讲，企业经营者主要是通过财务信息管理提高决策能力，强化内部财务控制，提升企业价值；国家综合经济管理部门主要是利用财务信息进行宏观监管。

二、财务信息管理的对象

财务信息管理的对象是企业财务信息。

企业信息分业务信息和财务信息两大类。业务信息反映企业经营全过程各类资源流入流出的情况，财务信息则以价值量形式反映业务信息。在实际工作中，企业财务信息与会计信息常常被混淆。实质上，两者既相互联系又有区别：会计信息是“原材料”，是财务信息的主要来源；财务信息是对包括会计信息在内的信息进行“加工”后形成的反映企业业务活动价值形态的信息。

三、财务信息管理的主体

财务信息管理的主体是国家综合经济管理部门和企业经营者。

企业经营者负责财务信息的编报工作，并对财务信息的真实性、完整性及合法性负责。财政部门作为国家综合经济管理的重要部门，主要负责制定财务信息管理规章制度，对企业财务信息进行日常监管。

四、财务信息管理的原则

1. 真实及时原则

企业财务信息必须真实、准确、完整，并按规定及时向主管财政机关及有关各方提供财务信息资料，不得借口拖延。

2. 重点突出原则

财务信息管理应根据财务信息的重要程度，采用不同的管理方法，对影响财务信息真实性和可能误导财务信息使用者的重要财务信息，应当充分、准确地披露。

3. 便捷适用原则

财务信息管理必须具有方便、快捷、简单、适用等特点，并能满足有关各方的需要，提高财务信息利用效果。

4. 安全有效原则

企业对外提供财务信息，信息使用者使用财务信息，都应当依法采取切实有效的管理措施，确保财务信息安全，不得非法利用和传播企业财务信息。

5. 合法合规原则

财务信息管理应当符合《会计法》《企业财务会计报告条例》等法律法规以及国家统一制定的企业财务、会计制度的规定。

五、财务信息与业务信息一体化系统

（一）业务流程与财务管理流程的整合

企业管理以财务管理为核心，将财务管理的理念融合到企业业务活动的全过程，是现代企业管理模式的体现。为此，企业应当优化业务流程，建立财务和业务一体化的信息处理系统，实现财务、业务相关信息一次性处理和实时共享。

业务流程与财务流程的整合首先应当建立在业务流程优化基础上，然后，将财务预测、财务决策、财务预算控制、会计核算处理、财务分析评价与业务流程整合起来。其目的在于，将基于价值管理的思想和追求企业价值最大化的目标，与企业业务行为紧密联系，以开拓企业价值增长的空间。

对我国大型企业和企业集团信息化建设过程的调查研究结果显示，按照传统的职能化的财务管理方式，企业或企业集团每增加一个分厂、一个子公司，不仅要增加一个完整的财务部门，还要在总部相应增加财务核算人员汇总账目。这样虽然可以保证分厂、子公司的财务职能化，使整个集团的财务管理更加健全，但由此也带来了以下几个方面的问题。

（1）相关财务处理和核算科目设置缺乏统一性，数据统计和数据分析的难度较大。

（2）数据缺乏共享，部门与部门、机构与机构间存在信息孤岛。

（3）财务监督管理存在部分权力真空，难以有效开展财务资源的整合管理。

（4）重复性的信息处理工作过多，相关管理环节重复多余，降低了管理的效率。

（5）信息传递的时效性较差，信息处理、传递的成本较高。

为了提高管理效率，跟上信息化的时代潮流，我国的许多企业财务部门曾先后采用一些电算化系统或财务软件（如 DBASE、ACCESS 数据库）。但是，由于系统本身的安全性较差，数据处理能力较弱，维护量也很大，数据传递也不及时，无法实现公司统一的财务信息汇总。同时分支机构的上报数据仅仅限于简单报表，总部很难对其业务具体情况进行及时查询，更无法及时进行管理与分析，为决策提供依据。

由此可见，如果不进行统一的企业、企业集团业务流程和财务管理流程的整合，单单在分支机构设立财务部门，并利用一些电算化系统或财务软件，所能发挥的作用是十分有限的。

在这种情况下，许多企业从 20 世纪初开始，通过启用金蝶 K/3 集团财务系统，开始实施“统一财务”信息化改造，并伴随着一场流程优化改革。

信息化改造和流程优化改革的目标如下。

（1）统一公司财务信息系统，尤其强调会计科目等基础资料处理的统一。

（2）建立集中管理系统。一方面建立集中的网络服务器和数据服务器，另一方面将系统管理权限集中到公司总部。这样既可以实现数据的集中服务和共享，也保证了系统运行的安全。同时，上级机构从计算机上能做到即时查询、审计，严格公司的内部监管制度，强化财务管理。

（3）强化系统处理能力。充分运用计算机系统的自动处理能力，通过人为的程序设定，实现业务自动生成会计实时凭证、财务数据的及时自动上报，强化数据汇总、合并和分析的能力。

（4）减少审批程序、强化控制体系。减少相关的审批程序，缩短业务流程运行的时间，通过强化控制机制，实现对内部业务的管理和控制，如通过预算管理、目标管理等加强内部管理力度。

（5）建立有效的信息反馈机制，及时准确地将各种财务报告和业务报告反馈给决策者。

（二）物流、资金流、信息流的集成运作

物流、资金流、信息流的一体化管理和集成运作，一直是现代企业管理和企业信息化应用的主流方向。20 世纪 70 年代，西方企业的 MRP（Material Requirement Planning，物资需求计划），首次将物流和资金流的信息集成起来。随后，西方企业又在 MRP 基础上发展了 MRP Ⅱ（Manufacturing Resources Planning，制造资源计划），实现了利用计算机管理系统，完成物流、资金流、信息流的集成运作。

在 MRP Ⅱ的实际操作中，它首先根据市场需求预测和客户订单编制生产计划；然后对产品进行分解，列出物料清单；进而对物料清单进行分析，得出基本零件和原材料不同的需求时间，最终确定物料的采购品种、数量和时间。在整个过程中，要不断进行信息反馈并适时做出调整，从而达到整个系统的动态优化。

由于 MRP Ⅱ的基本原理是利用电子计算机把企业的各子系统有机结合起来，通过动态地监察产、供、销的全部过程，寻求最有效的资源配置，以实现减少库存，优化库存的目的，因此，对企业的采购、生产、销售的业务流程起到了良好的财务控制作用。

随着现代企业管理所要求的管理目标的不断提高，MRP Ⅱ的缺陷也逐渐显现出来。其中最大的缺陷是无法反映经济效益。20 世纪 90 年代，西方企业实施的 ERP（企业资源计划），进一步扩充了企业财务管理的功能，并支持了企业资本运作管理。例如，一些先进的 ERP 系统（SAP、R/3 系统等），内含了管理会计模块，使管理会计信息也能为企业价值管理提供服务。

2002 年美国 IT 咨询顾问公司率先提出了 RTE（Real Time Enterprise，实时企业）概念，并将其定义为“通过最新信息来积极消除关键业务流程中管理与执行的延误，从而开展竞争的企业”。由此可见，RTE 不同于 ERP 的特点在于：ERP 仅仅是产品的动态业务管理，而 RTE 却强调企业的动态业务管理，这就更需要物流、资金流、信息流的充分配合和集成运作。

通过以上回顾可以看出，企业物流、资金流、信息流的一体化管理和集成运作，是一个管理领域和操作水平不断提高的过程。相信在未来企业发展的过程中，创新的管理模式还会出现。企业应当逐步创造条件，来迎接创新管理模式所带来的机遇和挑战。

六、财务信息管理的方法和手段

财务信息管理的方法和手段如下。

1. 信息化财务管理

它是现代企业财务管理的发展方向，其内涵远远大于会计电算化。它要求企业优化业务流程，建立财务业务一体化信息处理系统。鉴于我国企业财务管理现状，《企业财务通则》要求企业逐步建立财务和业务一体化的信息处理系统，体现了制度的灵活性和可操作性。

2. 企业资源计划系统

它是现代企业普遍采用的一种企业信息化管理工具，目前，在我国部分企业已开始实施。为此，《企业财务通则》要求企业结合实际，逐步创造条件，实施企业资源计划系统。

3. 财务评价

现代企业财务目标是实现企业价值最大化，企业价值最大化不等于企业利润最大化。建立企业财务评价体系不仅是企业微观管理的需要，也是财政宏观管理的需要。为此，《企业财务通则》要求主管财政机关要建立科学合理的企业财务评价体系，以客观公正地反映企业的经营状况和社会贡献。

4. 财务预警

我国实行的是市场经济体制，竞争是市场经济的主要特征。面对激烈竞争的市场，企业要有危机意识，建立财务预警机制，及时采取措施，化解财务危机。

5. 企业内部财务控制有效性评估

内部财务控制制度是企业自主开展财务活动的保障。针对我国企业内部财务控制不健全的实际情况，《企业财务通则》要求主管财政机关对企业内部财务控制制度的合法性、健全性和实效性进行评估，并对社会公布，以引导和督促企业建立健全内部财务控制制度。

七、财务信息的披露

（一）公司信息披露的内容

公司需要披露哪些信息？从世界各国关于公司治理信息披露的要求来看，披露的信息可分为三部分内容：一是财务会计信息，包括公司的财务状况、经营成果、股权结构及其变动、现金流量等，财务会计信息主要被用来评价公司的获利能力和经营状况；二是审计信息，包括注册会计师的审计报告、监事会报告、内部控制制度评估等，该方面信息主要用于评价财务会计信息的可信度及公司治理制衡状况；三是非财务会计信息，包括公司经营状况、公共政策、风险预测、公司治理结构及原则、有关人员薪金等，非财务会计信息主要被用来评价公司治理的科学性和有效性。

通常公司财务信息披露从需求层次和受托责任上可分为三个层次：一是经营管理者向董事会进行信息披露；二是董事会向股东大会进行信息披露或说明责任；三是公司（作为法人代表）向社会各利益相关者进行信息披露。但随着资本市场的发展，股权日益分散化，董事会向股东大会和公司向社会进行信息披露的界线变得越来越模糊，大量的小股东只能通过公司向社会披露的信息来进行决策，这些少数股东无权或无意参与公司的重大决策及政策选择，“用脚投票”是其唯一经济的选择。鉴于上述事实，不少国家都加大了对公司向社会信息披露的管制，要求公司广泛向社会披露财务会计信息和非财务会计信息，这不只是针对潜在投资者和债权人，对小股东而言也有极大的益处。

应当说高质量的信息披露是进行公司治理和决策的前提条件，从世界各国的情况来看，各国都非常重视公司治理信息披露的质量。为实现这一目标，各国都提出要采用高标准来规范公司治理信息披露，如采用国际会计准则，或披露公司是否能够“持续经营”等，这无疑是股东和其他利益相关者进行公司治理所最希望获取的信息。从公司治理信息披露的相关性上来考察，世界各国都给予充分的关注，要求公司所提供的信息不仅能满足股东的需要，同时还能满足其他利益相关者，如债权人、潜在投资者、一般公众的需要。在信息披露的完整性上，不少国家都针对公司治理信息披露的现状进行了客观分析，提出公司治理信息披露除国家法律法规的规定外，还要披露所有能影响公司股票价格以及对股东决策有影响的信息，如韩国、瑞典主管部门等更是对这些信息进行了全面解释。从公司治理信息披露的现实要求和各国的做法上，人们普遍关注信息披露的及时性，包括 OECD 在内的各个研究报告和治理原则，都要求公司利用现代通信技术披露信息。这样不仅可使公司治理的信息披露更加迅速快捷，还可使公司治理信息进一步公开，增加信息的透明度，更有利于信息使用者进行评估和决策。在具体做法上，各国通常要求或提倡利用互联网设立公司网页，同时在网上召开股东大会、投票或发表意见，对公司治理的信息逐步或全部在网上披露。

总之，随着经济的发展，进行公司治理所需要的信息是全面而综合的，但不同的利益相关者对公司信息的关注点各不相同。因此，未来公司治理信息披露应对信息需求者的要求给予全面考虑。从公司治理的现实情况来看，世界各国公司治理信息披露的重点为财务信息。

（二）我国公司财务信息披露的规范

鉴于国外公司治理信息披露的成功经验，结合我国实际情况和发展的要求，我国应加强公司治理信息披露问题的研究，有必要制定我国公司治理信息披露规范，以全面指导我国的公司治理信息披露，从而保护各方面的利益。

1. 我国公司治理框架应当保证真实、准确、完整和及时地披露与公司有关的全部重大问题

为保证公司披露所有与公司有关的重大问题，公司应当披露的重要信息至少包括：①公司概况及治理原则；②公司目标；③经营状况；④股权结构及其变动情况；⑤董事长、董事、经理等人员情况及报酬；⑥与雇员和其他利益相关者有关的重要问题；⑦财务会计状况及经营成果；⑧可预见的重大风险。

2. 我国公司治理信息披露应采用现代化手段缩短时间

在公司治理信息披露的时间上，世界各国都主张采用定期与不定期相结合的方式。定期的信息披露是必须的，至少每年一次，尽管有些国家要求半年或每季一次，但在公司发生重大变化或事件时更要不定期及时地披露。应信息使用者的要求，公司经常主动披露信息，一般披露次数和内容比制度规定的要多。在此应建议对一切可能影响经济决策的事件及时而全面地披露其实质，以便于信息使用者做出判断，并保证所有股东享受平等待遇。在信息披露的手段上应提倡和鼓励采用现代化的通信技术，如公司在互联网上设立网页，通过互联网进行披露。

3. 将公司治理信息披露纳入法律法规体系，加大处罚力度

建议首先由国家证券监督管理机关将上市公司的公司治理信息披露制度纳入法律法规体系，这对于一个大陆法系的国家尤为重要。其次要完善公司治理信息披露的监督控制机制，加大对公司风险信息的披露。采用高质量会计标准、审计标准和金融标准披露公司治理信息，并保证公司治理信息披露的可信度。

4. 改革审计制度

为提高公司治理信息的真实性和高质量，建议改革我国的注册会计师审计制度，可采取下列措施。

（1）由另一会计师事务所对审计进行质量检验。

（2）禁止向年度报告审计公司提供非审计服务。

（3）年度财务会计报告不得长期由同一会计师事务所和注册会计师进行审计，强制性更换注册会计师，或由股东直接提名注册会计师等，以保证公司治理信息披露的高质量。

八、财务信息内部公开制度

财务信息内部公开是企业为了维护职工的合法权益，将涉及职工利益的财务信息，在规定时间内、以一定方式向职工公布。

企业应当在内部公开的财务信息，主要是国家有关法律法规和政策明确要求公开的事项，包括涉及职工劳动报酬、福利待遇的政策信息，国有及国有控股企业、集体企业实行民主管理所需的财务信息。

《企业财务通则》第六十六条规定："企业应当在年度内定期向职工公开以下信息：

（一）职工劳动报酬、养老、医疗、工伤、住房、培训、休假等信息。

（二）经营者报酬实施方案。

（三）年度财务会计报告审计情况。

（四）企业重组涉及的资产评估及处置情况。

（五）其他依法应当公开的信息。"

（一）财务信息内部公开的法律依据

国家有关法律法规对企业向内部职工公开相关财务信息做出了明确的规定，为《企业财务通则》提供了法律依据。

1. 涉及职工劳动报酬、福利待遇方面

《公司法》规定，有限责任公司和股份有限公司研究决定有关职工工资、福利、安全生产以及劳动保护、劳动保险等涉及职工切身利益的问题，应当事先听取公司工会和职工的意见，并邀请工会或者职工代表列席有关会议。《乡镇企业法》规定，投资者在确定企业经营管理制度和企业负责人，做出企业的重大经营决策和决定职工工资、生活福利、劳动保护、劳动安全等重大问题时，应当听取本企业工会或者职工的意见，实施情况要定期向职工公布，接受职工监督。

2. 民主管理方面

《公司法》规定，公司决定生产经营的重大问题，制订重要的规章制度时，应当听取工会和职工的意见和建议。《乡镇企业法》也规定，乡镇企业依法实行民主管理。

3. 国有及国有控股企业、集体企业的特殊规定

《公司法》对国有企业实行民主管理做出特殊规定。《全民所有制工业企业法》规定企业职工有参加民主管理等权利，并对职工代表大会的职权做出了明确的规定。《企业财务会计报告条例》规定，国有企业、国有控股的或者占主导地位的企业，应当至少每年一次向本企业的职工代表大会公布财务会计报告，并重点说明与职工利益密切相关的信息，注册会计师审计的情况，重大的投资、融资和资产处置决策及其原因等事项。

掌握相关财务信息，是职工履行民主管理权利，乃至参与企业管理的基本前提，也是对具有信息优势的经营者的有效约束。因此，企业应当建立财务信息内部公开制度。

（二）财务信息内部公开需要注意的问题

企业在建立、完善和实施财务信息内部公开制度的过程中，应注意处理好以下问题。

（1）恰当处理财务信息公开与保护国家秘密和企业商业机密的关系，关键在于把握好财务信息公开的范围，保证财务信息公开带来的好处，避免财务信息公开对企业产生的不利影响。对于《企业财务通则》规定必须公开的内容，要如实向职工公开。

（2）建立和完善财务信息内部公开机制，保障企业职工行使知情权、参与权和监督权。

企业不能把财务信息公开当成临时任务，走过场、走形式，隐瞒职工真正关心的财务信息，以保密为由而实际暗箱操作。

（3）国有及国有控股企业、集体企业应加强民主理财制度建设，实行民主决策，向职工公开经营者报酬实施方案及其职务消费信息、年报审计情况、企业重组涉及的资产评估及处置情况等重大财务事项。

（4）上市公司既要按照中国证监会的规定，向社会公开披露企业财务信息，同时也应当遵循《企业财务通则》的规定，向公司职工公开相关财务信息。

九、财务信息使用制度

《企业财务通则》第六十八条规定："主管财政机关及其工作人员应当恰当使用所掌握的企业财务信息，并依法履行保密义务，不得利用企业的财务信息谋取私利或者损害企业利益。"

（一）法律法规对合法使用财务信息的规定

根据《会计法》的规定，依法对企业会计资料实施监督检查的部门及其工作人员，对在监督检查中知悉的国家秘密和商业秘密负有保密义务。《企业财务会计报告条例》也规定，接受企业财务会计报告的组织或个人，在企业财务会计报告未正式对外披露前，应当对其内容保密。这是出于维护企业利益和社会经济秩序的考虑。

《企业财务通则》延续了这样的立法精神，明确规定主管财政机关及其工作人员要恰当使用企业财务信息，履行保密义务，不得谋取私利或者损害企业利益。换言之，主管财政机关对按《企业财务通则》履行企业财务管理职责时取得的企业财务信息，承担相应的法律责任，不能违法使用财务信息。

（二）财务信息使用应遵循的原则

《企业财务通则》规定的"恰当使用"，即财务信息使用应遵循的原则，其内涵如下。

（1）主管财政机关及其工作人员对企业财务信息的使用领域和方法，必须在法律、法规、规章限定的范围之内。

（2）主管财政机关及其工作人员对获得的企业财务信息负有保密义务，除了依法向特定对象提供相关信息以外，禁止以任何形式、向任何与职责工作无关的人员泄露。

（3）主管财政机关及其工作人员不得谋取私利，例如向企业的竞争对手等特定对象有偿提供企业财务信息，利用所掌握的商业秘密从证券市场获利。

（4）主管财政机关及其工作人员使用企业财务信息时，不得损害企业正当利益。

十、财务信息的审计

公司信息披露的核心是财务信息，它之所以成为公司信息披露的重点是由其性质所决定的。公司财务状况和经营成果是评价公司股票价值最直接的依据。任何投资者都会对公司的财务会计信息极为敏感，即使是有关董事和经理人员的薪金都是人们关注的焦点，经常被用来作为评估其业绩的指标。在公司治理过程中，无论股东还是其他利益相关者，都会对财务会计信息的真实性、相关性、完整性和及时性非常关注，人们通过对财务会计信息的分析可获得许多重要而有价值的结论，这些结论直接或间接地支持了信息使用者的决策和行动。

财务会计信息披露之所以受到公司治理者的重视，还在于财务会计信息要经过双重审计，具有较强的可信度。所谓"双重审计"是指公司披露的财务会计信息一是要经过监事会（或董事会的审计委员会）的审查，二是要经过注册会计师的审计。对信息利用者而言，虽然审计后的财务会计信息不能绝对保证其真实和准确，但对一般股东和公众来说，完全掌握财务会计信息的生成需要相当的专业知识和时间，大多数人对财务会计信息的理解也只能依赖审计这一环节来保证其真实与公允。

另外，也正是由于财务会计信息披露的重要性，才使得该方面的信息必须通过注册会计师审计来加以社会保证。因此，由财务会计信息披露这一特性所决定，该方面的信息披露较之公司治理的其他信息更加具有可利用价值和可信度。鉴于上述理由，可以看到世界各国公司治理原则或报告中均对保证财务会计信息质量的会计准则、审计人员独立性、内部控制给予了充分关注和明确的要求，提出了多项控制措施。世界上第一份公司治理研究报告（Cadbury 报告）的诞生与公司财务会计信息披露有着直接的关系，其原因就是财务会计信息质量问题影响到了股东及其他利益相关者的决策。为了实现公司的有效治理，真实与公允的财务信息必不可少。日本、韩国、瑞典和 OECD 等在其公司治理原则或报告中也都对财务信息的披露做出了规定。

可见现代公司有效治理需要财务会计信息的支持，具体而言公司治理财务会计信息披露应包括以下主要内容：①资产负债表；②利润表；③现金流量表；④股东权益增减变动表；⑤财务情况说明书；⑥各种财务会计报告附注事项；⑦各种会计政策运用的说明；⑧合并会计报表；⑨审计报告；⑩其他财务会计信息。

第二节　财务会计报告管理

财务会计报告是指企业对外提供的反映企业某一特定日期的财务状况和某一会计期间的经营成果、现金流量等会计信息的文件。

财务报表是对企业财务状况、经营成果和现金流量的结构性表述。

一、财务报告的目的

编制财务报告的目的是为企业现在和潜在的投资者、债权人及其他报告使用者做出有效决策提供有用信息；更进一步说，财务报告应当在企业和经济活动中提供对稀缺资源做出合理选择的备选方案，并据以进行经济决策。

有关资源分配的决策主要依靠可信的和可以理解的会计信息，因此高质量的会计准则对经济的有效运行是十分重要的。财务报告的主要目的主要是满足外部使用者（投资者、债权人以及他们的顾问）的需要；因为他们无权命令企业按照他们的要求去报告财务信息，而只能利用由管理当局传递给他们的信息——通用的财务报表和其他财务报告。因此，企业的财务报告应当体现外部使用者的共同需要；最重要的是有助于使用者的投资、信贷等决策。

（1）财务报告有助于投资者做出投资决策。投资者可以根据财务报告提供的信息，知晓企业经营业绩、盈利能力及偿债能力，并对企业资产、负债及所有者权益等财务状况有真实的了解，据此做出有效的投资决策。

（2）财务报告有助于债权人做出信贷决策。债权人根据财务报告提供的信息，获悉企业财务状况及偿债能力、资金运用方式和效果，做出正确的信贷决策。

（3）财务报告为经理层管理企业提供必不可少的信息。财务报告是企业某一会计期间财务状况和经营成果最集中、全面的反映，企业的管理人员根据财务报告分析过去经营管理的得失，进而确定未来的经营方针和经营计划，促使企业达到最佳经营绩效。

（4）财务报告为国家税务当局计算税金提供了依据。

（5）财务报告为国家宏观调控经济提供了决策参考。

二、财务报告的局限性

运用财务信息进行决策时，应认识到报表的固有缺陷。财务报告揭示的业已发生的会计事项，提供的是历史信息；而决策则是面向未来，过去对未来只不过是一种借鉴、指导。

财务报告的局限性如下。

1. 不能揭示质量信息和不能数量化的事实

财务报表提供的信息都是货币信息、数量信息，不能提供非货币信息；而许多非货币信息对决策是非常有用的，如企业的市场地位、人力资源情况等。

2. 人为估计的缺陷

许多会计方法都带有主观因素，例如坏账的确认、固定资产折旧等，都必须经过估计。编制报表所采用的这些人为估计方法，受估计人员学识、经历等方面差异的影响，使财务报表提供信息发生一定程度的差错，甚至会使财务报表信息严重失真。

3. 历史成本信息的缺陷

财务报表揭示的是历史成本信息，在历史成本与现行价值差异较大时，财务报表提供的信息将严重失实。特别是在通货膨胀时期，财务报表提供的信息可能会出现如下情况：历史成本可能大大低于现行的重置成本；货币成为一种不统一的计量单位；持有非货币资产损益未加以确认，致使收入与费用不相配比。

三、财务报告潜在风险

企业编制、对外提供和非分析用财务报告，至少应当关注下列风险。

（1）提供虚假财务报告，误导财务报告使用者，造成决策失误，干扰市场秩序。

（2）不能有效利用财务报告，难以及时发现企业经营管理中存在的问题，可能导致企业财务和经营风险失控。

（3）编制财务报告违反会计法律法规和国家统一的会计准则制度，可能导致企业承担法律责任和声誉受损。

四、财务报告的类别、内容

财务报告包括财务报表和其他应当在财务报告中披露的相关信息和资料。其中，财务报表由报表本身及其附注两部分构成。附注是财务报表的有机组成部分。

资产负债表是指反映企业在某一特定日期的财务状况的会计报表。

利润表是指反映企业在一定会计期间的经营成果的会计报表。

现金流量表是指反映企业在一定会计期间的现金和现金等价物流入和流出的会计报表。

附注是指对在会计报表中列示项目所做的进一步说明，以及对未能在这些报表中列示项目的说明等。

1. 按编报时间，可以分为中期财务会计报告和年度财务会计报告

其中，中期财务会计报告包括月度、季度、半年度财务会计报告。

2. 按服务对象，可以分为外部财务会计报告和内部财务会计报告

外部财务会计报告是企业对外提供的财务会计报告，其格式和内容根据《企业财务会计报告条例》和国家统一的会计制度的规定编制。

内部财务会计报告是企业根据其内部经营管理需要编制的，供内部管理人员使用的财务会计报告，其格式和内容由企业自行确定，如成本明细表、应收账款明细表、综合会计报表等。

3. 按反映内容，可以分为个别财务会计报告和合并财务会计报告。

个别财务会计报告反映单个企业的财务状况、经营成果和现金流量情况。

合并财务会计报告是由母公司编制的，反映纳入合并范围的所有控股子公司的财务状况、经营成果和现金流量情况。

五、财务报告的编制

（一）财务报告的编制目标

财务会计报告的目标是向财务会计报告使用者提供与企业财务状况、经营成果和现金流量等有关的会计信息，反映企业管理层受托责任履行情况，有助于财务会计报告使用者做出经济决策。

其主要包括以下两个方面的内容。

1. 向财务报告使用者提供决策有用的信息

企业编制财务报告的主要目的是为了满足财务报告使用者的信息需要，有助于财务报告使用者做出经济决策。因此，向财务报告使用者提供决策有用的信息是财务报告的基本目标。如果企业在财务报告中提供的会计信息与使用者的决策无关，没有使用价值，那么财务报告就失去了其编制的意义。

2. 反映企业管理层受托责任的履行情况

在现代公司制下，企业所有权和经营权相分离，企业管理层是受委托人之托经营管理企业及其各项资产，负有受托责任，即企业管理层所经营管理的企业各项资产基本上均为投资者投入的资本（或者留存收益作为再投资）或者向债权人借入的资金所形成的，企业管理层有责任妥善保管并合理、有效地运用这些资产。尤其是企业投资者和债权人等，需要及时或者经常性地了解企业管理层保管、使用资产的情况，以便于评价企业管理层受托责任的履行情况和业绩情况，并决定是否需要调整投资或者信贷政策，是否需要加强企业内部控制和其他制度建设，是否需要更换管理层等。因此，财务报告应当反映企业管理层受托责任的履行情况，以有助于评价企业的经营管理责任和资源使用的有效性。

（二）编制财务会计报告的原则

1. 合法性

企业财务会计报告要根据有关法律、法规和国家统一的财务、会计制度的规定编制，不得违反国家统一规定，随意改变财务会计报告的编制基础、编制依据、编制原则和方法。

2. 及时性

企业应当依据法律、行政法规和国家有关财务会计报告提供期限的统一规定，及时对外提供财务会计报告，经营者或者投资者不得拖延或阻挠。

3. 真实性

企业财务会计报告应根据真实的交易、事项进行编制，做到数据真实、计算准确，不得编制和对外提供虚假的或者隐瞒重要事实的财务会计报告。

4. 完整性

企业应当按照国家统一规定的会计报表格式和内容编制会计报表，做到内容完整，不得漏报或者任意取舍。报表附注应按规定内容披露。

（三）财务报告编制流程

财务报告编制流程如图 5-1 所示。

（四）财务报表编制和信息披露的关键控制要点

1. 年度财务报告的审议

总会计师、总经理办公会对年度财务报告进行审议，对近期会计制度变化、有关财务报告的重要假设、调整、重大非经常性事项以及审计过程中发现的问题进行讨论和表决，经总经理办公会决议后的财务报告才能予以披露。

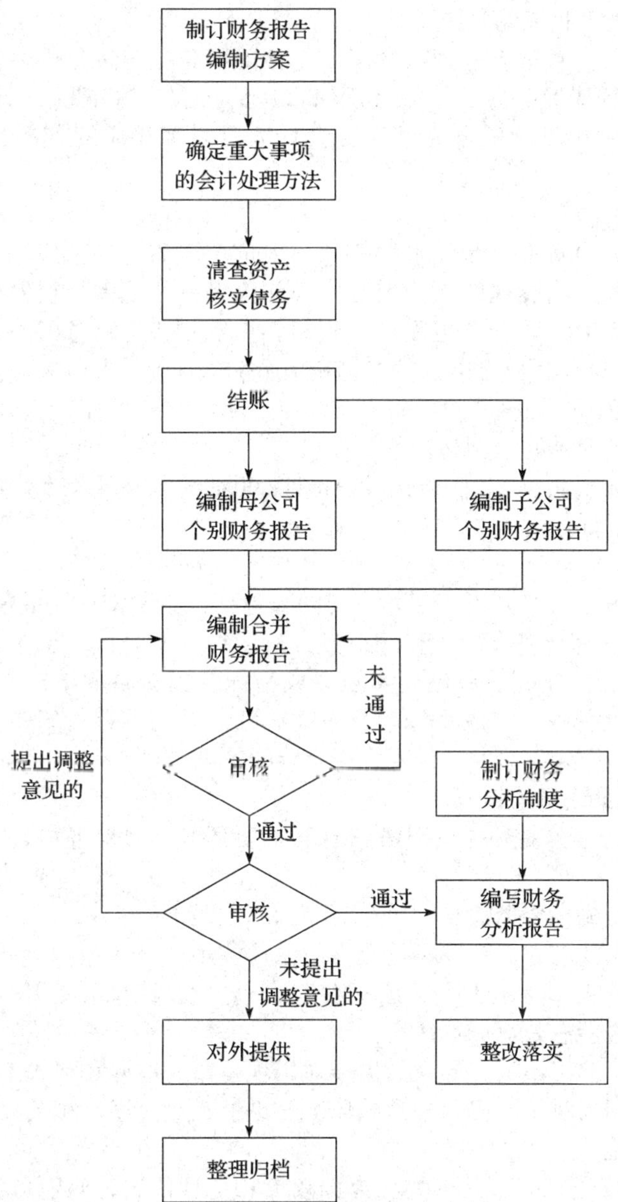

图 5-1 财务报告编制流程

2. 信息披露管理办法的制订

公司制订了信息披露管理办法，规定公司信息披露分为定期报告和临时报告两种类型。定期报告（年度报告、半年度报告和季度报告）格式和内容需按证监会《公开发行股票信息披露的内容与格式准则》的要求以及证监会和深圳证券交易所的其他规定与要求编制。临时报告的格式应当严格遵照深圳证券交易所《上市公司主要临时公告格式指引》的有关标准格式要求。

3. 信息披露前的审查程序

公司应制订信息披露管理办法，规定公司信息披露前的审查程序。提供信息的部门负责人核对相关信息资料，相关部门负责人进行合规性审查，并根据提供的相关信息资料编制信息披露公告，报告总经理办公会审批后签发。

4. 对下属公司财务报表的复核

财务部门会计人员对下属公司每月填制上报的财务报表进行整体复核，审核内容包括报送时间、数据填制情况等方面，同时确保报送的报表经过下属公司恰当管理层的审批。对于汇总审核过程中所发现的异常情况，会计人员联系相应的下属公司财务部予以调查处理。

5. 合并报表范围的确定和审核

财务部门会计人员负责编制和维护合并报表单位清单，列示应纳入合并和汇总范围的公司内各分、子公司。当股权结构发生变化合并报表单位范围需要发生变化时，会计人员提请财务部门负责人对纳入合并范围进行判断和识别。获得财务部门负责人批准后，会计人员更新合并报表单位清单，纳入合并程序。财务部门负责人审核合并报表准确性的同时检查合并报表单位范围的准确性。

6. 内部往来抵销分录的编制和复核

财务部门会计人员根据核对一致的内部往来明细编制合并报表内部往来抵销分录，由财务部门独立人员进行复核。

7. 财务分析

财务部每季度进行财务分析，主要分析内容包括：主要指标完成情况、营业收入分析、主营业务收入分析、毛利率分析、利润总额分析、净利润分析、销售费用分析、管理费用分析、应收账款分析。分析项目包括实际完成指标、预计完成指标、去年同期完成指标、同比增长额、同比增长率、完成目标率及应收账款周转率、存货周转率等。财务分析结果形成财务分析报告，作为公司生产经营分析会议的基础资料。

（五）财务报告编制风险控制

财务报告编制是企业对外提供财务信息的首要环节，对保证报告真实完整，规避报告风险至关重要。

1. 财务报告编制的主要风险

（1）会计政策未能有效更新，不符合有关法律法规。

（2）重要会计政策、会计估计变更未经审批，导致会计政策使用不当。

（3）会计政策未能有效贯彻、执行。

（4）各部门职责分工不清，导致数据传递出现差错、遗漏和格式不一致等。

（5）各步骤时间安排不明确，导致整体编制进度延后，违反相关报送要求。

2. 风险应对措施

企业编制财务报告，应当重点关注会计政策和会计估计，对财务报告产生重大影响的交易和事项的处理应当按照规定的权限和程序进行审批。

企业在编制年度财务报告前，应当进行必要的资产清查、减值测试和债权债务核实。

为了正确理解上述要求应搞清下列相关概念。

会计政策是指企业在会计核算时所遵循的具体原则以及会计所采纳的具体会计处理方法。具体原则是指企业按照国家统一的会计核算制度所制订的、适合于本企业的会计制度中所采用的会计原则。具体会计处理方法是指企业在会计核算中，从诸多可选择的方法中选择适合于本企业的会计处理方法。

会计估计是指会计对其结果不确定的交易或事项以最近可利用的信息为基础所做的判断。

为防范财务报告风险，在编制会计报表时应关注以下几点。

（1）财务报告的编制要规范。企业应当按照国家统一的会计准则制度规定，依据登记完整、核对无误的会计账簿记录和其他有关资料编制财务报告，做到内容完整、数字真实、计算准确，不得漏报或随意进行取舍。

1）关注会计政策和会计估计。企业的会计政策和会计估计要符合国家会计法规和监管有关规定，还要结合企业自身实际情况制订，如发现矛盾应及时调整；会计政策和会计估计的调整需要按照规定的权限和程序审批。企业内部会计规章制度至少要经财务部门负责人审批后生效。财务报告流程年报编制方案应经公司主管财务负责人审核批准。

2）关注重大影响的交易和事项。影响会计报告的重大交易和事项（如债务重组、非货币性交易、公允价值的计量、收购兼并、资产减值等），应明确授权和处理流程，报适当管理层审批后予以执行，不得任意处理。

3）关注资产清查和债务核实。指引要求企业在编制会计报表前应进行必要的资产清查、减值测试和债权债务核实，做到账实相符。它是确保财务报告真实可靠、内容完整、计算准确的基础，否则可能出现漏报、重报或任意取舍。

（2）经营成果的列示要真实完整。企业财务报告应当如实列示当期收入、费用和利润。

为防范经营成果报表风险，指引列示了以下具体要求。

1）各项收入的确认应当遵循规定的标准，不得虚列或者隐瞒收入，推迟或提前确认收入。

2）各项费用、成本的确认应当符合规定，不得随意改变费用、成本的确认标准和计量方法，多列、不列或者少列费用、成本。

3）利润由收入减去费用后的净额、直接计入当期利润的利得和损失等构成，不得随意调整利润的计算、分配方法，编造虚假利润。

上述规定对收入、费用、利润的确认与计量提出了严格要求，可以减少企业的随意性，对防范利润表的舞弊行为有重要意义。

（3）现金流量列示要划清界限。企业财务报告列示的各种现金流量由经营活动、投资活动和投资活动的现金流量构成，应当按照规定划清各类交易和事项的现金流量的界限。

为防范现金流量表的风险，现金流量表的编制应遵循《企业会计准则第 31 号——现金流量表》及应用指南的相关规定。现金流量表是按收付实现制编制的，资产负债表和利润表是按权责发生制编制的。通过现金流量能够帮助企业及时了解现金流向、现金充足性、偿债能力及收益质量等情况，从而制订有效的管理策略，提高企业经营效率和效果，促进经营战略目标的实现。

（4）财务状况的列示要真实可靠。企业财务报告列示的资产、负债、所有者权益金额应当真实可靠。

为防范财务状况报表风险，指引对负产、负债及所有权计价提出了严格要求。

1）各项资产计价方法不得随意变更，如有减值，应当合理计提减值准备，严禁虚增和虚减资产。

2）各项负债应当反映企业的现实义务，不得提前、推迟或不确认负债，严禁虚增或虚减负债。

3）所有者权益应当反映企业资产扣除负债后由所有者享有的剩余权益。

所有者权益由实收资本、资本公积、留存收益等构成。企业应当做好所有者权益保值增值工作，严禁虚假出资、抽逃出资、资本不实。

上述要求对防范报表舞弊具有针对性和现实性，企业应认真执行。

（5）报表附注应说明报表中相关事项。附注是财务报告的重要组成部分，对反映企业的财务状况、经营成果、现金流量的报表中需要说明的事项，做出真实、完整、清晰的说明。企业应当按照国家统一的会计准则编制附注。

会计准则要求，附注应对企业债权、债务及资产的构成，企业担保、诉讼、未决事项、资产重组等重大或有事项，关联方及关联交易等做出真实、完整、清晰的说明，为报告使用者提供翔实的资料。

（6）合并会计报表应关注合并范围及方法。企业集团应当编制合并财务报表；明确合并财务报表的合并范围和合并方法；如实反映企业集团的财务状况、经营成果和现金流量。

合并报表编制的范围应该以控制为基础，抵销公司内部交易，反映整个集团的财务报表。控制是指一个企业能够决定另一个企业的财务及经营政策，并能据以从另一个企业的经营活动中获取利益的权利。公司应当及时归集、整理、合并抵销基础事项和数据，编制合并抵销分录，并依据纳入合并范围的子公司之间的内部交易及往来对账结果，经核实无误后进行编制，并保留合并报表的书面记录。

（7）计算机技术应用要充分。企业编制财务报告，应当充分利用信息技术，提高工作效率和工作质量；减少或避免编制差错和人为调整因素。

通过上述措施可以有效地防范财务报告的风险，提高财务信息质量。但是还应注意财务报告是由财会人员编制的，提高财务人员的业务水平及责任感、确定报表编制流程、明确编制分工进度、实施相互核对等，也是防范风险的一项有效的重要措施。

（六）财务报告的编制要求

编制财务报告的目的是为了向现有的和潜在的投资者、债权人、政府部门及其他机构等信息使用者提供企业的财务状况、经营成果和财务状况变动信息，以有利于正确地进行经济决策。

1. 编制时间要求

各单位必须按照国家统一会计制度规定，定期编制财务报告。财务报告可以分为月度、季度、年度等编制。公开发行股票的股份有限公司还应发布半年编报一次的财务报告。

财务报告提供的信息有较强的时间性，各单位必须及时编制和报送。

2. 编制格式要求

对外报送的财务报告的格式，应当符合国家有关规定；单位内部使用的财务报告，其格式要求由各单位自行规定。

国家统一会计制度对于对外报送的会计报表及其附表格式都有统一规定，各单位在编制会计报表时应当严格执行统一规定，不能随意增列或减并表内项目，更不能任意变更表内各项目的经济内容，以免引起使用方面的混乱。

对于内部使用的财务报告格式，各单位在自行规定时，格式要科学合理、体系完整、结构严谨、简明实用。

对于会计报表的封面，单位名称应当填写全称；单位公章应当使用单位行政公章，不能用财务专用章代替；同时还要盖齐单位负责人、总会计师、会计机构负责人、制表人等人员的印章；随同报表的财务状况说明书，应在封面之内与报表装订在一起，并在封面上注明“内附财务状况说明书一份”字样；报送文件一般应贴在报表封面上，不能与财务状况说明书订在一起；因为财务状况说明书是财务报告的组成部分，报送文件只是一种履行报送程序的方式。

3. 编制程序和质量要求

会计报表应当根据登记完整、核对无误的会计账簿记录和其他有关资料编制，做到数字真实、计算准确、内容完整、说明清楚。任何人不得篡改或者授意、指使、强令他人篡改财务报告数字。这是编制财务报告程序和质量最基本的要求，各单位必须严格执行。

（1）数字真实。财务报告应当与单位的财务状况和经营成果相一致。要求一切会计资料必须真实反映单位经济活动的实际，每一项会计记录都要有合法的会计凭证为依据，会计的计量、记录和确认必须根据国家统一会计制度和相关法规的规定处理；编制财务报告，必须以登记完整、核对无误的会计记录和其他有关资料为依据。任何弄虚作假隐瞒财务状况的行为，都是编制财务报告所不能允许的。

（2）计算准确。在会计账簿和其他有关资料真实可靠的前提下，严格按照国家统一会计制度规定的会计报表编制说明，编制会计报表；做到表内各项目之间、报表与报表之间相互衔接，本期报表与上期报表之间有关数字，应当相互衔接；严禁任何人用任何方式篡改财务报告数字。

（3）内容完整。财务报告各项目的内容必须严格按照国家统一会计制度规定的内容编制，要能满足各方面对财务信息的需要；不能任意改变报表项目的内容，增列或减并报表项目，更不能漏报或谎报。

（4）说明清楚。财务报告所附的财务状况说明书，必须准确、简明、清晰地说明各个重要会计事项，如会计方法的变动及其影响、有关表内的综合项目（货币资金、存货等）构成情况说明，等等。通过说明，使财务报告使用者增强对财务报告的理解和掌握。

实际工作中存在的会计信息失真问题，很大程度上是在编制财务报告环节有意违纪或技术性差错造成的，为了从源头根治财务报告失真的问题，《会计基础工作规范》规定："单位领导人对报送财务报告的合法性、真实性负法律责任。"这一规定既可以促使单位领导明确法律责任，强化法律意识，自觉遵守法规，根除授意、指使、强令他人篡改财务报告数字的不法行为；又能够促使单位领导人严格把关，要求财会人员保证财务报告的真实性、合法性，使财务报告的质量从根本上得到保证。

特别需要强调的是，《会计法》和《会计基础工作规范》都规定，各单位对外报送的会计报表应当由单位领导人、总会计师等签章。对此规定，切不可理解为仅是简单的工作程序，而是为了明确责任，表明单位有关领导已经认真审阅了报表的内容，并对会计报表的真实性、合理性承担法律责任。在实际工作中，有些单位领导人不认真审阅会计报表内容，随便签章了事；有的甚至将个人印章放在会计部门，由会计部门代替其在会计报表上签章。这是一种极不负责的表现，也是一种违法行为。

六、财务报告的表外揭示

（一）财务报告表外揭示概述

1. 表外揭示的含义

财务报告由会计报表主表、附表、附注、财务状况说明书、补充报表和明细附表等共同构成。资产负债表、利润表和现金流量表这三种通用会计报表是财务报告的主体；附注、财务状况说明书、补充报表及明细附表等共同构成通用会计报表以外揭示会计信息的基本形式，即财务报告的表外揭示。

财务报告的表外揭示又称补充揭示，主要是对资产负债表和利润表本身所无法或难以揭示的重要细节或重大的财务信息进行补充揭示。

2. 表外揭示的理由

（1）通用会计报表的局限性。补充揭示之所以必要，根本原因就在于通用会计报表虽是揭示会计信息最为重要的形式，但在揭示会计信息上又有其局限性。

1）资产负债表和利润表的项目都必须符合会计要素的定义，所揭示的财务信息都必须同时满足相关性和可靠性的质量特征。

2）被纳入通用会计报表的只能是货币化的数量信息，对会计信息使用者决策具有重要意义的非货币化或非数量化信息则无法反映。

3）通用会计报表具有固定的格式、固定的项目以及较为固定的填列方式，无法反映企业发生的特殊经济业务。

4）通用会计报表无法反映报表数字处理的会计程序和方法方面的信息。

5）通用会计报表反映的会计信息是一种以历史成本揭示的账面信息，不能反映物价变动和经济环境发生变动情况下的会计信息。

因此，资产负债表和利润表会将一些可以定性但难以定量的，以及虽然相关和重大但可靠性较弱的财务信息排除在外，这些信息只能通过补充揭示的方式予以反映。可见，会计信息的表外揭示在财务报告中占有举足轻重的位置，提高表外揭示会计信息的质量，是弥补通用会计报表揭示会计信息局限性、提高财务报告总体水平的一个重要环节。

（2）企业自愿进行表外揭示的动因。对企业来说，之所以需要也愿意对其财务信息进行补充揭示，其原因也是多方面的。首先，国际资本市场的激烈竞争是导致公司不断提高其补充揭示水准的最大推动力。很多公司，尤其是跨国公司，它们需要在国际资本市场上寻求新的资本来源，必须要大幅度提高其财务信息的表外揭示程度和水准。其次，对财务报表进行充分的表外揭示有利于扩大外界对企业本身的了解。因为表外揭示的内容同样也是让外界了解企业经营情况的重要信息来源。最后，对财务报表进行充分的表外揭示，还可以克服国与国之间在会计准则和会计实务方面存在的差异而导致的设有海外分支机构的公司在财务管理上的困难。

（二）财务报告表外揭示的改进方向

我国现行法规规定财务报告表外揭示需要揭示以下六类财务信息：①会计方针及其变动；②期后事项；③财务报告中有关项目的明细资料；④对本期或下期财务状况发生重大影响的事项；⑤企业管理当局的若干重要分析；⑥其他有助于理解和分析报表需要说明的事项。

一般来说，一个企业对财务报表应补充揭示到何种程度，主要取决于四个因素：会计准则的要求，会计信息用户的需要，会计信息用户的影响，企业管理层所奉行的管理哲学。

财务总监在主持制作公司财务报告时，以下财务信息是应该通过表外揭示方式予以披露的。

（1）对分部业务的揭示。随着企业的多种经营和国外业务的发展，特别是通过合并或购买一些业务不相关的企业，使财务信息的聚合问题变得更为突出。因为，企业的经营业务多种多样，企业各分支机构又处于不同的地理位置，有不同的销售市场业务的增长趋势，风险亦各不相同，难以依据一种聚合的数据对整个企业进行评价。

（2）对与公司股票有关信息的揭示。在与公司股票的有关信息中，每股收益率是一个最为重要的指标，将每股收益率的数据放在年度报告的补充信息中是必要的。除了每股收益率指标外，还应揭示其他一些与公司股票有关的信息：股票的上市地点和上市情况、对A种股票或B种股票的描述、股价的发展趋势和日均成交量、股权分布及结构情况等。

（3）编制增值表。为社会最大限度地创造就业机会和做出其他贡献，是企业的当然目标之一。编制增值表是为了向公众表达企业是社会财富的创造者这种价值观念。企业的存在，不但创造了就业机会，使国家增加了税收收入，还让各类投资者得到了回报。

（4）对员工情况的揭示。企业的持续成功也要依赖于员工的贡献，因此，对企业人力资源或人力资本情况予以揭示是必要的。对员工情况进行揭示的内容包括主要地区和分部雇员人数、相应的薪金和社会福利成本的金额及比例。

（5）对环境性信息的揭示。随着社会公众和企业对环保问题的日益重视，企业揭示其在对环保支出方面的信息逐渐成为一种趋势。提供企业环保方面的开支情况，不仅仅是为了让传统的财务报表信息使用者了解这方面的情况，也是为了给企业产品的消费者及与企业共存的其他任何人传达一种有责任感的企业形象方面的信息。

（三）财务报表附注

财务报表附注主要以文字的形式对基本财务报表的项目、内容和有助于正确理解财务报表的有关事项进行必要的说明和解释。财务报表附注对会计信息的使用者做出正确的决策起着重要作用。

1. 编写财务报表注释的原因

财务报表由于受格式、反映形式的限制，所提供的信息在某些情况下不能完全满足使用者的需要。

（1）由于财务报表格式中所规定的内容具有一定的固定性和规定性，只能提供货币化的定量财务信息，对会计信息的使用者决策具有重要意义的非货币化或非数量化的会计信息则无法反映，必须借助于财务报表附注的形式来反映。

（2）由于列入财务报表的各项信息都必须符合会计要素的定义和确认的标准，因此一些对企业有重要影响但与现行的确认标准不一致的项目，就无法在财务报表中列示，必须在附注中予以说明。

（3）基本财务报表反映的会计信息是一种以历史成本原则揭示的账面信息，不能反映物价变动和经济环境发生变动等情况下的会计信息，而报表使用者除了要了解历史成本，更关心现行的市场价值。对于这类的使用需求，企业只能通过报表附注形式予以满足。

2. 财务报表附注所揭示的内容

财务报表附注主要以文字形式对基本财务报表的项目和内容及有助于正确理解财务报表的有关事项进行必要的说明和解释。一般包括以下内容。

（1）基本会计假设。编制会计报表是以基本会计假设为前提的，根据符合公认的基本会计假设而编制的会计报表不会对使用者造成误解，因此一般情况下不需要加以说明。但是，如果编制的会计报表未遵守基本会计假设，则必须予以披露并说明其理由。

（2）会计政策的揭示。会计政策是指企业编制会计报表时所采用的特定原理、基础、惯例、规则和做法。由于会计政策在具体使用中可有不同的选择，因此会计政策的揭示是财务报表附注中的一项非常重要的内容。会计政策揭示涉及的内容很多，如合并政策、外币折算政策、存货计价、固定资产折旧、无形资产摊销、各项收入的确认、费用及所得税的递延与摊转、某些债务的处理、每股盈余额的计算方法等方面所遵循的原则和运用的方法，这些都属于会计政策所揭示的内容。

（3）会计政策的变更。企业在会计核算中所采用的会计政策应当前后一致，不应随意改变。但企业依据现行法令或会计准则的要求可进行变更，或者企业认为采用新政策能使其会计报表中对事项或交易的编报更为恰当时，也可以对以往所采用的会计政策做出某些变更。在这种情况下，应在财务报表附注中对变更的原因和产生的影响加以说明，以便报表的使用者能够按照一致性和可比性原则分析有关资料，得出符合实际的结论。

（4）财务报表中某些项目的补充说明。这部分内容包括的范围很广，财务报表中的主要项目几乎都可能被涉及。在注释中，不仅对该项目有关的情况需要进行说明和解释，而且在许多情况下，还要列出一系列的明细表格和算式，详细说明数字的含义和产生过程。

（5）财务报表格式内难以反映或不能反映的内容。例如租赁业务合同、退休养老金计划、关联单位交易、债务重组措施、或有项目等，这些对企业有重大影响而又未在表内反映的事项，应根据实际情况在注释中加以说明。

（6）其他内容。诸如企业的合并、分立，重大投资、融资活动，重要资产转让及其出售情况等。

3. 编写财务报表附注应注意的问题

为确保财务报表附注的质量，在编写财务报表附注时，应注意以下事项。

（1）揭示要充分、系统、完整，否则，信息揭示遗漏会造成会计资料的误导或误解。

（2）坚持重要性原则，对不同信息应选择不同的披露方式，对重要信息资料应详细、充分地披露，一般事项的说明则要简略。判断重要性的标准，主要看会计信息与报表使用者经济决策的相关程度的大小。

（3）确保附注资料真实可信。只有真实可信的会计信息才能发挥附注资料的作用；否则，只会对报表使用者产生误导。为此，应做到附注资料来源真实可靠，信息产生程序科学合理，信息表述恰当、清晰。

（4）保守商业秘密。企业的商业秘密是企业的重要资源，它关系到企业的经营成果甚至生存安全。财务报表附注中应披露的全部信息应是可公开的信息，不能泄露商业秘密。

4. 财务报表附注的形式

财务报表附注一般由括号注释和底注两部分组成。两者的内容不同，各自发挥的作用也不同。在注释或财务报表正文括号中提供的信息，被认为是按照公认会计原则编制的财务报表整体的一部分。

（1）括号注释。括号注释是指直接在报表上对有关项目做补充说明。它有两个特点：一是直接注在报表内；二是简短，以免影响有关项目金额的填列。

括号注释的作用如下。

1）指标所采用的会计程序和计价方法，如“短期投资（按成本加利息）25000”。

2）说明某一个项目的特征，如“应收账款（已减备抵坏账 10000）70000”。

3）列示某个标题中所包括的构成项目的具体金额，如“应收票据（已含贴现应收票据 8000）50000”。

4）按替代性计价得出的金额，如“存货（按市价，成本为 200000）190000”。

5）需参见其他报表或本表其他部分的说明，如“所得税退还（见底注）45000”。

（2）底注。底注是指在报表正文后面用一定的文字和数字进行的补充说明。它不能用来代替报表本身正常的分类、计数，不能与报表内的信息重复、矛盾。

底注通常包括以下内容。

1）会计政策，如存货的计价基础。

2）会计变动，包括：计算程序或方法的变化，如存货的计价从先进先出法改变为加权平均法；估价的变动，如改变坏账计提的比例，变更固定资产折旧年限和预计残值等；主体的变动，如企业由于兼并、重组而引起的报表数据变化等。

3）债权人优先权益的说明，如在有关负债项目中用作抵押的资产、可转换股权、清算资产的特别求偿权等做说明。

4）或有资产和或有负债，如外单位或个人有条件捐赠的资产、待决诉讼等。

5）股利支付限制，如股利能否从缴入资本的溢价中支付，留存收益是否分配等。

6）有关权益持有人权利的说明，如企业给予高层职员的优先认股权的条件、要求，以及对未来企业收益和股东权益的影响等的说明。

7）待履行的合同，指企业已签订的还没履行的，但企业将要承担责任的合同。

（四）财务情况说明书

1. 财务情况说明书概述

财务情况说明书是对企业一定会计期间内财产成本情况进行分析总结的书面文字报告，是以文字形式为主结合数字指标的书面财务情况报告，是企业年度财务报告的重要组成部分。财务情况说明书能全面提供企业生产经营情况，分析总结企业工作成绩和不足，因而是企业管理层和相关政府部门了解和考核企业业绩的重要依据。

2. 所说明的问题

财务情况说明书主要说明以下问题。

（1）企业的背景信息。这些信息的主要作用是帮助报表相关者们判断企业的经营战略和未来前景与企业的经营环境相适应与否等问题。企业的背景信息包括：企业所处的国家、行业、企业的技术水平和技术进步能力，企业国外业务份额、企业经营业务与资产的范围内容、企业过去盈利能力、主要竞争对手、企业近期及远期目标等。

（2）企业生产经营情况，包括：利润实现和分配情况；资金增减和周转情况；税金缴纳和遵守税法情况；各项财产物资的变动情况等。

（3）企业前瞻性信息，主要指的是企业管理者或其他报表相关者对于企业未来经营环境的事先评估，特别是对本期或下期财务状况发生重大影响的事件的说明。其内容包括：企业面临的机会与风险、企业重大的投资计划、企业可能存在哪些重大的技术进步、企业管理部门的主要计划、企业主要财务安排及企业管理部门对一些主要财务信息和非财务信息的分析与评价。

（4）资产负债表编制日后至报表报出前发生的、对企业财务状况变动有重大影响的期后事项。

（5）其他有助于理解和分析财务报表需要说明的事项。

3. 主要作用

（1）有利于财务报表使用者领会财务报表所提供的信息，因为财务情况说明书在一定程度上对财务报表中的某些事项进行了揭示。

（2）有利于财务报表使用者进一步了解企业生产经营情况和经营成果，以便做出正确决策，因为财务报表提供的信息一般比较抽象，说明问题不够详尽，难以透彻了解企业的财务状况，而财务情况说明书通过文字或数字指标进行了说明。

（3）能提供更为有用的决策信息，因为财务报表着重提供已经完成了的、过去的财务信息，而财务情况说明书不仅提供当期对企业财务状况发生重大影响的事项，而且也提供当时发生的（资产负债表编制日以后）和下期即将发生的对企业财务状况产生重大影响的事项。

七、财务报告的阅读与分析

企业财务报告的阅读与分析包括对企业会计报表、会计报表附注的理解与掌握，以及对财务情况说明书的有关情况的评估、分析。其中资产负债表、利润表、现金流量表及相关附表这些会计报表的阅读与把握是关键。

下面先简要说明资产负债表、利润表、现金流量表的性质、作用。

（一）企业三大会计报表的性质与作用

1. 资产负债表的性质及作用

资产负债表以“资产 = 负债 + 所有者权益（或股东权益）”这一基本会计恒等式为基础，将企业的资产、负债和所有者权益（或股东权益）等会计要素及其在特定日期的余额按照一定的分类标准和次序编排而成。编制资产负债表的主要目的在于向会计报表使用者反映企业在某一特定日期的财务状况，即企业特定日期的资产、负债、所有者权益（或股东权益）的构成及其相互关系。资产负债表在会计报表体系中具有举足轻重的地位，它所传递的信息既有助于会计报表使用者分析、评价和预测企业的偿债能力、资产变现能力和财务弹性，也有助于其分析、评价和预测企业的经营业绩。

2. 利润表的性质及作用

利润表又称利润表，是反映企业在某一特定会计期间的经营成果的基本报表。利润表主要是根据收入实现原则和配比原则编制的。就是说，企业的会计人员必须首先确定营业收入中哪些属于当期的营业收入，哪些应递延至以后会计期间确认。确定了当期的营业收入后，会计人员还必须依照收入与费用的因果关系，将同一会计期间的营业收入与销售费用进行配比，据以确定报告期的净利润。

利润表所提供的信息不仅有助于投资者评估企业的盈利能力，而且有助于评价企业的偿债能力。事实上，从持续经营的角度看，盈利能力比资产的变现能力给债权人提供了更大的安全保证。盈利能力是企业创造稳定可靠的现金流量的根本保证。此外，利润表提供的信息还有助于投资者考核企业的管理层是否有效地履行了经管责任，有助于税务部门确定企业应当缴纳的税收。

3. 现金流量表的性质和作用

现金流量表反映的是企业经营活动、投资活动和融资活动的现金流量，有利于评估企业净收益的质量、企业的偿债能力、预测企业的财务风险。

（1）反映净收益与现金余额的关系，现金余额与企业盈亏并不一定成正向变化。净收益与现金流量的关系可以反映企业净收益的质量。一般来说，有现金流量支持的净益是高质量的，反之则是质量不高的净收益。

（2）报告过去一年中的现金流量，以便预测未来现金流量，评研企业取得和运用现金的能力，确定企业支付利息、股利和到期债务的能力。

（3）反映企业现金的来源、去向，能使出资人全面掌握企业的资金运用情况。

综上所述，企业会计报表从计量的角度看，资产负债表反映的是企业经营活动、投资活动和融资活动的存量——财务状况。利润表反映的是企业经营活动、投资活动和融资活动的增量——经营成果。现金流量表反映的是企业经营活动、投资活动和融资活动的流量——现金流量。掌握了这三个报表的变化情况，就能抓住企业财务的本质，所以，财务分析是财务总监最重要的工作，财务分析也是财务总监必须掌握的基本技能之一。

（二）财务报告的分析利用

对财务报表提供的数据进行加工分析是财务管理一项重要工作，它可以发现问题，提出改进建议，有效利用企业资源，增加企业效益。

1. 财务报告分析风险及控制

该环节的主要风险是：财务分析制度不符合企业的实际情况，财务分析流于形式，未突出企业经营中重大事项、未充分利用企业现有的资源，财务分析流程、要求不明确，财务分析制度未经审批等。

2. 财务报告分析利用的要求

（1）建立财务报告分析制度。企业应当重视财务报告分析工作，定期召开财务分析会议，充分利用财务报告反映的综合信息，全面分析企业的经营管理状况和存在的问题，不断提高经营管理水平。

1）财务报告分析制度内容，包括：定期召开分析会议，明确财务报告分析的组织形式，确定分析方法和指标体系，分析报告撰写及报送等，并报经有关领导批准，列入业务流程。

企业财务分析会议应吸收有关部门负责人参加，总会计师或分管会计工作的负责人应当在财务分析和利用工作中发挥主导作用。

2）财务报告分析的方法有定性和定量两类，常用定量方法有比较分析法、比率分析法、因素分析法及趋势分析法等。

3）财务报告分析指标体系。企业应建立一套适合本企业的指标体系，既有定量指标，也有定性指标，才能全面系统地反映企业的经营状况、潜在风险及持续发展能力。常用的财务报告评价的定量指标有：盈利能力、偿债能力、资产运营能力、发展能力、社会贡献、净资产收益率、经济增加值等；定性指标有：经营者及职工素质、产品市场占有率（服务满意度）、内部财务控制的有效性、发展创新能力等。定性指标需要通过主观分析得出判断结果。企业可结合自身的特点组成具有全面、系统及内在联系的指标体系、如所有者权益收益率分析指标体系、杜邦财务分析指标体系。

通过财务报告分析企业领导可全面了解企业的经营管理现状和存在的问题，寻找问题产生的根源，拟定应对措施，改进经营管理，充分利用企业资源，促进经营目标的实现。

（2）财务状况报表分析。企业应当分析企业的资产分布、负债水平和所有者权益结构；通过资产负债率、流动比率、资产周转率等指标分析企业的偿债能力和营运能力；分析企业净资产的增减变化，了解和掌握企业规模和净资产的不断变化过程。

通过分析上述指标现状及过去，可全面、系统地把握企业的财务状况及偿债能力，了解企业规模及净资产的变化过程。

（3）经营成果报表分析。企业应当分析各项收入、费用的构成及其增减变动情况，通过净资产收益率、每股收益等指标，分析企业的盈利能力和发展能力，了解和掌握当期利润增减变化的原因和未来发展趋势。

通过分析上述指标，可了解和掌握企业经营成果的形成，收入、费用的构成，当前的水平、变化的原因、未来的趋势。

（4）现金流量报表分析。企业应当分析经营活动、投资活动、筹资活动现金流量的运转情况，重点关注现金流量能否保证生产经营过程的正常运行，防止现金短缺或闲置。

通过分析上述指标，可了解和掌握企业现金在经营活动、投资活动和筹资活动之间流动状况及能否正常运行，使现金得到充分利用。

（5）财务报告分析利用。企业定期的财务分析应当形成分析报告，构成内部报告的组成部分。财务分析报告结果应当及时传递给企业内部有关管理层级，充分发挥财务报告在企业生产经营管理中的重要作用。

要充分发挥财务报告分析的作用，在撰写报告分析中应关注以下三点。

1）重点突出。财务分析涉及企业的方方面面，指标可多达上百个。因此，分析一定要明确目的，突出重点，针对报告反映的当前经营活动偏离目标的重大事项进行分析，充分发挥“听诊器”“显微镜”的功能，找出问题症结，指出产生原因、说明改进措施。

2）及时准确。企业经济瞬息万变，财务分析必须及时准确地为抓住机遇、规避风险、改善经营管理提出建议，及时报送有关部门，充分发挥财务分析功能，否则时过境迁其作用将大打折扣。

3）落实整改。经领导审批的财务分析报告，应及时传递给有关部门。各部门负责人应当根据分析的结果及提出的改进建议，研究本部门的整改落实策略及措施。财务部门应跟踪、监控责任部门的改进落实情况，并及时向有关负责人反馈落实状况。经营中发生的资金问题，财务部门应积极地协助解决，促进目标的完成。

八、年度财务会计报告抽查制度

年度财务会计报告抽查是指财政部门对企业提供的年度财务会计报告及注册会计师出具的审计报告，就其真实性和合法性进行重点抽查，其目的在于加强财务会计报告管理，严肃查处编造、篡改财务会计报告和其他弄虚作假的行为。

九、财务会计报告审计制度

企业对外提供的年度财务会计报告，应当经过会计师事务所和注册会计师根据《独立审计准则》和其他执业规范的规定进行独立审计。

（一）财务会计报告的审计范围

根据财政部印发的《关于改进和加强企业年度会计报表审计工作管理的若干规定》（财企〔2004〕5号），除了继续保留或者封存军工科研生产能力的军工企业（不包括其投资兴办的具有独立法人资格的民品企业），以及监狱劳教企业、边境农场、新疆生产建设兵团和黑龙江垦区所属农业企业等特殊行业的国有企业暂不实行年报审计制度外，境内各类国有及国有控股的非金融企业应当接受年度审计。外商投资企业和上市公司年度会计报表审计，国家另有规定的，从其规定。企业集团内纳入合并年度财务会计报告范围的子公司，必须全部委托审计。

（二）企业年报审计一般应当遵循的要求

（1）企业应当根据董事会或者经理（厂长）办公会的决定进行委托审计。企业集团所属全资企业年度审计由集团公司统一委托。政企尚未脱钩的企业，由直接向政府主管部门报送年报的企业，统一委托会计师事务所对所属企业年报进行审计。

（2）企业应当在每年 9 月 30 日以前委托或者变更委托会计师事务所，并签订业务约定书，明确审计的范围、内容、双方的权利与责任、收费金额与付款方式、违约责任。

（3）审计业务约定书签定后，企业应当在每年 10 月 31 日以前向主管财政机关办理备案手续。企业向主管财政机关备案，应提交备案报告，说明企业选择与更换会计师事务所的理由、约定的审计范围、审计委托方式、审计付费标准等情况。

（4）接受企业委托审计的会计师事务所，承接的审计业务必须由本所的注册会计师完成，不得分拆后转给其他会计师事务所承担。

（5）企业可以采取招标方式选择会计师事务所，企业集团公司选择多家会计师事务所实行联合审计的，应当确定牵头审计的会计师事务所，并协助牵头审计的会计师事务所制订集团审计方案，组织子公司或者所属企业配合实施。

（6）企业年报审计，按照“谁委托、谁付费”的原则支付审计费用。

（7）企业对于上年委托审计的、符合规定且没有出现违纪违规问题的会计师事务所，一般不应随意变更；需要变更的，须说明理由，并予披露。

（8）企业在审计年度内实施企业重组，需要进行整体资产评估或者财务咨询等，不得将年度财务会计报告审计业务委托给执行资产评估或者财务咨询业务的同一家会计师事务所或者相同出资人的会计师事务所。

（9）企业应当及时提供注册会计师审计所需的年度内全部会计凭证、会计账簿、内部财务控制制度和会计政策及会计核算方法、重大购销合同、重大投资及融资合同、资产重组与企业改制等重大经济事项的决策或者审批文件以及其他相关资料，不得隐瞒或者随意编造。

特别需要指出的是，选择和更换会计师事务所虽然属于企业投资者的权利，但是依照《公司法》等法律法规及企业章程的规定，相关决定应当通过股东（大）会、董事会等类似机构做出，任何单位不得以任何方式直接干预，即使是作为企业投资者的政府及其部门也一样。例如，通过招标选择会计师事务所时，主体是企业或者企业集团中的母公司，政府部门不能通过统一组织招标等形式，变相为企业指定事务所。又如，为了防止企业通过更换事务所逃避对其财务违法违规行为的审计，国家相关法律规范要求企业更换事务所必须有正当理由，履行一定程序，并允许会计师事务所陈述意见，政府部门不得以任何理由，硬性规定企业必须定期更换事务所。

十、财务会计报告的对外提供

财务会计报告编制完成后，需要报送的部门主要有：财政部门（国有企业需要报送）、审计部门、税务部门、上级主管部门（有上级主管部门或管理机构的企业需要报送）、工商行政管理部门（企业在年度公示时需要报送）、人民银行（在银行取得贷款的企业需要报送）、证券监管部门（上市公司需要报送）和保险监管部门（保险公司需要报送）。

（一）财务报告对外提供的要求

1. 报告提供时间要求

企业应当依照法律法规和国家统一的会计准则制度的规定，及时对外提供财务报告。

2. 报告报送形式要求

企业财务报告编制完成后，应当装订成册加盖公章，由企业负责人、总会计师和分管会计工作的负责人、财会部门负责人签名并盖章。

3. 报告报送基本要求

财务报告须经注册会计师审计的，注册会计师及其所在的事务所出具的审计报告，应当随财务报告一并提供。企业对外提供的财务报告应当及时整理归档，并按有关规定妥善保存。

（二）财务报告对外提供风险控制

财务报告对外提供是报告最后环节，企业领导层把好关非常重要。

1. 财务报告对外提供潜在风险

这一环节的主要风险如下。

（1）对外提供报告的编制基础、编制依据、编制原则和方法不一致，可能导致财务报告漏报、错报及欺诈，不能做到真实及完整。

（2）由于会计核算等原因，未能及时对外提供财务报告，可能导致违反法规规定，降低财务报告信息使用价值，影响企业信誉。

（3）财务报告在对外提供前泄露财务信息，或使不应知晓的对象获悉，可能导致内部交易发生等，使公司或投资者蒙受损失。

（4）审计机构不符合相关法律法规的规定，或审计机构与企业串通作弊，可能导致被监督机构审查或社会监督者揭露，受到违规惩罚。

2. 财务报告对外提供风险的应对

（1）完善财务报告编制的基础。报送会计报表中的问题，大都发生在编制过程。遵照有关法规的规定及要求，认真负责地编报财务报告，是防范报告风险的基础。

（2）从制度中明确对财务报告的监督。财务报告对外提供的对象或监督部门，应在相关文件中予以规定，并由企业负责人监督。如国有企业的财务报告应定期向监事会提供，每年至少一次向企业的职工代表大会公布；上市公司的财务报告须经董事会、监事会审核通过后向社会提供。

（3）认真履行财务报告的审批程序。财务报告从编制者→财会部门负责人审核→总会计师或分管会计工作的负责人审核→企业负责人审核，并签字盖章后报出。各环节的负责人都能对报告内容的真实性、完整性，格式的合规性负责，发挥审核监督的职责，就可避免或减少报告风险。

（4）企业应制订严格的保密程序。对能接触财务报告信息的人员进行权限设置，保证财务报告信息在对外提供前控制在适当的范围；并对财务报告信息的访问情况予以记录，以便掌握情况及时发现可能的泄露行为，有利于泄露后追查责任。

第六章
财务共享服务

第一节　财务共享服务概述

“财务共享服务”（Financial Shared Service，简称 FSS），最初源于一个很简单的想法：将集团内各分公司的某些事务性的功能（如会计账务处理、员工工资福利处理等）集中处理，以达到规模效应，降低运作成本。

财务共享服务中心（Financial Shared Service Center，简称 FSSC）作为一种新的管理会计模式正在许多跨国公司和国内大型集团公司中兴起与推广。财务共享服务中心是企业集中式管理模式在管理会计上的最新应用，其目的在于通过一种有效的运作模式来解决大型集团公司财务职能建设中的重复投入和效率低下的弊端。

当前国内一些大型企业集团建立了财务共享服务中心。财务共享自 20 世纪 80 年代，由美国通用、福特等大型制造业企业集团提出后，经过约 30 年的发展，已经被广泛应用于企业运营管理中。世界财富一百强企业中，已经有超过 80% 建立了财务共享服务中心。根据埃森哲公司（Accenture）在欧洲的调查，30 多家在欧洲建立“财务共享服务中心”的跨国公司平均降低了 30% 的财务运作成本。在我国，越来越多的企业开始关注、规划并实施财务共享，例如国家开发银行、中国人寿、中国电信、中兴通讯、宝钢集团、海尔、华为、联想等企业已经实施财务共享，把财会人员从烦琐的记账、算账等日常性事务中解放出来，将主要精力投入企业的战略决策、投融资分析、经营管理、绩效评价等领域，有效地降低了财务成本，取得了很好的管理效益。

一、财务共享服务中心的概念

财务共享服务中心是近年来出现并流行起来的会计和报告业务管理方式。它是将不同国家、地点的实体的会计业务拿到一个 SSC（共享服务中心）来记账和报告，这样做的好处是保证了会计记录和报告的规范、结构统一，而且由于不需要在每个公司和办事处都设会计，节省了系统和人工成本，但这种操作受限于某些国家的法律规定。

二、财务共享服务的发展

财务共享服务在国外大致经历了从集中化到第一代共享，再到第二代、第三代共享的演变。

（一）财务集中化阶段

企业按照不同类型对可获取的资源进行归集，管理层根据经营管理的需要将这些归集到的资源集中到某个组织部门进行管理，以达到最大化地利用企业资源的目的。集中化更多的是企业的一种经营上的战略，侧重于资源的集中、控制和降低成本，但是并没有解决所有的问题。

（二）第一代共享阶段

强调以规模经济与消除冗余所带来的成本节约，比较注重中心选址、人员测算和最优工作量的标准核定等。这一阶段主要有四方面的特点，即流程优化与再造、组织的灵活化、分工的专门化和能力的核心化。

（三）第二代共享阶段

作为一种管理手段，第二代共享服务强调形成完全服务传递的模式，改进第一代共享模式中服务质量不高等缺陷，实现可持续的成本节约；同时，保留与改善体现便捷服务的呼叫中心，提供标准的服务协议约定。以上这些提高了第二代共享服务的质量，而只有提高服务质量才能使共享服务成为可持续的普遍接受的商业模式。因此，第二代共享模式在人员方面、流程方面和技术方面均有显著改进。在这一时期，企业探讨的内容和课题往往是从管理手法如何采用企业流程再造、作业成本管理、平衡计分卡、服务水平协议等方法进行更好的管理。当然，在业务服务品质提高的同时，共享服务中心还在平衡如何同时满足成本削减的目标。另外，简单重复性的劳动，会使得共享服务中心的人员流失，如何在人力资源的设计上满足这些人员持续的工作动力，将成为人力资源管理的核心内容。财务共享服务由第一代向第二代演变如图 6-1 所示。

（四）第三代共享阶段

第三代财务共享服务是在互联网新技术的变化环境下产生的。例如，财务共享服务中心与云计算的结合所产生的财务云，它使得分散的信息系统进行了进一步的整合，使得财务共享服务中心成为财务信息的集散地、数据仓库，使得分散的需求用户可以随时随地实现财务信息的共享，这样财务共享服务的数据信息优势及管理控制将覆盖到企业集团的每一个角落。

三、企业集团实施财务共享的实践

（一）国外企业集团实施共享服务的实践

国外的共享服务中心自 1980 年诞生以来，主要经历了三个主要发展阶段（如图 6-2 所示）。

1. 20 世纪 80 年代

从 20 世纪 80 年代中期开始，共享服务就被某些大型企业集团广泛应用在 IT、财务和采购领域，以实现降低成本的目的。例如，20 世纪 80 年代初，福特在欧洲成立了财务服务共享中心。随后，杜邦和通用电气也在 80 年代后期建立了相似的机构。

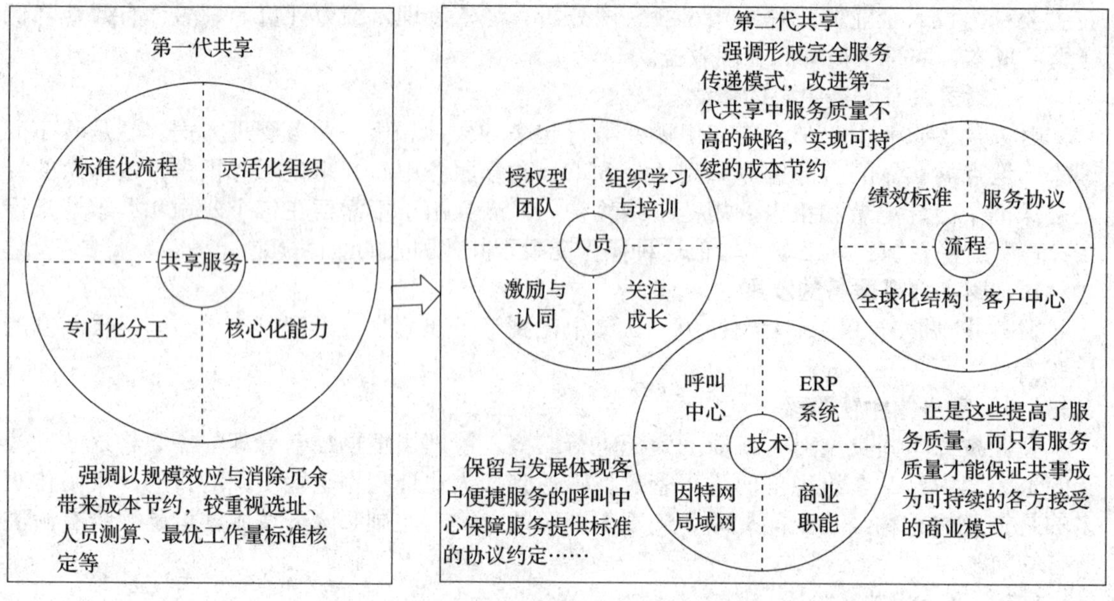

图 6-1 财务共享服务由第一代向第二代演变

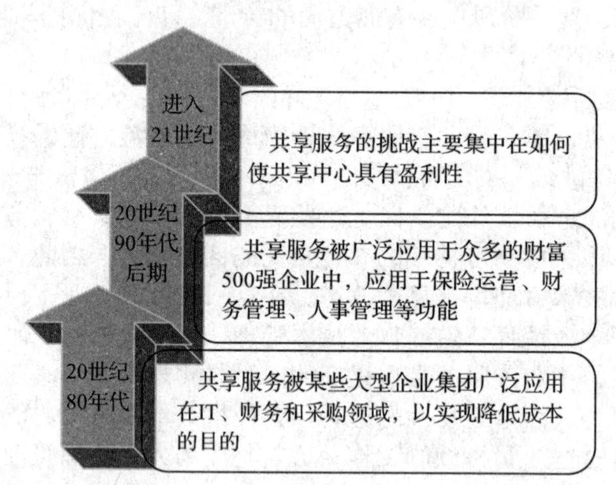

图 6-2 国外共享服务中心的三个主要发展阶段

2. 20 世纪 90 年代后期

共享服务被广泛应用于众多的财富 500 强企业中，共享服务被广泛应用于保险运营（承保、理赔、客服）、财务管理（报销、应收、应付、资产等）、人事管理（薪酬、档案等）等方面。20 世纪 90 年代初期，惠普、道尔、IBM 和 Allied Signal 公司也相继采用了共享服务的组织运营形式。

3. 进入 21 世纪

进入 21 世纪，共享服务的挑战主要是集中在如何使共享中心具有赢利性。目前多数大型企业已经建立了自己的共享服务中心，例如，美国有超过 70% 的"财富 500 强公司"、欧洲有 50% 的跨国企业。有些公司开始利用"共享服务中心"向其他公司提供有偿服务。例如，壳牌石油建立的"壳牌石油国际服务公司"每年约 8% ～ 9% 的收入来自向外界提供服务。其中部分国外跨国集团的下属共享服务中心独立为经营性子公司（如"简伯特"），为市场上的公开客户提供服务外包业务，并获取利润。

集团企业是共享服务的最大受益者。特别是在跨国运营模式下，共享服务中心的导入将为企业带来巨大的成本降低和效率提升。共享模式把公司内各业务群或业务部门中共有的一些功能分离出来，由共享服务中心集中处理。从国外成功企业的实践来看，共享服务中心在未来将呈现以下发展趋势。

（1）共享服务中心从区域性中心向全球性中心发展。

（2）共享服务中心的功能将逐步从客户端一直到供应商，扩展成整个供应链的过程，继续着重于强化企业信息流的管理，使管理层能更迅速地得到高质量的业务数据。

（3）将共享服务中心外包以节省企业集团的人力成本。

（4）随着信息技术的发展，实现虚拟共享服务中心。

（二）我国企业集团实施共享服务的实践

我国自改革开放以来大力推进公司集团化战略，同时鼓励有实力的企业集团“走出去”，参与国际化竞争，成为跨国公司。中国企业集团规模的扩大，产业类型和管理层次的增多，也同样容易产生信息阻隔、信息传递速度变慢或内容失真、决策执行出现偏差、企业成本增加等“大企业”问题。迈入成熟期的企业集团制度烦琐、组织机构官僚化使得企业管控能力下降、市场反应速度降低，无法及时应对激烈竞争的市场环境，集团公司竞争力下降。而现实中的中国企业集团公司由于管理模式落后，明显处于劣势。集权和分权是现实中集团公司管理的常用模式，理想状态是取得集权和分权的平衡，避免两极分化，造成管理失控。共享服务作为一种先进的管理模式，较好地解决了这一难题，并在实践中取得了成功。

因此，同样出于节约成本、加强管控、消除重复性业务所带来的效率低下等“大企业”问题的目的，我国的部分企业集团在2005年之后，也开始尝试在财务领域率先实施共享服务。中兴通讯、物美集团等在2005年分别提出“财务共享服务”的理念；中国移动、华为、国泰君安等企业在2006年陆续开始正式实施财务共享服务模式；中国电信在2008年启动全集团财务省级共享服务中心的建设；四川长虹于2009年协助泸州老窖形成财务共享服务中心的建设方案；华为在2011年已在瑞典的斯德哥尔摩、美国的达拉斯及硅谷、印度的班加罗尔、俄罗斯的莫斯科设立财务共享中心，此后在四川成都建立全球财务共享服务中心，并逐渐将全球全流程财务业务纳入；中英人寿为实现10×10×10的发展战略，建立财务共享服务系统；中国网通国际公司也有计划、有步骤地打造专业的、跨地区、跨部门、具有规模经济效应的财务服务；2012年阳光保险集团启动建立全国财务共享服务中心，并在北京和成都分别设立财务共享服务中心，员工规模达到250人；2013年新华人寿启动建立财务省级共享服务中心，全面提升了公司风险控制水平。此外，在近10年的中国共享服务发展历程中，苏宁、海尔、宝钢、美的等诸多公司均实现了财务共享管理模式。

随着国内企业实践的不断深入，政策层面对于企业实施财务共享服务的支持力度也在加强。财政部发布《企业会计信息化工作规范》并于2014年1月6日起执行，其中第三十四条明确提出“分公司、子公司数量多、分布广的大型企业、企业集团应当探索利用信息技术促进会计工作的集中，逐步建立财务共享服务中心。”随着共享服务中心在欧美等发达国家的应用逐渐成熟以及中国市场的快速成长与发展，在华的跨国公司和国内的大型企业对这项服务的需求也日渐增多。惠普在大连建立共享服务中心，面向北亚地区以及日本、韩国和中国提供共享服务；摩托罗拉全球会计服务中心落户天津滨海新区，该中心目前负责摩托罗拉公司90%的全球应付账款业务，80%以上的公司间往来业务，80%以上的旅行和费用报销业务以及70%以上的固定资产业务，堪称摩托罗拉公司的财务部，为全球摩托罗拉提供财务支付，而服务人员仅有180人；诺基亚、GE、ABB等诸多在华企业也都建立了共享服务中心。

四、财务共享服务为财务变革带来的积极效应

财务共享服务中心的优势在于其规模效应下的成本降低，知识集中效应下的管理会计水平及效率的提高，扩展效应下的集团管控水平提高和聚焦效应下的企业核心竞争力的上升。

（一）规模效应

财务共享服务中心通过将大量子公司的会计运营工作集中到一个机构中，实行会计处理的规模化“生产”，以大幅度降低运作成本。财务共享服务中心的规模效应也为实现利用特定区域的成本优势，实现成本节约创造了条件，即充分利用欠发达地区的用工成本、办公成本等与发达地区相比所具有的显著优势。例如在欧美国家雇用一个普通会计人员至少需月薪 3000 美元，而在中国，月薪 1000 美元就可以雇到一个各方面条件都不错的会计人员。至于在东南亚或非洲，成本则更低。即使同样在中国，北京和天津的成本差距也很大。所以中国企业完全可以把部分财务功能转移到国内的二线、三线城市，有条件的可以考虑设在国外低成本区域。IMA（Institute of Management Accounting）对 500 强企业中实施和未实施财务共享的公司进行了比较，表明选择了财务共享的公司成本平均下降 83%。其中 29% 的企业第二年收回了实施财务共享的成本，48% 的企业则在第三年和第四年收回成本。由此可见，成本节约是建立财务共享中心的强大动力。

（二）知识集中效应

实施财务共享后，对所有子公司采用相同的标准作业流程，废除冗余的步骤和流程，特别是因为财务工作具有的特殊性，其部分岗位必须分离，由不同的人担任。例如网银付款流程，通常由一人负责导入数据，一人负责核对，一人负责审批。这意味着，一家再小的子公司，也需要三人介入一个简单的网银付款流程。通过建立财务共享服务中心，三个在网银付款中负有不同职责的员工，可以负责五家或更多子公司相同付款流程的操作，进而通过员工熟练度的提升达到提高效率、降低成本的目的。财务共享服务中心拥有相关子公司的所有财务数据，数据汇总、分析不再费时费力，更容易做到跨地域、跨部门整合数据。

某一方面的专业人员相对集中，公司较易提供相关培训，培训费用也大为节省，同时招聘资深专业人员也变得可以承受。这使得共享服务中心人员的总体专业技能得以提高，可提供更为专业的服务。在财务共享服务中心，专业化的分工和大规模的业务量，会很自然地产生财务各子模块的专家。

由于财务共享服务中心可以成为单独核算的利润中心，出于对本身经营利润的要求，财务共享服务中心会专注于流程再造以提高工作效率。以付款流程为例，70% 的付款障碍来自采购流程，例如采购预算与实际采购的差异，采购认可的价格与实收发票的差异以及付款条件与采购合同的差异。财务共享服务中心为了以较少的人工进行更多的付款业务，势必全力关注于采购与付款循环的整体流程的效率。

此外财务共享服务中心的模式也使得财务信息系统的标准化和更新变得更迅速、更易用、更省钱。也就是说，通过知识、经验的积累和集中，能够促进管理会计水平与效率的提高。

（三）扩展效应

财务共享服务中心除了依托自身运营带来的规模效应和知识集中效应外，还能够带来提升集团管控水平的扩展效应。分散财务模式下，集团总部对于分子公司的管控水平有限。在人员管控方面，由于财务人员的物理位置分散在各分子公司，当地公司领导对于财务人员行为导向的影响能力远远高于集团公司。即使一些公司采用了财务人员的逻辑上的集中管理，但物理位置带来的影响仍然不可忽视。

如图 6-3 所示，智董公司在实施财务共享服务项目前对其财务体系进行了管控关系的现状调研，结果显示，尽管在包括工作指导、工作汇报和工作安排的工作关系方面能够相应地实现垂直化管控，但在包括人员任免、岗位调动、薪酬定级、绩效考核等人员管理方面，总

公司对分支机构的垂直化管控力度明显薄弱。在风险管控方面，由于财务信息分散在分支机构，总公司和分支机构之间信息不对称，导致总公司难以保证所获取的数据、报表等内容的真实性。同时，由于财务人员分散，总公司所要求的政策、制度等内容在分支机构的执行会存在较多的随意性，导致执行结果严重偏离。这种情况下，财务风险管控水平显著薄弱。

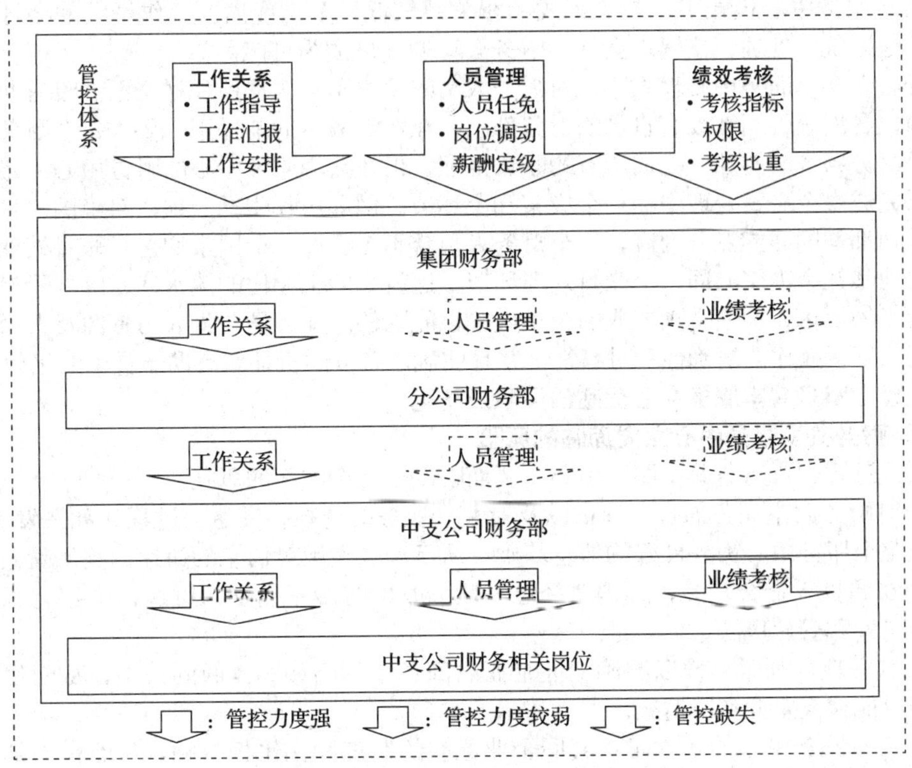

图 6-3　智董公司财务管控关系

财务共享服务中心的出现，为集团管控水平的改进提供了一个很好的平台和工具。从事会计运营的财务人员在物理上实现了从分散到集中的转变，所有的人员能够基于统一的制度、标准、流程开展工作。人员管理、绩效考核能够得到有效的贯彻落实。同时，财务信息也实现了集中共享，集团公司能够随时获取各分子公司的财务经营结果，并基于财务共享服务中心产生的数据进行财务分析。

（四）聚焦效应

财务共享中心带来的另外一个优势是聚焦效应。财务共享服务能够将传统模式下相对分散的各类财务工作和财务相关职能进行有效整合，从而实现内部信息的快速传输和有效交流，使企业财务流程和业务流程联系起来，运转更为顺畅。

在财务共享模式下，业务信息和财务信息之间实现了高度的集成，财务核算、结算的信息来源全部自业务前端产生。例如，费用报销流程中，业务部门在费用控制系统中录入财务核算以及预算管理、财务分析所需要的各类业务信息，通过系统接口能够自动记账，并进行预算的过程控制和预算执行结果的即时反馈。依托前端业务部门录入的支付信息，形成支付请求，并发送资金系统完成自动结算。在资产流程中，实物资产管理系统由业务部门进行日常管理维护，执行结果直接体现至财务资产模块，并进而形成总账凭证。在保险行业的案例中，聚集效应更为显著，所有的业务系统将收付信息传递至收付费系统，并对接资金管理系统和总账系统，实现高度的业务、财务一体化。

五、财务共享服务中心给管理会计带来的变化

管理会计与财务会计的分离，是现代市场经济条件下企业管理会计的必然趋势。从职能上看，财务会计工作主要是账务处理，对它的要求是真实客观地反映企业经营状况，并符合各项规章制度的要求；管理会计主要涉及企业理财，即为资金的筹措和运用提供决策依据。在共享服务中心模式下，与决策成功相关性较低、重复度高、工作量大的会计核算工作被集中起来统一处理，使管理会计与财务会计的分离成为可能。

另外，在共享服务中心模式下，对财务人员的要求不再像从前那样全面。没有共享服务中心之前，各地分公司都设有自己的财务部门，在控制成本的前提下，要求每个财务人员都熟悉整套财务系统，能独立完成所有的账目处理。但在共享服务中心的财务中心，每个财务人员只需完成整个账目处理中的一个或某几个环节。例如应收账款一项，对中国、日本、韩国的分公司都是同样的业务内容，一个财务人员就不需要做一个国家的全套账目处理，而只是需要处理某几个国家的同一个账目处理环节。这就如同工业化的流水线，降低了对每个流水线上员工的要求，即使是刚毕业的大学生，也能胜任。在大量节省人力资源及人力成本的同时，还保证了操作的准确性和可靠性，并且明确了各人的责任，有助于员工的绩效考核。

六、建立财务共享服务中心面临的风险及防范

（一）财务共享服务中心主要面临的风险

在实施过程中，财务共享服务中心主要面临以下几个方面的风险。

（1）对财务共享业务的自我评估以及对共享业务的选择，在这一过程，如果发生偏差，就会导致整个服务中心失去良好的信息基础，从而难以实现对信息的快速、高质量共享。

（2）初始投入资金较多，且需要经过一段较长的盈亏平衡期，这过程中稍有不慎就会引起资金运营和管理风险。

（3）制订新规则时，难以准确把握企业内部各个部门和实体间的关系，从而使制订出的规则很可能偏离企业实际情况。

（4）共享服务中心的建立可能会同企业原有的制度和文化相抵触，从而在内部造成观念不合，进而影响整个服务中心的后续运行。

（二）财务共享服务中心的风险防范

（1）要控制好财务共享服务中心的构建速度，逐步深入地进行模式转变和完善，应从某一地区或者某个领域开始入手，进行试点，等到效果比较理想再将体系推广到整个企业。

（2）资金投入不宜一次到位，要按照一个流程逐步进行。

（3）在共享服务中心构建的过程中，应有一个长期的发展规划，从系统化的角度建立和完善服务中心结构。

第二节　财务共享服务实务

一、我国构建财务共享管控服务模式的思路

我国企业当前需要的是实行集权管理为主的财务控制型的管理方式，以保证集团企业

整体财务战略能够及时有效地得到贯彻和落实，从而降低企业的财务运营风险。随着市场需求的不断变化，现代企业对管理会计的需求已经不只限于提供简单的流程化管理和控制。而在于通过先进技术手段对财务活动进行整体控制。因此，我国企业要建立的财务共享模式应是以管控内容为重要职能的财务共享管控服务模式。

二、财务共享服务模式的管理会计要点

财务共享服务模式下，管理会计主要应做好以下三个方面的内容。

（一）对企业各项费用进行实时控制

实施共享管控服务后，企业内外部各个环节产生的每一笔费用都要通过财务系统，由相关负责部门直接审批。通过对费用的实时控制，还可以将实际财务消耗情况与财务预算进行随时对比，从而为节省开支创造了便利的信息条件。

（二）对资本性支出实行全程控制

通过财务信息共享服务中心，企业的各项资本性支出都能准确地反映到财务部门以及上级管理部门，这样一来企业就能够对资本性支出进行全过程的控制，从而有效避免各个流程中存在的问题。

三、财务共享服务中心处理流程

"财务共享服务"模式具体运作通常为：公司选址建立"财务共享服务中心"，通过"共享服务中心"向其众多的子公司（跨国家、跨事业部）提供统一的服务，并按一定的方式计费，收取服务费用，各子公司因此不再设立和"财务共享服务中心"相同功能的部门。最典型的服务是财务方面账务处理的服务，称为"共享会计服务"（Shared Accounting Service），是一种以事务性处理（Transaction Processing）功能为主的服务。还有一类"共享服务"以提供高价值的专业建议为服务内容，如税务、法律事务、资金管理等。

从原理上来看，财务共享服务中心是通过在一个或多个地点对人员、技术和流程的有效整合，实现公司内各流程标准化和精简化的一种创新手段。通常在财务共享服务中心的业务按循环可以分为总账、应付账款、应收账款和其他四大类。下面以财务共享服务中心的应付账款业务循环为例来介绍财务共享服务中心的运作流程。

在财务共享服务中心内，应付账款循环一般设有三种职位：出纳，负责共享服务中心所有本外币付款；员工报销专员，审核负责所有员工日常费用；供应商付款会计。在财务共享服务中心的应收账款循环通常可以分为申报、审批及入账和付款三大块。

（一）申报

各分公司员工将实际业务中发生形成的业务票据进行初步整理，并在分公司通过全公司财务信息管理系统中填报并形成一份独立的报销申请单，在由该分公司的相关负责人批复后由专门管理部门收集并寄往财务共享服务中心。

（二）审批及入账

财务共享服务中心在收到分公司单据后，由专门管理部门进行登记和分类，并根据分类情况发送到相应部门。应付账款小组（AP Team）在收到凭证后进行逐一确认并在公司的财务系统中进行审核。审核通过后生成文档导入财务模块，自动生成相关凭证；如果审核不通过，应付账款小组人员用电子邮件或电话形式通知分公司相应人员进行联系沟通，以确认信息的准确性和完整性。在确认完信息后，如果在应付账款小组人员可直接修改的情况下应该要求分公司员工发送一份书面修改请求。对于不能够由应付账款小组直接修改的情况，应付账款小组将会在公司财务信息系统中将报告驳回并要求相关人员对报销进行重新批复。

（三）付款

在生成凭证后，应付账款小组进行付款，并对相关凭证进行归档。对于公司参股控股的独立法人的凭证将寄回原法人单位。

四、财务共享服务中心技术支撑需求

财务共享服务中心模式虽然具有许多优势，但这种模式并不适合于所有的企业，其有效运行需要强大的信息系统、管理模式和员工素质作为技术支撑。

（一）信息系统支撑

财务共享服务中心模式下，远程财务流程需要建立强大的网络系统，需要强大的企业信息系统作为 IT 平台。IT 技术的发展，特别是“企业资源规划系统”（ERP System）的出现，推动了“财务共享服务”概念在企业界的实践和推广。利用 ERP 系统和其他信息技术，“财务共享服务”模式可以跨越地理距离的障碍，向其服务对象提供内容广泛的、持续的、反应迅速的服务。

在财务共享服务模式下，只有通过 IT 平台来强化内部控制、降低风险、提高效率，才能实现“协同商务、集中管理”。所以必须建立一个财务共享服务的 IT 信息平台，让分子公司把数据导入系统，做到事前提示、事中控制、事后评价；可以在平台上建立财务模板，尽可能取消人工作业，让业务数据自动生成有用的财务信息；可以运用系统标准执行减少偏差及各业务单元可能的暗箱操作，降低各种隐含风险；可以通过设置让系统自动提示例外和预警；可以利用系统的开放性建立各数据共享接口和平台，满足各方不同需求；可以通过系统定期生成不同会计准则要求的报表及特殊报表等。

在满足信息化的环境下，财务人员可以更好地使财务直接用于支持战略决策的增值分析，为公司战略发展提供及时正确的导向，根据市场快速调整业务策略、经营战术等。所以共享服务的模式是在信息技术支持下的管理变革，只有利用现代的 IT 技术，才能使企业集团的财务共享服务真正落到实处。

（二）管理模式变革

财务共享服务模式不是财务部门发起的，而是随着企业、集团公司的管理变革而产生的。当企业规模扩大、业务类型和管理层级不断增加时，企业分子公司的多套财务机构会使企业财务人员与管理费用快速膨胀、财务流程效率降低、重复设备投资规模加大、内控风险上升，多个独立、粗放而臃肿的财务“小流程”使总部统一协调财务变得越来越困难，增加盈利的代价就是加大风险。当这些现实严重毁损着企业的核心价值时，传统的管理会计模式已经成为制约企业发展的瓶颈。这时，企业必须站在战略的高度上，进行自身的管理变革，在变革中寻求突破。

（三）财务组织变革

在共享服务模式里面，必须进行财务组织结构的深度变革。管理变革以后，要求财务部门高效、多维度地提供信息，满足企业管理与发展的需求，而传统的分权式或集权式财务架构无法完全满足这些需求。分权管理的优势是客户导向、商业智能，弊端是分支机构在一线有比较大的管理部门，流程与制度繁杂，很多工作难以实现标准化；集权的优势是经济规模化、流程标准化，弊端是反应迟钝、不灵活、与业务分离。而财务共享服务是将共性的、重复的、标准化的业务放在共享服务中心，它同时汲取了分权和集权的优势，摒除各自的弊端，使财务共享中心成为企业的财务集成芯片，日常业务集中处理，总体职能向广阔和纵深发展，让财务在共享管理中直接体现出价值增值。通过财务共享方案的实施促使财务人员转型，使财务人员由记账转向财务建议、管理会计，为各个部门、各项业务提供财务支持，对市场变化做出反应，只有把工作重心转到高价值的决策支持上来，才能更好地实现财务职能，满足企业战略、组织的需要。

（四）财务制度与政策统一

如果没有一个统一的制度政策，即使进行组织架构改革，仍然会出现问题。所以必须要有统一规范的财务作业标准与流程，通过有效整合后，把制度政策配套起来切入系统中去，保证前端业务部门按照制度和政策去运营，并根据外部环境和内部管理的需要不断完善与改进。

（五）人力资源配置

由于整个流程的规模统一性要求所有员工对流程有一定基础的了解，所以在财务共享服务中心建立初期，应大规模对各地员工进行培训。同时，财务共享服务中心模式下，远程交流使得其对员工的沟通技术及能力提出了较高的要求。

五、财务共享服务的推进

作为一种新型的管理模式，共享服务的本质是由信息网络技术推动的运营管理模式的变革与创新。在财务领域，它是基于统一的系统平台、ERP 系统、统一的会计核算方法和操作流程等来实现的。建立共享服务既是机遇也是挑战，任何新生事物都面临巨大的挑战，财务共享服务也不例外。财务共享是基于提高工作效率及成本效益两方面考虑而实施的，要成功地实施共享服务，以下因素非常关键。

（1）实施共享服务成功的最重要因素是有效的管理创新和思维方式的改变，这需要高层管理人员、基层经理和工作人员强有力的支持。

（2）共享服务在技术上要有统一的系统支持。企业的财务信息系统是实现财务共享服务的基础和保障，因此，系统平台的统一搭建和整合是实现共享服务的第一步。统一的 ERP 系统是保证共享服务平台顺利搭建的关键因素。建立一个好的平台很重要，需要有一个统一的 IT 标准和一个流程标准，这样整合可以更快。

（3）财务共享服务中心作为一个独立的运营实体，需要有一个非常好的商业模型，即使是内部的一个事业部门，也需要一个内部结算体系。因此，共享服务中心需要向服务对象提供一个能为他们所接受的低成本服务，同时又需要在低成本之上建立合理的价格体系。

管理是门艺术。任何先进的管理方法都要和自己公司的实际情况结合起来，变成适合自己的方法，才能发挥其最大效用。对财务共享服务中心这种模式，企业也应取其精华，去其糟粕，最大限度地利用这种模式获得增值。

第七章
财务决策

第一节 财务决策综述

财务决策，就是企业按照既定的财务目标，通过对财务管理环境的分析，利用定性与定量的决策方法，从若干可行的备选方案中选择最优方案的过程。它属于事前管理，事关企业财务活动的成败甚至企业的兴衰，是财务预测的延续，也是编制财务预算的依据，处于承上启下的重要地位，贯穿财务管理的始终。

一、财务决策的特点

（一）目标性

任何决策必须首先确定要达到的目标，目标是在未来特定时限内完成任务程度的标志。

财务决策是具有明确目标的活动，即为实现企业财务管理总体目标而进行的活动。企业财务管理的目标包括：利润最大化、每股收益最大化、股东财富最大化、企业价值最大化、利益相关者利益最大化等。不同类型的企业，其财务管理的目标可能各不相同，但无论企业财务管理的目标是什么，财务决策都应该以财务管理的目标为出发点，财务管理的目标是企业制订、评价和比较未来活动方案的标准，也是检查未来活动效果的依据。

（二）可行性

决策是事情发生之前或人们采取行动之前的一种预先分析和选择。财务决策的目的是为了指导企业未来的经济活动。企业的任何经济活动都需要利用一定资源，如果缺乏必要的人力、财力、物力和技术条件，理论上非常完善的方案只能是空中楼阁。因此，财务决策方案的拟定和选择，不仅要考虑采取某种方案的目标，还要注意其实施条件的限制。具体而言，就是财务决策要根据企业的实际需要与可能量力而行，要冷静、全面地分析和考察企业的实际情况及外部市场条件，做出符合企业实际需要的结论。例如，筹资决策时对今后偿还能力的考虑，投资决策时对市场需求和投资效益的估计和评价等，都是决策可行性要求在具体决策活动中的体现。

（三）相对最优性

财务决策选择方案的原则是最优原则。根据理性经济人的假设，决策就是在一定条件下寻找并确定优化目标和优化方案，不追求优化的决策毫无意义。因此，财务决策总是在若干个有价值的方案中做出最优选择。当然最优原则是指相对最优而不是绝对最优。绝对最优的决策往往只是理论上的方案，因为它要求决策者了解与企业活动有关的全部信息；能够正确地辨识全部信息的有用性，了解其价值，并能够据此制订出没有疏漏的行动方案；并能够准确地计算出每个方案在未来的执行结果。显然一个企业难以具备以上所有的条件，因此，根据目前的认识确定未来的行动总有一定的风险。也就是说，各行动方案的实施结果通常是不确定的。在方案的数量有限，执行结果不可确定的条件下，决策者难以做出最优选择，只能根据已知的全部条件，加上自身的认识进行主观判断，做出相对最优的选择。

（四）选择性

财务决策的实质是在分析、比较诸多财务方案的基础上择优选用。没有选择就没有决策，要有所选择，就必须提供可以相互替代的多种方案。实际上，为实现同样的财务目标，企业可以有多种不同的方案，而这些方案在资源的要求、可能出现的结果以及风险程度等方面均有所不同。企业所要做的就是如何根据企业事先确定的目标，经过系统的分析和综合，提出种种不同的方案、途径和方法，然后进行比较、选择。有时很难找到一个统一的标准，有的这方面优于对方，另一方面劣于对方，反之亦然。这就需要决策者多动脑筋，寻找优势，以实现综合评估，在综合评估的基础上再选择最佳方案。选择不仅是必需的，也是必要的。

（五）过程性

财务决策是一个过程，而非瞬间的行动。财务决策的过程性可以从两方面去理解。

1. 每一项财务决策本身是一个过程

具体而言，是指从决策目标的确定，到决策方案的拟定、评价和选择，财务决策本身就包含了许多工作，由众多人员参与。例如，对于企业的固定资产投资决策，不能简单地把它看成对备选方案的选择。要想获得相对最优的选择，必须事先拟定出多个备选方案，只有在分析、评价、比较各备选方案优劣的基础上，才可能得出最满意的选择；而要拟定备选方案，要首先确认要达到的目标，并在目标的指引下，收集资料，做出各种可行性预测等，这一系列的活动构成一个过程。

2. 企业的财务决策不是一项单独决策，而是一系列决策的有机组合

通过决策，企业不仅要选择业务活动的内容和方向，还要决定如何组织业务活动的展开，同时还要决定资源如何筹措，结构如何调整，人事如何安排等。还以上述固定资产投资决策为例，企业对其固定资产的投资决策往往是一系列财务决策的组合：如是否投资该固定资产；如何筹集投资该固定资产的资金；用什么样的方式筹集资金；固定资产投资对企业流动资产的占用和产品生产有何影响；如何安排生产人员；等等。只有当这一系列的具体决策已经制订，并与企业财务管理的目标相一致时，才能认为相关的财务决策已经形成。

（六）动态性

财务决策的动态性是与过程性相联系的。财务决策不仅是一个过程，而且是一个不断

循环的过程，作为过程，财务决策是动态的。一项财务决策，只有在满足一定条件下，在一定时间范围内做出并得到执行才是有效的，情况的变化通常会使财务决策失效。而财务决策所面临的各种情况通常又是不断变化的，因此，决策者必须监视和研究这些变化，随时调整并修正决策的方案，实现动态决策。例如，对于企业的最佳现金持有量决策，在初始确定最佳现金持有量后，该持有量并非一直保持不变，企业应当根据不断变化的现金需求量、现金转换成本和持有现金的机会成本定期对最佳现金持有量进行调整。

二、财务决策的内容

（一）投资决策

投资是指将筹集的资金投入生产经营的过程。企业生存和发展的前景如何，很大程度上取决于投资管理的水平。投资决策的内容包括两个方面，首先需要考虑的问题是对收益的估计，即对投资预计现金流量的估计。企业的投资是用于新建生产经营项目或对原有项目的更新改造等内部投资，还是通过购买其他企业的股票、债券或采用与其他企业联营等形式进行对外投资，其产生现金流量的方式和大小是不同的，对企业收益的影响也是不同的。其次，投资决策需要对投资风险进行分析。不同的投资方案预期的投资收益水平和投资风险程度各不相同。一般地，两者之间呈正比例变动关系，预期收益较高的方案往往蕴含着较大的投资风险，反之则较小。企业总是希望在风险最小的前提下收益最高，因此，企业投资决策需要准确计量预期收益和风险，在企业经营战略的指导下，根据企业内外环境，选择收益较高、风险较小的投资方案。

（二）经营决策

经营决策是指日常经营活动的决策，主要包括存量资产决策和利益分配决策。企业存量资产包括货币资金、债权资产、存货资产、固定资产、无形资产等，每项资产都具有不同的特征和运行方式，对企业利润和财务风险、经营风险的影响不完全相同。企业对存量资产进行管理是为了保证企业生产经营活动能够正常开展。企业对存量资产进行决策主要是确定各种存量资产的经济规模，其决策内容包括采购决策、生产决策、销售决策、现金及有价证券决策、资产结构决策、分配决策等。

分配有广义和狭义两种。广义的分配是指对所有利益相关者的分配，包括对投资人、经营者、员工、债权人、上下游客户、政府、社会公众等的分配，因此，从广义上说，分配决策包括利润分配决策、薪酬分配决策、偿债决策、售后服务决策、纳税决策和环境保护决策等。而狭义的分配仅仅是指对投资人的分配，即利润分配。因此，从狭义的角度看，分配决策就是利润分配决策。

（三）筹资决策

企业是以盈利为目的的经济组织，企业为了实现其目的，需要进行生产经营，而实现生产经营的前提条件是具有一定数量的资金。因此，筹集资金是组建企业和开展生产经营活动的前提。企业筹集资金的渠道，一是吸收企业所有者的投资，形成企业的资本金，也叫作权益资金；二是向外举债，形成企业的负债，也叫作债务资金。企业筹资决策的主要内容是关于企业筹资方式的选择以及最佳资本结构的确定，即了解可能的筹资渠道和筹资方式，准确计量相应的资本成本和财务风险，在满足企业资金需要的前提下，在资本成本与财务风险之间进行权衡，实现财务风险可控前提下的资本成本最低。

三、财务决策的分类

（一）按决策结果的确定程度来分

1. 风险型决策

风险型决策所处理的未来财务活动和财务关系具有两个最基本特征：一是未来财务活动和财务关系的各种自然状态的发生完全具有随机性质——可能发生也可能不发生，从而需要制订针对各种自然状况可能发生的多种方案；二是未来财务活动和财务关系的各种自然状态的概率可以从以往的统计资料中获得，即已知其概率的经验分布。风险型财务决策主要通过对风险报酬的计算和分析来制订和选择最优方案。

2. 非确定型财务决策

非确定型决策的特点是，不仅不知道所处理的未来财务活动和财务关系在多种特定条件下的明确结果，甚至可能的结果及各种结果发生的概率都不知道。如某个项目是否应该投资、某种设备和技术是否应当购买等，由于尚未获得必要的统计资料，因而无法确定这些事件未来各种自然状态发生的概率。在这种情况下，由于信息不全，往往给财务决策带来很大的主观随意性，但也有一些公认的决策准则可供选择方案时参考。

3. 确定型决策

确定型决策是指未来的财务活动和财务关系状态在已完全确定的情况下的决策。这种决策的任务是计算分析各种方案得到的明确结果，从中选择一个最佳方案。确定型决策所处理的未来事件有一个最基本的特征，就是时间的各种自然状态是完全稳定且明确的。由于不同方案的财务活动和财务关系及其结果可以确定的进行计算，因此确定型决策一般采用定量分析方法进行决策。

（二）按决策影响的时间来分

1. 短期决策

短期决策是指影响所及不超过一年的决策，是实现长期决策目标所采取的短期策略手段，如短期资金筹集决策、闲置资金利用决策等。

2. 长期决策

长期决策是指影响所及时间超过一年的决策，关系到企业今后发展的长远性和全局性，因此又称为战略决策，如资本结构决策、项目投资决策等。

（三）按决策是否考虑资金时间价值因素来分

1. 动态决策

动态决策是指考虑资金时间价值的决策。由于动态决策考虑了资金的时间价值，同时，在对未来的现金流量进行折现的过程中，考虑了风险因素，因此动态决策主要用于长期决策。

2. 静态决策

静态决策是指不考虑资金时间价值因素的决策。资金时间价值与时间跨度的大小成正比，当决策方案影响的时间期间较短时，资金时间价值比较小，甚至可以忽略不计，因此，短期决策一般使用静态决策法。此外，静态决策具有计算简单、便于理解的优点，有时也作为长期决策的补充方法。

（四）按决策的问题是否重复出现来分

1. 非程序化决策

非程序化决策是指针对特殊的非例行性业务专门进行的决策。在企业的财务决策活动中，有些决策活动具有独特性，不会重复出现，它们具有创新的性质，每个问题都与以前的问题不同，这类活动称为非例行活动。例如，新产品开发、多种经营的决策、工厂的扩建、对外投资活动等。这类财务决策活动的特点是非重复性和创新性，没有统一的模式可以借鉴。由于每次决策都与以前不同，不能程序化，只能针对具体问题，按照收集情报、设计方案、抉择和实施的过程来解决。

2. 程序化决策

程序化决策是指针对不断重复出现的例行性经济活动，根据经验和习惯确立一定的程序、处理方法和标准，经济业务实际发生时，依据既定程序、方法和标准做出决定的决策，如企业存货采购和销售、应收款项信用的确定、现金与有价证券转换等。程序化决策所涉及的业务经常重复出现，并有一定规律，通常可以通过形成企业内部财务制度的形式确定下来。例如，企业可以通过制订存货的采购和销售政策、信用政策、现金管理政策等，对程序化决策所涉及的业务进行规范，并据此做出决策。

（五）按决策方法与程序的不同来分

1. 定量决策

定量决策是指通过分析事物各项属性的数量关系进行的决策，其主要特点是在决策的变量与目标之间建立数学模型，利用数学模型对备选方案进行数量分析，根据分析结果判断备选方案是否可行以及选择最优方案。定量决策主要用于决策目标和影响目标实现的因素之间可以用数量来表示的决策。

2. 定性决策

定性决策是指根据决策者的知识和经验所做出的决策。它是决策者在掌握预测信息的前提下，通过判断事物所特有的各种因素、属性，通过经验判断、逻辑思维和逻辑推理等过程进行决策的方法。其主要特点是依靠个人经验进行综合分析对比后做出的主观判断，因而往往不需要利用特定数学模型进行定量分析。定性决策主要用于影响因素过多或目标与影响因素之间难以量化的决策。

四、财务决策的方法

根据决策结果的确定程度，可以把决策方法分为风险型决策方法、非确定型决策方法和确定型决策方法。

（一）风险型决策方法

风险型决策也称随机决策，是指未来情况虽不十分明了，但各有关因素的未来情况及其概率可以预知的决策。由于决策者所采取的任何一种行为方案都会遇到一个以上的自然状态而引起不同的结果，这些结果出现的机会是用各自自然状态出现的概率表示的。因此，对于风险型决策一般采用概率决策的方法。

所谓概率决策法，就是在各种方案可能的结果及其出现的概率已知的情况下，用概率法来计算各个方案的期望值和标准差系数，并将它们结合起来分析评价方案的可行性，进而做出决策的一种方法。这种方法考虑了财务管理中的风险性，通过概率的形式，体现了对各种可能出现情况的考虑，在财务决策中，多期可选择方案的确定，计算净现值时对预计未来现金流量的确定以及计算期权价值时对预计未来股价的确定等，都可以用到概率决策法。

【例 7-1】为了适应市场的需要，智董公司提出了扩大再生产的两个方案。甲方案是采用一次到位方式，建设一个大工厂，可使用 10 年，需要投资 600 万元。该公司预计，如果销量好，采用该方案每年能赢利 170 万元，但如果销量不好，则亏损 40 万元。乙方案是先建设小工厂，然后再根据情况决定是否扩建。建设小工厂投资 300 万元，如销路好，每年能盈利 80 万元，如果销路不好，则盈利 60 万元。另外，如果销路好，3 年后扩建，扩建需要投资 400 万元，可使用 7 年，这样每年能盈利 190 万元。另外，据该公司预计销路好的概率为 0.7，销路差的概率为 0.3。试用概率决策法选出合理的决策方案。

甲方案的净利润 $= 0.7\times170\times10+0.3\times(-40)\times10=1070$（万元）

乙方案不扩建净利润 $= 0.7\times80\times10+0.3\times60\times10=740$（万元）

乙方案扩建的利润总额期望值 $= (0.7\times80\times3+0.3\times60\times3)+0.7\times190\times7$

$= 1153$（万元）

由以上计算可知，在不考虑扩建的情况下，甲方案的利润总期望值为 1070 万元，大于乙方案不扩建的利润总额期望值，所以应该选择甲方案。但在考虑了扩建方案后，乙方案扩建的利润总额期望值为1153万元，大于甲方案的利润总额期望值，所以应该选择乙方案下的扩建方案，即先建设小厂，如果销路好，3年后再对小厂进行扩建。

以上的决策方法也可以用决策树的形式来表示，如图7-1所示。

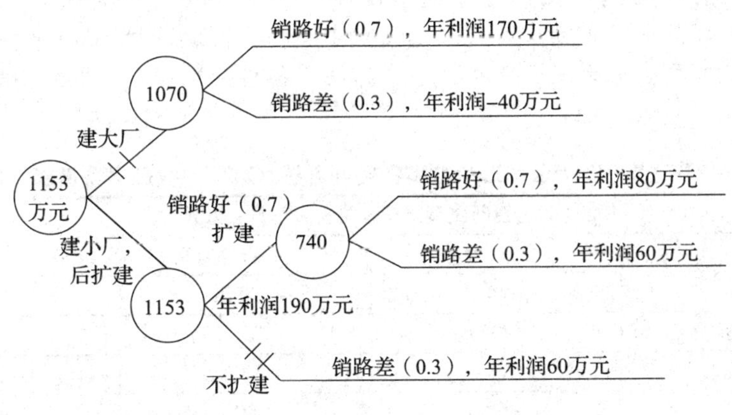

图7-1 智董公司扩建方案决策树图

（二）不确定型决策方法

在企业的财务决策中，常常会遇到一些极少发生或应急的事件，在这种情况下，未来将会出现什么样的情况，在决策的时候是无法具体预测的。具体而言，就是只能了解事物可能出现哪几种状态，但对这几种状态出现的可能性有多大无法确切知道。这就是不确定型情况。例如，某种新产品是否应当投产、某种新设备是否应该购买等。由于企业环境的复杂和企业内部人力、财力、物力和时间的限制，有时不能进行起码的市场调查和预测，因此也将无法确定这些事件的哪一种自然状态将会发生以及各种自然状态发生的概率，可见，对这类事件的决策只能在不确定的情况下做出，即在知道可能出现的各种自然状态，但是又无法确定各种自然状态发生概率的情况下做出，这类决策问题就是不确定型决策。不确定型决策方法一般包括乐观决策法、悲观决策法、折中决策法和后悔值决策法等。

1. 乐观决策法

乐观决策法是指在各种方案出现的结果不明确的条件下，采取好中取好的乐观态度，选择最乐观的决策方案的决策方法。这种方法的基本思想是决策者对客观自然状态总是抱乐观态度，对于以收益最大为目标的决策来说，首先找出各种方案的最大收益值，然后选择这些最大收益值中的最大者所在的方案作为最优方案。这种情况的乐观决策法又称最大最大收益值法；对于损失而言，则应从各个方案的最小损失值中选择最小损失的方案，这种情况的乐观决策法有称为最小最小损失值法。由此可见，乐观决策是把各方案的最大收益或最小损失作为必然出现的状态来看待，从而把不确定型问题简化称为确定型问题处理。这种决策方法具有一定的冒险性质，一切从最好的情况考虑，难免冒较大的风险。此种方法一般适用于经济实力较强的企业或风险投资企业。当决策者拥有强大经济实力时，采用最大最大的决策方法，所选的最优方案即使失败了，对企业的影响也不大。一旦成功了，可获得巨大收益。

【例7-2】采用乐观决策法进行决策。智董公司要对现有生产设备如何进行改造做出决策，据现有获得的市场资料分析，拟定可以采用的初步方案有三个。

方案甲：采购最新型设备，该方案投资大，但由于技术先进，单位产品的产出成本较低，因而总的收益较大。

方案乙：按现有生产设备的技术标准进行设备更新，该方案投资较少，收益也较相对少。

方案丙：不更新设备，只是在原有基础上对旧设备进行改造，这种方案投资最少，收益也最少。

三个方案的收益大小与销售量直接相关。在决策前，该公司对未来的销售量进行了预测，预测显示，未来五年预计的销售量的增长将有三种情况：第一种情况是增长迅速，第二种情况是增长一般，第三种情况是增长缓慢。由于前期市场形势不明朗，故无法预测上述三种情况出现的概率。如果以五年计，每个方案在各种自然状态下所获得的收益净现值见表 7-1。

表 7-1　智董公司三个方案在各种自然状态下的收益净现值表

设备更新决策比较收益表（单位：万元）

预计的销售情况	行动方案		
	方案甲	方案乙	方案丙
增长迅速	400	200	−120
增长一般	300	160	−40
增长缓慢	−40	80	100

采用乐观决策法对该公司生产设备改造方案进行决策，首先要找出各种方案对应的最大收益值，由表 7-1 中可以容易地看出，甲、乙、丙这三种方案对应的最大收益值分别为 400 万、200 万、100 万，根据乐观决策法的原理，确定收益值为 400 万的方案甲为决策方案。

2. 悲观决策法

悲观决策法的思想基础与乐观决策法完全相反，对客观情况总持悲观态度，往往是决策者认为形势比较严峻，在未来发生的各种自然状态中，最坏状态出现的可能性很大，即假设采取任何方案，都是收益最小的状态发生。因此，悲观决策法是指在各种方案出现的结果不明确的条件下，采取谨慎的态度，选择最悲观或最保守决策方案的决策方法。对于以收益最大为目标的决策来说，必须从最坏处着眼，采取较为稳妥的决策准则，即从行动方案的最小收益中选择收益值最大的方案为决策方案，这种方法也叫最小最大收益值法。而对于以损失最小为目标的决策来说，则从最大损失的行动方案中选择损失最小的方案为决策方案，这种方法也叫作最大最小损失值法。悲观决策法一般适用于风险厌恶型的企业，如果一个企业抗风险能力比较弱，或者即使采用保守的决策方法企业也能获利生存，则该类型的企业一般倾向于在选择决策方案时采用悲观决策法。

【例 7-3】承例 7-2，采用悲观决策法进行决策。采用悲观决策法对该公司生产设备改造方案进行决策，首先要找出各种方案对应的最小收益值，从表 7-1 中可以看出，甲、乙、丙这三种方案对应的最小收益值分别为 −40 万、80 万、−120 万元，根据悲观决策法的原理，在三种方案的最小收益值中，最大的收益值为 80 万元，其对应的乙方案即为决策方案。

3. 折中决策法

乐观决策法和悲观决策法是按照最好或最坏的可能性进行决策的，两者都属于走极端的情况，前者过于盲目乐观而后者过于保守。而折中决策法的提出，主要是为了弥补乐观和悲观决策法走极端情况的缺陷。折中决策法就是通过计算"乐观系数"，对最大收益（损失）和最小收益（损失）值进行调整，计算出一个折中的收益值，然后根据比较各方案折中收益值的大小，确定最大折中收益值所对应的方案为决策方案。其计算公式为

$$\overline{M} = \alpha \times M_{max} + (1 - \alpha) \times M_{min}$$

式中，α 为乐观系数；$\overline{M}$为折中的收益值；M_{max} 为最大收益值；M_{min} 为最小收益值。

由以上公式可知，乐观系数实际上是对企业风险偏好的一种量化，是一个介于 0 ～ 1

之间的系数。乐观系数可以反映一个企业保守和乐观的不同水平。当乐观系数 $\alpha=0$ 时表示毫不乐观，说明该公司属于纯风险厌恶型企业；当风险系数 $\alpha=1$ 时表示极端乐观，说明该公司是纯风险偏好型企业。可见，折中决策法实际上是一种指数平均法。它的评价标准介于最小收益之和最大收益值之间，乐观系数在其中起到了一个权重指数的作用。折中决策法的难点在于乐观系数的确定，由于乐观系数的确定与企业的风险偏好有关，因此通过对该公司以往的决策情况进行统计分析，可以对该公司的乐观系数进行一个大概的估算。

【例 7-4】 承例 7-2，假设该公司通过以往资料统计确定的该公司的乐观系数为 0.4，并采用折中决策法进行决策。

方案甲：$\overline{M}_{甲}=0.4\times400+(1-0.4)\times(-40)=136$（万元）

方案乙：$\overline{M}_{乙}=0.4\times200+(1-0.4)\times80=128$（万元）

方案丙：$\overline{M}_{丙}=0.4\times100+(1-0.4)\times(-120)=-32$（万元）

通过对折中收益值的计算，确定最大折中收益值为 136 万元，因此 $\overline{M}_{甲}=136$ 万元所对应的方案甲即为决策方案。

4. 后悔值决策法

后悔值决策法是指决策者制订决策之后，如果情况未能符合理想，必将产生一种后悔的感觉；为了避免出现最大后悔的情况，决策者以后悔值作为依据进行决策的方法。后悔值就是将各种自然状态的最优值定为该状态的理想目标，并将该状态中的其他值与最高值相减所得之差。后悔值决策法的步骤一般是先确定各种自然状态的最优值，然后计算出各方案不同情况下的后悔值，最后将各方案的最大后悔值进行比较，后悔值最小的方案为最优方案。

【例 7-5】 承例 7-2，采用后悔值决策法进行决策。确定各种预计销售情况所对应的最优值，增长迅速 400 万元，增长一般 300 万元，增长缓慢 100 万元。各种方案下后悔值的计算及其最大后悔值的确定如表 7-2 所列。

表 7-2　智董公司各种方案下后悔值的计算及其最大后悔值表

预计的销售情况	各方案后悔值（单位：万元）		
	方案甲	方案乙	方案丙
增长迅速	400 − 400 = 0	400 − 200 = 200	400 − (−120) = 520
增长一般	300 − 300 = 0	300 − 160 = 140	300− (−40) = 340
增长缓慢	100− (−40) = 140	100 − 80 = 20	100 − 100 = 0
最大后悔值	140	200	520

从表 7-2 中可以看出，甲、乙、丙这三种方案对应的最大后悔值分别为 140 万元、200 万元、520 万元，根据后悔值决策法的原理，在三种方案的最大后悔值中，最小的后悔值为 140 万元，其所对应的甲方案即为决策方案。

（三）确定型决策方法

确定型决策方法一般与决策问题的专业领域相关。由于确定型决策方法面对的决策结果是确定的，决策问题的结构也往往比较清楚，因此可以利用决策因素和决策结果之间的数量关系建立数学模型，并运用数学模型进行决策。得益于近几十年来学者们的不懈努力，各种与财务决策有关的财务理论和决策理论不断完善，使得确定型决策方法可以借助现有的比较成熟的理论模型进行决策。一般而言，确定型决策方法包括优选对比法、数学微分法、线性规划法等。

1. 优选对比法

即把各种不同方案按一定的标准排列在一起，按经济效益的好坏进行优选对比，进而做出决策的方法。优选对比法是财务决策的基本方法，又可分为总量分析法、差量分析法、指标对比分析法等。

（1）总量分析法是指将不同方案的总收入、总成本或总利润进行对比，以确定最佳方案的一种方法。

（2）差量分析法是指将不同方案的预期收入之间的差额和预期成本之间的差额进行比较，求出差额利润，进而做出决策的方法。

（3）指标对比法是指把反映不同方案经济效益的指标进行对比，以确定最优方案的方法。例如，在进行长期投资决策时，可以把不同投资方案的净现值、内含报酬率、现值指数等指标进行对比，从而选出最优方案。

2. 数学微分法

数学微分法是根据边际分析原理，运用数学上的微分方法，对具有曲线联系的极值问题进行求解，进而确定最优方案的一种决策方法。在用数学微分法进行决策时，凡以成本为判别标准，一般是求最小值；凡以收入或利润为判别标准，一般是求最大值。在财务决策中，最佳资本结构、现金最佳余额决策和存货的经济批量决策都要用到数学微分法。

【例 7-6】某商品流通企业每年销售商品 a 件，每批次购进货物的采购费用为 b 元，而每年每件的库存费用为 c 元。若该商品均匀销售（即年平均库存为每次采购数量的 1/2，且上批销售完后，能够立即购进下一批货），则该商品流通企业应该分几批购进此种商品，能使所耗用的手续费和库存费用最少。

假设该公司每年的手续费和库存费用总和为 Y，每年分 X 批订货，则手续费和库存费用总和可以表示为

$$Y = bX + c\frac{a}{2X}$$

令

$$Y = b - c\frac{a}{2X^2} = 0$$

解得

$$X = \sqrt{\frac{ac}{2b}}(\text{批}),\quad \min Y = b\sqrt{\frac{ac}{2b}} + c\frac{a}{2\sqrt{\frac{ac}{2b}}} = \sqrt{2abc}(\text{元})$$

即当该公司在一年内分$\sqrt{\frac{ac}{2b}}$次进货时，所花费的手续费和库存费用最少，最小手续费和库存费之和为$\sqrt{2abc}$元。

3. 线性规划方法

线性规划法是根据运筹学原理，用来对具有线性关系的极值问题进行求解，进而确定最优方案的一种方法。管理上的很多问题可以看成是在一定限制条件下，寻求总体目标最优。如企业的资金供应、原材料供应、人工工时数、厂房、设备、产品销售数量等在一定时间限度内都是有限的，如何安排生产计划，使企业收入最大，就是一个规划问题。在实际应用中，规划问题的难点在于把现实问题抽象成为数学模型，即建模。规划问题的建模依实际问题的复杂程度而难易不同，大量的线性规划问题已经模型化、标准化，但还有很多不断出现的新问题需要不断地研究和解决。线性规划的方法包括图解法和单纯形法，求解一般采用计算机应用软件来进行。

【例 7-7】智董公司一月份计划生产甲、乙两种产品，已知生产单位产品所需的甲、乙两种原材料、设备台时以及资源限制如表 7-3 所列。

表 7-3　智董公司产品资源耗费表

	甲产品	乙产品	资源限制
设备（台时）	1	1	300
甲材料（千克）	2	1	400
乙材料（千克）	0	1	250

假设该公司每生产一单位甲产品可获利 50 元，每生产一单位乙产品可获利 100 元，则该公司应该怎样安排生产才能获利最大？

分析：假设该公司生产甲产品和乙产品的数量分别为 x_1、x_2，获利金额为 z。显然，该求获利最大的问题可以用数学模型表示为 $\max z = 50x_1 + 100x_2$，其约束条件为

$$x_1 + x_2 \leqslant 300 \text{（设备台时因素约束）}$$
$$2x_1 + x_2 \leqslant 400 \text{（甲材料库存约束）}$$
$$x_2 \leqslant 250 \text{（乙材料库存约束）}$$
$$x_1 \geqslant 0$$
$$x_2 \geqslant 0$$

以 x_1 为纵坐标，x_2 为横坐标，画出直角坐标系，同时分别描出直线 $x_1 + x_2 = 300$，$2x_1 + x_2 = 400$，$x_2 = 250$，得到该问题的可行域集合如图 7-2 阴影部分所示。

由于 $z = 50x_1 + 100x_2$ 在笛卡儿坐标系里是斜率已经确定的具有平行关系的直线集合，z 的取值取决于其在可行域的范围内与 x_1 轴的截距。而可行域各顶点的坐标分别为：A（0，250），B（50，250），C（100，200），D（200，0），O（0，0）（如图 7-3 所示）。显然，只有当直线 $z = 50x_1 + 100x_2$ 经过 B 点时，其在可行域的范围内与 x_1 轴的截距最大，z 取得最大值。将 B 点的坐标代入目标函数，得：

$$\max z = 50 \times 50 + 100 \times 250 = 27500 \text{（元）}$$

因此，该安排生产问题的最优解为生产甲产品 50 件和乙产品 250 件，可获得最大利润 27500 元。

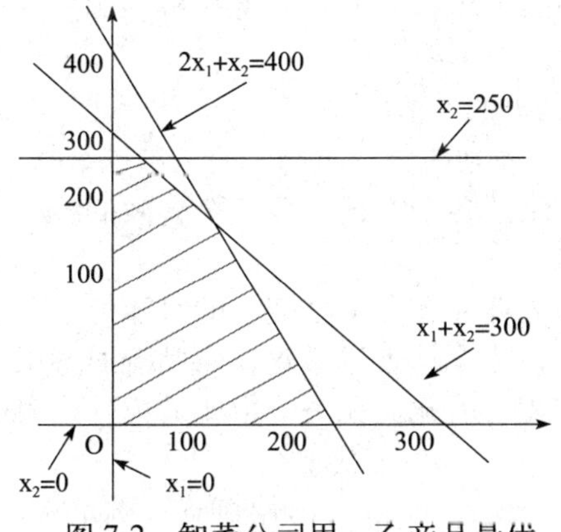

图 7-2　智董公司甲、乙产品最优产量可行域集合图

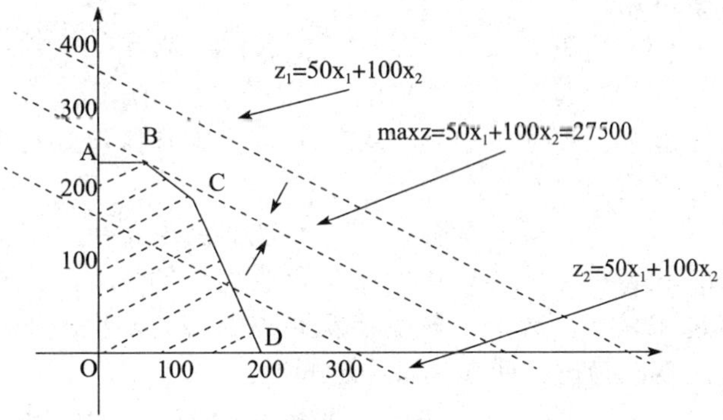

图 7-3　智董公司甲、乙产品最优产量可行域各顶点坐标图

五、财务决策的程序

财务决策的一般程序如下。

（一）提出财务决策需求

财务决策类型可以分为经营决策分析（主要确定企业产品、生产结构等重大经营战略）、信用决策分析（主要确定企业投资对象、客户的偿债能力、支付能力、投资资金的安

全性和获利性)、筹资决策分析（主要确定筹资方式、筹资规模、筹资成本)、投资决策分析（主要确定投资项目、投资方案、投资回报)、税务决策分析（主要确定企业的收入与支出情况对企业税负的影响）等。相应地，企业战略、生产、销售、财务等职能部门应当提出相关的财务决策需求。

（二）确定牵头部门

企业应有一套内部授权、审批制度，明确决策部门和权限。从归口管理和控制财务风险考虑，财务决策一般应由财务部门牵头或者参与进行。

（三）论证分析

牵头部门应会同有关部门，为制订决策寻找尽可能充分的信息作为参考。收集的信息可能包括宏观经济形势信息、产业或者行业情况、企业本身财务信息等，信息来源可能包括公开的经济数据、咨询机构提供的专业调研、企业各部门提供的数据等。根据决策类型和收集的信息，再设计各种备选方案，并对每一个方案的得失与利弊进行定性或者定量的分析和评价。

（四）方案抉择

按审批权限，将备选方案提交最终决策者，由其根据企业财务目标，选出一个方案，并落实执行的部门和责任。

六、财务决策的要求

通常，一项合理的财务决策必须满足以下几个方面的要求。

（1）对于所要解决的问题来说，决策要能够抓住问题的根本与关键。要想抓住要害，“诊断”是第一步，只有正确“诊断”，查明病因，才能对症下药，药到病除。

（2）决策要有明确的目标和衡量达到目标的具体标准。决策的目标，不仅有短期的，也要有长期的。只有清楚地了解上一级目标，才能高瞻远瞩，正确决策。

（3）决策必须是经济上合理，技术上可行，社会、政治、道德等各方面因素允许的。可行性研究是决策的重要环节。

（4）决策必须量力而行，要有资源作保证。决策时，要充分考虑人力、信息、设备、动力、原材料、技术、时间、市场、管理能力等各方面的条件，并使这些条件得到满足和充分利用。

（5）决策的基本原则是以最小的耗费和占用，取得最大的经济效果。

（6）决策必须有切实的、便于运行、便于管理的行动规划来保证执行。通过制订策略、确定职能、配备人员、安排作业日程等具体行动规划，保证各个方面组成一个有效的统一体，以便付诸实施。

（7）决策要有弹性，有应变能力。由于决策面对的环境存在着多样变化的可能性，尤其是随着社会化生产的发展，企业生产的分工越来越细，协作越来越紧密，商品流通的渠道越来越多，影响企业生存发展的外部条件也越来越重要。因此，在决策中要考虑一些事先应变的措施，使其具有一定的弹性。

（8）决策要考虑风险，要留有余地。决策总是面对未来，而未来总是带有不确定性，因此，决策总得要冒一定的风险。决策者要清醒地估计到各种方案的风险程度以及可允许的风险限度（如规定上限和下限），这些界限应能反映出不确定性的范围，并为决策人承担风险提供依据，本着稳健的原则，使风险损失不致引起灾难性的后果。

为了达到上述要求，在决策前应当做好以下准备工作。

1. 掌握决策对象行为的规律性

合理的决策必须建立在对决策对象的有关因素的客观必然联系的认识上。不了解客观事物的规律，把决策建立在想当然的基础上，其风险是相当大的。

正确进行决策，必须掌握市场动态、需求变异、价格变化、金融信贷、最佳投资等方面的变化规律及内部条件，并且注意运用统筹原则，全面考虑所有因素及其相互关系，按照它们之间的内在联系，统筹兼顾；运用连锁原则，考虑各因素内部与外部的连锁性；运用发展原则，放远眼光，使决策走在“现在”前面，及时掌握新动向，随时修订，“滚动”前进。

2. 改进管理信息组织

认识来源于实践，通过实践所获得的信息是决策者认识事物的源泉。因此，要收集整理与决策有关的丰富资料，获得必要的信息，并对信息需要、信息源、信息渠道、信息加工处理等方面的问题做通盘研究和处理，尽量使信息做到正确、及时和全面。

3. 学会掌握决策的各种方法

由于决策是按照客观事物的运动情况，借助于先进的计算工具，进行定量化、模型化的分析后，选择最优方案的行为，所以，采用什么样的决策方法十分重要。决策的方法主要有对比优选法、线性规划法、概率决策法、损益决策法、数学微分法等。当今世界，影响决策的“软”“硬”方法都在迅速发展，并相互配合、使用灵活。决策的“硬件”是指在决策中应用数学模型和电子计算机技术等先进技术。决策的“软件”是指发挥心理学、行为科学和专家集体智慧等高智商水平。只有熟练地运用各种决策方法，“软硬兼施”，才能迅速做出合理有效的决策。

七、财务决策的制度

财务决策制度是为了保证企业在拟开展某项财务活动时，决策者能够依据尽可能正确、完备的信息，采用尽可能科学、合理的决策方法进行决策，且所涉及的利益相关者能够在决策过程中充分、真实地表达其意志而做出的制度安排，主要内容包括决策规则、程序、权限和责任等。

财务决策制度是财务运行机制的核心组成部分，设计合理的财务决策制度能够增加企业经营活动的预见性、计划性，减少盲目性，合理、优化配置企业有限的资源，均衡各方利益，避免摩擦和争执等。近年暴露的一些公司高管经济犯罪大案，肇端便是企业在委托理财这类牵涉大额资金的重大财务事项上，授权随意性很大，财务决策制度形同虚设，公司的独立董事、执行董事和其他高管甚至对相关决策一无所知，更谈不上参与决策或者监督了。

第二节　股利决策

公司股利决策选择应该综合考虑下列有关方面的各因素。

一、股东对股利分配态度因素

公司每个投资者的投资目的和对公司股利分配的态度不完全一致，有的是公司的永久性股东，关注公司长期稳定发展，不大注重现期收益，希望公司少分股利；有的股东投资目的在于获取实际高额股利，十分偏爱定期支付高股息的政策；而另一部分投资者偏爱投机，投资目的在于短期持股期间股价大幅度升降波动，通过炒股获取价差。尽管很难实现，但是股利决策必须兼顾这三类投资者对股利的不同态度，以平衡公司和各类股东的关系。

由此可见，确定股利决策要考虑许多因素，由于这些因素不可能完全用定量方法来测定，因此决定股利决策主要依靠定性判断。

二、控制权的因素

所有者权益（自有资本）由资本金、资本公积、留存收益等部分构成。如果派发股利，留存收益将相应减少，将来依靠发行股票等方式筹集资金的可能性增大，而发行新股，尤其是普通股意味着企业控制权有落入他人或其他公司的可能；相反，降低股利发放率可避免这种所有权的稀释，但股利发放过少，可能引起不少股东不满。

三、筹资能力和偿债因素

如企业筹款能力较强，短时间内可筹措到所需的货币资金，就可按较高的比率支付股利。另外，企业偿还债务不外乎采用两种形式：一是用企业现有货币资金偿付；二是用发行债券等借新债取得的资金偿还到期债务。企业若采取第一种形式，就应尽量减少股利的分配金额。

四、资产的流动性因素

如企业的流动性较高，即持有大量的货币资金和其他流动资产，变现能力强，也就可以采取较高的股利率分配股利，反之就应该采取低股利率。

五、投资机会的因素

公司股利决策在较大程度上要受到投资机会的制约。如企业选择了许多有利的投资机会，需要大量资金，则宜采用较紧的股利决策（即低股利比率）；反之，股利决策就可以偏松。另外，投资项目加快或延缓的可能性也会影响公司的股利政策。

六、资金结构的因素

股利决策对公司加权资金成本有重大影响。这种影响是通过以下四个方面来实现的。

（1）股利决策的区别必然影响留存收益的多少，留存收益的实际资金成本为零。

（2）股利的信号作用。股利的大小变化必然影响公司股价。

（3）投资者对股利风险以及对资本增加值的风险的看法。

（4）资金结构的弹性。公司债务与股东权益之间应当有一个最优的比例（最优资金结构），在这个最优的比例上公司价值最大，或它的平均资金成本最低。

七、股利决策稳定性的因素

企业还需考虑历年采取的股利决策的连续性和稳定性，一旦决定做重大调整，就应该充分地估计到这些调整在企业声誉、企业股票价格、负债能力、信用等方面带来的一系列后果。在财务运作中，为什么特别强调采用稳定的政策？稳定的股利是一种信号，它告诉人们该公司的经营活动是稳健的。相反，如果股利波动很大，人们就会感到这家公司的经营风险很大，就会使投资者的必要投资收益率提高，使公司的股票价格下降。有些股东靠股利生活和消费，他们希望能定期有一笔固定的收入，如果股利经常波动，他们就不愿意买这样的股票，从而使股票需求下降、价格降低。

八、法律因素

一般来说，《公司法》《证券法》和《税法》中关于股利分配方面的规定都对公司股利决策起着限制作用。不少国家法律规定，股利分配必须遵守三个原则。

1. 保护资本完整

即不能因支付股利而减少资本总额，目的在于使公司能有足够的资本来保护债权人的权益。

2. 股利出自盈利

有税后净收益是股利支付的前提，但不管净收益是本年度实现的，还是以前年度实现节余的。

3. 债务契约

如果公司已经无力偿还债务或如发放股利将极大地影响公司的偿债能力，则不准发放股利。

第八章
财务计划、预算

第一节 财务计划

财务计划是依据企业的发展战略和经营计划，对未来一定期间的财务活动及其结果进行的规划、布置和安排，它规定了企业计划期财务工作的任务和目标及预期的财务状况和经营成果。

一、财务计划的目标

实际上，财务计划有长期计划和短期计划之分，通常意义上的财务计划指短期财务计划，短期财务计划的目标是确保流动能力，最小化净营运资金数和最小化的短期借款成本。

（一）确保流动能力

企业的投入活动引起了短期负债。另一方面，产品的销售产生了债权。此种债权，在负债到期日之前或到期付款时通常尚未到期，亦即尚未以现金的方式收回账款。为弥补一个到期系列的资金缺口，企业所持有的可处置流动资金，至少等于到期负债大于债权收回的差额。若企业拥有这些资金，便具有流动性，且能持续地进行投入、产出、销售的循环性流动。

流动性所需的资金数并非固定不变，到期的应付账款与可收回的借款间的差额，在会计年度内时有波动，在有些情况下，波动甚大。

因此，财务计划的首要目标是尽可能良好地估计企业每个会计期间应筹措的流动资金，以保证营运资金的流动性。

（二）最小化净营运资金数

流动资产与流动负债的差额是净营运资金。净营运资金数不足可能会导致长期资金的减少，净营运资金一方面可以支持持有存货，另一方面作为流动性的安全保障。

企业首先从投资者那里取得长期资金，在公司形式的企业中，此种筹措资金的方式是发行普通股票（有时是优先股票）。这些长期资金称为企业的业主权益。通常，大部分的业主权益用于购置各种固定资产。

第二种长期资金来源是负债资本。公司以某种或几种负债形式筹措长期资金。一般而言，短期的贷款者均要求借款者必须保持最低的净营运资金数。

（三）最小化的短期借款成本

企业经常有多种可用的短期借款来源以应付流动性的需要。在企业即定的规模和财务状况下，它从任一来源所能取得的贷款数额及条件，决定贷款的性质。贷款的性质是指担保贷款或无担保贷款（例如，应收账款和存货为担保贷款）。因此，财务经理必须比较各种资金来源的相对成本，利用成本最低的资金来源降低资金成本，增加企业的利润。

二、财务计划的构成、内容

在财务管理中，财务计划一般以财务预算的形式反映，它包括现金预算，预计利润表和预计的资产负债表。

现金预算是对企业一定期间内的现金流量所做的预计和规划。编制现金预算，可预测每一期间的现金剩余与不足情况，规划未来的现金流入量与流出量。

预计利润表是用货币额反映企业预算期经营成果的预计财务报表。

预计资产负债表是以货币单位反映的企业预算期内预计财务状况的总括性财务报表。

三、编制财务计划的限制条件

编制财务计划的限制条件包括：销售预测的不确定性；循环性趋势与季节性的影响。

1. 销售预测的不确定性

销售目标的预测最初是由销售经理完成的，最后由高层管理阶层确认，企业下一个会计年度每月的销售预测，均含有一种不确定的成分。因此，这些财务估计数的可靠性由销售预测的估计数决定。

通常，每月的销售量与预计销售量相比会发生正的或负的背离。对销售经理而言，多数希望实际销售量能超过预计销售量，这样能显示其成绩，企业也有这方面的要求。对于财务经理来说，可能会引起现金流量赤字的增加。因此，财务经理必须有所准备，有必要事先商洽一笔信用贷款或贷款。

2. 循环性趋势与季节性的影响

大部分行业，销售量都有季节性的波动，这种波动每年有重复性的趋向。

在一般情况下，高峰销量月份表示企业应收账款增加的月份。另一方面，在高峰销售与应收账款发生之前，企业多发生应付账款，通常都在企业从顾客取得付款前便已到期。同理，销货因季节性影响而降低时，企业便取得高峰期间的销货账款，并且因进货减少，应付账款较前减少。此时，企业从顾客所流进的现金将大于企业须流出的现金。

高层管理预测销货会循环性上升，则财务人员可相对乐观地预计应收账款所带来的现金。那就是说，可以预测送货后10天内将有较多的现金流入，且拖欠客户的百分比将较前降低。反之，若高层管理的销货预测是以可能的循环性下倾时，则必须做出相反的准备。

四、财务计划的步骤

财务计划的基本步骤如下。

（1）确定计划并编制预计财务报表，运用这些预测结果分析经营计划对预计利润和财务比率的影响。这些预测结果还能用于监督实施阶段的经营情况。实施情况一旦偏离计划，管理者能否很快得知，是控制系统好坏的重要标准，也是公司能否在一个变化迅速的世界取得成功的必要因素。

（2）确认支持长期计划需要的资金，包括购买设备等固定资产以及存货、应收账款、研究开发、主要广告宣传需要的资金。

（3）预测未来长期可使用的资金，包括预测可从内部产生的和向外部融资的部分。任何财务限制导致的经营约束都必须在计划中体现。这些约束包括对负债率、流动比率、利息保障倍数等的限制。

（4）在企业内部建立并保持一个控制资金分配和使用的系统，目的是保证基础计划的适当展开。

（5）制订调整基本计划的程序。基本计划在一定的经济预测基础上制订，当基本计划所依赖的经济预测与实际的经济状况不符时，需要对计划及时做出调整。例如，如果实际经济走势强于预测，这些新条件必须在更新的计划里体现，如更高的生产计划额度、更大的市场份额等，并且计划调整得越快越好。因此，此步骤实际上是“反馈环节”，即基于实际情况的变化对财务计划进行修改。

（6）建立基于绩效的管理层报酬计划。奖励管理层按照股东的目标（即股东价值最大化）经营非常重要。

五、长期财务计划专题

长期计划是指一年以上的计划。该计划为实现企业的长期目标服务，关系到企业的发展远景，其目的是扩大和提升企业的发展能力。

（一）长期财务计划与短期财务计划的联系

长期财务计划的跨度一般为 5 ～ 10 年，因为时间跨度大，很难要求长期计划做到非常精确。所以，长期财务计划只能给公司提供一些粗略的前瞻性看法，不能给公司的短期运作提供全面的控制标准，这就需要制订短期财务计划来加以补充。

短期财务计划的时间跨度通常在一年以内。因为时间跨度短，短期财务计划一般较为详细全面，准确性相对较高。短期财务计划中的预测财务报表是通过生产经营全面预算体系来推算的。

（二）财务战略与长期财务计划的关系

公司战略是公司对外部环境、机会与威胁及企业现状的一种总体把握。它决定和揭示企业的目的和目标，提出实现目标的方针与计划，确定企业的业务范围及组合，决定企业对社会、股东、顾客、员工应做出的贡献。因此，公司战略解决企业向何处发展和如何去竞争这两个问题。

财务战略是公司战略下的一项职能战略，它隶属于公司战略，并为公司战略的执行服务。财务战略从财务角度对公司面临的投资机会、筹资选择进行分析评估，并预测各种决策所带来的后果，从而做出对公司最有利的选择，而这种选择的体现和具体结果就是公司的长期财务计划。

（三）长期财务计划的内容

长期计划的主要内容是规划企业为实现长期目标所应采取的一些主要行动步骤、分期目标和重大措施及企业各部门在较长时期内应达到的目标和要求。

长期计划一般以战略计划为起点，涉及企业理念、企业经营范围、企业目标和企业战略。长期计划包括经营计划和财务计划。经营计划在已制订的企业战略的基础上，提供详细的实施指导，帮助实现公司目标。财务计划是以货币形式预计计划期内资金的取得、运用和各项经营收支及财务成果的书面文件。这些计划可以按照任何时间跨度制订，但是，计划期限的跨度既要服从计划目标的要求，也要考虑未来的可预测程度、企业的经济和技术力量等因素。通常企业制订为期5年的长期计划。

在进行长期计划时，管理者一般需要编制预计财务报表，并在以下四个方面使用。

（1）通过预计财务报表，可以评价企业预期经营业绩是否与企业总目标一致，以及是否达到了股东的期望水平。例如，如果预计财务报表显示权益净利率远低于行业平均水平，管理者就应该着手调查原因并找到补救方法。

（2）预计财务报表可以预测拟进行的经营变革将产生的影响。

（3）管理者利用财务报表预测企业未来的融资需求。

（4）预计财务报表被用来预测企业未来现金流，因为现金流决定企业的总体价值，因此，管理者可通过预测不同经营计划下的实现现金流量和这些计划的资本需求，选择能使股东价值最大化的计划。

一个完整的长期财务计划对一家大公司是很重要的。而对一家中等规模的公司来说，它的长期财务计划与大公司相比会显得较为粗略、简单，但其基本内容是一样的。不过，对一些很小的公司而言，长期财务计划可能不会形成正式文件，而只是大约存在于经营者头脑中而已。

小知识

一个完整的长期计划应当包括的基本内容

一个完整的长期计划应当包括以下基本内容。

1. 财务预测报表

财务预测报表包括预测的资产负债表、预测的利润表、预测的现金流量表。这些预测报表显示了公司各种战略决策的财务结果，设定了公司今后所谋求的财务目标。这些报表的准确性依赖于销售预测及公司对环境假设的准确性。通常，预测报表显示的利润目标停留在实际能达到的数目和管理当局所期望的利润值中间的某个地方。

2. 投资计划与企业竞争战略

长期财务计划会描述未来几年计划的投资项目，这些项目通常被分门别类地归为设备扩充或更新改造项目、生产新产品的设备投资项目等。此外，长期财务计划还表述企业拟采取的竞争战略，如扩大生产规模以获得规模经济；投资于研究与发展计划以开发新技术；或向上游延伸以有效控制原材料供应等。事实上，公司正是基于企业竞争战略，准备投资计划，并评估竞争者的反应后，才能做出较合理的长期销售预测。在制订企业竞争战略及投资计划时，应吸收各部门经理参加，这样才能保证每个部门能正确理解和执行计划，并主动去推动计划的开展。

3. 筹资计划

企业扩展投资需要资金支持，长期财务计划应对如何取得这些资金列出计划，这就是公司的筹资计划。筹资计划应回答公司准备何时，从哪些渠道，以何种形式筹集多少资金，应采取什么样的股利政策等问题。在回答这些问题时，公司应综合考虑筹资的成本、合理的资本结构、对公司股票价格的影响等因素。

筹资计划的复杂性与重要性随公司不同而有很大区别。对于一个投资机会有限，有足够现金流入的公司，它会有高额流动资产或许多未使用的借贷容量。这类公司的财务管理人员会很悠闲，公司的筹资计划也简单得多。但对一家积极扩张的公司，它需要大量的资本投入，公司的财务管理人员就需仔细权衡筹资具有的一大串问题，而最终决定的筹资计划就会重要而且复杂。

第二节　财务预算

一、财务预算概述

企业财务预算就是企业依据战略要求和发展规划，在财务预测、决策的基础上，利用价值形式对未来一定期间的财务活动进行规划和安排，以明确财务目标，落实财务管理措施，并提供财务考核以及奖惩标准的一种管理手段。

财务预算的编制需要以财务预测的结果为根据，并受到财务预测质量的制约；财务预算必须服从决策目标的要求，使决策目标具体化、系统化、定量化。

（一）财务预算的目的

财务预算的根本目的是明确企业内部各部门、各单位的责、权、利关系，对各种财务及非财务资源进行分配、考核和控制，以便有效地组织和协调企业的生产经营活动，完成既定的财务目标。

（二）财务预算的内容、构成

财务预算的内容主要包括经营活动预算、投资活动预算、筹资活动预算、现金流量预算、财务状况预算和经营成果预算六个部分。其中，经营活动预算、投资活动预算和筹资活动预算是对财务活动的过程所做的数量说明，现金流量预算、财务状况预算和经营成果预算是对财务活动的结果所做的数量说明。

1. 经营活动预算

经营活动预算是指对一个单位在预算期内从事的各种经营活动所编制的预算，主要包括目标利润（或目标成本）预算、主营业务收入预算、应收账款预算、主营业务量预算、主营业务成本预算、主营业务采购量预算、应付账款预算、间接费用预算、销售费用预算、管理费用预算、财务费用预算、其他业务收支预算、营业外收支预算、税费支出预算等。

2. 投资活动预算

投资活动预算是指对一个单位在预算期内从事的各种投资活动所编制的预算，包括对内投资预算和对外投资预算、短期投资预算和长期投资预算、股权投资预算和债权投资预算等。

3. 筹资活动预算

筹资活动预算是指对一个单位在预算期内从事的各种筹资活动所编制的预算，包括股权筹资预算和债权筹资预算、短期筹资预算和长期筹资预算、内部筹资预算和外部筹资预算等。

4. 现金流量预算

现金流量预算是指对一个单位在预算期内的现金流入量、现金流出量和现金净流量所编制的预算，包括经营活动现金流量预算、投资活动现金流量预算和筹资活动现金流量预算。

5. 财务状况预算

财务状况预算是指对一个单位在预算期末各种资产、负债、所有者权益的构成情况所编制的预算，亦即资产负债表各项目期末余额的预算。

6. 经营成果预算

经营成果预算是指对一个单位在预算期内的利润及其分配情况所编制的预算，亦即利润表各项目本期发生额的预算。

（三）财务预算目标值

1. 财务预算目标值的确定方法

预算目标的确定作为预算管理工作的起点，是预算机制作用发挥的关键，好的目标有利于预算管理工作的顺利推进，有利于企业日常管理的有序和协调，有利于企业战略意图的最终落实。预算目标不能凭空提出，必须以市场预测为基础。确定预算目标时，既要考虑产品或劳务的市场价格、成本、数量、质量的要求，也要考虑资本市场的平均资本成本等。

不同类型的企业，其预算目标确定的出发点不同，因而具体确定方法也有所不同。但归根结底，无论是何种预算目标，从财务的角度看，其核心目标最终都具体化为目标利润。目标利润制订的适当与否直接关系到企业预算管理的实施效果。企业确定目标利润时，一般应从两方面着手分析，进行预测：首先，应对企业所处的市场环境进行分析，明确企业在市场中的定位。这样有助于企业发现自己的竞争优势，并着眼于发挥优势制订措施，抢先占领相应的市场份额，据此预测应有的销售额。其次，应对企业自身的战略能力进行分析，主要是对企业资源能力的分析。这样有利于企业正确评价自身实力，从企业的实际出发确定目标利润，以避免确定的目标利润脱离实际。确定目标利润最常用的方法有以下几种。

（1）本量利分析法。本量利分析法是一种利用产品销售量、销售额、固定成本、变动成本与利润之间的变动规律，对目标利润进行预测分析的方法。基本的损益方程可表示为

利润 = 销售收入 - 变动成本 - 固定成本

基本的本量利分析和损益方程对于企业预算目标确定的意义在于：通过本量利之间的相互关系和损益方程的运用，明确成本、销售量和利润之间的变动方向，作为确定预算目标的依据。如果企业依据现有的资源和人力、财力把目标利润先确定下来，再考虑销售收入和成本水平，则可以确定销售预算和成本预算。

（2）相关比率法。与目标利润相关的比率主要有销售利润率、成本利润率、经营杠杆率及资本净利率，管理者可根据分析，先对这些比率进行预测，根据预测来确定目标利润。

1）根据预测的销售利润率确定目标利润。

目标利润率 = 预计销售收入总额 × 基期销售利润率

其中：

销售利润率 = 产品销售利润 / 产品销售收入 ×100%

2）根据预测的成本利润率确定目标利润。

目标利润 = 预计销售总成本 × 成本利润率

其中：

成本利润率 = 产品销售利润 / 销售成本总额 100%

3）根据经营杠杆率确定目标利润。

目标利润 = 基期利润 ×（1 + 利润变动率）

= 基期利润 ×（1 + 销售变动率 × 经营杠杆率）

其中：

$$DOL = (\Delta P/P_0) \div (\Delta S/S_0)$$

式中，DOL 表示经营杠杆率；P_0 表示基期利润；ΔP 表示预算期利润变动额；S_0 表示基期销售量（额）；ΔS 表示预算期销售变动量（额）。

4）利用资本净利率法确定目标利润。

目标利润 = 预期权益资本净利率 × 预算期所有者权益的加权平均数

其中：

资本净利率 = 净利润 / 资本金 ×100%

（3）简单利润增长比率测算法。该方法是根据企业历史最好利润水平、上年度达到的利润水平及过去连续若干年特别是近两年利润增长率的变动趋势与幅度，结合预测期可能发生的变动情况，来确定预计利润增长率，然后测算出目标利润。其计算公式为

$$目标利润 = 上年度实现利润额 \times (1 + 预计利润增长率)$$

目标利润草案确定以后，以同行业平均（或先进）资产收益率为基准对目标利润草案进行修正，在修正目标利润基础上，通过各部门及管理部门间的协调，最终确定企业各部门的预算目标。

2. 财务预算目标值的分解方法

预算目标在各责任中心之间的分解问题可以分为单法人企业预算目标在内部各责任中心的分解和多级法人企业预算目标在各子公司之间的分解两方面问题。其中，单法人企业预算目标分解是预算目标分解中的基本问题。“同等投入要求同等产出”的市场化经营原则和“各责任中心责权利对等”的可控性原则是预算目标分解的基本原则。

（1）单一法人企业预算目标的分解。单法人企业预算目标的分解主要基于公司的组织结构和建立在组织结构基础上的责任中心的定位。

一般而言，对于费用中心或成本中心采用零基预算方法，在其工作职责和应完成作业量的基础上来确定其预算费用目标：对于利润中心，可以按其所占有的资产总额、人力资本总额，或者营业使用面积等作为预算目标的分解依据。

在对各责任中心进行预算目标分解时，应强调可控性原则的运用。对总部的各项管理费用一般不在下级责任中心中进行分解。

（2）多级法人企业预算目标的分解。在进行预算目标分解时，基本的分解方法是依据各责任单位对财务资源（如资产总额、净资产）和非财务资源的占有状况进行分解，并对财务资源和非财务资源设置不同权重。

上述分解方法的一个基本前提是要求各子公司的业务类型相同，并且处于盈利水平。如果各子公司的业务类型不同，由于行业利润率的差异，各子公司占有的财务资源将不具备可比性；如果各子公司处于亏损水平，将会出现财务资源占有越大，预算亏损目标分摊越大的情形，促使市场发展前景广阔、盈利前景良好的子公司为了年度业绩考评的需要，出现缩减投资的行为。

实际在对多级法人企业预算目标进行分解过程中，企业生命周期和预算管理模式是两种重要的影响因素。

1）当企业处于初创期时，宜采用集权式的预算管理模式。战略标准（非财务标准）是企业预算目标分解的首要标准。

从战略角度，它需要考虑不同的战略类型及相关因素分析对预算的影响，如市场竞争程度、规模经济、战略类型（如产品差异化型和成本领先型）政府政策等。事实上许多企业的预算目标分解是在综合考虑上述各种战略因素之后进行的。

2）当企业处于发展期和成熟期时，宜采用适度分权的预算管理模式。财务标准成为企业预算目标分解的首要标准。

在对企业预算目标分解时可以采用目标资产报酬率法（ROA 法）和目标资本报酬率法（ROE 法）两种方法。ROA 法是将母公司对各子公司的预算目标利润除以各子公司所占用的总资产，求得 ROA 比率，然后根据各子公司所占用的资产总额分别乘以 ROA 来确定各子公司的预算目标。ROA 法是将母公司对各子公司的预算目标利润，分别除以各子公司所占用的净资产求得 ROE 比率，然后用这一期望比率分别乘以各子公司占用的净资产确定各自的预算目标。ROA 法适用于母公司对子公司采用集权管理方式，子公司没有对外筹资权限。ROE 法适用于子公司是一个真正意义上的投资中心，具有对外筹资权限。

科学的企业预算目标是企业预算管理体系有效实施的前提。企业必须站在发展战略的基础上，结合企业外部经营环境和内部资源占有情况确定企业预算目标。同时，企业应适时评价预算目标的适用性。当企业的经营战略、经营环境发生重大变化时，企业预算目标也应随之改变。

二、财务预算编制

（一）财务预算的编制部门

财务预算的编制主要由财务部门利用各业务、职能部门传递来的各项经营预算和资本支出预算资料来完成的。

（二）财务预算编制的原则

（1）坚持效益优先原则，实行总量平衡，进行全面预算管理。

（2）坚持积极稳健原则，确保以收定支，加强财务风险控制。

（3）坚持权责对等原则，确保切实可行，围绕经营战略实施。

（三）财务预算编制的依据

企业编制财务预算应当按照业务预算、资本预算、筹资预算、财务预算的流程进行，并按照各预算执行单位所承担经济业务的类型及其责任权限，编制不同形式的财务预算。

（四）财务预算的编制方法

财务预算是一系列专门反映企业未来一定预算期内预计财务状况和经营成果，以及现金收支等价值指标的各种预算的总称。本节介绍预算编制的主要方法。

1. 定期预算方法与滚动预算方法

编制预算的方法按其预算期的时间特征不同，可分为定期预算方法和滚动预算方法。

（1）定期预算是指编制预算的时间不变，一般以一个会计年度为一个完整的预算期。其优点是预算期与会计期间相等，便于利用预算管理和考核企业；缺点是具有滞后性和间断性。

（2）滚动预算方法是预算的编制随着预算的执行不断补充，逐期向后滚动，使预算期保持不变的预算编制方法。其优点是透明度高，及时反映企业的变化，使预算连续、完整；缺点是工作量大。

滚动预算按其预算编制和滚动的时间单位不同可分为逐月滚动、逐季滚动和混合滚动三种方式。

1）逐月滚动方式是指在预算编制过程中，以月份为预算的编制和滚动单位，每个月调整一次预算的方法。

如在 20×6 年 1 月至 12 月的预算执行过程中，需要在 1 月末根据当月预算的执行情况，修订 2 月至 12 月的预算，同时补充下一年 20×7 年 1 月份的预算；到 2 月末可根据当月预算的执行情况，修订 3 月至 12 月的预算，同时补充 20×7 年 2 月份的预算；……；以此类推。

逐月滚动预算方式示意图如图 8-1 所示。

按照逐月滚动方式编制的预算比较精确，但工作量太大。

2）逐季滚动方式是指在预算编制过程中，以季度为预算的编制和滚动单位，每个季度调整一次预算的方法。

如在 20×6 年第 1 季度至第 4 季度的预算执行过程中，需要在第 1 季末根据当季预算的执行情况，修订第 2 季度至第 4 季度的预算，同时补充 20×7 年第 1 季度的预算；第 2 季度末根据当季预算的执行情况，修订 20×6 年第 3 季度至 20×7 年第 1 季度的预算，同时补充 20×7 年第 2 季度的预算；……；以此类推。

逐季滚动编制的预算比逐月滚动的工作量小，但预算精确度较差。

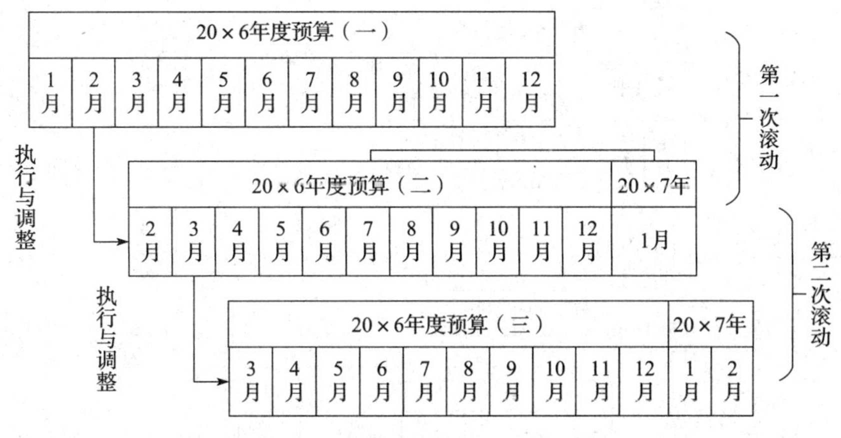

图 8-1 逐月滚动预算方式示意图

3）混合滚动方式是指在预算编制过程中，同时使用月份和季度作为预算的编制和滚动单位的方法。它是滚动预算的一种变通方式。

这种预算方法的理论依据是：人们对未来的了解程度具有对近期把握较大、对远期的预计把握较小的特征。为了做到长计划短安排，远略近详，在预算编制过程中，可以对近期预算提出较高的精度要求，使预算的内容相对详细；对远期预算提出较低的精度要求，使预算的内容相对简单，这样可以减少预算工作量。

如对 20×6 年 1 月至 3 月的头三个月逐月编制详细预算，4 月至 12 月分别按季度编制粗略预算；3 月末根据第 1 季度预算的执行情况，编制 4 月至 6 月的详细预算，并修订第 3 季度至第 4 季度的预算，同时补充 20×7 年第 1 季度预算；以此类推。混合滚动预算示意图如图 8-2 所示。

2. 增量预算方法与零基预算方法

编制成本费用预算的方法按其出发点的特征不同，可分为增量预算方法和零基预算方法。

（1）增量预算方法简称增量预算，又称调整预算方法，是以基期成本费用水平为基数，结合预算期业务量水平及降低成本的措施，通过调整有关费用项目而编制的预算。

增量预算的优点是简单，工作量小；缺点是受原有项目制约，不利于根据情况的变化调整预算。

增量预算方法源于以下假定。

1）现有的业务活动是企业所必需的。只有保留企业现有的每项业务活动，才能使企业的经营过程得到正常发展。

2）原有的各项开支都是合理的。既然现有的业务活动是必需的，那么原有的各项费用开支就一定是合理的，必须予以保留。

3）未来预算期的费用变动是在现有费用的基础上调整的结果。

（2）零基预算方法的全称为“以零为基础编制计划和预算的方法”，简称零基预算，又称零底预算，是指在编制成本费用预算时，不考虑以往会计期间所发生的费用项目或费用数额，而是将所有的预算支出均以零为出发点，一切从实际需要与可能出发，逐项审议预算期内各项费用的内容及开支标准是否合理，在综合平衡的基础上编制费用预算的一种方法。

零基预算是在编制预算时，不考虑以前的情况，从零出发，根据企业的实际需要重新考察每一项的收入及支出是否合理，在综合平衡的基础上编制的预算。

零基预算的优点是一切从现实出发分析企业的各项收支，能调 动各方面的积极性，有助于企业的长远发展；缺点是工作量大。

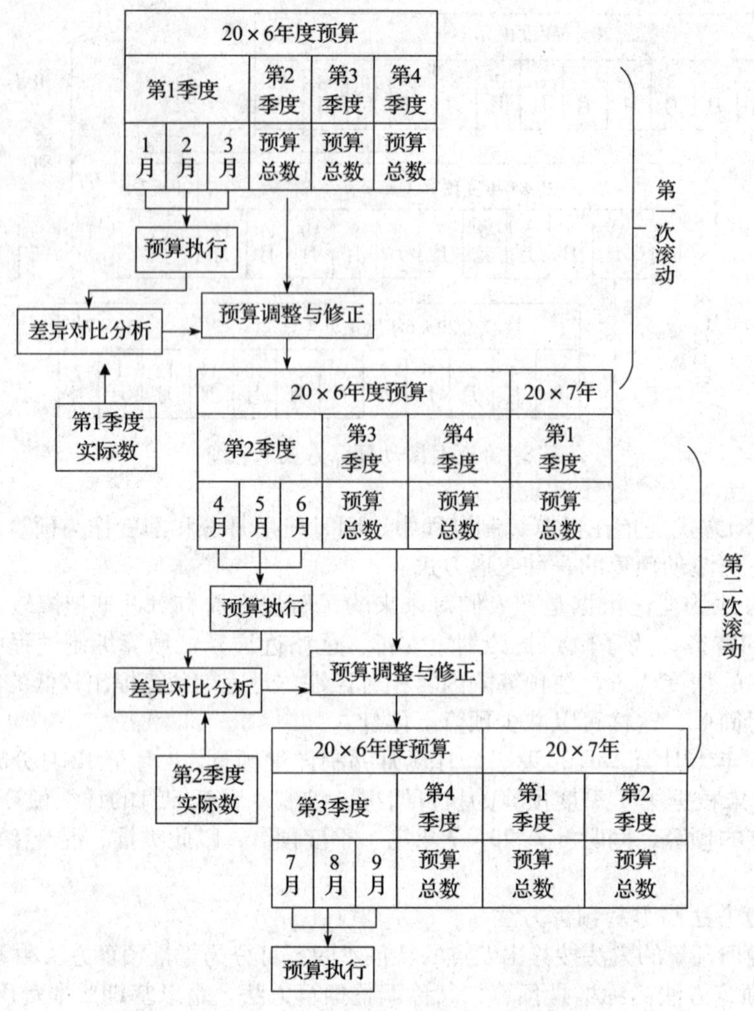

图 8-2　混合滚动预算示意图

【例 8-1】贵琛公司为深入开展双增双节运动，降低费用开支水平，拟对历年来超支严重的业务招待费、劳动保护费、办公费、广告费、保险费等间接费用项目按照零基预算方法编制预算。

经多次讨论研究，预算编制人员确定上述费用在预算年度开支水平如表 8-1 所示。

表 8-1　贵琛公司预计费用项目及开支金额　　单位：元

费用项目	开支金额
（1）业务招待费	180000
（2）劳动保护费	150000
（3）办公费	100000
（4）广告费	300000
（5）保险费	120000
合计	850000

经过充分论证，得出以下结论：上述费用中除业务招待费和广告费以外都不能再压缩了，必须得到全额保证。

根据历史资料对业务招待费和广告费进行成本—效益分析，得到以下数据，如表 8-2 所示。

表 8-2　贵琛公司成本—效益分析表

成本项目	成本金额	收益金额
业务招待费	1	4
广告费	1	6

然后，权衡上述各项费用开支的轻重缓急排出层次和顺序：

因为劳动保护费、办公费和保险费在预算期必不可少，需要全额得到保证，属于不可避免的月素性固定成本，故应列为第一层；

因为业务招待费和广告费可根据预算期间企业财力情况酌情增减，属于可避免项目；其中广告费的成本—效益较大，应列为第二层次；业务招待费的成本—效益相对较小，应列为第三层次。

假定该公司预算年度对上述各项费用可动用的财力资源只有 700000 元，根据以上排列的层次和顺序，分配资源，最终落实的预算金额如下。

确定不可避免项目的预算金额：

$$150000 + 100000 + 120000 = 370000\text{（元）}$$

确定可分配的资金数额：

$$700000 - 370000 = 330000\text{（元）}$$

按成本—效益比重将可分配的资金数额在业务招待费和广告费之间进行分配：

$$\text{业务招待费可分配资金} = 330000 \times \frac{4}{4+6} = 132000\text{（元）}$$

$$\text{广告费可分配资金} = 330000 \times \frac{6}{4+6} = 198000\text{（元）}$$

在实际工作中，某些成本项目的成本—效益的关系不容易确定，按零基预算方法编制预算时，不能机械地平均分配资金，而应根据企业的实际情况，有重点、有选择地确定预算项目，保证重点项目的资金需要。

3. 固定预算方法与弹性预算方法

编制预算的方法按其业务量基础的数量特征不同，可分固定预算方法和弹性预算方法。

（1）固定预算简称固定预算，又称静态预算，是根据预算期内正常的、可实现的固定业务量作为编制预算基础的预算编制方法。它适合于业务量水平较为稳定的企业或非营利组织。固定预算编制方法简单、易行；但是它的可比性差，机械、呆板。

【例 8-2】贵琛公司采用完全成本法，其预算期生产的某种产品的预计产量为 1000 件，按固定预算方法编制的该产品成本预算如表 8-3 所示。

表 8-3　贵琛公司产品成本预算（按固定预算方法编制）

预计产量：1000 件　　　　金额单位：元

成本项目	总成本	单位成本
直接材料	5000	5
直接人工	1000	1
制造费用	2000	2
合计	8000	8

该产品预算期的实际产量为 1400 件，实际发生总成本为 11000 元，其中，直接材料 7500 元，直接人工 1200 元，制造费用 2300 元，单位成本为 7.86 元。

该企业根据实际成本资料和预算成本资料编制的成本业绩报告如表 8-4 所示。

表 8-4 贵琛公司成本业绩报告　　金额单位：元

成本项目	实际成本	预算成本		差异	
		未按产量调整	按产量调整	未按产量调整	按产量调整
直接材料	7500	5000	7000	+2500	+500
直接人工	1200	1000	1400	+200	-200
制造费用	2300	2000	2800	+300	-500
合计	11000	8000	11200	+3000	-200

从该表中可以看出：实际成本与未按产量调整的预算成本相比，超支较多；实际成本与按产量调整后的预算成本相比，又节约不少。

在产量从1000件增加到1400件的情况下，如果不按变动或的产量对预算成本进行调整，就会因业务量不一致而导致所计算的差异缺乏可比性；但是如果所有的成本项目都按实际产量进行调整，也不够科学。因为制造费用中包括一部分固定制造费用，它们是不随产量变动的，即使按产量调整了固定预算，也不能准确说明企业预算的执行情况。

（2）弹性预算简称弹性预算，又称变动预算或滑动预算，是在成本习性分析的基础上，以业务量、成本和利润间关系为依据，根据各种业务量水平编制的预算。

1）弹性预算的适用范围宽、可比性强；但是编制比较复杂。弹性预算适用于与业务量有关的各种预算。

2）编制弹性预算所依据的业务量。编制弹性预算所依据的业务量可以是产量、销售量、直接人工工时、机器工时、材料消耗量或直接人工工资等。

3）特点。表8-5是一个生产制造部门制造费用的弹性预算。它和按特定业务量水平编制的固定预算相比，有两个显著特点。

（a）弹性预算是按一系列业务量水平编制的，从而扩大了预算的适用范围。就表8-5提供的资料来说，若仅按600直接人工小时来编制，就成为固定预算，其总额为2000元。这种预算只有在实际业务量接近600小时的情况下，才能发挥作用。如果实际业务量与作为预算基础的600小时相差很多，而仍用2000元去控制和评价成本，显然是不合适的。在表8-5中，分别列示了5种业务量水平的成本预算数据。根据企业情况，也可以按更多的业务量水平来列示。这样，无论实际业务量达到何种水平，都有适用的一套成本数据来发挥控制作用。

表 8-5 制造费用的弹性预算（多水平法）

业务量（直接人工工时）	420	480	540	600	660
占正常生产能力百分比	70%	80%	90%	100%	110%
变动成本：					
运输（b=0.2）	84	96	108	120	132
电力（b=1.0）	420	480	540	600	660
消耗材料（b=0.1）	42	48	54	60	66
合计	546	624	702	780	858
混合成本：					
修理费	440	490	544	600	746
油料	180	220	220	220	240
合计	620	710	764	820	986
固定成本：					
折旧费	300	300	300	300	300
管理人员工资	100	100	100	100	100
合计	400	400	400	400	400
总计	1566	1734	1866	2000	2244

（b）弹性预算是按成本的不同性态分类列示的，便于在计划期终了时计算“实际业务量的预算成本”（应当达到的成本水平），使预算执行情况的评价和考核，建立在更加现实和可比的基础上。如果固定预算是按 600 小时编制的，成本总额为 2000 元。在实际业务量为 500 小时的情况下，不能用 2000 元去评价实际成本的高低，也不能按业务量变动的比例调整后的预算成本 1666 元（即 2000×500/600），去考核实际成本，因为并不是所有的成本都一定同业务量成正比例关系。

如果采用弹性预算，就可以根据各项成本同业务量的不同关系，采用不同方法确定“实际业务量的预算成本”，去评价和考核实际成本。例如，实际业务量为 500 小时，运输费等各项变动成本可用实际工时数乘以单位业务量变动成本来计算，即变动总成本 650 元（500×0.2＋500×1＋500×0.1）。固定总成本不随业务量变动，仍为 400 元。混合成本可用内插法逐项计算：500 小时处在 480 小时和 540 小时两个水平之间，修理费应该在 490 ～ 544 元之间，设实际业务的预算修理费为 X 元，则：

$$\frac{500-480}{540-480}=\frac{X-490}{544-490}$$

$$X=508（元）$$

油料费用在 480 小时和 540 小时的水平时均为 220 元，500 小时当然也应为 220 元。可见：

500 小时预算成本＝（0.2＋1＋0.1）×500＋508＋220＋400＝1778（元）

这样计算出来的预算成本，比较符合成本的变动规律，用以评价和考核实际成本，比较确切并容易为被考核人所接受。

4）步骤。编制弹性预算的基本步骤是：选择业务量的计量单位；确定适用的业务量范围；逐项研究并确定各项成本和业务量之间的数量关系；计算各项预算成本，并用一定的方法来表达。

编制弹性预算，要选用一个最能代表本部门生产经营活动水平的业务量计量单位。例如，以手工操作为主的车间，就应选用人工工时；制造单一产品或零件的部门，可以选用实物数量；制造多种产品或零件的部门，可以选用人工工时或机器工时；修理部门可以选用直接修理工时等。

弹性预算的业务量范围，视企业或部门的业务量变化情况而定，务必使实际业务量不至于超出确定的范围。一般来说，可定在正常生产能力的 70% ～ 110% 之间，或以历史上最高业务量和最低业务量为其上下限。

弹性预算的质量高低，在很大程度上取决于成本性态分析的水平。

5）运用。弹性预算的主要用途是作为控制成本支出的工具。在计划期开始时，提供控制成本所需要的数据；在计划期结束后，可用于评价和考核实际成本。

（a）控制支出。由于成本一旦支出就不可挽回，只有事先提出成本的限额，使有关的人在限额内花钱用物，才能有效地控制支出。根据弹性预算和每月的生产计划，可以确定各月的成本控制限额。这个事先确定的限额并不要求十分精确，所以，采用多水平法时可选用与计划业务量水平最接近的一套成本数据，作为控制成本的限额。采用公式法时，可根据计划业务量逐项计算成本数额，编制成本限额表，作为当月控制成本的依据。

（b）评价和考核成本控制业绩。每个计划期结束后，需要编制成本控制情况的报告，对各部门成本预算执行情况进行评价和考核。表 8-6 是部门成本控制报告的一种格式。

在这个报告中，“实际成本”是根据实际产品成本核算资料填制的；“预算成本”是根据实际业务量和弹性预算（见表 8-5）逐项计算填列的；“差异额”是实际成本减去预算成本的差额，负数表示节约额，正数表示超支额；“差异率”是差异额占预算成本的百分比，表示节约或超支的相对幅度。这样计算出来的差异额和差异率，已将业务量变动的因素排除在外，用以评价实际成本比较有说服力。

表 8-6 部门成本控制报告

单位：元

×××× 年 ×× 月　　实际业务量：580 小时

项目	实际成本	预算成本	差异	
			差异额	差异率
变动成本：				
运输费	108	116	−8	−7%
电力	616	580	+36	+6%
消耗材料	68	58	+10	+17%
合计	792	754	+38	+5%
混合成本：				
修理费	560	578	−18	−3%
油料	230	220	+10	+5%
合计	790	798	−8	−1%
固定成本：				
折旧费	300	300	0	0
管理人员工资	110	100	+10	+10%
合计	410	400	+10	+3%
总计	1992	1952	+40	+2%

6）弹性成本预算的编制。

（a）弹性成本预算的基本公式。编制弹性成本预算，关键是进行成本性态分析，将全部成本最终区分为变动成本和固定成本两大类。变动成本主要根据单位业务量来控制，固定成本则按总额控制。其成本的预算公式如下：

$$\text{成本的弹性预算}=\text{固定成本预算数}+\sum(\text{单位变动成本预算数}\times\text{预计业务量})$$

在此基础上，按事先选择的业务量计量单位和确定的有效变动范围，根据该业务量与有关成本费用项目之间的内在关系即可编制弹性成本预算。

（b）业务量的选择。编制弹性成本预算首先要选择适当的业务量。选择业务量包括选择业务量计量单位和业务量变动范围两部分内容。业务量计量单位应根据企业的具体情况进行选择。一般来说，生产单一产品的部门，可以选用产品实物量；生产多品种产品的部门，可以选用人工工时、机器工时等；修理部门可以选用修理工时等。以手工操作为主的企业应选用人工工时；机械化程度较高的企业选用机器工时更为适宜。

业务量变动范围是指弹性预算所适用的业务量变动区间。业务量变动范围的选择应根据企业的具体情况而定。一般来说，可定在正常生产能力的 70% ～ 120% 之间，或以历史上最高业务量或最低业务量为其上下限。

（c）弹性成本预算的具体编制方法。编制弹性成本预算可以选择公式法和列表法。

a）公式法是指通过确定成本公式 $y_i = a_i + b_iX_i$ 中的 a_i 和 b_i 来编制弹性预算的方法。

在成本性态分析的基础上，可将任何成本项目近似地表示为 $y_i = a_i + b_ix_i$（当 a_i 为零时，$y_i = b_ix_i$ 为变动成本；当 b_i 为零时，$y_i = a_i$ 为固定成本；当 a_i 和 b_i 均不为零时，y_i 为混合成本；x_i 可以为多种业务量指标如产销量、直接人工工时等）。

在公式法下，如果事先确定了有关业务量的变动范围，只要根据有关成本项目的 a 和 b 参数，就可以很方便地推算出业务量在允许范围内任何水平上的各项预算成本。

【例 8-3】 贵琛公司按公式法编制的制造费用弹性预算如表 8-7 所示。其中较大的混合成本项目已经被分解。

表 8-7　贵琛公司预算期制造费用弹性预算（公式法）　　金额单位：元

直接人工工时变动范围：70000 ～ 120000 小时

项　目	a	b
管理人员工资	15000	—
保险费	5000	—
设备租金	8000	—
维修费	6000	0.25
水电费	500	0.15
辅助材料	4000	0.30
辅助工工资	—	0.45
检验员工资	—	0.35
合计	38500	1.50

根据表 8-7，可利用 $y = 38500 + 1.5x$，计算出人工小时在 70000 ～ 120000 的范围内，任一业务量基础上的制造费用预算总额；也可计算出在该人工小时变动范围内，任一业务量的制造费用中某一费用项目的预算额，如维修费 $y = 6000 + 0.25x$，检验员工资 $y = 0.35x$ 等。

这种方法的优点是在一定范围内不受业务量波动影响，编制预算的工作量较小；缺点是在进行预算控制和考核时，不能直接查出特定业务量下的总成本预算额，而且按细目分解成本比较麻烦，同时又有一定误差。

在实际工作中可以将公式法与列表法集合起来应用。

b）列表法是指通过列表的方式，在相关范围内每隔一定业务量范围计算相关数值预算，来编制弹性成本预算的方法。

【例 8-4】 贵琛公司按列表法编制的制造费用弹性预算如表 8-8 所示。

表 8-8　贵琛公司预算期制造费用弹性预算（列表法）　　金额单位：元

直接人工小时	70000	80000	90000	100000	110000	120000
生产能力利用	70%	80%	90%	100%	110%	120%
（1）变动成本项目	56000	64000	72000	80000	88000	96000
辅助工人工资	31500	36000	40500	45000	49500	54000
检验员工资	24500	28000	31500	35000	38500	42000
（2）混合成本项目	59500	66500	73500	80500	87500	94500
维修费	23500	26000	28500	31000	33500	36000
水电费	11000	12500	14000	15500	17000	18500
辅助材料	25000	28000	31000	34000	37000	40000
（3）固定成本项目	28000	28000	28000	28000	28000	28000
管理人员工资	15000	15000	15000	15000	15000	15000
保险费	5000	5000	5000	5000	5000	5000
设备租金	8000	8000	8000	9000	8000	8000
制造费用预算	143500	158500	173500	188500	203500	218500

表 8-8 中的业务量间距为 10%，在实际工作中可选择更小的间距（如 5%），读者可以自行计算。

显然，业务量的间距越小，实际业务量水平出现在预算表中的可能性就越大，但工作量也就越大。

列表法的主要优点是可以直接从表中查得各种业务量下成本预算，便于预算的控制和考核，可以在一定程度上弥补公式法的不足。

但这种方法工作量较大，且不能包括所有业务量条件下的费用预算，故使用面较窄。

7）弹性利润预算的编制。弹性利润预算是根据成本、业务量和利润之间的依存关系，为使用多种业务量变化而编制的利润预算。弹性利润预算是以弹性成本预算为基础编制的，其主要内容包括销售量、价格、单位变动成本、贡献边际和固定成本。

编制弹性利润预算，可以选择因素法和百分比法两种方法。

（a）因素法。该法是指根据受业务量变动影响的有关收入、成本等因素与利润的关系，列表反映在不同业务量条件下利润水平的预算方法。

【例 8-5】预计贵琛公司预算年度某产品的销售量在 7000 ～ 12000 件之间变动；销售单价为 100 元；单位变动成本为 86 元；固定成本总额为 80000 元。

要求：根据上述资料以 1000 件为销售量的间隔单位编制该产品的弹性利润预算。

解答：依题意编制的弹性利润预算如表 8-9 所示。

表 8-9　贵琛公司弹性利润预算　　　　金额单位：元

销售量（件）	7000	8000	9000	10000	11000	12000
单价	100	100	100	100	100	100
单位变动成本	86	86	86	86	86	86
销售收入	700000	800000	900000	1000000	1100000	1200000
减：变动成本	602000	688000	774000	860000	946000	1032000
边际贡献	98000	112000	126000	140000	154000	168000
减：固定成本	80000	80000	80000	80000	80000	80000
营业利润	18000	32000	46000	60000	74000	88000

如果销售价格、单位变动成本、固定成本发生变动，也可参照此方法，分别编制在不同销售价格、不同单位变动成本、不同固定成本水平下的弹性利润预算，从而形成一个完整的弹性利润预算体系。

这种方法适于单一品种经营或采用分算法处理固定成本的多品种经营的企业。

（b）百分比法。本法又称销售额百分比法，是指按不同销售额的百分比来编制弹性利润预算的方法。

一般来说，许多企业都经营多品种，在实际工作中，分别按品种逐一编制弹性利润预算是不现实的，这就要求我们用一种综合的方法——销售额百分比法对全部经营商品或按商品大类编制弹性利润预算。

【例 8-6】贵琛公司预算年度的销售业务量达到 100% 时的销售收入为 1000000 元，变动成本为 860000 元，固定成本为 80000 元。

要求：根据上述资料以 10% 的间隔为贵琛公司按百分比法编制弹性利润预算。

解答：根据题意编制的弹性利润预算如表 8-10 所示。

表 8-10　贵琛公司弹性利润预算　　　　金额单位：元

销售收入百分比（1）	80%	90%	100%	110%	120%
销售收入（2）= 1000000 ×（1）	800000	900000	1000000	1100000	1200000
变动成本（3）= 860000 ×（1）	688000	774000	860000	946000	1032000
边际贡献（4）=（2）-（3）	112000	126000	140000	154000	168000
固定成本（5）	80000	80000	80000	80000	80000
利润总额（6）=（4）-（5）	32000	46000	60000	74000	88000

应用百分比法的前提条件是销售收入必须在相关范围内变动，即销售收入的变化不会影响企业的成本水平（单位变动成本和固定成本总额）。此法主要适用于多品种经营的企业。

在实际工作中，采用哪一种滚动预算方式应视企业的实际需要而定。

（五）财务预算的基本步骤

财务预算的编制一般应当包括以下几项基本步骤（见表 8-11）。

表 8-11　财务预算的基本步骤

分析经营环境，确定预算指标	企业应当根据其外部宏观环境和内部微观状况，运用科学方法，分析与所确定的经营目标有关的各种因素，按照总体经济效益原则，确定出主要的预算指标
协调财务能力，组织综合平衡	企业应当合理安排人力、物力、财力，使之与经营目标的要求相适应，资金运用同资金来源相平衡，财务收入同财务支出相平衡，还要努力挖掘企业潜力，从提高经济效益出发，对企业各方面的生产经营活动提出要求，制订好各单位的预算指标
选择预算方法，编制财务预算	以经营目标为核心，以平均先进定额为基础，编制财务预算，并检查各项有关的预算指标是否密切衔接、协调平衡。 预算的编制方法有固定预算法、弹性预算法、增量预算法、零基预算法、定期预算法和滚动预算法等

三、财务预算管理

财务预算管理是指一个单位围绕财务预算而展开的一系列管理活动，包括财务预算的编制、财务预算的执行、财务预算的调整、财务预算的监控、财务预算的考评和财务预算的奖惩等若干个管理环节。

（一）财务预算管理的特点

以企业为例，财务预算管理的特点主要表现为全方位渗透、全员工参与、全过程监控和全量化实施四个方面。

1. 财务预算管理是一种全方位渗透的管理，内涵深、范围广

财务预算管理是围绕财务预算而展开的一系列管理活动，是财务管理的一项重要内容和一种重要手段。从管理的内容来看，财务预算管理不仅包括现金流量预算管理、财务状况预算管理、经营成果预算管理，而且还包括营业活动预算管理、投资活动预算管理和筹资活动预算管理（图 8-3），其管理的内容全方位地渗透到企业生产经营管理的每一个过程、每一个环节，具有内涵深、范围广的特点。现代企业的生产经营管理不仅需要关注日常营业活动的发生过程及其结果，还需要关注投资活动和筹资活动的发生过程及其结果。只有在对营业活动及其结果进行预算管理的基础上，把预算管理的内容延伸到投资活动和筹资活动以及它们所产生的结果，才能将企业资源的有效配置与相关的生产经营管理活动有机地结合起来，保证企业财务预算管理目标的顺利实现。

2. 财务预算管理是一种全过程监控的管理，过程长、监控难

从管理的过程来看，财务预算管理包括财务预算的编制、财务预算的执行、财务预算的调整、财务预算的监控、财务预算的考评、财务预算的奖惩等环节。其中，财务预算的监控并不仅仅是对预算执行环节的监控，还包括对预算编制环节、预算调整环节、预算考评环节和预算奖惩环节的监控，即对整个财务预算管理过程的全程监控，其监控的过程长，监控的主体和客体都比较复杂，因而监控起来难度大。单一对预算编制环节进行监控，会使其他的管理环节由于失控而问题百出，最终影响到财务预算管理成效的发挥。对预算编制环节的监控，主要是为了保证预算编制的准确性；对预算执行环节的监控，主要是为了保证预算执行到位；对预算调整环节的监控，主要是为了保证预算调整合理；对预算考评环节的监控；主要是为了保证预算考评客观公正；对预算奖惩环节的监控，主要是为了保证预算

奖惩合理得当。财务预算监控的全程性可用图 8-4 描绘。

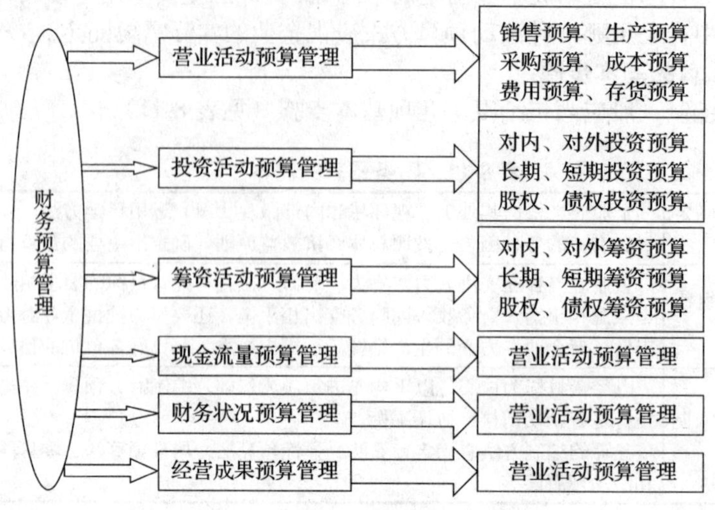

图 8-3 财务预算管理内容示意图

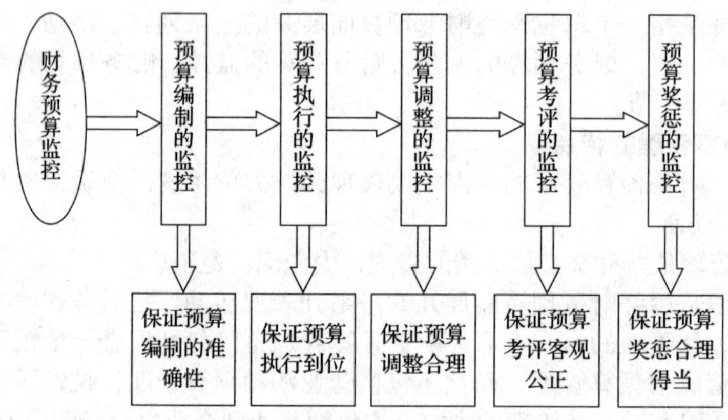

图 8-4 财务预算监控全程性示意图

3. 财务预算管理是一种全量化实施的管理，指标烦琐、利益敏感、关系复杂

财务预算可以以价值形式表示，也可以以实物等多种数量形式表示，它侧重于数量，注重的是数学逻辑，是一种全量化实施的管理，这种量化既包括目标的量化，也包括责、权、利的量化。财务预算主要用数量形式来反映企业未来某一特定时期的有关生产经营活动、现金收支、资金需求、成本控制以及财务状况等各方面的详细计划。预算管理即是依据企业编制的以数量形式为主的定量描述全方位地加强对企业生产经营活动的控制，使之有序运行。财务预算过程中涉及的指标烦琐，既有财务指标，也有非财务指标，这就要求预算管理人员在工作中要耐心、细致。财务预算管理的量化特征可用图 8-5 描绘。

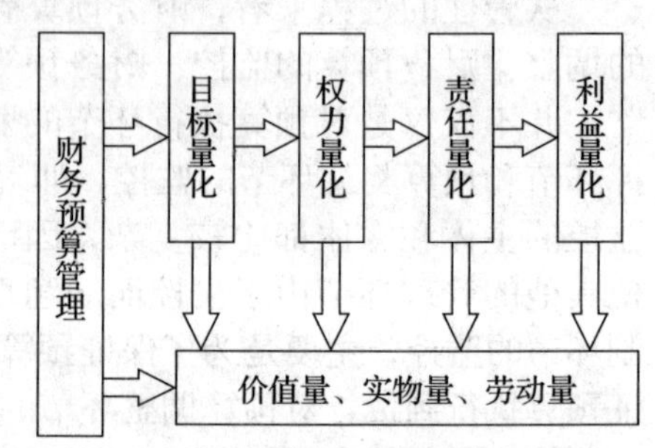

图 8-5 财务预算管理的量化特征图

4. 财务预算管理是一种全员参与的管理，层次多、链条长

财务预算管理全方位渗透的特点衍生了其全员参与的特点。由于财务预算管理的内容涵盖了营业活动、投

资活动、筹资活动的各个方面，所以，财务预算管理并不是有了高层管理者的组织和推动或者有了财务管理人员的参与就能做得好的，它需要企业全体员工的共同参与，是一种全员参与的管理。财务预算只不过是一个管理的载体，预算机制的良好运行需要企业全员参与和支持，特别是中层和基层管理者对预算管理的参与和支持尤为重要。这就要求企业管理者在实施财务预算管理之前首先要对全体员工进行必要的预算管理教育，使他们都能认识到财务预算管理的重要性，都能了解到财务预算管理的一些必备知识，激励员工主动地参与和支持财务预算管理机制的运行，为财务预算管理创造一个良好的精神环境或文化环境。当然，由于企业内部的组织分工不同，不同管理层的员工在财务预算管理过程中所担当的角色和所起的作用也是不同的。此外，企业组织结构的多层性和链状结构还决定了财务预算管理的多层性和链条性，特别是在大型企业或集团公司，财务预算管理层次多、链条长的特点表现得尤为明显。财务预算管理的这一特点可用图 8-6 描绘。

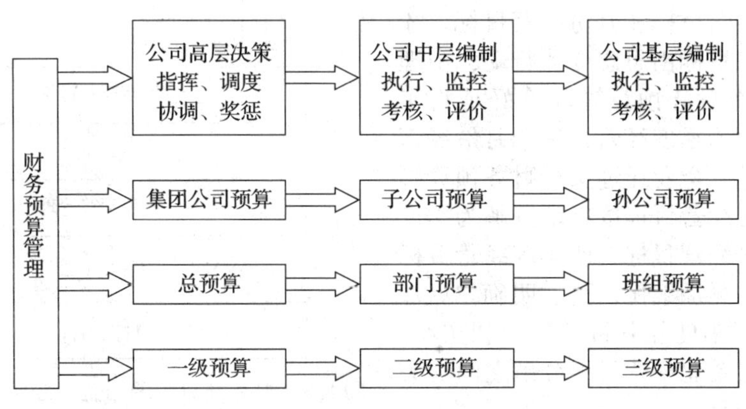

图 8-6　财务预算管理全员性、层次性、链条性示意图

（二）财务预算管理的作用

财务预算能够将企业的经营活动对企业价值（财务状况和经营成果）的影响反映出来，它同时具有资源统筹配置、规划、沟通和协调、营运控制和绩效评估等功能，是保证企业财务目标得以实施的有效管理手段。

以企业为例，财务预算管理的作用主要表现在：支持企业战略管理；分解企业经营目标；明确部门（单位）经济责任；协调部门（单位）经济关系；控制企业经济活动；评价企业经营业绩；激励企业全体员工；促进企业制度完善；推动企业文化建设和提高企业管理水平等。

1. 支持企业战略管理

战略管理是现代企业竞争的一个重要法宝。无数成功（或失败）企业的实践经验（或教训）表明，科学的战略管理是企业在竞争中立于不败之地的重要保障。

从战略管理的过程来看，企业的战略管理包括战略调研、战略规划、战略实施、战略控制和战略评价五个阶段，每一个阶段都需要财务预算管理的支持。在战略调研和战略规划这两个阶段，以往年度的财务预算管理实施情况是全面评价企业的战略环境和科学规划企业的总体战略、分部战略以及职能战略的重要事实依据；在战略实施阶段，企业总体战略、分部战略、职能战略的目标都需要通过财务预算管理来层层分解，战略目标的实施需要财务预算管理提供保障；在战略控制阶段，无论是事前控制、事中控制还是事后控制，也无论是战略性控制、战术性控制还是业务性控制，财务预算管理控制都是一个非常重要的手段；在战略评价阶段，财务预算管理的实施结果更是评价战略管理效果的重要事实依据。财务预算管理与企业战略管理之间的关系可用图 8-7 来反映。

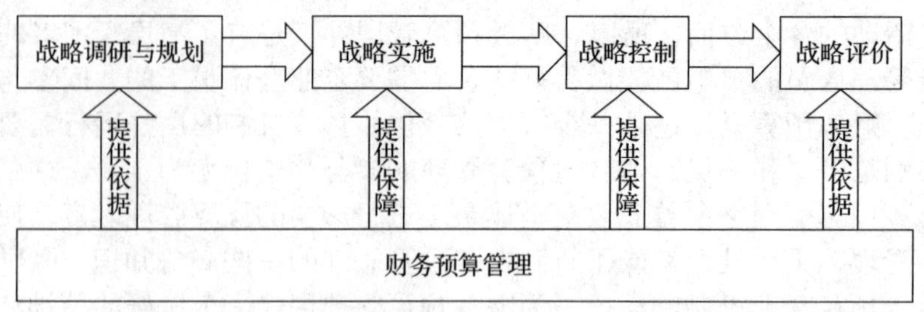

图 8-7 财务预算管理与企业战略管理关系图

2. 分解企业经营目标

企业的中长期战略目标在实施过程中必须分解为年度经营目标，年度经营目标又必须分解为季度经营目标和月份经营目标，才能使中长期战略目标由思想变为行动、由理想变为现实。而财务预算管理恰好是将年度经营目标分解为季度经营目标和月份经营目标的最好方式。企业通过实行财务预算管理，可以把年度经营目标依次地分解为季度经营目标和月份经营目标，使年度经营目标变得更加具体、更加细化、更加明确、更加清晰，从而保证年度经营目标的顺利实现。财务预算管理与企业经营目标分解之间的关系可用图 8-8 来反映。

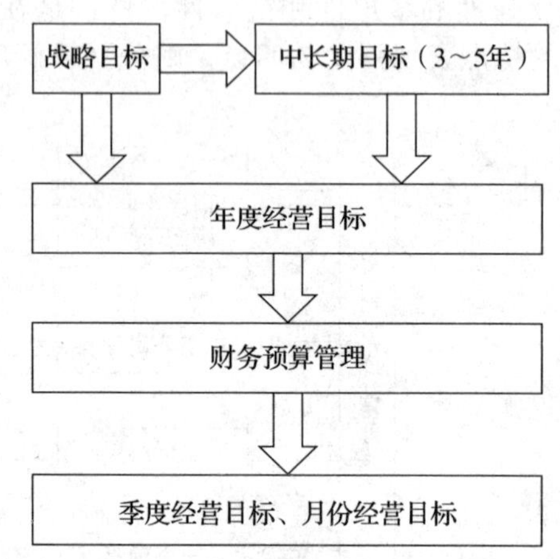

图 8-8 财务预算管理与企业经营目标分解关系图

3. 明确部门（单位）经济责任

财务预算管理需要把企业经营目标从最高管理层向最低操作层逐层分解，每一个管理（或操作）层的经营目标都需要有一个部门（单位）来承载。通过实行财务预算管理，企业可以把经营目标分解到企业内部上下左右各个部门（单位），使各个部门（单位）的经济责任变得更加具体和明确，有利于企业经营目标的顺利实现。财务预算管理与部门（单位）经济责任明确之向的关系可用图 8-9 来反映。

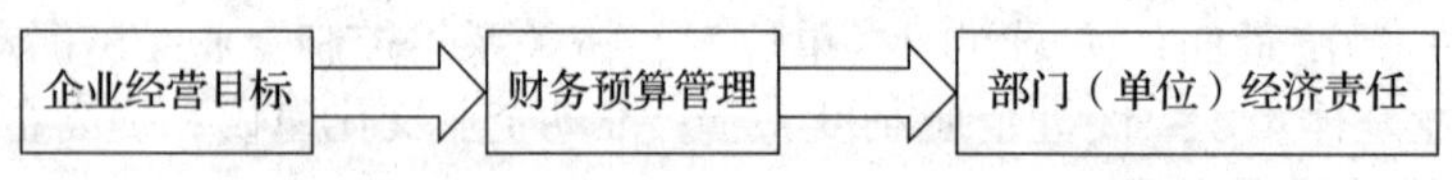

图 8-9 财务预算管理与部门（单位）经济责任明确关系图

4. 协调部门（单位）经济关系

企业内部上下左右各个部门（单位）之间有着不同的经济责任，每一个部门（单位）在完成自己的经济责任的时候，都要和其他部门（单位）发生经济关系。这种经济关系包括经济责任（即各自将要完成什么样的职责和目标）、经济权限（即各自将要拥有什么样的资源支配权）和经济利益（即各自将要受到什么样的激励与约束）三个方面，它们需要通过企业内部的有效管理来进行协调，而财务预算管理正是协调这种经济关系的一种有效方法。通过实行财务预算管理，把企业的年度经营目标合理地分解到各个部门（单位），使各个部门（单位）的经济责任、经济权限和经济利益都得以公开化、明晰化、具体化，从而达到有效协调部门（单位）之间经济关系的目的。财务预算管理与部门（单位）经济关系协调之间的关系可用图 8-10 来反映。

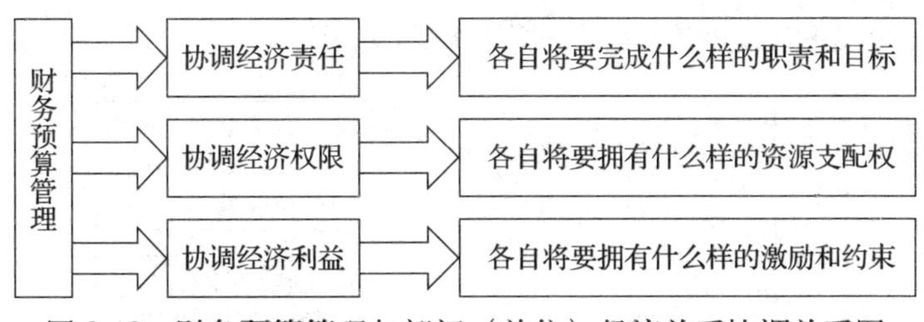

图 8-10 财务预算管理与部门（单位）经济关系协调关系图

5. 控制企业经济活动

控制经济活动是财务预算管理的一项基本职能。通过对财务预算编制过程的控制，可以预先设定哪些经济活动发生或不发生；通过对财务预算执行过程的控制，可以允许或不允许哪些经济活动发生；通过对财务预算考核过程的控制，可以了解哪些经济活动已经或尚未发生；通过对财务预算评价过程的控制，可以知道哪些经济活动应该或不应该发生；通过对财务预算奖惩过程的控制，可以激励或约束哪些经济活动发生。财务预算管理与企业经济活动控制之间的关系可用图 8-11 来反映。

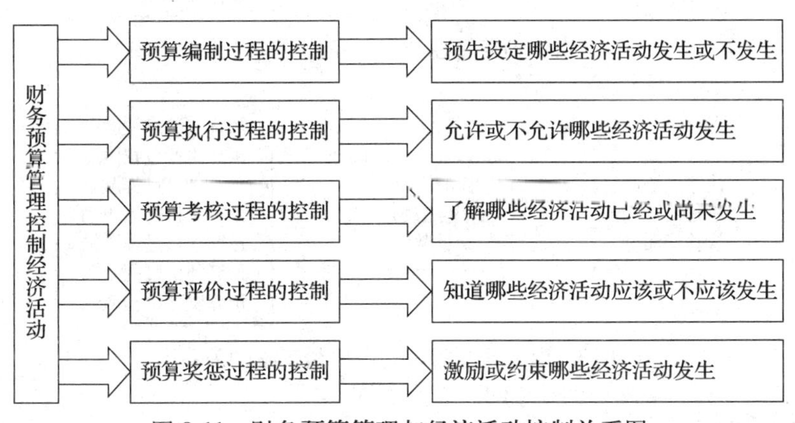

图 8-11 财务预算管理与经济活动控制关系图

6. 评价企业经营业绩

评价企业经营业绩是企业经营活动过程中的一项重要事项。通过经营业绩评价，企业可以了解各个经营期间的经营业绩好坏。好，好在哪里，为什么好；坏，坏在哪里，为什么坏，今后如何改善。财务预算管理为企业的经营业绩评价提供了基本的评价标准、评价方法、评价范围和评价期间。首先，经过审批的各种预算指标，是评价经营业绩的基本标准；其次，把预算指标同历史指标、行业指标、当期实际指标进行对比，是评价经营业绩的基本方法；再次，各种预算指标既有企业总体性指标，又有部门单位指标甚至岗位员工指标，这就为企业经营业绩评价提供了三个基本的评价范围，即企业整体经营业绩评价、部门单位经营业绩评价和岗位员工经营业绩评价；此外，财务预算不仅有年度预算，而且还有季度预算和月份预算，经营业绩评价据此可以进行年度评价、季度评价和月份评价。财务预算管理与企业经营业绩评价之间的关系可用图 8-12 来反映。

7. 激励企业全体员工

激励原理是管理学的一个基本原理。财务预算管理也不能不采用激励原理。财务预算管理过程的激励，从管理的层次来讲，包括决策层激励、管理层激励和操作层激励三个层次激励；从管理的环节来讲，包括预算编制过程激励、预算执行过程激励、预算调整过程激励、预算监控过程激励、预算考核过程激励、预算评价过程激励和预算奖惩过程激励。财务预算管理与企业员工激励之间的关系可用图 8-13 来反映。

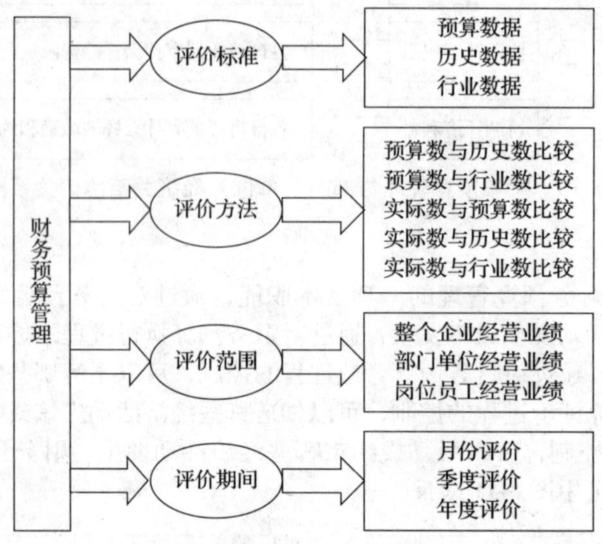

图 8-12 财务预算管理与企业经营业绩评价关系图

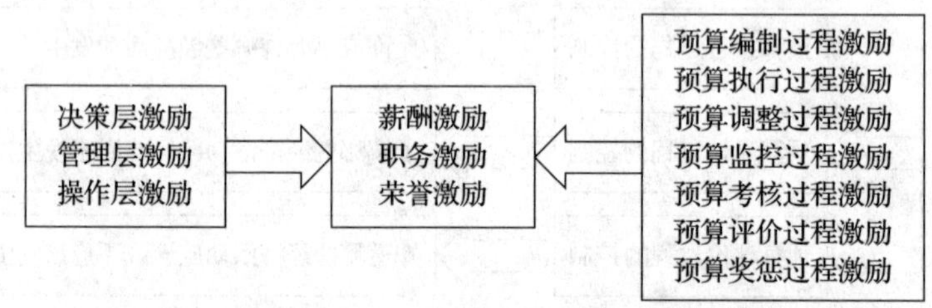

图 8-13 财务预算管理与企业员工激励关系图

8. 促进企业制度完善

财务预算管理涵盖了企业营业活动预算、投资活动预算、筹资活动预算、现金流量预算、财务状况预算和经营成果预算等多个方面的管理内容。每一个方面的管理内容都需要有完善的管理制度作为保障。因此，实行财务预算管理可以促进企业加强管理制度的建设，使企业各方面的管理制度逐步臻于完善。财务预算管理与企业制度建设之间的关系可用图 8-14 来反映。

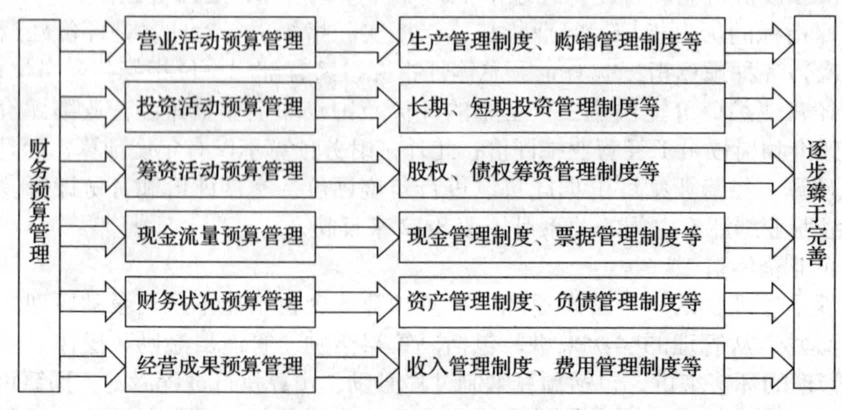

图 8-14 财务预算管理与企业制度建设关系图

9. 推动企业文化建设

企业文化包括物质层面的文化、行为层面的文化、制度层面的文化和精神层面的文化。财务预算管理需要企业文化的支持，例如实行财务预算管理需要一定的物质基础，需要规范的员工行为，需要完善的管理制度，需要积极向上的企业精神等。但同时，财务预算管理对企业文化的建设也具有不可小觑的促进作用。例如，通过实行财务预算管理，可以提高企业的经济效益，改善企业的物质基础；可以增强员工的团队意识，规范员工的管理行为；可以促进企业的制度建设；可以使各种管理制度日臻完善；可以营造企业积极向上的良好氛围，锻造企业的崇高精神等。财务预算管理与企业文化建设之间的关系是一种相互需要、相互支持、相互促进的关系，这种关系可用图 8-15 来反映。

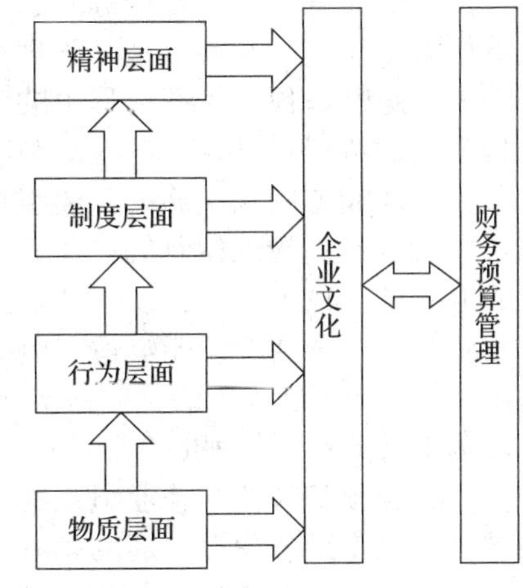

图 8-15　财务预算管理与企业文化建设关系图

10. 提高企业管理水平

财务预算管理涉及采购管理、生产管理、销售管理、投资管理、筹资管理、现金流量管理、资产管理、负债管理、所有者权益管理、收入管理、费用管理、利润管理等内容。整个管理过程包括预算的编制、预算的执行、预算的调整、预算的监控、预算的考核、预算的评价、预算的奖惩等环节。上述管理内容和管理环节的管理水平的高低将直接影响到财务预算管理水平的高低；反言之，财务预算管理的有效实施也将有助于提高上述管理内容和管理环节的管理水平。财务预算管理水平与企业管理水平之间的关系是一种相互制约、相互促进的关系，这种关系可用图 8-16 来反映。

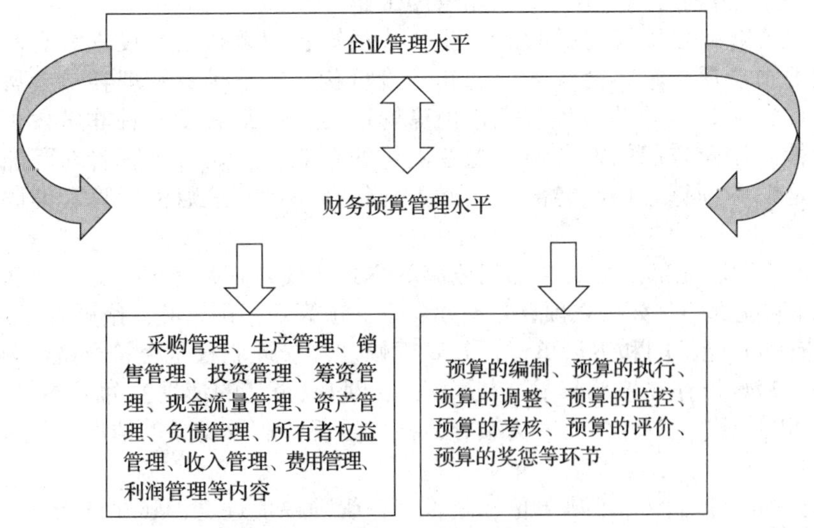

图 8-16　财务预算管理与企业管理水平关系图

（三）财务预算管理的目的

财务预算管理的目的，就是通过未来一定时期的资金、费用的筹划和控制，来达到企业效益的最大化。

（四）财务预算的管理体制

财务预算管理体制是指一个单位在财务预算管理的过程中对组织结构设置，责、权、利划分，人员配备与分工合作等问题进行通盘考虑和安排之后所形成的基本管理格局。它涉及单位的组织结构及其再造，管理流程及其再造，责、权、利的配置和团队的分工与合作等问题，是财务预算管理过程中的一个重大战略问题。一种好的财务预算管理体制应该是机构精简，流程科学，责、权、利明确，分工合理，合作和谐，运行高效的体制，它是财务预算管理能够顺利实施的重要组织保障。单位在确定实施财务预算管理的时候，必须首先考虑财务预算管理体制的构建问题。为了满足财务预算管理的需要，单位通常需要对原来的组织结构设置，责、权、利划分，人员配备与分工合作等问题进行重新的考虑和安排，从而形成一种新的、能够适应财务预算管理需要的财务预算管理体制。下面以企业为例阐述财务预算管理体制的一些基本问题。

1. 基于财务预算管理的企业组织结构再造

基于财务预算管理的企业组织结构再造就是为了推行财务预算管理、满足财务预算管理的需要、保障财务预算管理的顺利实施、最大限度地发挥财务预算管理的作用而对企业原有的职能部门和下属单位或者它们的管理幅度和管理职权进行撤销、合并、分拆和新设，重新设置企业的职能部门和下属单位，或者重新划分这些职能部门和下属单位的管理幅度和管理职权。基于财务预算管理的企业组织结构再造需要考虑以下问题。

（1）要不要设置专门的财务预算管理机构？关于这个问题，在目前实施了财务预算管理的企业中，存在两种模式：一是不设置专门的财务预算管理机构；二是设置专门的财务预算管理机构。

不设置专门的财务预算管理机构的企业，由董事会或经理层行使财务预算管理的最终管理权，财务部门和其他相关部门共同行使财务预算管理的日常管理权。

设置专门的财务预算管理机构的企业，由预算管理委员会行使财务预算管理的最终管理权，财务预算管理职能部门行使财务预算管理的日常管理权，其他相关部门配合财务预算管理职能部门做好财务预算管理的日常管理工作。

设置专门的财务预算管理机构的企业，其预算管理委员会的设立又有两种模式：一是预算管理委员会属于董事会领导下的非常设机构；二是预算管理委员会属于总经理领导下的非常设机构。不管哪一种模式，预算管理委员会都属于一种非常设机构，这是各个企业的共性。设置专门的财务预算管理机构的企业，其财务预算管理职能部门又有两种模式：一是财务预算管理职能部门与财务部门合一；二是财务预算管理职能部门与财务部门分离。

财务预算管理职能部门与财务部门分离的方式主要是在财务部门之外单独设立专门的财务预算管理职能部门，如设立预算管理办公室、预算处、预算部、预算科等。

（2）原有的职能部门和下属单位，其管理幅度和管理职权是否符合统一领导、归口分级管理的原则？是否存在多头领导、机构重叠、职权交叉的情况？如果不符合统一领导、归口分级管理的原则，或者存在多头领导、机构重叠、职权交叉的情况，就应该考虑对之进行组织结构再造。

（3）原有的职能部门和下属单位，是否存在管理幅度过宽、管理链条过长、授权级次过多的情况？如果存在，也应考虑对之进行组织结构再造。

（4）原有的职能部门和下属单位，其组织结构安排是否达到机构精简、分工明确、职责清楚的要求？是否存在机构臃肿、分工不明、职责不清的情况？如果达不到机构精简、分工明确、职责清楚的要求，或者存在机构臃肿、分工不明、职责不清的情况，也应考虑对之进行组织结构再造。

2. 财务预算管理机构常见模式

财务预算管理机构常见模式主要有以下几种。

（1）不设置专门的财务预算管理机构，由董事会行使财务预算管理的最终管理权。其机构模式如图 8-17 所示。

（2）不设置专门的财务预算管理机构，由经理层行使财务预算管理的最终管理权和监督权。其机构模式如图 8-18 所示。

（3）设置专门的预算管理委员会，预算管理委员会属于董事会领导下的非常设机构。其机构模式如图 8-19 所示。

（4）设置专门的预算管理委员会，预算管理委员会属于总经理领导下的非常设机构。其机构模式如图 8-20 所示。

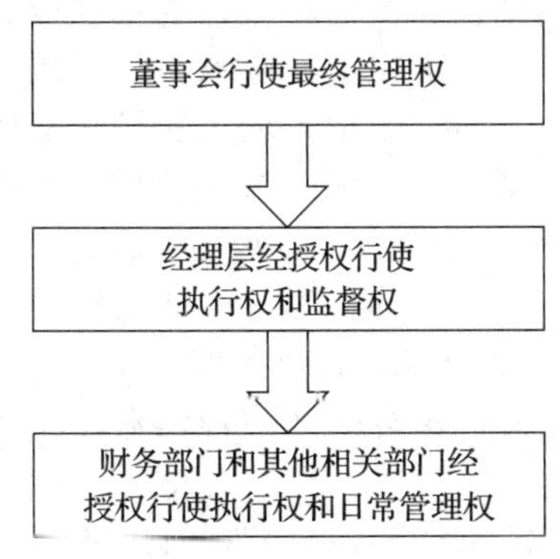

图 8-17　财务预算管理机构模式图 1

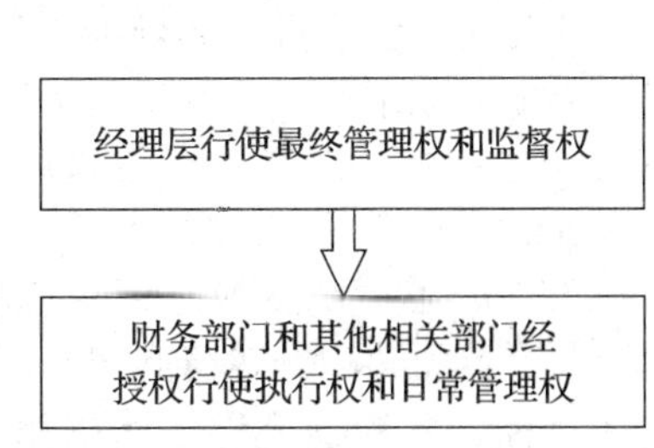

图 8-18　财务预算管理机构模式图 2

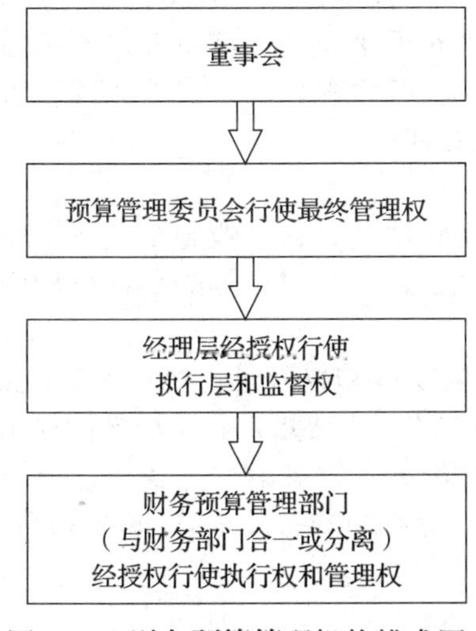

图 8-19　财务预算管理机构模式图 3

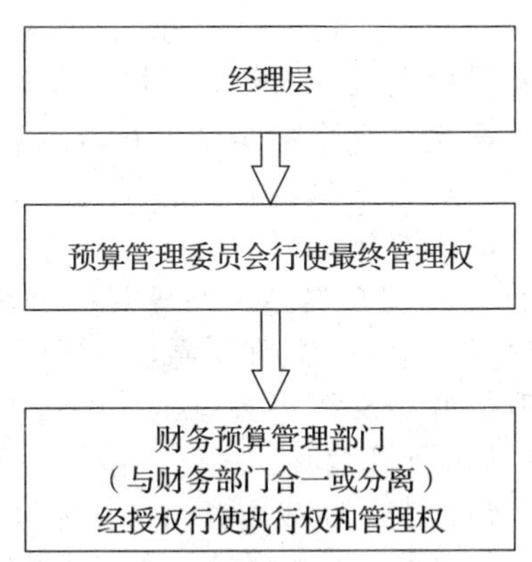

图 8-20　财务预算管理机构模式图 4

3. 基于财务预算管理的企业管理流程再造

（1）基于财务预算管理的企业管理流程再造就是为了推行财务预算管理、满足财务预算管理的需要、保障财务预算管理的顺利实施、最大限度地发挥财务预算管理的作用而对企业原有的一些管理流程进行重新设计或调整改造。

（2）基于财务预算管理的企业管理流程再造需要考虑财务预算管理全员工参与的特点，使每一个管理流程中的每一个管理环节的每一个员工（或团队）都有其明确的工作职责、工作权限、工作流程和沟通合作方式。

（3）基于财务预算管理的企业管理流程再造需要考虑财务预算管理全方位渗透的特点，对企业生产经营活动中的各个管理流程都要进行动态实时的监测，发现问题及时调整改造或重新设计。

（4）基于财务预算管理的企业管理流程再造需要考虑财务预算管理全过程监控的特点，科学构建财务预算编制、调整、执行、考评、奖惩等各个环节的监控流程。

（5）基于财务预算管理的企业管理流程再造需要考虑财务预算管理全量化实施的特点，使每一个管理流程中的每一个管理环节的每一个员工（或团队）都能做到目标量化、权限量化、职责量化、利益量化。

（五）财务预算管理中的责、权、利配置

1. 财务预算管理中责、权、利配置的原则

（1）责权明确。为了充分发挥企业内部各级预算责任单位和人员的主观能动性，必须根据各级预算责任单位和人员具体从事的工作内容，明确规定其应承担的经济责任，使企业上下形成一个从上到下人人有责的多层责任网络，同时根据其承担的经济责任赋予其相应的管理权力。责任不明，可能会导致人人争功劳、个个推责任；权力不明，可能会导致人人争权夺利、个个拈轻怕重。这就使财务预算管理失去了应有的作用。

（2）责权相当。有什么样的责任就应该赋予其什么样的权力，有什么样的权力就应该承担什么样的责任。有责无权、责大权小，责任都无法落实；有权无责、权大责小，又会滥用职权。这两方面的不当现象都是要避免的。只有将责权有机地结合起来，才能使各级预算责任单位和人员各司其职、各行其权。

（3）责任可控。各级预算责任单位和人员的经济责任能否得到很好的履行，其中的一个重要影响因素就是责任是否可控。可以控制，才能承担责任；不能控制，就不能对其负责。可控原则的运用将使责权范围更加明确，使责任考评不会流于形式。

（4）责、权、利匹配。各级预算责任单位和人员所承担的经济责任，不仅需要有相应的管理权力与之相匹配，而且需要有相应的经济利益与之相匹配。在财务预算管理中，必须在明确责、权、利的基础上同时做到责、权、利相匹配。

2. 预算管理决策机构的责、权、利配置

（1）董事会。董事会是企业预算管理的最高决策机构，在企业整个预算管理体系中处于核心领导地位，掌握着企业各项预算的最后批准权，同时对预算的日常执行情况与执行结果拥有监督、检查权。

（2）预算管理委员会。预算管理委员会的主要职责和权限是：制订预算政策（草案）和预算程序（草案）；拟订预算总目标以及预算编制的基本要求；将各级部门提出的预算草案进行审查，并提交董事会审核批准；下达已获批准的预算并监督其执行；审批预算的调整或修订；协调预算编制、执行、监控、考评、奖惩过程中的有关矛盾；审批预算考评结果，制订预算奖罚制度；仲裁预算纠纷；等等。

3. 预算管理执行机构的责、权、利配置

预算管理执行机构是各级预算责任单位，亦即预算执行过程中的各级责任中心，包括成本中心、利润中心和投资中心。责任中心是一个责、权、利结合的实体，即每个责任中心都要对一定的预算指标承担完成的责任；同时，每个责任中心都有与其所承担责任的范围和大小相适应的权力，并有相应的业绩考核标准和利益分配标准。

各级责任中心责、权、利三者的关系是：各级责任中心承担的经济责任是实现企业总预算目标、提高企业经济效益的重要保证，是衡量各级责任中心工作成果的标准；赋予各级责任中心相应的管理权力，是保证各级责任中心能够顺利履行责任的前提条件；而根据各级责任中心的责任履行情况来分配给其一定的经济利益或对其进行一定的经济处罚，又是

调动各级责任中心积极性、提高企业经济效益的动力。在责、权、利三者关系中，“责”是核心，“权”是完成责任的前提条件，“利”是激励与约束因素。明确各级责任中心的责、权、利关系，并非是各行其是或各守“山头”，而是使之能够更好地进行分工与合作。

各级责任中心的主要责任可以大致做如下划分。

（1）利润中心。利润中心属于中层预算责任单位。能否成为利润中心的衡量标准是该责任单位有无收入及利润。凡是能够获取收入、形成利润的责任单位均可作为利润中心。利润中心可以分为两类：一类是以对外销售产品而取得实际收入的自然利润中心；另一类是以产品在企业内部流转而取得内部销售收入的人为利润中心。

自然利润中心是指可以直接对外销售产品并取得收入的利润中心。这种利润中心本身直接面向市场，具有产品销售权、价格制订权、材料采购权和生产决策权。它虽然是企业内的一个部门，但其功能同独立企业相近。最典型的形式就是公司内的事业部，每个事业部均有销售、生产、采购的机能，有很大的独立性，能独立地控制成本、取得收入。

人为利润中心是指只对内流转产品，视同产品销售而取得内部销售收入的利润中心。这种利润中心一般不直接对外销售产品，只对本企业内部各责任中心提供产品或劳务。

利润中心的成本与收入，对利润中心来说都必须是可控的，以可控收入减去可控成本才是利润中心的可控利润，即责任利润。利润中心只需要对责任利润负责，对其进行预算考核的重要指标也是责任利润。

（2）投资中心。投资中心是最高层次的预算责任单位，它是需要对其投资效果负责的责任中心，适用于对资产具有经营决策权和投资决策权的独立经营单位。投资中心既要对成本、收入、利润预算负责，而且必须对其投资报酬率或资产利润率预算负责，或者说它实质上是企业财务预算的执行人。正因为如此，只有具备经营决策权和投资决策权的独立经营单位才能成为投资中心。一个独立经营的常规企业，就是一个投资中心。投资中心的具体责任人应该是以厂长、总经理为代表的企业最高决策层，投资中心的预算目标就是企业的总预算目标。

（3）成本中心。成本中心是指只发生成本（费用）而不取得收入的责任中心，它是最低层次的预算责任单位。任何只发生成本、不形成收入的责任单位都可以确定为成本中心，例如各职能部门和各具体作业中心，如工段、班组、个人等。

根据可控性原则，在确定成本中心的责任时首先要区分可控成本和不可控成本。所谓可控成本是指某特定的责任中心能够预知其发生，且能控制和调节前期耗用量的成本。不具备此条件的则是不可控成本。

判断成本是否可控所依据的标准为：①可以预计，即成本中心能够事先知道将要发生什么性质的成本以及在何时发生；②可以计量，即成本中心能够对发生的成本进行计量；③可以控制，即成本中心能够通过自身的行为控制和调节成本；④可以落实责任，即成本中心能够将有关成本的控制责任分解落实，并进行考核评价。

成本可控与否是相对于特定的预算责任单位而言的，此责任单位的不可控成本可能是彼责任单位的可控成本；高层次责任单位的可控成本未必是低层次责任单位的可控成本，但低层次责任单位的可控成本必定是高层次责任单位的可控成本。对于不可控成本，既然责任单位无法对其控制，因而也就无法对其负责。所以，成本中心的责任应该只限于该中心的可控成本。

在责、权、利三者中，利益（包括物质利益与精神利益）是激励与约束机制生成的关键，克服目标逆向选择问题是预算控制与利益协调的重点。解决的思路可以从这样几个方面来考虑：掌握预算控制的适当性，使预算具有一定的灵活性和弹性；构筑一个相互支持、相互连接的指标控制网络，每一项指标都应当以有助于预算工作效率的提高和整体预算目标的实现的方式体现在预算责任当中；对于那些与企业核心主导业务联系密切、分部之间不能独立形成经营核算单位的责任单位，就不宜硬性实行独立核算；在责、权、利对称关系的确立上，除了要遵循企业治理结构的基本特征外，应当强调目标与责任决定权力，而不是相反。

总之，预算管理的各级执行机构应该是一个严密的系统，从最高层次的责任单位到最低层的责任单位都全部纳入预算管理体系中，明确各级预算责任单位的责、权、利，各有分工但又相互配合，才能保证预算管理工作取得卓越的成效。

（六）财务预算管理中的团队合作

1. 财务预算管理需要团队协作精神

财务预算管理既然是一种制度整合，就不是靠某个部门独立去完成，它强调全员参与，就像乐队要演奏一首曲子，需要每位乐手的共同努力和协作。财务预算管理是一个全员参与的过程，所涉及的人员众多，不只是预算管理委员会、预算管理办公室和财务部门的事情，而是全体员工共同的事情。全体员工都应该自觉地参与到财务预算管理中去，多动脑筋，多提意见，集思广益，共同参与。

在预算管理过程中，企业的预算目标经过层层分解，最终落实到了各级责任单位。对于各级责任单位而言，要想完成本单位的预算目标，仅仅靠单打独斗或靠本单位负责人的努力是很难完成的，因为个人的力量毕竟是有限的。因此，各级责任单位必须充分依靠本单位的每一位员工，发挥团队协作精神，只有依靠大家的力量才可能圆满完成预算目标。对于整个企业而言，也要讲究团队协作。各级责任预算单位是具有一定权力并承担相应责任的利益关系人，自然而然地以自身利益为最大目标。一般情况下，企业与各级预算责任单位之间的利益目标具有一致性，在局部利益最大的同时实现整体利益的最大。然而局部利益和整体利益分别代表了两个层次的利益，因此它们之间不可避免地存在矛盾，有的责任单位有可能为实现局部利益最大而损害整体利益最大。例如，销售中心只重销售而不重资金的回收，生产中心只重产出数量而不重成本的节约和质量的提高等。因此，各级责任单位在完成自己单位预算的同时，必须着眼于企业的总预算目标，不能埋头苦干，只顾自己能完成目标而忽视了企业整体的目标，要顾及其他责任单位的工作。缺少了相互协作，单打独斗，画地为牢，很可能搞得企业没有生气，成为一盘散沙，只有发扬团队协作精神，整个企业的预算目标才能达到最优。

2. 在财务预算管理中如何建立团队协作精神

团队的精神和力量是企业可持续发展的内在动力，但如果团队中的员工不能有效合作，经常出现协作不力、沟通不善的现象，那么将破坏员工间相互学习和共同工作的良好氛围，从而影响企业预算目标的实现。因此，建立团队协作精神在财务预算管理中显得尤为重要。而要建立团队协作精神，应该做好以下几方面的工作。

（1）建立共同愿景与目标。共同愿景是团队成员共同愿望的景象，是团队成员个人愿景的综合体现。个人愿景的产生是共同愿景得以建立的前提。共同愿景能使具有个性差异的团队成员凝聚在一起，朝着一个共同的目标迈进。目标是把人们凝聚在一起的重要基础，对目标认同才会形成坚强的团队，才能鼓舞成员团结奋进的斗志。在预算管理中，团队共同的目标应该说是很明确的，那就是完成本单位的预算目标。

（2）树立全局观念和整体意识。一个团队最终追求的是整体的合力、凝聚力和最佳的整体效益，所以必须树立以大局为重的全局观念，不斤斤计较个人利益和局部利益，自觉地为增强团队整体利益做出贡献。

（3）建立良好的沟通和协调机制。沟通主要是通过信息和思想上的交流达到认识的一致，协调是取得行动的一致，二者都是形成团队的重要条件。上下级之间、各部门之间、团队成员之间，认识和意见不一致是经常的事，彼此产生误会也时有所见，因而沟通工作对于培养团队精神来说是经常的、大量的。协调则包括工作关系的协调、利益关系的协调、人事关系的协调等诸多方面。企业领导要运用有效的管理方式，搞好各级责任单位之间的协调，把各方面关系理顺，提高工作效率，确保企业财务预算目标的完成。

（4）给予团队成员同等的机会。优秀的团队虽然能够给每一位成员分配不同的工作角色，但团队内部必须要有良好的同等机会提供给以下成员：具有技术专长的成员；善于解决冲突及处理人际关系的成员；具有解决问题和决策能力的成员。同等机会不能仅局限于报酬、工作晋升这些方面，还应包括同等的培训机会、塑造个人形象的机会等诸多方面。

（5）建立健全团队内部的管理制度。完善的团队内部管理制度主要包括团队纪律、上级对下级的合理授权、成员的岗位职责划分和工作规范、成员业绩的考核评价、成员业绩的激励与约束等。如果过分地把团队协作不力归结于人的意识问题，会将团队置于“道德风险”之中，这种约束无疑非常脆弱，从而会将团队置于很高的“风险”之中。团队并不是“松散”“虚拟”的代名词，团队的目标、工作场所布置、员工的绩效考核、团队成员岗位职责的划分和工作规范等，都应该形成规范化的制度文本，不折不扣地得到落实。没有有效的制度和规范，就会出现无序和混乱，就不会产生井然有序、纪律严明、凝聚力很强的团队。

（6）不断增强领导者自身的影响力。领导者由于其地位和责任而被赋予一定的权力，但仅凭权力发号施令，以权压人，是形不成凝聚力的，更重要的是靠其威望、影响力，令人心服，才会形成一股魅力和吸引力。企业以及各级责任单位的领导都要增强自身的威望，这种威望一取决于领导者的人格、品德和思想修养，二取决于领导者的知识和才干；三取决于领导者能否严于律己；四取决于领导者能否公平、公正待人，与本团队成员同甘共苦，同舟共济等。

（7）努力打造学习型团队，鼓励团队成员不断学习。古语说得好“活到老，学到老”。在这个不断变化的时代，每时每刻都有新事物不断涌现出来，要想立于不败之地，学习是个不二法则。企业预算目标能否实现，企业能否成功，主要看其是否比竞争对手学习得更快。因此，应该在团队中形成良好的学习氛围，使团队中的成员在学习中不断提高、完善自己，在更高层次上实现自我，这样团队本身也得到了不断的完善和超越，才有利于预算目标的顺利实现。

（七）财务预算管理的一般流程

财务预算管理系统由财务预算编制、财务预算的执行与控制、财务预算的调整以及财务预算的分析与考核几个主要环节构成。

1. 财务预算编制

预算编制是预算管理系统的基础，预算系统运行关键的开端即预算编制。预算编制与预算目标密切相关：预算编制必须以预算目标为依据，而预算目标正是通过预算编制而得以具体化和量化。责任预算是企业预算目标的细化，也是企业预算目标实现的基础。责任目标的确定和下达通过责任预算的编制来实现，责任预算编制一般应按照“上下结合、分级编制、逐级汇总”的程序进行。

（1）下达目标。企业董事会或经理办公会根据企业发展战略和预算期经济形势的初步预测，在决策的基础上，一般于每年 9 月底以前提出下一年度企业财务预算目标，包括销售或营业目标、成本费用目标、利润目标和现金流量目标，并确定财务预算编制的政策，由财务预算委员会下达各预算执行单位。

（2）编制上报。各预算执行单位按照企业财务预算委员会下达的财务预算目标和政策，结合自身特点以及预测的执行条件，提出详细的本单位财务预算方案，于 10 月底以前上报企业财务管理部门。

（3）审查平衡。企业财务管理部门对各预算执行单位上报的财务预算方案进行审查、汇总，提出综合平衡的建议。在审查、平衡过程中，财务预算委员会应当进行充分协调，对发现的问题提出初步调整的意见，并反馈给有关预算执行单位予以修正。

（4）审议批准。企业财务管理部门在有关预算执行单位修正调整的基础上，编制出企业财务预算方案，报财务预算委员会讨论。对于不符合企业发展战略或者财务预算目标的事项，企业财务预算委员会应当责成有关预算执行单位进一步修订、调整。在讨论、调整的基础上，企业财务管理部门正式编制企业年度财务预算草案，提交董事会或经理办公会审议批准。

（5）下达执行。企业财务管理部门对董事会或经理办公会审议批准的年度总预算，一般在次年 3 月底以前分解成一系列的指标体系，由财务预算委员会逐级下达各预算执行单位执行。

2. 财务预算的执行与控制

预算虽然编制完成了，但在预算执行之前，还需要经过预算的分解、下达和具体讲解等准备步骤来保证预算的有序执行，保证预算体系运转良好。

预算开始执行之后，必须以预算为标准进行严格的控制：支出性项目必须严格控制在预算之内，收入项目务必要完成预算，现金流动必须满足企业日常和长期发展的需要……预算控制的标准就是预算编制产生的各级各类预算指标，即经营预算、资本支出预算和财务预算。预算的执行与控制是整个预算管理工作的核心环节，需要企业上下各部门和全体人员的通力合作。

在预算执行与控制过程中和预算完成后，一个尤为重要的环节是实际与预算差异的分析。在分析实际和预算差异的时候，一般按照以下几个步骤进行：①对比实际业绩和预算标准找出差异；②分析出现差异的原因；③提出恰当的处理措施。

其中，预算执行过程中的差异分析可以根据周围环境和相关条件的变化帮助调控预算合理而顺利地执行；预算完成后的差异分析则可以总结预算完成情况，帮助评价预算期间工作的好坏，进而为企业评价激励制度的公平有效提供数据依据。因此，差异分析贯穿于预算管理的全过程，既为预算的执行与控制明确了工作重点，也为下期编制预测、预算提供了可资借鉴的丰富经验。

在财务预算的执行与控制过程中要注意以下几个方面。

（1）企业财务预算一经批复下达，各预算执行单位就必须认真组织实施，将财务预算指标层层分解，从横向和纵向落实到内部各部门、各单位、各环节和各岗位，形成全方位的财务预算执行责任体系。

（2）企业应当强化现金流量的预算管理，按时组织预算资金的收入，严格控制预算资金的支付，调节资金收付平衡，控制现金支付风险。对于预算内的资金拨付，按照授权审批程序执行。对于预算外的项目支出，应当按财务预算管理制度规范支付程序。对于无合同、无凭证、无手续的项目支出，不予支付。

（3）企业应当严格执行销售或营业、生产和成本费用预算，努力完成利润指标。在日常控制中，企业应当健全凭证记录，完善各项管理规章制度，严格执行生产经营月度计划和成本费用的定额、定率标准，加强适时的监控。对预算执行中出现的异常情况，企业有关部门应及时查明原因，提出解决办法。

（4）企业应当建立财务预算报告制度，要求各预算执行单位定期报告财务预算的执行情况。对于财务预算执行中发生的新情况、新问题及出现偏差较大的重大项目，企业财务管理部门以至财务预算委员会应当责成有关预算执行单位查找原因，提出改进经营管理的措施和建议。

（5）企业财务管理部门应当利用财务信息管理系统监控财务预算的执行情况，及时向预算执行单位、企业财务预算委员会以及董事会或经理办公会提供财务预算的执行进度、执行差异及其对企业财务预算目标的影响等财务信息，促进企业完成财务预算目标。

3. 财务预算的调整

（1）企业正式下达执行的财务预算，一般不予调整。财务预算执行单位在执行中由于市场环境、经营条件、政策法规等发生重大变化，致使财务预算的编制基础不成立，或者将导致财务预算执行结果产生重大偏差的，可以调整财务预算。

（2）企业应当建立内部的弹性预算机制，对于不影响财务预算目标的业务预算、资本预算、筹资预算之间的调整，企业可以按照内部授权批准制度执行，鼓励预算执行单位及时采取有效的经营管理对策，保证财务预算目标的实现。

（3）企业调整财务预算应当由预算执行单位逐级向企业财务预算委员会提出书面报告，阐述财务预算执行的具体情况、客观因素变化情况及其对财务预算执行造成的影响程度，提出财务预算指标的调整幅度。

企业财务管理部门应当对预算执行单位的财务预算调整报告进行审核分析，集中编制企业年度财务预算调整方案，提交财务预算委员会以至企业董事会或经理办公会审议批准，然后下达执行。

（4）对于预算执行单位提出的财务预算调整事项，企业进行决策时，一般应当遵循以下要求：预算调整事项不能偏离企业发展战略和年度财务预算目标；预算调整方案在经济效益上能够实现最优化；预算调整重点应当放在财务预算执行中出现的重要的、非正常的、不符合常规的关键性差异方面。

4. 财务预算的分析与考核

（1）企业应当建立财务预算分析制度，由财务预算委员会定期召开财务预算执行分析会议，全面掌握财务预算的执行情况，研究、落实解决财务预算执行中存在问题的政策措施，纠正财务预算的执行偏差。

（2）开展财务预算执行分析，企业财务管理部门及各预算执行单位应当充分收集有关财务、业务、市场、技术、政策、法律等方面的有关信息资料，根据不同情况分别采用比率分析、比较分析、因素分析、平衡分析等方法，从定量与定性两个层面充分反映预算执行单位的现状、发展趋势及其存在的潜力。针对财务预算的执行偏差，企业财务管理部门及各预算执行单位应当充分、客观地分析产生的原因，提出相应的解决措施或建议，提交董事会或经理办公会研究决定。

（3）企业财务预算委员会应当定期组织财务预算审计，纠正财务预算执行中存在的问题，充分发挥内部审计的监督作用，维护财务预算管理的严肃性。财务预算审计可以全面审计，或者抽样审计。在特殊情况下，企业也可组织不定期的专项审计。审计工作结束后，企业内部审计机构应当形成审计报告，直接提交财务预算委员会以及董事会或者经理办公会，作为财务预算调整、改进内部经营管理和财务考核的一项重要参考。

（4）预算年度终了，财务预算委员会应当向董事会或者经理办公会报告财务预算执行情况，并依据财务预算完成情况和财务预算审计情况对预算执行单位进行考核。企业内部预算执行单位上报的财务预算执行报告，应经本部门、本单位负责人按照内部议事规范审议通过，作为企业进行财务考核的基本依据。企业财务预算按调整后的预算执行，财务预算完成情况以企业年度财务会计报告为准。

（5）企业财务预算执行考核是企业效绩评价的主要内容，应当结合年度内部经济责任制考核进行，与预算执行单位负责人的奖惩挂钩，并作为企业内部人力资源管理的参考。

具体考核办法，可以参照《企业国有资本与财务管理暂行办法》执行。

预算考评是对企业内部各级责任单位和个人预算执行情况的考核与评价。对预算的执行情况进行考评，监督预算的执行、落实，可以加强和完善企业的内部控制。在企业全面预算管理体系中，预算考评起着检查、督促各级责任单位和个人积极落实预算任务，及时提供预算执行情况的相关信息以便纠正实际与预算的偏差，有助于企业管理当局了解企业生产经营情况，进而实现企业总体目标的重要作用。同时，从整个企业生产经营循环来看，预算考评作为一次预算管理循环的结束总结，它为下一次科学、准确地编制企业全面预算积累了丰富的资料和实际经验，是以后编制企业全面预算的基础。

预算提供了明确的一定期间要求达到的经营目标，是对企业计划数量化和货币化的表现，为业绩评价提供了考评标准，是业绩评价的重要依据，便于对各部门实施量化的业绩考评和奖惩制度，使得企业有效激励相关部门和人员有了合理、可靠的依据。确立“考评与奖惩是预算管理工作生命线”的理念可以确保预算管理落实到位。严格考评不仅是为了将预算指标值与预算的实际执行结果进行比较，肯定成绩，找出问题，分析原因，改进以后的工作，也是为了对员工实施公正的奖惩，以便奖勤罚懒，调动员工的积极性，激励员工共同努力，确保企业战略目标的最终实现。由此可见，预算考评与激励在整个企业全面预算体系中占有极其重要的地位。

第九章
财务监控

第一节　财务监督

企业财务监督是指有关国家机关、社会中介机构、企业内部机构及其人员，根据法律、行政法规、部门规章以及企业内部制度的规定，对企业财务活动进行检查、控制、督促和处理处罚等活动的总称。

一、财务监督的主体和内容

企业财务监督的主体一般需要通过法律规范、企业章程及企业内部制度取得合法的监督权，主要有外部监督的行政机关、社会中介机构，内部监督的投资者和经营者。不同财务监督主体，其监督权力和监督内容不同。

（一）投资者监督及其内容

各级人民政府及其部门、机构，企业法人，其他组织或者自然人等，是企业的投资者。监事会或者监事人员监督是投资者实施财务监督的重要形式。投资者的财务监督内容，可以涵盖资金筹集、资产营运、成本控制、收益分配、重组清算、信息管理等所有财务活动。但需要强调的是，投资者行使监督权力应当符合企业法人治理结构的要求，并通过特定的机构（如监事会）或者内部程序履行相关职责。

（二）经营者监督及其内容

企业经理、厂长或者实际负责经营管理的其他领导成员，统称为经营者。他们对企业生产经营承担直接的责任，通过内部财务控制、会计核算、内部审计、预算执行考核等方式、方法，对企业财务运行进行全方位、全过程监督，确保完成经营计划和财务目标。

在内部财务监督方面，企业可以按照法律规范或者根据其自身情况，设置内部机构或人员，例如职工代表大会、内部审计委员会、财务总监等，并相应赋予其一定的财务监督权。

（三）行政机关监督及其内容

根据我国法律法规的规定，对企业财务活动履行监督职责的行政机关有：财政机关、审计机关、税务机关、银行业监管机构、保险业监管机构及证券业监管机构等。上述行政机关根据各自职责，从不同方面对企业相关财务活动实施监督。按照《公司法》《全民所有制工业企业法》《中外合资经营企业法》《中外合作经营企业法》等市场主体法的规定及各部门职责分工，国务院财政部门负责制定统一的财务制度，因此，其财务监督具有基础性和普遍性的特点，财政部门在整个财务监督体制中处于基础地位。其他行政机关应当以国家统一的财务制度为基础，在法定职权范围内有所侧重地实施财务监督。为了降低行政监督成本、实施有效的外部监督，应当探索建立财务监督行政机关之间沟通、协作机制，避免交叉监督、重复监督。

就企业财务监督的内容而言，主管财政机关财务监督主要包括以下方面。

（1）监督企业按照《企业财务通则》等国家统一财务规定，建立健全内部财务管理制度。

（2）监督企业在成本费用列支、收入确认、利润分配、国有资源处理、职工债务清偿等重大财务事项方面，遵守《企业财务通则》等国家统一财务制度的规定。

（3）监督企业按照国家规定披露财务信息。

（4）监督企业影响公共利益和经济秩序的其他财务活动。

除了主管财政机关的监督以外，审计监督是企业财务行政监督的重要组成部分。审计机关对企业实施审计监督主要包括以下内容：一是检查被审计单位的会计凭证、会计账簿、财务会计报告，以及其他与财政收支、财务收支有关的资料和资产，对国有企业的资产、负债、损益进行审计；二是就审计事项的有关问题向企业及其职工进行调查，并取得有关证明材料；三是对被审计企业正在进行的违反国家规定的财务收支行为予以制止；四是对被审计企业所执行的有关财政收支、财务收支的规定与法律、行政法规相抵触的，建议有关主管部门纠正。

（四）社会中介机构监督及其内容

《公司法》规定，公司应当在每一会计年度终了时编制财务会计报告，并依法经会计师事务所审计。《中外合资经营企业法实施条例》规定，合营企业的年度会计报表、清算的会计报表，应当经中国的注册会计师验证方为有效。《国有资产评估管理办法》（国务院令第91号）规定，发生法定情形的企业，应当委托资产评估机构进行资产评估。上述规定表明，社会中介机构作为专业、独立的机构，在社会主义市场经济中担当“经济警察”的角色，并在外部财务监督中发挥日益重要的作用。

社会中介机构的财务监督主要包括以下内容：一是对企业财务信息进行全面或专项审计，并对其真实性、合法性、效益性等出具独立的专业意见，以便为主管财政机关、投资者的监管提供基础；二是对企业转让资产、产权、以非货币资产对外投资或者接受非货币性资产的出资等涉及资产的价值进行独立、专业的评估，保证相关交易的公平性和合理性。随着市场经济的发展和资本市场的完善，社会中介机构的企业资产公允价值评估、财产税税基评估等新兴业务，也将逐步开展起来。

二、财务监督的分类

（一）根据实施企业财务监督活动的阶段不同，企业财务监督可以分为事前监督、事中监督和事后监督

1. 事前监督

事前监督是指有权监督企业财务活动的主体，对企业将要进行的财务活动进行审核，以保证其财务活动符合法律规范及企业内部财务制度规定和财务目标的活动。事前监督有利于预防企业财务违法行为，确保企业财务按照既定目标运行。但是，由于企业财务活动的经常性和复杂性，考虑到成本效益原则，有关监督主体一般只对企业重大财务活动进行事前监督。

2. 事中监督

事中监督是指有权监督企业财务活动的主体，对企业正在进行的财务活动进行审查，以确保企业正在进行的财务活动符合法律规范及企业内部财务制度规定和财务目标的活动。事中监督主要是为了预防企业财务违法行为，并及时纠正正在进行的财务违法行为和偏离财务目标的行为。

3. 事后监督

事后监督是指有权监督企业财务活动的主体，对企业已经结束的财务活动进行审查，以确认企业已经完成的财务活动是否符合法律规范及企业内部财务制度规定，检查财务目标完成情况，并及时采取一定的补救措施，依法进行处理、奖罚的活动。

（二）根据实施主体不同，企业财务监督可以分为内部财务监督和外部财务监督

1. 内部财务监督

内部财务监督是指企业投资者、负有监督职责的企业内部机构及人员，依照法律规范以及企业内部制度的规定，对企业财务活动实施的监督检查活动。

2. 外部财务监督

外部财务监督是指国家行政机关、社会中介机构及其工作人员，依照法律规范的规定，对企业财务活动实施的监督检查活动。其中，根据实施监督的行政机关的类别不同，可以将国家行政机关依照法定职权对企业财务监督分为财政监督、审计监督、税务监督等。社会中介机构对企业财务活动的监督则主要通过财务会计报告审计和资产评估的方式实施。社会中介机构对企业财务活动实施监督，提高了企业财务信息的真实性，有效保障了企业财务活动的合法性和规范性。

三、影响企业实施有效财务监督的主要因素

（一）信息不对称性

1. 外部财务监督者（以下称为“监督者”）对经营信息获取的有限性

在现代企业，资产经营权由经营者（经理阶层）控制。经营者具体组织日常的生产经营活动，包括市场调查、生产经营决策、生产经营计划的实施与控制，以实现经营目标。监督者不参与经营者活动，因此对市场份额的大小与占有程度、产品的成本、质量以及其对未来的影响等实时信息知之较少，只能获取有限的历史数据，考评经营者的经营业绩，实施监督。

2. 监督者对财务信息获取的有限性

经营者具体组织日常的财务活动，以实现所有者拟订的财务目标。虽然重大财务决策由所有者或股东大会做出，但财务决策的实施与日常的财务活动，包括一般的资金筹集和正常的资金营运活动均由经营者控制，因此日常的财务收支信息是监督者无法及时获取的，只能通过审计等手段获取有限的历史数据，考评经营者在特定的经营时期财务管理目标的实现程度。

3. 风险信息获取的有限性

监督者对经营信息、财务信息获取的有限性决定了对企业经营风险和财务风险认知的程度与经营者认知程度的差别。一旦法律环境、经济环境、金融环境等影响因素发生变化，监督者无法准确测定收益实现程度，难以把握现金流量，无法控制筹资风险、投资风险、资金营运风险，更无法保证债权人的利益，企业资产的价值便难以准确衡量。其表现在于监督者判定的风险，与企业财务报表所披露的信息体现出的风险大小不同。这些因素导致监督者不得不将精力放在财务收支和财务状况的监督上，对于风险监督的力度减弱。

（二）经营者的利益驱动使得外部监督力度减弱

1. 追求实际报酬

经营者实际报酬的提高，包括年薪的多少与增幅大小、配置的办公设施、交通工具的优劣，甚至绩效股的多少都会成为经营者追求的目标。在所有者看来这些支出不可避免，但是不能超过一定的度；在经营者看来这些报酬是越高越好，因此，不惜弄虚作假通过提高经营业绩来提高其实际报酬水平，影响了企业经营目标和财务管理目标的实现。

2. 增加闲暇时间与享受度

较少的工作时间、工作时间内较多的闲暇、较小的工作强度等，成为经营者追求的目标之二，可能导致正常的生产经营活动不能很好地规划、组织与实施，资金运作的难度加大。

3. 避免风险或漠视风险

一般企业里，经营者的利益水平是确定的，其努力工作并不会得到额外的报酬，其努力程度与所得利益不匹配，而且努力行为与结果之间具有不确定性。因此，经营者总是试图避免不确定性带来的风险，希望获得稳定的报酬，这直接影响了企业的获利能力与长远发展能力。经营者为了提高自己的社会地位，也可能会设法提高其经营业绩，更好地实现企业的财务管理目标。为此，总希望最大限度地提高市场占有率从而不适当地降低成本、增加负债比率等，以提高每股收益，提高社会认可度，由此带来额外的经营风险与财务风险。由于监督者与经营者的信息不对称，可能会对经营者行为不加干涉，导致其行为目标与企业的财务管理目标背道而驰。

（三）外部制约机制不健全影响外部财务监督力度

我国企业的经营者由董事会或国有资产管理局任命，并对其负责，但对经营者的外部制约机制未能到位，使得经营者的行为目标与所有者的目标相左。对经营者的外部制约机制一般由资本市场、产品市场和经营者市场构成。

（四）知识经济对外部财务监督产生冲击

随着知识经济时代的到来，电子技术的迅猛发展与应用、新的经营方式的出现、先进的管理理念的研究与应用、产品的技术含量的不断提高、交易方式的多维性变化等因素，导致外部财务监督的难度空前加大。相关财务监督主体不得不追赶时代的潮流，采用先进的监督手段，但由于知识的爆炸性与获取的有限性，总是滞后于科技发展与社会经济发展的速度，因此，外部监督力度更加弱化。

四、财务监督的手段和方法

企业财务活动具有多样性、复杂性的特点。因此，企业财务监督的手段和方法也呈现多样化，不同的监督主体所采用的手段和方法也不尽相同。

（一）企业内部财务监督的手段和方法

企业内部财务监督的手段和方法，主要包括以下几种。

1. 建立健全企业法人治理结构

对公司制企业而言，完善的法人治理结构是构建内部监督约束机制的组织保证，通过明确划分股东（大）会、董事会（董事）、监事会各自的权力与责任，形成三者之间的制衡关系，实现投资者对经营者的监督。对其他非公司制企业，国家也有类似的法人治理结构要求，如国有企业的党委会、经理（厂长）办公会、职工代表大会等。

2. 制度监督

企业各项内部控制制度，既是对企业经济活动的一种规范，也是企业对经营者和其他职工行为的一种约束，是一种“他律”与“自律”有机结合的监督方式。通过建立健全并有效执行各项内部控制制度，财务监督即可成为企业内部全体成员参与的一种监督形式。企业经营者借助一系列内部控制制度，实现对企业全体成员和全过程的财务监督，实现既定的管理方针、经营政策和财务目标。

3. 预算监督

投资者、经营者与企业各部门及职工之间的关系日趋复杂，借助预算管理，可以明确企业内部各部门的权、责、利，规范企业各部门之间的关系。由于企业的全部资源运用和业务开展都受预算的指导和控制，预算管理是现代企业权力监督和控制管理的有效形式。

4. 核算监督

它是对企业财务活动全过程的监督，主要包括对原始凭证的审核，对会计账簿的稽核，对实物、款项的清查，对财务收支的审查，对财务会计报告的核对等内容。企业内部财会机构及其人员是核算监督的责任主体。

5. 内部审计监督

内部审计是在核算监督的基础上，对企业财务活动实施的再监督，是经营者对企业实施全方位监督的有效形式。其主要作用是帮助经营者监督企业内部各单位及其下级管理人员的财务活动。

构建内部财务监督制度，能够促成企业“自我约束”机制的形成，从而既有利于经营者实现投资者设定的财务目标，也有利于维护企业其他利益相关主体的利益。但是，由于各利益相关主体间的利益可能发生冲突，如内部的经营者与外部的国家、投资者、债权人之间存在矛盾，企业内部人员可能合谋破坏这种“自我约束”机制，产生“内部人控制”的弊端。因此，在完善企业内部财务监督制度的基础上，仍需要加强外部监督，依靠有效的“外控”机制来保障企业财务管理活动正常运行。

（二）社会中介机构对企业财务实施监督的手段和方法

社会中介机构对企业财务实施监督的手段和方法，主要包括以下几种。

（1）根据需要查阅企业有关会计资料和文件。社会中介机构可以要求企业提供有关会计资料和文件，与企业提供的财务信息进行比较、分析，以审阅、核实企业提供的财务信息的真实性、合法性。

（2）查看企业的业务现场和设施。社会中介机构为了核实企业的财务信息，可以查看与企业财务信息有关的业务现场和设施。

（3）要求企业就发生的经济行为向有关方面发函询证，或者当面查询企业发生的财务活动是否真实，或者要求提供其他必要的协助。

（三）行政机关对企业财务实施监督的手段和方法

行政机关对企业财务实施监督的手段和方法，主要包括以下几种。

1. 要求编报财务会计报告

行政机关有权要求被监督企业根据相关规定，按时编报财务会计报告等材料，作为对企业财务活动实施定期监督检查的依据。

2. 对企业财务活动实施检查

行政机关有权检查被监督企业的会计凭证、会计账簿、会计报表和其他有关财政、财务、会计等资料和财产；有权按照法定程序核查被监督企业以及有关个人的银行账户；有权对与被监督企业有经济业务往来的市场主体进行延伸检查。

3. 调查取证

行政机关有权对被调查企业贯彻国家法律规范的情况进行调查；有权就有关问题向有关单位及个人进行调查、了解、询问，并取得相关证明材料。

4. 登记保存证据

行政机关对被检查企业违法行为的证据，如被伪造、篡改的会计资料、会计账簿、会计报表等有关资料和非法获得的财产，依法登记保存，为实施相应的处罚处理搜集证据。

5. 责令纠正违反财务规定的行为

行政机关有权对被检查企业正在进行的财务违法行为予以制止、责令纠正。

6. 提出处理建议

行政机关对被检查企业的财务违法行为可以提出处理意见，建议企业纠正财务违法行为。如果企业不在规定期限内纠正，则可以进行处理或者移送有权机关进行处理。

7. 实施行政处罚

行政机关对企业的财务违法行为查证属实后，可以在法定的权限范围内做出行政处罚决定，对其违法行为实施行政处罚。

五、财务监控的一般程序

（一）制订控制标准

控制标准是指为进行调节、控制所制订的各种标准。财务监控标准就是对企业中的人力、物力和财力，以及产品质量特性、工艺技术参数等所规定的数量界限。它是实行控制的定量准绳和衡量工作效果的规范。控制标准可以用实物数量来表示，也可以用货币数量来表示，主要有各项预算或计划指标、预期目标、各种消耗定额、产品质量标准、物资储备定额、费用开支限额等。

确定财务监控标准的方法一般有以下几种。

1. 分解法

即把企业经营目标按生产单位、管理部门、产品、零部件或工序等分解为具体的计划任务或小指标，作为控制的依据，如各产品（零件）的计划产量、计划成本、目标成本和目标利润等。

2. 预算法

即将企业生产经营活动中的一些固定费用和新产品开发费用等，按其明细项目确定出预算额，作为各使用部门的费用支出标准限额。采用这种方法要特别注意从实际出发，一般可根据季度的生产经营计划来制订较短期（如月份）的费用开支预算，并自下而上地层层制订。

3. 定额法

即根据技术测定法、统计分析法、经验估计法、定额日数法和比例计算法等，制订出各种工时消耗定额、物资消耗定额、物资储备定额和费用开支限额，作为对各生产环境和员工个人的控制标准。

4. 标准化法

即根据国际标准、国家标准、部门标准或企业标准，确定出产品或零部件主要特性的技术参数，作为产品质量控制的依据。对企业设备状态的监测，操作方法和生产服务过程的工作程序等技术标准的监测，也可以采用这一方法加以制订。确定控制标准，应当在充分调查研究和科学计算的基础上进行，力求做到既先进又合理，并且可控性强。

建立企业内部控制标准体系是一项国际惯例，是企业内部控制制度的升华和完善。只有当企业内部控制标准体系比较完善的时候，企业内部管理才会更有效益和效率，所提供的会计报告才能更加相关与可靠，国家的法规才能被更好地遵循，企业目标的实现才有切实的保障。

建立企业内部控制标准体系是提高内部控制质量的前提。企业的所有权与经营权高度分离以后，如果没有一套高质量的内部控制标准体系，企业内部人控制现象将更加严重，企业所有者的利益、政府及债权人的利益、社会公众的利益可能将难以得到切实保障。

建立企业内部控制标准体系还有利于统一思想，更新观念。现在，人们的思想和观念越来越多元化，这对企业内部管理带来一定冲击，甚至许多消极错误认识在企业中也很流行。企业只有构建完善的内部控制标准体系，才有可能统一人们的思想，才有可能有效地实施新的内部控制方法和策略。

（二）分解下达指标

财务预算、会计指标或企业目标确定之后，需要进一步将目标具体划分为可操作、可测量的调控指标，并根据经济组织系统的构成状况，将调控指标进行分解和落实。落实指标的思路可以有纵横两种：纵向落实是指明确上下级各单位之间各自承担的调控责任以及互相的联系方式；横向落实是指将调控指标分解并落实到各相关部门，使从事不同业务活动的部门均承担相应的财务责任。在纵横交错的调控体系中，一定要确定一个调控主线，一方面不能“只分不管”，不能分解了控制指标以后就各行其是，另一方面也不能“只管不分”，权力过于集中，而要形成一个财务调控的组织系统，从机构设置上、人员配置上和制度分管上保证调控机制的有效运行。

（三）实施具体调控

制订调控目标、分解调控指标及建立健全调控组织体系，都只是调控的前期准备工作，还不是调控本身。调节和控制的实际内容大致可分为以下三个阶段。

1. 发出指令

指令的发出及其发出指令的具体内容构成了首要的调控环节。上级通过给下级发送指令，告诉他们该做什么，不该做什么，何时何地做，以及怎样做。横向各部门、各企业及企业内部各部门间的指令，仅具有指导性，即告知彼此关于财务目标、指标等各类信息，由他们在工作中执行或参考。

2. 执行指令

当企业接到来自上级的指令后，便将其作为行动指导，或转化为具体行动。例如，某一时期内降低消耗和成本、减少产品库存等，企业就应围绕这一指令，采取具体的生产经营措施，以完成上级的指令性财务目标。在此阶段要注意，财务指令务求切实可行，要求太高或太低都可能流于形式而无济于事。

3. 反馈执行情况

指令发出后，执行时往往会产生一些始料未及的问题。客观环境的变化、执行人员素质的低下及执行手段的不当等，均会影响执行的结果。不管执行结果是否令人满意，是否完全符合初始的财务调控指令，执行人都有必要运用报告、报表等形式向指令发出者进行信息反馈。其目的在于通过反馈，找出指令与执行结果之间的偏差，以便提出调整意见和修改措施。

（四）衡量控制成效

衡量控制成效就是将被控对象所表示的状态或输出的管理特征（即实际执行的结果）与原定标准（即预期目标值或计划指标值）进行对比分析，及时发现脱离控制标准的偏差，并据以分析判断企业经济活动的成效。输出的管理特征值（或状态）优于控制标准（或状态空间的许可范围）的，称为顺差。出现顺差，表明被控对象取得良好成绩，应及时总结经验，肯定控制工作的绩效，并予以必要的奖励。输出的管理特征值（或状态）

劣于控制标准（或状态空间的许可范围）的，称为逆差。出现逆差，表明被控对象的成效不好，必须准确找出原因，为纠正偏差提供方向和信息，并追查单位、部门和个人的责任，情节严重者，应给予一定的经济惩罚。如果是控制标准偏高，则应修正原定标准。衡量成效是在计划执行过程中进行的。为此，企业要切实搞好日常的统计记录、现场观测和技术测定等工作，以便掌握更翔实可靠的被控量的实际值，对工作绩效做出及时的、正确的评价。

（五）及时纠正偏差

通过信息反馈，可以发现执行结果与财务目标之间的偏差。这一偏差至少能说明两方面的问题：一是借此可以了解所定财务目标的切实可行性；二是了解执行中出现的问题。

应用“5W1H 方法”，可以对某项控制活动的各个方面加以审视研讨，并通过消除、合并、调整和简化等方式，提出并实施改良措施。

（1）何以做（Why），包括为什么做，为什么这样做，不做有什么害处等。

（2）做何事（What），包括所做的是什么，有哪一部分的工作要做等。

（3）何人做（Who），包括由哪个部门来做，谁当负责人最合适等。

（4）何时做（When），包括什么时间做最好，何时开始做，何时要做完等。

（5）何地做（Where），包括在何处做最好，是否有其他更好的实施地点等。

（6）如何做（How），包括怎样做最适当，是否有其他更好的实施方法等。

上述“5W1H 方法”的探究有助于及时克服偏差，保证系统状态的持续稳定运行。

另外，还可以通过“无缺点运动”，提高管理的效率与效益。“无缺点运动”就是通过每个员工的积极努力，使生产作业和事务作业的工作失误减少到零的程度。当然，这里讲的“无缺点”并不是说绝对没有缺点，或缺点绝对要等于零，而是指要以缺点等于零为最终奋斗目标，每个员工都要在自己的职责范围内努力做到无缺点。

如何应用“无缺点运动”来控制经济活动并及时纠正偏差呢？首先，要求企业全体员工树立“无缺点”“不犯错误”的决心，从控制系统一开始运行就准确无误地进行工作，力求不产生因人为原因而造成的偏差。其次，要求每个员工对其所担负的生产作业或事务作业，经常地自我检查个人的行为效果，想方设法消除工作缺点，主动及时地矫正自身的作业偏差。若是某些造成偏差的原因单靠直接工作者本人的力量难以消除的，应积极向上级领导提出消除产生错误的建议。再次，要求在针对已经产生偏差（指逆差而言）的原因拟订改进措施时，使这些措施尽可能地做到“无缺点”（即针对性强、预计效果可靠、便于付诸实施等），并认真组织有关职工或小组进行讨论，提高有关员工落实这些措施的迫切感和责任心。最后，要求在贯彻执行纠偏措施的过程中，各有关员工瞄准“无缺点”的目标不断前进，使系统输出所造成的偏差接近于零，保持系统运行的持久稳定。

六、内部财务监督

企业内部财务监督制度是企业内部控制制度的重要组成部分，它通过投资者、经营者及企业有关内设机构之间的相互制约，以及在财务活动各环节设置的复核、审计、检查等程序，确保企业财务行为符合法律法规和财务目标的要求。

（一）当前我国企业内部财务监督的现状

现代企业的建立，标志着资产所有权与经营权分离，所有者与经营者之间形成了委托代理关系。为了保护所有者的自身权益，防止过高的投资风险，企业内部的财务监督应运而生。

从财务监督的实践考察，尽管我国的国有及国有控股企业已经拥有了财务部门、审计部门所实施的外部监督，但这种监督的力度有限，且很多监督是事后补救性的，很难起到防患于未然的效果，这就需要加强企业的内部财务监督。

我国经过了几十年的改革开放，经济生活逐步与国际接轨，企业财务监督体系逐渐建立，取得了长足的发展，但现阶段也还存在着不足。目前社会上，有一些部门和单位受局部利益或个人利益的驱动，会计工作违规违纪，弄虚作假的现象时有发生，造成会计工作秩序混乱，会计信息失真，严重影响了投资者、债权人以及社会公众的利益。

就我国目前企业财务监督的现状而言，主要表现在以下几个方面。

（1）我国企业财务监督法律约束机制不全，使得企业的监事会、独立董事、财务部门不能有效地行使其监督职能，导致单位内部的企业财务监督不力。

（2）企业管理体制不全，内部控制制度失调。我国企业内部管理和控制制度不全，主要体现在有的单位根本就缺乏内部监督和控制制度，有的单位虽建立了相应的制度，但这些制度形同虚设，没有得到有效执行，以致会计秩序混乱，徇私舞弊现象经常发生。

（3）企业单位负责人的约束机制不全，阻碍了会计的有效监督。目前，在一些单位中企业管理者为了追求自身短期利益最大化，指使、授权会计机构、会计人员做假账，伪造会计凭证，办理违法会计事项，从而使得会计工作受制于管理当局，不能独立行使其监督职能，破坏了正常的会计工作。

（4）在企业中，实施财务监督的人员与机构的弱势地位依然存在。在实施企业财务监督的人员与机构中，无论是监事会监事、独立董事等，在企业中均处于弱势地位，在企业的重大决策中，均缺少发言权，不少“花瓶”董事对企业的实际经营情况不闻不问，何谈监督。

（二）企业内部财务监督模式的选择

1. 监事会模式

监事会模式是指在公司组织结构实行双层制的情况下，由监事会对公司管理机关实行财务监督的模式。世界各国的公司立法中，监事会的基本职责是对公司进行财务监督，但各国立法所规定的监事会的职责范围存在较大差异。

2. 审计委员会模式

审计委员会模式是指公司组织结构在实行单层制的情况下，由审计委员会对公司管理机关实行财务监督的模式。审计委员会模式起源于美国，20 世纪 90 年代在世界上许多国家和地区得到了发展。

世界上各国的审计委员会都要求完全由或大部分由非执行董事担任，其职责有所不同，但其基本职责都包括：①检查、复核财务报告；②与外部独立审计师协调，并评价其工作；③指导内部审计部门的工作。从审计委员会的发展来看，职责范围在不断扩大。

（三）企业内部财务监督的主要形式

由于企业所有权与经营权分离，为保护投资者权益，《公司法》等法律法规对投资者实施财务监督的方式等做了原则性规定。《企业财务通则》对投资者、经营者具体履行财务监督职责予以指导和规范。

投资者对企业财务活动监督的权力，来源于其对企业的出资。投资者通过企业内部的权力机构、决策机构、监督机构和执行机构来保障对企业的最终控制权，形成投资者、经营者和其他职工之间的激励和制衡机制，使企业财务活动规范有效地进行。

1. 股东（大）会

作为企业的权力机构，股东（大）会主要通过选举更换董事和监事，审议批准董事会、监事会或者监事的报告，以及审议批准公司的年度财务预算方案、决算方案等，对经营者进行财务监督。

2. 投资者个人（即股东）

股东（大）会、董事会的会议召集程序、表决方式违反法律法规或者企业章程，或者决议内容违反企业章程的，股东可以在规定时间内请求人民法院撤销。当企业高级经营管理人员违法执行企业职务给企业造成损失，应当承担赔偿责任时，股东可以书面请求监事会或者监事向人民法院提起诉讼；监事有类似情形，股东可以书面请求董事会或者执行董事向人民法院提起诉讼；监事会或者监事、董事会或者执行董事收到股东书面请求后拒绝提起诉讼，或者在规定期限内未提起诉讼，或者情况紧急、不立即提起诉讼将会使企业利益受到难以弥补损害的，股东有权为了企业的利益，以自己的名义直接向人民法院提起诉讼。他人侵犯企业合法权益，给企业造成损失的，股东也可以提起诉讼。

3. 董事会、执行董事、独立董事

除了股东人数较少或者规模较小的有限责任公司，可以不设董事会以外，公司制企业均需设立董事会，对股东（大）会负责。上市公司还需设立独立董事。董事会有权聘任或者解聘经理，经理对董事会负责。在日常经营决策和决策执行中，直接对经营者实施财务监督的是董事会。

4. 监事会或者监事

根据《公司法》的规定，监事会或者监事代表投资者履行财务监督职责。公司应当设监事会，其成员不得少于 3 人；监事会应当包括股东代表和不低于监事人数三分之一的公司职工代表；董事、高级管理人员不得兼任监事。股东人数较少或者规模较小的有限责任公司，可以设 1 ～ 2 名监事，不设监事会。国有独资公司监事会成员不得少于 5 人，由国有资产监督管理机构委派，其中的职工代表由职工代表大会选举产生。

监事会或者监事的财务监督职责包括：检查公司财务；对董事、高级管理人员执行公司职务的行为进行监督，对违反法律法规、公司章程或者股东会决议的董事、高级管理人员提出罢免的建议；要求董事、高级管理人员纠正损害公司利益的行为；提议召开临时股东会会议，在董事会不履行召集和主持股东会会议职责时，召集和主持股东会会议；对给公司造成损失的董事、高级管理人员提起诉讼，要求其承担赔偿责任；可以列席董事会会议，并对董事会决议事项提出质询或者建议；发现公司经营情况异常时，可以进行调查，必要时，可聘请会计师事务所等协助其工作，费用由公司承担。

除了上述内部财务监督主体外，职工（代表）大会的民主监督是企业内部财务监督的有效补充。

（四）投资者对经营者责任的追究

在所有权与经营权分离的条件下，经营者有着不同于投资者的独立利益目标。由于信息不对称，经营者在实施对企业的控制方面处于有利地位，经营者的自由处置行为往往有损于投资者的利益。为了有效保护投资者以及其他利益相关者的合法权益，《企业财务通则》规定，对于违反《企业财务通则》有关规定的经营者，投资者可以依法追究其责任。

《企业财务通则》在第二章中对经营者的财务管理义务做了概括规定，如经营者应当依法组织实施企业筹资、投资、担保、捐赠、重组等财务方案，编制并提供如实反映财务信息的企业财务会计报告等。此外，经营者还应遵守《企业财务通则》有关“资金筹集”“资产营运”“成本控制”“收益分配”等具体环节的规定，以及其他法律法规的规定。

根据《公司法》《全民所有制工业企业法》等法律的有关规定，投资者负责选任经营者，对经营者的经营行为进行考核、监督。国有及国有控股企业的投资者主要有各级人民政府及其部门、机构，国有企业事业单位、其他国有组织，代表国家履行出资人职责的机构及单位，应当在法律规范及企业章程规定的框架内，履行投资者财务监督职能，而不宜再采用过去的行政干预手段。投资者对负有责任的经营者，通常可以在法律或者合同规定的范围内，采取扣除业绩报酬、追回损失、要求赔偿等措施追究其经济责任。经营者的行为构成犯罪的，投资者应当依法提交司法机构，追究其刑事责任。

（五）经营者的财务监督义务

根据有关法律法规，公司的董事（或者执行董事）和经理、副经理、财务负责人，上市公司董事会秘书等高级管理人员、全民所有制企业的厂长或经理等企业领导成员，都属于经营者范畴。经营者对企业的经营情况负主要责任，他们需要依靠内部财务监督制度，对企业各部门的财务活动实行全面控制和约束，确保完成投资者的财务目标。此外，经营者的财务监督责任不仅限于实施内部财务控制，还应配合投资者、主管财政机关、中介机构等依法进行的检查、审计工作。

七、外部财务监督

外部监督系统主要是为协调出资者与经营者的关系，保证财务信息质量，由行政机关监督、国家审计监督和社会监督构成的有机整体，是企业财务监督体系的重要组成部分。

（一）主管财政机关的财务监督

1. 财政机关对企业财务监督的权力的主要来源

财政机关对企业财务监督的权力，主要来源于以下法律法规。

（1）《公司法》。通过赋予财政部门对公司财务规则制定权和对企业财务违法行为的处罚权，肯定了财政机关对企业财务活动实施监督的权力。

1）财务规则制定权。公司建立财务、会计制度除了应当遵守法律、行政法规的规定外，还应当遵守国务院财政部门的有关规定。根据职责分工，国务院财政部门负责制定规范市场主体财务、会计行为的规则，公司必须遵守其所制定的财务、会计制度。

有关公司财务会计报告的规定是国务院财政部门制定的财务、会计制度中非常重要的组成部分，公司应当依照法律、行政法规和国务院财政部门的规定制作财务会计报告。

此外，关于资本公积金的规定也是国务院财政部门制定的财务、会计制度中非常重要的组成部分。股份有限公司应当遵守国务院财政部门关于资本公积金的规定，将有关收入列为公司资本公积金。

2）对公司财务违法行为的处罚权。《公司法》对国务院财政部门负责制定公司财务、会计制度的职责进行了肯定，同时规定县级以上人民政府财政部门负责对公司在法定的会计账簿以外另立会计账簿，以及公司不依照《公司法》规定提取法定公积金等情形实施罚款处罚。

（2）《全民所有制工业企业法》。十几年来，市场经济主体逐步实现了现代企业制度的转型，所有制形式已经不再是对市场经济主体进行划分的单纯依据。但是，目前《全民所有制工业企业法》相关规定仍然适用于许多非公司制的国有企业。该法明确规定，有关企业必须遵守国家关于财务等方面的规定，接受财政、审计等机关的监督。

（3）《企业财务会计报告条例》。该条例授权国务院财政部门负责根据《企业财务会计报告条例》制定财务会计报告的具体编报办法，并另行制定不对外筹集资金、经营规模较小的企业编制和对外提供财务会计报告的办法。同时，规定了县级以上人民政府财政部门负责对编制、对外提供虚假的或者隐瞒重要事实的财务会计报告等违法行为的企业和个人实施处罚。

（4）《财政违法行为处罚处分条例》。该条例赋予县级以上人民政府财政部门、省级以上人民政府财政部门的派出机构在各自职权范围内，依法对财政违法行为做出处理、处罚决定的权力。财政部门依法进行调查或者检查时，被调查、检查的单位和个人应当予以配合，如实反映情况，不得拒绝、阻挠、拖延。

企业的财政违法行为主要有：隐瞒、截留等不缴或者少缴财政收入的行为；违反规定使用、骗取、挪用财政资金以及政府承贷或者担保的外国政府贷款、国际金融组织贷款的行为等。

2.《企业财务通则》中财政处罚的设置

（1）设置财政处罚的必要性。法律规范通常由行为规则和法律责任两部分组成。其中，行为规则主要是规定法律关系主体应当如何做；法律责任则明确法律关系主体不遵守行为规则所应当承担的后果。在法律规范中，行为规则是基础，法律责任是保障。《企业财务通则》作为我国财务制度体系的基石，其内容能否贯彻落实，在很大程度上取决于法律责任的规定。

（2）设置财政处罚的依据。《行政处罚法》第十二条规定，国务院部、委员会制定的规章可以在法律、行政法规规定的给予行政处罚的行为、种类和幅度的范围内做出具体规定。尚未制定法律、行政法规的，国务院部、委员会制定的规章对违反行政管理秩序的行为，可以设定警告或者一定数量罚款的行政处罚，罚款的限额由国务院规定。同时，《国务院关于贯彻实施（中华人民共和国行政处罚法）的通知》（国发 [1996]13 号）规定："国务院各部门制定的规章对非经营活动中的违法行为设定罚款不得超过 1000 元；对经营活动中的违法行为，有违法所得的，设定罚款不得超过违法所得的 3 倍，但是最高不得超过 30000 元，没有违法所得的，设定罚款不得超过 10000 元；超过上述限额的，应当报国务院批准。"根据以上规定，财政部在《企业财务通则》第七十二条、第七十三条对企业及相关人员的财务规范行为设定了警告和罚款的处罚。

（二）国家审计机关的财务审计

1. 审计机关负责对国有企业的财务状况进行审计

《审计法》规定，审计机关对国有企业的资产、负债、损益，进行审计监督。同时，基于既要保证国有资产的保值增值，又要尊重其他利益相关主体合法权益的要求，明确了对国有控股企业的审计监督由国务院另行规定。据此，审计机关应以对企业财务收支真实性的审计为基础，如实反映经营成果和财务收支状况，对故意造假、损害国家和公众利益的有关责任人给予严肃查处，认真揭露和纠正会计信息失真问题，促进企业严格遵守财经法律法规和财务制度，规范会计核算。

2. 国有及国有控股企业应当接受审计机关的审计监督

依据《审计法》的规定，审计机关在履行审计职责的过程中，有权检查被审计单位的会计凭证、会计账簿、财务会计报告以及其他与财政收支有关的资料和资产，被审计单位不得拒绝。审计机关有权就审计事项的有关问题向有关单位和个人进行调查，并取得有关证明材料。有关单位和个人应当予以支持、协助，如实向审计机关反映情况，提供有关证明材料。因此，国有及国有控股企业应当依法接受国家审计机关的财务审计，不得拒绝和阻碍，否则将被依法追究法律责任。

（三）注册会计师社会监督

注册会计师审计监督是出资者对经营者监督的延伸，在公司制企业中，它又是出资者监督经营者的主要形式。两权分离要求经营者履行出资者赋予的经济责任和报告责任，就产生了认定监督这些责任的履行和证明财务报告真实的必要。显然，在现代大型企业中，受出资者的专业能力的限制，不可能亲自监督，于是就产生了专业化的独立审计监督。独立审计监督是维护财务监督系统平衡运行的关键制度安排。注册会计师一方面具有专业技术特长，在业务上能够胜任对财务监督进行再监督；另一方面具有严格的职业自律机制，提倡独立、客观、公正的职业道德标准，确保在利益冲突中不动摇公正的立场，在信息优势的条件下不谋取私利。因此独立审计监督能起到对企业内部会计有效的制约作用。

（四）集团公司对子公司的财务监督

集团公司的财务控制是集团控制的基本手段。集团公司如何实施对子公司的财务控制，是当前集团公司面临的一个十分重要的问题。集团公司的财务控制是在出资者所有权及企业法人财产权基础上产生的。从机制角度分析，财务控制的目标是企业财务价值最大化，而不仅仅是传统上控制一个企业的财务活动的合规性和有效性。财务控制应致力于将企业资源加以整合优化，使资源消费最小而其利用效率最高、企业价值最大，从而达到集团公司对其所属子公司能在经济效益上成为新的利润增长点的最终目标。

由于历史的原因，我国企业集团在财务监督方面存在许多问题，从集团总部来看，总部作为战略规划中心、决策中心、投融资中心的功能发挥不充分，导致整个企业集团的资源难以有效配置，财权配置不合理，集团总部缺乏对各子、分公司业绩的评价和监督等。随着企业规模的扩张，各项治理机制和管理水平的滞后暴露出了企业内部的许多问题。一般来讲，单个企业财务监督内容主要包括企业股东大会、董事会、经理层等权力机构之间的财权配置、财务决策机制以及财务约束与激励机制；企业集团的财务监督则不仅包括集团本身股东大会、董事会、经理层等之间的财务约束与激励机制，而且还包括母子公司之间的财权划分以及财务约束和激励、成员企业之间财务关系的协调。具体来讲，集团公司对子公司的财务监督要点如下。

1. 立足于“产权清晰、权责明确、政企分开、管理科学”的现代企业制度和法人治理结构的要求

在现代企业制度下，法人治理结构框架中的一个重要特点是董事会对经营者财务约束和控制的强化。从董事会的职权来看，公司治理结构以董事会为中心而构建，董事会对外代表公司进行各种主要活动，对内管理公司的财务和经营。只有董事会才能全方位负责财务决策与控制，决定公司的财务状况。从机制角度分析，财务控制是出资人对企业财务进行的综合的、全面的管理。一个健全的财务控制体系，实际上是完善的法人治理结构的体现。

集团公司要加强对子公司的财务控制，首先应建立以社会化、专业化为基本特征的董事会制度，充分发挥股东大会、董事会、监事会对经营者的监督效力。而董事会的关键是董事会的人员构成，从现代企业制度发展的经验看，只有社会化、专业化的董事会才能起到它应有的作用。社会化的标志是外部独立董事的介入，专业化的象征是专业委员会的形成与运作。董事会是公司的最高决策机构。只有最根本性的问题，如经营范围、产品方向、生产规模、投资安排、资金筹集、计划目标、重要职员任免等，方提交董事会及其所属的委员会讨论。董事会下可设六个委员会：经营委员会、任免委员会、分红和酬偿委员会、关系委员会、执行委员会和财务委员会。其中最重要的是执行委员会和财务委员会。执行委员会的任务是负责公司经营活动的全面领导，掌握财务以外的各项决策和指挥。财务委员会独揽公司财务大权，批准一定限额以上的固定资本投资，规定公司的长期财务目标，审查批准执行委员会提出的各种产品的价格方案，负责筹措资金，监督检查公司各部门的经济效果，年终对公司的决算进行审查，负责制订股利分配方案。

2. 对子公司进行授权控制

授权控制的方法是通过授权通知书来明确授权事项和使用资金的限额，特别是对有些易造成损失和资产流失的重要项目做出明确的规定，做到有章可循。例如，在母公司对子公司资金加以集中管理之后，可以对子公司的投资、贷款项目进行授权，即子公司有权制订一定金额以下的投资、贷款项目计划。同时，母公司应建立、健全子公司对外投资、贷款的立项、审批、控制和检查制度，并重视对投资、贷款项目的跟踪管理，以规范子公司的投资、贷款行为。对子公司的授权管理原则是对在授权范围内的行为给予充分信任；对授权之外的行为不予认可。授权通知书除子公司持有外，还应下达公司相关部门，据以对需授权的业务严格执行。通过授权控制，可以督促子公司日常财务活动的规范动作，从而保证企业集团整体的有序运行。

3. 实行预算控制，建立财务信息网络系统

预算是财务控制中目标管理的有效手段。预算的制订要以财务管理的目标为前提，根据企业的发展计划规划生产经营活动，并通过计划的形式，具体系统地反映出企业为达到经营目标所拥有的经济资源的配置情况。预算的编制就是将企业经营目标的主要指标分解、落实到每一个责任单位，并作为对各责任单位经营管理业绩进行考核评价的依据。

集团公司可根据子公司的组织结构、经营规模以及公司成本控制的特性进行预算控制。

（1）预算的编制采用从下到上的方法，这样既考虑了子公司的意见，照顾了子公司的利益，又有利于集团公司审视子公司的经营活动。

（2）预算的整体性及全面性使子公司在实施的过程中需要相互配合和协调，提高管理效率，减少摩擦，增强凝聚力。

（3）预算是以集团公司的发展规划为依据，可保证集团目标计划的实现。预算给每个子公司以明确的经营管理目标和各方的责权关系，便于子公司进行自我控制、评价、调整。通过建立大型计算机网络系统，将下属子公司的资金流转和预算执行情况都集中在计算机网络上，母公司的财务管理人员可以随时调用、查询任何子公司的财务状况，全面控制各个子公司的经营情况，及时发现存在的问题，减少子公司的经营风险和制止子公司的资产流失。

4. 实施集团公司对子公司股本结构控制

一般而言，母公司可根据各子公司的生产产品、经营领域以及对集团公司的重要程度，决定其投入到各子公司的股本比例。对集团有重要影响的子公司可考虑全资控制，而关联程度相对低一些的子公司可考虑控股。控股又可分为两种：一种是以50%以上的股权实施绝对控股，一种是以掌握众多股东中最大股份的方式实施相对控股。母公司还需要根据自己的实力来通盘考虑其投入下属公司的整个投资额以及投资的分散程度。

5. 实行对子公司权益利润率和资产负债率的控制

权益利润率和资产负债率控制是集团公司对子公司的资本结构控制中非常重要的一种方法，集团公司可对子公司下达权益利润率和资产负债率的具体指标。

其中，权益利润率 = 资产利润率 /（1 - 资产负债率）= 净利润 / 所有者权益

从权益利润率的公式来看，权益利润率与资产利润率和资产负债率成正比。权益利润率的高低由资产利润率和资产负债率的高低决定。

如果资产利润率不变，而资产负债率提高则权益利润率提高；如果资产负债率不变，资产利润率提高则权益利润率提高。用权益利润率作为衡量子公司资本结构控制和资产回报的一个指标，可以使子公司管理者尽量减少资本的占用额，增加负债比率。然而，负债又与资本市场的供给状况、子公司本身的资信等有关，且负债越大，相应的财务风险也越大。企业集团对下属子公司的具体负债比率高低应视各子公司的生产经营特点而定，一般可控制在该子公司自有资本的50% ～ 70%，有的应低些。

6. 完善子公司的考核指标体系

集团公司及其下属子公司的最终目标是获取盈利。子公司在获得运用集团公司投入的资本金进行经营活动的权利后，不但要确保资本金的安全和完整，还必须做到盈利，完成集团公司下达的投资回报指标。集团公司为确保投资回报的顺利实现，可以从以下两个方面着手。

（1）合理确定投资回报率，确保资产保值增值。集团公司可参照子公司的历年盈利水平，结合子公司的实际情况以及在一定经营期间所能达到的业绩，确定各子公司比较合理的投资回报率，核定各子公司的利润指标，促使各子公司在资产保值的前提下，达到资产

增值的目的。对集团公司而言，子公司所获利润要按一定的投资比例返回母公司，以满足集团公司长远发展的需要。

（2）建立各项财务指标执行情况的指标管理体系，使考核和监督控制体系不断完善和科学化。其主要指标如下。

1）现金比率，即现金余额 / 流动负债。其中，现金余额是指企业会计期末现金流量表中的现金及其等价物的期末余额；流动负债是指会计期末资产负债表中流动负债合计。现金比率越高，说明企业的短期偿债能力越强。

2）经营净现金比率。经营净现金比率 = 经营活动的净现金流量 / 流动负债。该比率从经营净现金流入的角度反映企业短期偿债能力。

3）流动比率，这是企业流动资产与流动负债之间的比值，反映某一时点现金及其等价物和可短期变现流动资产的偿债能力。

4）不良资产比率，这是企业年末不良资产总额占年末资产总额的比重。不良资产主要包括：三年以上应收账款、积压商品物资和不良投资。

5）资产损失比率，是企业一定时期待处理资产损失净额占资产总额的比重。

6）净资产收益率，是企业的净利润与平均净资产的比率，反映企业按净资产计算的增值率。

7. 向子公司委派财务总监来实现日常的财务监控

集团公司委派的财务总监，其人事关系、工资关系、福利待遇等均在母公司，费用由子公司列支。被委派的财务总监，应组织和监控子公司日常的财务会计活动，参与子公司的重大经营决策；把母公司关于结构调整、资源配置、重大投资、技术发展等重大决策贯彻到子公司的预算中去，对子公司各类预算执行情况进行监督控制；审核子公司的财务报告，负责对子公司所属财务会计人员的业务管理，定期向集团公司报告子公司的资产运行和财务情况。集团公司通过委派财务总监来监督、控制子公司的重大财务会计活动和全部财务收支过程，不但使集团公司的总体经营方针和目标可以在子公司得到较完全的贯彻和实现，而且能监督子公司财务会计信息的真实性和客观性，切实维护集团公司的权益。

8. 加强定期或不定期审计，实现对子公司的财务监督

审计在集团公司治理结构中有着不可替代的作用。从监督子公司经营规范化和保证财务数据真实性、可靠性方面考虑，集团公司还必须对子公司开展定期或不定期的财务收支审计工作。

对子公司的审计有外部审计和集团内部审计。目前会计师事务所对子公司年度报表的审计属于外部审计。集团内部审计则主要应由集团公司的审计部门负责进行。内审部门的作用不仅在于监督子公司财务工作，也包括稽查、评价内部控制制度是否完善和企业内各组织机构执行指定职能的效率，也是监督、控制内部其他环节的主要力量。

集团公司对子公司进行内审的主要方法如下。

（1）以强化集团资产控制为主线，建立审计网络，坚持下审一级，各审计部门负责对下属公司的内审。

（2）设立集团公司审计委员会，在总经理的领导下由相关人员和职能部门组成。委员会的作用在于保证子公司的财务信息和业务信息的充分可靠性。

（3）对子公司的一些工程项目、经济合同、对外合作项目、联营合同等进行单项审计；实行离任审计制度，审查和评价子公司责任主体的经济责任履行情况。

（4）定期或不定期地对子公司的内部控制机制的有效性进行评估，监督和完善子公司的内部控制制度。

（5）集团公司实行总审计师制度，加强集团公司整体的审计规章制度的建设，重点是从管理者角度对下属企业进行控制。

集团公司通过对子公司的审计，可以及时发现和纠正所存在的问题，增强内部控制意识，发挥内部管理强有力的控制机制作用。

八、财务监控的检查与评价

（一）检查财务监控制度执行情况的重要性

内部财务监控应该是一个动态的过程。因为内部财务监控具有时效性，今天有效的内部财务监控明天不一定有效。所以，内部财务监控也是一个精益求精的过程，企业要定期检查与评估内部财务监控是否有效，以发现控制中的缺陷，采取措施加以补正。正所谓“小洞不补，大洞吃苦”“千里之堤，溃于蚁穴”。

（二）内部财务监控评价程序

内部控制评价程序一般可分为组织、调查、测试、评价与报告。

1. 组织

内部控制评价是独立于制订与执行制度的单位和部门的。要进行内部控制评价，必须建立相应的评价检查机构和决定有效的措施。

2. 调查

内部控制调查阶段包括两个方面内容：一是掌握足够的信息；二是进行初步评价。

3. 测试

内部控制测试主要包括运行测试与效果分析两个过程。

4. 评价

评价工作主要是指对具体问题的评价，并且要在评价的基础上进行更深入的检查和采取相应的措施。

5. 报告

当评价工作结束后，评价人员应与单位负责人一起研究与编写报告。报告中应说明内部控制程序是否符合国家有关规定，内部控制是否符合单位的管理方针与政策，内部控制实施是否能满足单位管理的需要，今后改正的计划与进度安排等。

（三）内部财务监控检查要点

企业内部财务监控既包括会计控制，也包括对会计的控制。会计控制是指通过会计工作和利用会计信息对企业生产经营活动所进行的指挥、调节、约束和促进活动，实现企业效益最大化目标。对会计的控制是对会计工作及其质量所进行的控制，它既可以由企业最高管理层来完成，也可以由企业所有者来完成，它是对会计控制的再控制。

企业应当十分重视对整个内部财务监控的过程及其结果的监督检查工作，应配备专门机构（如内审机构）或者指定专门人员（如内审人员）具体负责内部财务监控执行情况及其结果的监督检查，以确保内部财务监控的贯彻实施而不是徒有虚名。

内部财务监控检查应当包括调查内部财务监控的设置，审查内部财务监控的健全程度以及各项内部财务监控制度的执行情况，检查和评价内部财务监控的合理性与有效性，包括会计工作的各项经济业务、内部机构和岗位在内部控制上存在的缺陷，对内部财务监控进行评价等，其主要职责如下。

（1）对内部财务监控的执行情况进行检查和评价。

（2）写出检查报告，对涉及会计工作的各项经济业务、内部机构和岗位在内部控制上存在的缺陷提出改进建议。

（3）对执行内部财务监控成效显著的内部机构和人员提出表彰建议，对违反内部财务监控的内部机构和人员提出处理意见。

检查与评价的结果应当报告。所以，内部会计报告控制是企业内部控制的一个组成部分，它要求企业建立和完善内部财务监控报告制度，由此对企业的内部财务监控现状做出定期或不定期的恰当的评价。

企业应当重视对内部控制的监督检查后的报告工作，应当由专门机构或者指定专门人员具体负责内部控制执行情况的监督、检查与评价，并定期编制内部控制报告，确保下情上达与内部财务监控制度的贯彻落实。

企业也可以聘请中介机构或相关专业人员对本单位内部财务监控的建立健全及有效实施进行评价，接受委托的中介机构或相关专业人员应当对委托单位内部财务监控中的重大缺陷提出书面报告。

九、法律责任

法律责任是指因违反了法定义务或契约义务，或不当行使法律权利、权力所产生的，由行为人承担的不利后果。

（一）法律责任的特点

法律责任的特点如下。

（1）法律责任首先表示一种因违反法律上的义务（包括违约等）关系而形成的责任关系，它是以法律义务的存在为前提的。

（2）法律责任还表示为一种责任方式，即承担不利后果。

（2）法律责任具有内在逻辑性，即存在前因与后果的逻辑关系。

（4）法律责任的追究是由国家强制力实施或者潜在保证的。

（二）企业各种财务违法行为的法律责任包括的形式

《企业财务通则》及其他相关法律法规对企业财务违法行为规定了相应的处理、处罚措施，有关企业和个人需要对其违法行为承担相应的行政责任和刑事责任。

1. 行政责任

即行政法律关系主体由于违反行政法律规范或不履行行政法律义务而依法应承担的行政法律后果。行政责任的形式主要有：承认错误、赔礼道歉、履行法定义务、通报批评、公开谴责、责令停止违法行为、接受行政处罚等。其中，行政处罚主要包括警告、罚款、没收违法所得、没收非法财物、责令停产停业、暂扣或者吊销许可证、暂扣或者吊销执照等。

2. 刑事责任

即行为人因其犯罪行为所应当承担的否定性法律后果，是一种惩罚性的责任。刑罚是由人民法院依法对犯罪人适用的，建立在剥夺性基础上的最为严厉的强制措施。《刑法》对企业财务违法行为规定有两种主要罪名。

（1）提供虚假财会报告罪，即公司向投资者、社会公众提供虚假的或者隐瞒重要事实的财务会计报告，严重损害投资者或者其他人利益的行为。

（2）隐匿、故意销毁会计凭证、会计账簿、财务会计报告罪，即有义务保存会计凭证、会计账簿。财务会计报告的自然人和单位，隐匿或者故意销毁依法应当保存的会计凭证、会计账簿、财务会计报告，情节严重的行为。

此外，《刑法》规定了虚报注册资本罪，虚假出资、抽逃出资罪，欺诈发行股票、债券罪，妨害清算罪以及企业人员受贿罪。对于国有企业的工作人员，《刑法》还规定了非法经营同类营业罪，为亲友非法牟利罪，签订、履行合同失职被骗罪，国有公司、企业、事业单位人员失职罪，国有公司、企业、事业单位人员滥用职权罪，徇私舞弊低价折股、出售国有资产罪，徇私舞弊造成破产、亏损罪等。

（三）法律责任的构成要件

法律责任的构成要件是指构成法律责任必须具备的各种条件或必须符合的标准，它是国家机关要求行为人承担法律责任时进行分析、判断的标准。根据违法行为的一般特点，可以把法律责任的构成要件概括为：主体、过错、违法行为、损害事实和因果关系五个方面（见表 9-1）。

表 9-1 法律责任的构成要件

主体	法律责任主体是指违法主体或者承担法律责任的主体。责任主体不完全等同于违法主体
过错	过错即承担法律责任的主观故意或者过失
违法行为	违法行为是指违反法律所规定的义务、超越权利的界限行使权利以及侵权行为的总称，一般认为违法行为包括犯罪行为和一般违法行为
损害事实	损害事实即受到的损失和伤害的事实，包括对人身、对财产、对精神（或者三方面兼有的）的损失和伤害
因果关系	因果关系即行为与损害之间的因果关系，它是存在于自然界和人类社会中的各种因果关系的特殊形式

（四）《公司法》规范的法律责任

1. 高级管理人员的义务与责任

高级管理人员（简称高管），是指公司的经理、副经理、财务负责人，上市公司董事会秘书和公司章程规定的其他人员。《公司法》从结构上专辟一章专门规定公司董事、监事和高管人员的资格和义务，明确了董事、监事和高管的任职资格以及对公司负有忠实义务和勤勉义务。在内容上对于董事、监事和高管侵害公司利益，或者侵害股东利益的，赋予股东提起损害赔偿的诉讼权。董事、监事和高管成为被诉对象的可能性较之以前增大，体现了“治人才能治本”的立法宗旨，加重了董事、监事和高管的义务及法律责任。

（1）总则规定了高管的责任。《公司法》第十一条规定：“设立公司必须依法制订公司章程。公司章程对公司、股东、董事、监事、高级管理人员具有约束力。”第二十一条规定了公司的董事、监事、高级管理人员（包括控股股东、实际控制人）利用其关联关系损害公司利益，给公司造成损失的，应当承担赔偿责任。

（2）强调高管不得有违法行为。《公司法》第一百四十九条规定了董事、高级管理人员不得有表 9-2 所述的行为。

表 9-2 董事、高级管理人员不得有的行为

董事、高级管理人员不得有的行为	（1）挪用公司资金
	（2）将公司资金以其个人名义或者以其他个人名义开立账户存储
	（3）违反公司章程的规定，未经股东会、股东大会或者董事会同意，将公司资金借贷给他人或者以公司财产为他人提供担保
	（4）违反公司章程的规定或者未经股东会、股东大会同意，与本公司订立合同或者进行交易
	（5）未经股东会或者股东大会同意，利用职务便利为自己或者他人谋取属于公司的商业机会，自营或者为他人经营与所任职公司同类的业务
	（6）接受他人与公司交易的佣金归为已有
	（7）擅自披露公司秘密
	（8）违反对公司忠实义务的其他行为

（3）确立了股东代表诉讼制度。股东代表诉讼是一种赋予股东为了公司的利益而提起损害赔偿诉讼的制度安排。具体地，它是指公司的董事、监事和高管人员在执行职务时违反法律、行政法规或者公司章程的规定，给公司造成损失，而公司又怠于行使起诉权时，符合条件的股东可以以自己的名义向法院提起损害赔偿的诉讼。

例如，公司连续 5 年不向股东分配利润，而该公司连续 5 年盈利，并且符合本法规定

的分配利润条件的，对股东会该项决议投反对票的股东可以请求公司按照合理的价格收购其股权。自股东会会议决议通过之日起 60 日内，股东与公司不能达成股权收购协议的，股东可以自股东会会议决议通过之日起 90 日内，向人民法院提起诉讼。

（4）规定了股东可以起诉董事和高管人员。《公司法》第一百五十三条规定："董事、高级管理人员违反法律、行政法规或者公司章程的规定，损害股东利益的，股东可以向人民法院提起诉讼。"这里，监事不是被诉主体。

（5）股份公司的董事因董事会决议违法给公司带来损失的，也可能成为被诉对象。《公司法》第一百一十三条第三款规定："董事应当对董事会的决议承担责任。董事会的决议违反法律、行政法规或者公司章程、股东大会决议，致使公司遭受严重损失的，参与决议的董事对公司负赔偿责任。但经证明在表决时曾表明异议并记载于会议记录的，该董事可以免除责任。"这是一个集体负责的条款，有权提起索赔权的首先是公司，但如果公司怠于行使起诉权的，则股东可以代替公司起诉。

2. 财务会计的法律责任

《公司法》第八章"公司财务、会计"中涉及的财务会计责任主要有以下几个方面的新要求。

（1）公司应当依照法律、行政法规和国务院财政部门的规定建立本公司的财务、会计制度。公司除法定的会计账簿外，不得另立会计账簿。对公司资产，不得以任何个人名义开立账户存储。

（2）公司应当向聘用的会计师事务所提供真实、完整的会计凭证、会计账簿、财务会计报告及其他会计资料，不得拒绝、隐匿、谎报。每一会计年度终了时编制财务会计报告应当依法经会计师事务所审计。有限责任公司还应当依照公司章程规定的期限将财务会计报告送交各股东。股份有限公司的财务会计报告应当在召开股东大会年会的 20 日前置备于本公司，供股东查阅；公开发行股票的股份有限公司必须公告其财务会计报告。

（3）公司分配当年税后利润时，应当提取利润的 10% 列入公司法定公积金。公司的法定公积金不足以弥补以前年度亏损的，在依照规定提取法定公积金之前，应当先用当年利润弥补亏损。股东会、股东大会或者董事会违反前款规定，在公司弥补亏损和提取法定公积金之前向股东分配利润的，股东必须将违反规定分配的利润退还公司。但是，资本公积金不得用于弥补公司的亏损。

上述几个法律文件中所涉及的行政责任和刑事责任通常是由国家权力机构（如财政部门等）予以追究，直接体现了国家的强制力，不存在与当事人的调解或者和解。履行行政责任和刑事责任，体现了国家对某种行为的否定性评价，是以惩罚犯罪和行政违法行为为目标的，属于惩罚性责任。

（五）违反会计法应承担法律责任的行为

根据《会计法》规定，应承担法律责任的违法行为如表 9-3 所示。

表 9-3　违反会计法应承担法律责任的行为

违反会计法应承担法律责任的行为	（1）不依法设置会计账簿的
	（2）私设会计账簿的
	（3）未按照规定填制、取得原始凭证，或者填制、取得的原始凭证不符合规定的
	（4）以未经审核的会计凭证为依据登记会计账簿或者登记会计账簿不符合规定的
	（5）随意变更会计处理方法的
	（6）向不同的会计资料使用者提供的财务会计报告编制依据不一致的
	（7）未按照规定使用会计记录文字或者记账本位币的

续表

违反会计法应承担法律责任的行为	（8）未按照规定保管会计资料，致使会计资料毁损、灭失的
	（9）未按照规定建立并实施单位内部会计监督制度或者拒绝依法实施监督或者不如实提供有关会计资料及有关情况的
	（10）任用会计人员不符合本法规定的

（六）企业财务处理违法行为的法律责任

《企业财务通则》第七十二条规定："企业和企业负有直接责任的主管人员和其他人员有以下行为之一的，县级以上主管财政机关可以责令限期改正、予以警告，有违法所得的，没收违法所得，并可以处以不超过违法所得3倍、但最高不超过3万元的罚款；没有违法所得的，可以处以1万元以下的罚款。

（一）违反本通则第三十九条、四十条、四十二条第一款、四十三条、四十六条规定列支成本费用的。

（二）违反本通则第四十七条第一款规定截留、隐瞒、侵占企业收入的。

（三）违反本通则第五十条、五十一条、五十二条规定进行利润分配的。但依照《公司法》设立的企业不按本通则第五十条第一款第二项规定提取法定公积金的，依照《公司法》的规定予以处罚。

（四）违反本通则第五十七条规定处理国有资源的。

（五）不按本通则第五十八条规定清偿职工债务的。"

1. 承担法律责任的形式

主管财政机关追究企业财务违法行为的法律责任，可以采取处理与处罚两种手段。其中，处理措施是指对单位和个人的企业财务违法行为的制止和纠正措施；处罚措施主要是指依法对违反企业财务管理规定的相对人给予法律制裁的措施。对于不同的企业财务违法行为，应当区别情况采取有针对性的处理措施与处罚措施，以达到既能避免造成更大的损失，又对违法行为人予以必要和适度惩戒的目的。

（1）处理措施，主要是责令限期改正，即行政主体要求违法行为者在一定时限内停止并纠正其正在进行的违法行为的措施。其核心在于要求违法者及时停止并纠正违法行为。该项处理措施有两层含义。第一层含义为责令改正，即财政部门采取这一处理措施的依据，是相关行为在客观上违反了国家财务规章，处理的目的是使违法状态得以停止，将损失控制在最小范围内。为此，财政部门做出责令改正决定并不依赖于当事人是否具有主观恶意，该项决定也不是对相关当事人的惩戒与处罚。第二层含义为设定期限，即违法行为比较严重，必须在一定时限内改正以避免损失的扩大。

（2）处罚措施主要有以下三种。

1）警告，即行政机关向违法者申明其违法行为，并提出警戒。它是《行政处罚法》明确规定的一种行政处罚方式，属于行政处罚中的申诫罚。

2）没收违法所得，即行政主体对违法行为人实施违法行为所获得的非法收入收归国有的处罚形式。它属于财产罚的一种。对于财务违法行为人因为违法行为获得的财产，法律不仅不保护，还要剥夺其对上述财产的所有权。

3）罚款，即行政机关及法律法规授权的组织，强制违法相对人承担金钱给付义务，在一定期限内缴纳一定数额钱款的处罚形式。它属于财产罚的一种。不同法律层次的文件规定的罚款限额不尽相同，《企业财务通则》作为部门规章，可以规定的罚款限额是：对于有违法所得的行为，可以处以不超过违法所得3倍、但最高不超过3万元的罚款；对于没有违法所得的行为，可以处以1万元以下的罚款。

2. 主管财政机关进行处理与处罚的情形

(1) 违法列支成本费用的情形。根据《企业财务通则》第三十九条、四十条、四十二条第一款、四十三条、四十六条的规定，违法列支成本费用的情形如表 9-4 所示。

表 9-4　违法列支成本费用的情形

违法列支成本费用的情形	(1) 企业未按国家有关标准，将安全生产、清洁生产、污染治理、地质灾害防治、生态恢复和环境保护等经费列入相关资产成本或者当期费用
	(2) 企业对于发生的销售折扣、折让以及支付的佣金、回扣、手续费、劳务费、提成、返利、进场费、业务奖励等支出没有签订相关合同或者没有履行内部审批手续
	(3) 企业对于开展进出口业务收取或者支付的佣金、保险费、运费，没有按照合同规定的价格条件处理
	(4) 企业对于向个人以及非经营单位支付的费用，没有严格履行内部审批及支付手续
	(5) 企业未按照劳动合同及国家有关规定支付职工报酬、基本医疗、基本养老、失业、工伤等社会保险费或者没有为从事高危作业的职工缴纳团体人身意外伤害保险费
	(6) 企业未将职工报酬、基本医疗、基本养老、失业、工伤等社会保险费与人身意外伤害保险费直接作为成本（费用）列支
	(7) 企业承担了属于个人支出的相关费用

(2) 违法截留、隐瞒、侵占企业收入的情形，即投资者、经营者及其他职工截留、隐瞒、侵占其履行本企业职务或者以企业名义开展业务所得的收入，具体包括销售收入以及对方给予的销售折扣、折让、佣金、回扣、手续费、劳务费、提成、返利、进场费、业务奖励等收入。

(3) 违法进行利润分配的情形如表 9-5 所示。

表 9-5　违法进行利润分配的情形

违法进行利润分配的情形	(1) 企业分配利润不符合法定条件，如违反《企业财务通则》第五十一条的规定分配利润
	(2) 未按照法定顺序进行利润分配。企业进行利润分配应当遵循的一般顺序是弥补亏损、提取公积金、向投资者分配利润。股份有限公司回购股份对经营者及其他职工实施股权激励的，在拟定利润分配方案时，应当预留回购股份所需利润
	(3) 未按照法定标准进行收益分配。法律法规以及《企业财务通则》对收益分配标准，如法定公积金的比例以及企业经营者和其他职工参与利润分配的限额和条件，都有明确规定，企业应当遵照执行

除了《企业财务通则》规定的处理与处罚措施外，根据《公司法》的规定，公司不依照规定提取法定公积金的，县级以上人民政府财政部门应当责令其如数补足应当提取的金额，并可以对其处以 20 万元以下的罚款。

(4) 违法处理国有资源的情形，即企业在进行重组时，对已经占用的国有划拨土地、水域、探矿权、采矿权、特许经营权等依法可以转让的国有资源，不按照法律法规以及《企业财务通则》第五十七条的规定进行处理的行为。

(5) 不按规定清偿职工债务的情形，即企业在重组过程中，未以企业现有资产优先清偿职工的工资和医疗、伤残补助、抚恤费用以及欠缴的基本社会保险费、住房公积金的行为。

（七）企业建立财务制度方面的法律责任

《企业财务通则》第七十三条规定："企业和企业负有直接责任的主管人员和其他人员有以下行为之一的，县级以上主管财政机关可以责令限期改正、予以警告。

（一）未按本通则规定建立健全各项内部财务管理制度的。

（二）内部财务管理制度明显与法律、行政法规和通用的企业财务规章制度相抵触，且不按主管财政机关要求修正的。"

1. 承担法律责任的形式

《企业财务通则》第七十三条规定财务违规行为的处理与处罚的主要目的是督促企业建立健全内部财务管理制度。鉴于这类行为与财务处理方面的违法行为不同，一般不会对企业经营、企业及其相关利益主体合法权益造成直接的损害，所以仅设置了责令限期改正和警告两种承担法律责任的形式。

2. 主管财政机关进行处理与处罚的情形

（1）没有按《企业财务通则》规定，建立健全各项内部财务管理制度的。根据《企业财务通则》的规定，企业应当建立有效的内部财务管理级次，建立财务决策制度、财务风险管理制度、财务预算管理制度以及有关资金管理、资产营运、成本控制、收益分配等内部财务管理制度。

（2）内部财务管理制度明显与法律、行政法规和国家统一的企业财务规章制度相抵触的。与前种情形不同，出现此种违法情形时，主管财政机关应当首先要求企业修正，企业拒绝修正的，主管财政机关才可以责令其限期改正，并予以警告。

此外，根据现行财政管理体制，基本实行一级政府一级财政。但是，只有县级以上主管财政机关才可对企业做出处理与处罚的决定，各级财政机关的派出机构，应当按照派出机关的授权实施管理。

（八）企业违反财务会计报告制度的法律责任

《企业财务通则》第七十四条规定："企业和企业负有直接责任的主管人员和其他人员不按本通则第六十四条、第六十五条规定编制、报送财务会计报告等材料的，县级以上主管财政机关可以依照《公司法》《企业财务会计报告条例》的规定予以处罚。"

根据《企业财务通则》有关信息管理的规定，企业应当按照法律、行政法规和国家统一的会计制度的规定，按时编制财务会计报告；企业不得在报送的财务会计报告等材料上做虚假记载或者隐瞒重要事实，企业提供年度财务会计报告应当依法经过会计师事务所审计。因此，企业编报财务会计报告，要遵循及时、真实、全面、依法审计等要求，违反这些法定要求的，企业和企业负有直接责任的主管人员和其他人员应当承担相应的责任。

有关企业编报财务会计报告违法行为法律责任的规定，主要体现在《公司法》与《企业财务会计报告条例》中。《公司法》第二百零三条规定：公司在依法向有关主管部门提供的财务会计报告等材料上做虚假记载或者隐瞒重要事实的，由有关主管部门对直接负责的主管人员和其他直接责任人员处以 3 万元以上 30 万元以下的罚款。

《企业财务会计报告条例》第三十九条和四十条对企业编报财务会计报告中的一些违规情形做出了规定，主要包括：①随意改变会计要素的确认和计量标准；②随意改变财务会计报告的编制基础、编制依据、编制原则和方法；③提前或者延迟结账日结账；④在编制年度财务会计报告前，未按规定全面清查资产、核实债务；⑤拒绝财政部门和其他有关部门对财务会计报告依法进行的监督检查，或者不如实提供有关情况；⑥企业编制、对外提供虚假的或者隐瞒重要事实的财务会计报告。对于企业的上述行为，财政部门可以责令限期改正，并对企业及相关人员处以一定金额的罚款。

（九）企业违反财政税收制度的法律责任

《企业财务通则》第七十五条规定："在财务活动中违反财政、税收等法律、行政法规的，依照《财政违法行为处罚处分条例》（国务院令第 427 号）及有关税收法律、行政法规的规定予以处理、处罚。"

1. 企业有关财政违法行为的法律责任

根据《财政违法行为处罚处分条例》的规定，企业以下五种财政违法行为应当追究企业及相关人员的法律责任。

（1）违反国家有关投资建设项目规定的行为。

（2）违反国家有关财政收入上缴规定的行为。

（3）违反国家有关财政支出管理规定的行为。

（4）违反财政收入票据管理规定的行为。

（5）将财政资金或者其他公款私存私放的行为。

对于上述五种行为，主管财政机关可以追究其法律责任的具体责任形式包括：责令改正、调整有关会计账目、追回有关资金、没收违法所得、警告、通报批评、罚款等。

2. 企业税收违法行为的法律责任

企业税收违法行为的情形较多，主要规定体现在《税收征收管理法》与《税收征收管理法实施细则》中。

其中与企业财务行为密切相关的主要有以下几种。

（1）企业不按照规定设置、保管账簿或者登记保管记账凭证和有关资料。

（2）企业不按照规定将财务、会计制度或者财务、会计处理办法和会计核算软件报送税务机关备查。

（3）企业伪造、变造、隐匿、擅自销毁账簿、记账凭证，或者在账簿上多列支出或者不列、少列收入。

（4）企业编造虚假计税依据。

（5）企业非法印制发票。

对于企业的上述违法行为，税务机关应当依法追究企业的法律责任，具体形式包括责令限期停止违法活动、追缴税款与滞纳金、罚款等。

（十）企业财务监督中国家机关工作人员的法律责任

《企业财务通则》第七十六条规定："主管财政机关以及政府其他部门、机构有关工作人员，在企业财务管理中滥用职权、玩忽职守、徇私舞弊或者泄露国家机密、企业商业秘密的，依法进行处理。"

对主管财政机关以及政府其他部门、机构有关工作人员，在企业财务管理中滥用职权、玩忽职守、徇私舞弊或者泄露国家机密、企业商业秘密的，应当按照以下情况，分别依法进行处理，追究其行政责任和刑事责任。

1. 行政责任

行政责任主要是行政处分，从轻到重依次为警告、记过、记大过、降级、撤职、开除。

2. 刑事责任

相关刑事责任形式包括滥用职权罪、玩忽职守罪、故意泄露国家秘密罪和侵犯商业秘密罪。

（1）滥用职权罪指国家机关工作人员滥用职权，致使公共财产、国家和人民利益遭受重大损失的行为。根据刑法第三百九十七条的规定，犯本罪的，处 3 年以下有期徒刑或者拘役，情节严重的，处 3 年以上 7 年以下有期徒刑。犯滥用职权罪且徇私舞弊的，处 5 年以下有期徒刑或者拘役；情节严重的，处 5 年以上 10 年以下有期徒刑。

（2）玩忽职守罪指国家机关工作人员严重不负责任，不履行或者不正确履行职责，致使公共财产、国家和人民利益遭受重大损失的行为。在认定其性质时，要注意区分玩忽职守罪与滥用职权罪的界限。玩忽职守罪与滥用职权罪在犯罪主体、犯罪客体、罪过性质、犯罪结果、加重情节等方面是相同的。二者的主要区别是渎职的客观行为方式不同。玩忽职守罪主要表现为以作为或者不作为的方式怠于履行职责或者不履行职责；滥用职权罪主要表现为以作为的方式超越权限处理无权处理的事务或者不顾程序随心所欲地进行处理。此外，二者在主观方面的表现为马虎草率、敷衍塞责等对工作严重不负责任的态度，但具体情况不尽相同：行为人对玩忽职守行为本身可能是有意的或者是无意的；滥用职权的主观方面主要表现为行使职权时自以为是、为所欲为的态度，行为人对渎职行为本身是有意为之的。

根据刑法第三百九十七条的规定，犯玩忽职守罪的，处 3 年以下有期徒刑或者拘役；情节严重的，处 3 年以上 7 年以下有期徒刑。犯玩忽职守罪且徇私舞弊的，处 5 年以下有期徒刑或者拘役；情节严重的，处 5 年以上 10 年以下有期徒刑。

（3）故意泄露国家秘密罪指国家机关工作人员违反《保守国家秘密法》的规定，故意泄露国家秘密，情节严重的行为。根据刑法第三百九十八条的规定，国家机关工作人员犯本罪的，处 3 年以下有期徒刑或者拘役；情节严重的，处 3 年以上 7 年以下有期徒刑。

（4）侵犯商业秘密罪指采取不正当手段，获取、使用、披露或者允许他人使用权利人的商业秘密，给商业秘密的权利人造成重大损失的行为。本罪侵犯的客体既包括国家对商业秘密的管理制度，也包括商业秘密的权利人享有的合法权利。客观方面表现为采取不正当手段，获取、使用、披露或者允许他人使用权利人的商业秘密，给商业秘密的权利人造成重大损失。具体包括以下三种情形：一是以盗窃、利诱、胁迫或者其他不正当手段获取权利人的商业秘密；二是披露、使用或者允许他人使用以前项手段获取的权利人的商业秘密；三是违反约定或者违反权利人有关保守商业秘密要求，披露或者允许他人使用其所掌握的商业秘密。

根据《刑法》第二百一十九条的规定，侵犯商业秘密罪，给商业秘密的权利人造成重大损失的，处 3 年以下有期徒刑或者拘役，并处或者单处罚金；造成特别严重后果的处 3 年以上 7 年以下有期徒刑，并处罚金。单位犯本罪的，实行双罚制，即对单位判处罚金，并对其直接负责的主管人员和其他直接责任人员，按照上述规定处罚。

（十一）金融企业的法律责任

《金融企业财务规则》明确规定了财政部门依法对金融企业处罚的权力。第六十一条明确规定：金融企业有表 9-6 所述的情形之一的，由财政部门责令限期改正，或者予以通报批评。

表 9-6　应予以通报批评的情形

应予以通报批评的情形	（1）不按规定提交设立、变更文件的
	（2）财务风险控制未达到规定要求的
	（3）筹集和运用资金不符合规定要求的
	（4）不按规定开设和管理资金账户的
	（5）资产管理不符合规定，形成账外资产的
	（6）不按规定列支经营成本、费用的
	（7）不按规定确认经营收益的
	（8）不按规定计提减值准备、提留准备金、分配利润的
	（9）不按规定处理财政资金、国有资源的
	（10）不按规定顺序清偿债务、处理财产的
	（11）不按规定处理职工社会保险费、经济补偿金的
	（12）其他违反金融企业财务管理有关规定的

第六十二条还明确规定：金融企业有表 9-7 所述的情形之一的，由财政部门责令限期改

正，并对金融企业及其负责人和其他直接责任人员给予警告。

表 9-7　应给予警告的情形

应给予警告的情形	（1）不按照规定建立内部财务管理制度的
	（2）内部财务管理制度明显与国家法律、法规和统一的财务管理规章制度相抵触，且不按财政部门要求修改的
	（3）不按照规定提供财务信息的
	（4）拒绝、阻挠依法实施的财务监督的

金融企业违反上述规则，有关法律、法规另有规定的，依照其规定处理、处罚。

第二节　财务控制

财务控制是指通过财务工作对财务活动，按规定标准对其调整以达到目标的过程，是财务管理的重要组成部分。

一、财务控制的特征

（一）财务控制是一种综合控制

财务控制不仅可以将各种性质不同的业务综合起来进行控制，也可以将不同岗位、不同部门、不同层次的业务活动综合起来进行控制。财务控制的综合性最终表现为其控制内容都归结为资产、利润、成本这些综合价值指标上。

（二）财务控制是一种价值控制

财务控制以财务预算为标准，财务预算所包括的现金预算、预计利润表和预计资产负债表，都是以价值形式予以反映的，财务控制也是借助价值手段进行的，无论责任预算、责任报告、业绩考核，还是企业内部各机构和人员之间的相互制约关系都需借助价值指标或内部转移价格。

（三）财务日常控制以现金流量控制为目的

日常的财务活动过程表现为一个组织现金流量的过程，为此，企业要编制现金预算，作为组织现金流量的依据；企业要编制现金流量表，作为评估现金流量状况的依据。

二、财务控制的功能

企业财务控制是对企业活动进行约束和调节、使之按设定的目标和轨迹运行的过程，因此它有两大功能：一是对企业财务流动进行监督，二是对企业财务活动进行调节。

对企业财务活动进行监督，是指保持企业财务活动按照企业财务计划运行，并随时揭示实际与计划的偏差，为财务活动调节提供依据。对企业财务活动进行调节，是指对企业财务活动实际与计划的偏差进行的纠正。

对企业财务活动的监督和调节是密切相关的。对企业财务活动进行监督，是对企业财务活动调节的前提，离开了对财务活动的监督，对财务活动的调节也就失去了依据；对企业财务活动进行调节，是实现企业财务活动监督目的的必要手段。二者对立统一地贯彻于企业财务控制的整个过程之中。

三、财务控制的原则

（一）约束与调节相结合的原则

约束就是以财务预算、制度为依据对财务活动及财务行为实施限制，使之符合预定的标准和规范。调节则是当实际偏离标准或规范时，采取适当措施予以调整或纠正。约束与调节是财务控制的两项基本职能，也是财务控制过程的两个基本环节，两者相辅相成，缺一不可。具体说，约束是调节的前提，为调节提供依据，调节则是约束的继续，为约束的实现提供保障；没有调节的约束是一种消极的约束，结果只能是“年初定指标，年终做检讨”；没有约束的调节则是一种盲目的调节，结果只能是“哪里黑哪里歇”。因此要有效实施财务控制，必须正确处理约束与调节的关系，实现两者的合理结合。依据该原则要求，公司不仅要健全预算管理体系，完善内部管理制度，而且要建立一套完善的差异分析和调节办法，并严格执行调节程序。

（二）责、权、利相结合的原则

公司财务控制过程是一个以特定的指标为责任，以相应的权力为条件，以一定的经济利益为动力的能动行为过程，财责、财权和财利是实施财务控制所必需的三个基本要素，缺一不可。若只有财责而无财权，可能导致控制主体因缺乏行为条件而无法履行其财务责任；但若有财责和财权，而无财利，则可能导致因控制主体缺乏必要的利益驱动而使控制低效甚至无效。因此，要有效地实施财务控制，必须遵循责、权、利相结合的原则。按照该项原则，在对各控制主体落实财务责任的同时，应赋予其相应的权力，同时，建立一套完善的责任考核与奖惩办法，做到客观考核、奖罚分明。

（三）系统性原则

公司财务控制是公司财务管理系统的一个子系统，是一项复杂的系统工程。因此，要有效地实施财务控制，必须遵循系统性原则。依据该项原则要求，财务控制应做到层层有指标、环环有控制。并且在控制指标上应体现与控制目标相一致，即财务指标应是控制目标层层分解所形成的，是总体控制目标在各个层次上的分目标，是总体中的个体；在财务控制行为上则应体现与财务目标相协调，即每项财务行为都应是在总体目标约束下的个体行为，能体现实现总体财务的要求，防止因行为目标不一而导致控制低效或无效。

（四）例外管理原则

例外管理原则指公司各级财务控制主体（特别是高层控制主体），在实施财务控制时，应区分主次，将精力集中于实际偏离目标的例外事项上。这里，“例外事项”的判断标准如下。

（1）差异额相对较大的事项。

（2）差异出现频率较高的事项。

（3）差异性质严重的事项。

（4）有关公司全局或长远发展的重大差异事项。对于这些例外事项，各级财务控制主体应实施重点控制。财务控制遵循例外管理原则，有利于将控制人员从烦琐的日常事务中解脱出来，集中精力抓住主要矛盾，提高控制效率。

四、财务控制的内容

财务控制的内容是财务控制对象的具体化。财务控制的基本内容是指资金、成本费用和利润。

（一）资金控制

资金控制即对资金的筹集和运用的控制。它包括筹集资金控制、投出资金控制和运用资金控制。筹集资金控制是指按照筹资预算合理地筹集企业所需要的资金，其控制内容包括质、量、时间三个方面。质是指筹资条件和筹资成本，不同的资金来源具有不同的条件和不同的成本。筹资条件是指出资人对资金投放的要求，包括使用范畴的限制，使用时间的限制，使用区域的限制，及其他一些附加条件。筹资成本是指资金的筹集费用和使用费。筹资的量是指筹资的数量是否符合预算。筹资时间控制的日的在于筹资时间应与用资时间基本一致。在筹资过程中，应综合考虑以上三个影响筹资效果的因素，加以控制，做到筹集到的资金条件优惠，数量适中，时间吻合。

投出资金控制包括投资方向的选择、投出资金数量的控制和投出资金时间的控制。投资方向的选择应按财务预算决策方案的要求，首先考虑投资效益比较好的项目。投资有对外投资和对内投资之分，对外投资按照形式不同又可分为联营投资、购买股票和债券等，对内投资可以分为长期投资和短期投资。不管是对外投资还是对内投资，效益是首先考虑的问题。投出资金数量的控制是指投出资金的数量应符合预算要求，否则就会影响其他投资项目或影响该投资项目的质量。投出资金时间控制的目的在于既要做到资金按期到位，又要尽量节约资金，既不提前又不拖后。

运用资金的控制包括资金结构的控制、资金周转速度的控制和资金周转效益的控制。

资金结构是指长期债务和所有者权益的比例。资金结构的控制主要包括以下几个方面。

（1）负债与所有者权益的比例应当恰当，一般认为，企业欠债比率越高，风险越大。

（2）各种资产所占比例，不同的企业各项资产所占比例有不同要求，制造业固定资产所占比例较大，流动资产所占比例偏低，流通企业则反之。

（3）资产与负债和所有者权益要适应，即速动比率、流动比率要符合常规。

资金周转速度的控制。周转效益来源于速度，一般认为，资金周转速度越快，资金周转效益越好，因此要加速资金周转，但这并不排除在一定条件下，推迟收款时间，松弛信用政策，这是由资产占用的波动性、变动性所决定的。也就是说，当企业资金出现暂时宽松时，可通过延长收款期限为企业谋求利益。

资金周转效益的控制。加速资金周转是提高资金使用效益的手段，并非目的，也就是说，在资金利润率为正值的情况下，加速资金周转可以提高资金使用效益。反之，还会影响企业经济效益，因此在资金利润率为正值的情况下，应通过加速资金周转，实现较多的收益。

（二）成本费用的控制

所谓成本费用的控制是指生产经营过程中，依据有关标准，对实际发生的生产费用进行严格的监督，及时发现和纠正偏差，把各种耗费限制在预先确定的范围之内的一项管理工作。

成本控制按其内容不同，可分为制造成本控制和非制造成本控制。制造成本控制包括材料费用控制、人工费用控制和制造费用控制。

1. 材料费用控制

材料费用包括原材料、辅助材料、燃料、低值易耗品等的费用，主要由供应部门归口管理。这部分费用在成本中占有较大比重，所以，有效地控制材料费用，对降低成本有重要作用。

严格材料的采购和验收入库。材料采购要严格按材料采购计划、采购合同或协议进行，按规定的原材料品种、规格、数量以及合理的价格，分批、及时地采购，以保证生产的需要；不准无计划盲目采购，或将规定的分次采购变为集中采购，形成仓库积压，造成资金浪费。

采购材料要及时验收入库。材料经过验收，从数量、质量和价格上符合规定的才能办理入库手续，填制收料单，计算材料的实际成本。

实行定额领发材料。在材料消耗定额制订以后，仓库应严格执行发放定额。材料发放一般实行领料制和送料制，按材料消耗定额领发材料，对原材料、燃料和动力，实行限额领料，由供应部门依据生产计划和材料消耗定额，确定各车间或班组的领料在规定限额内，分期分批从仓库领料，经批准增加生产数量，可相应增加领料限额，出现废品需要增加领料时要查明原因，明确责任，经批准后才能补发。对不便制订消耗定额的一般辅助材料，实行金额控制，由供应部门按月根据生产计划，上年实际消耗量和节约要求，确定各车间或班组的消耗金额作为控制指标，车间或班组按辅助材料的金额限额填制费用手册，据以向仓库领用。

节约使用材料。降低材料或成本的关键是节约使用原材料，节约使用材料，不仅使单位产品消耗材料减少，降低材料成本，同时，节约原材料还可以增加产量。因此，企业应千方百计节约材料消耗。如采用集中下料办法，套材下料，利用边角余料，使其物尽其用，避免优材劣用，大材小用；开展综合利用，变一用为多用，变小用为大用，变无用为有用，回收和利用废旧物资，注意改革产品设计，既提高产量、质量，又节约材料。

为了有效地控制材料成本，节约原材料耗用，还应建立严密的考核制度，分析实际脱离计划（定额）原因。实际脱离计划有几种情况：①工作制度不健全；②机器失灵；③原材料本身问题；④工作人员疏忽。原因找出之后，应在分析报告中具体说明，并对每一原因所引起的损失，用金额来表示，同时举出改进理由和方法。

价格差异一般是外来因素，不便控制。一般有以下原因：①经济采购量实施；②运输方式；③包装方式；④供货来源。

2. 人工费用控制

人工费用也是生产成本的一项重要内容，应加强控制。

编制工资费用预算，是进行人工费用控制的依据。企业可根据有关劳动工资政策，计划年度劳动定额，职工人数变动，工资等级变化，工资标准，生产任务和劳动生产率水平，并根据奖金和津贴的标准，编制按季分月的年度费用计划。

工资费用预算编竣后，应认真贯彻执行。在执行中，要贯彻国家规定的工资政策，严格控制工资开支范围。工资开支范围包括计时工资、计件工资、经常性奖金、工资性津贴。

企业计算和支付职工工资，要严格审核作为工资计划依据的原始记录。原始记录不准确，工资计算也不正确。原始记录包括职工人数、考勤记录和产量记录等。职工人数包括在职职工人数，增加和减少的职工人数，职工工资的等级及其变动情况；考勤记录包括职工出勤和缺勤的记录；产量记录包括职工和班组在考勤时间完成的产量或定额工时。

列入预算的工资费用，由于其资金来源不同，计入账户也不同，有的记入生产成本，有的记入期间成本。

人工费用控制的重点在于劳动效率。我们应加强对人工费用的控制，除准确计算工时定额外，还应经常对照实际发生额和定额。例如，将每一工人每日实际和标准工作时间，用黑板或布告在各部门公布，使个人明确其本身的工作进度和其他工人情况，借以发生警惕作用，造成竞争气氛。

在实行分批成本制度的企业，可将标准和实际时间分别列在记工单上，并注明差异的原因，以便改进。

时间差异，通常由领班负责。他们根据收到的日报资料，采取改进行为。同时，他们还必须向其主管报告差异原因、补救办法和改进的结果。主管可利用周报、月报，以明悉厂内整体效率状况，各部门效率高低情况，分析其可控制范围，确定其责任所在，并研究其改进措施。

3. 制造费用控制

制造费用是一种间接费用，其分摊、归属和控制，都比直接材料和直接人工复杂，归纳起来主要原因如下。

在制造费用的种种项目中，除了部门间接材料、间接人工和动力等少数项目外，都无法用科学或精密方法衡量在一定的产量或一定的工作时间下，究竟需要多少成本。

由于费用项目较多，成本责任的牵扯面较广，在成本计算过程中，各项费用必须经过辗转分摊，最后归集到生产成本账户，账面上成本资料往往难以确定其发生的责任。

制造费用有固定和变动两大类。其性质不同，控制方法也各异，为针对上述原因，制造费用的控制必须以弹性预算和责任会计的方法实施。

基于以上原因，应较多地掌握控制时机，这个时机主要是在制造费用发生之前和发生当时，前者称为营运控制，后者称为财务控制。

营运控制包括事前控制和实地观察。事前控制主要指编制制造费用预算。实地观察是指工人、领班和其他主管人员，应随时注意预算限额和实际开支情况，控制成本在未开支前。若干费用项目如部分间接材料、间接人工和劳动力等有控制标准的，应严格控制。

财务控制是指对重要的费用项目，应及时收集有关方面的资料，编制日报或周报，供基层管理人员作为控制依据。按月编制弹性预算，比较预算与实际成本差异，并依各主管控制责任，加以划分，供中层人员作为控制依据。分析预算差异的效率差异，供高层人员作为控制依据。

以上营运控制和财务控制，必须配合运用，在小规模企业实施营运控制，可足以减少浪费，但在大规模企业，财务控制尤为重要。

4. 非制造成本控制

非制造成本控制也称期间成本，是指制造成本以外的一切成本，包括管理费用、销售费用和财务费用。

管理费用依据发生情况不同，采用不同的控制方法。

管理人员工资、租金、折旧，其开支额较为固定，每月可按标准编制预算，遇有特殊情况时，可予以加列。

捐赠、坏账准备金提取，仅在特殊月份内发生，应列入发生月份的预算内。

差旅费、咨询费、税捐等，每年控制一定金额，用毕为限。为便于控制，应以全年预算为基础，依上列各种情况，编制分月预算，同时，按成本责任预算，在实施责任会计的情况下，会计科目的设置，应和部门或职能划分相配合，通过实际和预算比较，找出差异，并确定差异归属。

编制预算以后，主要是依据预算加以控制。管理费用不同于制造成本，没有逐日规则性的成本支出，因此，应在费用发生前随时控制。例如，职工进退、工资标准，由劳动人事部门核准；管理用设备在资本支出时核准；捐赠、公费在支付前核准。

管理费用控制的实际执行也和其他费用一样，分为营运控制和财务控制。营运控制包括工作计划、费用预算、严密组织、权责划分、工作激励，以及实地观察。财务控制主要指实际与预算比较，确定差异，落实责任。

销售费用在整个制销成本中占有较大比重，随着商业竞争的日益激烈，销售费用所占比重也会不断增加。

在成本管理方面，迄今为止，制造成本的控制已总结出较成功的经验，效果比较显著，但在销售费用方面过去未多加注意，潜力较大，控制难度较大，因为制造成本有材料耗用数量、人工时间、产品数量可以衡量，有成本材料可供比较。在销售费用方面，工作人员治理的对象不是机器、工具、材料等一些有形物体，而是建立产品信誉，争取消费者，所以没有客观的衡量标准，因此单位成本的意义并不重要。

销售费用的控制一般是通过对支出的核准进行的。例如，职工名额的增减、各员工工资标准的核定，应由销售经理核准；租金应以租赁合同核准；办公用品应由领导核准；捐赠应列入预算或由地区销售经理核准。

财务费用包括筹资费用、用资费用和汇兑损失。其控制重心在于正确选择筹资渠道，合理使用资金，加速资金周转速度，减少资金占用量；财务费用的控制依据是财务费用预算。

（三）利润控制

利润控制是指对营业收入、利润的形成及其分配的控制。

营业收入的控制方法如下。

协助销售部门认真履行销售合同，组织商品计划的编制和执行。认真履行销售合同是生产经营活动正常进行的条件。履行销售合同，编制季度和月份发出商品计划，使企业的发货计划和生产作业计划联系起来，以便生产的安排与销售合同要求的发货进度相结合。该项计划应由销售部门会同生产和财务部门进行编制，财务部门应监督发出商品计划规定的季度或月度发货量以保证销售收入计划指标的实现，并把发货计划与产成品资金管理结合起来。

及时办理结算，尽快取得销售货款。销售货款的结算一般由财务部门统一办理，产品发运之后，财务部门应及时办理结算，收回货款。对未按时偿还的货款，应与销售部门和银行密切配合，分别不同情况进行处理。

认真做好让利销售的财务决策，扩大商品销售额，加速资金周转，提高资金利用效率。

让利有多种形式，下面举例说明让利销售问题。

随着市场经济的发展，产品的更新换代日趋纷繁，在这种情况下，企业出现一些销小存大、积压过时并非偶然，以何种方式处理这些商品是摆在企业面前的一个现实问题。根据一些企业的经验，实行让利返本销售的办法，效果甚好。

让利销售是指企业本着不亏本的原则，把商品销售利润适当让渡给顾客的一种销售方式；返本销售是指企业按照正常价格把商品销售出去，再逐年还本或一次还本的一种销售方式。让利返本销售方式对于扩大商品销售额，加速资金周转，缓解资金拮据局面，改善商品库存具有重要意义。让利多少，何时还本需要做出正确的财务决策。

让利销售包括折价销售、延期收款销售和分期收款销售三种形式，由于让利销售的形式不同，其财务决策的方法也不一样。折价销售是指按商品正常价格的百分比打一个折扣，作为商品销售新价的一种销售方式。折价的极限是商品销售利润，折价率的极限是商品销售利润率，在商品销售利润率的范畴之内，考虑商品的库存量和市场的需求程度，确定一个合理的折价率，然后计算出商品销售新价。折价率的确定可以通过概率分析加以预测。

【例 9-1】某种商品的库存量为 2000 台，正常的销售单价为 2500 元，毛利率为 25%，销售利润率为 20%，充分考虑该种商品的库存数量和市场变化，预测如表 9-8 所示。

表 9-8 预测表

折价率	销售价格条件值	概率	销售量期望值	期望利润
5%	1000 1100 1200	0.3 0.5 02	300 550 240	1090×250（1×（20%～5%）
合计		1.00	1.090	408750

续表

折价率	销售价格条件值	概率	销售量期望值	期望利润
10%	1400 1600 1800	0.1 0.5 0.4	140 800 720	1660 × 2.500 × (20% ～ 10%)
合计		1.00	1.660	415000
15%	2000 2500 3000	0.3 0.5 0.2	600 1250 600	2450 × 2.500 × (20% ～ 15%)
合计		1.00	2450	306250

根据以上概率分析，折价率应以 10% 为宜，即：

销售新价 = 2500 × （1 − 10%）= 2250（元）

延期收款销售是指延长顾客的付款期限，以求扩大商品销售的一种销售方式。它实质上是一种消费信用，由于推迟了销售货款回笼，企业承担了被顾客占用资金的利息，也就减少了利润。延期收款的期限越长，企业让渡的利润越大。因此，确定收款期限，应视企业让渡利润大小而定，也就是首先应确定商品的目标利润，然后据以确定延期收款期限。

仍以上例，设企业要求该商品目标利润率为 10%，银行借款年利率为 12%，延期收款年数的公式推导如下：

商品经营利润 − 目标利润 = 被客户占用资金 × 延期收款年数 × 年利率

整埋后得：

$$延期收款年数 = \frac{商品经营利润 - 目标利润}{被客户占用资金 \times 年利率}$$

把上例有关数据代入公式：

$$延期收款年数 = \frac{2500 \times 20\% - 2500 \times 10\%}{2500 \times (1 - 25\%) \times 12\%} = 1.11(年)$$

计算结果表明：企业欲实现 10% 的目标利润，延期收款期限应为 1.11 年，即 13 个月零 10 天。

分期收款销售是让利销售的另一种形式，是指在商品销售之后，企业实行分次收取货款的一种销售方式。它分为两种，一种是规则性的分期收款方式，另一种是不规则性的分期收款方式。规则性的分期收款方式是指收款期限比较固定，如每年收一次或每月收一次，每次收款的额度相等；不规则性的分期收款方式是指收款期不固定，企业规定一个最迟还款期，在最迟还款期之前，顾客可以选择最佳的还款期付款。规则性的分期收款方式在确定还款期时，应本着企业有盈利，分期要恰当，客户有支付能力，能诱发顾客购买积极性的原则，选择最佳收款期限。财务决策程序是首先测算收款期限，然后确定每次收款额。计算公式推导如下：

商品经营利润 − 目标利润 = 平均每期被客户占用的资金 × 分期收款月数 × 银行借款月利率

式中：

$$平均每期被客户占用资金 = \left[应收货款(进价) + \frac{应收货款(进价)}{分期收款月数}\right] \div 2$$

移项化简得：

$$分期收款月数 = \frac{商品经营利润 - 目标利润}{\frac{应收货款(进价)}{2} \times 银行借款月利率} - 1$$

$$每期应收货款(售价) = \frac{应收货款(售价)}{分期收款月数}$$

【例 9-2】 智董公司经营一种电冰箱，每台成本价 2200 元，售价 2600 元，直接费率 3%，综合费率 2.4%，目标利润率为 6%，银行借款月利率 9‰，要求测算收款月数和每次收款额。

$$该种电冰箱毛利率 = \frac{2600 - 2200}{2600} \times 100\% = 15.4\%$$

$$该种电冰箱经营利润率 = 15.4\% - 3\% - 2.4\% = 10\%$$

$$该种电冰箱经营利润 = 2600 \times 10\% = 260(元)$$

$$该种电冰箱目标利润 = 2600 \times 6\% = 156(元)$$

将以上数字代入公式：

$$分期收款月数 = \frac{260 - 156}{\frac{2200}{2} \times 0.9‰} - 1 = 9.5$$

$$每月应收货款(售价) = \frac{2600}{9.5} = 237.68(元)$$

以上计算结果表明，该货款应在 9.5 个月收回，每月收款 273.68 元。

不规则的收款方式，其决策程序是首先确定顾客的最迟付款期限，然后根据实际付款期计算出折扣额。

仍以经营电冰箱为例：

$$最迟付款期限 = \frac{经营利润 - 目标利润}{银行借款月利额} = \frac{260 - 156}{2200 \times 0.09‰} = 5.25(月)$$

计算结果表明，该商品的最迟付款期是 5 个月零 7 天。顾客若在最迟付款期之前承付货款，企业应根据提前的天数打一个折扣，退还部分货款。假设某顾客购货一个月后要求承付货款，其折扣额应为

$$折扣额 = 2600 \times 9‰ \times 4.25 = 99.45（元）$$

返本销售是在商品销售之后，按期偿还给顾客全部货款的一种销售方式，在贷款紧缩、利率上升、库存量过大的情况下尤为适应。这种销售方式对顾客吸引力较大，销售额往往成倍增长，因此，值得研究和探讨。

返本销售方式包括两种类型，一种是一次返本销售方式，另一种是分次返本销售方式。一次返本销售方式的财务决策是合理确定返本期。返本期的确定应视具体商品而定，也就是要充分考虑该种商品的库存量、积压程度、市场要求状况而定。

【例 9-3】 某种电冰箱的正常销售价格为 2600 元，该种电冰箱库存量较大，质次价高，本应削价处理，经预测采取削价销售方式，最高售价为 1800 元，银行借款年利率为 12%，现研究决定实行返本销售方式。要求测算一次返本期。

$$一次返本期 = \frac{削价后的销售价格}{正常销售价格 \times 银行借款年利率} = \frac{1800}{2600 \times 12\%} = 5.77(年)$$

计算结果表明，一次返本期为 5.77 年，即 5 年零 9 个月。

分次返本销售还本期的测算比较复杂，其计算公式可推导如下：

削价后的销售价格 = 平均每期占用顾客款数 × 分期返本年数 × 银行借款年利率

式中：

$$平均每期占用顾客款数 = \left[\begin{matrix}正常销售\\价格(销售)\end{matrix} + \frac{正常销售价格(售价)}{分次返本年数} \right] \div 2$$

整理化简得：

$$分次返本年数 = \frac{削价后的商品价格}{\frac{正常销售价}{2} \times 年利率} - 1$$

仍以上例，代入公式：

$$分次返本年数 = \frac{1800}{\frac{2600}{2} \times 12\%} - 1 = 10.54(年)$$

$$每年还款额 = \frac{应返还货款}{分次返本年数} = \frac{2600}{10.54} = 246.48(元)$$

以上计算结果表明，该项商品的返本期为10.54年，每年应偿还246.48元。

让利返本销售是一种很好的销售方式，但它并不适用于所有单位，而是适用于那些实力雄厚、信誉良好的单位。不管今后经济体制如何变更，机构如何调整，法人如何更换，到期要不折不扣地返还给顾客。如果分期收款和返本没有保障，就会给企业或顾客带来损失。因此，凡实行分期收款和返本销售的企业，必须向主管部门、金融部门提出申请，经审查批准之后与消费者协会签订合同，经公证机关公证后方能有效。另外，在机构变迁时，应在报纸、电台、电视台向顾客公告，由哪个单位负责收款和返本，以消除顾客的顾虑。

企业为了完成利润预算，必须实行利润的目标管理，建立和健全利润目标责任制。利润目标责任制是根据企业内部各部门、单位和各级人员在利润管理中的地位和作用，将企业的利润指标实行分解，并分别下达给各职能部门、基层单位，实行利润的分级分口管理；规定各部门和单位为完成企业利润指标应承担的责任和完成或超额完成利润指标应获得的经济利润。

实行利润的目标管理，要严格控制利润标准。利润控制标准既是实行目标利润的保证，又是各责任单位的奋斗目标。企业的利润控制标准要按照可控的原则，层层落实，逐级下达。

利润分配的控制是指企业的利润总额在做有关调整之后，才能作为计算应交所得税的计税依据。在调整项目中，有的是调增，有的是调减，要严格遵守财政部规定的调整范围，任意调减只能扭曲国家与企业的分配关系。计算出应税所得额后，要按照税法，足额缴纳所得税，正确处理国家和企业的经济关系。

五、财务控制的模式

财务控制的模式指构成财务控制系统的各项要素之间的结合范式。

一般而言，公司的管理特点不同，管理要求不同，其拟采取的财务控制模式也不同。这里我们排除各个公司的具体特征和要求，而就一般情况下的财务控制模式予以抽象描述，如图9-1所示。

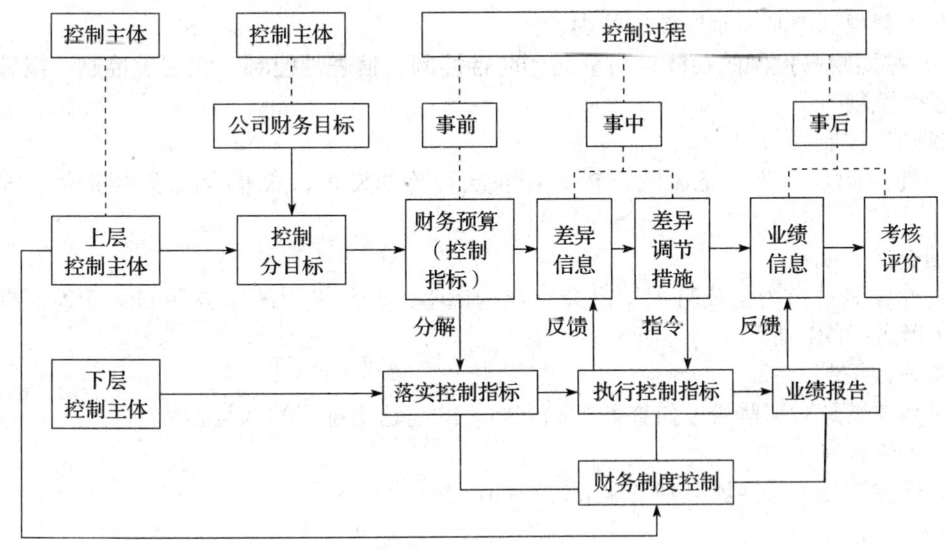

图9-1　一般情况下的财务控制模式

图 9-1 表明，公司财务控制过程从本金价值运动的角度看，是一个预算管理过程，包括预算的制订和分解、差异的反馈与调节、业绩的报告与考核等；从财务行为方面看，则是一个制度控制过程，包括制度的制订、颁布和执行等。可见，要有效地实施公司财务控制，关键是做好两个方面的工作，即财务预算控制和财务制度控制。

六、财务控制权之争

代理制取代出资者直接控制是企业制度的一大进步，所有权与经营权分离是生产力发展的必然趋势。委托—代理制是与现代企业制度相适应的体现资本所有者与经营权分离与整合程度的组织机制。

在现代企业的委托—代理关系中，对代理人的监督，随着代理人控制权的增强而有不断弱化的趋势。代理人是负责生产经营决策的人力资本的所有者，一般在初始时，代理人需要与委托人及其他环境因素磨合，人力资本的显示信号较弱；但随着代理人对企业控制力度的加强，其信号显示逐渐由弱变强，代理人逐渐取得强势地位，形成“弱所有者，强管理者”的公司治理格局。代理人并不承担行动的全部经济后果，很可能将这些资源配置到那些并非能使公司价值最大化的用途上。

会计信息是委托人观察代理人的一个窗口，通过从这个“窗口”观察到的信息可以判断代理人执行契约的努力程度和效果；而财务控制权则是股东影响公司重大财务决策和利益分配的重要机制。因此，财务控制权在这场利益博弈中显得极有特殊意义。

然而，法律上的控股权并不直接等于实际的财务控制权。控股权只是一种潜在的控制权。控制权的主体未必是大股东，在所有权与控制权分离或内部人控制的情况下，公司财务营运和重大决策往往是由经营者来控制的。大股东只有有效行使其参与财务决策和控制活动的权利，潜在的控制权才能转变为现实的控制权，才能有效贯彻自己的财务意志。

七、财务控制的种类、方式、方法

企业财务控制的方式是多种多样的，并且随着客观经济条件的变化而不断变化。

财务控制的各种分类不是相互孤立、相互排斥的，而是相互交叉、相互重叠的，一般而言，所有者控制属高层控制和事前控制，经营者控制则包含着不同层次、不同时间、不同依据的全方位控制；事前控制通常属高、中层控制，事中控制则包含了控制的不同层次。而无论是所有者控制还是经营者控制，是高层控制还是基层控制，是事前控制还是事中控制，均包含着预算控制与制度控制的内容。

（一）按照财务控制的功能，可分为预防性控制、侦查性控制、纠正性控制、指导性控制和补偿性控制

1. 预防性控制

预防性控制是指为防范风险、错弊和非法行为的发生，或减少其发生机会所进行的控制。

2. 侦查性控制

侦查性控制是指为了及时识别已经存在的风险、已经发生的错弊和非法行为，或增强识别能力所进行的控制。

3. 纠正性控制

纠正性控制是对那些通过侦查性控制查出来的问题所进行的调整和纠正。

4. 指导性控制

指导性控制是为了实现有利结果而进行的控制。

5. 补偿性控制

补偿性控制是针对某些环节的不足或缺陷而采取的控制措施。

（二）按照财务控制的时序，可分为事前控制、事中控制和事后控制三类

1. 事前控制

事前控制是在实际财务活动发生之前所实施的控制。这种控制的职能作用在于通过制订和分解财务预算，拟定和颁布财务制度等为事中的财务活动提供约束标准和行为规范。

2. 事中控制

事中控制则是在实际财务活动过程中所实施的控制，其职能作用在于通过预算、制度执行情况的检查、分析和调节，确保财务活动与财务行为符合预定的标准和规范。

3. 事后控制

事后控制是指对财务活动的结果所进行的分析、评价。

（三）按财务控制的工作程序，可分为组织规划控制、授权批准控制

1. 组织规划控制

根据财务控制的要求，在确定和完善组织结构的过程中，应当遵循不相容职务相分离的原则。企业的经济活动通常可以划分为五个步骤：即授权、签发、核准、执行和记录。一般情况下，如果上述每一步骤由相对独立的人员（或部门）实施，就能够保证不相容职务的分离，便于财务控制作用的发挥。而组织规划控制主要包括两个方面。

（1）不相容职务的分离，如会计工作中的会计和出纳就属不相容职务，需要分离。应当加以分离的职务通常有：授权进行某项经济业务的职务要分离；执行某项经济业务的职务与审核该项业务的职务要分离；执行某项经济业务的职务与记录该项业务的职务要分离；保管某项财产的职务与记录该项财产的职务要分离；等等。

（2）组织机构的相互控制。一个根据经济活动的需要而分设不同的部门和机构，其组织机构的设置和职责上应体现相互控制的要求。

2. 授权批准控制

授权批准控制是指在某项财务活动发生之前，按照既定的程序对其正确性、合理性、合法性加以核准并确定是否让其发生所进行的控制。授权管理的方法是通过授权通知书来明确授权事项和使用资金的限额。授权管理的原则是，对在授权范围内的行为给予充分信任，但对授权之外的行为不予认可。

从理论上分析，授权可以分为一般授权和特别授权。一般授权是指企业内部较低层次的管理人员根据既定的预算、计划、制度等标准，在其权限范围之内对正常的经济行为进行的授权。例如，因公出差的问题，只需要出差人的部门负责人按照工作计划和制度授权即可。特别授权是指对非经常经济行为进行专门研究做出的授权。与一般授权不同，特别授权的对象是某些例外的经济业务。这些例外的经济业务往往是个别的、特殊的，一般没有既定的预算、计划等标准所依，需要根据具体情况进行具体的分析和研究。例如，授权购买一项重要设备、授权降价出售商品等都是特别授权的事例。

（四）按控制主体的层次，可分为高层控制、中层控制和基层控制

1. 高层控制

高层控制是由公司高层管理组织和人员（如股东大会、董事会、总经理、财务副总经理、财务总监等），通过审议决定公司的财务发展规划及重大财务方案，制订和分解财务预算指标，拟定和颁布财务管理制度，确定和指令重大财务偏差的调节措施等形式对公司财务所实施的控制。

2. 中层控制

中层控制是由受公司高层管理人员领导的各级财务负责人（如集团公司及其各分、子公司经理与财务经理等），根据高层控制的目标和指令，通过分解落实财务预算，检查预算及制度的执行情况，分析和反馈差异信息，组织执行重大差异调节指令，确定和实施一般性差异调节措施等形式对公司财务所实施的控制。

3. 基层控制

基层控制则是由一般财务人员在其日常的财务工作中，根据预算控制指标、日常财务制度、差异调节指令等所实施的控制。

上述各层次控制之间相互联系、相辅相成，上层控制为下层控制提供控制的目标和依据，下层控制则是上层控制的深层化和具体化，是实现上层控制目标的重要保证。

（五）按控制权力的集中程度，可分为集中控制、分散控制和分级控制

1. 集中控制

集中控制是指由一个控制中心对所有子系统的信息进行集中加工、处理，集中做出指令，操纵所有子系统的财务活动的一种控制方式。

集中控制的优点是，当集中控制的整个系统，其规模不很大，一旦控制中心获得、储存信息和对其加工处理的效率及可靠性很高时，集中控制有利于客观整体的最优控制。

在控制系统较大时，集中控制的缺点有以下几个方面。

（1）信息的获得、存储、加工等工作量很大，就目前的科学技术来说，任何计算机网络都无法胜任，更何况用人脑来获得、储存和加工信息。这样，集中控制往往造成信息传输和加工的失误、丢失，决策的失误、迟缓，信息传输和加工费用提高等，从而影响整个系统的控制效果。

（2）系统内的高级分工，缺乏同级的多极竞争，不便于挖掘潜力，调动各方面的积极性。

（3）决策集中使风险集中，从而增加系统控制失效的可能性。

2. 分散控制

分散控制是指由多个控制中心分别控制一定数量子系统的一种控制方式。

分散控制的优点如下。

（1）决策分散，风险也分散，个别系统控制失败，不至于使整个财务系统瘫痪。

（2）控制中心分散，对信息的获得、存储、加工速度快，效率高，对环境的适应性强，灵活性高。

（3）分散控制，有利于各控制中心内部的竞争，调动各控制中心的积极性。

分散控制的缺点是，不便于各子系统之间的协调，缺乏集中控制，难于实现整体的最优控制。

3. 分级控制

分级控制是指在一个最高控制中心的领导下，按照整个系统内在结构层次，设立若干不同级别的控制中心，层层控制。分级控制是集中控制与分散控制的统一，集中了二者的优点，在今天，这种控制方式得到了广泛的应用。

（六）按信息是否反馈，可分为固定程序控制、弹性程序控制和随动控制

1. 固定程序控制

固定程序控制又称非反馈程序控制，是指让受控者严格地按照控制者既定的程序运行，以达到预期目的的一种控制方式。固定程序控制有以下特点。

（1）程序一经制度，不可改变。固定程序控制方式，假定客观外在条件和受控者未来的行为具有完全的确定性，不存在意料之外的干扰。因此，一旦程序确定下来，受控者就只能严格地执行程序，不能改变。

（2）由于受控者只能严格地执行既定的程序，因此，其行为具有机械性。

（3）如果在客观外在条件和受控者的行为是有完全的确定性的条件下，采用固定程序控制，则其控制效益是非常高的。

（4）也正因为固定程序控制只能适应于完全确定条件下的系统控制，因此，一旦客观条件与程序偏离，发生意外事故，就可能造成整个系统的停止运行，从而造成巨大的损失，因此采用固定程序控制的风险较大。

固定程序控制在企业财务控制中的表现为固定计划控制、定额控制、定员控制等。

必须指出，永恒的固定程序控制是不存在的。任何程序控制，都必须根据受控者实际行为的具体情况，检查原定程序与实际的偏差如何，从而适时调整原程序，保证其有效性。因此，从这个意义上说，任何程序控制都是弹性程序控制。

2. 弹性程序控制

弹性程序控制又称信息反馈程序控制，即控制者不断地吸收受控者实际行为的信息（反馈），补充调整原先确定的程序，进行控制，以达到预期目标的一种控制方式。

弹性程序控制的过程比固定程序控制多了一步，即根据受控者的行为反馈信息，调整原先的控制程序。弹性控制的特点如下。

（1）程序可以根据客观条件的变化，随时进行修订，具有弹性，从而提高了适用性。弹性程序控制方式，适合于这种系统控制：客观环境和受控者行为有一定的变化规律，但也存在着难以预料的因素影响。由于在现实中，大量的财务活动都不是完全确定的，而是部分确定的，因此，弹性程序控制方式的适用性要比固定程序控制方式强。

（2）由于受控者行为的反馈信息是控制者修订程序的依据，因此，受控者的主动性和创造性在一定程度上得到发挥。

弹性程序控制在企业财务控制中的表现有弹性计划控制等。

3. 随动控制

随动控制又称跟踪控制成目标控制，是指由受控者在行为过程中根据客观条件的变化情况和控制者要求达到的目标，随时调节自身行为的一种控制方式。随动控制的特点如下。

（1）控制者只规定受控者的目标，不规定其应采用的行为程序，其行为程序完全由受控者自行决定，因此能够最大限度地发挥受控者的主动性和创造性。

（2）随动控制只适合于客观条件的变化情况无法准确预计，受控者的行为完全是随机事件的系统控制。

随动控制在企业财务控制中的表现有承包经营、租赁经营、内部牵制等。

（七）按控制的依据，可分为预算控制和制度控制

1. 预算控制

预算控制是指以财务预算指标为依据所实施的控制。这种控制的职能作用在于通过制订、分解和执行财务预算，使公司财务活动按预定的目标运行。

2. 制度控制

制度控制是指按照国家和企业颁发制定的法令、条例、制度、办法等进行控制，其职能作用在于通过制定、颁布和执行财务制度，实现各级控制主体财务行为的规范化和有效化。政策制度控制的依据包括两个方面：一是国家的法律、政策、制度；二是企业内部财务管理制度。

（八）按照财务控制的内容，可分为一般控制和应用控制两类

1. 一般控制

一般控制是指对企业财务活动赖以进行的内部环境所实施的总体控制，包括组织控制、人员控制、财务预算、业绩评价、财务记录等项内容。

2. 应用控制

应用控制是指作用于企业财务活动的具体控制，包括业务处理程序中的批准与授权、审核与复核以及为保证资产安全而采取的限制措施等项控制。

（九）按控制工作的内容，可分为预算控制、实物控制、成本控制和审计控制

1. 预算控制

作为一种控制机制，财务预算将预算主体和预算单位的行为调和到“自我约束”与“自我激励”这一层面上，也就是说，预算作为一根“标杆”，使所有预算执行主体都知道自己的目标是什么，现在做得如何，以及如何努力地去完成预算，从而起到一种自我约束与自我激励的控制作用。预算控制是内部控制中相当重要的方法，它由预算编制、预算执行与预算考核等环节组成，可以涵盖生产经营和财务活动的全过程，从而控制企业管理的运行过程，并保证结果的实现。

2. 实物控制

实物包括企业的资产、资金、物资等。实物控制是指为保护各种实物的安全和完整、防止舞弊行为所进行的控制。首席财务官要将企业财产的价值管理与实物管理有机结合起来，财务部门在将工作重心放在企业经营价值循环的反映和监督上的同时，要紧密结合其他业务部门的实物管理，及时发现差异、分析差异，避免不利差异的扩大和差错的产生。

实物控制的主要内容如下。

实物的限制接近：实物的限制接近是减少实物被盗或毁损的机会、划分责任、保护实物实体的重要措施。实物的接近应严格地限制在经过批准的人员范围内。企业应该根据各种实物的性质及管理的特点，合理地确定允许接近实物的人员，并对限制接近的遵守情况进行严格的检查监督。

实物的保护：实物保护是指为使实物免遭盗窃、损伤、火灾及其他意外的损害，确保实物的完整性而采取各种对策。同时要定期检查实物的保护情况，消除隐患，尽可能地减少实物受损的机会。

实物的清查：企业应根据其业务特点，采用定期盘点、轮番盘存的方法，检查财产物资的实存数量，妥善处理盘盈盘亏，保证实存数和账存数相符。

3. 成本控制

现代成本控制可分为“粗放型”和“集约型”两种。粗放型成本控制，是指在生产技术、产品工艺不变的情况下，单纯依靠减少耗用材料，合理下料来降低成本的成本控制法；集约型成本控制，是指依靠提高技术水平来改善生产技术、产品工艺，从而降低成本的控制法。这两种方法结合起来，就是现代成本控制。

4. 审计控制

审计控制是对会计的控制和再监督。它既是内部控制的一个组成部分，又是内部控制的一种特殊形式。内部审计的内容十分广泛，一般包括内部财务审计和内部经营管理审计。根据内部控制的基本原理和我国会计工作实际情况，新《会计法》规定，各种企业应当在内部会计监督制度中明确“对会计资料定期进行内部审计的办法和程序”，以使内部审计机构或内部审计人员对会计资料的审计工作制度化和程序化。

（十）按各控制主体的目的、职责和任务不同，可分为利益控制法、平衡控制法、限额控制法、比率控制法和区域控制法

由于各控制主体的目的、职责和任务不同，所采用的调控方法也就不同，其主要方法不外以下几种。

1. 利益控制法

首先应当明确，参与财务活动的各行为主体的主要目的在于保证或增加自身的经济利益，不管是国家部门还是企业，概莫能外。当各行为主体间的利益界限清晰，各自的行为结果与其利益所得直接相关时，外来的利益调控措施就能发挥应有的作用。企业为了使自身的运行更顺利有效，常用留利分配比例、工资分配、奖金分配等杠杆调控内部的诸多财

务关系。诚然，利益杠杆本身具有双向性，它一方面鼓励人们从事某种行为，另一方面也会抑制人们从事某种活动，通过利益的间接调控，尽可能地使各行为主体的财务活动符合调控主体的计划和目标。

2. 平衡控制法

平衡是指系统内部各部分、各要素间能够按其应有的比例搭配并以特有的规律协调、有效地运行。财务作为一个以资金收支运动为主要内容的生产与再生产体系，不仅在总体上、在整个过程中具有某种平衡性要求，且在每一局部和环节上也必然存在一个特定的配置比例要求。作为一种财务调控方式，主要表现在三个方面。

（1）财务收入与支出的平衡调控。财务的收入与支出、资金的供给与需求永远是一对矛盾，二者之间可能在一系列外在条件约束下暂时地达成某种平衡，但很难永久处于自发平衡之中。一般说来，对资金的需求总是大于资金的供给，即一方面财力有限，另一方面又需求“无限”，这就要求财务调控积极发挥作用，分别轻重缓急，本着量入为出的原则，将有限的资金用于恰当的项目上，实现财务收支的平衡。

（2）资金运行与物资运动的调控。资金流与物资流是企业的两大“流体”，这二者之间可以平衡运行，亦可交叉运动，即资金流可以变为物资流，物资流亦可以变为资金流，它们统一地归属于“信息流”。对于资金与物资的调控，应当以企业目标为出发点，适时地实现它们之间的衔接或转换，保证资金运动与物资运动的协调及企业生产经营活动的正常进行。

（3）财务活动内部结构的平衡调控。当一个经济系统的结构和运行轨迹确定之后，其内部的财务结构也便随之确定下来，处于一种相对稳定的暂时平衡状态。就拿一个企业来说，当其生产能力、产品品种、工艺过程等确定之后，它的生产经营资金结构、成本结构、销售收入结构和利润分配结构是相对稳定的。经过一段时间，当确认某一结构确实较为合理并有利于企业经济效益提高时，就应相对固定下来。一旦某一结构发生了变化，就应查找造成变化的原因，看是企业内部的管理不善带来的畸变，还是其他经济、政治、社会因素的影响而导致的结构的必然变化。若是外界的不可控变量发生了变化，就应果断地改变原有的结构状态，适应形势的变化。

3. 限额控制法

所谓限额，实际是指根据经验或科学计算而对某种行为的消耗、占用或产出所做的数量规定，其主要理论依据是以前的行为具有时间的历史延续性、环境的相对稳定性及各种变量处于正常状态。显然，对于没有历史延续性的行为、对于外界环境处于飞速变化的事件及各种非线性变量不断产生的系统，限额调控是难以奏效的。在财务管理中，常用于调控财务行为的限额有收支总额、流动资金占有额、管理费用开支额、工资定额、奖励定额等。在执行过程中，可通过执行结果与所定限额的比较发现问题。

4. 比率控制法

对于那些绝对额变动幅度较大但相对数变化有一定规律的财务行为，可用比率调控方式进行调控。在许多情况下，运用绝对数无法说明问题，但使用具有可比意义的相对数却能做出有效的比较，进而找出差距和不足。常用的产值利税率、成本利税率、销售收入利税率、流动资金周转速度等都是考核企业行为并进行纵向和横向比较的有效方法。

5. 区域控制法

区域调控也叫幅度调控，即根据财务活动的规律性而大致规定一个财务活动区域，凡是某一系列指标处于该区域内者，则视为“正常”，如果超过了区域的范围，便认为“超常”，从而查找造成超常的原因。由于此时的判别标准是是否属于某一区域，因此，区域的位置、区域的大小便成为该种调控方式的重心所在。要求在确定区域时充分考虑各种相关因素，分析它们之间的关系及变化趋势，进而确定一个科学、合理的财务调控区域。

要正确运用以上各种调控方式，都必须做到以下几点。

（1）对所需的反馈信息，应进行认真的反复的预测，并对预测到的资料整理加工，以便于进行比较。

（2）检测数据要尽量达到及时性、准确性、适用性的要求。

（3）被控对象的状态空间要规定适当的限制界限。

（4）受控时间要适时，不要等系统已运行完一个周期（如月度计划完成后）再进行比较分析。

（5）外部信息要真实、可靠，信息应以适当的计量单位表示。

（6）信息的反馈循环应尽量减少层次，以加快反馈速度，提高信息反馈效率。

（7）对有些事物的控制要建立一定的模型，运用各种现代数学的手段，进行数量分析和模拟仿真。

（十一）按控制主体的性质，可分为所有者控制和经营者控制

1. 所有者控制

所有者控制是指由公司的投资者或股东，通过召开股东大会，以审议批准公司重大财务方案（如财务预算方案、利润分配方案等），决定公司财务发展战略规划（如决定公司经营方针和投资计划、做出公司增减注册资本的决议）等形式所实施的控制。

2. 经营者控制

经营者控制是指由公司内部的各级财务管理机构和人员通过制订和分解财务预算，拟定和颁布内部财务管理制度，分析和调节实际脱离预算的偏差等形式对公司财务所实施的控制。

所有者控制与经营者控制的相互关系在于：所有者控制为经营者控制提供约束依据，并为经营者控制指明努力的方向；经营者控制则是所有者控制的深层化和具体化，是所有者控制目标得以实现的重要保证。

八、财务控制的程序

（一）制订标准

制订标准是指确立为进行调节、控制所需要的各种标准。所谓控制标准，就是对企业中的人力、物力和财力，以及产品质量特性、工艺技术参数等所规定的数量界限，它是实行控制的定量准绳和衡量工作效果的规范。控制标准可以用实物数量表示，也可以用货币数量来表示，主要有各项计划指标，预期目标，各种消耗定额，产品质量标准，物资储备定额，费用开支限额，等等。

制订控制标准的方法如下。

1. 预算法

即将企业生产经营活动中的一些固定费用和新产品开发费用等，按其明细项目确定出预算额，作为各使用部门的费用支出标准限额。采用这种方法要特别注意从实际出发，一般可根据季度的生产经营计划来制订较短期（如月份）的费用开支预算，并自下而上地层层制订。

2. 定额法

即根据技术测定法、统计分析法、经验估计法、定额日数法和比例计算法等，制订出各种工时消耗定额、物资消耗定额、物资储备定额和费用开支限额，作为对各生产环境和职工个人的控制标准。

3. 标准化法

即根据国际标准、国家标准、部颁标准或企业标准，确定出产品或零部件主要特性的

技术参数，作为产品质量控制的依据。对企业的设备状态监测、操作方法和生产服务过程的工作程序等技术标准，也可采用这一方法加以制订，确立控制标准。确定控制标准，应当在充分调查研究和科学计算的基础上，力求做到既先进又合理和可控性强。

4. 分解法

即把企业经营目标按生产单位、管理部门、产品、零部件或工序等分散为具体的计划任务或小指标，作为控制的依据，如各产品（零件）的计划产量、计划成本、目标成本和目标利润等。

（二）分解指标

财务计划、财务目标及财务调控目标确定之后，需要进一步将财务调控目标具体划分为可操作、可测量的财务调控指标，并根据经济组织系统的构成状况而将调控指标进行分解的落实。落实指标的思路不外纵横两种，纵向落实就是明确上下级各单位之间各自承担的调控责任以及互相的联系方式；一般说来，凡具有行政关系的上下级之间，都应以指令性计划为主，以下级服从上级为管理准则。横向落实是指将财务调控指标分解并落实到各相关部门，使从事不同业务活动的部门均承担相应的财务责任。在纵横交错的调控体系中，一定要确定一个调控主线，一则不能“只分不管”，不能分解了调控指标后就各行其是；二则是确定并真正形成一个财务调控的组织系统，从机构上、人员上和制度上保证调控的运行。

（三）实施调控

制订财务调控目标、分解财务调控指标及建立健全财务调控组织体系，都属于财务调控前期准备工作的范围，还不是财务调控本身。作为对财务资金调节和控制的实际内容，应当分为三个阶段。

1. 发出财务指令

不管指令由谁发出及其具体内容是什么，它都构成了首要的调控环节。国家通过给行业管理部门和企业发送财务指令，告诉它们该做什么、不该做什么、何时何地做及怎样做的问题；横向各部门、各企业及企业内部如科室间的财务指令，实质上具有指导性，即告知它们关于财务目标、指标等类信息，由它们在工作中执行或参考。

2. 执行财务指令

当企业接到来自国家或部门的财务指令后，便将其作为行动的指导，或者化为具体行动。例如，国家财务管理部门让企业在某一时期内降低消耗和成本、减少产品库存、迅速上缴利润等，企业就应围绕这些指令采取具体的生产经营措施，以完成上级的指令性财务目标。在此阶段，要注意，财务指令务求切实可行，要求太高或太低都可能流于形式或无济于事。

3. 财务指令执行情况的反馈

财务指令发出后，执行时往往会产生一些始料未及的问题，客观环境的变化、执行人员的素质及执行手段的不当等均会影响执行结果。不管执行结果是否满意，是否完全符合初始的财务调控指令，执行人都有必要运用报告、报表等形式向指令发出者反馈。其目的在于通过反馈，找出指令与执行结果之间的偏差，以便提出调整意见和改止措施。

（四）衡量成效

衡量成效，就是被控对象所表示的状态或输出的管理特征（即实际执行的结果）与原定标准（即预期目标值或计划指标值）进行对比分析，及时发现脱离控制标准的偏差，并据以分析判断企业经济活动的成效。输出的管理特征值（或状态）优于控制标准（或状态空间的许可范围）称为顺差。这里讲的“优于”可能是大于（或高于）控制标准，如产量、质量、利润、劳动生产率等被控量，也可能是小于（或低于）控制标准，如成本、工时消耗、资产占用、物资消耗等被控量。出现顺差表明被控对象取得良好成绩，应及时总结经验，肯定控制工作实绩，并予以必要的奖励。输出的管理特征值（状态）劣于控制标准（或状态空间的许可范围）称为逆差，它同样也有大于或小于控制标准的现象。出现逆差表明被控对象的成效不好，必须准确找出原因，为纠正偏差提供方向和信息，并追查单位、部门和个人的责任，情节严重者，应给予一定的经济惩罚，如果是控制标准偏高，则应修正原定标准。

衡量成效是在计划执行过程中进行的。为此，企业要切实搞好日常的统计记录、现场观测和技术测定等工作，以便掌握更真实可靠的被控量实际值，对工作绩效做出及时的、正确的评价。

（五）纠正偏差

通过信息反馈，可以发现执行结果与财务目标之间的偏差。这一偏差至少能够说明两方面的问题：一是借以了解所定财务目标的切实可行性；二是为了解执行中出现的问题。当然，如果财务目标经过了科学的论证，切实可行，且在执行中又“超额”完成了计划的目标，此时便不必进行调整，应当调整目标本身，至少应对目标的科学、合理性进行反思；如果执行的结果与目标差距较大，没有达到目标所规定的水平，就有必要对执行的过程及该过程中出现的新因素进行分析，找出结果不理想的原因，进而采取措施进入第二个循环。

九、财务控制的系统

财务控制系统主要包括以下方面。

（一）预算目标

控制应该有的放矢。财务控制应以建立健全的财务预算为依据，面向整个企业的财务预算是控制企业经济活动的依据。财务预算应分解落实到各责任中心，使之成为控制各责任中心经济活动的依据。若财务预算所确定的目标严重偏离实际，财务控制就无法达到预定的目的。

（二）组织系统

组织系统解决控制和被控制问题，即控制主体和被控制对象。就控制主体而言，应围绕财务控制建立有效的组织保证。如为了确定财务预算，应建立相应的决策和预算编制机构；为了组织和实施日常财务控制，应建立相应的监督、协调、仲裁机构；为了便于内部结算，应建立相应的内部结算组织；为了考评预算的执行结果，应建立相应的考评机构。在实践过程中，可根据需要，将这些机构的职能合并到企业的常设机构中，或者将这些机构的职能进行归并。就控制对象而言，应本着有利于将财务预算分解落实到企业内部各部门、各层次和各岗位的原则，建立各种执行预算的责任中心，使各责任中心对分解的预算指标既能控制，又能承担完成责任。

（三）制度系统

制度系统包括组织机构的设计和企业内部采取的所有相互协调的方法和措施。这些方法和措施用于保护企业的财产，检查企业会计信息的准确性和可靠性，提高经营效率，促使有关人员遵循既定的管理方针。围绕财务预算的执行，也应建立相应的保证措施或制度，如人事制度、奖罚制度等。

（四）会计信息

控制论的理论告诉我们，信息是控制的基础，财务控制也必须以会计信息为前提。它包括两个方面的内容。

（1）财务预算总目标的执行情况必须通过汇总会计核算资料予以反映，透过这些会计资料可以分析企业财务预算总目标的执行情况、出现的差异及其原因，并提出相应的纠偏措施。

（2）各责任中心以至各岗位的预算目标的执行情况必须通过各自的会计核算资料予以反映，透过这些会计资料可以了解、分析各责任中心以至各岗位预算目标的完成情况，将其作为各责任中心以至各岗位改进工作的依据和考核它们工作业绩的依据。

（五）信息反馈系统

控制的效果如何，必须依据反馈信息来做出判断以便不断地动态地实施控制。为此，必须建立一个信息的反馈系统。所建立的信息反馈系统必须达到以下要求：这个系统是一个双向流动系统，它不仅能由下至上反馈财务预算的执行情况，也能由上至下传输调整预算偏差的要求。这个系统是一个传输程序和传输方式都十分规范的系统。就传输程序而言，应明确规定传输的路径、环节以及每一环节的信息内容；就传输方式而言，应明确规定传输的媒体及其标准样式，如报告的格式等。这个系统及时、迅速。它要求确保传输的信息真实、可靠，并建立起相应的信息审查机构和责任制度。

（六）奖罚制度

财务控制指令的实施靠奖罚制度来支持，奖罚制度及其执行包括以下内容。

（1）奖罚制度必须结合各责任中心的预算责任目标制订，体现公平、合理、有效的原则。

（2）要建立严格的考评机制。是否奖罚取决于考评的结果，考评是否正确直接影响奖罚制度的效力。严格的考评机制包括建立考评机构、确定考评数据、依照制度进行考评和执行考评结果。

（3）要把过程考核与结果考核结合起来。这一方面要求在财务控制过程中随时考核各责任中心的责任目标和执行情况，并根据考核结果当即奖罚；另一方面要求一定时期终了（一般为年度），根据财务预算的执行结果，对各责任中心进行全面考评，并进行相应的奖罚。这有利于控制系统有效地运行和企业经营目标的实现。

十、财务控制有效性评估

企业内部财务控制有效性评估，是指主管财政机关运用一定的评估标准和方法，对企业内部财务控制进行考核和分析，并对其有效性做出评判。

（一）企业内部财务控制有效性评估的原则

1. 合法性

企业内部财务控制制度应当符合国家现行法律、法规的规定，实施内部财务控制有效性评估的程序应当符合依法行政的要求。

2. 权威性

企业应当建立健全财务运行机制，实施内部财务控制有效性评估的结果对加强企业内部财务管理具有针对性和公信力。

3. 实效性

企业内部财务控制的关键是确保内部各项财务制度得到有效执行，开展内部财务控制有效性评估应当能够及时督促企业健全纠错机制。

（二）实施企业内部财务控制有效性评估的基本要求

（1）准确、完整掌握企业内部财务控制操作流程和实施情况，客观分析和评估内部财务控制制度的执行效果。

（2）建立科学合理的评估标准和方法，做到定性分析与定量考核相结合，内部评估和外部评估相结合，企业自我评估和政府财政评估相结合。

（3）完善评估程序和操作流程，客观、公正评估企业内部财务控制制度的完整性及其实施的有效性。

（4）依法合理使用评估结果，不得损害企业合法利益。

第三节　责任中心财务控制

建立责任中心、编制和执行责任预算、考核和监控责任预算的执行情况是企业实行财务控制的一种有效的手段，又称为责任中心财务控制。

责任中心就是承担一定经济责任，并享有一定权力和利益的企业内部（责任）单位。

企业为了实行有效的内部协调与控制，通常都按照统一领导、分级管理的原则，在其内部合理划分责任单位，明确各责任单位应承担的经济责任、应有的权利，促使各责任单位尽其责任协同配合实现企业预算总目标。同时，为了保证预算的贯彻落实和最终实现，必须把总预算中确定的目标和任务，按照责任中心逐层进行指标分解，形成责任预算，使各个责任中心据以明确目标和任务。

责任预算执行情况的揭示和考评可以通过责任会计来进行。责任会计围绕各个责任中心，把衡量工作成果的会计同企业生产经营的责任制紧密结合起来，成为企业内部控制体系的重要组成部分。由此可见，建立责任中心是实行责任预算和责任会计的基础。

一、责任中心的特征

责任中心通常具有以下特征。

（一）责任中心具有承担经济责任的条件

它有两方面的含义。

（1）责任中心要有履行经济责任中各条款的行为能力。

（2）责任中心一旦不能履行经济责任，能对其后果承担责任。

（二）责任中心所承担的责任和行使的权利都应是可控的

每个责任中心只能对其责权范围内可控的成本、收入、利润和投资负责，在责任预算和业绩考评中也只应包括它们能控制的项目。可控是相对于不可控而言的，不同的责任层次，其可控的范围并不一样。一般而言，责任层次越高，其可控范围也就越大。

（三）责任中心具有相对独立的经营业务和财务收支活动

它是确定经济责任的客观对象，是责任中心得以存在的前提条件。

（四）责任中心便于进行责任会计核算或单独核算

责任中心不仅要划清责任而且要单独核算，划清责任是前提，单独核算是保证。只有既划清责任又能进行单独核算的企业内部单位，才能作为一个责任中心。

根据企业内部责任中心的权责范围及业务活动的特点不同，责任中心可以分为利润中心、成本中心和投资中心三大类型。

（五）责任中心是一个责权利结合的实体

它意味着每个责任中心都要对一定的财务指标承担完成的责任；同时，赋予责任中心与其所承担责任的范围和大小相适应的权利，并规定出相应的业绩考核标准和利益分配标准。

二、责任中心的类型和考核指标

（一）利润中心

利润中心往往处于企业内部的较高层次，如分公司、分厂、分店，一般具有独立的收入来源或能视同为一个有独立收入的部门，一般还具有独立的经营权。利润中心与成本中心相比，其权利和责任都相对较大，它不仅要降低成本，而且更要寻求收入的增长，并使之超过成本的增长。换言之，利润中心对成本的控制是联系着收入进行的，它强调相对成本的节约。

1. 利润中心的类型

利润中心分为自然利润中心和人为利润中心两种。

（1）自然利润中心是指可以直接对外销售产品并取得收入的利润中心。这种利润中心本身直接面对市场，具有产品销售权、价格制订权、材料采购权和生产决策权。它虽然是企业内部的一个部门，但其功能同独立企业相近。最典型的形式就是公司内部的事业部，每个事业部均有销售、生产、采购的机能，有很大的独立性，能独立地控制成本并取得收入。

（2）人为利润中心是指在企业内部，按照内部结算价格将产品或劳务提供给本企业其他责任中心取得“内部销售收入”的责任中心。

这类利润中心的产品（或劳务）主要在本企业内部转移，一般不直接对外销售。作为人为利润中心应具备两个条件：一是可以向其他责任中心提供产品（或劳务）；二是能合理确定转移产品的内部转移价格，以实现公平交易、等价交换。由于人为利润中心能够为其他成本中心相互提供产品或劳务并规定一个适当的内部转移价格，使得这些成本中心可以“取得”收入进而评价其收益，因此，大多数成本中心都能转化成人为利润中心。

2. 利润中心的成本计算

利润中心对利润负责，必然要考核和计算成本，以便正确计算利润，作为对利润中心业绩评价与考核的可靠依据。对利润中心的成本计算，通常有两种方式可供选择。

（1）利润中心只计算可控成本，不分担不可控成本，亦即不分摊共同成本。这种方式主要适应于共同成本难以合理分摊或无须进行共同成本分摊的场合，按这种方式计算出的盈利不是通常意义上的利润，而相当于“边际贡献总额”。企业各利润中心的“边际贡献总额”之和，减去未分配的共同成本，经过调整后才是企业的利润总额。采用这种成本计算方式的“利润中心”，实质上已不是完整和原来意义上的利润中心，而是边际贡献中心。人为利润中心适合采取这种计算方式。

（2）利润中心不仅计算可控成本，也计算不可控成本。这种方式适合于共同成本易于合理分摊或不存在共同成本分摊的场合。这种利润中心在计算时，如果采用变动成本法，应先计算出边际贡献，再减去固定成本，才是税前利润；如果采用完全成本法，利润中心可以直接计算出税前利润。各利润中心的税前利润之和，就是整个企业的利润总额。自然利润中心适合采取这种计算方式。

3. 利润中心的考核指标

利润中心的考核指标为利润，通过比较一定期间实际实现的利润与责任预算所确定的利润，可以评价其责任中心的业绩。但由于成本计算方式不同，各利润中心的利润指标的表现形式也不相同。

（1）当利润中心不计算共同成本或不可控成本时，其考核指标是利润中心边际贡献总额，该指标等于利润中心销售收入总额与可控成本总额（或变动成本总额）的差额。值得说明的是，如果可控成本中包含可控固定成本，就不完全等于变动成本总额。但一般而言，利润中心的可控成本是变动成本。

（2）而当利润中心计算共同成本或不可控成本，并采取变动成本法计算成本时，其考核指标包括：利润中心边际贡献总额；利润中心负责人可控利润总额；利润中心可控利润总额等。

利润中心边际贡献总额 = 该利润中心销售收入总额 − 该利润中心变动成本总额

利润中心负责人可控利润总额 = 该利润中心边际贡献总额 − 该利润中心负责人可控固定成本

因此，公司利润总额 = 各利润中心可控利润总额之和 - 公司不可分摊的各种管理费用、财务费用

为了考核利润中心负责人的经营业绩，应针对经理人员的可控成本费用进行评价和考核。这就需要将各利润中心的固定成本区分为可控成本和不可控成本。这主要考虑有些成本费用可以划归、分摊到有关利润中心，却不能为利润中心负责人所控制，如广告费、保险费等。在考核利润中心负责人业绩时，应将其不可控的固定成本从中剔除。

【例 9-4】 智董公司的 A 车间是一个人为利润中心，本期实现内部销售收入 80 万元，销售变动成本为 55 万元，该中心负责人可控固定成本为 5 万元，中心负责人不可控的且应由该中心负担的固定成本为 7 万元。

则该中心实际考核指标分别为：

利润中心边际贡献总额 = 80 - 55 = 25（万元）

利润中心负责人可控利润总额 = 25 - 5 = 20（万元）

利润中心可控利润总额 = 20 - 7 = 13（万元）

（二）成本中心

成本中心是对成本或费用承担责任的责任中心，它不会形成可以用货币计量的收入，因而不对收入、利润或投资负责：成本中心一般包括负责产品生产的生产部门、劳务提供部门以及给予一定费用指标的管理部门。

成本中心的应用范围最广，从一般意义出发，企业内部凡有成本发生，需要对成本负责，并能实施成本控制的单位，都可以成为成本中心。工业企业，上至工厂一级，下至车间、工段、班组，甚至个人都有可能成为成本中心。成本中心的规模不一，多个较小的成本中心共同组成一个较大的成本中心，多个较大的成本中心又能共同构成一个更大的成本中心。从而，在企业形成一个逐级控制，并层层负责的成本中心体系。规模大小不一和层次不同的成本中心，其控制和考核的内容也不尽相同。

1. 成本中心的类型

成本中心分为技术性成本中心和酌量性成本中心。

（1）技术性成本中心。技术性成本是指发生的数额通过技术分析可以相对可靠地估算出来的成本，如产品生产过程中发生的直接材料、直接人工、间接制造费用等。其特点是这种成本的发生可以为企业提供一定的物质成果，投入量与产出量之间有着密切的联系。技术性成本可以通过弹性预算予以控制。

小知识

标准成本中心

标准成本中心是以实际产出量为基础，并按标准成本进行成本控制的成本中心。这类成本中心的特点是能够计量产出的实际数量，而且在技术上投入量与产出量之间有着密切联系。制造业中的企业分厂、车间、工段和班组等都是典型的标准成本中心。

（2）酌量性成本中心。酌量性成本是否发生以及发生数额的多少是由管理人员的决策所决定的，主要包括各种管理费用和某些间接成本项目，如研究开发费用、广告宣传费用、职工培训费用等。这种费用的发生主要是为企业提供一定的专业服务，一般不能直接产生可以用货币计量的成果。投入量与产出量之间没有直接关系。酌量性成本的控制应着重于预算总额的审批上。

2. 成本中心的特点

成本中心相对于其他责任中心如利润中心和投资中心有自身的特点。

(1) 成本中心只考评成本费用而不考评收益。成本中心一般不具备经营权和销售权，其经济活动的结果不会形成可以用货币计量的收入，有的成本中心可能有少量的收入，但总体上讲，其产出与投入之间不存在密切的对应关系，因而，这些收入不作为主要的考核内容，也不必计算这些货币的收入。概括地说，成本中心只以货币形式计量投入，不以货币形式计量产出。

(2) 成本中心只对可控成本承担责任。成本费用依其责任主体是否能控制分为可控成本与不可控成本。凡是责任中心能控制其发生及其数量的成本称为可控成本；凡是责任中心不能控制其发生及其数量的成本称为不可控成本。具体来说，可控成本必须同时具备以下四个条件：一是可以预计，即成本中心能够事先知道将发生哪些成本以及在何时发生。二是可以计量，即成本中心能够对发生的成本进行计量。三是可以施加影响，即成本中心能够通过自身的行为来调节成本。四是可以落实责任，即成本中心能够将有关成本的控制责任分解落实，并进行考核评价。凡不能同时具备上述四个条件的成本通常为不可控成本。属于某成本中心的各项可控成本之和即构成该成本中心的责任成本。从考评的角度看，成本中心工作成绩的好坏，应以可控成本作为主要依据，不可控成本核算只有参考意义。在确定责任中心的成本责任时，应尽可能使责任中心发生的成本成为可控成本。

成本的可控与不可控是以特定的责任中心和特定的时期作为出发点的，这与责任中心所处管理层次的高低、管理权限及控制范围的大小和经营期间的长短有直接关系。首先，成本的可控与否，与责任中心的权力层次有关。某些成本对于较高层次的责任中心或高级领导来说是可控的，对于其下属的较低层次的责任中心或基层领导而言，就可能是不可控的。反之，较低层次责任中心或基层领导的不可控成本，则可能是其所属较高层次责任中心或高级领导的可控成本。对企业来说，几乎所有的成本都是可控的，而对于企业下属各层次、各部门乃至个人来说，则既有各自的可控成本，又有各自的不可控成本。其次，成本的可控与否，与责任中心的管辖范围有关。某项成本就某一责任中心来看是不可控的，而对另一个责任中心可能是可控的，这不仅取决于该责任中心的业务内容，也取决于该责任中心所管辖的业务内容的范围。如产品试制费，从产品生产部门看是不可控的，而对研发部门来说就是可控的。但如果新产品试制也归口由生产部门负责进行，则试制费又成了生产部门的可控成本。最后，某些从短期看属于不可控的成本，从较长的期间看，又成了可控成本。现有生产设备的折旧，在设备原价和折旧方法既定的条件下，该设备继续使用时，就具体使用它的部门来说，折旧是不可控的；但当现有设备不能继续使用，要用新的设备来代替它时，新设备的折旧则取决于设备更新所选用设备的价格及正常使用寿命，从这时看，新设备的折旧又成为可控成本。

另外，在责任控制中，应尽可能把各项成本落实到各成本中心，使之成为各成本中心的可控成本。而对那些一时难以确认为某一特定成本中心的可控成本，则可以通过各种方式与有关成本中心协商，共同承担风险，借以克服由于风险责任或难以控制而产生的种种问题和避免出现相互推诿和扯皮现象。对确实不能确认为某一成本中心的成本费用，则由企业控制或承担。

值得说明的是，成本不仅可按可控性分类，也可按其他标志分类。一般说来，成本中心的变动成本大多是可控成本，而固定成本大多是不可控成本。但也不完全如此，还应结合有关情况具体分析。管理人员工资属固定成本，但其发生额可以在一定程度上为部门负责人所决定或影响，因而，也可能作为可控成本；从成本的发生同各个成本中心的关系来看，各成本中心直接发生的成本是直接成本，其他部门分配的成本是间接成本。一般而言，直接成本大多是可控成本，间接成本大多是不可控成本。尽管如此，也要具体情况具体分析，一个成本中心使用的固定资产所发生的折旧费是直接成本，但不是可控成本。从其他部门分配来的间接成本又可分为两类：一类是某些服务部门为生产部门提供服务，只为生产部门正常开展生产活动提供必要的条件，与生产活动本身并无直接联系，如人事部门所提供的服务；另一类是某些服务部门提供的服务是生产部门在生产中耗用的，可随生产部门的生产需要而改变，如动力电力部门提供的服务。一般而言，前一种间接成本属于不可控成本，后一种间接成本如果采用按各成本中心实际耗用量进行分配，就是各成本中心的可控成本。

3. 成本中心的考核指标

成本中心的考核指标主要采用相对指标和比较指标，包括成本（费用）变动额和变动率两个指标，其计算公式如下：

$$成本（费用）变动额=实际责任成本（费用）-预算责任成本（费用）$$

$$成本（费用）变动率=\frac{成本（费用）变动额}{预算责任成本（费用）}\times 100\%$$

在进行成本中心考核时，如果预算产量与实际产量不一致，应按弹性预算的方法先行调整预算指标，再按上述指标计算。

【例 9-5】智董公司内部某车间为成本中心，生产 A 产品，预算产量 6000 件，单位成本 100 元，实际产量 7000 件，单位成本 95 元。计算成本变动额和变动率。

$$成本变动额=95\times 7000-100\times 7000=-35000（元）$$

$$成本变动率=[-35000/(100\times 7000)]\times 100\%=-5\%$$

计算结果表明，该成本中心的成本降低额为 35000 元，降低率为 5%。

（三）投资中心

投资中心是指既对成本、收入和利润负责，又对投资效果负责的责任中心。投资中心同时也是利润中心。

1. 投资中心与成本中心、利润中心的关系

由于投资的目的是为了获取利润，因而投资中心同时也是利润中心，但两者又有区别：投资中心拥有投资决策权，即能够相对独立地运用其所掌握的资金，有权购置和处理固定资产，扩大或缩小生产能力；而利润中心没有投资决策权，它是在企业确定投资方向后进行的具体经营。

投资中心是分权管理模式的最突出表现，它在责任中心中处于最高层次，具有最大的经营决策权，也承担着最大的责任。在组织形式上，成本中心基本上不是独立的法人，利润中心可以是也可以不是独立的法人，但投资中心基本上都是独立的法人。

2. 投资中心的考核指标

为了准确地计算各投资中心的经济效益，应该对各投资中心共同使用的资产划定界限；对共同发生的成本按适当的标准进行分配；各投资中心之间相互调剂使用的现金、存货、固定资产等均应计息清偿，实行有偿使用。在此基础上，根据投资中心应按投入产出之比进行业绩评价与考核的要求，除考核利润指标外，更需要计算和分析利润与投资额的关系性指标，即投资利润率和剩余收益。

（1）投资利润率。投资利润率又称投资收益率，是指投资中心所获得的利润与投资额之间的比率，可用于评价和考核由投资中心掌握、使用的全部净资产的获利能力。其计算公式如下：

$$投资利润率=\frac{利润}{投资额}\times 100\%$$

投资利润率这一指标，还可进一步展开：

$$投资利润率 = \frac{销售收入}{投资额} \times \frac{成本费用}{销售收入} \times \frac{利润}{成本费用}$$
$$= 资本周转率 \times 销售成本率 \times 成本费用利润率$$

以上公式中，投资额是指投资中心的总资产扣除负债后的余额，即投资中心的净资产。所以，该指标也可以称为净资产利润率，它主要说明投资中心运用“公司产权”供应的每一元资产对整体利润贡献的大小，或投资中心对所有者权益的贡献程度。

为了考核投资中心的总资产运用状况，也可以计算投资中心的总资产息税前利润率。它是投资中心的息税前利润除以总资产占用额。总资产是指生产经营中占用的全部资产。因资金来源中包含了负债，相应分子也要采用息税前利润，它是利息加利润总额。投资利润率按总资产占用额计算，主要用于评价和考核由投资中心掌握、使用的全部资产的获利能力。值得说明的是，由于利润或息税前利润是期间性指标，故上述投资额或总资产占用额应按平均投资额或平均占用额计算。

投资利润率是广泛采用的评价投资中心业绩的指标，它的优点如下：一是投资利润率能反映投资中心的综合获利能力。从投资利润率的分解公式可以看出，投资利润率的高低与收入、成本、投资额和周转能力有关，提高投资利润率应通过增收节支、加速周转、减少投入来实现。二是投资利润率具有横向可比性。投资利润率将各投资中心的投入与产出进行比较，剔除了因投资额不同而导致的利润差异的不可比因素，有利于进行各投资中心经营业绩的比较。三是投资利润率可以作为选择投资机会的依据，有利于调整资产的存量，优化资源配置。四是以投资利润率作为评价投资中心经营业绩的尺度，可以正确引导投资中心的经营管理行为，使其行为长期化。由于该指标反映了投资中心运用资产并使资产增值的能力，如果投资中心资产运用不当，会增加资产或投资占用规模，也会降低利润。因此，以投资利润率作为评价与考核的尺度，将促使各投资中心盘活闲置资产，减少不合理资产占用，及时处理过时、变质、毁损资产等。

总的说来，投资利润率的主要优点是能促使管理者像控制费用一样地控制资产占用或投资额的多少，综合反映一个投资中心全部经营成果。但是该指标也有其局限性。一是世界性的通货膨胀，使企业资产账面价值失真、失实，以致相应的折旧少计，利润多计，使计算的投资利润率无法揭示投资中心的实际经营能力。二是使用投资利润率往往会使投资中心只顾本身利益而放弃对整个企业有利的投资机会，造成投资中心的近期目标与整个企业的长远目标相背离。各投资中心为达到较高的投资利润率，可能会采取减少投资的行为。三是投资利润率的计算与资本支出预算所用的现金流量分析方法不一致，不便于投资项目建成投产后与原定目标的比较。最后，从控制角度看，由于一些共同费用无法为投资中心所控制，投资利润率的计量不全是投资中心所能控制的。为了克服投资利润率的某些缺陷，应采用剩余收益作为评价指标。

（2）剩余收益。剩余收益是指投资中心获得的利润扣减其最低投资收益后的余额。最低投资收益是投资中心的投资额（或经营资产平均占用额）按规定的投资报酬率计算的收益，而规定的投资报酬率一般指企业各投资中心的平均投资报酬率或预期的最低报酬率。其计算公式如下：

$$剩余收益 = 利润 - 投资额 \times 规定的投资报酬率$$

剩余收益指标的含义是只要投资收益超过平均或期望的报酬额，该项投资是可行的。以剩余收益指标评价和考核投资中心的经营业绩，不仅具有投资报酬率指标的优点，而且还克服了投资报酬率指标的缺陷。

投资利润率与剩余收益两个指标的差别可以举例说明如下。

【例 9-6】智董公司下设投资中心 A 和投资中心 B，该公司加权平均最低投资利润率为

10%，现准备追加投资。有关资料如表 9-9 所示。

表 9-9　投资中心指标计算表　　金额单位：万元

项目		投资额	利润	投资利润率	剩余收益
追加投资前	A	20	1	5%	1 − 20 × 10% = −1
	B	30	4.5	15%	4.5 − 30 × 10% = + 1.5
	Σ	50	5.5	11%	5.5 − 50 × 10% = + 0.5
追加投资时	A	30	1.8	6%	1.8 − 30 × 10% = − 1.2
	B	30	4.5	15%	4.5 − 30 × 10% = + 1.5
	Σ	60	6.3	10.5%	6.3 − 60 × 10% = + 0.3
追加投资后	A	20	1	5%	1 − 20 × 10% = − 1
	B	50	7.4	14.8%	7.4 − 50 × 10% = + 2.4
	Σ	70	8.4	12%	8.4 − 70 × 10% = + 1.4

根据表 9-9 中资料 A、B 两个投资中心的经营业绩，可知：如以投资利润率作为考核指标，追加投资后 A 中心的利润率由 5% 提高到 6%，B 中心的利润率由 15% 下降到了 14.8%，按此指标向 A 中心投资比向 B 中心投资好。

但如果以剩余收益作为考虑指标，A 中心的剩余收益由原来的 − 1 万元变成了 − 1.2 万元，B 中心的剩余收益由原来的 1.5 万元增加到 2.4 万元，由此应当向 B 中心投资。

如果从整个公司进行评价，就会发现向 A 中心追加投资时，全公司总体投资利润率由 11% 下降到 10.5%，剩余收益由 0.5 万元下降到 0.3 万元；而向 B 中心追加投资时，全公司总体投资利润率由 11% 上升到 12%，剩余收益由 0.5 万元上升到 1.4 万元，这和以剩余收益指标评价各投资中心的业绩的结果一致。所以，以剩余收益作为评价指标可以保持各投资中心获利目标与公司总的获利目标达成一致。

在以剩余收益作为考核指标时，所采用的预期最低投资报酬率的高低对剩余收益的影响很大，通常可用公司的平均利润率（或加权平均利润率）作为基准收益率。

【例 9-7】假定智董公司的投资利润率如表 9-10 所示。

表 9-10　甲、乙投资中心的相关信息表

投资中心	利润（万元）	投资（万元）	投资利润率
甲	150	1000	15%
乙	90	1000	9%
全公司	240	2000	12%

假定甲投资中心面临一个投资机会，其投资额为 1000 万元，可获利润 130 万元，投资利润率为 13%，假定全公司预期最低平均投资利润率为 12%。

要求：评价甲投资中心的这个投资机会。

若甲中心接受该投资，则甲、乙投资中心的相关数据重新计算在表 9-11 中。

表 9-11　甲、乙投资中心的相关数据计算表

投资中心	利润（万元）	投资（万元）	投资利润率
甲	150 + 130 = 280	1000 + 1000 = 2000	14%
乙	90	1000	9%
全公司	370	3000	12.3%

（1）用投资利润率指标来衡量业绩。就全公司而言，接受投资后，投资利润率增加了0.3%，应该接受该项投资。但是，由于甲投资中心投资利润率下降了1%，该责任中心可能会不接受这项投资。

（2）用剩余收益指标来衡量业绩：

甲责任中心接受新投资前的剩余收益 = 150 − 1000 × 12% = 30（万元）

甲责任中心接受新投资后的剩余收益 = 280 − 2000 × 12% = 40（万元）

所以若以剩余收益来衡量投资中心的业绩，则甲投资中心应该接受这项投资。

还须说明的是，随着市场竞争日趋激烈，市场销售工作也日趋重要。为了强化销售功能，加强收入管理，及时收回账款、控制坏账，不少企业还会设置以营销产品为主要职能的责任中心——收入中心。这种责任中心只对产品或劳务的销售收入负责，如公司所属的销售分公司或销售部。尽管这些从事销售的机构也发生销售费用，但由于其主要职能是进行销售，因此，以收入来确定其经济责任更为恰当。对销售费用，可以采用简化的核算，只需根据弹性预算方法确定即可。

综上所述，责任中心根据其控制区域和权责范围的大小，分为成本中心、利润中心和投资中心三种类型。它们各自不是孤立存在的，每个责任中心承担各自的经营管理责任。最基层的成本中心应就其经营的可控成本向其上层成本中心负责；上层的成本中心应就其本身的可控成本和下层转来的责任成本——并向利润中心负责；利润中心应就其本身经营的收入、成本（含下层转来成本）和利润（或边际贡献）向投资中心负责；投资中心最终就其经营管理的投资利润率和剩余收益向总经理和董事会负责。所以，企业各种类型和层次的责任中心形成一个“连锁责任”网络，这就促使每个责任中心为保证企业总体的经营目标一致而协调运转。

【例 9-8】智董公司有三个业务类似的投资中心，使用同样的预算进行控制。本年有关数据如表 9-12 所示。

表 9-12　甲、乙、丙三个投资中心的相关数据　　单位：万元

项　目	预算数	实际数		
		甲投资中心	乙投资中心	丙投资中心
销售收入	2000	1800	2100	2000
息税前利润	180	190	200	180
占用的总资产额	1000	900	1000	1000

假设公司全部资金来源中有银行借款和普通权益两部分，两部分的比例是 4∶6。其中银行借款有两笔：一笔借款 600 万，期限两年，利率 6.02%；另一笔借款 1000 万，期限 5 年，利率 7.36%。两笔借款都是每年付息一次，到期还本。公司管理层利用历史数据估计的净资产的 β 系数为 1.2。假设公司适用的所得税率为 33%，政府短期债券收益率是 4%，股票市场平均收益率是 12%。假设公司要求的最低利润率水平不低于公司的综合资金成本。

要求：评价三个投资中心的业绩。

（1）首先计算综合资金成本，以便得到最低利润率指标。

1）计算权益资金的成本。

$$R1 = 4\% + 1.2 \times (12\% - 4\%) = 13.6\%$$

2）计算第一笔借款的成本。

$$R2 = 6.02\% \times (1 - 33\%) = 4.03\%$$

3）计算第二笔借款的成本。

$$R3 = 7.36\% \times (1 - 33\%) = 4.93\%$$

4）计算加权平均资本成本。

权益资本、第一笔借款、第二笔借款所占的比例分别是：

$$60\%、40\%\times（600/1600）=15\%、40\%\times（1000/1600）=25\%$$

$$综合资金成本=13.6\%\times 0.6+4.03\%\times 0.15+4.93\%\times 0.25=10\%$$

（2）计算各投资中心的投资利润率指标和剩余收益指标。

1）计算投资利润率指标。

甲投资中心 = 甲投资中心息税前利润 / 甲投资中心总资产占用额
= 190/900 = 21.11%

乙投资中心 = 200/1000 = 20%

乙投资中心 = 180/1000 = 18%

2）计算剩余收益指标。

甲投资中心 = 甲投资中心息税前利润 − 甲投资中心总资产占用额 × 最低利润率指标
= 190 − 900 × 10% = 100

乙投资中心 = 200 − 1000 × 10% = 100

丙投资中心 = 180 − 1000 × 10% = 80

通过比较三个责任中心的投资利润率指标和剩余收益指标认为，甲投资中心最好，乙次之，丙最差。

三、责任预算、责任报告与业绩考核

（一）责任预算

责任预算是指以责任中心为主体，以可控成本、收入、利润和投资等为对象编制的预算。它是企业总预算的补充和具体化。

责任预算由各种责任指标组成。

（1）主要指标：上述责任中心所涉及的考核指标，也是必须保证实现的指标。

（2）其他指标：为保证主要指标的完成而设定的，或是根据企业其他总目标分解的指标，通常有劳动生产率、设备完好率、出勤率、材料消耗率和职工培训等指标。

责任预算的编制程序有两种。

（1）以责任中心为主体，将企业总预算在各责任中心之间层层分解而形成各责任中心的预算。它实质是由上而下实现企业总预算目标。这种自上而下、层层分解指标的方式是一种常用的预算编制程序。其优点是使整个企业浑然一体，便于统一指挥和调度。不足之处是可能会遏制责任中心的积极性和创造性。

（2）各责任中心自行列示各自的预算指标、层层汇总，由企业专门机构或人员进行汇总和调整，确定企业总预算。这是一种由下而上、层层汇总、协调的预算编制程序，其优点是有利于发挥各责任中心的积极性，但往往各责任中心只注意本中心的具体情况或多从自身利益角度考虑，容易造成彼此协调困难、互相支持少，以致冲击企业的总体目标。而且，层层汇总、协调，工作量大，协调难度大，影响预算质量和编制时效。

责任预算的编制程序与企业组织机构设置和经营管理方式有着密切关系。因此，在集权组织结构形式下，公司最高层管理机构对企业的所有成本、收入、利润和投资负责，既是利润中心，也是投资中心。而公司下属各部门、各工厂、各车间、各工段、各地区都是成本中心，它们只对其权责范围内控制的成本负责。因此，在集权组织结构形式下，首先要按照责任中心的层次，从上至下把公司总预算（或全面预算）逐层向下分解，形成各责任中心的责任预算；然后建立责任预算执行情况的跟踪系统，记录预算执行的实际情况，并定期由下至上把责任预算的实际执行数据逐层汇总，直到最高层的投资中心。

在分权组织结构形式下，经营管理权分散在各责任中心，公司下属各部门、各工厂、各地区等与公司自身一样，可以都是利润中心或投资中心，它们既要控制成本、提高收入和利润，也要对所占用的全部资产负责。而在它们之下，还有许多只对各自所控制的成本负责的成本中心。在分权组织结构形式下，首先也应该按照责任中心的层次，将公司总体预算从最高层向最底层逐级分解，形成各责任中心的责任预算。然后建立责任预算的跟踪系统，记录预算执行情况，并定期从最基层责任中心把责任成本和收入的实际情况，通过编制业绩报告逐级向上汇总。

（二）责任报告

责任报告是对各个责任中心执行责任预算情况的系统概括和总结。

责任报告亦称业绩报告、绩效报告，它是根据责任会计记录编制的反映责任预算实际执行情况，揭示责任预算与实际执行差异的内部会计报告。责任会计以责任预算为基础，对责任预算的执行情况进行系统的反映，用实际完成情况同预算目标对比，可以评价和考核各个责任中心的工作成果。责任中心的业绩评价和考核应通过编制责任报告来完成。

责任报告的形式主要有报表、数据分析和文字说明等。将责任预算、实际执行结果及其差异用报表予以列示是责任报告的基本形式。在揭示差异时，还必须对重大差异予以定量分析和定性分析。定量分析旨在确定差异的发生程度，定性分析旨在分析差异产生的原因，并根据这些原因提出改进建议。

在企业的不同管理层次上，责任报告的侧重点应有所不同。最低层次的责任中心的责任报告应当最详细，随着层次的升高，责任报告的内容应以更为概括的形式来表现。这一点与责任预算的由上至下分解过程不同，责任预算是由总括到具体，责任报告则是由具体到总括。责任报告应能突出产生差异的重要影响因素。为此，应突出重点，使报告的使用者能把注意力集中到少数严重脱离预算的因素或项目上来。

根据责任报告，可进一步对责任预算执行差异的原因和责任进行具体分析，以充分发挥反馈作用，以使上层责任中心和本责任中心对有关生产经营的活动实行有效的控制和调节，促使各个责任中心根据自身特点，卓有成效地开展有关活动以实现责任预算。

为了编制各责任中心的责任报告，必须进行责任会计核算，即要以责任中心为对象组织会计核算工作，具体做法有两种。一种做法是由各责任中心指定专人把各中心日常发生的成本、收入以及各中心相互间的结算和转账业务记入单独设置的责任会计的编号账户内，然后根据管理需要，定期计算盈亏。因其与财务会计分开核算，称为“双轨制”。另一种做法是简化日常核算，不另设专门的责任会计账户，而是在传统财务会计的各明细账户内，为各责任中心分别设户进行登记、核算，这称为“单轨制”。

（三）责任业绩考核

责任业绩考核是指以责任报告为依据，分析、评价各责任中心责任预算的实际执行情况，找出差距，查明原因，借以考核各责任中心的工作成果，实施奖罚，促使各责任中心积极纠正行为偏差，完成责任预算的过程。

责任中心的业绩考核有狭义和广义之分。狭义的业绩考核仅指对各责任中心的价值指标，如成本、收入、利润以及资产占用等责任指标的完成情况进行考评。广义的业绩考评除这些价值指标外，还包括对各责任中心的非价值责任指标的完成情况进行考核。

1. 成本中心业绩考核

成本中心没有收入来源，只对成本负责，因而也只考核其责任成本。由于不同层次成本费用控制的范围不同，计算和考评的成本费用指标也不尽相同，越往上一层次计算和考评的指标越多，考核内容也越多。

成本中心业绩考核是以责任报告为依据，将实际成本与预算成本或责任成本进行比较，确定两者差异的性质、数额以及形成的原因，并根据差异分析的结果，对各成本中心进行奖罚，以督促成本中心努力降低成本。

2. 利润中心业绩考核

利润中心既对成本负责，又对收入和利润负责，在进行考核时，应以销售收入、边际贡献和息税前利润为重点进行分析、评价。特别是应通过一定期间实际利润与预算利润进行对比，分析差异及其形成原因，明确责任，借以对责任中心的经营得失和有关人员的功过做出正确评价和奖罚。

在考核利润中心业绩时，也只是计算和考评本利润中心权责范围内的收入和成本。凡不属于本利润中心权责范围内的收入和成本，尽管已由本利润中心实际收进或支付，仍应予以剔除，不能作为本利润中心的考核依据。

3. 投资中心业绩考核

投资中心不仅要对成本、收入和利润负责，还要对投资效果负责。因此，投资中心业绩考核，除收入、成本和利润指标外，考核重点应放在投资利润率和剩余收益两项指标上。

从管理层次看，投资中心是最高一级的责任中心，业绩考核的内容或指标涉及各个方面，是一种较为全面的考核。考核时通过将实际数与预算数的比较，找出差异，进行差异分析，查明差异的成因和性质，并据以进行奖罚。由于投资中心层次高、涉及的管理控制范围广，内容复杂，考核时应力求原因分析深入、依据确凿、责任落实具体，这样才可以达到考核的效果。

四、责任结算与核算

（一）内部转移价格

内部转移价格是指企业内部各责任中心之间进行内部结算和责任结转时所采用的价格标准。

制订内部转移价格时，必须考虑全局性原则、公平性原则、自主性原则和重要性原则。全局性原则强调企业整体利益高于各责任中心利益，当各责任中心利益冲突时，企业和各责任中心应本着企业利润最大化或企业价值最大化的要求，制订内部转移价格。公平性原则要求内部转移价格的制订应公平合理，应充分体现各责任中心的经营努力或经营业绩，防止某些责任中心因价格优势而获得额外的利益，某些责任中心因价格劣势而遭受额外损失。自主性原则是指在确保企业整体利益的前提下，只要可能，就应通过各责任中心的自主竞争或讨价还价来确定内部转移价格，真正在企业内部实现市场模拟，使内部转移价格能为各责任中心所接受。重要性原则即内部转移价格的制订应当体现“大宗细，零星简”的要求，对原材料、半成品、产成品等重要物资的内部转移价格制订从细，而对劳保用品、修理用备件等数量繁多、价值低廉的物资，其内部转移价格制订从简。

内部转移价格的类型如下。

1. 市场价格

市场价格是根据产品或劳务的市场价格作为基价的价格。

采用市场价格，一般假定各责任中心处于独立自主的状态，可自由决定从外部或内部进行购销，同时产品或劳务有客观的市价可采用。

2. 协商价格

协商价格也可称为议价，是企业内部各责任中心以正常的市场价格为基础，通过定期共同协商所确定的为双方所接受的价格。

采用协商价格的前提是责任中心转移的产品应有在非竞争性市场买卖的可能性，在这种市场内买卖双方有权自行决定是否买卖这种中间产品。如果买卖双方不能自行决定，或当价格协商的双方发生矛盾而又不能自行解决，或双方协商订价不能导致企业最优决策时，企业高一级的管理层要进行必要的干预。协商价格的上限是市价，下限是单位变动成本，具体价格应由各相关责任中心在这一范围内协商议定。当产品或劳务没有适当的市价时，也只能采用议价方式来确定。通过各相关责任中心的讨价还价，形成企业内部的模拟“公允市价”，作为计价的基础。

3. 成本转移价格

成本转移价格就是以产品或劳务的成本为基础而制订的内部转移价格。由于成本的概念不同，成本转移价格也有多种不同形式，其中用途较为广泛的成本转移价格有三种。

（1）标准成本，即以产品（半成品）或劳务的标准成本作为内部转移价格。它适用于成本中心产品或半成品的转移。

（2）标准成本加成，即按产品（半成品）或劳务的标准成本加计一定的合理利润作为计价的基础。

（3）标准变动成本。它是以产品（半成品）或劳务的标准变动成本作为内部转移价格，这种方式能够明确揭示成本与产量的关系，便于考核各责任中心的业绩，也利于经营决策。不足之处是产品（半成品）或劳务中不包含固定成本，不能反映劳动生产率变化对固定成本的影响，不利于调动各责任中心提高产量的积极性。

4. 双重价格

双重价格就是针对责任中心各方面分别采用不同的内部转移价格所制订的价格。如对产品（半成品）的供应方，可按协商的市场价格计价；对使用方则按供应方的产品（半成品）的单位变动成本计价。其差额最终进行会计调整。之所以采用双重价格是因为内部转移价格主要是为了对企业内部各责任中心的业绩进行评价、考核，故各相关责任中心所采用的价格并不需要完全一致，可分别选用对责任中心最有利的价格为计价依据。双重价格有两种形式。

（1）双重市场价格，就是当某种产品或劳务在市场上出现几种不同价格时，供应方采用最高市价，使用方采用最低市价。

（2）双重转移价格，就是供应方按市场价格或议价作为基础，而使用方按供应方的单位变动成本作为计价的基础。

双重价格的好处是既可较好满足供应方和使用方的不同需要，也能激励双方在经营上充分发挥主动性和积极性。

（二）内部结算

内部结算是指企业各责任中心清偿因相互提供产品或劳务所发生的、按内部转移价格计算的债权、债务。

按照结算的手段不同，可分别采取内部支票结算、转账通知单和内部货币结算等方式。

1. 内部支票结算方式

内部支票结算方式是指由付款一方签发内部支票通知内部银行从其账户中支付款项的结算方式。内部支票结算方式主要适用于收、付款双方直接见面进行经济往来的业务结算。它可使收付双方明确责任。

2. 转账通知单方式

转账通知单方式是由收款方根据有关原始凭证或业务活动证明签发转账通知单，通知内部银行将转账通知单转给付方，让其付款的一种结算方式。转账通知单一式三联，第一联为收款方的收款凭证，第二联为付款方的付款凭证，第三联为内部银行的记账凭证。

这种结算方式适用于质量与价格较稳定的往来业务，它手续简便，结算及时，但因转账通知单是单向发出指令，付款方若有异议，可能拒付，需要交涉。

3. 内部货币结算方式

内部货币结算方式是使用内部银行发行的限于企业内部流通的货币（包括内部货币、

资金本票、流通券、资金券等）进行内部往来结算的一种方式。

这一结算方式比银行支票结算方式更为直观，可强化各责任中心的价值观念、核算观念、经济责任观念。但是，它也带来携带不便、清点麻烦、保管困难的问题。所以，一般情况下，小额零星往来业务以内部货币结算，大宗业务以内部银行支票结算。

上述各种结算方式都与内部银行有关。所谓内部银行是将商业银行的基本职能与管理方法引入企业内部管理而建立的一种内部资金管理机构。它主要处理企业日常的往来结算和资金调拨、运筹，旨在强化企业的资金管理，更加明确各责任中心的经济责任，完善内部责任核算，节约资金使用，降低筹资成本。

（三）责任成本的内部结转

责任成本的内部结转又称责任转账，是指在生产经营过程中，对于因不同原因造成的各种经济损失，由承担损失的责任中心对实际发生或发现损失的责任中心进行损失赔偿的账务处理过程。

企业内部各责任中心在生产经营过程中，常常有这样的情况：发生责任成本的中心与应承担责任成本的中心不是同一责任中心，为划清责任，合理奖罚，就需要将这种责任成本相互结转。最典型的实例是企业内的生产车间与供应部门都是成本中心，如果生产车间所耗用的原材料是由于供应部门购入不合格的材料所致，则多耗材料的成本或相应发生的损失，应由生产车间成本中心转给供应中心负担。

责任转账的目的是为了划清各责任中心的成本责任，使不应承担损失的责任中心在经济上得到合理补偿。进行责任转账的依据是各种准确的原始记录和合理的费用定额。在合理计算出损失金额后，应编制责任成本转账表，作为责任转账的依据。

责任转账的方式有直接的货币计算方式和内部银行转账方式。前者是以内部货币直接支付给损失方，后者只是在内部银行所设立的账户之间划转。

各责任中心在往来结算和责任转账过程中，有时因意见不一致而产生一些责、权、利不协调的纠纷，为此，企业应建立内部仲裁机构，从企业整体利益出发对这些纠纷做出裁决，以保证各责任中心正常、合理地行使权力，保证其权益不受侵犯。

第十章
财务分析

第一节　财务分析综述

财务分析是以企业财务会计报告（又称财务报告，下同）及其他相关资料为主要依据，运用一定的专业技巧和方法，对企业的财务状况、经营成果与现金流量等进行评价和剖析，反映企业在运营过程中的利弊得失和发展趋势，从而为改进企业财务管理工作和优化经济决策提供重要财务信息的管理工作。

一、财务分析的主体、目的

财务分析的不同主体由于利益倾向上的差异，决定了在对企业进行财务分析时，有着不同的分析目的和服务对象。

（一）企业投资者分析的目的

所有者或股东，作为投资人，他们的利益与企业的财务成果有密切的联系，各个投资者在企业中有利共享，有亏共担。因此他们密切关心企业的经营状况和财务成果，高度关心其资本的保值和增值状况，对企业资本的投资回报率极为关注。

投资者对企业投资后，享有与投资额相适应的权益，可以通过一定的组织形式参与企业的决策，这也需要通过对企业财务活动的分析来评价企业经营管理人员的业绩，考核他们作为资产的经营者是否称职。投资者还需要通过财务分析，评价企业资本的盈利能力、各种投资的发展前景、投资的风险程度等方面，作为进行投资决策的依据。

对一般投资者来说，关心的是企业能否提高红息的发放。而对拥有企业控制权的投资者，考虑更多的是如何增强竞争实力，扩大市场占有率，降低财务风险，追求长期利益的持续、稳定增长。

（二）债权人分析的目的

债权人因为不能参与企业剩余收益分享，决定了债权人必须对其投资的安全性首先予以关注。因此，债权人在进行企业财务分析时，最关心企业是否有足够的支付能力，以保证其债务本息能够及时、足额地得以偿还。

债权人与企业之间存在着借贷关系，对他们借给企业的资金，企业要按期付息，定期还本。债权人的利益与企业的财务成果不挂钩，与企业的关系不如投资者那么密切。尽管如此，企业经营管理的好坏，对银行、原材料供应者、债券持有者等的利益也会有很大的影响。如果企业经营不好，不能及时偿还债务，债权人的资金周转就会发生困难。如果企业发生亏损，资不抵债，债权人就会发生坏账损失甚至全部借款收不回来。因此，债权人也需密切关注企业的财务状况、偿债能力，要分析企业资产的流动性、负债对所有者权益的比率等。

（三）企业经营管理人员分析的目的

企业经营管理人员是企业生产经营活动的指挥者和组织者。他们有责任保证企业的全部资产合理使用，并得到保值和增值。在生产经营活动中，他们既要保持企业雄厚的偿债能力和良好的营运能力，又要为投资者赚取较多的利润。因此，他们对企业财务分析的目的与要求是全面的。通过分析要评价企业前一时期的经营业绩，如销售收入的大小、利润数额的多少、投资报酬率的高低等；要衡量企业当前的财务状况，如企业财务状况是否稳定、财务结构是否合理、企业资金的余缺情况如何等；还要预测企业未来的发展趋势，为进行财务决策提供依据。

（四）其他有关方面分析的目的

其他有关方面主要包括：会计师事务所、财政部门、税收部门、银行等。会计师事务所作为社会中介机构，要对企业年中、年末的财务报告进行查证、分析，并向投资者和有关单位提供企业经营成果和财务状况；财政、税收和银行等部门和单位，也需要从税金的缴纳、贷款的运用等方面对企业进行分析，以便取得宏观调控需要的资料。

二、财务分析的局限性

财务分析的局限性主要表现为资料来源的局限性、分析方法的局限性和分析指标的局限性。其中，资料来源的局限性包括数据缺乏可比性、缺乏可靠性和存在滞后性等。

财务会计报告分析的局限性如下。

（一）财务会计报告本身的局限性

财务会计报告存在以下局限性。

（1）财务会计报告没有披露公司的全部信息，管理层拥有更多的信息，得到披露的只是其中的一部分。

（2）已经披露的财务信息存在会计估计误差，不一定是真实情况的准确计量。

（3）管理层的各项会计政策选择，使财务会计报告会扭曲公司的实际情况。

（4）以历史成本报告资产，不代表其现行成本或变现价值。

（5）假设币值不变，不按通货膨胀率或物价水平调整。

（6）稳健原则要求预计损失而不预计收益，有可能夸大费用，少计收益和资产。

（7）按年度分期报告，只报告了短期信息，不能提供反映长期潜力的信息。

（二）财务会计报告的可靠性问题

只有根据符合规范的、可靠的财务会计报告，才能得出正确的分析结论。所谓“符合规范”，是指除了以上三点局限性以外，没有更进一步的虚假陈述。外部分析人员很难认定是否存在虚假陈述，财务会计报告的可靠性问题主要依靠注册会计师解决。但是，注册会计师不能保证财务会计报告没有任何错报和漏报，而且并非所有注册会计师都是尽职尽责的。因此，分析人员必须自己关注财务会计报告的可靠性，对于可能存在的问题保持足够的警惕。

外部的分析人员虽然不能认定是否存在虚假陈述，但是可以发现一些“危险信号”。对于存有危险信号的财务会计报告，分析人员要进行更细致的考察或获取有关的其他信息，对财务会计报告的可靠性做出判断。

常见的危险信号如下。

1. 财务会计报告的形式不规范

不规范的报告其可靠性也应受到怀疑。要注意财务会计报告是否有遗漏，遗漏违背充分披露原则，很可能是不想讲真话引起的；要注意是否及时提供财务会计报告，不能及时提供报告暗示公司当局与注册会计师存在分歧。

2. 要注意分析数据的反常现象

如无合理的反常原因，则要考虑数据的真实性和一贯性是否有问题。例如，原因不明的会计调整，可能是利用会计政策的灵活性“修饰”财务会计报告；与销售相比应收账款异常增加，可能存在提前确认收入问题；报告收益与经营现金流量的缺口增加，报告收益与应税收益之间的缺口增加，可能存在盈余管理；大额的资产冲销和第 4 季度的大额调整，可能是中期报告有问题，年底时受到外部审计师的压力被迫在年底调整。

3. 要注意大额的关联方交易

这些交易的价格缺乏客观性，会计估计有较大主观性，可能存在转移利润的动机。

4. 要注意大额资本利得

在经营业绩不佳时，公司可能通过出售长期资产、债转股等交易实现资本利得。

5. 要注意异常的审计报告

无正当理由更换注册会计师，或审计报告附有保留意见，暗示公司的财务会计报告可能粉饰过度。

（三）比较基础问题

在比较分析时必然要选择比较的参照标准，包括本公司历史数据、同业数据和计划预算数据。

横向比较时需要使用同业标准。同业的平均数只有一般性的指导作用，不一定有代表性，不是合理性的标志。选一组有代表性的公司求其平均数，作为同业标准，可能比整个行业的平均数更有意义。近年来，更重视以竞争对手的数据作为分析基础。不少公司实行多种经营，没有明确的行业归属，同业比较更加困难。

趋势分析以本公司历史数据做比较基础。历史数据代表过去，并不代表合理性。经营环境是变化的，今年比上年利润提高了，不一定说明已经达到应该达到的水平，甚至不一定说明管理有了改进。会计规范的改变会使财务数据失去直接可比性，要恢复其可比性成本很大，甚至缺乏必要的信息。

实际与计划的差异分析，以计划预算做比较基础。实际和预算出现差异，可能是执行中有问题，也可能是预算不合理，两者的区分并非易事。

总之，对比较基础本身要准确理解，并且要在限定意义上使用分析结论，避免简单化和绝对化。

（四）企业会计政策的不同选择影响可比性

对同一会计事项的账务处理，会计准则允许使用几种不同的规则和程序，企业可以自行选择，如存货计价方法、折旧方法、所得税费用的确认方法、对外投资收益的确认方法等。

虽然财务报表附注对会计政策的选择有一定的表述，但报表使用人未必能完成可比性的调整工作。

三、财务分析的原则

财务分析的原则如下。

（1）要从实际出发，坚持实事求是，反对主观臆断、结论先行、搞数字游戏。

（2）要全面看问题，坚持一分为二，反对片面地看问题。要兼顾成功经验与失败教训、有利因素与不利因素、主观因素与客观因素、经济问题与技术问题、外部问题与内部问题。

（3）要注重事物的联系，坚持相互联系地看问题，反对孤立地看问题。要注意局部与全局的关系、偿债能力与盈利能力的关系、报酬与风险的关系。

（4）要发展地看问题，反对静止地看问题。要注意过去、现在和将来的关系。

（5）要定量分析与定性分析结合，坚持定量为主。

定性分析是基础和前提，没有定性分析就弄不清本质、趋势和与其他事物的联系。定量分析是工具和手段，没有定量分析就弄不清数量界限、阶段性和特殊性。财务报表分析要透过数字看本质，没有数字就得不出结论。

四、财务分析的种类

（一）全面分析与专题分析

根据企业财务会计报告分析的内容与范围的不同，可将其分为全面分析和专题分析。

1. 全面分析

全面分析是指对企业在一定时期的生产经营活动各方面情况进行全面、系统、综合的分析与评价。全面分析正常情况下在年终进行，并形成财务分析报告，向职工代表大会或股东代表大会报告。全面分析可以总结企业在该时期生产经营活动的业绩，及时发现存在的问题，提出在以后改进的意见。全面分析的特点是“全”。因此，分析所需资料较多，涉及范围较广。

2. 专题分析

专题分析是指对企业生产经营活动中某一方面情况进行较深入的分析与评价。专题分析可根据分析主体需要随时进行，可根据分析目的的不同选定分析范围与内容。专题分析的特点是“专”，因此能及时、深入地揭示企业生产经营某一方面的状况，为分析者提供详细的资料信息。

（二）静态分析与动态分析

企业财务会计报告分析根据分析的方法与目的的不同，可分为静态分析和动态分析。

1. 静态分析

静态分析是根据某一时点或某一时期的财务会计报告或其他有关资料，分析财务报表中各项目或财务报表之间各项目关系的分析形式。运用财务比率法、结构分析法等分析都是静态分析。静态分析的目的在于找出财务活动的内在联系，揭示其相互影响与作用，反映经济效率和财务现状。

2. 动态分析

动态分析是根据几个时期的财务会计报告或其他有关资料，分析财务变动状况，动态分析通过对不同时期财务活动的对比分析，揭示财务活动的变动、趋势及其规律。趋势分析法就是动态分析。

（三）内部分析与外部分析

由于企业财务会计报告分析主体的不同，可将企业财务会计报告分析分为内部分析与外部分析。

1. 内部分析

内部分析亦称内部财务会计报告分析，主要是指企业的经营者对企业财务状况和经营成果的分析。作为企业的经营者，其必须对企业经营和财务等各方面都有详尽的了解与掌握，他们关注的是企业生产经营是否正常、企业经营目标能否完成、货款及债务能否按期支付或偿还、资本结构是否合理、企业资本能否保值增值等。因此，内部分析是很全面的分析，除对企业财务会计报告进行分析外，他们还可以借助财务会计报告之外的其他有关报告和企业财务会计报告外部使用人无法得到的各种内部信息进行分析。通过分析可对企业盈利能力、偿债能力、营运能力做出评价，发现经营与理财方面的问题，及时采取措施，不断提高经营管理水平。

2. 外部分析

外部分析亦称外部财务会计报告分析，主要是指企业的投资人和潜在的投资者、债权人及政府有关管理部门等，根据各自不同的目的，以财务会计报告为基础对企业进行的分析。企业所有者作为投资人不直接参与企业的经营管理活动，因此，他们所关心的企业经营情况、财务风险大小、现金流转情况、投资回报率和资本保值增值状况等只有通过对企业财务会计报告及相关资料进行分析才能获得。与企业所有者相比，企业的债权人更关心债权的安全程度。他们通过对企业财务会计报告进行分析，了解企业的资本结构、现金流转情况、资产的质量等，对企业的短期和长期偿债能力做出判断。政府有关管理部门通过分析了解企业的经营行为是否规范、合法，了解社会资源的配置状况与效益，预测财政收入的增长情况，评估企业的财务状况与经营成果对所在行业的影响等，以便据此加强宏观经济的调控及有关政策的制定，履行自己的监督管理职责。中介机构及其他有关人员对企业的财务会计报告所进行的分析也属外部分析。

五、财务分析的内容 / 客体

企业财务会计报告分析的内容是指分析的客体。

（一）企业的筹资活动

筹资活动是指导致企业资本及债务规模和构成发生变化的活动，即企业为了满足生产经营和投资的需要，筹措所需资金的过程。筹集资金也是企业资金运动的起点，企业需要筹集资金以实现其目标。企业筹资有多种渠道和方式，概括起来，其资金来源有以下三种。

（1）接受投资者投入的资金（如发行股票），即企业的资本金和资本公积金。

（2）通过企业的生产经营活动而形成的内部积累，即盈余公积金和未分配利润，它和第一种合在一起，被称为企业的所有者权益，形成所有者权益的资金被称为权益资金。

（3）向债权人借入的资金（如发行债券），即企业的负债，形成企业负债的资金称为负债资金。在筹资过程中，企业既要合理确定筹资总量和时间，选择好筹资渠道和方式，还要降低资金成本，合理确定资本结构，充分发挥财务杠杆的作用，降低财务风险。资本市场是企业筹集资金的潜在来源，筹资决策与资本市场的状况密切相关。企业在筹资活动中所作筹资决策的关键是选择合理的资本结构。筹资活动的目的在于以较低的资金成本和较小的风险取得企业所需要的资金。

（二）企业的投资活动

投资活动是指把筹集到的资金合理地投放到生产经营的各项资产的活动。资产是指企业拥有或者控制的能以货币计量的经济资源，包括各种财产、债权和其他权利，它们是企业从事生产经营的物质基础并以各种具体形态分布或占用在生产经营过程的不同方面。企业为了进行生产经营活动，一方面要兴建房屋、建筑物，购买机器设备、运输设备等固定资产，另一方面要使用货币资金购进材料、商品等，将资金投放在各种流动资产上。此外，企业还可以进行无形资产的购买或创立，形成无形资产的投资；也可以用现金、实物、无形资产购买股票、债券等有价证券方式对其他单位进行投资，形成短期投资和长期投资。企业在投资过程中，既要确定投资的规模，分析各种投资的经济效益，又要合理安排投资结构，以求降低投资风险。资产代表企业提供产品或服务的能力，目的是将来运用这些能力赚取收益。资产的效益在将来才能实现，而未来效益的不确定性导致投资必然包含风险。因此，投资决策的关键是报酬和风险的衡量。筹资的目的是投资，而经营活动是投资所形成的生产经营能力的运用。因此可以说投资是企业基本活动中最重要的部分，它制约着企业的筹资和经营活动。

（三）企业的经营活动

经营活动是指企业投资活动和筹资活动以外的所有交易和事项，即在必要的筹资和投资前提下，运用资产赚取收益的活动。企业的经营活动至少包括研究与开发、采购、生产、营销和人工等基本要素。经营活动的关键是使上述五个要素适当组合，使之适合企业的类型、目标和市场定位。企业的类型是指企业提供产品或服务的具体特征。经营活动要与企业的类型配合。企业的市场定位是指选择供应商市场、技术市场、劳动力市场和消费市场。管理当局要确定最具效率和效益的市场定位组合，并且应与其拥有的资产相配合，以使企业取得竞争优势，实现企业的目标。

经营活动是企业收益的主要来源。收益反映了企业作为一个整体，在与市场进行交换时投入与产出的业绩。投资和筹资的效果，最终也要在经营收益中体现出来。因此，经营活动的分析是财务会计报告分析最重要的内容之一。

（四）企业财务活动效率

企业的筹资活动、投资活动和经营活动相互联系构成了企业的基本财务活动。尽管不同利益主体进行财务会计报告分析有不同的侧重方面，但总体看，都是基于企业的财务活动。下面通过对四个方面进行分析来揭示企业财务活动的效率。

1. 盈利能力分析

盈利能力是指企业获取利润的能力。企业盈利能力分析主要是分析企业利润的实现情况。追求利润最大化是现代企业管理的直接动因，企业实现利润的多少最能反映企业的经营成果。因此，对企业盈利能力的分析是现代企业财务分析的核心内容。企业盈利能力分析，主要是通过营业利润率、成本费用利润率、净资产收益率、总资产报酬率、资本金利润率等指标，揭示企业的获利情况。

2. 营运能力分析

营运能力是指企业资产周转运行的能力。营运能力分析主要是分析企业资产的周转情况，通过存货周转率、应收账款周转率、总资产周转率和流动资产周转率等指标来反映企业销售质量、购货质量、生产水平等，揭示企业资源配置的情况，促进企业提高资产管理效率。

3. 偿债能力分析

偿债能力是指企业偿还长短期债务的能力。偿债能力的大小直接关系到企业持续经营能力的高低。企业偿债能力分析，主要是通过资产负债率、流动比率、速动比率等指标，揭示企业举债的合理程度及清偿债务的实际能力等。偿债能力分析同时也关注企业资产的质量、资产变现的能力及企业的盈利能力。

4. 综合财务分析

综合财务分析是将企业偿债能力、营运能力和盈利能力分析等诸多方面纳入一个有机的整体之中，通过进行相互关联的分析，采用适当的标准，对企业财务状况和经营成果做出全面的评价。通过综合财务分析建立一个指标要素齐全适当、主辅指标功能匹配、满足多方信息需要的综合财务指标体系。

六、财务分析的基础

财务分析需要在做好有关准备工作的基础上进行，主要是搜集财务会计报告的有关数据资料并对其进行分析和整理。即进行证、账、表核对；进行财务会计报告项目分析；进行财务会计报告结构分析；进行财务会计报告数据重述；进行企业内部控制制度评价等。这里仅讨论财务会计报告的数据资料再界定问题，以及当解释某一特定企业财务会计报告的比率，运用行业平均比率作为比较基础所遇到的问题。

财务报表分析的信息基础如下。

（一）财务报表

财务报表是财务会计报告的重要组成部分，也是财务会计报告的核心。财务报表是指企业对外提供的反映企业某一特定日期的财务状况和某一会计期间经营成果及现金流量状况的一种书面文件，主要由财务报表和财务报表附注构成。财务报表包括资产负债表、利润表、现金流量表、所有者权益变动表、中期财务报告、合并财务报表、分部报告及附注。

财务报表附注是指对财务报表主要项目及编制方法所做的解释。

（二）审计报告

审计报告是指注册会计师根据独立审计准则的要求，在实施审计程序的基础上对被审计单位年度财务报表发表意见的书面文件。注册会计师要在审计报告中清楚地表达对财务报表整体的意见，并对所发表的意见负责。在注册会计师出具的审计报告后应附已审计的财务报表。

1. 审计报告的内容

根据独立审计具体准则的规定，审计报告应当包括下列要素。

（1）标题。

（2）收件人。审计报告的收件人是指注册会计师按照业务约定书的要求致送审计报告的对象，一般是指审计业务的委托人。审计报告应当载明收件人的全称。

（3）引言段。审计报告的引言段应当说明下列内容。

1）已审计财务报表的名称、日期或涵盖的期间。

2）财务报表的编制是被审计单位管理当局的责任，注册会计师的责任是在实施审计程序的基础上对财务报表发表意见。

（4）范围段。审计报告的范围段应当说明下列内容。

1）按照独立审计准则计划和实施审计工作，以合理确信财务报表是否不存在重大错报。

2）审计工作包括在抽查的基础上检查支持财务报表金额和披露的证据，评价管理当局在编制财务报表时采用的会计政策和做出的重大会计估计，以及评价财务报表的整体反映。

3）审计工作为注册会计师发表意见提供了合理的基础。

（5）意见段。审计报告的意见段应当说明财务报表是否符合国家颁布的企业会计准则和相关会计制度的规定，在所有重大方面是否公允反映了被审计单位的财务状况、经营成果和现金流量。

（6）注册会计师的签名及盖章。

（7）会计师事务所的名称、地址及盖章。

（8）报告日期。

除以上内容外，注册会计师可以根据需要，在审计报告中增加说明段或强调事项段。

2. 审计报告的类型

注册会计师根据审计结论，可以出具无保留意见、保留意见、否定意见、无法表示意见四种类型的审计报告。

（1）无保留意见。如果认为被审计单位财务报表符合国家颁布的企业会计准则和相关会计制度的规定，在所有重大方面公允反映了被审计单位的财务状况、经营成果和现金流量，注册会计师应当出具无保留意见的审计报告。无保留意见的审计报告应当以“我们认为”作为意见段的开头，并使用“在所有重大方面公允反映了”等专业术语。

（2）保留意见。如果认为被审计单位的财务报表就其整体而言是公允的，但还存在下列情形之一时，注册会计师应当出具保留意见的审计报告。

1）会计政策的选用、会计估计的确定或财务报表的披露不符合国家颁布的企业会计准则和相关会计制度的规定，虽影响重大，但不至于出具否定意见的审计报告。

2）因审计范围受到限制，无法获取充分、适当的审计证据，虽影响重大，但不至于出具无法表示意见的审计报告。

保留意见的审计报告应当在意见段中使用“除……的影响外”等专业术语。如因审计范围受到限制，注册会计师还应当在范围段中提及这一情况。

（3）否定意见。如果认为被审计单位的财务报表不符合国家颁布的企业会计准则和相关会计制度的规定，未能公允反映被审计单位的财务状况、经营成果和现金流量，注册会计师应当出具否定意见的审计报告。否定意见的审计报告应当在意见段中使用“由于上述问题造成的重大影响”“由于受到前段所述事项的重大影响”等专业术语。

（4）无法表示意见。如果审计范围受到限制可能产生的影响非常重大和广泛，不能获取充分、适当的审计证据，以致无法对财务报表形成审计意见，注册会计师应当出具无法表示意见的审计报告。无法表示意见的审计报告应当在引言段中省略对注册会计师责任的描述，删除范围段，并在意见段中使用“由于审计范围受到限制”“我们无法对上述财务报表发表意见”等专业术语。

当出具保留意见、否定意见或无法表示意见的审计报告时，注册会计师应当在意见段之前增加说明段，清楚地说明导致所发表意见的所有原因，并在可能情况下，指出其对财务报表的影响程度。

当存在不影响已发表的审计意见的下列情形之一时，注册会计师为提醒财务报表使用人关注，应当在审计报告的意见段之后增加强调事项段：①存在可能导致对持续经营能力产生重大疑虑的事项或情况；②存在可能对财务报表产生重大影响的不确定事项（持续经营问题除外）。

（三）招股说明书

为规范首次公开发行股票的信息披露行为，保护投资者合法权益，根据《中华人民共和国公司法》《中华人民共和国证券法》等法律、法规及证监会的有关规定，凡是申请在中华人民共和国境内首次公开发行股票并上市的公司应按规定编制招股说明书、招股说明书摘要，作为向证监会申请首次公开发行股票的必备法律文件，经证监会核准后按规定披露。对投资者做出投资决策有重大影响的信息，发行人均应在招股说明书中披露。根据证监会发布的《公开发行证券的公司信息披露内容与格式准则第 1 号——招股说明书》规定，招股说明书主要有以下内容。

1. 封面、书脊、扉页、目录、释义

招股说明书全文文本扉页应刊登发行股票类型、发行股数、每股面值、每股发行价格、预计发行日期、申请上市证券交易所、主承销商、正式申报的招股说明书签署日期以及董事会的声明与提示。

2. 概览

发行人应在概览中简介发行人及其主要发起人或股东，发行人的主要财务数据，本次

发行情况及募股资金主要用途等。

3. 本次发行概况

发行人应披露本次发行的基本情况，主要包括：①股票种类；②每股面值；③发行股数、占发行后总股本的比例；④每股发行价；⑤标明计量基础和口径的市盈率；⑥预测盈利总额及发行后每股盈利（如有）；⑦发行前和发行后每股净资产；⑧发行方式与发行对象；⑨承销方式；⑩本次发行预计实收募股资金；

此外，还有发行费用概算。

发行人应披露下列机构的名称、法定代表人、住所、联系电话、传真，同时应披露有关经办人员的姓名：①发行人；②主承销商及其他承销机构；③推荐人；④发行人聘请的律师事务所；⑤会计师事务所；⑥资产评估机构（若有）；⑦股票登记机构；⑧收款银行；⑨其他与本次发行有关的机构。

此外，还应披露发行人与本次发行有关的中介机构及其负责人、高级管理人员及经办人员之间存在的直接或间接的股权关系或其他权益关系。

发行人应针对不同的发行方式，披露至上市前的有关重要日期，主要包括：①发行公告刊登的日期；②预计发行日期；③申购期；④资金冻结日期；⑤预计上市日期。

4. 风险因素

风险因素是指与发行人相关的所有重大不确定性因素，特别是发行人在业务、市场营销、技术、财务、募股资金投向及发展前景等方面存在的困难、障碍、或有损失。发行人应主动披露上述因素及其在最近一个完整会计年度内受其影响的情况及程度。发行人在披露风险因素的顺序上应遵循重要性原则，对所披露的风险因素应尽可能做定量分析，无法进行定量分析的，应有针对性地做出定性描述，并介绍已采取或准备采取的风险对策或措施。

5. 发行人基本情况

发行人基本情况主要包括：①注册中、英文名称及缩写；②法定代表人；③设立（工商注册）日期；④住所及其邮政编码；⑤电话、传真号码；⑥互联网网址、电子信箱。

此外，还应披露发行人的历史沿革及经历的改制重组情况；设立以来股本结构变化、重大资产重组的行为及对各方的影响；与发行人业务及生产经营有关的资产权属变更的情况；员工及其社会保障情况；有关股本的情况，发行人主要股东的持股比例及其相互之间的关联关系；发起人（应追溯至实际控制人）的基本情况；发行人组织结构情况等。

6. 业务和技术

发行人应披露其业务范围及主营业务、所处行业国内外基本情况、影响本行业发展的有利和不利因素、面临的主要竞争状况等。发行人还应披露与其业务相关的主要固定资产及无形资产、拥有的特许经营权的情况，合营、联营合同或类似业务安排，主要产品和服务的质量控制情况，主要客户及供应商的资料，核心技术的来源和方式，主导产品或业务及拟投资项目的技术水平，对其有重大影响的知识产权和非专利技术情况，产品生产技术所处的阶段以及研究开发情况等。

7. 同业竞争和关联交易

发行人应披露是否与实际控制人及其控制的法人（以下简称“竞争方”）从事相同、相似业务的情况。对于已存在或可能存在的同业竞争，发行人应披露解决同业竞争的具体措施，发行人可视实际需要披露可能采取的措施。

发行人所披露的关联方、关联关系和关联交易，除应遵循有关企业会计准则规定外，还应遵循从严原则。发行人应披露近三年关联交易对其财务状况和经营成果的影响，包括在营业收入或营业成本中所占的比例，对上述比例的披露应说明比较的口径；进行关联交易是否遵循市场公正、公平、公开的原则；是否在章程中对关联交易决策权力与程序做出规定；减少关联交易的措施；与各关联方签订的目前仍然有效的协议或合同等。

8. 董事、监事、高级管理人员与核心技术人员

发行人应披露董事、监事、高级管理人员、技术负责人及核心技术人员的情况，与上述人员所签订的协议，以及为稳定上述人员已采取及拟采取的措施。发行人应按个人持股、家属持股、法人持股类别披露上述人员在发行前持有发行人股份的情况，并具体列出持有人姓名、发行前三年股份增减变动情况、发行前三年年末持股数量及比例、本次发行后所占比例以及所持股份的质押或冻结情况。

发行人应披露上述人员在最近一个完整会计年度从发行人及其关联企业，以及同上述人员职位相关的其他单位领取收入的情况，包括领取的工薪（月薪或年薪）、奖金及津贴，所享受的其他待遇，退休金计划，所享有的认股权情况等。同时还应披露上述人员在股东单位或股东单位控制的单位、在发行人所控制的法人单位、同行业其他法人单位担任职务的情况；董事和独立董事（如有）的酬金及其他报酬、福利政策；董事、监事、高级管理人员和核心技术人员所持股份锁定的情况及契约性安排。

9. 公司治理结构

发行人应披露设立独立董事的情况；公司章程中有关股东的权利、义务，股东大会的职责及议事规则，保护中小股东权益的规定及其实际执行情况；章程中有关董事会、监事会的构成和议事规则；重大生产经营决策程序与规则，包括对外投资等重大投资决策的程序和规则，重要财务决策的程序与规则，对高级管理人员的选择、考评、激励和约束机制，利用外部决策咨询力量的情况；公司管理层对内部控制制度完整性、合理性及有效性的自我评估意见；发行人董事长、经理、财务负责人、技术负责人在近三年内曾发生变动的，应披露变动的经过及原因；对董事、监事、高级管理人员和核心技术人员履行诚信义务的限制性规定等。

10. 财务会计信息

发行人应披露不少于最近三年的简要利润表、不少于最近三年末的简要资产负债表、不少于最近一年的简要现金流量表并明示对有关数据的口径。

发行人应披露财务报表的编制基准、合并报表范围及变化情况；报告期利润形成的有关情况；最近一期末财务报表中主要固定资产、主要对外投资、有形资产净值、主要无形资产的情况；经审计的最近一期资产负债表截止日的主要债项；报告期各会计期末的股东权益的情况；报告期经营活动产生的现金流量、投资活动产生的现金流量、筹资活动产生的现金流量的基本情况及不涉及现金收支的重大投资和筹资活动及其影响。

发行人应扼要披露或提醒投资者关注财务报表附注中的期后事项、重大关联交易、或有事项及其他重要事项。发行人可以披露盈利预测报告。

发行人应披露资产评估及历次验资情况；披露经审计财务会计报告期间的下列各项财务指标：流动比率、速动比率、应收账款周转率、存货周转率、无形资产（土地使用权除外）占总（净）资产的比例、资产负债率、每股净资产、研究与开发费用占主营业务收入比例、每股经营活动的现金流量、发行前后的每股收益和净资产收益率等；公司财务分析的简明结论性意见。所有财务会计信息的披露尤其应采用简洁、通俗、平实和明确的文字表述。

11. 业务发展目标

发行人应披露发行当年及未来两年内的发展计划，应说明拟定计划所依据的假设条件，实施计划将面临的主要困难；实现业务目标的主要经营理念或模式；本次募股资金运用对实现业务目标的作用。

12. 募股资金运用

发行人应披露预计通过本次发行募股资金的总量及其依据；董事会或股东大会对本次募股资金投向项目的主要意见；募股资金运用对主要财务状况及经营成果的影响。

13. 发行定价及股利分配政策

发行人应披露确定本次股票发行价格考虑的主要因素、股票估值的方法、定价过程、定价方法与最终商定的发行价格，以及本次股票发行后的摊薄情况；历年股利分配政策及发行后的股利分配政策；最近三年历次实际股利分配情况；本次发行完成前滚存利润或损失的分配或负担政策；本次股票发行后第一个盈利年度派发股利计划。

14. 其他重要事项

发行人应披露建立严格信息披露的制度及为投资者服务的详细计划；交易金额在 500 万元以上或虽未达到 500 万元但对生产经营活动、未来发展或财务状况具有重要影响的合同内容；对财务状况、经营成果、声誉、业务活动、未来前景等可能产生较大影响的诉讼或仲裁事项；持有发行人 20% 以上股份的股东、控股子公司，发行人董事、监事、高级管理人员和核心技术人员作为一方当事人的重大诉讼或仲裁事项；董事、监事、高级管理人员和核心技术人员受到刑事诉讼的情况。

15. 董事及有关中介机构声明

发行人全体董事、主承销商、发行人律师、承担审计业务的会计师事务所、承担评估业务的资产评估机构、承担验资业务的机构等应就其所承担的法律责任在招股说明书正文的尾页做出声明，并签字、盖章。

16. 附录和备查文件

招股说明书的附录是招股说明书不可分割的有机组成部分，主要包括：审计报告及财务会计报告全文、发行人编制的盈利预测报告及注册会计师的盈利预测审核报告（如有）。发行人应将整套发行申请文件及发行人认为相关的其他文件作为备查文件，列示其目录，并告知投资者查阅的时间、地点、电话和联系人。

（四）上市公告书

为规范首次公开发行股票公司上市的信息披露行为，保护投资者合法权益，根据《中华人民共和国公司法》《中华人民共和国证券法》等法律、法规和证监会的有关规定，在我国境内首次公开发行股票并申请在经国务院批准设立的证券交易所上市的公司（以下简称"发行人"），应编制上市公告书。

股票上市公告书主要有以下内容。

1. 重要声明与提示

发行人董事会应在上市公告书显要位置对上市公告书的真实性、准确性、完整性及法律责任等内容做出重要声明。

2. 概览

发行人应在上市公告书设一概览，提示性地说明本上市公告书的关键内容，以使投资者尽快了解上市公告书的主要内容。

3. 绪言

发行人应在绪言部分披露的内容为：①编制上市公告书依据的法律、法规名称；②股票发行核准的部门和文号、发行数量和价格等；③股票上市的批准单位和文号、上市地点、股票简称和代码等；④本上市公告书与招股说明书所刊载内容的关系。

4. 发行人概况

发行人概况包括以下内容：①发行人的基本情况国；②发行人的历史沿革；③发行人的主要经营情况等。

5. 股票发行与股本结构

发行人应披露本次股票上市前首次公开发行股票的情况，主要包括：①发行数量与价格国；②募股资金总额；③发行方式；④发行费用总额及项目；⑤每股发行费用；⑥配售比例及配售主要对象等。

发行人还应披露本次股票上市前首次公开发行股票的承销情况；注册会计师对本次上市前首次公开发行股票所募股资金的验资报告，以及募股资金入账情况；上市前股权结构及各类股东的持股情况；董事、监事、高级管理人员、核心技术人员的情况及持有发行人股份的简况。

6. 董事、监事、高级管理人员及核心技术人员

发行人应简要披露董事、监事、高级管理人员及核心技术人员的情况，以上人员在招股说明书披露日至上市公告书刊登日期间有变动的，应特别注明。发行人应按招股说明书准则的有关规定，披露以上人员持有发行人股份的简况、所持股份锁定的情况及契约性安排，以及自愿锁定所持股份声明的主要内容。

7. 同业竞争与关联交易

发行人应简要披露有关同业竞争的情况，发行人关联方、关联关系以及发生的重大关联交易的情况。

8. 财务会计资料

发行人应按要求简要披露在招股说明书中披露的财务会计资料及首次公开发行后的重大财务变化。发行人应说明会计师事务所对发行人财务会计报告出具审计报告的类型。发行人应转载在招股说明书已披露过的主要财务指标；简要披露在招股说明书中披露的盈利预测数据；补充披露最近一期未经审计的财务会计资料。

9. 其他重要事项

发行人应披露股票首次公开发行后至上市公告书公告前已发生的可能对发行人有较大影响的其他重要事项，主要包括：①主要业务发展目标的进展；②所处行业或市场的重大变化；③主要投入、产出物供求及价格的重大变化；④重大投资；⑤重大资产（股权）收购、出售；⑥发行人住所的变更；⑦重大诉讼、仲裁案件；⑧重大会计政策的变动；⑨会计师事务所的变动；⑩发生新的重大负债或重大债项发生变化等。

10. 董事会上市承诺、上市推荐人及其意见（略）

（五）上市公司定期报告

根据有关规定，我国上市公司应当在每个会计年度中不少于两次向公众提供公司的定期报告。定期报告包括中期报告和年度报告。中期报告指月报、季报和半年度报告。

1. 季度报告

上市公司季度报告应包括的内容如下。

（1）公司简介。

（2）财务资料，包括报告期（期末）主要会计数据及财务指标。

（3）管理层讨论与分析，即管理层应当对财务会计报告与其他必要的统计数据以及报告期内发生或将要发生的重大事项进行讨论与分析，以有助于投资者了解其经营成果、财务状况。

2. 半年度报告

上市公司半年度报告正文的内容如下。

（1）重要提示、释义及目录。

（2）公司基本情况。

（3）股本变动和主要股东持股情况。

（4）董事、监事、高级管理人员情况。

（5）管理层讨论与分析。

（6）重要事项。

（7）财务会计报告。

3. 年度报告

上市公司年度报告正文的内容如下。

（1）重要提示及目录。

（2）公司基本情况简介。

（3）会计数据和业务数据摘要。

（4）股本变动及股东情况。

（5）董事、监事、高级管理人员和员工情况。

（6）公司治理结构。

（7）股东大会情况简介。

（8）董事会报告、监事会报告。

（9）重要事项。

（10）财务会计报告及备查文件目录。

（六）临时报告

上市公司的临时报告主要包括重大事件公告、公司收购公告和其他临时公告。

1. 重大事件公告

上市公司的重大事件是指可能对公司的股票价格产生重大影响的事件，主要包括以下事件：公司对外签订的合同可能对公司的资产、负债、所有者权益和经营成果中的一项或者多项产生显著影响；公司的经营政策或者经营项目发生重大变化；公司发生了重大投资行为或者购置金额较大的长期资产；公司发生重大债务或公司未能归还到期重大债务的违约情况；公司发生重大经营性或者非经营性亏损；公司资产遭受重大损失；公司生产经营环境发生重要变化；董事长、30% 以上的董事或者总经理发生变动；持有公司 5% 以上的发行在外的普通股的股东，其持有该种股票的增减变化每达到该种股票发行在外总额的 2% 以上的事实；涉及公司的重大诉讼事项；公司进入清算、破产状态；公司章程的变更、注册资金和注册地址的变更；发生大额银行退票；公司更换为其审计的会计师事务所；公司公开发行的债券或者已发行债券的数额的变更或增减；公司增资发行股票，或者其可转换公司债券依规定转为股票；公司营业用主要资产的抵押、出售或者报废一次超过其资产的 30%；发起人或者董事的行为可能依法负有重大损害赔偿责任；股东大会或监事会议的决定被法院依法撤销；法院做出裁定禁止对公司有控股权的大股东转让其股份；公司发生合并或者分立事件等等。

2. 公司收购公告

根据有关规定，发起人以外的任何法人直接或者间接地持有一个上市公司发行在外的普通股达到 30% 时，应当自该事实发生之日起的 45 个工作日内，向该上市公司的所有股东发出收购公告书，该公告书除具有事实披露意义外，还具有收购要约的法律意义。

收购公告书的内容主要包括以下事项：收购人名称、所在地、所有制性质及收购代理人；收购人的董事、监事、高级管理人员名单及简要情况，收购人为非股份有限公司者，应说明其主管机构、主要经营管理人员及主要从属和所属机构的情况；收购人的董事、监事、高级管理人员及其关联公司持有收购人和被收购人股份数量；持有收购人 5% 以上股份的股东和最大的 10 名股东名单及简要情况；收购价格、支付方式、日程安排及说明；收购人欲收购股票数量（欲收购量加已持有量不得低于被收购人在外发行普通股的 50%）；收购人和被收购人的股东的权利与义务；收购人前 3 年的资产负债、盈亏概况及股权结构；收购人在过去 12 个月中的其他收购情况；收购人对被收购人继续经营的计划、资产的重整计划、员工的安排计划；被收购人资产重估及说明；收购后，收购人或收购人与被收购人组成的新公司的章程及有关内部规则；收购后，收购人或收购人与被收购人组成的新公司对其关联公司的贷款、抵押及债务担保等负债情况；收购人、被收购人各自现有的重大合同及说明；收购后，收购人或收购人与被收购人组成的新公司的发展规划和未来一个会计年度的盈利预测等。

3. 其他临时公告

除重大事件公告和公司收购公告外，根据有关规定，上市公司还对其他某些事实情况也有信息披露和公告的责任。例如，在任何公共传播媒介中出现的消息可能对上市公司股票市场价格产生误导性影响时，即使不存在真实意义上的重大事件或者公司收购行为，即使此种消息仅仅为谣言，上市公司也应当在知悉后立即对该消息做出公开澄清和公告说明，并应当将事情的全部情况立即通知证监会和其股票挂牌交易的证券交易所。

七、财务分析报告

财务分析报告是以财务会计报告为主要依据，结合其他会计核算资料、计划指标，以及统计资料，利用特定的财务指标，通过计算和比较，对某单位的财务状况进行分析，找出差距、提出建议以指导企业经营活动的一种书面报告。

财务分析报告除了能提供更加清晰明了的信息以外，还可以帮助企业制订出符合客观规律的财务预算，任何财务预算都应该在对企业所处经济环境进行细致分析、对企业的能力进行客观的评价、对历史财务资料进行正确的计算和分析之后，在历史资料的基础上经过科学的预测得来的。所以，财务分析是制订财务预算的基础工作之一。

另外，财务分析还有利于改善企业的经营管理，使企业及时回避风险，提高企业的效益。通过财务分析，往往能发现企业存在的问题和不足，这样使管理工作能够有的放矢，针对问题，提出措施，及时解决，最终达到避免风险、提高企业经济效益的目的。

（一）财务分析报告的种类

财务分析报告主要分为以下两类。

1. 全面分析报告

全面分析报告也叫综合分析报告或系统分析报告，是对某一部门或单位在一定时期的经济活动，利用各项主要经济指标做出全面系统分析的报告。它在全面分析的基础上，抓住财务活动中的关键方面，找出存在的问题，并提出解决问题的建议。全面分析报告能从全局的角度来看问题，主要用于年度和季度分析。

2. 专题分析报告

专题分析报告是针对部门或单位的某一方面的问题或针对某一经营项目而编制的财务分析报告。

（二）财务分析报告的格式

财务分析报告的重点在于分析的过程和内容，要揭示真实的财务活动的状况，报告中应该有分析、有发现的问题，还要有解决问题的措施。财务分析报告的格式并不是很重要，也没有严格要求。一般来讲，财务分析报告主要包括以下几个组成部分。

1. 标题

财务分析报告的标题，是分析目的和分析内容的抽象和概括。全面分析报告的标题经常标明财务会计报告的期间，如“某公司某年度财务分析报告”。对于专题分析报告来说，标题一般是揭示分析的主要问题或内容范围，有时是直接表达分析的建议或意见，如“投资报酬情况分析报告”。

2. 开头

财务分析报告的开头多数是概括介绍企业当前的形势、报告的背景，并针对分析的问题用总括数字简要介绍一些基本情况或简要地说明分析的目的。开头应该简明扼要。有时财务分析报告的开头与正文并无明显的界限，也有不要开头直入正题的。

3. 正文

正文部分是财务分析报告的主体。首先，按照可比口径计算说明各项主要经济指标的完成情况，通过实际与计划或与上年同期的对比，反映经济指标的完成情况，并分析变动的原因，同时肯定所取得的成绩，揭示所存在的问题。正文部分要注意突出中心、突出重点、突出问题的症结所在。只有重点突出的财务分析报告，才能让人读了以后指出关键问题在哪里。具体协作时，应有重点地总结分析企业取得某一重要成绩的状况和经验，或者有重点地总结分析企业存在的薄弱环节的状况和造成的原因，切忌罗列数据、面面俱到，而又不分析问题、解决问题。这部分的写作还要注意情况具体、分析深入、结论公正，既不虚构或夸大成绩，也不掩饰或缩小问题，能对企业的经营活动和财务状况做一个客观、真实的描述和评价。

另外，正文部分在说明情况、分析问题时要注意形式的多样化，可以直接用数字对比说明，可以用表格的形式，也可以用文字说明。哪一种形式更有助于说明问题、更清晰地表现问题，就采用哪一种形式。

4. 结尾部分

财务分析报告的结尾，主要是提出改进意见、措施或建议，目的是为了改善经营管理和财务状况，提高经济效益。最后，还应有署名和报告日期。

（三）财务分析报告的编制程序

1. 确定分析内容及分析重点

不同的经营阶段有不同的要求，不同的企业经营状况不同，不同的行业有不同的特点。所以，对于财务分析来说，不同的行业、不同的企业，同一企业的不同发展阶段有各自不同的侧重点。例如，成长阶段的企业比较重视市场的占领，同时发展阶段一般对资金的需求比较旺盛，所以，在企业的成长阶段，对销售状况的分析，对资金周转状况的分析都比较重要。在企业的成熟阶段，又应该侧重于企业盈利能力及产品创新能力。所以，在进行财务分析之前，要根据企业的状况和自身特点确定合适的分析内容和分析重点。

2. 搜集资料

确定了分析内容后，接下来要根据分析内容来搜集资料。这是编制财务分析报告的基础工作，进行财务分析所需要的资料虽然不是很庞杂，但仅仅是本期的财务会计报告还是不够的，还需要很多其他相关资料。

首先，是本期的财务会计报告，为了发现本期经营过程中的问题，以及发生的变化，还需要和前期或前两期的财务会计报告比较分析。

其次，要想看企业的计划或预算完成情况如何，本期财务会计报告和计划或预算资料也要进行比较分析。财务分析是对企业财务状况进行多角度的分析，成本因素分析也是其中的一个方面，成本资料的获得需要依靠企业的会计核算。还有一些资料是会计核算资料中所没有的，需要统计部门的配合。所以，财务分析资料也是多种多样的，应根据分析内容的不同，从不同的方面搜集资料。有些资料是直接可以利用的，有些则需要进行加工之后才能用，如统一口径。

3. 选择分析方法

财务分析方法很多，如比率分析法、对比分析法、趋势分析法、杜邦分析法、沃尔分析法等。企业应根据自身特点和分析要求，选择合适的分析方法。

4. 进行财务分析并编写财务会计报告

财务会计报告的编写要结合当前生产经营的情况和财务管理的具体要求，抓住重点的、关键的问题，然后层层分解，抓住问题产生的本质原因，切忌面面俱到。分析结论要有确凿的数据作依据，要定性分析和定量分析相结合，肯定成绩与剖析缺点相结合，层次清楚，语言简练。

第二节 财务分析细述

一、财务分析的方法

财务分析的方法主要有比较法、比率分析法、趋势分析法和因素分析法等。

（一）比较法

比较法是通过经济指标的数量上的比较，来揭示经济指标的数量关系和数量差异的一种方法。经济指标存在某种数量关系（大于或小于、增加或减少），能说明生产经营活动的一定状况，经济指标出现了数量差异，往往就说明有值得进一步分析的问题。比较法的主要作用，在于揭示财务活动中的数量关系和存在的差距，从中发现问题，为进一步分析原因、挖掘潜力指明方向。比较的方法是最基本的分析方法，没有比较就没有分析，不仅比较法本身在财务分析中被广泛应用，而且其他分析方法也是建立在比较法的基础上的。

根据分析的目的和要求的不同，比较法有以下三种形式。

（1）实际指标同计划（定额）指标比较，可以揭示实际与计划或定额之间的差异，了解该项指标的计划或定额的完成情况。

（2）本期指标同上期指标或历史最好水平比较，可以确定前后不同时期有关指标的变动情况，了解企业生产经营活动的发展趋势和管理工作的改进情况。

（3）本单位指标同国内外先进单位指标比较，可以找出与先进单位之间的差距，推动本单位改善经营管理，赶超先进水平。

应用比较法对同一性质指标进行数量比较时，要注意所利用指标的可比性。比较双方的指标在内容、时间、计算方法、计价标准上应当口径一致，可以比较。必要时，可对所用的指标按同一口径进行调整换算。

（二）比率分析法

比率分析法是通过计算经济指标的比率，来确定经济活动变动程度的分析方法。比率是相对数，采用这种方法，要把分析对比的数值变成相对数，计算出各种比率指标，然后进行比较，从确定的比率差异中发现问题。采用这种分析方法，能够把在某些条件下的不可比指标变为可以比较的指标，以利于进行分析。

1. 比率指标的三种类型

（1）构成比率，又称结构比率，用以计算某项经济指标的各个组成部分占总体的比重，反映部分与总体的关系。其典型计算公式为

$$构成比率 = \frac{某个组成部分数额}{总体数额}$$

固定资产占总资产的比重，负债占总权益的比重、收不回来的应收账款占全部应收账款的比重等，都属于构成比率指标。利用构成比率指标，可以考察总体中某个部分的形成和安排是否合理，以便协调各项财务活动。

（2）效率比率，用以计算某项经济活动中所费与所得的比例，反映投入与产出的关系。如成本费用与销售收入的比率、成本费用与利润的比率、资金占用额与销售收入的比率、资金占用额与利润的比率等。利用效率比率指标，可以进行得失比较，考察经营成果，评价经济效益的水平。

（3）相关比率，用以计算在部分与总体关系、投入与产出关系之外具有相关关系的指标的比率，反映有关经济活动的联系，如资产总额与负债总额的比率、流动资产与流动负债的比率、负债与权益的比率等。利用相关比率指标，可以考察有联系的相关业务安排得是否合理，以保障生产经营活动能够顺畅运行。相关比率指标在财务分析中应用得十分广泛。

2. 采用比率分析法，对比率指标的使用应该注意的问题

（1）比率指标中对比指标要有相关性。比率指标从根本上来说都是相关比率指标，对比的指标必须有关联性，把不相关的指标进行对比是没有意义的。在构成比率指标中，部分指标必须是总体指标这个大系统中的一个小系统，小系统只能处在这个大系统中而且必须全部处在这个大系统中，才有比较的可能。在效率比率指标中，投入与产出必须有因果关系，费用应是为取得某项收入而花费的费用，收入必须是花费相应的耗资而实现的收入，没有因果关系的得失比较不能说明经济效益水平。相关指标中的两个对比指标也要有内在联系，才能评价有关经济活动之间是否协调均衡，安排是否合理。

（2）比率指标中对比指标的计算口径要一致。同比较法一样，在同一比率中的两个对比指标在计算时间、计算方法、计算标准上也应当口径一致。特别要注意的是，比率指标中的对比指标是两个含义不同的指标，由于取得的资料来源不同，可能所包括的范围有一定差异，使用时必须使之口径一致，便于对比。有些容易混淆的概念，如营业收入和主营业务收入、销售收入和赊销收入、营业利润和净利润等，使用时也必须注意划清界限。

（3）采用的比率指标要有对比的标准。财务比率能从指标的联系中，揭露企业财务活动的内在关系，但它所提供的只是企业某一时点或某一时期的实际情况。为了说明问题，还需要选用一定的标准与之对比，以便对企业的财务状况做出评价。通常用作对比的标准有以下几种。

1）预订目标，指企业自身制订的、要求财务工作在某个方面应该达到的目标。将实际完成的比率与预定的经营目标比较，可以确定差异，发现问题，为进一步分析差异产生的原因提供线索。

2）历史标准，指本企业在过去经营中实际完成的数据，它是企业已经达到的实际水平。将企业本期的比率与历史上已达到的比率对比，可以分析和考查企业财务状况和整个经营活动的改进情况，并预测企业财务活动的发展趋势。

3）行业标准，指本行业内同类企业已经达到的水平。行业内同类企业的标准有两种：一种是先进水平，另一种是平均水平。将本企业的财务比率与先进水平比，可以了解同先进企业的差距，发现本企业潜力之所在，促进挖掘潜力，提高经济效益；将本企业的财务比率与平均水平比，可以了解本企业在行业中所处的位置，明确努力的方向，处于平均水平以下者要追赶平均水平，达到平均水平者应追赶先进水平。

4）公认标准，指经过长期实践经验的总结，为人们共同接受，达到约定俗成程度的某些标准。例如，反映流动资产与流动负债关系的流动比率，公认应以2∶1比较稳妥，此2∶1即为公认标准。企业分析时可以此为标准，借以评价企业的流动比率是否恰当，风险如何。

（三）趋势分析法

趋势分析法是将两期或连续数期财务报告中的相同指标或比率进行对比，求出它们增减变动的方向、数额和幅度的一种方法。采用这种方法可以揭示企业财务状况和生产经营情况的变化，分析引起变化的主要原因、变动的性质，并预测企业未来的发展前景。

1. 趋势分析法的具体运用

（1）会计报表金额的比较。这是将连续数期的会计报表的金额数字并列起来，比较其

相同指标的增减变动金额和增减变动幅度，来说明企业财务状况和经营成果发展变化的一种方法。

会计报表的比较，可以有资产负债表比较、利润表比较、所有者权益变动表、现金流量表比较等。比较时，既要计算出表中有关项目增减变动的绝对额，又要计算出其增减变动的百分比。

（2）会计报表构成的比较。会计报表百分比比较是在会计报表比较的基础上发展而来的。它是以会计报表中的某个总体指标作为100%，再计算出其各组成指标占该总体指标的百分比，比较各个项目百分比的增减变动，以此来判断有关财务活动的变化趋势。这种方法比前述第二种方法更能准确地分析企业财务活动的发展趋势。这种方法既可用于同一企业不同时期财务状况的纵向比较，也可用于不同企业之间或与行业平均数之间的横向比较。这种方法能消除不同时期（不同企业）之间业务规模差异的影响，有利于分析企业的耗费水平和盈利水平。

（3）重要财务指标的比较。重要财务指标的比较，是将不同时期财务报告中的相同指标或比率进行比较，直接观察其绝对额或比率的增减变动情况及变动幅度，考察有关业务的发展趋势，预测其发展前景。

对不同时期财务指标的比较，可以计算成动态比率指标，如利润增长的百分比。由于采用的基期数不同，所计算的动态比率指标可有两种：定基动态比率和环比动态比率。定基动态比率，是以某一时期的数额为固定的基期数额而计算出来的动态比率；环比动态比率，是以每一分析期的前期数额为基期数额而计算出来的动态比率。其计算公式为

$$定基动态比率 = \frac{分析期数额}{固定基期数额}$$

$$环比动态比率 = \frac{分析期数额}{前期数额}$$

2. 若干注意事项

采用趋势分析法时需要注意以下几个问题。

（1）同其他分析方法一样，用以进行对比的各个时期的指标，在计算口径上必须一致。由于经济政策、财务制度发生重大变化而影响指标内容时，应将指标调整为同一口径。

（2）由于天灾人祸等偶然因素对财务活动产生特殊影响时，分析时应加以消除，必要时对价格变动因素也要加以调整。

（3）分析中如发现某项财务指标在一定时期内有显著变动，应作为分析重点，研究其产生的原因，以便采取对策，趋利避害。

（四）因素分析法

因素分析法是用来确定几个相互联系的因素对分析对象，即某个经济指标的影响程度的一种分析方法。采用这种方法的出发点在于，当有若干因素对分析对象发生影响作用时，假定其他各个因素都无变化，顺序确定每一因素单独变化所产生的影响。因素分析法的具体应用可以有不同的形式。差额计算法是其中常用的一种，它利用各个因素实际数同标准数的差额，来计算各该因素脱离标准对分析对象的影响。

若某财务指标p系由a、b、c三个因素的乘积构成，其计划指标和实际指标同有关因素的关系如下。

计划指标：$p_0 = a_0 \times b_0 \times c_0$

实际指标：$p_n = a_n \times b_n \times c_n$

以实际与计划的差异 $p_n - p_0$ 为分析对象，它同时受a、b、c三个因素影响。运用差额计算法可确定各因素的影响程度如下。

a 因素变动的影响：$(a_n - a_0) \times b_0 \times c_0 = p_1 - p_0$

b 因素变动的影响：$a_n \times (b_n - b_0) \times c_0 = p_2 - p_1$

c 因素变动的影响：$a_n \times b_n \times (c_n - c_0) = p_n - p_2$

影响合计 $p_n - p_0$

上式中，各字母的下标 0 为计划数；下标 n 为实际数；p_1、p_2 分别为第一、第二个因素变动后的结果。

因素分析法在财务分析中应用也颇为广泛，既可以全面分析各因素对某一经济指标的影响，也可以单独分析某个因素对某一经济指标的影响。后者如计算由于流动资金周转天数缩减而对流动资金计划需要量减少的影响，计算由于应收账款收账天数缩短、降低坏账损失率而对企业坏账损失减少的影响等。

二、财务分析的程序

财务分析的一般步骤如下。

（一）明目的、制计划、确重点

为了提高分析效率和质量，做到有的放矢，在分析前，应将企业当前存在的主要问题作为分析对象和重点，并明确分析目的。

（二）搜信息

即搜集进行企业财务分析的信息。

进行企业财务分析的信息可以分为标准与实际两个方面。根据分析的目的与范围，分析人员应搜集相关的行业信息、预算或计划信息、历史信息、实际信息等，这些信息来源于企业所在外部的中介咨询机构、行业公会、上市公司公开的数据，以及企业内部等。

（三）究本质

根据分析目的把整体的各个部分分割开来，予以适当组织，使之符合需要；深入探究各部分的特殊本质；进一步研究各个部分的联系。

（四）找差距

即以实际资料同企业经营财务状况的标准资料进行对比，寻找企业实际与标准指标或资料的差异。

一般而言，采用的标准指标有经验数据、预算或计划、历史数据、国内外同行业的平均数据等，采用何种标准取决于企业分析的目的。可以将差异定为有利差异和不利差异。有利差异是指对企业生产经营具有积极影响的差异；不利差异是指对企业生产经营具有负面影响的差异。

（五）查原因

即查明影响总体指标发生差异的具体原因。

因素的变动导致生产经营某一结果的变动可能是企业无力控制的客观因素造成的，也可能是有关责任者的管理效率，即主观因素影响的结果。对主观因素变动的影响，应归属于具体的责任者；对客观因素导致的不利结果，企业应采取相应的措施，将其予以消化。

（六）测影响

即采用一定的技术方法，测定各因素变动对生产经营结果的影响程度。

（七）定措施

即在全面评价企业经营及财务状况的基础上，针对影响企业经营或财务活动的不利因素，制订相应的改进措施，进一步挖掘企业生产经营的潜力，提高生产经营效率。

必须指出：对某一时期企业的生产经营成果做出分析结论后，制订相应的改进措施，应由企业生产经营的主要主管、财务管理人员等共同制订，履行审批程序批准实施后，财务部门应采取跟踪措施，反映措施的实施过程及结果。

（八）交结果

解释结果，提供对决策有帮助的信息。

上述财务分析程序形成的成果是财务分析报告。

三、财务分析的体系

（一）传统的财务分析体系

传统的财务分析体系，由美国杜邦公司在20世纪20年代首创，经过多次改进，逐渐把各种财务比率结合成一个体系。

1. 传统财务分析体系的核心比率

权益净利率是分析体系的核心比率，它有很好的可比性，可以用于不同企业之间的比较。由于资本具有逐利性，总是流向投资报酬率高的行业和企业，使得各企业的权益净利率趋于接近。如果一个企业的权益净利率经常高于其他企业，就会引来竞争者，迫使该企业的权益净利率回到平均水平。如果一个企业的权益净利率经常低于其他企业，就得不到资金，会被市场驱逐，使得幸存企业的股东权益净利率提升到平均水平。

权益净利率不仅有很好的可比性，而且有很强的综合性。为了提高股东权益净利率，管理者有三个可以使用的杠杆：

$$\text{权益净利率} = \frac{\text{净利润}}{\text{销售收入}} \times \frac{\text{销售收入}}{\text{总资产}} \times \frac{\text{总资产}}{\text{股东权益}}$$

$$= \text{销售净利率} \times \text{总资产周转率} \times \text{权益乘数}$$

无论提高其中的哪一个比率，权益净利率都会提升。其中，销售净利率是利润表的概括，销售收入在利润表的第一行，净利润在利润表的最后一行，两者相除可以概括全部经营成果；权益乘数是资产负债表的概括，表明资产、负债和股东权益的比例关系，可以反映最基本的财务状况；总资产周转率把利润表和资产负债表联系起来，使权益净利率可以综合整个企业的经营活动和财务活动的业绩。

2. 传统财务分析体系的基本框架

传统财务分析体系的基本框架可用图10-1表示。

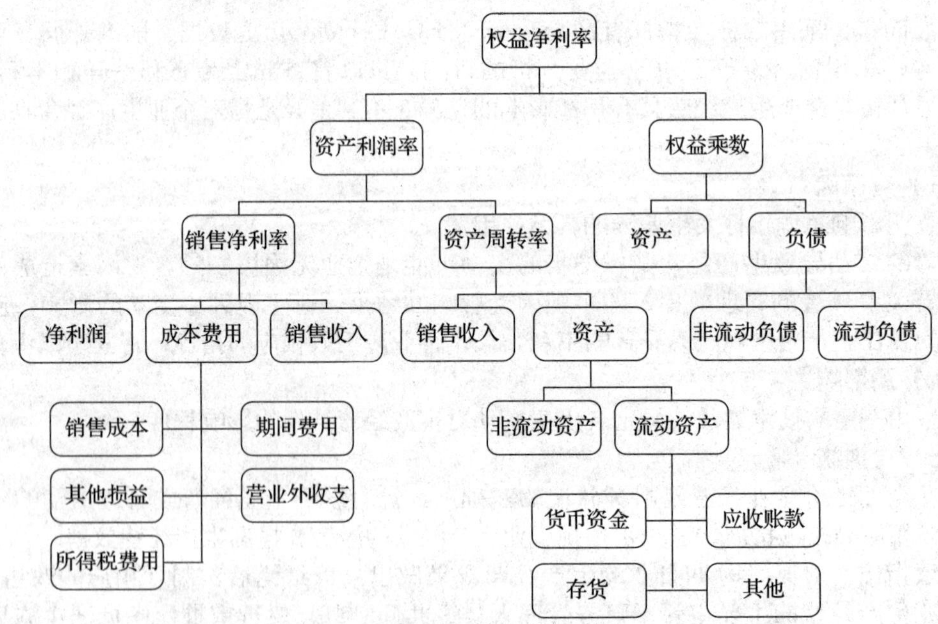

图10-1 传统财务分析体系的基本框架

该体系是一个多层次的财务比率分解体系。各项财务比率，在每个层次上与本企业历史或同业的财务比率比较，比较之后向下一级分解。逐级向下分解，逐步覆盖企业经营活动的每一个环节，可以实现系统、全面评价企业经营成果和财务状况的目的。

第一层次的分解，是把权益净利率分解为销售利润率、总资产周转率和权益乘数。这三个比率在各企业之间可能存在显著差异。通过对差异的比较，可以观察本企业与其他企业的经营战略和财务政策有什么不同。

分解出来的销售利润率和总资产周转率，可以反映企业的经营战略。一些企业销售净利率较高，而资产周转率较低；另一些企业与之相反，资产周转率较高而销售净利率较低。两者经常呈反方向变化。这种现象不是偶然的。为了提高销售利润率，就是要增加产品的附加值，往往需要增加投资，引起周转率的下降。与此相反，为了加快周转，就要降低价格，引起销售净利率下降。通常，销售净利率较高的制造业，其周转率都较低；周转率很高的零售商业，销售利润率很低。采取“高盈利、低周转”还是“低盈利、高周转”的方针，是企业根据外部环境和自身资源做出的战略选择。正因为如此，仅从销售净利率的高低并不能看出业绩好坏，把它与资产周转率联系起来可以考察企业经营战略。真正重要的，是两者共同作用而得到的资产利润率。资产利润率可以反映管理者运用受托资产赚取盈利的业绩，是最重要的盈利能力。

分解出来的财务杠杆可以反映企业的财务政策。在资产利润率不变的情况下，提高财务杠杆可以提高权益净利率，但同时也会增加财务风险。如何配置财务杠杆是企业非常重要的财务政策。一般说来，资产利润率较高的企业，财务杠杆较低，反之亦然。这种现象也不是偶然的。可以设想，为了提高权益净利率，企业倾向于尽可能提高财务杠杆。但是，贷款提供者不一定会同意这种做法。贷款提供者不分享超过利息的收益，更倾向于为预期未来经营现金流量比较稳定的企业提供贷款。为了稳定现金流量，企业的一种选择是降低价格以减少竞争，另一种选择是增加营运资本以防止现金流中断，这都会导致资产利润率下降。这就是说，为了提高流动性，只能降低盈利性。因此，我们实际看到的是，经营风险低的企业可以得到较多的贷款，其财务杠杆较高；经营风险高的企业，只能得到较少的贷款，其财务杠杆较低。资产利润率与财务杠杆呈现负相关，共同决定了企业的权益净利率。企业必须使其经营战略和财务政策相匹配。

3. 财务比率的比较和分解

该分析体系要求，在每一个层次上进行财务比率的比较和分解。通过与上年比较可以识别变动的趋势，通过同业的比较可以识别存在的差距。分解的目的是识别引起变动（或产生差距）的原因，并计量其重要性，为后续分析指明方向。

在分解之后进入下一层次的分析，分别考察销售利润率、资产利润率和财务杠杆的变动原因。

4. 传统财务分析体系的局限性

传统财务分析体系虽然被广泛使用，但是也存在某些局限性。

（1）计算总资产利润率的“总资产”与“净利润”不匹配。首先被质疑的是资产利润率的计算公式。总资产是全部资产提供者享有的权利，而净利润是专门属于股东的，两者不匹配。由于总资产净利率的“投入与产出”不匹配，该指标不能反映实际的回报率。为了改善该比率的配比，要重新调整其分子和分母。

为公司提供资产的人包括股东、有息负债的债权人和无息负债的债权人，后者不要求分享收益，要求分享收益的是股东、有息负债的债权人。因此，需要计量股东和有息负债债权人投入的资本，并且计量这些资本产生的收益，两者相除才是合乎逻辑的资产报酬率，才能准确反映企业的基础盈利能力。

（2）没有区分经营活动损益和金融活动损益。传统财务分析体系没有区分经营活动和金融活动。对多数企业来说金融活动是净筹资，它们从金融市场上主要是筹资，而不是投资。筹资活动没有产生净利润，而是支出净费用。这种筹资费用是否属于经营活动动的费用，即使在会计规范的制定中也存在争议，各国的会计规范对此的处理也不尽相同。从财务管理的基本理念看，企业的金融资产是投资活动的剩余，是尚未投入实际经营活动的资产，应将其从经营资产中剔除。与此相适应，金融费用也应从经营收益中剔除，才能使经营资产和经营收益匹配。因此，正确计量基础盈利能力的前提是区分经营资产和金融资产，区分经营收益与金融收益（费用）。

（3）没有区分有息负债与无息负债。既然要把金融（筹资）活动分离出来单独考察，就会涉及单独计量筹资活动的成本。负债的成本（利息支出）仅仅是有息负债的成本。因此，必须区分有息负债与无息负债，利息与有息负债相除，才是实际的平均利息率。此外，区分有息负债与无息负债后，有息负债与股东权益相除，可以得到更符合实际的财务杠杆。无息负债没有固定成本，本来就没有杠杆作用，将其计入财务杠杆，会歪曲杠杆的实际作用。

针对上述问题，人们对传统的财务分析体系做了一系列的改进，逐步形成了一个新的分析体系。

（二）改进的财务分析体系

鉴于传统杜邦分析体系存在“总资产”与“净利润”不匹配、未区分经营损益和金融损益、未区分有息负债和无息负债等诸多局限，故应基于改进的管理用财务报表重新设计财务分析体系。

1. 改进的财务分析体系的核心公式

该体系的核心公式如下：

$$
\begin{aligned}
\text{权益净利率} &= \frac{\text{税后经营净利润}}{\text{股东权益}} - \frac{\text{税后利息费用}}{\text{股东权益}} \\
&= \frac{\text{税后经营净利润}}{\text{净经营资产}} \times \frac{\text{净经营资产}}{\text{股东权益}} - \frac{\text{税后利息费用}}{\text{净负债}} \times \frac{\text{净负债}}{\text{股东权益}} \\
&= \frac{\text{税后经营净利润}}{\text{净经营资产}} \times \left(1 + \frac{\text{净负债}}{\text{股东权益}}\right) - \frac{\text{税后利息费用}}{\text{净负债}} \times \frac{\text{净负债}}{\text{股东权益}} \\
&= \text{净经营资产净利率} + (\text{净经营资产净利率} - \text{税后利息率}) \times \text{净财务杠杆}
\end{aligned}
$$

根据该公式，权益净利率的高低取决于三个驱动因素：净经营资产净利率（可进一步分解为销售净利率和净经营资产周转次数）、税后利息率和净财务杠杆。

根据管理用财务报表计算的有关财务比率如表 10-1 所示。

表 10-1　主要财务比率及其变动

主要财务比率	本年	上年	变动
1. 销售净利率（税信经营净利润 / 销售收入）	6.891%	7.908%	－1.017%
2. 净经营资产周转次数（销售收入 / 净经营资产）	1.7202%	2.0372%	－0.3170%
3. =（1×2）净经营资产净利率（税后经营净利润 / 净经营资产）	11.853%	16.110%	－4.257%
4. 税后利息率（税后利息费用 / 净负债）	9.020%	12.595%	－3.575%
5. =（3－4）经营差异率（净经营资产净利率－税后利息率）	2.833%	3.515%	－0.682%
6. 净财务杠杆（净负债 / 股东权益）	0.8167%	0.5898%	0.2269%
7. =（5×6）杠杆贡献率（经营差异率 × 净财务杠杆）	2.314%	2.073%	0.241%
8. =（3＋7）权益净利率（净经营资产净利率＋杠杆贡献率）	14.167%	18.182%	－4.015%

2. 改进的财务分析体系的基本框架

根据管理用财务报表，改进的财务分析体系的基本框架如图 10-2 所示。

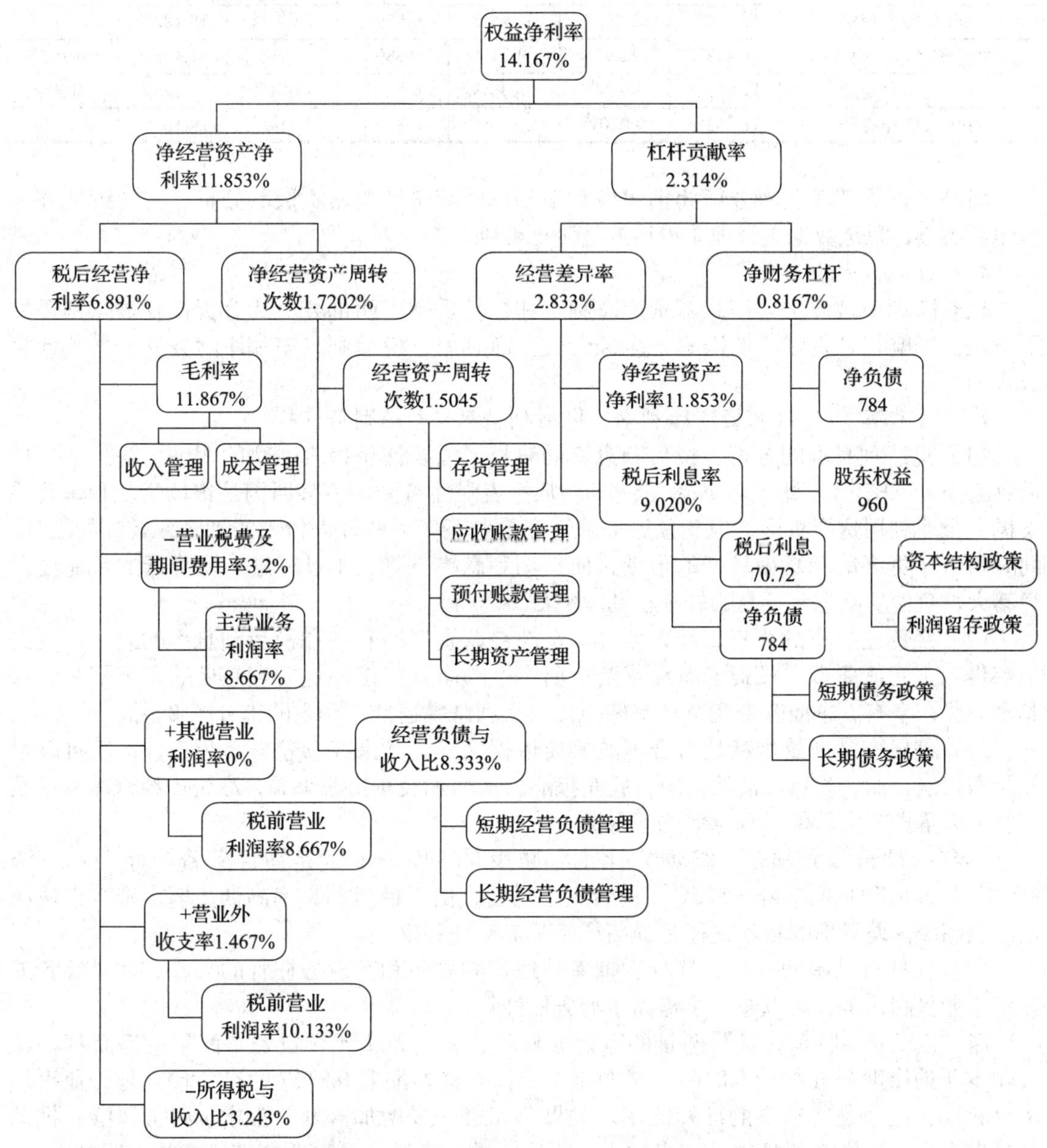

图 10-2 改进的财务分析体系的基本框架

3. 权益净利率的驱动因素分解

各影响因素对权益净利率变动的影响程度，可使用连环代替法测定，如表 10-2 所示。

根据上述计算结果可知，权益净利率比上年下降 4.015%，其主要影响因素如下。

（1）净经营资产净利率下降，使权益净利率减少 6.767%。

（2）税后利息率下降，使权益净利率增加 2.109%。

（3）净财务杠杆上升，使权益净利率增加 0.643%。因此，可以判断是企业的基础盈利能力出现问题。

表 10-2　连环替代法的计算过程

影响因素	净经营资产净利率	税后利息率	经营差异率	净财务杠杆	杠杆贡献率	权益净利率	变动影响
上年权益净利率	16.110%	12.595%	3.515%	0.5898	2.073%	18.182%	
净经营资产净利率变动	11.853%	12.595%	－0.742%	0.5898	－0.438%	11.415%	－6.767%
税后利息率变动	11.853%	9.020%	2.833%	0.5898	1.671%	13.524%	2.109%
净财务杠杆变动	11.853%	9.020%	2.833%	0.8167	2.314%	14.167%	0.643%

将净经营资产净利率分解为销售净利率和净经营资产周转次数的分析，与传统杜邦分析体系类似，只是数据更合理，得出的结论更准确。

4. 杠杆贡献率的分析

权益净利率被分解为净经营资产净利率和杠杆贡献率两部分，为分析杠杆贡献率提供了方便。影响杠杆贡献率的因素是净经营资产净利率、税后利息率和净财务杠杆。其计算公式为

杠杆贡献率 =（净经营资产净利率 － 税后利息率）× 净财务杠杆

（1）税后利息率的分析。税后利息率的分析，需要使用报表附注的明细资料。本年税后利息率为 9.020%，比上年下降 3.575%。从报表附注可知，下降原因是市场贷款利率普遍下调。企业利用这个机会，以新债还旧债，提前归还了一些过去借入的利息率较高的借款，同时借入了更多的利息率较低的借款，使平均利息率下降。不过，进一步降低的可能性已经不大，负债从高息到低息的转换已基本完成。

（2）经营差异率的分析。经营差异率是净经营资产净利率和税后利息率的差额，它表示每借入 1 元债务资本投资于净经营资产所产生的净收益偿还税后利息后的剩余部分。该剩余归股东享有。净经营资产净利率越高，税后利息率越低，剩余的部分越多。

经营差异率是衡量借款是否合理的重要依据之一。如果经营差异率为正，借款可以增加股东报酬；如果为负，借款会减少股东报酬。从增加股东报酬来看，净资产经营净利率是企业可以承担的借款税后利息率的上限。

本年的经营差异率是 2.833%，比上年减少 0.682%。原因是净经营资产净利率下降 4.257%，税后利息率下降 3.575%，前者大于后者。由于税后利息率高低主要由资本市场决定，提高经营差异率的根本途径是提高净经营资产净利率。

（3）杠杆贡献率的分析。杠杆贡献率是经营差异率和净财务杠杆的乘积。如果经营差异率不能提高，是否可以进一步提高净财务杠杆呢？

以“净负债 / 股东权益”衡量的净财务杠杆，表示每 1 元权益资本配置的净负债。该公司本年的净财务杠杆为 0.8167，说明每 1 元权益资本配置 0.8167 元净负债。与行业平均水平相比，已经是比较高的杠杆比率。如果公司进一步增加借款，会增加财务风险，推动利息率上升，使经营差异率进一步缩小。因此，进一步提高净财务杠杆可能是不明智之举。依靠提高净财务杠杆来增加杠杆贡献率是有限度的。

第十一章

企业绩效评价

第一节　绩效评价综述

一、绩效评价概述

企业绩效评价是指运用数理统计和运筹学方法，采用特定的指标体系，对照统一的评价标准，按照一定的程序，通过定量定性对比分析，对企业一定经营期间的经营效益和经营者业绩，做出客观、公正和准确的综合评判。

企业绩效评价是评价理论方法在经济领域的具体应用，它是在会计学和财务管理的基础上，运用计量经济学原理和现代分析技术而建立起来的剖析企业经营过程，真实反映企业现实状况，预测未来发展前景的一门科学。

（一）绩效评价的目标

评价目标是整个绩效评价系统运行的指南和目的，决定了评价指标的选择、评价标准的设置和评价方法的确定，而评价目标的确定更多的是以关键成功因素的形式与战略目标和战略规划联系在一起。从企业所面临的环境复杂性和动态性的特征来看，企业要想获得或者保持竞争优势，必须从本身独特的战略资源和核心能力出发，选择有吸引力的行业，制订正确的竞争战略，并且在战略目标和战略规划已经形成的前提下来选择评价目标。

企业绩效评价模式最具代表性也最具有广泛影响力的是平衡计分卡。平衡计分卡在综合分析企业内外环境和资源条件的基础之上，将目标归结为财务、客户、内部业务流程和员工与学习四个基本方面，帮助企业管理者理解并把握经营成功的关键动因，全面提升企业价值管理水平。这四个基本方面是根据多数企业的经验提炼出来的，而且被实践证明是影响企业竞争力的四个最关键的因素，因此平衡计分卡应该成为探讨绩效评价目标选择的指导性框架。现代企业要不断实现战略目标、获得持续竞争优势，就必须在高度关注股东、客户和人力资源等方面的同时，强调创新和流程。不仅仅要重视技术创新，同时还应该重视管理创新。流程也不仅仅包括内部业务流程，还应该强调不同流程和不同环节之间的协同性。

综上所述，对现代企业而言，其绩效评价目标的基本选择包括了财务、客户、创新、流程和员工几个因素，这些因素相辅相成，系统、全面、综合地反映企业实现战略目标和战略规划的关键成功因素。具体解释就是，财务目标是一个企业最终追求的目的，要实现企业的财务目标，关键是让客户满意，而要使企业所创造的价值被认同，企业就必须不断进行创新。只有调动员工的积极性和激发员工的创造力，才能使企业得到持续发展，取得战略成功。在实际操作中，企业可以根据自身的组织背景和战略目标，增加或减少一个或几个评价目标因素。

（二）绩效评价的功能

绩效评价主要有以下基本功能。

1. 激励与约束功能

绩效评价具有激励与约束功能，对于评价下属单位经理人员的工作成绩，进行调配、提升、奖励等决策提供有力的支持，具有重要的参考价值。正是在这个意义上，管理者可将绩效评价视为一种最有用的人力资源管理工具。

2. 战略管理功能

绩效评价在企业战略管理中发挥着重要作用。在战略设计阶段，绩效评价可以发挥项目再评估和资源再配置功能，为形成最优战略提供信息；在战略实施阶段，绩效评价可以发挥其人事管理功能，以激励各级人员努力实现战略目标。绩效评价是联系战略管理循环的纽带。

3. 资源再配置功能

现代企业的经营成功取决于企业能否在其所涉及的几个不同行业或同一行业几个不同产品线上具有竞争优势。将企业所涉及的这些行业或产品的业绩水平与其主要竞争对手进行对比，可以使企业认清自己在哪些行业或产品具有竞争优势，在哪些行业或产品不具有竞争优势。根据这些信息，管理者可以重新对这些行业或产品从战略的高度进行分析并采取相应的措施，对原有资源配置进行重新调整，从不具有竞争优势或不可能具有竞争优势的行业或产品线撤出，增强其他行业或产品线已有的竞争优势，或重新选择新的竞争方向。

大型企业集团和跨国公司往往同时经营不同的行业或同一行业内几个不同的产品线，这就要求在其涉及的所有行业都具有一定的竞争优势。这时将企业所涉及的行业或产品的业绩水平与相同行业的主要竞争对手进行对比，可以使企业认清自己在哪些行业或产品具有竞争优势，并根据这些信息对原有资源配置进行重新调整，增强其他行业及产品线已有的竞争优势，或重新选择新的经营方向。

4. 项目再评估功能

资本预算是企业对长期重大项目投资所进行的可行性研究和收支计划，一般包括投资报酬率、净现值、现值指数等指标。在编制资本预算时，这些指标往往根据预测的资料得出，这些投资的实际运行效果与设想的是否一致，是企业管理者极为关心的问题。以资本预算为绩效评价标准，将实际效果与预算进行比较，起到项目再评估的作用；同时，可以找出预测误差，不断提高预测的准确性。

（三）绩效评价的种类

1. 根据绩效评价范围不同的分类

根据绩效评价范围不同，可将绩效评价分为综合评价和单项评价。

（1）综合评价是指对企业在一定时期的生产经营各方面的情况进行系统全面的评价。综合评价的目的是找出企业生产经营中带有普遍性的问题，全面总结企业在这一时期的成就与问题，为协调各部门的关系、搞好下期生产经营安排奠定基础或提供依据。

（2）单项评价是根据评价主体或评价目的的不同，对企业生产经营过程中某一方面的问题所进行的较深入的评价。单项评价能及时、深入地揭示企业在某方面的财务状况，为评价主体提供详细的资料信息，对解决企业关键性问题有重要作用。

2. 根据绩效评价客体不同的分类

根据绩效评价客体不同，可将绩效评价分为整体评价、部门评价和个人评价三个层次。

（1）整体评价是对企业整体业绩进行评价。

（2）部门评价是对企业中的各个部门的业绩进行评价，包括对业务部门和管理部门的评价。

（3）个人评价就是对个体业绩进行评价。

从管理学角度看，业绩即组织期望的结果，是组织为实现其战略目标而展现在不同层面的有效输出，一个组织要实现其战略目标，需要将其目标进行分解，落实到部门和个人，只有部门和个人的目标实现了，组织的业绩目标才有可能得以实现。

3. 根据绩效评价主体不同的分类

根据绩效评价主体不同，可将绩效评价划分为外部评价和内部评价两大类。

外部评价就是由企业的外部有关评价主体对企业业绩做出评价，内部评价就是由企业内部的有关评价主体对企业业绩做出的评价。

根据利益相关者理论，企业除了股东以外还有其他利益相关者。由于利益相关者是通过契约与企业形成特定经济关系，期望从企业经营中获取回报，或者尽管没有契约关系，但其利益受企业经营影响，因此利益相关者需要通过各种机制对企业经营和管理施加影响，绩效评价系统就是其中之一，因此不同利益相关者都可能成为企业绩效评价的主体。具体到一个企业而言，其外部评价主体包括中小股东、潜在的投资者、现有的和潜在的债权人、政府有关部门、供应商和客户、社会公众等；内部评价主体包括大股东、各级管理者和基层职员等。

内部评价的依据是企业的战略规划和战略计划，利用的是企业内部所产生的各种管理信息，包括财务信息和非财务信息；而外部评价则受信息获取方式的限制，主要以企业披露的财务信息和市场信息为主，因此内部评价通常比外部评价更为精确。

4. 根据绩效评价内容不同的分类

根据绩效评价内容不同，可将绩效评价分为财务评价和非财务评价。

（1）财务评价是对企业的财务状况进行评价，主要是利用财务指标，其评价内容具体又细分为盈利能力状况、偿债能力状况、营运能力状况和增长能力状况等方面。

（2）非财务评价主要是对企业的非财务表现进行评价，其评价的内容主要包括客户、内部业务流程、员工和创新等。

（四）绩效评价的原则

绩效评价的一般原则如下。

1. 目标一致原则

目标一致原则指长期目标和短期目标相一致。经验表明企业要想在未来取得成功，必须集中注意包括善待顾客、获利能力、质量、创新、灵活性、管理者目标与企业目标一致等关键因素。

2. 定量与定性相结合的原则

知识经济时代，一个成功的企业不仅依赖于它对传统财务评价指标体系的运用，而且更多地取决于它对非财务指标体系（如企业创新能力、与客户的关系、内外部供应链的协调、员工的整体素质、企业可持续发展能力等）的重视。因此，企业绩效评价既要重视定量指标的考核，也要充分重视定性评价分析。企业财务指标注重的是对结果的反映，带有静止、单一和被动反映的特点，不能全面地、动态地反映经营过程中可能出现的问题。市场竞争的激烈，客户对产品和服务更新换代的要求，企业危机感非常紧迫，使企业绩效评价的重心从事后评价转到为实现企业战略目标服务，把绩效评价工作融入整个战略管理过程，并将战略目标作为其绩效评价的起点，指标体系转变为既体现企业传统财务评价指标，又体现企业战略、企业核心竞争力和智力资本作用的财务与非财务指标有机结合的绩效评价指标体系。

3. 系统分析的原则

系统论告诉我们，世界上任何事物都可以看成是一个系统，系统是普遍存在的。任何系统都是一个有机的整体，它不是各个部分的机械组合或简单相加，系统的整体功能是各要素在孤立状态下所没有的性质。企业是为实现一定的目标而将不同的要素结合起来的整体，绩效评价应当从系统论观点来对企业进行管理控制，要从战略的角度认识绩效评价系统在企业整体中的定位，把企业经营绩效评价按现代化企业管理的要求，融入整个战略管理过程，并将战略目标作为其绩效评价和管理的起点。不同企业的经营战略不同，其绩效评价重点也不同，如处在成长阶段重点评价销售额，处在维持阶段重点评价资本回报、盈利能力，处在成熟阶段重点评价现金流量等。此外，如产品质量、技术进步、生产率、市场占有率、核心竞争力等非财务性指标，都是全面评价企业业绩的重要方面。

4. 以净资产收益为核心原则

我国企业绩效评价指标体系曾出现过三次变革。

第一次变革是 1993 年财政部出台的《企业财务通则》所设计的一套财务绩效评价指标体系，企业绩效评价标准从计划经济时期以实物产量为核心转变为以产值和利润为主。

第二次变革是 1995 年财政部制定的企业经济效益评价指标体系，企业绩效评价标准由单一向全面、综合素质评价转变。

第三次变革是 1999 年由原国家经贸委等四部委联合颁布实施的国有资本金效绩评价指标体系，企业绩效评价从企业资本效益状况、资产经营状况、偿债能力状况和发展能力状况等四方面全面反映企业的生产经营状况和经营者的业绩。

纵观我国企业绩效评价指标体系的变迁过程，企业绩效评价应坚持净资产收益评价为核心的原则，全面反映企业核心竞争力，加快企业建立现代企业制度。

5. 以人为本的原则

人是生产力最活跃的因素，离开了人，管理活动就失去了存在的基础，重视人的管理和发展，充分体现知识资本的价值，是知识经济时代的基本趋势和客观要求。绩效评价是企业出资人对经营者控制的一种手段，出资人定期对企业经营管理者的品德、履约情况、工作能力以及工作成绩等方面进行综合评价，以调动管理者的积极性和创造性。健全的绩效评价系统应使经营者、员工体验到成就感、自豪感，从而提高其工作满意度，应引导企业经营者、员工为实现企业目标而努力。

6. 战略符合性原则

企业管理是一种战略性管理，它必须以长期发展的眼光来看待绩效评价，从而为实现战略目标服务。战略性原则是绩效评价体系建立时必须考虑的另一重要方面。它对绩效评价的要求如下。

（1）注重财务指标与非财务指标间的平衡。企业应该强调对引起收入和成本的作业进行管理，而不是等到作业发生之后再对收入和成本本身进行解释，基于这一原因较高层财务业绩通常服从其非财务业绩，从而做到财务业绩与非财务业绩的均衡。

（2）注重盈利性指标与流动性指标、结果性指标与过程性指标之间的均衡。

（3）反映长期利益与短期利益、整体利益与局部利益的关系。为此需要评价主体从战略的角度来评价管理业绩，在这一层面上评价是主观的，它反映评价主体的主观意志和战略目的。

7. 公正与公平原则

绩效评价本身是主观行为，但主观行为必须以客观事实为依据，只有这样才能公正、公平。为此应当做到以下两点。

（1）强化绩效评价的市场性，增加市场本身对绩效评价不失为一种可行的方法，它要求在评价指标设计上加大市场的含量，减少人为水分。

（2）在市场不能完全作为评价依据时，需要从内部机制设置上保证评价的公正与公平，即要让外部董事在绩效评价中充当“计票人”角色。

8. 可控性原则

可控是指直接受管理者控制的事件与区域，这一区域可以是成本中心，也可能是利润中心，从总部看则是投资中心。将绩效评价区分可控与不可控，是出于对管理者责任范围限定的需要，它是相对的。成本中心的可控对象是其成本，管理者只对其成本负责；利润中心的可控对象是其利润，管理者只对现有资产的规模和使用效能与实现的盈利负责。由于可控与不可控的界限很难区分，因此在管理组织的设计与绩效评价的依据上，需要对其进行重新定位。

（1）从组织设计上，为了保证组织内的可控界限明确合理，因此需要对可控范围内的管理事项进行完全放权，即做到彻底分权。

（2）如果是由于外部市场环境变动而导致的不可控因素，则要求在绩效评价上剔除环境变动对业绩产生影响的因素，将管理者可控的业绩进行报告与评价。

9. 协调性原则

协调性是指在评价管理业绩时要注重评价体系与评价指标间的协调。不协调性会在很大程度上损害甚至抵销绩效评价的功能，是企业管理所不允许的。因此它要求评价主体必须站在战略角度，从宏观上对管理业绩进行评判，做到目标的唯一性，考核的唯一性，只有这样才能使得管理绩效评价作为目标与激励的桥梁，发挥其应有的功能与作用。

（五）绩效评价的模式

绩效评价模式按评价指标可划分为财务模式、价值模式和平衡模式三种模式。

1. 财务模式

财务模式产生于20世纪初的生产管理阶段，当时巨大的市场空间使规模经济成为企业制胜的“法宝”，企业的目标主要是通过提高生产效率来追求利润最大化。由于不断地通过外部融资扩大生产规模，所以，庞大的投资使企业最为关心并评价以投资报酬率为核心的财务指标。

根据责权利一致的原则，企业通常划分了三种典型的责任中心，即成本中心、利润中心和投资中心。这种划分最大的好处是可以将企业的总目标层层分解为每个责任中心的子目标。这些子目标常常直接用财务报表中的数据或根据财务报表计算的财务指标来表示，如成本、利润、投资报酬率等，并且与总目标共同构成一个具有量化关系的逻辑分析体系。这些子目标一旦被分解后，企业总部常给予各子部门充分的自由以保证各部门目标的实现，进而保证企业总目标的实现。这个过程通常以年度预算的形式来实现。

财务模式中所使用的业绩指标主要是从会计报表中直接获取的数据或根据其中的数据计算的有关财务比率。这些数据的获取严格遵循会计准则，最大限度地减少数据的人为调整空间，具有较高的可比性。但是，由于会计准则从谨慎的角度反映了外部利益相关者要求，并且按照历史成本原则进行计量，是一种保守的评价模式，所以财务模式无法从战略角度反映企业决策的要求，即无法反映出财务指标和非财务指标之间的因果关系。另外，在预算执行过程中，如果某个部门的财务指标被修改，企业整体目标分解的逻辑性、系统性也将丧失。因而，在现实中，除了预算中的财务指标外，还需要一些非财务指标来判断企业的得失成败。同时，为保证企业目标的实现，企业还需要建立健全完善的投资决策制度、资金管理制度等相关的财务管理制度。

2. 价值模式

财务指标虽具有可操作性的优点，但也存在被操纵的可能，因而未必能够真实地反映出企业的经济现实与未来价值。基于此，价值模式以股东财富最大化为导向，它所使用的评价指标主要是经过调整的财务指标，或根据未来现金流量得到的贴现类指标。价值模式中最有代表性的当属经济增加值（Economic Value Added，EVA）。

经济增加值站在经济学的角度对财务数据进行了一系列调整，通过对传统财务指标的调整，使经济增加值比会计利润更加接近企业的经济现实。企业经济增加值持续地增长意味着企业市场价值的不断增加和股东财富的增长，从而实现股东财富最大化的财务目标。在进行调整时，特别需要考虑企业的战略、组织结构、业务组合和会计政策，以便在简单和精确之间实现最佳的平衡。

价值模式站在股东的角度来评价企业的业绩，能够有效地将企业战略与日常业务决策和激励机制有机地联系在一起，最终为股东创造财富。但是，我们也不能忽视其不足的一面。尽管价值模式试图建立一种优于财务模式的绩效评价指标，但它的评价指标主要还是通过对财务数据的调整计算出来的货币量指标。由于对非财务指标的考虑不足，价值模式无法控制企业的日常业务流程。同时，价值模式也没有充分考虑企业的其他利益相关者。

3. 平衡模式

相对于财务模式和价值模式，平衡模式最大的突破就是引入了非财务指标。但这只是表面，从深层来看，平衡模式以战略目标为导向，通过指标间的各种平衡关系以及战略指标或关键指标的选取来体现出企业不同利益相关者的期望，从而实现企业价值最大化的目标。许多研究者认为，非财务指标能够有效地解释企业实际运行结果与预算之间的偏差。例如，市场占有率和产品质量等非财务指标长期以来就被企业用于战略管理，因为它们可以有效地解释企业利润或销售收入的变动。此外，非财务指标能够更为清晰地解释企业的战略规划以及对战略实施进行过程控制。非财务指标主要是企业业绩创造的动因指标，它是企业绩效评价体系纵向延伸的结果，它强调了操作者在业绩控制体系中的作用，同时，非财务指标也是最为操作者理解的评价指标。因而，由财务指标与非财务指标组成的评价指标体系就犹如企业的“神经系统”一样：适时地“感触”企业的“健康”状况；精确地“定位”企业的“病处”；正确地“预示”企业的发展趋势。平衡模式中，比较有代表性、并引起广泛关注的是平衡计分卡（The Balanced Score Card，BSC）。平衡计分卡被视为一套能使高层经理快速而全面地考察企业的绩效评价系统。平衡计分卡通过说明愿景、沟通与联系、业务规划、反馈与学习四个环节把企业的长期战略目标与短期行动联系起来发挥作用。

平衡模式建立了财务指标与非财务指标相结合的绩效评价指标体系，它强调企业从整体上来考虑营销、生产、研发、财务、人力资源等部门之间的协调统一，而不再将他们割裂开来；它以实现企业的整体目标为导向，强调整体最优而非局部最优；它全面地考虑了各利益相关者；它强调企业从长期和短期、结果和过程等多个视野来思考问题。平衡模式采用竞争评价标准，有效地解决了各部门之间因争抢资源进而导致资源配置效率低下的问题，提高了企业的整体业绩。在战略规划阶段，通过对战略目标的量化与分解，将企业目标转化为部门及个人行动目标，极大地增强了企业内部之间沟通的有效性，使各个部门及全体员工对企业整体目标达成共识；在战略实施阶段，绩效评价反馈的信息有助于管理者及时发现问题，采取措施以保证既定战略的顺利实现。

每种绩效评价模式的产生都有着深刻的背景，反映着企业管理面对环境挑战而涌现出来的与时俱进的创新精神。需要强调的是，绩效评价模式的划分只是出于理论研究的方便，现实中并不存在完全泾渭分明的绩效评价模式。每种绩效评价模式都有各自的优缺点，不同的绩效评价模式之间不是互斥的关系，它们完全是可以相互补充的。企业绩效评价系统包括若干基本的组成要素，但由于每个企业所处的行业、竞争环境、限制因素、生命周期等内外环境不同，企业绩效评价系统的评价目的、评价指标、评价标准等都会有所不同。也就是说，绩效评价系统不可能脱离其服务的对象——企业。从这个角度来看，是不存在适合于任何企业的标准绩效评价系统的。

（六）绩效评价系统的构成要素

一个有效的绩效评价系统是由下列因素有机组成的：评价目标、评价对象、评价指标、评价标准、评价方法和评价报告。

1. 绩效评价目标

绩效评价系统的目标是根据主体的需求确定的，是从一定量的主体需求中归纳出来的，是整个系统运行的指南和目的，它服从和服务于企业的整体目标。企业在不同的发展阶段上，要实现的目标不同，因而绩效评价目标也不同。如在企业生命周期的最初阶段，企业开发的产品和服务有着巨大的成长潜力，要利用这一潜力，企业必须动用大量的人、财、物，增强经营能力。这一阶段企业的财务目标重点是销售的增加和获取源源不断的资金提供。因此，评价系统在选择指标上要适应这一目的，如用销售增长率来评价企业经营业绩。在企业发展的成熟阶段，企业已没有理由进行大规模投资或增强新的能力，任何投资项目都必须具有十分明确和短暂的报偿期限，企业的财务目标则转而注重现金流动，该阶段企业的目标是使企业以往所有的投资所能创造的现金流量最大化。这一阶段，企业的经营绩效评价指标用现金流量较为合适。

一般情况下，绩效评价主体往往是与企业有利益关系的不同群体，即利益相关者，包括政府部门、投资者、新闻媒体和资本市场的信息中介、管理当局等。即绩效评价的主体和会计信息的使用者基本上是相同的，他们有时对信息的需要是相同的，因此，进行绩效评价时经常借鉴会计指标。同时，在绩效评价时应综合考虑各方要求，这种要求须具体体现于评价指标的设计上。事实上，在历史上某些阶段财务会计信息起着绩效评价作用，只是后来企业组织形式的变化以及企业周围的环境发生变化，财务会计信息不能满足评价的要求，才单独地发展了绩效评价，绩效评价的目标是为评价主体提供与决策相关的信息。在一定程度上，评价主体能收集真实信息的多少反映了资本市场的完善程度。不同评价主体在企业筹资、投资和收益分配等方面的活动都以实现自身利益最大化为前提，由于各自目标的不同和利益的不一致，往往会形成一种经济利益冲突，为化解各种财务冲突，有必要构建一个在财务契约理论上的绩效评价体系，通过财务契约的指导和绩效评价的反馈，形成一个有机的循环体系，保持绩效评价的持续性，保证企业各利益相关者所做的决策服从利益相关者利益最大化的目的。

基于财务契约主体的多元性来看，绩效评价的目标各不相同。

（1）投资者。由于两权分离，它们评价的目的是反映管理当局对受托责任的完成情况，或者是为其投资决策提供各种信息。由于专业能力和其在资本市场上博弈的特殊性，机构投资者是重要的评价主体，绩效评价能提供经理人的努力程度的信息等，让投资者更好地决定是否聘请该经理人，决定资本的投向。

（2）所有者。其评价目的一方面是从委托人的角度了解企业投入资本的保值增值情况，另一方面是了解作为代理人的企业经营者在企业价值创造中的贡献。

（3）债权人。在进行信贷或赊销决策时，债权人要对企业的资信状况进行评价。绩效评价能够很好地评价企业的偿债能力，降低债权人的风险。

（4）资本市场上的信息中介，包括资本市场的证券分析师、股票证券公司等。实证研究表明，证券分析师对被评价企业的业绩能做出很合理的评价，其评价的目的在于判断企业的股价走势，为市场上分析投资的可行性提供帮助。

（5）关联企业。随着企业间战略合作关系的发展，企业间影响和控制的加强，企业的利益不仅和自身经营相关，而且和其他企业的剩余收益紧密地结合在一起，如果其他关联企业的发展与本企业的发展休戚相关，那么关联企业也会成为本企业绩效评价的主体。关联企业进行绩效评价的目的主要是了解企业之间的关联程度及其相互影响的高低。

（6）管理当局。管理当局进行绩效评价有两个目的：其一是找出工作中的优点及不足，为加强企业经营管理服务；其二是通过绩效评价为管理当局带来一份优厚的报酬。在后一种情形下管理当局有将其经营业绩主动传递给其他评价主体的动机。

（7）政府部门。作为社会公众利益的代表对企业进行绩效评价，其评价目的是了解企业提供税金、就业机会以及环境保护等责任义务履行的情况。

2. 评价主体

评价主体是指与评价对象的利益密切相关，关心评价对象业绩的相关利益人。评价主体的不同，直接决定主体的需要不同，进而影响评价标准的选择及主体对客体的价值判断。不同的评价主体与客体的关系不同，影响主体获取评价信息的能力和评价指标中具体指标的选择：企业外部的主体对企业绩效评价倾向于更多地采用财务业绩指标，而企业管理者进行绩效评价时则可以有一些衡量企业各方面的个性化指标。企业绩效评价存在多元化的评价主体：出资人、管理者及员工、债权人、政府部门，不同的主体由于自身的结构和规定性及同周围世界的特定联系，产生不同的主体需要。

3. 评价客体

评价客体是指实施评价行为的对象。由于在绩效评价中，评价客体——企业，本身是一个复杂的有机体，所以往往需要根据评价主体的需要，得到细化的评价对象，一般分为组织和组织成员两个层次。组织包括企业、分企业，也包括企业中的部门、车间、工段等单位；组织成员是管理人员及一般员工，或者是指团队。对于不同的评价对象，评价的要求、内容、指标等都不相同。评价对象的确定非常重要，评价的结果对评价对象今后的发展会产生重要的影响，对组织的评价影响到组织的扩张、维持、重组等问题，对组织成员的评价影响到其奖惩、升迁等问题。

4. 绩效评价指标

业绩的衡量依赖于指标。绩效评价指标是指对评价对象的哪些方面进行评价。合理设计绩效评价指标，是保证系统功能的关键。一套先进的绩效评价指标应该具有较广的适用范围、严密的逻辑结构以及可操作性。评价指标既要能满足各评价主体的信息要求，又要能体现各指标的关联性和协调性。为此，可以将企业经营业绩的评价指标分为基本指标和辅助指标两个层次，其中，基本指标是评价企业经营业绩的主要指标，是整个评价指标体系的核心；辅助指标是对基本指标的进一步说明，是对基本指标的必要补充。

作为战略管理的工具，绩效评价系统所关心的是评价对象与企业战略目标的相关方面，即所谓的关键成功因素。这些关键成功因素具体表现在评价指标上，有财务方面的，如投资报酬率、销售利润率等；也有非财务方面的，如售后服务水平、产品质量、创新速度和能力等。因此，作为用来衡量业绩的指标也分为财务指标和非财务指标。其中，财务评价指标由于有较好的可定量性和可操作性，所以得到了广泛的应用。与此同时，由于财务指标反映的是过去的绩效，并不能提供创造未来价值的动因，因此，非财务指标也成为体现管理层绩效和公司发展前景的指示器。由此，在企业绩效评价方法上出现了以美国纽约 Stern Stewart 咨询公司创立的经济增加值为代表的财务指标、以卡普兰和诺顿创建的平衡计分卡为代表的非财务指标创新。

不过，如何将关键成功因素准确地体现在各具体指标上，是绩效评价系统设计的重要问题。

5. 绩效评价标准

绩效评价标准是指判断评价对象业绩优劣的基准。绩效评价标准具有规划、控制、考核等功能，评价标准的选择取决于评价的目的。

企业绩效评价系统中常用的标准通常有以下五种。

（1）公司的战略目标与预算标准。战略目标与预算标准也称计划（目标）标准，是指本企业根据自身经营条件或经营状况制订的预算标准。在经济分析时必须检查预算标准的质量，对那些脱离实际的预算标准在分析过程中加以调整。

（2）行业标准或竞争对手标准，指某些评价指标按行业的基本水平或竞争对手的指标水平，是业绩评估中广泛采用的标准。尽管企业的情况不完全相同，但借助于这些标准作为比较的基础，对评价企业在同行业中的地位和水平还是有一定参考价值的。

（3）经验标准。它是依据人们长期、大量的实践经验检验而形成的。其实经验标准只是对一般情况而言，并不是适用于一切领域或任何情况的绝对标准。因此财务评价在应用经验标准时，必须结合具体情况进行判断。

（4）公司制度和文化标准。在绩效评价中，经常使用一些非财务指标，这些指标的标准往往表现在公司的规章制度中，还有一些融合于企业文化判断中。

（5）历史标准，指以企业过去某一时间的实际业绩为标准。采用历史标准具有较强的可比性，不足之处在于它只能说明被评估企业或部门自身的发展变化，在外部环境变化巨大时，仅用历史标准是不能做出全面评价的。

以上五种标准均各有利弊，预算标准最具适用性，但是预算确定的前提是客观公正。在绩效评价时可以综合利用各种标准从不同角度对企业经营成果进行考核，以保证对企业经营业绩做出公正合理、准确可信的评价。

6. 绩效评价报告

绩效评价报告是企业绩效评价系统的输出信息，也是绩效评价系统的结论性文件。

绩效评价报告是绩效评价人员以绩效评价对象为单位，通过会计信息系统及其他相关信息系统，获取与评价对象有关的信息，经过加工整理后得出绩效评价对象的评价指标数据，再与预先确定的评价标准进行对比，分析差异产生的原因、责任及影响，得出评价对象业绩优劣的结论后形成的，其格式与写法因不同的评价对象与内容而不同，不应有统一的规定。

以上要素共同组成完整的绩效评价系统，它们之间相互联系、相互影响。不同的目标决定不同的对象、指标和标准的选择，因而其报告形式也不完全相同。

（七）绩效评价的内容

1. 财务效益状况的考核

评价企业绩效包括评价企业经济效益和评估经营者的业绩。而经济效益和经营者业绩主要体现在企业的财务效益状况上，出资人关心的是资本能否实现保值增值，所投资本能否带来预期的回报；而债权人关心的是借出资本的安全，但债权安全也要以企业良好的经营效益作为保障，没有正常的利润回报，企业将无力偿还债权人的债务。对于反映企业经营效绩的其他方面，如企业的成长性等也必须以企业良好的财务效益为基础。因此，企业财务效益作为企业经营绩效评价的核心内容。财务效益状况包括净资产收益率、总资产报酬率以及资本保值增值率、销售（营业）利润率、成本费用利润率。

2. 资产营运状况的考核

资产营运状况指企业资产的周转情况，反映企业占用经济资源的利用效率。企业的经济资源是以“资本—资产—费用—收益—资本”的逻辑进行循环，周而复始地持续运转，并在周转过程中赚取利润的。作为企业的经营目标之一，就是要保证实有资产能够得到有效利用，通过加快周转速度创造更多的价值。资产利用效率可以反映出企业的生产状况和经营者的资产管理水平，是绩效评价不可或缺的内容。但应该注意的是，资产的周转速度在不同行业、不同类型企业之间的差别是存在的，即使是同一企业在不同的发展阶段也可能会出现较大差异。因此，在评价企业资产周转效率时，要根据不同情况，考虑生产周期和行业差别因素。

3. 发展能力状况的考核

无论是出资者还是债权人都十分关注企业的发展能力或成长性。因为它不仅关系到企业的持续生存问题，也关系到出资人的未来收益和债权人长期债权的风险程度。影响企业发展能力的因素是多方面的，营业收入的增长、资本的扩大、利润的增加，都是企业进一步发展的基础。而管理水平的高低、发展战略的制订、技术与观念的创新、员工素质的提高等都是影响企业发展能力的重要因素。通过对这些因素的充分研究，就可以在不考虑外部环境变化因素的条件下判断企业未来发展能力。对企业发展能力的评价，可以在一定程度上防止企业经营者的短期行为，促进企业稳定、健康地发展。

4. 偿债能力状况的考核

企业偿还短期债务和长期债务的能力强弱，是企业经济实力和财务状况的重要体现，也是衡量企业是否稳健经营、财务风险大小的重要尺度。在市场经济体制下，市场竞争日益激烈，每个企业都存在资不抵债或无力偿还到期债务而导致破产的风险。因此，必须重视企业偿债能力的评价。

通过对企业偿债能力的评价：可以反映企业利用财务杠杆的水平，分析企业资产负债比例是否适度，促进企业合理负债；目前中国国有企业的负债绝大多数来自国有商业银行的贷款，评价国有企业的偿债能力，可以作为分析我国金融风险的重要依据，以便采取措施减轻我国金融风险的压力；可以确定企业资信状况；可以促进企业提高经济效益，降低负债比率，减少财务风险。对于偿债能力评价，主要是采取国际上较为通用的指标，如资产负债比率、已获利息倍数等。这些指标可以从不同角度反映企业的偿债能力、财务风险和安全状况。

（八）绩效评价体系的实施步骤

完整的绩效评价体系包括以下步骤。

1. 战略开发

绩效评价首先是为了测量战略目标和行动计划完成情况，因此作为绩效评价计划的起点必然是战略开发，它建立在彻底理解以取得竞争优势为目标的价值驱动因素基础上。在战略开发程序中，不仅应当计算追求未来财务结果，而且应当强调对价值创造活动做具体计划；不仅应当向内看注重内部的改善和提高，而且应当考虑到环境发展，重视与竞争对手相对优势的变化情况。

2. 制订预算

这一程序将战略目标细化为具体经济业务和过程的目标，并通过预算形式分配资源。制订预算必须考虑经营环境的易变性，通过弹性预算、滚动预算等形式将变化纳入预算的范围内，从而使得预算具有更好的可操作性，能够成为衡量业绩的标准。

3. 绩效计测

这一程序及时收集、处理和归集与绩效有关的数据和信息，为有效执行后续子程序奠定基础。信息的相关性、可靠性、及时性都影响绩效评价的效果。造成绩效评价无法顺利进行的原因之一就是人们对经济业务所产生的信息无法产生一致的认识，因此收集的信息应当能够体现经济业务发生的轨迹，并按照责任归属进行归集和汇总，以避免在考评时发生不必要的争执。

4. 绩效检查

这一程序及时检查实际绩效与目标差距，并进行必要的预测，以确保及时采取更正性和预防性行动，保证公司向着预期目标前进。随着技术的发展和人们对于预测和绩效评估质量要求的提高，差异分析可以及时进行，时效性提高，预测也以科学的模型和高速的数据处理为基础开展，可靠性得到提高。这样的绩效评价能够更好地实现控制的作用。

5. 激励性报酬

在前四个环节中，任意环节的工作缺乏有效性，激励性报酬程序都不能够对人们的行为形成正确的引导。但如果前面四个环节的工作都做好了，这一程序没有能够提供相应的报酬或者惩罚措施，那么将降低人们完成战略目标和计划的积极性。通过一种报酬和福利相结合的平衡政策，激励性的报酬计划把具体的运营行动和影响战略目标实现的关键价值驱动因素联系起来。

最后应当强调的是，信息技术是提高绩效评价体系运行效果的重要工具，它对于实现信息透明化、实时化、集成化至关重要，使管理人员能获得满意的管理信息，有效的绩效评价系统离不开有效的信息系统的支持。

（九）绩效评价的运用

企业绩效评价的结果主要运用于以下方面。

1. 为企业领导班子考核、任免工作服务

企业绩效是对企业经营效益和经营者业绩进行综合评价的重要基础，它既能反映企业资本运营效益和资产管理水平，也能反映企业的财务风险和成长能力，可以较为客观、综合地反映企业经营者在一个期间的经营业绩及其经营管理国有资本的能力。因此，国资监管机构会同政府有关部门对所属企业进行年度考核与评价后，向同级人民政府提交考核与评价报告，作为对所委派出资人代表人员奖惩、推荐、任免的主要依据。

2. 为建立企业经营者激励机制服务

实行经营者收入与企业的经营业绩挂钩，建立和健全经营者的激励和约束机制，是经营者收入分配制度改革的一项重要内容。企业符合国家规定条件，经政府有关部门批准，可以对经营者实行年薪制等激励政策；对已批准实行年薪制的企业，可以绩效评价结果作为确定年薪的基本依据。

3. 履行国有出资人对国有资本的监管

企业绩效评价，对企业国有资本和财务管理工作情况的综合检查，也是对企业资本营运水平和财务效益状况的客观评判。将考评结果提交给同级政府及其有关部门，可以作为经济决策、国有资本和财务监管的参考依据；反馈给企业，可以作为改进其经营管理的参考资料。因此，企业绩效评价是国资监管机构履行出资者职能的有效措施。

（十）综合评价报告

综合评价报告是根据绩效评价结果编制、反映被评价企业业绩状况的文件，由报告正文和附件构成。

综合评价报告正文应当包括评价目的、评价依据与评价方法、评价过程、评价结果以及评论结论、需要说明的重大事项等内容。

综合评价报告附件应当包括企业经营业绩分析报告、评价结果计分表、问卷调查结果分析、专家咨询报告、评价基础数据及调整情况等内容。

（十一）绩效评价与战略管理

绩效评价与战略管理之间存在密切的关系。

1. 绩效评价系统是企业战略管理控制的一部分

企业绩效评价系统与各种行为控制系统、人事控制系统共同构成一个整体控制体系，企业管理控制体系是其战略目标实现的重要保障。因此，绩效评价系统的设计与运行应该以企业战略目标为中心进行。

一般而言，企业外部环境因素、公司所在行业的产业特点以及公司自身资源的占用状况通常会限定管理层所采用的竞争战略。企业可以根据其内外部的影响因素来制订战略并加以实施。由于企业战略通常应针对企业的具体形势和行业的环境制订，各企业所采取的战略有许多差异，因此，不同企业具有不同个性的绩效评价系统。随着管理控制系统由反馈控制向同期控制和前馈控制的发展，绩效评价体系作为管理控制系统中信息反馈机制的一部分必然随之发生变化，即由主要提供事后的财务业绩信息向全面提供事后财务信息，事中、事前的其他业绩信息的方向进化，绩效评价体系从财务评价向综合评价的转变成为必然。

平衡计分卡评价的内容包括财务业绩、企业员工的学习和成长方面的业绩、顾客的满意度方面的业绩、履行社会职责方面的业绩等。这些业绩内容又可以细分为更小的评价内容组成项目，如财务业绩就可以分为财务效益、资产运营、偿债能力、财务弹性、企业发展前景预测等方面。平衡计分卡的一个重要内容就是找出各项组织活动之间明确的因果关系，对其进行管理。而且，它所倡导的以客户为重，重视竞争优势的获取和保持的理念，不仅从观念上促进了企业内部各层次对于客户价值的重视，而且提供了贯彻企业竞争战略的具体方式。当然，作为公司实现战略目标的通用工具，各公司有效的绩效评价系统也具有同质性。

2. 企业绩效评价应与企业财务战略管理相匹配

一种绩效评价制度不仅应来源于企业战略，而且也应反映企业战略，要把企业战略管理成功地转化为具体的评估指标和行动计划，在企业战略目标与企业各个具体行动指标之间建立清楚的因果关系。

从绩效评价的发展考察，评价的内容随着企业组织形式的演进而有所不同，并且在企业的不同发展阶段，企业所面对不同的评价环境，评价内容也会有所差异。因此，绩效评价的重点和指标的选择应与企业的战略相匹配，随着激励理念的变化而变化。在企业的不同发展阶段，根据企业不同的战略重点，选择不同的绩效评价标准，就能引导经营者的行为，使之与战略目标相一致。例如，当企业处于创业阶段时，开发新产品、设立组织机构等非财务事项比任何财务性指标更为重要，如何以有限的经济资源占据市场上的有利地位通常是最重要的关键因素。因此，销售收入的增长以及营业活动的现金流量，通常比其他的财务性绩效评价指标更为重要。在企业进入成长阶段后，虽然应该注意销售收入的增长，但同时也应该考虑企业的盈利率与资金管理效率，以求得收入与报酬率之间的平衡。但当资金变得越来越容易取得时，营业活动现金流量则变得相对不重要了。当企业步入成熟阶段时，其主要考虑的是如何有效地运用资产及相关的现金流量，注重盈利率，以获得较高的报酬率。在这一阶段，必须监控所有的财务性评价指标，企业才可能保持活力，免于老化。当企业步入衰退阶段时，现金流量就变得再度重要了，这时，企业必须仔细地评价各项有利于增进其获利能力的投资，以获得最大的资产报酬，而长期性的财务性绩效指标则相对变得不那么重要了。

现代企业理论将企业视为一组合约的联结。股东与经营者之间的合约就产生了两者之间的委托—代理关系。由于股东与经营者之间的信息不对称，而经营者与股东的效用函数不一致等原因，造成经营者存在机会主义行为动机（逆向选择和道德风险）。因此，利用绩效评价，可以减少经营者机会主义的做法，并引导其不仅朝着股东财富最大化的方向努力，更为重要的是能够按照企业财务战略管理要求从事各项活动。

3. 绩效评价系统为企业重要的财务战略实施系统

业绩管理必须建立在一种绩效评价制度基础上，并将财务战略、财务过程和管理人员联系在一起，提供一种综合的计划与控制系统，它是动态评价与静态评价相互统一的结果。财务指标与非财务指标相结合的革命性的绩效评价制度，也是推动企业可持续发展的绩效评价制度和以因果关系为纽带的战略实施系统。它一方面强调对财务业绩指标的考核，另一方面也注重对非财务业绩的评价。并且它将结果（如利润或现金流量）与原因（如顾客或员工满意）联系在一起，为企业管理提供了一种有效的、以因果关系为纽带的战略实施系统。

随着管理的变革，管理控制系统的控制实施环节有逐步前移的趋势。其已由最初的主要依靠财务会计信息实施事后反馈控制向依靠更为广泛的信息（如竞争对手的信息、非财务业绩信息）对决策行为以及执行过程实施控制的方向转变，而且，管理控制系统已经开始涉足提供相关信息来支持战略目标制订、战略调整以及战略实施。此时的绩效评价系统不仅要对财务资本的利用效果进行评价，而且要对包括智力资本在内的所有非财务要素的存量与流量进行衡量。

（十二）绩效评价与财务激励

激励机制是公司治理的核心内容。所谓激励机制是指组织系统中，激励主体通过激励因素或激励手段与激励客体之间相互作用的关系的总和，也就是指企业激励的内在关系结构、运行方式和发展演变规律的总和。激励机制是否合理有效，对于公司治理的效率高低及目标是否实现具有重要意义。代理理论告诉我们，只要存在着委托—代理关系，就要求有激励机制，激励机制是解决代理问题的基本途径和方式。科学的激励机制还能解决因信息不对称而产生的逆向选择和道德风险问题，降低代理成本，保证公司治理目标的实现。

绩效评价是评价主体利用其所掌握的信息，对评价客体运用一定的方法、程序、指标等，进行分析进而对评价客体在一定时期内的行为表现做出某种判断的过程。而报酬契约是激励主体根据绩效评价的结果对激励客体的固定收入与风险收入、短期收入与长期收入，按激励与约束相对称的原则形成的一整套报酬制度。绩效评价是激励机制的前提，是执行报酬契约的依据，公正的绩效评价是使报酬契约发挥其激励功能的基础，同时，有效的激励机制也会促使激励客体业绩的提高，形成良性循环。

二、绩效评价方法

（一）绩效评价方法综述

评价方法解决的是如何评价的问题，即采用一定的方法运用评价指标和评价标准，从而获得评价结果。

如果没有科学合理的评价方法，那么评价指标和评价标准就成了孤立的评价要素，也就失去了本身存在的意义。

目前，在实践中应用比较广泛的评价方法主要有单项评价方法和综合评价方法。

单项评价方法就是选择单项指标，计算该指标的实际值，并与所设置的评价标准进行比较，从而对评价客体的经营业绩做出评价结论。

综合评价方法就是以多元指标体系为基础，在评价指标、评价标准和评价结果之间建立一定的函数关系，之后计算出每个评价指标的实际数值，进而得出综合的评价结论，具体又可以根据评价方法的特点分为指标分解评价方法和指标综合评价方法。前者以杜邦分析体系和帕利普财务分析体系为代表，后者包括综合指数法、综合评分法等。平衡计分卡从本质上讲属于指标综合评价方法，可以将其看作是一种特例，因为平衡计分卡更多的是注重不同类型指标之间的平衡关系，强调不同类型指标之间的因果关系，在评价指标设计、评价程序确立等方面具有一定的创新性。

综合指数法就是首先将单项指标实际值与标准值进行比较，计算出指标的单项指数，之后根据各项指标的权重进行加权汇总，得出综合指数，最后根据综合指数的高低判断经营业绩水平。

综合分析判断法是由评价专家凭借自身的学识和经验，根据评价对象在某一方面的表现，采用主观分析判断的方法确定评价指标达到的等级，再根据相应的等级参数和指标权数计算得分。

对我国企业而言，绩效评价方法的基本选择应是综合评价方法，其中定量指标采用综合指数法和综合评分法，定性指标采用综合分析判断法。

在实际操作中，综合评价方法也存在许多问题。应用综合评价方法的难点在于指标权重的确定，指标权重的确定方法包括主观赋权法（如德尔菲法）和客观赋权法（如因子分析法、相关权重赋权法等）。在确定评价指标权重的过程中，应根据企业内部的具体情况具体分析，注意企业各部门的发展阶段、竞争地位和战略类型等现实存在的差异，将主观赋权法与客观赋权法结合起来考虑。也就是说，评价指标权重的设置应该遵循权变观念，充分考虑企业组织背景的影响。评价指标权重的确定并不意味着一成不变，一旦企业的组织背景发生了相应的变化，评价指标权重就应该动态、灵活地进行调整。

（二）单一指标绩效评价模式

传统的绩效评价体系主要由财务指标构成，其最初形式为单一的财务指标，如利润、净资产收益率等。

1. 税后利润

税后利润可以直接从会计报表上取得，与其他评价指标相比，获取成本最小。但是，该指标很容易被企业管理层利用，因为在应计制会计制度下，会计制度的可选择性和会计报表的编制具有相当的弹性，从而造成这一指标有很大程度的失真。

2. 每股收益（EPS）

每股收益是指本年净收益与年末普通股股份数的比值。该指标是衡量上市公司盈利能力最重要的一个财务指标，它反映了普通股的获利水平。利用该指标可以对公司的经营业绩和盈利进行预测比较，以掌握该公司的管理能力。由于公司管理者一般相信投资者对这一指标高度重视，因此会导致企业采取操纵盈利的行为；同时，该指标采用相对数形式，使投资者不能对股价不同的公司进行比较，即使对同一公司，由于股价经常变动，也不能用于历史比较。因此，该指标仅仅能作为衡量财务绩效的一个传统指标，并不能完整地反映公司价值的真实性。

3. 市盈率（P/E）

市盈率是指普通股每股市价相对于普通股每股收益的倍数。市盈率的计算公式为

市盈率 = 普通股每股市价 / 普通股每股收益

普通股每股收益 =（净利润 - 优先股股利）/ 普通股股数

该市盈率反映了在每股盈利不变，派息率为 100%，所得股息没有进行再投资的条件下，经过多少年投资可以通过股息全部收回。一般情况下，如果一只股票市盈率越低，那么市价相对于股票的盈利能力越低，表明投资回收期越短，因此投资风险就越小，股票的投资价值就越大；反之则结论相反。

使用市盈率指标时应注意以下问题：该指标不能用于不同行业公司的比较。此外，充满扩展机会的新兴行业市盈率普遍较高，而成熟行业的市盈率普遍较低，但这并不说明后者的股票没有投资价值。在每股收益很小或亏损时，股票市价不会降至零，很高的市盈率往往不说明任何问题。市盈率高低受净利润的影响，而净利润受可选择的会计政策的影响，从而使得公司间比较受到限制。市盈率高低受股票市价的影响，影响市价变动的因素很多，包括投机炒作等，因此观察市盈率的长期趋势很重要。

4. 资产收益率（ROA）

资产收益率又称资产净利率，是另一个衡量企业收益能力的指标。其计算公式为

总资产收益率 =（本期净利润 / 本期平均总资产）× 100%

其中，总资产是指资产负债表中的资产总额。

平均总资产 =（期初总资产 + 期末总资产）/2

资产收益率是一个综合指标，企业的资产是由投资人投入或举债形成的。净利润的多少与企业资产的多少、资产结构、经营管理水平有着密切的关系。此外，资产收益率不能消除财务结构的影响，甚至可以用基本业务以外的方法加以美化。

5. 净资产收益率（ROE）

净资产收益率又叫股权回报率、净值报酬率或权益报酬率，是指企业一定时期内的净利润同平均净资产的比率。其计算公式为

净资产收益率 =（净利润 / 平均净资产）× 100%

该指标是评价企业自有资本及其积累获取报酬水平最具综合性与代表性的指标，其通用性强，适应范围广，不受行业局限，在我国上市公司业综合排序中，该指标居于首位。但该指标有容易被人为操纵的缺陷，上市公司对 ROE 指标进行盈余管理的现象十分严重。此外，净资产收益率的衡量方法还有不考虑资本杠杆、经营风险与税收差异等缺陷。

6. 投资报酬率（ROI）

20 世纪 70 年代，麦尔尼斯在研究业绩指标体系方面做出了重要贡献。他通过对 30 家美国跨国公司 1971 年的业绩进行评价分析后，提出企业最适用的绩效评价指标首先为投资报酬率，其次是预算比较和历史比较。投资报酬率是用净收入（扣除折旧但不扣除长期负债的利息）除以净资产（全部资产减去商誉和其他无形资产以及折旧准备和负债）来计算。

投资报酬率法在评价企业的业绩时有以下优点。

（1）评价企业业绩时第一次把净收入和所占用的资本相联系，充分考虑了规模差异对业绩评估的影响，一定程度上反映了企业经营效率的高低。

（2）数据的获得相对容易，计算简单。

（3）各期的投资报酬率具有相对的可比性。每期计算的投资报酬率是一个百分数，这样各期数据相比较时就在一定程度上弱化了由于不同时期的通货膨胀和利率变化等因素引起的收入的相对变化。

投资报酬率法在评价企业业绩方面的缺点表现在：由于计算数据都来自财务报告，这样公司的经营者有可能通过有目的地增加分子（增加净收入）或减少分母（减少投资额）

来增大投资报酬率。当企业管理者把投资报酬率作为衡量投资项目的标准时，一旦某项目低于企业目前的投资报酬率时就不会被采纳。在这种情况下，企业管理者就可能在提高投资报酬率的同时却降低了企业的长期价值，从而使管理者的投资决策偏离企业价值最大化的目标。

7. 经济增加值法（EVA）

1991 年，美国斯特恩·斯图尔特咨询公司提出用经济增加值作为企业绩效评价的标准，并且申请了专利。EVA 概念一被提出就引起了企业界和学术界的广泛关注。很多国际知名大公司如美国电话电报公司、通用电气、可口可乐、康柏、西门子等均采用这种方法来衡量公司业绩，并取得了良好的效果。发达资本市场的投资者也将 EVA 指标，作为预期未来业绩、评估公司价值的重要依据。

经济增加值定义为税后营业利润减去资本成本总额的差额，其计算公式为

经济增加值 = 税后营业利润 − 资本成本总额

经济增加值 = 税后营业利润 − 加权平均资本成本 × 资本投入额

其中，税后营业利润是会计报表中交纳所得税后本年度实现的净利润，资本成本总额以加权平均资本成本乘以资本投入额来计算。因此，计算 EVA 的关键在于计算税后营业利润、资产期初的经济价值、企业的加权平均资本成本三项。

经济增加值的含义为：EVA 是正数时，说明企业创造了价值，公司为股东创造了额外财富；EVA 是负数时，则表示企业发生了价值损失，公司耗损了股东财富；EVA 是零时，说明公司恰好维持股东原有财富。

经济增加值作为企业绩效评价的标准具有以下优点。

（1）经济增加值概念简单，易于理解，便于操作。

（2）在一定程度上能够消除会计信息失真的影响。

（3）经济增加值作为评价指标能够使股东目标和管理者决策达到统一。

但经济增加值法仍然存在着一定的局限，如 EVA 是个绝对值，在企业间、部门间存在规模差异时就无法进行横向比较；经济增加值是对企业以往的绩效评价，很难对未来的业绩做出预测；特别是其采用的是单维指标，忽略了太多内在的财务运行机制，对非财务业绩的评价重视不够。

8. 托宾 Q 值

托宾的 Q 比率（Tobin's Q Ratio），由诺贝尔经济学奖得主詹姆斯·托宾（James Tobin）于 1969 年提出。托宾的 Q 比率是公司的市场价值对其资产重置成本的比率，反映的是一个企业两种不同价值估计的比值。分子上的价值是金融市场上所说的公司值多少钱，分母中的价值是企业的“基本价值”——重置成本。公司的金融市场价值包括公司股票的市场价值和债务资本的市场价值。资产重置成本是指今天要用多少钱才能买下所有上市公司的资产，也就是指我们不得不从零开始再来计算一遍，创建该公司需要花费多少钱。

其计算公式为

Q= 企业的市场价值 / 企业资产重置成本

当 Q>1 时，购买新生产的资本产品更有利，这会增加投资的需求；当 Q<1 时，购买现成的资本产品比新生成的资本产品更便宜，这样就会减少资本需求。所以，只要企业资产负债的市场价值相对于资产重置成本来说有所提高，那么已计划资本的形成就会有所增加。

由于我国证券市场的分割性，存在着流通股和非流通股，因此在计算上市公司的市场价值时存在着较强的主观性；上市公司资产的重置价值因缺乏旧货市场资料，没有足够的数据信息来准确计算上市公司总资产的重置成本。另外，我国学者受客观条件限制在计算托宾 Q 值时，采取的方法多种多样，缺乏可比性。因此，这种方法在我国实施存在较大困难。

（三）多指标综合绩效评价模式

1. 沃尔评分法

沃尔评分法又叫比重评分法，由美国学者亚历山大·沃尔提出。亚历山大·沃尔是财务状况综合评价的先驱者之一，他在20世纪初出版的《信用晴雨表研究》和《财务报表比率分析》中提出了信用能力指数的概念，即把若干财务比率用线性关系结合起来，以此评价企业的信用水平。他选择了七种财务比率，分别给定了其在总评价中占的比重，总和为100分，然后确定标准比率，并与实际比率相比较，评出每项指标的得分，最后求出总得分，如表11-1所示。沃尔评分法的提出，开创了企业综合财务评价的先河，沃尔评分法是利用财务指标综合评价企业业绩的里程碑。

但沃尔评分法存在诸多问题，如财务指标选择的缘由、赋予权重大小的依据、对某些指标异常值反应敏感等，在理论上都有待证明，同时沃尔评分法也没有对企业现金流量表数据进行分析，没有考虑企业收益质量的影响。尽管如此，沃尔评分法在实际中仍被广泛应用。

表11-1 沃尔评分法

财务比率	比重	标准比率	财务比率	比重	标准比率
流动比率	25	2.00	销售额/应收账款	10	6
净资产/负债	25	1.50	销售额/固定资产	10	4
资产/固定资产	15	2.50	销售额/净资产	5	3
销售成本/存货	10	8			

2. 杜邦分析法

杜邦财务分析体系（The Du Pont System）及其分析方法首先由美国杜邦公司的经理创造，故称之为杜邦财务分析体系。杜邦分析法基本的表达公式为

$$权益净利率 = 销售净利率 \times 总资产周转率 \times 权益乘数$$

利用杜邦分析法进行综合分析时，可把各项财务指标间的关系绘制成杜邦分析图，如图11-1所示。

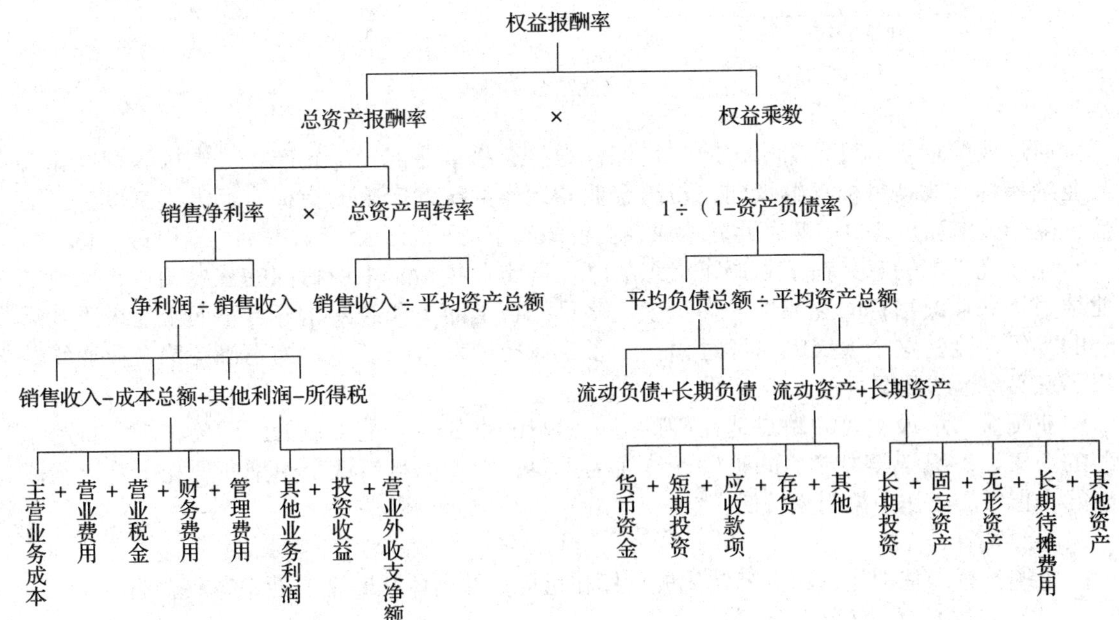

图11-1 杜邦分析图

杜邦分析法以权益净利率为主线，将企业在某一时期的销售成果以及资产营运状况全面联系在一起，层层分解，逐步深入，构成一个完整的分析体系。它能较好地帮助管理者发现企业财务和经营管理中存在的问题，能够为改善企业经营管理提供十分有价值的信息，同时为投资者、债权人及政府评价企业提供依据，因而得到普遍的认同并在实际工作中得到广泛的应用。

杜邦分析法的不足之处在于：传统的杜邦分析法通常局限于事后的财务分析，一般不具有事前预测、事中控制的作用，因而不能对决策、计划、控制提供广泛的帮助；传统的杜邦分析法数据来源于财务报表，没有充分利用内部管理会计系统的数据资料展开分析。

3. 业绩金字塔

为了凸显战略性绩效评价中总体战略与业绩指标的重要联系，1990 年，凯文·克罗斯和理查德·林奇提出了一个把企业总体战略与财务和非财务信息结合起来的绩效评价系统——业绩金字塔模型。

在业绩金字塔中，公司总体战略位于最高层，由此产生企业的具体战略目标，战略目标呈多级瀑布式向企业组织逐级传递，直到最基层的工作中心。在制订科学的战略目标后，作业中心就可以开始建立合理的经营业绩指标，以满足战略目标的要求，然后再将这些指标反馈给企业高层管理人员，作为企业制订未来战略目标的基础。其结构如图 11-2 所示。

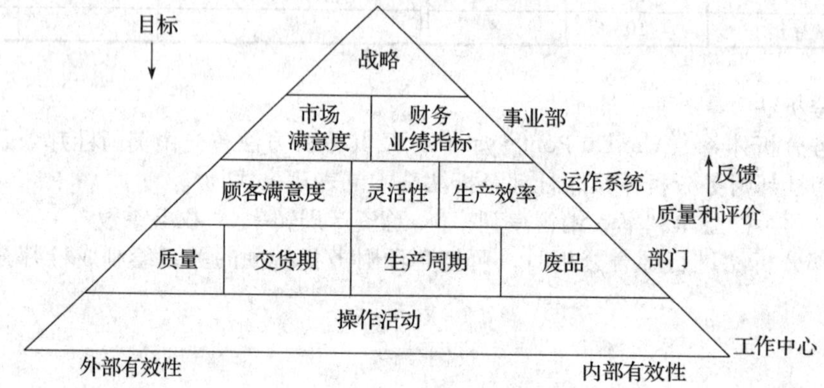

图 11-2 业绩金字塔模型

通过业绩金字塔可以看出，战略目标首先传递给事业部，由此产生了市场满意度和财务业绩指标。战略目标再继续向下传给企业的运作系统，产生的指标有顾客满意度、灵活性、生产效率等，其中前两者共同构成企业组织的市场目标，生产效率则构成财务目标。

业绩金字塔的意义在于强调了组织战略在确定业绩指标中所扮演的重要角色，反映了业绩目标和业绩指标的互赢性，揭示了战略目标自上而下和经营指标自下而上逐级重复运动的等级制度。这个逐级的循环过程揭示了企业持续发展的能力，为正确评价企业业绩做出了意义深远的重要贡献。

业绩金字塔最主要的缺点是在确认组织学习的重要性上是失败的，因为在竞争日趋激烈的今天，对组织学习能力的正确评价尤为重要。因此，虽然这个模型在理论上是比较成型的，但实际工作中采用率较低。

4. 平衡计分卡

平衡计分卡是把任务和决策转化成目标和指标，并具体从四个方面来考察企业。

（1）客户方面，顾客如何看待。

（2）内部经营过程方面，企业擅长什么。

（3）学习和成长方面，企业能否继续提高并创造价值。

（4）财务方面，怎样满足股东利益。

其相互关系如图 11-3 所示。

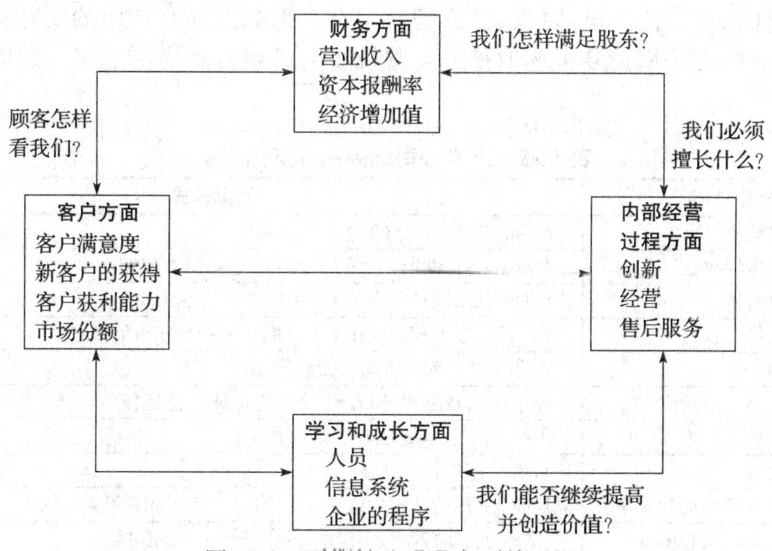

图 11-3　平衡计分卡各方面关系图

平衡计分卡是一种综合性的绩效评价指标体系，该方法弥补了单一财务指标评价的不足，增加了客户、内部经营过程、学习和成长三个层面的非财务指标。平衡计分卡能够较好地实现财务指标与非财务指标的结合，并在此基础上形成了一套完整的指标体系。由于指标体系的完整性，平衡计分卡的使用能够避免企业的短期行为，从而把其长期战略和短期行动联系起来。

但平衡计分卡在应用过程中仍然存在一些问题，如平衡计分卡的编制和实施涉及大量绩效指标的取得和分析、指标的创建和分析、指标的创建和量化，存在一定的操作难度，尤其是在非财务指标的处理上存在相当难度。同时企业很难通过积分卡的 20 多个指标体系来阐述和表达它们的策略，管理者面对多个指标会分散注意力，而股东面对多个指标也不知如何取舍做出客观的评价。

5. 中国诚信公司绩效评价财务指标体系

在国内上市公司绩效评价中享有较高声誉的评估机构——中国诚信证券评估有限公司，自 1996 年以来与《中国证券报》合作，每年对上市公司的业绩进行综合评价。其评价的方法为综合指数法，选取的指标体系如表 11-2 所示。在这种评价方法下，各上市公司的最后分数是在各单项指标考核评分的基础上，乘以每项指标的权重，然后相加而得。

表 11-2　中国诚信公司绩效评价财务指标体系

指标	净资产收益率	资产总额增长率	利润总额增长率	负债比率	流动比率	全部资产优化率
权重	55%	9%	13%	7%	7%	9%

与国有资本金效绩评价体系相似，该方法对指标采用主观赋权的方式，忽视了整个系统中各个财务指标间的相互联系，容易放大某些指标的作用，导致经营者进行会计操纵，影响评价的客观性。

6. 清华大学与《中国证券报》联合推出的上市公司财务绩效排序体系

2001 年 5 月，《中国证券报》与清华大学企业研究中心研制的上市公司绩效评价模型，在企业财务分析所采用的30多项指标中，选取了14项，从盈利能力、偿债能力和成长能力等三个方面对上市公司的绩效进行综合评价。到2004年，又增加了运营改善效果类指标，从四个方面设置综合评价体系（见表11-3）。此评价体系采用统计学方法选取指标，具备一定的科学性和客观性。但是指标计算程序复杂，影响其在企业中的实际运用能力，且采用主成分分析和交叉相关分析选取指标，忽视了财务指标本身的意义，影响了财务评价的目标。

表11-3　上市公司绩效评价指标体系

	指标名称	计算公式
盈利能力	净资产收益率	净利润/平均权益资本
	净资产经常性收益	扣除非经营性所得后的净利润/平均股本权益
	总资产报酬率	（利润总额十利息支出）/平均资产总额
	投入资本经营收益率	（利润总额十利息支出）/（资产总额－流动负债）
偿债能力	流动比率	流动资产总额/流动负债总额
	强制性现金支出比率	现金流入量总额/（经营现金流入量＋偿还债务本息付现）
	现金流量负债比率	年经营现金净流量/年末流动负债
	资产负债率	负债总额/资产总额
成长能力	三年主营业务平均增长率	1/3× 主营业务收入近三年增加额/三年前主营业务收入
	三年利润平均增长率	1/3× 利润总额近三年增加额/三年前利润总额
	三年资产平均增长率	1/3× 资产总额近三年增加额/三年前资产总额
	三年资本平均增长率	1/3× 所有者权益近三年增加额/三年前所有者权益
	销售增长趋势	$0.2\times\sqrt[3]{销售增长率_{00}}+0.3\times\sqrt[3]{销售增长率_{01}}+0.5\times\sqrt[3]{销售增长率_{02}}$续表
	利润增长趋势	$0.2\times\sqrt[3]{利润增长率_{00}}+0.3\times\sqrt[3]{利润增长率_{01}}+0.5\times\sqrt[3]{利润增长率_{02}}$
运营改善效果	主营业务利润率	本年主营业务利润/本年主营业务收入－上年主营业务利润/上年流动业务收入
	流动资产周转	本年主营业务收入/本年流动资金平均额－上年主营业务收入/上年流动资金平均额
	总资产周转	本年主营业务收入/本年平均资产总额－上年主营业务收入/上年平均资产总额
	存货周转	年初存货净额/上年主营业务收入－年末存货净额/本年主营业务收入
	应收款周转	年初应收账款/上年主营业务收入－年末应收账款/本年主营业务收入

7. “证星—若山风向标”上市公司财务测评系统

2001年，国内著名财经网络公司“证券之星”与复旦大学金融期货研究所联合开发了“证星—若山风向标”上市公司财务测评系统。该系统由我国著名的审计学家、财务分析专家、复旦大学会计学系博士生导师李若山教授亲自主持，该系统吸收了国际通用的沃尔评分法以及国内有关绩效评价指标体系，将财务指标划分为盈利能力、现金流量、偿债能力、资产负债管理能力和成长能力五大类，构成上市公司财务测评系统的指标体系（见表11-4）。各个财务指标权重的确定，以AHP（层次分析法）计算所得的数值为基础，经过统计资料的不断验证、调整而成。

表11-4　“证星—若山风向标”测评系统指标体系

类别	指标名称	定义	性质	数据来源
盈利能力	净资产收益率 ROE	净利润/平均净资产	正指标	财务报告指标摘要
	每股收益 EPS	本年净收益/年末普通股股份数	正指标	财务报告指标摘要

续表

类别	指标名称	定义	性质	数据来源
盈利能力	主营业务比率 STABLE1	主营业务利润 / 利润总额	正指标	利润表
	营业利润比率 STABLE2	营业利润 / 利润总额	正指标	利润表
	主营业务毛利润 MARGIN	(主营业务收入净额 - 主营业务成本)/ 主营业务收入净额	正指标	利润表
	营业活动收益质量 OIQ	经营活动产生的现金净流量 / 营业利润	正指标	利润表 现金流量表
现金流量	主营业务现金比率 CASH	销售活动产生的现金净流量 / 主营业务收入净额	正指标	利润表 现金流量表
	经营现金稳定率 STABLE3	折旧费用 / 经营活动产生的现金净流量	正指标	现金流量表
	经营现金比率	经营活动产生的现金净流量 / 总现金净流量	正指标	现金流量表
偿债能力	速动比率 ACID	速动资产 / 流动负债	适度指标	资产负债表
	流动比率 LIQU	流动资产总额 / 流动负债总额	适度指标	资产负债表
	利息保障倍数 COVE	息税前利润 / 当年利息支出	正指标	资产负债表 利润表
	经营现金保障比率 RATE	经营活动净现金流量 / 流动负债	正指标	资产负债表 现金流量表
	资产负债率 LEVE	负债总额 / 资产总额	适度指标	资产负债表
资产负债管理能力	应收账款周转率	主营业务收入净额 / 应收账款平均余额	正指标	利润表 资产负债表
	流动资产周转率 TURN	主营业务收入净额 / 平均流动资产	正指标	利润表 资产负债表
	负债结构率 CAP	流动负债余额 / 长期负债余额	适度指标	资产负债表
资产负债管理能力	现金股利支付率 PAY	本年度发放的现金股利 / 净利润	适度指标	利润表 现金流量表
	长期资产适合率 MATCH	(股东权益 + 长期负债)/(固定资产净值 + 长期投资净值)	适度指标	资产负债表
成长能力	主营业务收入增长率 INCREASE	(本年主营业务收入 - 上年主营业务收入)/ 上年主营业务收入	正指标	利润表
	净利润增长率 INCREASE2	(本年净利润 - 上年净利润)/ 上年净利润	正指标	利润表
	固定资产投资扩张率 FIX	(上年固定资产总额 - 上年资产总额)/ 上年固定资产总额	适度指标	资产负债表

“证星一若山风向标”测评系统的一个重要创新与优点是采用行业平均作为评价基础，测算出各个上市公司相对于行业平均的实际综合得分，依此排出上市公司的行业排名更可靠，更有参考价值。该方法的不足之处表现在以下几个方面：指标体系选用财务指标过多，试图涵盖全部财务信息，使得分析系统过于复杂，大而全却敏感性不高；将现金流量指标引入评价体系与传统财务指标不能形成一个有机整体；该指标体系各指标权重全部采用 AHP 法确定，缺乏一定的客观性。

8. 国有资本金效绩评价体系

国有资本金效绩评价体系分工商企业和金融企业两类，工商企业又分为竞争性企业和非竞争性企业。具体的评价指标分为定量指标和定性指标两大类，其中定量指标又分为基本指标和修正指标两类。

表 11-5 为竞争性工商企业评价指标体系，重点是评价企业财务效益状况、资产运营状况、偿债能力状况和发展能力状况四项内容，以全面反映企业的生产经营状况和经营者的

业绩。对这四项的评价则由基本指标、修正指标和专家评议指标等 32 项组成。2002 年财政部对此又进行了修订，增加了“盈余现金保障倍数”指标，同时把“现金 / 流动负债比率”的权重由 4 提高到 10。

表 11-5　竞争性工商企业评价指标体系

<table>
<tr><th colspan="3">定量指标
（权重 80%）</th><th>定性指标
（权重 20%）</th></tr>
<tr><th>指标类别（100 分）</th><th>基本指标（100 分）</th><th>修正指标（100 分）</th><th>评议指标（100. 分）</th></tr>
<tr><td>财务效益状况
（42 分）</td><td>净资产收益率（30 分）
总资产收益率（12 分）</td><td>资产保值增值率（16 分）
销售利润率（14 分）
成本费用利润率（12 分）</td><td rowspan="4">领导班子基本素质（20 分）
产品市场占有率（18 分）
基础管理水平（20 分）
员工素质（12 分）
技术装备水平（10 分）
行业（地区）影响（5 分）
经营发展战略（5 分）
长期发展能力预测（10 分）</td></tr>
<tr><td>资产运营状况
（18 分）</td><td>总资产周转率（9 分）
流动资产周转率（9 分）</td><td>存货周转率（4 分）
应收账款周转率（4 分）
不良资产比率（6 分）
资产损失率（4 分）</td></tr>
<tr><td>偿债能力状况
（22 分）</td><td>资产负债率（12 分）
已获利息倍数（10 分）</td><td>流动比率（6 分）
速动比率（4 分）
现金流动负债比率（4 分）
长期资产适合率（5 分）
经营亏损挂账比率（3 分）</td></tr>
<tr><td>发展能力状况
（18 分）</td><td>销售增长率（9 分）
资本积累率（9 分）</td><td>总资产增长率（7 分）
固定资产成新率（5 分）
三年利润平均增长率（3 分）
三年资本平均增长率（3 分）</td></tr>
</table>

国有资本金效绩评价体系分类清楚，指标详细，但对指标采用主观赋权的方式，忽视了整个系统中各个财务指标间的相互联系，有可能人为地导致对某一个因素过高或过低地估计，人为地增加企业的绩效，影响评价的客观性。并且，该体系只是将非财务指标进行简单的罗列和赋权，没有实现财务指标和非财务指标的有机结合和层次分析。

（四）平衡计分卡专题

1. 平衡计分卡的特点

平衡计分卡克服了单纯利用财务手段进行绩效管理的局限。其最显著的特点是将企业的愿景、使命和发展战略与企业的绩效评价系统地联系起来，以战略为核心，将整体观念运用于企业绩效评价，表达了多样化、相互联系的目标之间如何构成一个有机整体，以评价企业的战略业绩。通过分析哪些是完成企业使命的关键成功因素，以及评价这些关键成功因素的项目，并不断检查审核这一过程，可以促使企业完成目标。一般而言，组织整体的战略目标往往比较概括和抽象，因此，平衡计分卡的首要任务是将组织整体的战略目标分解为更为具体的、可执行的具体行动目标，其核心理念应该是因果关系的平衡，因果关系链的起点是财务角度，也就是出资者的角度。

平衡计分卡也被称为综合绩效评价体系。这是因为它清楚地表明了长期的公司价值和业绩驱动因素的关系，所包含的业绩衡量指标兼顾了影响业绩的长期与短期的因素、财务与非财务的因素、外部与内部的因素等多个方面，能够多角度地为企业提供信息，不但可以综合地反映企业的业绩，又从战略的角度体现了公司价值最大化的思想，还强调企业从整体上来考虑营销、生产、研发、财务、人力资源等部门的协调统一，以实现企业的整体目标为导向，关注利益相关者的利益。因此，平衡计分卡通过满足利益相关者的相关利益来实现企业价值的最大化，在实现企业价值的同时不仅关注了股东财富，也考虑了部分利益相关者（客户、供应商、员工）的作用及财富，是公司治理“共同治理”模式的催生物。

具体地讲，该系统有以下特点。

(1) 在评价系统中通过因果关系链整合了财务指标和非财务指标，因而既包括结果指标也包括驱动指标，使其自身成为一个前向反馈的管理控制系统。

(2) 突出强调评价指标的战略相关性。平衡计分卡将企业目标与基本战略具体化，加强了内部沟通。不仅如此，它还要求部门和个人业绩指标与组织的整体战略密切关联，从而超越了一般绩效评价系统而成为一个综合治理的战略实施系统。

(3) 追求财务指标与非财务指标的平衡，弥补了传统财务指标的不足。平衡计分卡通过引导企业投资于客户、供应商、员工、生产程序、技术和创新等方面来创造未来的价值，能够成为企业长期战略的基础。

(4) 统一了股东和管理层的目标，有助于完善公司的治理机制，层层传达企业的战略思想。

(5) 将财务和非财务、短期和长期的综合绩效评价与激励报酬结合起来，做到短期激励和长期激励协同使用，有利于克服企业的短期化倾向。一方面，该体系通过财务指标，保持对组织短期业绩的关注，反映企业的战略及其实施是否为最终经营成果的改善做出贡献；另一方面，通过员工学习、信息技术运用与产品服务的创新提高客户的满意度，共同驱动组织未来的财务绩效，展示组织的战略轨迹。

(6) 通过非财务指标反映企业技术和竞争优势变化的实质，揭示了如何保持长期的财务和竞争业绩，在动态的调整中促进企业的不断发展和竞争力的不断提高。

2. 平衡计分卡的优越性

(1) 它以企业的经营战略和愿景为基础，根据自身的战略和经营需要设计各具体指标，因此具有充分的战略导向性，并能把战略开发和财务控制两者紧密联系在一起，充当了企业经营业绩桥梁。同时，企业还可以借平衡计分卡对外界环境进行持续检查，保证自身的快速适应性。

(2) 平衡计分卡赋予企业以整体意识，囊括了几乎能够影响企业业绩的所有主要指标，从而预防了管理人员可能出现的以牺牲某些方面以实现另一些方面的短期和次优化行为。它不仅仅是一种测评体系，也是有助于企业取得突破性竞争业绩的全面管理体系。

(3) 在沟通反馈方面，平衡计分卡可以作为企业各种努力的聚焦点，向管理人员、员工、客户和投资者做出明确通报，更容易在个人目标、部门目标和权益战略之间实现一致。

(4) 由于平衡计分卡在企业内部建立了战略学习、知识网络，那些距离客户最近的员工就有机会在客户服务和流程改进方面取得突破性进展，同时企业上下也能在平衡计分卡的制订、计量、评价及奖励过程中，达到相互交流和学习的目的，并形成有关企业战略目标的共识。

3. 平衡计分卡的局限性

当然，由于本身发展的不成熟和企业现有管理支持的局限，平衡计分卡在使用过程中还面临着若干瓶颈。

(1) 它必须以完善的信息系统为基础，如果无法实现，就会出现业绩信息不及时、管理时效性差、上下级指示无法对接等问题。

(2) 设计平衡计分卡、确认业绩驱动因素、在财务指标与非财务指标之间建立联系等都需要耗费大量时间，并增加员工的工作量，如果沟通不力，就会给企业带来沉重压力，甚至把企业变革扼杀在摇篮中。

(3) 一些非财务指标难以量化，如在学习与成长方面，业绩指标体系常常前后矛盾，缺乏明确的分界线，应用难度较大。事实上，学习、成长与创新都是很宽泛的概念，涉及企业生产经营的方方面面，单独界定一个方面似乎比较困难。

（4）指标体系的非财务层面未直接体现出以财务业绩为落脚点的逻辑关系。

平衡计分卡四个层面的评价指标，最终均应指向财务评价指标，因为财务目标是企业追求的最终目标。无论是客户层面的业绩、内部经营过程层面的业绩，还是学习与增长层面的研究，最终都是为了追求财务业绩，尽管四个层面之间由一条因果关系链联系起来，但都没有在具体指标项目上体现出来。

（5）在财务指标的改进和完善方面，平衡计分卡并未有太多的实质性突破，采用的财务业绩指标依旧是传统的财务以及评价指标，未能很好地体现知识经济时代企业战略经营绩效评价对财务指标设置的要求。

4. 运用平衡计分卡的前提

通过理论探索和实践检验，要运用平衡计分卡，首先应正确认识计分卡的本质。平衡计分卡的核心思想是通过四个维度之间的指标实现绩效考核、绩效改进，最终实现目标。在此基础上还应具备以下四个前提条件。

（1）组织的战略目标需要能够层层分解，并能够与组织内部的部门、工作组、个人的目标达成一致，其中个人利益能够服从组织的整体利益。

（2）计分卡所揭示的四个方面指标——财务、客户、内部经营过程、学习与成长之间存在明确的因果驱动关系。但是这种严密的因果关系链在一个战略业务单位内部针对不同类别的职位系列却不易找到，或者说针对不同职位类别的个人，计分卡所涵盖的四个方面指标并不是必需的。

（3）与实施平衡计分卡相配套的其他制度是健全的，包括财务核算体系的运作、内部信息平台的建设、岗位权责划分、业务流程管理以及与绩效考核相配套的人力资源管理的其他环节等。

（4）组织内部每个岗位的员工都是胜任各自工作的，在此基础上研究一个战略业务单位的组织绩效才有意义。

5. 成功运用平衡计分卡的要素

平衡计分卡作为企业的一种战略管理模式，是一个十分复杂的系统。在实施过程中，可能存在沟通和共识、组织和系统管理、信息交流、对业绩考核认识等诸多方面的障碍，遇到指标的创建和量化、结果与驱动因素的关系、实施成本等方面的困难。成功运用平衡计分卡的要素，包括以下几点。

（1）高级管理层的承诺和支持。这是成功实施平衡计分卡的必要条件。高级管理层（最高层经理或企业、集团总部的最高执行官）必须完全投入制订战略并推动战略在基层的贯彻。通过面对面的沟通，中层管理者和员工可以目睹高层的决心，这将大大提高大家的积极性。如果没有管理层这样的承诺和参与，平衡计分卡项目的实施往往会失败。失败的原因不是管理工具出现了问题，而是高层的支持不够。

（2）管理层克服困难的决心。平衡计分卡的设计和实施还必须注重另外一个关键问题——找出与企业战略和平衡计分卡不一致的系统和流程，包括：目前各级管理人员的薪酬体系，目前的绩效评估、绩效管理和岗位描述，人力资源政策和执行情况。这些系统和流程的不匹配会给平衡计分卡的实施造成相当的困难，这需要管理层具备克服困难的决心。其实，经理人每天都要处理财务、客户、流程和人员方面的问题，平衡计分卡为他们完成这些职责提供了清晰的架构以及有效的方法。

（3）运用平衡计分卡消除职能壁垒。战略执行的一个主要障碍是不同职能部门之间的目标失衡，导致“组织壁垒”。为了克服这些障碍，管理层必须在设计各层面的计分卡时考虑消除部门壁垒这个目标。如果目标或指标选择不当，则部门很难成功执行企业的战略目标，就会局限在自己的职能范围内。平衡计分卡的一个主要益处就是能够在观念上消除这种障碍，并改善组织的联合。

（4）链接能力发展和浮动薪酬。浮动薪酬对激励战略执行和改进绩效同样非常重要，而能力发展对推动战略执行和改进绩效同样非常重要。把平衡计分卡与浮动薪酬体系相联系，可以激励全体员工把重点放在平衡计分卡的目标和目标值上。通过平衡计分卡，把浮动薪酬与各个层面的绩效和能力发展相链接，从而整个组织在战略、能力和培训上都达到协调。

（5）提升人力资源成为企业管理者的战略伙伴。平衡计分卡是实现将人力资源提升到战略层次这一目标的有力工具。它可以帮助人力资源部门摆脱烦琐的行政事务。如果在确定战略之前先做岗位说明和重新设计绩效管理体系，则在一定程度上会阻碍战略的实施。这些事务应该在战略形成以后，作为战略执行过程的一部分来完成。运用这样的流程，平衡计分卡方法可以为人力资源管理者提供一个工作的流程，帮助他们学习如何把他们的工作与企业战略挂钩起来，并且为战略的实施提供了一个重要的框架。

6. 平衡计分卡的基本内容

早期的平衡计分卡主要从以下四个角度即财务、客户、内部经营过程、学习与成长来评价企业的业绩，并提供了一种考察价值创造的战略方法。上述四个方面分别用一系列的指标来描述，各个指标与企业的信息系统相集成，且四个方面的指标通过因果关系的联系，构成了一个完整的评价考核整体。其中，“学习与成长”是核心，“内部经营过程”是基础，“客户”是关键因素，“财务”是最终目标。它将组织的整体战略进行了分解，如从股东角度分解出企业增长与收益战略、利润率以及风险战略；从顾客角度分解出企业价值创造和产品差异性战略；从内部经营流程角度提供了考察满足顾客和股东需求的优先战略方法等。其宗旨在于关注长期发展战略的同时，兼顾短期目标的完成，使企业的战略规划和年度计划很好地结合起来。后来，卡普兰和诺顿倡导的以企业战略执行图为基础的分析框架试图将战略转化为行动，目的是将组织整体战略目标分解为更具体的、可执行的、易于衡量的具体行动目标。

（1）业绩的财务评价。财务衡量不仅是平衡计分卡中一个单独的衡量方面，而且也是其他几个方面的出发点和落脚点。财务性业绩指标用来反映企业组织如何满足股东的需要，即实现企业价值最大化，它直接和企业的长期目标相衔接，并且能综合地反映企业业绩。这类指标具有进行总量控制的功能，因而被广泛地应用于绩效评价实践中。一般地，企业财务性业绩指标主要涉及四个方面，即反映盈利能力、营运效率、偿债能力状况和发展能力状况的指标。此外，为适应直观控制的需要，还形成了包含财务因素的生产率指标。如果综合绩效评价体系中所衡量的财务业绩未能得到改善，则说明某个环节出了差错，企业应考虑重新确定关键性成功因素，甚至是修正战略计划。

经营单位财务方面的评价虽然有局限性但已很成熟，平衡计分卡保留了财务方面的指标，用以显示已经采取行动的容易计量的结果，显示企业的战略及其实施和执行是否正在为最终经营结果的改善做出贡献。一套平衡计分卡应该反映企业战略的全貌，从长远的财务目标开始然后与一系列行动相联系，最终实现长期经营目标。

（2）有关客户的绩效评价。从客户角度考核管理者业绩是非财务业绩考核中十分重要的一个方面。因为市场竞争是无情的，而市场由客户组成。对于客户而言，主要关心的是高质量、低成本和及时供给等。客户角度的一般评价指标主要是从市场份额、客户满意率、客户忠诚度、获取新客户和客户盈利分析等方面进行统计；此外，为进一步分析以前客户的业绩和便于被评价单位的操作，也可从有关客户业绩的驱动因素（产品和服务属性、客户关系、形象和声誉）方面进行评价。

（3）内部经营过程评价。综合绩效评价体系对内部经营过程的衡量是对企业生产经营的全方位衡量。与传统衡量的最大区别是从战略目标出发，本着满足客户需要的原则来制订内部经营方面的目标和评价指标。内部经营指企业从输入各种原材料和顾客需求，到企业创造出对顾客有价值的产品（或）服务过程中的一系列活动。内部经营过程评价主要涉及创新、经营和售后服务，关注的是对客户满意程度和实现组织财务目标影响最大的那些内部过程，对内部经营过程进行评价的传统方法是监督和改进现有的生产过程。然而，社会的发展和市场竞争的加剧要求企业还要关注客户要求，因此，平衡计分卡把革新过程引入内部经营过程中，为了获得长期的财务成功，要求企业创造出全新的产品和服务。

哈默博士认为，在现代市场竞争的环境中，企业应遵循以下原则：企业的使命是为顾客创造价值；给顾客创造价值的是企业过程；企业的成功来自优异的过程业绩；优异的过程业绩需要有优异的过程管理。企业价值链研究亦表明，企业创造价值的领域在创新、经营和售后服务三个过程中。综合绩效评价体系要求构造一个完整的内部价值链，以便促使管理者从企业的总体目标出发，全面改善经营的全过程。

（4）学习和成长能力评价。企业经营战略研究揭示，仅凭今天的技术和生产能力，企业是不能达到它们的客户和内部作业过程的长期目标的，实现长期财务目标也成为一句空话。学习和成长是指企业投资于雇员培训、改进技术和提高学习能力。学习和成长为企业的长期成长和进步提供了动力源泉，为绩效评价的前三个方面（财务、客户和内部作业过程）取得业绩突破提供了推动力量。

企业学习和成长的主体和基础是人。从企业层次看，其学习和成长的过程实际上是一个如何促进员工学习，如何发掘和利用个人知识储备中的有关部分，使之转化为企业组成部分的问题，可以从雇员能力、信息系统能力和雇员的积极性等方面进行分析。

平衡计分卡对于企业业绩的分析总结，以及对这四个方面之间的逻辑关系的认识直接得益于价值链思想。平衡计分卡中评价指标的设置使管理者仅仅关注几个最关键的指标，减轻了管理者处理信息的负担，提高了管理效率。评价指标的内容与企业战略目标相联系，关注为企业创造未来价值的关键因素，也为实现企业战略管理提供了支持。而且，平衡计分卡提供了一个框架、一种语言，以传播使命和战略。它利用衡量结果来把驱动当前和未来成功的因素告诉员工；通过阐明组织想要获得的结果和这些结果的使然因素，企业管理者能够汇集全组织的员工的能力本领和具体知识来实现企业的长期目标。

基于上述特点，平衡计分卡的概念一经提出就受到了理论界、企业界的广泛认同和接受，因此逐渐在全球范围的许多企业组织和政府部门得到运用。盖洛普公司（Gartner Group）的调查表明，在《财富》杂志公布的世界前1000位公司中有70%的公司采用了平衡计分卡系统；《哈佛商业评论》更是把平衡计分卡称为75年来最具影响的战略管理工具。

7. 平衡计分卡的制订过程

每个组织应该根据自身特点制订平衡计分卡，下面是一个典型的制订过程。

（1）准备。企业应首先明确界定适于建立平衡计分卡的业务单位。一般来说，有自己的顾客、销售渠道、生产设施和财务绩效评估指标的业务单位，适于建立平衡计分卡。

（2）首轮访谈。业务单位的多名高级经理（通常是6～12位）收到关于平衡计分卡的背景材料，以及描述企业的愿景、使命和战略的内部文件。平衡计分卡的推进者（外部的顾问，或者是企业中组织这一行动的经理）对每位高级经理进行访谈，以掌握他们对企业战略目标的了解情况。

（3）首轮经理讨论会。高级经理团队与推进者一起设计平衡计分卡。在这一过程中，小组讨论中提出对企业使命和战略的各种说法，最终应达成一致。在确定了关键的成功因素后，由小组制订初步的平衡计分卡，其中应包括对战略目标的绩效评估指标。

（4）第二轮访谈。推进者对经理讨论会得出的结果进行考察、巩固和证明，并就这一暂定的平衡计分卡与每位高级经理举行会谈。

（5）第二轮经理讨论会。高层管理人员和其直接下属以及为数众多的中层经理集中到一起，对企业的愿景、战略陈述和暂定的平衡计分卡进行讨论，并开始构思实施计划。

（6）第三轮经理讨论会。高级经理人员聚会，就前两次讨论会所制订的愿景、目标和评估方法达成最终的一致意见，为平衡计分卡中的每一指标确定弹性目标，并确认实现这些目标的初步行动方案。

（7）实施。由一个新组建的团队为平衡计分卡设计出实施计划，包括在评估指标与数据库和信息系统之间建立联系、在整个组织内宣传平衡计分卡，以及为分散经营的各单位开发出二级指标。

（8）定期考察。每季或每月应准备一份关于平衡计分卡评估指标的信息蓝皮书，以供最高管理层进行考察，并与分散经营的各分部和部门进行讨论。在每年的战略规划、目标设定和资源分配程序中，都应包括重新检查平衡计分卡指标。

（五）战略计分卡专题

英国特许管理会计师协会 CIMA 提出了“战略计分卡”（Strategic Scorecard）概念，通过引入“企业治理：公司治理 + 业务治理”的理念，考虑了不同治理层次的主体在进行战略管理时的不同职责。他们给出的企业治理概念是为董事会或经营者在促进其遵循战略方向、完成业绩目标、控制适度风险、监督组织资源与组织责任的一致性的责任与体系。企业治理展示着一个企业组织的整体责任框架，包含了制度的符合（即公司治理）和业绩的提升（即业务治理）两个维度。

战略计分卡提供了一种制订战略的流程，注重企业所面临的重大问题，使董事会也参与到战略实施框架中，对战略制订和实施的全过程进行全面的监督考察。按照英国管理会计研究会 CIMA 首席执行官 RolandKaya 的看法，平衡计分卡和战略计分卡的综合运用，可以提高企业成功的概率。

战略计分卡具有四大模块：战略定位、战略方案选择、战略实施和战略风险。战略定位要求企业了解其外部环境，如客户需求、竞争对手、市场障碍、政府监管、供应商动向等，通过分析，提示董事会应该如何做；战略方案选择主要是确定企业打算进入的市场、推出新产品的可能以及并购等重大问题；战略实施就是为已经做出的战略决策设定一些关键的时间节点并进行跟踪，公布战略完成程度的审计；战略风险的重点是通过权衡企业可能承担的风险，确保对其进行管理，以尽可能降低风险、控制风险。

总的来说，战略计分卡的基本功能是帮助董事会尤其是独立董事总揽公司战略制订的全过程，应对战略变化与选择，客观评估公司战略实施状态与总体结果。它关注的问题较为宏观，因为董事会成员在规划公司未来战略时主要关注大局，而并不是进行细节的可行性分析，也不是一份详细的战略计划。

（六）绩效棱镜专题

绩效棱镜（Performance Prism，又译作绩效三棱镜、绩效棱柱）是埃森哲和格兰菲管理学院经营绩效中心开发的以促进创新为目标的绩效评价模式。这种绩效评价方法设计基于这样一种思想，即公司应当找出特定办法后的成因，并对此加以检讨和质疑，然后决定是要废除还是保留。然而当企业试图改变做法时，有时候对做法背后的基本框架视而不见，这是创新的最大阻碍。这些假设在组织里早已根深蒂固，因此组织成员都习以为常，察觉不出有何异样。但企业必须找出这些规则与假设，并分析有没有办法把它们破除，如果可以破除，就可能发现有哪些新的契机因此而出现。所以绩效棱镜也是一种战略性思考的方法，它评价企业创新的可能来源，同时评价公司创新的潜力。

绩效棱镜共有五个面。“利益关系人的满意度”与“利益关系人的贡献”构成棱镜上下两端的三角形，“战略”“流程”和“能力”则是连接三角形的三个矩形面。绩效棱镜对组织提出五个基本问题：①谁是主要利益关系人？他们想要和需要的东西有哪些？②要用什么样的“战略”才能满足这些要求与需要？③要用什么样的“流程”才能达到上述的“战略”？④所需要的“能力”有哪些？⑤公司如果要维持及发展这些能力，需要哪些“利益关系人的贡献”？这些问题依据一定的次序提出和回答。

（1）“利益关系人”是棱镜的第一面（也是最后一面），它的次序要在战略之前。利益关系人正逐渐变成公司绩效中愈来愈重要的部分，因为公司发现假如它们亏待顾客、员工、供应商或周围的社团，他们就无法长期满足股东的需要。此外，各利益关系人的重要性也正与时迁移。如随着公司把愈来愈多的非核心业务外包出去，它们对供应商的依赖也愈来愈深。最显著的互赖现象出现在电子商务领域。在这个领域中，交付售出产品或服务所需要的销售和物流工作往往与中间人有很密切的关系，甚至创造了一种新的利益关系人，即所谓“互补业者”（complementor）。互补业者就是联盟伙伴，专门为企业提供产品服务，以扩展企业本身的产品价值。可以预见，电子商务正逐渐成为一种非常重要的交易模式。有一点必须明确，利益关系人对组织的要求与需要可能会和组织对关系人的要求与需要产生冲突与紧张关系。换句话说，企业要求利益关系人做出的贡献不一定对利益关系人本身有利，所以两者必须分开评估。绩效棱镜的做法可以把这种变动的紧张关系纳入考虑之中，并以合理的方式量化以便组织评估满意度。

（2）棱镜的另外两面是“战略”和“流程”。但“流程质量”的概念其实并不容易界定，因为它不像产品一样可以直接看到缺点。就某个程度来说，如果要判断流程质量，可以观察流程所产出的产品或服务质量（输出），以及它们是否让顾客觉得满意（成果）。此外，管理阶层也可以直接评估一些与流程有关的要点，如数量、运转次数、成本等。

（3）棱镜的第四面是“能力”，也就是能力式创新的五个要素。“能力”是指结合不同的要素，通过不同的运营层面为组织的利益关系人创造出价值。这些要素可能包括公司员工的技能、作业方式、优异的技术，以及实体基础结构等。公司如果想要在现在与未来的竞争获胜，这些要素都是不可或缺的基石。

（4）棱镜的最后一面又回到利益关系人，它反映利益关系人的贡献。有一点要注意的是，在设计评估架构时，在前面所提到的五个基本问题中与利益关系人有关的两个问题可能必须在一开始就同时解决，以便让管理团队更加了解利益关系人之间的相互关系有多重要。等到界定完必备的“能力”后，通常必须再次回到贡献的问题上，整个循环才算完成。

三、公司内部的绩效评价（成本中心、收入中心、利润中心和投资中心）

公司实行分权管理体制，必须建立和健全有效的绩效评价和考核制度。公司整体的业绩目标，需要落实到内部各部门和经营单位，成为内部单位绩效评价的依据。根据内部单位职责范围和权限大小，可以将其分为成本中心、收入中心、利润中心和投资中心。

（一）成本中心的绩效评价

对各级主管人员的绩效评价，应以其对企业完成目标和计划中的贡献和履行职责中的成绩为依据。他们所主管的部门和单位有不同的职能，按其责任和控制范围的大小，这些责任单位分为成本中心、利润中心和投资中心。

一个责任中心，如果不形成或者不考核其收入，而着重考核其所发生的成本和费用，这类中心称为成本中心。

成本中心往往是没有收入的。例如，一个生产车间，它的产成品或半成品并不由自己出售，没有销售只能，没有货币收入。有的成本中心可能有少量收入，但不成为主要的考核内容。例如，生产车间可能会取得少量外协加工收入，但这不是它的主要职能，不是考核车间的主要内容。一个成本中心可以由若干个更小的成本中心组成。又如，一个分厂是成本中心，它由几个车间所组成，而每个车间还可以划分为若干个工段，这些工段是更小的成本中心，任何发生的责任领域，都可以确定为成本中心。大的成本中心可能是一个分公司，小的成本中心可能是一个台卡车和两个司机组成的单位。成本中心的职责是用一定的成本去完成规定的具体任务。

成本中心有两种类型：标准成本中心和费用中心。

标准成本中心，必须是所生产的产品稳定而明确，并且已经知道单位产品所需要的投入量的责任中心。通常，标准成本中心的典型代表是制造业工厂、车间、工段、班组等。在生产制造活动中，每个产品都可以有明确的原材料、人工和间接制造费用的数量标准和价格标准。实际上，任何一种重复性的活动都可以建立标准成本中心，只要这种活动能够计量产出的实际数量，并且能够说明投入与产出之间可望达到的函数关系。因此，各种行业都可能建立标准成本中心。银行根据经手支票的多少，医院根据接受检查或放射治疗的人数，快餐业根据售出的盒饭多少，都可建立标准成本中心。

费用中心，适用于那些产出物不能用财务指标来衡量，或者投入和产出之间没有密切关系的单位。这些单位包括一般行政管理部门，如会计、人事、劳资、计划等；研究开发部门，如设备改造、新产品研制等；以及某些销售部门，如广告、宣传、仓储等。一般行政管理部门的产出难以度量，研究开发和销售活动的投入量与产出量之间没有密切的联系。对于费用中心，唯一可以准确计量的是实际费用，无法通过投入和产出的比较来评价其效果和效率，从而限制无效费用的支出，因此，有人称之为“无限制的费用中心”。

1. 成本中心的考核指标

一般说来，标准成本中心的考核指标，是既定产品质量和数量条件下的标准成本。标准成本中心不需要做出价格决策、产量决策或产品结构决策，这些决策由上级管理部门做出，或授权给销货单位做出。标准成本中心的设备和技术决策，通常由职能管理部门做出，而不是由成本中心的管理人员自己决定。因此，标准成本中心不对生产能力的利用程度负责，而只对既定产量的投入量承担责任。如果采用全额成本法，成本中心不对闲置能量的差异负责，他们对于固定成本的其他差异要承担责任。

值得强调的是，如果标准成本中心的产品没有达到规定的质量，或没有按计划生产，则会对其他单位产生不利的影响。因此，标准成本中心必须按规定的质量、时间标准和计划产量来进行生产。这个要求是“硬性”的，很少有伸缩余地。完不成上述要求，成本中心要受到批评甚至惩罚。过高的产量，提前产出造成积压，超产以后销售不出去，同样会给企业带来损失，也应视为未按计划进行生产。

确定费用中心的考核指标是一件困难的工作。由于缺少度量其产出的标准，以及投入和产出之间的关系不密切，运用传统的财务技术来评估这些中心的业绩非常困难。费用中心的业绩涉及预算、工作质量和服务水平。工作质量和服务水平的量化很困难，并且与费用支出关系密切。这正是费用中心与标准成本中心的主要差别。标准成本中心的产品质量和数量有良好的量化方法，如果能以低于预算水平的实际成本生产出相同的产品，则说明该中心业绩良好。而对于费用中心则不然，一个费用中心的支出没有超过预算，可能该中心的工作质量和服务水平低于计划的要求。

通常，使用费用预算来评价费用中心的成本控制业绩。由于很难依据一个费用中心的工作质量和服务水平来确定预算数额，一个解决办法是考察同行业类似职能的支出水平。例如，有的公司根据销售收入的一定百分比来制订研究开发费用预算。尽管很难解释为什么研究开发费与销售额具有某种因果关系，但是百分比法还是使人们能够在同行业之间进行比较。另外一个解决办法是零基预算法，即详尽分析支出的必要性及其取得的效果，确定预算标准。还有许多企业依据历史经验来编制费用预算。这种方法虽然简单，但缺点也十分明显。管理人员为在将来获得较多的预算，倾向于把能花的钱全部花掉。越是勤俭度日的管理人员，将越容易面临严峻的预算压力。预算的有利差异只能说明比过去少花了钱，既不表明达到了应有的节约程度，也不说明成本控制取得了应有的效果。因此，依据历史实际费用数额来编制预算并不是个好办法。从根本上说，决定费用中心预算水平有赖于了解情况的专业人员的判断。上级主管人员应信任费用中心的经理，并与他们密切配合，通过协商确定适当的预算水平。在考核预算完成情况时，要利用有经验的专业人员对该费用中心的工作质量和服务水平做出有根据的判断，才能对费用中心的控制业绩做出客观评价。

2. 成本中心的责任成本

责任成本是以具体的责任单位（部门、单位或个人）为对象，以其承担的责任为范围所归集的成本，也就是特定责任中心的全部可控成本。

可控成本是指在特定时期内、特定责任中心能够直接控制其发生的成本。其对称概念是不可控成本。

可控成本总是针对特定责任中心来说的。一项成本，对某个责任中心来说是可控的，对另外的责任中心则是不可控的。例如，耗用材料的进货成本采购部门可以控制，使用材料的生产单位则不能控制。有些成本，对于下级单位来说是不可控的，而对于上级单位来说则是可控的。例如，车间主任不能控制自己的工资（尽管它通常要计入车间成本），而他的上级则可以控制。

区分可控成本和不可控成本，还要考虑成本发生的时间范围。一般说来，在消耗或支付的当期成本是可控的，一旦消耗或支付就不再可控。有些成本是以前决策的结果，如折旧费、租赁费等，在添置设备和签订租约时曾经是可控的，而使用设备或执行契约时已无法控制。

从整个企业的空间范围和很长的时间范围来观察，所有成本都是人的某种决策或行为的结果，都是可控的。但是，对于特定的人或时间来说，则有些是可控的，有些是不可控的。

可控成本与直接成本、变动成本是不同的概念。

直接成本和间接成本的划分依据，是成本的可追溯性。可追溯到个别产品或部门的成本是直接成本；由几个产品或部门共同引起的成本是间接成本。对生产的基层单位来说，大多数直接材料和直接人工是可控制的，但也有部分是不可控的。例如，工长的工资可能是直接成本，但工长无法改变自己的工资，对他来说该成本是不可控的。最基层单位无法控制大多数的间接成本，但有一部分是可控的。例如，机物料的消耗可能是间接计入产品的，机器操作工可以控制它。

变动成本和固定成本的划分依据，是成本依产量的变动性。随产量正比例变动的成本，称为变动成本。在一定幅度内不随产量变动而基本上保持不变的成本，称为固定成本。对生产单位来说，大多数变动成本是可控的，但也有部门不可控。例如，按产量和实际成本分摊的工艺装备费是变动成本，但使用工装的生产车间未必能控制其成本的多少，因为产量是上级的指令，其实际成本是制造工装的辅助车间控制的。固定成本和不可控成本也不能等同，与产量无关的广告费、科研开发费、教育培训费等酌量性固定成本都是可控的。

责任成本计算、变动（边际）成本计算和制造成本计算，是三种不同的成本计算方法。其主要区别如下。

（1）核算的目的的不同：计算产品的完全成本是为了按会计准则确定存货成本和期间损益；计算产品的变动成本是为了经营决策；计算责任成本是为了评价成本控制业绩。

（2）成本计算对象不同：变动成本计算和制造成本计算以产品为成本计算的对象；责任成本以责任中心为成本计算的对象。

（3）成本的范围不同：制造成本计算的范围是全部制造成本，包括直接材料、直接人工和全部制造费用；变动成本计算的范围是变动成本，包括直接材料、直接人工和变动制造费用，有时还包括变动的管理费用；责任成本计算的范围是各责任中心的可控成本。

（4）共同费用在成本对象间分摊的原则不同：制造成本计算按受益原则归集和分摊费用，谁受益谁承担，要分摊全部的间接制造费用；变动成本计算只分摊变动成本，不分摊固定成本；责任成本法按可控原则把成本归属于不同责任中心，谁能控制谁负责，不仅可控的变动间接费要分配给责任中心，可控的固定间接费也要分配给责任中心。责任成本法是介于制造成本法和变动成本法之间的一种成本方法，有人称之为“局部吸收成本法”或“变动成本和吸收成本法结合的成本方法”。

责任成本与标准成本、目标成本既有区别又有密切关系。标准成本和目标成本主要强调事先的成本计算，而责任成本重点是事后的计算、评价和考核，是责任会计的重要内容之一。标准成本在制订时是分产品进行的，事后对差异进行分析时才判别责任归属。目标成本管理要求在事先规定目标时就考虑责任归属，并按责任归属收集和处理实际数据。不管使用目标成本还是标准成本作为控制依据，事后的评价与考核都要求核算责任成本。

计算责任成本的关键是判别每一项成本费用支出的责任归属。

（1）判别成本费用支出责任归属的原则。通常，可以按以下原则确定责任中心的可控成本。

1）假如某责任中心通过自己的行动能有效地影响一项成本的数额，那么该中心就要对这项成本负责。

2）假如某责任中心有权决定是否使用某种资产或劳务，它就应对这些资产或劳务的成本负责。

3）某管理人员虽然不直接决定某项成本，但是上级要求他参与有关事项，从而对该项成本的支出施加了重要影响，则他对该成本也要承担责任。

（2）制造费用的归属和分摊方法。将发生的直接材料和人工费用归属于不同的责任中心通常比较容易，而制造费用的归属则比较困难。为此，需要仔细研究各项消耗和责任中心的因果关系，采用不同的分配方法。一般是依次按下述五个步骤来处理。

1）直接计入责任中心。将可以直接判别责任归属的费用项目，直接列入应负责的成本中心。例如，机物料消耗、低值易耗品的领用等，在发生时可判别耗用的成本中心，不需要采用其他标准进行分配。

2）按责任基础分配。对不能直接归属于个别责任中心的费用，优先采用责任基础分配。有些费用虽然不能直接归属于特定成本中心，但它们的数额受成本中心的控制，能找到合理依据来分配，如动力费、维修费等。如果成本中心能自己控制使用量，可以根据其用量来分配。分配时要使用固定的内部结算价格，防止供应部门的责任向使用部门转嫁。

3）按受益基础分配。有些费用不是专门属于某个责任中心的，也不宜用责任基础分配，但与各中心的受益多少有关，可按受益基础分配，如按装机功率分配电费等。

4）归入某一个特定的责任中心。有些费用既不能用责任基础分配，也不能用受益基础分配，则考虑有无可能将其归属于一个特定的责任中心。例如，车间的运输费用和试验检验费用，难以分配到生产班组，不如建立专门的成本中心，由其控制此项成本，不向各班组分配。

5）不能归属于任何责任中心的固定成本，不进行分摊。例如，车间厂房的折旧是以前决策的结果，短期内无法改变，可暂时不加控制，作为不可控费用。

（二）利润中心的绩效评价

成本中心的决策权力是有限的。标准成本中心的管理人员可以决定投入，但产品的品种和数量往往要由其他人员来决定。费用中心为本企业提供服务或进行某一方面的管理。

收入中心负责分配和销售产品，但不控制产品的生产。当某个责任中心被同时赋予生产和销售职能时，该中心的自主权就会显著地增加，管理人员能够决定生产什么、如何生产、产品质量的水平、价格的高低、销售的办法，以及生产资源如何在不同产品之间进行分配等。这种责任中心出现在大型分散式经营的组织中，小企业很难或不必采用分散式组织结构，如果大企业采用集权式管理组织结构也不会使下级具有如此广泛的决策权。这种具有几乎全部经营决策权的责任中心，可以被确定为利润中心或投资中心。

一个责任中心，如果能同时控制生产和销售，既要对成本负责又要对收入负责，但没有责任或没有权力决定该中心资产投资的水平，因而可以根据其利润的多少来评价该中心的业绩，那么，该中心称为利润中心。

利润中心有两种类型：一种是自然的利润中心，它直接向企业外部出售产品，在市场上进行购销业务。例如，某些公司采用事业部制，每个事业部均有销售、生产、采购的职能，有很大的独立性，这些事业部就是自然的利润中心。另一种是人为的利润中心，它主要在企业内部按照内部转移价格出售产品。例如，大型钢铁公司分成采矿、炼铁、炼钢、轧钢等几个部门，这些生产部门的产品主要在公司内部转移，它们只有少量对外销售，或者全部对外销售由专门的销售机构完成，这些生产部门可视为利润中心并称为人为的利润中心。再如，企业内部的辅助部门，包括修理、供电、供水、供气等部门，可以按固定的价格向生产部门收费，它们也可以确定为人为的利润中心。

通常，利润中心被看成是一个可以用利润衡量其一定时期业绩的组织单位。但是，并不是可以计量利润的组织单位都是真正意义上的利润中心。利润中心组织的真正目的是激励下级制订有利于整个公司的决策并努力工作。仅仅规定一个组织单位的产品价格并把投入的成本归集到该单位，并不能使该组织单位具有自主权或独立性。从根本目的上看，利润中心是指管理人员有权对其供货的来源和市场的选择进行决策的单位。一般说来，利润中心要向顾客销售其大部分产品，并且可以自由地选择大多数材料、商品和服务等项目的来源。根据这一定义，尽管某些企业也采用利润指标来计算各生产部门的经营成果，但这些部门不一定就是利润中心。把不具有广泛权力的生产或销售部门定为利润中心，并用利润指标去评价它们的业绩，往往会引起内部冲突或次优化，对加强管理反而是有害的。

1. 利润中心的考核指标

对于利润中心进行考核的指标主要是利润。但是，也应当看到，任何一个单独的业绩衡量指标都不能够反映出某个组织单位的所有经济效果，利润指标也是如此。因此，尽管利润指标具有综合性，利润计算具有强制性和较好的规范化程度，但仍然需要一些非货币的衡量方法作为补充，包括生产率、市场地位、产品质量、职工态度、社会责任、短期目标和长期目标的平衡等。

2. 部门利润的计算

在计量一个利润中心的利润时，我们需要解决两个问题：第一，选择一个利润指标，包括如何分配成本到该中心；第二，为在利润中心之间转移的产品或劳务规定价格。我们在这里先讨论第一个问题，后一个问题将单独讨论。

利润并不是一个十分具体的概念，在这个名词前边加上不同的定语，可以得出不同的概念。在评价利润中心业绩时，我们至少有四种选择：边际贡献、可控边际贡献、部门边际贡献和税前部门利润。

3. 内部转移价格

分散经营的组织单位之间相互提供产品或劳务时，需要制订一个内部转移价格。转移价格对于提供产品或劳务的生产部门来说表示收入，对于使用这些产品或劳务的购买部门来说则表示成本。因此，转移价格会影响到这两个部门的获利水平，使得部门经理非常关心转移价格的制订，并经常引起争论。

制订转移价格的目的有两个：防止成本转移带来的部门间责任转嫁，使每个利润中心都能作为单独的组织单位进行绩效评价；作为一种价格引导下级部门采取明智的决策，生产部门据此确定提供产品的数量，购买部门据此确定所需要的产品数量。但是，这两个目的往往有矛盾。能够满足评价部门业绩的转移价格，可能引导部门经理采取并非对企业最理想的决策；而能够正确引导部门经理的转移价格，可能使某个部门获利水平很高而另一个部门亏损。我们很难找到理想的转移价格来兼顾绩效评价和制订决策，而只能根据企业的具体情况选择基本满意的解决办法。

可以考虑的转移价格有以下几种。

（1）市场价格。在中间产品存在完全竞争市场的情况下，市场价格减去对外的销售费用，是理想的转移价格。

产品内在经济价值计量的最好方法是把它们投入市场，在市场竞争中判断社会所承认的产品价格。由于企业为把中间产品销售出去，还需追加各种销售费用，如包装、发运、广告、结算等，因此，市场价格减去某些调整项目才是目前未销售的中间产品的价格。从机会成本的观点来看，中间产品用于内部而失去的外销收益，是它们被内部购买部门使用的应计成本。这里失去的外销收益并非是市场价格，而需要扣除必要的销售费用，才是失去的净收益。

完全竞争市场这一假设条件，意味着企业外部存在中间产品的公平市场，生产部门被允许向外界顾客销售任意数量的产品，购买部门也可以从外界供应商那里获得任意数量的产品。由于以市场价格为基础的转移价格，通常会低于市场价格，这个折扣反映与外销有关的销售费，以及交货、保修等成本，因此可以鼓励中间产品的内部转移。如果不考虑其他更复杂的因素，购买部门的经理应当选择从内部取得产品，而不是从外部采购。

如果生产部门在采用这种转移价格的情况下不能长期获利，企业最好是停止生产此产品而到外部去采购。同样，如果购买部门以此价格进货而不能长期获利，则应停止购买并进一步加工此产品，同时应尽量向外部市场销售这种产品。这样做，对企业总体是有利的。

值得注意的是外部供应商为了能做买卖可能先报一个较低的价格，同时期望日后抬高价格。因此，在确认外部价格时要采用可以长期保持的价格。另外，企业内部转移的中间产品比外购产品的质量可能更有保证，并且更容易根据企业需要加以改进。因此，在经济分析无明显差别时，一般不应该依靠外部供应商，而应该鼓励利用自己内部的供应能力。

（2）以市场为基础的协商价格。如果中间产品存在非完全竞争的外部市场，可以采用协商的办法确定转移价格，即双方部门经理就转移中间产品的数量、质量、时间和价格进行协商并设法取得一致意见。

成功的协商转移价格依赖于下列条件：首先，要有一个某种形式的外部市场，两个部门经理可以自由地选择接受或拒绝某一价格。如果根本没有可能从外部取得或销售中间产品，就会使一方或双方处于垄断状态，这样谈判结果不是协商价格而是垄断价格。在垄断的情况下，最终价格的确定受谈判人员的实力和技巧影响。其次，在谈判者之间共同分享所有的信息资源。这个条件能使协商价格接近一方的机会成本，如双方都接近机会成本则更为理想。再次，最高管理阶层的必要干预。虽然尽可能让谈判双方自己来解决大多数问题，以发挥分散经营的优点，但是，对于双方谈判时可能导致的企业非最优决策，最高管理阶层要进行干预，对于双方不能自行解决的争论有必要进行调解。当然，这种干预必须是有限的、得体的，不能使整个谈判变成上级领导裁决一切问题。

协商价格往往浪费时间和精力，可能会导致部门之间的矛盾，部门获利能力大小与谈判人员的谈判技巧有很大关系，是这种转移价格的缺陷。尽管有上述不足之处，协商转移价格仍被广泛采用，它的好处是有一定弹性，可以照顾双方利益并得到双方认可。少量的外购或外卖是有益的，它可以保证得到合理的外部价格信息，为协商双方提供一个可供参考的基准。

（3）变动成本加固定费转移价格。这种方法要求中间产品的转移用单位变动成本来定价，与此同时，还应向购买部门收取固定费，作为长期以低价获得中间产品的一种补偿。这样做，生产部门有机会通过每期收取固定费来补偿其固定成本并获得利润；购买部门每期支付特定数额的固定费之后，对于购入的产品只需支付变动成本，通过边际成本等于边际收入的原则来选择产量水平，可以使其利润达到最优水平。

按照这种方法，供应部门收取的固定费总额为期间固定成本预算额与必要的报酬之和，它按照各购买部门的正常需要量比例分配给购买部门。此外，为单位产品确定标准的变动成本，按购买部门的实际购入量计算变动成本总额。如果总需求量超过了供应部门的生产能力，变动成本不再表示需要追加的边际成本，则这种转移价格将失去其积极作用。反之，如果最终产品的市场需求很少时，购买部门需要的中间产品也变得很少，但它仍然需要支付固定费。在这种情况下，市场风险全部由购买部门承担了，而供应部门仍能维持一定利润水平，显得很不公平。实际上，供应和购买部门都受到最终产品市场的影响，应当共同承担市场变化引起的市场波动。

（4）全部成本转移价格。以全部成本或者以全部成本加上一定利润作为内部转移价格，可能是最差的选择。

1）它以目前各部门的成本为基础，再加上一定百分比作为利润，在理论上缺乏说服力。以目前成本为基础，会鼓励部门经理维持比较高的成本水平，并据此取得更多的利润。越是节约成本的单位，越会有可能在下一期被降低转移价格，使利润减少。成本加成百分率的确定也是个困难问题，很难说清楚它为什么会是5%、10%或20%。

2）在连续式生产企业中成本随产品在部门间流转，成本不断积累，使用相同的成本加成率会使后序部门利润明显大于前序部门。如果扣除半成品成本转移，则会因各部门投入原材料出入很大而使利润分布失衡。

因此，只有在无法采用其他形式转移价格时，才考虑使用全部成本加成办法来制订转移价格。

（三）投资中心的绩效评价

投资中心是指某些分散经营的单位或部门，其经理所拥有的自主权不仅包括制订价格、确定产品和生产方法等短期经营决策权，而且还包括投资规模和投资类型等投资决策权。投资中心的经理不仅能控制除公司分摊管理费用外的全部成本和收入，而且能控制占用的资产，因此，不仅要衡量其利润，而且要衡量其资产并把利润与其所占用的资产联系起来。

评价投资中心业绩的指标通常有以下两种选择。

1. 投资报酬率

这是最常见的考核投资中心业绩的指标。这里所说的投资报酬率是部门边际贡献除以该部门所拥有的资产额。

假设某个部门的资产额为20000元，部门边际贡献为4000元，那么投资报酬率为20%，即

$$投资报酬率=\frac{4000}{20000}=20\%$$

用投资报酬率来评价投资中心业绩有许多优点：它是根据现有的会计资料计算的，比较客观，可用于部门之间，以及不同行业之间的比较。投资人非常关心这个指标，公司总经理也十分关心这个指标，用它来评价每个部门的业绩，促使其提高部门的投资报酬率，

有助于提高整个企业的投资报酬率。投资报酬率可以分解为投资周转率和部门边际贡献率两者的乘积，并可进一步分解为资产的明细项目和收支的明细项目，从而对整个部门的经营状况做出评价。

投资报酬率指标的不足也是十分明显的：部门经理会放弃高于资本成本而低于目前部门投资报酬率的机会，或者减少现有的投资报酬率较低但高于资金成本的某些资产，使部门的业绩获得较好的评价，但伤害了企业整体的利益。

假设前边提到的企业资金成本为15%。部门经理面临一个投资报酬率为17%的投资机会，投资额为10000元，每年部门边际贡献1700元。尽管对整个企业来说，由于投资报酬率高于资本成本，应当利用这个投资机会，但是它使这个部门的投资报酬率由过去的20%下降到19%，即

$$\text{投资报酬率}=\frac{4000+1700}{20000+10000}=19\%$$

同样道理，当情况与此相反，假设该部门现有一项资产价值5000元，每年获利850元，投资报酬率为17%，超过了资金成本，部门经理却愿意放弃该项资产，以提高部门的投资报酬率，即

$$\text{投资报酬率}=\frac{4000-850}{20000-5000}=21\%$$

当使用投资报酬率作为绩效评价标准时，部门经理可以通过加大公式分子或减少公式的分母来提高这个比率。实际上，减少分母更容易实现。这样做，会失去不是最有利但可以扩大企业总净利的项目。从引导部门经理采取与企业总体利益一致的决策来看，投资报酬率并不是一个很好的指标。

2. 剩余收益

为了克服由于使用比率来衡量部门业绩带来的次优化问题，许多企业采用绝对数指标来实现利润与投资之间的联系，这就是剩余收益指标。

剩余收益 = 部门边际贡献 − 部门资产应计报酬 = 部门边际贡献 − 部门资产 × 资本成本

剩余收益的主要优点是可以使绩效评价与企业的目标协调一致，引导部门经理采纳高于企业资本成本的决策。

根据前边的资料计算：

目前部门剩余收益 = 4000 − 20000 × 15% = 1000（元）

采纳增资方案后剩余收益 =（4000 + 1700）−（20000 + 10000）× 15% = 1200（元）

采纳减资方案后剩余收益 =（4000 − 850）−（20000 − 5000）× 15% = 900（元）

部门经理会采纳增资的方案而放弃减资的方案，这正是与企业总目标相一致的。

采用剩余收益指标还有一个好处，就是允许使用不同的风险调整资本成本。从现代财务理论来看，不同的投资有不同的风险，要求按风险程度调整其资本成本。因此，不同行业部门的资本成本不同，甚至同一部门的资产也属于不同的风险类型。例如，现金、短期应收款和长期资本投资的风险有很大区别，要求有不同的资本成本。在使用剩余收益指标时，可以对不同部门或者不同资产规定不同的资本成本百分数，使剩余收益这个指标更加灵活。而投资报酬率评价方法并不区别不同资产，无法分别处理风险不同的资产。

当然，剩余收益是绝对数指标，不便于不同部门之间的比较。规模大的部门容易获得较大的剩余收益，而它们的投资报酬率并不一定很高。在这里，我们再次体会到引导决策与评价业绩之间的矛盾。因此，许多企业在使用这一方法时，事先建立与每个部门资产结构相适应的剩余收益预算，然后通过实际与预算的对比来评价部门业绩。

（四）部门业绩的报告和考核

业绩的考核涉及成本控制报告、差异调查和奖惩等问题。考核的目的是纠正偏差，改

进工作。

1. 成本控制报告

成本控制报告是责任会计的重要内容之一，也称为业绩报告。其目的是将责任中心的实际成本与限额比较，以判别成本控制业绩。

（1）控制报告的目的如下。

1）形成一个正式的报告制度，使人们知道他们的业绩将被衡量、报告和考核，会使他们的行为与没有考核时大不一样。这就与学生对于考试课及非考试课花费的精力不同类似。当人们明确知道考核标准并肯定知道面临考核时，会尽力为达到标准而努力。

2）控制报告显示过去工作的状况，提供改进工作的线索，指明方向。

3）控制报告向各级主管部门报告下属的业绩，为他们采取措施纠正偏差和实施奖惩提供依据。

（2）控制报告的内容如下。

1）实际成本的资料。它回答"完成了多少"。实际资料可以通过账簿系统提供，也可以在责任中心设置兼职核算员，在账簿系统之外搜集加工。

2）控制目标的资料。它回答"应该完成多少"。控制目标可以是目标成本，也可以是标准成本，一般都要按实际业务量进行调整。

3）两者之间的差异和原因。它回答"完成得好不好，是谁的责任"。

（3）良好的控制报告应满足的要求如下。

1）报告的内容与其责任范围一致。

2）报告的信息要适合使用人的需要。

3）报告的时间要符合控制的要求。

4）报告的列示要简明、清晰、实用。

2. 差异调查

成本控制报告将使人们注意到偏离目标的表现，但它只是指出问题的线索。只有通过调查研究，找到原因，分清责任，才能采取纠正行动，收到降低成本的实效。

发生偏差的原因很多，可以分为以下三类。

（1）执行人的原因，包括过错、没经验、技术水平低、责任心差、不协作等。

（2）目标不合理，包括原来制订的目标过高或过低，或者情况变化使目标不再适用等。

（3）实际成本核算有问题，包括数据的记录、加工和汇总有错误，故意造假等。

只有通过调查研究，才能找到具体原因，并针对原因采取纠正行动。

3. 奖励与惩罚

奖励是对超额完成目标成本行为的回报，是表示赞许的一种方式。目前奖励的方式主要是奖金，也会涉及加薪和提升等。奖励的原则是：奖励的对象必须是符合企业目标、值得提倡的行为；要让职工事先知道成本达到何种水平将会得到何种奖励；避免奖励华而不实的行为和侥幸取得好成绩的人；奖励要尽可能前后一致。

惩罚是对不符合期望的行为的回报。惩罚的作用在于维持企业运转所要求的最低标准，包括产量、质量、成本、安全、出勤、接受上级领导等。如果达不到最低要求，企业将无法正常运转。达不到成本要求的惩罚手段主要是批评和扣发奖金，有时涉及降级、停止提升和免职等。惩罚的目的是避免类似的行为重复出现，包括被惩罚人的行为和企业里其他人的行为。惩罚的原则是：在调查研究的基础上，尽快采取行动，拖延会减弱惩罚的效力；预先要有警告，只有重犯者和违反尽人皆知准则的人才受惩罚；惩罚要一视同仁，前后一致。

4. 纠正偏差

纠正偏差是成本控制系统的目的。如果一个成本控制系统不能揭示成本差异及其产生原因，不能揭示应由谁对差异负责从而保证采取某种纠正措施，那么这种控制系统仅仅是一种数字游戏，白白浪费了职能人员的许多时间。

纠正偏差是各责任中心主管人员的主要职责。如果成本控制的标准是健全的并且是适当的，评价和考核也是按这些标准进行的，则产生偏差的操作环节和责任人已经指明。具有责任心和管理才能的称职的主管人员就能够通过调查研究找出具体原因，并有针对性地采取纠正措施。

纠正偏差的措施通常如下。

（1）重新制订计划或修改目标。

（2）采取组织手段重新委派任务或明确职责。

（3）采取人事管理手段增加人员，选拔和培训主管人员或者撤换主管人员。

（4）改进指导和领导工作，给下属以更具体的指导和实施更有效的领导。

成本指标具有很强的综合性，无论哪一项生产作业或管理作业出了问题都会引起成本失控。因此，纠正偏差的措施必须与其他管理职能结合在一起才能发挥作用，包括计划、组织、人事及指导与领导。

纠正偏差最重要的原则是采取行动。一个简单的道理是不采取行动就不可能纠正偏差。由于管理过程的复杂性和人们认识上的局限性，纠正行动不一定会产生预期的效果，从而会出现新的偏差。这种现象不是拒绝采取行动的理由，反而表明需要不断地采取行动。这就如同在高速公路上驾车，要不断调整方向盘，才能确保汽车顺利前进，把定方向盘不动的后果是尽人皆知的。

第二节 财务评价专述

一、财务评价的方法

企业财务绩效评价中最常见的是基于财务会计报告的财务评价指标，包括盈利能力指标、偿债能力指标、营运能力指标、发展能力指标等。综合评价方法即在应用各种财务评价方法的基础上，将财务指标与非财务指标结合起来，得出财务评价结论，如沃尔比重分析法、战略平衡计分卡、综合指数法等。

二、财务评价的标准

（一）行业标准

即按行业的基本水平或竞争对手的指标水平所选择的标准。

（二）经验标准

它是依据长期的、大量的实践经验检验形成的标准，如流动比率为2∶1，速动比率为1∶1，等等。

（三）历史标准

它是依据本企业过去某一时期的实际业绩数据形成的标准，可以选择企业历史最好水平，也可以选择企业正常经营条件下的水平。

三、财务评价的内容及指标体系

企业财务评价主要评价企业的偿债能力、盈利能力、资产营运能力、发展能力和社会贡献等方面。

（一）盈利能力

盈利能力即企业投入一定的资源赚取利润的能力，可以用绝对数表示，也可以用相对数表示。其主要指标如下：

$$净资产收益率=\frac{净利润}{平均资产总额}\times 100\%$$

$$总资产报酬率=\frac{息税前利润总额}{平均资产总额}\times 100\%$$

$$主营业务利润率=\frac{主营业务利润}{主营业务收入净额}\times 100\%$$

$$资本保值增值率=\frac{扣除客观因素后的年末所有者权益}{年初所有者权益}\times 100\%$$

$$盈余现金保障倍数=\frac{经营现金净流量}{净利润}\times 100\%$$

$$成本费用利润率=\frac{利润总额}{成本费用总额}\times 100\%$$

一般来说，以上指标越高，盈利能力越好。其中，净资产收益率是反映盈利能力的核心指标，评价标准通常可用社会平均利润率、行业平均利润率或资本成本率等。

（二）资产营运能力

资产营运能力即企业营运资产的效率。其主要指标如下：

$$总资产周转率（次）=\frac{主营业务收入净额}{平均资产总额}$$

$$流动资产周转率（次）=\frac{主营业务收入净额}{平均流动资产总额}$$

$$存货周转率（次）=\frac{主营业务成本}{存货平均余额}$$

$$应收账款周转率（次）=\frac{主营业务收入净额}{应收账款平均余额}$$

一般来说，资产营运能力指标中，周转率指标越大，周转速度越快，资产营运能力越好。

（三）发展能力

发展能力即企业未来生产经营的增长趋势和增长水平。此类指标首先考虑销售增长率、净利润增长率，再考虑固定资产增长率、技术投入比率。其计算公式如下：

$$销售（营业）增长率=\frac{本年主营业务收入增长额}{上年净利润}\times 100\%$$

$$净利润增长率=\frac{本年净利润增长额}{上年净利润}\times 100\%$$

$$固定资产增长率=\frac{本年个固定资产增长额}{上年固定资产总额}\times 100\%$$

$$技术投入比率=\frac{当年技术转让费支出与研发投入}{主营业务收入净额}\times 100\%$$

一般来说，发展能力指标越高，反映企业发展能力状况越好。

（四）偿债能力

偿债能力即企业偿还本身所欠债务的能力。一般来说，包括短期偿债能力指标和长期偿债能力指标。其主要指标如下：

$$资产负债率=\frac{负债总额}{资产总额}\times 100\%$$

资产负债率是衡量企业长期偿债能力的一个重要指标，从债权人角度看，该指标越小越好；从所有者和经营者的角度看，适当的负债是有益的，一般认为该指标为 50% 比较合适。

$$已获利息倍数=\frac{息税前利润总额}{利息支出}$$

一般来说，以上该指标越高，长期偿债能力越强，反之，企业的偿债能力越差。

$$现金流动负债比率=\frac{经营现金净流量}{流动负债}\times 100\%$$

从稳健角度出发，现金流动负债比率用于衡量企业偿债能力最为保险。一般来说，该指标越高，长期偿债能力越强。

$$速动比率=\frac{速动资产}{流动资产}\times 100\%$$

一般经验认为，企业速动比率为 100% 就说明企业短期偿债能力较强，低于 100% 则说明企业偿债能力不强，指标越低，企业偿债能力越差。

$$不良资产比率=\frac{年末不良资产总额}{年末资产总额}\times 100\%$$

（五）社会贡献

它衡量企业对国家或社会贡献水平的高低。此类指标主要考虑社会贡献率、社会积累率。其计算公式如下：

$$社会贡献率=\frac{企业社会贡献总额}{企业平均资产总额}\times 100\%$$

企业社会贡献总额包括工资（含奖金、津贴等工资性收入）、社会保险费支出、公益救济性捐赠支出、利息支出净额、应交税金、净利润等。

$$社会积累率=\frac{上交国家财政总额}{企业社会贡献总额}\times 100\%$$

上交国家财政总额包括应交税金及政府非税收入等。

此外，还可以评价企业的职工人数、企业对投资者和债权人的分红和付息总额、企业到期偿付债务的财务信誉等。

四、财务评价和评估结果的发布形式

为了使企业的利益相关者获得所需的信息，企业财务评价和内部财务控制有效性评估的结果，在不泄漏企业商业秘密的条件下，可以采取摘要、排行榜、分析报告、通报等形式，通过报刊、网络等媒体向社会发布。

第十二章
财务风险

第一节 财务风险综述

财务风险是在企业的各项财务活动中，因企业内外部环境及各种难以预计或无法控制的因素影响，在一定时期内，企业的实际财务结果与预期财务结果发生偏离，从而蒙受损失的可能性。它是从企业财务活动的全过程来界定的，因为在市场经济条件下，财务风险贯穿于企业各个财务环节，是各种风险因素在企业财务上的集中体现。但习惯上，有时财务风险也特指债务筹资风险。

小知识

财务风险的含义

狭义的财务风险，是指由于企业举债筹资而给股东收益带来的不确定性，甚至导致企业破产的可能性。在这里，财务风险与负债有关，若没有债务，企业则不存在财务风险。该定义是与企业财务目标为“股东财富最大化”相一致的。

广义的财务风险，是指企业财务活动中由于各种不确定性因素的影响，导致企业价值增加或减少的可能性，从而使各利益相关者的财务收益与期望收益发生偏离。广义财务风险的定义是与企业财务目标为“企业价值最大化”和“相关者利益最大化”相一致的。

一、财务风险的成因

我国企业产生财务风险的原因很多，既有企业外部的原因，也有企业自身的原因，而且不同的财务风险形成的具体原因也不尽相同。总体来看，主要有以下几个方面的原因。

（一）企业财务管理系统不能适应复杂多变的宏观环境

企业财务管理的宏观环境复杂多变是企业产生财务风险的外部原因。财务管理的宏观环境包括经济环境、法律环境、市场环境、社会文化环境、资源环境等因素。这些因素存在于企业之外，但对企业财务管理产生重大的影响。宏观环境的变化对企业来说，是难以准确预见和无法改变的。宏观环境的不利变化必然给企业带来财务风险。例如世界原油价格上涨导致成品油价格上涨，使运输企业增加了营运成本，减少了利润，无法实现预期的财务收益。财务管理的环境具有复杂性和多变性，外部环境变化可能为企业带来某种机会，也可能使企业面临某种威胁。财务管理系统如果不能适应复杂而多变的外部环境，必然会给企业理财带来困难。目前，由于机构设置不尽合理、管理人员素质不高、财务管理规章制度不够健全、管理基础工作不够完善等原因，我国许多企业建立的财务管理系统缺乏对外部环境变化的适应能力和应变能力。具体表现在对外部环境的不利变化不能进行科学的预见，反应滞后，措施不力，由此产生财务风险。

（二）企业财务管理人员对财务风险的客观性认识不足

财务风险是客观存在的，只要有财务活动，就必然存在着财务风险。在现实工作中，我国许多企业的财务管理人员缺乏风险意识，认为只要管好用好资金就不会产生财务风险。风险意识淡薄是财务风险产生的重要原因之一。

（三）财务决策缺乏科学性导致决策失误

财务决策失误是产生财务风险的又一重要原因。避免财务决策失误的前提是实现财务决策的科学化。目前，我国企业的财务决策普遍存在着经验决策及主观决策现象，由此而导致的决策失误经常发生，从而产生财务风险。

（四）企业内部财务关系混乱

我国企业与内部各部门之间及企业与上级企业之间，在资金管理及使用、利益分配等方面存在权责不明、管理混乱的现象，造成资金使用效率低下，资金流失严重，资金的安全性、完整性无法得到保证。

（五）资本结构不合理

根据资产负债表可以把财务状况分为三种类型：第一类是流动资产的购置大部分由流动负债筹集资金，小部分由长期负债筹集；固定资产由长期自有资金和大部分长期负债筹集。也就是流动负债全部用来筹集流动资产，自有资本全部用来筹措固定资产。这是正常的资本结构类型。第二类是资产负债表中累计结余是红字，表明一部分自有资本被亏损吃掉，从而总资本中自有资本比重下降，说明出现财务危机。第三类是亏损侵蚀了全部自有资本，而且也吃掉了负债的一部分，这种情况属于资不抵债，必须采取有效措施以防范这种情况出现。

二、财务风险的表现形式

（一）流动性风险

流动性风险是指企业资产不能正常和确定性地转移为现金，或企业债务和付现责任不能正常履行的可能性。因此，企业的流动性风险包括两层含义：前一层含义称为变现力风险，后一层含义主要指企业支付能力和偿债能力发生的问题，又称为现金不足及现金不能清偿风险。变现力风险是引发现金不足及现金不能清偿风险的根源，而后一种风险又会直接促使企业破产。

具体来说，可从企业资产的变现力和偿付能力两方面来分析与评价企业的流动性风险，原因如下。

（1）经营上亏损，不能产生营业现金流量，直接侵蚀资产，丧失偿付股利和债务的基础。

（2）流动资产结构不合理，流动资产中表现为大量积压的存货和收不回来的应收账款，减弱资产变现能力。

（3）管理不善，现金利用效率不高，依赖外部资金严重，一旦外部融资条件变化，则易发生偿付危机。

（4）筹资结构不合理，流动负债过多，以流动负债去支持长期投资，以至短期内产生偿债的紧迫性，一旦现金流量不足或融资市场利率变动，将导致企业发生偿付困难甚至破产。

小知识

现金流量风险

现金流量风险是企业现金流出与现金流入在时间上不一致所形成的风险。

当企业现金净流量出现问题，无法满足日常生产经营、投资活动的需要，或者无法及时偿还到期债务时，可能会导致企业生产经营陷入困境，也可能给企业带来信用危机，使企业的商誉遭受严重损害，以至于本来长期可以持续经营下去的企业在短期内被吞并或者倒闭。“现金至上”的财务管理思想就是基于对现金流量风险的极度重视。

（二）经营风险

经营风险又称营业风险，是指在企业的生产经营过程中，供、产、销各个环节不确定性因素的影响所导致企业资金运动的迟滞，产生企业价值的变动。

经营风险又包括采购风险、生产风险、存货变现风险及应收账款变现风险等。

1. 采购风险

由于原材料市场供应商的变动而产生的供应不足的可能，以及由于信用条件与付款方式的变动而导致实际付款期限与平均付款期的偏离等。

2. 生产风险

由于信息、能源、技术和人员的变动而导致生产工艺流程的变化，以及由于库存不足所导致的停工待料或销售迟滞的可能。

3. 存货变现风险

由于产品市场变动而导致产品销售受阻的可能，以及由于产品质量低劣、售价过高而导致的库存积压的可能。

4. 应收账款变现风险

由于赊销业务过多导致应收账款管理成本增大的可能，以及由于赊销政策的改变导致实际回收期与预期回收期的偏离等。

（三）筹资风险

筹资风险是指企业筹资时存在的不确定性因素而给企业价值以及利益相关者带来损失的可能性。

1. 利率风险

由于金融市场金融资产价格的波动而导致筹资成本的变动。

2. 再融资风险

一方面由于金融市场上金融工具品种、融资方式的变动导致企业再次融资产生不确定性，另一方面是由于企业本身筹资结构的不合理导致再融资产生困难。

3. 财务杠杆效应

由于企业使用杠杆融资而给利益相关者的收益带来不确定性。

4. 汇率风险

一方面由于货币汇率变动而给企业带来损益的可能性，另一方面也会给筹资成本带来影响。

5. 购买力风险

即通货膨胀风险，由于币值的变动而给筹资带来的影响。一般来说，发生通货膨胀有利于筹资成本的降低。

（四）投资风险

投资风险是指投资项目不能达到预期效益，从而影响企业盈利水平和偿债能力的风险。

企业投资风险主要有以下三种：一是投资项目不能按期投产，不能盈利；或虽已投产，但出现亏损，导致企业盈利能力和偿债能力降低；二是投资项目并无亏损，但盈利水平很低，利润率低于银行存款利息率；三是投资项目既没有亏损，利润率也高于银行存款利息率，但低于企业目前的资金利润率水平。

（五）其他财务风险表现形式

其他财务风险表现表式包括灾害风险、企业责任风险、内部控制风险及政治风险所导致的纯粹财产损失等。

三、财务风险的影响因素

（一）外部环境因素

1. 市场的波动

由于经济的周期性、通货膨胀（紧缩）、行业内竞争状况加上投资者的心理预期，都会导致产品市场、资本市场等市场资产价值的波动，从而形成系统性风险，给企业价值的变动造成影响。

2. 企业经营对外部环境的敏感度

如企业生产对产品市场变动的敏感性，企业产品售价对原材料市场、能源市场、劳动力市场变动的敏感性等。如果一个企业在经营过程中无法做到满足客户需求和迎接不断变化的技术进步、不可预期的竞争者行为以及其他外部环境变化的挑战，那么企业的竞争能力和生存能力将会受到严重影响。

3. 不可预料的灾害

如战争、恐怖活动、火灾、地震、严重的天气灾害、洪水等不可控的灾难，以及环境污染、健康与安全的受损、巨额诉讼费、欺诈与被盗、衍生证券带来的巨大损失等突发事件。这些都可造成企业无法维持经营、无法提供必要的产品和服务，或者无法补偿经营成本，而可能导致企业价值的巨大损失。

4. 国际、国内政治和法律、法规因素

政治是经济的保障，一国及国际政局的稳定与否、政策的变动状况，均会使企业经营与资金运动受到有利与不利的影响。而公司法、证券法及税法等法规的变动则直接对企业的组织结构、盈利及现金流转产生直接影响。

（二）内部管理因素

1. 企业是否建立了健全的内部控制制度

健全的内部控制制度应保证业务活动的有效进行；保证资产的安全完整；防止、发现、纠正错误与舞弊；保证会计资料的真实、合法、完整。没有健全的内部控制将引发纯粹风险。

2. 企业管理者素质

管理者是否是职业经理，管理者是否有较高的学历，管理者是否有良好的业绩记录，

管理层是否有年龄、性格、专业知识的合理搭配等。

3. 企业的现金流量状况

它直接反映企业的流动性风险。

4. 供、产、销环节控制是否合理

如对供应商的选择是否过于集中，对原材料、能源、技术以及人员的临时短缺是否有事先应对计划，生产流程环节是否过多而导致存货周转时间过长，是否有过高废品率，销售渠道是否单一，是否全部委托销售代理，客户是否稳定，是否有即将到期的专利以及是否有太多的诉讼、担保等或有事项。

5. 企业的资产结构状况

即企业利用的经营杠杆程度，它可反映由此带来的经营风险。

6. 企业的财务结构状况

财务结构包括负债结构与资本结构。负债结构是指流动负债与长期债务的比例，资本结构是指权益资本与债务资本的比例，两者的合理与否都会最终影响企业是否会发生财务危机，这也是狭义财务风险主要的影响因素。

7. 资产结构与财务结构是否合理配比

一方面资产负债的配比，本身就是一种财务风险的规避手段；另一方面，资产结构与财务结构若不能合理配比，则又会导致财务风险的发生。

8. 投资决策状况

投资决策状况包括投资项目选择、项目评价是否合理，投资组合状况，项目投资的选择权状况以及资产风险准备等。

四、降低财务风险的方法

（一）结合实际采取适当的风险防范策略

在建立了风险预警指标体系后，企业对风险信号如产品积压、质量下降、应收账款增加、成本上升等，要根据其形成原因及过程，制订相应的风险管理策略，降低危害程度。面对财务风险通常采用回避风险、控制风险、接受风险和分散风险等策略。其中控制风险策略可进一步分类，按控制目的分为预防性控制和抑制性控制。前者指预先确定可能发生的损失，提出相应措施，防止损失的实际发生；后者是对可能发生的损失采取措施，尽量降低损失程度。市场经济中，利用财务杠杆作用筹集资金进行负债经营是企业发展的有效途径。从大量的企业负债经营实例分析，企业经营决策失误、盲目投资、没有进行事前周密的财务分析和市场调研是造成负债经营失误的原因。

（二）加强财务活动的风险管理

市场经济条件下，筹资活动是一个企业生产经营活动的起点，管理措施失当会使筹集资金的使用效益具有很大的不确定性，由此产生筹资风险。企业筹集资金渠道有两类：一是所有者投资，如增资扩股、税后利润分配的再投资；二是借入资金。对于所有者投资而言，不存在还本付息问题，资金可长期使用、自由支配，其风险只存在于使用效益的不确定性上。而对于借入资金而言，企业在取得财务杠杆利益时，实行负债经营而借入资金，将给企业带来丧失偿债能力的可能和收益的不确定性。

企业通过筹资活动取得资金后进行投资的类型有三种：一是投资生产项目；二是投资证券市场；三是投资商贸活动。然而，投资项目并不都能产生预期收益，从而引起企业盈利能力和偿债能力降低的不确定性。如出现投资项目不能按期投产，无法取得收益；或虽投产但不能盈利，反而出现亏损，导致企业整体盈利能力和偿债能力下降；或虽没有出现亏损，但盈利水平很低，利润率低于银行同期存款利率；或利润率虽高于银行存款利息率，但低于企业目前的资金利润率水平。在进行投资风险决策时，其重要原则是既要敢于进行风险投

资以获取超额利润，又要克服盲目乐观和冒险主义，尽可能避免或降低投资风险。在决策中要追求收益性、风险性、稳健性的最佳组合，或在收益和风险中间体现稳健性原则的平衡器作用。

企业财务活动的第三个环节是资金回收。应收账款是造成资金回收风险的重要方面，有必要降低它的成本，包括机会成本（常用有价证券利息收入表示）、应收账款管理成本、坏账损失成本。应收账款加速现金流出，它虽使企业产生利润，然而并未使企业的现金增加，反而还会使企业运用有限的流动资金垫付未实现的利税开支，加速现金流出。因此，对于应收账款管理，应建立稳定的信用政策，确定客户的资信等级并评估企业的偿债能力，确定合理的应收账款比例，建立销售责任制。

（三）制订财务分析指标体系，建立长期财务预警系统

对企业而言，获利是企业经营的最终目标，也是企业生存与发展的前提。建立长期财务预警系统，其中获利能力、偿债能力、经济效率、发展潜力等指标最具有代表性。资产获利能力指标有总资产报酬率和成本费用利润率。前者表示每一元资本的获利水平，反映企业运用资产的获利水平；后者反映每耗费一元支出所得的利润，该指标越高，企业的获利能力越强。偿债能力指标有流动比率和资产负债率。如果流动比率过高，会使流动资金丧失再投资机会，一般生产性企业最佳为 2 左右；资产负债率一般为 40% ～ 60%，在投资报酬率大于借款利率时，借款越多，利润越多，同时财务风险越大。资产获利能力和偿债能力两类指标是企业财务评价的两大部分。经济效率的高低直接体现企业的经营管理水平。其中反映资产运营能力的指标有应收账款周转率以及产销平衡率。

企业发展潜力指标有销售增长率和资本保值增值率，运用德尔菲法等确定各个指标权数，用加权算术平均或者加权几何平均得到平均数即为综合功效系数，用此方法可以量化企业财务状况。

从长远观点看，一个企业要远离财务危机，必须具备良好的盈利能力。盈利能力越强，企业的对外筹资能力和清偿债务能力才能越强。其相关指标有总资产净现率、销售净现率、股东权益收益率。虽然上述指标可以预测财务危机，但从根本上讲，企业发生风险是由于举债导致的，一个全部用自有资本从事经营的企业只有经营风险而没有财务风险。因此，要权衡举债经营的财务风险来确定债务比率，应将负债经营资产收益率与债务资本成本率进行对比，只有前者大于后者，才能保证本息到期归还，实现财务杠杆收益。同时还要考虑债务清偿能力和债务资本在各项目之间配置的合理程度。考核指标有长期负债与营运资金比、资产留存收益率以及债务股权比率。

第二节　财务风险管理

财务风险管理是指企业在充分认识其所面临的财务风险的基础上，采取各种科学、有效的手段和方法，对各类风险加以预测、识别、预防、控制和处理，以最低成本确保企业资金运动的连续性、稳定性和效益性的一项理财活动。

一、财务风险管理的目标

财务风险管理的目标在于：了解风险的来源和特征，正确预测、衡量财务风险，进行适当的控制和防范，健全风险管理机制，将损失降至最低程度，为企业创造最大的收益。

二、财务风险管理体制

财务风险管理体制包括财务风险管理的组织系统、信息系统、预警系统和监控系统四个子系统。

财务风险管理的组织系统的设置可以随企业的规模和组织结构不同而不同，如大型企业可以在董事会下设专门的风险管理委员会，而中小型企业可由专职人员承担风险管理的任务，因此《企业财务通则》只做了原则性规定，即“明确经营者、投资者及其他相关人员的管理权限和责任”。财务风险管理的信息系统是在企业的风险管理过程中，以实现企业内部各部门及外部各企业之间的双向交流为目的，对风险管理信息进行收集、筛选、整理、分析、报告和反馈的专门系统。财务风险管理的预警系统是按一定的指标体系，分析企业财务活动和财务管理环境，对潜在的财务风险进行预测，并在发现财务风险信号后提醒决策者及时采取防范和化解措施。财务风险管理的监控系统是专门对企业所承受的财务风险动态情况进行监督和跟踪控制的系统，对可能或者已经出现的财务风险及时做出反应，并采取相应防范和化解措施。

三、财务风险管理原则

（一）不相容职务分离原则

引发财务风险的因素除了来自外部市场，还源自企业内部。加强企业内部控制，特别是强调不相容职务相分离，能够在制度设计上有效避免决策和执行“一言堂”“一支笔”等现象及其引发的财务风险。

（二）风险与收益均衡原则

高风险、高收益是市场经济的一个基本规则，企业必须为追求较高收益而承担较大的风险，或者为减少风险而接受较低的收益。在市场机会既定的情况下，对一个企业而言，风险与收益均衡意味着：一是收益相同或接近的项目，应选择风险最低的；风险相同或接近的项目，应选择收益最高的；二是收益和风险不同的若干项目，收益最高的项目不一定最好，因为其风险往往也最高，应当以企业能承受相应风险为前提，再按前两点要求选择项目。

四、财务风险管理策略

（一）预防风险

当财务风险客观存在、无法规避时，企业可以事先从制度、决策、组织和控制等方面提高自身抵御风险的能力。例如，企业销售产品形成的应收账款占流动资产比重较高的，应对客户信用进行评级，确定其信用期限和信用额度，从而降低坏账发生率。风险一旦爆发，企业将蒙受较大损失的，应进行预测分析，预先制订一套自保风险计划，平时分期提取专项的风险补偿金，如风险基金和坏账准备金，以补偿将来可能出现的损失。

（二）规避风险

一是决策时，事先预测风险发生的可能性及其影响程度，尽可能选择风险较小或无风险的备选方案，对超过企业风险承受能力、难以掌控的财务活动予以回避；二是实施方案过程中，发现不利的情况时，及时中止或调整方案。例如，如果企业投资另一家企业只是为了获得一定收益，并不是为了达到控制被投资企业的目的，而债权投资就能实现预期的投资收益，那么即使股权投资将带来更多的投资收益，企业也应当采用债权投资，因为其投资风险大大低于股权投资的风险。

（三）分散风险

分散风险是企业通过多元化经营、多方投资、多方筹资、外汇资产多元化、吸引多方供应商、争取多方客户等措施分散相应风险。以多元化经营为例，这是企业分散风险的通常做法。它指一家企业同时介入多个基本互无关联的产业部门、产品市场等。多元化经营之所以能分散风险，是由于不同产业、产品的市场环境是独立或不完全相关的，从概率统计原理来看，经营多种产业或者多种产品，其在时间、空间、利润等因素上相互补充抵销，可以减少企业利润风险。因此，企业在突出主业的前提下，可以结合自身的人力、财力与技术研制和开发能力，适度涉足多元化经营，分散财务风险。

（四）转移风险

转移风险是企业通过保险、签订合同、转包等形式把财务风险部分或者全部转嫁给其他单位，但同时往往需要付出一定代价，如保险费、履约保证金、手续费、收益分成等。

转移风险通常有多种形式：购买保险；签订远期合同；开展期货交易；转包，将风险大的业务，采用承包经营或租赁经营的方式，转给其他单位或个人来经营，企业定期收取承包费或租金；等等。

企业应当能够通过适当的财务风险管理体制，识别与评估不同财务活动面临的财务风险，并在此基础上，对可能发生的财务风险采取适当的风险管理策略，既要控制财务风险发生的可能性，又要控制财务风险发生后的影响，以达到风险与收益的均衡。这样，才能保证企业稳健地成长。

五、财务风险的识别与评估

企业财务风险识别是财务风险管理的第一步，其基本方法包括现场观察法、财务报表分析法、案例分析法、集合意见法、专家调查法、情景分析法、业务流程分析法等。财务风险评估是在风险识别的基础上，量化估计财务风险发生的概率和预期造成的损失，评估方法包括方差法、β系数与资本资产定价模型（CAPM）、A计分法、风险价值（VAR）评估模型法、综合风险指数模型评估法等。

六、财务风险控制的主要方法

财务风险控制的方法主要包括报表分析法、指标分析法、专家意见法等。

（一）指标分析法

指标分析法是指根据企业财务核算、统计核算、业务核算资料和其他方面（如企业信息情报部门收集的、市场调查获取的、从有关政府主管部门得到的）提供的数据，对企业财务风险的相关指标数值进行计算、对比和分析，并从分析的结果中寻找、识别和发现财务风险的技术方法。这一方法可与报表分析法一起使用，也可以单独使用，但是用该方法前必须对有关指标设定一个临界值，或拟定一条风险警戒线，即某一项指标值达到什么样的水平才对企业的生产经营和财务管理形成威胁，才能判定为财务风险因素。如企业的资产负债率在多少水准上是适宜的，超过此幅度的负债为企业所无法承受而且无力控制，也就是构成了财务风险。

这一标准的确定可以采用目前通行的惯例，也可以采用企业以前遭受风险袭击的临界值，还可以采用同类企业或者中外企业所用的标准，也还可以用经验判断法和集体评判法加以确定。

对财务风险分析指标的选择和设计，不同行业、部门和地区，不同的企业和事业单位有不同的考虑，但对于相关指标选择的要求是基本一样的。

1. 指标的来源和采集的多样性

所分析的指标应来自企业生产经营和财务管理活动的各个方面，因为财务风险的来源是广泛的，没有特定的一成不变的内容和形式，广泛采集能够更多地覆盖企业经营活动的各个方面，在更广泛的领域发现财务风险的生长点，尽早发现财务风险的滋生膨胀。

2. 指标内容的动态性

管理人员期望找到一个无所不适的财务风险是不现实的，财务风险的识别需要管理者根据经营环境和风险项目，因地制宜地选择科学、有效的指标内容。

3. 指标尺度的弹性

指标分析中所采用的标准值应该有一定弹性，有张有弛，在不同的经营环境中做出不同的选择和调整，对所使用的指标合理掌握宽严度，既不因指标过松而漏过形形色色的财务风险，也不因指标过严弄得草木皆兵，分散管理精力，浪费宝贵的人力物力资源。

（二）报表分析法

报表分析法是根据一定标准，通过企业各类报表资料对其财务风险进行搜索、寻找、辨别的分析方法，具有操作简便、易行、可靠性强，符合企业经营管理人员的思维和工作习惯等特点，单人和多人操作均可使用，在企业财务风险管理中广泛使用。

企业生产经营中并存着三种类型的核算，即会计核算、统计核算和业务核算，所以也就相应存在三种核算报表：财务报表、统计报表和业务报表。这三种报表互相联系、相辅相成，在揭示企业生产经营业务中发挥着极其重要的作用。就报表分析的主要内容来看，主要有以下几个方面。

1. 分析评价盈利能力及其稳定性

管理人员通过将若干期报表进行对照分析，发现企业持续稳定的获利水平和创造能力，发现企业盈利能力及其稳定性，进而给企业进行最基本的风险诊断。

2. 分析评价偿债能力及其可靠性

分析和评价企业的短期偿债能力是企业风险检查的重要方面，特别是对于保护债权人利益，维持企业正常的经济关系和债务关系，保持企业健康发展具有重要意义。

3. 分析评价资本结构及其稳定性

企业要进行正常的生产经营活动必须拥有一定资本金，并通过最初资本金的运用获得盈利和积累，以扩大和增强企业的实力。企业的资本金不仅要有稳定的来源，同时要有合理的构成，并且符合国家有关方针、政策和法律法规的规定，符合企业发展的方向，体现稳健经营、减少风险的原则；反之，如果企业资金来源和构成混乱，企业肌体的内部功能便会减弱，各种财务风险“病毒”便会滋生、蔓延。

4. 分析评价资金分布及其合理性

企业经营资金总是分布在生产经营过程的各个环节之中。企业经营的好坏，并不仅仅决定于是否有能力筹集所需要的资金，更主要的是对其掌握的资金是否合理地分布于生产经营各阶段，而且是否予以充分而有效的利用。一般来说，资金周转的快慢反映企业是否充分和有效利用了现有资金。也就是说，企业资金分布合理，就周转得快，周转快就能以较少的资金取得更多的收入，取得更多的收入也就有更多的资金投入生产经营活动，因而企业能在一个更高层次上得到发展，应付财务风险便具有更强的经济基础。

通过报表检查分析，有的问题的性质、成因及其危害性可以一目了然，显露出财务风险的真面目；也有的问题仅能揭露出表面现象，财务风险识别工作未能完成，还需要管理人员对其进行更深一步剖析，以发现问题的内在联系及其风险特征，找到问题的症结所在，通过判断揭示其不易被人发现和认识的隐患所在。报表分析最直接的作用，可以省去一部分烦琐的资料收集工作，进而提高风险管理的工作效率；可以提高报表本身的编制质量，直接分析由此可能引起的财务风险；同时有助于了解企业的理财活动过程和所面临的市场形势，发现企业存在的隐患和现实危机。另外，报表分析的作用不仅表现在财务风险的识别，还体现在风险的测定和衡量、风险管理项目的决策、管理效果的预测等方面，可以说报表分析法作为风险管理的方法，能够运用于整个经营风险管理的基本过程。

（三）专家意见法

专家意见法也叫定性分析法、经验分析法，它是指企业组织相关领域的专家，利用专家的经验、知识和能力，根据预测对象的外界环境，通过直观的归纳，找出预测对象变动、变化、发展的规律，从而进行风险识别和分析判断的方法。其最大的优点是在缺乏足够统计数据和原始资料的情况下，可以做出定量估计和得到报表上还未反映的信息。专家意见法的实施程序如下。

（1）在调查研究法的基础之上，充分占有财务风险方面的资料信息，根据企业理财特点、资金来源和使用分布、股权构成和股利政策等，划分轻重缓急，选择对企业生产经营活动有严重影响和制约的、较为复杂的关键的风险项目，作为专家意见法分析的对象。

（2）选择和聘请有关领域的专家参加风险分析工作，专家人数一般不能小于六人，各位专家彼此之间暂不发生联系，其名单和构成由该项工作的负责人掌握，专家与项目负责人单独以书面形式联系。

（3）向各位专家提供有关财务风险分析的背景材料，并以书面形式向其提出有关财务风险识别的问题。

（4）企业管理人员收回各位专家的意见后，对之进行加工管理，并将其按照一定形式排列起来，然后将各种不同的意见及其理由反馈给各位专家，让其提出进一步的看法。

（5）专家第二次提出意见时显然要参考第一次意见汇总的结果，以做出改变或者调整自己的观点，或者坚持自己看法的选择，然后将第二轮结果汇总至企业管理负责人处。

（6）将上述第四、第五步骤的工作反复进行，这种反复肯定使得所得结果分布收敛，由此直至得出比较一致的结果为止。

七、财务杠杆

财务管理中的杠杆效应有三种形式，即经营杠杆、财务杠杆和复合杠杆，要了解这些杠杆的原理，需要首先了解成本习性、边际贡献和息税前利润等相关术语的含义。

（一）成本习性、边际贡献与息税前利润

1. 成本习性及分类

所谓成本习性，是指成本总额与业务量之间在数量上的依存关系。成本按习性可划分为固定成本、变动成本和混合成本三类。

（1）固定成本是指其总额在一定时期和一定业务量范围内不随业务量发生任何变动的那部分成本。随着产量的增加，它将分配给更多数量的产品，也就是说，单位固定成本将随产量的增加而逐渐变小。属于固定成本的主要有按直线法计提的折旧费、保险费、管理人员工资、办公费等。

固定成本还可进一步区分为约束性固定成本和酌量性固定成本两类。

1）约束性固定成本属于企业“经营能力”成本，是企业为维持一定的业务量所必须负担的最低成本，如厂房、机器设备折旧费、长期租赁费等。企业的经营能力一经形成，在短期内很难有重大改变，因而这部分成本具有很大的约束性，管理当局的决策行动不能轻易改变其数额。要想降低约束性固定成本，只能从合理利用经营能力入手。

2）酌量性固定成本属于企业“经营方针”成本，是企业根据经营方针确定的一定时期（通常为一年）的成本，如广告费、研究与开发费、职工培训费等。这部分成本的发生，可以随企业经营方针和财务状况的变化，斟酌其开支情况。因此，要降低酌量性固定成本，就要在预算时精打细算，合理确定这部分成本的数额。

应当指出的是，固定成本总额只是在一定时期和业务量的一定范围内保持不变。这里所说的一定范围，通常为相关范围。超过了相关范围，固定成本也会发生变动。因此，固定成本必须和一定时期、一定业务量联系起来进行分析。从较长时间来看，所有的成本都

在变化，没有绝对不变的固定成本。

（2）变动成本是指总额随着业务量成正比例变动的那部分成本。直接材料、直接人工等都属于变动成本，但从产品单位成本来看，则恰恰相反，产品单位成本中的直接材料、直接人工将保持不变。

与固定成本相同，变动成本也存在相关范围，即只有在一定范围之内，产量和成本才能完全成同比例变化，即完全的线性关系，超过了一定的范围，这种关系就不存在了。例如，当一种新产品还是小批量生产时，由于生产还处于不熟练阶段，直接材料和直接人工耗费可能较多，随着产量的增加，工人对生产过程逐渐熟练，可使单位产品的材料和人工费用降低。在这一阶段，变动成本不一定与产量完全成同比例变化，而是表现为小于产量增减幅度。在这以后，生产过程比较稳定，变动成本与产量成同比例变动，再大幅度增产可能会出现一些新的不利因素，使成本的增长幅度大于产量的增长幅度。

（3）混合成本。有些成本虽然也随业务量的变动而变动，但不成同比例变动，不能简单地归入变动成本或固定成本，这类成本称为混合成本。混合成本按其与业务量的关系又可分为半变动成本和半固定成本，见图 12-1、图 12-2。

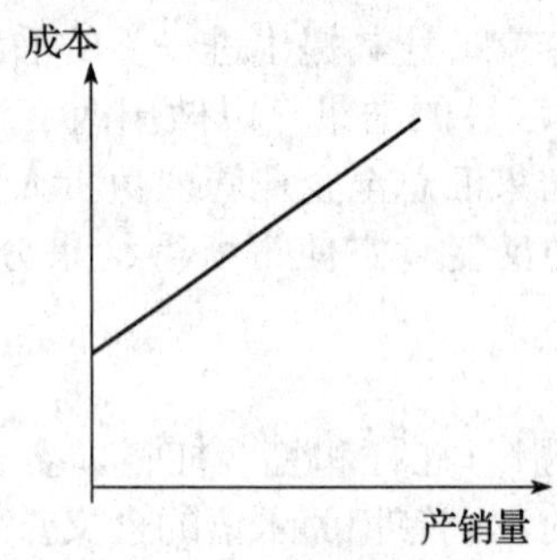

图 12-1　半变动成本示意图

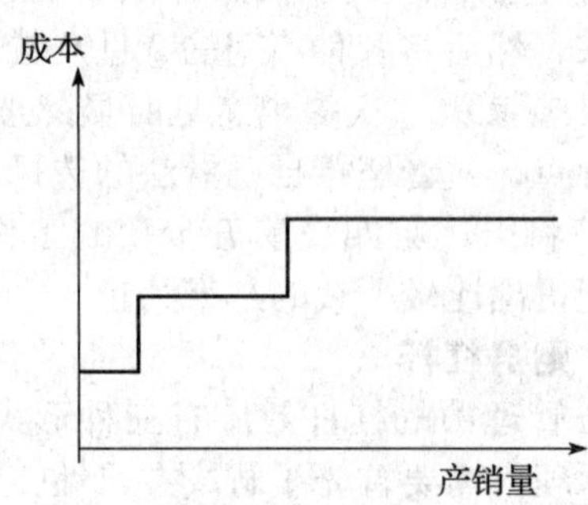

图 12-2　半固定成本示意图

1）半变动成本。它通常有一个初始量，类似于固定成本，在这个初始量的基础上随产量的增长而增长，又类似于变动成本。例如，在租用机器设备时，有的租约规定租金同时按两种标准计算：①每年支付一定租金数额（固定部分）；②每运转一小时支付一定租金数额（变动部分）。又如，企业的电话费也属于半变动成本。

2）半固定成本。这类成本随产量的变化而呈阶梯形增长，产量在一定限度内，这种成本不变，当产量增长到一定限度后，这种成本就跳跃到一个新水平。化验员、质量检查人员的工资属于这类成本。

（4）总成本习性模型。从以上分析我们知道，成本按习性可分为变动成本、固定成本和混合成本三类，但混合成本又可以按一定方法分解成变动部分和固定部分，那么，总成本习性模型可以表示为

$$y = a + bx$$

式中，y 代表总成本，a 代表固定成本，b 代表单位变动成本，x 代表业务量（如产销量，这里假定产量与销量相等，下同）。

显然，若能求出公式中 a 和 b 的值，就可以利用这个直线方程来进行成本预测、成本决策和其他短期决策。

2. 边际贡献及其计算

边际贡献是指销售收入减去变动成本以后的差额。其计算公式为

$$边际贡献 = 销售收入 - 变动成本$$

=（销售单价 - 单位变动成本）× 产销量

= 单位边际贡献 × 产销量

若以 M 表示边际贡献，P 表示销售单价，b 表示单位变动成本，x 表示产销量，m 表示单位边际贡献，则上式可表示为

$$M = px - bx = (p - b)x = mx$$

3. 息税前利润及其计算

息税前利润是指企业支付利息和交纳所得税前的利润。其计算公式为

息税前利润 = 销售收入总额 - 变动成本总额 - 固定成本

=（销售单价 - 单位变动成本）× 产销量 - 固定成本

= 边际贡献总额 - 固定成本

若以 EBIT 表示息税前利润，a 表示固定成本，则上式可表示为

$$EBIT = px - bx - a = (P - b)x - a = M - a$$

显然，不论利息费用的习性如何，上式的固定成本和变动成本中不应包括利息费用因素。息税前利润也可以用利润总额加上利息费用求得。

【例 12-1】 智董公司当年年底的所有者权益总额为 1000 万元，普通股 600 万股。目前的资本结构为长期负债占 60%，所有者权益占 40%，没有流动负债。假设该公司的所得税税率为 33%，预计继续增加长期债务不会改变目前 11% 的平均利率水平。董事会在讨论明年资金安排时提出：

（1）计划年度分配现金股利 0.05 元 / 股；

（2）拟为新的投资项目筹集 200 万元的资金；

（3）计划年度维持目前的资本结构，并且不增发新股。

要求：测算实现董事会上述要求所需要的息税前利润。

（1）因为计划年度维持目前的资本结构，所以，计划年度增加的所有者权益为 200 × 40% = 80（万元）。

因为计划年度不增发新股，所以，增加的所有者权益全部来源于计划年度分配现金股利之后剩余的净利润。

因为发放现金股利所需税后利润 = 0.05 × 600 = 30（万元），所以，计划年度的税后利润 = 30 + 80 = 110（万元）。

$$计划年度的税前利润 = \frac{110}{1 - 33\%} = 164.18\text{（万元）}$$

（2）因为计划年度维持目前的资本结构，所以，需要增加的长期负债 = 200 × 60% = 120（万元）。

（3）因为原来的所有者权益总额为 1000 万元，资本结构为所有者权益占 40%，所以，原来的资金总额 = $\frac{1000}{40\%}$ = 2500（万元），因为资本结构中长期负债占 60%，所以，原来的长期负债 = 2500 × 60% = 1500（万元）。

（4）因为计划年度维持目前的资本结构，所以，计划年度不存在流动负债，计划年度借款利息 = 长期负债利息 =（原长期负债 + 新增长期负债）× 利率 =（1500 + 120）× 11% = 178.2（万元）。

（5）因为息税前利润 = 税前利润 + 利息，所以，计划年度息税前利润 = 164.18 + 178.2 = 342.38（万元）。

（二）经营杠杆

1. 经营风险

企业经营面临各种风险，可划分为经营风险和财务风险。

经营风险是指由于经营上的原因导致的风险，即未来的息税前利润（EBIT）的不确定性。经营风险因具体行业、具体企业以及具体时期而异。市场需求、销售价格、成本水平、对价格的调整能力、固定成本等因素的不确定性影响经营风险。

2. 经营杠杆的含义

企业的经营风险部分取决于其利用固定成本的程度。在其他条件不变的情况下，产销量的增加虽然不会改变固定成本总额，但会降低单位固定成本，从而提高单位利润，使息税前利润的增长率大于产销量的增长率。反之，产销量的减少会提高单位固定成本，降低单位利润，使息税前利润下降率也大于产销量下降率。如果不存在固定成本，所有成本都是变动的，那么，边际贡献就是息税前利润，这时的息税前利润变动率就同产销量变动率完全一致。这种由于固定成本的存在而导致息税前利润变动率大于产销量变动率的杠杆效应，称为经营杠杆。由于经营杠杆对经营风险的影响最为综合，因此，常被用来衡量经营风险的大小。

3. 经营杠杆的计量

只要企业存在固定成本，就存在经营杠杆效应的作用。对经营杠杆的计量最常用的指标是经营杠杆系数或经营杠杆度。经营杠杆系数是指息税前利润变动率相当于产销业务量变动率的倍数。计算公式为

$$经营杠杆系数（DOL）= \frac{息税前利润变动率}{产销量变动率}$$

经营杠杆系数的简化公式为

$$经营杠杆系数（DOL）= \frac{基期边际贡献}{基期息税前利润}$$

【例 12-2】智董公司有关资料如表 12-1 所示，试计算该企业 20×6 年的经营杠杆系数。

表 12-1　智董公司有关资料　　金额单位：万元

项　目	20×5 年	20×6 年	变动额	变动率（%）
销售额	1000	1200	200	20
变动成本	600	720	120	20
边际贡献	400	480	80	20
固定成本	200	200	0	–
息税前利润	200	280	80	40

根据公式得

$$经营杠杆系数(DOL) = \frac{80/200}{200/1000} = \frac{40\%}{20\%} = 2$$

上述计算是按经营杠杆的理论公式计算的，利用该公式，必须以已知变动前后的有关资料为前提，比较麻烦，而且无法预测未来（如 20×7 年）的经营杠杆系数。按简化公式计算如下。

按表 12-1 中 20×5 年的资料可求得 20×6 年的经营杠杆系数：

$$经营杠杆系数(DOL) = \frac{400}{200} = 2$$

计算结果表明，两个公式计算出的 20×6 年经营杠杆系数是完全相同的。

同理，可按 20×6 年的资料求得 20×7 年的经营杠杆系数：

$$经营杠杆系数(DOL) = \frac{480}{280} = 1.71$$

4. 经营杠杆与经营风险的关系

引起企业经营风险的主要原因是市场需求和成本等因素的不确定性，经营杠杆本身并不是利润不稳定的根源。但是，经营杠杆扩大了市场和生产等不确定性因素对利润变动的影响。而且，经营杠杆系数越高，利润变动越剧烈，企业的经营风险就越大。一般来说，在其他因素一定的情况下，固定成本越高，经营杠杆系数越大，企业经营风险也就越大。其关系可表示为

$$经营杠杆系数 = \frac{基期边际贡献}{基期边际贡献 - 基期固定成本}$$

或

$$经营杠杆系数 = \frac{(基期销售单价 - 基期单位变动成本) \times 基期产销量}{(基期销售单价 - 基期单位变动成本) \times 基期产销量 - 基期固定成本}$$

从上式可以看出，影响经营杠杆系数的因素包括产品销售数量、产品销售价格、单位变动成本和固定成本总额等因素。经营杠杆系数将随固定成本的变化呈同方向变化，即在其他因素一定的情况下，固定成本越高，经营杠杆系数越大。同理，固定成本越高，企业经营风险也越大；如果固定成本为零，则经营杠杆系数等于1。

在影响经营杠杆系数的因素发生变动的情况下，经营杠杆系数一般也会发生变动，从而产生不同程度的经营杠杆和经营风险。由于经营杠杆系数影响着企业的息税前利润，从而也就制约着企业的筹资能力和资本结构。因此，经营杠杆系数是资本结构决策的一个重要因素。

控制经营风险的方法有增加销售额、降低产品单位变动成本、降低固定成本比重。

【例 12-3】 智董、贵琛两家公司的有关资料如表12-2所示。试比较两家公司的经营风险。

表 12-2　智董、贵琛两家公司的有关资料　　金额单位：万元

企业名称	经济状况	概率	销售量（件）	单价	销售额	单位变动成本	变动成本总额	边际贡献	固定成本	息税前利润
智董	好	0.20	120	10	1200	6	720	480	200	280
	中	0.60	100	10	1000	6	600	400	200	200
	差	0.20	80	10	800	66	480	320	200	120
贵琛	好	0.20	120	10	1200	4	480	720	400	320
	中	0.60	100	10	1000	4	400	600	400	200
	差	0.20	80	10	800	4	320	480	400	80

为了计算两家公司风险的大小，先计算两家公司最有可能的经营杠杆系数。

智董公司的期望边际贡献：

$$\overline{M_A} = 480 \times 0.2 + 400 \times 0.6 + 320 \times 0.2 = 400(万元)$$

智董公司的期望息税前利润：

$$\overline{EBIT_A} = 280 \times 0.2 + 200 \times 0.6 + 120 \times 0.2 = 200(万元)$$

智董企业最有可能的经营杠杆系数：

$$DOL_{智董} = \frac{\overline{M_A}}{\overline{EBIT_A}} = \frac{400}{200} = 2$$

贵琛公司的期望边际贡献：

$$\overline{M_B} = 720 \times 0.2 + 600 \times 0.6 + 480 \times 0.2 = 600(万元)$$

贵琛公司的期望息税前利润：

$$\overline{EBIT_B} = 320 \times 0.2 + 200 \times 0.6 + 80 \times 0.2 = 200(\text{万元})$$

贵琛企业最有可能的经营杠杆系数：

$$DOL_{贵琛} = \frac{\overline{M_B}}{\overline{EBIT_B}} = \frac{600}{200} = 3$$

从上述计算可知，贵琛企业的经营杠杆系数比智董企业大。为了说明经营杠杆对风险程度的影响，下面计算两家企业息税前利润的标准差。

智董企业息税前利润的标准差 =

$$\sqrt{(280-200)^2 \times 0.2 + (200-200)^2 \times (120-200)^2 \times 0.2} \approx 50.6(\text{万元})$$

贵琛企业息税前利润的标准差 =

$$\sqrt{(320-200)^2 \times 0.2 + (200-200)^2 \times (80-200)^2 \times 0.2} \approx 75.9(\text{万元})$$

计算结果表明，虽然智董、贵琛两家企业的希望息税前利润相同，但贵琛企业息税前利润的标准离差大，说明贵琛企业的经营风险更大。也就是说，固定成本高，经营杠杆系数大，则经营风险大。

（三）财务杠杆

1. 财务风险

财务风险，亦称筹资风险，是指企业在经营活动过程中与筹资有关的风险，尤其是指在筹资活动中利用财务杠杆可能导致企业股权资本所有者收益下降的风险，甚至可能导致企业破产的风险，主要表现为丧失偿债能力的可能性和股东每股收益即 EPS 的不确定性。

2. 财务杠杆的概念

在资本总额及其结构既定的情况下，企业需要从息税前利润中支付的债务利息通常都是固定的。当息税前利润增大时，每一元盈余所负担的固定财务费用（如利息、融资租赁租金等）就会相对减少，就能给普通股股东带来更多的盈余；反之，每一元盈余所负担的固定财务费用就会相对增加，就会大幅度减少普通股的盈余。这种由于固定财务费用的存在而导致普通股每股收益变动率大于息税前利润变动率的杠杆效应，称作财务杠杆。现用表 12-3 加以说明。

表 12-3 A、B 公司的资本结构与普通股利润表

时间	项目	A 公司	B 公司	备 注
20×3 年	普通股发行在外股数（股）	2000	1000	(1) 已知
	普通股股本（每股面值 100）	200000	100000	(2) 已知
	债务（年利率 8%）	0	100000	(3) 已知
	资金总额	200000	200000	(4) = (2) + (3)
	息税前利润	20000	20000	(5) = 已知
	债务利息	0	8000	(6) = (3) × 8%
	利润总额	20000	12000	(7) = (5) − (6)
	所得税（假设税率 33%）	6600	3960	(8) = (7) × 33%
	净利润	13400	8040	(9) = (7) − (8)
	每股收益	6.7	8.04	(10) = (9) ÷ (1)
20×4 年	息税前利润增长率	20%	20%	(11) 已知
	增长后的息税前利润	24000	24000	(12) = (5) × [1 + (11)]
	债务利息	0	8000	(13) = (6)
	利润总额	24000	16000	(14) = (12) − (13)
	所得税（假设税率 33%）	7920	5280	(15) = (14) × 33%
	净利润	16080	10720	(16) = (14) − (15)
	每股收益	8.04	10.72	(17) = (16) ÷ (1)
	每股收益增加额	1.34	2.68	(18) = (17) − (10)
	普通股每股收益增长率	20%	33.3%	(19) = (18) ÷ (10)

在表 12-3 中，A、B 两个公司的资金总额相等，息税前利润相等，息税前利润的增长率也相同，不同的只是资本结构。A 公司全部资金都是普通股，B 公司的资金中普通股和债券各占一半。在 A、B 公司息税前利润均增长 20% 的情况下，A 公司每股收益增长 20%，而 B 公司却增长了 33.3%，这就是财务杠杆效应。当然，如果息税前利润下降，B 公司每股收益的下降幅度要大于 A 公司每股收益的下降幅度。

3. 财务杠杆的计量

只要在企业的筹资方式中有固定财务费用支出的债务，就会存在财务杠杆效应。但不同企业财务杠杆的作用程度是不完全一致的，为此，需要对财务杠杆进行计量。对财务杠杆计量的主要指标是财务杠杆系数。财务杠杆系数是指普通股每股收益的变动率相当于息税前利润变动率的倍数，计算公式为

$$\text{财务杠杆系数(DFL)} = \frac{\text{普通股每股收益变动率}}{\text{息税前利润变动率}} = \frac{\text{基期息税前利润}}{\text{基期息税前利润基期利息}}$$

影响企业财务杠杆系数的因素包括息税前利润、企业资金规模、企业的资本结构、固定财务费用水平等多个因素。财务杠杆系数将随固定财务费用的变化呈同方向变化，即在其他因素一定的情况下，固定财务费用越高，财务杠杆系数越大。同理，固定财务费用越高，企业财务风险也越大；如果企业固定财务费用为零，则财务杠杆系数为 1。

将表 12-3 中 20×3 年的有关资料代入上式，可求得 A、B 两公司 20×4 年的财务杠杆系数。

$$\text{A 公司财务杠杆系数} = \frac{20000}{20000-0} = 1$$

$$\text{B 公司财务杠杆系数} = \frac{20000}{20000-8000} \approx 1.67$$

这说明，在利润增长时，B 公司每股收益的增长幅度大于 A 公司的增长幅度；当然，当利润减少时，B 公司每股收益减少的也更快。因此，公司息税前利润较多，增长幅度较大时，适当地利用负债性资金发挥财务杠杆的作用，可增加每股收益，使股票价格上涨，增加企业价值。

同理，按表 12-3 中 20×4 年资料，可求出两公司 20×5 年财务杠杆系数分别为 1 和 1.5。

【例 12-4】 智董公司 20×6 年的净利润为 670 万元，所得税税率假设为 33%，估计下年的财务杠杆系数为 2。该公司全年固定成本总额为 1500 万元，公司年初发行了一种债券，数量为 10 万张，每张面值为 1000 元，发行价格为 1100 元，债券票面利率为 10%，发行费用占发行价格的 2%。假设公司无其他债务资本。

要求：计算 20×6 年的利润总额；计算 20×6 年的利息总额；计算 20×6 年的息税前利润总额；计算 20×7 年的经营杠杆系数；计算 20×6 年的债券筹资成本（计算结果保留两位小数）。

（1）$\text{利润总额} = \frac{670}{1-33\%} = 1000\text{(万元)}$

（2）20×6 年利息总额 = 10×1000×10% = 1000（万元）

（3）$\frac{\text{EBIT}}{\text{EBIT}-1000} = 2$

EBIT = 2000（万元）

即息税前利润总额为 2000 万元。

（4）$\text{DOL} = \frac{1500+2000}{2000} = 1.75$

（5）$\text{债券融资成本} = \frac{1000 \times 10\% \times (1-33\%)}{1100 \times (1-2\%)} = 6.22\%$

4. 财务杠杆与财务风险的关系

由于财务杠杆的作用，当息税前利润下降时，税后利润下降得更快，从而给企业股权

资本所有者造成财务风险。财务杠杆会加大财务风险，企业举债比重越大，财务杠杆效应越强，财务风险越大。财务杠杆与财务风险的关系可通过计算分析不同资本结构下普通股每股收益及其标准离差和标准离差率来进行测试。

控制财务风险的方法有：控制负债比率，即通过合理安排资本结构，适度负债使财务杠杆利益抵销风险增大所带来的不利影响。

【例 12-5】更升公司 20×3 ～ 20×5 年的息税前利润分别为 400 万元、240 万元和 160 万元，每年的债务利息都是 150 万元，公司所得税税率假设为 33%。该公司的财务风险测算如表 12-4 所示。

表 12-4　更升公司财务风险测算表　　金额单位：万元

年份	息税前利润	息税前利润增长率（%）	债务利息	所得税（33%）	税后利润	税后利润增长率（%）
20×3	400		150	82.5	167.5	
20×4	240	−40	150	29.7	60.3	−64
20×5	160	−33	150	3.3	6.7	−89

由表 12-4 可知，更升公司 20×3 ～ 20×5 每年的债务利息均为 150 万元保持不变，但随着息税前利润的下降，税后利润以更快的速度下降。与 20×4 年相比。20×5 年息税前利润的降幅为 33%，同期税后利润的降幅达 89%。可知，由于更升公司没有有效地利用财务杠杆，从而导致了财务风险，即税后利润的降低幅度高于息税前利润的降低幅度。

【例 12-6】A、B 公司资本结构及获利水平等资料如表 12-5 所示。

表 12-5　A、B 公司资本结构与财务风险　　金额单位：万元

项目	A 公司	B 公司	备注
普通股股本	20000	10000	(1) 已知
公司债券（年利率 8%）	0	10000	(2) 已知
资金总额	20000	20000	(3) = (1) + (2)
计划息税前利润	2000	2000	(4) 已知
实际息税前利润	600	600	(5) 已知
借款利息	0	800	(6) = (2) × 8%
利润总额	600	−200	(7) = (5) − (6)

从表 12-5 可以看出，A 公司没有负债，就没有财务风险；B 公司有负债，当息税前利润比计划减少时，就有了较大的财务风险，如果不能及时扭亏为盈，可能会导致破产。

下面结合每股收益标准离差和标准离差率的计算，来说明财务杠杆与财务风险的关系。

【例 12-7】甲、乙、丙三家企业的资本构成情况如表 12-6 所示。其他有关情况三家企业完全一致。试计算每股收益、财务杠杆系数、每股收益的标准离差和标准离差率。

表 12-6　资本构成情况　　单位：万元

项　目	甲企业	乙企业	丙企业
资金总额	2000	2000	2000
普通股 A.	2000	1000	1000
负债 B.	0	1000	1000
负债利息	0	60	120

（1）普通股面值均为10元/股，甲企业发行在外200万股，乙、丙企业发行在外各100万股。

（2）乙企业负债的年利率为6%，丙企业负债的年利率为12%。

根据以上资料，可通过表12-7计算每股收益等指标。

表12-7　每股收益指标　　金额单位：万元

企业名称	经济情况	概率	息税前利润	利息	利润总额	所得税（假设为33%）	净利润	普通股股数（万股）	每股收益（元）
	好	0.20	320	0	320	105.6	214.4	200	1.072
甲	中	0.60	200	0	200	66	134	200	0.67
	差	0.20	80	0	80	26.4	53.6	200	0.268
	好	0.20	320	60	260	85.8	174.2	100	1.742
乙	中	0.60	200	60	140	46.2	93.8	100	0.938
	差	0.20	80	60	20	6.6	13.4	100	0.134
	好	0.20	320	120	200	66	134	100	1.34
丙	中	0.60	200	120	80	26.4	53.6	100	0.536
	差	0.20	80	120	−40	0	−40	100	−0.4

根据表12-7资料计算的三家企业的期望每股收益、每股收益的标准离差率和财务杠杆系数分别为如下。

（1）计算三家企业的期望每股收益。

$$甲企业的期望每股收益 = 0.20 \times 1.072 \times 0.60 \times 0.67 + 0.20 \times 0.268 = 0.67（元）$$

$$乙企业的期望每股收益 = 0.20 \times 1.742 + 0.60 \times 0.938 + 0.20 \times 0.134 = 0.938（元）$$

$$丙企业的期望每股收益 = 0.20 \times 1.34 + 0.60 \times 0.536 + 0.20 \times（-0.4）= 0.5096（元）$$

（2）计算三家企业每股收益的标准离差。

甲企业每股收益的标准离差 =

$$\sqrt{(1.072-0.67)^2 \times 0.2 + (0.67-0.67)^2 \times 0.6 + (0.268-0.67)^2 \times 0.2} \approx 0.254(元)$$

乙企业每股收益的标准离差

$$= \sqrt{(1.742-0.938)^2 \times 0.2 + (0.938-0.938)^2 \times 0.6 + (0.134-0.938)^2 \times 0.2} \approx 0.508(元)$$

丙企业每股收益的标准离差

$$= \sqrt{(1.34-0.5096)^2 \times 0.2 + (0.536-0.5096)^2 \times 0.6 + (-0.4-0.5096)^2 \times 0.2} \approx 0.551(元)$$

（3）计算三家企业每股收益的标准离差率。

$$甲企业每股收益的标准离差率 = \frac{0.254}{0.67} \approx 0.379$$

$$乙企业每股收益的标准离差率 = \frac{0.508}{0.938} \approx 0.542$$

$$丙企业每股收益的标准离差率 = \frac{0.551}{0.5096} \approx 1.081$$

（4）计算三家企业的财务杠杆系数。

甲、乙、丙三家企业的期望息税前利润计算如下：

$$期望息税前利润 = 0.20 \times 320 + 0.60 \times 200 + 0.20 \times 80 = 200（万元）$$

$$甲企业财务杠杆系数 = \frac{200}{200-0} = 1$$

$$乙企业财务杠杆系数 = \frac{200}{200-60} \approx 1.43$$

$$丙企业财务杠杆系数 = \frac{200}{200 - 120} \approx 2.5$$

从以上分析可知，甲企业全部靠自有资金经营，其期望每股收益为 0.67 元，财务杠杆系数为 1，标准离差率为 0.379。乙企业利用了利息率为 6% 的负债 1000 万元，自有资金与负债资金的比率为 1∶1，负债比率为 50%，则乙企业的期望每股收益上升到 0.938 元，财务杠杆系数上升到 1.43，标准离差率上升到 0.542。企业期望每股收益上升，说明应用财务杠杆取得了比较好的效益，当然，随之也加大了财务风险。丙企业利用了利息率为 12% 的负债 1000 万元，负债比率也为 50%，但丙企业的期望每股收益下降到 0.5096 元，财务杠杆系数上升到 2.5，标准离差率为 1.081，说明此时只能加大企业财务风险，而不能取得财务杠杆效益。这就是说，企业利用财务杠杆，可能会产生好的效果，也可能会产生坏的效果。

（四）复合杠杆

1. 复合杠杆的概念

由于存在固定成本，产生经营杠杆的效应，使得销售量变动对息税前利润有扩大的作用；同样，由于存在固定财务费用，产生财务杠杆的效应，使得息税前利润对普通股每股收益有扩大的作用。如果两种杠杆共同起作用，那么，销售额的细微变动就会使每股收益产生更大的变动。

复合杠杆是指由于固定生产经营成本和固定财务费用的共同存在而导致的普通股每股收益变动率大于产销量变动率的杠杆效应。

2. 复合杠杆的计量

经营杠杆通过扩大销售影响息前税前盈余，而财务杠杆通过扩大息前税前盈余影响收益。如果两种杠杆共同起作用，那么销售稍有变动就会使每股收益产生更大的变动。通常把这两种杠杆的连锁作用称为总杠杆作用。

总杠杆作用的程度，可用总杠杆系数（DTL）表示，它是经营杠杆系数和财务杠杆系数的乘积。其计算公式为

$$DTL = DOL \cdot DFL = \frac{Q(P - V)}{Q(P - V) - F - I}$$

或

$$DTL = \frac{S - VC}{S - VC - F - I}$$

例如，甲公司的经营杠杆系数为 2，财务杠杆系数为 1.5，总杠杆系数即为

$$2 \times 1.5 = 3$$

总杠杆系数的意义，首先，在于能够估计出销售变动对每股收益造成的影响。其次，它使我们看到了经营杠杆与财务杠杆之间的相互关系，即为了达到某一总杠杆系数，经营杠杆和财务杠杆可以有很多不同的组合。例如，经营杠杆系数较高的公司可以在较低的程度上使用财务杠杆；经营杠杆系数较低的公司可以在较高的程度上使用财务杠杆，等等。这有待公司在考虑了各有关的具体因素之后做出选择。

【例 12-8】智董公司有关资料如表 12-8 所示，要求分析复合杠杆效应并计算复合杠杆系数。

表 12-8　智董公司有关资料　　金额单位：万元

项　目	20×3 年	20×4 年	变动率
销售收入（单位售价 10 元）	1000	1200	+20%
变动成本（单位变动成本 4 元）	400	480	+20%
边际贡献	600	720	+20%
固定成本	400	400	0

续表

项　目	20×3 年	20×4 年	变动率
息税前利润（EBIT）	200	320	+60%
利息	80	80	0
利润总额	120	240	+100%
所得税（所得税税率假设 33%）	39.6	79.2	+100%
净利润	80.4	160.8	+100%
普通股发行在外股数（万股）	100	100	0
每股收益（EPS，元）	0.804	1.608	+100%

从表 12-8 中看到，在复合杠杆的作用下，业务量增加 20%，每股收益便增长 100%。当然，如果业务量下降 20%，企业的每股收益也会下降 100%。

将表 12-8 中 20×3 年数据代入上式，可求得 20×4 年的复合杠杆系数为

$$DTL = \frac{600}{200-80} = 5$$

这就是说，在本例中，企业的产销量每增减 1%，每股收益就会相应增减 5%。

同理，可利用 20×4 年数据算出 20×5 年的复合杠杆系数为

$$DTL = \frac{720}{320-80} = 3$$

（2）计算息税前利润及每股收益的增长幅度为

息税前利润增长幅度 =1.6×10%=16%

每股收益增长幅度 =1.7392×10%=17.39%

【例 12-9】智董公司只生产和销售甲产品，其总成本习性模型为 y = 10000 + 3x。假定该企业 20×6 年度甲产品销售量为 10000 件，每件售价为 5 元；按市场预测 20×7 年甲产品的销售数量将增长 10%。

要求：

（1）计算 20×6 年该企业的边际贡献总额。

（2）计算 20×6 年该企业的息税前利润。

（3）计算 20×7 年的经营杠杆系数。

（4）计算 20×7 年息税前利润增长率。

（5）假定企业 20×6 年发生负债利息 5000 元，且无融资租赁租金，计算 20×7 年复合杠杆系数。

计算过程如下。

（1）20×6 年企业的边际贡献总额 = S – V = 10000×5 – 10000×3 = 20000（元）

或　= 销售收入总额 – 变动成本总额 = 10000×5 – 10000×3 = 20000（元）

或　=（单位售价 – 单位变动成本）× 销售量 =（5 – 3）×10000 = 20000（元）

（2）20×6 年企业的息税前利润 = 边际贡献总额 – 固定成本 = 20000 – 10000 = 10000（元）

或　= 10000×（5 – 3）– 10000 = 10000（元）

（3）销售量为 10000 件时的经营杠杆系数 = 边际贡献总额 ÷ 息税前利润总额 $= \frac{20000}{10000} = 2$

（4）20×7 年息税前利润增长率 = 2×10% = 20%

或　$= \frac{10000 \times (1+10\%) \times (5-3) - 10000 - 10000}{10000} = 20\%$

或　20×7 年销售量 = 10000×（1 + 10%）= 11000（件）

20×7 年销售额 = 11000×5 = 55000（元）

20×7 年息税前利润 = 55000 − 11000×3 − 10000 = 12000（元）

$$20\times7\text{ 年息税前利润增长率}=\frac{12000-10000}{10000}\times100\%=20\%$$

或　20×7 年息税前利润 = 10000×（1 + 10%）×（5 − 3）− 10000 = 12000（元）

$$20\times7\text{ 年息税前利润增长率}=\frac{12000-10000}{10000}\times100\%=20\%$$

或　20×7 年息税前利润 = 10000×(1 + 10%)×5 − [10000 + 10000×(1 + 10%)×3] = 12000(元)

$$20\times7\text{ 年息税前利润增长率}=\left(\frac{12000}{10000}-1\right)\times100\%=20\%$$

$$（5）复合杠杆系数=\frac{(5-3)\times10000}{(5-3)\times10000-10000-5000}=4$$

$$或\quad =DTL\times DOL=\frac{10000}{10000-5000}\times2=4$$

$$或\quad =\frac{20000}{10000-5000}=4$$

$$或\quad 20\times6\text{ 年企业财务杠杆系数}=\frac{10000}{10000-5000}=2$$

复合杠杆系数 = 财务杠杆系数 × 经营杠杆系数 = 2×2 = 4

【例 12-10】 智董公司年销售额 100 万元，变动成本率 70%，全部固定成本和费用 20 万元，总资产 50 万元，资产负债率 40%，负债的平均利息率 8%，假设所得税税率为 40%。

该公司拟改变经营计划，追加投资 40 万元，每年固定成本增加 5 万元，可以使销售额增加 20%，并使变动成本率下降至 60%。

该公司以提高权益净利率同时降低总杠杆系数作为改进经营计划的标准。

要求：

（1）所需资金以追加实收资本取得，计算权益净利率、经营杠杆系数、财务杠杆系数和复合杠杆系数，判断应否改变经营计划。

（2）所需资金以 10% 的利率借入，计算权益净利率、经营杠杆系数、财务杠杆系数和符合杠杆系数，判断是否改变经营计划。

目前情况如下。

$$权益净利率=\frac{(100\times30\%-20)\times(1-40\%)}{50\times(1-40\%)}=20\%$$

$$经营杠杆系数=\frac{100\times30\%}{100\times30\%-(20-50\times40\%\times8\%)}=\frac{30}{11.6}\approx2.59$$

$$财务杠杆系数=\frac{11.6}{11.6-1.6}=1.16$$

复合杠杆系数 = 2.59×1.16 ≈ 3

$$或\quad 复合杠杆系数=\frac{100\times30\%}{100\times30\%-20}=3$$

（1）增资方案如下。

$$权益净利率=\frac{[100\times120\%\times(1-60\%)-(20+5)]\times(1-40\%)}{50\times(1-40\%)+40}\approx19.71\%$$

$$经营杠杆系数=\frac{120\times(1-60\%)}{120\times(1-60\%)-(20+5-1.6)}=\frac{48}{48-23.4}\approx1.95$$

$$财务杠杆系数=\frac{24.6}{24.6-1.6}\approx1.07$$

复合杠杆系数 = 1.95×1.07 ≈ 2.09

或 $复合杠杆系数=\frac{120\times40\%}{120\times40\%-(20+5)}\approx2.09$

不应改变经营计划。

（2）借入资金方案如下。

$$权益净利率=\frac{[100\times120\%\times(1-60\%)-(20+5+4)]\times(1-40\%)}{50\times(1-40\%)}=38\%$$

$$经营杠杆系数=\frac{120\times40\%}{120\times40\%-(20+5-1.6)}=2.09\approx1.95$$

$$财务杠杆系数=\frac{24.6}{24.6-(4+1.6)}\approx1.29$$

$$复合杠杆系数=1.95\times1.29\approx2.52$$

或 $复合杠杆系数=\frac{120\times40\%}{120\times40\%-(20+5+4)}\approx2.52$

因此，应当采纳借入资金的经营计划。

3. 复合杠杆与企业风险的关系

企业复合杠杆系数越大，每股收益的波动幅度越大。由于复合杠杆作用使普通股每股收益大幅度波动而造成的风险，称为复合风险。复合风险直接反映企业的整体风险。在其他因素不变的情况下，复合杠杆系数越大，复合风险越大；复合杠杆系数越小，复合风险越小。通过计算分析复合杠杆系数及普通股每股收益的标准离差和标准离差率，可以揭示复合杠杆与复合风险的内在联系。

【例 12-11】 智董、贵琛、馨煜三家企业的有关资料如表 12-9 所示，试计算三家企业的期望复合杠杆及每股收益的标准离差和标准离差率。

表 12-9 智董、贵琛、馨煜三家企业的有关资料 金额单位：万元

企业名称	经济情况	概率	销售量（件）	单价	销售额	单位变动成本	变动成本总额	边际贡献	固定成本	息税前利润	利息	利润总额	所得税	净利润	普通股股数	每股收益
智董	好	0.20	120	10	1200	8	960	240	0	240	0	240	79.2	160.8	200	0.804
智董	中	0.60	100	10	1000	8	800	200	0	200	0	200	66	134	200	0.67
	差	0.20	80	10	800	8	640	160	0	160	0	160	52.8	107.2	200	0.536
贵琛	好	0.20	120	10	1200	4	480	720	400	320	0	320	105.6	214.4	100	1.072
	中	0.60	100	10	1000	4	400	600	400	200	0	200	66	134	100	0.67
	差	0.20	80	10	800	4	320	480	400	80	0	80	26.4	53.6	100	0.268
馨煜	好	0.20	120	10	1200	4	480	720	400	320	60	260	85.8	174.2	100	1.742
	中	0.60	100	10	1000	4	400	600	400	200	60	140	46.2	93.8	100	0.938
	差	0.20	80	10	800	4	320	480	400	80	60	20	6.6	13.4	100	0.134

说明：①三家企业适用的所得税税率假设为 33%；②三家企业的资金总额均为 20007 万元，智董、贵琛两家企业无负债，发行普通股 200 万股，每股面值 10 元，馨煜企业利用了年利率为 6% 的负债 1000 万元，利用普通股筹资 1000 万元，普通股股数为 100 万股。

解答如下。

（1）计算三家企业的复合杠杆系数。

三家企业期望销售量均为

$$0.20\times120+0.60\times100+0.20\times80=100\text{（件）}$$

根据资料，计算三家企业的复合杠杆系数为

$$智董企业复合杠杆系数=\frac{(10-8)\times100}{(10-8)\times100-0-0}=\frac{200}{200-0}=1$$

$$贵琛企业复合杠杆系数=\frac{(10-4)\times100}{(10-4)\times100-400-0}=\frac{600}{200-0}=3$$

$$馨煜企业复合杠杆系数=\frac{(10-4)\times100}{(10-4)\times100-400-60}=\frac{600}{200-60}\approx4.3$$

（2）计算三家企业的期望每股收益。

智董企业的期望每股收益 = 0.20 × 0.804 + 0.60 × 0.67 + 0.20 × 0.536 = 0.67（元）

贵琛企业的期望每股收益 = 0.20 × 1.072 + 0.60 × 0.67 + 0.20 × 0.268 = 0.67（元）

馨煜企业的期望每股收益 = 0.20 × 1.742 + 0.60 × 0.938 + 0.20 × 0.134 = 0.938（元）

（3）计算三家企业每股收益的标准离差。

智董企业每股收益的标准离差

$$=\sqrt{(0.804-0.67)^2\times0.2+(0.67-0.67)^2\times0.6+(0.536-0.67)^2\times0.2}\approx0.085(元)$$

贵琛企业每股收益的标准离差

$$=\sqrt{(1.072-0.67)^2\times0.2+(0.67-0.67)^2\times0.6+(0.268-0.67)^2\times0.2}\approx0.254(元)$$

馨煜企业每股收益的标准离差

$$=\sqrt{(1.742-0.938)^2\times0.2+(0.938-0.938)^2\times0.6+(0.134-0.938)^2\times0.2}\approx0.508(元)$$

（4）计算三家企业每股收益的标准离差率。

$$智董企业每股收益的标准离差率=\frac{0.085}{0.67}\approx0.127$$

$$贵琛企业每股收益的标准离差率=\frac{0.254}{0.67}\approx0.379$$

$$馨煜企业每股收益的标准离差率=\frac{0.508}{0.938}\approx0.542$$

从以上计算可知，复合杠杆越大，每股收益的标准离差率越高，企业风险越大。

【例 12-12】 智董公司是一个生产和销售通信器材的股份有限公司。假设该公司适用的所得税税率为 40%。对于明年的预算出现三种意见。

第一方案：维持目前的生产和财务政策。预计销售 45000 件，售价为 240 元 / 件，单位变动成本为 200 元，固定成本为 120 万元。公司的资本结构为 400 万元负债（利息率 5%），普通股 20 万股。

第二方案：更新设备并用负债筹资。预计更新设备需投资 600 万元，生产和销售量不会变化，但单位变动成本将降低至 180 元 / 件，固定成本将增加至 150 万元。借款筹资 600 万元，预计新增借款的利率为 6.25%。

第三方案：更新设备并用股权筹资。更新设备的情况与第二方案相同，不同的只是用发行新的普通股筹资。预计新股发行价为每股 30 元，需要发行 20 万股，以筹集 600 万元资金。

要求：

（1）分别计算三个方案的每股收益、经营杠杆系数、财务杠杆系数和复合杠杆系数。

（2）计算第二方案和第三方案每股收益相等的销售量。

（3）分别计算三个方案每股收益为零的销售量。

（4）根据上述结果分析：哪个方案的风险最大？哪个方案的报酬最高？如果公司销售量下降至 30000 件，第二和第三方案哪一个更好些？请分别说明理由。

解答如下。

（1）方案一：

$$每股收益=\frac{[45000\times(240-200)-1200000-4000000\times5\%]\times(1-40\%)}{200000}=1.2(元/股)$$

$$DOL=\frac{45000\times(240-200)}{45000\times(240-200)-1200000}=3$$

$$DFL=\frac{45000\times(240-200)-1200000}{45000\times(240-200)-1200000-4000000\times5\%}=1.5$$

$$DTL=3\times1.5=4.5$$

方案二：

每股收益

$$=\frac{45000\times(240-180)-1500000-4000000\times5\%-6000000\times6.25\%]\times(1-40\%)}{200000}$$

≈1.88(元/股)

$$DOL=\frac{45000\times(240-180)}{45000\times(240-180)-1500000}=2.25$$

$$DFL=\frac{45000\times(240-180)-1500000}{45000\times(240-180)-1500000-4000000\times5\%-6000000\times6.25\%}=1.92$$

$$DTL=2.25\times1.92=4.32$$

方案三：

$$每股收益=\frac{[45000\times(240-180)-1500000-4000000\times5\%\times(1-40\%)}{200000+200000}=1.5(元/股)$$

$$DOL=\frac{45000\times(240-180)}{45000\times(240-180)-1500000}=2.25$$

$$DFL=\frac{45000\times(240-180)-1500000}{45000\times(240-180)-1500000-4000000\times5\%}=1.2$$

$$DTL=2.25\times1.2=2.7$$

（2）令方案二、方案三每股收益相等时的销售量为Q：

$$\frac{[(240-150)\times Q-1500000-4000000\times5\%-6000000\times6.25\%]\times(1-40\%)}{200000}$$

$$=\frac{[(240-150)\times Q-1500000-4000000\times5\%]\times(1-40\%)}{400000}$$

Q = 40834(件)

（3）令每股收益为零时的销量为Q。

方案一：

$$\frac{[(240-200)\times Q-1200000-4000000\times5\%]\times(1-40\%)}{200000}=0$$

Q = 35000（件）

方案二：

$$\frac{[(240-180)\times Q-1500000-4000000\times5\%-6000000*6.25\%]\times(1-40\%)}{200000}=0$$

Q = 35584（件）

方案三：

$$\frac{[(240-180)\times Q-1500000-4000000\times5\%]\times(1-40\%)}{400000}=0$$

Q = 28334（件）

（4）结果分析如下：①方案一风险最大，理由是方案一的复合杠杆系数最大；②方案二的报酬最高，理由是方案二的每股收益最高；③若销量下降至30000件时，方案三更好些，理由是若销量下降至30000件时，采用方案三还有利润，而采用方案二则企业处于亏损状态，因此，应选择方案三。

八、金融衍生工具在防范企业财务风险中的应用

金融衍生工具是以货币、债券、股票等基本金融工具为基础而创新出来的金融工具，它以另一些金融工具的存在为前提，以这些金融工具为买卖对象，价格也由这些金融工具决定。

金融衍生工具包括远期、期货、互换或期权合约，或具有相似特征的其他金融工具。

（一）金融衍生工具的特点

1. 衍生工具的价值受制于基础工具

金融衍生工具或者衍生产品是由传统金融产品派生出来的，由于它是衍生物，不能独立存在，其价值在相当程度上受制于相应的传统金融工具。这类能够产生衍生物的传统产品又称为基础工具。根据目前的发展，金融基础工具主要有三大类：①外汇汇率；②债务或利率工具；③股票和股票指数等。虽然基础工具种类不多，但是借助各种技术在此基础上都可以设计出品种繁多、特性不一的创新工具来。

由于是在基础工具上派生出来的产品，因此金融衍生工具的价值主要受基础工具价值变动的影响，股票指数的变动影响股票指数期货的价格，认股证跟随股价波动，这是衍生工具最为独到之处，也是其具有避险作用的原因所在。

2. 衍生工具具有规避风险的职能

金融创新能够衍生出大量新型的金融产品和服务投放在金融市场上，强有力地促进了整个金融市场的发展。传统的金融工具滞后于现代金融工具，表现在其都带有原始发行这些金融工具的企业本身的财务风险。而且，在这些传统的金融工具中，所有的财务风险都是捆绑在一起的，处理分解难度相当大。随着把这些财务风险松绑分解，进而再通过金融市场上的交易使风险分散化并能科学地重新组合，来达到收益和风险的权衡。

3. 衍生工具构造具有复杂性

相对于基础工具而言，金融衍生工具特性显得较为复杂。这是因为，一方面金融衍生工具如对期权、互换的理解和运作已经不易；另一方面由于采用多种组合技术，使得衍生工具特性更为复杂，所以，衍生工具构造具有复杂性。这种情况导致金融产品的设计要求高深的数学方法，大量采用现代决策科学方法和计算机科学技术，它能够仿真模拟金融市场运作，在开发、设计金融衍生工具时，采用人工智能和自动化技术。同时也导致大量金融衍生新产品难为一般投资者所理解，难以明确风险所在，更不容易完全正确地运用。

4. 衍生工具设计具有灵活性

金融衍生工具在设计和创新上具有很强的灵活性，这是因为可以通过对基础工具和金融衍生工具的各种组合，创造出大量的特性各异的金融产品。机构与个人参与衍生工具的目的有三类：一是买卖衍生工具为了保值；二是利用市场价格波动风险进行投机牟以暴利；三是利用市场供求关系的暂时不平衡套取无风险的额外利润。出于各种复杂的经营目的，就要有各种复杂的经营品种，以适应不同市场参与者的需要。所以，衍生工具的设计可根据各种参与者所要求的时间、杠杆比率、风险等级、价格等参数的不同进行设计、组合。因此相对其他金融工具而言，衍生工具的设计具有更大的灵活性。

5. 衍生工具运作具有杠杆性

金融衍生工具在运作时多采用财务杠杆方式，即采用交纳保证金的方式进入市场交易。这样市场的参与者只需动用少量资金，即可控制资金量巨大的交易合约。期货交易的保证金和期权交易中的期权费即是这一种情况。财务杠杆作用无疑可显著提高资金利用率和经

济效益，但是另一方面也不可避免地带来巨大风险。近年来，一些国际大机构在衍生工具的交易方面失利，很大程度上与这种杠杆“放大”作用有关。

6. 衍生工具交易具有特殊性

金融衍生工具交易的特殊性主要表现在两个方面：一是集中性，从交易中介机构看，主要集中在大型投资银行等机构。美国目前占了全球金融衍生产品交易的相当比重，但是在美国 3000 多个金融机构中，只有 300 多个从事衍生工具交易，而且其中 10 家大型机构即占了交易量的 90%，可见交易的集中性。二是灵活性，从市场分布看，部分交易活动是通过场外交易方式进行的，即用户主要通过投资银行作为中介方参与衍生工具交易，投资银行代为寻找对家或直接作为交易对手个别进行，这些交易是非标准化的，这说明金融衍生工具具有很强的灵活性。

（二）企业财务风险的期权管理策略

企业的财务活动包括三个最基本的方面，即筹（融）资活动、投资活动（包括企业内部资金配置和外部资金投放）和收入分配活动。三者是相互联系、相互制约，又相互独立的三个方面，构成了企业全部理财工作的主线。企业的财务风险按照财务活动的主要环节可以划分为筹资风险、投资风险和收入分配风险。虽然外汇风险实质上是筹资风险、投资风险和收入分配风险的一部分，但为了突出外汇风险的重要性，这里将其从筹资风险、投资风险和收入分配风险中分离出来，单独进行阐述。

1. 企业融资风险的期权管理策略

（1）发行具有隐含期权特性的固定收入债券。具有隐含期权特性的固定收入债券主要有可提前赎回债券、可提前回售债券和可转换债券。可提前赎回债券的持有者在购买债券的同时，实际上向发行者出售了一份利率看跌期权。企业发行可提前赎回债券的主要目的是为了避免市场利率下调所导致的损失。可提前回售债券的持有者不但购买了债券本身而且还购买了一份利率看涨期权。企业发行可提前回售债券的动因主要在于：可提前回售债券的提前回售条款增加了债券的吸引力，便于企业融资成功，缓解资金紧缺的压力。另外，具有回售条款债券的票面利率较低，可以降低企业的融资成本。如果股市低迷，企业股价被低估，此时以直接发行股票的方式融资是不恰当的，因为股本的扩张不仅稀释每股收益，导致股价进一步下跌，而且此时股权融资尤为艰难，即便融资成功，筹集一定数量的资金需要发行更多的股票，同时高额的发行费用对企业也极为不利。企业若发行可转换债券，利用隐含其中的转换期权吸引投资者，不仅可以获得利息成本较低的资金，而且还可以将股票推迟到市场行情好转时发行。

（2）利用利率期权控制企业的融资成本。利率保证实质上是以一份远期利率协议为标的资产的看涨期权，在期权到期时，如果市场利率高于远期利率协议的协议利率，企业就可以行使看涨期权并通过远期利率协议将融资成本确定。相反，如果市场利率低于远期利率协议的协议利率，企业将让期权失效，并直接以市场利率融资。一份利率上限实质上是一系列基于某种利率指标的欧式看涨期权的总和。企业通过买入利率上限可以在市场利率超过执行利率时将融资成本锁定在执行利率上，而当市场利率低于执行价格时，又可以得到相应的利息成本节约的收益。一份利率下限实质上是基于利率的一系列看跌期权。对于主要以不可提前赎回的固定利率债券筹集长期资金的企业来说，如果市场利率上升，企业可以获得因利息节约所带来的收益，但如果市场利率下降，企业就要承担利息成本过高的压力，从而面临市场利率下跌的风险。在这种情况下，企业通过买入利率下限，就可以在市场利率下跌时通过利率下限的收益来降低固定利率债券的利息负担。利率双限由利率上限多头和利率下限空头组合而成，它是在买入一份利率上限的同时卖出一份利率下限，用出售利率下限的收益来降低利率上限的全部或部分成本。对于融资者而言，与利率上限类似，利率双限为防止因利率上升所导致的损失提供了保证，但与此同时，利率双限把融资者因利率下降而可能获得的最大收益固定在下限的水平上。在构造利率双限时，如果利率上限和利率下限的执行利率相等，合约持有者的借款利率将被固定在执行利率上，这实质上相当于一份利率互换合约。利率互换期权是基于利率互换合约的期权，支付方互换期权（支付固定利率、收取浮动利率）实质上是一份利率看涨期权，而收取方互换期权（收取固定利率、支付浮动利率）实质上相当于一份利率看跌期权。在高利率的市场环境中，通过买入利率互换期权，企业既可以锁定融资成本，又可以获取市场利率下跌所带来的收益。在低利率的市场环境中，通过卖出利率互换期权，企业可以用出售的期权费来冲减市场利率上升所增加的融资成本。对于发行可提前赎回债券的企业，由于投资者通常低估可赎回债券中隐含的利率看跌期权的价值，因此企业还可以通过卖出一份定价合理的收取方互换期权将隐含利率看跌期权的价值提前货币化，从而降低企业的融资成本。

2. 企业投资风险的期权管理策略

（1）股票投资风险的期权管理策略主要有以下两种。

1）单一股票投资风险的期权管理策略。对于单一股票投资的风险，其最基本的期权管理策略主要是卖出保护性股票看涨期权和买入保护性股票看跌期权。在拥有股票的情况下卖出看涨期权，当股票价格上涨时，看涨期权空头虽然限制了股票多头的收益，但其自身的潜在风险已被消除，当期权被要求执行时，期权的卖方交割股票即可；当股票价格下跌时，股票多头将要承受损失，但出售看涨期权的期权费对其损失将有所缓冲。单纯从期权的角度来看，由于有股票多头的保护，看涨期权空头实际上不存在风险。有保护的看跌期权所起的作用如同对股票办理了保险，当股票价格下跌时，股票多头的损失会被执行看跌期权获得的收益所冲减；当股票价格上涨时，看跌期权不会被执行，但股票多头的盈利会由于期权费的支付而有所减少。两种策略各有利弊，投资策略的选择主要取决于投资者对股票价格走势的预期。如果投资者预期股票价格会走强，则应选择有保护的看跌期权；如果投资者预期股票价格将会走弱，则应选择有保护的看涨期权。

2）股票投资组合风险的期权管理策略。高度分散投资能消除投资组合的非系统风险，但不能消除系统风险。对于投资组合的系统风险，投资组合的管理者要么自己承担，要么采取措施将其转移。股票投资组合的管理者通常是以直接购买股票指数看跌期权或者自己构造合成股票指数看跌期权的方式来转移投资组合的系统风险。直接购买股票指数看跌期权的策略就是在持有多种股票投资组合的同时，买入某种股票指数的看跌期权。如果看跌期权的执行价格等于投资组合管理者事先确定的投资组合价值水平，那么投资组合价值低于这一水平的损失就可以通过看跌期权的收益得到弥补，看跌期权从而为投资组合的价值确定了一个下限。但如果期权市场不具有足够大的容量来吸收投资组合管理者进行的大笔交易，或者投资组合管理者需要购买的看跌期权的执行价格和到期时间与期权市场可交易合约的规定不相符，在这种情况下投资组合管理者为了得到需要的看跌期权，可以通过卖出看跌期权标的资产并将所得投资于无风险资产的方式来合成这一看跌期权。

（2）债券投资风险的期权管理策略。债券投资的风险是指市场利率的不确定性变动所导致的债券价格波动的风险。对于投资长期固定利息收入债券的投资者来说，主要面临的是市场利率上升的风险；而对于投资短期浮动利率债券的投资者来说，主要面临的是债券到期时市场利率下降所导致的再投资利率风险。一般来说，债券投资风险的期权管理策略主要有以下三种。

1）买入保护性利率看涨期权。投资者经常需要对长期固定利息收入债券的多头头寸进行套期保值，购买保护性利率看涨期权就是一种有效的套期保值策略。购买的利率看涨期权既可以是利率现货期权，也可以是利率期货期权，无论是利率现货看涨期权，还是利率期货看涨期权，都能转移利率上升债券价格下跌的风险，从而为投资者的债券价值确定一个下限。

2）卖出保护性利率看跌期权。卖出保护性利率看跌期权是指在持有债券多头头寸的情况下卖出虚值利率看跌期权。如果债券投资者预期未来的市场利率不会低于当前的利率水平，投资者卖出虚值利率看跌期权的期权费收入在市场利率上涨债券价格下跌时提供了一定的保护作用。当然，卖出利率看跌期权策略不能像买入利率看涨期权策略那样完全转移市场利率上涨的风险，但其获得的期权费至少抵销了市场利率上涨所带来的部分损失。如果市场利率的变化与投资者的预期相反，当市场利率下跌并超过利率看跌期权的执行价格时，利率看跌期权的空头头寸要发生损失，其损失将抵销债券价格上涨的部分收益。利率看跌期权从而为投资者的债券价值设定了一个上限。

3）利用利率上限、利率下限和利率双限。利率上限、利率下限和利率双限不仅被广泛应用于企业的融资风险管理，而且可以用来防范债券的投资风险。如果投资者持有长期固定利率债券，为了防范市场利率上涨债券价格下跌的风险，投资者可以买入利率上限。如果投资者持有短期债券或其他浮动利率债券，为了防范债券到期时再投资利率下跌的风险，通过买入利率下限可以为短期债券的再投资利率或其他浮动利率债券的利息收益确定一个下限水平。正如在企业融资风险的管理中企业可以通过卖出利率下限来降低利率上限的成本，浮动利率债券的投资者也可以通过卖出利率上限来降低利率下限的购入成本，这种利率双限策略虽然降低了浮动利率债券的套期保值成本，但同时也放弃了市场利率上涨到利率上限执行利率以上的收益。

3. 企业收入分配风险的期权管理策略

狭义的收入分配，实质上就是利润分配，是指企业按照国家有关法规和公司章程的规定将当期实现的净利润在提取各种公积金后向企业的股东进行分配。而广义的收入分配，是指企业的收入在支付各项成本、费用（不包括人工成本及费用）以后在经营者和生产工人投入的人力资本和股东投入的物质资本之间进行分配。普遍认为在企业的收入分配环节不存在风险，但我们认为在广义的收入分配概念下，如果企业的收入分配政策不合理，薪酬制度不能起到有效的激励作用，也会存在企业经营业绩下降的风险。这是因为：在企业所有权和经营权分离的情况下，企业所有者与经营者之间实质上是一种委托代理的关系。由于信息的不对称，合约不完备，企业的经营者往往做出有利于自身利益最大化的决策，其经营目标可能和所有者的企业价值最大化的目标不一致，从而使所有者面临道德风险。道德风险的存在，可能会使企业坐失良好的发展机遇，增加不必要的非生产性支出以及盲目无效地扩大生产规模，由此所导致的损失可能对企业的经营业绩和财务状况构成重大的不利影响。

4. 企业外汇风险的期权管理策略

我国在进入 WTO 之后，对外经济开放的领域更加广泛和深入，企业的国际性融资、投资和贸易等涉外业务将更加普遍，任何一个涉及这些经济业务的企业都可能要面临汇率不确定性波动的外汇风险。在企业的外汇风险管理中，企业通常采用的期权管理策略主要有以下几种。

（1）购买货币看涨期权。若企业需要在未来某一时期支付一定数量的某种外币，为了防止该种外币升值所导致的损失，同时又能获取该种外币贬值所带来的潜在收益，企业可以购买该种外币的看涨期权来对外币空头头寸进行套期保值。相反，若企业预期在未来某一时期要收到一定数量的某种外币，为了防止该种外币贬值所导致的损失，同时又能获取该种外币升值所带来的潜在收益，企业可以购买本币的看涨期权来对外币多头头寸进行套期保值。企业在决定所需看涨期权的执行价格时，只能根据自己的套期保值目标在看涨期权提供的保护程度与所需的成本之间求得一种均衡，这是因为深度实值看涨期权虽然能提供更多的保护，但保值成本更高，而虚值看涨期权虽然价格便宜，但保值效果也相对较差。

（2）构造双限货币期权、分享式远期合约、比率远期合约和回廊式货币期权等打包期权。企业在购买货币看涨期权进行套期保值时总是要面临一种两难选择。一方面，公司不想购买实值程度很深的看涨期权，因为看涨期权的实值程度越深，其期权费也越高；而另一方面，公司也不想购买虚值程度很深的看涨期权，因为看涨期权的虚值程度越深，其保护作用就越小。在实际中，企业解决这一问题的通常办法是只对一定范围内的汇率波动提供保护从而节约保值成本。具体的策略主要有两种，一种是通过卖出看跌期权来降低所需购入的看涨期权的成本，如双限货币期权、分享式远期合约以及比率远期合约；另一种是通过卖出执行价格更高的看涨期权来降低执行价格较低看涨期权的购入成本，如回廊式货币期权。

（3）购买远期反转货币期权。如果企业已经签订了一份外汇远期合约，但市场汇率的走势与企业的预期相反，此时企业就不可能获得在市场汇率有利变动时的潜在收益。远期反转期权就是金融中介机构为解决这一问题而设计出来的一种复合衍生金融产品。远期反转期权是指在金融中介机构与客户签订远期合约的同时，卖给客户一份可以将远期交易反转的期权，但并不收取直接的期权费，而是将期权费及其融资成本直接计入远期汇率中。客户在买入反转期权后，在市场汇率的变动与预期不一致时有权中途停止或退出远期交易。

（4）购买亚式货币期权障碍货币期权和复合货币期权等新型货币期权。亚式货币期权包括平均汇率货币期权和平均执行价格货币期权，其中平均汇率货币期权的应用更为普遍。亚式货币期权适用于对与一定时期内发生的一系列交易有关而不是与某项交易有关的外汇风险暴露进行套期保值。障碍货币期权包括敲出货币期权和敲入货币期权。障碍货币期权之所以具有吸引力，是因为它们要比普通的货币期权便宜。障碍货币期权最适用于对或有事项的套期保值，障碍货币期权的障碍水平设置在或有事项发生的触发点上，当或有事项发生时，敲入或敲出货币期权也将同时发挥作用。复合期权有四种基本的组合，即看涨期权的看涨期权，看跌期权的看涨期权，看涨期权的看跌期权以及看跌期权的看跌期权。套期保值者购买复合期权的原因主要在于复合期权能在不能确定是否会存在风险暴露的情况下，为公司提供一种更灵活的套期保值措施。

以上每一种期权管理策略都有其内在的优点和缺陷，都具有最适合于自己的应用范围。对于企业的外汇风险管理来说，没有绝对理想或绝对不理想的套期保值策略，期权套期保值策略的选择主要取决于套期保值成本的大小、企业的风险偏好及其对市场汇率变动的预期。

第十三章
项目管理

第一节　项目成本管理

一、项目成本概述

项目成本是围绕项目发生的资源耗费的货币体现，包括项目生命周期各阶段的资源耗费。

（一）项目成本与几个相关概念之间的联系和区别

1. 项目成本与项目造价

造价一般用在工程项目上。尽管从英文翻译来看，成本和造价都可以用 COST 表示。但在国内的工程实践中，成本和造价还是有区别的。

项目成本与项目造价的区别主要体现在概念性质不同和概念定义的角度不同两个方面。项目造价的直意就是工程的建造价格，含有价格之意，是价值的货币表现。价格是采购人（如业主）为某一项目或一种产品（如完整的建筑物）所要支付的货币数量。成本则是项目过程中耗费资源的货币形式。成本是按照组织会计制度核算的，是某一具体活动所需要支出的劳动力、材料、设备和管理等花费的总和。根据马克思政治经济学原理，成本是 C＋V，而造价则可以用 C＋V＋M 表示（C 表示物化劳动的价值，V 表示活劳动的价值，M 表示劳动者创造的价值）。造价除了包括成本外，还包括创造出来的利润税金，即造价是成本、税金及利润之和。成本概念是从项目组织或项目所属组织的角度定义的，主要受项目执行组织的关心，在市场决定价格的前提下，项目组织更关心如何降低成本，以便留出尽可能大的利润空间。造价则具有双重含义。造价是项目投资者为获得项目产品所需付出的代价，从这个层面上说，市场的交换价格（造价）当然越低越好，所以投资者关心的是造价。

项目成本与项目造价的共同点则主要体现在两者的构成上有相同之处，即两者均影响项目利润。成本和造价均包括了 C + V。造价与成本的差额决定项目的利润空间。对于项目组织来说，在降低成本的同时，要尽量提高承包合同价。只有同时搞好造价管理和成本管理工作，才可能盈利。片面地强调其中之一而忽视另一个，项目都不可能实现预期利润。

2. 项目成本与项目费用

为了避免提到立场，只是纯粹探讨管理本身的方法，有的人提出“费用”一词，认为费用是一个较中性的词，脱离立场，不过分强调业主或承包商，只是强调完成项目所必需的付出。

但是，在会计上，成本与费用是有区别的。成本是针对一定的成本核算对象（如某工程、某软件）而言的，费用则是针对一定期间而言的。也可以说，成本的发生能直接与支出对象之间建立联系，而费用则是指在一定会计期间发生的支出，支出额与支出对象之间难以建立直接的对应关系，如管理费用、销售费用和财务费用等，这些费用在进行成本核算时，作为待摊费用的支出，需要按照一定的方法将其分摊到具体的产品或项目上。

3. 项目成本与项目投资

项目成本和项目投资所要表达的侧重点是不同的。通常投资是指通过投入一定的资金、土地、设备、技术等要素，以便在未来获得一定的收益。投资强调资金付出的目标：在未来获得收益。项目投资所需的资金数额一般较大，而且这种资本性支出一旦发生，就将在较长时期内产生资金沉淀。因此，在投资项目实施之前，必须谨慎地从多方面进行技术经济评价，以期提高投资效益。成本通常是强调付出本身，可以是资源，但最后用货币衡量。成本的补偿速度相对于投资来说更快，一般不会在较长时间内沉淀。

但投资与成本均是为达到一定目标而发生的支出，二者之间的界限在某些情况下是较模糊的，在一定情况下可以相互转化。例如，对一个房地产开发商而言，如果房地产项目开发完成后就进行销售，则为房地产项目发生的支出可以说是投资（期望得到回报，获得可观收益），也可以称之为成本（资金回收速度较快，使开发商可以进行下一轮的开发）。如果开发商在项目完成后并不进行销售，主要进行出租经营，则房地产项目发生的支出便是投资，开发商持有资产并通过对资产的长期运营来获利，在运营期内，投资以折旧和摊销的形式逐步分摊进入运营期的总成本中。

（二）项目成本范围

项目成本的范围由项目范围决定。从根本上讲，任何一个项目都取决于项目的范围。项目范围是为了达到项目目标所要完成的全部工作，而且也仅仅是要求完成的工作。确定了项目范围就定义了项目的工作边界，明确了哪些方面是项目应该做的，哪些不应该包括在项目之内，明确了项目的目标和主要可交付成果。例如，项目范围可能是涉及建造房屋、开发软件、美化环境等的所有工作。成功正确地确定项目范围是项目成本估算的基础。

从项目的生命周期看，项目成本应包括项目全过程所发生的成本。

1. 项目启动成本

项目启动是每个项目都必须经历的，也是项目形成的第一个阶段。项目启动成本包括市场调查费、可行性研究费等。项目决策的好坏，对项目建设和建成后的经济效益与社会效益会产生重要影响。为了对项目进行科学的决策，在这一阶段要进行翔实的调查研究，收集并掌握第一手信息资料，进行项目的可行性研究，最终做出决策。完成这些工作需要耗用人力、物力资源，需要花费资金，这些费用构成了项目成本中的项目启动成本。

2. 项目规划成本

在进行可行性研究之后，通过分析、研究和试验等环节，项目就可以进入规划阶段了。任何一个项目都要开展项目规划设计工作。这些工作同样要发生费用，这项费用是构成项目成本的一个重要组成部分。

3. 项目实施成本

项目实施成本是指在项目实施过程中，为完成"项目产出物"所耗用的各项资源。这既包括在项目实施过程中所耗费的物质资源成本（这些成本实际上是以转移价值的形式转移到了项目产出物之中），也包括项目实施过程中所消耗的活劳动成本（这些多数以工资、奖金和津贴的形式分配给了项目团队成员）。项目实施成本包括采购费、研制费、开发费、建设费及分包费等。

4. 项目终结成本

项目结束阶段会发生竣工验收费、调试测试费及试生产费等，这些费用构成项目终结成本。

项目实施成本是项目总成本的主要组成部分。在正确的项目决策和项目设计情况下，在项目总成本中，项目实施成本一般占总成本的90%左右。因此，项目成本控制在很大程度上是对项目实施成本的管理与控制。

在进行项目成本估算时，项目领导班子除了要关心完成项目所需的各阶段工作的成本，有时也要考虑项目使用阶段的成本。全面考虑项目所有阶段，包括项目完成后投入使用阶段的总成本的估价思想叫作"全生命周期成本估算"。例如，限制设计审查的次数可能降低项目成本，但有可能发现不了设计中隐藏的问题以致造成日后顾客运营费用增加。

从项目子系统的构成上看，项目成本应包括所有子系统成本。例如，一个钢铁厂项目的成本可能包括原料系统、炼钢系统、轧钢系统、燃料动力系统、发电和供电系统、供水系统、运输系统、生产辅助系统、生活福利系统和通信系统等子系统的成本。

（三）项目成本要素

1. 材料费

这部分是项目组织或项目团队为实施项目所购买的各种原料、材料的成本，如油漆、木料、墙纸、灌木、毛毯、纸、艺术品、食品、计算机等。又如，新药开发项目中，使用的各种原料、试剂等的成本。

2. 设备费

设备费包括设备或仪器、工具的折旧费、修理费、运行费等，在某些情况下，还包括设备的租赁费用。有时项目组织为实施项目会使用到某种专用仪器、工具或设备，就需要购买这种设备或仪器，在某些情况下也可以租用这种设备，这些都是项目成本的组成部分。

3. 人工费

人工费是为项目工作的各类人员如设计师、计算机程序员、研究员、油漆工及其他方面项目工作人员的报酬，包括工资、津贴和奖金等全部发生在构成人员劳动上的成本。人是项目管理中的首要因素，这比项目中不可或缺的设备和工具更为重要。

4. 分包费（顾问费用）

分包费是部分项目工作内容分包出去时发生的成本。

当承包商或项目团队缺少某项专门技术或没有完成项目任务的资源时，可以委托分包商完成这些任务。例如，项目经理可以把项目的对外宣传委托给某个广告公司，可以请管理和法律顾问协助项目的管理。再如，药品开发中进行药理、毒理实验时聘请专家所支付的成本。

5. 其他费用

其他费用包括多项内容，如在项目期间需要有关项目人员出差，就会发生差旅费（如机票费、住宿费、必要的伙食费和出差补贴），其他费用还包括为项目实施所需要的各种临时设施费等。

以上各项费用在不同项目中所占的比例不同。例如，开发一套信息管理系统时，开发人员的成本是所耗原材料的几十倍甚至是几百倍；而工程建设项目中设备及材料费可能高达70%。

（四）项目成本的构成

从财务角度上看，将项目成本构成按性质划分，项目成本包括两种。

1. 直接成本

直接成本是可直接归因于项目组织或项目实施的有关成本，包括直接人工费、直接材料费、直接设备费及其他直接费。例如，如果购进的一批材料全部用于某项目，则该材料成本可归属到直接成本。

2. 间接成本

间接成本不直接归因于任何组织内的特定领域，往往是在组织执行项目时发生的，包括管理成本、保险费、融资成本（手续费、承诺费、利息）等。

企业在经营过程中，像生产工厂或者办公室的相关设施以及在其中所发生的服务、管理、人事、培训、成本和管理会计、综合管理、取暖、照明和相关设施维护等方面的工作都能够发生成本，这些成本在企业的经营过程中会一直存在。间接成本中可以包括员工薪金、原材料成本以及其他费用，但这些支出是不能直接和项目或项目工作联系在一起的（除了单独为某项目而成立的组织外），所以这些费用被划归到间接成本。

企业对直接成本和间接成本的理解是千差万别的。有的公司会将项目设计图纸的印制费用计入项目直接成本，例如，可以直接向项目客户或发起人索要此项费用。而有的公司则可能将这项费用看作间接成本，直接列于公司的日常管理费用项下。有时，企业甚至在不同的项目中对于直接成本和间接成本的划分也是不同的，这主要取决于项目客户方与承包方在项目合同中所达成的就项目直接成本方面的共识。

项目成本预测人员和项目经理必须清楚地了解所属企业中直接成本和间接成本的构成要素，因此必须对项目计划和项目合同中的特别条款予以特别关注。

尽管间接成本主要是由固定成本构成的，但是有时也会包含一些可变成本。维持一个企业总部正常运营的成本是一种固定性的间接成本，因为这种成本不会随企业业务额的大小而发生变动。但企业管理部门中所雇用的临时性文职人员的薪金成本则是一种可变化的支出，这是因为这部分费用的等级（临时员工的数量和类型）会随着诸如工作量、正式职员的工作效率等因素发生变化，而企业管理层可以自由决定这些临时文职人员的数量（相应也决定了这部分成本的大小）。将企业日常管理费用划分为固定的和可变的构成部分，对于加强制造行业及加工行业中的产品定价、盈利能力和产品产量之间的联系是十分有用的。

（五）项目成本的影响因素

影响项目成本的因素很多，主要包括以下几类。

1. 质量

项目质量是指项目能够满足业主 / 客户需求的特性与效用。一个项目的实现过程就是项目质量的形成过程，在这一过程中为达到质量要求需要开展两个方面的工作。一是质量的检验与保障工作，二是质量失败的补救工作。这两项工作都要消耗资源，从而都会产生项目的质量成本。其中，项目质量要求越高，项目质量检验与保障成本就会越高，项目的成本也就会越高。因此，项目质量也是项目成本最直接的影响因素之一。

2. 项目范围

项目范围是影响项目成本的根本因素，因为项目范围决定了项目需要完成的活动以及完成的程度。一般来讲，项目需要完成的活动越多、越复杂，则项目成本越大；反之，项目需要完成的活动越简单、越少，项目成本也就越小。

3. 工期

工期越长，不可预见的因素越多，风险越大，成本越高。

项目的工期是整个项目或项目某个阶段或某项具体活动所需要或实际花费的工作时间周期。从这个意义上说，项目工期与时间是等价的。在项目实现过程中，各项活动消耗或占用的资源都是在一定的时点或时期发生的。所以，项目的成本与工期是直接相关并随着工期的变化而变化的。这种相关与变化的根本原因是因为项目所消耗的资金、设备、人力等资源都具有自己的时间价值，这表现为：等额价值量的资源在不同时间消耗或占用时，其价值之间的差额。实际上，项目消耗或占用的各种资源都可以看成是对于货币资金的一种占用。这种资金的占用，不管是自有资金还是银行贷款都有其时间价值，这种资金的时间价值的根本表现形式就是资金占用所应付的利息。这种资金的时间价值既是构成项目成本的主要科目之一，又是造成项目成本变动的重要影响因素之一。

4. 项目消耗和占用资源的数量和价格

项目成本自身（或叫狭义的项目成本）受两个因素的影响：其一是项目各项活动所消耗和占用的资源数量，其二是项目各项活动所消耗与占用资源的价格。这表明项目成本管理必须要管理好项目消耗和占用资源的数量与价格这两个要素，通过降低项目消耗和占用资源的数量与价格去直接降低项目的成本。在这两个要素中，资源消耗与占用数量是第一位的，资源价格是第二位的。因为通常资源消耗与占用数量是一个相对可控的内部要素；而资源价格是一个相对不可控的外部要素，主要是由外部市场条件决定的。

5. 管理水平

在项目进行期间，较高的管理水平可以减少失误，降低成本。

要实现对项目成本的科学管理，还必须通过开展对项目资源耗用和价格、项目工期和质量以及项目范围等要素进行集成的管理与控制。如果仅仅对项目资源耗用量和价格要素进行管理和控制，无论如何也无法实现项目成本管理的目标。

二、项目成本管理概述

项目成本管理是指为保证项目实际发生的成本不超过项目预算成本所进行的项目资源计划编制、项目成本估算、项目成本预算、项目成本控制、项目成本预测等方面的管理过程和活动。也可以理解为它是为了确保完成项目目标，在批准的预算内，对项目实施所进行的按时、保质、高效的管理过程和活动。

对项目成本管理的理解存在两种情况：一是由项目经理部（项目组织）进行的成本管理。国外有关文献基本都采纳这种理解并对其进行阐述，考虑的项目成本管理的内容和方法限于项目经理部。二是围绕项目进行的成本管理。此时，不仅项目经理部，而且项目所在组织，如企业、团体的其他职能部门也会参与到项目的成本管理中，如企业的财务部门对项目成本的会计核算。

项目成本管理可以及时发现和处理项目执行过程中出现的成本方面的问题，达到有效节约项目成本的目的。

（一）项目成本管理的理念

为了能科学、客观地遵循项目成本管理的客观规律，我们在项目成本管理中应该树立以下两个理念。

1. 全方位——项目全面成本管理的理念

它是国际全面成本管理促进会前主席（原美国造价工程师协会主席）R.E.Westney 在 1991 年 5 月发表的“90 年代项目的发展趋势”一文中提出的。R.E.Westney 给全面成本管理下的定义是：“全面成本管理就是通过有效地使用专业知识和专门技术去计划和控制项目资源、成本、赢利和风险。”国际全面成本管理促进会对“全面成本管理”的系统方法所涉及的管理内容做出了界定，项目全面成本管理主要包括以下几个阶段的工作。

（1）启动阶段相关的项目成本管理工作。

（2）说明目的、使命、目标、指标、政策和计划阶段相关的项目成本管理工作。

（3）定义具体要求和确定管理技术阶段相关的项目成本管理工作。

（4）评估和选择项目方案阶段相关的项目成本管理工作。

（5）根据选定方案进行初步项目开发与设计阶段相关的成本管理工作。

（6）获得设备和资源阶段相关的成本管理工作。

（7）实施阶段相关的成本管理工作。

（8）完善和提高阶段相关的成本管理工作。

（9）推出服务和重新分配资源阶段相关的成本管理工作。

（10）补救和处置阶段相关的成本管理工作。

2. 全过程——项目全生命期成本管理的理念

它是由英美一些学者和实际工作者于 20 世纪 70 年代末和 80 年代初提出的，其核心内容包括以下几方面。

（1）项目全生命期成本管理是项目投资决策的一种分析工具，是一种用来选择项目备选方案的方法。

（2）项目全生命期成本管理是项目设计的一种指导思想和手段，它要计算项目整个服务期的所有成本，包括直接的、间接的、社会的和环境的。

（3）项目全生命期成本管理是一种实现项目全生命期（包括项目前期、项目实施期和项目使用期）总成本最小化的方法。

项目全生命期成本管理理念的根本点要求人们从项目全生命期出发去考虑项目成本和项目成本管理问题，其最关键的是要实现项目整个生命期总成本的最小化。

（二）项目成本管理的任务

项目成本管理的任务如下。

1. 确保项目在批准的成本预算内尽可能好地完成

项目成本管理是在整个项目的实施过程中，为确保项目在批准的成本预算内尽可能好地完成而对所需的各个过程进行管理。项目成本管理不同于项目投资管理和项目造价管理。

项目投资管理必然要以投资收益的最大化或合理化为目标，即在投资额一定的情况下，收益最大化或收益一定的情况下，投资额最小。在项目决策阶段，需要对项目运营期间的财务状况进行预测与分析，只有财务收益指标达到目标时，项目才可能启动。项目投资管理不仅关注项目的投资过程，而且关注项目投资的回报过程和结果。项目投资管理不仅贯穿于项目生命周期，而且延伸到项目的运行使用期。

项目造价管理与项目生命周期的投资管理接近，但是造价管理止于项目的交付建成。造价管理涉及市场交换，以项目的交换价格为关注重点，主要考虑的是价格，如投标报价、工程价款结算和最终决算。而价格的确定和控制需要在成本的基础上，考虑组织的发展战略或经营策略。

成本管理侧重项目生命周期自身的支出，在项目产品交付使用后，项目产品（软件、工厂、建筑物、道路）的支出管理，即项目运行期间的成本管理不属于项目管理范畴，而属于工业企业或其他常规组织的成本管理范畴。

因此，项目成本管理始于项目启动，止于项目结束，是在整个项目生命周期中以项目执行组织为主体的成本管理，其目标就是确保项目在批准的成本预算内尽可能好地完成项目的各个过程。在许多应用领域，对项目产品的未来财务执行的预测和分析是在项目之外进行的。但在诸如资金筹措项目等领域，项目成本管理也包括对未来财务的预测和分析，此时成本管理包括一些附加的过程和许多一般管理技术，如投资回报、回收期分析。实际上，这时项目成本管理应该更确切地称为项目投资管理。

项目成本管理首先关心的是完成项目活动所需资源的成本，但也会考虑对项目交付使用后成本的影响。例如，利用限制设计审查次数可以降低项目成本，但可能增加顾客的运营成本。再如，项目建设期间不能一味地降低成本而采用质低价廉的材料，为项目产品的运行使用留下隐患。项目成本管理的这种广义观点常被称为“全生命周期成本计算”。

2. 提供衡量项目管理绩效的客观标尺

项目成本管理的好坏反映了项目管理的水平。对项目管理绩效的评价，首先是对成本管理绩效的评价。通过对成本管理水平和成果的评价，可以使企业掌握项目管理状况和实际达到的水平，为项目绩效评价提供直观、量化的佐证。

项目成本管理还为企业考核和奖惩提供依据，为企业内部人事制度、工资分配制度、员工培训制度等一系列制度的建立和健全创造必要的环境条件。

（三）项目成本管理的原则

项目成本管理的原则如下。

1. 全面成本管理原则

全面成本管理是针对成本管理的内容和方法而言的。从全面性出发，需要对项目形成的全过程开展成本管理，对影响成本的全部要素开展成本管理，由项目全体团队成员参加成本管理。因此，全面成本管理就是全员、全过程和全要素的成本管理。

2. 全生命周期成本最低原则

项目成本管理的效果直接影响到项目的绩效。因此，应尽可能降低项目成本。但是，在进行成本管理时不能片面要求项目形成阶段成本之和最低，而是要使项目全生命周期成本最低，即考虑项目从启动到结束，再到项目产品的寿命期结束的整个周期的成本最低，这是项目经济性评价的合理期限。

3. 成本管理有效化原则

成本管理的有效化包括两层含义：一是使项目经理部以较少的投入获得最大的产出；二是以最少的人力和财力，完成较多的管理工作，提高工作效率。

4. 成本管理科学化原则

成本管理的科学化原则，即把有关自然科学和社会科学中的理论、技术和方法运用于成本管理，包括预测与决策方法、不确定性分析方法和价值工程等。

5. 成本责任制原则

为了实行全面成本管理，必须对项目成本进行层层分解，使成本目标落实到项目的各项活动、各个人员。项目的各个参与人员都承担不同的成本责任，按照成本责任对项目人员的业绩进行评价。

（四）项目成本管理应考虑的因素

项目成本管理一般应考虑如下几个因素。

（1）完成项目活动所需资源的成本，是成本管理的主要内容。

（2）各种决策对项目最终产品成本的影响程度，如增加对每个零件检查的次数会增加生产过程的测试成本，但这样会减少项目客户的运营成本。在决策时，要比较增加的测试

成本和减少的运营成本的大小，如果增加的测试成本小于减少的运营成本，则应该增加对每个零件检查的次数

（3）不同项目干系人对项目成本的需求不同，项目干系人会在不同的时间以不同的方式了解项目成本的信息。例如，在项目采购过程中，项目客户可能在物料的预订、发货和收货等阶段详细或大概地了解成本信息。

（五）项目成本管理的组织

项目成本管理与项目所属机构的成本管理是不同的。项目成本管理的实施主体是项目部，由项目经理负责，项目部的其他成员参与。项目成本管理会与项目所属的企业或机构的其他职能部门如财务部门发生关系。而项目部与职能部门间关系的紧密程度或形成何种关系，还取决于项目组织类型。

如果项目由企业运作实施，此时，项目成本是企业成本中不可缺少的组成部分之一。项目成本管理与企业成本管理的区别主要是管理对象不同、管理任务不同和管理责任不同。

项目成本管理的对象是某一个具体的项目，主要对项目的成本进行预测、控制、核算等。企业成本管理的对象是整个企业，不仅包括各个项目部，还包括企业的其他职能部门。项目成本管理的任务是在健全的成本管理责任制下，以合理的进度、合理的质量、低耗的成本完成项目。企业成本管理的任务则是根据整个企业的现状和水平，通过合理调配资源、合理完成项目，使企业的成本控制在预定计划内。项目成本管理是由项目经理全面负责，项目的盈亏与项目经理部的全体成员的经济责任挂钩，责任明确，管理到位。企业成本管理强调部门成本责任，成本管理涉及各个职能部门和各个项目部，管理松懈。

三、项目成本管理过程

（一）我国的项目成本管理过程

我国的项目成本管理通常包括的过程如下。

1. 项目成本预测

对项目未来的成本水平及其发展趋势所做的描述与判断。

2. 项目成本计划

对项目计划期内的成本水平所做的筹划，是对项目制订的成本管理目标。

3. 项目成本控制

在项目实施过程中，对影响项目成本的各项因素进行规划、调节，并采取各种有效措施，将实施中发生的各项支出控制在成本计划范围以内，计算实际成本和计划成本之间的差异并进行分析，通过成本控制，最终实现成本目标。

4. 项目成本核算

利用核算体系，对项目实施过程中所发生的各种消耗进行记录、分类，并采用适当的成本计算方法，计算出各个成本核算对象的总成本和单位成本的过程。成本核算是对项目实施过程中所发生的耗费进行如实反映的过程，也是对各种耗费的发生进行监督的过程。

5. 项目成本分析

项目成本分析是揭示项目成本变化情况及其变化原因的过程。在成本形成过程中，利用成本核算的资料（成本信息），将项目实际成本与计划成本进行比较，了解成本的变动情况，系统分析影响成本变动的因素，寻找降低成本的途径。

6. 项目成本考核

在项目完成后，对项目成本形成过程中的成本管理的成绩或失误进行总结与评价。

上述的成本预测对应资源计划编制和成本估算，成本计划对应成本预算。我国的成本管理对六个环节实行了全过程的管理，与项目管理过程完全对应，其中，成本核算是执行阶段的管理，成本决算是项目收尾阶段的管理。

（二）项目成本预测（资源计划编制和成本估算）

1. 项目资源计划

资源可以理解为一切具有现实和潜在价值的东西，包括自然资源和人造资源、内部资源和外部资源、有形资源和无形资源等，如人力、材料、机械、资金、信息、技术等。由于项目的一次性，项日资源不同于常规组织机构的资源，它多是临时拥有和使用的。资金需要筹集，服务和咨询力量可以采购（招标或招聘），有些资源还可以租赁。资源的高效、合理使用对项目管理至关重要。任何资源的短缺、积压和滞留都会给项目带来损失。资源计划编制与项目成本估算密切相关。

项目资源计划是指分析和识别项目的资源需求，确定项目所需投入资源（人力、设备、材料、资金等）的种类、资源的数量和资源投入的时间，从而制订出项目资源计划的活动。例如，建筑工程队需要熟悉当地建筑方面的法规，若利用当地劳动力，这些法规往往可以通过利用当地劳动力获得而不需要增加其他费用。若当地劳动力中缺乏专门的建筑技术人才，则获得当地建筑法规的最有效的方法是雇用一名咨询人员，但这需要增加成本。又如，汽车设计小组应熟悉最新的汽车装配技术，这些知识也需要通过雇用一位咨询者，或派出一名设计人员去参加关于机器人的研讨会或吸纳某制造专家作为小组成员才能获得。

（1）资源分类。在编制项目资源计划之前，要对项目中所需的资源进行分类。由于对资源分类的方法较多，我们总结了各种分类方法的优缺点，认为按照所需资源的特点分比较容易掌握。因此，资源可以分为两类。

1）可以无限使用的资源。这类资源供给充足，而且价格比较低廉，在项目的实施过程中，对预算成本来说没有数量限制，可以根据项目的需要任意使用，如简单的劳动力、普通设备等。对于这类资源不必专门进行严格、全面的跟踪管理，但需要有效的使用，以免增加管理成本。

2）只能有限使用的资源。这是指价格比较昂贵，在项目的实施过程中不可能完全得到的资源或者使用数量有明确标准的资源，如大型的进口设备、某类稀缺材料，由于交货期长，在项目开始实施之前就需要订购，避免因到货时间而耽误了项目的工期。该类资源由于其来之不易，使用数量又受到严格的限制，所以对项目成本影响较大，应进行全面的跟踪管理。

总之，在制订项目计划时，既要保证对没有约束的资源的有效使用，又要强调对有约束的资源的使用进行严格的控制。

（2）项目资源计划的主要工作。

项目资源计划就是要确定完成项目活动所需资源（人力、设备、材料等）的种类，以及每种资源的需要量，从而为项目成本的估算提供信息。也就是说，项目资源计划就是明确项目的活动在特定的时间内，需要投入什么样的资源以及每种资源的需要数量。项目资源计划的主要工作如表 13-1 所示。

表 13-1　项目资源计划的主要工作

依据	工具和方法	结果
工作分解结构 项目进度计划 历史资料 项目范围说明书 项目资源说明 项目组织管理政策和原则	资源计划矩阵 资源数据表 资源需求甘特图 专家判断 资料统计法 资源平衡法	资源计划说明

（3）项目资源计划编制的依据。

1）项目工作分解结构（Work Breakdown Structure，WBS）是既定项目工作的结构图和项目工作包细目。一个项目的目标确定以后，就需要确定需开展哪些工作来实现这些目标，这些为实现项目目标所需开展的工作一览表和它们的组成结构就是项目工作分解结构。工作分解结构确定了项目团队为完成项目目标所要进行的所有活动，是资源计划编制的主要依据。工作分解结构是自上而下逐层分解的，而各类资源的需要量则是自下而上逐层积累的。

项目工作分解结构是项目团队在项目实施过程中要完成的全部任务和工作，但是要完成这些任务就必须投入各种资源，不同的项目工作会有不同的资源需要，因此项目工作分解结构是安排项目资源计划的主要依据之一。

2）项目进度计划。任何一个项目都有一个特定的范围，从某种角度说，项目范围计划确定了项目的目标、边界及其衡量标准。如果项目范围中的某个方面被忽略，就会在项目资源计划与保障方面出现漏洞，最终使项目的成功受到影响。例如，某个住宅项目的范围计划包括建造房屋、修建社区道路和环境绿化等工作，但是如果项目范围计划中遗漏了环境绿化工作，项目业主 / 用户就不会全部接受项目的成果，甚至会提出索赔。因此，项目范围计划文件也是项目资源需求计划制订中的重要参考依据之一，在制订项目资源计划时必须全面评审项目资源需求计划是否能够满足实项目范围的需要。

3）历史资料。这是指已完成同类项目在项目所需资源、项目资源计划和项目实际实施消耗资源等方面的历史资料。此类资料可以作为新项目资源计划的参考资料，人们可以借鉴以前同类项目中的经验和教训。这种资料既可以使人们在建立新项目的工作分解结构和资源计划时更加科学、合理和更具可操作性，而且还可以使人们建立的项目资源需求、项目资源计划和项目成本估算更加科学和符合实际。通常，一个项目结束后就应该确认项目有关文件的备份和存档，以便将来作为历史信息使用。

4）各类资源的定额、标准和计算规则。这是指项目资源计划编制中需要参考的项目工作量和资源消耗量的国家、地方或民间组织发布的各种定额、标准和计算规则。在项目资源计划编制中有些项目的资源需求是按照国家、行业、地区的官方或民间组织的统一定额或统一工程量计算规则确定的。

5）项目资源说明。任何项目资源的种类、特性和数量都应该是限定的。所以，要制订项目资源计划就必须对一个项目所需资源的种类、数量、特性和质量予以说明和描述。这种描述的内容包括：项目需要哪些种类的资源？这些资源的特性要求是什么？这些资源的价格是多少？何时需要这些资源？例如，在项目的早期设计阶段需要哪些种类的设计工程师和专家顾问，对他们的专业技术水平有什么要求；而在项目的实施阶段需要哪些专业技术人员和项目管理人员，需要哪些种类的物料和设备等。这种项目资源的描述对于制订项目资源计划同样是至关重要的依据。

6）项目组织的管理政策和原则。在资源计划编制过程中，必须考虑项目组织的企业文化、组织结构、相关人员雇用、设备租赁或购置以及资源消耗量的计算等原则。项目组织的管理政策包括：项目组织的企业文化、项目组织的组织结构、项目组织获得资源的方式和手段方面的方针策略和项目组织在项目资源管理方面的有关方针政策。例如，一个项目组织对于设计、施工和研究设备是采用购买、租赁的政策还是采用租用的政策，项目组织是采用零库存的资源管理政策还是采用经济批量订货的资源管理政策等。这些也是制订项目资源计划所必需的依据。

（4）项目资源计划编制的工具。

1）资源计划矩阵表。这是项目分解结构的直接产品，其缺陷是无法囊括信息类的资源，如表 13-2 所示。

表 13-2　资源计划矩阵表

工作	资源需求量					相关说明
	资源 1	资源 2	……	资源 m−1	资源 m	
工作 1						
工作 2						
……						
工作 n−1						
工作 n						

2）资源数据表。它与资源计划矩阵表的区别在于，它所表示的是项目进展各个阶段的资源使用和安排情况，而不是对项目工作所需资源的统计汇总说明，如表 13-3 所示。

表 13-3　资源数据表

资源需求种类	资源需求总量	时间安排（不同时间资源需求量）					相关说明
		1	2	……	T−1	T	
资源 1							
资源 2							
……							
资源 M−1							
资源 M							

3）资源需求甘特图。它直观地显示了资源在各个阶段的耗用情况，比资源数据表更为直观、简洁，其缺陷是无法显示资源配置效率方面的信息，如表 13-4 所示。

表 13-4　资源需求甘特图

资源需求种类	时间安排（不同时间资源需求量）								
	1	2	3	4	5	6	7	8	9
资源 1									
资源 2									
……									
资源 M−1									
资源 M									

（5）项目资源计划编制的方法。

1）专家判断法。它是指有项目成本管理专家根据经验进行判断，最终确定和编制项目资源计划的方法。配置是否合理取决于专家的专业水平和对项目的理解程度。

2）资料统计法。它是指参考以往类似项目的历史统计数据和相关资料，计算和确定项目资源计划的方法。其优点是能够得出比较准确、合理和可行的项目资源计划。缺点是要求参照项目与本项目具有可比性；要求历史统计数据足够详细。该方法不适于创新性极强的项目，仅作为编制项目资源计划的辅助手段。

3）统一定额法。它是指使用统一标准定额和工程量计算规则去制订项目资源计划的方法。所谓统一标准定额，是指由权威部门所制订的，在一定的技术装备和组织条件下为完成一定量的工作，所需消耗和占用的资源质量和数量限定标准或额度。这些统一标准定额都是一种衡量项目经济效果的尺度，套用这些统一标准定额去编制项目资源需求是一种很简便的方法。但是，由于统一标准定额相对比较固定，无法适应技术装备、工艺和劳动生产率的快速变化，所以近年来发达国家正在逐步放弃使用这种编制项目资源计划的方法。

4）资源平衡法。它是指通过确定项目所需资源的确切投入时间，尽可能均衡使用各种资源来满足项目进度计划的一种方法。该方法也是均衡各种资源在项目各阶段投入的一种常用方法。

（6）资源单价。估算项目的各项成本必须知道每种资源的单价，如每小时人工费，每立方米大宗材料的成本。如果资源单价未知，则首先需估算资源单价。在市场竞争激烈、价格变化频繁的情况下，估算人员主要通过询价和分析预测，合理确定资源的单价。

1）资源单价的构成。

（a）人工单价。人工单价是指一个劳动力在一个工作日的全部人工费用，应基本反映劳动力的工资水平和一个劳动力在一个工作日中可以得到的报酬。其组成应包括工资及福利费。

（b）材料单价。材料单价应由材料原价、供销部门手续费、包装费、运杂费、采购保管费组成。随着建材市场的完全放开，价格随行就市。

（c）机械台班单价。机械台班单价应包括折旧费、大修费、日常修理费、机上人工费、燃料动力费等。机械台班单价可以考虑机械的成本价格或租赁价格，并根据专业定额的特点组合并取定。

2）资源询价。当项目所需资源来源于组织内部时，资源单价可根据组织的内部成本资料进行分析预测后确定。当项目所需资源来源于组织外部时，则需要进行资源询价，获取资源单价的信息，以备估价。

（a）询价的含义。询价是指通过各种渠道，采用各种手段对所需劳动力、材料、设备等资源的价格、质量、供应时间、供应数量等方面进行系统调查。询价是成本估算的基础。

（b）询价的渠道。一般可以从多渠道进行询价。

a）制造商。材料和设备的价格可通过与制造商直接联系获得，并且因流通环节少，价格会比市场价低。

b）制造商的代理人或从事该项业务的经纪人。

c）经营材料或设备的部门。

d）向咨询公司询价，所得的询价资料比较可靠，但要支付一定的咨询费。

e）自行进行市场调查或信函询价。

（c）询价方法。

a）发出询价单。劳务询价主要了解各种人员的劳动效率、工资标准、加班工资的计算方法，各种保险费的计取及解雇费的支付。材料询价单一般包括的内容有：材料的规格和质量要求；材料的数量；材料的供应计划（供货期及每期需要量）；材料运输方式与可提供的条件；材料的报价形式及计价货币、贸易方式、支付方式；报价日期及有效时间等。

设备询价单与材料询价单的内容相似。对于租赁设备可向专门从事租赁业务的机构询价，并详细了解其计价方法，如每台时的租赁费，有关运行费是否计入租赁费之内等。

分包询价单一般包括的内容有：分包工作内容及要达到的要求；需要分包商提供的服务及服务时间；为分包商提供的条件；分包工作在项目总进度中的安排；报价的日期与报价的货币等。

b）询价分析。收到询价单后，询价人员应将从各种渠道获得的资料汇总、整理并进行比较分析，因为同类项目、同类材料的供应商、分包商的数量可能很多，报出的价格有时相差很大，故需选择合适、可靠的报价，供成本估算用。

通常，询价工作结束的标志是一份详细的价格表。

3）资源单价预测。从询价到实际购买材料，或分包项目实施可能有一段较长的时间，其间资源单价可能会发生变化，因此，有时需要在询价的基础上，运用一定的方法预测项目实施时的资源单价，以确保成本估算的准确性。

2. 项目成本估算

项目成本估算是指根据项目的资源需求和计划，以及各种项目资源的价格信息，估算和确定项目各种活动的成本和整个项目总成本的一项项目成本管理工作。

（1）项目成本估算的内容。项目成本估算的内容除了通常的项目成本构成内容外，还应当包括应急费或不可预见费。

应急费是考虑项目可能遇到的风险因素，在进行成本估算时要列入的成本内容，用于补偿差错、疏漏及其他不确定性对估算精度的影响。应急费一般分为实施应急费和经济应急费两类。实施应急费用于补偿估价和实施过程中的不确定性，包括估价质量应急费和调整应急费。经济应急费用于对付通货膨胀和价格波动，包括价格保护应急费和涨价应急费。

应急费用的数额是根据风险分析、同类项目的经验以及项目组的评估来确定的。在所有的成本估算和预测中，都应将意外费用单独列出。应急费用在项目成本中所占的比例一般为10%。但是，使用多少意外费用，完全取决于实际情况，不能一概而论。

（2）项目成本估算的类型。项目在其形成过程中要经历决策阶段、规划设计阶段、采购、招投标及实施阶段、结束阶段。各阶段都以一个或多个可交付成果作为标志。针对各阶段特定的成本管理任务，需要分阶段编制成本估算，因此，成本估算是贯穿项目整个生命周期的一种活动。同时，由于项目各阶段所具备的条件和掌握的资料不同，估算的精度也不同。随着阶段的不断推移，经过调查研究后掌握的资料越来越丰富，确定性条件越来越多，成本估算的精度随之提高。

习惯上，我国建设项目成本估算分为投资估算、设计概算和施工图预算。

1）投资估算是指在投资决策阶段，对项目从前期准备工作开始到项目全部建成投产为止所发生费用的估计。

2）设计概算是指在初步设计阶段，由设计单位根据初步设计图样预先计算和确定项目从筹建到竣工验收交付使用的全部建设费用。当设计阶段包括技术设计时，需编制修正概算。

3）施工图预算也称设计预算，是指在施工图设计阶段依据施工图设计确定的建筑安装工程费用。

（3）项目成本估算管理过程。成本估算是资源计划的后续流程，理论上只要将资源需求清单乘以单位资源价格即可得出结果。但是，在实际操作过程中，这两个计划的编制过程是互动的，价值的估算在很大程度上也能反馈并作用于资源的选择，最后形成的成本基准计划，并不单纯取决于功能或者价格的单一因素，而是取决于性价比的综合因素。项目成本估算管理过程如图13-1所示。

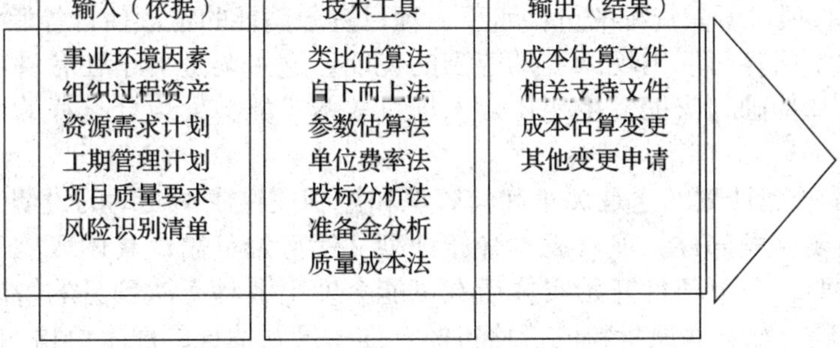

输入（依据）	技术工具	输出（结果）
事业环境因素 组织过程资产 资源需求计划 工期管理计划 项目质量要求 风险识别清单	类比估算法 自下而上法 参数估算法 单位费率法 投标分析法 准备金分析 质量成本法	成本估算文件 相关支持文件 成本估算变更 其他变更申请

图13-1　项目成本估算管理过程

1）成本估算的输入依据。

（a）事业环境因素，包括相关资源的市场价格水平及波动幅度、汇率和税率、资源供求比率等。这些因素构成了成本估算的假设前提。任何数量模型都是建立在假设某些变量不变的前提下求出变量的，因此成本估算也往往建立在价格不变、汇率不变、税率不变等假设前提的基础上。

（b）组织过程资产，包括范围计划、工期计划、资源计划、质量计划、风险计划流程中输出的范围说明书、质量标准、工期管理计划、资源需求计划、风险识别清单等，都是项目管理的过程资产，会对成本估算产生影响。

2）成本估算的输出结果。

（a）成本估算文件。这是项目的成本基准计划，也是投标文件、项目建议书、商务计划书、可行性研究报告的重要组成部分。

（b）相关支持文件。一般是成本估算文件的说明附件，包括对各种假设前提、质量要求、资源需求的解释。

（c）成本估算变更。成本估算有可能是一个逐步细化的过程，每一次细化都有可能引起成本估算总额的变更。变更后的成本估算将作为组织过程资产输入成本控制流程。

（d）其他变更申请。成本估算的变更也会对范围计划、工期计划、资源需求、质量标准、风险评估等产生反作用力，引发其他方面的计划调整。

（4）项目成本估算的结果

项目成本估算的结果主要包括以下几个方面。

1）项目成本估算文件。这是通过采用前述项目成本估算方法而获得的项目成本估算最终结果文件。项目成本估算文件是对完成项目所需费用的估计和计划安排，是项目管理文件中的一个重要组成部分。项目成本估算文件要对完成项目活动所需资源的成本和数量进行概略或详细的说明。这包括对于项目所需人工、物料、设备和其他科目成本估算的全面描述和说明。另外，这一文件还要全面说明并描述项目的不可预见费等内容。项目成本估算文件中的主要指标是价值量指标，为了便于在项目实施期间或项目实施后进行对照，项目成本估算文件也需要使用其他的一些数量指标对项目成本进行描述。例如，使用劳动量指标（工时或工日）或实物量指标（吨、公斤、米等）。在某些情况下，项目成本估算文件将必须以多种度量指标描述，以便进行项目成本管理与控制。

2）相关支持细节文件。这是对于项目成本估算文件的依据和考虑细节的说明文件。

（a）项目范围的描述。因为项目范围是直接影响项目成本的关键因素，所以这一文件通常与项目工作分解结构和项目成本估算文件一起提供。

（b）项目成本估算的基础和依据文件。这包括制订项目成本估算的各种依据性文件，各种成本计算或估算的方法说明，以及各种参照规定等。

（c）项目成本估算各种假定条件的说明文件。这包括在项目成本估算中所假定的各种项目实施的效率、项目所需资源的价格水平、项目资源消耗的定额估计等假设条件的说明。

（d）项目成本估算可能出现的变动范围的说明。这主要是关于在各种项目成本估算假设条件和成本估算基础与依据发生变化后，项目成本可能会发生什么样的变化、多大的变化的说明。

3）项目成本管理计划。这是关于如何管理和控制项目成本变动的说明文件，是项目管理文件的一个重要组成部分。项目成本管理计划文件可繁可简，具体取决于项目规模和项目管理主体的需要。一个项目开始实施后有可能会发生各种无法预见的情况，从而危及项目成本目标的实现（如某些原材料的价格可能会高于最初估计的成本价格）。为了防止、预测或克服各种意外情况，就需要对项目实施过程中可能出现的成本变动，以及需要采取的相应措施进行详细的计划和安排。项目成本管理计划的核心内容就是这种计划和安排，以及有关项目不可预见费的使用管理规定等。

（5）项目成本估算的依据。

1）项目范围说明书。项目范围确定的结果是正式的范围说明书。范围说明书是项目管理过程中确定项目主要可交付成果的一份重要书面文件，列入范围说明书清单中的事项的圆满完成，意味着项目阶段或项目的完成。如果项目的范围确定得不好，就可能会导致意外的变更，有可能造成最终项目成本的提高。

范围说明书一般包括下列内容。

（a）项目合理性说明，解释为什么要进行这一项目。启动一个项目的原因可能是市场需要、经营需要、顾客需求、技术进步或法律要求。

（b）项目目标。项目目标是确定项目成功所必须满足的某些数量标准。项目目标至少包括成本、进度和质量目标。项目目标应当有属性（如成本）、衡量单位（如货币单位）和数量（如 200 万元）。在制订项目目标时，应尽可能将目标数量化，以便于测量承包商的工作是否达到预期的目标。不能数量化的项目目标隐含着很高的风险，如“达到使业主满意的程度”，就很难讲业主在何种情况下能满意。

（c）项目可交付成果。项目可交付成果是为完成项目必须做出的可以测量、有形，并可验证的事项，可以是一份主要的、具有归纳性层次的产品清单。产品的交付标志着项目的完成。例如，一个软件开发项目的主要可交付成果可能包括可运行的计算机程序、用户手册。一个工程建设项目的主要可交付成果可能是一条公路、工程验收资料。

（d）技术规范。技术规范可单独作为一部分，也可列入项目范围说明书内。它主要描述了项目的各个部分在实现过程中采用的通用技术标准和特殊标准，包括设计标准、操作规范、竣工验收方法、调试方法等内容。为了达到上述要求，需要开展质量管理方面的工作：一是质量的检验和保障工作；二是质量失控的补救工作。这两项工作都要消耗资源，从而会产生质量成本。

要准确估算成本，必须正确理解项目范围说明书。例如，某国际工程项目的范围说明书中提道：要求进行至少 15 次试验以决定新物质的材料特性。在估算成本时，为安全起见，考虑了 16 次试验成本，但在 15 次试验结束后，客户认为对新物质的材料特性没有得出结论，要求必须再做 15 次试验。由此造成成本超支 30000 美元。

随着项目的进展，项目说明书可能需要修改或细化，以反映项目在以上几方面情况的变化。

2）工作分解结构。请参阅本章其他部分。

3）项目活动时间估算。在项目的实现过程中，各项活动所消耗或占用的资源都是在一定地点或在一定时期内发生的。所以项目的成本与项目的持续时间直接相关，而且是随着时间的变化而变化的。这种相关与变化的根本原因是项目所消耗的资金、设备、人力等各种资源都具有自己的时间价值。此处的时间价值是指消耗或占用资源本身价值中所包含的时间价值，即等额价值的资源在不同时间消耗或占用的价值之间的差别。这种资源消耗或占用的时间价值，是由于时间作为一种特殊的资源所具有的价值造成的。

项目消耗或占有的各种资源都可以看成是对货币资金的占用。其中人力资源和材料消耗所花费的资金（人工费和材料费），从表面上看是一种花费，实际上也是一种资金的占用，因为这些花费最终都将通过项目的运营而获得补偿。因此，项目的全部成本实际上都可以看成是在项目实现过程中所占用的货币资金。这些项目所占用的货币资金，不论是自有资金还是银行贷款，都有其时间价值。这种资金的时间价值的根本表现形式就是资金占用应付的利息。这种资金的时间价值既是构成项目成本的主要科目之一，又是造成项目成本变动的原因之一，因为资金的时间价值是随着项目工期（时间）的变化而变化的。

由于资金具有时间价值，所以项目本身及各项活动所需时间会对项目成本估算产生影响。项目成本估算之前，应编制粗略而简单的进度计划，估计为完成每一项活动可能需要的时间。编制时应充分考虑到各种可用资源的数量及限制，包括总量限制、单位时间用量限制、供应条件和过程的限制。例如，资金供应量的限制将影响到项目的实施进度，进度的制订应保证项目执行中有足够的资金；同时，项目的进度安排对资金的筹措提出要求，为估算利息费用提供依据。

4）项目资源计划。

5）资源单价。

6）成本估算参考数据。

（a）定额与指标。项目成本估算过程中经常需要套用一些指标或定额。在国外，成本指标及资源消耗定额通常由估算者根据经验或公司内部资料确定，无国家统一指标与消耗定额。我国则不同，有关部门，如建设部，制定了符合国家技术规范、质量标准并与一定时期工艺水平相适应的各工作单元的人工、材料、机械台班消耗量，并编制有成本指标。

我国工程建设项目成本估算采用的定额与指标主要有概算定额、预算定额、概算指标、单位估价表及取费标准。概算定额、预算定额、概算指标可用来确定一定计量单位所需消耗的人工、材料和施工机械台班的数量标准及费用。单位估价表是预算定额中分项工程或结构构件的单位预算价格表。取费标准规定了有关费用如间接费、计划利润等的取费标准和有关价格调整办法、参数。

（b）项目数据库。由于国际上并没有国家、地区或部门统一制定的定额与指标用于成本估算，而项目成本又往往可根据已完成的类似项目的成本数据来推算，因此，较为普遍的做法是建立项目数据库，从中获取有关的成本资料来估算成本。项目数据库是各公司将自己开发或承担过的项目的主要数据进行系统分类、存储，建立数据库。建立项目数据库应注意对已经完成的具体项目情况有足够的说明，并按统一的要求和标准定义存储数据，使各个项目可以通过统一编码与项目数据库保持良好接口。

当利用历史数据进行成本估算时，应注意对项目的特征进行分析，尽可能选择相似的项目作为成本估算的参考对象。

（c）商业化成本估算数据。有一些公开发行的成本估算数据书，如估算工作手册等，可用于估算。估算工作手册中载有各项活动或工作的资源耗用量，并有常用计算公式、数据、计算规则、材料性能及规格换算等资料。它是计算工作量和完成资源量计算工作的工具性书籍。

（d）项目执行部门的知识。项目成本估计值应该来自那些最适于进行此项工作的企业部门。这与那些常规性生产制造工作中的成本预测工作的侧重点是不同的，在常规性成本预测工作中，成本预测可以放心地交给那些专门从事该项工作的成本预测人员或是制造工程设计人员来进行；而项目成本估计往往必须从实施某项具体任务的企业职能部门的高层负责人那里得到。例如，由企业的总工程师提供某项目所有预计的设计成本是很自然的事情。所以，像生产制造经理、安装或售后服务经理以及其他经理或负责人都应当参与到项目的成本估算工作中。

项目成本估算工作中的这种将成本估算职能分散化的做法，显示了成本估算工作在项目管理中和在一般生产作业活动中的不同之处。尽管项目成本估算工作的首要目标依然是保证估算数据的准确性，但这种分散成本估算职能做法的目的已不仅局限于此。对于大型项目而言，由于往往持续数年之久，所以在项目规划阶段对项目人工劳动时间的估算将会对相关职能部门人工成本的预算产生很大影响。不论是从事何种项目工作的企业职能部门，只有在该部门财务预算目标的制订上其部门经理发挥了重要作用的时候，该部门的预算报表才会真正有效，这是因为这些预算目标正是部门经理在未来实际工作中必须完成的职责。

如果采用上述职能分散型的成本估算方法进行项目成本估算，那么必须有一套成本估算表格在所有参与项目的企业部门之间传递，这种传递可以通过几种不同的方式来实现，当然其各自的有效性也是不同的。

第一种方案是用某种附有参与项目企业部门列表的估算表格，该表格将会依照部门列表上的顺序依次被传递，每经过一个部门，该部门的有关负责人就会在表格中填上本部门的成本估算数据，这一过程会一直持续到将该套表格返回项目经理手中为止，此时，所有的成本估算工作也就相应完成了。但是我们可以想象一下，图书馆中某本杂志的复印件需要多长时间才能在所有需要传阅的人手中传递完呢，而该复印件又会有多大风险在传递过程中被丢失呢？基于同样的考虑，上述这种收集成本估算数据的方案实际上是不可行的。

第二种方案就是为每一个参加项目的企业部门分别印制估算表格，将这些表格同时发放给这些部门，发放方式可以是书面文件，也可以应用企业的内部计算机网络。这种做法能够降低第一种方案中由于递送而延迟的时间，但该方案的成功与否在很大程度上还是取决于各部门主管人员的合作态度。在回收这些估算表格的时候，时间延迟会常常发生，在某些真实案例中也不难发现，那些书面预测表格有时也会被遗失。

由于缺乏合法的强制措施，又不能采取暴力手段进行要挟，所以对于项目成本数据的收集而言，最佳的同时也是最快捷和最可靠的获得方式就是进行私人游说。该方法的第一步骤同样也是准备一套完整的项目成本估算表格，其中要列明每一个可知的工作任务并对其进行编码。这些表格要依照项目工作分解结构进行逻辑排序，这样项目经理（或其代表）就可以按一定顺序去拜访每个参与项目的部门的经理，应用企业内部计算机网络同样可以达到这种目的。该种做法的目的在于迫使各部门为成本估算表格或相应的计算机系统提供令人满意的成本估算数据。在这一过程中，执行此项任务的人员可能并不会受到各部门的欢迎，但是博得别人的好感并不是项目经理工作的主要内容。

这种面对面的交谈可以为项目经理或项目计划经理提供一种评判有关当事人成本估算能力的机会，他们会对任何不切合实际或荒谬的数据当场提出质疑，对于一些细节性问题也会努力使异议和疑问降到最低的限度。他们提出的问题一般是这样的，“这项工作你们认为需要 4 个人工劳动周，那么 4 个工人能够在 1 周之内完成它吗？这项工作一定要 1 个工人用 4 周时间去完成吗？”此类问题的答案对于安排项目的时间进度和所用资源是十分重要的。

企业生产制造岗位上的员工在进行成本估算时往往需要帮助，如果派一名工程设计人员负责收集生产一线的成本估算数据，他会通过使用一线员工们能听得懂的术语为其提供帮助，并向其解释有关项目设计规格说明书的内容。除此之外，与新项目类似的以往实施的项目、任何形式的项目草图都将有助于该工程设计人员数据收集工作的完成，显然根据项目草图配以适当的口头描述会增强这种效果。

（6）项目成本估算的技术路线。在项目进展的不同阶段，项目的分解结构层次可以不同。简单项目或方案阶段的项目，分解层次少，可能只有三层，即项目、子项目和活动。复杂项目或设计阶段项目则可以划分得很详细。根据估算单元在 WBS 中的层次关系，成本估算可分为自上而下的估算、自下而上的估算、自上而下与自下而上相结合的估算。

1）自上而下的成本估算。自上而下的估算也叫作类比估算。其基础是收集上层和中层管理人员的经验判断，以及可以获得的关于以往类似项目的历史数据。这种技术路线适合项目信息详细程度有限时（项目的早期阶段，如规划阶段、项目建议书阶段、可行性研究阶段）采用。此时，仅确定初步的工作分解结构图，分解层次少，很难将项目的基本单元详细列出来。因此，成本估算的基本对象可能就是整个项目或其中的子项目，估算精度较差。

值得一提的是，自上而下的估算与自下而上的估算是有区别的。自上而下的估算是将成本从工作分解结构的上部向下部依次分配、传递，直至 WBS 的最底层。自上而下的估算实际上是以项目成本整体为估算对象，因 WBS 的上部成本已包括了下部组成部分的成本，故成本估算停留在 WBS 的上部层次，不再具体详细估算底层部分的成本。

对建设项目采用扩大指标估算法，包括单位生产能力估算法和生产能力指数估算法（后面介绍）进行估算时，就是按照自上而下的路线进行估算的。

2）自下而上的成本估算。自下而上的成本估算是先估算各个工作单元的费用，然后自下而上将各个估算结果汇总，算出项目费用总和。采用这种技术路线的前提是确定了详细的工作分解结构（WBS），项目内容明确到能识别出为实现项目目标必须要做的每一项具体工作任务，对这些较小的工作单元能做出较准确的估算。当然，这种估算本身要花费较多的费用，项目管理班子必须决定是否值得为提高准确性而增加费用。这种技术路线适合在项目详细设计完成后采用。

建设项目的设计概算编制是按照自下而上的成本估算过程进行的。建设项目的设计概算内容随工程的大小而定，一般由单位工程概算、单项工程综合概算和建设项目总概算组成。通常在估算设计概算时，首先编制单位工程概算，将各单位工程概算汇总得到单项工程综合概算，之后将各单项工程综合概算汇总得到项目设计总概算。

3）自上而下与自下而上相结合的成本估算。采用自上而下的估算路线虽然简便，但估算精度较差；采用自下而上的估算路线，所得结果更为精确，并且项目所涉及活动资源的数量更清楚，但估算工作量大。为此，可将两者结合起来，以取长补短。即采用自上而下与自下而上相结合的路线进行成本估算。

自上而下与自下而上相结合的成本估算，就是针对项目的某一子项目进行详细、具体的分解，从该子项目的最低分解层次开始估算费用，并自下而上汇总，直至得到该子项目的成本估算值；之后，以该子项目的估算值为依据，估算与其同层次的其他子项目的费用；最后，汇总各子项目的费用，得到项目总的成本估算。这种估算路线将重点放在项目的主要组成部分，投入相当的人力进行详细估算；而其他次要部分则按经验估算。

自上而下与自下而上相结合的成本估算路线如图 13-2 所示。项目分解为 A、B、C、D、E……子项目。因 C 子项目在整个项目中较重要，所需费用比例也较大，同时对它的分解较容易，所以继续分解 C 子项目。直到得到图 13-2 所示的结构后，从 C 子项目的最底层估算，依次汇总得到 C 子项目的费用。根据 A、B、D、E……子项目费用与 C 子项目费用间的关系，估算 A、B、D、E……子项目费用，最后汇总得到项目费用。

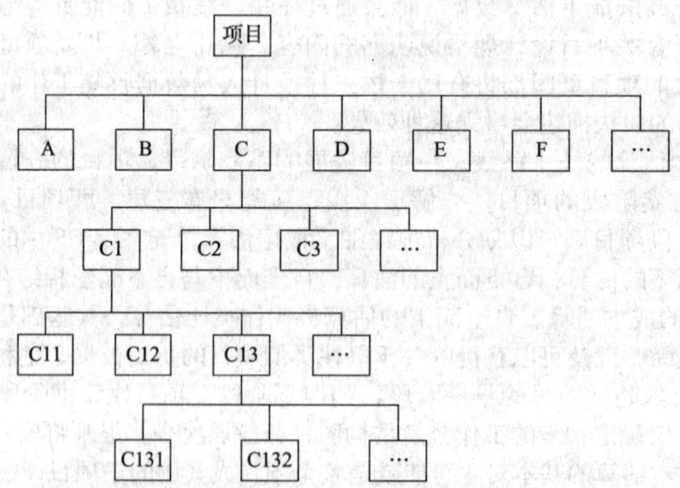

图 13-2　自上而下与自下而上相结合的成本估算路线示意

这种技术路线适合在完成了项目初步设计并确定了项目目标的情况下采用。

自上而下与自下而上相结合的成本估算方法在工程造价中具体体现为比例投资估算法。

（7）项目成本估算的方法。成本估算实际上是一种预测工作，从理论上讲，所有的预测原理与预测理论均适用于成本估算。但由于项目具有的一次性和独特性特征，项目成本估算与一般产品的成本估算又有不同之处。在不同的领域存在一些特殊的成本估算方法。一般的估算方法主要有：专家估计法、类比法、参数模型法和基于 WBS 的全面详细估算法等。上述方法按照是否采用数学模型又可归纳为定性方法、定量方法及定性定量相结合的方法。

1）专家估计法。

（a）专家的来源。专家估计法是以专家为索取信息的对象，组织专家运用专业方面的经验和理论，对项目的成本进行估计。此处专家是指具有专门知识或经过专业培训的团体或个人，专家的可能来源包括以下几个方面：①执行组织中的其他单位；②咨询人员；③专业和技术协会；④工业团体。

如对某个新产品开发项目的成本进行估计时，可请企业中相关的技术人员、材料采购人员、管理人员等。

（b）专家估计法的种类。专家估计法包括多种方法，主要有专家个人判断法、专家会议法和德尔菲法等。

专家个人判断法是指专家依靠个人的知识和经验对成本预测值进行判断。这种方法的主要优点是不受外界影响，没有心理压力，可以最大限度地发挥个人的创造力，但也容易受到自身知识面、知识深度和占有的资料，以及对预测问题是否有热情的影响。

专家会议法是将有关专家集中起来召开会议，开展关于项目成本预测问题的讨论。专家会议有助于交换意见，相互启发，弥补个人的不足之处。但是，专家会议也有其缺点，表现为参加人员易受心理因素的影响，如屈服于权威和大多数人的意见，受劝说性意见的影响，可能不愿公开修正已发表的意见等。

德尔菲法是专家会议法的一种发展，它以匿名的方式通过几轮函询征求专家们的意见。专家们互不见面。这种方法需要成立一个预测领导小组，负责草拟预测主题，选择专家以及对预测结果进行分析、整理、归纳和处理。

德尔菲法的程序如下。

第一次，提出要求，明确预测目标，书面通知被选定的专家和专门人员，要求专家说明有什么特别资料可用来分析这些问题以及这些资料的使用方法，同时，请专家提供有关资料，并请专家提出进一步需要哪些资料。

第二次，专家接到通知后，根据自己的知识和经验，对所预测事件的未来发展趋势提出自己的观点，并说明其依据和理由，书面答复主持预测的单位。

第三次，预测领导小组根据专家预测的意见，加以归纳整理，对不同的预测值要分别说明预测值的依据和理由（根据专家意见但不注明具体哪个专家），然后再寄给各位专家，要求专家修改自己原来的预测，以及提出的要求。

第四次，专家等人接到第二次信后，就各种预测的意见及其依据和理由进行分析，再次进行预测，提出自己修改的意见及其依据和理由。如此反复征询、归纳、修改，直至意见基本一致为止。修改的次数根据需要决定。

德尔菲法的结果要比专家个人判断法、专家会议法的预测结果更准确一些。

2）类比法。

（a）类比法的一般原理。类比法是通过新项目与以往一个或多个项目比较来进行估算的，运用类似项目的成本资料进行新项目的成本估算，然后根据新项目与类似历史项目之间的差异对估算进行调整以获得对新项目的成本估计值。

例如，在进行某软件开发成本估算时，项目内的某人可能过去做过相似的项目，或者浏览文献查看别人在相似项目上的经验，那么这些经验可以类推到当前的新项目上。同时，考虑到新项目和以往项目有两个不同点。第一个不同点是查询程序中用户好友界面的需求有所增加。估算人员这样估算：增加的需求造成查询程序的工作量增加30%。如果查询程序的工作量占总工作量的20%，则总工作量增加6%。第二个不同点是开发的新项目和其他大型项目共享资源（以前的项目没有资源限制）。估算人员可以这样估算：将总工作量增加15%。由此，新项目的总工作量比以前增加了21.9%（1.15×1.06）。

类比法依靠相似项目的实际经验来估计，需要对以往项目的特性了解得足够清楚，以便确定它们和新项目之间的匹配程度。因为以往项目和新项目在需求、生命周期阶段、项目限制条件、实现需求等方面都有可能不同，因此，确定项目间匹配程度至关重要。

采用类似项目资料进行估算时，估算的对象既可以是总体项目，也可以是子项目或子系统。这取决于用来识别和尝试估算新项目的以往类似项目细节的可利用程度。

在新项目与以往项目只有局部相似时，可行的方法是“分而治之”，即对新项目适当地进行分解，以得到的更小的任务、工作包或单元作为类比估算的对象。通过这些项目单元与已有项目单元对比后进行类比估算，最后，将各单元的估算结果汇总得出总的估计值。

值得注意的是，使用类比法首先必须了解新项目与历史项目之间的异同之处。类比法本质上是一种直觉方法，很容易理解并便于向项目管理者或用户解释，因此，可以结合专家判断予以使用。

（b）常用的建设项目成本估算类比法。

a）扩大指标估算法。这种方法适用于对估算准确程度要求不太高的阶段。扩大指标估算法采用的指标是对大量积累的投资数据经科学系统分析后取得的。

①单位生产能力估算法。根据其他已完成项目或其设备装置的投资额和生产能力求得单位生产能力的投资额后，推导当前项目或其设备装置的投资。当已经完成项目与当前项目的生产能力接近时，可认为生产能力与投资呈线性关系，并可以采用以下计算公式：

$$I_2 = Q_2\left(\frac{I_1}{Q_1}\right)f$$

式中，Q_1为已完成项目或设备装置的生产能力；Q_2为当前项目或设备装置的生产能力；I_1为已完成项目或设备装置的投资额；I_2为当前项目或设备装置的投资额；f为不同时期、不同地点的综合调整系数。

采用上述方法需要对两个项目间生产能力和其他条件的可比性进行分析比较。由于要寻找与当前项目完全同类的已完成项目比较困难，估算时常将项目分解为子项目，分别套用类似子项目单位生产能力的投资指标进行估算，汇总子项目投资额后即得到总投资。

单位生产能力估算法多用于生产性建设项目。对于其他项目类型，该方法也可称之为单元指标估算法。单元指标是指一定计量单位的费用指标。计量单位或估算单位可以是建筑面积（m^2）、建筑体积（m^3）、客房（间）、床位（张）等。如医院每个床位投资指标，冷库单位储藏量投资指标，旅店单位房间投资指标等。该方法的基本计算公式为

项目投资额＝单位指标 × 工作量（估算单位数）× 调整系数

例如，计算旅店投资总额时，可以根据大量资料统计编制出单位客房投资指标，以此指标乘以拟建客房数，就可得到旅店的总投资。

②生产能力指数估算法。根据已完成的、性质类似的项目或设备装置的投资和生产能力估算当前项目或设备装置的投资额。计算公式为

$$I_2 = I_1 \left(\frac{Q_2}{Q_1}\right)^n f$$

式中，I_1 为已完成的类似项目或设备装置的投资额；I_2 为当前项目或设备装置的投资额；Q_1 为已完成的类似项目或设备装置的生产能力；Q_2 为当前项目或设备装置的生产能力；n 为生产能力指数，$0 \leq n \leq 1$；f 为不同时期、不同地点的综合调整系数。

采用上述方法时，当前项目或设备装置的生产能力与类似已完成的项目或设备装置的生产能力相差不宜大于 50 倍；当增加相同设备容量扩大规模时，n 值取 0.6 ～ 0.7；增加相同设备数量扩大规模时，n 值取 0.8 ～ 0.9。若已完成的类似项目或设备装置的规模和当前项目或设备装置的规模相差不大，生产规模比值在 0.5 ～ 2 之间，则指数 n 的取值近似于 1。

b）比例投资估算法。比例投资估算法用于对整个项目投资费用的估算，使用的比例系数是从已建成的类似装置的统计数据中总结出来的。

①已知类似已建成的项目主要设备费占总投资额的比例，则估算出拟建项目的主要设备费后、按此比例估算拟建项目的总投资额。计算公式为

$$I = \frac{1}{k}\sum_{i=1}^{n} Q_i P_i$$

式中，I 为拟建项目总投资额；k 为主要设备费占拟建项目总投资额的比例（%）；n 为设备的种类数；Q_i 为第 i 种设备的数量；P_i 为第 i 种设备的到达现场单价。

②按统计资料计算出已经建成的类似项目中各专业工程（公用工程、三废工程、厂外工程等）占某个装置或某项费用的比例，以拟建项目的某装置或某项费用为基数，分别计算出拟建项目各专业工程投资，相加汇总后得到拟建项目总投资额。计算公式为

$$C = E\left(1 + f_1P_1 + f_2P_2 + f_3P_3 + \cdots + f_nP_n\right) + I$$

式中，C 为拟建项目总投资额；E 为拟建项目某个装置或某项费用；P_1，P_2，P_3 为各专业工程费用占某装置或某项费用的比例（%）；f_1, f_2, f_3 为不同时期、不同地点综合调整系数；I 为拟建项目的其他费用；n 为专业工程种类数。

3）参数模型法。

（a）参数模型法的一般原理。参数模型法是指将项目特征（参数）用于数学模型来估算预测项目成本。模型既可以是简单的，也可以是复杂的。如果建立模型所用的历史信息是精确的、项目参数容易定量化，并且模型就项目大小而言是灵活的，那么，这种情况下参数模型是最可靠的。参数模型法需要积累数据，根据同类项目的管理状况和成本数据，运用建模技术建立模型，如回归分析和学习曲线。

（b）回归分析法。使用参数模型法首先要识别成本与项目特征之间的关系，即要识别项目成本的动因，项目可能会存在一个或多个成本动因，如项目设计成本与设计元素的数量、设计的变化，设备的维修成本与维修工时、设备已使用年限等有关，建筑物的建造成本与建筑面积、建筑体积、建筑结构类型有关。

对客观存在的现象之间相互依存关系进行分析研究，测定两个或两个以上变量之间的关系，寻求其发展变化的规律性，从而进行推算和预测，称为回归分析。显然，项目成本与项目特征之间的这种因果关系适合采用回归分析法。在进行回归分析时，不论变量的个数多少，必须选择其中的一个变量为因变量，而把其他变量作为自变量，然后根据已知的历史统计数据资料，研究测定因变量和自变量之间的关系。

回归分析是为了测定客观现象的因变量与自变量之间的一般关系所使用的一种数学方法。它根据现象之间相关关系的形式，拟合一定的直线或曲线，用这条直线或曲线代表现象间的一定数量变化关系。这条直线或曲线在数学上称为回归直线或曲线，表现这条直线或曲线的数学公式称为回归方程。利用回归分析法进行预测，称之为回归预测。

在回归预测中，所选定的因变量是指需要求得预测值的那个变量，即预测对象。自变量则是影响预测对象变化的，与因变量有密切关系的那个或那些变量。

在预测中，常用的回归预测法有一元回归预测和多元回归预测。这里仅介绍一元线性回归预测方法。

a）一元线性回归预测法的基本原理。一元线性回归预测法是根据历史数据在直角坐标系上描绘出相应点，再在各点间作一条直线，使直线到各点的距离最小，即偏差平方和最小，因而，这条直线最能代表实际数据的变化趋势（或称倾向线），用这条直线适当延长来进行预测是合适的，如图 13-3 所示。

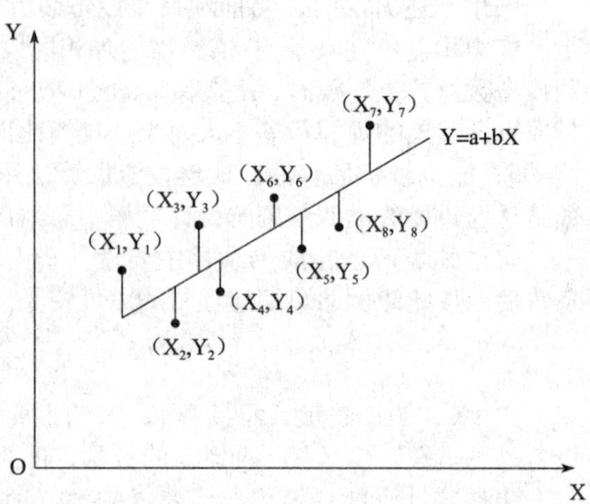

图 13-3　一元线性回归预测法的基本原理

一元线性回归的基本公式为

$$Y = a + bX$$

式中，X 为自变量；Y 为因变量；a、b 为回归系数，也称待定系数。

b）一元线性回归预测的步骤。从上式可以看出，当 X = 0 时，Y = a，a 是直线在 Y 轴上的截距。Y 是由 a 点起，随着 X 的变化开始演变的。a 是利用统计数据计算出来的经验常数，b 是直线的斜率，也是利用统计数据计算出来的经验常数。它用来表示自变量 X 与因变量的比例关系。Y 是按 b 这个比值，随着 X 等比变化的。X 与 Y 这两个变量之间的关系，将在 a、b 这两个回归系数的范围内，进行有规律的演变。因此，运用一元回归分析法的步骤如下。

①先根据 X、Y 两个变量的历史统计数据，把 X 与 Y 作为已知数，寻求合理的 a、b 回归系数，然后，依据 a、b 回归系数来确定回归方程。这是运用回归分析法的基础。

②利用已求出的回归方程中 a、b 回归系数的经验值，把 a、b 作为已知数，根据具体条件，测算 Y 值随着 X 值的变化而呈现的未来演变。这是运用回归分析法的目的。

③求回归系数 a 和 b。求解回归直线方程式中 a、b 两个回归系数要运用最小二乘法。具体的计算方法不再叙述，其结果如下：

$$b = \frac{N\sum X_iY_i - \sum Y_i \sum X_i}{N\sum X_i^2 - (\sum X_i)^2}$$

$$a = \frac{\sum Y_i - b\sum X_i}{N}$$

式中，X_i 为自变量的历史数据；Y_i 为相应的因变量的历史数据；N 为所采用的历史数据的组数；$\overline{X}$ 为 X_i 的平均值，$\overline{X_i} = \sum X_i/N$；$\overline{Y_i}$ 为 Y_i 的平均值，$\overline{Y_i} = \sum Y_i/N$。

【例 13-1】 智董公司准备在某市投标承建教学楼（简称 K 工程），主体是砖混结构，建筑面积为 2200 平方米，工期为 2017 年 1 ～ 5 月。在投标之前，公司对该项目进行施工成本的预测与分析。试用一元线性回归法预测成本。

解答如下。

（1）搜集近期的同类工程的成本资料。智董公司总结的近期砖混工程的成本资料如表 13-5 所示。

表 13-5　智董公司总结的近期砖混工程成本资料

工程代号	工程竣工日期	建筑面积 /m²	实际总成本 / 万元
zh0201	2002-09	1500	33.65
zh0202	2002-11	1800	39.78
zh0301	2003-03	2000	50.60
zh0302	2003-05	1000	26.90
zh0303	2003-07	1300	35.62
zh0304	2003-12	3000	77.70

（2）将各年度的工程成本换算到预测期的成本水平。由于成本水平主要受材料价格的影响，所以可按建材价格上涨系数来计算。智董公司测算的 2016 年度的建材价格上涨系数为 23%，估计 2017 年度建材价格上涨系数为 10%，换算结果如表 13-6 所示。

表 13-6　工程成本换算表

工程代号	建筑面积 /m²	实际总成本 / 万元	换算系数	2017 年度成本水平的成本
(1)	(2)	(3)	(4)	(5) = (3) × (4)
zh0201	1500	33.65	(1 + 0.23) × (1 + 0.10)	45.53
zh0202	1800	39.78	(1 + 0.23) × (1 + 0.10)	53.82
zh0301	2000	50.60	(1 + 0.10)	55.66
zh0302	1000	26.90	(1 + 0.10)	29.59
zh0303	1300	35.62	(1 + 0.10)	39.18
zh0304	3000	77.70	(1 + 0.10)	85.47

（3）建立回归模型。

线性回归方程式为

$$Y = a + bX$$

式中，X 为施工项目建筑面积；Y 为施工项目总成本；a、b 为回归系数。

采用列表计算回归系数。

根据表 13-7，利用计算公式，计算出

$$b = \frac{N\sum X_iY_i - \sum Y_i \sum X_i}{N\sum X_i^2 - (\sum X_i)^2} = \frac{6 \times 613425 - 309.25 \times 10600}{6 \times 21180000 - 10600 \times 10600} \approx 0.0273$$

$$a = \frac{\sum Y_i - b\sum X_i}{N} = \frac{309.25 - 0.0273 \times 10600}{6} \approx 3.31$$

则回归模型为

$$Y = a + bX = 3.31 + 0.0273X$$

所预测的 K 工程的预测成本为

$$Y(K) = 3.31 + 0.0273 \times 2200 = 63.37（万元）$$

表 13-7　回归系数计算表

N	工程代号	建筑面积 /m²	实际总成本 / 万元	X_iY_i	X_i^2
1	zh0201	1500	45.53	68295	2250000
2	zh0202	1800	53.82	96876	3240000

续表

N	工程代号	建筑面积 /m²	实际总成本 / 万元	X_iY_i	X_i^2
3	zh0301	2000	55.66	111320	4000000
4	zh0302	1000	29.59	29590	1000000
5	zh0303	1300	39.18	50934	1690000
6	zh0304	3000	85.47	256410	9000000
合计		10600	309.25	613425	21180000

4）基于 WBS 的全面详细估算法。当项目进展到一定程度，有设计图样及设备清单，能够详细计算出各工作单元的工作量时，可采用详细估算法估算项目的成本。详细估算法是一种自下而上的估算。详细估算法也称为工程估算法，要求对项目每一个环节的成本都要逐项落实，分别进行详细估算。不言而喻，这种方法耗时长、费用高，但其准确程度也是前几种方法不可比拟的。

具有代表性的详细估算法有施工项目成本估算的实物法。

实物法编制估算就是首先计算出各工作单元的工作量，然后根据经验或消耗定额计算各工作单元的资源消耗量，包括各种材料、人工、机械台班的消耗数量，将各种资源的消耗量汇总，最后以资源的实物消耗量乘以相应的当时当地的实际单价计算人工费、材料费和机械使用费，汇总得到工作单元的直接工程费。在此基础上计算措施费、间接费，最后汇总得到项目总施工成本。

实物法的特点是根据市场竞争情况确定资源单价及各种费率，能比较准确地反映估算时各种材料、人工、机械台班的价格水平。在市场价格起伏较大的条件下，用实物法计算直接工程费比较恰当。但实物法要求搜集当时当地各种材料、人工、机械台班单价，要汇总各种材料、人工、施工机械台班耗用量，因此工作量大。

用实物法编制施工成本的具体步骤如下。

（a）收集、准备资料。

（b）了解现场施工条件、物资供应情况及施工技术组织措施。

（c）列出分项工程项目并计算工程量。

（d）计算分项工程直接工程费和单位工程直接工程费，公式为

分项工程人工费 = ∑ 人工工时 × 人工单价

分项工程材料费 = ∑ 材料消耗量 × 材料单价

分项工程机械使用费 = ∑ 机械台班数 × 台班单价

分项工程直接工程费 = 分项工程人工费十分项工程材料费 + 分项工程机械使用费

单位工程直接工程费 = ∑ 分项工程直接工程费

（e）以直接工程费或直接工程费中人工费为基础，按有关取费规定，分别计算各项措施费用。

直接费 = 直接工程费 + 措施费

间接费 = 直接费 × 间接费费率

或　间接费 = 直接工程费中人工费 × 间接费费率（安装工程）

单位工程施工成本 = 直接费 + 间接费 = 直接工程费 + 措施费 + 间接费

= 人工费 + 材料费 + 施工机械使用费 + 措施费 + 间接费

【例 13-2】表 13-8 为某住宅楼项目基础部分施工直接工程费估算结果。

运用项目成本估算实物法计算的某住宅楼工程费结果如表 13-8 所示。

表 13-8 某住宅楼项目基础部分施工直接工程费估算结果

序号	名称	计量单位	实物工程量	单价 / 元	合计 / 元
1	人工	工日	2400.65	45	108029.25
2	土石屑	m^3	1226.94	68	83431.92
3	C10 素混凝土	m^3	180.63	315	56898.45
4	C20 钢筋混凝土	m^3	481.28	420	202137.6
5	M5 主体砂浆	m^3	10.47	210	2198.7
6	机砖	千块	16.59	200	3318
7	黄土	m^3	2004.45	15.50	31068.98
8	打夯机	台班	110.24	30	3307.2
9	挖土机	台班	14.53	240	3487.2
10	推土机	台班	3.52	260	915.2
11	直接工程费小计	—	—	—	494792.5

【例 13-3】表 13-9、表 13-10 为某新药开发项目成本估算结果。

【解】运用项目成本详细估算法计算的某新药开发项目的直接成本如表 13-9 所示，其间接成本如表 13-10 所示。

表 13-9 某新药开发项目直接成本估算结果 单位：万元

序号	工序	所用资源	资源编号	估算金额	备注
1	制剂工艺研究	原材料 / 药材	1-1	1	按市场价格计算
		辅料	1-2	0.5	按市场价格计算
		实验试剂	1-3	0.5	所用试剂费用总和
		包装设计材料	1-4	0.1	由设计费用得出
		药材净选、炮制设备	2-1	0.5	按市场价格计算
		粉碎设备	2-2	0.5	按市场价格计算
		提取设备	2-3	1	按市场价格计算
		研究人员	3-1	2	以研究人员工资计算
2	质量标准制订	原材料 / 药材	1-1	0.2	按市场价格计算
		实验试剂	1-3	0.4	按市场价格计算
		研究人员	3-1	30	以研究人员工资计算
3	毒理、药理研究	毒理、药理研究材料	1-5	1	根据历史资料计算
		实验试剂	1-3	0.4	按市场价格计算
		毒理、药理研究设备	2-4	2	以设备使用费计算
		研究人员 / 专家	3-1	37	含工资和专家费
4	申报临床	申报材料	1-7	0.3	根据历史资料计算
		专家	3-1	5	专家费
5	临床试验	临床研究材料	1.6	1	根据历史资料计算
		实验试剂	1-3	0.3	按市场价格计算
		临床研究设备	2-5	2	以设备使用费计算
		专家	3-1	37	专家费
6	申报生产	申报材料	1-7	0.3	按规定计算
		专家	3-1	5	专家费
7	批准	专家	3-1	2	专家费
总计			130		

表 13-10 某新药开发项目间接成本估算结果 单位：万元

科目	估算金额	科目	估算金额
测试 / 计算 / 分析费	1	出版物 / 文献 / 信息传播事务费	0.5
能源 / 动力费	1	管理费	2
会议 / 差旅费	0.5	总计	5

5）成本估算方法的比较。在项目工作的不同时期，可以分别使用上面的四种方法。在项目处于选择和计划时，只能采用经验估算法进行大致估算；当项目完成了筛选之后，则可根据历史数据采用趋势法进行项目估算；设计已经完成、项目的目标确定之后可采用第三种方法；完成详细设计、项目的工作细节确定之后，就可以进行详细估算了。

实践中还可将以上几种方法结合起来使用。如对项目成本的主要部分进行详细估算，其他相对次要的成本组成部分则用专家估计法或用参数模型法估算。

（8）成本估算精度的影响因素。

1）项目工作进展和资料。成本估算的精度与项目工作进展和资料有关，工作进展越深入，资料越丰富，估算精度越高。在项目的前期阶段，影响估计的因素较多，因而误差较大，随着可计算因素的增加，成本估算的精度得以提高。

2）物价水平。如果项目执行期间，物价水平波动频繁，就会使项目成本估算的难度加大。

3）估算人员的知识水平和经验。在进行项目估算的过程中，存在各种不确定因素时，需要依靠估算人员的知识水平和经验，经过分析判断，主观估计求得估算值。因此，项目成本估算受估算人员个人估算特征的影响。尤其是涉及人工费估计时，常要依赖估算人员来判断劳动时间。故项目成本估计不是一门精确性的学问。事实上，可以把成本估算人员分成四种类型：乐观型成本估算人员、悲观型成本估算人员、善变型成本估算人员和准确型成本估算人员。

（a）乐观型成本估算人员。乐观型成本估算人员对工作低估的情况要多于高估的情况。例如，在被问及完成某特定工作任务需要多少成本时，他们往往会表现得非常乐观。可事实上，成本常常超出原来的估计。乐观型成本估算人员的一个有趣的特点是，他们坚持认为自己的想法会成为现实，即使发现实际情况与预测相去甚远时也是如此。下一次再进行类似估计时，还是会乐观地做出估计。一些目光敏锐的项目经理凭借自己的经验能够判断自己企业中这种估算人员的估算准确度有多高，他们会在估算数据的基础上乘以一个修正系数使其更准确。通常使用的典型修正系数为 1.5，即在最初估计数值的基础上再加上 50% 的值，就能够使估计值变得较为准确了。

（b）悲观型成本估算人员。有一些人喜欢作较保守的估计，他们总是对几乎所有的工作任务都会过高估计。原因之一可能是该员工缺乏工作经验，而且估计能力也不强。对保守估计也可以用修正系数进行修正。通常用小于 1 的系数乘以最初的估计值得到修正后的估计值。

（c）善变型成本估算人员。善变型成本估算人员的估算结果可能是极度悲观的，也可能会是相当乐观的。导致这种情况的最可能原因是这些员工缺乏估计能力和工作经验。

（d）准确型成本估算人员。某些估算人员提供的成本估计值被实践证明很准确。虽然这种情况非常少，几乎可以不予以考虑。但如果真有这样一些估算人员，反而会令项目经理不适应。因为他们已经习惯对所有的估算数据进行修正，而不使用表面的数据来进行成本估计。

以上是影响项目估算精度的主要因素。实际估算中，表现出来的是一些更直接的原因，如工作分解结构不正确、对任务定义了不适当的技术水平等。总之，本估算的精度是可以控制的。只要掌握的资料可靠、准确，拥有丰富的经验，能够全面分析各种因素，就可以大大提高成本估算的精度，把误差控制在合理的范围内。

在估算过程中，要明确地记住估算就是估算。不论估算使用的方法看上去多么复杂，也不论数学模型多么复杂，所有的估算结果不过是实际情况的近似值。估算并不是可以给出确切预计的精确计算。

（三）项目成本计划（预算）

成本预算又称为制订成本计划。项目成本预算是一项制订项目成本控制标准的项目管理工作。它是将批准的项目总成本估算分配到项目各项具体工作与活动中，进而确定、测量项目实际执行情况的成本基准。项目成本预算提供的成本基准计划是按时间分布的、用于测量和监控成本实施情况的预算。

1. 项目成本预算的特性

（1）项目预算是一种分配资源的计划。项目成本预算具有投入资源的事先确定性，即在预计时间内需要投入多少资源。它是通过一系列的研究及决策活动，判定项目的各种活动的资源分配，并通过既定资源分配，确定项目中各个部分的关系和重要程度，以及对项目中各项活动的支持力度，如对环境、能源、运输、技术等资源和条件的支持力度。在确定预算时，既要充分考虑实际需要，又要坚持节约的原则，使现有的资源能够充分发挥效力。

（2）项目成本预算是一种项目成本控制机制。预算可以作为一种比较标准来使用，是一种度量资源实际使用量和计划用量之间差异的基线标准。对管理者来说，他的任务不只是完成预定的一个目标，而是必须使目标的完成具有效率。即尽可能在规定的时间内，在完成目标的前提下节省资源，这样才能获得最大的经济效益。所以，每个管理者必须在安排好生产进度的同时谨慎地控制资源的使用。由于进行预算时不可能完全预计到实际工作中所遇到的问题和可能变化的环境，所以项目预算发生一定的偏离总是不可避免的。对于这种偏离需要在项目进行中不断根据项目进度检查资源的使用情况，如果出现了对预算的偏离情况，就需要对相应偏离的模式进行考察，以制订应对的约束措施，同时研究相应的对策，以便更清楚地掌握项目进展和资源使用情况，将项目的实施与预算的偏差控制在最小的范围之内。

项目成本预算对于整个项目的预算和实施过程有着重要的作用，因为它决定了项目实施中资源的使用情况。如果没有项目成本预算管理，那么管理者就可能会忽视项目实施中的一些危险情况。例如，费用已经超出了项目进度所对应的预算，但并没有突破总预算，在这种情况下可能不会引起管理者的重视，但正是这些“突破”最后导致了项目出现严重问题，造成资金严重不足，以致项目被迫停工。在项目的实施过程中，应该不断收集和报告有关进度和费用的数据，以及对未来问题和相应费用的预计，使得管理者可以对预算进行控制，必要时对预算进行修正，严防项目在实施过程中某一阶段或某一部分的资源投入超出了预算。

2. 项目成本预算编制的原则

为了使成本预算能够发挥积极作用，在编制成本预算时应掌握以下一些原则。

（1）项目成本预算要与项目目标相联系。项目成本预算要与项目目标相联系，包括项目质量目标、进度目标。成本与质量、进度之间关系密切，三者之间既统一又对立，所以，在进行成本预算确定成本控制目标时，必须同时考虑到项目质量目标和进度目标。项目质量目标要求越高，成本预算也越高；项目进度越快，项目成本越高。因此，编制成本预算，要与项目的质量计划、进度计划密切结合，保持平衡，防止顾此失彼，相互脱节。

（2）项目成本预算要以项目需求为基础。项目需求是项目成本预算的推动力。项目预算同项目需求直接相关。项目范围的存在为项目预算提供了充足的细节信息。如果以非常模糊的项目需求为基础进行预算，则成本预算不具有现实性，容易发生成本的超支。

（3）项目成本预算要切实可行。编制项目成本预算，要根据有关的方针政策、财经法律，从企业的实际情况出发，充分挖掘企业内部潜力，使成本指标既积极可靠，又切实可行。项目管理部门应当正确选择设计方案，合理组织各生产环节，提高劳动生产率，改善材料供应状况，降低材料消耗，提高机械利用率，节约管理费用等。但要注意，不能为降低成本而偷工减料，忽视质量，片面增加劳动强度，忽视安全工作。

编制成本预算，要针对项目的具体特点，要有充分的依据，否则，成本预算就要落空。编制成本预算过低，经过努力也难达到，实际作用很低；预算过高，便失去作为成本控制基准的意义。

（4）项目成本预算应当有一定的弹性。项目在执行过程中，可能会有预料之外的事情发生，包括国际、国内政治经济形势变化和自然灾害等，这些变化可能对预算的实现产生一定的影响。因此，编制成本预算，要留有充分的余地，使预算具有一定的适应条件变化的能力，即预算应具有一定的弹性。通常可以在整个项目预算中留出10%～15%的不可预见费，以应付项目进行过程中可能出现的意外情况。

3. 项目成本预算的依据和方法

（1）项目成本预算的依据。项目成本预算的依据主要有成本估算、工作结构分解、项目进度计划等。其中工作结构分解确定了要分配成本的项目组成部分。项目进度计划包括要分配成本的项目组成部分的计划开始和预期完成日期，其作用是将成本分配到发生成本的时段上。

1）项目成本估算文件。项目成本估算文件是项目成本估算后所形成的结果文件。项目成本预算的各项工作与活动的预算定额及确定主要是依据此文件来制订的。

2）项目的工作结构分解。项目的工作结构分解是在项目范围界定和确认中生成的项目工作分解结构文件。在项目成本预算工作中，要依据这一文件，进一步分析和确定项目各项工作与活动在成本估算中的合理性以及项目预算定额的分配。

3）项目进度计划。项目进度计划是有关项目各项工作起始与终结时间的文件。依据这一文件可以安排项目的资源与成本预算方面的工作。项目的进度计划，通常是项目业主或客户与项目组织共同商定的，它规定了项目范围及必须完成的时间。制订项目进度计划的目的是为了控制项目的时间和节约时间，项目进度计划规定了每一项任务所需要的时间和每项活动所需要的人数与资源，所以它也是项目预算编制的依据。

（2）项目成本预算的方法。项目成本估算的方法均可以用于项目成本预算。但由于项目成本预算的目的不同于成本估算的目的，所以在具体运用时存在差异。以下对项目成本预算的两种基本方法进行比较。项目成本预算的两种基本方法是自上而下的预算和自下而上的预算。采用哪一种方法，这和项目组织的决策系统有很大关系。

1）自上而下的项目预算。自上而下的预算方法主要是依据上层、中层项目管理人员的管理经验和判断。这些经验和判断可能来自历史上类似或相关项目的现实数据。首先由上层和中层管理人员对构成项目整体成本的子项目成本进行估计，并把这些估计的结果传递给低一层的管理人员。在此基础上由这一层的管理人员对组成项目和子项目的任务和子任务的成本进行估计，然后继续向下一层传递他们的成本估计，直到传递到最低一层。

这种预算方法的优点是总体预算往往比较准确，上中层管理人员的丰富经验往往使得他们能够比较准确地把握项目整体的资源需要，从而能够保证项目预算控制在比较准确的水平上。在一般情况下，同一类项目的需要往往是比较稳定的。而且，即使是看上去相差很大的项目，实际上也有很多方面是相似的，这使得有经验的管理者通常能做出比较准确的估计。这种方法的另一个优点是，由于在预算过程中总是将既定的预算在一系列任务之间进行分配，这就避免有些任务被过分重视而获得过多资源。

但是这种预算方法也存在不可避免的缺点。当上层的管理人员根据他们的经验进行成本估计并分解到下层时，可能会出现下层人员认为不足以完成相应任务的情况。这时，下层人员并不一定会表达出自己真实的观点，并和上层管理者理智地讨论，得出更为合理的预算分配方案。在现实中，常常出现的情况是，由于下层人员很难提出与上层管理者不一致的看法，而只能沉默地等待上层管理者自行发现其中的问题而进行纠正，这样就会导致项目在生产进行过程中出现困难，甚至失败。

2）自下而上的预算方法。自下而上的预算方法是管理人员对所有工作的时间和需求进行仔细的考察，以尽可能精确地加以确定。首先，预算是针对资源进行的。意见上的差异可以通过上层和中层管理人员之间的协商来解决。如果必要，项目经理可以参与到讨论中来，以保证估算的准确程度，形成了项目整体成本的直接估计。项目经理在此之上加以适当的间接成本，例如，加上一定的管理费用、意外准备金，以及最终项目预算要达到的利润目标等。

与自上而下的预算方法相比，自下而上的预算方法对任务档次的要求更高、更为准确，关键在于要保证把所涉及的所有工作任务都考虑到，为此，这种方法比自上而下的预算方法更为困难。例如，当进行估算的人员认为上层管理人员会以一定比例削减预算时，他们就会较高地估计自己的资源需求。而当他们这样做时，形成的总体预算结果自然会高估，结果使得高层管理人员认为需要加以削减，最终只有经过反复测算才能使上下层管理人员达成一致。

自下而上预算的优点是，直接参与项目建设的人员与高层管理人员相比更为清楚项目涉及活动所需要的资源量。而且由于预算出自日后要参与实际工作的人员之手，所以可以避免引发上下层管理人员发生争执和不满情况的出现。

4. 工程项目成本计划编制

（1）影响项目成本计划的因素。在编制工程项目成本计划时，首先要考虑项目是否有风险、风险的程度、影响项目成本计划的因素有哪些。在成本计划的编制中可能存在以下几方面因素，从而导致成本支出的加大，甚至造成亏损。其主要影响因素如下。

1）由于技术上、工艺上的变更，造成实施方案的变化。

2）交通、能源、环保方面的要求带来的变化。

3）原材料价格变化、通货膨胀带来的连锁反应。

4）工资及福利方面的变化。

5）气候带来的自然灾害。

6）可能发生的工程索赔、反索赔事件。

7）国际、国内可能发生的战争、骚乱事件。

8）国际结算中的汇率风险等。

对上述各可能发生的风险因素，在做成本计划时都应给予不同程度的考虑，以便一旦发生风险时能及时修正计划。

（2）项目成本计划的编制程序。项目的成本计划工作是一项非常重要的工作，是项目成本管理的重要决策过程，是选定的技术上可行、经济上合理的降低成本的最优方案。通过成本计划把目标成本层层分解，落实到项目实施过程的每个环节，以调动全体职工的积极性，有效地进行成本控制。编制成本计划的程序，因项目的规模大小、管理要求不同而不同，大中型项目一般采用分级编制的方式，即先由各部门提出部门成本计划，再由项目经理部汇总编制全项目工程的成本计划；小型项目一般采用集中编制方式，即由项目经理部先编制各部门成本计划，再汇总编制全项目的成本计划。无论采用哪种方式，其编制的基本程序如下。

1）搜集和整理资料。搜集和整理资料是编制成本计划的基础工作。所需搜集的资料是编制成本计划的依据。这些资料主要包括：①国家和上级部门有关编制成本计划的规定；②项目经理部与企业签订的承包合同及企业下达的成本降低额、降低率和其他有关技术经济指标；③有关成本预测、决策的资料；④项目的施工图计划、施工计划；⑤施工组织设计；⑥项目使用的机械设备的生产能力及其利用情况；⑦项目的材料消耗、物资供应、劳动工资及劳动效率等计划资料；⑧计划期内的物资消耗定额、劳动工时定额、费用定额等资料；⑨以往同类项目成本计划的实际执行情况及有关技术经济指标完成情况的分析资料；⑩同行业同类项目的成本、定额、技术经济指标资料及增产节约的经验和有效措施；⑪本企业的历史先进水平和当时的先进经验及采取的措施；⑫国外同类项目的先进成本水平情况等资料。

除此之外，还要进一步分析目前市场状况、未来的发展趋势，了解影响成本升降的各种有利和不利因素，研究如何克服不利因素和降低成本的具体措施，为编制成本计划提供丰富、具体和可靠的成本资料。

2）估算计划成本、确定目标成本。在掌握丰富资料的基础上，根据有关的设计、施工等计划，按照项目应投入的物资、材料、劳动力、机械、能源及各种设施，结合计划期内各种因素的变化和准备采取的各种增产节约措施，进行反复测算、修订、平衡后，估算生产费用支出的总水平，然后提出全项目的成本计划控制指标，最终确定目标成本。

目标成本确定是成本计划的核心问题，是成本管理所要达到的目的。可按如下步骤确定目标成本：①根据已有的投标、预算资料，确定中标合同价与施工图计划的总价格差，或确定施工图预算与施工预算的总价格差；②根据技术组织措施预算确定技术组织措施带来的项目节约数；③对施工计划未包括的项目，包括施工有关项目和管理费用项目，参照定额加以估算；④对实际成本可能明显超出或低于定额的主要子项目，按实际支出水平估算出其实际与定额水平之差；⑤充分考虑不可预见因素、工期制约因素以及风险因素、市场价格波动因素，对此加以测算调整，得出综合影响系数；⑥综合计算整个项目的目标成本降低额及降低率。

目标成本确定以后要把总的目标分解落实到各相关部门、班组，以便层层包干、责任分明。

3）编制成本计划草案。在编制成本计划之前要编制成本计划草案，对于大中型项目，经项目经理部批准下达成本计划指标后，各职能部门要充分发动群众进行认真讨论，在总结上期成本计划完成情况的基础上，结合本期计划指标，找出完成成本计划的有利和不利因素，提出挖掘潜力、克服不利因素的具体措施，以保证计划任务的完成。为了使指标真正落到实处，各部门应尽可能将指标分解落实，下达到各班组及个人，使得目标成本的降低额和降低率得到充分的讨论、反馈、再修订，使成本计划既切合实际又能成为群众共同奋斗的目标。各职能部门还应当认真讨论项目经理部下达的费用控制指标，拟订具体实施的技术经济措施方案，编制各部门的费用计划。

4）综合平衡及编制正式的成本计划。在各职能部门上报了部门成本计划和费用计划后，项目经理部首先应结合各项技术经济措施，检查各计划的可行性，并进行综合平衡，使各部门计划和费用预算之间相互协调、衔接；其次，要从全局出发，在保证企业下达的成本降低任务和本项目目标成本能够实现的情况下，以生产计划为中心，分析研究成本计划与生产计划、劳动工时计划、材料成本与物资供应计划、工资成本与工资基金计划、资金计划等的相互协调平衡，经反复多次平衡，最后确定成本计划指标，并作为编制成本计划的依据。此时项目经理部才正式编制成本计划，上报企业有关部门后即可正式下达至各职能部门执行。

工程项目成本计划的编制过程如图 13-4 所示。

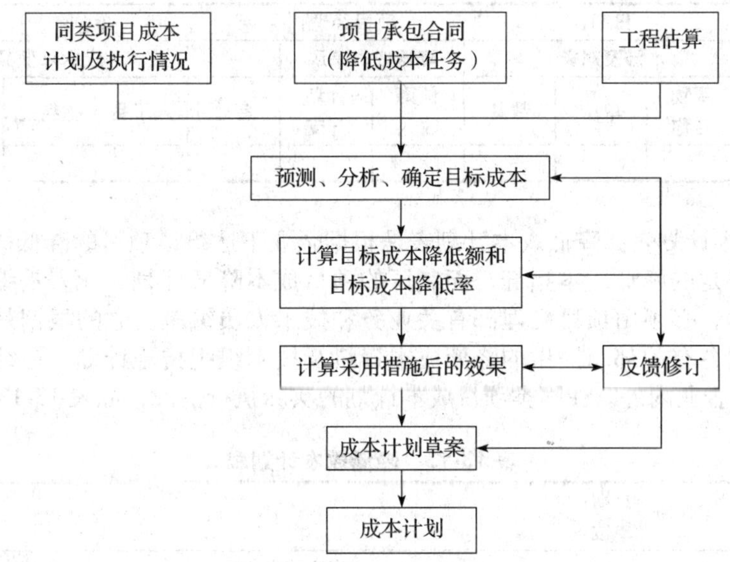

图 13-4　成本计划的编制过程图

（3）常用的项目工程成本计划表。在编制成本计划以后，还需要通过各种成本计划表的形式将成本降低任务落实到整个项目实施的全过程，并且在项目实施过程中实现对成本的控制。成本计划表通常由项目成本计划任务表、技术组织措施表和降低成本计划表三个表组成。间接成本计划可用项目管理费计划表来控制。

1）项目成本计划任务表。项目成本计划任务表是反映工程项目估算成本、计划成本、成本降低额、成本降低率的文件。成本降低额是否能够实现主要取决于企业采取的技术组织措施。因此，计划成本降低额这一栏要根据技术组织措施表和降低成本计划表来填写（见表 13-11）。

表 13-11　项目成本计划任务表

工程名称：　　项目经理：　　日期：　　单位：

项目	估算成本	计划成本	计划成本降低额	计划成本降低率
直接费用				
人工费				
材料费				
机械使用费				
其他直接费				
间接费用				
施工管理费				
合计				

2）技术组织措施表。技术组织措施表是预测项目计划期内工程成本各项直接费用计划降低额的依据。它是提出的各项节约措施及其经济效益的确定的文件，是由项目经理部有关人员分别就应采取的技术组织措施来预测项目的经济效益，最终汇总编制而成的。编制技术组织措施表的目的，是为了在不断采用新工艺、新技术的基础上提高技术水平，改善工艺过程，推广工业化和机械化操作方法，以及通过采纳合理化建议达到降低成本的目的（见表 13-12）。

表 13-12 技术组织措施表

工程名称： 日期： 项目经理： 单位：

措施项目	措施内容	涉及对象			降低成本来源		成本降低额				
		实物名称	单价	数量	预算收入	计划开支	合计	人工费	材料费	机械费	其他直接费用

3）降低成本计划表。降低成本计划表是根据企业下达给该项目的降低成本任务和该项目经理部自己确定的降低成本指标，而制订的项目成本降低计划。此表是编制成本计划任务表的重要依据，必须由项目经理部有关业务和技术人员编制。它的根据是项目总包和分包的分工，项目各有关部门提供的降低成本资料及技术组织措施计划。在编制降低成本计划表时还应参照企业内外以往同类项目成本计划的实际执行情况，如表 13-13 所示。

表 13-13 降低成本计划表

工程名称： 日期：
项目经理： 单位：

分项工程名称	成本降低额					
	总计	直接成本				间接成本
		人工费	材料费	机械费	其他直接费	

4）现场管理费计划表。现场管理费计划表是构成现场管理的各个构成项目发生额的总和，由管理费用会计科目中的细项组成，反映现场管理中预算收入、计划情况、降低数额的预计资料如表 13-14 所示。

表 13-14 现场管理费计划表

项目	预算收入	计划数	降低数
（1）工作人员工资			
（2）生产工人辅助工资			
（3）工资附加费			
（4）办公费			
（5）差旅交通费			
（6）固定资产使用费			
（7）工具用具使用费			

续表

项目	预算收入	计划数	降低数
（8）劳动保护费			
（9）检验试验费			
（10）工程保养费			
（11）财产保险费			
（12）取暖费、水电费			
（13）排污费			
（14）其他			
（15）合计			

（四）项目成本控制

项目成本控制是在项目实施过程中尽量使项目实际发生的成本控制在项目预算范围之内的一项项目管理工作，即按照事先确定的项目成本预算基准计划，通过运用多种恰当的方法，对项目实施过程中所消耗的成本费用的使用情况进行管理控制，以确保项目的实际成本限定在项目成本预算范围内的工作过程。

项目成本控制涉及对各种能够引起项目成本变化因素的控制（事前控制），项目实施过程中的成本控制（事中控制）和项目实际成本变动的控制（事后控制）三个方面。要实现对项目成本的全面控制，最根本的任务是要控制项目各个方面的变动和变更，以及项目成本的事前、事中和事后控制。

项目成本控制的具体工作包括：监视项目的成本变动，一旦发现项目成本控制中有偏差，就采取各种纠偏措施防止项目成本超过预算，确保实际发生的项目成本和项目变更都能够有据可查；防止不正当或未授权的项目变更所发生的费用被列入项目成本预算，以及采取相应的成本变动管理措施等。

有效控制项目成本的关键是要经常及时地分析项目成本的实际状况，尽早发现项目成本出现的偏差和问题，以便在情况变坏之前能够及时采取纠偏措施。一旦项目成本失控是很难挽回的，所以，只要发现项目成本的偏差和问题就应该积极着手去解决它，而不是寄希望于随着项目的展开一切都将会变好。项目成本控制问题越早发现和处理，对项目范围和项目进度的冲击会越小，项目越能够达到整体的目标要求。

1. 项目成本控制的内容

成本控制实现的是对项目成本的管理，项目成本控制的主要内容包括项目决策成本控制、招投标费用成本控制、设计成本控制、项目施工成本控制等四个方面的内容。

决策是项目形成的关键，其工作的好坏，将对项目建成后的经济效益与社会效益产生重要影响。为了能够对项目进行科学的决策，通常需要对项目的可行性，包括市场情况、施工环境、融资情况等进行详细研究，而完成这些工作也需要资金，这些资金就构成了项目的决策成本，其预算和管理就构成了决策成本控制。

招标费用成本控制是指对进行招投标工作时开支的费用所进行的控制。为了实现项目的最大效益，选择最佳的承建商进行项目实施，或希望通过竞争获得项目的承建权，业主或单位常常投入一定的人力和物力进行招投标工作，因此，作为整个项目成本的一部分，招标费用成本控制也是很重要的。设计成本控制是指对目标项目的各种设计，包括初步设计、施工图设计、复杂设计和其他技术设计等所需费用的管理和控制。在以上三种成本控制中，由于它们在整个项目成本中所占的比重比较小，因此，项目成本控制的研究主要以项目施工成本控制为主。当然，项目决策成本控制、招投标费用成本控制、设计成本控制三种成本控制尽管涉及费用较少，但也是相对而言的，因此采用相关方法，在科学分析的基础上，对其进行适当的控制，也是很有必要的。

施工成本控制是指对整个项目施工所涉及的费用进行的管理和控制。通常一个项目涉及的成本主要有设备费、材料费、人力资源费、施工管理费等，这些费用共同构成了项目成本的主体。其中，设备费、材料费、人力资源费三种通常称为直接成本或直接费用，施工管理费则称为间接成本或间接费用。项目总成本的四项费用，即项目决策成本、招投标费用成本、设计成本、项目施工成本之中，项目施工成本的费用是主要的，通常可达 90% 以上。因此，项目的成本控制从某种意义上说，实际就是项目施工的成本控制。

成本控制除了确定一个成本的范围之外，最重要的是对整个项目的成本费用的使用进行管理，特别是在项目发生了变化或正在发生变化时，对这种变化实施管理。因此，成本控制还包括查找出现正负偏差的原因。该过程必须同其他控制过程包括范围变更控制、进度计划控制、质量控制和其他控制等紧密地结合起来。例如，对成本偏差采取不适当的应对措施可能会引起质量或进度方面的问题，或引起项目在后期出现无法接受的风险。

2. 项目成本控制的依据

进行项目成本控制的目标是实现成本计划，降低项目成本，把影响项目成本的各种成本控制在成本计划和成本标准之内，并尽可能地使耗费达到最小。这里降低项目成本主要是通过运用各种现代化管理方法，减少项目施工过程中的各种机会损失，从而减少人工费用、材料费、机械使用费和管理费等各种费用开支，降低项目的施工成本，以最小的投入得到一定的产出，使项目获得最佳经济效益。研究项目成本控制的意义在于，它可以促进提高项目管理水平；促进企业不断挖掘潜力、降低成本，发现进行项目建设和成本控制的新方法和新技术；促进企业加强经济核算，提高经济效益。

对项目成本控制而言，其直接依据是费用预算计划、执行情况报告、变更申请、费用管理计划。

（1）费用预算计划，也称基准成本，是以时间为自变量的预算，被用于度量和监督项目执行成本。把预计成本按时间累加便为基准成本，许多项目（尤其大项目）可有多重基准成本以衡量成本的不同方面。例如，一个费用计划或现金流量预测是衡量支付的基准成本。

费用预算计划提供了费用预算和使用的一个基本范围，是实施成本控制的最基本依据。

（2）执行情况报告一般应提供范围、进度、成本、质量等信息。执行情况报告对收集的信息进行组织和总结并提出分析结果。执行报告按照沟通管理计划的规定提供各类项目涉及人员所需求的符合详细等级的信息。该报告可以用多种方法报告费用信息，较常用的是开支表、直方图和 S 曲线等，任一报告均可全面地或针对某个问题编写。

执行情况报告提供了有关成本执行的资料，例如，哪些满足预算，哪些没有满足预算。执行情况报告还提醒项目队伍注意将来可能会引起问题的事项。

（3）变更申请。对项目执行情况的分析，常常产生对项目的某些方面做出修改的要求。这些变更申请由各类变更控制程序处理。变更申请是对费用使用方向和范围发生改变的一种记录，可能以多种形式表达，如口头或书面的，直接或间接的，外部或内部的，法律强制的或可以选择的等。变更既可能是要求增加预算，也可能是允许减少预算。

（4）费用管理计划描述当实际成本与计划成本发生差异时如何进行管理（差异程度不同，则管理力度也不同）。一个费用管理计划可以是高度详细或粗框架的，可以是正规的或非正规的，这些取决于项目相关人员的需要。项目管理计划是整个项目计划的一个辅助部分。

费用管理计划是对整个成本控制过程进行的有序安排，以达到实现费用合理使用的目的。

（5）项目计划、标准和规范。与项目有关的各种计划以及项目实施必须遵循的各种标准、规范也是项目成本控制的依据。

3. 项目成本控制的方法

项目成本控制的方法包括两类：一类是分析和预测项目各要素变动与项目成本发展变化趋势的方法，另一类是如何控制各种要素的变动从而实现项目成本管理目标的方法。这两个方面的具体技术方法将构成一套项目成本管理的方法。这套方法的主要技术和工具如下。

（1）项目变更控制体系。这是一种通过建立项目变更控制体系，对项目成本进行控制的方法。这包括从项目变更的请求，到变更请求批准，再到最终变更项目成本预算的项目变更全过程控制体系。项目变更是影响项目成败的重要因素。一般可以通过以下两方面的工作去解决这个问题。

1）规避。在项目定义和设计阶段通过确保项目业主 / 客户和全体项目相关利益者的充分参与，真正了解项目的需求；在项目定义和设计结束后通过组织评审，倾听各方面的意见，同时保持与项目业主 / 客户沟通渠道的畅通，及时反馈，避免项目后期发生大的变更或返工，从而规避项目成本的变动。

2）控制。建立严格的项目变更控制系统和流程，对项目变更请求不要简单地拒绝或同意，而是先通过一系列评估确定该变更会带来的成本和时间代价，再由项目业主 / 客户判断是否接受这个代价。简单地说，就是项目可以变更的前提是项目业主 / 客户必须接受项目成本发生变更的代价。在这里需要强调一点，即有些项目变更是由于设计缺陷或人们不可预见的原因造成的，这样的项目变更有时是必须的。

（2）项目成本实效度量方法。这是指项目实际成本完成情况的度量方法。在项目成本管理中，"挣值"的度量方法是非常有价值的一种项目控制方法。其基本思想就是通过引进一个中间变量即"挣值"（Eamed Value），以帮助项目成本管理者分析项目的成本和工期变化并给出相应的信息，从而能够使人们对项目成本的发展趋势做出科学的预测与判断。

（3）附加计划法。很少有项目是按照原定计划完成的，所以可以采用附加计划法，通过新增或修订原有计划对项目成本进行有效的控制，项目成本控制也一样需要使用附加计划法。如果没有附加计划法，当遇到意外情况时项目管理者会缺少应付办法，可能造成因实际与计划不符而形成项目成本失控的局面。所以，附加计划法是未雨绸缪、防患于未然的项目成本控制方法之一。

（4）计算机软件工具。这是一种使用项目成本控制软件来控制项目成本的方法。目前，市场上有大量这方面的软件可供选择。利用项目成本控制软件，用户可以进行的工作有：生成任务一览表（包括各项目任务的预计工期），建立项目工作任务之间的相互依存关系，以不同的时间尺度测量项目工作（包括工时、工日等），处理某些特定的约束条件（如某项任务在某天之前不得开始等），跟踪项目团队成员的薪金和工作，统计公司的假日、假期等，处理工人的轮班工作时间，监控和预测项目成本的发展变化，发现项目成本管理中的矛盾和问题，根据不同要求生成不同用途的成本或绩效报告，以不同方式整理项目信息，联机工作和网络数据共享，对项目进度、预算或职员变动迅速做出反应，通过实际成本与预算成本比较分析找出项目实施情况中存在的问题并能提供各种建议措施，以供项目成本管理人员参考。

4. 价值工程在施工项目成本控制中的应用

（1）价值工程的基本概念。价值工程，又称价值分析，是一门技术与经济相结合的现代化管理科学。它通过对产品的功能分析，研究如何以最低的成本去实现产品的必要功能。

因此，应用价值工程，既要研究技术，又要研究经济，即研究在提高功能的同时不增加成本，或在降低成本的同时不影响功能，把提高功能和降低成本统一在最佳方案之中。

长期以来，从学校教育开始，就把质量管理和成本管理分成两个学科。在实际工作中，更把提高质量看成是技术部门的职责，而把降低成本看成是财务部门的职责。由于这两个部门的分工不同，业务要求不同，因而处理问题的观点和方法也会不同。例如，技术部门为了提高质量往往不惜工本，而财务部门为了降低成本又很少考虑保证质量的需要。通过价值工程的应用，则能使产量与质量、质量与成本的矛盾得到完美的统一。

由于价值工程是把技术与经济结合起来的管理技术，需要多方面的业务知识和技术数据，也涉及许多技术部门（如设计、施工、质量等）和经济部门（如预算、劳动、材料、财会等）。因此，在价值工程的应用过程中，必须按照系统工程的要求，把有关部门组织起来，通力合作，才能取得理想的效果。

（2）价值工程的定义和基本原理。关于价值工程的定义，尽管有很多不同的说法，但都大同小异。比较简单的定义应该是：价值工程是以功能分析为核心，使产品或作业达到适当的价值，即用最低的成本来实现其必要功能的一项有组织的活动。

价值工程的目的是力图以最低的成本使产品或作业具有适当的价值，也即实现其应该具备的必要功能。因此，价值、功能和成本三者之间的关系应该是

价值 = 功能（或效用）/ 成本（或生产费用）

用数学公式可表示为

$$V = \frac{F}{C}$$

上述公式给我们的启示是：一方面客观地反映了用户的心态，都想买到物美价廉的产品或作业，因而必须考虑功能和成本的关系，即价值系数的高低；另一方面，又提示产品的生产者和作业的提供者，可从下列途径提高产品或作业的价值：①功能不变，成本降低；②成本不变，功能提高；③功能提高，成本降低；④成本略有提高，功能大幅度提高；⑤功能略有下降，成本大幅度下降。

为了对上述公式中的价值、功能和成本有一个正确的理解，需要做如下说明。

1）价值不是从价值构成的角度来理解的，而是从价值的功能角度出发，表现为功能与成本之比。

2）功能是一种产品或作业所担负的职能和所起的作用。这里有一个观念问题，当用户购置产品或作业，并非购买产品或作业的本身，而是购买它所具有的必要功能。如果功能过全、过高，必然会导致成本费用提高，而超过必要功能的部分用户并不需要，这就会造成功能过剩；反之，又会造成功能不足。

3）公式中的成本，并不是一般意义上的成本，而是产品寿命周期的成本。例如，工程项目的寿命周期，应从可行性研究开始到保修期结束，其寿命周期成本也应包括这期间的全部成本。

价值工程的核心是对产品或作业进行功能分析，即在项目设计时，要在对产品或作业进行结构分析的同时，还要对产品或作业的功能进行分析，从而确定必要功能和实现必要功能的最低成本方案（工程概算）；在项目施工时，要在对工程结构、施工条件等进行分析的同时，还要对项目建设的施工方案及其功能进行分解，以确定实现施工方案及其功能的最低成本计划（施工预算）。

在应用价值工程时，必须有一个组织系统，把专业人员（如施工技术、质量安全、施工管理、材料供应、财务成本等人员）组织起来，发挥集体力量，利用集体智慧方能达到预订的目标。组织的方法有多种，在项目建设中，把价值工程活动同质量管理活动结合起

来进行，不失为一种值得推荐的方法。

（3）价值工程的工作程序。根据价值工程的工作标准，结合项目施工的特点，施工项目的价值工程工作程序可分以下四个阶段实施。

1）准备阶段。

（a）对象选择。价值工程的应用对象和需要分析的问题，应根据项目的具体情况来确定，一般可从下列三方面来考虑。

a）设计方面，如设计标准是否过高，设计内容中有无不必要的功能等。

b）施工方面主要是寻找实现设计要求的最佳施工方案，如分析施工方法、流水作业、机械设备等有无不必要的功能（即不切实际的过高要求）。

c）成本方面主要是寻找在满足质量要求的前提下降低成本的途径，应选择价值大的工程进行重点分析。

（b）组织价值工程小组。价值工程小组的建立，要根据选定的对象来组织。可在项目经理部组织，也可在班组中组织，还可上下结合起来组织。

（c）制订工作计划。价值工程的工作计划，其主要内容应该包括：预期目标、小组成员及分工、开展活动的方法和步骤等。

2）分析阶段

（a）收集资料。

a）基础资料是指本项目及企业的基本情况，如企业的技术素质和施工能力，以及本项目的建设规模、工程特点和施工组织设计等。

b）技术资料包括项目的设计文件、地质勘探资料以及用料的规格和质量等。

c）经济资料如项目的施工图预算、施工预算、成本计划和工、料、机费用的价格等。

d）业主单位意见，如业主单位对项目建设的使用要求等。

（b）功能分析。功能分析即对项目实体进行系统的功能分析，如分析项目的每个部位、每个分项工程，甚至每道工序在项目施工中的作用。

（c）功能评价。功能评价即对工序、分项工程、部位进行功能评价，求出其成本和价值。

3）方案创新和评价阶段。

（a）提出改进方案，其目的是寻找有无其他方法能实现这项功能，如混凝土工程有无新的配合比或掺用附加剂，深基础工程有无不同的开挖方法等。

（b）评价改进方案，主要是对提出的改进方案，从功能和成本两方面来进行评价，具体计算新方案的成本和功能值。

（c）选择最优方案，即根据改进方案的评价，从中优选最佳方案。

4）实验与验收阶段。

（a）提出新方案，报送项目经理审批，有的还要得到监理工程师、设计单位甚至业主的认可。

（b）实施新方案，并对新方案的实施进行跟踪检查。

（c）进行成果验收和总结。

（4）价值工程在施工项目成本控制中的应用。由于价值工程扩大了成本控制的工作范围，从控制项目的寿命周期费用出发，应结合施工，研究工程设计的技术经济的合理性，探索有无改进的可能性。具体地说，就是应用价值工程，分析功能与成本的关系，以提高项目的价值系数；同时，通过价值分析来发现并消除工程设计中的不必要功能，达到降低成本、降低投资的目的。

乍看起来，这样的价值工程工作，对于施工项目并没有太多的益处，甚至还会因为降低投资而减少工程收入。如遇这种情况，可以事先取得业主的谅解和认可，对投资节约额实行比例分成。一般情况下，只要不降低项目建设的必要功能，业主是乐意接受的。

1）对工程设计进行价值分析的必要性。

（a）通过对工程设计进行分析的价值工程活动，可以更加明确业主单位的要求，更加熟悉设计要求、结构特点和项目所在地的自然地理条件，从而更利于施工方案的制订，更能得心应手地组织和控制项目施工。

（b）通过价值工程活动，可以在保证质量的前提下，为用户节约投资，提高功能，降低寿命周期成本，从而赢得业主的信任。大大有利于甲乙双方关系的和谐与协作；同时，还能提高自身的社会知名度，增强市场竞争能力。

（c）通过对工程设计进行分析的价值工程活动，对提高项目组织的素质，改善内部组织管理，降低不合理消耗等，也有积极的直接影响。

2）确定价值工程活动对象。结合价值工程活动，制订技术先进、经济合理的施工方案，实现施工项目成本控制。

（a）通过价值工程活动，进行技术经济分析，确定最佳施工方法。

（b）结合施工方法，进行材料使用的比选，在满足功能要求的前提下，通过代用、改变配合比、使用添加剂等方法降低材料消耗。

（c）结合施工方法，进行机械设备选型，确定最合适的机械设备的使用方案。如机械要选择功能相同、台班费最低或台班费相同、功能最高的机械；模板，要根据结构特点，在组合钢模、大钢模、滑模中选择最合适的一种。

（d）通过价值工程活动，结合项目的施工组织设计和所在地的自然地理条件，对降低材料的库存成本和运输成本进行分析，以确定最节约的材料采购方案和运输方案以及最合理的材料储备。

3）实施过程。某施工项目的价值工程活动及其成果如下。

（a）制订提高价值的方案。根据用户对项目建设的要求，应用价值工程原理，制订提高价值的最佳方案，即在满足必要功能的前提下降低工程成本。

（b）绘制功能系统图。根据本项目的特点，确定功能目标，绘制功能系统图。

（c）计算功能比重因子。根据上述功能在分部工程中所起作用的大小（原始数据由技术部门提供），计算各种功能在分部工程中的比重。

（d）修正功能比重。

（e）计算功能系数。

功能系数 = 分部工程得分数 / 施工项目得分总数

根据分部工程功能作用分析表和功能作用修正表提供的数据，计算各分部工程的功能系数。

（f）计算成本系数和价值系数。根据上述资料和财务部门可提供的预算成本及目标成本，计算各分部工程的成本系数和价值系数。

成本系数 = 分部工程预算成本 / 总成本

价值系数 = 分部工程功能系数 / 分部工程成本系数

（g）确定价值分析的对象，制订改进措施。凡价值系数小于 1 者，均可作为价值改进对象，诊断存在问题，制订改进措施。

（h）成果验收和总结。价值工程活动所取得的成果如下。

a）不仅实现了主体结构和装饰工程达到功能要求、降低成本、提高价值的目的，而且促进了所有分部工程的技术和经济管理，使施工项目的管理水平从总体上提高了一步。

b）促进了技术进步。

c）提高了经济效益。根据该施工项目的竣工成本分析，与施工图预算对比，节约了原材料，降低了成本。

d）赢得了社会信誉。

5. 项目不确定性成本的控制

由于各种不确定性因素的存在和它们对项目成本的影响，使得项目成本一般都会有三种不同成分。其一是确定性成本，对这一部分成本人们知道它是确定会发生而且知道其数额大小；其二是风险性成本，对此人们只知道它可能发生及其发生的概率大小与分布情况，但是人们不能确定它一定会发生；其三是完全不确定性成本，对它，人们既不知道其是否会发生，也不知道其发生的概率和分布情况。这三类不同性质的项目成本的综合构成了一个项目的总成本。

项目不确定性成本的不确定性主要表现在三个方面：其一是项目具体活动本身的不确定性，其二是项目具体活动的规模及其消耗和占用资源数量的不确定性，其三是项目消耗和占用资源价格的不确定性。它们的特性和对它们控制与管理的详细说明如下。

（1）项目具体活动本身的不确定性。这是指在项目实现过程中有一些项目具体活动可能发生，也可能不发生。例如，如果出现雨天，项目的一些室外施工就要停工，并且需要组织排水；如果不下雨就不需要停工，也不需要组织排水。但是否下雨是不确定的，所以停工和排水的活动就有很大的不确定性。虽然人们在安排项目实施计划时有气象资料做参考，但是气象资料给出的只是"降水"的概率，即下雨的可能性，而不是确定性结论。这种项目具体活动的不确定性会直接转化成项目成本的不确定性，这是造成项目成本不确定性的根本原因之一。由于这种不确定性无法消除，对于这种不确定性成本的控制主要依赖于附加计划法和项目不可预见费等。

（2）项目具体活动规模的不确定性。这是指在项目实现过程中有一些具体活动的规模本身的不确定性和这种活动规模的变动所造成的消耗与占用资源数量的不确定性，以及由此造成的项目成本的不确定性。例如，在一个工程建设项目的地基挖掘过程中，如果实际地质情况与地质勘查资料不一致，则地基挖掘工作量就会发生变化，从而消耗与占用资源的数量也会变化。虽然人们在确定地基挖掘工作量时有地质勘探资料作依据，但是地质勘探调查多数是一种抽样调查，由此给出的调查结果只是在一定置信区间内相对可信的资料，所以存在着不确定性。这种项目的具体活动规模及其消耗和占用资源数量的不确定性也会直接转化为项目成本的不确定性，也是造成项目成本不确定性的主要根源之一。这种项目成本的不确定性是很难预测和消除的，所以，在多数情况下也需要使用项目不可预见费。

（3）项目具体活动耗资和占用资源价格的不确定性。这是指在项目实现过程中有一些项目活动消耗和占用资源的价格会发生异常波动和变化（价格有规律性的变化不属于这一范畴）。例如，进口设备由于汇率短期内大幅变化所形成的价格波动就属于这一范畴。同样，人们虽然可以对项目实现活动消耗与占用资源的价格进行种种预测，但是通常这种预测都是相对条件下的预测，预测结果本身都包含相对的不确定性，所以项目具体活动消耗与占用资源的价格也是不确定的。这种项目具体活动消耗与占用资源价格的不确定性同样会直接导致项目成本的波动与变化，所以这种不确定性同样是项目成本不确定性的主要根源之一。对于这种项目不确定性成本的控制多数也是需要使用项目不可预见费等项目成本控制方法。

另外，项目所有的不确定性成本会随着项目实施的展开，从最初的完全不确定性成本逐步地转变成为风险性成本，然后转变成确定性成本。因为随着项目的逐步实施，各种完全不确定的事物和条件将逐步转化为风险性的（随着事物的进展，人们对于事物发生的概率逐步了解），然后风险性事件会再进一步转化成确定性的。换句话说，随着项目的发展各种事件的发生概率会逐步向确定性的方向转化，有些会随着项目的逐步实施而发生，而有些会随着项目的逐步实施而不发生。当项目完成时一切都是确定的了，最终一个完全确定的项目成本也就形成了。因此，项目的成本控制必须从控制项目的确定性、风险性和完全不确定性三类不同性质的成本去开展控制工作。

依据上述分析可知，项目成本的不确定性是绝对的和客观存在的，这就要求在项目的成本管理中必须同时考虑对风险性成本和完全不确定性成本的管理，以实现对项目成本的全面管理。在实现项目成本全面管理中最根本的任务是：首先要识别一个项目具有的各种风险并确定出它们的风险性成本；其次要通过控制风险的发生与发展去直接或间接地控制项目的不确定性成本，同时还要开展对风险性成本和不可预见费等风险性成本管理储备资金的控制，从而实现项目成本管理的目标。

6. 项目成本控制的输出结果

项目成本控制的结果是实施成本控制后的项目所发生的变化，包括修正后的成本估算、预算更新、纠正措施、完成估算、经验与教训等，成本控制的结果往往反映了项目实施的成功与否。

（1）修正后的成本估算。修正后的成本估算就是对用于管理项目的成本信息所做的修正。必要时，需通知有关的项目干系人。修正后的费用成本估算可能要求（也可能不要求）对整体项目计划的其他方面进行调整。

修正成本估算是为了管理项目的需要而修改费用信息。由于成本控制反馈出一些有关促进费用重新估算的更为有效的信息，如在成本控制中发现成本基准的某些异常情况或者是不适于目前项目进展要求的情况，那么就需要项目管理人员在不改变项目计划方向的前提下重新对成本估算进行完善。

（2）预算更新。预算更新是一种特殊的修改估算。预算更新就是对已经批准的费用计划的修改。这些数字一般只有在反映项目范围的变化时才做相应的修改。在某些情况下，成本偏差可能非常严重，需要重新确定费用计划，才能提供测量成本控制情况所需的真实数据。

预算更新是一个更为激进的项目控制反馈活动，它的前提是发现了项目前期工作的重大失误，从而要对既定的费用基线进行更改（不包括项目干系人对项目的影响）。发生此类活动，项目组要在不影响项目进展的情况下，按照正规的报告、审批和执行程序进行预算更新，并且要给出严密的书面报告，并及时按程序通知有关单位。

（3）纠正措施。纠正措施是指为了将项目未来预期的成本控制在项目计划范围内而采取的所有行动的统称。在实施项目成本控制时，由于项目实施不可避免地要遇到各种问题，包括产品市场变化、设备及原材料价格变化、相关政策变化、资金来源和渠道变化、各种物资运输及项目内部建设和管理出现的各种问题等，都要影响到项目成本控制计划的正常实施。对于这些出现的问题需要我们采取大量的措施予以纠正，并在需要时重新制订成本计划。因此，在任何一个项目中，如何采取纠正措施解决项目出现的各种问题往往是项目管理中最重要的问题。

（4）完成估算。完成估算（Estimate at Completion，EAC）是根据项目执行情况对项目总成本的预测。按照项目完成情况估计在目前状态下完成项目所需要的费用，EAC 主要有三种情况。

1）EAC = 实际支出 + 按目前情况对剩余预算所做的修改。此类情况通常用在认为项目将来的情况不会与目前情况有很大出入时。

2）EAC = 实际支出 + 对未来剩余工作的重新估算。

当目前的项目执行情况表明以往的费用估算假设基本失效，或者由于目前条件的改变使原有的假设不再成立时，可以使用该方法。

3）EAC = 实际支出 + 剩余的预算。当项目管理者认为目前情况仅仅是一种特殊情况，不必对项目预算进行变动时，可以使用此方法。

（5）项目计划的变更。虽然费用使用计划是控制费用的标准性依据，但在实际执行时，还有一些出入，这就造成项目费用模型的变化。当变化幅度很大时，就需要产生更适合实际的费用管理计划。新计划产生必须与原计划的产生程序一致，只不过是更加适合于变化了的环境。新计划的出台，必须及时、准确。为了保持项目的连续性，原计划、新计划乃至于实际费用要在结构上、内容上和范围上保持高度的一致性。

（6）经验与教训。偏差的原因、所选纠正措施的理由以及从成本控制角度汲取的其他类型的教训都应编成文档，以作为本项目以及执行组织的其他项目可利用的历史数据库的组成部分。在项目实施过程中，进行成本控制的目的就是最大可能地降低工程成本。在寻找成本控制方法的过程中，有许多经验和诀窍是可以应用的。但是对于许多工程，特别是较大的工程项目，对所有项目作业的成本及成本控制情况进行研究，显然是不合适的，也是不可能的。这时，可选择对工程中影响较大的细分项目进行研究，往往能达到实现项目整个目标成本控制的目的。如在选择细分项目时，选择数量多的工种、重复作业的工种、费用高的工种、危险性大的工种等，获得整体成本控制的效果往往较好。另外，我们在进行成本控制时，还可以通过在有可能实现节约的环节上加强管理，实现费用的节约。例如，在材料费、人工费、转包费、机械费、临时设施费等环节的管理上，往往可以通过优化管理使得项目在正常进行的同时，成本却大大减少。从这些实现成本控制的各种方法中可以看出，实际上成本控制的程度如何，往往带有一定的弹性，在这里，起重要作用的就是规范的管理制度和较高素质的管理人员。因此，对每一个项目而言，及时总结并采取措施在相关项目中推广好的经验和防范教训是非常必要的。因为它既可以使项目的内在管理更加规范，也可以提高管理人员的管理水平，更为重要的是，它可以从成本控制上降低项目的风险，并保证项目实施的成功。

7. 项目成本控制中的注意事项

在市场经济中，项目的成本控制不仅在项目控制中，而且在整个项目管理以至于整个企业管理中都有着重要的地位。人们追求企业和项目的经济效益，企业的成就通常通过项目成就来实现，而项目的经济效益通常通过盈利的最大化和成本的最小化来实现。

特别是当承包商通过投标竞争取得项目，签订合同，同时确定了合同价格的，项目经济目标（盈利性）完全是通过成本控制来实现的。

（1）实施中的计划变更问题。虽然原成本计划（预算）指标是控制的依据，但在实际工程中原计划和设计经常会有许多修改，这造成项目计划成本模型的变化。

这些变化产生了一种新的计划。它既不同于原来的计划成本（初始的计划），也不同于实际成本（完全的实际开支）。在项目实施过程中只有这种新的计划成本和实际成本相比较，才更有实际意义，才有可信度，才能获得项目收益的真正信息。而这个新计划版本在项目过程中是一直变动的，所以成本控制必须一直跟踪最新的计划。

为了保持可比性，原计划、新计划、实际成本在成本结构上、内容上、范围上应保持一致性。

（2）有关成本控制其他方面的工作如下。

1）与相关部门（职能人员）合作，提供分析、咨询和协调工作。例如，提供由于技术变更、方案变化引起的成本变化，使各方面做决策或调整项目时考虑成本因素。

2）用技术经济的方法分析超支原因，分析节约的可能性，从总成本最优的目标出发，进行技术、质量、工期、进度的综合优化。

3）通过详细的成本比较、趋势分析获得一个顾及合同、技术、组织影响的项目最终成本状况的定量诊断。这是为制订调控措施服务的。

4）组织信息，向各个方面特别是决策者提供成本信息，保证信息的质量，为各方面的决策提供问题解决的建议和意见。在项目管理中成本的信息量最大。

5）对项目形象的变化，如环境的变化、目标的变化等所造成的成本影响进行测算分析，并调整成本计划，协助解决费用补偿问题（即索赔和反索赔）。

成本控制必须加强对项目变更和合同执行情况的处理。这是针对成本超支最好的战略。

成本控制是十分广泛的任务，它需要各种人员（如技术、采购、合同、信息管理人员）的介入，必须纳入项目的组织责任体系中。

（五）项目成本核算

1. 会计成本核算的问题

为了及时进行成本控制，必须不断地掌握实际成本的支出情况，所以首先必须进行成本核算。对此人们必然首先想到企业的会计核算系统。它包括项目的成本核算，这个成本核算反映项目的实际支付，对企业中项目成本的宏观控制是十分有用的。项目的成本核算必须与企业会计的成本核算相结合形成一个集成系统。但如果将企业会计核算用于工程的成本控制中，则会有如下问题。

（1）会计作为企业经济核算的职能部门，不参与直接项目的控制过程，没有项目成本控制责任，即使下达这类任务，也不可能积极参与，并提供信息处理。

（2）会计所进行的成本核算资料，只有在报告期结束（如月末）时，才形成信息，待到项目管理者手中，一般已有 4 ～ 6 周的滞后，这对项目控制来说时间太长，几乎没有控制的可能。而成本控制，需要短期情况分析和诊断，它的数据更有现实性和实用价值。

会计核算是静态的核算，反映计划期的各项开支，而成本控制是动态的、跟踪的过程，根据目标变化，不断地进行成本分析、诊断、预测结束期成本状态，分析变化的影响因素。

（3）企业的会计核算，一般科目的设立仅能达到项目，即以项目作为一个成本核算的科目，有时还可分到成本项目，这对项目成本控制是远远不够的。而且项目成本控制，有自己的成本分项规则，必须按成本计划多角度进行分析和控制，如工作包、合同报价、工程分项、各责任单位（或委托单位）等。实际成本需要与网络有较好的相容性，将成本引入到工程活动中。

（4）对工程项目而言，成本管理必须分散到施工现场的各个地方，进行现场的已完工程的界定，工时、材料和设备的记录和分摊。所以，工程项目，特别是大的工程项目需要现场的成本核算系统。当然工地成本核算与企业的会计核算有多方面的沟通，以达到信息共享。这里应当防止信息的冗余和重复的处理过程。通过有效的编码系统可以保证简单而迅速地、可变地分类统计、分析并提供成本信息报告。

2. 实际成本核算过程（以工程项目为例）

（1）记录各分项工程中消耗的人工、材料、机械台班及费用的数量，这是成本控制的基础工作。有时还要对已领用但未用完的材料进行估算。

（2）本期内工程完成状况的量度。在这里已完工程的量度比较简单，困难的是跨期的分项工程，即已开始但尚未结束的工程。由于实际工程进度是作为成本花费所获得的已完产品，它的量度的准确性直接关系到成本核算、成本分析和预测剩余成本估算的准确性。在实际工程中人为的影响较大，弄得不好会造成项目成本的大起大落。

（3）工程工地管理费及总部管理费开支的汇总、核算和分摊。

（4）各分项工程以及总工程的各个费用项目核算及盈亏核算，提出工程成本核算报表。

在上面的各项核算中，许多费用开支是经过分摊进入分项工程成本或工程总成本的，如周转材料、工地管理费和总部管理费等。

分摊是选择一定的经济指标，按比例核算的。例如，企业管理费按企业同期所有工程总成本（或人工费）分摊进入各个工程；工地管理费按本工程各分项工程直接费总成本分摊进入各个分项工程，有时周转材料和设备费用也必须采用分摊的方法核算。由于分摊是平均计算的，所以不能完全反映实际情况。分摊的核算和经济指标的选取受人为的影响较大，常常会影响成本核算的准确性和成本评价的公正性。所以，对能直接核算到分项工程的费用应尽量采取直接核算的办法，尽可能减少分摊费用值及分摊范围。

3. 成本开支的监督

成本控制一定要着眼于成本开支之前和开支过程中，因为当发现成本超支时，损失已成为现实，很难甚至无法挽回。人们对超支的成本经常企图通过在其他工作包上的节约来解决。这是十分困难的。因为这部分工作包要想压缩成本必然会损害工期和质量。反之如果不发生损害，则说明原成本计划没有优化。

（1）落实成本目标，不仅是一般的分项工程及项目单元的成本目标，而且要落实资源的消耗和工作效率指标。例如，下达与工作量相应的用工定额、用料定额、费用指标，如果需要追加应有一定的手续。对于各职能部门，管理部门要把落实费用指标作为控制对象。

（2）开支的审查和批准，特别是各种费用开支，即使已经作了计划仍需加强事前批准、事中监督和事后审查。对于超支或超量使用的必须作特别审批，追查原因，落实责任。

（3）签订各种外包合同（如劳务供应、工程分包、材料供应、设备租赁等）时，一定要在合同价格方面进行严格控制，包括价格水准、付款方式和付款期、价格补偿条件和范围等。在实际施工中还应严格控制各款项的支付。

（六）项目成本分析

1. 项目成本分析方法

由于项目成本涉及的范围很广，需要分析的内容很多，成本分析的方法也很多，其中成本估算的方法和成本决策的方法属于事前成本分析的方法，而成本控制的方法属于事后成本分析的方法，在不同的情况下应采取不同的分析方法。为了便于联系实际参考应用，此处按成本分析的基本方法、综合成本的分析方法、专项成本的分析方法和目标成本差异分析的方法进行详细阐述。

（1）成本分析的基本方法。

1）比较分析法是指通过指标对比以发现差异的分析方法。它应用于成本分析方面，是将成本指标进行对比，根据需要，成本指标对比有多种形式。如本期实际指标与上期实际指标对比，通过这种对比，可以看出各项技术经济指标的动态情况，反映项目管理水平的提高程度；如本期实际指标与本行业先进水平、平均水平对比，通过这种对比，可以反映本项目的技术管理和经营管理与其他项目的先进水平、平均水平的差距，进而采取措施赶超先进水平；又如本期实际指标与目标指标对比，通过这种对比，可以检查目标的完成情况，分析完成目标的积极因素，以便采取措施，保证成本目标的实现。

【例 13-4】某项目本年节约“钢材、水泥、木材”的预算为180000元，实际节约216000元，上年节约171000元，本项目先进水平节约234000元。根据上述资料用比较分析法编制分析表（见表13-15）。

运用比较分析法，将本题的三种对比列于表13-15。

表 13-15 钢材、水泥、木材预算与实际节约对比 单位：元

指标	本年预算数	上年实际数	企业先进水平	本年实际数	差异数		
					与预算比	与上年比	与先进比
钢材、水泥、木材节约数	180000	171000	234000	216000	+36000	+45000	-18000

2）因素分析法。任何经济现象都不是孤立存在的，某一现象与其他经济现象之间必然存在着一定的因果关系，分析这种关系的方法叫作因素分析法，又称连锁替代法。这种方法，可用来分析各种因素对成本形成的影响程度。在进行分析时，首先要假定众多因素中的一个因素发生了变化，而其他因素不变，在前一个因素变动的基础上分析第二个因素的变动，然后逐一替换，并分别比较其计算结果，以确定各个因素的变化对成本的影响程度。因素分析法的计算步骤如下。

（a）确定某一项目成本是由哪些因素组成的，并确定这些因素与该指标之间的关系。

（b）在计算某一因素对该指标的影响时，假定只有这个因素在变动，而其他因素不变。

（c）按照各因素的替换顺序，逐一替换，然后把这个指标与该因素替代前的指标相比较，确定该因素变动所造成的影响。

（d）各个因素的影响程度之和，应与分析对象的总差异相等。

因素分析方法证明如下：假设某一成本指标 A 是由 a、b、c 三个因素组成；计划指标 A_0 是 a_0、b_0、c_0 三个因素相乘的结果；实际指标 A_1 是 a_1、b_1、c_1 三个因素相乘的结果。即分析对象 V 应为

$$V = A_1 - A_0$$

第一因素 a 变动影响 V_1，计算如下：

$$A_0 = a_0.b_0.c_0$$
$$A_2 = a_1.b_0.c_0$$
$$V_1 = A_2 - A_0 = (a_1 - a_0)\,b_0c_0$$

第二因素 b 变动影响 V_2，计算如下：

$$A_3 = a_1.b_1.c_0$$
$$V_2 = A_3 - A_2 = a_1\,(b_1 - b_0)\,c_0$$

第三因素 c 变动影响 V_3，计算如下：

$$A_1 = a_1.b_1.c_1$$
$$V_3 = A_1 - A_3 = a_1c_1\,(b_1 - b_0)$$

即

$$V = V_1 + V_2 + V_3 = A_2 - A_0 + A_3 - A_2 + A_1 - A_3 = A_1 - A_0$$

【例 13-5】智董工程公司浇筑一层结构商品混凝土，预算成本为 1456000 元，实际成本为 1535040 元，比预算成本增加 79040 元。根据表 13-16 的资料，用因素分析法分析其成本增加的原因。

表 13-16 混凝土预算成本与实际成本对比

项目	计量单位	预算成本 / 元	实际成本 / 元	差异
产量	m^3	1000	1040	+40
单价	元	1400	1440	+40
损耗率	%	4	2.5	-1.5
成本	元	1456000	1535040	+79040

解答如下。

(1)分析对象是浇筑一层结构混凝土的成本，实际成本与预算成本的差额为79040元。

(2)该指标是由产量、单价、损耗率三个因素组成的，其排序如表13-16所示。

(3)以预算数1456000元（1000×1400×1.04）为分析替代的基数。

第一次替代：产量因素以1040替代1000，得1514240元，即1040×1400×1.04=1514240（元）。

第二次替代：单价因素以1440替代1400，并保留上次替代后的值，得1557504元，即1040×1440×1.04=1557504（元）。

第三次替代：损耗率因素以1.025替代1.04，并保留上两次替代后的值，得1535040，即1040×1440×1.025=1535040（元）。

(4)计算差额。

第一次替代与预算数的差额=1514240－1456000=58240（元）

第二次替代与第一次替代的差额=1557504－1514240=43264（元）

第三次替代与第二次替代的差额=1535040－1557504=－22464（元）

分析的结果：由于产量增加使成本增加58240元，由于单价提高使成本增加43264元，而损耗率下降使成本减少22464元。

(5)各因素的影响程度之和=58240+43264－22464=79040（元），与实际成本和预算成本的总差额相等。

为了使用方便，项目也可以通过运用因素分析表来求出各因素的变动对实际成本的影响程度，其具体形式如表13-17所示。

表13-17 混凝土成本变动因素分析表

顺序	连环替代计算	差异/元	因素分析
预算数	1000×1400×1.04		
第一次替代	1040×1400×1.04	58240	由于产量增加40m^3，成本增加58240元
第二次替代	1040×1440×1.04	43264	由于单价提高40元，成本增加43264元
第三次替代	1040×1440×1.025	−22464	由于损耗率下降1.5%，成本节约22464元
合计	58240+43264−22464=79040	79040	

必须说明，在应用因素分析法时，各个因素的排列顺序应该固定不变，否则就会得出不同的计算结果，也会产生不同的结论。

3)差额计算法是因素分析法的一种简化形式，它利用各个因素的预算成本与实际成本的差额来计算其对成本的影响程度。

【例13-6】智董公司某月的实际成本降低额资料如下：预算成本600万元，实际成本640万元，目标成本降低额24万元，实际成本降低额28.8万元，成本降低额超出了4.80万元，详细资料如表13-18所示。

表13-18 成本降低目标额与实际成本对比

项目	计量单位	目标	实际	差异
预算成本	万元	600	640	+40
成本降低率	%	4	4.5	+0.5
成本降低额	万元	24	28.8	+4.80

根据表 13-18 的资料，应用差额计算法分析预算成本和成本降低率对成本降低额的影响程度。

（1）预算成本增加对成本降低额的影响程度为（640 - 600）× 4% = 1.60（万元）。

（2）成本降低率提高对成本降低额的影响程度为（4.5% - 4%）× 640 = 3.20（万元）。

以上两项合计：1.60 + 3.20 = 4.80（万元）。

4）比率分析法是通过计算指标之间的比率，进行数量分析的一种方法。比率分析法主要有相关比率分析法、构成比率分析法、趋势分析法。

（a）相关比率分析法。这种方法是通过计算两个性质不同但又有联系的指标的比率，并将实际数与计划数（或前期实际数）进行对比分析的一种方法。例如，将成本指标与反映生产、销售等生产经营成果的产值、销售收入、利润指标相比较，就可以反映项目经济效益的好坏。

（b）构成比率分析法。该方法是通过计算某指标的各个组成部分占总体比重的结构进行数量分析的方法。例如，将构成项目成本的各个成本项目同产品成本总额相比，计算其占成本项目的比重，确定成本构成的比率，通过这种分析，反映项目成本的构成情况。将不同时期的成本构成比率相比较，就可以观察项目成本构成的变动，掌握经济活动情况及其对项目成本的影响。

【例 13-7】某项目成本构成比率如表 13-19 所示。

表 13-19　成本构成比率分析

成本项目	预算成本		实际成本		降低成本	
	金额 / 万元	比重（%）	金额 / 万元	比重（%）	金额 / 万元	占总项目（%）
直接成本	1895.71	93.20	1800.47	92.38	95.24	4.68
1. 人工费	170.45	8.38	178.92	9.18	-8.47	-0.42
2. 材料费	1509.84	74.23	1409.51	72.32	100.33	4.93
3. 机械使用费	131.40	6.46	134.47	6.90	-3.07	-0.15
4. 其他直接费	84.02	4.13	77.57	3.98	6.45	0.32
间接成本	138.30	6.80	148.51	7.62	-10.21	-0.50
成本总量	2034.01	100.00	1948.98	100.00	85.03	4.18
量本利比例（%）	100.00	—	95.82	—	4.18	—

（c）趋势分析法。趋势分析法是根据项目连续几个会计期间的成本资料采用列表或绘制统计图的形式来反映，并借以观察项目成本增减变动趋势及变动程度的一种分析方法。

【例 13-8】某项目生产的新产品年内成本降低情况如表 13-20 所示。

表 13-20　某项目生产的新产品年内成本降低情况

指标	第一季度	第二季度	第三季度	第四季度
单位成本 / 元	400	395	380	340
单位成本变动基期指数（%）（一季度 = 100%）	100	98.75	95.00	85.00
单位成本变动环比指数（%）（一季度 = 100%）	—	98.75	96.20	89.47

从该产品单位成本可以看出年内成本是连续降低的，为了进一步说明成本降低的程度，可计算两种趋势的百分比。

一种是定基趋势百分比，基本做法是：选定某一季为基期，计算连续各季的趋势百分比，这一百分比说明其他各季占基期成本水平的比例。各季的趋势百分比的计算结果如表 13-20 所示。计算结果表明，该产品第二季度单位成本变动基期指数比第一季度降低了 1.25%。第三季度单位成本变动基期指数比第一季度降低了 5%。第四季度比第一季度降低了 15%。

另一种是环比趋势百分比，基本做法是：选定前一季为基期，计算连续各季的逐期趋势百分比，这一百分比说明其他各季占前一期成本水平的比例。各季的趋势百分比的计算结果如表 13-20 所示。计算结果表明，该产品第二季度单位成本变动环比指数比第一季度降低了 1.25%。第三季度单位成本变动环比指数比第二季度降低了 3.8%。第四季度比第三季度降低了 10.53%。由此可见，第四季度单位成本降低的幅度最大，应进一步查明原因。

（2）综合成本的分析方法。综合成本是指涉及多种生产要素，受多种因素影响的成本费用，如分部分项工程成本，月（季）度成本、年度成本、全部产品成本、可比产品成本、主要产品单位成本等。由于这些成本都是随着项目生产的进展而逐步形成的，与生产经营有着密切的关系。因此，做好成本的分析工作，对于促进项目的生产经营管理，提高项目的经济效益有十分重要的意义。

1）分部分项工程成本分析是项目成本分析的基础。分析的对象为已完的分部分项工程。分析的方法是，进行预算成本、目标成本和实际成本的“三算”对比，分别计算实际偏差产生的原因，为今后的分部分项工程成本寻求节约途径。

分部分项工程成本分析的资料来源是：预算成本来自施工图预算，计划成本来自施工预算，实际成本来自施工任务单的实际工程量、实耗人工和限额领料单的实耗材料。

由于项目包括很多分部分项工程，不可能也没有必要对每一个分部分项工程都进行成本分析。特别是一些工程量小、成本费用微不足道的零星工程。但是，对于那些主要分部分项工程则必须进行成本分析，而且要做到从开工到竣工进行系统的成本分析，这是一项很有意义的工作。因为通过主要分部分项工程成本的系统分析，可以基本上了解项目成本形成的全过程，为竣工成本分析和今后的项目成本管理提供一份宝贵的参考资料。分部分项工程成本分析表如表 13-21 所示。

表 13-21　分部分项工程成本分析表

分部分项工程名称：　　　　工程量：　　　　施工班组：

施工日期：

工料名称	规格	单位	单价	预算成本		计划成本		实际成本		实际与预算比较		实际与计划比较	
				数量	金额	数量	金额	数量	金额	数量	金额	数量	金额
合计													
实际与预算比较（预算 = 100）													
实际与计划比较（计划 = 100）													
节超原因说明													

编制单位：　　　　成本员：

填表日期：

2）月（季）度成本分析是项目定期的、经常性的中间成本分析。对于有一次性特点的项目来说，有着特别重要的意义。因为通过月（季）度成本分析，可以及时发现问题，以便按照成本目标指示的方向进行监督和控制，保证项目成本目标的实现。

月（季）度成本分析的依据是当月（季）的成本报表。分析的方法通常有以下几个方面。

（a）通过实际成本与预算成本的对比，分析当月（季）的成本降低水平；通过累计实际成本与预算成本的对比，分析累计的成本降低水平，预测实现项目成本的前景。

（b）通过实际成本与目标成本的对比，分析目标成本的落实情况，以及目标管理中的问题和不足，进而采取措施，加强成本管理，保证成本目标的落实。

（c）通过对各成本项目的成本分析，可以了解成本总量的构成比例和成本管理的薄弱环节。例如，在成本分析中，发现人工费、机械费和间接费等项目大幅度超支，就应该对这些费用的收支配比关系认真研究，并且采取对应的增收节支措施，防止今后再超支。如果是属于预算定额规定的“政策性”亏损，则应从控制支出着手，把超支额压缩到最低限度。

（d）通过主要技术经济指标的实际与目标的对比，分析产量、工期、质量、“钢材、水泥、木材”节约率、机械利用率等对成本的影响。

（e）通过对技术组织措施执行效果的分析，寻求更加有效的节约途径。

（f）分析其他有利条件和不利条件对成本的影响。

（3）专项成本的分析方法。专项成本分析包括成本盈亏异常分析、工期成本分析、质量成本分析和资金成本分析等内容。

1）成本盈亏异常分析。成本出现盈亏异常情况，对项目来说，必须引起高度重视，必须彻底查明原因，必须立即加以纠正。检查成本盈亏异常的原因，应从经济核算的“五同步”入手。因为项目经济核算的基本规律是，在完成多少产值、消耗多少资源、发生多少成本之间，有着必然的同步关系。如果违背这个规律，就会发生成本的盈亏异常。

“五同步”检查是提高项目经济核算水平的有效手段，不仅适用于成本盈亏异常的检查，也适用于月度成本的检查。“五同步”检查可以通过以下五方面的对比分析来实现。

（a）产值与施工任务单的实际工作量和项目形象进度是否同步。

（b）资源消耗与工作任务单的实耗人工、限额领料单的实耗材料、当期租用的周转材料和施工机械使用情况是否同步。

（c）其他费用（如材料价差、台班费等）的产值统计与实际支付是否同步。

（d）预算成本与产值统计是否同步。

（e）实际成本与资源消耗是否同步。

实践证明，把以上五方面的同步情况查明以后，成本盈亏的原因就一目了然了。

项目月度成本盈亏异常情况分析表如表 13-22 所示。

表 13-22　月度成本盈亏异常情况分析

分部分项工程名称：	年　月		预算造价：			
到本月末项目的形象进度						
累计完成产值 / 万元		累计点交预算成本 / 万元				
累计发生实际成本 / 万元		累计降低或亏损	金额 / 万元		（%）	
本月完成产值 / 万元		本月点交预算成本 / 万元				
本月发生实际成本 / 万元		本月降低或亏损	金额 / 万元		（%）	

续表

已完工程及费用名称	单位	数量	产值	资源消耗												
				实耗人工		实耗材料									机械租费/元	工料机金额小计/元
						其中										
							水泥		钢材		木材		结构件	设备		
				工日	金额/元	金额小计/元	数量/t	金额/元	数量	金额/元	数量/m^3	金额/元	金额/元	租费/元		

2）工期成本分析。项目完成工期的长短与成本的高低有着密切的关系。在一般情况下，工期越长、费用支出越多，工期越短、费用支出越少。特别是固定成本的支出，基本上是与工期长短成正比增减的，是进行工期成本分析的重点。

工期成本分析就是目标工期成本与实际工期成本的比较分析。目标工期成本是指在假定完成预期利润的前提下计划工期内所耗用的目标成本；而实际成本则是在实际工期中耗用的实际成本。工期成本分析的方法一般采用比较法，即将目标工期成本与实际工期成本进行比较，然后应用因素分析法分析各种因素的变动对工期成本差异影响的程度。

进行工期成本分析的前提条件是，根据施工图预算和施工组织设计进行量本利分析，计算项目的产量、成本和利润的比例关系，然后用固定成本除以合同工期，求出每月耗用的固定成本。

【例 13-9】智董公司承建某项目合同预算造价 700 万元，其中预算成本 595 万元，合同工期 14 个月。根据施工组织设计测算，变动成本总额为 490 万元，变动成本率 80.83%，每月固定成本支出 6 万元，目标成本降低率 6%。

假如该项目竣工造价不变，但在施工中采取了有效的技术组织措施，使变动成本率下降到 80%，月固定成本支出降低为 5 万元，实际工期缩短到 13.5 个月。试计算工期成本。

（1）根据以上资料，按照以下顺序计算工期成本。

先求该项目的计划工期（又称经济工期）

$$\text{计划（经济）工期} = \frac{\text{预算成本} \times (1 - \text{变动成本率} - \text{目标成本降低率})}{\text{月固定成本支用水平}}$$

即得

$$\text{计划工期} = \frac{595 \times (1 - 0.8083 - 0.06)}{6} \approx 13.06(\text{月})$$

再计算经济工期的目标成本。

$$\begin{aligned}\text{经济工期的目标成本} &= \text{预算成本} \times \text{变动成本率} + \text{月固定成本支用水平} \times \text{计划经济工期} \\ &= 595 \times 80.83\% + 6 \times 13.06 \approx 559.3\ (\text{万元})\end{aligned}$$

$$\begin{aligned}\text{实际工期成本} &= \text{预算成本} \times \text{实际变动成本率} + \text{实际月固定成本支用水平} \times \text{实际工期} \\ &= 595 \times 80\% + 5 \times 13.5 = 543.5\ (\text{万元})\end{aligned}$$

根据以上计算结果，实际工期成本比计划工期成本节约为

$$559.3 - 543.5 = 15.8\ (\text{万元})$$

（2）按照以上工期成本资料，应用因素分析法，对工期成本的节约额 15.8 万元进行分析。

该项目成本的变动成本率由目标的 80.83% 下降为实际的 80%，下降了 0.0083（0.8083 − 0.8），使实际工期成本额节约 4.94 万元。计算如下：

$$595 \times 0.8 - 595 \times 0.8083 \approx -4.94 \text{（万元）}$$

该项目的月固定成本支出由目标的6万元下降到实际的5万元，下降了1万元（6－5），使实际工期成本节约13.06万元。计算如下：

$$-1 \times 13.06 = -13.06 \text{（万元）}$$

该项目的实际工期比经济工期延长了0.44个月（13.5－13.06），使实际工期成本超支2.2万元。计算如下：

$$5 \times 0.44 = 2.2 \text{（万元）}$$

以上三项因素合计：−4.94－13.06＋2.2＝−15.8（万元）

所以，该项节约工期成本15.8万元。

3）资金成本分析。资金与成本的关系，就是项目收入与成本支出的关系。根据项目成本核算的特点，项目收入与成本支出有很强的配比性。在一般情况下，都希望项目收入越多越好，成本支出越少越好。

项目的资金来源主要是项目款收入；而生产耗用的人、财、物的货币表现，则是成本支出。因此，减少人、财、物的消耗，既能降低成本，又能节约资金。

进行资金成本分析，通常应用成本支出率指标，即成本支出占工程款收入的比例。计算公式为

$$\text{成本支出率} = \frac{\text{计算期实际成本支出}}{\text{计算期实际项目款收入}} \times 100\%$$

通过对成本支出率的分析，可以看出资金收入中用于成本支出的比重有多大，从而可以通过加强资金管理来控制成本支出；也可联系储备资金和结存资金的比重，分析资金使用的合理性。

4）其他有利因素和不利因素对成本影响的分析。在项目生产过程中，必然会有很多有利因素，同时也会遇到不少不利因素。不管是有利因素还是不利因素，都将对项目成本产生影响。

对待这些有利因素和不利因素，项目经理首先要有预见，有抵御风险的能力；同时还要把握机遇充分利用有利因素，积极争取转换不利因素。这样，就会更有利于项目生产，也更有利于项目成本的降低。

这些有利因素和不利因素，包括项目生产结构的复杂性和生产技术上的难度，生产现场的自然地理环境（如水文、地质、气候等），以及物资供应渠道和技术装备水平等。它们对项目成本的影响，需要对具体问题具体分析。

（4）目标成本差异分析方法。目标成本差异是实际成本脱离目标成本的简称，它是指实际成本和目标成本的差额。项目进行目标成本差异分析的目的是为了找出并分析目标成本差异产生的原因，从而尽可能地降低成本，提高项目整体竞争力。

1）人工费分析。

（a）人工费量差。计算人工费量差，首先要计算出每工人工日差，即实际耗用工日数同预算定额工日数的差异。预算定额工日数的取得是根据工月数或从设计预算中的人工费中取得工日数，实际耗用工日数根据外包管理部门的包清工成本工程月报，列出实物量定额工日数和估点工日数。人工费量差计算公式为

$$\text{工日差} \times \text{预算人工单价} = \text{人工费量差}$$

从计算结果可以看出，由于实际用工增加或减少，而引起的人工费的增减变化。

（b）人工费价差。计算人工费价差先要计算出每人工费价差，即预算人工单价和实际人工单价之差。

预算人工单价计算公式为

$$预算人工费 \div 预算工日数 = 预算人工单价$$

实际人工单价计算公式为

$$实际人工费 \div 实耗工日数 = 实际人工单价$$

$$每工人工费价差 \times 实耗工日数 = 人工费价差$$

计算后可以看出，每工人工单价增加或减少，将使人工费出现增减变动。

人工费量差与人工费价差的计算公式为

$$人工费量差 = (实际耗用工日数 - 预算定额工日数) \times 预算人工单价$$

$$人工费价差 = 实际耗用工日数 \times (实际人工单价 - 预算人工单价)$$

影响人工费节约或超支的原因是非常复杂的，除上述分析外，还应分析定额用工、估点用工，以及从管理上找原因。

2）材料费的分析。在任何项目成本中，材料费的比重都比较大，因此，材料费的分析是项目成本分析的重点。材料费的分析是从材料的采购、运输、保管、使用等环节入手，包括主要材料、结构件和周转材料使用费的分析以及材料储备的分析。

（a）主要材料和结构件费用的分析。主要材料和结构件费用的高低，主要受价格和消耗数量的影响。而材料价格的差异要受采购价格、运输费用、途中损耗、来料不足等的影响；材料消耗数量的差异，则要受操作损耗、管理损耗和返工损失等因素的影响，对于这类问题应在价格差异较大和数量超用异常时做深入分析。为了分析材料价格和消耗数量的差异对材料和结构件费用的影响程度，可按下列公式计算：

$$材料价格差异对材料费的影响 = (实际单价 - 预算单价) \times 实际用量$$

$$材料用量差异对材料费的影响 = (实际用量 - 预算用量) \times 预算单价$$

主要材料差异分析表如表 13-23 所示。

表 13-23 主要材料差异分析表 单位：万元

材料名称	价格差异				数量差异				成本差异
	实际单价	预算单价	节超	价差金额	实际用量	预算用量	节超	量差金额	

（b）周转材料费分析主要通过实际成本与目标成本之间的差异比较进行分析。分析实际成本时，应列出外租周转材料费，其中租赁费、赔偿费、修理费和报废等费用；对自有周转材料应列出摊销、报损等费用。节超分析从提高周转材料使用率入手，看周转材料使用管理上是否有不足之处。周转利用率的计算公式为

$$周转利用率 = \frac{实际使用数 \times 租用期内的周转次数}{进场数 \times 租用期} \times 100\%$$

3）机械使用费分析主要通过实际成本与目标成本之间的差异进行分析。目标成本分析需要列出超高费和机械费补差收入。施工机械有自有和租赁两种。租赁的机械在使用时要支付使用台班费，停用时要支付停班费，因此，要充分利用机械，以减少台班使用费和停班费的支出。自有机械也要提高机械完好率和利用率，因为自有机械停用，仍要负担固定费用。机械完好率与机械利用率的计算公式为

$$机械完好率 = \frac{报告期机械完好台班数 + 加班台班数}{报告期制度台班数 + 加班台班数} \times 100\%$$

$$机械利用率 = \frac{报告期机械实际工作台班数 + 加班台班数}{报告期制度台班数 + 加班台班数} \times 100\%$$

完好台班数是指机械处于完好状态下的台班数，它包括修理不满一天的机械，但不包括待修、在修、送修在途的机械。在计算完好台班数时，只考虑是否完好，不考虑是否在工作。制度台班数是指本期内全部机械台班数与制度工作日的乘积，不考虑机械的技术状态和是否工作。

机械使用费的分析要从租赁机械和自有机械这两方面入手。使用大型机械的要着重分析预算台班数、台班单价及金额，同实际台班数、台班单价及金额相比较，通过量差、价差进行分析。机械使用费差异分析表如表 13-24 所示。

表 13-24　机械使用费差异分析表　　单位：万元

机械名称	台数	价格差异				数量差异				成本差异
		实际台班单价	预算台班单价	节超	价差金额	实际台班数	预算台班数	节超	量差金额	
翻斗车										
搅拌机										
砂浆机										
塔吊										

4）其他直接费分析。其他直接费是指生产过程中发生的除直接费以外的其他费用，包括：①二次搬运费；②项目用水、电费；③临时设施摊销费；④生产工具用具使用费；⑤检验试验费；⑥定位复测费；⑦点交费；⑧场地清理费。

其他直接费的分析主要应通过目标与实际数的比较来进行。其他直接费目标与实际比较表如表 13-25 所示。

表 13-25　其他直接费目标与实际比较表　　单位：万元

序号	项目	目标	实际	差异	序号	项目	目标	实际	差异
1	材料二次搬运费				5	检验试验费			
2	工程用水、电费				6	工程定位复测费			
3	临时设施摊销费				7	工程点交费			
4	生产工具用具使用费				8	场地清理费			

5）间接成本分析。间接成本是指为准备、组织生产和管理所需要的费用，主要包括项目经理人员的工资和进行项目管理所需要的费用。间接成本并不随工作量的增减而增减，因为其中大部分费用属于固定费用。当超额完成计划时，项目成本中分摊的间接成本就会相对降低，反之就会增高。

间接成本分析应将其实际成本和目标成本进行比较，将其实际发生数逐项与目标数加以比较，从而看出超额完成生产计划对间接成本的节约或浪费的影响。间接成本目标与实际比较表如表 13-26 所示。

表 13-26　间接成本目标与实际比较表　　单位：万元

序号	项目	目标	实际	差异	备注
1	现场管理人员工资				包括职工福利费和劳动保护费
2	办公费				包括生活用水、电费、取暖费
3	差旅交通费				
4	固定资产使用费				包括折旧及修理费
5	物资消耗费				

续表

序号	项目	目标	实际	差异	备注
6	低值易耗品摊销费				指生活、行政用的低值易耗品
7	财产保险费				
8	检验、试验费				
9	工程保修费				
10	排污费				
11	其他费用				
	合计				

用目标成本差异分析方法分析完各成本项目后，再将所有成本差异汇总进行分析，目标成本差异汇总表如表 13-27 所示。

表 13-27　目标成本差异汇总表　　单位：万元

成本项目	实际成本	目标成本	差异金额	差异率（%）	成本项目	实际成本	目标成本	差异金额	差异率（%）
人工费					机械使用费				
材料费					其他直接费				
结构件					施工间接成本				
周转材料费					合计				

2. 成本累计曲线法

成本累计曲线又叫作时间—累计成本图。它是反映整个项目或项目中某个相对独立部分开支状况的图示。它可以从成本预算计划中直接导出，也可利用网络图、条线图等图示单独建立。通常可以采用下面的三个步骤做出项目的成本累计曲线。

（1）建立直角坐标系，横轴表示项目的工期，纵轴表示项目成本。

（2）按照一定的时间间隔或时间单元累加各工序在该时间段内的支出。

（3）将各时间段的支出金额逐项累加，确定各时间段所对应的累计资金支出点，然后，用一条平滑的曲线依次连接各点就可得到成本累计曲线。确定各时间段的对应点时，横坐标为该时间段的中点，即该时间段的起始时间 +（结束时间 − 起始时间）/2。

成本累计曲线图上实际支出与理想情况的任何一点偏差，都是一种警告信号，但是并不是说工作中一定发生了问题。图上的偏差只反映了现实与理想情况的差别，发现偏差时要查明原因，判定是正常偏差还是不正常偏差，然后采取措施处理。

在成本累计曲线图上，根据实际支出情况的趋势可以对未来的支出进行预测，将预测曲线与理想曲线进行比较，可获得很有价值的成本控制信息。这对项目管理很有帮助。

虽然成本累计曲线可以为项目控制提供重要的信息，但是前提是我们假定所有工序时间都是固定的。在网络分析中我们知道，大量的非关键工序开始和结束时间是需要调整的。利用各工序的最早开始时间和最迟开始时间制作的成本累计曲线称为香蕉曲线，如图 13-5 所示。

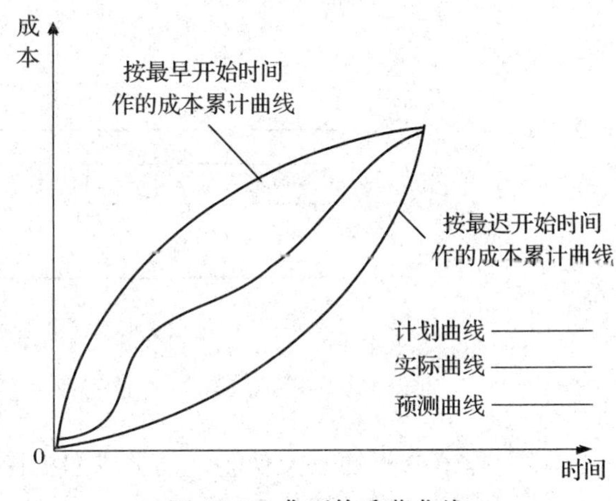

图 13-5　典型的香蕉曲线

香蕉曲线表明了项目成本变化的安全区间，实际发生的成本变化如不超出两条曲线限定的范围，就属于正常变化，可以通过调整开始和结束的时间使成本控制在计划的范围内。如果实际成本超出这一范围，就要引起重视，查清情况，分析出现的原因。如果有必要，应迅速采取纠正措施。顺便指出，香蕉曲线不仅可以用于成本控制，还是进度控制的有效工具。

3. 挣值分析法

（1）挣值分析法的定义。挣值分析法又叫偏差分析法，是评价项目成本实际开销与进度情况的一种方法，通过测量和计算计划工作量的预算成本 PV、已完成工作量的实际成本 AC 和已完成工作量的预算成本 EV，得到有关计划实施的进度和费用偏差，从而可以衡量项目成本的执行情况。其主要有以下两项内容：一是评估和测算其工作进度，是将任一时刻已完成工作量的预算值与该时刻此项工作任务的计划预算值进行对比，予以评价；二是评估和测算其资源的执行效果，是将已完成工作量的预算值与实际资源消耗值进行对比，予以评价。

EV 就是挣值，直译的意思为：项目团队已完成的工作应该挣到的那份预算款。

图 13-6 可以形象地理解 PV、AC 和 EV 三个变量的含义。假设一个项目的工期为 100 天，工作总量为 100%，项目完工总预算（Budget At Completion，BAC）为 100 万元。项目进行到了第 50 天，按照计划工程应该完成 50%，成本支出应该为 50 万元。可是绩效考察数据表明：在第 50 天时，成本实际支出是 60 万元，而工作只完成了 30%。这样，三个变量分别为

PV = 50 万元，即考察期内计划工作量的预算值；

AC = 60 万元，即考察期内实际支出的成本；

EV = 30 万元，即考察期内实际完成工作量的预算值（挣值）。

鉴于后面我们涉及的所有挣值分析的公式都由这三个变量构成，因此首先定位这三个变量的数值至关紧要。PV 和 AC 比较容易确定，而挣值的计算有一个简单的方法：若工作量是按照百分比计算的，那么只要把实际完成工作的百分比乘上完工总预算即可求出挣值。例如，上例中的完工总预算为 100 万元，实际完成工作 30%，那么：

$$挣值（EV）= 100 万元 \times 30\% = 30 万元$$

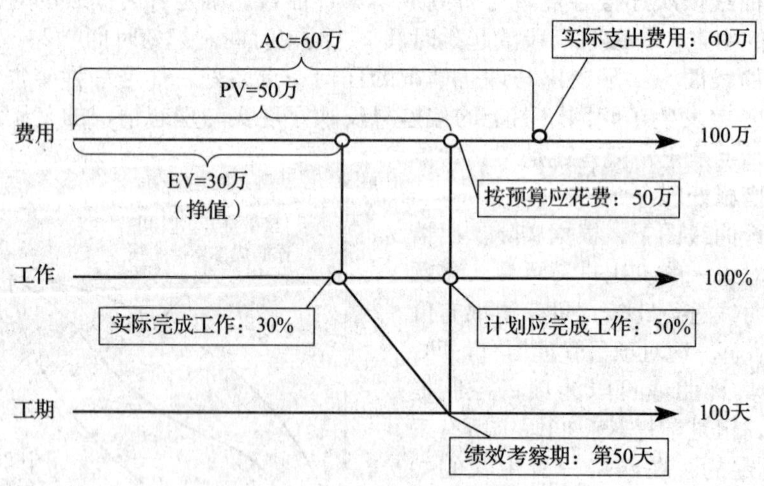

图 13-6　挣值管理中三个最重要变量的含义

（2）挣值分析的三大功能。如果我们把挣值付款制度看作一个自动控制体系的话，确定上述三个变量指标就是绩效（信息）跟踪，通过这三个关键指标，我们就可以进行如下

绩效（信息）分析了。

1）偏差分析。通过偏差分析公式，我们可以求出项目的进度偏差（SV）和成本偏差（CV），用这两个数值来判断目前的工作进度和成本支出与计划之间的偏离度。

2）绩效分析。通过绩效分析公式，我们可以求出项目的工期绩效指数（SPI）和成本绩效指数（CPI），以这两个指数来评估项目的劳动生产率和资金使用效益。

3）变更分析。挣值分析不但涉及对已完工部分的绩效测算，更重要的是根据已完工部分的绩效对变更后的总完工成本进行估算。这种估算通常基于两种依据：一是根据原计划进度推算出来的总完工成本，二是根据当前实际绩效推算出来的总完工成本。至于采取何种推算方案，则属于绩效信息反馈系统的功能。

下面是两个偏差公式和两个绩效指数公式：

成本偏差 = 挣值 − 实际成本；CV = EV − AC

进度偏差 = 挣值 − 预算成本；SV = EV − PV（货币单位）

成本绩效指数 = 挣值 / 实际成本；CPI = EV/AC

进度绩效指数 = 挣值 / 预算成本；SPI = EV/PV

这里需要强调的是，进度偏差值不是以时间单位计量的，而是以货币单位计量的。

（3）挣值分析的参考尺度。求出挣值分析的各项指标并非难事，作为一个项目经理，重要的是要知道这些数据意味着什么，以及它们的对比结果代表什么意义（表 13-28）。

表 13-28 挣值分析的参考尺度

偏差分析	偏差为正值 >0	偏差为负值 <0
成本偏差（CV）	节约成本	成本超支
进度偏差（SV）	工期提前（货币单位）	工期滞后（货币单位）
进度偏差 < 成本偏差（SV<CV）	单位时间成本比计划降低，资金效益提高	尽管拖期，但成本节约了，良性超支
进度偏差 > 成本偏差（SV>CV）	单位时间成本比计划增加，资金效益降低	不但拖期，成本也超支，恶性超支
成本偏差 = 进度偏差（SV=CV）	成本的节约完全是由于工期提前引起的	成本的超支完全是由于工期滞后造成的
绩效分析	绩效指数 >1	绩效指数 <1
工期绩效指数（SPI）	提前完成计划（货币单位）	未完成计划（货币单位）
成本绩效指数（CPI）	比计划成本节约了	比计划成本超支了

表 13-28 将各种情况下的偏差值和绩效指数进行了排列组合，提供了整套偏差分析和绩效分析的参照结论。

1）如果成本偏差值是正数，说明实际成本相对预算成本节约了；如果成本偏差值是负数，说明实际成本相对于预算成本超支了。

2）如果进度偏差值是正数，说明实际进度相对计划进度提前了；如果进度偏差值是负数，说明实际进度相对于计划进度拖期了。

3）如果进度偏差小于成本偏差，结果若是正值，说明单位时间成本比计划成本降低，资金效益相对提高；结果若是负值，说明尽管工期比计划拖延了，可是成本也比预算节约了，属于良性拖期。

4）如果进度偏差大于成本偏差，结果若是正值，说明单位时间成本相对于计划成本提高了，资金效益相对降低；结果若是负值，说明不但工期比计划拖延了，而且成本也比预算超支了，属于恶性超支。

5）如果成本偏差值刚好等于进度偏差值，结果若是正值，说明成本的节约完全是由于工期提前引起的，即工期提前是成本节约的唯一原因；结果若是负值，说明成本的超支完全是由于工期拖延引起的，即工期拖延是成本超支的唯一原因。

6）如果进度绩效指数大于 1，说明劳动生产率高于进度计划，工期提前了；如果进度绩效指数小于 1，说明劳动生产率低于进度计划，工期滞后了。

7）如果成本绩效指数大于 1，说明资金效益高于计划预算，资金有盈余；如果成本绩效指数小于 1，说明资金效益低于进度计划，资金有浪费。

8）如果进度绩效指数小于成本绩效指数，无论结果大于 1 还是小于 1，都说明劳动生产率相对低于资金使用效益，今后主要矛盾是加快进度。

9）如果进度绩效指数大于成本绩效指数，无论结果大于 1 还是小于1，都说明劳动生产率相对高于资金使用效益，今后主要矛盾是节约成本。

总之，在偏差分析中，结果以正数为优，以负数为劣；在绩效分析中，结果以大于 1 为优，以小于 1 为劣。

【例 13-10】某项目由四项活动组成，各项活动的时间和成本如表 13-29 所示：总工时 4 周，总成本 10000 元，第三周末的状态如表 13-29 所示。

表 13-29　各项活动的时间和成本表

活动	预计时间和成本	第一周	第二周	第三周	第四周	第三周末的状态
计划	1 周，2000 元					活动已完成，实际支付成本 2000 元
设计	1 周，2000 元					活动已完成，实际支付成本 2500 元
编程	1 周，3000 元					活动仅完成 50%，实际支付成本 2200 元
测试与实施	1 周，3000 元					没开始

计算：

（1）成本偏差（CV）是多少？

（2）进度偏差（SV）是多少？

（3）成本执行指数（CPI）是多少？

（4）进度执行指数（SPI）是多少？

（5）成本执行指数（CPI）和进度执行指数（SPI）说明了什么？

解答如下。

（1）AC =（第 1 周）2000 +（第 2 周）2500 +（第 3 周）2200 = 6700 元；

PV =（第 1 周全部完成）2000 +（第 2 周全部完成）2000 +（第 3 周完成 50%）3000 = 7000 元；

EV =（第 1 周）2000 +（第 2 周）2000 +（第 3 周）1500 = 5500 元；

故 CV = EV − AC = 5500 − 6700 = −1200 元。

（2）SV = EV − PV = 5500−7000 = −1500 元。

（3）CPI = EV/AC = 5500/6700 ≈ 0.82。

（4）SPI = EV/PV = 5500/7000 ≈ 0.79。

（5）这两个指数均小于 1，说明该项目处于不利状态，即完成该项目的成本效率和进度效率分别为 82% 和 79%，也就是说该项目投入 1 元钱仅获得相当于 0.82 元的价值，如果说现在应完成项目的全部工程量（100%），但目前只完成了 79%，所以必须要分析存在什么问题、原因是什么，应采取什么相应的措施予以解决。

（4）运用挣值分析进行项目成本预测。预测项目完工成本（Estimate At Completion，EAC），即最终成本，有三种方法（图 13-7）。

1）假定项目未完工部分按目前实际效率的预测方法。

$$EAC = AC + (BAC - EV) / CPI$$

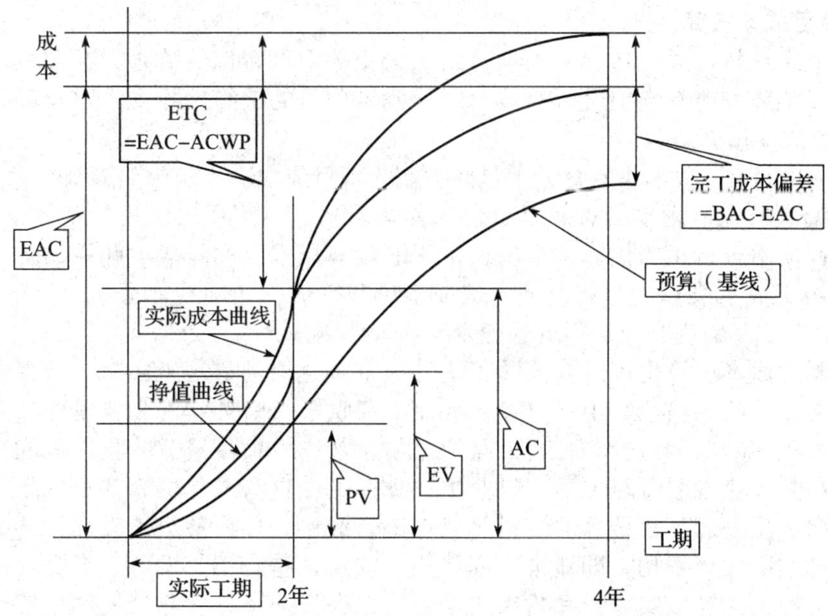

图 13-7 项目成本挣值分析预测示意图

其中，BAC = 总预算（Total Budget）。

2）假定项目未完工部分按计划效率的预测方法。

$$EAC = AC + BAC - EV$$

3）全面重估剩余工作成本的预测方法。

$$EAC = AC + ETC$$

其中，ETC（Estimate To Completion）是全面重新估算项目剩余工作的成本。

【例 13-11】 以下项目计划在 7 月份完成，总的项目预算是 70700 元。表 13-30 是前 5 个月项目绩效的测量参数。

表 13-30 前 5 个月项目绩效的测量参数

	PV	EV	AC	sv	cv	SPI	CPI
1 月	0	0	0	0	0		
2 月	2500	3600	6000	1100	−2400	144%	60%
3 月	8000	8000	8000	0	0	100%	100%
4 月	13000	10000	8000	−3000	2000	77%	125%
5 月	42000	35000	51000	−7000	−16000	83%	69%
6 月	62000						
7 月	70700						

从项目绩效测量参数可以看出，该项目在 5 月份时的 SV 和 CV 都为负，SPI 和 CPI 都小于 1，因此可以预测该项目的进度将延期，成本将超支。

最终成本 EAC = BAC/CPI = 70700/69% ≈ 102464（元）

完工成本偏差为

$$VAC = BAC - EAC = 70700 - 102464 = -31764（元）$$

得出结论：该项目的完工估算比最初的计划将超支 31764 元，并将延期才能完成。

（七）项目成本决算

项目成本决算是指项目从启动到项目结束为止的全部费用的确定。在项目的收尾阶段有必要对项目实施的所有支出进行核算，以便确定项目的最终实际支出以及项目实际成本是否超出项目成本预算。

对工程项目而言，成本决算分为承包商编制的项目成本决算和业主编制的成本决算。

承包商编制的项目成本决算是以单位工程为对象，以工程竣工后的工程结算为依据，通过实际工程成本分析，为核算一个单位工程的预算成本、实际成本和成本降低额而编制的单位工程竣工成本决算。企业通过内部成本决算，进行实际成本分析，评价经营效果，以利于总结经验，不断提高企业经营管理水平。

业主编制的成本决算也可以称为竣工决算或基本建设项目竣工决算，是在建设项目全部完工并经竣工验收合格后，由项目业主编制的反映项目财务状况和建设成果的总结性文件，是对建设项目的实际造价和投资效益的总结，是建设项目竣工验收报告的重要组成部分。由业主在整个建设项目竣工后，以业主自身开支和自营工程决算及承包商在每项单位工程完工后向业主办理工程结算的资料为依据进行编制，反映整个建设项目从筹建到竣工验收投产全部实际支出费用，即建筑工程费用，安装工程费用，设备、工器具购置费用和其他费用等。竣工决算以实物量和货币为单位，综合反映项目实际投入和投资效益，核定交付使用财产和固定资产价值的文件，是项目的财务总结，是竣工验收报告的重要组成部分。基本建设竣工决算，是基本建设经济效果的全面反映，是核定新增固定资产和流动资产价值，办理交付使用的依据。通过编制竣工决算，可以全面清理基本建设财务，做到工完账清，便于及时总结基本建设经验，积累各项技术经济资料，提高基建管理水平和投资效果。

1. 项目成本决算的内容及结果

项目决算的内容包括项目生命周期各个阶段支付的全部成本。项目成本决算的结果形成项目决算书，经项目各参与方共同签字后成为项目验收的核心文件。

决算书由两部分组成，即文字说明和决算报表。

文字说明主要包括工程概况、设计概算、实施计划和执行情况，各项技术经济指标的完成情况，项目的成本和投资效益分析，项目实施过程中的主要经验、存在的问题、解决问题的建议等。

决算报表分大、中型项目和小型项目两种，大中型项目的决算报表包括竣工项目概况表、财务决算表、交付使用财产总表、交付使用财产明细表。

（1）工程项目竣工决算说明书。工程项目竣工决算说明书是从总的方面反映竣工项目的建设成果和经验以及遗留问题的处理等，是全面分析工程投资与造价的书面总结，是竣工决算的重要组成部分。其内容主要如下。

1）从项目的进度、质量、造价和安全四大方面对工程进行总的评价。

2）各项财务和技术经济指标的分析，包括概预算执行情况分析，新增生产能力的效益分析，以及交付使用财产占总投资额的比例和财务分析。

3）项目建设的经验、教训及有待解决的问题，包括结余设备、材料的处理意见和收尾工程的解决办法等。

项目竣工决算由建设单位汇总编制，其中有关施工部分的决算，由施工单位向建设单位提供。竣工决算编制完成之后，应报主管部门审查，同时抄送各有关部门并送开户投资银行签证。

（2）工程项目竣工财务决算报表。工程项目竣工财务决算报表按大、中型建设项目和小型建设项目分别制订。

大、中型建设项目竣工财务决算报表包括：建设项目竣工财务决算审批表，大、中型建设项目概况表，大、中型建设项目竣工财务决算表，大、中型建设项目交付使用资产总表，建设项目交付使用资产明细表。

小型建设项目竣工财务决算报表包括：建设项目竣工财务决算审批表，小型建设项目竣工财务决算总表，建设项目交付使用资产明细表。

2. 项目成本决算的编制

此处以工程项目的竣工决算为例，说明成本决算的编制。

（1）工程项目竣工决算的主要依据如下。

1）经批准的可行性研究报告及其投资估算书。

2）经批准的初步设计或扩大初步设计及其概算或修正概算书。

3）经批准的施工图设计及其施工图预算书。

4）设计交底或图样会审会议纪要。

5）招投标的标底、承包合同、工程结算资料。

6）施工记录或施工签证单及其他施工发生的费用记录，如索赔报告与记录、停（交）工报告等。

7）竣工图及各种竣工验收资料。

8）历年基建资料、历年财务决算及批复文件。

9）设备、材料调价文件和调价记录。

10）有关财务核算制度、办法和其他有关资料文件等。

（2）竣工决算的编制步骤。

1）收集、整理、分析原始资料。从工程开始就按编制依据的要求，收集、清点、整理有关资料，主要包括建设项目档案资料，如设计文件、施工记录、上级批文、概（预）算文件、工程结算的归集整理，财务处理、财产物资的盘点核实及债权债务的清偿，做到账账、账证、账实、账表相符。对各种设备、材料、工具、器具等要逐项盘点核实并填列清单，妥善保管，或按照国家有关规定处理，不准任意侵占和挪用。

2）工程对照、核实工程变动情况，重新核实各单位工程、单项工程造价。将竣工资料与原设计图纸进行查对、核实，必要时可实地测量，确认实际变更情况；根据经审定的施工单位竣工结算等原始资料，按照有关规定对原概（预）算进行增减调整，重新核定工程造价。

3）投资支出严格按要求列支。经审定的待摊投资、其他投资、待核销基建支出和非经营项目的转出投资，按照国家有关部门的要求，严格划分和核定后，分别计入相应的基建支出（占用）栏目内。

4）编制竣工财务决算说明书。按前面已述要求编制，力求内容全面、简明扼要、文字流畅、说明问题。

5）认真填报竣工财务决算报表。

6）认真做好工程造价对比分析。

7）清理、装订好竣工图。

8）按国家规定上报审批，存档。

3. 项目成本决算的管理

（1）项目财务经理的职责。项目成本决算工作中，项目财务经理有着举足轻重的作用。项目财务经理应该负责组织管理合同项目的财务、会计业务，通常由公司财务部派出，其主要职责如下。

1）参加项目的经济决策和预测。

2）组织编制项目财务资金计划，包括年度、季度、月度财务资金计划。

3）负责实现企业或组织对项目的筹资计划，并按合同和计划向业主催收各种款项。

4）建立会计业务和账目，组织项目现金管理和成本核算。

5）办理设备、散装材料付款和施工工程付款。

6）处理工程欠款、拒付、索赔等事项。

7）根据规定和需要办理各种保险，缴纳各种税款。

8）定期进行财务结算，项目竣工时办理竣工决算。

9）定期提出项目财务报告。

10）项目结束时，对参加本项目财务、会计工作的人员提出考核意见。

11）组织对项目有关的财务、会计账目和资料整理归档。

12）对项目财务工作进行总结。

（2）项目成本分析。项目经批准的概、预算是考核实际建设项目造价的依据，在分析时，可将决算报表中所提供的实际数据和相关资料与批准的概、预算指标进行对比，以反映出竣工项目总造价和单方造价是节约还是超支，在比较的基础上，总结经验教训，找出不足，以利改进。

在考核概、预算执行情况，正确核实建设项目造价的，财务部门首先应积累概、预算动态变化资料，如设备材料价差、人工价差和费率价差及设计变更资料等。其次，考查竣工项目实际造价节约或超支的数额。为了便于进行比较分析，可先对比整个项目的总概算，然后对比单项工程的综合概算和其他工程费用概算，最后对比分析单位工程概算，并分别将建筑安装工程费、设备工器具费和其他工程费用逐一与竣工决算的实际工程造价对比分析，找出节约和超支的具体内容和原因。在实际工作中，侧重分析以下内容。

1）主要实物工程量。概、预算编制的主要实物工程量的增减必然使工程概、预算造价和竣工决算实际工程造价随之增减。因此，要认真对比分析和审查建设项目的建设规模、结构、标准、工程范围等是否遵循批准的设计文件规定，其中有关变更是否按照规定的程序办理，它们对造价的影响如何。对实物工程量出入较大的项目，还必须查明原因。

2）主要材料消耗量。在建筑安装工程投资中，材料费一般占直接工程费70%以上，因此考核材料费的消耗是重点。在考核主要材料消耗量时，要按照竣工决算表中所列三大材料实际超概算的消耗量，查清是在哪一个环节超出量最大，并查明超额消耗的原因。

3）建设单位管理费，建筑安装工程其他直接费、现场经费和间接费。要根据竣工决算报表中所列的建设单位管理费与概、预算所列的建设单位管理费数额进行比较，确定其节约或超支数额，并查明原因。对于建筑安装工程其他直接费、现场经费和间接费的费用项目的收费标准，国家和各地均有统一的规定，要按照有关规定查明是否多列或少列费用项目，有无重计、漏计、多计的现象以及增减的原因。

以上所列内容是项目成本对比分析的重点，应侧重分析。但对具体项目应进行具体分析，究竟选择哪些内容作为考核、分析重点，还得因地制宜，视项目的具体情况而定。

四、项目全面成本管理

项目全面成本管理是一种用来指导人们分析、确定和控制项目成本的思想和方法。它强调在项目成本的分析、确定与控制中一定要全面考虑各种要素的影响，要考虑各个阶段的成本以及确定性和不确定性成本，并且项目相关利益主体都要参与项目成本管理。

（一）项目全面成本管理方法的核心及特点

1. 项目全面成本管理是一种全新的项目成本管理范式，是一种用来指导人们分析、确定和控制成本项目成本的思想和方法

在实行全面成本管理的过程中可以使用的方法十分广泛，包括经营管理和工作规划的

方法、成本预算的方法、经济与财务分析的方法、造价工程的方法、项目管理的方法、工期计划与进度的方法、成本与进度的度量方法和成本变更控制的方法等。

2. 项目全面成本管理的思想和方法是现有各种项目成本科学管理方法的集成

它实现了集科学与有效的各种项目成本管理方法大成的目标，它包含了项目全生命周期及全过程成本管理方法、项目全要素成本管理方法、项目全风险成本管理方法和项目全团队成本管理方法等。项目全面成本管理方法最为关键的一点是不能丢弃任何东西，而要以现有的东西为基础去建立一套全新的理论与方法，去集成现有的项目成本管理方法，以适合今天和未来的需要并推广它和使其物有所值。

由此可以看出，项目全面成本管理的思想不仅是人类社会和经济发展的客观需要，而且是人们对于所有项目工程成本管理方法的汇总和集成。

（二）项目全面成本管理方法的不足

作为一种用来指导人们分析、确定和控制项目成本的思想和方法，全面成本管理方法科学有效地集成了各种项目成本管理方法，被认为是目前的项目成本管理方法中最全面和最科学的一种项目成本管理的理论。但是这种方法仍然有其不足，如方法论与技术方面的问题。

实际上，项目全面成本管理的理论和方法仍然处在探索阶段，人们至今尚未给出能够具体指导项目全面成本管理的方法论和具体的方法。

造成这一问题的主要原因是现有项目全面成本管理技术方法的研究与开发还存在不足，人们无法很好地将其应用于实践。正是这种现代项目成本管理方法论和技术方法方面的缺失，才造成这些先进的项目成本管理方法至今未能得到广泛应用。

（三）项目全面成本管理的构成

项目全面成本管理的核心思想是在一个项目的成本管理中不能只顾及项目成本管理的某个方面，而必须全面考虑问题和管理好项目成本。这种全面管理包括四个方面：其一是要做项目全过程和全生命周期的成本管理，而不是像传统项目成本管理那样只做项目实施过程的成本管理；其二是从项目全要素管理的角度出发去管理项目的成本，而不是像传统项目那样只考虑狭义的节约成本而不顾项目的工期、质量等其他要素因成本节约而受到的影响；其三是要做包括项目风险成本管理在内的项目全部成本的管理，而不是像传统造价管理那样只对确定性的项目成本进行管理；其四是项目全团队成员都参加成本的管理，而不是像传统项目成本管理那样只是某个项目相关利益主体（业主或承包商）单独进行项目成本的管理。正是由于包含了这四方面的具体技术方法，所以该方法才被称为“全面”成本管理方法。项目全面成本管理示意图如图 13-8 所示。

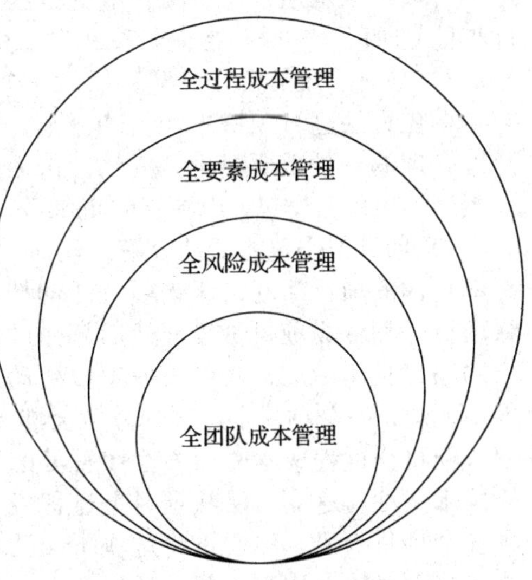

图 13-8　项目全面成本管理示意图

项目成本集成管理的原理就是一种将项目全过程成本管理方法、项目全要素成本管理方法、项目全风险成本管理方法和项目全团队成本管理方法进行有机组合，从而构建出一个项目全面成本管理方法体系的基本原理。

根据上述内容可知，项目全面成本管理包括了项目全过程成本管理的思想和方法。在确定和控制项目成本时，一定要按照基于活动的管理方法去对项目成本进行全过程的管理，并且要考虑项目全要素和项目全风险成本管理工作，这些是项目全面成本管理横向轴线的核心内容与方法。而项目全面成本管理的纵向轴线就是以项目全生命周期成本管理思想和方法以及全体项目相关利益主体参与项目成本管理与合作的方法作为核心内容之一。

（四）项目全过程成本管理

我国在20世纪80年代中后期提出建设项目全过程成本管理方法，随后经过我国建设项目造价管理界的学者和实际工作者的努力取得了很大的发展。

1. 项目全过程成本管理方法的核心及特点

（1）项目全过程成本管理是一种全新的项目管理范式，是一种用来确定和控制项目成本的新方法。它认为项目实施是一个过程，项目成本的确定和控制也是一个过程，是一个关于项目成本的决策和实施过程，人们在项目全过程中都需要开展对于项目成本的管理工作。

（2）项目全过程成本管理中的项目成本确定是一种基于活动的项目成本确定方法，这种方法将一个项目的工作逐层分解成项目活动，然后确定出每项活动所消耗的资源，最终根据这些资源的市场价格等信息确定出该项目的成本。

（3）项目全过程成本管理中的项目成本控制方法是一种基于活动的项目成本控制方法，这种方法认为项目成本控制必须从对项目各项活动及其方法的控制入手，只有通过减少和消除不必要的活动才能减少资源的消耗，从而实现降低和控制项目成本的目的。

（4）项目全过程成本管理必须有项目全体相关利益主体的参与，通过共同合作并分别负责整个项目全过程中各项活动的成本确定与控制责任，最终做好项目全过程成本管理工作。

综上所述，项目全过程成本管理是一种现代项目成本确定与控制的方法，是一种适合于建设项目成本确定和开展的科学方法，这一项目成本管理的范式已经在世界上许多地方得到了应用。

2. 项目全过程成本管理的基本方法

（1）项目阶段和工作与活动分解的方法。

1）项目全过程的阶段划分。项目全过程具有明显的阶段性，人们可以用不同的项目阶段划分方法将一个项目分成多种不同的项目阶段划分方案。一个项目可能会有五个阶段或六个阶段，但是通常一个项目的全过程至少应该划分成四个阶段，即定义与决策阶段、设计与计划阶段、实施与控制阶段和完工交付阶段。

2）项目阶段的工作分解。任何一个项目阶段或一个完整的项目都可以按照一种层次型的结构化方法进行项目工作包的分解，从而给出一个项目的工作分解结构。这是现代项目范围管理的一种重要理论和方法，借用这种技术方法，人们可将一个项目的全过程分解成一系列的项目工作包，以便能够更细致地确定和控制项目的成本。

3）项目工作包的活动分解。任何一个项目的分解结构和工作包又都可以进一步划分成许多具体的项目活动，这些项目活动都是为生产项目产出物而直接开展作业的。这样可以将项目先划分成项目阶段，然后划分成项目工作分解结构和工作包，进一步分解得到一系列的项目具体活动，最终根据项目活动及其所消耗和占用的资源确定和控制一个项目的成本。因此，一个项目全过程的分解会涉及一系列的项目分解步骤。

项目全过程成本管理方法中首要的和基本的技术方法是项目的阶段、工作和活动分解的技术方法。这套方法从项目全过程成本管理的角度出发，将一个项目的全过程首先划分成多个项目阶段，然后再将这些阶段的项目工作包分解并做出项目工作分解结构，最后进一步将项目的工作包分解成项目活动并给出项目各项活动的清单。这样人们就可以对项目各项活动的成本进行管理，从而实现对整个项目全过程成本的管理。所以在项目全过程成本管理的技术方法中，首先是这套项目阶段、工作和活动分解的方法，这套技术方法是实现对项目全过程每项活动成本进行全面管理的手段和保障。

（2）项目全过程成本确定的方法。要实现对项目全过程成本的管理，就必须开展两方面的工作：一方面的工作是要合理地确定由各项项目活动的成本所构成的项目全过程成本；另一方面的工作是要科学地控制好各项项目活动，从而实现对项目全过程成本的控制和管理。因此，项目全过程成本管理的方法中必须包括这两个方面的具体技术方法，即基于活动的项目全过程成本确定的技术方法和基于活动的项目全过程成本控制的技术方法。只有将二者结合在一起，才能够建立一套项目全过程成本管理的技术方法。

1）项目全过程中各阶段成本的确定。根据项目的阶段性及其阶段划分理论，项目全过程的成本可以被看成是各项目阶段成本之和，公式为

$$\text{项目成本}(C) = \sum_{i=1}^{n} \text{项目不同阶段的成本}(C_i) \quad (1)$$

式中，i 为 1，2，3，…，n；n 为一项目的阶段数。

根据对项目全过程的四阶段划分法，项目的成本可以表述为

$$C = C_1 + C_2 + C_3 + C_4 \quad (2)$$

式中，C_1 为项目定义与决策阶段的成本；C_2 为项目设计与计划阶段的成本；C_3 为项目实施与控制阶段的成本；C_4 为项目完工与交付阶段的成本。

实际上，项目各阶段成本的数额和用途都是各不相同的，如项目定义与决策阶段的成本是由于决策和决策支持工作所形成的成本加上相应的服务利润构成的。通常由于这一项目阶段的工作多数是由项目业主或项目业主聘请的咨询服务机构开展的，所以这种项目决策支持和项目决策工作的代价主要是专家或咨询人员的工资。它在整个项目成本中所占比重较小（平均水平在 1% ～ 3%），其中还包含了委托咨询服务机构提供项目定义与决策服务时应付的相应利润和税金等。项目设计与计划阶段的成本多数由项目设计和实施组织所提供的服务成本再加上相应的服务利润构成，这一部分所占的项目成本比重也不大（平均水平在 3% ～ 5%）。项目实施与控制阶段的成本是由项目实施组织提供服务的成本加上相应的服务利润和在项目实施过程中所消耗和占用的各种资源的价值而形成的，这一阶段的项目成本所占比重最高（平均水平在 90% 左右）。项目最终完工与交付阶段的成本多数是一些检验、变更和返工等新工作所形成的成本（平均水平在 2% ～ 3%）。由于项目成本在定义与决策和完工与交付两个项目阶段的数额均较小，因此一般项目的累积成本都会呈现为一种 S 形的曲线，如图 13-9 所示。

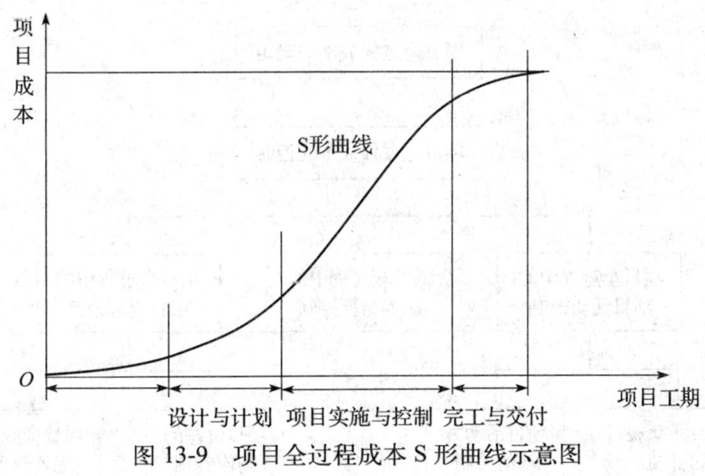

图 13-9　项目全过程成本 S 形曲线示意图

2）项目全过程中各阶段成本的确定。上述每个项目阶段的成本实际上都是由一系列不

同性质的项目活动所消耗和占用的资源形成的，因此要准确、科学地确定一个项目的成本，还必须分析和确定项目所有阶段的成本。根据前面有关项目活动分解的理论和方法，项目每个阶段的成本都是由其中的项目活动成本累计而成的，表达式为

$$项目全过程成本(C_i) = \sum_{j=1}^{m}(AC)_{ij} \tag{3}$$

式中，$(AC)_{ij}$ 为项目第 i 阶段的第 j 项活动的成本；j 为 1，2，3，…，m；m 为项目第 i 阶段的活动数。

3）项目全过程总成本的确定。综合式（1）和式（3），整个项目全过程总体成本就可以按下式计算：

$$项目全过程成本(C) = \sum_{i=1}^{n}\sum_{j=1}^{m}(AC)_{ij} \tag{4}$$

式中，i 为 1，2，3，…，n；n 为项目的阶段数；j 为 1，2，3，…，m；m 为该项目第 i 阶段的活动数。

由上述分析可以看出，项目全过程成本是由项目各个阶段的成本构成的，而项目各个不同阶段的成本又是由每一项目阶段中的项目工作包和项目具体活动成本构成的。所以，在项目全过程成本的确定过程中必须按照项目阶段、工作和活动分解的方法，首先将一个项目划分成一系列的项目阶段，然后进一步分解找出项目的工作分解结构和项目活动清单，最终才能按照自下而上的方法估算得到项目的全过程成本的总和。

（3）项目全过程成本控制的方法。项目全过程的成本是由项目各个阶段、各个工作包和各项具体活动的成本构成的，而这些成本又都是由于在项目实施活动中消耗和占用资源而形成的。因此对于项目全过程成本管理的控制首先必须从管理和控制项目全过程中的每项具体活动入手，通过努力消除与减少无效的项目活动和通过改善项目活动方法提高项目活动的效率，最终才能减少项目活动及其对于各种资源的消耗与占用，从而形成项目全过程成本的降低和节约。另外，人们还必须从项目各项活动消耗与占用资源的直接控制和管理入手，通过科学合理的物流管理和资源配置方法减少由于项目资源管理不善或项目资源配置不当所造成的项目成本的提高。需要特别注意的是，项目活动对于物质资源的消耗和占用又可以分为磨损性消耗（如设备的物理磨损和计算机的技术磨损等）和转移性消耗（如建筑三材和其他材料转移到工程主体中的消耗等），所以人们还需设法找出针对这两类不同项目资源使用方式的成本控制方法。有关项目全过程成本控制的主要内容如图 13-10 所示。

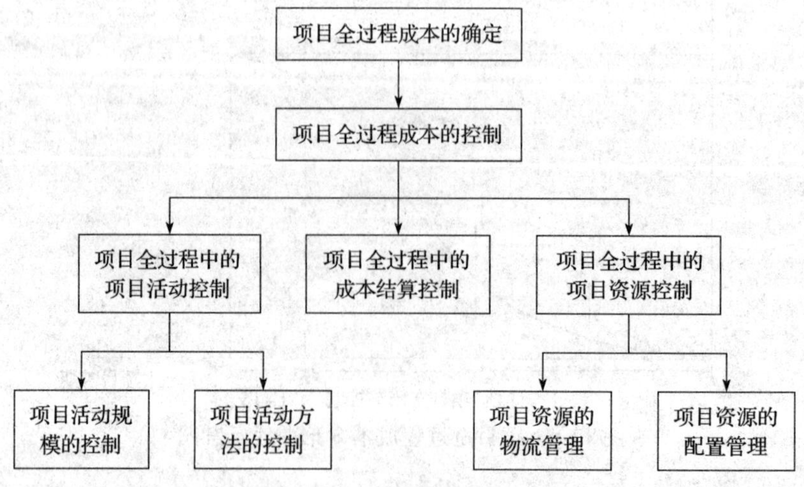

图 13-10　项目全过程成本控制的主要内容

由图 13-10 可见，一个项目的全过程成本控制方法中主要包括如下三项具体的项目成本控制技术方法。

1）项目全过程中的项目活动控制。项目全过程中项目活动的控制工作主要包括两个方面：其一是关于项目活动规模的控制；其二是关于项目活动方法的控制。前者是为努力控制项目活动数量和大小服务的，人们通过消除各种不必要或无效的项目活动，就能够实现节约资源和降低项目成本的目的。后者则是努力改进和提高项目活动的具体方法，进而通过提高项目活动的效率去降低资源消耗和减少项目成本。这两个方面的项目成本控制技术都属于直接项目成本控制方法的范畴，它们能够直接实现降低项目全过程成本的目标，因此在项目全过程成本管理的方法中必须有这样一套相应的项目成本控制技术方法。

2）项目全过程中的项目资源控制。项目全过程中的项目资源控制工作主要包括两个方面：其一是对项目各种资源的物流等方面的管理；其二是对项目各种资源的合理配置方面的管理。前者的主要内容包括项目资源的采购和物流等方面的管理，其主要目的是降低项目资源在流通环节中的资源消耗和浪费，从而实现对项目全过程成本的有效控制。后者的主要内容包括项目资源的合理调配和项目资源在时间和空间方面的科学配置，其主要目的是消除各种各样的停工待料或资源积压与浪费等问题，从而实现对项目全过程成本的有效控制。这两个方面的项目成本控制工作都属于项目成本的直接控制工作，它们能够直接实现降低项目全过程成本的目标。因此，在项目全过程成本管理的技术方法中还必须有这样一套项目全过程成本控制的技术方法，以便直接去控制好项目的全部成本。

3）项目全过程中的成本结算控制。项目全过程中的成本结算控制工作是一种间接控制项目全过程成本的工作，这类工作虽然不能够直接降低项目的各种资源消耗，却可以在很大程度上从财务管理角度出发去减少项目贷款利息或汇兑损益，并在提高资金的时间价值等方面做出一定的贡献。例如，通过正确选择项目的结算方式和结算时间降低项目物料和设备采购或进口方面的成本，通过选择结算货币降低项目外汇的汇兑损益，以及通过及时结算和准时交割减少项目的利息支付等都属于间接的项目成本控制技术方法。虽然这方面的项目成本控制属于间接项目成本控制的范畴，但是它们同样是实现降低项目全过程成本目标的重要手段。

3. 项目全过程成本管理方法的不足

我国提出的项目全过程成本管理的思想还存在很多问题，这些问题主要造成了如下两个方面的不足。

（1）方法论体系方面的问题。由中国项目成本管理界提出的项目全过程成本管理发展到今天，在很大程度上还停留在一种管理理念的层面上。虽然已经有许多人对这种项目成本管理的方法进行了探索和研究，但至今仍没有一套系统的项目全过程成本管理方法体系，这说明到现在为止，还没有形成一套成形的项目全过程成本管理的技术方法。但是如果一种项目成本管理的思想或理论没有技术方法作为支持手段，是难以用来指导管理实践的。也就是说，如果我们只有项目全过程成本管理的思想和理论而没有相应的方法，人们难以真正开展对于项目全过程的成本管理。这一问题正是现在阻碍我们使用项目全过程成本管理方法的关键所在。

（2）配套技术与工具方面的问题。实际上，我们不但需要集中力量对项目全过程成本管理的方法论开展深入而系统的研究，同时我们还必须借用现代管理科学和项目管理科学等方面最新的技术和工具，去建立一套适用于项目全过程成本管理的技术方法和工具。因为即使我们的项目全过程成本管理思想是先进的，但是由于没有相应配套的项目成本管理的技术和工具，人们仍然没有办法使用这种思想和方法开展项目全过程成本的管理，所以这方面的配套技术与工具的研究同样是不可或缺的。我们认为，只有全面建设好项目成本管理的理论、方法、技术与工具，才能够建立起适合市场经济条件的项目全过程成本管理的科学办法。

（五）项目全生命周期成本管理

项目全生命周期成本管理主要是由英国工程造价管理界于20世纪80年代初提出的。在20世纪80年代，以英国项目成本管理界为主的一批人，在项目全生命周期成本管理方面做了大量的研究工作并取得了突破。他们认为项目的全生命周期成本不应该仅仅包括项目实施过程的成本，还要考虑项目完成后在其寿命期内的运营维护成本，从而实现项目的整体利益最大化。这是一种项目成本事前管理的方法，主要是运用全生命周期的思想和方法进行项目的方案设计、比较和选择。

1. 项目全生命周期成本管理方法的核心及特点

现有项目全生命周期成本管理的思想和我国提出的项目全过程成本管理的思想几乎是同一时代的产物，而且原则上说这二者是相辅相成和互为补充的。其中，项目全过程成本管理的思想更多地注重项目实施过程的全过程成本的确定与控制，而项目全生命周期成本管理的思想则更注重项目实施期间和项目运营期间的总体成本最低。这种项目全生命周期成本管理的原理作为项目决策和决策支持时所使用的一种非常重要的工具，已经受到了项目管理者的重视并获得了较好的应用。

（1）它主要是一种项目投资决策的分析工具。有人认为项目全生命周期成本管理的方法只是在项目投资决策、可行性分析和项目备选方案评价等项目前期工作中使用的一种项目决策的方法。实际上，传统的项目评价和决策方法中也都考虑了项目全生命周期的成本或造价。从20世纪30年代就开始使用的项目投资动态评价方法中（尤其是建设项目财务评价中NPV和IRR的计算中）就已经包含了考虑项目全生命周期成本和收益的思想。项目全生命周期成本管理的思想和方法，只是在此基础上进一步考虑项目实施成本和运营与维护成本的集成管理。

（2）它主要是一种建设项目工程设计的思想方法。还有人认为，项目全生命周期成本管理方法主要是一种确定项目设计和实施方案的技术方法，这种方法是在项目设计阶段指导人们选择项目设计与实施方案的方法。实际上，在传统的项目设计过程中，人们也有从项目全生命周期出发考虑设计和实施方案的思想，只是多数属于不自觉的和不全面的。项目全生命周期成本管理思想和方法能够使人们自觉而全面地从项目全生命周期出发，综合考虑项目实施成本和运营与维护成本，以便更科学地设计整个项目的方案，从而在确保项目质量的前提下实现降低项目成本的目标。

2. 项目全生命周期成本管理的基本方法

项目全生命周期成本管理的原理和方法帮助人们在项目的成本管理中很好地综合考虑长远利益（项目全生命周期的成本和价值）和眼前利益（项目实施期间的成本和价值），合理确定项目的成本或投资（项目实施期所投入的成本）与项目的收益（项目运营维护期所创造的价值）。实际上，任何项目首先是为了未来获取一定的利益（或价值）而展开的，所以任何一个项目在实施期间的投入实际上只是一种垫付性的投资行为，这种投资行为的根本指向应该是获得最大的收益。所以，项目全生命周期成本管理的技术方法不应该以节约项目成本为第一目标，而应该以促使项目获得最大收益为第一目标，即实现项目成本的最小化和项目价值的最大化为第一目标。

项目全生命周期成本管理的技术方法要求人们在做项目投资决策时必须充分考虑项目整个生命周期的总体成本的大小，即包括项目实施成本和项目运营与维护成本两方面的成本，而不应当只考虑项目实施过程中的成本。因此，我们必须认真分析每一个可能影响项目全生命周期成本的内部与外部因素。由于项目本身的复杂程度不同，所以项目全生命周期成本确定的难易程度与使用的技术方法也不同。例如，某些项目可以使用一些预测数据分析和处理的方法，而另一些项目则可以用统计数据分析的方法。对一般项目而言，在项目全生命周期成本管理中会用到以下四种独特的技术方法。

（1）项目成本分解结构的方法。项目成本分解结构（Cost Breakdown Structure，CBS）是项目全生命周期成本管理的核心方法之一。这是一种通过识别出全生命周期中所有的成本构成来确定和控制项目全生命周期成本的技术方法。

这种分解方法的目的是找出项目成本的构成要素，即产生项目成本的所有具体因素。这种分解技术方法的步骤为：先根据一定的分类标准对项目全生命周期内的成本构成要素进行逐层细分，直至给出项目各个具体成本构成要素为止。在使用该方法时，首先必须很好地分析和界定一个项目的范围，然后找到合适的项目成本构成要素的分类标志，从而防止在项目成本分解过程中发生遗漏或者重复等方面的问题。在进行项目全生命周期成本分解时，由于项目本身的复杂程度不同，这种分解的难易程度也会不同。但不管项目是复杂还是简单，在使用项目成本分解结构时都应当注意下面几个问题。

1）必须识别出所有的项目成本构成要素。

2）对识别出的成本构成要素作详细说明。

3）找出每个项目构成成本要素所对应的标的。

4）分解满足项目成本管理的实际需要。

5）项目成本分解结构应具有合规、合法性。

6）项目成本分解结构应有一定的类聚性。

（2）项目成本估算的方法。在得到项目成本分解结构之后，人们还必须把所有类别的成本估算出来。具体的成本估算方法有以下三种。

1）直接计算法。如果人们能够掌握项目成本分解结果以及资源价格和成本相关参数，那么他们就能够使用直接计算法得到项目成本的估算。

2）类比估算法。类比估算法是指通过历史数据或者已有项目的经验数据，进行项目成本估算的一种方法。适用这种方法估算出的项目成本多数精度较低，很多情况下会有30%的误差，所以对这种方法的使用必须特别小心。因为这种方法中使用的历史数据会因为实际情况的变化而失去准确性，所以人们必须谨慎地使用这种方法。

3）专家估计法。一直以来，人们对于这种方法心存疑虑，但是当人们无法获得所需要的数据时，这种方法就成了人们唯一的选择。当人们在项目全生命周期成本估算中使用这种方法时，必须认真选择专家，必须将各种相关假设前提提前告知专家，从而支持专家对于项目成本做出估计并最终能够给出正确的项目成本估算结果。

（3）项目资金现值计算的方法。由于项目的资金都是有时间价值的，不管是项目的现金流入还是现金流出，都具有随时间推移而使价值发生变化的特性。因此在项目全生命周期成本的确定和控制方法中，必须考虑项目资金的时间价值。人们可以通过计算项目现金流量折现值的方法，将项目不同时间所发生的成本和收益折为现值，最终将项目不同时点上的现金流量变换成同度量资金现值，从而实现对于项目成本和收益的有效度量和管理。在这一过程中所使用的项目资金折现率，从概念上说与银行利率和通货膨胀率的概念完全不同，它是一种项目所在行业的基准利润率。使用项目所在行业的基准利润率进行折现的目的，是要全面考虑在整个项目全生命周期中项目资金的时间价值。

由于项目全生命周期成本管理方法的最主要作用是帮助人们进行项目决策或项目方案选择以及项目成本的确定与控制，因为人们在对不同的项目或者不同的项目方案进行比较时，必须首先要保证它们之间的可比性，所以人们必须考虑项目资金的时间价值。同时，由于项目全生命周期跨越了项目实施期和项目运营期，所以这往往是一个很长的时间周期，如果不考虑项目资金如此长时间的价值变化，人们是无法实现科学管理项目成本和收益的。通常人们习惯于不考虑项目资金时间价值的数值进行项目成本的确定和项目方案的比较，这正是我国许多项目失败或项目效益低下的主要原因之一。因此，人们必须对项目全生命周期中所发生的成本和收益等现金流量按照行业基准折现率进行折现，科学地确定出成本和分析比较项目方案，从而做出正确而适当的项目决策和项目成本管理。

（4）考虑项目成本影响要素的方法。在项目全生命周期过程中会有很多因素影响到项目成本，所以在项目全生命周期成本管理方法中还必须有一些充分考虑这些成本影响因素的技术方法。

1）通货膨胀影响的计算方法。需要注意的是，项目资金的折现率和通货膨胀率是两个不同的概念，不要把这两个概念相混淆。项目资金的折现率反映的是项目资金的时间价值，或者项目所属行业的投资平均利润率。通货膨胀则是在纸币流通的情况下，由于全社会总供给小于总需求或货币供应量过多，从而引起一国或地区出现的货币贬值或物价上涨的经济现象。但是，正确的项目收益率必须是在排除项目全生命周期中所出现的通货膨胀影响之后得出的，或者说正确的项目折现率是指在通货膨胀为零时计算出来的项目投资回报率。因此，通货膨胀率与项目折现率是完全不同的两个概念。从项目成本管理的角度看，通货膨胀对于项目成本和收益估算的影响必须予以消除。通常情况下，人们使用不变价格的计算等方法消除通货膨胀对于项目全生命周期成本确定和管理所带来的影响。

2）其他因素影响的计算方法。对项目全生命周期成本影响的其他因素主要还包括项目风险影响和项目变更影响。

项目全生命周期成本涉及多年的一个完整周期，在整个生命周期成本估计中必须考虑各种项目风险对于项目成本的影响。因为在项目的全生命周期中存在很多不确定的情况和风险，因此必须考虑风险带来的影响。人们既可以使用简单的项目风险估算方法来计算项目的风险成本，也可以使用各种复杂的仿真与模拟等方法计算项目的风险成本。

同时，事实证明，没有任何一个项目是完全按照项目计划完成的，各种项目都会有各种各样的变更，既有项目业主和承包商提出的主观性变更，也有由于项目条件和环境变化而不得不开展的客观性项目变更。所有这些项目的变更都会造成项目成本的变化，即造成项目成本的增加或减少，所以都需要根据项目变更的有关数据进行项目成本的估算。

3. 项目全生命周期成本管理方法的不足

（1）技术方面存在的问题。项目全生命周期成本管理的主要技术方法是有关如何确定和控制项目全生命周期成本的具体技术方法。其中，最核心的部分应该是如何运用项目成本的分解结构技术方法去分解项目全生命周期中发生的所有成本，然后使用项目成本预测和估算的技术方法去估算和预测项目在全生命周期内将会发生的所有费用，从而确定出一个项目的全生命周期成本。在确定项目全生命周期成本时，由于一个项目的全生命周期跨越的时期范围较长，所以必须考虑项目资金的时间价值及通货膨胀等因素，因此这方面的技术方法也是项目全生命周期成本管理的方法之一。

然而，实际上现有的项目全生命周期成本管理的技术方法存在较多的缺失，这主要表现在两个方面：其一，项目全生命周期成本的分解和确定方面的技术方法存在缺失，虽然已经有人做出了一些像高速公路建设项目、工厂建设项目之类的项目全生命周期成本估算和确定的技术方法，但是现有这类技术方法不管在深度上还是在广度上都存在问题，甚至有很多种类的项目至今还没有相应的项目全生命周期成本的分解和估算方法。其二，项目全生命周期成本控制的技术方法方面的问题更大，甚至存在着严重的缺陷。这也是人们将这种项目成本管理原理仅看作是一种设计和计划方法或工具的根本原因。

（2）应用方面的问题。项目全生命周期成本管理的不足主要包括两个方面：其一，项目全生命周期成本管理在很大程度上只是用于项目方案评价与选择的方法，不能够直接用于准确估算和预算一个项目的成本，所以它主要是用于项目设计和实施方案评估与选择的一种方法；其二，项目全生命周期成本管理在应用上存在较大的局限性，因为一个项目的全生命周期成本中包含着许多不确定性因素，在项目实际实施中项目的计划会有许多的变更，因此人们很难事先准确地确定和优化一个项目的全生命周期成本，而要管理一个项目的全生命周期成本就更难了。

正是由于这些原因，使得项目全生命周期成本管理的方法至今还只是作为一种指导项目投资决策与实施方案优化的理论。

（六）项目全要素成本管理方法

项目成本的基本影响要素共有四个：一是项目范围，二是项目工期，三是项目质量，四是项目成本本身。在现代项目管理中，人们将这四个要素看成是项目成功的基本要素，同时，这四个要素可以看成是相互影响和转化的要素，一个项目的范围、工期和质量在一定条件下可以转化成项目的成本。例如，当需要扩大范围和缩短项目工期时，就会发生项目变更费用和项目赶工费，所以就需要增加额外的资源投入，这样项目范围的扩大和项目工期的缩短就都会使项目成本增加。同样，当需要提高项目质量时也需要增加资源投入，所以项目质量的提高也会使项目成本增加。因此人们必须从影响项目成本的全部要素管理的角度，分析和找出项目范围、项目工期、项目质量和项目成本等要素间的相互关系，进而分析和找出一套项目全要素集成管理的方法。

1. 项目全要素成本管理的主要应用

对于项目活动可以按照两要素集成管理、三要素集成管理以及全要素集成管理等不同的集成管理方法开展。在项目成本控制中，项目集成管理的应用主要有以下几个方面。

（1）项目工期与项目成本的两要素集成管理。在多数情况下，项目工期的提前和拖期都会造成项目成本的上升或下降，反过来，项目成本的增减同样会造成项目工期的变化，这两个项目要素是相关关系但不是线性函数关系。

（2）项目范围与项目成本的两因素集成管理。通常，项目范围的大小决定了项目活动的多少和规模，而项目活动的多少和规模决定了资源消耗和占用的多少，进一步形成项目成本的多少，所以项目成本实际上就是为了完成项目范围所规定的活动而发生的费用，二者是直接相关的。反过来，如果项目成本的预算有严格的限制，那么项目范围就必须根据这种项目成本预算的限制来确定。所以在项目管理中，项目范围和项目成本是紧密关联的两个要素，必须按照项目要素集成管理的方法去管理和控制。

（3）项目质量和项目成本的两要素集成管理。一般来讲，项目成本的削减可能会直接影响项目的质量，因为成本减少就不得不减工减料，从而必然影响项目质量。反之，如果项目质量要求升高或出现返工等项目质量恢复活动，就会直接造成项目成本升高。二者必须要统一考虑并进行集成管理与控制。

（4）项目工期、成本、质量三要素的集成管理。项目的工期、成本和质量这三个要素并不是简单的两两相互关系，而是三者共同相互作用的，因此，对这三个要素必须开展全面集成的管理和控制。

（5）项目范围、工期、成本、质量四要素的集成管理。项目各要素集成管理的最高境界是实现项目全部要素的全面集成管理和控制，但是这是很难实现的，因为人们还没有办法找出一个项目的全部要素之间的配置关系。所以人们最有希望实现的项目集成管理是对项目范围、工期、成本和质量的全面集成管理与控制，并将此称为项目的全要素集成管理与控制。人们必须主动地按照集成管理的原理和方法管理这四个要素，否则项目工作就会出现各种问题，从而造成项目最终无法获得符合要求的项目产出物和无法最终实现项目的目标。

2. 项目全要素成本管理的基本模型和原理

项目全要素集成成本管理的基本模型实际上是在一个项目三要素集成成本管理思想和模型的基础上，再增加项目范围要素所构成的一个项目四要素集成成本管理的模型。项目全要素成本管理的基本模型是以三角形代表项目成本、项目质量和项目工期三个要素，而在三角形中增加一个表示项目范围的内切圆，如图 13-11 所示。

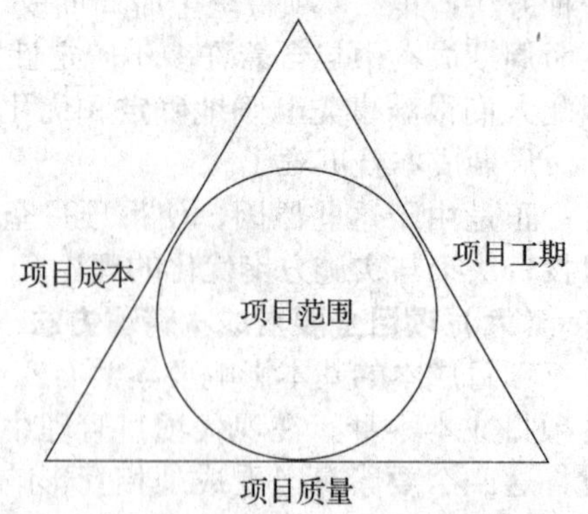

图 13-11 项目全要素成本管理的基本模型

图 13-11 中三角形内切圆的面积表示项目范围的大小，从其中可以看出两方面的关系：其一，项目范围实际上是由项目质量、项目工期和项目成本这三个要素综合决定的，项目的质量决定了项目工作和活动的多少，从而会直接影响项目范围的大小，而项目工期和项目成本也会对项目范围造成直接和间接的影响。其二，项目范围的变化会同时影响其他三个要素，如果项目范围增加，则项目的工期、质量和成本要素都会增加。这些要素之间实际相互影响的大小和方向同样需要具体项目具体分析，但是项目全要素集成成本管理的方法应该以项目成本为核心，集成管理好项目成本、工期、质量和范围，最终为实现项目利益最大化服务。

项目全要素成本管理的方法是借助于美国国防部提出的项目“成本 / 工期控制系统规范”或叫作“挣得值管理系统”的原理开发而来的。作为项目集成管理的一种先进方法，其基本思想和概念是通过引进中间变量“项目已完成作业量的预算成本（BCWP）”来帮助人们分析项目的工期和成本的变动情况并给出相应的信息，从而使项目的管理者能够对项目工期和成本进行集成管理，能够对二者的发展趋势做出科学的预测与判断。

这种项目成本 / 工期控制系统的方法只是项目全要素集成管理中最基本的技术方法，因为它实际上只是实现了项目成本和项目工期两要素的集成管理。但是至今人们还没有研究出能够按照基于配置关系开展三要素或多要素集成管理的技术方法，因而这实际上是现有项目集成管理最基本的技术方法。

3. 项目全要素成本管理的方法

（1）项目全要素集成成本管理计划方法。项目全要素集成成本管理计划方法的核心是如何考虑项目范围、成本、质量和工期的合理配置，以实现项目利益的最大化，通常会用到项目全要素配置关系确定方法。这实际上既是一种项目全要素综合平衡的集成计划方法，也是一种发现项目各要素的合理配置关系的方法。这种方法运用特定项目要素的配置关系试验法，确定项目全要素之间的关系并指导和完成项目集成计划的安排。

项目全要素集成计划和配置关系寻求方法的主要程序如下：首先识别和确定项目质量和项目范围要素之间的配置关系和特征；然后固定这种关系，再确定项目范围同项目工期之间的配置关系；进一步固定这种关系，再确定项目工期和项目成本之间的配置关系；最后固定二者的关系，分析并找出项目成本和项目范围之间的配置关系，从而形成第一个项目全要素配置关系或集成计划的循环。

如果发现此时项目成本与项目范围不匹配，就应采取调整项目成本或范围的方法去解决。如果采用调整项目范围的方法，就需要重新确定项目范围与项目质量之间的配置关系，因为改变项目范围会直接影响项目的质量。然后再按照上述程序进行第二次项目全要素配置关系和集成计划的循环。以此类推，直到找出项目全要素四者之间科学合理的配置关系，最终才能够做出项目的集成计划，并根据这种配置关系去开展项目全要素集成的成本管理。

在项目全要素集成成本管理中，当项目某个要素出现变更时，其他要素必须按照这种匹配关系进行相匹配的变更。这种项目全要素配置关系和集成管理的方法也被称为项目全要素的分步集成的方法。

（2）项目全要素集成成本管理控制方法。项目全要素集成成本管理计划方法主要包括两步：一是分析并找出项目要素管理的问题及其根源；二是分析并找出解决问题的最佳方法与方案。同时还应在项目全要素集成成本管理控制方法中使用项目变更集成控制系统的方法。

项目变更集成控制系统方法是一种由改变、修订或变更项目任何一个要素都必须遵守的程序和办法所构成的集成控制系统。这个系统包括：项目变更的审批程序、变更跟踪控制体制、审批变更的权限层级规定和项目变更的文档化管理要求等。对于项目全要素集成成本管理而言，没有项目变更集成控制系统是不行的，所以必须根据项目的具体组织与管理情况，建立和完善项目变更控制系统。一般项目变更集成控制系统需要建立一个专门发展接收或拒绝项目变更要求的项目变更集成控制委员会，该委员会必须使用正式文件对项目变更做出明确的规定和说明。这种项目变更控制系统还必须包括处理项目变更的控制一整套程序，以及所有的项目变更都必须有正式文件证明和记录实施情况，这样可以很好地辅助人们开展项目全要素集成成本的管理。

（七）项目全风险成本管理方法

1. 项目全风险成本管理概述

项目全风险成本管理是从对于项目的确定性成本和不确定性成本进行全面管理的角度提出的一种项目成本管理的技术方法。在这种技术方法中，最为重要的部分是关于项目风险性成本的确定和控制的技术方法。

人们要确定项目的风险性成本，就首先要知道项目风险性成本的分布情况。项目风险性成本的理论分布是指项目各种风险事件所造成的风险性成本从理论上所具有的概率分布情况，这可以通过理论推导和使用风险事件的模拟仿真等方法获得。从理论上说，不同种类的项目风险事件及其所形成的项目风险性成本的概率分布都是不同的。

当项目活动的成本变动范围较小，不确定性很低，且发生概率很高时，就表明该项目活动成本的变动性很小，这实际上可以看成一般意义上所说的确定性项目活动的成本。而当项目活动的成本变动范围很大，不确定性很高，而它们的发生概率也较低时，表明项目活动的成本会因各种条件的变化而发生很大的变化，这就是一般意义上的项目不确定性成本。人们可以根据在项目风险分析与风险识别中所得到的信息，去找出这些项目具体活动的可能分布，从而可以根据它们的概率分布去进一步分析找出它们的期望值或者说是“最可能”的值，以最终确定它们的风险性成本。

但是使用这种方法确定具体项目活动的风险性成本，有时会非常困难和复杂，而且是很费时费力的，因此人们开始研究如何通过一种相对简单的办法去解决这一问题。英国的Stephen Grey等人研究发现，这些各不相同的项目风险性成本的分布最可行的简化办法，也是人们最能够接受的方法，就是将它们统一简化成一种三角分布（Triangle Distribution），如图13-12所示。

图13-12中的三个点分别代表一项活动的最小成本及其发生概率（c_1，p_1）、最可能成本及其发生概率（c_2，p_2）和最大成本及其发生概率（c_3，p_3）。根据这些项目活动成本的数据，人们就可以通过下面的公式求出项目活动成本的期望值E，而这个期望值就可以作为项目的风险性成本。

$$E = c_1p_1 + c_2p_2 + c_3p_3$$

其中

$$p_1 + p_2 + p_3 = 1$$

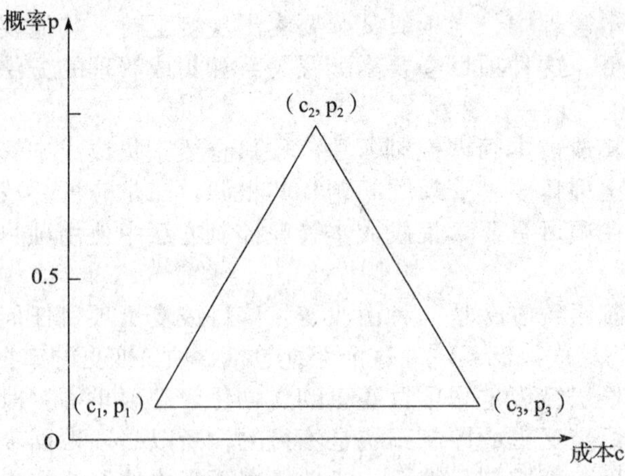

图 13-12　项目具体活动风险性成本的三角分布模型

因此，人们在进行项目全风险成本管理时，首先需要使用这类方法找到项目各个活动的最小、最可能和最大成本，然后进一步分析和确定出项目各项活动的风险性成本。最终人们可以使用这种方法获得整个项目的风险性成本，并且根据这些项目活动成本的风险大小以及风险情况去开展项目全风险成本管理。

2. 项目全风险成本管理方法的构成及模型

项目全风险成本管理的方法是一种主要用于对项目风险性成本进行管理的方法。人们要开展项目风险性成本的管理，首先必须从造成项目风险性成本的项目风险与项目活动风险入手。因为只有识别出了一个项目所存在的各种风险，才能确定出项目的风险性成本并找到造成项目风险性成本的根本原因，然后才能确定项目风险应对措施和方法以规避和削减这些项目风险及其后果，从而实现对于项目全风险成本的管理与控制。所以，项目全风险成本管理方法的构成主要包括以下几个方面的内容。

（1）项目风险和风险性成本识别的方法。这是一套用于识别一个项目全过程和活动中存在的风险及其引发的风险性成本的方法。这套方法主要用于识别和确定与项目过程和活动有关的风险和风险性成本，以便下一步对其做出必要的项目风险和风险性成本的定量性度量。

（2）项目风险定性和定量度量的方法。这是一套用于度量一个项目全过程和活动中存在的风险的发生概率、后果严重程度、影响范围大小和时间进程以及风险征兆的方法。这套方法主要用于定性或定量地度量与项目过程和活动有关的各种后果，以便下一步对其做出必要的项目风险的应对和控制。

（3）项目风险性成本确定的方法。这是一套用于度量和确定项目全过程中各项项目活动的风险性成本以及整个项目的全风险成本的方法。在这套方法中，通过使用三角分布简化的办法确定所有项目活动风险性成本，然后使用期望值计算的方法确定一个项目的全风险成本。

（4）项目风险应对与控制的方法。这是一套用于应对和控制项目各项活动中的风险的方法。这是由项目的风险规避、风险分担、风险转移、风险化解、风险后果削减等一系列具体项目风险应对措施构成的一套方法。它是一套通过控制项目风险去管理和控制项目风险性成本的方法。

（5）项目全风险成本的控制方法。这是一套用于直接控制项目风险性成本的方法。这套方法借助于直接控制项目风险去努力降低项目活动的风险性成本，同时还包括有关项目结算和变更控制等方面的项目风险性成本的直接控制方法，而且也包括对于项目不可预见费或管理储备的管理办法。

其中，项目全风险成本管理的方法最主要的三方面是：项目风险识别的方法、项目风险成本确定的方法以及项目全风险成本过程控制的方法。这三者构成了一个完整的项目全风险成本管理方法。

（八）项目全团队成本管理方法

1. 项目全团队成本管理概述

项目全团队成本管理的基本原理是通过项目全体相关利益者的共同参与和努力，通过由项目全体相关利益者共同组成的项目全团队去做好一个项目的成本管理。由于一个项目的相关利益者之间可能有各自不同的利益，所以他们之间会存在相互的利益冲突。因此必须使项目全体相关利益者找到大家共同的利益，并由此使他们形成合作伙伴式的关系，最终才能更好地通过项目全团队的合作实现项目成本管理的目标。

确切地说，项目全团队成本管理的基本原理就是由一个项目的主要相关利益主体，按照合作伙伴式的关系建立一种共同管理项目成本的关系，最终通过共同努力实现"共赢"的项目成本管理目标。例如，项目业主要为项目提供资金与各种资源的支持与保障，项目承包商要在项目实施中努力节约资源和保证质量与工期，而项目的供应商则应该积极保证项目各种设备和资源的供应等。他们之间的关系一方面通过相互签署的合同来保障；另一方面通过共同签署的项目合作伙伴协议来保障。当然，项目全团队的全体成员在项目合作中的地位是完全平等的。项目管理的实践已经证明，人们只有通过真正平等的合作，才有可能使用项目全团队成本管理的方法，才有可能通过项目各相关利益主体的努力，最终管理好一个项目的各种成本。

2. 项目全团队成本管理的方法

项目全团队成本管理的具体做法分述如下。

（1）找出项目的全体相关利益者。任何一个项目都有自己独特的相关利益主体，人们可以通过对项目相关利益主体分析去找出来，并分析和确定其中的主导者和主要的相关利益主体，以便由项目主要相关利益主体去组成项目全团队成本管理的那个"全团队"。

（2）决定采用合作伙伴式的关系。由项目全团队成员共同决定采用合作伙伴的管理模式，然后进一步制订和签署《项目合作伙伴关系协议》。该协议是在项目合同的基础上，按照合作伙伴关系规范"全团队"成员行为的基础文件。虽然它并不具备法律效力，但它对全团队成员行为具有一定的约束力。

（3）选定合作伙伴关系的合作促进人和工作组。在项目全团队成本管理中，项目合作促进人（Project Facilitator）以第三者的独立身份出现，充当项目全团队成本管理中的合作促进者。他在经济利益上必须与全团队其他成员任何一方均无瓜葛，他是促进项目合作伙伴关系而开展工作的合作促进人。同时，项目全团队成员还需要派人组成合作工作组，以便共同开展项目全团队成本管理工作。

（4）开展项目全团队成本管理。有了上述协议和促进人与工作组之后，人们就可以按照合作伙伴式的关系，按照"共赢"的原则去开展项目全团队成本管理了。在这种项目成本的管理中，项目全团队的成员是平等的，所有的项目相关利益主体都必须为项目成本管理的目标提供支持和服务。只是不同的项目全团队成员在服务方式与内容方面有所区别而已。

在这一方法的步骤中，除了最初的项目全团队组织建设外，主要是由一个不断重复的项目全团队成本管理会议和根据这些会议纪要而开展的项目全团队成本管理的日常作业的循环构成的。这一项目全团队成本管理的作业流程可以根据具体项目的特殊情况和特殊要求进行调整，但是其基本内容和做法是相同的。

第二节　项目融资管理

项目融资是“通过项目来融资”，是“以项目的资产、收益作抵押来融资”，是一种无追索权或有有限追索权的融资或贷款。这区别于“为了项目而融资”，后者是一个广义概念，指的是为建设、收购或者整合一个项目进行的融资活动，它往往是以整个企业的资信作为背景去贷款或者发行股票、债券等。

项目融资用来保证贷款偿还的首要来源被限制在项目本身的经济强度中。项目的经济强度是从两个方面来测度的，一方面是项目未来的可用于偿还贷款的净现金流，另一方面是项目本身的资产价值。

项目融资源于西方发达国家，最先是应用于资源项目，之后是应用于基础设施项目。目前它已发展成为一种资源开发项目和大型工程项目等筹集大量资金的卓有成效并且日趋成熟的融资手段。

一、项目融资的基本特征

项目融资一般应具备以下一些基本特征。

（1）至少有项目发起方、项目公司、贷款方三方参与。

（2）项目发起方以股东身份组建项目公司，该项目公司为独立法人，从法律上与股东分离。

（3）贷款银行为项目公司提供贷款。贷款银行主要靠项目本身的资产和未来的现金流量作为贷款偿还保证，而原则上对项目公司之外的资产却没有追索权或仅有有限追索权。即如果项目公司将来无力偿还贷款，则贷款银行只能获得项目本身的收入与资产，对项目发起方的资产却基本上无权染指。

由以上三条基本特征，可以推断出项目融资的其他一些“衍生”特征。

（4）出于自身安全的需要，贷款银行必然对项目的谈判、建设、运营进行全过程的监控。

（5）由于涉及项目风险的合理分担，项目融资必然要以复杂的贷款和担保文件作为项目各方行为的依据。

（6）由于贷款方承担的风险较高，其要求的利率也必然较高，再加上其他各种费用，使得项目融资整体费用较高。

（7）由于项目融资是一个复杂的过程，因此对项目主办者及经营者的要求都很高，从另一个方面看，能否成功地进行项目融资，也成了考察和评价项目主办者、经营者能力高低的一个标准。

二、项目融资的参与人

项目融资具有多方面的参与人，参与人的有关担保，对贷款的取得和项目的完工起着关键作用。项目贷款的参与人和他们的职责与作用如下。

（一）主办单位

主办单位即项目的主管单位和部门，它从组织上负有督导该项目计划落实的责任。贷款虽非根据主办单位的保证而发放，但如发生意外的情况，导致项目所创造的收入不足以偿付债务时，主办单位在法律上负有拿出差额资金，用以偿债的责任，所以，贷款人发放贷款时，对主办单位的资信情况也十分关注。

（二）承办单位

承办单位也称项目单位，是为工程项目筹措资金并经营该工程的独立组织。承办单位有独资的，也有合资的。

（三）合伙人

承办单位选择一个资力雄厚、信用卓著、经营能力强的合伙人的好处在于：①可利用合伙人入股的产权基金；②合伙人有可能对该项目另外提供贷款；③合伙人可协助该工程项目从国外市场融通资金，外国合伙人的资信状况是贷款人提供贷款的重要考虑因素。

（四）贷款人

根据工程项目的具体情况，国内外的信贷机构、各国政府和国际金融组织均可成为工程项目的贷款人。

（五）设备供应人

项目设备的供应人在保证项目按时竣工中起着重要作用。贷款人关心运输机械设备、电力、原材料等供应商的资信与经营作风，这是他们考虑是否发放贷款的因素之一。争取以延期付款方式向供应商支付货款，是承办单位获得贷款的一条渠道。

（六）工程产品的购买人或工程设施的用户

偿还项目贷款的资金来源主要依靠项目产品销售或设施使用后的收入，因此，购买人（或用户）承担的购买产品（或使用设施）的合同义务，为贷款的偿还提供了可靠的保证。购买人（或设施用户）有时是一个，有时是几个，他们的资信状况是能否取得贷款的最重要因素。

（七）工程师和承包公司

工程师和承包公司是工程技术成败的关键因素，他们的技术水平和声誉是能否取得贷款的因素之一。

（八）外国政府官方保险机构

银行等私人信贷机构向工程项目提供贷款，常常以能否取得外国政府官方信贷保险机构的信贷保险为先决条件，这些机构也是项目贷款的主要参与人。

（九）托管人

在大型工程项目的资金筹措中，往往有托管人介入。其主要职责是直接保管从工程产品购买人（或设施用户）处所收取的款项，用以偿还对贷款人的欠款。托管人保证在贷款债务未清偿前，承办单位只能按规定的原则提取和动用部分该笔款项。

三、项目融资的主要类型

（一）无追索权项目融资

无追索权项目融资也称为纯粹的项目融资，是指贷款人对项目的主办单位没有任何追索权，只能依靠项目所产生的收益作为还本付息的来源，并可在该项目的资产上设立担保权益。此外，项目主办单位不再提供任何信用担保。如果该项目中途停建或经营失败，其资产或收益不足以清偿全部贷款，贷款人也无权向主办单位追偿。在这种融资方式下，贷款的还本付息完全依靠项目的经营效益。同时，贷款人为保障自身的利益，必须从该项目拥有的资产取得物权担保。如果该项目由于种种原因未能建成或经营失败，其资产或受益不足以清偿全部的贷款时，贷款人无权向该项目的主办人追索。这种类型的项目融资对贷款人的风险很大，一般很少采用。

（二）有限追索权的项目融资

这是普遍采用的一种项目融资形式。在这种形式下，贷款人除依赖贷款项目的经营收益作为还债来源和取得物权担保外，贷款人还要求有项目实体以外的与项目完工有利害关系的第三方当事人提供各种担保。贷款人有权向第三方担保人追索，但担保人承担债务的责任，以他们各自提供的担保金额为限，所以称为有限追索权的项目融资。第三方当事人包括设备供应人、项目产品的买主或设施的用户、承包商等。当项目不能完工或经营失败，从而项目本身资产或收益不足以清偿债务时，贷款人有权向上述各担保人追索，但各担保人对项目债务所负的责任，仅以各自所提供的担保金额或按有关协议所承担的义务为限。通常所说的项目融资，均指这种有限追索权的项目融资。

由于提供融资的机构对项目的发起人没有完全追索权，这是设计项目融资要达成的一个重大目的。具体来说，融资协议中追索的形式和程度取决于贷款人对项目风险的评级和项目融资结构的安排，同时也与项目发起人的财务状况、资信等级、技术经验、管理能力等因素有密切关系。这意味着借款人的风险和可能损失得到一定的控制，但同时对贷款人而言就不太有利。

四、项目融资监督与管理的主要内容

在项目融资程序的管理工作中，贷款人还须进行一定的监督，只有在监督中发现问题，才能及时督促帮助项目单位加以解决，从而达到管理的目的。监督的内容很多，现主要对项目准备时期、项目执行时期和项目投产时期的监督内容加以说明。

（一）项目准备时期

自列为备选项目起到签订贷款合同止的时期内，监督管理的主要内容如下。

（1）帮助建立和调整项目管理机构。健全的管理是执行好项目的重要前提，同时，还应按不同的施工方式落实项目的施工机构。这是进入项目执行期前必须完成的准备工作。

（2）对技术设备采购的督促检查，重点是对引进技术和设备前期工作的督促和帮助。督促借款人及时询价、考察，做好招标、比价的准备工作，以便合同签订后，引进和采购工作能尽快进行。对设备的采购也应开始订货，落实生产厂家。

（3）对初步设计和概算的审查分析。项目正式批准后，督促借款人做好项目初步设计，并进行审查，同时审查概算，防止超过原批准投资总额。

（4）对融资合同的监督审查。督促项目单位与贷款人签订贷款合同，并审查融资合同生效的先决条件是否具备、还款资金是否有来源、担保文书是否落实等。

（二）项目执行时期

项目执行期即融资项目建设期，自签订借款合同起至项目建成投产止。这是对融资项目进行监督的最主要时期。其主要内容如下。

（1）对融资合同中规定的支款前提条件是否已经满足进行审查，否则不能支款。

（2）对技术设备及其价款结算和支付的监督，重点是对引进技术和进口设备的监督。一是督促帮助项目单位及时做好各项采购工作，取得符合技术要求、价格适宜的设备；二是对技术设备价款的结算和支付进行事前检查，促使项目单位按计划采购并节约资金。

（3）对工程施工及价款结算和支付的监督。一是督促项目单位组织好建筑安装工程施工，并帮助解决存在的问题；二是对工程价款和其他费用的结算和支付进行事前检查，促使其按计划、进度节约用款。

（4）对项目执行和资金使用等情况的检查和问题的处理。

（5）在竣工验收时的检查监督，主要在工程接近完工阶段，对设备试车情况和工程收尾情况进行检查，帮助解决影响工程收尾的问题，以促使工程竣工投产。

（三）项目投产期

项目投产期是指从融资项目投产起至还清全部贷款本息止。这一时期内监督管理的主要内容如下。

（1）对生产经营情况的检查，主要通过报表分析和现场检查，了解项目投产后能否达到设计生产能力，经营是否盈利，是否完成出口创汇计划等。如存在问题，应帮助分析原因，督促改进。

（2）对还本付息情况的检查，主要检查是否按计划、按合同规定还本付息。如发现问题，要督促借款人尽早设法偿还。

（3）项目结束后的事后评价。这是对融资项目建设、投产工作和贷款管理工作的全面总结，由借款人和贷款人从不同角度进行。既总结项目的经验教训，又分析贷款人工作的得失，通过反馈，改进贷款人的贷款工作。

五、项目融资风险管理

（一）项目融资风险的识别

在项目融资中，风险的合理分配和严格管理是项目成功的关键，因此是项目各参与方谈判的核心问题。了解项目融资的风险及其分配和管理是项目融资活动最重要的方面。

项目融资风险管理的内容和程序是：识别风险；估计风险；制订应对措施；编制风险管理计划并付诸实施。

项目融资中的风险，大体上可分为两类：系统风险和非系统风险。系统风险是指与市场客观环境有关的、超出了项目自身范围的风险，一般指国家风险，主要包括主权风险和政治风险；非系统风险是指可由项目实体自行控制和管理的风险，一般指商业风险，主要包括完工风险、经营和维护风险及环保风险等。系统风险不能通过增加或调整不同类型的投资数量而排除，非系统风险可以通过多样化、分散化的投资战略加以避免或降低。然而，这两种风险的划分并不绝对。有时候系统风险也可以通过一定的手段予以消减，而另外一些时候非系统风险是无法避免的。

1. 项目融资的系统风险

项目融资所涉及的系统风险主要有政治风险、获准风险、法律风险、违约风险、经济风险和不可抗力风险。

（1）政治风险是指那些由于战争、国际关系变幻、政权更迭、政策变化而导致的项目的资产和利益受到损害的风险。它主要涉及两大类：一类是关于政局的稳定性；另一类是关于政策的稳定性。

（2）获准风险是指项目的开发和建设得不到或不能及时得到项目东道国政府的授权或许可的风险。无法或推迟获准的主要原因有设计缺陷、环保缺陷、不符合政策导向、地方政府反对、突破了基建或外债计划等各种因素。如果不能及时得到政府的批准，就会使整个项目无法按计划进行，造成拖延。

（3）法律风险是指由于东道国法律体系不完善和法律变动给项目带来的风险。当法律不完善时，项目融资所依赖的各种担保可能无法有效地起作用，贷款方和投资者对项目资产和其他抵押品的控制权力难以得到法律保护。东道国法律变动给项目带来的风险主要体现在以下几个方面：①当出现纠纷时，东道国是否具有完善的法律体系提供仲裁，解决纠纷；②东道国是否具有独立的司法制度和严格的法律执行体系执行仲裁结果；③根据东道国的法律规定，项目发起人能否有效地建立起项目融资的组织结构和日后的项目经营。

由此可见，法律健全与否对约束项目融资各参与方的行为关系极大。因此，东道国法律的变动会改变对各参与方的约束，进而改变各参与方的地位，带来的风险是不言而喻的。

（4）违约风险是指项目参与方因故无法履行或拒绝履行合同规定的责任和义务。它可能表现为项目发起人资金不能按时到位、贷款方贷款不及时拨付、承建商无法按要求完工、借款人无力偿债等多种形式。在法制不健全的国家，有关违约屡见不鲜，由于缺乏对违约者的强有力手段而导致违约风险大增。

（5）经济风险主要是指在经济活动中项目外部经济条件变化导致的风险，主要包括市场风险、外汇风险和利率风险。

1）市场风险是指项目公司建成后由于市场需求下降、竞争加剧或价格条件恶化导致项目产品无法按预测价格出售，项目效益无法实现的风险。项目投产后的效益取决于其产品在市场上的销售情况和其他表现。因此，项目公司必须直接面对市场风云变幻的挑战。产品在市场上的销路和其他情况的变化就是市场风险。市场风险主要有价格风险、竞争风险和需求风险。这三种风险很难截然分开，它们之间相互关联、相互影响。

市场风险不仅同产品销售有关，而且还存在于原材料及燃料的供应方面。如果项目投产后原材料及燃料价格的涨幅超过了项目产品价格的增幅，那么项目的收益势必下降。

2）外汇风险包括外汇的自由兑换、汇出限制和汇率波动（货币贬值）对项目参与方的损害。外汇风险通常包括三个方面：东道国货币的自由兑换、经营收益的自由汇出及汇率波动所造成的货币贬值问题。项目融资各参与方都十分关心外汇风险。境外的项目发起人希望将项目产生的利润以自己本国的货币或硬通货汇回国内，避免因为东道国货币贬值而蒙受损失。同样，贷款方也希望项目能以同种货币偿还贷款。

3）利率风险指项目在经营过程中，由于利率变动直接或间接地造成项目价值降低或收益受到损失。如果投资方利用浮动利率融资，一旦利率上升，项目生产成本就会攀升；而如果采用固定利率融资，日后万一市场利率下降便会造成机会成本的提高。

（6）不可抗力风险是指项目的参与方不能预见且无法克服及避免的事件给项目所造成的损坏或毁灭的风险。例如，自然灾害、瘟疫、战争行为、工厂和设备遭受意外损坏等风险。

2. 项目融资的非系统风险

与项目融资有关的非系统风险主要有完工风险、经营和维护风险、环保风险等。

（1）完工风险是指项目建设无法完工、延期完工、成本超支或完工后无法达到预期运行标准的风险。其主要表现形式为：项目建设延期；项目建设成本超支；由于种种原因，项目迟迟达不到设计规定的技术经济指标；在极端情况下项目完全停工放弃。

（2）经营和维护风险是指在项目的经营维护过程中，由于经营者的疏忽或能力低下导致重大问题，使项目无法按计划运营，获利能力受到影响的风险。例如，原材料的供给中断，设备安装、使用不合理，产品质量低劣，管理混乱，等等。这些问题都可能直接使项目无法按计划运营，最终将影响项目的获利能力。除了与经营者相关的问题之外，经营维护风险还包括技术风险和生产条件风险。

1）技术风险是指存在于项目生产技术及生产过程中的那些问题，如技术工艺是否在项目建设期结束后依然能够保持先进、会不会被新技术所替代，厂址选择和配套设备是否合适，原材料来源是否有保证，工程造价是否合理，技术人员的专业水平与职业道德是否达到要求，等等。

2）生产条件风险包括原材料、能源的供应是否可靠，交通、通信及其他公用设施的条件是否便利。

（3）环保风险是指项目在建设或投产阶段，因违反环保法规的规定而对项目预期收益的影响。当项目没有对承担环保责任的成本费用进行预算或有意逃避环保责任，都可能因环保问题而给项目带来重大损失。

近年来，工业对自然环境及人们生活和工作环境的破坏已经越来越引起社会公众的关注，许多国家的政府制定了严格的环境保护法律来限制工业污染对环境的破坏，并强制肇事者对自己造成的污染进行清理，交纳巨额罚款。对项目公司来说，要满足环保的各项要求，就意味着成本支出的增加，尤其是对那些利用自然资源或生产过程中污染较为严重的项目来说更是如此。但从长远来看，项目必须对增加的成本自行消化，这就意味着提高生产效率，努力开发符合环保标准的新技术和新产品。

（二）项目融资风险管理

项目融资存在各种风险。但到底有哪些风险则与项目本身及其环境的具体情况有关。某些风险的发生概率及其后果可以通过采取措施来改变。例如，通过加强质量保证体系来降低经营和维护风险，还可以通过保险或担保等手段转移或分散某些风险。但是，这些技术性措施不可能根除所有风险，这也就是风险的客观性。可见，在尽可能地采取了各种措施降低各种风险水平之后，还必须考虑如何在项目各参与方之间分配那些不能根除的风险的问题。风险管理与分担的一般原则是，在参与项目活动的过程中，谁最有能力控制该项风险，且能产生最好的整体效益，则将该风险分配给谁。例如，东道国政府不愿意承担商业风险，只愿意承担政治风险；而境外投资者却正好相反，它们有能力承担商业风险而对政治风险望而却步。在这种情况下，如果能够通过各种协议让参与方各得其所，使风险各就各位，那么境外投资者和东道国政府都不会因为不得不面对自己不熟悉的风险而将风险成本估计过高。

在进行项目融资风险管理时，必须注意以下问题：①确定关键风险因素；②各方的风险承担能力；③风险在谁的控制范围内；④由谁处理风险对整个项目最经济有效；⑤谁可以享有处理风险的最大收益；⑥若风险发生，损失将由谁负责。

风险管理有两条明确的基本原则：将风险分配给最有能力承担这种风险的一方；承担风险的一方努力降低风险，并应获得与风险相应的回报。在这两条原则下，风险管理的方法有以下几种。

1. 风险预防

在项目融资早期，应努力致力于降低风险出现的可能性，即防患于未然，如做好市场调查、场地调查、备用计划等，以适应可能的技术或市场变化所引起的风险冲击。

2. 风险分配

风险通常分配给政府和项目公司，后者再将风险分配给公司的各个股东。

（1）政府通过担保、承诺的形式承担一部分企业不能把握的风险；政府还可通过各种支持手段促进项目的运行，降低项目公司的风险。政府采用的手段有以下几类：①支持贷款；②最低限额的运营收入；③外汇兑换保证；④利率保证；⑤运行现有设施的许可；⑥“无第二个设施”保证；⑦商业自由。

（2）项目公司一般承担建设成本、建设进度、经营成本、服务质量、设备采购、原材料及燃料采购、环保等风险，并通过商务和承包合同或者通过保险将风险再分散给项目公司的各个股东及保险公司。

1）承包商与项目公司之间一般签订一份固定价格的施工合同，由承包商承担施工成本超支风险、施工延期风险、施工阶段的技术风险。

2）设备供应商。在建设期间设备供应商将作为承包商的分包商。在合同中供应商在整个项目期间或在项目的早期以合理的价格提供备件，承担有关风险。

3）运营商。在项目的早期运营商就应参加到项目的工作中来，并在设计阶段就考虑到运营成本，这样能降低运营风险。

（3）保险分为不能保险的风险和可保险的风险。

1）不能保险的风险。不可抗力不能保险，或者不能按合理的成本保险。在BOT（Build Operate Transfer，即建设—经营—转让方式，在我国有时称为“特许权融资方式”）项目中，贷方通常坚持要求当地政府为不可抗力事件提供保障。

2）可保险的风险包括商业风险保险和政治风险保险。

（a）商业风险保险。BOT项目一般都有工厂和设备的意外保险、第三方责任保险、工人的赔偿保险及其他商业可保险的风险。依靠当地政府的支持，项目公司可以寻求包括项目中断、现金流入中断等类似风险的商业保险。

(b) 政治风险保险。BOT 项目中，通常的外国商业贷方和外国股本投资者都会向他们自己的出口信贷机构或者如世界银行这样的多边国际组织寻求因动乱、暴力等原因造成的政治风险的保险。

(4) 保证和保函的形式有数种，包括投标保函（保证）、履约保函（保证）、预付款保函（保证）、置留保函（保证）、完工保函（保证）、维修保函（保证）等。项目公司通过金融机构提供的保函（保证）来降低项目的风险。

3. 主要风险的管理

(1) 国家风险管理。

1) 贷款银行与世界银行等多边金融机构和银行联合发放贷款。

2) 形成一个国际性的投资和贷款集团。

3) 投保政治风险。政治风险不同于商业风险，后者是可控的，一般项目投资者自身很难解决政治风险问题，因而需要第三方参与，为贷款银行提供政治风险担保。这种担保通常由项目所在国政府和中央银行提供，有时还需要世界银行、地区开发银行及一些工业国家的出口信贷和海外投资机构等提供担保。此外，商业担保公司逐渐参与到政治风险担保中是最近的发展趋势，因为有些项目不具备政府出口信贷或保险机构提供政治风险担保的条件，或者风险价值超过政府机构进行政治风险担保的限额，或者项目投资者不满意政府政治风险担保的条件。

4) 从项目主办政府获得固定期限内自由利用财产的许可。

5) 把各种担保尽量置于东道国管辖之外。

6) 选择外国法律为依据。

7) 和政府部门谈判给予补贴。

8) 政治风险担保。努力寻求东道国政府、中央银行、税收部门及其他有关的政府机构的书面保证，争取得到他们的政策支持，即在税收和外汇管制等方面尽量采取有利于项目的措施。

(2) 金融风险管理。对金融风险的防范和分担，贷款人应视具体情况采取不同的措施：对汇率和利率风险，可以通过使用金融衍生工具进行套期保值，锁定风险。不过，这种方法在东道国金融市场不完善的情况下会受到限制。此时，境外项目发起人和贷款银行一般会要求东道国政府或国家银行签订远期外汇兑换合同，把汇率水平锁定在某一价位上，从而降低汇率波动带来的风险。但东道国政府和国家银行一般不愿意承担这个风险，此时需要项目公司同政府及银行签订专门的合同，规定在一定范围内由各方分摊相应的汇率风险。

具体表现为：①构造不同的合同结构使项目的收入与债务支出货币相匹配，尽量减少货币贬值风险；②通过在当地举债，尽量减少债务偿还时货币兑换引起的货币贬值；③取得东道国政府保证项目公司优先获得外汇的协议和出具外汇可获得的担保；④利用金融衍生工具如掉期、期权、期货、远期等和约减少货币贬值风险；⑤利用硬通货支付。

(3) 决策风险管理。决策风险的管理和防范：一是要提高决策者的风险意识，谨慎决策；二是要建立有效的决策机制；三是要建立风险预警监控体系。

意识决定行为，在成熟的现代企业的企业文化需要注入风险防范的内容，使得从企业决策者到普通员工，都树立风险防范的意识，否则，在这个时刻面临各种风险的开放的竞争环境中，忽视风险意识的企业，必然会被市场淘汰。

企业建立良好有效的决策机制是防范决策风险的重要保证。良好有效的决策机制主要表现在：适当的分权，有效的监督，管理层级的减少。适当的分权，可以使企业决策者集中精力于企业的重大决策事项，避免因为决策事项过于集中于企业高级决策机构，而导致的决策失效；建立有效的决策监督机制，可以防止企业决策者滥用决策权，或者由于道德风险而产生的决策风险；减少管理层级，可以减少决策信息的损耗，增加决策的及时性和准确性。

建立风险预警监控体系，是决策风险进行全过程控制的重要一环。这个体系应当是覆盖企业经营的各个方面，兼有风险预测、风险识别、风险处置等职能。这个体系的核心功能在于决策信息的及时收集和分析，为决策提供决策信息。

（4）完工风险管理。相应的风险管理是：在招投标阶段，承包商可以通过风险分析明确承包中的所有招标风险，有助于确定应付风险的预备费数额，或者核查自己受到风险威胁的程度；招标后，投资业主通过风险分析可以查明承包商是否已经认识到项目可能会遇到的风险，是否能够按照合同要求如期完成项目。

（5）经营风险管理。经营风险的具体表现形式有以下几种。

1）技术风险。银行原则上为采用经市场证实的成熟生产技术或有较强技术保证的先进生产技术的项目安排有限追索性质的项目融资，才能够降低技术风险，而操作工艺低劣或者新工艺则会提高技术风险。

2）资源风险。足够的资源覆盖率（即可采资源总储量/计划开采资源量）和最低资源储量担保也能降低资源风险，尤其对资源消耗性项目，贷款银行要求项目的可供开采的已证实资源总储量是项目融资期间内所计划采掘或消耗的资源量之比要保持在风险警戒线之下。

3）能源和原材料供应风险。长期能源和原材料供应协议或将能源和原材料供应价格与项目产出品价格直接挂钩（即能源和原材料价格指数化）都能够减少能源和原材料供应风险。

4）经营管理风险。管理风险主要用来评价项目投资者对所开发项目的经营管理能力，而这种能力是决定项目的质量控制、成本控制和生产效率的重要因素。主要表现在：①项目经理在同一领域的工作经验和资信；②项目经理是否为项目投资者之一，如果项目经理是项目最大投资者之一（40%以上），对于项目有很大帮助；③项目经理所建立的强有力的项目管理系统，有助于对所开发项目的有效工期控制、质量控制、成本控制、生产效率提升和建立激励机制控制（利润分成或成本控制奖）等，这些都能降低经营管理风险。

六、项目融资的原则

（一）效益性

就是用最少的投资取得最大的效益。融资项目事先要评估分析，包括国民经济效益、企业经济效益、社会效益和财务效益分析等。借款人投资的通常是资金密集型产业，投资周期长，回收慢，这些不利情况决定了借款人必须严格控制成本。在开发项目时尽可能与国家产业政策相吻合；在遵守税法条件下，合理避税；同时在选择融资渠道时，要综合考虑本企业及项目的特点，尽量达成对自己有利的贷款安排，在选择承包商时要仔细考虑其技术实力和资信程度等因素，在原材料采购时要与供应商签订战略合作协议，实行集体采购，充分利用电子商务平台交易减少各项成本，提高项目的经济效益。

（二）物资保证性

建设项目所需的物资，如设备、建材等，要从国家全局考虑，能有多少物资从再生产过程中抽出，用于固定资产投资。借用外资的项目，还款时还要以出口物资换来的外汇抵付外债，因此最终仍需以国内物资作保证。

（三）计划性

项目融资属固定资产投资，借款人的固定资产投资计划必须经国家批准并纳入国家计划。除此以外，根据借用外汇资金的来源和还款方式的不同，其外汇收付要列入国家的利用外资计划和外汇收支计划，项目单位的人民币配套资金，要列入国家的人民币信贷计划。

（四）安全性

融资项目所生产的产品必须是市场适销的、国民经济所需要的。有的项目虽不增加产量，但其目的在于提高质量、更新技术、节约原材料或消除污染等，对国民经济也是有贡献的。在借款人、贷款人及承包商、原材料供应商之间合理分担项目风险，使项目开发商的风险最小化，是融资结构的核心问题。例如在项目建设中项目开发商要承担全部风险，但在项目完工投入使用后，借款人就只承担一定范围内的风险，其余风险则由提供贷款人承担，有限追索是分散风险的有力手段，在有限追索条件下，贷款人只在某特定时间或规定范围内有权对借款人进行追索活动，贷款人对于追索形式和程度的选择根据是项目本身的风险（包括投资规模、投资结构、开发商财务状况、行业经验、管理能力等因素）。借款人争取有限追索的条件是审慎考虑项目收益，设计出合理完善的融资结构。

（五）偿还性

项目融资是要还本付息的。一般用项目单位新增的利润或提取的折旧基金归还。凡有限追索权的项目融资，还需评价有关参与方所提供的担保是否可靠。

（六）合法性

贷款人提供项目融资的项目，应当符合国家产业、土地、环保和投资管理等相关政策。

七、项目可行性研究与工程规划

项目的可行性研究是项目参与主体分析、计算和评价投资项目的技术方案，开发方案和经营方案的经济效果，研究项目开发的必要性和可能性，进行开发方案选择和投资方案决策的科学分析方法。项目可行性研究目的就是确保投资决策的科学性、合理性和可行性，使贷款人同意为项目提供资金，达到投资收益最大化。

中国银行保险监督管理委员会制订的《项目融资业务指引》规定，贷款人从事项目融资业务，应当以偿债能力分析为核心，重点从项目技术可行性、财务可行性和还款来源可靠性等方面评估项目风险，充分考虑政策变化、市场波动等不确定因素对项目的影响，审慎预测项目的未来收益和现金流。

工程项目的上马应建立在周密、审慎、健全的可行性研究与规划的基础上。它是提出兴建工程项目的先决条件。承办单位要聘请各方面的专家进行高质量的可行性研究，制订确保工程完工并对其存在的问题提出解决办法的全面规划，按规划进行施工、管理组织、筹资、营运。贷款人在决定对项目提供贷款前必须审慎地研究该项目的可行性与规划，以确保贷款的安全。

（一）项目可行性研究的内容

一般来讲，项目可行性研究要回答三个问题，即投资开发该项目的原因，实施该项目的最佳方案和具体办法，该投资项目的预期现金流及预期收益额。具体而言，项目可行性研究的内容如下。

1. 市场需求和发展趋势

可行性报告应对市场的需求特点、供求状况及正在发生和可能出现的变化等因素进行深入探索和研究。

2. 项目建设地点和周边环境

项目可行性报告必须分析该项目所处地块的交通情况、公共设施、生态环境等因素，对借款人来说，很多项目的收益和核心竞争力都取决于建设地点的选择。

3. 建筑材料供应情况

在项目开发中，工程质量优劣很大程度上取决于建筑材料、设备的质量，同时，建筑材料的成本高低也直接影响着项目的未来收益，因此进行项目融资前开发商应该对建材市场的供求状况、产品质量、销售渠道等做全面细致的调查，保证项目质量。

4. 选择合适建筑方案

如房地产项目融资中，房型、面积、容积率、绿化率、室内装修水平等因素都是建筑方案的组成部分。

5. 选择工程承包商

借款人要明确筹建项目要求的施工技术水平，并且熟悉工程承包市场的供求状况、质量信誉等情况，结合自身资金实力和项目特点，选择经验丰富、技术优良、在业内口碑不错的公司。

6. 预测现金流量和未来收益，并分析其可靠性，选择融资方案

借款人的项目可行性报告中，财务经济效益是核心和关键，只有在取得合意的经济效益情况下，项目融资才有现实可能性和必要性，通过对于现金流、收益、负债的定性和定量分析，借款人即可对项目潜在风险做出估计和判断，避免融资、建设、运营等环节中的决策失误。

（二）项目可行性研究的程序

通常来说，项目可行性研究可分成三个阶段，即投资前、投资、生产时期。可行性研究分析主要集中在投资前时期，大致分析进度可划分如下。

（1）机会可行性研究，即以资源条件和原始数据为基础，建议投资方向，选择投资项目，寻找有利的投资机会。这个阶段的工作主要是对项目进行粗略估计，允许较大误差。

（2）初步可行性研究，属于过渡性研究，只不过在研究结果精度和分析深度上有所提高。可行性研究，在收集、占有和分析大量原始数据和资料的基础上对待投资的项目进行全面技术经济论证，研究问题涉及市场调研、环境分析规划选择、进度安排、项目成本估算、财务分析、经济收益估算评价和社会环境效益评价等。由此可见，项目可行性研究是项目融资活动前期工作的重点，在分析市场需求的过程中对待融资项目建设的必要性和经济社会效益的合理性做出预测来判断，为贷款人决策依据的准确性提供了保证，也为从借款人获得融资支持，取得政府相关部门的理解和鼓励，发挥重要的指导作用，科学合理的可行性报告为项目保质保量，按时完工提供了必要的指导依据。

（三）经济技术可行性

在经济可行性研究中，要进行以下工作。

（1）要根据大量数据，衡量该工程项目总的效益与全面合理性。

（2）根据经济发展战略要求，衡量该项目与国家的各项计划相衔接的程度。

（3）对该项目的潜在市场进行充分详尽的分析。根据市场信息与条件，核算项目的成本与费用，并对市场的价格趋势做出科学的预测与分析。通过分析说明该工程所生产的产品（或设施提供的劳务）在国内外市场与其他供应者相比，具有不可抗拒的竞争性。只有销售市场得以保证，才能确保项目的收入和贷款的偿还。这是经济可行性研究中最主要的一项。

（四）财务效益的可行性

1. 短期偿债能力比率

短期偿债能力一般也称支付能力，是指企业支付 1 年内随时可能到期债务的能力。借款人短期偿债能力的强弱，意味着贷款人短期贷款的本金与利息能否按时收回，也是衡量即将到期的长期债务能否收回的指标。借款人的短期偿债能力大小，要看其流动资产和流动负债的数量多少和流动资产的质量状况。判断借款人短期偿债能力强弱的指标如下。

（1）营运资本指流动资产总额减流动负债总额后的剩余部分，也称净营运资本。其计算公式为

营运资本 = 流动资产 − 流动负债

（2）流动比率是流动资产与流动负债之比，表示每 1 元的流动负债究竟有多少流动资产可用于清偿。它是考察企业短期偿债能力的一个最基本、最通用的指标。其计算公式为

流动比率 = 流动资产 ÷ 流动负债

（3）速动比率是速动资产与流动负债之比，表明每 1 元流动负债有多少元速动资产作保障。其计算公式为

速动比率 = 速动资产 ÷ 流动负债

其中，速动资产 = 流动资产 − 存货 − 预付账款 − 待摊费用 − 待处理流动资产损失。

（4）现金比率是现金类资产与流动负债的比值。现金类资产是指货币资金和短期投资净额。现金比率的计算公式为

现金比率 =（货币资金 + 短期投资净额）÷ 流动负债

2. 长期偿债能力比率

长期偿债能力是指企业偿还长期债务的能力，它表明企业对债务的承受能力和偿还债务的保障程度。长期偿债能力的强弱是反映借款人财务状况稳定与否与安全程度的重要标志。

分析借款人的长期偿债能力，主要是为了确定该借款人偿还债务本金和支付债务利息的能力。从偿还债务的资金来源来看，应是借款人的经营利润，可通过资产负债表和利润表提供的数据进行分析。

衡量企业长期偿债能力的比率称为杠杆性比率，又称偿付能力比率，具体包括以下五个指标。

（1）资产负债率又称负债比率，是负债总额与资产总额之比。其计算公式为

资产负债率 =（负债总额 ÷ 资产总额）× 100%

（2）债务股权比率是负债总额与股东权益总额之间的比率，也称产权比率或负债权益比率，用来表示股东权益对债权人利益的保障程度。其计算公式为

债务股权比率 =（负债总额 ÷ 股东权益总额）× 100%

（3）有形净值债务率是企业负债总额与有形净值的百分比。有形净值是股东权益减去无形资产净值后的净值，即股东具有所有权的有形资产的净值。其计算公式为

有形净值债务率 = 负债总额 ÷（股东权益 − 无形资产净值）× 100%

（4）股东权益比率是企业的股东权益总额与资产总额对比所确定的比率。其计算公式为

股东权益比率 =（股东权益总额 ÷ 资产总额）× 100%

权益乘数是资产总额与股东权益之比，其计算公式为

权益乘数 = 资产总额 ÷ 股东权益总额

（5）已获利息倍数又称利息保障倍数，是指企业经营业务收益与利息费用的比率，用以衡量企业偿付债务利息的能力。其计算公式为

已获利息倍数 = 息税前利润 ÷ 利息费用

式中，息税前利润是指利润表中未扣除利息费用和所得税之前的利润，它可以用利润总额加利息费用来测算；利息费用是指本期发生的全部应付利息，不仅包括财务费用中的利息费用，还应包括计入固定资产成本中的资本化利息。

3. 项目财务效益分析预测

在财务效益分析中，首先应对投资成本、项目建设期内投资支出及其来源、销售收入、税金和产品成本（包括固定成本和可变成本）、利润、贷款的还本付息（即按规定利润和折旧费等资金归还项目贷款本息）等方面进行预测，再以预测出的数据为依据，以静态法

和现值法分析项目的财务效益，从而判断项目的盈利能力，说明项目的财务效益是可行的，反映财务效益的主要指标有正常年度利润、贷款偿还期、整个项目寿命期的收益额和收益率以及影响收益额和收益率的有关因素等。

（五）销售安排

销售安排中要确定推销该工程产品的方法，如产品向为数不多的顾客出售，则应随着工程的完工和投产而安排好预销合同。由于产品销售具有合同保证，减缓了贷款到期不能归还的风险。这对贷款人的资金安全、便于承办单位对外筹资都有重要作用。

（六）原材料和基础设备的安排

原材料供应要可靠，要有计划，并且制订长期供应合同，合同条件要与该工程的经济要求相适应。如果项目属于能源开发，就必须使贷款人确信项目资源储藏量是足够整个贷款期内开发的。对于运输、水电、排水等基础辅助设施必须做好安排，其建设进度与所需资金应与工程本身的规划协调一致。基础工程的材料供应条件也要做好安排。

（七）费用估计

对工程项目费用的正确估计是十分重要的。它对工程项目经济效益的发挥、产品销售的竞争力，以及工程本身的财务状况与还债能力都具有重大的影响。对工程费用的估计要实事求是，尽可能精确，要考虑到建设期间的利息和投资后的流动资金需求、偶然事件和超支问题，并应充分考虑通货膨胀的发展趋势对费用的影响。

估算费用开支时，应安排一定数额的不可预见费用和应急资金，用以弥补由于意外原因而造成的延期竣工、超预计的通货膨胀率以及受其他突发事件影响而增加的费用开支。

（八）环境规划

选定项目建设的地域，要适应项目本身的发展，项目对周围环境的影响要为该地区所容许。如考虑不周，或违反环境保护法，常常导致工程建设时间的推迟，甚至废弃。

（九）货币规划

工程项目在建造与营运阶段的各个环节均发生货币收支，规划中要安排好不同货币之间的衔接，最大限度地防止汇率风险。如以硬币筹资，而产品销售均为软币，在偿还贷款时就要蒙受汇率损失，收支脱节的不衔接情况更应极力避免。

（十）财务规划

根据工程的设计要求和规模，确定总的筹资总额；根据工程项目的结构特点与性质，确定筹措资金的来源与渠道；根据工程建设时间的长短，确定建设阶段与营运阶段分别筹资的安排；根据主办单位与合伙人的资财情况，确定以产权和借款方式筹措资金的总额；并对各具体筹资渠道、借款期限与条件等提出建议。

八、项目融资的筹资来源

可行性研究与规划的制订，各种项目担保合同的落实，为项目资金的筹措奠定了有力的基础。一个大的项目所需的资金来源有两条大的渠道，一为股本投资，一为借贷款。股本投资是由工程项目的主办单位和合伙人（如采取合资经营方式）以现金（外汇或本币）或实物投入。主办单位和政府常以承担可行性研究、初步工程、提供水的使用权、矿产开采特权或其他实质性资产作为实物投资，合伙商则以提供专利、先进技术、设备等形式作为实物投资。工程项目取得资金来源的另一条主要渠道则为借款。在现代工程项目融资中，借款所占的比重要大大高于股本投资。

（一）商业银行贷款

可从国内和国外商业银行为工程项目取得贷款。《项目融资业务指引》规定，多家银行业金融机构参与同一项目融资的，原则上应当采用银团贷款方式。

商业银行贷款的优点：①从商业银行取得贷款易于谈判，手续简单，需时短；②商业银行贷款无须经该国政府或国会批准，并可随时取现；③使用商业银行贷款没有任何限制，可用于向第三国购买资本货物、商品、劳务，工程承办单位可以在国际间招标购买工程设备，降低工程成本；④商业银行的贷款协定条款，对工程施工与工程收益的使用、限制较少；⑤从商业银行贷款，可以借取各种货币，便于事先估计货币风险，加强工程成本核算。

其缺点：①贷款利息按市场利率收取，高于其他各种形式的利率；②多数采用浮动利率，难以精确计算工程成本；③除收取利息外，还收取其他费用，如承担费、管理费、安排费、代理费、杂费等，并规定在该行保有最低存款额等，从而提高了总的借款费用；④商业银行提供资金虽无一定限额，但有时出于对国际及借款国家总的政治风险的估计，也会限制其发放贷款的额度。

（二）银团贷款

在贷款业务中，贷款人通常会面对一些特大型企业或企业集团，或者一些特大的重点项目，如果由某一家银行向其提供贷款支持，可能在贷款规模上不能满足其要求，贷款风险也相对比较集中，在这种情况下，采取银团贷款就是一种比较好的解决方式。

银团贷款是由获准经营贷款业务的多家银行或非银行金融机构，采用同一贷款协议，按商定的期限和条件向同一借款人提供资金的贷款方式。

1. 银团贷款参加者

按规定，国内银团贷款的参加者为境内中资银行和非银行金融机构。此外，境内获准从事人民币业务的外资银行也可以参加国内银团贷款。银团贷款的参加者由牵头行、代理行与成员行组成，其相互之间是平等的权利义务主体。

（1）牵头行。银团贷款的组织者或安排者称为牵头行。牵头行原则上由借款人的主要贷款行或基本账户行担任，它所占银团贷款的份额一般最大。牵头行的职责主要是接受借款申请书，认定银团贷款总额及贷款种类，向相关金融机构发送组团邀请及借款申请书（副本）和有关材料，规定反馈期限，并集中其反馈意见，负责贷款协议的协商、起草、签署等工作，组织召开银团会议，协商确定代理行及其他需要共同商定的问题或事项。

（2）代理行。代理行是银团贷款协议签订后的贷款管理人。代理行一般由借款人的牵头行担任，也可由银团各成员行共同协商产生，其权利义务主要是严格执行银团贷款协议，并按照协议保证银团贷款各成员行之间的利益，不得利用代理行的地位损害其他成员行的合法权益，严格按照贷款协议的有关规定，发放和收回协议项下的全部贷款本金和利息，对审定同意发放的银团贷款总额及各成员行分担的贷款金额，逐笔进行登记，收回时亦同，办理银团贷款担保手续，设立企业银团贷款专户，将借款人支付的利息和归还的本金，按比例及时归还成员行，收集有关银团贷款的实施情况，并定期向银团贷款成员行通报银团贷款的使用和管理情况，办理银团成员行委托办理的有关银团贷款的其他事项。

（3）成员行。参与银团贷款的金融机构均为银团贷款的成员行。成员行的权利义务主要是：①有权要求借款人提供所需评审材料；②有权自主决定是否发放贷款；③有义务严格按照贷款协议的规定，及时足额划付贷款款项。

2. 银团贷款的借款人

银团贷款的主要对象是国有大中型企业、企业集团和列入国家计划的重点建设项目。此外，银团贷款的借款人还必须符合有关借款人的各项基本条件和要求。

（1）银团贷款的申请对象。

1）银团贷款根据国家的产业政策和地方政府经济发展计划，重点支持能源、交通、高科技工业以及地方重点工程项目。

2）银团贷款的对象是符合有关规定，在中国境内注册成立的法人或借款人认可的其他经济组织（以下简称借款人）。

（2）银团贷款的申请条件。借款人申请银团贷款，除应当具备产品有市场、生产经营有效益、不挪用贷款资金、恪守信用等基本条件外，还应当符合以下要求。

1）有按期还本付息的能力。原应付贷款利息和到期贷款已经清偿；没有清偿的，已经做了借款人认可的偿还计划。

2）除不需要经过工商部门核准登记的事业法人外，借款人应当经过工商部门办理年检手续。

3）已经在中国的商业银行开立基本账户或一般结算账户，且存款结算业务比例符合贷款人的要求。

4）除国务院规定外，有限责任公司和股份有限公司对外股本权益投资累计额不超过其净资产总额的50%。

5）借款人的资产负债比率应当符合贷款人的要求。

6）申请中长期贷款的，新建项目的企业法人所有者权益与项目所需投资比例不低于国家规定的投资项目资金比例。

7）借款人须持有中国人民银行核发的在有效期内的贷款卡。

8）借款人应当拥有固定的营业场所和一定的自有流动资金，并能每年按规定比例补充自有流动资金。

9）除外商投资企业以外的借款人，对外资银行的借款部分，应当办妥国家外汇管理局批准借外债手续。

3. 银团贷款的程序

银团贷款采取“认定总额、各成员分担”的方式办理，其程序主要如下。

（1）借款人向有关贷款人提出筹组银团贷款，双方协商同意后，借款人向有关贷款人提出正式书面委托，有关贷款人凭书面委托向同业发出组团邀请。

（2）由牵头行或者由银团各成员行对银团贷款项目进行评审。

（3）银团贷款成员共同与借款人、保证人签订银团贷款协议，各成员行按“自愿认贷，协商确定”的原则对银团贷款的金额进行分担。

（4）代理行通过专门账户统一办理贷款的发放和本息收回。

（三）发行债券

在国内外市场发行债券也是工程项目融资的一种形式。发行债券利率固定，期限长，并且由于债券投资人分散、广泛，资金使用不受其控制，但是，受市场利率与供求关系的影响，债券发行是否能筹集到预计数额的资金，并无准确把握，而且发行债券的利率比银行的利率高，贷款期限也较前者短。债券发行后还要设立专门机构，配备专门人员，注视该债券在市场的动态并进行管理。

（四）供应商提供的信贷

工程项目的大供应商所提供的金额较大的设备，允许承办单位以延期付款的方式支付贷款资金。这实际上是向工程项目提供了资金。采用这种方式，供应商会抬高设备的货价，增大项目的成本，实质上是高价筹资。

（五）出口信贷

从发达国家的出口信贷机构取得出口信贷也是工程项目融资的主要来源。

其优点：①利率固定；②利率水平低于市场利率；③所得贷款可用于资本货物的购买；④出口国竞争激烈，承办单位可选择最有利的出口信贷方案。

其缺点：①货价与低利因素抵销后，因所得贷款限于在贷款国使用，购进设备的质量不一定是最好的，并且价格可能高于直接从第三国购买或招标的；②出口信贷的利率不因借款货币软硬的不同而变化，增加承办单位对币种变换因素的考虑；③出口信贷通常为中期而非长期，并不能用于支付全部工程费用。

（六）政府间双边贷款

政府间双边贷款是工程项目融资的一个来源。政府贷款分为两种形式：一种为无偿赠予，另一种为低息长期贷款。

政府贷款的优点：低息或无息，并且费用低。

其缺点：①贷款的政治性强，受两国外交关系及贷款国预算与国内政策的影响大，一旦政治气候变化，贷款常会中断；②所得贷款或援助限于从发放贷款与援助的国家购买商品或劳务，承办单位不能利用投标竞争或就地生产，以降低工程成本。

（七）世界银行及其附属机构——国际开发协会的贷款

这部分贷款是项目融资的主要来源，用于项目有关的基础工程建设及其他项目内容。

其优点：①利率固定，低于市场利率，并根据工程项目的需要定出较为有利的宽限期与偿还办法；②世界银行与国际开发协会对工程项目所提供的贷款要在广泛的国际厂商中进行竞争性的招标，这样就可最大限度地压低项目建设成本，保证项目建设的技术最为先进；③该组织以资金支持的项目其基础是扎实的，工程都能按计划完成；④该组织提供资金支持的项目带有一定的技术援助成分。

其缺点：①手续繁杂，项目从设计到投产所需时间较长；②贷款资金的取得在较大程度上取决于该组织对项目的评价；③该组织所坚持的项目实施条件，如项目收费标准与构成、项目的管理方法、项目的组织机构等，与东道国传统的做法不一致，东道国有时要被迫接受；④该组织对工程项目发放的贷款，直接给予工程项目中标的外国厂商，借款国在取得贷款时，无法知道这一贷款对其本国货币或项目的核算货币所带来的影响，不易事先进行费用的核算比较。

（八）世界银行与其他信贷机构的混合贷款

从世界银行与私人资本市场共筹资金，取得混合贷款，供同一工程项目使用。

混合贷款的优点：①世界银行为国际金融机构，世界银行和其他信贷机构参与筹资，其风险自然减少，否则私人资本市场不敢贸然向同一工程项目贷款；②由于有世界银行的参与，资金安全有保证，私人贷款的利率可能较低。

其缺点：混合贷款谈判所需时间更长，手续更复杂。

（九）联合国有关组织的捐赠与援助

联合国开发计划署、联合国天然资源开发循环基金对工程项目提供用于可行性研究的资金，并提供技术援助。从这些来源取得资金既可用于可行性研究，也可用于工程准备工作。但是取得这种资金的手续比较复杂，并须归还。

可见，项目融资的渠道较多，形式多样。根据工程结构的不同，主体工程、附属工程完工期限长短的不同，项目各组成部分对资金要求的特点不同，承办单位可以从上述各个渠道筹措资金，将不同来源的资金组成一个综合整体，以发挥资金的最大经济效益，降低项目的造价。由于项目融资工作手续复杂，接触面广，专业知识强，承办单位常委托财务代理人负责融资和管理。

制订筹措资金规划谈判中，应考虑贷款的利率、其他费用负担、币种、汇率变化、贷款期限、偿付方法诸问题，从总体上考虑多元筹资方式的利害得失，并要做到贷款借入和偿还期限与工程本身建造和营运阶段的财务状况相一致。

九、项目融资的申请条件

申请项目融资通常应该满足以下条件。

（1）项目本身已经经过政府部门批准立项。

（2）项目可行性研究报告和项目设计预算已经政府有关部门审查批准。

（3）引进国外技术、设备、专利等已经政府经贸部门批准，并办妥了相关手续。

（4）项目产品的技术、设备先进适用，配套完整，有明确的技术保证。

（5）项目的生产规模合理。

（6）项目产品经预测有良好的市场前景和发展潜力，盈利能力较强。

（7）项目投资的成本以及各项费用预测较为合理。

（8）项目生产所需的原材料有稳定的来源，并已经签订供货合同或意向书。

（9）项目建设地点及建设用地已经落实。

（10）项目建设以及生产所需的水、电、通信等配套设施已经落实。

（11）项目有较好的经济效益和社会效益。

（12）其他与项目有关的建设条件已经落实。

十、项目融资业务的操作流程

项目融资的周期长，影响项目按期完工的因素多，情况复杂，因此发放贷款的机构都对项目融资设有严格的管理程序。项目融资业务除按固定资产贷款业务的操作流程进行操作外，还应注意以下事项。

（一）借款人申请项目融资的流程

借款人完成项目融资要先后经历投资决策、融资决策、融资模式与结构安排、融资双方协商谈判和执行融资协议这五个阶段。

1. 投资决策

确定投资决策时要考虑该项目所处行业特点和发展前景，及项目市场环境和自然环境的基本情况，例如对项目所在区域气候水利地质生态环境的分析，同时，还必须对宏观经济的整体形势做出判断，如果国民经济快速发展，人民收入水平不断提高，项目的建设、销售、运营都有良好的前景。

2. 融资决策

借款人进行融资决策时，必须决定采用何种融资模式。在项目融资实践中，项目开发商一般须聘请具有专业经验和雄厚实力的融资顾问参与设计规划具体的融资活动。虽然开发商须付出一定成本来获得咨询或建议，但考虑到融资计划的复杂性及对项目成功的重大影响，借款人仍然会不惜重金寻找专业融资团队的帮助。

3. 融资模式与结构安排

关于融资结构的设计，通常由投资公司或商业银行中的项目融资部门与借款人项目部联手确定设计出最有利的融资结构，所谓“最有利”含义包括：采用这种融资结构会使项目风险最小化，使项目参与各方的收益都得到充分的保证，制订这样的融资结构必须对项目的债务承受能力做出准确判断和估计，并设计出稳健合理的融资和担保方案。这个过程要求与融资顾问有良好的沟通渠道，双方优势能有效互补，观点分歧要迅速解决。

4. 融资双方协商谈判

当融资方案已确定后，借款人与贷款人开始就融资协议的细节进行漫长的谈判，融资顾问要发挥协调双方利益、控制谈判节奏的作用，促成融资合同文本的签署。

5. 执行融资协议

借款人与贷款人达成项目融资的正式文件后，项目所需资金开始到位，借款人要组织建筑承包商、原材料供应商、项目工程监理等正式投入到项目建设运营中去，贷款人也要派出专家组，对项目的建设进度、工程质量和资金使用情况进行监督、调查，以确保项目按计划顺利施工。

总体而言，项目融资的重中之重是要做好项目评价和风险分析工作，只有以实事求是的态度和细致入微的调查，项目的发起人才能有效地控制并化解各类风险，获得预期收益。

借款人申请项目融资时，应参照固定资产贷款的要求向贷款人提出申请。

（二）贷款人办理项目融资的流程

贷款人收到借款人项目融资的申请时，应按初选、评估、审批、发放与支付、回收、考核六个阶段进行处理。

1. 初选

贷款人根据贷款计划和国家的产业政策，经初步调查协商，从有关项目单位呈交的规划中初选一批符合上述条件的项目，作为备选项目。初选时主要依据项目单位呈交的项目建议书和项目规划进行审查，着重研究项目完工对国民经济的作用和建设的必要性，并初步研究项目的可行性。

2. 评估

评估就是对项目可行性研究报告进行各方面的审查评估。贷款人在项目可行性研究过程中，要搜集有关资料，细致分析，因为从国家有关部门批准可行性研究报告，到贷款人考虑是否发放贷款，其间有一个过程，在此过程中原来的数据或情况可能有所变化，故贷款人应细致分析。初选阶段审查重点是项目建设的必要性，评估阶段审查重点是项目的可行性。

3. 审批

贷款人内部进行最后审查，批准贷款条件、贷款程序、提款办法等，并签署贷款合同。

（1）贷款金额的确定。《项目融资业务指引》规定："贷款人应当按照国家关于固定资产投资项目资本金制度的有关规定，综合考虑项目风险水平和自身风险承受能力等因素，合理确定贷款金额。"

国家规定，各行业固定资产投资项目的最低资本金比例按以下规定执行：钢铁、电解铝项目，最低资本金比例为40%；水泥项目，最低资本金比例为35%；煤炭、电石、铁合金、烧碱、焦炭、黄磷、玉米深加工、机场、港口、沿海及内河航运项目，最低资本金比例为30%；铁路、公路、城市轨道交通、化肥（钾肥除外）项目，最低资本金比例为25%；保障性住房和普通商品住房项目的最低资本金比例为20%，其他房地产开发项目的最低资本金比例为30%；其他项目的最低资本金比例为20%。

经国务院批准，对个别情况特殊的国家重大建设项目，可以适当降低最低资本金比例要求。属于国家支持的中小企业自主创新、高新技术投资项目，最低资本金比例可以适当降低。外商投资项目按现行有关法规执行。

（2）贷款期限的确定。贷款人应当根据项目预测现金流和投资回收期等因素，合理确定贷款期限和还款计划。

（3）贷款利率的确定。贷款人应当按照中国人民银行关于利率管理的有关规定，根据风险收益匹配原则，综合考虑项目风险、风险缓释措施等因素，合理确定贷款利率。贷款人可以根据项目融资在不同阶段的风险特征和水平，采用不同的贷款利率。

4. 发放与支付

根据融资协议、年度投资计划和年度贷款计划，按照采购合同、施工合同和建设进度，及时供应资金，并监督资金合理使用，以保证项目顺利完成，及时发挥投资效益。《项目融资业务指引》规定，贷款人应当按照《固定资产贷款管理暂行办法》的有关规定，恰当设计账户管理、贷款资金支付、借款人承诺、财务指标控制、重大违约事项等项目融资合同条款，促进项目正常建设和运营，有效控制项目融资风险。

贷款人应当根据项目的实际进度和资金需求，按照合同约定的条件发放贷款资金。贷款发放前，贷款人应当确认与拟发放贷款同比例的项目资本金足额到位，并与贷款配套使用。

贷款人应当按照《固定资产贷款管理暂行办法》关于贷款发放与支付的有关规定，对贷款资金的支付实施管理和控制，必要时可以与借款人在借款合同中约定专门的贷款发放账户。

采用贷款人受托支付方式的，贷款人在必要时可以要求借款人、独立中介机构和承包商等共同检查设备建造或者工程建设进度，并根据出具的、符合合同约定条件的共同签证单，进行贷款支付。

5. 回收

融资项目投产后，要按照年度还本付息计划，审查借款人财务报表，核实新增利润和折旧以及外汇收入，督促借款人按期还本付息。《项目融资业务指引》规定，贷款人应当与借款人约定专门的项目收入账户，并要求所有项目收入进入约定账户，并按照事先约定的条件和方式对外支付。贷款人应当对项目收入账户进行动态监测，当账户资金流动出现异常时，应当及时查明原因并采取相应措施。

6. 考核

在融资项目建成投产后，还款期结束前后，贷款人要对融资项目进行全面总结，考核效益情况，检查工作质量，从中总结经验，吸取教训，改进今后工作。在这个环节尤应防范风险。《项目融资业务指引》规定，在贷款存续期间，贷款人应当持续监测项目的建设和经营情况，根据贷款担保、市场环境、宏观经济变动等因素，定期对项目风险进行评价，并建立贷款质量监控制度和风险预警体系。出现可能影响贷款安全情形的，应当及时采取相应措施。

第三节　项目投资管理

项目投资是一种以特定建设项目为对象，直接与新建项目或更新改造项目有关的长期投资行为。

本节所介绍的工业企业投资项目主要包括新建项目（含单纯固定资产投资项目和完整工业投资项目）和更新改造项目两种类型。

一、项目投资概述

（一）项目投资的特点

与其他形式的投资相比，项目投资具有投资内容独特（每个项目都至少涉及一项固定资产投资）、投资数额多、影响时间长（至少一年或一个营业周期以上）、发生频率低、变现能力差和投资风险大的特点。

（二）项目计算期的构成

项目计算期，是指投资项目从投资建设开始到最终清理结束整个过程的全部时间，包括建设期和运营期（具体又包括投产期和达产期）。其中，建设期是指项目资金正式投入开始到项目建成投产为止所需要的时间，建设期的第一年初称为建设起点，建设期的最后一年末称为投产日。在实践中，通常应参照项目建设的合理工期或项目的建设进度计划合理确定建设期。项目计算期的最后一年年末称为终结点，假定项目最终报废或清理均发生在终结点（但更新改造除外）。从投产日到终结点之间的时间间隔称为运营期，又包括试产期和达产期（完全达到设计生产能力）两个阶段。试产期是指项目投入生产，但生产能力尚未完全达到设计能力时的过渡阶段。达产期是指生产运营达到设计预期水平后的时间。运营期一般应根据项目主要设备的经济使用寿命期确定。

项目计算期、建设期和运营期之间有以下关系成立，即

项目计算期 = 建设期 + 运营期

【例 13-12】 智董公司拟购建一项固定资产，预计使用寿命为 10 年。

要求：就以下各种不相关情况分别确定该项目的项目计算期。

（1）在建设起点投资并投产。

（2）建设期为 1 年。

解答如下。

（1）项目计算期（n）= 0 + 10 = 10（年）

（2）项目计算期（n）= 1 + 10 = 11（年）

（三）项目投资的内容

从项目投资的角度看，原始投资（又称初始投资）等于企业为使该项目完全达到设计生产能力、开展正常经营而投入的全部现实资金，包括建设投资和流动资金投资两项内容。

建设投资，是指在建设期内按一定生产经营规模和建设内容进行的投资，具体包括固定资产投资、无形资产投资和其他资产投资三项内容。

固定资产投资，是指项目用于购置或安装固定资产应当发生的投资。固定资产原值与固定资产投资之间的关系为

固定资产原值 = 固定资产投资 + 建设期资本化借款利息

无形资产投资，是指项目用于取得无形资产应当发生的投资。

其他资产投资，是指建设投资中除固定资产投资和无形资产投资以外的投资，包括生产准备和开办费投资。

流动资金投资，是指项目投产前后分次或一次投放于流动资产项目的投资增加额，又称垫支流动资金或营运资金投资。

项目总投资是反映项目投资总体规模的价值指标，等于原始投资与建设期资本化利息之和。

（四）项目投资资金的投入方式

原始投资的投入方式包括一次投入和分次投入两种形式。一次投入方式是指投资行为集中一次发生在项目计算期第一个年度的年初或年末；如果投资行为涉及两个或两个以上年度，或虽然只涉及一个年度但同时在该年的年初和年末发生，则属于分次投入方式。

【例 13-13】 智董公司拟新建一条生产线，需要在建设起点一次投入固定资产投资 200 万元，在建设期末投入无形资产投资 25 万元。建设期为 1 年，建设期资本化利息为 10 万元，全部计入固定资产原值。流动资金投资合计为 20 万元。

根据上述资料可计算该项目有关指标如下。

（1）固定资产原值 = 200 + 10 = 210（万元）

（2）建设投资 = 200 + 25 = 225（万元）

（3）原始投资 = 225 + 20 = 245（万元）

（4）项目总投资 = 245 + 10 = 255（万元）

二、项目投资现金流量分析

投资项目现金流量是指投资项目所发生或所引起的现金流出量、现金流入量和现金净

流量。这里所讲的“库存现金”是指广义的现金，包括各种货币资金。

（一）项目投资现金流量的内容

不同类型的投资项目，其现金流量的具体内容存在差异。

1. 单纯固定资产投资项目的现金流量

单纯固定资产投资项目是指只涉及固定资产投资而不涉及无形资产投资、其他资产投资和流动资金投资的建设项目。它以新增生产能力、提高生产效率为特征。

单纯固定资产投资项目的现金流入量包括增加的营业收入和回收固定资产余值等内容。

单纯固定资产投资项目的现金流出量包括固定资产投资、新增经营成本和增加的各项税款等内容。

2. 完整工业投资项目的现金流量

完整工业投资项目简称新建项目，是以新增工业生产能力为主的投资项目，其投资内容不仅包括固定资产投资，而且还包括流动资金投资的建设项目。

完整工业投资项目的现金流入量包括营业收入、补贴收入、回收固定资产余值和回收流动资金。

完整工业投资项目的现金流出量包括建设投资、流动资金投资、经营成本、营业税金及附加、维持运营投资和调整所得税。

3. 固定资产更新改造投资项目的现金流量

固定资产更新改造投资项目可分为以恢复固定资产生产效率为目的的更新项目和以改善企业经营条件为目的的改造项目两种类型。

固定资产更新改造投资项目的现金流入量包括因使用新固定资产而增加的营业收入、处置旧固定资产的变现净收入和新旧固定资产回收固定资产余值的差额等内容。

固定资产更新改造投资项目的现金流出量包括购置新固定资产的投资、因使用新固定资产而增加的经营成本、因使用新固定资产而增加的流动资金投资和增加的各项税款等内容。其中，因提前报废旧固定资产所发生的清理净损失而发生的抵减当期所得税税额用负值表示。

（二）计算投资项目现金流量时应注意的问题和相关假设

在计算现金流量时，为防止多算或漏算有关内容，需要注意以下几点。

（1）必须考虑现金流量的增量。

（2）尽量利用现有的会计利润数据。

（3）不能考虑沉没成本因素。

（4）充分关注机会成本。

（5）考虑项目对企业其他部门的影响。

为克服确定现金流量的困难，简化现金流量的计算过程，本节特作以下假设。

1. 投资项目的类型假设

假设投资项目只包括单纯固定资产投资项目、完整工业投资项目和更新改造投资项目三种类型。

2. 财务可行性分析假设

假设投资决策是从企业投资者的立场出发，投资决策者确定现金流量就是为了进行项目财务可行性研究，该项目已经具备技术可行性和国民经济可行性。

3. 项目投资假设

假设在确定项目的现金流量时，站在企业投资者的立场上，考虑全部投资的运动情况，而不具体区分自有资金和借入资金等具体形式的现金流量。即使实际存在借入资金也将其作为自有资金对待（但在计算固定资产原值和总投资时，还需要考虑借款利息因素）。

4. 经营期与折旧年限一致假设

假设项目主要固定资产的折旧年限或使用年限与经营期相同。

5. 时点指标假设

为便于利用货币时间价值的形式，不论现金流量具体内容所涉及的价值指标实际上是时点指标还是时期指标，均假设按照年初或年末的时点指标处理。其中，建设投资在建设期内有关年度的年初或年末发生，流动资金投资则在年初发生；经营期内各年的收入、成本、折旧、摊销、利润、税金等项目的确认均在年末发生；项目最终报废或清理均发生在终结点（但更新改造项目除外）。

在项目计算期数轴上，0 表示第一年的年初，1 既代表第一年的年末，又代表第二年的年初，以下依此类推。

6. 确定性因素假设

在本节中，假定与项目现金流量有关的价格、产销量、成本水平、所得税税率等因素均为已知常数。

7. 产销平衡假设

在项目投资决策中，假定运营期同一年的产量等于该年的销售量。在这个假设下，假定按成本项目计算的当年成本费用等于按要素计算的成本费用。

（三）完整工业投资项目现金流量的估算

由于项目投资的投入、回收及收益的形成均以现金流量的形式表现，因此，在整个项目计算期的各个阶段上，都有可能发生现金流量，必须逐年估算每一时点上的现金流入量和现金流出量。下面介绍以完整工业项目为代表的长期投资项目现金流量的估算方法。

1. 现金流入量的估算

（1）营业收入是运营期最主要的现金流入量，应按项目在经营期内有关产品的各年预计单价和预测销售量（假定经营期每期均可以自动实现产销平衡）进行估算。

（2）补贴收入是与经营期收益有关的政府补贴，可根据按政策退还的增值税、按销量或工作量分期计算的定额补贴和财政补贴等予以估算。

（3）在终结点上一次回收的流动资金等于各年垫支的流动资金投资额的合计数

回收流动资金和回收固定资产余值统称为回收额，假定新建项目的回收额都发生在终结点。

【例 13-14】智董公司完整工业投资项目的流动资金投资为 20 万元，终结点固定资产余值为 10 万元。

据此可估算出终结点的回收额为 30（10 + 20）万元。

2. 现金流出量的估算

（1）建设投资的估算。固定资产投资是所有类型的项目投资在建设期必然会发生的现金流出量，应按项目规模和投资计划所确定的各项建筑工程费用、设备购置费用、安装工程费用和其他费用来估算。

无形资产投资和其他资产投资，应根据需要和可能，逐项按有关资产的评估方法和计价标准进行估算。

在估算构成固定资产原值的资本化利息时，可根据长期借款本金、建设期年数和借款利息率按复利计算，且假定建设期资本化利息只计入固定资产的原值。

（2）流动资金投资的估算。在项目投资决策中，流动资金是指在运营期内长期占用并周转使用的营运资金。估算可按下式进行：

某年流动资金投资额（垫支数）= 本年流动资金需用数 − 截至上年的流动资金投资额

或 = 本年流动资金需用数 − 上年流动资金需用数

本年流动资金需用数 = 该年流动资产需用数 − 该年流动负债可用数

上式中的流动资产只考虑存货、现实货币现金、应收账款和预付账款等项内容；流动负债只考虑应付账款和预收账款。

由于流动资金属于垫付周转金，因此在理论上，投产第一年所需的流动资金应在项目投产前安排，即最晚应发生在建设期末（为简化计算，我国有关建设项目评估制度假定流动资金投资可以从投产第一年开始安排）。

【例 13-15】 智董公司完整工业投资项目投产第一年预计流动资产需用额为 30 万元，流动负债可用额为 15 万元，假定该项投资发生在建设期末；投产第二年预计流动资产需用额为 40 万元，流动负债可用额为 20 万元，假定该项投资发生在投产后第一年末。

要求根据上述资料估算下列指标。

（1）每次发生的流动资金投资额。

（2）终结点回收的流动资金。

解答如下。

（1）投产第一年的流动资金需用额 = 30 − 15=15（万元）

第一次流动资金投资额 = 15 − 0 = 15（万元）

投产第二年的流动资金需用额 = 40 − 20 = 20（万元）

第二次流动资金投资额 = 20 − 15 = 5（万元）

（2）终结点回收流动资金 = 流动资金投资合计 = 15 + 5 = 20（万元）

（3）经营成本的估算。经营成本又称付现的营运成本（或简称付现成本），是指在运营期内为满足正常生产经营而动用现实货币资金支付的成本费用。经营成本是所有类型的项目投资在运营期都要发生的主要现金流出量，它与融资方案无关。其估算公式如下：

某年经营成本 = 该年外购原材料燃料和动力费 + 该年工资及福利费 + 该年修理费 + 该年其他费用

或 　　　　= 该年不包括财务费用的总成本费用 − 该年折旧额 − 该年无形资产和开办费的摊销额

式中，其他费用是指从制造费用、管理费用和销售费用中扣除了折旧费、摊销费、材料费、修理费、工资及福利费以后的剩余部分。

【例 13-16】 智董公司完整工业投资项目投产后第 1 ～ 5 年每年预计外购原材料、燃料和动力费为 60 万元，工资及福利费为 30 万元，其他费用为 10 万元，每年折旧费为 20 万元，无形资产摊销费为 5 万元；第 6 ～ 10 年每年不包括财务费用的总成本费用为 160 万元，其中，每年预计外购原材料、燃料和动力费为 90 万元，每年折旧费为 20 万元，无形资产摊销费为 0 万元。

要求根据上述资料估算下列指标。

（1）投产后各年的经营成本。

（2）投产后第 1 ～ 5 年每年不包括财务费用的总成本费用。

解答如下。

（1）投产后 1 ～ 5 年每年的经营成本 = 60 ＋ 30 + 10 = 100（万元）

投产后 6 ～ 10 年每年的经营成本 = 160 − 20 − 0 = 140（万元）

（2）投产后第 1 ～ 5 年每年不包括财务费用的总成本费用 = 100 + 20 + 5 = 125（万元）

（4）营业税金及附加的估算。在项目投资决策中，应按在运营期内应交纳的消费税、土地增值税、资源税、城市维护建设税和教育费附加等进行估算。

【例 13-17】 仍按例 13-16 资料，智董公司投资项目投产后第 1 ～ 5 年每年预计营业收入为 200 万元，第 6 ～ 10 年每年预计营业收入为 300 万元，假设适用的增值税税率为 17%*，城建税税率为 7%，教育费附加率为 3%。该公司不缴纳消费税。

要求根据上述资料估算下列指标。

（1）投产后各年的应交增值税；

（2）投产后各年的营业税金及附加。

解答如下。

(1) 投产后第 1 ~ 5 年每年的应交增值税 =（每年营业收入 - 每年外购原材料燃料和动力费 × 增值税税率 =（200 - 60）× 16% = 22.4（万元）

投产后 6 ~ 10 年每年的应交增值税 =（300 - 90）× 16% = 33.6（万元）

(2) 投产后第 1 ～ 5 年每年的营业税金及附加 = 22.4 ×（7% + 3%）= 2.24（万元）

投产后第 6 ～ 10 年每年的营业税金及附加 = 33.6 × 10% = 3.36（万元）

（5）维持运营投资的估算。本项投资是指为矿山、油田等行业为维持正常运营而需要在运营期投入的固定资产投资，应根据特定行业的实际需要计算估算。

（6）调整所得税的估算。为了简化计算，本节所称调整所得税等于息税前利润与适用的企业所得税税率的乘积。

【例 13-18】 仍按例 13-16 和例 13-17 资料，智董公司适用的所得税税率假设为 33%。

要求根据上述资料估算下列指标。

（1）投产后各年的息税前利润。

（2）投产后各年的调整所得税。

解答如下。

（1）投产后第 1 ～ 5 年每年的息税前利润 = 200 - 125 - 2.24 = 72.76（万元）

投产后第 6 ～ 10 年每年的息税前利润 = 300 - 160 - 3.36 = 136.64（万元）

（2）投产后第 1 ～ 5 年每年的调整所得税 = 72.76 × 33% ≈ 24.01（万元）

投产后第 6 ～ 10 年每年的调整所得税 = 136.64 × 33% ≈ 45.10（万元）

（四）净现金流量的确定

净现金流量（又称现金净流量），是指在项目计算期内由每年现金流入量与同年现金流出量之间的差额所形成的序列指标。其理论计算公式为

某年净现金流量（NCF_t）= 该年现金流入量 - 该年现金流出量 = $Ci_t - CO_t$（t = 0，1，2，…）

显然，净现金流量具有以下两个特征：第一，无论是在经营期内还是在建设期内都存在净现金流量这个范畴；第二，由于项目计算期不同阶段上的现金流入和现金流出发生的可能性不同，使得各阶段上的净现金流量在数值上表现出不同的特点，如建设期内的净现金流量一般小于或等于零，而在经营期内的净现金流量则多为正值。

净现金流量又包括所得税前净现金流量和所得税后净现金流量两种形式。其中，所得税前净现金流量不受融资方案和所得税政策变化的影响，是全面反映投资项目方案本身财务获利能力的基础数据。计算时，现金流出量的内容中不包括调整所得税因素；所得税后净现金流量则将所得税视为现金流出，可用于评价在考虑融资条件下项目投资对企业价值所做的贡献。可以在所得税前净现金流量的基础上，直接扣除调整所得税求得。

为了简化计算，本节假定只有完整工业投资项目和单纯固定资产投资项目考虑所得税前后净现金流量的两种形式；更新改造项目只考虑所得税后净现金流量一种形式。

现金流量表包括“项目投资现金流量表”“项目资本金现金流量表”和“投资各方现金流量表”等不同形式。

项目投资现金流量表要详细列示所得税前净现金流量、累计所得税前净现金流量、所得税后净现金流量和累计所得税后净现金流量，并要求根据所得税前后的净现金流量分别计算两套内部收益率、净现值和投资回收期指标。

（五）项目投资净现金流量的简化计算方法

为简化净现金流量的计算，可以根据项目计算期不同阶段上的现金流入量和现金流出量具体内容，直接计算各阶段净现金流量。

1. 单纯固定资产投资项目

若单纯固定资产投资项目的固定资产投资均在建设期内投入，则建设期净现金流量可按以下简化公式计算：

建设期某年的净现金流量＝－该年发生的固定资产投资额

运营期净现金流量的简化公式为

运营前某年所得税前现金流量 ＝该年因使用该固定资产新增的税前利润＋该年因使用该固定资产新怎的折旧＋概念回收的固定资产净残值

运营期某年所得税后净现金流量 ＝运营期某年所得税前净现金流量－该年因使用该固定资产新增的所得税

【例 13-19】 已知企业拟购建一项固定资产，需在建设起点一次投入全部资金 1000 万元，按直线法折旧，使用寿命 10 年，期末有 100 万元净残值。建设期为 1 年，发生建设期资本化利息 100 万元。预计投产后每年可获息税前利润 100 万元。

要求：用简化方法计算该项目的所得税前净现金流量。

依题意计算有关指标：

固定资产原值＝固定资产投资＋建设期资本化利息＝1000＋100＝1100（万元）

固定资产原值＝ 固定资产投资 ＋ 建设期资本化利息 ＝ 1000 ＋ 100 ＝ 1100(万元)

$$年折旧=\frac{固定资产原值-净残值}{固定资产使用年限}=\frac{1100-100}{10}=100(万元)$$

项目计算期＝ 建设期 ＋ 运营期 ＝ 1 ＋ 10 ＝ 11(年)

建设期某年净现金流量＝－该年发生的固定资产投资

NCF_0 ＝－1000 万元

NCF_1 ＝ 0 万元

运营期某年所得税前净现金流量 ＝年因使用该固定资产新增的息税前利润＋该年因使用该固定资产新增的折旧＋该年回收的固定资产净残值

$NCF_{2\sim10}$ ＝ 100 ＋ 100 ＝ 200(万元)

NCF_{11} ＝ 100 ＋ 100 ＋ 100 ＝ 300(万元)

2. 完整工业投资项目

若完整工业投资项目的全部原始投资均在建设期内投入，则建设期净现金流量可按以下简化公式计算：

建设期某年净现金流量（NCF_t）＝－该年原始投资额＝$-I_t$（$t=0, 1, \cdots, s, s\geqslant 0$）

式中，I_t 为第 t 年原始投资额；s 为建设期年数。

由上式可见，当建设期 s 不为零时，建设期净现金流量的数量特征取决于其投资方式是分次投入还是一次投入。

如果项目在运营期内不追加流动资金投资，则完整工业投资项目的运营期所得税前净现金流量可按以下简化公式计算：

运营期某年所得税前净现金流量(NCF_t) ＝ 该年息税前利润 ＋ 该年折旧 ＋ 该年摊销＋该年回收额 － 该年维持运营投资 ＝ $EBIT_t(1-T)+D_t+M_t+R_t-O_t(t=s+1,s+2,\cdots,n)$

式中，$EBIT_t$ 为第 t 年的息税前利润；T 为使用的企业所得税税率；D_t 为第 t 年的折旧费；M_t 为第 t 年的摊销费；R_t 为第 t 年的回收额；O_t 为第 t 年维持运营投资。

完整工业投资项目的运营期所得税后净现金流量可按以下简化公式计算：

运营期某年所得税后净现金流量(NCF_t) ＝该年息税前利润×（1 － 所得税税率）＋该年折旧＋该年摊销 ＋ 该年回收额 － 该年维持运营投资＝该年自由现金流量

所谓运营期自由现金流量，是指投资者可以作为偿还借款利息、本金、分配利润、对外投资等财务活动资金来源的净现金流量。

如果不考虑维持运营投资，回收额为零，则运营期所得税后净现金流量又称为经营净现金流量。按照有关回收额均发生在终结点上的假设，经营期内回收额不为零时的所得税后净现金流量亦称为终结点所得税后净现金流量；显然终结点所得税后净现金流量等于终结点那一年的经营净现金流量与该期回收额之和。

【例 13-20】 某工业项目需要原始投资 1250 万元，其中固定资产投资 1000 万元，开办费投资 50 万元，流动资金投资 200 万元。建设期为 1 年，建设期发生与购建固定资产有关的资本化利息 100 万元。固定资产投资和开办费投资于建设起点投入，流动资金于完工时，即第 1 年末投入。该项目寿命期 10 年，固定资产按直线法折旧，期满有 100 万元净残值；开办费于投产当年一次摊销完毕；流动资金于终结点一次回收。投产后每年获息税前利润分别为 120 万元、220 万元、270 万元、320 万元、260 万元、300 万元、350 万元、400 万元、450 万元和 500 万元。

要求：按简化方法计算项目各年所得税前净现金流量和所得税后净现金流量。

计算如下。

（1）项目计算期 $n=1+10=11$（年）

（2）固定资产原值 $=1000+100=1100$（万元）

（3）固定资产年折旧 $=\frac{1100-100}{10}=100$（万元）、（共 10 年）

（4）建设期净现金流量：

$$NCF_0=-(1000+50)=-1050\text{（万元）}$$

$$NCF_1=-200\text{（万元）}$$

（5）运营期所得税前净现金流量：

$$NCF_2=120+100+50+0=270\text{（万元）}$$

$$NCF_3=220+100+0+0=320\text{（万元）}$$

$$NCF_4=270+100+0+0=370\text{（万元）}$$

$$NCF_5=320+100+0+0=420\text{（万元）}$$

$$NCF_6=260+100+0+0=360\text{（万元）}$$

$$NCF_7=300+100+0+0=400\text{（万元）}$$

$$NCF_8=350+100+0+0=450\text{（万元）}$$

$$NCF_9=400+100+0+0=500\text{（万元）}$$

$$NCF_{10}=450+100+0+0=550\text{（万元）}$$

$$NCF_{11}=500+100+0+(100+200)=900\text{（万元）}$$

3. 更新改造投资项目

建设期某年净现金流量 = -（该年发生的新固定资产投诉 - 旧固定资产变价净收入）

建设期末的净现金流量 = 因旧固定资产提前报废发生净损失而抵减的所得税税额

如果建设期为零，则运营期所得税后净现金流量的简化公式为

运营期第一年所得税后净现金流量 = 该年因更新改造而增加的息税前利润 ×（1 - 所得税税率）+ 该年因更新改造而增加的折旧 + 因旧固定资产提前报废发生净损失而抵减的所得税税额

运营期其他各年所得税后净现金流量

= 该年因更新改造而增加的息税前利润 ×（1 - 所得税税率）+ 该年因更新改造而增加的折旧 + 该年回收新固定资产净残值超过假定继续使用的旧固定资产净残值之差额

在计算运营期第一年所得税后净现金流量的公式中，该年“因更新改造而增加的息税

前利润”不应当包括“因旧固定资产提前报废发生的净损失”。之所以要单独计算“因旧固定资产提前报废发生净损失而抵减的所得税税额”，是因为更新改造不仅会影响到本项目自身，还会影响到企业的总体所得税水平，从而形成了“抵税效应（tax shield）”。如果将“因旧固定资产提前报废发生的净损失”计入“因更新改造而增加的息税前利润”，就会歪曲这种效应的计量结果。

因旧固定资产提前报废发生净损失而抵减的所得税税额的计算公式为

因旧固定资产提前报废发生净损失而抵减的所得税税额 = 旧固定资产清理净损失 × 适用的企业所得税税率

【例 13-21】 智董公司打算变卖一套尚可使用 5 年的旧设备，另购置一套新设备来替换它。取得新设备的投资额为 180000 元，旧设备的折余价值为 90151 元，其变价净收入为 80000 元，到第 5 年末新设备与继续使用旧设备届时的预计净残值相等。新旧设备的替换将在当年内完成（即更新设备的建设期为零）。使用新设备可使企业在第 1 年增加营业收入 50000 元，增加经营成本 25000 元；从第 2 ～ 5 年内每年增加营业收入 60000 元，增加经营成本 30000 元。设备采用直线法计提折旧。适用的企业所得税税率假设为 33%。

要求：用简算法计算该更新设备项目的项目计算期内各年的差量净现金流量（ΔNCF_t）（不保留小数）。

（1）更新设备比继续使用旧设备增加的投资额 = 新设备的投资 - 旧设备的变价净收入 = 180000 - 80000 = 100000(元)

（2）经营期第 1 ～ 5 每年因更新改造而增加的折旧 = $\frac{100000}{5}$ = 20000（元）

（3）运营期第 1 年不包括财务费用的总成本费用的变动额 = 该年增加的经营成本 + 该年增加的折旧 = 250000 + 20000 = 45000（元）

（4）运营期第 2 ～ 5 年每年不包括财务费用的总成本费用的变动额 = 30000 + 20000 = 50000（元）

（5）因旧设备提前报废发生的处理固定资产净损失为

旧固定资产折余价值 - 变价净收入 = 90151 - 80000 = 10151（元）

（6）因旧固定资产提前报废发生净损失而抵减的所得税税额 = 10151 × 33% ≈ 3350（元）

（7）经营期第 1 年息税前利润的变动额 = 50000 - 45000 = 5000（元）

（8）经营期第 2 ～ 5 年每年息税前利润的变动额 = 60000 - 50000 = 10000（元）

按简化公式确定的建设期差量净现金流量为

$$\Delta NCF_0 = -(180000 - 80000) = -100000 \text{（元）}$$

按简化公式计算的运营期差量净现金流量为

$$\Delta NCF_1 = 5000 \times (1 - 33\%) + 20000 + 3350 = 26700 \text{（元）}$$

$$\Delta NCF_{2\sim5} = 10000 \times (1 - 33\%) + 20000 = 26700 \text{（元）}$$

三、投资项目现金流量的估计

项目投资现金流量，在投资决策中是指一个项目引起的企业现金支出和现金收入增加的数量。这时的“库存现金”是广义的现金，它不仅包括各种货币资金，而且还包括项目需要投入的企业现有的非货币资源的变现价值。例如，一个项目需要使用原有的厂房、设备和材料等，则相关的现金流量是指它们的变现价值，而不是其账面价值。

（一）项目投资现金流量的估计

估计投资方案所需的资本支出，以及该方案每年能产生的现金净流量，会涉及很多变量，并且需要企业有关部门的参与。例如，销售部门负责预测售价和销量，涉及产品价格弹性、广告效果、竞争者动向等；产品开发和技术部门负责估计投资方案的资本支出，涉及研制费用、设备购置、厂房建筑等；生产和成本部门负责估计制造成本，涉及原材料采购价格、生产工艺安排、产品成本等。财务人员的主要任务是，为销售、生产等部门的预测建立共同的基本假设条件，如物价水平、折现率、可供资源的限制条件等；协调参与预测工作的各部门人员，使之能相互衔接与配合；防止预测者因个人偏好或部门利益而高估或低估收入和成本。

在确定投资方案相关的现金流量时，应遵循的最基本的原则是，只有增量现金流量才是与项目相关的现金流量。所谓增量现金流量，是指接受或拒绝某个投资方案后，企业总现金流量因此发生的变动。只有那些由于采纳某个项目引起的现金支出增加额，才是该项目的现金流出；只有那些由于采纳某个项目引起的现金流入增加额，才是该项目的现金流入。

为了正确计算投资方案的增量现金流量，需要正确判断哪些支出会引起企业总现金流量的变动，哪些支出不会引起企业总现金流量的变动。在进行这种判断时，要注意以下四个问题。

1. 区分相关成本和非相关成本

相关成本是指与特定决策有关的、在分析评价时必须加以考虑的成本。例如，差额成本、未来成本、重置成本、机会成本等都属于相关成本。与此相反，与特定决策无关的、在分析评价时不必加以考虑的成本是非相关成本。例如，沉没成本、过去成本、账面成本等往往是非相关成本。

例如，智董公司在 2014 年曾经打算新建一个车间，并请一家会计公司做过可行性分析，支付咨询费 5 万元。后来由于本公司有了更好的投资机会，该项目被搁置下来，该笔咨询费作为费用已经入账了。2016 年旧事重提，在进行投资分析时，这笔咨询费是否仍是相关成本呢？答案应当是否定的。该笔支出已经发生，不管本公司是否采纳新建一个车间的方案，它都已无法收回，与公司未来的总现金流量无关。

如果将非相关成本纳入投资方案的总成本，则一个有利的方案可能因此变得不利，一个较好的方案可能变为较差的方案，从而造成决策错误。

2. 不要忽视机会成本

在投资方案的选择中，如果选择了一个投资方案，则必须放弃投资于其他途径的机会。其他投资机会可能取得的收益是实行本方案的一种代价，被称为这项投资方案的机会成本。

例如，上述公司新建车间的投资方案，需要使用公司拥有的一块土地。在进行投资分析时，因为公司不必动用资金去购置土地，可否不将此土地的成本考虑在内呢？答案是否定的。因为该公司若不利用这块土地来兴建车间，则它可将这块土地移作他用，并取得一定的收入。只是由于在这块土地上兴建车间才放弃了这笔收入，而这笔收入代表兴建车间使用土地的机会成本。假设这块土地出售可净得 15 万元，它就是兴建车间的一项机会成本。值得注意的是，不管该公司当初是以 5 万元还是 20 万元购进这块土地，都应以现行市价作为这块土地的机会成本。

机会成本不是我们通常意义上的“成本”，它不是一种支出或费用，而是失去的收益。这种收益不是实际发生的，而是潜在的。机会成本总是针对具体方案的，离开被放弃的方案就无从计量确定。

机会成本在决策中的意义在于它有助于全面考虑可能采取的各种方案，以便为既定资源寻求最为有利的使用途径。

3. 要考虑投资方案对公司其他项目的影响

当我们采纳一个新的项目后，该项目可能对公司的其他项目造成有利或不利的影响。

例如，若新建车间生产的产品上市后，原有其他产品的销路可能减少，而且整个公司的销售额也许不增加甚至减少。因此，公司在进行投资分析时，不应将新车间的销售收入作为增量收入来处理，而应扣除其他项目因此减少的销售收入。当然，也可能发生相反的情况，新产品上市后将促进其他项目的销售增长。这要看新项目和原有项目是竞争关系还是互补关系。

当然，诸如此类的交互影响，事实上很难准确计量。但决策者在进行投资分析时仍要将其考虑在内。

4. 对净营运资金的影响

在一般情况下，当公司开办一个新业务并使销售额扩大后，对于存货和应收账款等经营性流动资产的需求也会增加，公司必须筹措新的资金以满足这种额外需求；另一方面，公司扩充的结果，应付账款与一些应付费用等经营性流动负债也会同时增加，从而降低公司流动资金的实际需要。所谓净营运资金的需要，指增加的经营性流动资产与增加的经营性流动负债之间的差额。

当投资方案的寿命周期快要结束时，公司将与项目有关的存货出售，应收账款变为现金，应付账款和应付费用也随之偿付，净营运资金恢复到原有水平。通常，在进行投资分析时，假定开始投资时筹措的净营运资金在项目结束时收回。

（二）固定资产更新项目的现金流量

固定资产更新是对技术上或经济上不宜继续使用的旧资产，用新的资产更换，或用先进的技术对原有设备进行局部改造。

固定资产更新决策主要研究两个问题：一个是决定是否更新，即继续使用旧资产还是更换新资产；另一个是决定选择什么样的资产来更新。实际上，这两个问题是结合在一起考虑的，如果市场上没有比现有设备更适用的设备，那么就继续使用旧设备。由于旧设备总可以通过修理继续使用，所以更新决策是继续使用旧设备与购置新设备的选择。

1. 更新决策的现金流量分析

更新决策不同于一般的投资决策。一般说来，设备更换并不改变企业的生产能力，不增加企业的现金流入。更新决策的现金流量主要是现金流出。即使有少量的残值变价收入，也属于支出抵减，而非实质上的流入增加。由于只有现金流出，而没有现金流入，就给采用贴现现金流量分析带来了困难。

【例 13-22】 智董公司有一旧设备，工程技术人员提出更新要求，有关数据如表 13-31 所示。

表 13-31 有关数据 单位：元

	旧设备	新设备
原值	2200	2400
预计使用年限	10	10
已经使用年限	4	0
最终残值	200	300
变现价值	600	2
年运行成本	700	400

假设该公司要求的最低报酬率为 15%，继续使用旧设备与更换新设备的现金流量见图 13-13。

由于没有适当的现金流入，无论哪个方案都不能计算其净现值和内含报酬率。通常，在收入相同时，我们认为成本较低的方案是好方案。那么，我们可否通过比较两个方案的总成本来判别方案的优劣呢？仍然不妥。因为旧设备尚可使用 6 年，而新设备可使用 10 年，两个方案取得的“产出”并不相同。因此，我们应当比较其 1 年的成本，即获得 1 年的生产能力所付出的代价，据以判断方案的优劣。

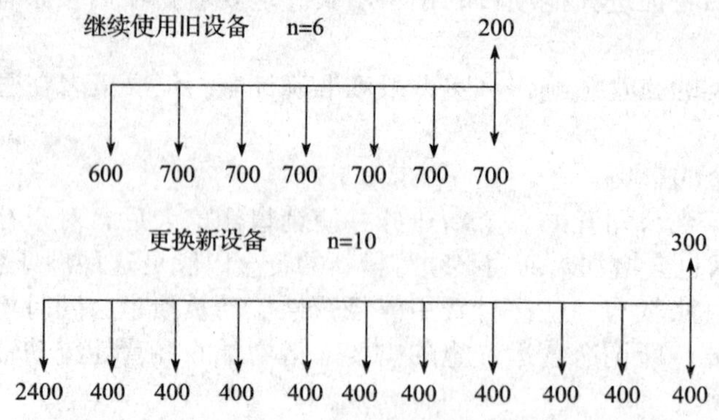

图 13-13 继续使用旧设备与更换新设备的现金流量

我们是否可以使用差额分析法，根据实际的现金流动进行分析呢？仍然有问题。两个方案投资相差 1800 元（2400－600），作为更新的现金流出；每年运行成本相差 300 元（700－400），是更新带来的成本节约额，视同现金流入。问题在于旧设备第 6 年报废，新设备第 7 年至第 10 年仍可使用，后 4 年无法确定成本节约额。因此，这种办法仍然不妥。除非新、旧设备未来使用年限相同（这种情况十分罕见），或者能确定继续使用旧设备时第 7 年选择何种设备（这也是相当困难的），根据实际现金流量进行分析会碰到困难。

因此，较好的分析方法是比较继续使用旧设备和更换新设备的年成本，以较低者作为好方案。

2. 固定资产的平均年成本

固定资产的平均年成本，是指该资产引起的现金流出的年平均值。如果不考虑货币的时间价值，它是未来使用年限内的现金流出总额与使用年限的比值。如果考虑货币的时间价值，它是未来使用年限内现金流出总现值与年金现值系数的比值，即平均每年的现金流出。

（1）不考虑货币的时间价值。

如例 13-22 资料，不考虑货币的时间价值时：

$$\text{旧设备平均年成本} = \frac{600 + 700 \times 6 - 200}{6} = \frac{4600}{6} \approx 767(\text{元})$$

$$\text{新设备平均年成本} = \frac{2400 + 400 \times 10 - 300}{10} = \frac{6100}{10} = 610(\text{元})$$

（2）考虑货币的时间价值。如果考虑货币的时间价值，有三种计算方法。

1）计算现金流出的总现值，然后分摊给每一年。

$$\text{旧设备平均年成本} = \frac{600 + 700 \times (p/A, 15\%, 6) - 200 \times (p/s, 15\%, 6)}{(p/A, 15\%, 6)}$$

$$= \frac{600 + 700 \times 3.784 - 200 \times 0.432}{3.784} \approx 836(\text{元})$$

$$\text{新设备平均年成本} = \frac{2400 + 400 \times (p/A, 15\%, 10) - 300 \times (p/s, 15\%, 10)}{(p/A, 15\%, 10)}$$

$$= \frac{2400 + 400 \times 5.019 - 300 \times 0.247}{5.019} \approx 863(\text{元})$$

2）由于各年已经有相等的运行成本，只要将原始投资和残值摊销到每年，然后求和，亦可得到每年平均的现金流出量。

$$旧设备平均年成本 = \frac{600}{(p/A, 15\%, 6)} + 700 - \frac{200}{(s\ A, 15\%, 6)} = \frac{600}{3.784} + 700 - \frac{200}{8.753}$$
$$\approx 158.56 + 700 - 22.85 \approx 836(元)$$

$$新设备平均年成本 = \frac{2400}{(p/A, 15\%, 10)} + 400 - \frac{300}{(s/A, 15\%, 10)} = \frac{2400}{5.019} + 400 - \frac{300}{20.303}$$
$$\approx 478.18 + 400 - 14.78 \approx 863(元)$$

3）将残值在原投资中扣除，视同每年承担相应的利息，然后与净投资摊销及年运行成本总计，求出每年的平均成本。

$$旧设备平均年成本 = \frac{600 - 200}{(p/A, 15\%, 6)} + 200 \times 15\% + 700 = \frac{400}{3.784} + 30 + 700 \approx 836(元)$$

$$新设备平均年成本 = \frac{2400 - 300}{(p/A, 15\%, 10)} + 300 \times 15\% + 400 = \frac{2100}{5.019} + 45 + 400 \approx 863(元)$$

通过上述计算可知，使用旧设备的平均年成本较低，不宜进行设备更新。

（3）使用平均年成本法时要注意的问题。

1）平均年成本法是把继续使用旧设备和购置新设备看成是两个互斥的方案，而不是一个更换设备的特定方案。也就是说，要有正确的"局外观"，即从局外人角度来考察：一个方案是用 600 元购置旧设备，可使用 6 年；另一个方案是用 2400 元购置新设备，可使用 10 年。在此基础上比较各自的平均年成本孰高孰低，并做出选择。由于两者的使用年限不同，前一个方案只有 6 年的现金流动数据，后一个方案持续 10 年，缺少后 4 年的差额现金流量数据，因此不能根据各年现金流量的差额计算净现值和内含报酬率。对于更新决策来说，除非未来使用年限相同，否则，不能根据实际现金流动分析的净现值法或内含报酬率法解决问题。

2）平均年成本法的假设前提是将来设备再更换时，可以按原来的平均年成本找到可代替的设备。例如，旧设备 6 年后报废时，仍可找到使用年成本为 836 元的可代替设备。如果有明显证据表明，6 年后可替换设备平均年成本会高于当前更新设备的市场年成本（863 元），则需要把 6 年后更新设备的成本纳入分析范围，合并计算当前使用旧设备及 6 年后更新设备的综合平均年成本，然后与当前更新设备的平均年成本进行比较。这就会成为多阶段决策问题。由于未来数据的估计有很大主观性，时间越长越靠不住，因此平均年成本法通常以旧设备尚可使用年限（6 年）为"比较期"，一般情况下不会有太大误差。如果以新设备可用年限（10 年）为比较期，则要有旧设备报废时再购置新设备的可靠成本资料。另一种替代方法是预计当前拟更换新设备 6 年后的变现价值，计算其 6 年的平均年成本，与旧设备的平均年成本进行比较。不过，预计 6 年后尚可使用设备的变现价值也是很困难的，其实际意义并不大。

3. 固定资产的经济寿命

通过固定资产的平均年成本概念，我们很容易发现，固定资产的使用初期运行费比较低，以后随着设备逐渐陈旧，性能变差，维护费用、修理费用、能源消耗等运行成本会逐步增加。与此同时，固定资产的价值逐渐减少，资产占用的资金应计利息等持有成本也会逐步减少。随着时间的递延，运行成本和持有成本呈反方向变化，两者之和呈马鞍形，这样必然存在一个最经济的使用年限，见图 13-14。

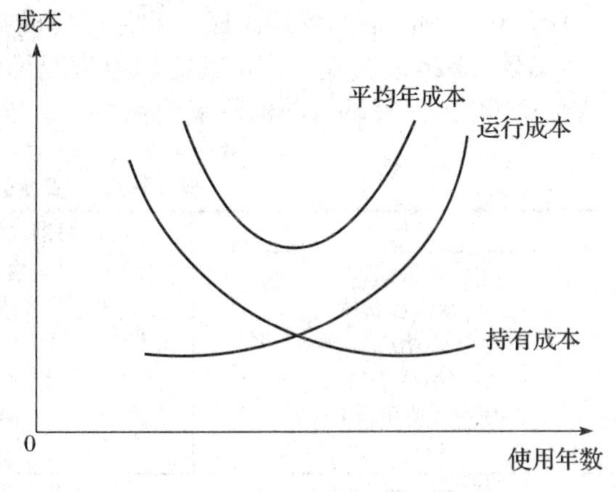

图 13-14 最经济的使用年限

设：C 为固定资产原值；S_n 为 n 年后固定资产余值；C_t 为第 t 年运行成本；n 为预计

使用年限；i 为投资最低报酬率；UAC 为固定资产平均年成本。

$$则：UAC = \left[C - \frac{S_n}{(1+i)^n} + \sum_{t=1}^{n} \frac{C_t}{(1+i)^t}\right] \div (p/A,I,n)$$

【例 13-23】 设某资产原值为 1400 元，运行成本逐年增加，折余价值逐年下降。有关数据见表 13-32。

表 13-32　固定资产的经济寿命

更新年限	原值①	余值②	贴现系数③（i=8%）	余值现值 ④ = ② × ③	运行成本⑤	运行成本现值 ⑥ = ⑤ × ③	更新时运行成本现值 ⑦ = ∑⑥	现值总成本⑧ = ① − ④ + ⑦	年金现值系数（i=8%）⑨	平均年成本 ⑩ = ⑧ ÷ ⑨
1	1400	1000	0.926	926	200	185	185	659	0.926	711.7
2	1400	760	0.857	651	220	189	374	1123	1.783	629.8
3	1400	600	0.794	476	250	199	573	1497	2.577	580.9
4	1400	460	0.735	338	290	213	786	1848	3.312	558.0
5	1400	340	0.681	232	340	232	1018	2186	3.993	547.5
6	1400	240	0.630	151	400	252	1270	2519	4.623	544.9
7	1400	160	0.583	93	450	262	1532	2839	5.206	545.3
8	1400	100	0.541	54	500	271	1803	3149	5.749	547.8

该项资产如果使用 6 年后更新，每年的平均成本是 544.9 元，比其他时间更新的成本低，因此 6 年是其经济寿命。

（三）所得税和折旧对现金流量的影响

现在进一步讨论所得税对投资决策的影响。所得税是企业的一种现金流出，它取决于利润大小和税率高低，而利润大小受折旧方法的影响，因此，讨论所得税问题必然会涉及折旧问题。在前面部分未讨论所得税问题，在那种情况下折旧与现金流量无关，自然也不可能讨论折旧问题。折旧对投资决策产生影响，实际是由所得税引起的。因此，这两个问题要放在一起讨论。

1. 税后成本和税后收入

如果有人问你，你租的宿舍房租是多少，你一定会很快将你每月付出的租金说出来。如果问一位企业家，他的工厂厂房租金是多少，他的答案比实际每个月付出的租金要少一些。因为租金是一项可以减免所得税的费用，所以应以税后的基础来观察。凡是可以减免税负的项目，实际支付额并不是真实的成本，而应将因此而减少的所得税考虑进去。扣除了所得税影响以后的费用净额，称为税后成本。

【例 13-24】 智董公司目前的损益状况见表 13-33。该公司正在考虑一项广告计划，每月支付 2000 元，假设所得税税率为 40%，该项广告的税后成本是多少？

表 13-33　智董公司目前的损益状况　　单位：元

项目	目前（不做广告）	做广告方案
销售收入	15000	15000
成本和费用	5000	5000
新增广告		2000
税前净利	10000	8000
所得税费用（40%）	4000	3200
税后净利	6000	4800
新增广告税后成本	1200	

从表 13-33 可以看出，该项广告的税后成本为每月 1200 元。这个结论是正确无误的，两个方案（不做广告与做广告）的唯一差别是广告费 2000 元，对净利的影响为 1200 元。

税后成本的一般公式为

$$税后成本 = 支出金额 \times (1 - 税率)$$

据此公式计算广告的税后成本为

$$税后成本 = 2000 \times (1 - 40\%) = 1200（元）$$

与税后成本相对应的概念是税后收入。如果有人问你，你每月工资收入是多少，你可能很快回答工资单上的合计数。

由于所得税的作用，企业营业收入的金额有一部分会流出企业，企业实际得到的现金流入是税后收入：

$$税后收入 = 收入金额 \times (1 - 税率)$$

这里所说的收入金额是指根据税法规定需要纳税的收入，不包括项目结束时收回垫支资金等现金流入。

2. 折旧的抵税作用

大家都知道，加大成本会减少利润，从而使所得税减少。如果不计提折旧，企业的所得税将会增加许多。折旧可以起到减少税负的作用，这种作用称之为“折旧抵税”。

【例 13-25】假设有智董公司和贵琛公司，全年销货收入、付现费用均相同，所得税税率为 40%。两者的区别是智董公司有一项可计提折旧的资产，每年折旧额相同。两家公司的现金流量见表 13-34。

表 13-34　折旧对税负的影响

单位：元

项目	智董公司	贵琛公司
销售收入	20000	20000
费用：		
付现销售费用	10000	10000
折旧	3000	0
合计	13000	10000
税前净利	7000	10000
所得税费用（40%）	2800	4000
税后净利	4200	6000
营业现金流入：		
净利	4200	6000
折旧	3000	0
合计	7200	6000
智董公司比贵琛公司拥有较多现金	1200	

智董公司利润虽然比贵琛公司少 1800 元，但现金净流入多出 1200 元，其原因在于有 3000 元的折旧计入成本，使应税所得减少 3000 元，从而少纳税 1200 元（3000×40%）。这笔现金保留在企业里，不必缴出。从增量分析的观点来看，由于增加了一笔 3000 元折旧，企业获得 1200 元的现金流入。折旧对税负的影响可按下式计算：

$$税负减少额 = 折旧额 \times 税率 = 3000 \times 40\% = 1200（元）$$

3. 税后现金流量

在加入所得税因素以后，现金流量的计算有三种方法。

（1）根据直接法计算。根据现金流量的定义，所得税是一种现金支付，应当作为每年营业现金流量的一个减项。

$$营业现金流量 = 营业收入 - 付现成本 - 所得税 \tag{1}$$

这里的营业现金流量是指未扣除营运资本投资的营业现金毛流量。

（2）根据间接法计算。

$$营业现金流量 = 税后净利润 + 折旧 \quad (2)$$

公式（2）与公式（1）是一致的，可以从公式（1）直接推导出来：

营业现金流量 = 营业收入 - 付现成本 - 所得税 = 营业收入 -（营业成本 - 折旧）- 所得税
= 营业利润 + 折旧 - 所得税 = 税后净利润 + 折旧

（3）根据所得税对收入和折旧的影响计算。根据前边讲到的税后成本、税后收入和折旧抵税可知，由于所得税的影响，现金流量并不等于项目实际的收支金额。

税后成本 = 支出金额 ×（1 - 税率）税后收入 = 收入金额 ×（1- 税率）折旧抵税 = 折旧 × 税率

因此，现金流量应当按下式计算：

营业现金流量 = 税后收入 - 税后付现成本 + 折旧抵税 = 收入 ×（1 - 税率）- 付现成本 ×（1 - 税率）+ 折旧 × 税率 （3）

这个公式也可以根据公式（2）直接推导出来：

营业现金流量 = 税后净利润 + 折旧 =（收入 - 成本）×（1- 税率）+ 折旧
=（收入 - 付现成本 - 折旧）×（1- 税率）+ 折旧
= 收入 ×（1- 税率）- 付现成本 ×（1- 税率）- 折旧 ×（1- 税率）+ 折旧
= 收入 ×（1- 税率）- 付现成本 ×（1- 税率）- 折旧 + 折旧 × 税率 + 折旧
= 收入 ×（1- 税率）- 付现成本 ×（1- 税率）+ 折旧 × 税率

上述三个公式，最常用的是公式（3），因为企业的所得税是根据企业总利润计算的。在决定某个项目是否投资时，我们往往使用差额分析法确定现金流量，并不知道整个企业的利润及与此有关的所得税，这就妨碍了公式（1）和公式（2）的使用

公式（3）并不需要知道企业的利润是多少，使用起来比较方便。尤其是有关固定资产更新的决策，我们没有办法计量某项资产给企业带来的收入和利润，以至于无法使用前两个公式。

我们在分别研究了税后成本、税后收入和折旧抵税之后，下面用一个例子来说明存在所得税的情况下，投资决策的分析方法。

【例 13-26】智董公司有 1 台设备，购于 3 年前，现在考虑是否需要更新。该公司所得税税率为 40%，其他有关资料见表 13-35。

表 13-35　其他有关资料　　单位：元

项目	旧设备	新设备
原价	60000	50000
税法规定残值（10%）	6000	5000
税法规定使用年限	6	4
已用年限	3	0
尚可使用年限	4	4
每年操作成本	8600	5000
两年末大修支出	28000	
最终报废残值	7000	10000
目前变现价值	10000	
每年折旧额：	（直线法）	（年数总和法）
第一年	9000	18000
第二年	9000	13500
第三年	9000	9000
第四年	0	4500

假设两台设备的生产能力相同，并且未来可使用年限相同，因此我们可通过比较其现金流出的总现值，判断方案优劣（见表 13-36）。更换新设备的现金流出总现值为 39107.80 元，比继续使用旧设备的现金流出总现值 35973 元要多出 3134.80 元。因此，继续使用旧设备较好。如果未来的尚可使用年限不同，则需要将总现值转换成平均年成本，然后进行比较。

表 13-36 现金流出的总现值比较 单位：元

项目	现金流量	时间（年次）	系数（10%）	现值
继续用旧设备：				
旧设备变现价值	（10000）	0	1	（10000）
旧设备变现损失减税	(10000 − 33000) × 0.4 = (9200)	0	1	(9200)
每年付现操作成本	8600 ×（1 − 0.4）=（5160）	1 ～ 4	3.170	（16357.2）
每年折旧抵税	9000 × 0.4 = 3600	1 ～ 3	2.487	8953.2
两年末大修成本	28000 ×（1 − 0.4）=（16800）	2	0.826	（13876.8）
残值变现收入	7000	4	0.683	4781
残值变现净收入纳税	（7000 − 6000）× 0.4 =（400）	4	0.683	（273.2）
合计				（35973）
更换新设备：				
设备投资	（50000）	0	1	（50000）
每年付现操作成本	5000 ×（1 − 0.4）=（3000）	1 ～ 4	3.170	（9510）
每年折旧抵税：				
第一年	18000 × 0.4 = 7200	1	0.909	6544.8
第二年	13500 × 0.4 = 5400	2	0.826	4460.4
第三年	9000 × 0.4 = 3600	3	0.751	2703.6
第四年	4500 × 0.4 = 1800	4	0.683	1229.4
残值收入	10000	4	0.683	6830
残值净收入纳税	（10000 − 5000）× 0.4 =（2000）	4	0.683	（1366）
合计				（39107.80）

四、项目投资决策评价指标及其计算

（一）投资决策评价指标及其类型

投资决策评价指标，是指用于衡量和比较投资项目可行性，以便据以进行方案决策的定量化标准与尺度。

从财务评价的角度，投资决策评价指标主要包括静态投资回收期、投资收益率、净现值、净现值率、获利指数、内部收益率。

评价指标可以按以下标准进行分类。

1. 按照是否考虑资金价值分类，可分为静态评价指标和动态评价指标

前者是指在计算过程中不考虑资金时间价值因素的指标，又称为静态指标，包括投资收益率和静态投资回收期；后者是指在指标计算过程中充分考虑和利用资金时间价值的指标。

2. 按指标性质不同，可分为在一定范围内越大越好的正指标和越小越好的反指标两大类

只有静态投资回收期属于反指标。

3. 按指标在决策中的重要性分类，可分为主要指标、次要指标和辅助指标

净现值、内部收益率等为主要指标；静态投资回收期为次要指标；投资收益率为辅助指标。

（二）静态评价指标

1. 静态投资回收期

静态投资回收期（简称回收期），是指以投资项目经营净现金流量抵偿原始总投资所需要的全部时间。它有“包括建设期的投资回收期（记作 PP）”和“不包括建设期的投资回收期（记作 PP′）”两种形式。

确定静态投资回收期指标可分别采取公式法和列表法。

（1）公式法。如果某一项目的投资均集中发生在建设期内，投产后一定期间内每年经营净现金流量相等，且其合计大于或等于原始投资额，可按以下简化公式直接求出不包括建设期的投资回收期：

$$\text{不包括建设期的回收期}(PP') = \frac{\text{原始投资合计}}{\text{投产后前若干每年相等的净现金流量}}$$

$$\text{包括建设期的回收期} = \text{不包括建设期的回收期} + \text{建设期}$$

公式法所要求的应用条件比较特殊，包括：项目投产后开头的若干年内每年的净现金流量必须相等，这些年内的经营净现金流量之和应大于或等于原始总投资。如果不能满足上述条件，就无法采用这种方法，必须采用列表法。

（2）列表法。所谓列表法是指通过列表计算“累计净现金流量”的方式，来确定包括建设期的投资回收期，进而再推算出不包括建设期的投资回收期的方法。因为不论在什么情况下，都可以通过这种方法来确定静态投资回收期，所以此法又称为一般方法。

该法的原理是，按照回收期的定义，包括建设期的投资回收期 PP 满足以下关系式，即

$$\sum_{t=0}^{PP} NCF_t = 0$$

这表明在财务现金流量表的“累计净现金流量”一栏中，包括建设期的投资回收期 PP 恰好是累计净现金流量为零的年限。

静态投资回收期的优点是能直观地反映原始总投资的返本期限，便于理解，结算也比较简单，可以直接利用回收期之前的净现金流量信息。缺点是没有考虑资金时间价值因素和回收期满后继续发生的现金流量，不能正确反映投资方式不同对项目的影响。

只有静态投资回收期指标小于或等于基准投资回收期的投资项目才具有财务可行性。

2. 投资收益率

投资收益率，又称投资报酬率（记做 ROI），是指达产期正常年份的年息税前利润或运营期年均息税前利润占项目总投资的百分比。

投资收益率的计算公式为

$$\text{投资收益率}(ROI) = \frac{\text{年息税前利润或前均息税前利润}}{\text{项目总投资}} \times 100\%$$

投资收益率的优点是计算公式简单；缺点是没有考虑资金时间价值因素，不能正确反映建设期长短及投资方式不同和回收额的有无对项目的影响，分子、分母计算口径的可比性较差，无法直接利用净现金流量信息。

只有投资收益率指标大于或等于无风险投资收益率的投资项目才具有财务可行性。

（三）动态评价指标

1. 净现值

净现值（记作 NPV），是指在项目计算期内，按设定折现率或基准收益率计算的各年净

现金流量现值的代数和。其理论计算公式为

$$净现值(NPV) = \sum_{t=0}^{n}(第 t 年的净现金流量 \times 第 t 年的复利现值系数)$$

计算净现值指标可以通过一般方法、特殊方法和插入函数法三种方法来完成。

（1）净现值指标计算的一般方法包括公式法和列表法两种形式。

1）公式法。本法是指根据净现值的定义，直接利用理论计算公式来完成该指标计算的方法。

2）列表法。本法是指通过在现金流量表计算净现值指标的方法。即在现金流量表上，根据已知的各年净现金流量，分别乘以各年的复利现值系数，从而计算出各年折现的净现金流量，最后求出项目计算期内折现的净现金流量的代数和，就是所求的净现值指标。

（2）净现值指标计算的特殊方法。本法是指在特殊条件下，当项目投产后净现金流量表现为普通年金或递延年金时，可以利用计算年金现值或递延年金现值的技巧直接计算出项目净现值的方法，又称简化方法。

由于项目各年的净现金流量 NCF_t（t = 0，1，…，n）属于系列款项，所以当项目的全部投资均于建设期投入，运营期不再追加投资，投产后的经营净现金流量表现为普通年金或递延年金的形式时，就可视情况不同分别按不同的简化公式计算净现值指标。

特殊方法一：当建设期为零，投产后的净现金流量表现为普通年金形式时，公式为

$$NPV = NCF_0 + NCF_{1\sim n} \cdot (P/A，i_c，n)$$

【例 13-27】 智董公司拟建一项固定资产，需投资 100 万元，按直线法计提折旧，使用寿命 10 年，期末无残值。该项工程于当年投产，预计投产后每年可获息税前利润 10 万元。假定该项目的行业基准折现率为 10%。

要求：计算该项目的净现值（所得税前）。

依题意，$NCF_0 = -100$ 万元，$NCF_{1\sim 10} = 10 + 100 \div 10 = 20$（万元）

$$NPV = -100 + 20 \times (P/A，10\%，10) = 22.8914（万元）$$

特殊方法二：当建设期为零，投产后每年经营净现金流量（不含回收额）相等，但终结点第 n 年有回收额 R_n（如残值）时，可按两种方法求净现值。

1）将 1 ～（n - 1）年每年相等的经营净现金流量视为普通年金，第 n 年净现金流量视为第 n 年终值。

公式如下：

$$NPV = NCF_0 + NCF_{1\sim(n-1)} \cdot (P/A，i_c，n-1) + NCF \cdot (P/F，i_c，n)$$

2）将 1 ～ n 年每年相等的经营净现金流量按普通年金处理，第 n 年发生的回收额单独作为该年终值。

公式如下：

$$NPV = NCF_0 + NCF_{1\sim n} \cdot (P/A，i_c，n) + R_n \cdot (P/F，i_c，n)$$

（3）净现值指标计算的插入函数法。本法是指在 WINDOWS 系统的 Excel 环境下，通过插入财务函数 NPV，并根据计算机系统的提示正确地输入已知的基准折现率和电子表格中的净现金流量，来直接求得净现值指标的方法。

Excel 系统的设计者将项目建设期内发生的第一次投资定义为第一年年末，即该系统只承认第 1 ～ n 期的 NCF_t，而不承认第 0 ～ n 期的 NCF_t。在 NCF_0 不等于零的情况下，该系统自动将 $NCF_{0\sim n}$ 按照 $NCF_{1\sim n+1}$ 来处理。在这种情况下，按插入函数法求得的净现值并不是所求的第零年价值，而是第零年的前一年（即第 0 - 1 年）的价值，两者之间差一年，必须进行调整。

因此，在建设起点发生投资的情况下，必须在按插入函数法求得的净现值的基础上进行调整，才能计算出正确的净现值指标。调整公式为

$$调整后的净现值=按插入法求得的净现值 \times (1+i_c)$$

如果建设起点不发生任何投资，则按本法计算的净现值就是所求的项目净现值，不需要应用上式调整。

在上述介绍的各种计算方法中，按公式法展开计算其过程太麻烦，列表法相对要简单一些；特殊方法虽然比一般方法简单，但要求的前提条件比较苛刻，需要记忆的公式也比较多；在计算机环境下插入函数最省事，但有时需要进行调整。

净现值指标的优点是综合考虑了资金时间价值、项目计算期内的全部净现金流量和投资风险；缺点是无法从动态的角度直接反映投资项目的实际收益率水平，而且计算比较烦琐。

只有净现值指标大于或等于零的投资项目才具有财务可行性。

2. 净现值率

净现值率（记作 NPVR），是指投资项目的净现值占原始投资现值总和的比率，亦可将其理解为单位原始投资的现值所创造的净现值。

净现值率的计算公式为

$$净现值率(NPVR)=\frac{项目的净现值}{原始投资的现值合计}$$

净现值率指标的优点是可以从动态的角度反映项目投资的资金投入与净产出之间的关系，计算过程比较简单；缺点是无法直接反映投资项目的实际收益率。

只有净现值率指标大于或等于零的投资项目才具有财务可行性。

3. 获利指数

获利指数（记作 PI），是指投产后按基准收益率或设定折现率折算的各年净现金流量的现值合计与原始投资的现值合计之比。

获利指数指标的计算公式为

$$获利指数(PI)=\frac{投产后各年净现金流量的现值合计}{原始投资的现值合计}$$

或

$$=1+净现值率$$

获利指数指标的优点是可以从动态的角度反映项目投资的资金投入与总产出之间的关系；缺点是除了无法直接反映投资项目的实际收益率外，计算也相对复杂。

只有获利指数指标大于或等于 1 的投资项目才具有财务可行性。

4. 内部收益率

内部收益率（记作 IRR），是指项目投资实际可望达到的收益率。实质上，它是能使项目的净现值等于零时的折现率。IRR 满足下列等式：

$$\sum_{t=0}^{n}[NCF_t \cdot (P/F,IRR,t)]=0$$

计算内部收益率指标可以通过特殊方法、一般方法和插入函数法三种方法来完成。

（1）内部收益率指标计算的特殊方法。该法是指当项目投产后的净现金流量表现为普通年金的形式时，可以直接利用年金现值系数计算内部收益率的方法，又称为简便算法。

该法所要求的充分而必要的条件是：项目的全部投资均于建设起点一次投入，建设期为零，建设起点第 0 期净现金流量等于原始投资的负值，即 $NCF_0=-I$；投产后每年净现金流量相等，第 1 至第 n 期每期净现金流量取得了普通年金的形式。

应用本法的条件十分苛刻，只有当项目投产后的净现金流量表现为普通年金的形式时才可以直接利用年金现值系数计算内部收益率，在此法下，内部收益率IRR可按下式确定：

$$(P/A, IRR, n) = \frac{I}{NCF}$$

式中，I为在建设起点一次投入的原始投资；(P/A，IRR，n）是n期、设定折现率为IRR的年金现值系数；NCF为投产后1～n年每年相等的净现金流量（$NCF_1 = NCF_2 = \cdots = NCF_n = NCF$，NCF为一常数，$NCF \geqslant 0$）。

使用特殊方法的具体程序如下。

1）按上式计算（P/A，IRR，n）的值，假定该值为C，则C值必然等于该方案不包括建设期的回收期。

2）根据计算出来的年金现值系数C，查n年的年金现值系数表。

3）若在n年系数表上恰好能找到等于上述数值C的年金现值系数（P/A，r_m，n），则该系数所对应的折现率r_m即为所求的内部收益率IRR。

4）若在系数表上找不到事先计算出来的系数值C，则需要找到系数表上同期略大及略小于该数值的两个临界值C_m和C_{m+1}及相对应的两个折现率r_m和r_{m+1}，然后应用内插法计算近似的内部收益率。即，如果以下关系成立：

$$(P/A, r_m, n) = C_m > C$$
$$(P/A, r_{m+1}, n) = C_{m+1} < C$$

就可按下列具体公式计算内部收益率IRR：

$$IRR = r_m + \frac{C_m - C}{C_m - C_{m+1}} \cdot (r_{m+1} - r_m)$$

为缩小误差，按照有关规定，r_{m+1}与r_m之间的差不得大于5%。

【例13-28】某投资项目在建设起点一次性投资254580元，当年完工并投产，投产后每年可获净现金流量50000元，经营期为15年。

要求：

(1) 判断能否按特殊方法计算该项目的内部收益率。

(2) 如果可以，试计算该指标。

解答如下。

(1) $NCF_0 = -1$，$NCF_{1\sim15} = 50000$

此题可采用特殊方法计算该项目的内部收益率IRR。

(2) $(P/A, IRR, 15) = \frac{254580}{50000} = 5.0916$

查15年的年金现值系数表：

因为（P/A，18%，15）= 5.0916，所以IRR = 18%。

(2) 内部收益率指标计算的一般方法。该法是指通过计算项目不同设定折现率的净现值，然后根据内部收益率的定义所揭示的净现值与设定折现率的关系，采用一定技巧，最终设法找到能使净现值等于零的折现率——内部收益率IRR的方法，又称为逐次测试逼近法（简称逐次测试法）。若项目不符合直接应用简便算法的条件，必须按此法计算内部收益率。

一般方法的具体应用步骤如下。

1）先自行设定一个折现率r_1，代入计算净现值的公式，求出按r_1为折现率的净现值NPV_1，并进行下面的判断。

2）若净现值$NPV_1 = 0$，则内部收益率$IRR = r_1$，计算结束；若净现值$NPV_1 > 0$，则内部收益率 IRR > r_1，应重新设定 $r_2 > r_1$，再将 r_2 代入有关计算净现值的公式，求出净现值 NPV_2，继续进行下一轮的判断；若净现值 $NPV_1 < 0$，则内部收益率 IRR < r_1，应重新设定 $r_2 < r_1$，再将 r_2 代入有关计算净现值的公式，求出 r_2 为折现率的净现值 NPV_2，继续进行下一轮的判断。

3）经过逐次测试判断，有可能找到内部收益率 IRR。每一轮判断的原则相同。若设 r_j 为第 j 次测试的折现率，NPV_j 为按 r_j 计算的净现值，则有：当 $NPV_j > 0$ 时，IRR > r_j，继续测试；当 $NPV_j < 0$ 时，IRR < r_j，继续测试；当 $NPV_j = 0$ 时，IRR = r_j，测试完成。

4）若经过有限次测试，已无法继续利用有关货币时间价值系数表，仍未求得内部收益率 IRR，则可利用最为接近零的两个净现值正负临界值 NPV_m 和 NPV_{m+1}，及相应的折现率 r_m 和 r_{m+1}，应用内插法计算近似的内部收益率。即，如果以下关系成立：

$$NPV_m > 0$$
$$NPV_{m+1} < 0$$
$$r_m < r_{m+1}$$
$$r_{m+1} - r_m \leqslant d \ (2\% \leqslant d < 5\%)$$

就可按下列具体公式计算内部收益率 IRR：

$$IRR = r_m + \frac{NPV_m - 0}{NPV_m - NPV_{m+1}} \cdot (r_{m+1} - r_m)$$

【例 13-29】 某投资项目只能用一般方法计算内部收益率。按照逐次测试逼近法的要求，自行设定折现率并计算净现值，据此判断调整折现率。经过 5 次测试，得到如表 13-37 所示的数据（计算过程略）。

表 13-37　相关数据

测试次数 j	设定折现率 r_j	净现值 NPV_j（按 r_j 计算）
1	10%	+918.3839
2	30%	−192.7991
3	20%	+217.3128
4	24%	+39.3177
5	26%	−30.1907

要求：计算该项目的内部收益率。

因为 $NPV_m = +319.317 > NPV_m + 1 = -30.1907$

$r_m = 24\% < r_m + 1 = 26\%$

$26\% - 24\% = 2\% < 5\%$

所以 $24\% < IRR < 26\%$

应用内插法：

$$IRR = 24\% + \frac{39.3177 - 0}{39.3177 - (-30.1907)} \times (26\% - 24\%) \approx 25.13\%$$

上面介绍的计算内部收益率的两种方法中，都设计到内插法的应用技巧，尽管具体应用条件不同，公式也存在差别，但该法的基本原理是一致的，即假定自变量在较小变动区间内，它与因变量之间的关系可以用线性模型来表示，因而可以采取近似计算的方法进行处理。

（3）内部收益率指标计算的插入函数法。本法是指在 WINDOWS 系统的 Excel 环境下，通过插入财务函数 IRR，并根据计算机系统的提示正确地输入已知的电子表格中的净现金流量，来直接求得内部收益率指标的方法。

由于 Excel 系统的设计者将项目建设期内发生的第一次投资定义为第一年年末，即该系统只承认第 1 ～ n 期的 NCF_t，而不承认第 0 ～ n 期的 NCF_t。在 NCF_0 不等于零的情况下，该系统自动将 $NCF_{0\sim n}$ 按照 $NCF_{1\sim n+1}$ 来处理，就相当于该项目无论投资还是生产经营期都比原来晚了一年。在这种情况下，按插入函数法求得的内部收益率一定会小于项目的真实内部收益率，但在项目计算期不短于 2 年的情况下，误差通常会小于 1 个百分点。

与按插入函数法计算净现值不同，由于内部收益率指标本身计算上的特殊性，即使在建设起点发生投资的情况下，也无法将按插入函数法求得的内部收益率调整为项目的真实内部收益率。但这并不会妨碍应用内部收益率进行投资决策。因为内部收益率是一个正指标，如果根据计算数值较低的内部收益率都可以做出该投资项目具有财务可行性的判断的话，那么根据计算数值较高的真实内部收益率也一定能得出同样的结论。

如果建设起点不发生任何投资，则按本法计算的内部收益率就是所求的项目真实内部收益率。

内部收益率指标的优点是既可以从动态的角度直接反映投资项目的实际收益水平，又不受基准收益率高低的影响，比较客观；缺点是计算过程复杂，尤其当经营期大量追加投资时，又有可能导致多个内部收益率出现，或偏高或偏低，缺乏实际意义。

只有内部收益率指标大于或等于基准收益率或资金成本的投资项目才具有财务可行性。

5. 动态指标之间的关系

净现值 NPV、净现值率 NPVR、获利指数 PI 和内部收益率 IRR 指标之间存在以下数量关系，即：

当 NPV > 0 时，NPVR > 0，PI > 1，IRR > i_c；

当 NPV = 0 时，NPVR = 0，PI = 1，IRR = i_c；

当 NPV < 0 时，NPVR < 0，PI < 1，IRR < i_c。

此外，净现值率 NPVR 的计算需要在已知净现值 NPV 的基础上进行，内部收益率 IRR 的计算也需要利用净现值 NPV。这些指标都会受到建设期的长短、投资方式，以及各年净现金流量的数量特征的影响。所不同的是 NPV 为绝对量指标，其余为相对数指标，计算净现值 NPV、净现值率 NPVR 和获利指数 PI 所依据的折现率都是事先已知的 i_c，而内部收益率 IRR 的计算本身与 i_c 的高低无关。

五、项目投资决策评价指标的运用

项目投资决策的关键，就是合理选择适当的决策方法，利用投资决策评价指标作为决策的标准，做出最终的投资决策。

（一）独立方案财务可行性评价及投资决策

在财务管理中，将一组互相分离、互不排斥的方案称为独立方案。在独立方案中，选择某一方案并不排斥选择另一方案。就一组完全独立的方案而言，其存在的前提条件是：①投资资金来源无限制；②投资资金无优先使用的排列；③各投资方案所需的人力、物力均能得到满足；④不考虑地区、行业之间的相互关系及其影响；⑤每一投资方案是否可行，仅取决于本方案的经济效益，与其他方案无关。

符合上述前提条件的方案即为独立方案。例如，某企业拟进行几项投资活动，这一组投资方案有：扩建某生产车间；购置一辆运输汽车；新建办公楼等。这一组投资方案中各个方案之间没有什么关联，互相独立，并不存在相互比较和选择的问题。企业既可以全部不接受，也可以接受其中一个，接受多个或全部接受。

1. 独立方案的财务可行性评价与投资决策的关系

对独立方案而言，评价其财务可行性也就是对其做出最终决策的过程。因为对一组独立方案中的任何一个方案，都存在着“接受”或“拒绝”的选择。只有完全具备或基本具备财务可行性的方案，才可以接受；完全不具备或基本不具备财务可行性的方案，只能选择“拒绝”，从而“拒绝”本身也是一种方案，一般称之为 0 方案。因此，任何一个独立方案都要与 0 方案进行比较决策。

2. 评价方案财务可行性的要点

评价方案财务可行性应掌握以下要点。

（1）判断方案是否完全具备财务可行性的条件。如果某一投资方案的所有评价指标均处于可行区间，即同时满足以下条件时，则可以断定该投资方案无论从哪个方面看都具备财务可行性，或完全具备可行性。这些条件是：①净现值 NPV ⩾ 0；②净现值率 NPVR ⩾ 0；③获利指数 PI ⩾ 1；④内部收益率 IRR ⩾基准折现率 i_c；⑤包括建设期的静态投资回收期 PP ⩽ $\frac{n}{2}$（即项目计算期的一半）；⑥不包括建设期的静态投资回收期 PP′ ⩽ $\frac{p}{2}$（即运营期的一半）；⑦投资收益率 ROI ⩾ 基准投资收益率 i（事先给定）。

（2）判断方案是否完全不具备财务可行性的条件。如果某一投资项目的评价指标均处于不可行区间，即同时满足以下条件时，则可以断定该投资项目无论从哪个方面看都不具备财务可行性，或完全不具备可行性，应当彻底放弃该投资方案。这些条件是：① NPV < 0；② NPVR < 0；③ PI < 1；④ IRR < i_c；⑤ PP > $\frac{n}{2}$；⑥ PP′ > $\frac{p}{2}$；⑦ ROI < i。

（3）判断方案是否基本具备财务可行性的条件。如果在评价过程中发现某项目的主要指标处于可行区间（如 NPV ⩾ 0，NPVR > 0，PI ⩾ 1，IRR ⩾ i_c），但次要或辅助指标处于不可行区间（如 PP > $\frac{n}{2}$，PP′ > $\frac{p}{2}$或 ROI < i），则可以断定该项目基本上具有财务可行性。

（4）判断方案是否基本不具备财务可行性的条件。如果在评价过程中发现某项目出现 NPV < 0，NPVR < 0，PI < 1，IRR < i_c，的情况，即使有 PP ⩽ $\frac{n}{2}$，PP′ ⩽ $\frac{p}{2}$或 ROI ⩾ i 发生，也可断定该项目基本上不具有财务可行性。

3. 其他应当注意的问题

在对独立方案进行财务可行性评价过程中，除了要熟练掌握和运用上述判定条件外，还必须明确以下两点。

（1）主要评价指标在评价财务可行性的过程中起主导作用。在对独立项目进行财务可行性评价和投资决策的过程中，当静态投资回收期（次要指标）或投资收益率（辅助指标）的评价结论与净现值等主要指标的评价结论发生矛盾时，应当以主要指标的结论为准。

（2）利用动态指标对同一个投资项目进行评价和决策，会得出完全相同的结论。在对同一个投资项目进行财务可行性评价时，净现值、净现值率、获利指数和内部收益率指标的评价结论是一致的。

【例 13-30】 某固定资产投资项目只有一个方案，其原始投资为 1000 万元，项目计算期为 11 年（其中生产经营期为 10 年），基准投资收益率为 9.5%，行业基准折现率为 10%，

有关投资决策评价指标如下：ROI = 10%，PP = 6 年，PP′ = 5 年，NPV = +162.65 万元，NPVR = 17.04%，PI = 1.1704，IRR = 12.73%。

要求：评价该项目的财务可行性。

因为 ROI = 10% > i = 9.5%，PP′ = 5 年 = $\frac{p}{2}$，NPV = +162.65 万元 > 0，NPVR = 17.04% > 0，PI = 1.1704 > 1，IRR = 12.73% > i_c = 10%，所以该方案基本上具有财务可行性（尽管 PP = 6 年 > $\frac{n}{2}$ = 5.5 年，超过基准回收期）。

因为该方案各项主要评价指标均达到或超过相应标准，所以基本上具有财务可行性，

只是包括建设期的投资回收期较长，有一定风险。如果条件允许，可实施投资。

（二）多个互斥方案的比较决策

互斥方案是指互相关联、互相排斥的方案，即一组方案中的各个方案彼此可以相互代替，采纳方案组中的某一方案，就会自动排斥这组方案中的其他方案。因此，互斥方案具有排他性。

多个互斥方案比较决策是指在每一个入选方案已具备财务可行性的前提下，利用具体决策方法比较各个方案的优劣，利用评价指标从各个备选方案中最终选出一个最优方案的过程。

项目投资多方案比较决策的方法是指利用特定评价指标作为决策标准或依据的各种方法统称，主要包括净现值法、净现值率法、差额投资内部收益率法、年等额净回收额法和计算期统一法等具体方法。

1. 净现值法

净现值法是指通过比较所有已具备财务可行性投资方案的净现值指标的大小来选择最优方案的方法。该法适用于原始投资相同且项目计算期相等的多方案比较决策。

在此法下，净现值最大的方案为优。

【例 13-31】 某个固定资产投资项目需要原始投资 100 万元，有 A、B、C、D 四个互相排斥的备选方案可供选择，各方案的净现值指标分别为 228.914 万元、117.194 万元、206.020 万元和 162.648 万元。

要求：

（1）评价每一方案的财务可行性。

（2）按净现值法进行比较决策。

解答如下。

（1）评价方案的财务可行性。因为 A、B、C、D 每个备选方案的 NPV 均大于零，所以这些方案均具有财务可行性。

（2）按净现值法进行比较决策。因为 $22.8914>20.6020>16.2648>11.7194$，所以 A 方案最优，其次为 C 方案，再次为 D 方案，最差为 B 方案。

2. 净现值率法

净现值率法是指通过比较所有已具备财务可行性投资方案的净现值率指标的大小来选择最优方案的方法。在此法下，净现值率最大的方案为优。

在投资额相同的互斥方案比较决策中，采用净现值率法会与净现值法得到完全相同的结论；但投资额不相同时，情况就不同了。

【例 13-32】 A 项目与 B 项目为互斥方案，它们的项目计算期相同。A 项目原始投资的现值为 150 万元，净现值为 29.97 万元；B 项目原始投资的现值为 100 万元，净现值为 24 万元。

要求：

（1）分别计算两个项目的净现值率指标（结果保留两位小数）。

（2）讨论能否运用净现值法或净现值率法在 A 项目和 B 项目之间做出比较决策。

解答如下。

（1）计算净现值率。

$$\text{A 项目的净现值率}=\frac{29.97}{150}\approx 0.20$$

$$\text{B 项目的净现值率}=\frac{24}{100}=0.24$$

（2）在净现值法下，因为 $29.97>24$，所以 A 项目优于 B 项目。

在按照净现值率法下，因为 $0.24>0.20$，所以 B 项目优于 A 项目。

由于两个项目的原始投资额不相同，导致两种方法的决策结论相互矛盾，似乎无法据此做出相应的比较决策。但前者再投资报酬率的基点是相对合理的资金成本，而后者再投资报酬率是基于一个相对较高的内含报酬（高于净现值法的资金成本）。考虑到两者在再投资报酬假设上的区别，净现值法将更具合理性。

3. 差额投资内部收益率法

差额投资内部收益率法是指在两个原始投资额不同方案的差量净现金流量（记作 NCF）的基础上，计算出差额内部收益率（记作 IRR），并据与行业基准折现率进行比较，进而判断方案孰优孰劣的方法。该法适用于两个原始投资不相同，但项目计算期相同的多方案比较决策。当差额内部收益率指标大于或等于基准收益率或设定折现率时，原始投资额大的方案较优；反之，则投资少的方案为优。

该法适用于两个原始投资不相同的多方案比较决策。其原理如下。

假定有 A 和 B 两个投资方案，A 方案的投资额大，B 方案的投资额小。我们可以把 A 方案看成两个方案之和。第一个方案是 B 方案，即把 A 方案的投资用于 B 方案；第二个方案是 C 方案。用于 C 方案投资的是 A 方案投资额与 B 方案投资额之差。因为把 A 方案的投资用于 B 方案会因此而节约一定的投资，可以作为 C 方案的投资资金来源。

C 方案的净现金流量等于 A 方案的净现金流量减去 B 方案的净现金流量而形成的差量净现金流量 ΔNCF。根据 ΔNCF 计算出来的差额内部收益率 ΔIRR，其实质就是 C 方案的内部收益率。

在这种情况下，A 方案等于 B 方案与 C 方案之和；A 方案与 B 方案的比较，相当于 B 与 C 两方案之和与 B 方案的比较。如果差额内部收益率 ΔIRR 大于基准折现率，则 C 方案具有财务可行性，这就意味着 A 方案优于 B 方案；如果差额内部收益率，ΔIRR 小于基准折现率，则 C 方案不具有财务可行性，这就意味着 B 方案优于 A 方案。

总之，在此法下，当差额内部收益率指标大于或等于基准折现率或设定折现率时，原始投资额大的方案较优；反之，则投资少的方案为优。

该法经常被用于更新改造项目的投资决策中，当该项目的差额内部收益率指标大于或等于基准折现率或设定折现率时，应当进行更新改造；反之，就不应当进行此项更新改造。

差额投资内部收益率 ΔIRR 的计算过程和计算技巧同内部收益率 IRR 完全一样，只是所依据的是 ΔNCF。

【例 13-33】 仍按例 13-32 资料，A 项目原始投资的现值为 150 万元，1 ～ 10 年的净现金流量为 29.29 万元；B 项目的原始投资额为 100 万元，1 ～ 10 年的净现金流量为 20.18 万元。行业基准折现率为 10%。

要求：

（1）计算差量净现金流量 ΔNCF。

（2）计算差额内部收益率 ΔIRR。

（3）用差额投资内部收益率法做出比较投资决策。

解答如下。

（1）差量净现金流量为

$$\Delta NCF_0 = -150 - (-100) = -50 \text{（万元）}$$

$$\Delta NCF_{1\sim10} = 29.29 - 20.18 = 9.11 \text{（万元）}$$

（2）差额内部收益率 ΔIRR 为

$$(PA/A, -IRR, 10) = \frac{50}{9.11} \approx 5.4885$$

因为（PA/A，12%，10）= 5.6502 < 5.4885，（PA/A，14%，10）= 5.2161 > 5.4885，所以

12% < ΔIRR < 14%，应用内插法：

$$\Delta IRR = 12\% + \frac{5.6502 - 5.4885}{5.6502 - 5.2161} \times (14\% - 12\%) \approx 12.74\%$$

（3）用差额投资内部收益率法决策。因为 $\Delta IRR = 12.74\% > i_c = 10\%$，所以应当投资 A 项目。

4. 年等额净回收额法

年等额净回收额法是指通过比较所有投资方案的年等额净回收额（记作 NA）指标的大小来选择最优方案的决策方法。该法适用于原始投资不相同、特别是项目计算期不同的多方案比较决策。在此法下，年等额净回收额最大的方案为优。

某方案的年等额净回收额等于该方案净现值与相关回收系数（或年金现值系数倒数）的乘积。计算公式如下：

$$某方案年等额净回收额 = 该方案净现值 \times 回收系数$$

或

$$= 该方案净现值 \times \frac{1}{年金值系数}$$

【例 13-34】智董公司拟投资建设一条新生产线。现有三个方案可供选择：A 方案的原始投资为 1250 万元，项目计算期为 11 年，净现值为 958.7 万元；B 方案的原始投资为 1100 万元，项目计算期为 10 年，净现值为 920 万元；C 方案的净现值为 -12.5 万元。行业基准折现率为 10%。

要求：

（1）判断每个方案的财务可行性。

（2）用年等额净回收额法做出最终的投资决策（计算结果保留两位小数）。

解答如下。

（1）判断方案的财务可行性。因为 A 方案和 B 方案的净现值均大于零，所以这两个方案具有财务可行性。

因为 C 方案的净现值小于零，所以该方案不具有财务可行性。

（2）比较决策：

$$A方案的年等额净回收额 = A方案的净现值 \times \frac{1}{(P/A,10\%,11)}$$

$$= 958.7 \times \frac{1}{6.49506} = 147.6(万元)$$

$$B方案的年等额净回收额 = B方案的净现值 \times \frac{1}{(P/A,10\%,10)}$$

$$= 920 \times \frac{1}{6.14457} = 149.7(万元)$$

因为 149.7 > 147.6，所以 B 方案优于 A 方案。

5. 计算期统一法

计算期统一法是指通过对计算期不相等的多个互斥方案选定一个共同的计算分析期，以满足时间可比性的要求，进而根据调整后的评价指标来选择最优方案的方法。

该法包括方案重复法和最短计算期法两种具体处理方法。

（1）方案重复法。方案重复法也称计算期最小公倍数法，是将各方案计算期的最小公倍数作为比较方案的计算期，金额调整有关指标，并据此进行多方案比较决策的一种方法。应用此法，可采取两种方式。

第一种方式，将各方案计算期的各年净现金流量或费用流量进行重复计算，直到与最小公倍数计算期相等；然后，再计算净现值、净现值率、差额内部收益率或费用现值等评价指标；最后根据调整后的评价指标进行方案的比较决策。

第二种方式，直接计算每个方案项目原计算期内的评价指标（主要指净现值），再按照最小公倍数原理分别对其折现，并求代数和，最后根据调整后的净现值指标进行方案的比较决策。

【例 13-35】 A、B 方案均在年末投资，它们的计算期分别为 10 年和 15 年，有关资料如表 13-38 所示。基准折现率为 12%。

表 13-38　净现金流量资料　　金额单位：万元

年份项目	1	2	3	4～9	10	11～14	15	净现值
A	−700	−700	480	480	600	–	–	756.48
B	−1500	−1700	−800	900	900	900	1400	795.54

要求：用计算期统一法中的方案重复法（第二种方式）做出最终的投资决策。

依题意，A 方案的项目计算期为 10 年，B 方案的项目计算期为 15 年，两个方案计算期的最小公倍数为 30 年。

在此期间，A 方案重复两次，而 B 方案只重复一次，则调整后的净现值指标为

$NPV_A' = 756.48 + 756.48 \times (P/F, 12\%, 10) + 756.48 \times (P/F, 12\%, 20) = 1078.47$（万元）

$NPV_B' = 795.54 + 795.54 \times (P/F, 12\%, 15) = 940.88$（万元）

因为 $NPV_A' = 1078.47$ 万元 $> NPV_B' = 940.88$ 万元，所以 A 方案优于 B 方案。

由于有些方案的计算期相差很大，按最小公倍数所确定的计算期往往很长。假定有四个互斥方案的计算期分别为 15、25、30 和 50 年，那么它们的最小公倍数就是 150 年，显然考虑这么长时间内的重复计算即复杂又无必要。为了克服方案重复法的缺点，人们设计了最短计算期法。

（2）最短计算期法。最短计算期法又称最短寿命期法，是指在将所有方案的净现值均还原为等额年回收额的基础上，再按照最短的计算期来计算出相应净现值，进而根据调整后的净现值指标进行多方案比较决策的一种方法。

（三）多方案组合排队投资决策

如果一组方案中既不属于相互独立，又不属于相互排斥，而是可以实现任意组合或排队，则这些方案被称作组合或排队方案，其中又包括先决方案、互补方案和不完全互斥方案等形式。在这种方案决策中，除了要求首先评价所有方案的财务可行性，淘汰不具备财务可行性的方案外，在接下来的决策中需要反复衡量和比较不同组合条件下的有关评价指标的大小，从而做出最终决策。

1. 组合或排队方案决策的含义

这类决策分两种情况。

（1）在资金总量不受限制的情况下，可按每一项目的净现值 NPV 大小排队，确定优先考虑的项目顺序。

（2）在资金总量受到限制时，则需按净现值率 NPVR 或获利指数 PI 的大小，结合净现值 NPV 进行各种组合排队，从中选出能使∑ NPV 最大的最优组合。

2. 组合或排队方案决策的程序

具体程序如下。

（1）以各方案的净现值率高低为序，逐项计算累计投资额，并与限定投资总额进行比较。

（2）当截止到某项投资项目（假定为第 j 项）的累计投资额恰好达到限定的投资总额时，则第 1 至第 j 项的项目组合为最优的投资组合。

（3）若在排序过程中未能直接找到最优组合，必须按下列方法进行必要的修正。

首先，当排序中发现第j项的累计投资额首次超过限定投资额，而删除该项后，按顺延的项目计算的累计投资额却小于或等于限定投资额时，可将第j项与第（j+1）项交换位置，继续计算累计投资额。这种交换可连续进行。

其次，当排序中发现第j项的累计投资额首次超过限定投资额，又无法与下一项进行交换，第（j-1）项的原始投资大于第j项原始投资时，可将第j项与第（j-1）项交换位置，继续计算累计投资额。这种交换亦可连续进行。

最后，若经过反复交换，已不能再进行交换，仍未找到能使累计投资额恰好等于限定投资额的项目组合时，可按最后一次交换后的项目组合作为最优组合。

总之，在主要考虑投资效益的条件下，多方案比较决策的主要依据，就是能否保证在充分利用资金的前提下，获得尽可能多的净现值总量。

【例13-36】 A、B、C、D、E五个投资项目为非互斥方案，有关原始投资额、净现值、净现值率和内部收益率数据如表13-39所示。

表13-39　资料1

金额单位：万元

项目	原始投资	净现值	净现值率	内部收益率
A	300	120	0.4	18%
B	200	40	0.2	21%
C	200	100	0.5	40%
D	100	22	0.22	19%
E	100	30	0.3	35%

要求：分别就以下不相关情况做出多方案组合决策。

（1）投资总额不受限制。

（2）投资总额受到限制，分别为200、300、400、450、500、600、700、800和900万元。

按各方案净现值率的大小排序，并计算累计原始投资和累计净现值数据。其结果如表13-40所示。

表13-40　资料2

金额单位：万元

顺序	项目	原始投资	累计原始投资	净现值	累计净现值
1	C	200	200	100	100
2	A	300	500	120	220
3	E	100	600	30	250
4	D	100	700	22	272
5	B	200	900	40	312

根据表13-40数据按投资组合决策原则做如下决策。

（1）当投资总额不受限制或限额大于或等于900万元时，最优投资组合方案为A+C+B+E+D。

（2）当限定投资总额为200万元时，只能上C项目，可获100万元净现值，比另一组合E+D的净现值合计52万多。

（3）当限定投资总额为300万元时，最优投资组合为C+E（因为A和E可进行交换），净现值为130万元，大于其他组合：A、C+D、E+B和D+B。

（4）当限定投资总额为400万元时，最优投资组合为C+E+D（这里A与E、D分别交换一次）。在这一组合下可获净利值152万元，大于以下组合：A+E、A+D、C+B、E+D+B。

（5）当限定投资总额分别为500、600和700万元时，最优的投资组合分别为：C+A、C+A+E、C+A+E+D。

（6）当限定投资总额为800万元时，最优的投资组合为C+A+E+B（这里D与B交换一次），获得净现值290万元，大于C+A+E+D组合的净现值282万元。

（7）当限定投资总额为450万元时，最优组合仍为C+E+D，此时累计投资总额为400万元（200+100+100），小于450万元，但实现的净现值仍比所有其他组合得多。

六、投资项目的风险处置

真正意义上的投资项目总是有风险的，项目未来现金流量总会具有某种程度的不确定性。

（一）投资项目风险的处置方法

对项目的风险有两种处置方法：一种是调整现金流量法；另一种是风险调整折现率法。前者是缩小净现值模型的分子，使净现值减少；后者是扩大净现值模型的分母，也可以使净现值减少。

1. 调整现金流量法

调整现金流量法是把不确定的现金流量调整为确定的现金流量，然后用无风险的报酬率作为折现率计算净现值。

$$\text{风险调整后净现值} = \sum_{t=0}^{n} \frac{a_t \times \text{现金流量期望值}}{(1 + \text{无风险报酬率})^t}$$

其中，a_t是t年现金流量的肯定当量系数，它在0～1之间。

肯定当量系数是指不肯定的1元现金流量期望值相当于使投资者满意的肯定的金额的系数。它可以把各年不肯定的现金流量换算为肯定的现金流量。

我们知道，肯定的1元比不肯定的1元更受欢迎。不肯定的1元，只相当于不足1元的金额。两者的差额，与现金流的不确定性程度的高低有关。肯定当量系数是指预计现金流入量中使投资者满意的无风险的份额。利用肯定当量系数，可以把不肯定的现金流量折算成肯定的现金流量，或者说去掉了现金流量中有风险的部分，使之成为“安全”的现金流量。去掉的部分包含了全部风险，既有特殊风险也有系统风险，既有经营风险也有财务风险，剩下的是无风险的现金流量。由于现金流量中已经消除了全部风险，相应的折现率应当是无风险的报酬率。无风险的报酬率可以根据国库券的利率确定。

【例13-37】 当前的无风险报酬率为4%。公司有两个投资机会，有关资料如表13-41所示。

表13-41　公司两个投资机会的有关资料　　单位：元

年数	现金流入量	肯定当量系数	肯定现金流入量	现值系数（4%）	未调整现值	调整后现值
A项目						
0	−40000	1	−40000	1.0000	−40000	−40000
1	13000	0.9	11700	0.9615	12500	11250
2	13000	0.8	10400	0.9246	12020	9616
3	13000	0.7	9100	0.8890	11557	8090
4	13000	0.6	7800	0.8548	11112	6667
5	13000	0.5	6500	0.8219	10685	5342
净现值					17874	965

续表

年数	现金流入量	肯定当量系数	肯定现金流入量	现值系数（4%）	未调整现值	调整后现值
B 项目						
0	-47000	1	-47000	1.0000	-47000	-47000
1	14000	0.9	12600	0.9615	13461	12115
2	14000	0.8	11200	0.9246	12944	10356
3	14000	0.8	11200	0.8890	12446	9957
4	14000	0.7	9800	0.8548	11967	8377
5	14000	0.7	9800	0.8219	11507	8055
净现值					15325	1860

调整前 A 项目的净现值较大，调整后 B 项目的净现值较大。不进行调整，就可能导致错误的判断。

2. 风险调整折现率法

风险调整折现率法是更为实际、更为常用的风险处置方法。这种方法的基本思路是对高风险的项目，应当采用较高的折现率计算净现值。

$$调整后净现值 = \sum_{t=0}^{n} \frac{预期现金流量}{(1 + 风险调整折现率)^t}$$

【例 13-38】 当前的无风险报酬率为 4%，市场平均报酬率为 12%，A 项目的预期股权现金流量风险大，其 β 值为 1.5；B 项目的预期股权现金流量风险小，其 β 值为 0.75。

A 项目的风险调整折现率 = 4% + 1.5 ×（12% − 4%）= 16%

B 项目的风险调整折现率 = 4% + 0.75 ×（12% − 4%）= 10%

其他有关数据如表 13-42 所示。

表 13-42　其他有关数据　　单位：元

年数	现金流量	现值系数（4%）	未调整现值	现值系数（16%）	调整后现值
A 项目					
0	-40000	1.0000	-40000	1.0000	-40000
1	13000	0.9615	12500	0.8621	11207
2	13000	0.9246	12020	0.7432	9662
3	13000	0.8890	11557	0.6407	8329
4	13000	0.8548	11112	0.5523	7180
5	13000	0.8219	10685	0.4762	6191
净现值			17874		2569
B 项目					
0	-47000	1.0000	-47000	1.0000	-47000
1	14000	0.9615	13461	0.9091	12727
2	14000	0.9246	12944	0.8264	11570
3	14000	0.8890	12446	0.7513	10518
4	14000	0.8548	11967	0.6830	9562
5	14000	0.8219	11507	0.6209	8693
净现值			15325		6070

如果不进行折现率调整，两个项目差不多，A 项目比较好；调整以后，两个项目有明显

差别，B 项目要好得多。

调整现金流量法在理论上受到好评。该方法对时间价值和风险价值分别进行调整，先调整风险，然后把肯定现金流量用无风险报酬率进行折现。对不同年份的现金流量，可以根据风险的差别使用不同的肯定当量系数进行调整。

风险调整折现率法在理论上受到批评，因其用单一的折现率同时完成风险调整和时间调整。这种做法意味着风险随时间推移而加大，可能与事实不符，夸大远期现金流量的风险。

从实务上看，经常应用的是风险调整折现率法，主要原因是风险调整折现率比肯定当量系数容易估计。此外，大部分财务决策都使用报酬率来决策，调整折现率更符合人们的习惯。

解决了风险调整方法之后，我们剩下的任务只是确定项目的风险调整折现率，不过这是一个相当复杂的问题。

（二）企业资本成本作为项目折现率的条件

使用企业当前的资本成本作为项目的折现率，应具备两个条件：一是项目的风险与企业当前资产的平均风险相同；二是公司继续采用相同的资本结构为新项目筹资。

1. 加权平均成本与权益资本成本

计算项目的净现值有两种办法：一种是实体现金流量法，即以企业实体为背景，确定项目对企业现金流量的影响，以企业的加权平均成本为折现率；另一种是股权现金流量法，即以股东为背景，确定项目对股权现金流量的影响，以股东要求的报酬率为折现率。

【例 13-39】智董公司的资本结构为负债 60%，所有者权益为 40%；负债的税后成本为 5%，所有者权益的成本为 20%，其加权平均成本为

$$加权平均成本 = 5\% \times 60\% + 20\% \times 40\% = 11\%$$

该公司正在考虑一个投资项目，该项目需要投资 100 万元，预计每年产生税后（息前）现金流量 11 万元，其风险与公司现有资产的平均风险相同。该项目可以不断地持续下去，即可以得到一个永续年金。公司计划筹集 60 万元的债务资本，税后的利息率仍为 5%，企业为此每年流出现金 3 万元；筹集 40 万元的权益资本，要求的报酬率仍为 20%。

按照实体现金流量法，项目引起的公司现金流入增量是每年 11 万元，这个现金流入要由债权人和股东共享，所以应使用两者要求报酬率的加权平均数作为折现率。

$$净现值 = 实体现金流量 \div 实体加权平均成本 - 原始投资 = 11 \div 11\% - 100 = 0$$

按照股权现金流量法，项目为股东增加的现金流量是每年 8 万元（11 − 3），这个现金流量属于股东，所以应使用股东要求的报酬率作为折现率。

$$净现值 = 股权现金流量 \div 股东要求的收益率 - 股东投资 = 8 \div 20\% - 40 = 0$$

这个例子说明了什么？

（1）两种方法计算的净现值没有实质区别。如果实体现金流量折现后为零，则股权现金流量折现后也为零；如果实体现金流量折现后为正值，股权现金流量折现后也为正值。值得注意的是，不能用股东要求的报酬率去折现企业实体的现金流量，也不能用企业加权平均的资本成本折现股权现金流量。经常有人问："借款利息是否应计入现金流量？"这个问题不能用"是"或"不是"来回答，要看你使用的折现率是加权平均成本还是股权资本成本。利息是实体现金流量的一部分，但不是股权的现金流量。

（2）折现率应当反映现金流量的风险。股权现金流量的风险比实体现金流量大，它包含了公司的财务风险。实体现金流量不包含财务风险，比股东的现金流量风险小。

（3）增加债务不一定会降低加权平均成本。如果市场是完善的，增加债务比重并不会降低加权平均成本，因为股东要求的报酬率会因财务风险增加而提高，并完全抵销增加债务的好处。即使市场不够完善，增加债务比重导致的加权平均成本降低，也会大部分被权

益成本增加所抵销。

（4）实体现金流量法比股权现金流量法简洁。因为股东要求的报酬率不但受经营风险的影响，而且受财务杠杆的影响，估计起来十分困难。不如把投资和筹资分开考虑，首先评价项目本身的经济价值而不管筹资的方式如何，如果投资项目有正的净现值，再去处理筹资的细节问题。筹资只是如何分配净现值的问题，主要是利息减税造成的股东和政府之间分配问题。

2. 项目风险与企业当前资产的平均风险

用当前的资本成本作为折现率，隐含了一个重要假设，即新项目是企业现有资产的复制品，它们的风险相同，要求的报酬率才会相同。这种情况是经常会出现的，例如固定资产更新、现有生产规模的扩张等。

如果新项目与现有项目的风险有较大差别，必须小心从事。

图 13-15 的证券市场线表明了等风险假设的重要性。新项目的风险大，要求比现有资产赚取更高的收益率。只有当新项目的风险与现有资产的风险相同时，企业的资本成本才是合适的接受标准。对其他的风险投资，无论比现有资产风险高或低，资本成本都不是合适的标准。但是，公司当前的资本成本是进一步调整的基石，具有重要的实际意义。

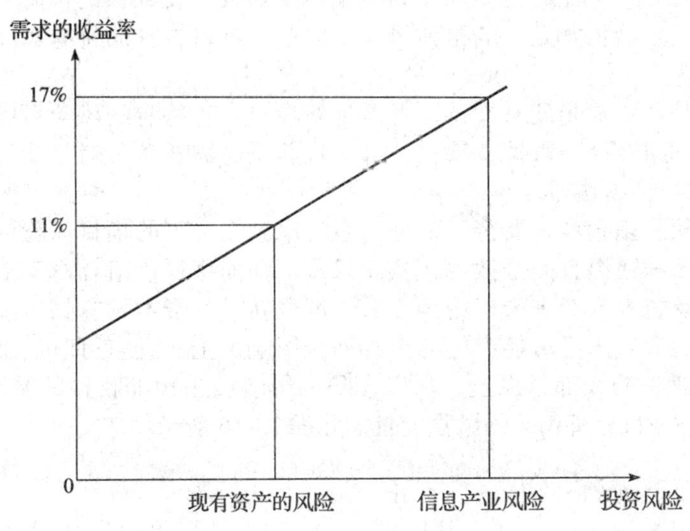

图 13-15　风险调整贴现率随风险增加

3. 继续采用相同的资本结构为新项目筹资

所谓企业的加权平均资本成本，通常是根据当前的数据计算的，包含了资本结构因素。

如果假设市场是完善的，资本结构不改变企业的平均资本成本，则平均资本成本反映了当前资产的平均风险。或者说，可以把投资和筹资分开，忽略筹资结构对平均资本成本的影响，先用当前的资本成本评价项目，如果通过了检验，再考虑筹资改变资本结构带来的财务影响。

如果承认资本市场是不完善的，筹资结构就会改变企业的平均资本成本。例如，当前的资本结构是债务为 40%，而新项目所需资金全部用债务筹集，将使负债上升至 70%。由于负债比重上升，股权现金流量的风险增加，他们要求的报酬率会迅速上升，引起企业平均资本成本上升；与此同时，扩大了成本较低的债务筹资，会引起企业平均资本成本下降。这两种因素共同的作用，使得企业平均资本成本发生变动。因此，继续使用当前的平均资本成本作为折现率就不合适了。

总之，在等风险假设和资本结构不变假设明显不能成立时，不能使用企业当前的平均资本成本作为新项目的折现率。

（三）项目系统风险的估计

如果新项目的风险与现有资产的平均风险显著不同，就不能使用公司当前的加权平均资本成本，而应当估计项目的风险，并计算项目要求的必要报酬率。

1. 项目的系统风险

在项目分析中，项目的风险可以从三个层次来看待。

第一个层次是从项目角度来看待，即项目自身特有的风险，例如，一项高新技术项目失败的可能性极大，这是从项目本身的角度来看的。项目自身特有的风险不宜作为项目资本预算风险的度量。例如，某企业每年要进行数以百计的研究开发项目，每个项目成功的概率只有 10% 左右。项目如果成功，企业将获得巨额利润，失败则会损失其全部投入。如果该公司只有一个项目，而且就是研究开发项目，则企业失败的概率为 90%。当我们孤立地考察并度量每个研究开发项目自身特有的风险时，它们无疑都具有高度的风险。但从投资组合角度看，尽管该公司每年有数以百计的各自独立的研究开发项目，且每个项目都只有 10% 的成功可能性，但这些高风险项目组合在一起后，单个项目的大部分风险可以在企业内部分散掉，此时，企业的整体风险会低于单个研究开发项目的风险，或者说，单个研究开发项目并不一定会增加企业的整体风险。因此，项目自身的特有风险不宜作为项目资本预算的风险度量。

第二个层次是从企业角度来看待，考虑到新项目自身特有的风险可以通过与企业内部其他项目和资产的组合而分散掉一部分，因此应着重考察新项目对企业现有项目和资产组合的整体风险可能产生的增量。

第三个层次从股东角度来看待，要进一步考虑到在余下的项目风险中，有一部分能被企业股东的资产多样化组合而分散掉，从而只剩下任何多样化组合都不能分散掉的系统风险。从资产组合及资本资产定价理论角度看，度量新项目资本预算的风险时，也不应考虑新项目实施对企业现有水平可能产生的全部增减影响。企业股东可以通过构造一个证券组合，来消除单个股权的大部分风险。所以，唯一影响股东预期收益的是项目的系统风险，而这也是理论上与项目分析相关的风险度量，如图 13-16 所示。

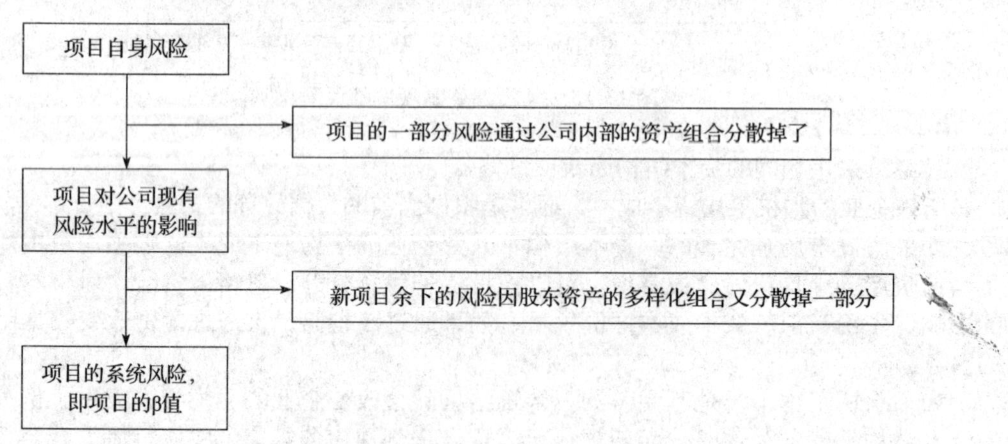

图 13-16 项目的系统风险

2. 项目系统风险的估计

项目系统风险的估计，比企业系统风险的估计更为困难。股票市场提供了股价，为计算企业的β值作为待评估项目的β值，这种方法也称“替代公司法”。

运用类比法，应该注意替代公司的资本结构一反映在其β值中。如果替代企业的资本结构与项目所在企业显著不同，那么在估计项目的β值时，应针对资本结构差异做出相应调整。

调整的基本步骤如下。

（1）卸载可比企业财务杠杆。根据B企业股东收益波动性估计的β值，是含有财务杠杆的$\beta_{权益}$。B公司的资本结构与A公司不同，要将资本结构因素排除，确定B公司不含财务杠杆的β值。该过程通常叫“卸载财务杠杆”。卸载使用的公式为

$$\beta_{权益}=\beta_{资产}\div[1+(1-所得税税率)\times(负债/权益)]$$

$\beta_{资产}$是假设全部用权益资本融资的β值，此时没有财务风险。或者说，此时股东权益的风险与资产的风险相同，股东只承担经营风险即资产的风险。

（2）加载目标企业财务杠杆。根据目标企业的资本结构调整p值，该过程称“加载财务杠杆”。加载使用的公式为

$$\beta_{权益}=\beta_{资产}\times[1+(1-所得税税率)\times(负债/权益)]$$

（3）根据得出的目标企业的$\beta_{权益}$计算股东要求的报酬率。此时的$\beta_{权益}$既包含了项目的经营风险，也包含了目标企业的财务风险，可据以计算权益成本：

$$股东要求的报酬率=无风险利率+\beta_{权益}\times风险溢价$$

如果使用股东现金流量法计算净现值，它就是适宜的折现率。

（4）计算目标企业的加权平均成本。如果使用实体现金流量法计算净现值，还需要计算加权平均成本：

$$加权平均成本=负债成本\times(1-所得税税率)\times\frac{负债}{资本}+权益成本\times\frac{权益}{资本}$$

【例13-40】某大型联合企业智董公司，拟开始进入飞机制造业。智董公司目前的资本结构为负债/权益为2/3，进入飞机制造业后仍维持该目标结构。在该目标资本结构下，债务税前成本为6%。飞机制造业的代表企业是贵琛公司，其资本结构为债务/权益成本为7/10，权益的β值为1.2。已知无风险利率=5%，市场风险溢价=8%，两个公司的所得税税率均为30%。

（1）将贵琛公司的$\beta_{权益}$转换为无负债的$\beta_{资产}$。

$$\beta_{资产}=1.2\div[1+(1-30\%)\times(7/10)]=0.8054$$

（2）将无负债的β值转换为智董公司含有负债的股东权益β值。

$$\beta_{权益}=0.8054\times[1+(1-30\%)\times2/3]=1.1813$$

（3）根据$\beta_{权益}$计算智董公司的权益成本。

$$权益成本=5\%+1.1813\times8\%=5\%+7.0878\%=14.45\%$$

如果采用股东现金流量计算净现值，14.45%是适合的折现率。

（4）计算加权平均资本成本。

$$加权平均资本成本=6\%\times(1-30\%)\times(2/5)+14.45\%\times(3/5)=1.68\%+8.67\%=10.35\%$$

如果采用实体现金流量法，10.35%是适合的折现率。

尽管类比法不是一个完美的方法，但它在估算项目的系统风险时还是比较有效的。